מחזור

ה ש ל ם

לראש השנה

עם תרגום אנגלי

כפי הנהוג אצל החסידים המתפללים
בסידור האריז״ל נוסח רבינו הקדוש כ״ק
אדמו״ר מליאדי נ״ע זיע״א בעל התניא
והשו״ע.

כל תפלה ותפלה באה על מקומה
בשלמות, מבלי שיצטרך המתפלל לחפש
הדפים בשעת תפלתו.

הוצאת

המרכז לעניני חנוך

770 איסטערן פארקוויי ברוקלין, נ.י.

שנת חמשת אלפים שבע מאות ששים ותשע לבריאה

שנת הקהל

MACHZOR FOR ROSH HASHANAH
WITH ENGLISH TRANSLATION
ANNOTATED EDITION
Copyright © 2003
Second Printing—May 2004
Third Printing—July 2005
Fourth Printing—May 2006
Fifth Printing—May 2007
Sixth Printing—June 2008
Seventh Printing—May 2009
by
MERKOS L'INYONEI CHINUCH, INC.
770 Eastern Parkway / Brooklyn, New York 11213
(718) 774-4000 / FAX (718) 774-2718
editor@kehot.com

ORDERS DEPARTMENT
291 Kingston Avenue / Brooklyn, New York 11213
(718) 778-0226 / FAX (718) 778-4148
www.kehot.com

ISBN 978-0-8266-0160-5

Printed in China

MACHZOR

FOR ROSH HASHANAH

Annotated Edition

•

According to the custom of those
who pray Nusach Ha-Ari Zal
as arranged by
RABBI SHNEUR ZALMAN OF LIADI

⋆⟶◉⟵⋆

New, Emended Hebrew Edition
With an English Translation
by

Rabbi Nissen Mangel

Published and Copyrighted by
MERKOS L'INYONEI CHINUCH
770 Eastern Parkway / Brooklyn, New York 11213
5769 • 2009

TABLE OF CONTENTS

PREFACE

Fresh from the publication of the new Hebrew/English Annotated Edition of the Siddur Tehillat Hashem, and encouraged by the overwhelmingly positive response it has received worldwide, we are delighted to present a brand new, Hebrew/English Annotated Edition of the Rosh Hashanah Machzor.

The first English translation of the Rosh Hashanah Machzor, which follows the Nusach of the Arizal as arranged by Rabbi Schneur Zalman of Liadi, was published by Merkos L'Inyonei Chinuch in 1982. Rabbi Nissen Mangel's new and innovative translation was soon received to much acclaim, and has since been reprinted fourteen times.

With the explosive growth in the number of Chabad-Lubavitch centers around the world, and with the number of Jews who have been reintroduced to their heritage, the need has been born for a more "user-friendly" Machzor, one that would guide the worshipper smoothly through the many—and often-times complicated—High Holiday prayers.

This edition of the Machzor aims to satisfy that need. Specifically, we have enhanced clarity in the following ways:

- Clear and detailed instructions on the mechanics of the prayers (when to sit, when to stand, etc.) and on their laws and customs have been added, either in the text or in footnotes. (These instructions have been inserted into both the facing Hebrew and English pages, for the benefit of those praying in either language.)

- Identifying headings have been added before the major sections of the prayer, to help orient the reader.

- The Hebrew text has been completely reset in large and clear type, replacing the broken letters and too-small type of the older editions, and has been carefully corrected on the basis of thorough study and comparison with earlier editions of the Siddur and Machzor.

- The Repetition of the Shacharit and Musaf Amidot for both the first and second days of Rosh Hashanah appear individually.

- Additions for Shabbat have been set off from the text in shaded areas.

- A detailed presentation of the laws relating to the prayers has been added as an appendix, entitled "Selected Laws and Customs." (The reader should note, however, that this compendium—as well as the various laws and instructions mentioned throughout the Machzor—should not be viewed as a substitute for the Shulchan Aruch. Since these laws and customs have been woven together from a variety of sources and are presented here with brevity and succinctness in mind, they are not meant as a basis for determining *halacha*.)

- A section of "Selected Transliterations" has been included at the end of the Machzor, containing transliteration of the major prayers. Transliteration of responsive prayers generally recited in Hebrew (such as Barchu, the Blessings over the Torah, Mourner's Kaddish, etc.) are printed where the English translation normally appears, facing the Hebrew text. The English translation appears instead at the bottom of the page. A "Transliteration Key" appears on page 333.

In keeping with the previous editions of the Machzor, those sections of "Rulings of the Alter Rebbe on the Siddur" that appeared throughout the Machzor have been collected and are printed in a special section at the end of the present edition.[1]

* * *

1. In addition, the portions of *Shaar Hakolel* (explaining selected Rosh Hashanah prayers), *Derech Hachayim U'Netiv Hachayim* (detailing certain laws pertaining to the holiday) and *Likutei Minhagim* (selected customs) which appeared in the previous editions of the Machzor have been printed here as an appendix.

In some segments of the repetition of the Amidah, there are words with alternate versions. As the Chabad custom is to recite both versions, the alternate word appears within the main text, in parentheses.

This, however, should not be confused with the additions/substitutions for Shabbat which appear in slightly smaller type and in parenthesis.

*   *   *

We wish to thank the following individuals for their efforts in preparing the Machzor for publication:

Rabbis Levi Friedman, Ari Sollish and Avraham D. Vaisfiche for writing the laws and instructions and for compiling the laws section; Rabbi Yoel Kranz for editing the laws section; Rabbi Alexander Heppenheimer for proofreading the text; Mr. Avraham Y. Ayash for the illustrations; and Mr. Daniel Weissman for his meticulous typesetting and design of the text.

We would also like to thank Rabbi Levi Raskin, for his devoted Rabbinic and editorial assistance, and Rabbi Leib Schapiro, for reviewing portions of the text.

Special thanks to Rabbi Yosef B. Friedman of the Kehot Publication Society, who supervised the project, for his editorial guidance.

*   *   *

May all those who use this Machzor find true inspiration in its words. And may our prayers, along with the prayers of all of Israel, ascend the heavens before our King, who will inscribe us for a good and sweet year.

Merkos L'Inyonei Chinuch

Brooklyn, New York
20 Menachem Av, 5763

EREV ROSH HASHANAH

ANNULMENT OF VOWS

The following is said on Erev Rosh Hashanah, before midday, preferably in the presence of a quorum of ten men. See Laws on page 322.

The petitioner should stand facing those who annul, who are seated.

שִׁמְעוּ נָא רַבּוֹתַי, דַּיָּנִים מֻמְחִים: כָּל נֶדֶר אוֹ שְׁבוּעָה אוֹ אִסּוּר, וַאֲפִילוּ אִסּוּר הֲנָאָה, שֶׁאָסַרְתִּי עָלַי אוֹ עַל אֲחֵרִים בְּכָל לָשׁוֹן שֶׁל אִסּוּר, וְכָל מוֹצָא שְׂפָתַי שֶׁיָּצָא מִפִּי, אוֹ שֶׁנָּדַרְתִּי וְגָמַרְתִּי בְּלִבִּי אֲפִילוּ לַעֲשׂוֹת אֵיזוֹ מִצְוָה אוֹ אֵיזוֹ הַנְהָגָה טוֹבָה, שֶׁנָּהַגְתִּי שָׁלֹשׁ פְּעָמִים, וְלֹא הִתְנֵיתִי שֶׁיְּהֵא בְּלִי נֶדֶר, הֵן דָּבָר שֶׁעָשִׂיתִי עַל עַצְמִי, אוֹ עַל אֲחֵרִים, הֵן אוֹתָם הַיְדוּעִים לִי, אוֹ שֶׁכְּבָר נִשְׁכְּחוּ מִמֶּנִּי, בְּכֻלְּהוֹן אִתְחֲרַטְנָא בְהוֹן מֵעִקָּרָא, וְשׁוֹאֵל וּמְבַקֵּשׁ אֲנִי הַתָּרָה עֲלֵיהֶם. וְאֵין אֲנִי תוֹהֵא חַס וְשָׁלוֹם עַל קִיּוּם מַעֲשִׂים טוֹבִים שֶׁעָשִׂיתִי, רַק אֲנִי מִתְחָרֵט עַל שֶׁלֹּא אָמַרְתִּי בְּפֵרוּשׁ: הִנְנִי אֶעֱשֶׂה דָבָר זֶה בְּלִי נֶדֶר וּשְׁבוּעָה וְקַבָּלָה בְּלֵב. לָכֵן אֲנִי שׁוֹאֵל מִמַּעֲלַתְכֶם הַתָּרָה, בְּכֻלְּהוֹן אֲנִי מִתְחָרֵט עַל כָּל הַנִּזְכָּר, בֵּין אִם הָיוּ מַעֲשִׂים הַנּוֹגְעִים בְּגוּף אוֹ בִּנְשָׁמָה אוֹ בְּמָמוֹן. וְהִנֵּה מִצַּד הַדִּין, הַמִּתְחָרֵט וּמְבַקֵּשׁ הַתָּרָה, צָרִיךְ לִפְרוֹט הַנֶּדֶר, אַךְ דְּעוּ נָא רַבּוֹתַי, כִּי רַבִּים הֵם וְאִי אֶפְשָׁר לְפוֹרְטָם. וְאֵין אֲנִי מְבַקֵּשׁ הַתָּרָה עַל אוֹתָם הַנְּדָרִים שֶׁאֵין לְהַתִּיר אוֹתָם, עַל כֵּן יִהְיוּ נָא בְּעֵינֵיכֶם כְּאִלּוּ הָיִיתִי פוֹרְטָם:

EREV ROSH HASHANAH

ANNULMENT OF VOWS

The following is said on Erev Rosh Hashanah, before midday, preferably in the presence of a quorum of ten men. See Laws on page 322.

The petitioner should stand facing those who annul, who are seated.

שמעו Listen my masters, expert judges! Any vow, oath or prohibition, even a prohibition to derive benefit, which I have imposed upon myself or upon others, by any expression of prohibition; or any utterance that has issued from my mouth; or that I vowed and resolved in my heart, even to perform a certain *mitzvah*; or any good practice which I did three times but did not expressly state that it shall be without the force of a vow—whether it is a commitment which I made concerning myself or with regard to others, both those which are known to me or which have already been forgotten by me—all these, I regret them [in retrospect] from the moment I made them, and I request and ask nullification for them. I do not, God forbid, rue the performance of good deeds which I have done, but I regret that I did not explicitly state "I will do this thing without assuming the obligation of a vow, oath or commitment in thought." Therefore, I ask of your honors annulment; I regret all of them, all the aforementioned—whether they were matters concerning the physical, the spiritual or the financial. Now, according to the law, one who regrets [his vows, etc.] and seeks annulment must state the particulars of the vow; know, however, my masters, that they are many and it is impossible to specify them—and I do not request nullification for those vows which cannot be annulled—therefore, consider them as if I had specified them.

Those who annul respond with the following paragraph, three times:

הַכֹּל יִהְיוּ מֻתָּרִים לָךְ, הַכֹּל מְחוּלִים לָךְ, הַכֹּל שְׁרוּיִם לָךְ. אֵין כַּאן לֹא נֶדֶר, וְלֹא שְׁבוּעָה, וְלֹא אִסּוּר, וְלֹא הַסְכָּמָה וְקַבָּלָה בְּלֵב, אֲבָל יֵשׁ כַּאן מְחִילָה וּסְלִיחָה וְכַפָּרָה. וּכְשֵׁם שֶׁמַּתִּירִים אֲנַחְנוּ בְּבֵית דִּין שֶׁל מַטָּה, כַּךְ יִהְיוּ מֻתָּרִים בְּבֵית דִּין שֶׁל מַעְלָה:

Then the petitioner makes the following public statement before them:

הֲרֵי אֲנִי מוֹסֵר מוֹדָעָה לִפְנֵיכֶם, וַאֲנִי מְבַטֵּל מִכַּאן וּלְהַבָּא: כָּל הַנְּדָרִים, וְכָל הַשְּׁבוּעוֹת, וְאִסּוּרִין, וְהַסְכָּמוֹת, וְקַבָּלוֹת בְּלֵב, שֶׁאֲקַבֵּל עָלַי בְּעַצְמִי, חוּץ מִנִּדְרֵי תַעֲנִית בְּשַׁעַת מִנְחָה.[1] וּבְאִם שֶׁאֶשְׁכַּח תְּנַאי מוֹדָעָה הַזֹּאת, וְאֶדּוֹר מֵהַיּוֹם עוֹד, מֵעַתָּה אֲנִי מִתְחָרֵט עֲלֵיהֶם, וּמַתְנֶה עֲלֵיהֶם שֶׁיִּהְיוּ כֻּלָּן בְּטֵלִין וּמְבֻטָּלִין, לָא שְׁרִירִין, וְלָא קַיָּמִין, וְלָא יְהוֹן חָלִין כְּלָל וּכְלָל, בְּכֻלָּן אִתְחֲרַטְנָא בְהוֹן, מֵעַתָּה וְעַד עוֹלָם:

Those who annul respond as follows:

כֻּלָּם יִהְיוּ מֻתָּרִים לָךְ, כֻּלָּם יִהְיוּ מְחוּלִים לָךְ, כֻּלָּם יִהְיוּ שְׁרוּיִם לָךְ. אֵין כַּאן לֹא נִדּוּי וְלֹא שַׁמְתָּא וְלֹא אָרוּר, אֲבָל יֵשׁ כַּאן מְחִילָה וּסְלִיחָה וְכַפָּרָה. וּכְשֵׁם שֶׁמֻּתָּר אַתָּה מִבֵּית דִּין שֶׁל מַטָּה, כַּךְ תְּהֵא מֻתָּר מִבֵּית דִּין שֶׁל מַעְלָה, וְלֹא יַעֲשֶׂה שׁוּם רוֹשֶׁם כְּלָל, וְכָל הַקְּלָלוֹת יֵהָפְכוּ לִבְרָכָה, כְּדִכְתִיב: וַיַּהֲפֹךְ יְיָ אֱלֹהֶיךָ לְּךָ אֶת הַקְּלָלָה לִבְרָכָה, כִּי אֲהֵבְךָ יְיָ אֱלֹהֶיךָ:[2]

1. V. Shulchan Aruch, Orach Chayim 562:6. 2. Deuteronomy 23:6.

Those who annul respond with the following paragraph, three times:

הכל They shall all be annulled for you, all absolved for you, all permitted to you. There is neither vow, nor oath, nor prohibition, nor assent nor commitment in thought; but there is forgiveness, pardon and atonement. Just as we grant annulment in the court here below, so shall they be annulled in the Heavenly Court.

Then the petitioner makes the following public statement before them:

הרי I hereby declare publicly before you that I nullify from now on all the vows, all the oaths, prohibitions, assents and commitments in thought which I will take upon myself, except the vows to fast which are made at the Minchah prayer [of the preceding day].[1] And if I should forget the stipulations of this declaration and make any further vows henceforth, from now I regret them and declare that they are all null and void, they have no force or effect, and they shall not be binding at all. I regret them all, from now and for all time.

Those who annul respond as follows:

כלם They all shall be annulled for you, they all shall be absolved for you, they all shall be permitted to you. There is neither proscription nor ban nor malediction; but there is forgiveness, pardon and atonement. Just as you are released by the court here below, so shall you be released by the Heavenly Court, and it shall make no impression at all. And all the curses shall turn to blessings, as it is written: And the Lord your God turned the curse into a blessing for you, for the Lord your God loves you.[2]

PRUZBUL

At the end of the sixth[1] year of the Shemittah cycle[2], one should arrange a Pruzbul by making the following declaration before a *bet din* of at least three people. It is customarily done following *Hatarat Nedarim*.

הֲרֵינִי מוֹסֵר לָכֶם כָּל חוֹבוֹת שֶׁיֵּשׁ לִי, שֶׁאֶגְבֶּה אוֹתָם כָּל זְמַן שֶׁאֶרְצֶה:

ERUV TAVSHILIN

When Rosh Hashanah occurs on Thursday and Friday, then on Wednesday one should make an *Eruv Tavshilin*; This is accomplished by taking bread prepared for Shabbat, as well as a highly regarded cooked food such as meat or fish, and handing these over to another person through whom he grants a share in this *eruv* to the entire community. See Laws, page 322.

The one who makes the *eruv* says:

אֲנִי מְזַכֶּה לְכָל מִי שֶׁרוֹצֶה לִזְכּוֹת וְלִסְמוֹךְ עַל עֵרוּב זֶה:

The one holding the bread and food raises them a *tefach* (approximately 3 inches) and then returns them to the one making the *eruv*, who recites the following:

בָּרוּךְ אַתָּה יְיָ, אֱלֹהֵינוּ מֶלֶךְ הָעוֹלָם, אֲשֶׁר קִדְּשָׁנוּ בְּמִצְוֹתָיו, וְצִוָּנוּ עַל מִצְוַת עֵרוּב:

בְּדֵין יְהֵא שָׁרָא לָנָא לַאֲפוּיֵי וּלְבַשּׁוּלֵי וּלְאַטְמוּנֵי וּלְאַדְלוּקֵי שְׁרָגָא וּלְתַקָּנָא וּלְמֶעֱבַד כָּל צָרְכָּנָא מִיּוֹמָא טָבָא לְשַׁבַּתָּא, לָנָא וּלְכָל יִשְׂרָאֵל הַדָּרִים בָּעִיר הַזֹּאת:

1. See Laws, page 322. 2. E.g., the last day of 5767 (2007) and 5774 (2014).

PRUZBUL

At the end of the sixth[1] year of the Shemittah cycle[2], one should arrange a Pruzbul by making the following declaration before a *bet din* of at least three people. It is customarily done following *Hatarat Nedarim*.

הריני I hereby transfer to you all loans that are owed to me, so that I may collect them whenever I wish.

ERUV TAVSHILIN

When Rosh Hashanah occurs on Thursday and Friday, then on Wednesday one should make an *Eruv Tavshilin*; This is accomplished by taking bread prepared for Shabbat, as well as a highly regarded cooked food such as meat or fish, and handing these over to another person through whom he grants a share in this *eruv* to the entire community. See Laws, page 322.

The one who makes the *eruv* says:

אני I hereby grant a share in this *Eruv* to anyone who wishes to participate in it and to depend upon it.

The one holding the bread and food raises them a *tefach* (approximately 3 inches) and then returns them to the one making the *eruv*, who recites the following:

ברוך Blessed are You, Lord our God, King of the universe, who has sanctified us with His commandments, and commanded us concerning the *mitzvah* of *eruv*.

בדין Through this it shall be permissible for us to bake, to cook, to put away [a dish to preserve its heat], to kindle a light, and to prepare and do on the Festival all that is necessary for the Shabbat—for us and for all Israelites who dwell in this city.

MINCHAH PRAYER FOR EREV ROSH HASHANAH

On Friday, begin here. On all other days, begin with *Korbanot*, page 9.

הֹדוּ לַייָ כִּי טוֹב, כִּי לְעוֹלָם חַסְדּוֹ: יֹאמְרוּ גְּאוּלֵי יְיָ, אֲשֶׁר גְּאָלָם מִיַּד צָר: וּמֵאֲרָצוֹת קִבְּצָם, מִמִּזְרָח וּמִמַּעֲרָב מִצָּפוֹן וּמִיָּם: תָּעוּ בַמִּדְבָּר בִּישִׁימוֹן דָּרֶךְ, עִיר מוֹשָׁב לֹא מָצָאוּ: רְעֵבִים גַּם צְמֵאִים, נַפְשָׁם בָּהֶם תִּתְעַטָּף: וַיִּצְעֲקוּ אֶל יְיָ בַּצַּר לָהֶם, מִמְּצוּקוֹתֵיהֶם יַצִּילֵם: וַיַּדְרִיכֵם בְּדֶרֶךְ יְשָׁרָה, לָלֶכֶת אֶל עִיר מוֹשָׁב: יוֹדוּ לַייָ חַסְדּוֹ, וְנִפְלְאוֹתָיו לִבְנֵי אָדָם: כִּי הִשְׂבִּיעַ נֶפֶשׁ שֹׁקֵקָה, וְנֶפֶשׁ רְעֵבָה מִלֵּא טוֹב: יֹשְׁבֵי חֹשֶׁךְ וְצַלְמָוֶת, אֲסִירֵי עֳנִי וּבַרְזֶל: כִּי הִמְרוּ אִמְרֵי אֵל, וַעֲצַת עֶלְיוֹן נָאָצוּ: וַיַּכְנַע בֶּעָמָל לִבָּם, כָּשְׁלוּ וְאֵין עֹזֵר: וַיִּזְעֲקוּ אֶל יְיָ בַּצַּר לָהֶם, מִמְּצוּקוֹתֵיהֶם יוֹשִׁיעֵם: יוֹצִיאֵם מֵחֹשֶׁךְ וְצַלְמָוֶת, וּמוֹסְרוֹתֵיהֶם יְנַתֵּק: יוֹדוּ לַייָ חַסְדּוֹ, וְנִפְלְאוֹתָיו לִבְנֵי אָדָם: כִּי שִׁבַּר דַּלְתוֹת נְחֹשֶׁת, וּבְרִיחֵי בַרְזֶל גִּדֵּעַ: אֱוִלִים מִדֶּרֶךְ פִּשְׁעָם, וּמֵעֲוֹנֹתֵיהֶם יִתְעַנּוּ: כָּל אֹכֶל תְּתַעֵב נַפְשָׁם, וַיַּגִּיעוּ עַד שַׁעֲרֵי מָוֶת: וַיִּזְעֲקוּ אֶל יְיָ בַּצַּר לָהֶם, מִמְּצֻקוֹתֵיהֶם יוֹשִׁיעֵם: יִשְׁלַח דְּבָרוֹ וְיִרְפָּאֵם, וִימַלֵּט מִשְּׁחִיתוֹתָם: יוֹדוּ לַייָ חַסְדּוֹ, וְנִפְלְאוֹתָיו לִבְנֵי אָדָם: וְיִזְבְּחוּ זִבְחֵי תוֹדָה, וִיסַפְּרוּ מַעֲשָׂיו בְּרִנָּה: יוֹרְדֵי הַיָּם בָּאֳנִיּוֹת, עֹשֵׂי מְלָאכָה בְּמַיִם רַבִּים: הֵמָּה רָאוּ מַעֲשֵׂי יְיָ, וְנִפְלְאוֹתָיו בִּמְצוּלָה: וַיֹּאמֶר וַיַּעֲמֵד רוּחַ סְעָרָה, וַתְּרוֹמֵם גַּלָּיו: יַעֲלוּ שָׁמַיִם

❧❦❧❦❧

MINCHAH PRAYER FOR EREV ROSH HASHANAH

On Friday, begin here. On all other days, begin with *Korbanot*, page 9.

הודו Give thanks to the Lord for He is good, for His kindness is everlasting. So shall say those redeemed by the Lord, those whom He redeemed from the hand of the oppressor. He gathered them from the lands—from east and from west, from north and from the sea. They lost their way in the wilderness, in the wasteland; they found no inhabited city. Both hungry and thirsty, their soul languished within them. They cried out to the Lord in their distress; He delivered them from their afflictions. He guided them in the right path to reach an inhabited city. Let them give thanks to the Lord for his kindness, and [proclaim] His wonders to the children of man, for He has satiated a thirsting soul, and filled a hungry soul with goodness. Those who sit in darkness and the shadow of death, bound in misery and chains of iron, for they defied the words of God and spurned the counsel of the Most High—He humbled their heart through suffering; they stumbled and there was none to help. They cried out to the Lord in their distress; He saved them from their afflictions. He brought them out of darkness and the shadow of death, and sundered their bonds. Let them give thanks to the Lord for His kindness, and [proclaim] His wonders to the children of man, for He broke the brass gates and smashed the iron bars. Foolish sinners are afflicted because of their sinful ways and their wrongdoings. Their soul loathes all food, and they reach the gates of death. They cried out to the Lord in their distress; He saved them from their afflictions. He sent forth His command and healed them; He delivered them from their graves. Let them give thanks to the Lord for His kindness, and [proclaim] His wonders to the children of man. Let them offer sacrifices of thanksgiving, and joyfully recount His deeds. Those who go down to the sea in ships, who perform tasks in mighty waters, they saw the works of the Lord and His wonders in the deep. He spoke and caused the stormy wind to rise, and it lifted up the waves. They rise to the sky, plunge to the depths; their soul

יֵרְדוּ תְהוֹמוֹת, נַפְשָׁם בְּרָעָה תִתְמוֹגָג: יָחוֹגּוּ וְיָנוּעוּ כַּשִּׁכּוֹר, וְכָל חָכְמָתָם תִּתְבַּלָּע: וַיִּצְעֲקוּ אֶל יְיָ בַּצַּר לָהֶם, וּמִמְּצוּקוֹתֵיהֶם יוֹצִיאֵם: יָקֵם סְעָרָה לִדְמָמָה, וַיֶּחֱשׁוּ גַּלֵּיהֶם: וַיִּשְׂמְחוּ כִי יִשְׁתֹּקוּ, וַיַּנְחֵם אֶל מְחוֹז חֶפְצָם: יוֹדוּ לַייָ חַסְדּוֹ, וְנִפְלְאוֹתָיו לִבְנֵי אָדָם: וִירוֹמְמוּהוּ בִּקְהַל עָם, וּבְמוֹשַׁב זְקֵנִים יְהַלְלוּהוּ: יָשֵׂם נְהָרוֹת לְמִדְבָּר, וּמֹצָאֵי מַיִם לְצִמָּאוֹן: אֶרֶץ פְּרִי לִמְלֵחָה, מֵרָעַת יוֹשְׁבֵי בָהּ: יָשֵׂם מִדְבָּר לַאֲגַם מַיִם, וְאֶרֶץ צִיָּה לְמֹצָאֵי מָיִם: וַיּוֹשֶׁב שָׁם רְעֵבִים, וַיְכוֹנְנוּ עִיר מוֹשָׁב: וַיִּזְרְעוּ שָׂדוֹת וַיִּטְּעוּ כְרָמִים, וַיַּעֲשׂוּ פְּרִי תְבוּאָה: וַיְבָרְכֵם וַיִּרְבּוּ מְאֹד, וּבְהֶמְתָּם לֹא יַמְעִיט: וַיִּמְעֲטוּ וַיָּשֹׁחוּ, מֵעֹצֶר רָעָה וְיָגוֹן: שֹׁפֵךְ בּוּז עַל נְדִיבִים, וַיַּתְעֵם בְּתֹהוּ לֹא דָרֶךְ: וַיְשַׂגֵּב אֶבְיוֹן מֵעוֹנִי, וַיָּשֶׂם כַּצֹּאן מִשְׁפָּחוֹת: יִרְאוּ יְשָׁרִים וְיִשְׂמָחוּ, וְכָל עַוְלָה קָפְצָה פִּיהָ: מִי חָכָם וְיִשְׁמָר אֵלֶּה, וְיִתְבּוֹנְנוּ חַסְדֵי יְיָ:[1]

פָּתַח אֵלִיָּהוּ וְאָמַר:[2] רִבּוֹן עָלְמִין דְּאַנְתְּ הוּא חָד וְלָא בְחֻשְׁבָּן אַנְתְּ הוּא עִלָּאָה עַל כָּל עִלָּאִין סְתִימָא עַל כָּל סְתִימִין לֵית מַחֲשָׁבָה תְּפִיסָא בָךְ כְּלָל: אַנְתְּ הוּא דְאַפִּיקַת עֲשַׂר תִּקּוּנִין וְקָרֵינָן לְהוֹן עֲשַׂר סְפִירָן לְאַנְהָגָא בְהוֹן עָלְמִין סְתִימִין דְּלָא אִתְגַּלְיָן וְעָלְמִין דְּאִתְגַּלְיָן וּבְהוֹן אִתְכְּסִיאַת מִבְּנֵי נָשָׁא וְאַנְתְּ הוּא דְקָשִׁיר לוֹן וּמְיַחֵד לוֹן וּבְגִין דְּאַנְתְּ מִלְּגָו כָּל מָאן דְּאַפְרֵישׁ חַד מֵחַבְרֵיהּ מֵאִלֵּין עֲשַׂר סְפִירָן אִתְחֲשִׁיב לֵיהּ כְּאִלּוּ אַפְרֵישׁ בָּךְ: וְאִלֵּין עֲשַׂר

1. Psalm 107. 2. For a comprehensive exposition of this discourse, which contains many major Kabbalistic concepts, see R. Moshe Cordovero, Pardes Harimonim, Shaar 4, chs. 5-6.

melts in distress. They reel and stagger like a drunkard; all their skill is to no avail. They cried out to the Lord in their distress, and He brought them out from their calamity. He transformed the storm into stillness, and the waves were quieted. They rejoiced when they were silenced, and He led them to their destination. Let them give thanks to the Lord for His kindness, and [proclaim] His wonders to the children of man. Let them exalt Him in the congregation of the people, and praise Him in the assembly of the elders. He turns rivers into desert, springs of water into parched land, a fruitful land into a salt-marsh, because of the wickedness of those who inhabit it. He turns a desert into a lake, arid land into springs of water. He settles the hungry there, and they establish a city of habitation. They sow fields and plant vineyards which yield fruit and wheat. He blesses them and they multiply greatly, and He does not decrease their cattle. [If they sin] they are diminished and cast down through oppression, misery and sorrow. He pours contempt upon distinguished men, and causes them to stray in a pathless wilderness. He raises the needy from distress, and makes their families as numerous as flocks. The upright observe this and rejoice, and all the wicked close their mouth. Let him who is wise bear these in mind, and then the benevolent acts of the Lord will be understood.[1]

פתח Elijah opened [his discourse] and said:[2] Master of the worlds, You are One but not in the numerical sense. You are exalted above all the exalted ones, hidden from all the hidden ones; no thought can grasp You at all. You are He who has brought forth ten "garments," and we call them ten *sefirot*, through which to direct hidden worlds which are not revealed and revealed worlds; and through them You conceal Yourself from man. You are He who binds them together and unites them; and inasmuch as You are within them, whoever separates one from another of these ten *sefirot*, it is considered as if he had effected a separation in You. These ten *sefirot* proceed according to their order: one

סְפִירָן אִנּוּן אָזְלִין כְּסִדְרָן חַד אָרִיךְ וְחַד קְצִיר וְחַד בֵּינוֹנִי:
וְאַנְתְּ הוּא דְאַנְהִיג לוֹן וְלֵית מַאן דְּאַנְהִיג לָךְ לָא לְעֵלָּא
וְלָא לְתַתָּא וְלָא מִכָּל סִטְרָא: לְבוּשִׁין תְּקִינַת לוֹן דְּמִנַּיְהוּ
פָּרְחִין נִשְׁמָתִין לִבְנֵי נָשָׁא: וְכַמָּה גוּפִין תְּקִינַת לוֹן
דְּאִתְקְרִיאוּ גוּפִין לְגַבֵּי לְבוּשִׁין דִּמְכַסְיָן עֲלֵיהוֹן וְאִתְקְרִיאוּ
בְּתִקּוּנָא דָא: חֶסֶד דְּרוֹעָא יְמִינָא: גְּבוּרָה דְּרוֹעָא
שְׂמָאלָא: תִּפְאֶרֶת גּוּפָא: נֶצַח וְהוֹד תְּרֵין שׁוֹקִין: יְסוֹד
סִיּוּמָא דְגוּפָא אוֹת בְּרִית קֹדֶשׁ: מַלְכוּת פֶּה תּוֹרָה שֶׁבְּעַל
פֶּה קָרִינָן לָהּ: חָכְמָה מוֹחָא אִיהִי מַחֲשָׁבָה מִלְּגָו: בִּינָה
לִבָּא וּבָהּ הַלֵּב מֵבִין וְעַל אִלֵּין תְּרֵין כְּתִיב הַנִּסְתָּרוֹת לַיְיָ
אֱלֹהֵינוּ:[1] כֶּתֶר עֶלְיוֹן אִיהוּ כֶּתֶר מַלְכוּת וַעֲלֵיהּ אִתְּמַר
מַגִּיד מֵרֵאשִׁית אַחֲרִית[2] וְאִיהוּ קַרְקַפְתָּא דִתְפִלִּין מִלְּגָו
אִיהוּ שֵׁם מַה (כזה: יו"ד ה"א וא"ו ה"א) דְּאִיהוּ אֹרַח
אֲצִילוּת וְאִיהוּ שַׁקְיוּ דְאִילָנָא בִּדְרוֹעוֹי וְעַנְפּוֹי כְּמַיָּא
דְּאַשְׁקֵי לְאִילָנָא וְאִתְרַבֵּי בְּהַהוּא שַׁקְיוּ: רִבּוֹן עָלְמִין אַנְתְּ
הוּא עִלַּת הָעִלּוֹת וְסִבַּת הַסִּבּוֹת דְּאַשְׁקֵי לְאִילָנָא בְּהַהוּא
נְבִיעוּ: וְהַהוּא נְבִיעוּ אִיהוּ כְּנִשְׁמָתָא לְגוּפָא דְאִיהִי[3] חַיִּים
לְגוּפָא: וּבָךְ לֵית דִּמְיוֹן וְדִיּוּקְנָא מִכָּל מַה דִּלְגָו וּלְבַר:
וּבְרָאתָ שְׁמַיָּא וְאַרְעָא וְאַפִּיקַת מִנְּהוֹן שִׁמְשָׁא וְסִיהֲרָא
וְכוֹכְבַיָּא וּמַזָּלַיָּא: וּבְאַרְעָא אִילָנִין וְדִשְׁאִין וְגִנְתָּא דְעֵדֶן
וְעִשְׂבִּין וְחֵיוָן וּבְעִירִין וְעוֹפִין וְנוּנִין וּבְנֵי נָשָׁא
לְאִשְׁתְּמוֹדְעָא בְהוֹן עִלָּאִין וְאֵיךְ יִתְנַהֲגוּן עִלָּאִין וְתַתָּאִין
וְאֵיךְ אִשְׁתְּמוֹדְעָן עִלָּאֵי מִתַּתָּאֵי וְלֵית דְּיָדַע בָּךְ כְּלָל:
וּבַר מִנָּךְ לֵית יְחוּדָא בְּעִלָּאֵי וְתַתָּאֵי וְאַנְתְּ אִשְׁתְּמוֹדַע

1. Deuteronomy 29:28. 2. Isaiah 46:10. 3. Another version: דְּאִיהוּ.

long, one short, and one intermediate. You are He who directs them, but there is no one who directs You—neither above, nor below, nor from any side. You have made garments for them, from which souls issue forth to man. You have made for them a number of bodies which are called "bodies" in comparison with the garments which cover them, and they are described [anthropomorphically] in the following manner: *chesed* (kindness)—the right arm; *gevurah* (severity, power)—the left arm; *tiferet* (beauty)— the torso; *netzach* (eternity, victory) and *hod* (splendor)— the two thighs; *yesod* (foundation)—the end of the torso, the sign of the Holy Covenant; *malchut* (kingship)—the mouth, which we call the Oral Torah; *chochmah* (wisdom)—the brain, that is, the thought within; *binah* (understanding)—the heart, by means of which the heart understands; and concerning the latter two [*sefirot*] it is written, "The secrets belong to the Lord our God";[1] super- nal *keter* (crown) is the crown of kingship, concerning which it is said, "He declares the end from the beginning,"[2] and it is the skull [upon which the] *tefillin* [are placed]. Within them is the Name [whose numerical value is] forty-five (spelled thus: יו״ד ה״א וא״ו ה״א) which is the path of *atzilut* (emanation) and the watering of the Tree [of the *sefirot*] with its arms and branches, just as water irrigates a tree and it grows by that irrigation. Master of the worlds, You are the cause of causes and producer of effects, who waters the Tree through that fountain; and that fountain is as the soul to the body, which is the life of the body. In You, however, there is no similitude or likeness to anything within or without. You have created heaven and earth and brought forth from them the sun, the moon, the stars and the planets; and on earth—the trees, the green herbage, the Garden of Eden, the grasses, the beasts, the cattle, the fowl, the fish, and mankind; in order to make known through them the Supernal Realms, how the higher and lower worlds are conducted, and how the higher worlds may be known from the lower. However, there is none who can know You at all. Without You there is no unity in the higher or lower

עִלַּת עַל כֹּלָּא וְאָדוֹן עַל כֹּלָּא: וְכָל סְפִירָא אִית לָהּ שֵׁם
יְדִיעָא וּבְהוֹן אִתְקְרִיאוּ מַלְאָכַיָּא: וְאַנְתְּ לֵית לָךְ שֵׁם
יְדִיעָא דְּאַנְתְּ הוּא מְמַלֵּא כָל שְׁמָהָן: וְאַנְתְּ הוּא שְׁלִימוּ
דְּכֻלְּהוּ: וְכַד אַנְתְּ תִּסְתַּלַּק מִנַּיְהוּ אִשְׁתָּאֲרוּ כֻּלְּהוּ שְׁמָהָן
כְּגוּפָא בְּלָא נִשְׁמְתָא: אַנְתְּ הוּא חַכִּים וְלָא בְחָכְמָה
יְדִיעָא אַנְתְּ הוּא מֵבִין וְלָא בְּבִינָה יְדִיעָא: לֵית לָךְ אֲתַר
יְדִיעָא: אֶלָּא לְאִשְׁתְּמוֹדְעָא תּוּקְפָךְ וְחֵילָךְ לִבְנֵי נָשָׁא
וּלְאַחֲזָאָה לוֹן אֵיךְ מִתְנַהֵג עָלְמָא בְּדִינָא וּבְרַחֲמֵי דְּאִית
צֶדֶק וּמִשְׁפָּט כְּפוּם עוֹבָדֵיהוֹן דִּבְנֵי נָשָׁא: דִּין אִיהוּ גְבוּרָה
מִשְׁפָּט עַמּוּדָא דְאֶמְצָעִיתָא צֶדֶק מַלְכוּתָא קַדִּישָׁא מֹאזְנֵי
צֶדֶק תְּרֵין סַמְכֵי קְשׁוֹט הִין צֶדֶק אוֹת בְּרִית קֹדֶשׁ כֹּלָּא
לְאַחֲזָאָה אֵיךְ מִתְנַהֵג עָלְמָא אֲבָל לָאו דְּאִית לָךְ צֶדֶק
יְדִיעָא דְּאִיהוּ דִין וְלָא מִשְׁפָּט יְדִיעָא דְּאִיהוּ רַחֲמֵי וְלָא
מִכָּל אִלֵּין מִדּוֹת כְּלָל: בָּרוּךְ[1] יְיָ לְעוֹלָם אָמֵן[2] וְאָמֵן:

יְדִיד נֶפֶשׁ אָב הָרַחֲמָן, מְשׁוֹךְ עַבְדְּךָ אֶל רְצוֹנֶךָ, יָרוּץ עַבְדְּךָ כְּמוֹ אַיָּל, יִשְׁתַּחֲוֶה אֶל מוּל הֲדָרֶךָ, יֶעֱרַב לוֹ יְדִידוּתֶיךָ, מִנֹּפֶת צוּף וְכָל טָעַם:

הָדוּר נָאֶה זִיו הָעוֹלָם, נַפְשִׁי חוֹלַת אַהֲבָתֶךָ, אָנָּא אֵל נָא רְפָא נָא לָהּ, בְּהַרְאוֹת לָהּ נֹעַם זִיוֶךָ, אָז תִּתְחַזֵּק וְתִתְרַפֵּא, וְהָיְתָה לָּהּ שִׂמְחַת עוֹלָם:

וָתִיק יֶהֱמוּ רַחֲמֶיךָ, וְחוּסָה נָא עַל בֵּן אֲהוּבֶךָ, כִּי זֶה כַּמָּה נִכְסוֹף נִכְסַפְתִּי לִרְאוֹת בְּתִפְאֶרֶת עֻזֶּךָ, אֵלֶּה חָמְדָה לִבִּי, וְחוּסָה נָא וְאַל תִּתְעַלָּם:

הִגָּלֶה נָא וּפְרוֹס חֲבִיבִי עָלַי אֶת סֻכַּת שְׁלוֹמֶךָ, תָּאִיר אֶרֶץ מִכְּבוֹדֶךָ, נָגִילָה וְנִשְׂמְחָה בָּךְ, מַהֵר אָהוּב כִּי בָא מוֹעֵד, וְחָנֵּנוּ כִּימֵי עוֹלָם:

realms, and You are known as the Cause of all and the Master of all. Each *sefirah* has a specific Name by which the angels are also designated. You, however, have no specific Name, for You permeate all the Names, and You are the perfection of them all. When You remove Yourself from them, all the Names remain as a body without a soul. You are wise, but not with a knowable attribute of wisdom; You understand, but not with a knowable attribute of understanding; You have no specific place. [You clothed Yourself in the *sefirot*] only to make known to mankind Your power and strength and to show them how the world is conducted through law and mercy—for there is righteousness and justice which are dispensed according to the deeds of man. Law is *gevurah* (severity, power); justice is the middle column; righteousness is the holy *malchut* (kingship); the scales of righteousness are the two supports of truth; *hin* (measure) of righteousness is the sign of the Holy Covenant. All these are to show how the world is conducted, but not that You possess a knowable righteousness—which is law, nor a knowable justice—which is mercy, nor any of these attributes at all. Blessed[1] is the Lord forever, Amen and Amen.[2]

Transliteration, page 333.

ידיד Beloved of [my] soul, merciful Father, draw Your servant to Your will. [Then] Your servant will run as swiftly as a deer; he will bow before Your splendor; Your acts of affection will be sweeter than honeycomb and every pleasant taste.

הדור Glorious, resplendent One, Light of the world, my soul is lovesick for You; I beseech You, O God, pray heal it by showing it the sweetness of Your splendor. Then it will be strengthened and healed and will experience everlasting joy.

ותיק O pious One, may Your mercy be aroused and have compassion upon Your beloved child. For it is long that I have been yearning to behold the glory of Your majesty. These my heart desires, so have pity and do not conceal Yourself.

הגלה Reveal Yourself, my Beloved, and spread over me the shelter of Your peace. Let the earth be illuminated by Your glory; we will rejoice and exult in You. Hasten, Beloved, for the time has come; and be gracious unto us as in days of yore.

1. Psalms 89:53. 2. Tikkunei Zohar, Introduction II.

KORBANOT — OFFERINGS

Korbanot and *Ketoret* are recited before the *minyan* begins אַשְׁרֵי (page 11).

וַיְדַבֵּר יְיָ אֶל מֹשֶׁה לֵּאמֹר: צַו אֶת בְּנֵי יִשְׂרָאֵל וְאָמַרְתָּ אֲלֵהֶם,
אֶת קָרְבָּנִי לַחְמִי לְאִשַּׁי, רֵיחַ נִיחֹחִי תִּשְׁמְרוּ לְהַקְרִיב לִי
בְּמוֹעֲדוֹ: וְאָמַרְתָּ לָהֶם, זֶה הָאִשֶּׁה אֲשֶׁר תַּקְרִיבוּ לַיְיָ, כְּבָשִׂים בְּנֵי
שָׁנָה תְמִימִם, שְׁנַיִם לַיּוֹם, עֹלָה תָמִיד: אֶת הַכֶּבֶשׂ אֶחָד תַּעֲשֶׂה
בַבֹּקֶר, וְאֵת הַכֶּבֶשׂ הַשֵּׁנִי תַּעֲשֶׂה בֵּין הָעַרְבָּיִם: וַעֲשִׂירִית הָאֵיפָה
סֹלֶת לְמִנְחָה, בְּלוּלָה בְּשֶׁמֶן כָּתִית רְבִיעִת הַהִין: עֹלַת תָּמִיד,
הָעֲשֻׂיָה בְּהַר סִינַי לְרֵיחַ נִיחֹחַ אִשֶּׁה לַיְיָ: וְנִסְכּוֹ רְבִיעִת הַהִין לַכֶּבֶשׂ
הָאֶחָד, בַּקֹּדֶשׁ הַסֵּךְ נֶסֶךְ שֵׁכָר לַיְיָ: וְאֵת הַכֶּבֶשׂ הַשֵּׁנִי תַּעֲשֶׂה בֵּין
הָעַרְבָּיִם, כְּמִנְחַת הַבֹּקֶר וּכְנִסְכּוֹ תַּעֲשֶׂה, אִשֵּׁה רֵיחַ נִיחֹחַ לַיְיָ:[1]

וְשָׁחַט אֹתוֹ עַל יֶרֶךְ הַמִּזְבֵּחַ צָפֹנָה לִפְנֵי יְיָ, וְזָרְקוּ בְּנֵי אַהֲרֹן
הַכֹּהֲנִים אֶת דָּמוֹ עַל הַמִּזְבֵּחַ סָבִיב:[2]

KETORET — INCENSE

אַתָּה הוּא יְיָ אֱלֹהֵינוּ וֵאלֹהֵי אֲבוֹתֵינוּ, שֶׁהִקְטִירוּ אֲבוֹתֵינוּ לְפָנֶיךָ אֶת
קְטֹרֶת הַסַּמִּים בִּזְמַן שֶׁבֵּית הַמִּקְדָּשׁ קַיָּם, כַּאֲשֶׁר צִוִּיתָ אוֹתָם
עַל יַד מֹשֶׁה נְבִיאֶךָ, כַּכָּתוּב בְּתוֹרָתֶךָ:

וַיֹּאמֶר יְיָ אֶל מֹשֶׁה, קַח לְךָ סַמִּים, נָטָף, וּשְׁחֵלֶת, וְחֶלְבְּנָה, סַמִּים,
וּלְבֹנָה זַכָּה, בַּד בְּבַד יִהְיֶה: וְעָשִׂיתָ אֹתָהּ קְטֹרֶת, רֹקַח
מַעֲשֵׂה רוֹקֵחַ, מְמֻלָּח טָהוֹר קֹדֶשׁ: וְשָׁחַקְתָּ מִמֶּנָּה הָדֵק, וְנָתַתָּה
מִמֶּנָּה לִפְנֵי הָעֵדֻת בְּאֹהֶל מוֹעֵד, אֲשֶׁר אִוָּעֵד לְךָ שָׁמָּה, קֹדֶשׁ
קָדָשִׁים תִּהְיֶה לָכֶם:[3] וְנֶאֱמַר: וְהִקְטִיר עָלָיו אַהֲרֹן קְטֹרֶת סַמִּים,
בַּבֹּקֶר בַּבֹּקֶר בְּהֵיטִיבוֹ אֶת הַנֵּרֹת יַקְטִירֶנָּה: וּבְהַעֲלֹת אַהֲרֹן אֶת
הַנֵּרֹת בֵּין הָעַרְבַּיִם יַקְטִירֶנָּה, קְטֹרֶת תָּמִיד לִפְנֵי יְיָ לְדֹרֹתֵיכֶם:[4]

תָּנוּ רַבָּנָן,[5] פִּטּוּם הַקְּטֹרֶת כֵּיצַד: שְׁלֹשׁ מֵאוֹת וְשִׁשִּׁים וּשְׁמוֹנָה
מָנִים הָיוּ בָהּ. שְׁלֹשׁ מֵאוֹת וְשִׁשִּׁים וַחֲמִשָּׁה כְּמִנְיַן יְמוֹת

---

1. Numbers 28:1-8.   2. Leviticus 1:11.   3. Exodus 30:34-36.   4. Ibid. 30:7-8.   5. V. Keritot
6a-b; Yerushalmi, Yoma 4:5.

KORBANOT — OFFERINGS

Korbanot and *Ketoret* are recited before the *minyan* begins *Ashrei* (page 11).

וידבר And the Lord spoke to Moses, saying: Command the children of Israel and say to them: My offering, My food-offering consumed by fire, a pleasing odor to Me, you shall be careful to offer Me at its appointed time. And you shall say to them: This is the fire-offering which you shall offer to the Lord—two yearling male lambs without blemish, every day, as a daily burnt-offering. You shall offer one lamb in the morning, and the other lamb toward evening; and a tenth of an *ephah* of fine flour mixed with a fourth of a *hin* of oil of crushed olives as a meal-offering. This is a daily burnt-offering, as it was made at Mount Sinai, for a pleasing odor, a fire-offering to the Lord. And its wine-offering shall be a fourth of a *hin* for the one lamb; in the Sanctuary you shall pour out a wine-offering of strong wine to the Lord. And you shall offer the other lamb toward evening, with the same meal-offering and the same wine-offering as in the morning, to be a fire-offering of pleasing odor to the Lord.[1]

ושחט He shall slaughter it on the north side of the altar before the Lord; and Aaron's sons, the Kohanim, shall sprinkle its blood all around the altar.[2]

KETORET — INCENSE

אתה You are the Lord our God and God of our fathers before whom our ancestors burned the offering of incense when the Bet Hamikdash stood, as You have commanded them through Moses Your prophet, as it is written in Your Torah:

ויאמר The Lord said to Moses: Take fragrant spices, stacte, onycha, and galbanum, fragrant spices, and pure frankincense; there shall be an equal weight of each. And you shall make it into incense, a compound expertly blended, well-mingled, pure and holy. You shall grind some of it very fine, and put some of it before the Ark in the Tabernacle, where I will meet with you; most holy shall it be to you.[3] And it is written: Aaron shall burn upon the altar the incense of fragrant spices; every morning when he cleans the lamps [of the menorah], he shall burn it. And toward evening, when Aaron lights the menorah, he shall burn it; this is a continual incense-offering before the Lord throughout your generations.[4]

תנו The Rabbis have taught:[5] How was the incense prepared? It weighed 368 *manim*: 365 corresponding to the number of days in the

הַחַמָּה, מָנֶה לְכָל יוֹם פְּרַס בְּשַׁחֲרִית וּפְרַס בֵּין הָעַרְבָּיִם, וּשְׁלֹשָׁה מָנִים יְתֵרִים, שֶׁמֵּהֶם מַכְנִיס כֹּהֵן גָּדוֹל מְלֹא חָפְנָיו בְּיוֹם הַכִּפּוּרִים, וּמַחֲזִירָן לְמַכְתֶּשֶׁת בְּעֶרֶב יוֹם הַכִּפּוּרִים, וְשׁוֹחֲקָן יָפֶה יָפֶה כְּדֵי שֶׁתְּהֵא דַקָּה מִן הַדַּקָּה. וְאַחַד עָשָׂר סַמָּנִים הָיוּ בָהּ. וְאֵלּוּ הֵן: 1) הַצֳּרִי 2) וְהַצִּפֹּרֶן 3) הַחֶלְבְּנָה 4) וְהַלְּבוֹנָה מִשְׁקַל שִׁבְעִים שִׁבְעִים מָנֶה, 5) מוֹר 6) וּקְצִיעָה 7) שִׁבֹּלֶת נֵרְדְּ 8) וְכַרְכֹּם מִשְׁקַל שִׁשָּׁה עָשָׂר שִׁשָּׁה עָשָׂר מָנֶה, 9) הַקֹּשְׁטְ שְׁנֵים עָשָׂר, 10) קִלּוּפָה שְׁלֹשָׁה, 11) קִנָּמוֹן תִּשְׁעָה. בֹּרִית כַּרְשִׁינָה תִּשְׁעָה קַבִּין, יֵין קַפְרִיסִין סְאִין תְּלָתָא וְקַבִּין תְּלָתָא, וְאִם אֵין לוֹ יֵין קַפְרִיסִין מֵבִיא חֲמַר חִוַּרְיָן עַתִּיק. מֶלַח סְדוֹמִית רוֹבַע, מַעֲלֶה עָשָׁן כָּל שֶׁהוּא. רַבִּי נָתָן הַבַּבְלִי אוֹמֵר: אַף כִּפַּת הַיַּרְדֵּן כָּל שֶׁהִיא, וְאִם נָתַן בָּהּ דְּבַשׁ פְּסָלָהּ, וְאִם חִסַּר אֶחָד מִכָּל סַמָּנֶיהָ חַיָּב מִיתָה:

רַבָּן שִׁמְעוֹן בֶּן גַּמְלִיאֵל אוֹמֵר: הַצֳּרִי אֵינוֹ אֶלָּא שְׂרָף הַנּוֹטֵף מֵעֲצֵי הַקְּטָף, בֹּרִית כַּרְשִׁינָה שֶׁשָּׁפִין בָּהּ אֶת הַצִּפֹּרֶן, כְּדֵי שֶׁתְּהֵא נָאָה; יֵין קַפְרִיסִין שֶׁשּׁוֹרִין בּוֹ אֶת הַצִּפֹּרֶן כְּדֵי שֶׁתְּהֵא עַזָּה. וַהֲלֹא מֵי רַגְלַיִם יָפִין לָהּ, אֶלָּא שֶׁאֵין מַכְנִיסִין מֵי רַגְלַיִם בַּמִּקְדָּשׁ מִפְּנֵי הַכָּבוֹד:

תַּנְיָא רַבִּי נָתָן אוֹמֵר: כְּשֶׁהוּא שׁוֹחֵק אוֹמֵר: הָדֵק הֵיטֵב, הֵיטֵב הָדֵק, מִפְּנֵי שֶׁהַקּוֹל יָפֶה לַבְּשָׂמִים. פִּטְּמָהּ לַחֲצָאִין כְּשֵׁרָה, לִשְׁלִישׁ וְלִרְבִיעַ, לֹא שָׁמַעְנוּ. אָמַר רַבִּי יְהוּדָה, זֶה הַכְּלָל: אִם כְּמִדָּתָהּ כְּשֵׁרָה לַחֲצָאִין. וְאִם חִסַּר אֶחָד מִכָּל סַמָּנֶיהָ חַיָּב מִיתָה:

תַּנְיָא בַּר קַפָּרָא אוֹמֵר: אַחַת לְשִׁשִּׁים אוֹ לְשִׁבְעִים שָׁנָה הָיְתָה בָאָה שֶׁל שִׁירַיִם לַחֲצָאִין. וְעוֹד תָּנֵי בַּר קַפָּרָא, אִלּוּ הָיָה נוֹתֵן בָּהּ קוֹרְטוֹב שֶׁל דְּבַשׁ, אֵין אָדָם יָכוֹל לַעֲמוֹד מִפְּנֵי רֵיחָהּ, וְלָמָּה אֵין מְעָרְבִין בָּהּ דְּבַשׁ, מִפְּנֵי שֶׁהַתּוֹרָה אָמְרָה, כִּי כָל שְׂאֹר וְכָל דְּבַשׁ לֹא תַקְטִירוּ מִמֶּנּוּ אִשֶּׁה לַייָ:[1]

1. Leviticus 2:11.

solar year, one *maneh* for each day—half a *maneh* to be offered in the morning and half toward evening; and the other three *manim* from which the Kohen Gadol took two handfuls [into the Holy of Holies] on Yom Kippur. These [three *manim*] were put back into the mortar on the day before Yom Kippur and ground again very thoroughly so as to make the incense extremely fine. The incense contained the following eleven kinds of spices: 1) balm, 2) onycha, 3) galbanum, 4) frankincense—each one weighing seventy *maneh*; 5) myrrh, 6) cassia, 7) spikenard, 8) saffron—each weighing sixteen *maneh*; 9) costus, twelve *maneh*; 10) aromatic bark, three [*maneh*]; 11) cinnamon, nine [*maneh*]. [Also used in the preparation of the incense were:] lye of Carshinah, nine *kabin*; Cyprus wine, three *se'in* and three *kabin*—if Cyprus wine was not available, strong white wine might be used instead; salt of Sodom, a fourth of a *kab*; and a minute quantity of a smoke-raising herb. Rabbi Nathan the Babylonian says: A minute quantity of Jordan amber was also added. If, however, honey were added, the incense became unfit; while if one left out any one of the ingredients, he was liable to the penalty of death.

רבן Rabban Shimon ben Gamliel says: The balm is no other than a resin which exudes from the balsam trees. The lye of Carshinah was used for rubbing on the onycha to refine its appearance. The Cyprus wine was used in which to steep the onycha to make its odor more pungent. Though the water of Raglayim might have served that purpose well, it would be disrespectful to bring it into the Bet Hamikdash.

תניא It has been taught, Rabbi Nathan says: While the Kohen was grinding the incense, the overseer would say, "Grind it fine, grind it fine," because the [rhythmic] sound is good for the compounding of the spices. If only half the yearly required quantity of incense was prepared, it was fit for use; but we have not heard if it was permissible to prepare only a third or a fourth of it. Rabbi Yehudah said: The general rule is that if the incense was compounded in its correct proportions, it was fit for use even if only half the annually required quantity was prepared; if, however, one left out any one of its ingredients, he was liable to the penalty of death.

תניא It has been taught, Bar Kappara says: Once in sixty or seventy years, half of the required yearly quantity of incense came from the accumulated surpluses [from the three *maneh* out of which the High Priest took two handfuls on Yom Kippur]. Bar Kappara also taught: Had a minute quantity of honey been mixed into the incense, no one could have resisted the scent. Why then was no honey mixed with it? Because the Torah said: You shall present no leaven nor honey as an offering by fire to the Lord.[1]

—Say three times יְיָ צְבָאוֹת עִמָּנוּ, מִשְׂגָּב לָנוּ אֱלֹהֵי יַעֲקֹב סֶלָה:[1]
—Say three times יְיָ צְבָאוֹת, אַשְׁרֵי אָדָם בֹּטֵחַ בָּךְ:[2]
—Say three times יְיָ הוֹשִׁיעָה, הַמֶּלֶךְ יַעֲנֵנוּ בְיוֹם קָרְאֵנוּ:[3]

וְעָרְבָה לַייָ מִנְחַת יְהוּדָה וִירוּשָׁלָיִם, כִּימֵי עוֹלָם וּכְשָׁנִים קַדְמוֹנִיּוֹת:[4]

When reciting אָנָּא בְּכֹחַ, look at—or visualize—the Divine Names formed by the acronyms of the words (as they appear in the left column), but do not say them.

אָנָּא, בְּכֹחַ גְּדֻלַּת יְמִינְךָ, תַּתִּיר צְרוּרָה. אב״ג ית״ץ
קַבֵּל רִנַּת עַמְּךָ, שַׂגְּבֵנוּ, טַהֲרֵנוּ, נוֹרָא. קר״ע שט״ן
נָא גִבּוֹר, דּוֹרְשֵׁי יִחוּדְךָ, כְּבָבַת שָׁמְרֵם. נג״ד יכ״ש
בָּרְכֵם, טַהֲרֵם, רַחֲמֵי צִדְקָתְךָ תָּמִיד גָּמְלֵם. בט״ר צת״ג
חֲסִין קָדוֹשׁ, בְּרוֹב טוּבְךָ נַהֵל עֲדָתֶךָ. חק״ב טנ״ע
יָחִיד, גֵּאֶה, לְעַמְּךָ פְּנֵה, זוֹכְרֵי קְדֻשָּׁתֶךָ. יג״ל פז״ק
שַׁוְעָתֵנוּ קַבֵּל, וּשְׁמַע צַעֲקָתֵנוּ, יוֹדֵעַ תַּעֲלוּמוֹת. שק״ו צי״ת
בָּרוּךְ שֵׁם כְּבוֹד מַלְכוּתוֹ לְעוֹלָם וָעֶד:

ASHREI

אַשְׁרֵי יוֹשְׁבֵי בֵיתֶךָ, עוֹד יְהַלְלוּךָ סֶּלָה:[5] אַשְׁרֵי הָעָם שֶׁכָּכָה לּוֹ, אַשְׁרֵי הָעָם שֶׁיְיָ אֱלֹהָיו:[6] תְּהִלָּה לְדָוִד, אֲרוֹמִמְךָ אֱלוֹהַי הַמֶּלֶךְ, וַאֲבָרְכָה שִׁמְךָ לְעוֹלָם וָעֶד: בְּכָל יוֹם אֲבָרְכֶךָּ, וַאֲהַלְלָה שִׁמְךָ לְעוֹלָם וָעֶד: גָּדוֹל יְיָ וּמְהֻלָּל מְאֹד, וְלִגְדֻלָּתוֹ אֵין חֵקֶר: דּוֹר לְדוֹר יְשַׁבַּח מַעֲשֶׂיךָ, וּגְבוּרֹתֶיךָ יַגִּידוּ: הֲדַר כְּבוֹד הוֹדֶךָ, וְדִבְרֵי נִפְלְאֹתֶיךָ אָשִׂיחָה: וֶעֱזוּז נוֹרְאוֹתֶיךָ יֹאמֵרוּ, וּגְדֻלָּתְךָ אֲסַפְּרֶנָּה: זֵכֶר רַב טוּבְךָ יַבִּיעוּ, וְצִדְקָתְךָ יְרַנֵּנוּ: חַנּוּן וְרַחוּם יְיָ, אֶרֶךְ אַפַּיִם וּגְדָל חָסֶד: טוֹב יְיָ לַכֹּל,

1. Psalms 46:8. 2. Ibid. 84:13. 3. Ibid. 20:10. 4. Malachi 3:4. 5. Psalms 84:5. 6. Ibid. 144:15.

Say three times: יי The Lord of hosts is with us; the God of Jacob is our stronghold forever.[1]

Say three times: יי Lord of hosts, happy is the man who trusts in You.[2]

Say three times: יי Lord, deliver us; may the King answer us on the day we call.[3]

וערבה Then shall the offering of Judah and Jerusalem be pleasing to the Lord, as in the days of old and as in bygone years.[4]

אנא We implore You, by the great power of Your right hand, release the captive. Accept the prayer of Your people; strengthen us, purify us, Awesome One. Mighty One, we beseech You, guard as the apple of the eye those who seek Your Oneness. Bless them, cleanse them; bestow upon them forever Your merciful righteousness. Powerful, Holy One, in Your abounding goodness, guide Your congregation. Only and Exalted One, turn to Your people who are mindful of Your holiness. Accept our supplication and hear our cry, You who knows secret thoughts. Blessed be the name of the glory of His kingdom forever and ever.

ASHREI

Transliteration, page 333.

אשרי Happy are those who dwell in Your House; they will yet praise You forever.[5] Happy is the people whose lot is thus; happy is the people whose God is the Lord.[6] A psalm of praise by David: I will exalt You, my God the King, and bless Your Name forever. Every day I will bless You, and extol Your Name forever. The Lord is great and exceedingly exalted, and there is no limit to His greatness. One generation to another will laud Your works, and tell of Your mighty acts. I will speak of the splendor of Your glorious majesty and of Your wondrous deeds. They will proclaim the might of Your awesome acts, and I will recount Your greatness. They will express the remembrance of Your abounding goodness, and sing of Your righteousness. The Lord is gracious and compassionate, slow to anger and of great kindness. The Lord is good to all, and His mercies extend

וְרַחֲמָיו עַל כָּל מַעֲשָׂיו: יוֹדְוּךָ יְיָ כָּל מַעֲשֶׂיךָ, וַחֲסִידֶיךָ יְבָרְכוּכָה: כְּבוֹד מַלְכוּתְךָ יֹאמֵרוּ, וּגְבוּרָתְךָ יְדַבֵּרוּ: לְהוֹדִיעַ לִבְנֵי הָאָדָם גְּבוּרֹתָיו, וּכְבוֹד הֲדַר מַלְכוּתוֹ: מַלְכוּתְךָ מַלְכוּת כָּל עֹלָמִים, וּמֶמְשַׁלְתְּךָ בְּכָל דּוֹר וָדֹר: סוֹמֵךְ יְיָ לְכָל הַנֹּפְלִים, וְזוֹקֵף לְכָל הַכְּפוּפִים: עֵינֵי כֹל אֵלֶיךָ יְשַׂבֵּרוּ, וְאַתָּה נוֹתֵן לָהֶם אֶת אָכְלָם בְּעִתּוֹ: פּוֹתֵחַ אֶת יָדֶךָ, וּמַשְׂבִּיעַ לְכָל חַי רָצוֹן: צַדִּיק יְיָ בְּכָל דְּרָכָיו, וְחָסִיד בְּכָל מַעֲשָׂיו: קָרוֹב יְיָ לְכָל קֹרְאָיו, לְכֹל אֲשֶׁר יִקְרָאֻהוּ בֶאֱמֶת: רְצוֹן יְרֵאָיו יַעֲשֶׂה, וְאֶת שַׁוְעָתָם יִשְׁמַע וְיוֹשִׁיעֵם: שׁוֹמֵר יְיָ אֶת כָּל אֹהֲבָיו, וְאֵת כָּל הָרְשָׁעִים יַשְׁמִיד: תְּהִלַּת יְיָ יְדַבֶּר פִּי, וִיבָרֵךְ כָּל בָּשָׂר שֵׁם קָדְשׁוֹ לְעוֹלָם וָעֶד:[1] וַאֲנַחְנוּ נְבָרֵךְ יָהּ, מֵעַתָּה וְעַד עוֹלָם, הַלְלוּיָהּ:[2]

Chazzan recites Half Kaddish. Congregation responds אָמֵן as indicated.

יִתְגַּדַּל וְיִתְקַדַּשׁ שְׁמֵהּ רַבָּא. (Cong—אָמֵן) בְּעָלְמָא דִּי בְרָא כִרְעוּתֵהּ וְיַמְלִיךְ מַלְכוּתֵהּ, וְיַצְמַח פּוּרְקָנֵהּ וִיקָרֵב מְשִׁיחֵהּ. (Cong—אָמֵן) בְּחַיֵּיכוֹן וּבְיוֹמֵיכוֹן וּבְחַיֵּי דְכָל בֵּית יִשְׂרָאֵל, בַּעֲגָלָא וּבִזְמַן קָרִיב וְאִמְרוּ אָמֵן:

(Cong—אָמֵן. יְהֵא שְׁמֵהּ רַבָּא מְבָרַךְ לְעָלַם וּלְעָלְמֵי עָלְמַיָּא, יִתְבָּרַךְ.)

יְהֵא שְׁמֵהּ רַבָּא מְבָרַךְ לְעָלַם וּלְעָלְמֵי עָלְמַיָּא. יִתְבָּרַךְ, וְיִשְׁתַּבַּח, וְיִתְפָּאַר, וְיִתְרוֹמַם, וְיִתְנַשֵּׂא, וְיִתְהַדָּר, וְיִתְעַלֶּה, וְיִתְהַלָּל, שְׁמֵהּ דְּקוּדְשָׁא בְּרִיךְ הוּא. (Cong—אָמֵן) לְעֵלָּא מִן כָּל בִּרְכָתָא וְשִׁירָתָא, תֻּשְׁבְּחָתָא וְנֶחֱמָתָא, דַּאֲמִירָן בְּעָלְמָא, וְאִמְרוּ אָמֵן: (Cong—אָמֵן)

1. Psalm 145. 2. Ibid. 115:18.

over all His works. Lord, all Your works will give thanks to You, and Your pious ones will bless You. They will declare the glory of Your kingdom, and tell of Your strength. To make known to men His mighty acts, and the glorious majesty of His kingdom. Your kingship is a kingship over all worlds, and Your dominion is throughout all generations. The Lord supports all who fall, and makes erect all who are bent. The eyes of all look expectantly to You, and You give them their food at the proper time. You open Your hand and satisfy the desire of every living thing. The Lord is righteous in all His ways, and benevolent in all His deeds. The Lord is close to all who call upon Him, to all who call upon Him in truth. He fulfills the desire of those who fear Him, hears their cry, and delivers them. The Lord watches over all who love Him, and will destroy all the wicked. My mouth will utter the praise of the Lord, and let all flesh bless His holy Name forever.[1] And we will bless the Lord from now to eternity. Praise the Lord.[2]

Chazzan recites Half Kaddish. Congregation responds Amen as indicated.

יתגדל Exalted and hallowed be His great Name (Cong: Amen) throughout the world which He has created according to His will. May He establish His kingship, bring forth His redemption and hasten the coming of His Mashiach (Cong: Amen) in your lifetime and in your days and in the lifetime of the entire House of Israel, speedily and soon, and say, Amen.

(Cong: Amen. May His great Name be blessed forever and to all eternity. Blessed.)

May His great Name be blessed forever and to all eternity. Blessed and praised, glorified, exalted and extolled, honored, adored and lauded be the Name of the Holy One, blessed be He, (Cong: Amen) beyond all the blessings, hymns, praises and consolations that are uttered in the world; and say, Amen. (Cong: Amen)

THE AMIDAH

While praying, concentrate on the meaning of the words. Remember that you stand before the Divine Presence. Remove any distracting thoughts, allowing the mind to remain focused on prayer. Before beginning the Amidah, take three steps back, then three steps forward. Recite the Amidah quietly—but audibly—while standing with feet together. Throughout the Amidah, ending on page 19, interruptions of any form are forbidden.

אֲדֹנָי, שְׂפָתַי תִּפְתָּח וּפִי יַגִּיד תְּהִלָּתֶךָ:[1]

Bend knees at בָּרוּךְ; bow at אַתָּה; straighten up at יְיָ.

בָּרוּךְ אַתָּה יְיָ, אֱלֹהֵינוּ וֵאלֹהֵי אֲבוֹתֵינוּ, אֱלֹהֵי אַבְרָהָם, אֱלֹהֵי יִצְחָק, וֵאלֹהֵי יַעֲקֹב, הָאֵל הַגָּדוֹל הַגִּבּוֹר וְהַנּוֹרָא, אֵל עֶלְיוֹן, גּוֹמֵל חֲסָדִים טוֹבִים, קוֹנֵה הַכֹּל, וְזוֹכֵר חַסְדֵי אָבוֹת, וּמֵבִיא גוֹאֵל לִבְנֵי בְנֵיהֶם, לְמַעַן שְׁמוֹ בְּאַהֲבָה:

Bend knees at בָּרוּךְ; bow at אַתָּה; straighten up at יְיָ.

מֶלֶךְ עוֹזֵר וּמוֹשִׁיעַ וּמָגֵן. בָּרוּךְ אַתָּה יְיָ, מָגֵן אַבְרָהָם:

אַתָּה גִּבּוֹר לְעוֹלָם אֲדֹנָי, מְחַיֵּה מֵתִים אַתָּה, רַב לְהוֹשִׁיעַ. מוֹרִיד הַטָּל.

מְכַלְכֵּל חַיִּים בְּחֶסֶד, מְחַיֵּה מֵתִים בְּרַחֲמִים רַבִּים, סוֹמֵךְ נוֹפְלִים, וְרוֹפֵא חוֹלִים, וּמַתִּיר אֲסוּרִים, וּמְקַיֵּם אֱמוּנָתוֹ לִישֵׁנֵי עָפָר. מִי כָמוֹךָ בַּעַל גְּבוּרוֹת, וּמִי דוֹמֶה לָּךְ, מֶלֶךְ מֵמִית וּמְחַיֶּה וּמַצְמִיחַ יְשׁוּעָה: וְנֶאֱמָן אַתָּה לְהַחֲיוֹת מֵתִים. בָּרוּךְ אַתָּה יְיָ, מְחַיֵּה הַמֵּתִים:

---

1. Psalms 51:17.

THE AMIDAH

While praying, concentrate on the meaning of the words. Remember that you stand before the Divine Presence. Remove any distracting thoughts, allowing the mind to remain focused on prayer. Before beginning the Amidah, take three steps back, then three steps forward. Recite the Amidah quietly—but audibly—while standing with feet together. Throughout the Amidah, ending on page 19, interruptions of any form are forbidden.

אדני My Lord, open my lips, and my mouth shall declare Your praise.[1]

Bend knees at *Blessed*; bow at *You*; straighten up at *Lord*.

ברוך Blessed are You, Lord our God and God of our fathers, God of Abraham, God of Isaac and God of Jacob, the great, mighty and awesome God, exalted God, who bestows bountiful kindness, who creates all things, who remembers the piety of the Patriarchs, and who, in love, brings a redeemer to their children's children, for the sake of His Name.

Bend knees at *Blessed*; bow at *You*; straighten up at *Lord*.

O King, [You are] a helper, a savior and a shield. Blessed are You, Lord, Shield of Abraham.

אתה You are mighty forever, my Lord; You resurrect the dead; You are powerful to save. He causes the dew to descend.

מכלכל He sustains the living with lovingkindness, resurrects the dead with great mercy, supports the falling, heals the sick, releases the bound, and fulfills His trust to those who sleep in the dust. Who is like You, mighty One! And who can be compared to You, King, who brings death and restores life, and causes deliverance to spring forth! You are trustworthy to revive the dead. Blessed are You, Lord, who revives the dead.

KEDUSHAH

During the chazzan's repetition of the Amidah, Kedushah is recited. Stand with feet together, and avoid any interruption. Rise on the toes at the words קָדוֹשׁ ,קָדוֹשׁ ,קָדוֹשׁ; בָּרוּךְ; and יִמְלֹךְ.

— Cong. then chazzan
נַקְדִּישְׁךָ וְנַעֲרִיצְךָ כְּנֹעַם שִֽׂיחַ סוֹד שַׂרְפֵי קֹֽדֶשׁ הַמְשַׁלְּשִׁים לְךָ קְדֻשָּׁה, כַּכָּתוּב עַל יַד נְבִיאֶֽךָ, וְקָרָא זֶה אֶל זֶה וְאָמַר:

— Cong. then chazzan
קָדוֹשׁ, קָדוֹשׁ, קָדוֹשׁ יְיָ צְבָאוֹת, מְלֹא כָל הָאָֽרֶץ כְּבוֹדוֹ:[1]

— Chazzan
לְעֻמָּתָם מְשַׁבְּחִים וְאוֹמְרִים:

— Cong. then chazzan
בָּרוּךְ כְּבוֹד יְיָ מִמְּקוֹמוֹ:[2]

— Chazzan
וּבְדִבְרֵי קָדְשְׁךָ כָּתוּב לֵאמֹר:

— Cong. then chazzan
יִמְלֹךְ יְיָ לְעוֹלָם, אֱלֹהַֽיִךְ צִיּוֹן לְדֹר וָדֹר, הַלְלוּיָהּ:[3]

Remain standing with feet together until the chazzan concludes the following blessing.

אַתָּה קָדוֹשׁ וְשִׁמְךָ קָדוֹשׁ, וּקְדוֹשִׁים בְּכָל יוֹם יְהַלְּלֽוּךָ סֶּֽלָה. בָּרוּךְ אַתָּה יְיָ, הָאֵל הַקָּדוֹשׁ:

אַתָּה חוֹנֵן לְאָדָם דַּֽעַת, וּמְלַמֵּד לֶאֱנוֹשׁ בִּינָה. חָנֵּֽנוּ מֵאִתְּךָ חָכְמָה בִּינָה וָדָֽעַת. בָּרוּךְ אַתָּה יְיָ, חוֹנֵן הַדָּֽעַת:

הֲשִׁיבֵֽנוּ אָבִֽינוּ לְתוֹרָתֶֽךָ, וְקָרְבֵֽנוּ מַלְכֵּֽנוּ לַעֲבוֹדָתֶֽךָ, וְהַחֲזִירֵֽנוּ בִּתְשׁוּבָה שְׁלֵמָה לְפָנֶֽיךָ. בָּרוּךְ אַתָּה יְיָ, הָרוֹצֶה בִּתְשׁוּבָה:

סְלַח לָֽנוּ אָבִֽינוּ, כִּי חָטָֽאנוּ, מְחוֹל לָֽנוּ מַלְכֵּֽנוּ, כִּי פָשָֽׁעְנוּ, כִּי אֵל טוֹב וְסַלָּח אָֽתָּה. בָּרוּךְ אַתָּה יְיָ, חַנּוּן, הַמַּרְבֶּה לִסְלֹֽחַ:

---

1. Isaiah 6:3.   **2.** Ezekiel 3:12.   **3.** Psalms 146:10.

---

of the Lord from its place." יִמְלֹךְ The Lord shall reign forever; your God, O Zion, throughout all generations. Praise the Lord.

KEDUSHAH

During the chazzan's repetition of the Amidah, Kedushah is recited. Stand with feet together, and avoid any interruption. Rise on the toes at the words *Ködosh, ködosh, ködosh; Böruch;* and *Yimloch.*

Cong. then chazzan: נקדישך *Nak-dishöch v'na-aritzöch k'no-am si-ach sod sar'fay kodesh ha-m'shal'shim l'chö k'dushö, ka-kösuv al yad n'vi-echö v'körö ze el ze v'ömar,*

Cong. then chazzan: קדוש *Ködosh, ködosh, ködosh, adonöy tz'vö-os, m'lo chöl hö-öretz k'vodo.*[1]

Chazzan: Those facing them offer praise and say,

Cong. then chazzan: ברוך *Böruch k'vod adonöy mi-m'komo.*[2]

Chazzan: And in Your holy Scriptures it is written thus:

Cong. then chazzan: ימלך *Yimloch adonöy l'olöm eloha-yich tziyon l'dor vö-dor ha-l'luyöh.*[3]

Remain standing with feet together until the chazzan concludes the following blessing.

אתה You are holy and Your Name is holy, and holy beings praise You daily for all eternity. Blessed are You, Lord, the holy God.

אתה You graciously bestow knowledge upon man, and teach mortals understanding. Graciously bestow upon us from You wisdom, understanding, and knowledge. Blessed are You, Lord, who graciously bestows knowledge.

השיבנו Cause us to return, our Father, to Your Torah; draw us near, our King, to Your service; and bring us back to You in whole-hearted repentance. Blessed are You, Lord, who desires penitence.

סלח Pardon us, our Father, for we have sinned; forgive us, our King, for we have transgressed; for You are a good and forgiving God. Blessed are You, Lord, gracious One who pardons abundantly.

נקדישך We will hallow and adore You as the sweet words of the assembly of the holy Seraphim who thrice repeat "holy" unto You, as it is written by Your prophet: And they call one to another and say, קדוש "Holy, holy, holy is the Lord of hosts; the whole earth is full of His glory." ברוך "Blessed be the glory

רְאֵה נָא בְעָנְיֵנוּ וְרִיבָה רִיבֵנוּ, וּגְאָלֵנוּ מְהֵרָה לְמַעַן שְׁמֶךָ, כִּי אֵל גּוֹאֵל חָזָק אָתָּה. בָּרוּךְ אַתָּה יְיָ, גּוֹאֵל יִשְׂרָאֵל:

רְפָאֵנוּ יְיָ וְנֵרָפֵא, הוֹשִׁיעֵנוּ וְנִוָּשֵׁעָה, כִּי תְהִלָּתֵנוּ אָתָּה,[1] וְהַעֲלֵה אֲרוּכָה וּרְפוּאָה שְׁלֵמָה לְכָל מַכּוֹתֵינוּ, כִּי אֵל מֶלֶךְ רוֹפֵא נֶאֱמָן וְרַחֲמָן אָתָּה. בָּרוּךְ אַתָּה יְיָ, רוֹפֵא חוֹלֵי עַמּוֹ יִשְׂרָאֵל:

בָּרֵךְ עָלֵינוּ יְיָ אֱלֹהֵינוּ אֶת הַשָּׁנָה הַזֹּאת, וְאֶת כָּל מִינֵי תְבוּאָתָהּ[2] לְטוֹבָה, וְתֵן בְּרָכָה עַל פְּנֵי הָאֲדָמָה, וְשַׂבְּעֵנוּ מִטּוּבֶךָ, וּבָרֵךְ שְׁנָתֵנוּ כַּשָּׁנִים הַטּוֹבוֹת לִבְרָכָה, כִּי אֵל טוֹב וּמֵטִיב אַתָּה וּמְבָרֵךְ הַשָּׁנִים. בָּרוּךְ אַתָּה יְיָ, מְבָרֵךְ הַשָּׁנִים:

תְּקַע בְּשׁוֹפָר גָּדוֹל לְחֵרוּתֵנוּ, וְשָׂא נֵס לְקַבֵּץ גָּלֻיּוֹתֵינוּ, וְקַבְּצֵנוּ יַחַד מֵאַרְבַּע כַּנְפוֹת הָאָרֶץ לְאַרְצֵנוּ. בָּרוּךְ אַתָּה יְיָ, מְקַבֵּץ נִדְחֵי עַמּוֹ יִשְׂרָאֵל:

הָשִׁיבָה שׁוֹפְטֵינוּ כְּבָרִאשׁוֹנָה, וְיוֹעֲצֵינוּ כְּבַתְּחִלָּה,[3] וְהָסֵר מִמֶּנּוּ יָגוֹן וַאֲנָחָה, וּמְלוֹךְ עָלֵינוּ אַתָּה יְיָ לְבַדְּךָ בְּחֶסֶד וּבְרַחֲמִים, בְּצֶדֶק וּבְמִשְׁפָּט. בָּרוּךְ אַתָּה יְיָ, מֶלֶךְ אוֹהֵב צְדָקָה וּמִשְׁפָּט:

---

1. Cf. Jeremiah 17:14. **2.** One should have in mind wheat for *matzah*, the *etrog*, and wine for Kiddush. **3.** Cf. Isaiah 1:26.

ראה Behold our affliction and wage our battle; redeem us speedily for the sake of Your Name, for You, God, are the mighty redeemer. Blessed are You, Lord, Redeemer of Israel.

רפאנו Heal us, O Lord, and we will be healed; help us and we will be saved, for You are our praise.[1] Grant complete cure and healing to all our wounds, for You, Almighty King, are a faithful and merciful healer. Blessed are You, Lord, who heals the sick of His people Israel.

ברך Bless for us, Lord our God, this year and all the varieties of its produce for good;[2] and bestow blessing upon the face of the earth. Satisfy us from Your bounty and bless our year like other good years, for blessing; for You are a generous God who bestows goodness and blesses the years. Blessed are You, Lord, who blesses the years.

תקע Sound the great *shofar* for our freedom, raise a banner to gather our exiles, and bring us together from the four corners of the earth into our land. Blessed are You, Lord, who gathers the dispersed of His people Israel.

השיבה Restore our judges as in former times, and our counselors as of yore;[3] remove from us sorrow and sighing; and reign over us, You alone, O Lord, with kindness and compassion, with righteousness and justice. Blessed are You, Lord, King who loves righteousness and justice.

וְלַמַּלְשִׁינִים אַל תְּהִי תִקְוָה, וְכָל הַמִּינִים וְכָל הַזֵּדִים
כְּרֶגַע יֹאבֵדוּ, וְכָל אֹיְבֵי עַמְּךָ מְהֵרָה
יִכָּרֵתוּ, וּמַלְכוּת הָרִשְׁעָה מְהֵרָה תְעַקֵּר וּתְשַׁבֵּר וּתְמַגֵּר
וְתַכְנִיעַ בִּמְהֵרָה בְיָמֵינוּ. בָּרוּךְ אַתָּה יְיָ, שֹׁבֵר אֹיְבִים
וּמַכְנִיעַ זֵדִים:

עַל הַצַּדִּיקִים וְעַל הַחֲסִידִים, וְעַל זִקְנֵי עַמְּךָ בֵּית
יִשְׂרָאֵל, וְעַל פְּלֵיטַת בֵּית סוֹפְרֵיהֶם, וְעַל גֵּרֵי הַצֶּדֶק
וְעָלֵינוּ, יֶהֱמוּ נָא רַחֲמֶיךָ יְיָ אֱלֹהֵינוּ, וְתֵן שָׂכָר טוֹב
לְכָל הַבּוֹטְחִים בְּשִׁמְךָ בֶּאֱמֶת, וְשִׂים חֶלְקֵנוּ עִמָּהֶם,
וּלְעוֹלָם לֹא נֵבוֹשׁ כִּי בְךָ בָּטָחְנוּ. בָּרוּךְ אַתָּה יְיָ, מִשְׁעָן
וּמִבְטָח לַצַּדִּיקִים:

וְלִירוּשָׁלַיִם עִירְךָ בְּרַחֲמִים תָּשׁוּב, וְתִשְׁכּוֹן בְּתוֹכָהּ
כַּאֲשֶׁר דִּבַּרְתָּ, וְכִסֵּא דָוִד עַבְדְּךָ מְהֵרָה
בְתוֹכָהּ תָּכִין, וּבְנֵה אוֹתָהּ בְּקָרוֹב בְּיָמֵינוּ בִּנְיַן עוֹלָם.
בָּרוּךְ אַתָּה יְיָ, בּוֹנֵה יְרוּשָׁלָיִם:

אֶת צֶמַח דָּוִד עַבְדְּךָ מְהֵרָה תַצְמִיחַ, וְקַרְנוֹ תָּרוּם
בִּישׁוּעָתֶךָ, כִּי לִישׁוּעָתְךָ קִוִּינוּ כָּל הַיּוֹם. בָּרוּךְ
אַתָּה יְיָ, מַצְמִיחַ קֶרֶן יְשׁוּעָה:

שְׁמַע קוֹלֵנוּ יְיָ אֱלֹהֵינוּ, אָב הָרַחֲמָן רַחֵם עָלֵינוּ, וְקַבֵּל
בְּרַחֲמִים וּבְרָצוֹן אֶת תְּפִלָּתֵנוּ, כִּי אֵל שׁוֹמֵעַ
תְּפִלּוֹת וְתַחֲנוּנִים אָתָּה, וּמִלְּפָנֶיךָ מַלְכֵּנוּ רֵיקָם אַל
תְּשִׁיבֵנוּ. כִּי אַתָּה שׁוֹמֵעַ תְּפִלַּת כָּל פֶּה. בָּרוּךְ אַתָּה
יְיָ, שׁוֹמֵעַ תְּפִלָּה:

ולמלשינים Let there be no hope for informers, and may all the heretics and all the wicked instantly perish; may all the enemies of Your people be speedily extirpated; and may You swiftly uproot, break, crush, and subdue the reign of wickedness speedily in our days. Blessed are You, Lord, who crushes enemies and subdues the wicked.

על May Your mercies be aroused, Lord our God, upon the righteous, upon the pious, upon the elders of Your people the House of Israel, upon the remnant of their sages, upon the righteous proselytes, and upon us. Grant ample reward to all who truly trust in Your Name, and place our lot among them; may we never be disgraced, for we have put our trust in You. Blessed are You, Lord, the support and security of the righteous.

ולירושלים Return in mercy to Jerusalem Your city, and dwell therein as You have promised; speedily establish therein the throne of David Your servant; and rebuild it, soon in our days, as an everlasting edifice. Blessed are You, Lord, who rebuilds Jerusalem. Blessed are You Lord, who rebuilds Jerusalem.

את Speedily cause the scion of David Your servant to flourish, and increase his power by Your salvation, for we hope for Your salvation all day. Blessed are You, Lord, who causes the power of salvation to flourish.

שמע Hear our voice, Lord our God; merciful Father, have compassion upon us and accept our prayers in mercy and favor, for You are God who hears prayers and supplications; do not turn us away empty-handed from You, our King, for You hear the prayer of every-one. Blessed are You, Lord, who hears prayer.

רְצֵה יְיָ אֱלֹהֵינוּ בְּעַמְּךָ יִשְׂרָאֵל וְלִתְפִלָּתָם שְׁעֵה, וְהָשֵׁב הָעֲבוֹדָה לִדְבִיר בֵּיתֶךָ, וְאִשֵּׁי יִשְׂרָאֵל וּתְפִלָּתָם בְּאַהֲבָה תְקַבֵּל בְּרָצוֹן, וּתְהִי לְרָצוֹן תָּמִיד עֲבוֹדַת יִשְׂרָאֵל עַמֶּךָ:

וְתֶחֱזֶינָה עֵינֵינוּ בְּשׁוּבְךָ לְצִיּוֹן בְּרַחֲמִים. בָּרוּךְ אַתָּה יְיָ, הַמַּחֲזִיר שְׁכִינָתוֹ לְצִיּוֹן:

Bow at מוֹדִים; straighten up at יְיָ.

מוֹדִים אֲנַחְנוּ לָךְ, שָׁאַתָּה הוּא יְיָ אֱלֹהֵינוּ וֵאלֹהֵי אֲבוֹתֵינוּ לְעוֹלָם וָעֶד, צוּר חַיֵּינוּ, מָגֵן יִשְׁעֵנוּ, אַתָּה הוּא לְדוֹר וָדוֹר, נוֹדֶה לְּךָ וּנְסַפֵּר תְּהִלָּתֶךָ, עַל חַיֵּינוּ הַמְּסוּרִים בְּיָדֶךָ, וְעַל נִשְׁמוֹתֵינוּ הַפְּקוּדוֹת לָךְ, וְעַל נִסֶּיךָ שֶׁבְּכָל יוֹם עִמָּנוּ, וְעַל נִפְלְאוֹתֶיךָ וְטוֹבוֹתֶיךָ שֶׁבְּכָל עֵת, עֶרֶב וָבֹקֶר וְצָהֳרָיִם, הַטּוֹב, כִּי לֹא כָלוּ רַחֲמֶיךָ, הַמְרַחֵם, כִּי לֹא תַמּוּ חֲסָדֶיךָ, כִּי מֵעוֹלָם קִוִּינוּ לָךְ:

MODIM D'RABBANAN

During the repetition of the Amidah, while the chazzan recites מוֹדִים, the congregation recites the following, while bowing:

מוֹדִים אֲנַחְנוּ לָךְ, שָׁאַתָּה הוּא יְיָ אֱלֹהֵינוּ וֵאלֹהֵי אֲבוֹתֵינוּ, אֱלֹהֵי כָל בָּשָׂר, יוֹצְרֵנוּ, יוֹצֵר בְּרֵאשִׁית, בְּרָכוֹת וְהוֹדָאוֹת לְשִׁמְךָ הַגָּדוֹל וְהַקָּדוֹשׁ, עַל שֶׁהֶחֱיִיתָנוּ וְקִיַּמְתָּנוּ, כֵּן תְּחַיֵּנוּ וּתְקַיְּמֵנוּ, וְתֶאֱסוֹף גָּלֻיּוֹתֵינוּ לְחַצְרוֹת קָדְשֶׁךָ, וְנָשׁוּב אֵלֶיךָ לִשְׁמוֹר חֻקֶּיךָ, וְלַעֲשׂוֹת רְצוֹנֶךָ, וּלְעָבְדְךָ בְּלֵבָב שָׁלֵם, עַל שֶׁאֲנַחְנוּ מוֹדִים לָךְ, בָּרוּךְ אֵל הַהוֹדָאוֹת:

וְעַל כֻּלָּם יִתְבָּרַךְ וְיִתְרוֹמַם וְיִתְנַשֵּׂא שִׁמְךָ מַלְכֵּנוּ תָּמִיד לְעוֹלָם וָעֶד:

רצה Look with favor, Lord our God, on Your people Israel, and pay heed to their prayer; restore the service to Your Sanctuary, and accept with love and favor Israel's fire-offerings and prayer; and may the service of Your people Israel always find favor.

ותחזינה May our eyes behold Your return to Zion in mercy. Blessed are You, Lord, who restores His Divine Presence to Zion.

Bow at We thankfully acknowledge; *straighten up at* Lord.

מודים We thankfully acknowledge that You are the Lord our God and God of our fathers forever. You are the strength of our life, the shield of our salvation in every generation. We will give thanks to You and recount Your praise, evening, morning and noon, for our lives which are committed into Your hand, for our souls which are entrusted to You, for Your miracles which are with us daily, and for Your continual wonders and beneficences. You are the Beneficent One, for Your mercies never cease; the Merciful One, for Your kindnesses never end; for we always place our hope in You.

MODIM D'RABBANAN

During the repetition of the Amidah, while the chazzan recites *Modim*, the congregation recites the following, while bowing:

Transliteration, page 334.

מודים We thankfully acknowledge that You are the Lord our God and God of our fathers, the God of all flesh, our Creator and the Creator of all existence. We offer blessings and thanks to Your great and holy Name, for You have given us life and sustained us; so may You continue to grant us life and sustain us—gather our dispersed to the courtyards of Your Sanctuary, and we shall return to You to keep Your Laws, to do Your will, and to serve You with a perfect heart—for we thankfully acknowledge You. Blessed is God, who is worthy of thanks.

ועל And for all these, may Your Name, our King, be continually blessed, exalted, and extolled forever and all time.

וְכָל הַחַיִּים יוֹדוּךָ סֶּלָה, וִיהַלְלוּ שִׁמְךָ הַגָּדוֹל לְעוֹלָם כִּי טוֹב, הָאֵל יְשׁוּעָתֵנוּ וְעֶזְרָתֵנוּ סֶלָה, הָאֵל הַטּוֹב.

Bend knees at בָּרוּךְ; bow at אַתָּה; straighten up at יְיָ.

בָּרוּךְ אַתָּה יְיָ, הַטּוֹב שִׁמְךָ וּלְךָ נָאֶה לְהוֹדוֹת:

שִׂים שָׁלוֹם, טוֹבָה וּבְרָכָה, חַיִּים חֵן וָחֶסֶד וְרַחֲמִים, עָלֵינוּ וְעַל כָּל יִשְׂרָאֵל עַמֶּךָ. בָּרְכֵנוּ אָבִינוּ כֻּלָּנוּ כְּאֶחָד בְּאוֹר פָּנֶיךָ, כִּי בְאוֹר פָּנֶיךָ נָתַתָּ לָּנוּ יְיָ אֱלֹהֵינוּ תּוֹרַת חַיִּים וְאַהֲבַת חֶסֶד, וּצְדָקָה וּבְרָכָה וְרַחֲמִים וְחַיִּים וְשָׁלוֹם, וְטוֹב בְּעֵינֶיךָ לְבָרֵךְ אֶת עַמְּךָ יִשְׂרָאֵל בְּכָל עֵת וּבְכָל שָׁעָה בִּשְׁלוֹמֶךָ. בָּרוּךְ אַתָּה יְיָ, הַמְבָרֵךְ אֶת עַמּוֹ יִשְׂרָאֵל בַּשָּׁלוֹם:

[During the repetition of the Amidah, the chazzan recites the following verse silently.]

יִהְיוּ לְרָצוֹן אִמְרֵי פִי וְהֶגְיוֹן לִבִּי לְפָנֶיךָ, יְיָ צוּרִי וְגוֹאֲלִי:[1]

[The chazzan's repetition of the Amidah ends here.]

אֱלֹהַי, נְצוֹר לְשׁוֹנִי מֵרָע, וּשְׂפָתַי מִדַּבֵּר מִרְמָה,[2] וְלִמְקַלְלַי נַפְשִׁי תִדּוֹם, וְנַפְשִׁי כֶּעָפָר לַכֹּל תִּהְיֶה. פְּתַח לִבִּי בְּתוֹרָתֶךָ, וּבְמִצְוֹתֶיךָ תִּרְדּוֹף נַפְשִׁי, וְכָל הַחוֹשְׁבִים עָלַי רָעָה, מְהֵרָה הָפֵר עֲצָתָם וְקַלְקֵל מַחֲשַׁבְתָּם. יִהְיוּ כְּמוֹץ לִפְנֵי רוּחַ וּמַלְאַךְ יְיָ דּוֹחֶה.[3] לְמַעַן יֵחָלְצוּן יְדִידֶיךָ, הוֹשִׁיעָה יְמִינְךָ וַעֲנֵנִי.[4] עֲשֵׂה לְמַעַן שְׁמֶךָ, עֲשֵׂה לְמַעַן יְמִינֶךָ, עֲשֵׂה לְמַעַן תּוֹרָתֶךָ, עֲשֵׂה לְמַעַן קְדֻשָּׁתֶךָ.[5] יִהְיוּ לְרָצוֹן אִמְרֵי פִי וְהֶגְיוֹן לִבִּי לְפָנֶיךָ, יְיָ צוּרִי וְגוֹאֲלִי:[1]

Take three steps back, then bow left saying עֹשֶׂה שָׁלוֹם בִּמְרוֹמָיו, bow forward saying הוּא, bow right saying יַעֲשֶׂה שָׁלוֹם עָלֵינוּ, and bow forward saying וְעַל כָּל יִשְׂרָאֵל, וְאִמְרוּ אָמֵן.

עֹשֶׂה שָׁלוֹם בִּמְרוֹמָיו, הוּא יַעֲשֶׂה שָׁלוֹם עָלֵינוּ וְעַל כָּל יִשְׂרָאֵל, וְאִמְרוּ אָמֵן:

---

1. Psalms 19:15. **2.** Cf. Ibid. 34:14. **3.** Ibid. 35:5. **4.** Ibid. 60:7; 108:7. **5.** It is customary to recite a verse in which the first and last letters correspond to the first and last letters of one's own Hebrew name. For a list of verses, see page 318.

וכל And all living things shall forever thank You, and praise Your great Name eternally, for You are good. God, You are our everlasting salvation and help, O benevolent God.

Bend knees at Blessed; bow at You; straighten up at Lord.

Blessed are You, Lord, Beneficent is Your Name, and to You it is fitting to offer thanks.

שים Bestow peace, goodness, and blessing, life, graciousness, kindness, and mercy, upon us and upon all Your people Israel. Bless us, our Father, all of us as one, with the light of Your countenance, for by the light of Your countenance You gave us, Lord our God, the Torah of life and loving-kindness, righteousness, blessing, mercy, life and peace. May it be favorable in Your eyes to bless Your people Israel, at all times and at every moment, with Your peace. Blessed are You, Lord, who blesses His people Israel with peace.

[During the repetition of the Amidah, the chazzan recites the following verse silently.]

יהיו May the words of my mouth and the meditation of my heart be acceptable before You, Lord, my Strength and my Redeemer.[1]

[The chazzan's repetition of the Amidah ends here.]

אלהי My God, guard my tongue from evil, and my lips from speaking deceitfully.[2] Let my soul be silent to those who curse me; let my soul be as dust to all. Open my heart to Your Torah, and let my soul eagerly pursue Your commandments. As for all those who plot evil against me, hasten to annul their counsel and frustrate their design. Let them be as chaff before the wind; let the angel of the Lord thrust them away.[3] That Your beloved ones may be delivered, help with Your right hand and answer me.[4] Do it for the sake of Your Name; do it for the sake of Your right hand; do it for the sake of Your Torah; do it for the sake of Your holiness.[5] May the words of my mouth and the meditation of my heart be acceptable before You, Lord, my Strength and my Redeemer.[1]

Take three steps back, then bow left saying He who makes peace in His Heavens, bow forward saying may He, bow right saying make peace for us, and bow forward saying and for all Israel; and say, Amen.

עשה He who makes peace in His heavens, may He make peace for us and for all Israel; and say, Amen.

יְהִי רָצוֹן מִלְּפָנֶיךָ, יְיָ אֱלֹהֵינוּ וֵאלֹהֵי אֲבוֹתֵינוּ, שֶׁיִּבָּנֶה בֵּית הַמִּקְדָּשׁ בִּמְהֵרָה בְיָמֵינוּ, וְתֵן חֶלְקֵנוּ בְּתוֹרָתֶךָ:[1]

The individual's Amidah ends here. (The chazzan repeats the Amidah, starting on page 13; the congregation responds אָמֵן after each blessing.)

THE REPETITION OF THE AMIDAH

The congregation must listen attentively to the chazzan and respond אָמֵן at the conclusion of each blessing. If there are not at least nine men who respond אָמֵן after the blessings, it is tantamount to a blessing in vain. It is proper to respond with בָּרוּךְ הוּא וּבָרוּךְ שְׁמוֹ each time the chazzan says בָּרוּךְ אַתָּה יְיָ.

Chazzan recites Complete Kaddish. Congregation responds אָמֵן as indicated.

יִתְגַּדַּל וְיִתְקַדַּשׁ שְׁמֵהּ רַבָּא. (Cong—אָמֵן) בְּעָלְמָא דִּי בְרָא כִרְעוּתֵהּ וְיַמְלִיךְ מַלְכוּתֵהּ, וְיַצְמַח פֻּרְקָנֵהּ וִיקָרֵב מְשִׁיחֵהּ. (Cong—אָמֵן) בְּחַיֵּיכוֹן וּבְיוֹמֵיכוֹן וּבְחַיֵּי דְכָל בֵּית יִשְׂרָאֵל, בַּעֲגָלָא וּבִזְמַן קָרִיב וְאִמְרוּ אָמֵן:

(Cong—אָמֵן. יְהֵא שְׁמֵהּ רַבָּא מְבָרַךְ לְעָלַם וּלְעָלְמֵי עָלְמַיָּא, יִתְבָּרַךְ.)

יְהֵא שְׁמֵהּ רַבָּא מְבָרַךְ לְעָלַם וּלְעָלְמֵי עָלְמַיָּא. יִתְבָּרַךְ, וְיִשְׁתַּבַּח, וְיִתְפָּאַר, וְיִתְרוֹמַם, וְיִתְנַשֵּׂא, וְיִתְהַדָּר וְיִתְעַלֶּה, וְיִתְהַלָּל, שְׁמֵהּ דְּקֻדְשָׁא בְּרִיךְ הוּא. (Cong—אָמֵן) לְעֵלָּא מִן כָּל בִּרְכָתָא וְשִׁירָתָא, תֻּשְׁבְּחָתָא וְנֶחֱמָתָא, דַּאֲמִירָן בְּעָלְמָא, וְאִמְרוּ אָמֵן: (Cong—אָמֵן)

תִּתְקַבֵּל צְלוֹתְהוֹן וּבָעוּתְהוֹן דְּכָל בֵּית יִשְׂרָאֵל, קֳדָם אֲבוּהוֹן דִּי בִשְׁמַיָּא, וְאִמְרוּ אָמֵן: (Cong—אָמֵן) יְהֵא שְׁלָמָא רַבָּא מִן שְׁמַיָּא וְחַיִּים טוֹבִים עָלֵינוּ וְעַל כָּל יִשְׂרָאֵל, וְאִמְרוּ אָמֵן: (Cong—אָמֵן)

Take three steps back, then bow right saying עֹשֶׂה שָׁלוֹם בִּמְרוֹמָיו, bow forward saying הוּא, bow left saying יַעֲשֶׂה שָׁלוֹם עָלֵינוּ, and bow forward saying וְעַל כָּל יִשְׂרָאֵל, וְאִמְרוּ אָמֵן.

עֹשֶׂה שָׁלוֹם בִּמְרוֹמָיו, הוּא יַעֲשֶׂה שָׁלוֹם עָלֵינוּ וְעַל כָּל יִשְׂרָאֵל, וְאִמְרוּ אָמֵן: (Cong—אָמֵן)

1. Avot 5:20.

יהי May it be Your will, Lord our God and God of our fathers, that the Bet Hamikdash be speedily rebuilt in our days, and grant us our portion in Your Torah.[1]

The individual's Amidah ends here. (The chazzan repeats the Amidah, starting on page 13; the congregation responds Amen after each blessing.)

THE REPETITION OF THE AMIDAH

The congregation must listen attentively to the chazzan and respond Amen at the conclusion of each blessing. If there are not at least nine men who respond Amen after the blessings, it is tantamount to a blessing in vain. It is proper to respond with "Boruch Hu u'Voruch Shemo" ("Blessed is He and Blessed is His Name") each time the chazzan says *Blessed are You, Lord*.

Chazzan recites Complete Kaddish. Congregation responds Amen as indicated.

יתגדל Exalted and hallowed be His great Name (Cong: Amen) throughout the world which He has created according to His will. May He establish His kingship, bring forth His redemption and hasten the coming of His Mashiach (Cong: Amen) in your lifetime and in your days and in the lifetime of the entire House of Israel, speedily and soon, and say, Amen.

(Cong: Amen. May His great Name be blessed forever and to all eternity. Blessed.)

May His great Name be blessed forever and to all eternity. Blessed and praised, glorified, exalted and extolled, honored, adored and lauded be the Name of the Holy One, blessed be He, (Cong: Amen) beyond all the blessings, hymns, praises and consolations that are uttered in the world; and say, Amen. (Cong: Amen)

May the prayers and supplications of the entire House of Israel be accepted before their Father in heaven; and say, Amen. (Cong: Amen) May there be abundant peace from heaven, and a good life for us and for all Israel; and say, Amen. (Cong: Amen)

Take three steps back, then bow right saying *He who makes peace in His Heavens*, bow forward saying *may He*, bow left saying *make peace for us*, and bow forward saying *and for all Israel; and say, Amen*.

He who makes peace in His heavens, may He make peace for us and for all Israel; and say, Amen. (Cong: Amen)

לְדָוִד, יְיָ אוֹרִי וְיִשְׁעִי מִמִּי אִירָא, יְיָ מָעוֹז חַיַּי מִמִּי אֶפְחָד: בִּקְרֹב עָלַי מְרֵעִים לֶאֱכֹל אֶת בְּשָׂרִי, צָרַי וְאֹיְבַי לִי, הֵמָּה כָשְׁלוּ וְנָפָלוּ: אִם תַּחֲנֶה עָלַי מַחֲנֶה לֹא יִירָא לִבִּי, אִם תָּקוּם עָלַי מִלְחָמָה, בְּזֹאת[1] אֲנִי בוֹטֵחַ: אַחַת שָׁאַלְתִּי מֵאֵת יְיָ, אוֹתָהּ אֲבַקֵּשׁ, שִׁבְתִּי בְּבֵית יְיָ כָּל יְמֵי חַיַּי, לַחֲזוֹת בְּנֹעַם יְיָ וּלְבַקֵּר בְּהֵיכָלוֹ: כִּי יִצְפְּנֵנִי בְּסֻכֹּה בְּיוֹם רָעָה, יַסְתִּירֵנִי בְּסֵתֶר אָהֳלוֹ, בְּצוּר יְרוֹמְמֵנִי: וְעַתָּה יָרוּם רֹאשִׁי עַל אֹיְבַי סְבִיבוֹתַי, וְאֶזְבְּחָה בְאָהֳלוֹ זִבְחֵי תְרוּעָה, אָשִׁירָה וַאֲזַמְּרָה לַייָ: שְׁמַע יְיָ קוֹלִי אֶקְרָא, וְחָנֵּנִי וַעֲנֵנִי: לְךָ אָמַר לִבִּי בַּקְּשׁוּ פָנָי, אֶת פָּנֶיךָ יְיָ אֲבַקֵּשׁ: אַל תַּסְתֵּר פָּנֶיךָ מִמֶּנִּי, אַל תַּט בְּאַף עַבְדֶּךָ, עֶזְרָתִי הָיִיתָ, אַל תִּטְּשֵׁנִי וְאַל תַּעַזְבֵנִי אֱלֹהֵי יִשְׁעִי: כִּי אָבִי וְאִמִּי עֲזָבוּנִי, וַייָ יַאַסְפֵנִי: הוֹרֵנִי יְיָ דַּרְכֶּךָ, וּנְחֵנִי בְּאֹרַח מִישׁוֹר, לְמַעַן שׁוֹרְרָי: אַל תִּתְּנֵנִי בְּנֶפֶשׁ צָרָי, כִּי קָמוּ בִי עֵדֵי שֶׁקֶר וִיפֵחַ חָמָס: לוּלֵא הֶאֱמַנְתִּי לִרְאוֹת בְּטוּב יְיָ בְּאֶרֶץ חַיִּים: קַוֵּה אֶל יְיָ, חֲזַק וְיַאֲמֵץ לִבֶּךָ, וְקַוֵּה אֶל יְיָ:[2]

Stand while reciting עָלֵינוּ.

עָלֵינוּ לְשַׁבֵּחַ לַאֲדוֹן הַכֹּל, לָתֵת גְּדֻלָּה לְיוֹצֵר בְּרֵאשִׁית, שֶׁלֹּא עָשָׂנוּ כְּגוֹיֵי הָאֲרָצוֹת, וְלֹא שָׂמָנוּ כְּמִשְׁפְּחוֹת הָאֲדָמָה, שֶׁלֹּא שָׂם חֶלְקֵנוּ כָּהֶם, וְגוֹרָלֵנוּ כְּכָל הֲמוֹנָם, שֶׁהֵם מִשְׁתַּחֲוִים לְהֶבֶל וָרִיק. וַאֲנַחְנוּ כּוֹרְעִים וּמִשְׁתַּחֲוִים וּמוֹדִים לִפְנֵי מֶלֶךְ מַלְכֵי הַמְּלָכִים, הַקָּדוֹשׁ בָּרוּךְ הוּא. שֶׁהוּא נוֹטֶה שָׁמַיִם וְיוֹסֵד אָרֶץ, וּמוֹשַׁב יְקָרוֹ בַּשָּׁמַיִם מִמַּעַל, וּשְׁכִינַת עֻזּוֹ בְּגָבְהֵי מְרוֹמִים. הוּא אֱלֹהֵינוּ אֵין עוֹד, אֱמֶת מַלְכֵּנוּ, אֶפֶס זוּלָתוֹ, כַּכָּתוּב בְּתוֹרָתוֹ:[3] וְיָדַעְתָּ הַיּוֹם וַהֲשֵׁבֹתָ אֶל לְבָבֶךָ, כִּי יְיָ הוּא הָאֱלֹהִים, בַּשָּׁמַיִם מִמַּעַל וְעַל הָאָרֶץ מִתָּחַת, אֵין עוֹד:[4]

1. I.e., that "the Lord is my light and my salvation," etc. **2.** Psalm 27. **3.** Deuteronomy 4:39. **4.** For further elucidation, see Tanya, part II, ch. 6.

לדוד By David. The Lord is my light and my salvation—whom shall I fear? The Lord is the strength of my life—whom shall I dread? When evildoers approached me to devour my flesh, my oppressors and my foes, they stumbled and fell. If an army were to beleaguer me, my heart would not fear; if war were to arise against me, in this[1] I trust. One thing I have asked of the Lord, this I seek: that I may dwell in the House of the Lord all the days of my life, to behold the pleasantness of the Lord and to visit in His Sanctuary. For He will hide me in His tabernacle on a day of adversity; He will conceal me in the hidden places of His tent; He will lift me upon a rock. And then my head will be raised above my enemies around me, and I will offer in His tabernacle sacrifices of jubilation; I will sing and chant to the Lord. Lord, hear my voice as I call; be gracious to me and answer me. In Your behalf my heart says, "Seek My countenance"; Your countenance, Lord, I seek. Do not conceal Your countenance from me, do not cast aside Your servant in wrath; You have been my help; do not abandon me nor forsake me, God of my deliverance. Though my father and mother have forsaken me, the Lord has taken me in. Lord, teach me Your way and lead me in the path of righteousness because of my watchful enemies. Do not give me over to the will of my oppressors, for there have risen against me false witnesses and they speak evil. [They would have crushed me] had I not believed that I would see the goodness of the Lord in the land of the living. Hope in the Lord, be strong and let your heart be valiant, and hope in the Lord.[2]

Stand while reciting *Aleinu*.
Transliteration, page 334.

עלינו It is incumbent upon us to praise the Master of all things, to exalt the Creator of all existence, that He has not made us like the nations of the world, nor caused us to be like the families of the earth; that He has not assigned us a portion like theirs, nor a lot like that of all their multitudes, for they bow to vanity and nothingness. But we bend the knee, bow down, and offer praise before the supreme King of kings, the Holy One, blessed be He, who stretches forth the heavens and establishes the earth, the seat of whose glory is in the heavens above and the abode of whose majesty is in the loftiest heights. He is our God; there is none else. Truly, He is our King; there is nothing besides Him, as it is written in His Torah:[3] Know this day and take unto your heart that the Lord is God; in the heavens above and upon the earth below there is nothing else.[4]

וְעַל כֵּן נְקַוֶּה לְּךָ יְיָ אֱלֹהֵינוּ, לִרְאוֹת מְהֵרָה בְּתִפְאֶרֶת עֻזֶּךָ, לְהַעֲבִיר גִּלּוּלִים מִן הָאָרֶץ, וְהָאֱלִילִים כָּרוֹת יִכָּרֵתוּן, לְתַקֵּן עוֹלָם בְּמַלְכוּת שַׁדַּי, וְכָל בְּנֵי בָשָׂר יִקְרְאוּ בִשְׁמֶךָ, לְהַפְנוֹת אֵלֶיךָ כָּל רִשְׁעֵי אָרֶץ. יַכִּירוּ וְיֵדְעוּ כָּל יוֹשְׁבֵי תֵבֵל, כִּי לְךָ תִּכְרַע כָּל בֶּרֶךְ, תִּשָּׁבַע כָּל לָשׁוֹן. לְפָנֶיךָ יְיָ אֱלֹהֵינוּ יִכְרְעוּ וְיִפֹּלוּ, וְלִכְבוֹד שִׁמְךָ יְקָר יִתֵּנוּ. וִיקַבְּלוּ כֻלָּם עֲלֵיהֶם אֶת עוֹל מַלְכוּתֶךָ, וְתִמְלוֹךְ עֲלֵיהֶם מְהֵרָה לְעוֹלָם וָעֶד. כִּי הַמַּלְכוּת שֶׁלְּךָ הִיא, וּלְעוֹלְמֵי עַד תִּמְלוֹךְ בְּכָבוֹד, כַּכָּתוּב בְּתוֹרָתֶךָ: יְיָ יִמְלֹךְ לְעֹלָם וָעֶד:[1] וְנֶאֱמַר: וְהָיָה יְיָ לְמֶלֶךְ עַל כָּל הָאָרֶץ, בַּיּוֹם הַהוּא יִהְיֶה יְיָ אֶחָד וּשְׁמוֹ אֶחָד:[2]

MOURNER'S KADDISH

Mourners recite the following Kaddish (translation on page 368). Congregation responds אָמֵן as indicated.

יִתְגַּדַּל וְיִתְקַדַּשׁ שְׁמֵהּ רַבָּא. (Cong—אָמֵן) בְּעָלְמָא דִּי בְרָא כִרְעוּתֵהּ וְיַמְלִיךְ מַלְכוּתֵהּ, וְיַצְמַח פּוּרְקָנֵהּ וִיקָרֵב מְשִׁיחֵהּ. (Cong—אָמֵן) בְּחַיֵּיכוֹן וּבְיוֹמֵיכוֹן וּבְחַיֵּי דְכָל בֵּית יִשְׂרָאֵל, בַּעֲגָלָא וּבִזְמַן קָרִיב וְאִמְרוּ אָמֵן:

(Cong—אָמֵן. יְהֵא שְׁמֵהּ רַבָּא מְבָרַךְ לְעָלַם וּלְעָלְמֵי עָלְמַיָּא, יִתְבָּרַךְ.)

יְהֵא שְׁמֵהּ רַבָּא מְבָרַךְ לְעָלַם וּלְעָלְמֵי עָלְמַיָּא. יִתְבָּרַךְ, וְיִשְׁתַּבַּח, וְיִתְפָּאַר, וְיִתְרוֹמַם, וְיִתְנַשֵּׂא, וְיִתְהַדָּר, וְיִתְעַלֶּה, וְיִתְהַלָּל, שְׁמֵהּ דְּקוּדְשָׁא בְּרִיךְ הוּא. (Cong—אָמֵן) לְעֵלָּא מִן כָּל בִּרְכָתָא וְשִׁירָתָא, תֻּשְׁבְּחָתָא וְנֶחֱמָתָא, דַּאֲמִירָן בְּעָלְמָא, וְאִמְרוּ אָמֵן: (Cong—אָמֵן) יְהֵא שְׁלָמָא רַבָּא מִן שְׁמַיָּא וְחַיִּים טוֹבִים עָלֵינוּ וְעַל כָּל יִשְׂרָאֵל, וְאִמְרוּ אָמֵן: (Cong—אָמֵן)

Take three steps back, then bow right saying עֹשֶׂה שָׁלוֹם בִּמְרוֹמָיו, bow forward saying הוּא, bow left saying יַעֲשֶׂה שָׁלוֹם עָלֵינוּ, and bow forward saying וְעַל כָּל יִשְׂרָאֵל, וְאִמְרוּ אָמֵן.

עֹשֶׂה שָׁלוֹם בִּמְרוֹמָיו, הוּא יַעֲשֶׂה שָׁלוֹם עָלֵינוּ וְעַל כָּל יִשְׂרָאֵל, וְאִמְרוּ אָמֵן: (Cong—אָמֵן)

1. Exodus 15:18. 2. Zechariah 14:9.

ועל And therefore we hope to You, Lord our God, that we may speedily behold the splendor of Your might, to banish idolatry from the earth—and false gods will be utterly destroyed; to perfect the world under the sovereignty of the Almighty. All mankind shall invoke Your Name, to turn to You all the wicked of the earth. Then all the inhabitants of the world will recognize and know that every knee should bend to You, every tongue should swear [by Your Name]. Before You, Lord our God, they will bow and prostrate themselves, and give honor to the glory of Your Name; and they will all take upon themselves the yoke of Your kingdom. May You soon reign over them forever and ever, for Kingship is Yours, and to all eternity You will reign in glory, as it is written in Your Torah: The Lord will reign forever and ever.[1] And it is said: The Lord shall be King over the entire earth; on that day the Lord shall be One and His Name One.[2]

MOURNER'S KADDISH

Mourners recite the following Kaddish (translation on page 368). Congregation responds Amen as indicated.

יתגדל *Yis-gadal v'yis-kadash sh'mayh rabö.* (Cong: *Ömayn*)

B'öl'mö di v'rö chir'u-sayh v'yamlich mal'chusayh, v'yatzmach pur-könayh vikörayv m'shi-chayh. (Cong: *Ömayn*)

B'cha-yay-chon u-v'yomaychon u-v'cha-yay d'chöl bays yisrö-ayl, ba-agölö u-viz'man köriv v'im'ru ömayn.

(Cong: *Ömayn. Y'hay sh'mayh rabö m'vörach l'ölam u-l'öl'may öl'ma-yö, yisböraych.*)

Y'hay sh'mayh rabö m'vörach l'ölam u-l'öl'may öl'ma-yö. Yisböraych, v'yishtabach, v'yispö-ayr, v'yisromöm, v'yis-nasay, v'yis-hadör, v'yis-aleh, v'yis-halöl, sh'mayh d'kudshö b'rich hu. (Cong: *Ömayn*)

L'aylö min köl bir-chösö v'shirösö, tush-b'chösö v'neche-mösö, da-amirön b'öl'mö, v'im'ru ömayn. (Cong: *Ömayn*)

Y'hay sh'lömö rabö min sh'ma-yö, v'cha-yim tovim ölaynu v'al köl yisrö-ayl v'im'ru ömayn. (Cong: *Ömayn*)

Take three steps back, then bow right saying *Oseh shölom bim'romöv,* bow forward saying *hu,* bow left saying *ya-aseh shölom ölaynu,* and bow forward saying *v'al köl yisrö-ayl, v'im'ru ömayn.*

Oseh shölom bim'romöv, hu ya-a-seh shölom ölaynu v'al köl yisrö-ayl, v'im'ru ömayn. (Cong: *Ömayn*)

אַל תִּירָא מִפַּחַד פִּתְאֹם, וּמִשֹּׁאַת רְשָׁעִים כִּי תָבֹא:[1]
עֻצוּ עֵצָה וְתֻפָר, דַּבְּרוּ דָבָר וְלֹא יָקוּם, כִּי עִמָּנוּ
אֵל:[2] וְעַד זִקְנָה אֲנִי הוּא, וְעַד שֵׂיבָה אֲנִי אֶסְבֹּל; אֲנִי
עָשִׂיתִי וַאֲנִי אֶשָּׂא וַאֲנִי אֶסְבֹּל וַאֲמַלֵּט:[3]

אַךְ צַדִּיקִים יוֹדוּ לִשְׁמֶךָ, יֵשְׁבוּ יְשָׁרִים אֶת פָּנֶיךָ:[4]

Mourners recite Kaddish D'Rabbanan after Mishnayot, page 307.

❧❧❧❧❧

BLESSINGS FOR CANDLE LIGHTING

The festival lights are kindled at least eighteen minutes before sunset. Married women light two candles, and many add an additional candle for each child; girls light one candle. After lighting the candle(s) draw the hands three times around the lights and towards the face, then place them over the eyes and recite the appropriate blessing.

On the first night of Rosh Hashanah, if one did not light before sunset, one may light afterwards from a pre-existing flame. However, if the first night of Rosh Hashanah coincides with Friday night, the light may not be lit after sunset.

On the second night of Rosh Hashanah, the festival candles should be lit immediately prior to Kiddush. If available, a new item of clothing should be worn, or a new fruit (which will be eaten after Kiddush) should be placed on the table for the candle lighting. When reciting the שֶׁהֶחֱיָנוּ blessing, bear in mind that it applies to the item of clothing or the new fruit as well. One who does not have a new fruit should nonetheless recite the שֶׁהֶחֱיָנוּ blessing. See additional laws on page 323.

On Friday evening, add the words in shaded parentheses:

בָּרוּךְ אַתָּה יְיָ, אֱלֹהֵינוּ מֶלֶךְ הָעוֹלָם, אֲשֶׁר קִדְּשָׁנוּ
בְּמִצְוֹתָיו, וְצִוָּנוּ לְהַדְלִיק נֵר שֶׁל (שַׁבָּת וְשֶׁל) יוֹם
הַזִּכָּרוֹן:

בָּרוּךְ אַתָּה יְיָ, אֱלֹהֵינוּ מֶלֶךְ הָעוֹלָם, שֶׁהֶחֱיָנוּ וְקִיְּמָנוּ
וְהִגִּיעָנוּ לִזְמַן הַזֶּה:

---

1. Proverbs 3:25. **2.** Isaiah 8:10. **3.** Ibid. 46:4. **4.** Psalms 140:14.

אל Do not fear sudden terror, nor the destruction of the wicked when it comes.[1] Contrive a scheme, but it will be foiled; conspire a plot, but it will not materialize, for God is with us.[2] To your old age I am [with you]; to your hoary years I will sustain you; I have made you, and I will carry you; I will sustain you and deliver you.[3]

אך Indeed, the righteous will extol Your Name; the upright will dwell in Your presence.[4]

Mourners recite Kaddish D'Rabbanan after Mishnayot, see page 307.

BLESSINGS FOR CANDLE LIGHTING

The festival lights are kindled at least eighteen minutes before sunset. Married women light two candles and many add an additional candle for each child; girls light one candle. After lighting the candle(s) draw the hands three times around the lights and towards the face, then place them over the eyes and recite the appropriate blessing.

On the first night of Rosh Hashanah, if one did not light before sunset, one may light afterwards from a pre-existing flame. However, if the first night of Rosh Hashanah coincides with Friday night, the light may not be lit after sunset.

On the second night of Rosh Hashanah, the festival candles should be lit immediately prior to Kiddush. If available, a new item of clothing should be worn, or a new fruit (which will be eaten after Kiddush) should be placed on the table for the candle lighting. When reciting the *Shehecheyanu* blessing, bear in mind that it applies to the item of clothing or the new fruit as well. One who does not have a new fruit should nonetheless recite the *Shehecheyanu* blessing. See additional laws on page 323.

On Friday evening, add the words in shaded parentheses:

ברוך Blessed are You, Lord our God, King of the universe, who has sanctified us with His commandments, and commanded us to kindle the light of (Shabbat and) the Day of Remembrance.

ברוך Blessed are You, Lord our God, King of the universe, who has granted us life, sustained us and enabled us to reach this occasion.

WELCOMING THE SHABBAT

When Rosh Hashanah occurs on Friday night, begin here.
On all other nights, begin with שִׁיר הַמַּעֲלוֹת, page 28.

Stand from this point until מִזְמוֹר שִׁיר on page 25.

מִזְמוֹר לְדָוִד, הָבוּ לַייָ בְּנֵי אֵלִים, הָבוּ לַייָ כָּבוֹד וָעֹז:
הָבוּ לַייָ כְּבוֹד שְׁמוֹ, הִשְׁתַּחֲווּ לַייָ בְּהַדְרַת
קֹדֶשׁ: קוֹל יְיָ עַל הַמָּיִם, אֵל הַכָּבוֹד הִרְעִים, יְיָ עַל
מַיִם רַבִּים: קוֹל יְיָ בַּכֹּחַ, קוֹל יְיָ בֶּהָדָר: קוֹל יְיָ שֹׁבֵר
אֲרָזִים, וַיְשַׁבֵּר יְיָ אֶת אַרְזֵי הַלְּבָנוֹן: וַיַּרְקִידֵם כְּמוֹ עֵגֶל,
לְבָנוֹן וְשִׂרְיוֹן כְּמוֹ בֶן רְאֵמִים: קוֹל יְיָ חֹצֵב לַהֲבוֹת אֵשׁ:
קוֹל יְיָ יָחִיל מִדְבָּר, יָחִיל יְיָ מִדְבַּר קָדֵשׁ: קוֹל יְיָ יְחוֹלֵל
אַיָּלוֹת וַיֶּחֱשֹׂף יְעָרוֹת, וּבְהֵיכָלוֹ כֻּלּוֹ אֹמֵר כָּבוֹד: יְיָ
לַמַּבּוּל יָשָׁב, וַיֵּשֶׁב יְיָ מֶלֶךְ לְעוֹלָם: יְיָ עֹז לְעַמּוֹ יִתֵּן,
יְיָ יְבָרֵךְ אֶת עַמּוֹ בַשָּׁלוֹם:[1]

The following is said in an undertone.
When reciting אָנָּא בְּכֹחַ, look at—or visualize—the Divine Names formed by the acronyms of the words (as they appear in the left column), but do not say them.

אָנָּא, בְּכֹחַ גְּדֻלַּת יְמִינְךָ, תַּתִּיר צְרוּרָה. — אב"ג ית"ץ
קַבֵּל רִנַּת עַמְּךָ, שַׂגְּבֵנוּ, טַהֲרֵנוּ, נוֹרָא. — קר"ע שט"ן
נָא גִבּוֹר, דּוֹרְשֵׁי יִחוּדְךָ, כְּבָבַת שָׁמְרֵם. — נג"ד יכ"ש
בָּרְכֵם, טַהֲרֵם, רַחֲמֵי צִדְקָתְךָ תָּמִיד גָּמְלֵם. — בט"ר צת"ג
חֲסִין קָדוֹשׁ, בְּרוֹב טוּבְךָ נַהֵל עֲדָתֶךָ. — חק"ב טנ"ע
יָחִיד, גֵּאֶה, לְעַמְּךָ פְּנֵה, זוֹכְרֵי קְדֻשָּׁתֶךָ. — יג"ל פז"ק
שַׁוְעָתֵנוּ קַבֵּל, וּשְׁמַע צַעֲקָתֵנוּ, יוֹדֵעַ תַּעֲלוּמוֹת. — שק"ו צי"ת
בָּרוּךְ שֵׁם כְּבוֹד מַלְכוּתוֹ לְעוֹלָם וָעֶד:

1. Psalm 29.

WELCOMING THE SHABBAT

When Rosh Hashanah occurs on Friday night, begin here.
On all other nights, begin with *A song of ascents*, page 28.

Stand from this point until *A Psalm* on page 25.

מזמור A Psalm by David. Render to the Lord, children of the mighty, render to the Lord honor and strength. Render to the Lord the honor due to His Name; bow down to the Lord in resplendent holiness. The voice of the Lord is over the waters, the God of glory thunders; the Lord is over mighty waters. The voice of the Lord resounds with might; the voice of the Lord resounds with majesty. The voice of the Lord breaks cedars; the Lord shatters the cedars of Lebanon. He makes them leap like a calf; Lebanon and Sirion like a young wild ox. The voice of the Lord strikes flames of fire. The voice of the Lord makes the desert tremble; the Lord causes the desert of Kadesh to tremble. The voice of the Lord causes the does to calve, and strips the forests bare; and in His Sanctuary all proclaim His glory. The Lord sat [as King] at the Flood; the Lord will sit as King forever. The Lord will give strength to His people; the Lord will bless His people with peace.[1]

The following is said in an undertone.

אנא We implore You, by the great power of Your right hand, release the captive. Accept the prayer of Your people; strengthen us, purify us, Awesome One. Mighty One, we beseech You, guard as the apple of the eye those who seek Your Oneness. Bless them, cleanse them; bestow upon them forever Your merciful righteousness. Powerful, Holy One, in Your abounding goodness, guide Your congregation. Only and Exalted One, turn to Your people who are mindful of Your holiness. Accept our supplication and hear our cry, You who knows secret thoughts. Blessed be the name of the glory of His kingdom forever and ever.

The following is recited responsively. Many congregations sing it in unison.

לְכָה דוֹדִי לִקְרַאת כַּלָּה, פְּנֵי שַׁבָּת נְקַבְּלָה:

לְכָה דוֹדִי לִקְרַאת כַּלָּה, פְּנֵי שַׁבָּת נְקַבְּלָה:

שָׁמוֹר וְזָכוֹר בְּדִבּוּר אֶחָד, הִשְׁמִיעָנוּ אֵל הַמְיֻחָד, יְיָ
אֶחָד וּשְׁמוֹ אֶחָד, לְשֵׁם וּלְתִפְאֶרֶת וְלִתְהִלָּה:

לְכָה דוֹדִי לִקְרַאת כַּלָּה, פְּנֵי שַׁבָּת נְקַבְּלָה:

לִקְרַאת שַׁבָּת לְכוּ וְנֵלְכָה, כִּי הִיא מְקוֹר הַבְּרָכָה,
מֵרֹאשׁ מִקֶּדֶם נְסוּכָה, סוֹף מַעֲשֶׂה בְּמַחֲשָׁבָה תְּחִלָּה:

לְכָה דוֹדִי לִקְרַאת כַּלָּה, פְּנֵי שַׁבָּת נְקַבְּלָה:

מִקְדַּשׁ מֶלֶךְ עִיר מְלוּכָה, קוּמִי צְאִי מִתּוֹךְ הַהֲפֵכָה, רַב
לָךְ שֶׁבֶת בְּעֵמֶק הַבָּכָא, וְהוּא יַחְמוֹל עָלַיִךְ חֶמְלָה:

לְכָה דוֹדִי לִקְרַאת כַּלָּה, פְּנֵי שַׁבָּת נְקַבְּלָה:

הִתְנַעֲרִי מֵעָפָר קוּמִי, לִבְשִׁי בִּגְדֵי תִפְאַרְתֵּךְ עַמִּי, עַל
יַד בֶּן יִשַׁי בֵּית הַלַּחְמִי,[1] קָרְבָה אֶל נַפְשִׁי גְאָלָהּ:

לְכָה דוֹדִי לִקְרַאת כַּלָּה, פְּנֵי שַׁבָּת נְקַבְּלָה:

הִתְעוֹרְרִי הִתְעוֹרְרִי, כִּי בָא אוֹרֵךְ קוּמִי אוֹרִי, עוּרִי עוּרִי
שִׁיר דַּבֵּרִי, כְּבוֹד יְיָ עָלַיִךְ נִגְלָה:

לְכָה דוֹדִי לִקְרַאת כַּלָּה, פְּנֵי שַׁבָּת נְקַבְּלָה:

לֹא תֵבוֹשִׁי וְלֹא תִכָּלְמִי, מַה תִּשְׁתּוֹחֲחִי וּמַה תֶּהֱמִי, בָּךְ
יֶחֱסוּ עֲנִיֵּי עַמִּי, וְנִבְנְתָה הָעִיר עַל תִּלָּהּ:

לְכָה דוֹדִי לִקְרַאת כַּלָּה, פְּנֵי שַׁבָּת נְקַבְּלָה:

וְהָיוּ לִמְשִׁסָּה שֹׁאסָיִךְ, וְרָחֲקוּ כָּל מְבַלְּעָיִךְ, יָשִׂישׂ עָלַיִךְ
אֱלֹהָיִךְ, כִּמְשׂוֹשׂ חָתָן עַל כַּלָּה:

לְכָה דוֹדִי לִקְרַאת כַּלָּה, פְּנֵי שַׁבָּת נְקַבְּלָה:

1. I.e., Mashiach, a descendant of David the son of Yishai, who is from Bet Lechem—v. I Samuel 16:18.

The following is recited responsively. Many congregations sing it in unison.
Transliteration, page 335.

לכה Come, my Beloved, to meet the Bride; let us welcome the Shabbat.

לכה Come my Beloved, to meet the Bride; let us welcome the Shabbat.

שמור "Observe" and "Remember," the one and only God caused us to hear in a single utterance; the Lord is One and His Name is One, for renown, for glory and for praise.

לכה Come my Beloved, to meet the Bride; let us welcome the Shabbat.

לקראת Come, let us go to welcome the Shabbat, for it is the source of blessing; from the beginning, from aforetime, it was chosen; last in creation, first in [God's] thought.

לכה Come my Beloved, to meet the Bride; let us welcome the Shabbat.

מקדש Sanctuary of the King, royal city, arise, go forth from the ruins; too long have you dwelt in the vale of tears; He will show you abounding mercy.

לכה Come my Beloved, to meet the Bride; let us welcome the Shabbat.

התנערי Shake the dust off yourself, arise, don your glorious garments—my people. Through the son of Yishai of Bet Lechem,[1] draw near to my soul and redeem it.

לכה Come my Beloved, to meet the Bride; let us welcome the Shabbat.

התעוררי Arouse yourself, arouse yourself, for your light has come; arise, shine. Awake, awake, utter a song; the glory of the Lord is revealed upon you.

לכה Come my Beloved, to meet the Bride; let us welcome the Shabbat.

לא Do not be ashamed nor confounded; why are you downcast and why are you agitated? The afflicted of my people will find refuge in you; the city will be rebuilt on its former site.

לכה Come my Beloved, to meet the Bride; let us welcome the Shabbat.

והיו Those who despoil you will be despoiled, and all who would destroy you will be far away. Your God will rejoice over you as a bridegroom rejoices over his bride.

לכה Come my Beloved, to meet the Bride; let us welcome the Shabbat.

יָמִין וּשְׂמֹאל תִּפְרוֹצִי, וְאֶת יְיָ תַּעֲרִיצִי, עַל יַד אִישׁ בֶּן פַּרְצִי,[1] וְנִשְׂמְחָה וְנָגִילָה:

לְכָה דוֹדִי לִקְרַאת כַּלָּה, פְּנֵי שַׁבָּת נְקַבְּלָה:

Turn to your left until you face west. In the following paragraph, bow right saying בּוֹאִי כַלָּה, bow left saying בּוֹאִי כַלָּה, continue turning to your left until facing east, and bow, saying in an undertone בּוֹאִי כַלָּה שַׁבָּת מַלְכְּתָא.

בּוֹאִי בְשָׁלוֹם עֲטֶרֶת בַּעְלָהּ, גַּם בְּרִנָּה וּבְצָהֳלָה, תּוֹךְ אֱמוּנֵי עַם סְגֻלָּה, בּוֹאִי כַלָּה, בּוֹאִי כַלָּה, בּוֹאִי כַלָּה שַׁבָּת מַלְכְּתָא:

לְכָה דוֹדִי לִקְרַאת כַּלָּה, פְּנֵי שַׁבָּת נְקַבְּלָה:

מִזְמוֹר שִׁיר לְיוֹם הַשַּׁבָּת: טוֹב לְהוֹדוֹת לַייָ, וּלְזַמֵּר לְשִׁמְךָ עֶלְיוֹן: לְהַגִּיד בַּבֹּקֶר חַסְדֶּךָ, וֶאֱמוּנָתְךָ בַּלֵּילוֹת: עֲלֵי עָשׂוֹר וַעֲלֵי נָבֶל, עֲלֵי הִגָּיוֹן בְּכִנּוֹר: כִּי שִׂמַּחְתַּנִי יְיָ בְּפָעֳלֶךָ, בְּמַעֲשֵׂי יָדֶיךָ אֲרַנֵּן: מַה גָּדְלוּ מַעֲשֶׂיךָ יְיָ, מְאֹד עָמְקוּ מַחְשְׁבֹתֶיךָ: אִישׁ בַּעַר לֹא יֵדָע, וּכְסִיל לֹא יָבִין אֶת זֹאת: בִּפְרֹחַ רְשָׁעִים כְּמוֹ עֵשֶׂב, וַיָּצִיצוּ כָּל פֹּעֲלֵי אָוֶן, לְהִשָּׁמְדָם עֲדֵי עַד: וְאַתָּה מָרוֹם לְעֹלָם יְיָ: כִּי הִנֵּה אֹיְבֶיךָ יְיָ, כִּי הִנֵּה אֹיְבֶיךָ יֹאבֵדוּ, יִתְפָּרְדוּ כָּל פֹּעֲלֵי אָוֶן: וַתָּרֶם כִּרְאֵים קַרְנִי, בַּלֹּתִי בְּשֶׁמֶן רַעֲנָן: וַתַּבֵּט עֵינִי בְּשׁוּרָי, בַּקָּמִים עָלַי מְרֵעִים, תִּשְׁמַעְנָה אָזְנָי: צַדִּיק כַּתָּמָר יִפְרָח, כְּאֶרֶז בַּלְּבָנוֹן יִשְׂגֶּה: שְׁתוּלִים בְּבֵית יְיָ, בְּחַצְרוֹת אֱלֹהֵינוּ יַפְרִיחוּ: עוֹד יְנוּבוּן בְּשֵׂיבָה, דְּשֵׁנִים וְרַעֲנַנִּים יִהְיוּ: לְהַגִּיד כִּי יָשָׁר יְיָ, צוּרִי וְלֹא עַוְלָתָה בּוֹ:[2]

---

1. I.e., Mashiach, an offspring of David, who is a descendant of Peretz—v. Ruth 4:18-22.
2. Psalm 92.

ימין To the right and to the left you shall spread out, and the Lord you shall extol. And we shall rejoice and exult, through the man who is a descendant of Peretz.[1]

לכה Come my Beloved, to meet the Bride; let us welcome the Shabbat.

Turn to your left until you face west. In the following paragraph, bow right saying, *Come O bride*, bow left saying, *Come O bride*, continue turning to your left until facing east, and bow, saying in an undertone, *Come O bride, O Shabbat Queen*.

בואי Come in peace, O crown of her Husband, both with songs and gladness; among the faithful, the beloved people, come, O Bride, come, O Bride, come, O Bride, O Shabbat Queen.

לכה Come my Beloved, to meet the Bride; let us welcome the Shabbat.

מזמור A Psalm, a song for the Shabbat day. It is good to praise the Lord, and to sing to Your Name, O Most High; to proclaim Your kindness in the morning, and Your faithfulness in the nights, with a ten-stringed instrument and lyre, to the melody of a harp. For You, Lord, have gladdened me with Your deeds; I sing for joy at the works of Your hand. How great are Your works, O Lord; how very profound Your thoughts! A brutish man cannot know, a fool cannot comprehend this: when the wicked thrive like grass, and all evildoers flourish—it is in order that they may be destroyed forever. But You, Lord, are exalted forever. Indeed, Your enemies, O Lord, indeed Your enemies shall perish; all evildoers shall be scattered. But You have increased my might like that of a wild ox; I am anointed with fresh oil. My eyes have seen [the downfall of] my watchful enemies; my ears have heard [the doom of] the wicked who rise against me. The righteous will flourish like a palm tree, grow tall like a cedar in Lebanon. Planted in the House of the Lord, they shall blossom in the courtyards of our God. They shall be fruitful even in old age; they shall be full of sap and freshness. That is to say that the Lord is just; He is my Strength, and there is no injustice in Him.[2]

יְיָ **מָלָךְ** גֵּאוּת לָבֵשׁ, לָבֵשׁ יְיָ עֹז הִתְאַזָּר, אַף תִּכּוֹן תֵּבֵל
בַּל תִּמּוֹט: נָכוֹן כִּסְאֲךָ מֵאָז, מֵעוֹלָם אָתָּה:
נָשְׂאוּ נְהָרוֹת יְיָ, נָשְׂאוּ נְהָרוֹת קוֹלָם, יִשְׂאוּ נְהָרוֹת דָּכְיָם:
מִקֹּלוֹת מַיִם רַבִּים אַדִּירִים מִשְׁבְּרֵי יָם, אַדִּיר בַּמָּרוֹם יְיָ:
עֵדֹתֶיךָ נֶאֶמְנוּ מְאֹד, לְבֵיתְךָ נַאֲוָה¹ קֹדֶשׁ, יְיָ לְאֹרֶךְ יָמִים:²

Mourners recite Kaddish (translation on page 368).
Congregation responds אָמֵן as indicated.

יִתְגַּדַּל וְיִתְקַדַּשׁ שְׁמֵהּ רַבָּא. (Cong—אָמֵן) בְּעָלְמָא דִּי בְרָא
כִרְעוּתֵהּ וְיַמְלִיךְ מַלְכוּתֵהּ, וְיַצְמַח פּוּרְקָנֵהּ וִיקָרֵב
מְשִׁיחֵהּ. (Cong—אָמֵן) בְּחַיֵּיכוֹן וּבְיוֹמֵיכוֹן וּבְחַיֵּי דְכָל בֵּית
יִשְׂרָאֵל, בַּעֲגָלָא וּבִזְמַן קָרִיב וְאִמְרוּ אָמֵן:

(Cong—אָמֵן. יְהֵא שְׁמֵהּ רַבָּא מְבָרַךְ לְעָלַם וּלְעָלְמֵי עָלְמַיָּא, יִתְבָּרַךְ.)

יְהֵא שְׁמֵהּ רַבָּא מְבָרַךְ לְעָלַם וּלְעָלְמֵי עָלְמַיָּא. יִתְבָּרַךְ,
וְיִשְׁתַּבַּח, וְיִתְפָּאַר, וְיִתְרוֹמַם, וְיִתְנַשֵּׂא, וְיִתְהַדָּר, וְיִתְעַלֶּה,
וְיִתְהַלָּל, שְׁמֵהּ דְּקוּדְשָׁא בְּרִיךְ הוּא. (Cong—אָמֵן) לְעֵלָּא מִן כָּל
בִּרְכָתָא וְשִׁירָתָא, תֻּשְׁבְּחָתָא וְנֶחֱמָתָא, דַּאֲמִירָן בְּעָלְמָא,
וְאִמְרוּ אָמֵן: (Cong—אָמֵן) יְהֵא שְׁלָמָא רַבָּא מִן שְׁמַיָּא וְחַיִּים
טוֹבִים עָלֵינוּ וְעַל כָּל יִשְׂרָאֵל, וְאִמְרוּ אָמֵן: (Cong—אָמֵן)

Take three steps back, then bow right saying עֹשֶׂה הַשָּׁלוֹם בִּמְרוֹמָיו, bow forward saying הוּא,
bow left saying יַעֲשֶׂה שָׁלוֹם עָלֵינוּ, and bow forward saying וְעַל כָּל יִשְׂרָאֵל, וְאִמְרוּ אָמֵן.

עֹשֶׂה הַשָּׁלוֹם בִּמְרוֹמָיו, הוּא יַעֲשֶׂה שָׁלוֹם עָלֵינוּ וְעַל כָּל
יִשְׂרָאֵל, וְאִמְרוּ אָמֵן: (Cong—אָמֵן)

---

1. Another version: נָאֲוָה. **2.** Psalm 93. **3.** Both one who observed a *yahrzeit* on Friday and one observing a *yahrzeit* on Shabbat recite this Kaddish.

מלך יי The Lord is King; He has garbed Himself with grandeur; the Lord has robed Himself, He has girded Himself with strength; He has also established the world firmly that it shall not falter. Your throne stands firm from of old; You have existed forever. The rivers have raised, O Lord, the rivers have raised their voice; the rivers raise their raging waves. More than the sound of many waters, than the mighty breakers of the sea, is the Lord mighty on High. Your testimonies are most trustworthy; Your House will be resplendent in holiness, O Lord, forever.[2]

Mourners[3] recite Kaddish (translation on page 368).
Congregation responds Amen as indicated.

יתגדל *Yis-gadal v'yis-kadash sh'mayh rabö.* (Cong: *Ömayn*)

B'öl'mö di v'rö chir'u-sayh v'yamlich mal'chusayh, v'yatzmach pur-könay vikörayv m'shi-chayh. (Cong: *Ömayn*)

B'cha-yay-chon u-v'yomaychon u-v'cha-yay d'chöl bays yisrö-ayl, ba-agölö u-viz'man köriv v'im'ru ömayn.

(Cong: *Ömayn. Y'hay sh'mayh rabö m'vörach l'ölam u-l'öl'may öl'ma-yö, yisböraych.*)

Y'hay sh'mayh rabö m'vörach l'ölam u-l'öl'may öl'ma-yö. Yisböraych, v'yishtabach, v'yispö-ayr, v'yisromöm, v'yis-nasay, v'yis-hadör, v'yis-aleh, v'yis-halöl, sh'mayh d'kudshö b'rich hu. (Cong: *Ömayn*)

L'aylö min köl bir-chösö v'shirösö, tush-b'chösö v'neche-mösö, da-amirön b'öl'mö, v'im'ru ömayn. (Cong: *Ömayn*)

Y'hay sh'lömö rabö min sh'ma-yö, v'cha-yim tovim ölaynu v'al köl yisrö-ayl v'im'ru ömayn. (Cong: *Ömayn*)

Take three steps back, then bow right saying *Oseh ha-shölom bim'romöv,* bow forward saying *hu,* bow left saying *ya-aseh shölom ölaynu,* and bow forward saying *v'al köl yisrö-ayl, v'im'ru ömayn.*

Oseh ha-shölom bim'romöv, hu ya-a-seh shölom ölaynu v'al köl yisrö-ayl, v'im'ru ömayn. (Cong: *Ömayn*)

כְּגַוְנָא[1] דְאִנּוּן מִתְיַחֲדִין לְעֵלָּא בְּאֶחָד אוּף הָכִי אִיהִי אִתְיַחֲדַת לְתַתָּא בְּרָזָא דְאֶחָד לְמֶהֱוֵי עִמְּהוֹן לְעֵלָּא חַד לָקֳבֵל חַד. קוּדְשָׁא בְּרִיךְ הוּא אֶחָד לְעֵלָּא, לָא יָתִיב עַל כּוּרְסַיָּא דִיקָרֵהּ עַד דְאִתְעֲבִידַת אִיהִי בְּרָזָא דְאֶחָד כְּגַוְנָא דִילֵיהּ לְמֶהֱוֵי אֶחָד בְּאֶחָד. וְהָא אוּקִימְנָא רָזָא דַיְיָ[2] אֶחָד וּשְׁמוֹ אֶחָד.[3]

רָזָא דְשַׁבָּת אִיהִי שַׁבָּת דְאִתְאַחֲדַת בְּרָזָא דְאֶחָד לְמִשְׁרֵי עֲלָהּ רָזָא דְאֶחָד. צְלוֹתָא דְמַעֲלֵי שַׁבַּתָּא דְהָא אִתְאַחֲדַת כּוּרְסַיָּא יַקִּירָא קַדִּישָׁא בְּרָזָא דְאֶחָד, וְאִתְתַּקְנַת לְמִשְׁרֵי עֲלָהּ מַלְכָּא קַדִּישָׁא עִלָּאָה. כַּד עַיִל שַׁבַּתָּא אִיהִי אִתְיַחֲדַת וְאִתְפָּרְשַׁת מִסִּטְרָא אָחֳרָא. וְכָל דִּינִין מִתְעַבְּרִין מִנָּהּ וְאִיהִי אִשְׁתָּאֲרַת בְּיִחוּדָא דִנְהִירוּ קַדִּישָׁא וְאִתְעַטְּרַת בְּכַמָּה עִטְרִין לְגַבֵּי מַלְכָּא קַדִּישָׁא. וְכָל שׁוּלְטָנֵי רוּגְזִין וּמָארֵי דְדִינָא כֻּלְּהוּ עַרְקִין וְאִתְעַבְּרוּ מִנָּהּ. וְלֵית שׁוּלְטָנָא אָחֳרָא בְּכֻלְּהוּ עָלְמִין וְאַנְפָּהָא נְהִירִין בִּנְהִירוּ עִלָּאָה וְאִתְעַטְּרַת לְתַתָּא בְּעַמָּא קַדִּישָׁא. וְכֻלְּהוּ מִתְעַטְּרִין בְּנִשְׁמָתִין חֲדַתִּין. כְּדֵין שֵׁירוּתָא דִצְלוֹתָא לְבָרְכָא לָהּ בְּחֶדְוָה בִּנְהִירוּ דְאַנְפִּין:[4]

When praying without a *minyan*, recite the following while standing:

וְלוֹמַר בָּרְכוּ אֶת יְיָ הַמְבֹרָךְ, אֶת דַּיְקָא דָא שַׁבָּת דְּמַעֲלֵי שַׁבַּתָּא: בָּרוּךְ יְיָ הַמְבֹרָךְ דָּא אַפִּיקוּ דְבִרְכָאָן מִמְּקוֹרָא דְחַיֵּי וַאֲתַר דְּנָפִיק מִנֵּיהּ כָּל שַׁקְיוּ לְאַשְׁקָאָה לְכֹלָּא. וּבְגִין דְּאִיהוּ מְקוֹרָא בְּרָזָא דְאָת קַיָּמָא קָרֵינָן לֵיהּ הַמְבֹרָךְ אִיהוּ מַבּוּעָא דְבֵירָא וְכֵיוָן דְּמְטָאן הָתָם הָא כֻלְּהוּ לְעוֹלָם וָעֶד. וְדָא אִיהוּ בָּרוּךְ יְיָ הַמְבֹרָךְ לְעוֹלָם וָעֶד:[5]

1. For a comprehensive explanation of this Zoharic passage, see the Siddur with Chasidic commentary by Rabbi Schneur Zalman of Liadi. 2. Zechariah 14:9. 3. Zohar II, 134a. 4. Ibid. 135a-b. 5. Ibid. 135b.

כגונא Just[1] as they [the six *sefirot*: *chesed* (kindness)—*yesod* (foundation)] unite above into oneness, so she [*malchut* (kingship)] unites below into the mystery of oneness, so as to be with them above—unity paralleling unity. The Holy One, blessed be He, who is One above, does not take His seat upon His Throne of Glory until she enters into the mystery of oneness, similar to His, to be oneness corresponding to Oneness. This, as we have stated, is the esoteric meaning of the words: "The Lord[2] is One, and His Name is One."[3]

רזא The mystery of Shabbat: She [*malchut*] is on Shabbat united within the mystery of Oneness so that the [supernal] mystery of Oneness may rest upon her. [This takes place during] the *Maariv* Prayer of Shabbat eve, for then the holy Throne of Glory merges into the mystery of Oneness, and is ready for the holy transcendent King to rest upon it. As Shabbat arrives, she merges into Oneness, and is separated from the "other side," and all strict judgments are severed from her. And she remains in unity with the holy light, and crowns herself with many crowns for the holy King. Then all powers of wrath and all adversaries flee from her and vanish, and no other power reigns in any of the worlds. Her countenance is irradiated with a supernal light, and she crowns herself here below with the holy people, all of whom are crowned with new souls. Then the commencement of the prayer is to bless her with joy and radiant countenance.[4]

When praying without a *minyan*, recite the following while standing:

ולומר And say: Bless the Lord who is blessed. The word את (the) refers to Shabbat eve. "Blessed be the Lord who is blessed" is that which elicits the blessings from the source of life and the place from whence issue all streams to irrigate all things. And because it is the source, the mystery of the "sign," it is called "the blessed." It is the stream of the wellspring. And since they [the blessings] reach there, they all [flow] for all eternity. And this is [the meaning of]: Blessed be the Lord who is blessed for all eternity.

On Friday night, continue with Half Kaddish below.

MAARIV PRAYER FOR ROSH HASHANAH

When Rosh Hashanah occurs on a weeknight, begin here.

שִׁיר הַמַּעֲלוֹת, הִנֵּה בָּרְכוּ אֶת יְיָ כָּל עַבְדֵי יְיָ, הָעֹמְדִים בְּבֵית יְיָ בַּלֵּילוֹת: שְׂאוּ יְדֵכֶם קֹדֶשׁ, וּבָרְכוּ אֶת יְיָ: יְבָרֶכְךָ יְיָ מִצִּיּוֹן, עֹשֵׂה שָׁמַיִם וָאָרֶץ:[1] יוֹמָם יְצַוֶּה יְיָ חַסְדּוֹ, וּבַלַּיְלָה שִׁירֹה עִמִּי, תְּפִלָּה לְאֵל חַיָּי:[2] וּתְשׁוּעַת צַדִּיקִים מֵיְיָ, מָעוּזָּם בְּעֵת צָרָה: וַיַּעְזְרֵם יְיָ וַיְפַלְּטֵם, יְפַלְּטֵם מֵרְשָׁעִים וְיוֹשִׁיעֵם, כִּי חָסוּ בוֹ:[3]

—Say three times יְיָ צְבָאוֹת עִמָּנוּ, מִשְׂגָּב לָנוּ אֱלֹהֵי יַעֲקֹב סֶלָה:[4]

—Say three times יְיָ צְבָאוֹת, אַשְׁרֵי אָדָם בֹּטֵחַ בָּךְ:[5]

—Say three times יְיָ הוֹשִׁיעָה, הַמֶּלֶךְ יַעֲנֵנוּ בְיוֹם קָרְאֵנוּ:[6]

Chazzan recites Half Kaddish.
Congregation responds אָמֵן as indicated.

יִתְגַּדַּל וְיִתְקַדַּשׁ שְׁמֵהּ רַבָּא. (Cong—אָמֵן) בְּעָלְמָא דִּי בְרָא כִרְעוּתֵהּ וְיַמְלִיךְ מַלְכוּתֵהּ, וְיַצְמַח פּוּרְקָנֵהּ וִיקָרֵב מְשִׁיחֵהּ. (Cong—אָמֵן) בְּחַיֵּיכוֹן וּבְיוֹמֵיכוֹן וּבְחַיֵּי דְכָל בֵּית יִשְׂרָאֵל, בַּעֲגָלָא וּבִזְמַן קָרִיב וְאִמְרוּ אָמֵן:

(Cong—אָמֵן. יְהֵא שְׁמֵהּ רַבָּא מְבָרַךְ לְעָלַם וּלְעָלְמֵי עָלְמַיָּא, יִתְבָּרֵךְ.)

יְהֵא שְׁמֵהּ רַבָּא מְבָרַךְ לְעָלַם וּלְעָלְמֵי עָלְמַיָּא. יִתְבָּרֵךְ, וְיִשְׁתַּבַּח, וְיִתְפָּאַר, וְיִתְרוֹמַם, וְיִתְנַשֵּׂא, וְיִתְהַדָּר, וְיִתְעַלֶּה, וְיִתְהַלָּל, שְׁמֵהּ דְּקוּדְשָׁא בְּרִיךְ הוּא. (Cong—אָמֵן) לְעֵלָּא מִן כָּל בִּרְכָתָא וְשִׁירָתָא, תֻּשְׁבְּחָתָא וְנֶחֱמָתָא, דַּאֲמִירָן בְּעָלְמָא, וְאִמְרוּ אָמֵן: (Cong—אָמֵן)

1. Psalm 134. 2. Ibid. 42:9. 3. Ibid. 37:39-40. 4. Ibid. 46:8. 5. Ibid. 84:13. 6. Ibid. 20:10.

On Friday night, continue with Half Kaddish below.

MAARIV PRAYER FOR ROSH HASHANAH

When Rosh Hashanah occurs on a weeknight, begin here.

שיר A song of ascents. Behold, bless the Lord all servants of the Lord who stand in the house of the Lord at night. Raise your hands in holiness and bless the Lord. May the Lord, Maker of heaven and earth, bless you from Zion.[1] By day the Lord ordains His kindness, and at night His song is with me, a prayer to the God of my life.[2] The deliverance of the righteous is from the Lord; He is their strength in time of distress. The Lord helps them and delivers them; He delivers them from the wicked and saves them, because they have put their trust in Him.[3]

Say three times: **יי** The Lord of hosts is with us; the God of Jacob is our stronghold forever.[4]

Say three times: **יי** Lord of hosts, happy is the man who trusts in You.[5]

Say three times: **יי** Lord, deliver us; may the King answer us on the day we call.[6]

Chazzan recites Half Kaddish.
Congregation responds Amen as indicated.

יתגדל Exalted and hallowed be His great Name (Cong: Amen) throughout the world which He has created according to His will. May He establish His kingship, bring forth His redemption and hasten the coming of His Mashiach (Cong: Amen) in your lifetime and in your days and in the lifetime of the entire House of Israel, speedily and soon, and say, Amen.

(Cong: Amen. May His great Name be blessed forever and to all eternity. Blessed.)

May His great Name be blessed forever and to all eternity. Blessed and praised, glorified, exalted and extolled, honored, adored and lauded be the Name of the Holy One, blessed be He, (Cong: Amen) beyond all the blessings, hymns, praises and consolations that are uttered in the world; and say, Amen. (Cong: Amen)

Uttering any words—other than prayer—is prohibited from this point until after the Amidah on page 39.

Stand for בָּרְכוּ.

Congregation and chazzan bow as chazzan says:

בָּרְכוּ אֶת יְיָ הַמְבֹרָךְ:

Congregation and chazzan. Bow at בָּרוּךְ, straighten up at יְיָ:

בָּרוּךְ יְיָ הַמְבֹרָךְ לְעוֹלָם וָעֶד:

Do not respond אָמֵן.

You may be seated.

בָּרוּךְ אַתָּה יְיָ אֱלֹהֵינוּ מֶלֶךְ הָעוֹלָם, אֲשֶׁר בִּדְבָרוֹ
מַעֲרִיב עֲרָבִים, בְּחָכְמָה פּוֹתֵחַ שְׁעָרִים,
וּבִתְבוּנָה מְשַׁנֶּה עִתִּים, וּמַחֲלִיף אֶת הַזְּמַנִּים, וּמְסַדֵּר
אֶת הַכּוֹכָבִים, בְּמִשְׁמְרוֹתֵיהֶם בָּרָקִיעַ, כִּרְצוֹנוֹ. בּוֹרֵא
יוֹם וָלַיְלָה, גּוֹלֵל אוֹר מִפְּנֵי חֹשֶׁךְ, וְחֹשֶׁךְ מִפְּנֵי אוֹר,
וּמַעֲבִיר יוֹם וּמֵבִיא לָיְלָה, וּמַבְדִּיל בֵּין יוֹם וּבֵין
לָיְלָה, יְיָ צְבָאוֹת שְׁמוֹ. בָּרוּךְ אַתָּה יְיָ, הַמַּעֲרִיב
עֲרָבִים: (Cong—אָמֵן)

אַהֲבַת עוֹלָם בֵּית יִשְׂרָאֵל עַמְּךָ אָהָבְתָּ, תּוֹרָה
וּמִצְוֹת, חֻקִּים וּמִשְׁפָּטִים אוֹתָנוּ לִמָּדְתָּ. עַל
כֵּן יְיָ אֱלֹהֵינוּ, בְּשָׁכְבֵּנוּ וּבְקוּמֵנוּ נָשִׂיחַ בְּחֻקֶּיךָ, וְנִשְׂמַח
בְּדִבְרֵי תוֹרָתֶךָ וּבְמִצְוֹתֶיךָ לְעוֹלָם וָעֶד. כִּי הֵם חַיֵּינוּ
וְאֹרֶךְ יָמֵינוּ, וּבָהֶם נֶהְגֶּה יוֹמָם וָלָיְלָה, וְאַהֲבָתְךָ לֹא
תָסוּר¹ מִמֶּנּוּ לְעוֹלָמִים. בָּרוּךְ אַתָּה יְיָ, אוֹהֵב עַמּוֹ
יִשְׂרָאֵל:

The chazzan concludes this blessing silently. Do not respond אָמֵן.

---

1. Another version: אַל תָּסִיר.

Uttering any words—other than prayer—is prohibited from this point until after the Amidah on page 39.

Stand for *Borchu.*

Congregation and chazzan bow as chazzan says:

ברכו *Bö-r'chu es adonöy ha-m'voröch.*

Congregation and chazzan. Bow at *Böruch,* straighten up at *adonöy:*

ברוך *Böruch adonöy ha-m'voröch l'olöm vö-ed.*
Do not respond Amen.

You may be seated.

ברוך Blessed are You, Lord our God, King of the universe, who by His word causes the evenings to become dark. With wisdom He opens the [heavenly] gates; with understanding He changes the periods [of the day], varies the times, and arranges the stars in their positions in the sky according to His will. He creates day and night; He rolls away light before darkness and darkness before light; He causes the day to pass and brings on the night, and separates between day and night; the Lord of hosts is His Name. Blessed are You, Lord, who causes the evenings to become dark. Cong. Amen.

אהבת With everlasting love have You loved the House of Israel Your people. You have taught us Torah and *mitzvot,* decrees and Laws. Therefore, Lord our God, when we lie down and when we rise, we will speak of Your statutes and rejoice in the words of Your Torah and in Your *mitzvot* forever. For they are our life and the length of our days, and we will meditate on them day and night. May Your love never depart from us. Blessed are You, Lord, who loves His people Israel.

The chazzan concludes this blessing silently. Do not respond Amen.

ברכו Bless the Lord who is blessed.   **ברוך** Blessed be the Lord who is blessed for all eternity.

THE SHEMA

The Shema should be recited with intense concentration, especially the first two verses in which we accept the sovereignty of God. Recite the first verse aloud, with your right hand covering your eyes.

Do not slur over the ח, but draw it out slightly for the length of time that it takes to affirm God's sovereignty in the seven heavens and on earth—equal to eight, the numerical value of ח. The ד (whose numerical value is four) should be drawn out for the length of time that it takes to reflect that God is alone in His world and that he rules in all four corners of the universe. While reciting the Shema, pause at the commas to convey the following meaning: Hear O Israel (pause), the Lord who is our God (pause) is the one God.

שְׁמַע יִשְׂרָאֵל, יְיָ אֱלֹהֵינוּ, יְיָ | אֶחָד:¹

Recite the following verse in an undertone:

בָּרוּךְ שֵׁם כְּבוֹד מַלְכוּתוֹ לְעוֹלָם וָעֶד:²

וְאָהַבְתָּ אֵת יְיָ אֱלֹהֶיךָ, בְּכָל | לְבָבְךָ, וּבְכָל נַפְשְׁךָ, וּבְכָל מְאֹדֶךָ: וְהָיוּ הַדְּבָרִים הָאֵלֶּה אֲשֶׁר אָנֹכִי מְצַוְּךָ הַיּוֹם, עַל | לְבָבֶךָ: וְשִׁנַּנְתָּם לְבָנֶיךָ וְדִבַּרְתָּ בָּם, בְּשִׁבְתְּךָ בְּבֵיתֶךָ, וּבְלֶכְתְּךָ בַדֶּרֶךְ, וּבְשָׁכְבְּךָ, וּבְקוּמֶךָ: וּקְשַׁרְתָּם לְאוֹת עַל יָדֶךָ, וְהָיוּ לְטֹטָפֹת בֵּין עֵינֶיךָ: וּכְתַבְתָּם עַל מְזֻזוֹת בֵּיתֶךָ, וּבִשְׁעָרֶיךָ:³

וְהָיָה אִם שָׁמֹעַ תִּשְׁמְעוּ אֶל מִצְוֹתַי אֲשֶׁר אָנֹכִי מְצַוֶּה אֶתְכֶם הַיּוֹם, לְאַהֲבָה אֶת יְיָ אֱלֹהֵיכֶם וּלְעָבְדוֹ, בְּכָל | לְבַבְכֶם וּבְכָל נַפְשְׁכֶם: וְנָתַתִּי מְטַר אַרְצְכֶם בְּעִתּוֹ יוֹרֶה וּמַלְקוֹשׁ, וְאָסַפְתָּ דְגָנֶךָ וְתִירֹשְׁךָ וְיִצְהָרֶךָ: וְנָתַתִּי עֵשֶׂב | בְּשָׂדְךָ לִבְהֶמְתֶּךָ, וְאָכַלְתָּ וְשָׂבָעְתָּ: הִשָּׁמְרוּ לָכֶם פֶּן יִפְתֶּה לְבַבְכֶם, וְסַרְתֶּם וַעֲבַדְתֶּם אֱלֹהִים אֲחֵרִים וְהִשְׁתַּחֲוִיתֶם לָהֶם: וְחָרָה | אַף יְיָ בָּכֶם וְעָצַר אֶת הַשָּׁמַיִם וְלֹא יִהְיֶה מָטָר וְהָאֲדָמָה לֹא תִתֵּן אֶת יְבוּלָהּ, וַאֲבַדְתֶּם | מְהֵרָה מֵעַל הָאָרֶץ הַטֹּבָה אֲשֶׁר יְיָ נֹתֵן לָכֶם: וְשַׂמְתֶּם | אֶת דְּבָרַי אֵלֶּה עַל | לְבַבְכֶם וְעַל נַפְשְׁכֶם,

---

1. Deuteronomy 6:4. **2.** Pesachim 56a; Deuteronomy Rabbah 2:31, 35, 36. **3.** Deuteronomy 6:5-9.

THE SHEMA

The Shema should be recited with intense concentration, especially the first two verses in which we accept the sovereignty of God. Recite the first verse aloud, with your right hand covering your eyes.

Do not slur over the ח, but draw it out slightly for the length of time that it takes to affirm God's sovereignty in the seven heavens and on earth—equal to eight, the numerical value of ח. The ד (whose numerical value is four) should be drawn out for the length of time that it takes to reflect that God is alone in His world and that he rules in all four corners of the universe. While reciting the Shema, pause at the commas to convey the following meaning: Hear O Israel (pause), the Lord who is our God (pause) is the one God.

Transliteration, page 336.

שמע Hear, O Israel, the Lord is our God, the Lord is One.[1]

Recite the following verse in an undertone:

ברוך Blessed be the name of the glory of His kingdom for ever and ever.[2]

ואהבת You shall love the Lord your God with all your heart, with all your soul, and with all your might. And these words which I command you today, shall be upon your heart. You shall teach them thoroughly to your children, and you shall speak of them when you sit in your house and when you walk on the road, when you lie down and when you rise. You shall bind them as a sign upon your hand, and they shall be for a reminder between your eyes. And you shall write them upon the doorposts of your house and upon your gates.[3]

והיה And it will be, if you will diligently obey My commandments which I enjoin upon you this day, to love the Lord your God and to serve Him with all your heart and with all your soul: I will give rain for your land at the proper time, the early rain and the late rain, and you will gather in your grain, your wine and your oil. And I will give grass in your fields for your cattle, and you will eat and be sated. Take care lest your heart be lured away, and you turn astray and worship alien gods and bow down to them. For then the Lord's wrath will flare up against you, and He will close the heavens so that there will be no rain and the earth will not yield its produce, and you will swiftly perish from the good land which the Lord gives you. Therefore, place these words

וּקְשַׁרְתֶּם | אֹתָם לְאוֹת עַל יֶדְכֶם וְהָיוּ לְטוֹטָפֹת בֵּין
עֵינֵיכֶם: וְלִמַּדְתֶּם | אֹתָם | אֶת בְּנֵיכֶם לְדַבֵּר בָּם,
בְּשִׁבְתְּךָ בְּבֵיתֶךָ וּבְלֶכְתְּךָ בַדֶּרֶךְ וּבְשָׁכְבְּךָ וּבְקוּמֶךָ:
וּכְתַבְתָּם עַל מְזוּזוֹת בֵּיתֶךָ וּבִשְׁעָרֶיךָ: לְמַעַן יִרְבּוּ יְמֵיכֶם
וִימֵי בְנֵיכֶם עַל הָאֲדָמָה אֲשֶׁר נִשְׁבַּע יְיָ לַאֲבֹתֵיכֶם לָתֵת
לָהֶם, כִּימֵי הַשָּׁמַיִם עַל הָאָרֶץ:[1]

וַיֹּאמֶר יְיָ אֶל מֹשֶׁה לֵּאמֹר: דַּבֵּר אֶל בְּנֵי יִשְׂרָאֵל וְאָמַרְתָּ
אֲלֵהֶם וְעָשׂוּ לָהֶם צִיצִת עַל כַּנְפֵי בִגְדֵיהֶם
לְדֹרֹתָם, וְנָתְנוּ עַל צִיצִת הַכָּנָף | פְּתִיל תְּכֵלֶת: וְהָיָה לָכֶם
לְצִיצִת, וּרְאִיתֶם | אֹתוֹ, וּזְכַרְתֶּם | אֶת כָּל מִצְוֹת יְיָ,
וַעֲשִׂיתֶם | אֹתָם, וְלֹא תָתוּרוּ אַחֲרֵי לְבַבְכֶם וְאַחֲרֵי עֵינֵיכֶם
אֲשֶׁר אַתֶּם זֹנִים אַחֲרֵיהֶם: לְמַעַן תִּזְכְּרוּ וַעֲשִׂיתֶם | אֶת
כָּל מִצְוֹתָי, וִהְיִיתֶם קְדֹשִׁים לֵאלֹהֵיכֶם: אֲנִי יְיָ אֱלֹהֵיכֶם
אֲשֶׁר הוֹצֵאתִי אֶתְכֶם | מֵאֶרֶץ מִצְרַיִם לִהְיוֹת לָכֶם
לֵאלֹהִים, אֲנִי יְיָ אֱלֹהֵיכֶם[2]

Although the word אֱמֶת belongs to the next paragraph, do not pause between אֱלֹהֵיכֶם and אֱמֶת. When praying without a *minyan*, repeat אֲנִי יְיָ אֱלֹהֵיכֶם and conclude אֱמֶת.

Chazzan concludes silently: אֲנִי יְיָ אֱלֹהֵיכֶם אֱמֶת, and repeats aloud יְיָ אֱלֹהֵיכֶם אֱמֶת.

אֱמֶת וֶאֱמוּנָה כָּל זֹאת,[3] וְקַיָּם עָלֵינוּ, כִּי הוּא יְיָ אֱלֹהֵינוּ
וְאֵין זוּלָתוֹ, וַאֲנַחְנוּ יִשְׂרָאֵל עַמּוֹ, הַפּוֹדֵנוּ מִיַּד
מְלָכִים, מַלְכֵּנוּ הַגּוֹאֲלֵנוּ מִכַּף כָּל הֶעָרִיצִים. הָאֵל הַנִּפְרָע
לָנוּ מִצָּרֵינוּ, וְהַמְשַׁלֵּם גְּמוּל לְכָל אֹיְבֵי נַפְשֵׁנוּ, הָעֹשֶׂה
גְדֹלוֹת עַד אֵין חֵקֶר, וְנִפְלָאוֹת עַד אֵין מִסְפָּר.[4] הַשָּׂם
נַפְשֵׁנוּ בַּחַיִּים, וְלֹא נָתַן לַמּוֹט רַגְלֵנוּ.[5] הַמַּדְרִיכֵנוּ עַל
בָּמוֹת אֹיְבֵינוּ, וַיָּרֶם קַרְנֵנוּ עַל כָּל שׂוֹנְאֵינוּ. הָאֵל הָעֹשֶׂה

1. Deuteronomy 11:13-21. **2.** Numbers 15:37-41. **3.** That which we have affirmed in the Shema. **4.** Job 9:10. **5.** Psalms 66:9.

of Mine upon your heart and upon your soul, and bind them for a sign on your hand, and they shall be for a reminder between your eyes. You shall teach them to your children, to speak of them when you sit in your house and when you walk on the road, when you lie down and when you rise. And you shall inscribe them on the doorposts of your house and on your gates—so that your days and the days of your children may be prolonged on the land which the Lord swore to your fathers to give to them for as long as the heavens are above the earth.[1]

ויאמר The Lord spoke to Moses, saying: Speak to the children of Israel and tell them to make for themselves fringes on the corners of their garments throughout their generations, and to attach a thread of blue on the fringe of each corner. They shall be to you as *tzitzit*, and you shall look upon them and remember all the commandments of the Lord and fulfill them, and you will not follow after your heart and after your eyes by which you go astray—so that you may remember and fulfill all My commandments, and be holy to your God. I am the Lord your God who brought you out of the land of Egypt to be your God; I, the Lord, am your God.[2]

Although the word *Truth* belongs to the next paragraph, do not pause between *your God* and *Truth*.

אמת Truth and belief is all this;[3] it is established with us that He is the Lord our God, there is no other, and that we Israel are His people. It is He who redeems us from the hand of kings; our King, who delivers us from the grip of all the tyrants; the benevolent God, who avenges us against our persecutors, and brings retribution on all our mortal enemies. He does great things beyond limit, and wonders beyond number.[4] He has kept us alive, and did not allow our feet to falter.[5] He led us upon the high places of our foes, and increased our strength over all our adversaries. He is the benevolent God who, in our behalf, brought retribution

לָנוּ נְקָמָה בְּפַרְעֹה, וְאוֹתוֹת וּמוֹפְתִים בְּאַדְמַת בְּנֵי חָם.
הַמַּכֶּה בְעֶבְרָתוֹ כָּל בְּכוֹרֵי מִצְרָיִם, וַיּוֹצֵא אֶת עַמּוֹ
יִשְׂרָאֵל מִתּוֹכָם לְחֵרוּת עוֹלָם. הַמַּעֲבִיר בָּנָיו בֵּין גִּזְרֵי יַם
סוּף, וְאֶת רוֹדְפֵיהֶם וְאֶת שׂוֹנְאֵיהֶם בִּתְהוֹמוֹת טִבַּע,
וְרָאוּ בָנָיו גְּבוּרָתוֹ, שִׁבְּחוּ וְהוֹדוּ לִשְׁמוֹ. וּמַלְכוּתוֹ בְרָצוֹן
קִבְּלוּ עֲלֵיהֶם, מֹשֶׁה וּבְנֵי יִשְׂרָאֵל לְךָ עָנוּ שִׁירָה בְּשִׂמְחָה
רַבָּה, וְאָמְרוּ כֻלָּם:

מִי כָמְכָה בָּאֵלִם יְיָ, מִי כָּמְכָה נֶאְדָּר בַּקֹּדֶשׁ, נוֹרָא
תְהִלֹּת עֹשֵׂה פֶלֶא:¹ מַלְכוּתְךָ רָאוּ בָנֶיךָ, בּוֹקֵעַ יָם
לִפְנֵי מֹשֶׁה, זֶה אֵלִי² עָנוּ וְאָמְרוּ:

יְיָ יִמְלֹךְ לְעֹלָם וָעֶד.³ וְנֶאֱמַר: כִּי פָדָה יְיָ אֶת יַעֲקֹב,
וּגְאָלוֹ מִיַּד חָזָק מִמֶּנּוּ.⁴ בָּרוּךְ אַתָּה יְיָ, גָּאַל יִשְׂרָאֵל:
(Cong—אָמֵן)

הַשְׁכִּיבֵנוּ אָבִינוּ לְשָׁלוֹם, וְהַעֲמִידֵנוּ מַלְכֵּנוּ לְחַיִּים
טוֹבִים וּלְשָׁלוֹם, וְתַקְּנֵנוּ בְּעֵצָה טוֹבָה
מִלְּפָנֶיךָ, וְהוֹשִׁיעֵנוּ מְהֵרָה לְמַעַן שְׁמֶךָ, וּפְרוֹשׂ עָלֵינוּ
סֻכַּת שְׁלוֹמֶךָ. בָּרוּךְ אַתָּה יְיָ, הַפּוֹרֵשׂ סֻכַּת שָׁלוֹם עָלֵינוּ
וְעַל כָּל עַמּוֹ יִשְׂרָאֵל וְעַל יְרוּשָׁלָיִם: (Cong—אָמֵן)

While many recite the following paragraphs, the Chabad custom is not to recite them, for
they might be considered an interruption in prayer.

For Shabbat:

ושמרו בני ישראל את השבת לעשות את השבת לדרתם ברית
עולם. ביני ובין בני ישראל אות היא לעולם, כי ששת ימים
עשה יי את השמים ואת הארץ וביום השביעי שבת וינפש:⁵

For Rosh Hashanah:

תקעו בחדש שופר בכסה ליום חגנו: כי חק לישראל הוא משפט
לאלהי יעקב:⁶

---

1. Exodus 15:11.　**2.** Ibid. 15:2.　**3.** Ibid. 15:18.　**4.** Jeremiah 31:10.　**5.** Exodus 31:16-17.
6. Psalms 81:4-5.

upon Pharaoh, and signs and miracles in the land of the Hamites; who, in His wrath, struck all the first-born of Egypt, and brought out His people Israel from their midst to everlasting freedom; who led His children through the divided parts of the Sea of Reeds, and drowned their pursuers and their enemies in the depths. As His children beheld His might, they extolled and offered praise to His Name, and willingly accepted His sovereignty; Moses and the children of Israel with great joy raised their voices in song to You, and they all proclaimed:

מי Who is like You among the supernal beings, O Lord! Who is like You, resplendent in holiness, awesome in praise, performing wonders![1] Your children beheld Your sovereignty as You split the sea before Moses. "This is my God!"[2] they exclaimed, and declared,

"The Lord shall reign forever and ever."[3] And it is said: For the Lord has redeemed Jacob, and delivered him from a power mightier than he.[4] Blessed are You, Lord, who has delivered Israel. Cong. Amen.

השכיבנו Our Father, let us lie down in peace; our King, raise us up to a good life and peace. Improve us with Your good counsel, help us speedily for the sake of Your Name, and spread over us the shelter of Your peace. Blessed are You, Lord, who spreads the shelter of peace over us, over His entire people Israel, and over Jerusalem. Cong. Amen.

While many recite the following paragraphs, the Chabad custom is not to recite them, for they might be considered an interruption in prayer.

For Shabbat:

ושמרו And the Children of Israel shall observe the Shabbat, establishing the Shabbat throughout their generations as an everlasting covenant. It is a sign between Me and the children of Israel for all time, for in six days the Lord made the heavens and the earth, and on the seventh day He ceased from work and rested.[5]

For Rosh Hashanah:

תקעו Blow the *shofar* on the New Moon, on the designated day of our Holy Day; for it is a decree for Israel, a [day of] judgment for the God of Jacob.[6]

Chazzan recites Half Kaddish.
Congregation responds אָמֵן as indicated.

יִתְגַּדַּל וְיִתְקַדַּשׁ שְׁמֵהּ רַבָּא. (Cong—אָמֵן) בְּעָלְמָא דִּי בְרָא כִרְעוּתֵהּ וְיַמְלִיךְ מַלְכוּתֵהּ, וְיַצְמַח פּוּרְקָנֵהּ וִיקָרֵב מְשִׁיחֵהּ. (Cong—אָמֵן) בְּחַיֵּיכוֹן וּבְיוֹמֵיכוֹן וּבְחַיֵּי דְכָל בֵּית יִשְׂרָאֵל, בַּעֲגָלָא וּבִזְמַן קָרִיב וְאִמְרוּ אָמֵן:

(Cong—אָמֵן. יְהֵא שְׁמֵהּ רַבָּא מְבָרַךְ לְעָלַם וּלְעָלְמֵי עָלְמַיָּא, יִתְבָּרֵךְ.)

יְהֵא שְׁמֵהּ רַבָּא מְבָרַךְ לְעָלַם וּלְעָלְמֵי עָלְמַיָּא. יִתְבָּרֵךְ, וְיִשְׁתַּבַּח, וְיִתְפָּאַר, וְיִתְרוֹמַם, וְיִתְנַשֵּׂא, וְיִתְהַדָּר, וְיִתְעַלֶּה, וְיִתְהַלָּל, שְׁמֵהּ דְּקוּדְשָׁא בְּרִיךְ הוּא. (Cong—אָמֵן) לְעֵלָּא מִן כָּל בִּרְכָתָא וְשִׁירָתָא, תֻּשְׁבְּחָתָא וְנֶחֱמָתָא, דַּאֲמִירָן בְּעָלְמָא, וְאִמְרוּ אָמֵן: (Cong—אָמֵן)

THE AMIDAH

While praying, concentrate on the meaning of the words. Remember that you stand before the Divine Presence. Remove any distracting thoughts, allowing the mind to remain focused on prayer. Before beginning the Amidah, take three steps back, then three steps forward. Recite the Amidah quietly—but audibly—while standing with feet together. Throughout the Amidah, ending on page 39, interruptions of any form are forbidden.

אֲדֹנָי, שְׂפָתַי תִּפְתָּח וּפִי יַגִּיד תְּהִלָּתֶךָ:[1]

Bend knees at בָּרוּךְ; bow at אַתָּה; straighten up at יְיָ.

בָּרוּךְ אַתָּה יְיָ, אֱלֹהֵינוּ וֵאלֹהֵי אֲבוֹתֵינוּ, אֱלֹהֵי אַבְרָהָם, אֱלֹהֵי יִצְחָק, וֵאלֹהֵי יַעֲקֹב, הָאֵל הַגָּדוֹל הַגִּבּוֹר וְהַנּוֹרָא, אֵל עֶלְיוֹן, גּוֹמֵל חֲסָדִים טוֹבִים, קוֹנֵה הַכֹּל, וְזוֹכֵר חַסְדֵי אָבוֹת, וּמֵבִיא גוֹאֵל לִבְנֵי בְנֵיהֶם, לְמַעַן שְׁמוֹ בְּאַהֲבָה:

1. Psalms 51:17.

Chazzan recites Half Kaddish.
Congregation responds Amen as indicated.

יתגדל Exalted and hallowed be His great Name (Cong: Amen) throughout the world which He has created according to His will. May He establish His kingship, bring forth His redemption and hasten the coming of His Mashiach (Cong: Amen) in your lifetime and in your days and in the lifetime of the entire House of Israel, speedily and soon, and say, Amen.

(Cong: Amen. May His great Name be blessed forever and to all eternity. Blessed.)

May His great Name be blessed forever and to all eternity. Blessed and praised, glorified, exalted and extolled, honored, adored and lauded be the Name of the Holy One, blessed be He, (Cong: Amen) beyond all the blessings, hymns, praises and consolations that are uttered in the world; and say, Amen. (Cong: Amen)

THE AMIDAH

While praying, concentrate on the meaning of the words. Remember that you stand before the Divine Presence. Remove any distracting thoughts, allowing the mind to remain focused on prayer. Before beginning the Amidah, take three steps back, then three steps forward. Recite the Amidah quietly—but audibly—while standing with feet together. Throughout the Amidah, ending on page 39, interruptions of any form are forbidden.

אדני My Lord, open my lips, and my mouth shall declare Your praise.[1]

Bend knees at *Blessed*; bow at *You*; straighten up at *Lord*.

ברוך Blessed are You, Lord our God and God of our fathers, God of Abraham, God of Isaac and God of Jacob, the great, mighty and awesome God, exalted God, who bestows bountiful kindness, who creates all things, who remembers the piety of the Patriarchs, and who, in love, brings a redeemer to their children's children, for the sake of His Name.

זָכְרֵנוּ לְחַיִּים, מֶלֶךְ חָפֵץ בַּחַיִּים, וְכָתְבֵנוּ בְּסֵפֶר הַחַיִּים, לְמַעַנְךָ אֱלֹהִים חַיִּים:

Bend knees at בָּרוּךְ; bow at אַתָּה; straighten up at יְיָ.

מֶלֶךְ עוֹזֵר וּמוֹשִׁיעַ וּמָגֵן. בָּרוּךְ אַתָּה יְיָ, מָגֵן אַבְרָהָם:

אַתָּה גִּבּוֹר לְעוֹלָם אֲדֹנָי, מְחַיֵּה מֵתִים אַתָּה, רַב לְהוֹשִׁיעַ. מוֹרִיד הַטָּל.

מְכַלְכֵּל חַיִּים בְּחֶסֶד, מְחַיֵּה מֵתִים בְּרַחֲמִים רַבִּים, סוֹמֵךְ נוֹפְלִים, וְרוֹפֵא חוֹלִים, וּמַתִּיר אֲסוּרִים, וּמְקַיֵּם אֱמוּנָתוֹ לִישֵׁנֵי עָפָר. מִי כָמוֹךָ בַּעַל גְּבוּרוֹת, וּמִי דּוֹמֶה לָּךְ, מֶלֶךְ מֵמִית וּמְחַיֶּה וּמַצְמִיחַ יְשׁוּעָה:

מִי כָמוֹךָ אַב הָרַחֲמָן, זוֹכֵר יְצוּרָיו לְחַיִּים בְּרַחֲמִים:

וְנֶאֱמָן אַתָּה לְהַחֲיוֹת מֵתִים. בָּרוּךְ אַתָּה יְיָ, מְחַיֵּה הַמֵּתִים:

אַתָּה קָדוֹשׁ וְשִׁמְךָ קָדוֹשׁ, וּקְדוֹשִׁים בְּכָל יוֹם יְהַלְלוּךָ סֶּלָה.

לְדוֹר וָדוֹר הַמְלִיכוּ לָאֵל, כִּי הוּא לְבַדּוֹ מָרוֹם וְקָדוֹשׁ:

וּבְכֵן יִתְקַדֵּשׁ שִׁמְךָ יְיָ אֱלֹהֵינוּ עַל יִשְׂרָאֵל עַמֶּךָ, וְעַל יְרוּשָׁלַיִם עִירֶךָ, וְעַל צִיּוֹן מִשְׁכַּן כְּבוֹדֶךָ, וְעַל מַלְכוּת בֵּית דָּוִד מְשִׁיחֶךָ, וְעַל מְכוֹנְךָ וְהֵיכָלֶךָ:

וּבְכֵן תֵּן פַּחְדְּךָ יְיָ אֱלֹהֵינוּ עַל כָּל מַעֲשֶׂיךָ, וְאֵימָתְךָ עַל כָּל מַה שֶּׁבָּרָאתָ, וְיִירָאוּךָ כָּל הַמַּעֲשִׂים, וְיִשְׁתַּחֲווּ לְפָנֶיךָ כָּל הַבְּרוּאִים, וְיֵעָשׂוּ כֻלָּם אֲגֻדָּה אֶחָת לַעֲשׂוֹת רְצוֹנְךָ בְּלֵבָב שָׁלֵם. שֶׁיָּדַעְנוּ יְיָ אֱלֹהֵינוּ שֶׁהַשָּׁלְטָן לְפָנֶיךָ, עֹז בְּיָדְךָ וּגְבוּרָה בִּימִינֶךָ, וְשִׁמְךָ נוֹרָא עַל כָּל מַה שֶּׁבָּרָאתָ:

זכרנו Remember us for life, King who desires life; inscribe us in the Book of Life, for Your sake, O living God.

Bend knees at *Blessed*; bow at *You*; straighten up at *Lord*.

מלך O King, [You are] a helper, a savior and a shield. Blessed are You, Lord, Shield of Abraham.

אתה You are mighty forever, my Lord; You resurrect the dead; You are powerful to save. He causes the dew to descend.

מכלכל He sustains the living with lovingkindness, resurrects the dead with great mercy, supports the falling, heals the sick, releases the bound, and fulfills His trust to those who sleep in the dust. Who is like You, mighty One! And who can be compared to You, King, who brings death and restores life, and causes deliverance to spring forth!

מי Who is like You, merciful Father, who in compassion remembers His creatures for life.

ונאמן You are trustworthy to revive the dead. Blessed are You, Lord, who revives the dead.

אתה You are holy and Your Name is holy, and holy beings praise You daily for all eternity.

לדור Through all generations proclaim the kingship of God, for He alone is exalted and holy.

ובכן And thus shall Your Name, Lord our God, be sanctified upon Israel Your people, upon Jerusalem Your city, upon Zion the abode of Your glory, upon the kingship of the house of David Your anointed, and upon Your dwelling-place and Your sanctuary.

ובכן And so, Lord our God, instill fear of You upon all that You have made, and dread of You upon all that You have created; and [then] all works will be in awe of You, all the created beings will prostrate themselves before You, and they all will form a single band to carry out Your will with a perfect heart. For we know, Lord our God, that rulership is Yours, strength is in Your [left] hand, might is in Your right hand, and Your Name is awesome over all that You have created.

וּבְכֵן תֵּן כָּבוֹד יְיָ לְעַמֶּךָ, תְּהִלָּה לִירֵאֶיךָ, וְתִקְוָה טוֹבָה לְדוֹרְשֶׁיךָ, וּפִתְחוֹן פֶּה לַמְיַחֲלִים לָךְ, שִׂמְחָה לְאַרְצֶךָ, וְשָׂשׂוֹן לְעִירֶךָ, וּצְמִיחַת קֶרֶן לְדָוִד עַבְדֶּךָ, וַעֲרִיכַת נֵר לְבֶן יִשַׁי מְשִׁיחֶךָ, בִּמְהֵרָה בְיָמֵינוּ:

וּבְכֵן צַדִּיקִים יִרְאוּ וְיִשְׂמָחוּ, וִישָׁרִים יַעֲלֹזוּ, וַחֲסִידִים בְּרִנָּה יָגִילוּ, וְעוֹלָתָה תִּקְפָּץ פִּיהָ, וְהָרִשְׁעָה כֻּלָּהּ כְּעָשָׁן תִּכְלֶה, כִּי תַעֲבִיר מֶמְשֶׁלֶת זָדוֹן מִן הָאָרֶץ:

וְתִמְלוֹךְ אַתָּה הוּא יְיָ אֱלֹהֵינוּ לְבַדֶּךָ עַל כָּל מַעֲשֶׂיךָ, בְּהַר צִיּוֹן מִשְׁכַּן כְּבוֹדֶךָ, וּבִירוּשָׁלַיִם עִיר קָדְשֶׁךָ, כַּכָּתוּב בְּדִבְרֵי קָדְשֶׁךָ: יִמְלֹךְ יְיָ לְעוֹלָם אֱלֹהַיִךְ צִיּוֹן לְדֹר וָדֹר, הַלְלוּיָהּ:[1]

קָדוֹשׁ אַתָּה וְנוֹרָא שְׁמֶךָ, וְאֵין אֱלוֹהַּ מִבַּלְעָדֶיךָ, כַּכָּתוּב: וַיִּגְבַּהּ יְיָ צְבָאוֹת בַּמִּשְׁפָּט, וְהָאֵל הַקָּדוֹשׁ נִקְדַּשׁ בִּצְדָקָה.[2] בָּרוּךְ אַתָּה יְיָ, הַמֶּלֶךְ הַקָּדוֹשׁ:

אַתָּה בְחַרְתָּנוּ מִכָּל הָעַמִּים, אָהַבְתָּ אוֹתָנוּ וְרָצִיתָ בָּנוּ, וְרוֹמַמְתָּנוּ מִכָּל הַלְּשׁוֹנוֹת, וְקִדַּשְׁתָּנוּ בְּמִצְוֹתֶיךָ, וְקֵרַבְתָּנוּ מַלְכֵּנוּ לַעֲבֹדָתֶךָ, וְשִׁמְךָ הַגָּדוֹל וְהַקָּדוֹשׁ עָלֵינוּ קָרָאתָ:

On Saturday night, add the following paragraph:

וַתּוֹדִיעֵנוּ יְיָ אֱלֹהֵינוּ אֶת מִשְׁפְּטֵי צִדְקֶךָ, וַתְּלַמְּדֵנוּ לַעֲשׂוֹת חֻקֵּי רְצוֹנֶךָ. וַתִּתֶּן לָנוּ יְיָ אֱלֹהֵינוּ, מִשְׁפָּטִים יְשָׁרִים וְתוֹרוֹת אֱמֶת, חֻקִּים וּמִצְוֹת טוֹבִים,[3] וַתַּנְחִילֵנוּ זְמַנֵּי שָׂשׂוֹן וּמוֹעֲדֵי קֹדֶשׁ וְחַגֵּי נְדָבָה, וַתּוֹרִישֵׁנוּ קְדֻשַּׁת שַׁבָּת

1. Psalms 146:10. **2.** Isaiah 5:16. **3.** Cf. Nehemiah 9:13.

ובכן And so, Lord, grant honor to Your people, glory to those who fear You, good hope to those who seek You, confident speech to those who yearn for You, joy to Your land, gladness to Your city, a flourishing of strength to David Your servant, and a setting up of light to the son of Yishai Your anointed, speedily in our days.

ובכן And then the righteous will see and be glad, the upright will rejoice, and the pious will exult in song; injustice will shut its mouth and all wickedness will go up in smoke, when You will remove the rule of evil from the earth.

ותמלוך Lord our God, You are He who alone will reign over all Your works, in Mount Zion the abode of Your glory, in Jerusalem Your holy city, as it is written in Your holy Scriptures: The Lord shall reign forever; your God, O Zion, throughout all generations; praise the Lord.[1]

קדוש Holy are You, awesome is Your Name, and aside from You there is no God, as it is written: The Lord of hosts is exalted in justice and the holy God is sanctified in righteousness.[2] Blessed are You, Lord, the holy King.

אתה You have chosen us from among all the nations; You have loved us and found favor with us. You have raised us above all tongues and made us holy through Your commandments. You, our King, have drawn us near to Your service and proclaimed Your great and holy Name upon us.

On Saturday night, add the following paragraph:

ותודיענו You, Lord our God, have made known to us Your righteous statutes and taught us to carry out the decrees of Your will. You, Lord our God, have given us just statutes and teachings of truth, decrees and precepts that are good.[3] You have given us as a heritage joyous seasons, holy festivals and holidays for [bringing] voluntary offerings. You have bequeathed to us the holiness of the Shabbat, the glory of the

וּכְבוֹד מוֹעֵד וַחֲגִיגַת הָרֶגֶל, וַתַּבְדֵּל יְיָ אֱלֹהֵינוּ בֵּין קֹדֶשׁ לְחוֹל, בֵּין אוֹר לְחֹשֶׁךְ, בֵּין יִשְׂרָאֵל לָעַמִּים, בֵּין יוֹם הַשְּׁבִיעִי לְשֵׁשֶׁת יְמֵי הַמַּעֲשֶׂה. בֵּין קְדֻשַּׁת שַׁבָּת לִקְדֻשַּׁת יוֹם טוֹב הִבְדַּלְתָּ, וְאֶת יוֹם הַשְּׁבִיעִי מִשֵּׁשֶׁת יְמֵי הַמַּעֲשֶׂה קִדַּשְׁתָּ. הִבְדַּלְתָּ וְקִדַּשְׁתָּ אֶת עַמְּךָ יִשְׂרָאֵל בִּקְדֻשָּׁתֶךָ:

On Shabbat, add the words in shaded parentheses.

וַתִּתֶּן לָנוּ יְיָ אֱלֹהֵינוּ בְּאַהֲבָה אֶת יוֹם (הַשַּׁבָּת הַזֶּה וְאֶת יוֹם) הַזִּכָּרוֹן הַזֶּה, אֶת יוֹם טוֹב מִקְרָא קֹדֶשׁ הַזֶּה, יוֹם (זִכְרוֹן) תְּרוּעָה (בְּאַהֲבָה) מִקְרָא קֹדֶשׁ זֵכֶר לִיצִיאַת מִצְרָיִם:

On Shabbat, add the words in shaded parentheses.

אֱלֹהֵינוּ וֵאלֹהֵי אֲבוֹתֵינוּ, יַעֲלֶה וְיָבוֹא וְיַגִּיעַ, וְיֵרָאֶה וְיֵרָצֶה וְיִשָּׁמַע, וְיִפָּקֵד וְיִזָּכֵר זִכְרוֹנֵנוּ וּפִקְדוֹנֵנוּ, וְזִכְרוֹן אֲבוֹתֵינוּ, וְזִכְרוֹן מָשִׁיחַ בֶּן דָּוִד עַבְדֶּךָ, וְזִכְרוֹן יְרוּשָׁלַיִם עִיר קָדְשֶׁךָ, וְזִכְרוֹן כָּל עַמְּךָ בֵּית יִשְׂרָאֵל לְפָנֶיךָ, לִפְלֵיטָה לְטוֹבָה, לְחֵן וּלְחֶסֶד וּלְרַחֲמִים וּלְחַיִּים טוֹבִים וּלְשָׁלוֹם, בְּיוֹם (הַשַּׁבָּת הַזֶּה וּבְיוֹם) הַזִּכָּרוֹן הַזֶּה, בְּיוֹם טוֹב מִקְרָא קֹדֶשׁ הַזֶּה.[1] זָכְרֵנוּ יְיָ אֱלֹהֵינוּ בּוֹ לְטוֹבָה, וּפָקְדֵנוּ בוֹ לִבְרָכָה, וְהוֹשִׁיעֵנוּ בוֹ לְחַיִּים טוֹבִים. וּבִדְבַר יְשׁוּעָה וְרַחֲמִים, חוּס וְחָנֵּנוּ, וְרַחֵם עָלֵינוּ וְהוֹשִׁיעֵנוּ, כִּי אֵלֶיךָ עֵינֵינוּ, כִּי אֵל מֶלֶךְ חַנּוּן וְרַחוּם אָתָּה:

On Shabbat, add the words in shaded parentheses.

אֱלֹהֵינוּ וֵאלֹהֵי אֲבוֹתֵינוּ, מְלוֹךְ עַל הָעוֹלָם כֻּלּוֹ בִּכְבוֹדֶךָ, וְהִנָּשֵׂא עַל כָּל הָאָרֶץ בִּיקָרֶךָ,

1. V. Ramban, Leviticus 23:2; Sforno, loc. cit. 23:2-3.

holiday and the celebration of the festival. You, Lord our God, have made a distinction between sacred and profane, between light and darkness, between Israel and the nations, between the Seventh Day and the six work days; between the holiness of the Shabbat and the holiness of the Festival You have made a distinction, and have sanctified the Seventh Day above the six work days. You have set apart and sanctified Your people Israel with Your holiness.

On Shabbat, add the words in shaded parentheses.

ותתן And You, Lord our God, have given us in love (this Shabbat day and) this Day of Remembrance, this festival of holy assembly, a day for (the remembrance of) sounding the *shofar*, (in love,) a holy assembly, commemorating the Exodus from Egypt.

On Shabbat, add the words in shaded parentheses.

אלהינו Our God and God of our fathers, may there ascend, come and reach, be seen, accepted, and heard, recalled and remembered before You, our remembrance and recollection, the remembrance of our fathers, the remembrance of Mashiach the son of David Your servant, the remembrance of Jerusalem Your holy city, and the remembrance of all Your people the House of Israel, for deliverance, well-being, grace, kindness, mercy, good life and peace, on this (Shabbat day and this) Day of Remembrance, this festival of holy assembly.[1] Remember us on this [day], Lord our God, for good; be mindful of us on this [day] for blessing; help us on this [day] for good life. With the promise of deliverance and compassion, spare us and be gracious to us; have mercy upon us and deliver us; for our eyes are directed to You, for You, God, are a gracious and merciful King.

On Shabbat, add the words in shaded parentheses.

אלהינו Our God and God of our fathers, reign over the entire world in Your glory, be exalted over all the earth in Your splendor, and reveal Yourself in the majesty of Your

וְהוֹפַע בַּהֲדַר גְּאוֹן עֻזֶּךָ עַל כָּל יוֹשְׁבֵי תֵבֵל אַרְצֶךָ, וְיֵדַע כָּל פָּעוּל כִּי אַתָּה פְעַלְתּוֹ, וְיָבִין כָּל יָצוּר כִּי אַתָּה יְצַרְתּוֹ, וְיֹאמַר כֹּל אֲשֶׁר נְשָׁמָה בְאַפּוֹ: יְיָ אֱלֹהֵי יִשְׂרָאֵל מֶלֶךְ, וּמַלְכוּתוֹ בַּכֹּל מָשָׁלָה: (אֱלֹהֵינוּ וֵאלֹהֵי אֲבוֹתֵינוּ, רְצֵה נָא בִמְנוּחָתֵנוּ) קַדְּשֵׁנוּ בְּמִצְוֹתֶיךָ, וְתֵן חֶלְקֵנוּ בְּתוֹרָתֶךָ, שַׂבְּעֵנוּ מִטּוּבֶךָ וְשַׂמַּח נַפְשֵׁנוּ בִּישׁוּעָתֶךָ, (וְהַנְחִילֵנוּ יְיָ אֱלֹהֵינוּ בְּאַהֲבָה וּבְרָצוֹן שַׁבַּת קָדְשֶׁךָ וְיָנוּחוּ בָהּ כָּל יִשְׂרָאֵל מְקַדְּשֵׁי שְׁמֶךָ,) וְטַהֵר לִבֵּנוּ לְעָבְדְּךָ בֶּאֱמֶת, כִּי אַתָּה אֱלֹהִים אֱמֶת וּדְבָרְךָ מַלְכֵּנוּ אֱמֶת וְקַיָּם לָעַד. בָּרוּךְ אַתָּה יְיָ, מֶלֶךְ עַל כָּל הָאָרֶץ, מְקַדֵּשׁ (הַשַּׁבָּת וְ) יִשְׂרָאֵל וְיוֹם הַזִּכָּרוֹן:

רְצֵה יְיָ אֱלֹהֵינוּ בְּעַמְּךָ יִשְׂרָאֵל וְלִתְפִלָּתָם שְׁעֵה, וְהָשֵׁב הָעֲבוֹדָה לִדְבִיר בֵּיתֶךָ, וְאִשֵּׁי יִשְׂרָאֵל וּתְפִלָּתָם בְּאַהֲבָה תְקַבֵּל בְּרָצוֹן, וּתְהִי לְרָצוֹן תָּמִיד עֲבוֹדַת יִשְׂרָאֵל עַמֶּךָ:

וְתֶחֱזֶינָה עֵינֵינוּ בְּשׁוּבְךָ לְצִיּוֹן בְּרַחֲמִים. בָּרוּךְ אַתָּה יְיָ, הַמַּחֲזִיר שְׁכִינָתוֹ לְצִיּוֹן:

Bow at מוֹדִים; straighten up at יְיָ.

מוֹדִים אֲנַחְנוּ לָךְ, שָׁאַתָּה הוּא יְיָ אֱלֹהֵינוּ וֵאלֹהֵי אֲבוֹתֵינוּ לְעוֹלָם וָעֶד, צוּר חַיֵּינוּ, מָגֵן יִשְׁעֵנוּ, אַתָּה הוּא לְדוֹר וָדוֹר, נוֹדֶה לְּךָ וּנְסַפֵּר תְּהִלָּתֶךָ, עַל חַיֵּינוּ הַמְּסוּרִים בְּיָדֶךָ, וְעַל נִשְׁמוֹתֵינוּ הַפְּקוּדוֹת לָךְ, וְעַל נִסֶּיךָ שֶׁבְּכָל יוֹם עִמָּנוּ, וְעַל נִפְלְאוֹתֶיךָ וְטוֹבוֹתֶיךָ שֶׁבְּכָל עֵת, עֶרֶב וָבֹקֶר וְצָהֳרָיִם, הַטּוֹב, כִּי לֹא כָלוּ רַחֲמֶיךָ, וְהַמְרַחֵם, כִּי לֹא תַמּוּ חֲסָדֶיךָ, כִּי מֵעוֹלָם קִוִּינוּ לָךְ:

glorious might over all the inhabitants of Your terrestrial world. May everything that has been made know that You have made it; may everything that has been created understand that You have created it; and may everyone who has the breath [of life] in his nostrils declare that the Lord, God of Israel, is King and His kingship has dominion over all. (Our God and God of our fathers, please find favor in our rest.) Make us holy with Your commandments and grant us our portion in Your Torah; satiate us with Your goodness and gladden our soul with Your salvation. (Lord our God, grant as our heritage, in love and goodwill, Your holy Shabbat, and may all Israel who sanctify Your Name rest thereon.) Make our heart pure to serve You in truth; for You are the true God, and Your word, our King, is true and enduring forever. Blessed are You, Lord, King over the whole earth, who sanctifies (the Shabbat and) Israel and the Day of Remembrance.

רצה Look with favor, Lord our God, on Your people Israel, and pay heed to their prayer; restore the service to Your Sanctuary, and accept with love and favor Israel's fire-offerings and prayer; and may the service of Your people Israel always find favor.

ותחזינה May our eyes behold Your return to Zion in mercy. Blessed are You, Lord, who restores His Divine Presence to Zion.

Bow at We thankfully acknowledge; *straighten up at* Lord.

מודים We thankfully acknowledge that You are the Lord our God and God of our fathers forever. You are the strength of our life, the shield of our salvation in every generation. We will give thanks to You and recount Your praise, evening, morning and noon, for our lives which are committed into Your hand, for our souls which are entrusted to You, for Your miracles which are with us daily, and for Your continual wonders and beneficences. You are the Beneficent One, for Your mercies never cease; and the Merciful One, for Your kindnesses never end; for we always place our hope in You.

וְעַל כֻּלָּם יִתְבָּרַךְ וְיִתְרוֹמַם וְיִתְנַשֵּׂא שִׁמְךָ מַלְכֵּנוּ תָּמִיד לְעוֹלָם וָעֶד:

וּכְתוֹב לְחַיִּים טוֹבִים כָּל בְּנֵי בְרִיתֶךָ:

וְכָל הַחַיִּים יוֹדוּךָ סֶּלָה, וִיהַלְלוּ שִׁמְךָ הַגָּדוֹל לְעוֹלָם כִּי טוֹב, הָאֵל יְשׁוּעָתֵנוּ וְעֶזְרָתֵנוּ סֶלָה, הָאֵל הַטּוֹב.

Bend knees at בָּרוּךְ; bow at אַתָּה; straighten up at יְיָ.

בָּרוּךְ אַתָּה יְיָ, הַטּוֹב שִׁמְךָ וּלְךָ נָאֶה לְהוֹדוֹת:

שִׂים שָׁלוֹם, טוֹבָה וּבְרָכָה, חַיִּים חֵן וָחֶסֶד וְרַחֲמִים, עָלֵינוּ וְעַל כָּל יִשְׂרָאֵל עַמֶּךָ. בָּרְכֵנוּ אָבִינוּ כֻּלָּנוּ כְּאֶחָד בְּאוֹר פָּנֶיךָ, כִּי בְאוֹר פָּנֶיךָ נָתַתָּ לָּנוּ יְיָ אֱלֹהֵינוּ תּוֹרַת חַיִּים וְאַהֲבַת חֶסֶד, וּצְדָקָה וּבְרָכָה וְרַחֲמִים וְחַיִּים וְשָׁלוֹם, וְטוֹב בְּעֵינֶיךָ לְבָרֵךְ אֶת עַמְּךָ יִשְׂרָאֵל בְּכָל עֵת וּבְכָל שָׁעָה בִּשְׁלוֹמֶךָ.

וּבְסֵפֶר חַיִּים בְּרָכָה וְשָׁלוֹם וּפַרְנָסָה טוֹבָה, יְשׁוּעָה וְנֶחָמָה וּגְזֵרוֹת טוֹבוֹת, נִזָּכֵר וְנִכָּתֵב לְפָנֶיךָ, אֲנַחְנוּ וְכָל עַמְּךָ בֵּית יִשְׂרָאֵל, לְחַיִּים טוֹבִים וּלְשָׁלוֹם. בָּרוּךְ אַתָּה יְיָ, הַמְבָרֵךְ אֶת עַמּוֹ יִשְׂרָאֵל בַּשָּׁלוֹם:

יִהְיוּ לְרָצוֹן אִמְרֵי פִי וְהֶגְיוֹן לִבִּי לְפָנֶיךָ, יְיָ צוּרִי וְגוֹאֲלִי:[1]

אֱלֹהַי, נְצֹר לְשׁוֹנִי מֵרָע, וּשְׂפָתַי מִדַּבֵּר מִרְמָה,[2] וְלִמְקַלְלַי נַפְשִׁי תִדּוֹם, וְנַפְשִׁי כֶּעָפָר לַכֹּל תִּהְיֶה. פְּתַח לִבִּי בְּתוֹרָתֶךָ, וּבְמִצְוֹתֶיךָ תִּרְדּוֹף נַפְשִׁי, וְכָל הַחוֹשְׁבִים עָלַי רָעָה, מְהֵרָה הָפֵר עֲצָתָם וְקַלְקֵל מַחֲשַׁבְתָּם. יִהְיוּ כְּמֹץ לִפְנֵי רוּחַ וּמַלְאַךְ יְיָ דֹּחֶה.[3] לְמַעַן יֵחָלְצוּן יְדִידֶיךָ, הוֹשִׁיעָה יְמִינְךָ וַעֲנֵנִי.[4] עֲשֵׂה לְמַעַן שְׁמֶךָ, עֲשֵׂה לְמַעַן יְמִינֶךָ, עֲשֵׂה

1. Psalms 19:15. **2.** Cf. Ibid. 34:14. **3.** Ibid. 35:5. **4.** Ibid. 60:7; 108:7.

ועל And for all these, may Your Name, our King, be continually blessed, exalted, and extolled forever and all time.

וכתוב Inscribe all the children of Your Covenant for a good life.

וכל And all living things shall forever thank You, and praise Your great Name eternally, for You are good. God, You are our everlasting salvation and help, O benevolent God.

Bend knees at *Blessed*; bow at *You*; straighten up at *Lord*.

Blessed are You, Lord, Beneficent is Your Name, and to You it is fitting to offer thanks.

שים Bestow peace, goodness, and blessing, life, graciousness, kindness, and mercy, upon us and upon all Your people Israel. Bless us, our Father, all of us as one, with the light of Your countenance, for by the light of Your countenance You gave us, Lord our God, the Torah of life and loving-kindness, righteousness, blessing, mercy, life and peace. May it be favorable in Your eyes to bless Your people Israel, at all times and at every moment, with Your peace.

ובספר And in the book of life, blessing, peace, and prosperity, deliverance, consolation, and favorable decrees, may we and all Your people the House of Israel be remembered and inscribed before You for a happy life and for peace. Blessed are You, Lord, who blesses His people Israel with peace.

יהיו May the words of my mouth and the meditation of my heart be acceptable before You, Lord, my Strength and my Redeemer.[1]

אלהי My God, guard my tongue from evil, and my lips from speaking deceitfully. Let my soul be silent to those who curse me; let my soul be as dust to all. Open my heart to Your Torah, and let my soul eagerly pursue Your commandments. As for all those who plot evil against me, hasten to annul their counsel and frustrate their design. Let them be as chaff before the wind; let the angel of the Lord thrust them away.[2] That Your beloved ones may be delivered, help with Your right hand and answer me.[3] Do it for the sake of Your Name; do it for the sake of Your right hand; do it for the sake of Your Torah; do it for the sake

לְמַעַן תּוֹרָתֶךָ, עֲשֵׂה לְמַעַן קְדָשָׁתֶךָ.' יִהְיוּ לְרָצוֹן אִמְרֵי פִי
וְהֶגְיוֹן לִבִּי לְפָנֶיךָ, יְיָ צוּרִי וְגוֹאֲלִי:²

Take three steps back, then bow left saying עֹשֶׂה הַשָּׁלוֹם בִּמְרוֹמָיו, bow forward saying הוּא,
bow right saying יַעֲשֶׂה שָׁלוֹם עָלֵינוּ, and bow forward saying וְעַל כָּל יִשְׂרָאֵל, וְאִמְרוּ אָמֵן.

עֹשֶׂה הַשָּׁלוֹם בִּמְרוֹמָיו, הוּא יַעֲשֶׂה שָׁלוֹם עָלֵינוּ וְעַל כָּל
יִשְׂרָאֵל, וְאִמְרוּ אָמֵן:

יְהִי רָצוֹן מִלְּפָנֶיךָ, יְיָ אֱלֹהֵינוּ וֵאלֹהֵי אֲבוֹתֵינוּ, שֶׁיִּבָּנֶה בֵּית
הַמִּקְדָּשׁ בִּמְהֵרָה בְיָמֵינוּ, וְתֵן חֶלְקֵנוּ בְּתוֹרָתֶךָ:³

The Amidah ends here.

Remain standing until after עָלֵינוּ on page 44.
On all nights except Friday night, continue לְדָוִד מִזְמוֹר, next page.

When Rosh Hashanah occurs on Friday night, add the following:

וַיְכֻלּוּ הַשָּׁמַיִם וְהָאָרֶץ וְכָל צְבָאָם: וַיְכַל אֱלֹהִים בַּיּוֹם
הַשְּׁבִיעִי מְלַאכְתּוֹ אֲשֶׁר עָשָׂה, וַיִּשְׁבֹּת בַּיּוֹם
הַשְּׁבִיעִי מִכָּל מְלַאכְתּוֹ אֲשֶׁר עָשָׂה: וַיְבָרֶךְ אֱלֹהִים אֶת יוֹם
הַשְּׁבִיעִי וַיְקַדֵּשׁ אֹתוֹ, כִּי בוֹ שָׁבַת מִכָּל מְלַאכְתּוֹ אֲשֶׁר בָּרָא
אֱלֹהִים לַעֲשׂוֹת:⁴

Chazzan:

בָּרוּךְ אַתָּה יְיָ, אֱלֹהֵינוּ וֵאלֹהֵי אֲבוֹתֵינוּ, אֱלֹהֵי אַבְרָהָם,
אֱלֹהֵי יִצְחָק, וֵאלֹהֵי יַעֲקֹב, הָאֵל הַגָּדוֹל הַגִּבּוֹר
וְהַנּוֹרָא, אֵל עֶלְיוֹן, קוֹנֵה שָׁמַיִם וָאָרֶץ:

Congregation and chazzan:

מָגֵן אָבוֹת בִּדְבָרוֹ, מְחַיֶּה מֵתִים בְּמַאֲמָרוֹ, הַמֶּלֶךְ הַקָּדוֹשׁ
שֶׁאֵין כָּמוֹהוּ, הַמֵּנִיחַ לְעַמּוֹ בְּיוֹם שַׁבַּת קָדְשׁוֹ, כִּי בָם
רָצָה לְהָנִיחַ לָהֶם, לְפָנָיו נַעֲבוֹד בְּיִרְאָה וָפַחַד וְנוֹדֶה לִשְׁמוֹ
בְּכָל יוֹם תָּמִיד, מֵעֵין הַבְּרָכוֹת, אֵל הַהוֹדָאוֹת אֲדוֹן הַשָּׁלוֹם,
מְקַדֵּשׁ הַשַּׁבָּת וּמְבָרֵךְ שְׁבִיעִי, וּמֵנִיחַ בִּקְדֻשָּׁה, לְעַם מְדֻשְּׁנֵי
עֹנֶג, זֵכֶר לְמַעֲשֵׂה בְרֵאשִׁית:

---

1. It is customary to recite a verse in which the first and last letters correspond to the first and last letters of one's own Hebrew name. For a list of verses, see page 318. **2.** Psalms 19:15. **3.** Avot 5:20. **4.** Genesis 2:1-3.

of Your holiness.[1] May the words of my mouth and the meditation of my heart be acceptable before You, Lord, my Strength and my Redeemer.[2]

Take three steps back, then bow left saying *He who makes the peace in His Heavens*, bow forward saying *may He*, bow right saying *make peace for us*, and bow forward saying *and for all Israel; and say, Amen.*

עשה He who makes the peace in His heavens, may He make peace for us and for all Israel; and say, Amen.

יהי May it be Your will, Lord our God and God of our fathers, that the Bet Hamikdash be speedily rebuilt in our days, and grant us our portion in Your Torah.[3]

The Amidah ends here.

Remain standing until after *Aleinu* on page 44.

On all nights except Friday night, continue *By David*, next page.

When Rosh Hashanah occurs on Friday night, add the following:

ויכלו The heavens and the earth and all their hosts were completed. And God finished by the Seventh Day His work which He had done, and He rested on the Seventh Day from all His work which He had done. And God blessed the Seventh Day and made it holy, for on it He rested from all His work which God created to function.[4]

Chazzan:

ברוך Blessed are You, Lord our God and God of our fathers, God of Abraham, God of Isaac and God of Jacob, the great, mighty and awesome God, exalted God, Creator of heaven and earth.

Congregation and chazzan:

Transliteration, page 336.

מגן He was a shield to our fathers with His word; He resurrects the dead by His utterance; He is the holy King like whom there is none. He gives rest to His people on His holy Shabbat day, for to them He desired to give rest. We will serve Him with awe and fear, and offer thanks to His Name every day, continually, in accordance with the blessings [of that day]. He is the God worthy of thanks, the Master of peace, who sanctifies the Shabbat and blesses the Seventh Day and brings rest with holiness to a people satiated with delight—in remembrance of the work of Creation.

Chazzan continues:

אֱלֹהֵינוּ וֵאלֹהֵי אֲבוֹתֵינוּ, רְצֵה נָא בִמְנוּחָתֵנוּ, קַדְּשֵׁנוּ בְּמִצְוֹתֶיךָ וְתֵן חֶלְקֵנוּ בְּתוֹרָתֶךָ, שַׂבְּעֵנוּ מִטּוּבֶךָ וְשַׂמַּח נַפְשֵׁנוּ בִּישׁוּעָתֶךָ, וְטַהֵר לִבֵּנוּ לְעָבְדְּךָ בֶּאֱמֶת, וְהַנְחִילֵנוּ יְיָ אֱלֹהֵינוּ בְּאַהֲבָה וּבְרָצוֹן שַׁבַּת קָדְשֶׁךָ, וְיָנוּחוּ בָהּ כָּל יִשְׂרָאֵל מְקַדְּשֵׁי שְׁמֶךָ. בָּרוּךְ אַתָּה יְיָ, מְקַדֵּשׁ הַשַּׁבָּת:

Congregation and chazzan:

לְדָוִד מִזְמוֹר, לַיְיָ הָאָרֶץ וּמְלוֹאָהּ, תֵּבֵל וְיֹשְׁבֵי בָהּ: כִּי הוּא עַל יַמִּים יְסָדָהּ, וְעַל נְהָרוֹת יְכוֹנְנֶהָ: מִי יַעֲלֶה בְהַר יְיָ, וּמִי יָקוּם בִּמְקוֹם קָדְשׁוֹ: נְקִי כַפַּיִם וּבַר לֵבָב, אֲשֶׁר לֹא נָשָׂא לַשָּׁוְא נַפְשִׁי, וְלֹא נִשְׁבַּע לְמִרְמָה: יִשָּׂא בְרָכָה מֵאֵת יְיָ, וּצְדָקָה מֵאֱלֹהֵי יִשְׁעוֹ: זֶה דּוֹר דֹּרְשָׁיו, מְבַקְשֵׁי פָנֶיךָ יַעֲקֹב סֶלָה: שְׂאוּ שְׁעָרִים רָאשֵׁיכֶם, וְהִנָּשְׂאוּ פִּתְחֵי עוֹלָם, וְיָבוֹא מֶלֶךְ הַכָּבוֹד: מִי זֶה מֶלֶךְ הַכָּבוֹד, יְיָ עִזּוּז וְגִבּוֹר, יְיָ גִּבּוֹר מִלְחָמָה: שְׂאוּ שְׁעָרִים רָאשֵׁיכֶם, וּשְׂאוּ פִּתְחֵי עוֹלָם, וְיָבֹא מֶלֶךְ הַכָּבוֹד: מִי הוּא זֶה מֶלֶךְ הַכָּבוֹד, יְיָ צְבָאוֹת הוּא מֶלֶךְ הַכָּבוֹד סֶלָה:[1]

Chazzan recites Complete Kaddish. Congregation responds אָמֵן as indicated.

יִתְגַּדַּל וְיִתְקַדַּשׁ שְׁמֵהּ רַבָּא. (Cong—אָמֵן) בְּעָלְמָא דִּי בְרָא כִרְעוּתֵהּ וְיַמְלִיךְ מַלְכוּתֵהּ, וְיַצְמַח פּוּרְקָנֵהּ וִיקָרֵב מְשִׁיחֵהּ. (Cong—אָמֵן) בְּחַיֵּיכוֹן וּבְיוֹמֵיכוֹן וּבְחַיֵּי דְכָל בֵּית יִשְׂרָאֵל, בַּעֲגָלָא וּבִזְמַן קָרִיב וְאִמְרוּ אָמֵן:

(Cong—אָמֵן. יְהֵא שְׁמֵהּ רַבָּא מְבָרַךְ לְעָלַם וּלְעָלְמֵי עָלְמַיָּא, יִתְבָּרֵךְ.)

1. Psalm 24.

Chazzan continues:

אלהינו Our God and God of our fathers, please find favor in our rest, make us holy with Your commandments and grant us our portion in Your Torah; satiate us with Your goodness, gladden our soul with Your salvation, and make our heart pure to serve You in truth; and, Lord our God, grant as our heritage, in love and goodwill, Your holy Shabbat, and may all Israel who sanctify Your Name rest thereon. Blessed are You Lord, who sanctifies the Shabbat.

Congregation and chazzan:

Transliteration, page 336.

לדוד By David, a Psalm. The earth and all therein is the Lord's, the world and its inhabitants. For He has founded it upon the seas, and established it upon the rivers. Who may ascend the mountain of the Lord, and who may stand in His holy place? He who has clean hands and a pure heart, who has not used My Name in vain or sworn falsely. He shall receive a blessing from the Lord, and kindness from God, his deliverer. Such is the generation of those who search for Him, [the children of] Jacob who seek Your countenance forever. Lift up your heads, O gates, and be lifted up, eternal doors, so the glorious King may enter. Who is the glorious King? The Lord, strong and mighty; the Lord, mighty in battle. Lift up your heads, O gates; lift them up, eternal doors, so the glorious King may enter. Who is the glorious King? The Lord of hosts, He is the glorious King for all eternity.[1]

Chazzan recites Complete Kaddish. Congregation responds Amen as indicated.

יתגדל Exalted and hallowed be His great Name (Cong: Amen) throughout the world which He has created according to His will. May He establish His kingship, bring forth His redemption and hasten the coming of His Mashiach (Cong: Amen) in your lifetime and in your days and in the lifetime of the entire House of Israel, speedily and soon, and say, Amen.

(Cong: Amen. May His great Name be blessed forever and to all eternity. Blessed.)

יְהֵא שְׁמֵהּ רַבָּא מְבָרַךְ לְעָלַם וּלְעָלְמֵי עָלְמַיָּא. יִתְבָּרַךְ, וְיִשְׁתַּבַּח, וְיִתְפָּאַר, וְיִתְרוֹמַם, וְיִתְנַשֵּׂא, וְיִתְהַדָּר וְיִתְעַלֶּה, וְיִתְהַלָּל, שְׁמֵהּ דְּקוּדְשָׁא בְּרִיךְ הוּא. (Cong—אָמֵן) לְעֵלָּא מִן כָּל בִּרְכָתָא וְשִׁירָתָא, תֻּשְׁבְּחָתָא וְנֶחֱמָתָא, דַּאֲמִירָן בְּעָלְמָא, וְאִמְרוּ אָמֵן: (Cong—אָמֵן)

תִּתְקַבֵּל צְלוֹתְהוֹן וּבָעוּתְהוֹן דְּכָל בֵּית יִשְׂרָאֵל, קֳדָם אֲבוּהוֹן דִּי בִשְׁמַיָּא, וְאִמְרוּ אָמֵן: (Cong—אָמֵן) יְהֵא שְׁלָמָא רַבָּא מִן שְׁמַיָּא וְחַיִּים טוֹבִים עָלֵינוּ וְעַל כָּל יִשְׂרָאֵל, וְאִמְרוּ אָמֵן: (Cong—אָמֵן)

Take three steps back, then bow right saying עֹשֶׂה הַשָּׁלוֹם בִּמְרוֹמָיו, bow forward saying הוּא, bow left saying יַעֲשֶׂה שָׁלוֹם עָלֵינוּ, and bow forward saying וְעַל כָּל יִשְׂרָאֵל, וְאִמְרוּ אָמֵן.

עֹשֶׂה הַשָּׁלוֹם בִּמְרוֹמָיו, הוּא יַעֲשֶׂה שָׁלוֹם עָלֵינוּ וְעַל כָּל יִשְׂרָאֵל, וְאִמְרוּ אָמֵן: (Cong—אָמֵן)

On all nights except Friday night, continue with עָלֵינוּ, next page.

On Friday night, add the following:

מִזְמוֹר לְדָוִד, יְיָ רֹעִי לֹא אֶחְסָר: בִּנְאוֹת דֶּשֶׁא יַרְבִּיצֵנִי, עַל מֵי מְנֻחוֹת יְנַהֲלֵנִי: נַפְשִׁי יְשׁוֹבֵב, יַנְחֵנִי בְמַעְגְּלֵי צֶדֶק לְמַעַן שְׁמוֹ: גַּם כִּי אֵלֵךְ בְּגֵיא צַלְמָוֶת לֹא אִירָא רָע, כִּי אַתָּה עִמָּדִי, שִׁבְטְךָ וּמִשְׁעַנְתֶּךָ הֵמָּה יְנַחֲמֻנִי: תַּעֲרֹךְ לְפָנַי שֻׁלְחָן נֶגֶד צֹרְרָי, דִּשַּׁנְתָּ בַשֶּׁמֶן רֹאשִׁי, כּוֹסִי רְוָיָה: אַךְ טוֹב וָחֶסֶד יִרְדְּפוּנִי כָּל יְמֵי חַיָּי, וְשַׁבְתִּי בְּבֵית יְיָ לְאֹרֶךְ יָמִים:[1]

Chazzan recites Half Kaddish. Congregation responds אָמֵן as indicated.

יִתְגַּדַּל וְיִתְקַדַּשׁ שְׁמֵהּ רַבָּא. (Cong—אָמֵן) בְּעָלְמָא דִּי בְרָא כִרְעוּתֵהּ וְיַמְלִיךְ מַלְכוּתֵהּ, וְיַצְמַח פּוּרְקָנֵהּ וִיקָרֵב מְשִׁיחֵהּ. (Cong—אָמֵן) בְּחַיֵּיכוֹן וּבְיוֹמֵיכוֹן וּבְחַיֵּי דְכָל בֵּית יִשְׂרָאֵל, בַּעֲגָלָא וּבִזְמַן קָרִיב וְאִמְרוּ אָמֵן:

1. Psalm 23.

May His great Name be blessed forever and to all eternity. Blessed and praised, glorified, exalted and extolled, honored, adored and lauded be the Name of the Holy One, blessed be He, (Cong: Amen) beyond all the blessings, hymns, praises and consolations that are uttered in the world; and say, Amen. (Cong: Amen)

May the prayers and supplications of the entire House of Israel be accepted before their Father in heaven; and say, Amen. (Cong: Amen) May there be abundant peace from heaven, and a good life for us and for all Israel; and say, Amen. (Cong: Amen)

Take three steps back, then bow right saying *He who makes the peace in His Heavens*, bow forward saying *may He*, bow left saying *make peace for us*, and bow forward saying *and for all Israel; and say, Amen.*

He who makes the peace in His heavens, may He make peace for us and for all Israel; and say, Amen. (Cong: Amen)

On all nights except Friday night, continue with *Aleinu*, next page.

On Friday night, add the following:

מזמור A Psalm by David. The Lord is my shepherd, I shall lack nothing. He makes me lie down in green pastures; He leads me beside still waters. He revives my soul; He directs me in paths of righteousness for the sake of His Name. Even if I will walk in the valley of the shadow of death, I will fear no evil, for You are with me; Your rod and Your staff—they will comfort me. You will prepare a table for me before my enemies; You have anointed my head with oil; my cup is full. Only goodness and kindness shall follow me all the days of my life, and I shall dwell in the House of the Lord for many long years.[1]

Chazzan recites Half Kaddish. Congregation responds Amen as indicated.

יתגדל Exalted and hallowed be His great Name (Cong: Amen) throughout the world which He has created according to His will. May He establish His kingship, bring forth His redemption and hasten the coming of His Mashiach (Cong: Amen) in your lifetime and in your days and in the lifetime of the entire House of Israel, speedily and soon, and say, Amen.

(Cong—אָמֵן. יְהֵא שְׁמֵהּ רַבָּא מְבָרַךְ לְעָלַם וּלְעָלְמֵי עָלְמַיָּא,
יִתְבָּרַךְ.)

יְהֵא שְׁמֵהּ רַבָּא מְבָרַךְ לְעָלַם וּלְעָלְמֵי עָלְמַיָּא. יִתְבָּרַךְ,
וְיִשְׁתַּבַּח, וְיִתְפָּאַר, וְיִתְרוֹמֵם, וְיִתְנַשֵּׂא, וְיִתְהַדָּר וְיִתְעַלֶּה,
וְיִתְהַלָּל, שְׁמֵהּ דְּקוּדְשָׁא בְּרִיךְ הוּא. (Cong—אָמֵן) לְעֵלָּא
מִן כָּל בִּרְכָתָא וְשִׁירָתָא, תֻּשְׁבְּחָתָא וְנֶחֱמָתָא, דַּאֲמִירָן
בְּעָלְמָא, וְאִמְרוּ אָמֵן: (Cong—אָמֵן)

Congregation and chazzan bow as chazzan says:

בָּרְכוּ אֶת יְיָ הַמְבֹרָךְ:

Congregation and chazzan. Bow at בָּרוּךְ, straighten up at יְיָ:

בָּרוּךְ יְיָ הַמְבֹרָךְ לְעוֹלָם וָעֶד:

Do not respond אָמֵן.

עָלֵינוּ לְשַׁבֵּחַ לַאֲדוֹן הַכֹּל, לָתֵת גְּדֻלָּה לְיוֹצֵר
בְּרֵאשִׁית, שֶׁלֹּא עָשָׂנוּ כְּגוֹיֵי הָאֲרָצוֹת, וְלֹא
שָׂמָנוּ כְּמִשְׁפְּחוֹת הָאֲדָמָה, שֶׁלֹּא שָׂם חֶלְקֵנוּ כָּהֶם,
וְגוֹרָלֵנוּ כְּכָל הֲמוֹנָם, שֶׁהֵם מִשְׁתַּחֲוִים לְהֶבֶל וָרִיק.
וַאֲנַחְנוּ כּוֹרְעִים וּמִשְׁתַּחֲוִים וּמוֹדִים לִפְנֵי מֶלֶךְ מַלְכֵי
הַמְּלָכִים, הַקָּדוֹשׁ בָּרוּךְ הוּא. שֶׁהוּא נוֹטֶה שָׁמַיִם וְיוֹסֵד
אָרֶץ, וּמוֹשַׁב יְקָרוֹ בַּשָּׁמַיִם מִמַּעַל, וּשְׁכִינַת עֻזּוֹ בְּגָבְהֵי
מְרוֹמִים. הוּא אֱלֹהֵינוּ אֵין עוֹד, אֱמֶת מַלְכֵּנוּ, אֶפֶס
זוּלָתוֹ, כַּכָּתוּב בְּתוֹרָתוֹ:[1] וְיָדַעְתָּ הַיּוֹם וַהֲשֵׁבֹתָ אֶל
לְבָבֶךָ, כִּי יְיָ הוּא הָאֱלֹהִים, בַּשָּׁמַיִם מִמַּעַל וְעַל הָאָרֶץ
מִתָּחַת, אֵין עוֹד:[2]

---

1. Deuteronomy 4:39.   2. For further elucidation, see Tanya, part II, ch. 6.

(Cong: Amen. May His great Name be blessed forever and to all eternity. Blessed.)

May His great Name be blessed forever and to all eternity. Blessed and praised, glorified, exalted and extolled, honored, adored and lauded be the Name of the Holy One, blessed be He, (Cong: Amen) beyond all the blessings, hymns, praises and consolations that are uttered in the world; and say, Amen. (Cong: Amen)

Congregation and chazzan bow as chazzan says:

ברכו *Bö-r'chu es adonöy ha-m'voröch.*

Congregation and chazzan. Bow at *Böruch,* straighten up at *adonöy:*

ברוך *Böruch adonöy ha-m'voröch l'olöm vö-ed.*

Do not respond Amen.

Transliteration, page 334.

עלינו It is incumbent upon us to praise the Master of all things, to exalt the Creator of all existence, that He has not made us like the nations of the world, nor caused us to be like the families of the earth; that He has not assigned us a portion like theirs, nor a lot like that of all their multitudes, for they bow to vanity and nothingness. But we bend the knee, bow down, and offer praise before the supreme King of kings, the Holy One, blessed be He, who stretches forth the heavens and establishes the earth, the seat of whose glory is in the heavens above and the abode of whose majesty is in the loftiest heights. He is our God; there is none else. Truly, He is our King; there is nothing besides Him, as it is written in His Torah:[1] Know this day and take unto your heart that the Lord is God; in the heavens above and upon the earth below there is nothing else.[2]

וְעַל כֵּן נְקַוֶּה לְּךָ יְיָ אֱלֹהֵינוּ, לִרְאוֹת מְהֵרָה בְּתִפְאֶרֶת עֻזֶּךָ, לְהַעֲבִיר גִּלּוּלִים מִן הָאָרֶץ, וְהָאֱלִילִים כָּרוֹת יִכָּרֵתוּן, לְתַקֵּן עוֹלָם בְּמַלְכוּת שַׁדַּי, וְכָל בְּנֵי בָשָׂר יִקְרְאוּ בִשְׁמֶךָ, לְהַפְנוֹת אֵלֶיךָ כָּל רִשְׁעֵי אָרֶץ. יַכִּירוּ וְיֵדְעוּ כָּל יוֹשְׁבֵי תֵבֵל, כִּי לְךָ תִּכְרַע כָּל בֶּרֶךְ, תִּשָּׁבַע כָּל לָשׁוֹן. לְפָנֶיךָ יְיָ אֱלֹהֵינוּ יִכְרְעוּ וְיִפֹּלוּ, וְלִכְבוֹד שִׁמְךָ יְקָר יִתֵּנוּ. וִיקַבְּלוּ כֻלָּם עֲלֵיהֶם אֶת עוֹל מַלְכוּתֶךָ, וְתִמְלוֹךְ עֲלֵיהֶם מְהֵרָה לְעוֹלָם וָעֶד. כִּי הַמַּלְכוּת שֶׁלְּךָ הִיא, וּלְעוֹלְמֵי עַד תִּמְלוֹךְ בְּכָבוֹד, כַּכָּתוּב בְּתוֹרָתֶךָ: יְיָ יִמְלֹךְ לְעֹלָם וָעֶד:[1] וְנֶאֱמַר: וְהָיָה יְיָ לְמֶלֶךְ עַל כָּל הָאָרֶץ, בַּיּוֹם הַהוּא יִהְיֶה יְיָ אֶחָד וּשְׁמוֹ אֶחָד:[2]

MOURNER'S KADDISH

Mourners recite the following Kaddish (translation on page 368). Congregation responds אָמֵן as indicated.

יִתְגַּדַּל וְיִתְקַדַּשׁ שְׁמֵהּ רַבָּא. (Cong—אָמֵן) בְּעָלְמָא דִּי בְרָא כִרְעוּתֵהּ וְיַמְלִיךְ מַלְכוּתֵהּ, וְיַצְמַח פֻּרְקָנֵהּ וִיקָרֵב מְשִׁיחֵהּ. (Cong—אָמֵן) בְּחַיֵּיכוֹן וּבְיוֹמֵיכוֹן וּבְחַיֵּי דְכָל בֵּית יִשְׂרָאֵל, בַּעֲגָלָא וּבִזְמַן קָרִיב וְאִמְרוּ אָמֵן:

(Cong—אָמֵן. יְהֵא שְׁמֵהּ רַבָּא מְבָרַךְ לְעָלַם וּלְעָלְמֵי עָלְמַיָּא, יִתְבָּרַךְ.)

יְהֵא שְׁמֵהּ רַבָּא מְבָרַךְ לְעָלַם וּלְעָלְמֵי עָלְמַיָּא. יִתְבָּרַךְ, וְיִשְׁתַּבַּח, וְיִתְפָּאַר, וְיִתְרוֹמַם, וְיִתְנַשֵּׂא, וְיִתְהַדָּר, וְיִתְעַלֶּה, וְיִתְהַלָּל, שְׁמֵהּ דְּקוּדְשָׁא בְּרִיךְ הוּא. (Cong—אָמֵן)

לְעֵלָּא מִן כָּל בִּרְכָתָא וְשִׁירָתָא, תֻּשְׁבְּחָתָא וְנֶחֱמָתָא, דַּאֲמִירָן בְּעָלְמָא, וְאִמְרוּ אָמֵן: (Cong—אָמֵן) יְהֵא שְׁלָמָא רַבָּא מִן שְׁמַיָּא וְחַיִּים טוֹבִים עָלֵינוּ וְעַל כָּל יִשְׂרָאֵל, וְאִמְרוּ אָמֵן: (Cong—אָמֵן)

1. Exodus 15:18. 2. Zechariah 14:9.

ועל And therefore we hope to You, Lord our God, that we may speedily behold the splendor of Your might, to banish idolatry from the earth—and false gods will be utterly destroyed; to perfect the world under the sovereignty of the Almighty. All mankind shall invoke Your Name, to turn to You all the wicked of the earth. Then all the inhabitants of the world will recognize and know that every knee should bend to You, every tongue should swear [by Your Name]. Before You, Lord our God, they will bow and prostrate themselves, and give honor to the glory of Your Name; and they will all take upon themselves the yoke of Your kingdom. May You soon reign over them forever and ever, for Kingship is Yours, and to all eternity You will reign in glory, as it is written in Your Torah: The Lord will reign forever and ever.[1] And it is said: The Lord shall be King over the entire earth; on that day the Lord shall be One and His Name One.[2]

MOURNER'S KADDISH

Mourners recite the following Kaddish (translation on page 368).
Congregation responds Amen as indicated.

יתגדל *Yis-gadal v'yis-kadash sh'mayh rabö.* (Cong: *Ömayn*)

B'öl'mö di v'rö chir'u-sayh v'yamlich mal'chusayh, v'yatzmach pur-könay vikörayv m'shi-chayh. (Cong: *Ömayn*)

B'cha-yay-chon u-v'yomaychon u-v'cha-yay d'chöl bays yisrö-ayl, ba-agölö u-viz'man köriv v'im'ru ömayn.

(Cong: *Ömayn. Y'hay sh'mayh rabö m'vörach l'ölam u-l'öl'may öl'ma-yö, yisböraych.*)

Y'hay sh'mayh rabö m'vörach l'ölam u-l'öl'may öl'ma-yö. Yisböraych, v'yishtabach, v'yispö-ayr, v'yisromöm, v'yis-nasay, v'yis-hadör, v'yis-aleh, v'yis-halöl, sh'mayh d'kudshö b'rich hu. (Cong: *Ömayn*)

L'aylö min köl bir-chösö v'shirösö, tush-b'chösö v'neche-mösö, da-amirön b'öl'mö, v'im'ru ömayn. (Cong: *Ömayn*)

Y'hay sh'lömö rabö min sh'ma-yö, v'cha-yim tovim ölaynu v'al köl yisrö-ayl v'im'ru ömayn. (Cong: *Ömayn*)

Take three steps back, then bow right saying עֹשֶׂה הַשָּׁלוֹם בִּמְרוֹמָיו, bow forward saying הוּא,
bow left saying יַעֲשֶׂה שָׁלוֹם עָלֵינוּ, and bow forward saying וְעַל כָּל יִשְׂרָאֵל, וְאִמְרוּ אָמֵן.

עֹשֶׂה הַשָּׁלוֹם בִּמְרוֹמָיו, הוּא יַעֲשֶׂה שָׁלוֹם עָלֵינוּ וְעַל כָּל
יִשְׂרָאֵל, וְאִמְרוּ אָמֵן: (אָמֵן—Cong)

אַל תִּירָא מִפַּחַד פִּתְאֹם, וּמִשֹּׁאַת רְשָׁעִים כִּי תָבֹא:' עֻצוּ עֵצָה
וְתֻפָר, דַּבְּרוּ דָבָר וְלֹא יָקוּם, כִּי עִמָּנוּ אֵל:² וְעַד זִקְנָה אֲנִי
הוּא, וְעַד שֵׂיבָה אֲנִי אֶסְבֹּל; אֲנִי עָשִׂיתִי וַאֲנִי אֶשָּׂא וַאֲנִי אֶסְבֹּל
וַאֲמַלֵּט:³

אַךְ צַדִּיקִים יוֹדוּ לִשְׁמֶךָ, יֵשְׁבוּ יְשָׁרִים אֶת פָּנֶיךָ:⁴

Mourners recite Kaddish D'Rabbanan after Mishnayot, page 307.

It is customary on the first night of Rosh Hashanah to greet males as follows:

לְשָׁנָה טוֹבָה תִּכָּתֵב וְתֵחָתֵם!

Females are greeted as follows:

לְשָׁנָה טוֹבָה תִּכָּתֵבִי וְתֵחָתֵמִי!

HYMNS FOR FRIDAY EVENING

When Rosh Hashanah occurs on Shabbat say שָׁלוֹם עֲלֵיכֶם through בַּהֲדֵה ...אַתְקִינוּ quietly,
then begin יוֹם הַשִּׁשִּׁי, page 46.

On Shabbat, begin here.

שָׁלוֹם עֲלֵיכֶם מַלְאֲכֵי הַשָּׁרֵת מַלְאֲכֵי עֶלְיוֹן מִמֶּלֶךְ —Say three times
מַלְכֵי הַמְּלָכִים הַקָּדוֹשׁ בָּרוּךְ הוּא:

בּוֹאֲכֶם לְשָׁלוֹם מַלְאֲכֵי הַשָּׁלוֹם מַלְאֲכֵי עֶלְיוֹן —Say three times
מִמֶּלֶךְ מַלְכֵי הַמְּלָכִים הַקָּדוֹשׁ בָּרוּךְ הוּא:

בָּרְכוּנִי לְשָׁלוֹם מַלְאֲכֵי הַשָּׁלוֹם מַלְאֲכֵי עֶלְיוֹן —Say three times
מִמֶּלֶךְ מַלְכֵי הַמְּלָכִים הַקָּדוֹשׁ בָּרוּךְ הוּא:

צֵאתְכֶם לְשָׁלוֹם מַלְאֲכֵי הַשָּׁלוֹם מַלְאֲכֵי עֶלְיוֹן —Say three times
מִמֶּלֶךְ מַלְכֵי הַמְּלָכִים הַקָּדוֹשׁ בָּרוּךְ הוּא:

כִּי מַלְאָכָיו יְצַוֶּה לָּךְ, לִשְׁמָרְךָ בְּכָל דְּרָכֶיךָ:⁵
יְיָ יִשְׁמָר צֵאתְךָ וּבוֹאֶךָ, מֵעַתָּה וְעַד עוֹלָם:⁶

1. Proverbs 3:25. **2.** Isaiah 8:10. **3.** Ibid. 46:4. **4.** Psalms 140:14. **5.** Ibid. 91:11. **6.** Ibid. 121:8.

Take three steps back, then bow right saying *Oseh ha-shölom bim'romöv*, bow forward saying *hu*, bow left saying *ya-aseh shölom ölaynu*, and bow forward saying *v'al köl yisrö-ayl, v'im'ru ömayn.*

Oseh ha-shölom bim'romöv, hu ya-a-seh shölom ölaynu v'al köl yisrö-ayl, v'im'ru ömayn. (Cong: *Ömayn*)

אל Do not fear sudden terror, nor the destruction of the wicked when it comes.[1] Contrive a scheme, but it will be foiled; conspire a plot, but it will not materialize, for God is with us.[2] To your old age I am [with you]; to your hoary years I will sustain you; I have made you, and I will carry you; I will sustain you and deliver you.[3]

אך Indeed, the righteous will extol Your Name; the upright will dwell in Your presence.[4]

Mourners recite Kaddish D'Rabbanan after Mishnayot, page 307.

It is customary on the first night of Rosh Hashanah to greet one another as follows: Transliteration, page 337.

לשנה **May you be inscribed and sealed for a good year!**

◈◈◈◈

HYMNS FOR FRIDAY EVENING

When Rosh Hashanah occurs on Shabbat say *Peace unto you* through *Prepare…in the meal* quietly, then begin *The sixth day*, page 47.

On Shabbat, begin here.

Say three times: **שלום** Peace unto you, ministering angels, messengers of the Most High, of the supreme King of kings, the Holy One, blessed be He.

Say three times: **בואכם** May your coming be in peace, angels of peace, messengers of the Most High, of the supreme King of kings, the Holy One, blessed be He.

Say three times: **ברכוני** Bless me with peace, angels of peace, messengers of the Most High, of the supreme King of kings, the Holy One, blessed be He.

Say three times: **צאתכם** May your departure be in peace, angels of peace, messengers of the Most High, of the supreme King of kings, the Holy One, blessed be He.

כי For He will instruct His angels in your behalf, to guard you in all your ways.[5] The Lord will guard your going and your coming from now and for all time.[6]

אֵשֶׁת חַיִל מִי יִמְצָא, וְרָחֹק מִפְּנִינִים מִכְרָהּ: בָּטַח בָּהּ לֵב בַּעְלָהּ, וְשָׁלָל לֹא יֶחְסָר: גְּמָלַתְהוּ טוֹב וְלֹא רָע, כֹּל יְמֵי חַיֶּיהָ: דָּרְשָׁה צֶמֶר וּפִשְׁתִּים, וַתַּעַשׂ בְּחֵפֶץ כַּפֶּיהָ: הָיְתָה כָּאֳנִיּוֹת סוֹחֵר, מִמֶּרְחָק תָּבִיא לַחְמָהּ: וַתָּקָם בְּעוֹד לַיְלָה, וַתִּתֵּן טֶרֶף לְבֵיתָהּ, וְחֹק לְנַעֲרֹתֶיהָ: זָמְמָה שָׂדֶה וַתִּקָּחֵהוּ, מִפְּרִי כַפֶּיהָ נָטְעָה כָּרֶם: חָגְרָה בְעוֹז מָתְנֶיהָ, וַתְּאַמֵּץ זְרוֹעֹתֶיהָ: טָעֲמָה כִּי טוֹב סַחְרָהּ, לֹא יִכְבֶּה בַלַּיְלָה נֵרָהּ: יָדֶיהָ שִׁלְּחָה בַכִּישׁוֹר, וְכַפֶּיהָ תָּמְכוּ פָלֶךְ: כַּפָּהּ פָּרְשָׂה לֶעָנִי, וְיָדֶיהָ שִׁלְּחָה לָאֶבְיוֹן: לֹא תִירָא לְבֵיתָהּ מִשָּׁלֶג, כִּי כָל בֵּיתָהּ לָבֻשׁ שָׁנִים: מַרְבַדִּים עָשְׂתָה לָּהּ, שֵׁשׁ וְאַרְגָּמָן לְבוּשָׁהּ: נוֹדָע בַּשְּׁעָרִים בַּעְלָהּ, בְּשִׁבְתּוֹ עִם זִקְנֵי אָרֶץ: סָדִין עָשְׂתָה וַתִּמְכֹּר, וַחֲגוֹר נָתְנָה לַכְּנַעֲנִי: עוֹז וְהָדָר לְבוּשָׁהּ, וַתִּשְׂחַק לְיוֹם אַחֲרוֹן: פִּיהָ פָּתְחָה בְחָכְמָה, וְתוֹרַת חֶסֶד עַל לְשׁוֹנָהּ: צוֹפִיָּה הֲלִיכוֹת בֵּיתָהּ, וְלֶחֶם עַצְלוּת לֹא תֹאכֵל: קָמוּ בָנֶיהָ וַיְאַשְּׁרוּהָ, בַּעְלָהּ וַיְהַלְלָהּ: רַבּוֹת בָּנוֹת עָשׂוּ חָיִל, וְאַתְּ עָלִית עַל כֻּלָּנָה: שֶׁקֶר הַחֵן וְהֶבֶל הַיֹּפִי, אִשָּׁה יִרְאַת יְיָ הִיא תִתְהַלָּל: תְּנוּ לָהּ מִפְּרִי יָדֶיהָ, וִיהַלְלוּהָ בַשְּׁעָרִים מַעֲשֶׂיהָ:[1]

מִזְמוֹר לְדָוִד, יְיָ רֹעִי לֹא אֶחְסָר: בִּנְאוֹת דֶּשֶׁא יַרְבִּיצֵנִי, עַל מֵי מְנֻחוֹת יְנַהֲלֵנִי: נַפְשִׁי יְשׁוֹבֵב, יַנְחֵנִי בְמַעְגְּלֵי צֶדֶק לְמַעַן שְׁמוֹ: גַּם כִּי אֵלֵךְ בְּגֵיא צַלְמָוֶת לֹא אִירָא רָע, כִּי אַתָּה עִמָּדִי, שִׁבְטְךָ וּמִשְׁעַנְתֶּךָ הֵמָּה יְנַחֲמֻנִי: תַּעֲרֹךְ לְפָנַי שֻׁלְחָן נֶגֶד צֹרְרָי, דִּשַּׁנְתָּ בַשֶּׁמֶן רֹאשִׁי, כּוֹסִי רְוָיָה: אַךְ טוֹב וָחֶסֶד יִרְדְּפוּנִי כָּל יְמֵי חַיָּי, וְשַׁבְתִּי בְּבֵית יְיָ לְאֹרֶךְ יָמִים:[2]

דָּא הִיא סְעוּדָתָא דַחֲקַל תַּפּוּחִין קַדִּישִׁין:[3]

אַתְקִינוּ סְעוּדָתָא דִמְהֵימְנוּתָא שְׁלֵמָתָא חֶדְוָתָא דְמַלְכָּא קַדִּישָׁא: אַתְקִינוּ סְעוּדָתָא דְמַלְכָּא, דָּא הִיא סְעוּדָתָא דַחֲקַל תַּפּוּחִין קַדִּישִׁין,[3] וּזְעֵיר אַנְפִּין[3] וְעַתִּיקָא קַדִּישָׁא[3] אַתְיָן לְסַעֲדָא בַּהֲדָהּ:[4]

1. Proverbs 31:10-31. **2.** Psalm 23. **3.** Kabbalistic terms for various manifestations of the Shechinah. **4.** V. Zohar II, 88a-b.

אשת Who can find a wife of excellence? Her value far exceeds that of gems. The heart of her husband trusts in her, he lacks no gain. She treats him with goodness, never with evil, all the days of her life. She seeks out wool and flax, and works willingly with her hands. She is like the merchant ships; she brings her food from afar. She rises while it is still night, gives food to her household, and sets out the tasks for her maids. She considers a field and buys it; from her earnings she plants a vineyard. She girds her loins with strength, and flexes her arms. She realizes that her enterprise is profitable; her lamp does not go out at night. She puts her hands on the spindle, and her palms grasp the distaff. She holds out her hand to the poor, and extends her hands to the destitute. She does not fear for her household in the frost, for her entire household is clothed [warmly] in scarlet. She makes her own tapestries; her garments are of fine linen and purple. Her husband is well-known at the gates, as he sits with the elders of the land. She makes linens and sells [them]; she provides the merchants with girdles. Strength and dignity are her garb, she looks smilingly toward the future. She opens her mouth with wisdom, and the teaching of kindness is on her tongue. She watches the conduct of her household, and does not eat the bread of idleness. Her children rise and acclaim her, her husband—and he praises her: Many daughters have done worthily, but you surpass them all. Charm is deceptive and beauty is naught; a God-fearing woman is the one to be praised. Give her praise for her accomplishments, and let her deeds laud her at the gates.[1]

מזמור A Psalm by David. The Lord is my shepherd, I shall lack nothing. He makes me lie down in green pastures; He leads me beside still waters. He revives my soul; He directs me in paths of righteousness for the sake of His Name. Even if I will walk in the valley of the shadow of death, I will fear no evil, for You are with me; Your rod and Your staff—they will comfort me. You will prepare a table for me before my enemies; You have anointed my head with oil; my cup is full. Only goodness and kindness shall follow me all the days of my life, and I shall dwell in the House of the Lord for many long years.[2]

דא This is the meal of the holy *Chakal Tapuchin.*[3]

אתקינו Prepare the meal of perfect faith, which is the delight of the holy King; prepare the meal of the King. This is the meal of the holy *Chakal Tapuchin,*[3] and *Z'eir Anpin*[3] and the holy Ancient One[3] come to join her in the meal.[4]

KIDDUSH FOR THE EVENINGS OF ROSH HASHANAH

On the second night of Rosh Hashanah, it is customary to place a new fruit [not yet eaten this season] before the one who makes Kiddush; he is to glance at it while reciting the blessing שֶׁהֶחֱיָנוּ, bearing in mind that it applies to the new fruit as well. If a new fruit is not available, he should nevertheless say שֶׁהֶחֱיָנוּ.

Stand while reciting the Kiddush.

Take the cup of wine in the right hand, pass it to the left hand, and lower it onto the palm of the right hand. (See illustration, page 349.) The cup should be held three *tefachim* (approximately 9 in.) above the table throughout the Kiddush.

Those listening to the Kiddush should respond אָמֵן as indicated. See additional laws on page 326.

Glance at the festival candles, then say:

On Shabbat, begin here.

יוֹם הַשִּׁשִּׁי: וַיְכֻלּוּ הַשָּׁמַיִם וְהָאָרֶץ וְכָל צְבָאָם: וַיְכַל אֱלֹהִים בַּיּוֹם הַשְּׁבִיעִי מְלַאכְתּוֹ אֲשֶׁר עָשָׂה, וַיִּשְׁבֹּת בַּיּוֹם הַשְּׁבִיעִי מִכָּל מְלַאכְתּוֹ אֲשֶׁר עָשָׂה: וַיְבָרֶךְ אֱלֹהִים אֶת יוֹם הַשְּׁבִיעִי וַיְקַדֵּשׁ אֹתוֹ, כִּי בוֹ שָׁבַת מִכָּל מְלַאכְתּוֹ אֲשֶׁר בָּרָא אֱלֹהִים לַעֲשׂוֹת:[1]

On weeknights, begin here.

When making Kiddush over bread, say:	When making Kiddush over wine, glance at the wine and say:
סַבְרִי מָרָנָן:	סַבְרִי מָרָנָן:
בָּרוּךְ אַתָּה יְיָ, אֱלֹהֵינוּ מֶלֶךְ הָעוֹלָם, הַמּוֹצִיא לֶחֶם מִן הָאָרֶץ: (אָמֵן)	בָּרוּךְ אַתָּה יְיָ, אֱלֹהֵינוּ מֶלֶךְ הָעוֹלָם, בּוֹרֵא פְּרִי הַגָּפֶן: (אָמֵן)

On Shabbat, add the words in shaded parentheses.

בָּרוּךְ אַתָּה יְיָ, אֱלֹהֵינוּ מֶלֶךְ הָעוֹלָם, אֲשֶׁר בָּחַר בָּנוּ מִכָּל עָם, וְרוֹמְמָנוּ מִכָּל לָשׁוֹן, וְקִדְּשָׁנוּ בְּמִצְוֹתָיו. וַתִּתֶּן לָנוּ יְיָ אֱלֹהֵינוּ בְּאַהֲבָה אֶת יוֹם (הַשַּׁבָּת הַזֶּה וְאֶת יוֹם) הַזִּכָּרוֹן הַזֶּה, אֶת יוֹם טוֹב מִקְרָא קֹדֶשׁ הַזֶּה,[2] יוֹם (זִכְרוֹן) תְּרוּעָה

---

1. Genesis 2:1-3. 2. V. Ramban, Leviticus 23:2; Sforno, loc. cit. 23:2-3.

(בְּאַהֲבָה) מִקְרָא קֹדֶשׁ, זֵכֶר לִיצִיאַת מִצְרָיִם. כִּי בָנוּ בָחַרְתָּ
וְאוֹתָנוּ קִדַּשְׁתָּ מִכָּל הָעַמִּים, וּדְבָרְךָ מַלְכֵּנוּ אֱמֶת וְקַיָּם לָעַד.
בָּרוּךְ אַתָּה יְיָ, מֶלֶךְ עַל כָּל הָאָרֶץ, מְקַדֵּשׁ (הַשַּׁבָּת וְ) יִשְׂרָאֵל
וְיוֹם הַזִּכָּרוֹן: (אָמֵן)

When Rosh Hashanah occurs on Saturday night, add the following:

בָּרוּךְ אַתָּה יְיָ, אֱלֹהֵינוּ מֶלֶךְ הָעוֹלָם, בּוֹרֵא מְאוֹרֵי הָאֵשׁ:
(אָמֵן)

Glance at the festival lights, then continue:

בָּרוּךְ אַתָּה יְיָ, אֱלֹהֵינוּ מֶלֶךְ הָעוֹלָם, הַמַּבְדִּיל בֵּין קֹדֶשׁ
לְחוֹל, בֵּין אוֹר לְחֹשֶׁךְ, בֵּין יִשְׂרָאֵל לָעַמִּים, בֵּין יוֹם
הַשְּׁבִיעִי לְשֵׁשֶׁת יְמֵי הַמַּעֲשֶׂה. בֵּין קְדֻשַּׁת שַׁבָּת לִקְדֻשַּׁת יוֹם
טוֹב הִבְדַּלְתָּ, וְאֶת יוֹם הַשְּׁבִיעִי מִשֵּׁשֶׁת יְמֵי הַמַּעֲשֶׂה
קִדַּשְׁתָּ, הִבְדַּלְתָּ וְקִדַּשְׁתָּ אֶת עַמְּךָ יִשְׂרָאֵל בִּקְדֻשָּׁתֶךָ. בָּרוּךְ
אַתָּה יְיָ, הַמַּבְדִּיל בֵּין קֹדֶשׁ לְקֹדֶשׁ: (אָמֵן)

בָּרוּךְ אַתָּה יְיָ, אֱלֹהֵינוּ מֶלֶךְ הָעוֹלָם, שֶׁהֶחֱיָנוּ וְקִיְּמָנוּ
וְהִגִּיעָנוּ לַזְּמַן הַזֶּה: (אָמֵן)

Pour some wine from the cup to be distributed to those listening, and drink at least 2 ounces of the remaining wine while seated.

On the first night of Rosh Hashanah, all present wash their hands for the meal (see Laws on page 326), reciting the appropriate blessing, being careful not to speak until after eating of the *challah*. The head of the household recites the blessing for bread while holding both loaves, and distributes a piece to each person, who in turn recites the blessing over the bread.

On the first night of Rosh Hashanah, it is customary to eat at the beginning of the meal a sweet apple dipped in honey. One should recite the following blessing first:

בָּרוּךְ אַתָּה יְיָ, אֱלֹהֵינוּ מֶלֶךְ הָעוֹלָם, בּוֹרֵא פְּרִי הָעֵץ:

Then, before tasting the fruit, say:

יְהִי רָצוֹן מִלְּפָנֶיךָ שֶׁתְּחַדֵּשׁ עָלֵינוּ שָׁנָה טוֹבָה וּמְתוּקָה:

On the second night of Rosh Hashanah, the new fruit is eaten immediately after Kiddush, before washing the hands for bread. The blessing of בּוֹרֵא פְּרִי הָעֵץ (above) is said before partaking of the fruit (but not יְהִי רָצוֹן). All present then wash their hands for the meal, see above.

assembly,[2] a day for (the remembrance of) sounding the *shofar*, (in love,) a holy assembly, commemorating the Exodus from Egypt. For You have chosen us and sanctified us from among all the nations, and Your word, our King, is true and enduring forever. Blessed are You Lord, King over all the earth, who sanctifies (the Shabbat and) Israel and the Day of Remembrance. (Amen)

When Rosh Hashanah occurs on Saturday night, add the following:

ברוך Blessed are You, Lord our God, King of the universe, who created the lights of fire. (Amen)

Glance at the festival lights, then continue:

ברוך Blessed are You, Lord our God, King of the universe, who makes a distinction between sacred and profane, between light and darkness, between Israel and the nations, between the Seventh Day and the six work days; between the holiness of the Shabbat and the holiness of the Festival You have made a distinction, and have sanctified the Seventh Day above the six work days. You have set apart and made holy Your people Israel with Your holiness. Blessed are You Lord, who makes a distinction between holy and holy. (Amen)

ברוך Blessed are You, Lord our God, King of the universe, who has granted us life, sustained us and enabled us to reach this occasion. (Amen)

Pour some wine from the cup to be distributed to those listening, and drink at least 2 ounces of the remaining wine while seated.

On the first night of Rosh Hashanah, all present wash their hands for the meal (see Laws on page 326), reciting the appropriate blessing, being careful not to speak until after eating of the *challah*. The head of the household recites the blessing for bread while holding both loaves, and distributes a piece to each person, who in turn recites the blessing over the bread.

On the first night of Rosh Hashanah, it is customary to eat at the beginning of the meal a sweet apple dipped in honey. One should recite the following blessing first:

ברוך Blessed are You, Lord our God, King of the universe, who creates the fruit of the tree.

Then, before tasting the fruit, say:

יהי May it be Your will to renew for us a good and sweet year.

On the second night of Rosh Hashanah, the new fruit is eaten immediately after Kiddush, before washing the hands for bread. The blessing of *who creates the fruit* (above) is said before partaking of the fruit (but not *May it be*). All present then wash their hands for the meal, see above.

⚬⚭⚮⚯⚬

KIDDUSH FOR THE EVENINGS OF ROSH HASHANAH

On the second night of Rosh Hashanah, it is customary to place a new fruit [not yet eaten this season] before the one who makes Kiddush; he is to glance at it while reciting the blessing *who has granted us life*, bearing in mind that it applies to the new fruit as well. If a new fruit is not available, he should nevertheless say *who has granted us life*.

Stand while reciting the Kiddush.

Take the cup of wine in the right hand, pass it to the left hand, and lower it onto the palm of the right hand. (See illustration, page 349.) The cup should be held three *tefachim* (approximately 9 in.) above the table throughout the Kiddush.

Those listening to the Kiddush should respond Amen as indicated. See additional laws on page 326.

Glance at the festival candles, then say:

On Shabbat, begin here.

יּוֹם The sixth day. And the heavens and the earth and all their hosts were completed. And God finished by the Seventh Day His work which He had done, and He rested on the Seventh Day from all His work which He had done. And God blessed the Seventh Day and made it holy, for on it He rested from all His work which God created to function.[1]

On weeknights, begin here.

When making Kiddush over wine, glance at the wine and say:	When making Kiddush over bread, say:
סברי Attention, Gentlemen!	סברי Attention, Gentlemen!
ברוך Blessed are You, Lord our God, King of the universe, who creates the fruit of the vine. (Amen)	ברוך Blessed are You, Lord our God, King of the universe, who brings forth bread from the earth. (Amen)

On Shabbat, add the words in parentheses.

ברוך Blessed are You, Lord our God, King of the universe, who has chosen us from among all nations, raised us above all tongues, and made us holy through His commandments. And You, Lord our God, have given us in love (this Shabbat day and) this Day of Remembrance, the festival of holy

---

1. Genesis 2:1-3. 2. V. Ramban, Leviticus 23:2; Sforno, loc. cit. 23:2-3.

BLESSING AFTER A MEAL

The Blessing After A Meal is recited seated, at the place where the meal[1] was eaten.

שִׁיר הַמַּעֲלוֹת, בְּשׁוּב יְיָ אֶת שִׁיבַת צִיּוֹן, הָיִינוּ כְּחֹלְמִים:
אָז יִמָּלֵא שְׂחוֹק פִּינוּ וּלְשׁוֹנֵנוּ רִנָּה, אָז יֹאמְרוּ בַגּוֹיִם,
הִגְדִּיל יְיָ לַעֲשׂוֹת עִם אֵלֶּה: הִגְדִּיל יְיָ לַעֲשׂוֹת עִמָּנוּ, הָיִינוּ
שְׂמֵחִים: שׁוּבָה יְיָ אֶת שְׁבִיתֵנוּ, כַּאֲפִיקִים בַּנֶּגֶב: הַזֹּרְעִים
בְּדִמְעָה, בְּרִנָּה יִקְצֹרוּ: הָלוֹךְ יֵלֵךְ וּבָכֹה נֹשֵׂא מֶשֶׁךְ הַזָּרַע,
בֹּא יָבֹא בְרִנָּה נֹשֵׂא אֲלֻמֹּתָיו:[2]

לִבְנֵי קֹרַח מִזְמוֹר שִׁיר, יְסוּדָתוֹ בְּהַרְרֵי קֹדֶשׁ: אֹהֵב יְיָ
שַׁעֲרֵי צִיּוֹן, מִכֹּל מִשְׁכְּנוֹת יַעֲקֹב: נִכְבָּדוֹת מְדֻבָּר
בָּךְ, עִיר הָאֱלֹהִים סֶלָה: אַזְכִּיר רַהַב וּבָבֶל לְיֹדְעָי, הִנֵּה
פְלֶשֶׁת וְצֹר עִם כּוּשׁ, זֶה יֻלַּד שָׁם: וּלְצִיּוֹן יֵאָמַר אִישׁ וְאִישׁ
יֻלַּד בָּהּ, וְהוּא יְכוֹנְנֶהָ עֶלְיוֹן: יְיָ יִסְפֹּר בִּכְתוֹב עַמִּים, זֶה
יֻלַּד שָׁם סֶלָה: וְשָׁרִים כְּחֹלְלִים, כָּל מַעְיָנַי בָּךְ:[3]

אֲבָרְכָה אֶת יְיָ בְּכָל עֵת, תָּמִיד תְּהִלָּתוֹ בְּפִי:[4] סוֹף דָּבָר
הַכֹּל נִשְׁמָע, אֶת הָאֱלֹהִים יְרָא וְאֶת מִצְוֹתָיו
שְׁמוֹר כִּי זֶה כָּל הָאָדָם:[5] תְּהִלַּת יְיָ יְדַבֶּר פִּי וִיבָרֵךְ כָּל
בָּשָׂר שֵׁם קָדְשׁוֹ לְעוֹלָם וָעֶד:[6] וַאֲנַחְנוּ נְבָרֵךְ יָהּ מֵעַתָּה
וְעַד עוֹלָם הַלְלוּיָהּ:[7]

זֶה חֵלֶק אָדָם רָשָׁע מֵאֱלֹהִים וְנַחֲלַת אִמְרוֹ מֵאֵל:[8]

Rinse the fingertips and pass them over the lips, then recite the following:

וַיְדַבֵּר אֵלַי זֶה הַשֻּׁלְחָן אֲשֶׁר לִפְנֵי יְיָ:[9]

---

1. Consisting of at least one ounce of bread. **2.** Psalms 126. **3.** Ibid. 87. **4.** Ibid. 34:2.
5. Ecclesiastes 12:13. **6.** Psalms 145:21. **7.** Ibid. 115:18. **8.** Job 20:29. **9.** Ezekiel 41:22.

BLESSING AFTER A MEAL

The Blessing After A Meal is recited seated, at the place where the meal[1] was eaten.

שיר A song of ascents. When the Lord will return the exiles of Zion, we will have been like dreamers. Then our mouth will be filled with laughter, and our tongue with songs of joy; then will they say among the nations, "The Lord has done great things for these." The Lord has done great things for us; we were joyful. Lord, return our exiles as streams to arid soil. Those who sow in tears will reap with songs of joy. He goes along weeping, carrying the bag of seed; he will surely return with songs of joy, carrying his sheaves.[2]

לבני By the sons of Korach, a psalm, a song whose basic theme is the holy mountains [of Zion and Jerusalem]. The Lord loves the gates of Zion more than all the dwelling places of Jacob. Glorious things are spoken of you, eternal city of God. I will remind Rahav and Babylon concerning My beloved; Philistia and Tyre as well as Ethiopia, "This one was born there." And to Zion will be said, "This person and that was born there"; and He, the Most High, will establish it. The Lord will count in the register of people, "This one was born there." Selah. Singers as well as dancers [will sing your praise and say], "All my inner thoughts are of you."[3]

אברכה I will bless the Lord at all times; His praise is always in my mouth.[4] Ultimately, all is known; fear God and observe His commandments, for this is the whole purpose of man.[5] My mouth will utter the praise of the Lord; let all flesh bless His holy Name forever.[6] And we will bless the Lord from now to eternity. Praise the Lord.[7]

זה This is the portion of a wicked man from God, and the heritage assigned to him by God.[8]

Rinse the fingertips and pass them over the lips, then recite the following:

וידבר And he said to me: This is the table that is before the Lord.[9]

ZIMMUN — INVITATION

When three or more men eat together, one of them leads the rest in the blessing.[1] When ten or more eat together, add אֱלֹהֵינוּ as indicated.

Leader:

רַבּוֹתַי מִיר וֶועלִין בֶּענְטְשִׁין:

Others:

יְהִי שֵׁם יְיָ מְבֹרָךְ מֵעַתָּה וְעַד עוֹלָם:[2]

Leader:

יְהִי שֵׁם יְיָ מְבֹרָךְ מֵעַתָּה וְעַד עוֹלָם: בִּרְשׁוּת מָרָנָן וְרַבָּנָן וְרַבּוֹתַי נְבָרֵךְ (אֱלֹהֵינוּ) שֶׁאָכַלְנוּ מִשֶּׁלּוֹ:

Others who have eaten:

בָּרוּךְ (אֱלֹהֵינוּ) שֶׁאָכַלְנוּ מִשֶּׁלּוֹ וּבְטוּבוֹ חָיִינוּ:

Those who have not eaten respond:

בָּרוּךְ (אֱלֹהֵינוּ) וּמְבֹרָךְ שְׁמוֹ תָּמִיד לְעוֹלָם וָעֶד:

Leader:

בָּרוּךְ (אֱלֹהֵינוּ) שֶׁאָכַלְנוּ מִשֶּׁלּוֹ וּבְטוּבוֹ חָיִינוּ:

At a Sheva Berachot, the leader says:

רַבּוֹתַי מִיר וֶועלִין בֶּענְטְשִׁין:

Others:

יְהִי שֵׁם יְיָ מְבֹרָךְ מֵעַתָּה וְעַד עוֹלָם:[2]

Leader:

יְהִי שֵׁם יְיָ מְבֹרָךְ מֵעַתָּה וְעַד עוֹלָם: בִּרְשׁוּת מָרָנָן וְרַבָּנָן וְרַבּוֹתַי נְבָרֵךְ אֱלֹהֵינוּ שֶׁהַשִּׂמְחָה בִּמְעוֹנוֹ שֶׁאָכַלְנוּ מִשֶּׁלּוֹ:

Others who have eaten:

בָּרוּךְ אֱלֹהֵינוּ שֶׁהַשִּׂמְחָה בִּמְעוֹנוֹ שֶׁאָכַלְנוּ מִשֶּׁלּוֹ וּבְטוּבוֹ חָיִינוּ:

Those who have not eaten respond:

בָּרוּךְ אֱלֹהֵינוּ שֶׁהַשִּׂמְחָה בִּמְעוֹנוֹ וּמְבֹרָךְ שְׁמוֹ תָּמִיד לְעוֹלָם וָעֶד:

Leader:

בָּרוּךְ אֱלֹהֵינוּ שֶׁהַשִּׂמְחָה בִּמְעוֹנוֹ שֶׁאָכַלְנוּ מִשֶּׁלּוֹ וּבְטוּבוֹ חָיִינוּ:

The leader concludes each blessing aloud, and the others respond אָמֵן as indicated.

בָּרוּךְ אַתָּה יְיָ אֱלֹהֵינוּ מֶלֶךְ הָעוֹלָם, הַזָּן אֶת הָעוֹלָם כֻּלּוֹ בְּטוּבוֹ בְּחֵן בְּחֶסֶד וּבְרַחֲמִים הוּא נוֹתֵן לֶחֶם לְכָל בָּשָׂר כִּי לְעוֹלָם חַסְדּוֹ:[3] וּבְטוּבוֹ הַגָּדוֹל עִמָּנוּ תָּמִיד לֹא חָסַר לָנוּ וְאַל יֶחְסַר לָנוּ מָזוֹן לְעוֹלָם וָעֶד:

1. When reciting the Blessing After A Meal over a cup of wine, the leader holds the cup in the palm of his hand through the blessing of וּבְנֵה יְרוּשָׁלַיִם on page 51, and again for the blessing over the wine on page 53. 2. Psalms 113:2. 3. Ibid. 136:25.

continually forever and ever. Leader: Blessed be He (our God) of whose bounty we have eaten and by whose goodness we live.

ZIMMUN — INVITATION

When three or more men eat together, one of them leads the rest in the blessing.[1] When ten or more eat together, add *elo-haynu* as indicated.

Leader:

Rabosai mir vel'n bentsh'n.

Others:

Y'hi shaym adonöy m'voröch may-atöh v'ad olöm.[2]

Leader:

Y'hi shaym adonöy m'voröch may-atöh v'ad olöm. Bir'shus mörönön v'rabönön v'rabosai, n'vöraych (elo-haynu) she-öchalnu mi-shelo.

Others who have eaten:

Böruch (elo-haynu) she-öchalnu mi-shelo uv'tuvo chö-yinu.

Those who have not eaten respond:

Böruch (elo-haynu) u-m'voröch sh'mo tömid l'olöm vö-ed.

Leader:

Böruch (elo-haynu) she-öchalnu mi-shelo uv'tuvo chö-yinu.

At a Sheva Berachot, the leader says:

Rabosai mir vel'n bentsh'n.

Others:

Y'hi shaym adonöy m'voröch may-atöh v'ad olöm.[2]

Leader:

Y'hi shaim adonöy m'voröch may-atöh v'ad olöm. Bir'shus mörönön v'rabönön v'rabosai, n'vöraych elo-haynu she-hasimchö bi-m'ono she-öchalnu mi-shelo.

Others who have eaten:

Böruch elo-haynu she-hasimchö bi-m'ono she-öchalnu mi-shelo u-v'tuvo chö-yinu.

Those who have not eaten respond:

Böruch elo-haynu she-hasimchö bi-m'ono u-m'voröch sh'mo tömid l'olöm vö-ed.

Leader:

Böruch elo-haynu she-hasimchö bi-m'ono she-öchalnu mi-shelo u-v'tuvo chö-yinu.

The leader concludes each blessing aloud, and the others respond Amen.

ברוך Blessed are You, Lord our God, King of the universe, who, in His goodness, provides sustenance for the entire world with grace, with kindness, and with mercy. He gives food to all flesh, for His kindness is everlasting.[3] Through His great goodness to us continuously we do not lack [food], and may we never lack food, for the sake of His great Name.

Leader: Gentlemen, let us say the Blessings. Others: May the Name of the Lord be blessed from now and to all eternity. Leader: May the Name of the Lord be blessed from now and to all eternity. With your permission, esteemed gentlemen, let us bless Him (our God) of whose bounty we have eaten. Others who have eaten: Blessed be He (our God) of whose bounty we have eaten and by whose goodness we live. Those who have not eaten: Blessed (be our God) and praised be His Name

בַּעֲבוּר שְׁמוֹ הַגָּדוֹל כִּי הוּא אֵל זָן וּמְפַרְנֵס לַכֹּל וּמֵטִיב לַכֹּל וּמֵכִין מָזוֹן לְכָל בְּרִיּוֹתָיו אֲשֶׁר בָּרָא, כָּאָמוּר: פּוֹתֵחַ אֶת יָדֶךָ וּמַשְׂבִּיעַ לְכָל חַי רָצוֹן:[1] בָּרוּךְ אַתָּה יְיָ, הַזָּן אֶת הַכֹּל: (אָמֵן)

נוֹדֶה לְךָ יְיָ אֱלֹהֵינוּ עַל שֶׁהִנְחַלְתָּ לַאֲבוֹתֵינוּ אֶרֶץ חֶמְדָּה טוֹבָה וּרְחָבָה וְעַל שֶׁהוֹצֵאתָנוּ יְיָ אֱלֹהֵינוּ מֵאֶרֶץ מִצְרַיִם וּפְדִיתָנוּ מִבֵּית עֲבָדִים וְעַל בְּרִיתְךָ שֶׁחָתַמְתָּ בִּבְשָׂרֵנוּ וְעַל תּוֹרָתְךָ שֶׁלִּמַּדְתָּנוּ וְעַל חֻקֶּיךָ שֶׁהוֹדַעְתָּנוּ וְעַל חַיִּים חֵן וָחֶסֶד שֶׁחוֹנַנְתָּנוּ וְעַל אֲכִילַת מָזוֹן שָׁאַתָּה זָן וּמְפַרְנֵס אוֹתָנוּ תָּמִיד בְּכָל יוֹם וּבְכָל עֵת וּבְכָל שָׁעָה:

וְעַל הַכֹּל יְיָ אֱלֹהֵינוּ אֲנַחְנוּ מוֹדִים לָךְ וּמְבָרְכִים אוֹתָךְ יִתְבָּרַךְ שִׁמְךָ בְּפִי כָּל חַי תָּמִיד לְעוֹלָם וָעֶד, כַּכָּתוּב: וְאָכַלְתָּ וְשָׂבָעְתָּ וּבֵרַכְתָּ אֶת יְיָ אֱלֹהֶיךָ עַל הָאָרֶץ הַטֹּבָה אֲשֶׁר נָתַן לָךְ:[2] בָּרוּךְ אַתָּה יְיָ, עַל הָאָרֶץ וְעַל הַמָּזוֹן: (אָמֵן)

רַחֵם יְיָ אֱלֹהֵינוּ עַל יִשְׂרָאֵל עַמֶּךָ וְעַל יְרוּשָׁלַיִם עִירֶךָ וְעַל צִיּוֹן מִשְׁכַּן כְּבוֹדֶךָ וְעַל מַלְכוּת בֵּית דָּוִד מְשִׁיחֶךָ וְעַל הַבַּיִת הַגָּדוֹל וְהַקָּדוֹשׁ שֶׁנִּקְרָא שִׁמְךָ עָלָיו: אֱלֹהֵינוּ אָבִינוּ רוֹעֵנוּ זוּנֵנוּ פַּרְנְסֵנוּ וְכַלְכְּלֵנוּ וְהַרְוִיחֵנוּ וְהַרְוַח לָנוּ יְיָ אֱלֹהֵינוּ מְהֵרָה מִכָּל צָרוֹתֵינוּ: וְנָא אַל תַּצְרִיכֵנוּ יְיָ אֱלֹהֵינוּ, לֹא לִידֵי מַתְּנַת בָּשָׂר וָדָם וְלֹא לִידֵי הַלְוָאָתָם כִּי אִם לְיָדְךָ הַמְּלֵאָה הַפְּתוּחָה הַקְּדוֹשָׁה וְהָרְחָבָה שֶׁלֹּא נֵבוֹשׁ וְלֹא נִכָּלֵם לְעוֹלָם וָעֶד:

---

1. Psalms 145:16. 2. Deuteronomy 8:10.

For He, benevolent God, provides nourishment and sustenance for all, does good to all, and prepares food for all His creatures whom He has created, as it is said: You open Your hand and satisfy the desire of every living thing.[1] Blessed are You, Lord, who provides food for all. (Amen)

נודה We offer thanks to You, Lord our God, for having given as a heritage to our ancestors a precious, good and spacious land; for having brought us out, Lord our God, from the land of Egypt, and redeemed us from the house of bondage; for Your covenant which You have sealed in our flesh; for Your Torah which You have taught us; for Your statutes which You have made known to us; for the life, favor, and kindness which You have graciously bestowed upon us; and for the food we eat with which You constantly nourish and sustain us every day, at all times, and at every hour.

ועל For all this, Lord our God, we give thanks to You and bless You. May Your Name be blessed by the mouth of every living being, constantly and forever, as it is written: When you have eaten and are satiated, you shall bless the Lord your God for the good land which He has given you.[2] Blessed are You, Lord, for the land and for the sustenance. (Amen)

רחם Have mercy, Lord our God, upon Israel Your people, upon Jerusalem Your city, upon Zion the abode of Your glory, upon the kingship of the house of David Your anointed, and upon the great and holy House over which Your Name was proclaimed. Our God, our Father, Our Shepherd, nourish us, sustain us, feed us, and provide us with plenty; and speedily, Lord our God, grant us relief from all our afflictions. Lord our God, please do not make us dependent upon the gifts of mortal men nor upon their loans, but only upon Your full, open, holy, and generous hand, that we may never be shamed or disgraced.

On Shabbat:

רְצֵה וְהַחֲלִיצֵנוּ יְיָ אֱלֹהֵינוּ בְּמִצְוֹתֶיךָ וּבְמִצְוַת יוֹם הַשְּׁבִיעִי הַשַּׁבָּת הַגָּדוֹל וְהַקָּדוֹשׁ הַזֶּה כִּי יוֹם זֶה גָּדוֹל וְקָדוֹשׁ הוּא לְפָנֶיךָ, לִשְׁבָּת בּוֹ וְלָנוּחַ בּוֹ בְּאַהֲבָה כְּמִצְוַת רְצוֹנֶךָ, וּבִרְצוֹנְךָ הָנִיחַ לָנוּ יְיָ אֱלֹהֵינוּ שֶׁלֹּא תְהֵא צָרָה וְיָגוֹן וַאֲנָחָה בְּיוֹם מְנוּחָתֵנוּ, וְהַרְאֵנוּ יְיָ אֱלֹהֵינוּ בְּנֶחָמַת צִיּוֹן עִירֶךָ, וּבְבִנְיַן יְרוּשָׁלַיִם עִיר קָדְשֶׁךָ, כִּי אַתָּה הוּא בַּעַל הַיְשׁוּעוֹת וּבַעַל הַנֶּחָמוֹת:

As the leader recites aloud the words זָכְרֵנוּ ... טוֹבִים in the following paragraph, the others respond אָמֵן as indicated.

אֱלֹהֵינוּ וֵאלֹהֵי אֲבוֹתֵינוּ, יַעֲלֶה וְיָבוֹא וְיַגִּיעַ, וְיֵרָאֶה וְיֵרָצֶה וְיִשָּׁמַע, וְיִפָּקֵד וְיִזָּכֵר זִכְרוֹנֵנוּ וּפִקְדוֹנֵנוּ, וְזִכְרוֹן אֲבוֹתֵינוּ, וְזִכְרוֹן מָשִׁיחַ בֶּן דָּוִד עַבְדֶּךָ, וְזִכְרוֹן יְרוּשָׁלַיִם עִיר קָדְשֶׁךָ, וְזִכְרוֹן כָּל עַמְּךָ בֵּית יִשְׂרָאֵל לְפָנֶיךָ, לִפְלֵיטָה לְטוֹבָה, לְחֵן וּלְחֶסֶד וּלְרַחֲמִים וּלְחַיִּים טוֹבִים וּלְשָׁלוֹם, בְּיוֹם הַזִּכָּרוֹן הַזֶּה, בְּיוֹם טוֹב מִקְרָא קֹדֶשׁ הַזֶּה: זָכְרֵנוּ יְיָ אֱלֹהֵינוּ בּוֹ לְטוֹבָה (אָמֵן), וּפָקְדֵנוּ בוֹ לִבְרָכָה (אָמֵן), וְהוֹשִׁיעֵנוּ בוֹ לְחַיִּים טוֹבִים (אָמֵן), וּבִדְבַר יְשׁוּעָה וְרַחֲמִים, חוּס וְחָנֵּנוּ, וְרַחֵם עָלֵינוּ וְהוֹשִׁיעֵנוּ, כִּי אֵלֶיךָ עֵינֵינוּ, כִּי אֵל מֶלֶךְ חַנּוּן וְרַחוּם אָתָּה:

וּבְנֵה יְרוּשָׁלַיִם עִיר הַקֹּדֶשׁ בִּמְהֵרָה בְיָמֵינוּ. בָּרוּךְ אַתָּה יְיָ, בּוֹנֵה בְרַחֲמָיו יְרוּשָׁלָיִם. אָמֵן:

If you omitted the special portions for Shabbat or Rosh Hashanah, and reminded yourself before starting the next blessing, say the appropriate blessing below. If you reminded yourself after starting the next blessing, you must repeat the Blessing After A Meal from the beginning. However at the Seudah Shelishit of Shabbat or the daytime meal of Rosh Hashanah, you do not have to repeat it.

If you omitted רְצֵה:

בָּרוּךְ אַתָּה יְיָ אֱלֹהֵינוּ מֶלֶךְ הָעוֹלָם שֶׁנָּתַן שַׁבָּתוֹת לִמְנוּחָה לְעַמּוֹ יִשְׂרָאֵל בְּאַהֲבָה לְאוֹת וְלִבְרִית. בָּרוּךְ אַתָּה יְיָ, מְקַדֵּשׁ הַשַּׁבָּת:

On Shabbat:

רצה May it please You, Lord our God, to strengthen us through Your mitzvot, and through the mitzvah of the Seventh Day, this great and holy Shabbat. For this day is great and holy before You, to refrain from work and to rest thereon with love, in accordance with the commandment of Your will. In Your good will, Lord our God, bestow upon us tranquility, that there shall be no distress, sadness, or sorrow on the day of our rest. Lord our God, let us see the consolation of Zion Your city, and the rebuilding of Jerusalem Your holy city, for You are the Master of deliverance and the Master of consolation.

As the leader recites aloud the words *Remember...for good life* in the following paragraph, the others respond Amen as indicated.

אלהינו Our God and God of our fathers, may there ascend, come, and reach; be seen, accepted, and heard; recalled and remembered before You the remembrance and recollection of us, the remembrance of our fathers, the remembrance of Mashiach the son of David Your servant, the remembrance of Jerusalem Your holy city, and the remembrance of all Your people the House of Israel, for deliverance, well-being, grace, kindness, mercy, good life, and peace, on this day of Remembrance, this holy festival day. Remember us on this [day], Lord our God, for good (Amen); be mindful of us on this [day] for blessing (Amen); help us on this [day] for good life (Amen). With the promise of deliverance and compassion, spare us and be gracious to us, and have mercy upon us and deliver us, for our eyes are directed to You; for You, God, are a gracious and merciful King.

ובנה And rebuild Jerusalem the holy city speedily in our days. Blessed are You, Lord, who in His mercy rebuilds Jerusalem. Amen.

If you omitted the special portions for Shabbat or Rosh Hashanah, and reminded yourself before starting the next blessing, say the appropriate blessing below. If you reminded yourself after starting the next blessing, you must repeat the Blessing After A Meal from the beginning. However at the Seudah Shelishit of Shabbat or the daytime meal of Rosh Hashanah, you do not have to repeat it.

If you omitted *May it please You*:

ברוך Blessed are You, Lord our God, King of the universe, who has given Sabbaths for rest to His people Israel, with love, as a sign and a covenant. Blessed are You, Lord, who hallows the Shabbat.

If you omitted יַעֲלֶה וְיָבוֹא:

בָּרוּךְ אַתָּה יְיָ אֱלֹהֵינוּ מֶלֶךְ הָעוֹלָם, אֲשֶׁר נָתַן יָמִים טוֹבִים לְעַמּוֹ יִשְׂרָאֵל לְזִכָּרוֹן, אֶת יוֹם הַזִּכָּרוֹן הַזֶּה. בָּרוּךְ אַתָּה יְיָ, מְקַדֵּשׁ יִשְׂרָאֵל וְיוֹם הַזִּכָּרוֹן:

If you omitted רְצֵה and יַעֲלֶה וְיָבוֹא:

בָּרוּךְ אַתָּה יְיָ אֱלֹהֵינוּ מֶלֶךְ הָעוֹלָם שֶׁנָּתַן שַׁבָּתוֹת לִמְנוּחָה לְעַמּוֹ יִשְׂרָאֵל בְּאַהֲבָה לְאוֹת וְלִבְרִית, וְיָמִים טוֹבִים לְזִכָּרוֹן, אֶת יוֹם הַזִּכָּרוֹן הַזֶּה. בָּרוּךְ אַתָּה יְיָ, מְקַדֵּשׁ הַשַּׁבָּת וְיִשְׂרָאֵל וְיוֹם הַזִּכָּרוֹן:

בָּרוּךְ אַתָּה יְיָ, אֱלֹהֵינוּ מֶלֶךְ הָעוֹלָם, הָאֵל, אָבִינוּ מַלְכֵּנוּ, אַדִּירֵנוּ בּוֹרְאֵנוּ גּוֹאֲלֵנוּ יוֹצְרֵנוּ, קְדוֹשֵׁנוּ קְדוֹשׁ יַעֲקֹב, רוֹעֵנוּ רוֹעֵה יִשְׂרָאֵל הַמֶּלֶךְ הַטּוֹב וְהַמֵּטִיב לַכֹּל בְּכָל יוֹם וָיוֹם, הוּא הֵטִיב לָנוּ, הוּא מֵטִיב לָנוּ, הוּא יֵיטִיב לָנוּ, הוּא גְמָלָנוּ הוּא גוֹמְלֵנוּ הוּא יִגְמְלֵנוּ לָעַד, לְחֵן וּלְחֶסֶד וּלְרַחֲמִים, וּלְרֶוַח הַצָּלָה וְהַצְלָחָה, בְּרָכָה וִישׁוּעָה, נֶחָמָה פַּרְנָסָה וְכַלְכָּלָה וְרַחֲמִים וְחַיִּים וְשָׁלוֹם וְכָל טוֹב וּמִכָּל טוּב לְעוֹלָם אַל יְחַסְּרֵנוּ: הָרַחֲמָן הוּא יִמְלוֹךְ עָלֵינוּ לְעוֹלָם וָעֶד: הָרַחֲמָן הוּא יִתְבָּרֵךְ בַּשָּׁמַיִם וּבָאָרֶץ: הָרַחֲמָן הוּא יִשְׁתַּבַּח לְדוֹר דּוֹרִים וְיִתְפָּאֵר בָּנוּ לָעַד וּלְנֵצַח נְצָחִים וְיִתְהַדַּר בָּנוּ לָעַד וּלְעוֹלְמֵי עוֹלָמִים: הָרַחֲמָן הוּא יְפַרְנְסֵנוּ בְּכָבוֹד: הָרַחֲמָן הוּא יִשְׁבּוֹר עוֹל גָּלוּת מֵעַל צַוָּארֵנוּ וְהוּא יוֹלִיכֵנוּ קוֹמְמִיּוּת לְאַרְצֵנוּ: הָרַחֲמָן הוּא יִשְׁלַח בְּרָכָה מְרֻבָּה בְּבַיִת זֶה וְעַל שֻׁלְחָן זֶה שֶׁאָכַלְנוּ עָלָיו: הָרַחֲמָן הוּא יִשְׁלַח לָנוּ אֶת אֵלִיָּהוּ הַנָּבִיא זָכוּר לַטּוֹב וִיבַשֶּׂר לָנוּ בְּשׂוֹרוֹת טוֹבוֹת יְשׁוּעוֹת וְנֶחָמוֹת: הָרַחֲמָן הוּא יְבָרֵךְ אֶת אָבִי מוֹרִי בַּעַל הַבַּיִת הַזֶּה וְאֶת אִמִּי מוֹרָתִי בַּעֲלַת הַבַּיִת הַזֶּה אוֹתָם וְאֶת בֵּיתָם וְאֶת זַרְעָם וְאֶת כָּל אֲשֶׁר לָהֶם אוֹתָנוּ וְאֶת כָּל

If you omitted *Our God and God of our fathers*:

ברוך Blessed are You, Lord our God, King of the universe, who has given festivals to His people Israel for remembrance, this Day of Remembrance. Blessed are You, Lord, who hallows Israel and the Day of Remembrance.

If you omitted *May it please You* and *Our God and God of our fathers*:

ברוך Blessed are You, Lord our God, King of the universe, who has given Sabbaths for rest to His people Israel, with love, as a sign and a covenant, and festivals for remembrance, this Day of Remembrance. Blessed are You, Lord, who hallows the Shabbat and Israel and the Day of Remembrance.

ברוך Blessed are You, Lord our God, King of the universe, benevolent God, our Father, our King, our Strength, our Creator, our Redeemer, our Maker, our Holy One, the Holy One of Jacob, our Shepherd, the Shepherd of Israel, the King who is good and does good to all, each and every day. He has done good for us, He does good for us, and He will do good for us; He has bestowed, He bestows, and He will forever bestow upon us grace, kindness, and mercy; relief, salvation and success; blessing and deliverance; consolation, livelihood and sustenance; compassion, life, peace, and all goodness; and may He never cause us to lack any good. May the Merciful One reign over us forever and ever. May the Merciful One be blessed in heaven and on earth. May the Merciful One be praised for all generations, and pride Himself in us forever and to all eternity, and glorify Himself in us forever and ever. May the Merciful One provide our livelihood with honor. May the Merciful One break the yoke of exile from our neck, and may He lead us upright to our land. May the Merciful One send abundant blessing into this house and upon this table at which we have eaten. May the Merciful One send us Elijah the prophet—may he be remembered for good—and let him bring us good tidings, deliverance, and consolation. May the Merciful One bless my father, my teacher, the master of this house, and my mother, my teacher, the mistress of this house; them, their household, their children, and all that is theirs; us, and all that is

אֲשֶׁר לָנוּ: כְּמוֹ שֶׁבֵּרַךְ אֶת אֲבוֹתֵינוּ אַבְרָהָם יִצְחָק וְיַעֲקֹב בַּכֹּל מִכֹּל כֹּל,[1] כֵּן יְבָרֵךְ אוֹתָנוּ (בְּנֵי בְרִית) כֻּלָּנוּ יַחַד בִּבְרָכָה שְׁלֵמָה וְנֹאמַר אָמֵן:

מִמָּרוֹם יְלַמְּדוּ עָלָיו וְעָלֵינוּ זְכוּת שֶׁתְּהֵא לְמִשְׁמֶרֶת שָׁלוֹם וְנִשָּׂא בְרָכָה מֵאֵת יְיָ וּצְדָקָה מֵאֱלֹהֵי יִשְׁעֵנוּ[2] וְנִמְצָא חֵן וְשֵׂכֶל טוֹב בְּעֵינֵי אֱלֹהִים וְאָדָם:[3]

On Shabbat:

הָרַחֲמָן הוּא יַנְחִילֵנוּ לְיוֹם שֶׁכֻּלּוֹ שַׁבָּת וּמְנוּחָה לְחַיֵּי הָעוֹלָמִים:

הָרַחֲמָן הוּא יַנְחִילֵנוּ לְיוֹם שֶׁכֻּלּוֹ טוֹב:

הָרַחֲמָן הוּא יְחַדֵּשׁ עָלֵינוּ אֶת הַשָּׁנָה הַזֹּאת לְטוֹבָה וְלִבְרָכָה:

הָרַחֲמָן הוּא יְזַכֵּנוּ לִימוֹת הַמָּשִׁיחַ וּלְחַיֵּי הָעוֹלָם הַבָּא. מִגְדֹּל יְשׁוּעוֹת מַלְכּוֹ וְעֹשֶׂה חֶסֶד לִמְשִׁיחוֹ לְדָוִד וּלְזַרְעוֹ עַד עוֹלָם:[4] עֹשֶׂה שָׁלוֹם בִּמְרוֹמָיו הוּא יַעֲשֶׂה שָׁלוֹם עָלֵינוּ וְעַל כָּל יִשְׂרָאֵל וְאִמְרוּ אָמֵן:

[5]**יְראוּ** אֶת יְיָ קְדֹשָׁיו, כִּי אֵין מַחְסוֹר לִירֵאָיו: כְּפִירִים רָשׁוּ וְרָעֵבוּ, וְדֹרְשֵׁי יְיָ לֹא יַחְסְרוּ כָל טוֹב:[6] הוֹדוּ לַייָ כִּי טוֹב, כִּי לְעוֹלָם חַסְדּוֹ:[7] פּוֹתֵחַ אֶת יָדֶךָ, וּמַשְׂבִּיעַ לְכָל חַי רָצוֹן:[8] בָּרוּךְ הַגֶּבֶר אֲשֶׁר יִבְטַח בַּייָ, וְהָיָה יְיָ מִבְטַחוֹ:[9]

If one recited the Blessing After A Meal over a cup of wine:

בָּרוּךְ אַתָּה יְיָ, אֱלֹהֵינוּ מֶלֶךְ הָעוֹלָם, בּוֹרֵא פְּרִי הַגָּפֶן:

The concluding blessing over wine is on the following page.

1. Cf. Genesis 24:1, 27:33, 33:11; Bava Batra 17a. **2.** Cf. Psalms 24:5. **3.** Cf. Proverbs 3:4. **4.** II Samuel 22:51. **5.** Pronounced יִרְאוּ. **6.** Psalms 34:10-11. **7.** Ibid. 136:1. **8.** Ibid. 145:16. **9.** Jeremiah 17:7.

ours. Just as He blessed our forefathers, Abraham, Isaac and Jacob, "in all things," "by all things," with "all things,"[1] so may He bless all of us together (the children of the Covenant) with a perfect blessing, and let us say, Amen.

ממרום From heaven, may there be invoked upon him and upon us such merit as will bring enduring peace. May we receive blessing from the Lord and kindness from God our deliverer,[2] and may we find grace and good understanding in the eyes of God and man.[3]

On Shabbat:
הרחמן May the Merciful One let us inherit that day which will be all Shabbat and rest for life everlasting.

הרחמן May the Merciful One let us inherit that day which is all good.

הרחמן May the Merciful One renew for us this year for good and for blessing.

הרחמן May the Merciful One grant us the privilege of reaching the days of the Mashiach and the life of the World to Come. He is a tower of deliverance to His king, and bestows kindness upon His anointed, to David and his descendants forever.[4] He who makes peace in His heavens, may He make peace for us and for all Israel; and say, Amen.

יראו Fear the Lord, you His holy ones, for those who fear Him suffer no want. Young lions are in need and go hungry, but those who seek the Lord shall not lack any good.[6] Give thanks to the Lord for He is good, for His kindness is everlasting.[7] You open Your hand and satisfy the desire of every living thing.[8] Blessed is the man who trusts in the Lord, and the Lord will be his security.[9]

If one recited the Blessing After A Meal over a cup of wine:
ברוך Blessed are You, Lord our God, King of the universe, who creates the fruit of the vine.

The concluding blessing over wine is on the following page.

BLESSING AFTER CERTAIN FOODS

The following blessing is said after eating cooked or baked foods prepared from the five species of grain (wheat, barley, rye, oats or spelt); after drinking wine; or after eating grapes, figs, pomegranates, olives, or dates. If one partook of any combination of the above, their blessings should be combined by adding the letters or words in parentheses.

On Shabbat, added the words in shaded parentheses.

בָּרוּךְ אַתָּה יְיָ, אֱלֹהֵינוּ מֶלֶךְ הָעוֹלָם,

After food prepared from the five grains:	After wine or grape juice:	After grapes, figs, pomegranates, olives or dates:
עַל הַמִּחְיָה וְעַל הַכַּלְכָּלָה	(וְ)עַל הַגֶּפֶן וְעַל פְּרִי הַגֶּפֶן	(וְ)עַל הָעֵץ וְעַל פְּרִי הָעֵץ

וְעַל תְּנוּבַת הַשָּׂדֶה וְעַל אֶרֶץ חֶמְדָּה טוֹבָה וּרְחָבָה שֶׁרָצִיתָ וְהִנְחַלְתָּ לַאֲבוֹתֵינוּ לֶאֱכוֹל מִפִּרְיָהּ וְלִשְׂבּוֹעַ מִטּוּבָהּ. רַחֶם נָא יְיָ אֱלֹהֵינוּ עַל יִשְׂרָאֵל עַמֶּךָ וְעַל יְרוּשָׁלַיִם עִירֶךָ וְעַל צִיּוֹן מִשְׁכַּן כְּבוֹדֶךָ וְעַל מִזְבְּחֶךָ וְעַל הֵיכָלֶךָ, וּבְנֵה יְרוּשָׁלַיִם עִיר הַקֹּדֶשׁ בִּמְהֵרָה בְיָמֵינוּ, וְהַעֲלֵנוּ לְתוֹכָהּ וְשַׂמְּחֵנוּ בָּהּ וּנְבָרֶכְךָ בִּקְדֻשָּׁה וּבְטָהֳרָה. (וּרְצֵה וְהַחֲלִיצֵנוּ בְּיוֹם הַשַּׁבָּת הַזֶּה) [1]וְזָכְרֵנוּ לְטוֹבָה בְּיוֹם הַזִּכָּרוֹן הַזֶּה. כִּי אַתָּה יְיָ טוֹב וּמֵטִיב לַכֹּל וְנוֹדֶה לְּךָ עַל הָאָרֶץ וְעַל

After food prepared from the five grains:	After wine or grape juice:	After grapes, figs, pomegranates, olives or dates:
הַמִּחְיָה.	(וְעַל) פְּרִי הַגָּפֶן.	(וְעַל) הַפֵּרוֹת.

בָּרוּךְ אַתָּה יְיָ, עַל הָאָרֶץ וְעַל

After food prepared from the five grains:	After wine or grape juice:	After grapes, figs, pomegranates, olives or dates:
הַמִּחְיָה:	(וְעַל) פְּרִי הַגָּפֶן:	(וְ)הַפֵּרוֹת:

BLESSING AFTER OTHER FOODS AND DRINKS

בָּרוּךְ אַתָּה יְיָ, אֱלֹהֵינוּ מֶלֶךְ הָעוֹלָם, בּוֹרֵא נְפָשׁוֹת רַבּוֹת וְחֶסְרוֹנָן, עַל כָּל מַה שֶּׁבָּרָאתָ לְהַחֲיוֹת בָּהֶם נֶפֶשׁ כָּל חָי, בָּרוּךְ חֵי הָעוֹלָמִים:

1. After Havdalah, (at the conclusion of Rosh Hashanah,) omit the words וְזָכְרֵנוּ לְטוֹבָה בְּיוֹם הַזִּכָּרוֹן הַזֶּה (*Remember us for good on this day of Remembrance*).

BLESSING AFTER CERTAIN FOODS

The following blessing is said after eating cooked or baked foods prepared from the five species of grain (wheat, barley, rye, oats or spelt); after drinking wine; or after eating grapes, figs, pomegranates, olives, or dates. If one partook of any combination of the above, their blessings should be combined, by adding the words in parentheses.

On Shabbat, added the words in shaded parentheses.

ברוך Blessed are You, Lord our God, King of the universe, for

After food prepared from the five grains:	After wine or grape juice:	After grapes, figs, pomegranates, olives or dates:
the sustenance and for the nourishment,	(and for) the vine and for the fruit of the vine,	(and for) the tree and the fruit of the tree,

for the produce of the field, and for the precious, good, and spacious land which You have graciously given as a heritage to our ancestors, to eat of its fruit and to be satiated with its goodness. Have mercy, Lord our God, on Israel Your people, on Jerusalem Your city, on Zion the abode of Your glory, on Your altar, and on Your Temple. Rebuild Jerusalem, the holy city, speedily in our days, and bring us up to it and make us rejoice in it, and we will bless You in holiness and purity. (On Shabbat: May it please You to strengthen us on this Shabbat day.) [1]Remember us for good on this day of Remembrance. For You, Lord, are good and do good to all, and we offer thanks to You for the land and for

After food prepared from the five grains:	After wine or grape juice:	After grapes, figs, pomegranates, olives or dates:
the sustenance.	(and for) the fruit of the vine.	(and for) the fruits.

Blessed are You, Lord, for the land and for

After food prepared from the five grains:	After wine or grape juice:	After grapes, figs, pomegranates, olives or dates:
the sustenance.	(and for) the fruit of the vine.	(and) the fruits.

BLESSING AFTER OTHER FOODS AND DRINKS

ברוך Blessed are You, Lord our God, King of the universe, Creator of numerous living beings and their needs, for all the things You have created with which to sustain the soul of every living being. Blessed is He who is the Life of the worlds.

SHEVA BERACHOT — THE SEVEN BLESSINGS FOR A WEDDING FEAST

It is customary to recite these blessings at the conclusion of the Blessing After A Meal, in the presence of the bride and groom. A cup of wine is used. Each person designated to recite a blessing should hold the cup while doing so.

בָּרוּךְ אַתָּה יְיָ, אֱלֹהֵינוּ מֶלֶךְ הָעוֹלָם, שֶׁהַכֹּל בָּרָא לִכְבוֹדוֹ:

בָּרוּךְ אַתָּה יְיָ, אֱלֹהֵינוּ מֶלֶךְ הָעוֹלָם, יוֹצֵר הָאָדָם:

בָּרוּךְ אַתָּה יְיָ, אֱלֹהֵינוּ מֶלֶךְ הָעוֹלָם, אֲשֶׁר יָצַר אֶת הָאָדָם בְּצַלְמוֹ, בְּצֶלֶם דְּמוּת תַּבְנִיתוֹ, וְהִתְקִין לוֹ מִמֶּנּוּ בִּנְיַן עֲדֵי עַד: בָּרוּךְ אַתָּה יְיָ, יוֹצֵר הָאָדָם:

שׂוֹשׂ תָּשִׂישׂ וְתָגֵל הָעֲקָרָה, בְּקִבּוּץ בָּנֶיהָ לְתוֹכָהּ בְּשִׂמְחָה: בָּרוּךְ אַתָּה יְיָ, מְשַׂמֵּחַ צִיּוֹן בְּבָנֶיהָ:

שַׂמֵּחַ תְּשַׂמַּח רֵעִים הָאֲהוּבִים, כְּשַׂמֵּחֲךָ יְצִירְךָ בְּגַן עֵדֶן מִקֶּדֶם: בָּרוּךְ אַתָּה יְיָ, מְשַׂמֵּחַ חָתָן וְכַלָּה:

בָּרוּךְ אַתָּה יְיָ, אֱלֹהֵינוּ מֶלֶךְ הָעוֹלָם, אֲשֶׁר בָּרָא שָׂשׂוֹן וְשִׂמְחָה, חָתָן וְכַלָּה, גִּילָה רִנָּה דִּיצָה וְחֶדְוָה, אַהֲבָה וְאַחֲוָה שָׁלוֹם וְרֵעוּת, מְהֵרָה יְיָ אֱלֹהֵינוּ יִשָּׁמַע בְּעָרֵי יְהוּדָה, וּבְחוּצוֹת יְרוּשָׁלָיִם, קוֹל שָׂשׂוֹן וְקוֹל שִׂמְחָה, קוֹל חָתָן וְקוֹל כַּלָּה, קוֹל מִצְהֲלוֹת חֲתָנִים מֵחֻפָּתָם, וּנְעָרִים מִמִּשְׁתֵּה נְגִינָתָם: בָּרוּךְ אַתָּה יְיָ, מְשַׂמֵּחַ חָתָן עִם הַכַּלָּה:

The leader recites the blessing over the wine:

בָּרוּךְ אַתָּה יְיָ, אֱלֹהֵינוּ מֶלֶךְ הָעוֹלָם, בּוֹרֵא פְּרִי הַגָּפֶן:

SHEVA BERACHOT—
THE SEVEN BLESSINGS FOR A WEDDING FEAST

It is customary to recite these blessings at the conclusion of the Blessing After A Meal, in the presence of the bride and groom. A cup of wine is used. Each person designated to recite a blessing should hold the cup while doing so.

ברוך Blessed are You, Lord our God, King of the universe, who has created all things for His glory.

ברוך Blessed are You, Lord our God, King of the universe, Creator of man.

ברוך Blessed are You, Lord our God, King of the universe, who created man in His image, in the image [of His] likeness [He fashioned] his form, and prepared for him from his own self an everlasting edifice. Blessed are You, Lord, Creator of man.

שוש May the barren one [Jerusalem] rejoice and be happy at the ingathering of her children to her midst in joy. Blessed are You, Lord, who gladdens Zion with her children.

שמח Grant abundant joy to these loving friends, as You bestowed gladness upon Your created being in the Garden of Eden of old. Blessed are You, Lord, who gladdens the groom and bride.

ברוך Blessed are You, Lord our God, King of the universe, who created joy and happiness, groom and bride, gladness, jubilation, cheer, and delight; love, friendship, harmony, and fellowship. Lord our God, let there speedily be heard in the cities of Judah and in the streets of Jerusalem the sound of joy and the sound of happiness, the sound of a groom and the sound of a bride, the sound of exultation of grooms from under their *chupah*, and youths from their joyous banquets. Blessed are You, Lord, who gladdens the groom with the bride.

The leader recites the blessing over the wine:

ברוך Blessed are You, Lord our God, King of the universe, who creates the fruit of the vine.

PRAYER BEFORE RETIRING AT NIGHT

הַשְׁכִּיבֵנוּ אָבִינוּ לְשָׁלוֹם, וְהַעֲמִידֵנוּ מַלְכֵּנוּ לְחַיִּים טוֹבִים וּלְשָׁלוֹם, וְתַקְּנֵנוּ בְּעֵצָה טוֹבָה מִלְּפָנֶיךָ, וְהוֹשִׁיעֵנוּ מְהֵרָה לְמַעַן שְׁמֶךָ, וּפְרוֹשׂ עָלֵינוּ סֻכַּת שְׁלוֹמֶךָ.

The Shema should be recited with intense concentration, especially the first two verses in which we accept the sovereignty of God. Recite the first verse aloud, with your right hand covering your eyes.

Do not slur over the ח, but draw it out slightly for the length of time that it takes to affirm God's sovereignty in the seven heavens and on earth—equal to eight, the numerical value of ח. The ד (whose numerical value is four) should be drawn out for the length of time that it takes to reflect that God is alone in His world and that he rules in all four corners of the universe. While reciting the Shema, pause at the commas to convey the following meaning: Hear O Israel (pause), the Lord who is our God (pause) is the one God. See additional laws on page 324.

שְׁמַע יִשְׂרָאֵל, יְיָ אֱלֹהֵינוּ, יְיָ | אֶחָד:[1]

Recite the following verse in an undertone:

בָּרוּךְ שֵׁם כְּבוֹד מַלְכוּתוֹ לְעוֹלָם וָעֶד:[2]

וְאָהַבְתָּ אֵת יְיָ אֱלֹהֶיךָ, בְּכָל | לְבָבְךָ, וּבְכָל נַפְשְׁךָ, וּבְכָל מְאֹדֶךָ: וְהָיוּ הַדְּבָרִים הָאֵלֶּה אֲשֶׁר אָנֹכִי מְצַוְּךָ הַיּוֹם, עַל | לְבָבֶךָ: וְשִׁנַּנְתָּם לְבָנֶיךָ וְדִבַּרְתָּ בָּם, בְּשִׁבְתְּךָ בְּבֵיתֶךָ, וּבְלֶכְתְּךָ בַדֶּרֶךְ, וּבְשָׁכְבְּךָ, וּבְקוּמֶךָ: וּקְשַׁרְתָּם לְאוֹת עַל יָדֶךָ, וְהָיוּ לְטֹטָפֹת בֵּין עֵינֶיךָ: וּכְתַבְתָּם עַל מְזֻזוֹת בֵּיתֶךָ, וּבִשְׁעָרֶיךָ:[3]

וְהָיָה אִם שָׁמֹעַ תִּשְׁמְעוּ אֶל מִצְוֹתַי אֲשֶׁר אָנֹכִי מְצַוֶּה אֶתְכֶם הַיּוֹם, לְאַהֲבָה אֶת יְיָ אֱלֹהֵיכֶם וּלְעָבְדוֹ, בְּכָל | לְבַבְכֶם וּבְכָל נַפְשְׁכֶם: וְנָתַתִּי מְטַר אַרְצְכֶם | בְּעִתּוֹ

1. Deuteronomy 6:4. 2. Pesachim 56a. Deuteronomy Rabbah 2:31, 35, 36. 3. Deuteronomy 6:5-9.

PRAYER BEFORE RETIRING AT NIGHT

השכיבנו Our Father, let us lie down in peace; our King, raise us up to a good life and peace. Improve us with Your good counsel, help us speedily for the sake of Your Name, and spread over us the shelter of Your peace.

The Shema should be recited with intense concentration, especially the first two verses in which we accept the sovereignty of God. Recite the first verse aloud, with your right hand covering your eyes.

Do not slur over the ח, but draw it out slightly for the length of time that it takes to affirm God's sovereignty in the seven heavens and on earth—equal to eight, the numerical value of ח. The ד (whose numerical value is four) should be drawn out for the length of time that it takes to reflect that God is alone in His world and that he rules in all four corners of the universe. While reciting the Shema, pause at the commas to convey the following meaning: Hear O Israel (pause), the Lord who is our God (pause) is the one God. See additional laws on page 324.

Transliteration, page 336.

שמע Hear, O Israel, the Lord is our God, the Lord is One.[1]

Recite the following verse in an undertone:

ברוך Blessed be the name of the glory of His kingdom for ever and ever.[2]

ואהבת You shall love the Lord your God with all your heart, with all your soul, and with all your might. And these words which I command you today, shall be upon your heart. You shall teach them thoroughly to your children, and you shall speak of them when you sit in your house and when you walk on the road, when you lie down and when you rise. You shall bind them as a sign upon your hand, and they shall be for a reminder between your eyes. And you shall write them upon the doorposts of your house and upon your gates.[3]

והיה And it will be, if you will diligently obey My commandments which I enjoin upon you this day, to love the Lord your God and to serve Him with all your heart and with all your soul: I will give rain for your land at the proper

יוֹרֶה וּמַלְקוֹשׁ, וְאָסַפְתָּ דְגָנֶךָ וְתִירֹשְׁךָ וְיִצְהָרֶךָ: וְנָתַתִּי
עֵשֶׂב | בְּשָׂדְךָ לִבְהֶמְתֶּךָ, וְאָכַלְתָּ וְשָׂבָעְתָּ: הִשָּׁמְרוּ לָכֶם
פֶּן יִפְתֶּה לְבַבְכֶם, וְסַרְתֶּם וַעֲבַדְתֶּם אֱלֹהִים אֲחֵרִים
וְהִשְׁתַּחֲוִיתֶם לָהֶם: וְחָרָה | אַף יְיָ בָּכֶם וְעָצַר אֶת הַשָּׁמַיִם
וְלֹא יִהְיֶה מָטָר וְהָאֲדָמָה לֹא תִתֵּן אֶת יְבוּלָהּ, וַאֲבַדְתֶּם
מְהֵרָה מֵעַל הָאָרֶץ הַטֹּבָה אֲשֶׁר יְיָ נֹתֵן לָכֶם: וְשַׂמְתֶּם אֶת
דְּבָרַי אֵלֶּה עַל | לְבַבְכֶם וְעַל נַפְשְׁכֶם, וּקְשַׁרְתֶּם | אֹתָם
לְאוֹת עַל יֶדְכֶם וְהָיוּ לְטוֹטָפֹת בֵּין עֵינֵיכֶם: וְלִמַּדְתֶּם אֹתָם
אֶת בְּנֵיכֶם לְדַבֵּר בָּם, בְּשִׁבְתְּךָ בְּבֵיתֶךָ וּבְלֶכְתְּךָ בַדֶּרֶךְ
וּבְשָׁכְבְּךָ וּבְקוּמֶךָ: וּכְתַבְתָּם עַל מְזוּזוֹת בֵּיתֶךָ וּבִשְׁעָרֶיךָ:
לְמַעַן יִרְבּוּ יְמֵיכֶם וִימֵי בְנֵיכֶם עַל הָאֲדָמָה אֲשֶׁר נִשְׁבַּע
יְיָ לַאֲבֹתֵיכֶם לָתֵת לָהֶם, כִּימֵי הַשָּׁמַיִם עַל הָאָרֶץ:¹

וַיֹּאמֶר יְיָ אֶל מֹשֶׁה לֵּאמֹר: דַּבֵּר אֶל בְּנֵי יִשְׂרָאֵל וְאָמַרְתָּ
אֲלֵהֶם וְעָשׂוּ לָהֶם צִיצִת עַל כַּנְפֵי בִגְדֵיהֶם
לְדֹרֹתָם, וְנָתְנוּ עַל צִיצִת הַכָּנָף | פְּתִיל תְּכֵלֶת: וְהָיָה לָכֶם
לְצִיצִת, וּרְאִיתֶם | אֹתוֹ, וּזְכַרְתֶּם | אֶת כָּל מִצְוֹת יְיָ,
וַעֲשִׂיתֶם | אֹתָם, וְלֹא תָתוּרוּ אַחֲרֵי לְבַבְכֶם וְאַחֲרֵי עֵינֵיכֶם
אֲשֶׁר אַתֶּם זֹנִים אַחֲרֵיהֶם: לְמַעַן תִּזְכְּרוּ וַעֲשִׂיתֶם | אֶת כָּל
מִצְוֹתָי, וִהְיִיתֶם קְדֹשִׁים לֵאלֹהֵיכֶם: אֲנִי יְיָ אֱלֹהֵיכֶם אֲשֶׁר
הוֹצֵאתִי אֶתְכֶם | מֵאֶרֶץ מִצְרַיִם לִהְיוֹת לָכֶם לֵאלֹהִים, אֲנִי
יְיָ אֱלֹהֵיכֶם:² אֲנִי יְיָ אֱלֹהֵיכֶם אֱמֶת

יַעְלְזוּ חֲסִידִים בְּכָבוֹד, יְרַנְּנוּ עַל מִשְׁכְּבוֹתָם: רוֹמְמוֹת אֵל
בִּגְרוֹנָם, וְחֶרֶב פִּיפִיּוֹת בְּיָדָם:³

הִנֵּה מִטָּתוֹ שֶׁלִּשְׁלֹמֹה, שִׁשִּׁים גִּבֹּרִים סָבִיב לָהּ —Say three times
מִגִּבֹּרֵי יִשְׂרָאֵל: כֻּלָּם אֲחֻזֵי חֶרֶב מְלֻמְּדֵי
מִלְחָמָה, אִישׁ חַרְבּוֹ עַל יְרֵכוֹ מִפַּחַד בַּלֵּילוֹת:⁴

---
1. Deuteronomy 11:13-21. **2.** Numbers 15:37-41. **3.** Psalms 149:5-6. **4.** Song of Songs 3:7-8.

time, the early rain and the late rain, and you will gather in your grain, your wine and your oil. And I will give grass in your fields for your cattle, and you will eat and be sated. Take care lest your heart be lured away, and you turn astray and worship alien gods and bow down to them. For then the Lord's wrath will flare up against you, and He will close the heavens so that there will be no rain and the earth will not yield its produce, and you will swiftly perish from the good land which the Lord gives you. Therefore, place these words of Mine upon your heart and upon your soul, and bind them for a sign on your hand, and they shall be for a reminder between your eyes. You shall teach them to your children, to speak of them when you sit in your house and when you walk on the road, when you lie down and when you rise. And you shall inscribe them on the doorposts of your house and on your gates—so that your days and the days of your children may be prolonged on the land which the Lord swore to your fathers to give to them for as long as the heavens are above the earth.[1]

ויאמר The Lord spoke to Moses, saying: Speak to the children of Israel and tell them to make for themselves fringes on the corners of their garments throughout their generations, and to attach a thread of blue on the fringe of each corner. They shall be to you as *tzitzit*, and you shall look upon them and remember all the commandments of the Lord and fulfill them, and you will not follow after your heart and after your eyes by which you go astray—so that you may remember and fulfill all My commandments, and be holy to your God. I am the Lord your God who brought you out of the land of Egypt to be your God; I, the Lord, am your God.[2] True.

יעלזו The pious will exult in glory; they will sing upon their beds. The exaltation of God is in their throat, and a double-edged sword in their hand.[3]

Say three times: **הנה** Behold, around the bed of Solomon are sixty mighty men, of the valiant of Israel. All are armed with swords, trained in war, each with his sword upon his thigh, because of the fear of the night.[4]

—Say three times

יְבָרֶכְךָ יְיָ וְיִשְׁמְרֶךָ: יָאֵר יְיָ פָּנָיו אֵלֶיךָ וִיחֻנֶּךָּ: יִשָּׂא יְיָ פָּנָיו אֵלֶיךָ וְיָשֵׂם לְךָ שָׁלוֹם:[1]

יֹשֵׁב בְּסֵתֶר עֶלְיוֹן, בְּצֵל שַׁדַּי יִתְלוֹנָן: אֹמַר לַייָ מַחְסִי וּמְצוּדָתִי, אֱלֹהַי אֶבְטַח בּוֹ: כִּי הוּא יַצִּילְךָ מִפַּח יָקוּשׁ, מִדֶּבֶר הַוּוֹת: בְּאֶבְרָתוֹ יָסֶךְ לָךְ, וְתַחַת כְּנָפָיו תֶּחְסֶה, צִנָּה וְסֹחֵרָה אֲמִתּוֹ: לֹא תִירָא מִפַּחַד לָיְלָה, מֵחֵץ יָעוּף יוֹמָם: מִדֶּבֶר בָּאֹפֶל יַהֲלֹךְ, מִקֶּטֶב יָשׁוּד צָהֳרָיִם: יִפֹּל מִצִּדְּךָ אֶלֶף וּרְבָבָה מִימִינֶךָ, אֵלֶיךָ לֹא יִגָּשׁ: רַק בְּעֵינֶיךָ תַבִּיט, וְשִׁלֻּמַת רְשָׁעִים תִּרְאֶה: כִּי אַתָּה יְיָ מַחְסִי, עֶלְיוֹן שַׂמְתָּ מְעוֹנֶךָ:[2]

When reciting אָנָּא בְּכֹחַ, look at—or visualize—the Divine Names formed by the acronyms of the words (as they appear in the left column), but do not say them.

אָנָּא, בְּכֹחַ גְּדֻלַּת יְמִינְךָ, תַּתִּיר צְרוּרָה.	אב"ג ית"ץ
קַבֵּל רִנַּת עַמְּךָ, שַׂגְּבֵנוּ, טַהֲרֵנוּ, נוֹרָא.	קר"ע שט"ן
נָא גִבּוֹר, דּוֹרְשֵׁי יִחוּדְךָ, כְּבָבַת שָׁמְרֵם.	נג"ד יכ"ש
בָּרְכֵם, טַהֲרֵם, רַחֲמֵי צִדְקָתְךָ תָּמִיד גָּמְלֵם.	בט"ר צת"ג
חֲסִין קָדוֹשׁ, בְּרוֹב טוּבְךָ נַהֵל עֲדָתֶךָ.	חק"ב טנ"ע
יָחִיד, גֵּאֶה, לְעַמְּךָ פְּנֵה, זוֹכְרֵי קְדֻשָּׁתֶךָ.	יג"ל פז"ק
שַׁוְעָתֵנוּ קַבֵּל, וּשְׁמַע צַעֲקָתֵנוּ, יוֹדֵעַ תַּעֲלוּמוֹת.	שק"ו צי"ת

בָּרוּךְ שֵׁם כְּבוֹד מַלְכוּתוֹ לְעוֹלָם וָעֶד:

שִׁיר לַמַּעֲלוֹת, אֶשָּׂא עֵינַי אֶל הֶהָרִים, מֵאַיִן יָבוֹא עֶזְרִי: עֶזְרִי מֵעִם יְיָ, עֹשֵׂה שָׁמַיִם וָאָרֶץ: אַל יִתֵּן לַמּוֹט רַגְלֶךָ, אַל יָנוּם שֹׁמְרֶךָ: הִנֵּה לֹא יָנוּם וְלֹא יִישָׁן, שׁוֹמֵר יִשְׂרָאֵל: יְיָ שֹׁמְרֶךָ, יְיָ צִלְּךָ עַל יַד יְמִינֶךָ: יוֹמָם הַשֶּׁמֶשׁ לֹא יַכֶּכָּה, וְיָרֵחַ בַּלָּיְלָה: יְיָ יִשְׁמָרְךָ מִכָּל רָע, יִשְׁמֹר אֶת נַפְשֶׁךָ: יְיָ יִשְׁמָר צֵאתְךָ וּבוֹאֶךָ, מֵעַתָּה וְעַד עוֹלָם:[3]

—Say three times

גָּד גְּדוּד יְגוּדֶנּוּ, וְהוּא יָגֻד עָקֵב:[4] עָקֵב יָגֻד וְהוּא יְגוּדֶנּוּ גְּדוּד גָּד:

—Say three times

אִם תִּשְׁכַּב לֹא תִפְחָד, וְשָׁכַבְתָּ וְעָרְבָה שְׁנָתֶךָ:[5]

—Say three times

בְּטוֹב אָלִין אָקִיץ בְּרַחֲמִים:

---

1. Numbers 6:24-26. 2. Psalms 91:1-9. 3. Ibid. 121. 4. Genesis 49:19. 5. Proverbs 3:24.

Say three times: יברכך The Lord bless you and guard you. The Lord make His countenance shine upon you and be gracious to you. The Lord turn His countenance toward you and grant you peace.[1]

ישב You who dwells in the shelter of the Most High, who abides in the shadow of the Omnipotent, I say [to you] of the Lord who is my refuge and my stronghold, my God in whom I trust, that He will save you from the ensnaring trap, from the destructive pestilence. He will cover you with His pinions, and you will find refuge under His wings; His truth is a shield and an armor. You will not fear the terror of the night, nor the arrow that flies by day; the pestilence that prowls in the darkness, nor the destruction that ravages at noon. A thousand may fall at your [left] side, and ten thousand at your right, but it shall not reach you. You need only look with your eyes, and you will see the retribution of the wicked. Because you [have said,] "The Lord is my shelter," and you have made the Most High your haven.[2]

אנא We implore You, by the great power of Your right hand, release the captive. Accept the prayer of Your people; strengthen us, purify us, Awesome One. Mighty One, we beseech You, guard as the apple of the eye those who seek Your Oneness. Bless them, cleanse them; bestow upon them forever Your merciful righteousness. Powerful, Holy One, in Your abounding goodness, guide Your congregation. Only and Exalted One, turn to Your people who are mindful of Your holiness. Accept our supplication and hear our cry, You who knows secret thoughts. Blessed be the name of the glory of His kingdom forever and ever.

שיר A song of ascents. I lift my eyes to the mountains—from where will my help come? My help will come from the Lord, Maker of heaven and earth. He will not let your foot falter; your guardian does not slumber. Indeed, the Guardian of Israel neither slumbers nor sleeps. The Lord is your guardian; the Lord is your protective shade at your right hand. The sun will not harm you by day, nor the moon by night. The Lord will guard you from all evil; He will guard your soul. The Lord will guard your going and your coming from now and for all time.[3]

Say three times: גד Gad will be surrounded by troops, but he will turn them back on their heels.[4] On their heels he will turn them back, the troops that will surround Gad.

Say three times: When you lie down, you will not be afraid; you will lie down, and your sleep will be sweet.[5]

Say three times: May I sleep well; may I awake in mercy.

—Say three times — לִישׁוּעָתְךָ קִוִּיתִי יְיָ:[1]

—Say three times — אַתָּה סֵתֶר לִי מִצַּר תִּצְּרֵנִי רָנֵּי פַלֵּט תְּסוֹבְבֵנִי סֶלָה:[2]

—Say three times — תּוֹדִיעֵנִי אֹרַח חַיִּים שֹׂבַע שְׂמָחוֹת אֶת פָּנֶיךָ נְעִמוֹת
בִּימִינְךָ נֶצַח:[3]

אַתָּה תָקוּם תְּרַחֵם צִיּוֹן, כִּי עֵת לְחֶנְנָהּ כִּי בָא מוֹעֵד:[4] כְּדְנָה
תֵּאמְרוּן לְהוֹם: אֱלָהַיָּא דִּי שְׁמַיָּא וְאַרְקָא לָא עֲבַדוּ
יֵאבַדוּ מֵאַרְעָא וּמִן תְּחוֹת שְׁמַיָּא אֵלֶּה:[5] בְּיָדְךָ אַפְקִיד רוּחִי,
פָּדִיתָה אוֹתִי יְיָ אֵל אֱמֶת:[6]

רִבּוֹן הָעוֹלָמִים אַתָּה בָרָאתָ עוֹלָמְךָ בִּרְצוֹנְךָ הַטּוֹב כְּפִי מַה שֶּׁעָלָה
בְּמַחֲשַׁבְתְּךָ הַקְּדוּמָה וּבָרֵאתָ הַשָּׁמַיִם וְכָל צְבָאָם וְהָאָרֶץ וְכָל אֲשֶׁר
עָלֶיהָ וְאָדָם עָלֶיהָ בָרֵאתָ וְנָפַחְתָּ בְּאַפּוֹ נִשְׁמַת חַיִּים לְמַעַן יַכִּיר גָּדְלְךָ
וְתִפְאַרְתֶּךָ וְאַתָּה מְחַיֶּה אֶת כֻּלָּם כִּי אַתָּה נְשָׁמָה לְכָל הַנְּשָׁמוֹת וְחַיּוּת
לְכָל חַי. וְאַתָּה הוּא (יהוה אלהי) הִנֵּה אַפְקִיד נַפְשִׁי וְרוּחִי וְנִשְׁמָתִי בְּיָדְךָ
הַטְּהוֹרָה וְהַנֶּאֱמָנָה, וְאַתָּה הוּא (יהוה אלהי) תְּטַהֵר אוֹתָם מִכָּל טֻמְאָה
וְחֶלְאָה שֶׁנִּדְבַּק בָּהֶם עַל יְדֵי מַעֲשֵׂי הָרָעִים וְתַחֲזִירֵם לִי בְּנַחַת וְהַשְׁקֵט
וּבְבֶטַח (ועשה יה״ה אלה״י שיעיר אותי בחצות הלילה ממש לקום על משמרתי להתפלל לפניך
יה״ה אלה״י וללמוד תורתך כי אתה הוא יה״ה אלה״י סייעני וחזקני במצוה הזאת שאקום בכל
לילה בחצות ממש ואל יארע לי שום חולי ראש ושום צער ונזק מזה) **כִּי אַתָּה שׁוֹמֵעַ**
תְּפִלַּת עַמְּךָ יִשְׂרָאֵל בְּרַחֲמִים. בָּרוּךְ שׁוֹמֵעַ תְּפִלָּה: עוּרָה כְבוֹדִי עוּרָה
הַנֵּבֶל וְכִנּוֹר אָעִירָה שָּׁחַר:[7] תּוֹרָה צִוָּה לָנוּ מֹשֶׁה מוֹרָשָׁה קְהִלַּת יַעֲקֹב:[8]

The following blessing should be recited right before one sleeps. One should not eat, drink,
or talk after concluding it.

בָּרוּךְ אַתָּה יְיָ, אֱלֹהֵינוּ מֶלֶךְ הָעוֹלָם, הַמַּפִּיל חֶבְלֵי שֵׁנָה
עַל עֵינַי, וּתְנוּמָה עַל עַפְעַפָּי, וּמֵאִיר לְאִישׁוֹן בַּת
עָיִן. וִיהִי רָצוֹן מִלְּפָנֶיךָ יְיָ אֱלֹהַי וֵאלֹהֵי אֲבוֹתַי, שֶׁתַּשְׁכִּיבֵנִי
לְשָׁלוֹם, וְתַעֲמִידֵנִי לְחַיִּים טוֹבִים וּלְשָׁלוֹם, וְאַל יְבַהֲלוּנִי
רַעְיוֹנַי וַחֲלוֹמוֹת רָעִים וְהִרְהוּרִים רָעִים, וּתְהֵא מִטָּתִי
שְׁלֵמָה[9] לְפָנֶיךָ, וְהָאֵר עֵינַי פֶּן אִישַׁן הַמָּוֶת. בָּרוּךְ אַתָּה
יְיָ, הַמֵּאִיר לָעוֹלָם כֻּלּוֹ בִּכְבוֹדוֹ:

---

1. Genesis 49:18. **2.** Psalms 32:7. **3.** Ibid. 16:11. **4.** Ibid. 102:14. **5.** Jeremiah 10:11.
6. Psalms 31:6. **7.** Ibid. 57:9. **8.** Deuteronomy 33:4. **9.** For an understanding of this
expression, see Rashi to Berachot 60b and Genesis 47:31; Siddur Otzar Hatefillot, Vol. 1, p. 563;
Siddur R. Yaakov Emden, p. 131a.

Say three times: For Your salvation I hope, O Lord.[1]

Say three times: You are a refuge for me; protect me from distress; surround me with songs of deliverance forever.[2]

Say three times: Make known to me the path of life, that I may be satiated with the joy of Your presence, with the bliss of Your right hand forever.[3]

אתה Arise and have mercy on Zion, for it is time to be gracious to her; the appointed time has come.[4] Thus shall you say to them: The gods that have not made the heavens and the earth shall perish from the earth and from under these heavens.[5] I entrust my spirit into Your hand; You will redeem me, Lord, God of truth.[6]

רבון Master of the worlds! You have created Your world in Your good will, as it has arisen in Your primordial thought, and You have created the heavens and all their hosts, and the earth and everything that is on it; You have created man upon it, and have blown into his nostrils a living soul, so that he may recognize Your greatness and glory; and You give life to them all, for You are the Soul of all souls and the Life-force of all living things. And You, Lord my God—I entrust my *nefesh, ruach* and *neshamah* into Your pure and faithful hand; and You, Lord my God, will cleanse them of every impurity and malady that has become attached to them through my wrongdoings, and return them to me in peace, tranquility and security... for You hear the prayer of Your people Israel in mercy. Blessed is He who hears prayer. Awake, O my soul! Awaken [me], O harp and lyre! I will wake the dawn.[7] The Torah which Moses commanded us is the heritage of the congregation of Jacob.[8]

The following blessing should be recited right before one sleeps. One should not eat, drink, or talk after concluding it.

ברוך Blessed are You, Lord our God, King of the universe, who causes the bonds of sleep to fall upon my eyes and slumber upon my eyelids, and who gives light to the apple of the eye. May it be Your will, Lord my God and God of my fathers, to let me lie down in peace and to raise me up to a good life and peace. Let my thoughts not trouble me, nor bad dreams, nor sinful fancies, and may my bed be perfect[9] before You. Give light to my eyes, lest I sleep the sleep of death. Blessed are You, Lord, who in His glory gives light to the whole world.

UPON ARISING

Immediately upon awaking, one must be conscious of God, Master of the universe. One would not remain lying in bed in the presence of a human king, and surely not in the presence of God. Therefore, one should say מוֹדֶה אֲנִי immediately upon awaking, for one will thereby be made aware of God's presence and will rise quickly.

מוֹדֶה אֲנִי לְפָנֶיךָ מֶלֶךְ חַי וְקַיָּם, שֶׁהֶחֱזַרְתָּ בִּי נִשְׁמָתִי בְּחֶמְלָה. רַבָּה אֱמוּנָתֶךָ:

MORNING BLESSINGS

It is forbidden to mention God's name in a blessing, or to utter words of Torah, before ritually washing the hands. מוֹדֶה אֲנִי, however, may be recited even before washing one's hands, since the text does not contain any of the Divine names. One should wash the hands before getting out of bed, and then, after dressing and rinsing the mouth, one washes again and recites the Morning Blessings.

ORDER OF WASHING THE HANDS

Take a cup of water in the right hand, pass it to the left hand, and pour water over the entire right hand until the wrist. Take the cup in the right hand and pour over the entire left hand. Wash twice more, so that each hand has been washed three times in alternating sequence. Dry the hands.

Stand while reciting the Morning Blessings.

בָּרוּךְ אַתָּה יְיָ, אֱלֹהֵינוּ מֶלֶךְ הָעוֹלָם, אֲשֶׁר קִדְּשָׁנוּ בְּמִצְוֹתָיו, וְצִוָּנוּ עַל נְטִילַת יָדָיִם:

בָּרוּךְ אַתָּה יְיָ, אֱלֹהֵינוּ מֶלֶךְ הָעוֹלָם, אֲשֶׁר יָצַר אֶת הָאָדָם בְּחָכְמָה, וּבָרָא בוֹ נְקָבִים נְקָבִים, חֲלוּלִים חֲלוּלִים, גָּלוּי וְיָדוּעַ לִפְנֵי כִסֵּא כְבוֹדֶךָ, שֶׁאִם יִסָּתֵם אֶחָד מֵהֶם, אוֹ אִם יִפָּתֵחַ אֶחָד מֵהֶם, אִי אֶפְשַׁר לְהִתְקַיֵּם אֲפִילוּ שָׁעָה אֶחָת. בָּרוּךְ אַתָּה יְיָ, רוֹפֵא כָל בָּשָׂר וּמַפְלִיא לַעֲשׂוֹת:

אֱלֹהַי, נְשָׁמָה שֶׁנָּתַתָּ בִּי טְהוֹרָה הִיא, אַתָּה בְרָאתָהּ, אַתָּה יְצַרְתָּהּ, אַתָּה נְפַחְתָּהּ בִּי, וְאַתָּה מְשַׁמְּרָהּ בְּקִרְבִּי, וְאַתָּה עָתִיד לִטְּלָהּ מִמֶּנִּי, וּלְהַחֲזִירָהּ בִּי

UPON ARISING

Immediately upon awaking, one must be conscious of God, Master of the universe. One would not remain lying in bed in the presence of a human king, and surely not in the presence of God. Therefore, one should say *I offer thanks* immediately upon awaking, for one will thereby be made aware of God's presence, and will rise quickly.

Transliteration, page 340.

מודה I offer thanks to You, living and eternal King, for You have mercifully restored my soul within me; Your faithfulness is great.

MORNING BLESSINGS

It is forbidden to mention God's name in a blessing, or to utter words of Torah, before ritually washing the hands. *I offer thanks*, however, may be recited even before washing one's hands, since the text does not contain any of the Divine names. One should wash the hands before getting out of bed, and then, after dressing and rinsing the mouth, one washes again and recites the Morning Blessings.

ORDER OF WASHING THE HANDS

Take a cup of water in the right hand, pass it to the left hand, and pour water over the entire right hand until the wrist. Take the cup in the right hand and pour over the entire left hand. Wash twice more, so that each hand has been washed three times in alternating sequence. Dry the hands.

Stand while reciting the Morning Blessings.

ברוך Blessed are You, Lord our God, King of the universe, who has sanctified us with His commandments, and commanded us concerning the washing of the hands.

ברוך Blessed are You, Lord our God, King of the universe, who has formed man in wisdom, and created within him numerous orifices and cavities. It is revealed and known before the Throne of Your Glory that if but one of them were to be blocked, or one of them were to be opened, it would be impossible to exist even for a short while. Blessed are You, Lord, who heals all flesh and performs wonders.

אלהי My God, the soul which You have given within me is pure. You have created it, You have formed it, You have breathed it into me, and You preserve it within me. You will eventually take it from me, and restore it within me in the

לְעָתִיד לָבֹא. כָּל זְמַן שֶׁהַנְּשָׁמָה בְקִרְבִּי, מוֹדֶה אֲנִי לְפָנֶיךָ
יְיָ אֱלֹהַי וֵאלֹהֵי אֲבוֹתַי, רִבּוֹן כָּל הַמַּעֲשִׂים, אֲדוֹן כָּל
הַנְּשָׁמוֹת. בָּרוּךְ אַתָּה יְיָ, הַמַּחֲזִיר נְשָׁמוֹת לִפְגָרִים מֵתִים:

Recite the following Morning Blessings whether or not they apply—as for example, if one
was awake all night and did not remove his clothes and put on others. However, if awake
all night, recite them only after dawn. • If one slept during the night, all of these blessings
(including those on the preceding page) may be said upon arising, provided it is after
midnight. • One should not attend to any matters, even Torah study, before reciting all the
Morning Blessings.

בָּרוּךְ אַתָּה יְיָ, אֱלֹהֵינוּ מֶלֶךְ הָעוֹלָם,
הַנּוֹתֵן לַשֶּׂכְוִי בִינָה לְהַבְחִין בֵּין
יוֹם וּבֵין לָיְלָה:

בָּרוּךְ אַתָּה יְיָ, אֱלֹהֵינוּ מֶלֶךְ הָעוֹלָם,
פּוֹקֵחַ עִוְרִים:[1]

בָּרוּךְ אַתָּה יְיָ, אֱלֹהֵינוּ מֶלֶךְ הָעוֹלָם,
מַתִּיר אֲסוּרִים:[2]

בָּרוּךְ אַתָּה יְיָ, אֱלֹהֵינוּ מֶלֶךְ הָעוֹלָם,
זוֹקֵף כְּפוּפִים:[3]

בָּרוּךְ אַתָּה יְיָ, אֱלֹהֵינוּ מֶלֶךְ הָעוֹלָם,
מַלְבִּישׁ עֲרֻמִּים:

בָּרוּךְ אַתָּה יְיָ, אֱלֹהֵינוּ מֶלֶךְ הָעוֹלָם,
הַנּוֹתֵן לַיָּעֵף כֹּחַ:[4]

בָּרוּךְ אַתָּה יְיָ, אֱלֹהֵינוּ מֶלֶךְ הָעוֹלָם,
רוֹקַע הָאָרֶץ עַל הַמָּיִם:[5]

בָּרוּךְ אַתָּה יְיָ, אֱלֹהֵינוּ מֶלֶךְ הָעוֹלָם,
הַמֵּכִין מִצְעֲדֵי גָבֶר:

---

1. Cf. Psalms 146:8. 2. Cf. Ibid. 146:7. 3. Cf. Ibid. 146:8. 4. Cf. Isaiah 40:29. 5. Cf. Psalms
136:6.

Time to Come. So long as the soul is within me, I offer thanks to You, Lord my God and God of my fathers, Master of all works, Lord of all souls. Blessed are You, Lord, who restores souls to dead bodies.

Recite the following Morning Blessings whether or not they apply—as for example, if one was awake all night and did not remove his clothes and put on others. However, if awake all night, recite them only after dawn. • If one slept during the night, all of these blessings (including those on the preceding page) may be said upon arising, provided it is after midnight. • One should not attend to any matters, even Torah study, before reciting all the Morning Blessings.

ברוך Blessed are You, Lord our God, King of the universe, who gives the rooster understanding to distinguish between day and night.

ברוך Blessed are You, Lord our God, King of the universe, who opens the eyes of the blind.[1]

ברוך Blessed are You, Lord our God, King of the universe, who releases the bound.[2]

ברוך Blessed are You, Lord our God, King of the universe, who straightens the bowed.[3]

ברוך Blessed are You, Lord our God, King of the universe, who clothes the naked.

ברוך Blessed are You, Lord our God, King of the universe, who gives strength to the weary.[4]

ברוך Blessed are You, Lord our God, King of the universe, who spreads forth the earth above the waters.[5]

ברוך Blessed are You, Lord our God, King of the universe, who directs the steps of man.

בָּרוּךְ אַתָּה יְיָ, אֱלֹהֵינוּ מֶלֶךְ הָעוֹלָם,
שֶׁעָשָׂה לִי כָּל צָרְכִּי:

בָּרוּךְ אַתָּה יְיָ, אֱלֹהֵינוּ מֶלֶךְ הָעוֹלָם,
אוֹזֵר יִשְׂרָאֵל בִּגְבוּרָה:

בָּרוּךְ אַתָּה יְיָ, אֱלֹהֵינוּ מֶלֶךְ הָעוֹלָם,
עוֹטֵר יִשְׂרָאֵל בְּתִפְאָרָה:

בָּרוּךְ אַתָּה יְיָ, אֱלֹהֵינוּ מֶלֶךְ הָעוֹלָם,
שֶׁלֹּא עָשַׂנִי גּוֹי:

בָּרוּךְ אַתָּה יְיָ, אֱלֹהֵינוּ מֶלֶךְ הָעוֹלָם,
שֶׁלֹּא עָשַׂנִי עָבֶד:

Males recite the following blessing:

בָּרוּךְ אַתָּה יְיָ, אֱלֹהֵינוּ מֶלֶךְ הָעוֹלָם,
שֶׁלֹּא עָשַׂנִי אִשָּׁה:

בָּרוּךְ אַתָּה יְיָ, אֱלֹהֵינוּ מֶלֶךְ הָעוֹלָם, הַמַּעֲבִיר שֵׁנָה מֵעֵינָי וּתְנוּמָה מֵעַפְעַפָּי: Do not respond .אָמֵן

וִיהִי רָצוֹן מִלְּפָנֶיךָ יְיָ אֱלֹהֵינוּ וֵאלֹהֵי אֲבוֹתֵינוּ, שֶׁתַּרְגִּילֵנוּ בְּתוֹרָתֶךָ, וְתַדְבִּיקֵנוּ בְּמִצְוֹתֶיךָ, וְאַל תְּבִיאֵנוּ לֹא לִידֵי חֵטְא וְלֹא לִידֵי עֲבֵרָה וְעָוֹן, וְלֹא לִידֵי נִסָּיוֹן וְלֹא לִידֵי בִזָּיוֹן, וְאַל יִשְׁלוֹט בָּנוּ יֵצֶר הָרָע, וְהַרְחִיקֵנוּ מֵאָדָם רָע, וּמֵחָבֵר רָע, וְדַבְּקֵנוּ בְּיֵצֶר טוֹב וּבְמַעֲשִׂים טוֹבִים, וְכוֹף אֶת יִצְרֵנוּ לְהִשְׁתַּעְבֶּד לָךְ, וּתְנֵנוּ הַיּוֹם וּבְכָל יוֹם לְחֵן וּלְחֶסֶד וּלְרַחֲמִים בְּעֵינֶיךָ וּבְעֵינֵי כָל רוֹאֵינוּ, וְתִגְמְלֵנוּ חֲסָדִים טוֹבִים. בָּרוּךְ אַתָּה יְיָ, הַגּוֹמֵל חֲסָדִים טוֹבִים לְעַמּוֹ יִשְׂרָאֵל:

ברוך Blessed are You, Lord our God, King of the universe, who has provided me with my every need.

ברוך Blessed are You, Lord our God, King of the universe, who girds [the people of] Israel with might.

ברוך Blessed are You, Lord our God, King of the universe, who crowns [the people of] Israel with glory.

ברוך Blessed are You, Lord our God, King of the universe, who has not made me a gentile.

ברוך Blessed are You, Lord our God, King of the universe, who has not made me a slave.

Males recite the following blessing:

ברוך Blessed are You, Lord our God, King of the universe, who has not made me a woman.

ברוך Blessed are You, Lord our God, King of the universe, who removes sleep from my eyes and slumber from my eyelids. Do not respond Amen.

ויהי And may it be Your will, Lord our God and God of our fathers, to accustom us to [study] Your Torah, and to make us cleave to Your commandments. Do not bring us into sin, nor into transgression or iniquity, nor into temptation or scorn; and may the evil inclination not have mastery over us. Keep us far from an evil person and an evil companion. Make us cleave to the good inclination and to good deeds, and compel our inclination to be subservient to You. Grant us this day, and every day, grace, kindness, and mercy in Your eyes and in the eyes of all who behold us; and bestow bountiful kindness upon us. Blessed are You, Lord, who bestows bountiful kindness upon His people Israel.

יְהִי רָצוֹן מִלְּפָנֶיךָ יְיָ אֱלֹהַי וֵאלֹהֵי אֲבוֹתַי, שֶׁתַּצִּילֵנִי הַיּוֹם וּבְכָל יוֹם מֵעַזֵּי פָנִים, וּמֵעַזּוּת פָּנִים, מֵאָדָם רָע, וּמֵחָבֵר רָע, וּמִשָּׁכֵן רָע, וּמִפֶּגַע רָע, מֵעַיִן הָרָע, מִלָּשׁוֹן הָרָע, מִמַּלְשִׁינוּת, מֵעֵדוּת שֶׁקֶר, מִשִּׂנְאַת הַבְּרִיּוֹת, מֵעֲלִילָה, מִמִּיתָה מְשֻׁנָּה, מֵחֳלָיִם רָעִים, וּמִמִּקְרִים רָעִים, וּמִשָּׂטָן הַמַּשְׁחִית, מִדִּין קָשֶׁה, וּמִבַּעַל דִּין קָשֶׁה, בֵּין שֶׁהוּא בֶן בְּרִית, וּבֵין שֶׁאֵינוֹ בֶן בְּרִית. וּמִדִּינָהּ שֶׁל גֵּיהִנֹּם:

One must be extremely scrupulous concerning the Blessings of the Torah. It is forbidden to utter any words of Torah before these blessings are recited.

בָּרוּךְ אַתָּה יְיָ, אֱלֹהֵינוּ מֶלֶךְ הָעוֹלָם, אֲשֶׁר קִדְּשָׁנוּ בְּמִצְוֹתָיו, וְצִוָּנוּ עַל דִּבְרֵי תוֹרָה:

וְהַעֲרֶב נָא יְיָ אֱלֹהֵינוּ אֶת דִּבְרֵי תוֹרָתְךָ בְּפִינוּ, וּבְפִי כָל עַמְּךָ בֵּית יִשְׂרָאֵל, וְנִהְיֶה אֲנַחְנוּ וְצֶאֱצָאֵינוּ, וְצֶאֱצָאֵי כָל עַמְּךָ בֵּית יִשְׂרָאֵל, כֻּלָּנוּ יוֹדְעֵי שְׁמֶךָ וְלוֹמְדֵי תוֹרָתְךָ לִשְׁמָהּ. בָּרוּךְ אַתָּה יְיָ, הַמְלַמֵּד תּוֹרָה לְעַמּוֹ יִשְׂרָאֵל:

בָּרוּךְ אַתָּה יְיָ, אֱלֹהֵינוּ מֶלֶךְ הָעוֹלָם, אֲשֶׁר בָּחַר בָּנוּ מִכָּל הָעַמִּים וְנָתַן לָנוּ אֶת תּוֹרָתוֹ. בָּרוּךְ אַתָּה יְיָ, נוֹתֵן הַתּוֹרָה:

וַיְדַבֵּר יְיָ אֶל מֹשֶׁה לֵּאמֹר: דַּבֵּר אֶל אַהֲרֹן וְאֶל בָּנָיו לֵאמֹר, כֹּה תְבָרְכוּ אֶת בְּנֵי יִשְׂרָאֵל, אָמוֹר לָהֶם:

יהי May it be Your will, Lord my God and God of my fathers, to protect me this day, and every day, from insolent men and from impudence; from a wicked man, from an evil companion, from an evil neighbor, and from an evil occurrence; from an evil eye, from a malicious tongue, from slander, from false testimony, from men's hate, from calumnious charges, from unnatural death, from harsh diseases, and from misfortune; from the destructive adversary and from a harsh judgment; from an implacable opponent, whether or not he is a member of the Covenant; and from the retribution of *gehinnom.*

> One must be extremely scrupulous concerning the Blessings of the Torah. It is forbidden to utter any words of Torah before these blessings are recited.

ברוך Blessed are You, Lord our God, King of the universe, who has sanctified us with His commandments, and commanded us concerning the words of the Torah.

והערב Lord our God, make the teachings of Your Torah pleasant in our mouths, and in the mouths of Your entire people, the House of Israel; and may we, our children, and the children of Your entire people the House of Israel, all be knowers of Your Name and students of Your Torah for its own sake. Blessed are You, Lord, who teaches the Torah to His people Israel.

ברוך Blessed are You, Lord our God, King of the universe, who has chosen us from among all the nations and given us His Torah. Blessed are You, Lord, who gives the Torah.

וידבר And the Lord spoke to Moses, saying: Speak to Aaron and to his sons, saying, thus shall you bless the children of Israel. Say to them:

יְבָרֶכְךָ יְיָ וְיִשְׁמְרֶךָ: יָאֵר יְיָ ׀ פָּנָיו אֵלֶיךָ, וִיחֻנֶּךָּ:
יִשָּׂא יְיָ ׀ פָּנָיו אֵלֶיךָ, וְיָשֵׂם לְךָ שָׁלוֹם:

וְשָׂמוּ אֶת שְׁמִי עַל בְּנֵי יִשְׂרָאֵל, וַאֲנִי אֲבָרֲכֵם:¹

אֵלּוּ דְבָרִים שֶׁאֵין לָהֶם שִׁעוּר: הַפֵּאָה, וְהַבִּכּוּרִים,
וְהָרֵאָיוֹן, וּגְמִילוּת חֲסָדִים, וְתַלְמוּד תּוֹרָה:²
אֵלּוּ דְבָרִים שֶׁאָדָם אוֹכֵל פֵּרוֹתֵיהֶם בָּעוֹלָם הַזֶּה
וְהַקֶּרֶן קַיֶּמֶת לָעוֹלָם הַבָּא, וְאֵלּוּ הֵן: כִּבּוּד אָב וָאֵם,
וּגְמִילוּת חֲסָדִים, וְהַשְׁכָּמַת בֵּית הַמִּדְרָשׁ שַׁחֲרִית
וְעַרְבִית, וְהַכְנָסַת אוֹרְחִים, וּבִקּוּר חוֹלִים, וְהַכְנָסַת
כַּלָּה, וְהַלְוָיַת הַמֵּת, וְעִיּוּן תְּפִלָּה, וַהֲבָאַת שָׁלוֹם
שֶׁבֵּין אָדָם לַחֲבֵרוֹ, וּבֵין אִישׁ לְאִשְׁתּוֹ, וְתַלְמוּד תּוֹרָה
כְּנֶגֶד כֻּלָּם:³

BLESSING ON THE TZITZIT

> Every day while dressing, before putting on the *tallit katan* (the small, fringed garment worn by males), examine the *tzitzit* (fringes) to make sure they are not torn, especially the parts lying on the corners and the coils. • One who wears a *tallit gadol* (large *tallit*) for the morning prayer should not recite a blessing over the *tallit katan*.

Stand and hold the *tzitzit* in the right hand (a left-handed person holds the *tzitzit* in the left hand), recite the following blessing, and then kiss the *tzitzit* before releasing them.

בָּרוּךְ אַתָּה יְיָ, אֱלֹהֵינוּ מֶלֶךְ הָעוֹלָם, אֲשֶׁר קִדְּשָׁנוּ
בְּמִצְוֹתָיו, וְצִוָּנוּ עַל מִצְוַת צִיצִת:

---

1. Numbers 6:22-27.   **2.** Peah 1:1.   **3.** Shabbat 127a.

יברכך The Lord bless you and guard you. The Lord make His countenance shine upon you and be gracious to you. The Lord turn His countenance toward you and grant you peace.

ושמו And they shall set My name upon the children of Israel, and I shall bless them.[1]

אלו These are the precepts for which no fixed measure is prescribed: leaving the crops of the edge of the field for the poor, the gift of the first fruits, the pilgrimage offerings brought when appearing before the Lord on the Three Festivals, deeds of kindness, and the study of Torah.[2] These are the precepts, the fruits of which man enjoys in this world, while the principal [reward] remains in the World to Come: honoring one's father and mother, performing deeds of kindness, early attendance at the House of Study morning and evening, hospitality to strangers, visiting the sick, dowering the bride, escorting the dead, concentration in prayer, bringing peace between man and his fellow-man and between husband and wife. And the study of Torah is equivalent to them all.[3]

BLESSING ON THE TZITZIT

Every day while dressing, before putting on the *tallit katan* (the small, fringed garment worn by males), examine the *tzitzit* (fringes) to make sure they are not torn, especially the parts lying on the corners and the coils. • One who wears a *tallit gadol* (large *tallit*) for the morning prayer should not recite a blessing over the *tallit katan*.

Stand and hold the *tzitzit* in the right hand (a left-handed person holds the *tzitzit* in the left hand), recite the following blessing, and then kiss the *tzitzit* before releasing them.

ברוך Blessed are You, Lord our God, King of the universe, who has sanctified us with His commandments, and commanded us concerning the mitzvah of *tzitzit*.

❦

ORDER OF PUTTING ON THE TALLIT

It is the Chabad custom to don the *tallit* before אֵיזֶהוּ מְקוֹמָן, page 74.

Stand with the folded *tallit* on the right shoulder with the four *tzitzit* in front. Examine the *tzitzit* to make sure they are not torn, while reciting the following:

בָּרְכִי נַפְשִׁי אֶת יְיָ, יְיָ אֱלֹהַי גָּדַלְתָּ מְּאֹד, הוֹד
וְהָדָר לָבָשְׁתָּ: עֹטֶה אוֹר כַּשַּׂלְמָה, נוֹטֶה
שָׁמַיִם כַּיְרִיעָה:[1]

Unfold the *tallit* and open it wide, kiss its upper edge, and swing it around from the position in which it is held in front of you until it is hanging behind you. At this point, begin the blessing.

While reciting the blessing, place the *tallit* over the head and upper body, and bear in mind that God commanded us to enwrap ourselves in it, to remind us to perform all His commandments.

בָּרוּךְ אַתָּה יְיָ, אֱלֹהֵינוּ מֶלֶךְ הָעוֹלָם, אֲשֶׁר קִדְּשָׁנוּ
בְּמִצְוֹתָיו, וְצִוָּנוּ לְהִתְעַטֵּף בְּצִיצִת:

While concluding the blessing, gather the two right corners of the *tallit*, raise them up, and place them over the left shoulder; gather the two left corners and bring them up to the left side of the chest. Thus all four *tzitzit* are on the left side, two in front and two behind. See illustrations, page 348. It is the Chabad custom to cover one's face—with the upper part of the *tallit*—only down to the eyes, not down to the mouth.

Remain enwrapped after the blessing, as long as it takes to walk four cubits (i.e., approximately three seconds), and recite the following:

מַה יָּקָר חַסְדְּךָ אֱלֹהִים, וּבְנֵי אָדָם בְּצֵל כְּנָפֶיךָ
יֶחֱסָיוּן: יִרְוְיֻן מִדֶּשֶׁן בֵּיתֶךָ, וְנַחַל עֲדָנֶיךָ
תַשְׁקֵם: כִּי עִמְּךָ מְקוֹר חַיִּים, בְּאוֹרְךָ נִרְאֶה אוֹר:
מְשֹׁךְ חַסְדְּךָ לְיֹדְעֶיךָ, וְצִדְקָתְךָ לְיִשְׁרֵי לֵב:[2]

Drape the *tallit* over the head, shoulders, and back during the entire time of prayer.

---

1. Psalms 104:1-2. **2.** Ibid. 36:8-11.

ORDER OF PUTTING ON THE TALLIT

It is the Chabad custom to don the *tallit* before *Where...*, page 74.

Stand with the folded *tallit* on the right shoulder with the four *tzitzit* in front. Examine the *tzitzit* to make sure they are not torn, while reciting the following:

ברכי My soul, bless the Lord! Lord my God, You are greatly exalted; You have garbed Yourself with majesty and splendor. You enwrap [Yourself] with light as with a garment; You spread the heavens as a curtain.[1]

Unfold the *tallit* and open it wide, kiss its upper edge, and swing it around from the position in which it is held in front of you until it is hanging behind you. At this point, begin the blessing.

While reciting the blessing, place the *tallit* over the head and upper body, and bear in mind that God commanded us to enwrap ourselves in it, to remind us to perform all His commandments.

ברוך *Böruch atö adonöy elohay-nu melech hö-olöm, asher ki-d'shönu b'mitzvosöv, v'tzivönu l'his-atayf b'tzitzis.*

While concluding the blessing, gather the two right corners of the *tallit*, raise them up, and place them over the left shoulder; gather the two left corners and bring them up to the left side of the chest. Thus all four *tzitzit* are on the left side, two in front and two behind. See illustrations, page 348. It is the Chabad custom to cover one's face—with the upper part of the *tallit*—only down to the eyes, not down to the mouth.

Remain enwrapped after the blessing, as long as it takes to walk four cubits (i.e., approximately three seconds), and recite the following:

מה How precious is Your kindness, O God! The children of men take refuge in the shadow of Your wings. They shall be satiated with the delight of Your House, and You will give them to drink from the river of Your bliss. For with You is the source of life; in Your light we see light. Bestow Your kindness upon those who know You, and Your righteousness on the upright in heart.[2]

Drape the *tallit* over the head, shoulders, and back during the entire time of prayer.

ברוך Blessed are You, Lord our God, King of the universe, who has sanctified us with His commandments, and commanded us to enwrap ourselves with *tzitzit*.

MORNING PRAYER

You may be seated.

It is proper to recite the following line before prayer:

הֲרֵינִי מְקַבֵּל עָלַי מִצְוַת עֲשֵׂה שֶׁל וְאָהַבְתָּ לְרֵעֲךָ כָּמוֹךָ:[1]

מַה טֹּבוּ אֹהָלֶיךָ יַעֲקֹב, מִשְׁכְּנֹתֶיךָ יִשְׂרָאֵל:[2] וַאֲנִי בְּרֹב חַסְדְּךָ אָבֹא בֵיתֶךָ, אֶשְׁתַּחֲוֶה אֶל הֵיכַל קָדְשְׁךָ בְּיִרְאָתֶךָ:[3] וַאֲנִי תְפִלָּתִי לְךָ יְיָ עֵת רָצוֹן, אֱלֹהִים בְּרָב חַסְדֶּךָ, עֲנֵנִי בֶּאֱמֶת יִשְׁעֶךָ:[4]

אֲדוֹן עוֹלָם אֲשֶׁר מָלַךְ, בְּטֶרֶם כָּל יְצוּר נִבְרָא. לְעֵת נַעֲשָׂה בְחֶפְצוֹ כֹּל, אֲזַי מֶלֶךְ שְׁמוֹ נִקְרָא. וְאַחֲרֵי כִּכְלוֹת הַכֹּל, לְבַדּוֹ יִמְלֹךְ נוֹרָא. וְהוּא הָיָה וְהוּא הֹוֶה, וְהוּא יִהְיֶה בְּתִפְאָרָה. וְהוּא אֶחָד וְאֵין שֵׁנִי, לְהַמְשִׁיל לוֹ לְהַחְבִּירָה. בְּלִי רֵאשִׁית בְּלִי תַכְלִית, וְלוֹ הָעֹז וְהַמִּשְׂרָה. וְהוּא אֵלִי וְחַי גֹּאֲלִי, וְצוּר חֶבְלִי בְּעֵת צָרָה. וְהוּא נִסִּי וּמָנוֹס לִי, מְנָת כּוֹסִי בְּיוֹם אֶקְרָא. בְּיָדוֹ אַפְקִיד רוּחִי, בְּעֵת אִישַׁן וְאָעִירָה. וְעִם רוּחִי גְּוִיָּתִי, יְיָ לִי וְלֹא אִירָא:

THE AKEDAH—THE BINDING OF ISAAC

וַיְהִי אַחַר הַדְּבָרִים הָאֵלֶּה, וְהָאֱלֹהִים נִסָּה אֶת אַבְרָהָם, וַיֹּאמֶר אֵלָיו, אַבְרָהָם, וַיֹּאמֶר הִנֵּנִי: וַיֹּאמֶר, קַח נָא אֶת בִּנְךָ אֶת יְחִידְךָ אֲשֶׁר אָהַבְתָּ אֶת יִצְחָק, וְלֶךְ לְךָ אֶל אֶרֶץ הַמֹּרִיָּה, וְהַעֲלֵהוּ שָׁם לְעֹלָה עַל אַחַד הֶהָרִים, אֲשֶׁר אֹמַר אֵלֶיךָ: וַיַּשְׁכֵּם אַבְרָהָם בַּבֹּקֶר, וַיַּחֲבֹשׁ אֶת חֲמֹרוֹ וַיִּקַּח אֶת שְׁנֵי נְעָרָיו אִתּוֹ וְאֵת יִצְחָק בְּנוֹ, וַיְבַקַּע עֲצֵי

---

1. Leviticus 19:18. **2.** Numbers 24:5. **3.** Psalms 5:8. **4.** Ibid. 69:14.

MORNING PRAYER

You may be seated.

It is proper to recite the following paragraph before prayer:

Transliteration, page 340.

הריני I hereby take upon myself to fulfill the mitzvah, "Love your fellowman as yourself."[1]

מה How goodly are your tents, O Jacob; your dwelling places, O Israel![2] And I, through Your abundant kindness, come into your house; I bow toward Your holy sanctuary in awe of You.[3] May my prayer to You, Lord, be at a propitious time; God, in Your abounding kindness, answer me with Your true deliverance.[4]

Transliteration, page 340.

אדון Lord of the universe, who reigned before anything was created—at the time when by His will all things were made, then was His name proclaimed King. And after all things shall cease to be, the Awesome One will reign alone. He was, He is, and He shall be in glory. He is one, and there is no other to compare to Him, to consort with Him. Without beginning, without end, power and dominion belong to Him. He is my God and my ever-living Redeemer, the strength of my lot in time of distress. He is my banner and my refuge, my portion on the day I call. Into His hand I entrust my spirit when I sleep and when I wake. And with my soul, my body too, the Lord is with me, I shall not fear.

THE AKEDAH—THE BINDING OF ISAAC

ויהי And it was after these events that God tested Abraham, and said to him, "Abraham," and he answered, "Here I am." And He said, "Take your son, your only son, whom you love, Isaac, and go to the land of Moriah, and offer him there as a burnt-offering on one of the mountains which I will tell you." Abraham rose early in the morning, saddled his donkey, and took with him his two attendants and Isaac his son; he chopped wood for the

עֹלָה וַיָּקָם וַיֵּלֶךְ אֶל הַמָּקוֹם אֲשֶׁר אָמַר לוֹ הָאֱלֹהִים: בַּיּוֹם הַשְּׁלִישִׁי וַיִּשָּׂא אַבְרָהָם אֶת עֵינָיו, וַיַּרְא אֶת הַמָּקוֹם מֵרָחֹק: וַיֹּאמֶר אַבְרָהָם אֶל נְעָרָיו שְׁבוּ לָכֶם פֹּה עִם הַחֲמוֹר, וַאֲנִי וְהַנַּעַר נֵלְכָה עַד כֹּה, וְנִשְׁתַּחֲוֶה וְנָשׁוּבָה אֲלֵיכֶם: וַיִּקַּח אַבְרָהָם אֶת עֲצֵי הָעֹלָה וַיָּשֶׂם עַל יִצְחָק בְּנוֹ וַיִּקַּח בְּיָדוֹ אֶת הָאֵשׁ וְאֶת הַמַּאֲכֶלֶת, וַיֵּלְכוּ שְׁנֵיהֶם יַחְדָּו: וַיֹּאמֶר יִצְחָק אֶל אַבְרָהָם אָבִיו וַיֹּאמֶר אָבִי, וַיֹּאמֶר הִנֶּנִּי בְנִי, וַיֹּאמֶר, הִנֵּה הָאֵשׁ וְהָעֵצִים וְאַיֵּה הַשֶּׂה לְעֹלָה: וַיֹּאמֶר אַבְרָהָם, אֱלֹהִים יִרְאֶה לּוֹ הַשֶּׂה לְעֹלָה בְּנִי, וַיֵּלְכוּ שְׁנֵיהֶם יַחְדָּו: וַיָּבֹאוּ אֶל הַמָּקוֹם אֲשֶׁר אָמַר לוֹ הָאֱלֹהִים, וַיִּבֶן שָׁם אַבְרָהָם אֶת הַמִּזְבֵּחַ, וַיַּעֲרֹךְ אֶת הָעֵצִים, וַיַּעֲקֹד אֶת יִצְחָק בְּנוֹ, וַיָּשֶׂם אֹתוֹ עַל הַמִּזְבֵּחַ מִמַּעַל לָעֵצִים: וַיִּשְׁלַח אַבְרָהָם אֶת יָדוֹ וַיִּקַּח אֶת הַמַּאֲכֶלֶת, לִשְׁחֹט אֶת בְּנוֹ: וַיִּקְרָא אֵלָיו מַלְאַךְ יְיָ מִן הַשָּׁמַיִם וַיֹּאמֶר אַבְרָהָם אַבְרָהָם, וַיֹּאמֶר הִנֵּנִי: וַיֹּאמֶר, אַל תִּשְׁלַח יָדְךָ אֶל הַנַּעַר, וְאַל תַּעַשׂ לוֹ מְאוּמָה, כִּי עַתָּה יָדַעְתִּי, כִּי יְרֵא אֱלֹהִים אַתָּה, וְלֹא חָשַׂכְתָּ אֶת בִּנְךָ אֶת יְחִידְךָ מִמֶּנִּי: וַיִּשָּׂא אַבְרָהָם אֶת עֵינָיו וַיַּרְא וְהִנֵּה אַיִל, אַחַר נֶאֱחַז בַּסְּבַךְ בְּקַרְנָיו, וַיֵּלֶךְ אַבְרָהָם וַיִּקַּח אֶת הָאַיִל, וַיַּעֲלֵהוּ לְעֹלָה תַּחַת בְּנוֹ: וַיִּקְרָא אַבְרָהָם שֵׁם הַמָּקוֹם הַהוּא, יְיָ יִרְאֶה, אֲשֶׁר יֵאָמֵר הַיּוֹם, בְּהַר יְיָ יֵרָאֶה: וַיִּקְרָא מַלְאַךְ יְיָ אֶל אַבְרָהָם שֵׁנִית מִן הַשָּׁמָיִם: וַיֹּאמֶר, בִּי נִשְׁבַּעְתִּי נְאֻם יְיָ, כִּי יַעַן אֲשֶׁר עָשִׂיתָ אֶת הַדָּבָר הַזֶּה, וְלֹא חָשַׂכְתָּ אֶת בִּנְךָ אֶת יְחִידֶךָ: כִּי בָרֵךְ אֲבָרֶכְךָ, וְהַרְבָּה אַרְבֶּה אֶת זַרְעֲךָ כְּכוֹכְבֵי הַשָּׁמַיִם וְכַחוֹל אֲשֶׁר עַל שְׂפַת הַיָּם, וְיִרַשׁ

offering, and set out for the place of which God had told him. On the third day, Abraham looked up and saw the place from afar. Abraham said to his attendants, "You stay here with the donkey, and I and the lad will go yonder; we will prostrate ourselves [before God], and then return to you." Abraham took the wood for the offering and put it on Isaac his son, and he took in his hand the fire and the knife; and the two walked on together. Then Isaac spoke to Abraham his father and said, "My father"; and he answered, "Here I am, my son." And he said, "Here are the fire and the wood, but where is the lamb for the burnt-offering?" Abraham answered, "God will provide for Himself the lamb for the burnt-offering, my son," and the two walked on together. They reached the place of which God had told him, and Abraham built an altar there, arranged the wood, bound Isaac his son, and placed him on the altar upon the wood. Then Abraham stretched forth his hand, and took the knife to slaughter his son. But an angel of the Lord called to him from heaven and said, "Abraham! Abraham!" And he answered, "Here I am." And he said, "Do not lay your hand upon the lad, nor do anything to him; for now I know that you are a God-fearing man, since you have not withheld your son, your only son, from Me." Thereafter, Abraham looked up and saw a ram caught in the thicket by its horns; and Abraham went and took the ram and offered it as a burnt-offering instead of his son. Abraham called the name of the place "The Lord Will See," as it is referred to this day, "On the mount where the Lord shall reveal Himself." An angel of the Lord called to Abraham a second time from heaven, and said, "By Myself have I sworn, says the Lord, because you have done this and have not withheld your son, your only son: I will greatly bless you and make your descendants as numerous as the stars in heaven and as the sand

זַרְעֲךָ אֵת שַׁעַר אֹיְבָיו: וְהִתְבָּרְכוּ בְזַרְעֲךָ כֹּל גּוֹיֵי הָאָרֶץ, עֵקֶב אֲשֶׁר שָׁמַעְתָּ בְּקֹלִי: וַיָּשָׁב אַבְרָהָם אֶל נְעָרָיו, וַיָּקֻמוּ וַיֵּלְכוּ יַחְדָּו אֶל בְּאֵר שָׁבַע, וַיֵּשֶׁב אַבְרָהָם בִּבְאֵר שָׁבַע:[1]

לְעוֹלָם יְהֵא אָדָם יְרֵא שָׁמַיִם בַּסֵּתֶר, וּמוֹדֶה עַל הָאֱמֶת, וְדוֹבֵר אֱמֶת בִּלְבָבוֹ, וְיַשְׁכֵּם וְיֹאמַר:

רִבּוֹן כָּל הָעוֹלָמִים, לֹא עַל צִדְקוֹתֵינוּ אֲנַחְנוּ מַפִּילִים תַּחֲנוּנֵינוּ לְפָנֶיךָ, כִּי עַל רַחֲמֶיךָ הָרַבִּים. מָה אָנוּ, מֶה חַיֵּינוּ, מֶה חַסְדֵּנוּ, מַה צִּדְקֵנוּ, מַה כֹּחֵנוּ, מַה גְּבוּרָתֵנוּ. מַה נֹּאמַר לְפָנֶיךָ יְיָ אֱלֹהֵינוּ וֵאלֹהֵי אֲבוֹתֵינוּ, הֲלֹא כָּל הַגִּבּוֹרִים כְּאַיִן לְפָנֶיךָ, וְאַנְשֵׁי הַשֵּׁם כְּלֹא הָיוּ, וַחֲכָמִים כִּבְלִי מַדָּע, וּנְבוֹנִים כִּבְלִי הַשְׂכֵּל, כִּי רוֹב מַעֲשֵׂיהֶם תֹּהוּ, וִימֵי חַיֵּיהֶם הֶבֶל לְפָנֶיךָ, וּמוֹתַר הָאָדָם מִן הַבְּהֵמָה אָיִן, כִּי הַכֹּל הָבֶל:[2] לְבַד הַנְּשָׁמָה הַטְּהוֹרָה שֶׁהִיא עֲתִידָה לִתֵּן דִּין וְחֶשְׁבּוֹן לִפְנֵי כִסֵּא כְבוֹדֶךָ, וְכָל הַגּוֹיִם כְּאַיִן נֶגְדֶּךָ, שֶׁנֶּאֱמַר: הֵן גּוֹיִם כְּמַר מִדְּלִי וּכְשַׁחַק מֹאזְנַיִם נֶחְשָׁבוּ, הֵן אִיִּים כַּדַּק יִטּוֹל:[3]

אֲבָל אֲנַחְנוּ עַמְּךָ בְּנֵי בְרִיתֶךָ, בְּנֵי אַבְרָהָם אֹהַבְךָ, שֶׁנִּשְׁבַּעְתָּ לּוֹ בְּהַר הַמֹּרִיָּה;[4] זֶרַע יִצְחָק יְחִידוֹ, שֶׁנֶּעֱקַד עַל גַּבֵּי הַמִּזְבֵּחַ;[5] עֲדַת יַעֲקֹב בִּנְךָ בְּכוֹרֶךָ,[6] שֶׁמֵּאַהֲבָתְךָ שֶׁאָהַבְתָּ אוֹתוֹ, וּמִשִּׂמְחָתְךָ שֶׁשָּׂמַחְתָּ בּוֹ, קָרָאתָ אֶת שְׁמוֹ יִשְׂרָאֵל[7] וִישֻׁרוּן:[8]

לְפִיכָךְ אֲנַחְנוּ חַיָּבִים לְהוֹדוֹת לְךָ, וּלְשַׁבֵּחֲךָ וּלְפָאֶרְךָ וּלְבָרֵךְ וּלְקַדֵּשׁ וְלִתֵּן שֶׁבַח וְהוֹדָיָה לִשְׁמֶךָ:

---

1. Genesis 22:1-19. **2.** Ecclesiastes 3:19. **3.** Isaiah 40:15. **4.** V. Genesis 22:16-18. **5.** V. Genesis 22:1-13. **6.** V. Exodus 4:22; Genesis Rabbah 63:8; Rashi, Genesis 25:26. **7.** V. Genesis 35:10. **8.** V. Isaiah 44:2; Deuteronomy 33:5, 26; Ramban, Deuteronomy 7:12.

on the seashore; and your descendants shall inherit the gates of their enemies. And all the nations of the earth shall bless themselves by your descendants, because you have obeyed My voice." Abraham then returned to his attendants, and they rose and went together to Beer-Sheva; and Abraham lived in Beer-Sheva.[1]

לעולם A man should forever be God-fearing in the innermost recesses of his heart, acknowledge the truth, and speak the truth in his heart. Let him rise early and say:

רבון Master of all worlds! It is not because of our own righteousness that we present our supplications before You, but because of Your abounding mercies. What are we? What is our life? What is our kindness? What is our righteousness? What is our strength? What is our might? What can we say to You, Lord our God and God of our fathers? Are not all the mighty men as nothing before You, the men of renown as though they had never been, the wise as if without knowledge, and the men of understanding as if devoid of intelligence? For most of their deeds are naught, and the days of their lives are vanity before You. The pre-eminence of man over beast is naught, for all is vanity[2]—except the pure soul which is destined to give an accounting before the Throne of Your Glory. All the nations are as nothing before You, as it is written: The nations are as a drop from a bucket; considered no more than dust upon the scales! Behold, the isles are like the flying dust.[3]

אבל But we are Your nation, the people of Your Covenant: the children of Abraham Your beloved, to whom You swore on Mount Moriah;[4] the descendants of Isaac, his only son who was bound upon the altar;[5] the community of Jacob, Your first-born,[6] whose name You called Israel[7] and Yeshurun[8] because of Your love for him and Your delight in him.

לפיכך Therefore, it is incumbent upon us to thank, praise, and glorify You, to bless, to sanctify, and to offer praise and

אַשְׁרֵינוּ, מַה טוֹב חֶלְקֵנוּ, וּמַה נָּעִים גּוֹרָלֵנוּ, וּמַה יָּפָה
יְרֻשָּׁתֵנוּ; אַשְׁרֵינוּ, שֶׁאָנוּ מַשְׁכִּימִים וּמַעֲרִיבִים עֶרֶב וָבֹקֶר
וְאוֹמְרִים פַּעֲמַיִם בְּכָל יוֹם:

שְׁמַע יִשְׂרָאֵל, יְיָ אֱלֹהֵינוּ, יְיָ | אֶחָד:¹

Recite the following verse in an undertone:

בָּרוּךְ שֵׁם כְּבוֹד מַלְכוּתוֹ לְעוֹלָם וָעֶד:²

וְאָהַבְתָּ אֵת יְיָ אֱלֹהֶיךָ, בְּכָל | לְבָבְךָ, וּבְכָל נַפְשְׁךָ,
וּבְכָל מְאֹדֶךָ: וְהָיוּ הַדְּבָרִים הָאֵלֶּה אֲשֶׁר
אָנֹכִי מְצַוְּךָ הַיּוֹם, עַל | לְבָבֶךָ: וְשִׁנַּנְתָּם לְבָנֶיךָ וְדִבַּרְתָּ
בָּם, בְּשִׁבְתְּךָ בְּבֵיתֶךָ, וּבְלֶכְתְּךָ בַדֶּרֶךְ, וּבְשָׁכְבְּךָ,
וּבְקוּמֶךָ: וּקְשַׁרְתָּם לְאוֹת עַל יָדֶךָ, וְהָיוּ לְטֹטָפֹת בֵּין
עֵינֶיךָ: וּכְתַבְתָּם עַל מְזֻזוֹת בֵּיתֶךָ, וּבִשְׁעָרֶיךָ:³

אַתָּה הוּא עַד שֶׁלֹּא נִבְרָא הָעוֹלָם, אַתָּה הוּא
מִשֶּׁנִּבְרָא הָעוֹלָם, אַתָּה הוּא בָּעוֹלָם הַזֶּה,
וְאַתָּה הוּא לָעוֹלָם הַבָּא. קַדֵּשׁ אֶת שִׁמְךָ בְּעוֹלָמֶךָ עַל
עַם מַקְדִּישֵׁי שְׁמֶךָ, וּבִישׁוּעָתְךָ מַלְכֵּנוּ תָּרוּם וְתַגְבִּיהַּ
קַרְנֵנוּ, וְהוֹשִׁיעֵנוּ בְּקָרוֹב לְמַעַן שְׁמֶךָ. בָּרוּךְ הַמְקַדֵּשׁ
שְׁמוֹ בָּרַבִּים:

אַתָּה הוּא יְיָ הָאֱלֹהִים בַּשָּׁמַיִם וּבָאָרֶץ, וּבִשְׁמֵי הַשָּׁמַיִם
הָעֶלְיוֹנִים. אֱמֶת אַתָּה הוּא רִאשׁוֹן, וְאַתָּה הוּא
אַחֲרוֹן, וּמִבַּלְעָדֶיךָ אֵין אֱלֹהִים. קַבֵּץ נְפוּצוֹת קוֹיֶךָ
מֵאַרְבַּע כַּנְפוֹת הָאָרֶץ, יַכִּירוּ וְיֵדְעוּ כָּל בָּאֵי עוֹלָם, כִּי

---

1. Deuteronomy 6:4. **2.** Pesachim 56a; Deuteronomy Rabbah 2:31, 35, 36. **3.** Deuteronomy 6:5-9.

thanksgiving to Your Name. Fortunate are we! How good is our portion, how pleasant our lot, and how beautiful our heritage! Fortunate are we who, early in the morning and in the evening, twice each day, declare:

Transliteration, page 336.

שמע **Hear, O Israel, the Lord is our God, the Lord is One.**[1]

Recite the following verse in an undertone:

ברוך Blessed be the name of the glory of His kingdom for ever and ever.[2]

ואהבת You shall love the Lord your God with all your heart, with all your soul, and with all your might. And these words which I command you today, shall be upon your heart. You shall teach them thoroughly to your children, and you shall speak of them when you sit in your house and when you walk on the road, when you lie down and when you rise. You shall bind them as a sign upon your hand, and they shall be for a reminder between your eyes. And you shall write them upon the doorposts of your house and upon your gates.[3]

אתה You were [the same] before the world was created; You are [the same] since the world has been created. You are the same in this world; You are the same in the World to Come. Sanctify Your Name in Your world upon the people who hallow Your Name. Through Your salvation, our King, raise and exalt our strength, and deliver us speedily for the sake of Your Name. Blessed is He who sanctifies His Name among the multitudes.

אתה You are the Lord God in heaven and on earth, and in the most lofty heavens of heavens. Truly, You are the first and You are the last, and besides You there is no God. Gather the dispersed who long for You from the four corners of the earth. Let all mankind recognize and know

אַתָּה הוּא הָאֱלֹהִים לְבַדְּךָ לְכֹל מַמְלְכוֹת הָאָרֶץ. אַתָּה עָשִׂיתָ אֶת הַשָּׁמַיִם וְאֶת הָאָרֶץ, אֶת הַיָּם וְאֶת כָּל אֲשֶׁר בָּם, וּמִי בְּכָל מַעֲשֵׂה יָדֶיךָ בָּעֶלְיוֹנִים וּבַתַּחְתּוֹנִים, שֶׁיֹּאמַר לְךָ מַה תַּעֲשֶׂה, וּמַה תִּפְעָל. אָבִינוּ שֶׁבַּשָּׁמַיִם, חַי וְקַיָּם, עֲשֵׂה עִמָּנוּ צְדָקָה וָחֶסֶד בַּעֲבוּר שִׁמְךָ הַגָּדוֹל הַגִּבּוֹר וְהַנּוֹרָא שֶׁנִּקְרָא עָלֵינוּ, וְקַיֶּם לָנוּ יְיָ אֱלֹהֵינוּ אֶת הַדָּבָר שֶׁהִבְטַחְתָּנוּ עַל יְדֵי צְפַנְיָה חוֹזָךְ כָּאָמוּר: בָּעֵת הַהִיא אָבִיא אֶתְכֶם, וּבָעֵת קַבְּצִי אֶתְכֶם, כִּי אֶתֵּן אֶתְכֶם לְשֵׁם וְלִתְהִלָּה בְּכֹל עַמֵּי הָאָרֶץ, בְּשׁוּבִי אֶת שְׁבוּתֵיכֶם לְעֵינֵיכֶם, אָמַר יְיָ:[1]

KORBANOT – OFFERINGS

וַיְדַבֵּר יְיָ אֶל מֹשֶׁה לֵּאמֹר: צַו אֶת אַהֲרֹן וְאֶת בָּנָיו לֵאמֹר, זֹאת תּוֹרַת הָעֹלָה, הִוא הָעֹלָה עַל מוֹקְדָה עַל הַמִּזְבֵּחַ כָּל הַלַּיְלָה עַד הַבֹּקֶר וְאֵשׁ הַמִּזְבֵּחַ תּוּקַד בּוֹ: וְלָבַשׁ הַכֹּהֵן מִדּוֹ בַד וּמִכְנְסֵי בַד יִלְבַּשׁ עַל בְּשָׂרוֹ, וְהֵרִים אֶת הַדֶּשֶׁן אֲשֶׁר תֹּאכַל הָאֵשׁ אֶת הָעֹלָה עַל הַמִּזְבֵּחַ, וְשָׂמוֹ אֵצֶל הַמִּזְבֵּחַ: וּפָשַׁט אֶת בְּגָדָיו וְלָבַשׁ בְּגָדִים אֲחֵרִים, וְהוֹצִיא אֶת הַדֶּשֶׁן אֶל מִחוּץ לַמַּחֲנֶה אֶל מָקוֹם טָהוֹר: וְהָאֵשׁ עַל הַמִּזְבֵּחַ תּוּקַד בּוֹ לֹא תִכְבֶּה וּבִעֵר עָלֶיהָ הַכֹּהֵן עֵצִים בַּבֹּקֶר בַּבֹּקֶר, וְעָרַךְ עָלֶיהָ הָעֹלָה וְהִקְטִיר עָלֶיהָ חֶלְבֵי הַשְּׁלָמִים: אֵשׁ תָּמִיד תּוּקַד עַל הַמִּזְבֵּחַ לֹא תִכְבֶּה:[2]

1. Zephaniah 3:20. 2. Leviticus 6:1-6.

that You alone are God over all the kingdoms of the earth. You have made the heavens, the earth, the sea, and all therein. Who among all the works of Your hands, celestial or terrestrial, can say to You, "What are You doing? What are You making?" Our living and eternal Father in heaven, deal graciously and kindly with us for the sake of Your great, mighty, and awe-inspiring Name which is conferred upon us. Fulfill for us, Lord our God, the promise which You have made to us through Zephaniah Your prophet, as it is written: At that time I will bring you back, and at that time I will gather you; for I will make you renowned and glorified among all the peoples of the earth, when I bring back your captivity before your eyes, said the Lord.[1]

KORBANOT – OFFERINGS

וידבר The Lord spoke to Moses, saying: Command Aaron and his sons, saying: This is the law of the burnt-offering: The burnt-offering shall remain on the firewood on the altar all night until morning, and the fire of the altar shall be kept burning on it. The Kohen shall put on his linen raiment, and put linen breeches upon his body; he shall remove the ashes which the fire has made by consuming the burnt-offering on the altar, and place them beside the altar. Then he shall take off his garments and put on other garments, and carry the ashes to a clean place outside the camp. The fire on the altar shall be kept burning, it must not go out; and the Kohen shall burn wood on it every morning, and arrange the burnt-offering upon it, and burn the fat of the peace-offerings on it. Fire shall be kept burning on the altar continually; it must not go out.[2]

וַיְדַבֵּר יְיָ אֶל מֹשֶׁה לֵּאמֹר: צַו אֶת בְּנֵי יִשְׂרָאֵל וְאָמַרְתָּ אֲלֵהֶם, אֶת קָרְבָּנִי לַחְמִי לְאִשַּׁי, רֵיחַ נִיחֹחִי תִּשְׁמְרוּ לְהַקְרִיב לִי בְּמוֹעֲדוֹ: וְאָמַרְתָּ לָהֶם, זֶה הָאִשֶּׁה אֲשֶׁר תַּקְרִיבוּ לַייָ, כְּבָשִׂים בְּנֵי שָׁנָה תְמִימִם, שְׁנַיִם לַיּוֹם, עֹלָה תָמִיד: אֶת הַכֶּבֶשׂ אֶחָד תַּעֲשֶׂה בַבֹּקֶר, וְאֵת הַכֶּבֶשׂ הַשֵּׁנִי תַּעֲשֶׂה בֵּין הָעַרְבָּיִם: וַעֲשִׂירִית הָאֵיפָה סֹלֶת לְמִנְחָה, בְּלוּלָה בְּשֶׁמֶן כָּתִית רְבִיעִת הַהִין: עֹלַת תָּמִיד, הָעֲשֻׂיָה בְּהַר סִינַי לְרֵיחַ נִיחֹחַ אִשֶּׁה לַייָ: וְנִסְכּוֹ רְבִיעִת הַהִין לַכֶּבֶשׂ הָאֶחָד, בַּקֹּדֶשׁ הַסֵּךְ נֶסֶךְ שֵׁכָר לַייָ: וְאֵת הַכֶּבֶשׂ הַשֵּׁנִי תַּעֲשֶׂה בֵּין הָעַרְבָּיִם, כְּמִנְחַת הַבֹּקֶר וּכְנִסְכּוֹ תַּעֲשֶׂה, אִשֵּׁה רֵיחַ נִיחֹחַ לַייָ:[1]

וְשָׁחַט אֹתוֹ עַל יֶרֶךְ הַמִּזְבֵּחַ צָפֹנָה לִפְנֵי יְיָ, וְזָרְקוּ בְּנֵי אַהֲרֹן הַכֹּהֲנִים אֶת דָּמוֹ עַל הַמִּזְבֵּחַ סָבִיב:[2]

KETORET – INCENSE

אַתָּה הוּא יְיָ אֱלֹהֵינוּ וֵאלֹהֵי אֲבוֹתֵינוּ, שֶׁהִקְטִירוּ אֲבוֹתֵינוּ לְפָנֶיךָ אֶת קְטֹרֶת הַסַּמִּים בִּזְמַן שֶׁבֵּית הַמִּקְדָּשׁ קַיָּם, כַּאֲשֶׁר צִוִּיתָ אוֹתָם עַל יַד מֹשֶׁה נְבִיאֶךָ, כַּכָּתוּב בְּתוֹרָתֶךָ:

וַיֹּאמֶר יְיָ אֶל מֹשֶׁה, קַח לְךָ סַמִּים, נָטָף, וּשְׁחֵלֶת, וְחֶלְבְּנָה, סַמִּים, וּלְבֹנָה זַכָּה, בַּד בְּבַד יִהְיֶה: וְעָשִׂיתָ אֹתָהּ קְטֹרֶת, רֹקַח מַעֲשֵׂה רוֹקֵחַ, מְמֻלָּח טָהוֹר קֹדֶשׁ: וְשָׁחַקְתָּ מִמֶּנָּה הָדֵק, וְנָתַתָּה מִמֶּנָּה לִפְנֵי הָעֵדֻת בְּאֹהֶל מוֹעֵד, אֲשֶׁר אִוָּעֵד לְךָ שָׁמָּה, קֹדֶשׁ קָדָשִׁים תִּהְיֶה לָכֶם:[3] וְנֶאֱמַר: וְהִקְטִיר עָלָיו אַהֲרֹן קְטֹרֶת

1. Numbers 28:1-8. **2.** Leviticus 1:11. **3.** Exodus 30:34-36.

וידבר And the Lord spoke to Moses, saying: Command the children of Israel and say to them: My offering, My food-offering consumed by fire, a pleasing odor to Me, you shall be careful to offer Me at its appointed time. And you shall say to them: This is the fire-offering which you shall offer to the Lord—two yearling male lambs without blemish, every day, as a daily burnt-offering. You shall offer one lamb in the morning, and the other lamb toward evening; and a tenth of an *ephah* of fine flour mixed with a fourth of a *hin* of oil of crushed olives as a meal-offering. This is a daily burnt-offering, as it was made at Mount Sinai, for a pleasing odor, a fire-offering to the Lord. And its wine-offering shall be a fourth of a *hin* for the one lamb; in the Sanctuary you shall pour out a wine-offering of strong wine to the Lord. And you shall offer the other lamb toward evening, with the same meal-offering and the same wine-offering as in the morning, to be a fire-offering of pleasing odor to the Lord.[1]

ושחט He shall slaughter it on the north side of the altar before the Lord; and Aaron's sons, the Kohanim, shall sprinkle its blood all around the altar.[2]

KETORET – INCENSE

אתה You are the Lord our God and God of our fathers before whom our ancestors burned the offering of incense when the Bet Hamikdash stood, as You have commanded them through Moses Your prophet, as it is written in Your Torah:

ויאמר The Lord said to Moses: Take fragrant spices, stacte, onycha, and galbanum, fragrant spices, and pure frankincense; there shall be an equal weight of each. And you shall make it into incense, a compound expertly blended, well-mingled, pure and holy. You shall grind some of it very fine, and put some of it before the Ark in the Tabernacle, where I will meet with you; most holy shall it be to you.[3] And it is written: Aaron shall burn upon the

סַמִּים, בַּבֹּקֶר בַּבֹּקֶר בְּהֵיטִיבוֹ אֶת הַנֵּרֹת יַקְטִירֶנָּה: וּבְהַעֲלֹת אַהֲרֹן אֶת הַנֵּרֹת בֵּין הָעַרְבַּיִם יַקְטִירֶנָּה, קְטֹרֶת תָּמִיד לִפְנֵי יְיָ לְדֹרֹתֵיכֶם:[1]

תָּנוּ רַבָּנָן,[2] פִּטּוּם הַקְּטֹרֶת כֵּיצַד: שְׁלֹשׁ מֵאוֹת וְשִׁשִּׁים וּשְׁמוֹנָה מָנִים הָיוּ בָהּ. שְׁלֹשׁ מֵאוֹת וְשִׁשִּׁים וַחֲמִשָּׁה כְּמִנְיַן יְמוֹת הַחַמָּה, מָנֶה לְכָל יוֹם פְּרַס בְּשַׁחֲרִית וּפְרַס בֵּין הָעַרְבַּיִם, וּשְׁלֹשָׁה מָנִים יְתֵרִים, שֶׁמֵּהֶם מַכְנִיס כֹּהֵן גָּדוֹל מְלֹא חָפְנָיו בְּיוֹם הַכִּפֻּרִים, וּמַחֲזִירָן לְמַכְתֶּשֶׁת בְּעֶרֶב יוֹם הַכִּפֻּרִים, וְשׁוֹחֲקָן יָפֶה יָפֶה כְּדֵי שֶׁתְּהֵא דַקָּה מִן הַדַּקָּה. וְאַחַד עָשָׂר סַמָּנִים הָיוּ בָהּ. וְאֵלּוּ הֵן: 1) הַצֳּרִי 2) וְהַצִּפֹּרֶן 3) הַחֶלְבְּנָה 4) וְהַלְּבוֹנָה מִשְׁקַל שִׁבְעִים שִׁבְעִים מָנֶה, 5) מוֹר 6) וּקְצִיעָה 7) שִׁבֹּלֶת נֵרְדְּ 8) וְכַרְכֹּם מִשְׁקַל שִׁשָּׁה עָשָׂר שִׁשָּׁה עָשָׂר מָנֶה, 9) הַקֹּשְׁטְ שְׁנֵים עָשָׂר, 10) קִלּוּפָה שְׁלֹשָׁה, 11) קִנָּמוֹן תִּשְׁעָה. בֹּרִית כַּרְשִׁינָה תִּשְׁעָה קַבִּין, יֵין קַפְרִיסִין סְאִין תְּלָתָא וְקַבִּין תְּלָתָא, וְאִם אֵין לוֹ יֵין קַפְרִיסִין מֵבִיא חֲמַר חִוַּרְיָן עַתִּיק. מֶלַח סְדוֹמִית רֹבַע, מַעֲלֶה עָשָׁן כָּל שֶׁהוּא. רַבִּי נָתָן הַבַּבְלִי אוֹמֵר: אַף כִּפַּת הַיַּרְדֵּן כָּל שֶׁהִיא, וְאִם נָתַן בָּהּ דְּבַשׁ פְּסָלָהּ, וְאִם חִסַּר אֶחָד מִכָּל סַמָּנֶיהָ חַיָּב מִיתָה:

רַבָּן שִׁמְעוֹן בֶּן גַּמְלִיאֵל אוֹמֵר: הַצֳּרִי אֵינוֹ אֶלָּא שְׂרָף הַנּוֹטֵף מֵעֲצֵי הַקְּטָף, בֹּרִית כַּרְשִׁינָה שֶׁשָּׁפִין בָּהּ אֶת הַצִּפֹּרֶן, כְּדֵי שֶׁתְּהֵא נָאָה; יֵין קַפְרִיסִין שֶׁשּׁוֹרִין בּוֹ אֶת הַצִּפֹּרֶן כְּדֵי שֶׁתְּהֵא עַזָּה. וַהֲלֹא מֵי רַגְלַיִם יָפִין לָהּ, אֶלָּא שֶׁאֵין מַכְנִיסִין מֵי רַגְלַיִם בַּמִּקְדָּשׁ מִפְּנֵי הַכָּבוֹד:

---

1. Exodus 30:7-8. **2.** V. Keritot 6a-b; Yerushalmi, Yoma 4:5.

altar the incense of fragrant spices; every morning when he cleans the lamps [of the menorah], he shall burn it. And toward evening, when Aaron lights the menorah, he shall burn it; this is a continual incense-offering before the Lord throughout your generations.[1]

תנו The Rabbis have taught:[2] How was the incense prepared? It weighed 368 *manim*: 365 corresponding to the number of days in the solar year, one *maneh* for each day—half a *maneh* to be offered in the morning and half toward evening; and the other three *manim* from which the Kohen Gadol took two handfuls [into the Holy of Holies] on Yom Kippur. These [three *manim*] were put back into the mortar on the day before Yom Kippur and ground again very thoroughly so as to make the incense extremely fine. The incense contained the following eleven kinds of spices: 1) balm, 2) onycha, 3) galbanum, 4) frankincense—each one weighing seventy *maneh*; 5) myrrh, 6) cassia, 7) spikenard, 8) saffron —each weighing sixteen *maneh*; 9) costus, twelve *maneh*; 10) aromatic bark, three [*maneh*]; 11) cinnamon, nine [*maneh*]. [Also used in the preparation of the incense were:] lye of Carshina, nine *kabin*; Cyprus wine, three *se'in* and three *kabin*—if Cyprus wine was not available, strong white wine might be used instead; salt of Sodom, a fourth of a *kab*; and a minute quantity of a smoke-raising herb. Rabbi Nathan the Babylonian says: A minute quantity of Jordan amber was also added. If, however, honey were added, the incense became unfit; while if one left out any one of the ingredients, he was liable to the penalty of death.

רבן Rabban Shimon ben Gamliel says: The balm is no other than a resin which exudes from the balsam trees. The lye of Carshina was used for rubbing on the onycha to refine its appearance. The Cyprus wine was used in which to steep the onycha to make its odor more pungent. Though the water of Raglayim might have served that purpose well, it would be disrespectful to bring it into the Bet Hamikdash.

תַּנְיָא רַבִּי נָתָן אוֹמֵר: כְּשֶׁהוּא שׁוֹחֵק אוֹמֵר: הָדֵק
הֵיטֵב, הֵיטֵב הָדֵק, מִפְּנֵי שֶׁהַקּוֹל יָפֶה לַבְּשָׂמִים.
פִּטְמָה לַחֲצָאִין כְּשֵׁרָה, לִשְׁלִישׁ וְלִרְבִיעַ, לֹא שָׁמַעְנוּ.
אָמַר רַבִּי יְהוּדָה, זֶה הַכְּלָל: אִם כְּמִדָּתָה כְּשֵׁרָה לַחֲצָאִין.
וְאִם חִסַּר אֶחָד מִכָּל סַמְּמָנֶיהָ חַיָּב מִיתָה:

תַּנְיָא בַּר קַפָּרָא אוֹמֵר: אַחַת לְשִׁשִּׁים אוֹ לְשִׁבְעִים
שָׁנָה הָיְתָה בָאָה שֶׁל שִׁירַיִם לַחֲצָאִין. וְעוֹד תָּנֵי
בַּר קַפָּרָא, אִלּוּ הָיָה נוֹתֵן בָּהּ קוֹרְטוֹב שֶׁל דְּבַשׁ, אֵין
אָדָם יָכוֹל לַעֲמוֹד מִפְּנֵי רֵיחָהּ, וְלָמָּה אֵין מְעָרְבִין בָּהּ
דְּבַשׁ, מִפְּנֵי שֶׁהַתּוֹרָה אָמְרָה, כִּי כָל שְׂאֹר וְכָל דְּבַשׁ לֹא
תַקְטִירוּ מִמֶּנּוּ אִשֶּׁה לַייָ:[1]

— Say three times — יְיָ צְבָאוֹת עִמָּנוּ, מִשְׂגָּב לָנוּ אֱלֹהֵי יַעֲקֹב סֶלָה:[2]

— Say three times — יְיָ צְבָאוֹת, אַשְׁרֵי אָדָם בֹּטֵחַ בָּךְ:[3]

— Say three times — יְיָ הוֹשִׁיעָה, הַמֶּלֶךְ יַעֲנֵנוּ בְיוֹם קָרְאֵנוּ:[4]

וְעָרְבָה לַייָ מִנְחַת יְהוּדָה וִירוּשָׁלָיִם, כִּימֵי עוֹלָם וּכְשָׁנִים
קַדְמוֹנִיּוֹת:[5]

אַבַּיֵי הֲוָה מְסַדֵּר סֵדֶר הַמַּעֲרָכָה מִשְּׁמָא דִגְמָרָא,
וְאַלִּבָּא דְאַבָּא שָׁאוּל, מַעֲרָכָה גְדוֹלָה קוֹדֶמֶת
לְמַעֲרָכָה שְׁנִיָּה שֶׁל קְטֹרֶת, וּמַעֲרָכָה שְׁנִיָּה שֶׁל קְטֹרֶת
קוֹדֶמֶת לְסִדּוּר שְׁנֵי גִזְרֵי עֵצִים, וְסִדּוּר שְׁנֵי גִזְרֵי עֵצִים
קוֹדֶם לְדִשּׁוּן מִזְבֵּחַ הַפְּנִימִי, וְדִשּׁוּן מִזְבֵּחַ הַפְּנִימִי קוֹדֶם
לַהֲטָבַת חָמֵשׁ נֵרוֹת, וַהֲטָבַת חָמֵשׁ נֵרוֹת קוֹדֶמֶת לְדַם

---

1. Leviticus 2:11. **2.** Psalms 46:8. **3.** Ibid. 84:13. **4.** Ibid. 20:10. **5.** Malachi 3:4.

תניא It has been taught, Rabbi Nathan says: While the Kohen was grinding the incense, the overseer would say, "Grind it thin, grind it thin," because the [rhythmic] sound is good for the compounding of the spices. If only half the yearly required quantity of incense was prepared, it was fit for use; but we have not heard if it was permissible to prepare only a third or a fourth of it. Rabbi Yehudah said: The general rule is that if the incense was compounded in its correct proportions, it was fit for use even if only half the annually required quantity was prepared; if, however, one left out any one of its ingredients, he was liable to the penalty of death.

תניא It has been taught, Bar Kappara says: Once in sixty or seventy years, half of the required yearly quantity of incense came from the accumulated surpluses [from the three *maneh* from which the High Priest took two handfuls on Yom Kippur]. Bar Kappara also taught: Had a minute quantity of honey been mixed into the incense, no one could have resisted the scent. Why then was no honey mixed with it? Because the Torah said: You shall present no leaven nor honey as an offering by fire to the Lord.[1]

Say three times: יי The Lord of hosts is with us; the God of Jacob is our stronghold forever.[2]

Say three times: יי Lord of hosts, happy is the man who trusts in You.[3]

Say three times: יי Lord, deliver us; may the King answer us on the day we call.[4]

וערבה Then shall the offering of Judah and Jerusalem be pleasing to the Lord, as in the days of old and as in bygone years.[5]

אביי Abbaye recounted the order of the daily priestly functions on the authority of tradition, and in accordance with the view of Abba Shaul: The large pile of wood was arranged on the altar before the second pile [from which fire was taken for the incense-offering]; the second pile for the incense-offering was arranged before the placing of the two logs of wood on the large pile; the placing of the two logs of wood came before the removing of the ashes from the inner altar; the removing of the ashes from the inner altar preceded the cleaning of the five lamps [of the menorah]; the cleaning of the five lamps [of the

הַתָּמִיד, וְדַם הַתָּמִיד קוֹדֵם לַהֲטָבַת שְׁתֵּי נֵרוֹת, וְהֲטָבַת
שְׁתֵּי נֵרוֹת קוֹדֶמֶת לִקְטֹרֶת, וּקְטֹרֶת קוֹדֶמֶת לְאֵבָרִים,
וְאֵבָרִים לְמִנְחָה, וּמִנְחָה לַחֲבִתִּין, וַחֲבִתִּין לִנְסָכִין, וּנְסָכִין
לְמוּסָפִין, וּמוּסָפִין לְבָזִיכִין, וּבָזִיכִין קוֹדְמִין לְתָמִיד שֶׁל
בֵּין הָעַרְבָּיִם. שֶׁנֶּאֱמַר: וְעָרַךְ עָלֶיהָ הָעֹלָה וְהִקְטִיר עָלֶיהָ
חֶלְבֵי הַשְּׁלָמִים,¹ עָלֶיהָ הַשְׁלֵם כָּל הַקָּרְבָּנוֹת כֻּלָּם:²

When reciting אָנָּא בְּכֹחַ, look at—or visualize—the Divine Names formed by the acronyms of the words (as they appear in the left column), but do not say them.

אב״ג ית״ץ	**אָנָּא**, בְּכֹחַ גְּדֻלַּת יְמִינְךָ, תַּתִּיר צְרוּרָה.
קר״ע שט״ן	קַבֵּל רִנַּת עַמְּךָ, שַׂגְּבֵנוּ, טַהֲרֵנוּ, נוֹרָא.
נג״ד יכ״ש	נָא גִבּוֹר, דּוֹרְשֵׁי יִחוּדְךָ, כְּבָבַת שָׁמְרֵם.
בט״ר צת״ג	בָּרְכֵם, טַהֲרֵם, רַחֲמֵי צִדְקָתְךָ תָּמִיד גָּמְלֵם.
חק״ב טנ״ע	חֲסִין קָדוֹשׁ, בְּרוֹב טוּבְךָ נַהֵל עֲדָתֶךָ.
יג״ל פז״ק	יָחִיד, גֵּאֶה, לְעַמְּךָ פְּנֵה, זוֹכְרֵי קְדֻשָּׁתֶךָ.
שק״ו צי״ת	שַׁוְעָתֵנוּ קַבֵּל, וּשְׁמַע צַעֲקָתֵנוּ, יוֹדֵעַ תַּעֲלוּמוֹת.

בָּרוּךְ שֵׁם כְּבוֹד מַלְכוּתוֹ לְעוֹלָם וָעֶד:

MISHNAH

א **אֵיזֶהוּ** מְקוֹמָן שֶׁל זְבָחִים, קָדְשֵׁי קָדָשִׁים שְׁחִיטָתָן
בַּצָּפוֹן. פַּר וְשָׂעִיר שֶׁל יוֹם הַכִּפּוּרִים שְׁחִיטָתָן
בַּצָּפוֹן, וְקִבּוּל דָּמָן בִּכְלִי שָׁרֵת בַּצָּפוֹן, וְדָמָן טָעוּן הַזָּיָה
עַל בֵּין הַבַּדִּים, וְעַל הַפָּרֹכֶת, וְעַל מִזְבַּח הַזָּהָב. מַתָּנָה
אַחַת מֵהֶן מְעַכֶּבֶת. שִׁירֵי הַדָּם הָיָה שׁוֹפֵךְ עַל יְסוֹד
מַעֲרָבִי שֶׁל מִזְבֵּחַ הַחִיצוֹן, אִם לֹא נָתַן לֹא עִכֵּב:

---

1. Leviticus 6:5. **2.** Yoma 33a.

menorah] preceded the sprinkling of the blood of the daily burnt-offering; the sprinkling of the blood of the daily burnt-offering preceded the cleaning of the remaining two lamps [of the menorah]; the cleaning of the two lamps [of the menorah] preceded the incense-offering; the incense-offering preceded the burning of the parts of the daily burnt-offering; the burning of the parts of the daily burnt-offering preceded the meal-offering; the meal-offering preceded the offering of pancakes; the offering of pancakes preceded the wine-offering; the wine-offering came before the musaf (additional) offerings [of Shabbat and the festivals]; the musaf-offerings preceded the placing of the two censers with frankincense; the frankincense censers preceded the daily afternoon burnt-offering, as it is written, "And [the Kohen] shall arrange the burnt-offering on the altar, and burn on it the fat of the peace-offerings"[1]—with this all the offerings were completed.[2]

אנא We implore You, by the great power of Your right hand, release the captive. Accept the prayer of Your people; strengthen us, purify us, Awesome One. Mighty One, we beseech You, guard as the apple of the eye those who seek Your Oneness. Bless them, cleanse them; bestow upon them forever Your merciful righteousness. Powerful, Holy One, in Your abounding goodness, guide Your congregation. Only and Exalted One, turn to Your people who are mindful of Your holiness. Accept our supplication and hear our cry, You who knows secret thoughts. Blessed be the name of the glory of His kingdom forever and ever.

MISHNAH

איזהו 1. Where were the places of sacrifice in the Bet Hamikdash? The most holy offerings were slaughtered on the north side of the altar. The bullock and the he-goat of Yom Kippur were slaughtered on the north side of the altar; their blood was received on the north side in a service vessel, and was to be sprinkled between the staves of the Ark, toward the curtain of the Holy of Holies, and upon the golden altar. The omission of any one of these sprinklings invalidated the sacrifice. [The Kohen] poured out the rest of the blood at the western base of the outer altar; if, however, he failed to do so, it did not invalidate the sacrifice.

ב פָּרִים הַנִּשְׂרָפִים וּשְׂעִירִים הַנִּשְׂרָפִים שְׁחִיטָתָן בַּצָּפוֹן, וְקִבּוּל דָּמָן בִּכְלִי שָׁרֵת בַּצָּפוֹן, וְדָמָן טָעוּן הַזָּיָה עַל הַפָּרֹכֶת, וְעַל מִזְבַּח הַזָּהָב. מַתָּנָה אַחַת מֵהֶן מְעַכָּבֶת. שִׁירֵי הַדָּם הָיָה שׁוֹפֵךְ עַל יְסוֹד מַעֲרָבִי שֶׁל מִזְבֵּחַ הַחִיצוֹן, אִם לֹא נָתַן לֹא עִכֵּב, אֵלּוּ וָאֵלּוּ[1] נִשְׂרָפִין בְּבֵית הַדָּשֶׁן: ג חַטֹּאות הַצִּבּוּר וְהַיָּחִיד, אֵלּוּ הֵן חַטֹּאות הַצִּבּוּר: שְׂעִירֵי רָאשֵׁי חֳדָשִׁים וְשֶׁל מוֹעֲדוֹת, שְׁחִיטָתָן בַּצָּפוֹן, וְקִבּוּל דָּמָן בִּכְלִי שָׁרֵת בַּצָּפוֹן, וְדָמָן טָעוּן אַרְבַּע מַתָּנוֹת עַל אַרְבַּע קְרָנוֹת, כֵּיצַד: עָלָה בַכֶּבֶשׁ וּפָנָה לַסּוֹבֵב, וּבָא לוֹ לְקֶרֶן דְּרוֹמִית מִזְרָחִית, מִזְרָחִית צְפוֹנִית, צְפוֹנִית מַעֲרָבִית, מַעֲרָבִית דְּרוֹמִית. שִׁירֵי הַדָּם הָיָה שׁוֹפֵךְ עַל יְסוֹד דְּרוֹמִי, וְנֶאֱכָלִין לִפְנִים מִן הַקְּלָעִים לְזִכְרֵי כְהֻנָּה בְּכָל מַאֲכָל, לְיוֹם וָלַיְלָה עַד חֲצוֹת:

ד **הָעוֹלָה,** קֹדֶשׁ קָדָשִׁים, שְׁחִיטָתָהּ בַּצָּפוֹן, וְקִבּוּל דָּמָהּ בִּכְלִי שָׁרֵת בַּצָּפוֹן, וְדָמָהּ טָעוּן שְׁתֵּי מַתָּנוֹת שֶׁהֵן אַרְבַּע[2], וּטְעוּנָה הֶפְשֵׁט וְנִתּוּחַ, וְכָלִיל לָאִשִּׁים: ה זִבְחֵי שַׁלְמֵי צִבּוּר וַאֲשָׁמוֹת, אֵלּוּ הֵן אֲשָׁמוֹת: אֲשַׁם גְּזֵלוֹת, אֲשַׁם מְעִילוֹת, אֲשַׁם שִׁפְחָה חֲרוּפָה, אֲשַׁם נָזִיר, אֲשַׁם מְצוֹרָע, אָשָׁם תָּלוּי. שְׁחִיטָתָן בַּצָּפוֹן, וְקִבּוּל דָּמָן בִּכְלִי שָׁרֵת בַּצָּפוֹן, וְדָמָן טָעוּן שְׁתֵּי מַתָּנוֹת שֶׁהֵן

---

1. The sin-offerings of Yom Kippur and the other sin-offerings which were burnt. **2.** The blood was sprinkled on the southwestern and northeastern corners. It was not applied exactly on the edge, but spread further, so that all four sides of the altar received some of it.

2. The bullocks and the he-goats which were to be burned were slaughtered on the north side of the altar. Their blood was received there in a service vessel, and was to be sprinkled toward the curtain of the Holy of Holies and upon the golden altar. The omission of one of these sprinklings rendered the sacrifice invalid. [The Kohen] poured out the rest of the blood at the western base of the outer altar; if, however, he failed to do so, it did not invalidate the sacrifice. All these offerings[1] were burnt at the place where the ashes were deposited. 3. The sin-offerings of the community and of the individual—these are the communal sin-offerings: the he-goats offered on Rosh Chodesh and on the festivals—were slaughtered on the north side of the altar, their blood was received there in a service vessel, and of this blood four sprinklings were to be made, one upon each of the four corners of the altar. How was this done? [The Kohen] went up the ramp, turned to the ledge bordering the altar, and walked to the southeastern, northeastern, northwestern and southwestern corners. He poured out the rest of the blood at the southern base of the altar. These offerings, prepared in any manner, were eaten within the courtyard of the Sanctuary only by the male Kohanim, on the same day and evening until midnight.

העולה 4. The burnt-offering—a sacrifice of the most holy order—was slaughtered on the north side of the altar, its blood was received there in a service vessel, and of its blood two sprinklings were to be made [at opposite corners of the altar] so as to constitute four.[2] This offering was to be flayed, dismembered and totally consumed by fire. 5. The communal peace-offerings and guilt-offerings—these are the guilt-offerings: the guilt-offering for robbery, the guilt-offering for misusing sacred objects, the guilt-offering for violating a betrothed handmaiden, the guilt-offering of a Nazir [who had become ritually unclean], the guilt-offering of a leper [after his purification], and the guilt-offering of a person in doubt whether an act he had committed requires a sin-offering—all these were slaughtered on the north side of the altar, their blood was received there in a service vessel, and of their blood two sprinklings were to be made [at opposite corners of the altar] so as to constitute four. These offerings,

אַרְבַּע, וְנֶאֱכָלִין לִפְנִים מִן הַקְּלָעִים לְזִכְרֵי כְהֻנָּה, בְּכָל מַאֲכָל, לְיוֹם וָלַיְלָה עַד חֲצוֹת:

י **הַתּוֹדָה** וְאֵיל נָזִיר, קָדָשִׁים קַלִּים, שְׁחִיטָתָן בְּכָל מָקוֹם בָּעֲזָרָה, וְדָמָן טָעוּן שְׁתֵּי מַתָּנוֹת שֶׁהֵן אַרְבַּע, וְנֶאֱכָלִין בְּכָל הָעִיר, לְכָל אָדָם, בְּכָל מַאֲכָל, לְיוֹם וָלַיְלָה עַד חֲצוֹת. הַמּוּרָם מֵהֶם כַּיּוֹצֵא בָהֶם, אֶלָּא, שֶׁהַמּוּרָם נֶאֱכָל לַכֹּהֲנִים לִנְשֵׁיהֶם וְלִבְנֵיהֶם וּלְעַבְדֵיהֶם:

ז **שְׁלָמִים,** קָדָשִׁים קַלִּים, שְׁחִיטָתָן בְּכָל מָקוֹם בָּעֲזָרָה, וְדָמָן טָעוּן שְׁתֵּי מַתָּנוֹת שֶׁהֵן אַרְבַּע, וְנֶאֱכָלִין בְּכָל הָעִיר, לְכָל אָדָם, בְּכָל מַאֲכָל, לִשְׁנֵי יָמִים וְלַיְלָה אֶחָד. הַמּוּרָם מֵהֶם כַּיּוֹצֵא בָהֶם, אֶלָּא, שֶׁהַמּוּרָם נֶאֱכָל לַכֹּהֲנִים לִנְשֵׁיהֶם וְלִבְנֵיהֶם וּלְעַבְדֵיהֶם:

ח **הַבְּכוֹר** וְהַמַּעֲשֵׂר וְהַפֶּסַח, קָדָשִׁים קַלִּים, שְׁחִיטָתָן בְּכָל מָקוֹם בָּעֲזָרָה, וְדָמָן טָעוּן מַתָּנָה אֶחָת, וּבִלְבָד שֶׁיִּתֵּן כְּנֶגֶד הַיְסוֹד. שִׁנָּה בַאֲכִילָתָן, הַבְּכוֹר נֶאֱכָל לַכֹּהֲנִים, וְהַמַּעֲשֵׂר לְכָל אָדָם, וְנֶאֱכָלִין בְּכָל הָעִיר, בְּכָל מַאֲכָל, לִשְׁנֵי יָמִים וְלַיְלָה אֶחָד. הַפֶּסַח, אֵינוֹ נֶאֱכָל אֶלָּא בַלַּיְלָה, וְאֵינוֹ נֶאֱכָל אֶלָּא עַד חֲצוֹת, וְאֵינוֹ נֶאֱכָל אֶלָּא לִמְנוּיָו, וְאֵינוֹ נֶאֱכָל אֶלָּא צָלִי:[1]

1. Zevachim 5:1-8.

prepared for food in any fashion, were eaten within the courtyard of the Sanctuary only by the male Kohanim, on the same day and evening until midnight.

התודה 6. The thanksgiving-offering and the ram offered by a Nazir [at the termination of his vow] were sacrifices of lesser sanctity. They might be slaughtered anywhere in the courtyard of the Bet Hamikdash. Of their blood, two sprinklings were to be made [at opposite corners of the altar] so as to constitute four. These offerings, prepared for food in any fashion, might be eaten anywhere in the city, by anyone, on the same day and evening until midnight. The same rule applied to the parts given to the Kohanim, except that they were to be eaten only by the Kohanim, their wives, their children, and their servants.

שלמים 7. The peace-offerings were [likewise] sacrifices of lesser sanctity. They might be slaughtered anywhere in the courtyard of the Bet Hamikdash. Of their blood, two sprinklings were to be made [at opposite corners of the altar] so as to constitute four. They might be eaten, prepared for food in any fashion, anywhere in the city, by anyone, during two days and one night. The same rule applied to the parts given to the Kohanim, except that they were to be eaten only by the Kohanim, their wives, their children, and their servants.

הבכור 8. The offering of first-born animals, the tithe of cattle, and the Passover-offering were [also] sacrifices of lesser sanctity. They might be slaughtered anywhere in the courtyard of the Bet Hamikdash. Their blood required only one sprinkling, but it had to be done over against the base of the altar. They differed in their consumption: The firstling might be eaten only by the Kohanim, while the tithe might be eaten by any person. [Both the firstling and the tithe] might be prepared for food in any fashion, and eaten anywhere in the city during two days and one night. The Passover-offering, however, was to be eaten on that night only, and not later than midnight. Nor could it be eaten except by those registered for it, nor could it be eaten except when roasted.[1]

BERAITA

רַבִּי יִשְׁמָעֵאל אוֹמֵר:[1] בִּשְׁלֹשׁ עֶשְׂרֵה מִדּוֹת הַתּוֹרָה נִדְרֶשֶׁת. 1) מִקַּל וָחֹמֶר. 2) וּמִגְּזֵרָה שָׁוָה. 3) מִבִּנְיַן אָב מִכָּתוּב אֶחָד, וּמִבִּנְיַן אָב מִשְּׁנֵי כְתוּבִים. 4) מִכְּלָל וּפְרָט. 5) וּמִפְּרָט וּכְלָל. 6) כְּלָל וּפְרָט וּכְלָל, אִי אַתָּה דָן אֶלָּא כְּעֵין הַפְּרָט. 7) מִכְּלָל שֶׁהוּא צָרִיךְ לִפְרָט, וּמִפְּרָט שֶׁהוּא צָרִיךְ לִכְלָל. 8) כָּל דָּבָר שֶׁהָיָה בִּכְלָל וְיָצָא מִן הַכְּלָל לְלַמֵּד, לֹא לְלַמֵּד עַל עַצְמוֹ יָצָא, אֶלָּא לְלַמֵּד עַל הַכְּלָל כֻּלּוֹ יָצָא. 9) כָּל דָּבָר שֶׁהָיָה בִּכְלָל, וְיָצָא לִטְעוֹן טַעַן אֶחָד שֶׁהוּא כְעִנְיָנוֹ, יָצָא לְהָקֵל וְלֹא לְהַחֲמִיר. 10) כָּל דָּבָר שֶׁהָיָה בִּכְלָל וְיָצָא לִטְעוֹן טַעַן אַחֵר שֶׁלֹּא כְעִנְיָנוֹ, יָצָא לְהָקֵל וּלְהַחֲמִיר. 11) כָּל דָּבָר שֶׁהָיָה בִּכְלָל וְיָצָא לִדּוֹן בְּדָבָר חָדָשׁ, אִי אַתָּה יָכוֹל לְהַחֲזִירוֹ לִכְלָלוֹ, עַד שֶׁיַּחֲזִירֶנּוּ הַכָּתוּב לִכְלָלוֹ בְּפֵרוּשׁ. 12) דָּבָר הַלָּמֵד מֵעִנְיָנוֹ, וְדָבָר הַלָּמֵד מִסּוֹפוֹ. 13) וְכֵן[2] שְׁנֵי כְתוּבִים הַמַּכְחִישִׁים זֶה אֶת זֶה, עַד שֶׁיָּבוֹא הַכָּתוּב הַשְּׁלִישִׁי וְיַכְרִיעַ בֵּינֵיהֶם.

יְהִי רָצוֹן מִלְּפָנֶיךָ, יְיָ אֱלֹהֵינוּ וֵאלֹהֵי אֲבוֹתֵינוּ, שֶׁיִּבָּנֶה בֵּית הַמִּקְדָּשׁ בִּמְהֵרָה בְיָמֵינוּ, וְתֵן חֶלְקֵנוּ בְּתוֹרָתֶךָ.[3]

1. Sifra, Introduction. **2.** Another version: וְכָאן. **3.** Avot 5:20.

BERAITA

רבי Rabbi Yishmael says:[1] The Torah is expounded by means of thirteen rules: 1. A conclusion drawn from a minor premise or more lenient condition to a major or more strict one, and vice versa. 2. An analogy between two laws established on the basis of identical expressions in the Biblical text. 3. A general principle derived from one Biblical text or from two related Biblical texts [is applicable to all similar cases, though not specified in detail]. 4. When a general rule is followed by an explicit particular, [the rule is limited to the specified particular]. 5. When a specification is followed by a general rule, [all that is contained in the general rule applies]. 6. When a general rule is followed by a specification and then again by a general rule, the law is applicable only to such cases which are similar to the specification. 7. When a general rule requires an explicit specification [for the sake of clarity, the general rule is not limited to the specified particular, as in rule 4]. Similarly, when a specification requires a generalization [for the sake of clarity, the generalization does not have the all-embracing effect, as in rule 5]. 8. When a particular case that is included in a general law is singled out to instruct us concerning something new, it is singled out not only to teach concerning its own case, but is to be applied to the whole of the general law. 9. When a particular case that is included in a general law is singled out to add another provision similar to the general law, it is singled out in order to lessen, but not to increase, the severity of that provision. 10. When a particular case that is included in a general law is singled out to add another provision which is unlike the general provision, it is singled out in order, in some aspects to lessen, and in others to add to, the severity of the provision. 11. When a particular case that is included in a general law is singled out with a new stipulation, the provisions of the general law no longer apply to it, unless the Torah expressly states that they do. 12. The meaning of a passage may be deduced from its context or from a subsequent passage. 13. Similarly, when two Biblical passages contradict each other, the meaning can be determined by a third Biblical text which reconciles them.

יהי May it be Your will, Lord our God and God of our fathers, that the Bet Hamikdash be speedily rebuilt in our days, and grant us our portion in Your Torah.[3]

KADDISH D'RABBANAN

Mourners recite the following Kaddish. Congregation responds אָמֵן as indicated.

יִתְגַּדַּל וְיִתְקַדַּשׁ שְׁמֵהּ רַבָּא. (Cong—אָמֵן) בְּעָלְמָא דִּי בְרָא כִרְעוּתֵהּ וְיַמְלִיךְ מַלְכוּתֵהּ, וְיַצְמַח פּוּרְקָנֵהּ וִיקָרֵב מְשִׁיחֵהּ. (Cong—אָמֵן) בְּחַיֵּיכוֹן וּבְיוֹמֵיכוֹן וּבְחַיֵּי דְכָל בֵּית יִשְׂרָאֵל, בַּעֲגָלָא וּבִזְמַן קָרִיב וְאִמְרוּ אָמֵן:

(Cong—אָמֵן. יְהֵא שְׁמֵהּ רַבָּא מְבָרַךְ לְעָלַם וּלְעָלְמֵי עָלְמַיָּא, יִתְבָּרֵךְ.)

יְהֵא שְׁמֵהּ רַבָּא מְבָרַךְ לְעָלַם וּלְעָלְמֵי עָלְמַיָּא. יִתְבָּרֵךְ, וְיִשְׁתַּבַּח, וְיִתְפָּאַר, וְיִתְרוֹמַם, וְיִתְנַשֵּׂא, וְיִתְהַדָּר, וְיִתְעַלֶּה, וְיִתְהַלָּל, שְׁמֵהּ דְּקוּדְשָׁא בְּרִיךְ הוּא. (Cong—אָמֵן) לְעֵלָּא מִן כָּל בִּרְכָתָא וְשִׁירָתָא, תֻּשְׁבְּחָתָא וְנֶחֱמָתָא, דַּאֲמִירָן בְּעָלְמָא, וְאִמְרוּ אָמֵן: (Cong—אָמֵן) עַל יִשְׂרָאֵל וְעַל רַבָּנָן, וְעַל תַּלְמִידֵיהוֹן וְעַל כָּל תַּלְמִידֵי תַלְמִידֵיהוֹן, וְעַל כָּל מָאן דְּעָסְקִין בְּאוֹרַיְתָא, דִּי בְּאַתְרָא הָדֵין וְדִי בְּכָל אֲתַר וַאֲתַר, יְהֵא לְהוֹן וּלְכוֹן שְׁלָמָא רַבָּא חִנָּא וְחִסְדָּא וְרַחֲמִין וְחַיִּין אֲרִיכִין וּמְזוֹנָא רְוִיחָא וּפוּרְקָנָא מִן קֳדָם אֲבוּהוֹן דְּבִשְׁמַיָּא וְאִמְרוּ אָמֵן: (Cong—אָמֵן) יְהֵא שְׁלָמָא רַבָּא מִן שְׁמַיָּא וְחַיִּים טוֹבִים עָלֵינוּ וְעַל כָּל יִשְׂרָאֵל, וְאִמְרוּ אָמֵן: (Cong—אָמֵן)

Take three steps back, then bow right saying עֹשֶׂה הַשָּׁלוֹם בִּמְרוֹמָיו, bow forward saying הוּא, bow left saying יַעֲשֶׂה שָׁלוֹם עָלֵינוּ, and bow forward saying וְעַל כָּל יִשְׂרָאֵל, וְאִמְרוּ אָמֵן.

עֹשֶׂה הַשָּׁלוֹם בִּמְרוֹמָיו, הוּא יַעֲשֶׂה שָׁלוֹם עָלֵינוּ וְעַל כָּל יִשְׂרָאֵל, וְאִמְרוּ אָמֵן: (Cong—אָמֵן)

---

in the world; and say, Amen. (Cong: Amen.) Upon Israel, and upon our Sages, and upon their disciples, and upon all the disciples of their disciples, and upon all those who occupy themselves with the Torah, here or in any other place, upon them and upon you, may there be abundant peace, grace, kindness, compassion, long life, ample sustenance and deliverance, from their Father in heaven; and say, Amen. (Cong: Amen.) May there be abundant peace from heaven, and a good life for us and for all Israel; and say, Amen. (Cong: Amen.) He who makes the peace in His heavens, may He make peace for us and for all Israel; and say, Amen. (Cong: Amen.)

KADDISH D'RABBANAN

Mourners recite the following Kaddish. Congregation responds Amen as indicated.

יִתְגַּדַּל *Yis-gadal v'yis-kadash sh'mayh rabö.* (Cong: *Ömayn*)
*B'öl'mö di v'rö chir'u-sayh v'yamlich mal'chusayh,
v'yatzmach pur-könay vikörayv m'shi-chayh.* (Cong: *Ömayn*)
*B'cha-yay-chon u-v'yomaychon u-v'cha-yay d'chöl bays
yisrö-ayl, ba-agölö u-viz'man köriv v'im'ru ömayn.*

(Cong: *Ömayn. Y'hay sh'mayh rabö m'vörach l'ölam u-l'öl'may
öl'ma-yö, yisböraych.*)
*Y'hay sh'mayh rabö m'vörach l'ölam u-l'öl'may öl'ma-yö.
Yisböraych, v'yishtabach, v'yispö-ayr, v'yisromöm,
v'yis-nasay, v'yis-hadör, v'yis-aleh, v'yis-halöl, sh'mayh
d'kudshö b'rich hu.* (Cong: *Ömayn*)
*L'aylö min köl bir-chösö v'shirösö, tush-b'chösö
v'neche-mösö, da-amirön b'öl'mö, v'im'ru ömayn.* (Cong:
Ömayn)

*Al yisrö-ayl v'al rabönön, v'al tal-midayhon, v'al köl
tal-miday sal-midayhon, v'al köl mön d'ös'kin b'ora-y'sö, di
v'asrö hödayn, v'di v'chöl asar v'asar. Y'hay l'hon u-l'chon
shlömö rabö, chinö v'chisdö v'rachamin v'cha-yin arichin,
u-m'zonö r'vichö u-furkönö min ködöm avu-hon d'vish'ma-yö
v'im'ru ömayn.* (Cong: *Ömayn*)

*Y'hay sh'lömö rabö min sh'ma-yö, v'cha-yim tovim ölaynu
v'al köl yisrö-ayl v'im'ru ömayn.* (Cong: *Ömayn*)

Take three steps back, then bow right saying *Oseh ha-shölom bim'romöv,* bow forward
saying *hu,* bow left saying *ya-aseh shölom ölaynu,* and bow forward saying *v'al köl
yisrö-ayl, v'im'ru ömayn.*

*Oseh ha-shölom bim'romöv, hu ya-a-seh shölom ölaynu v'al
köl yisrö-ayl, v'im'ru ömayn.* (Cong: *Ömayn*)

יִתְגַּדַּל Exalted and hallowed be His great Name (Cong: Amen.) throughout the
world which He has created according to His will. May He establish His kingship,
bring forth His redemption and hasten the coming of His Mashiach (Cong:
Amen.) in your lifetime and in your days and in the lifetime of the entire House
of Israel, speedily and soon, and say, Amen. (Cong: Amen. May His great Name
be blessed forever and to all eternity. Blessed.) May His great Name be blessed
forever and to all eternity. Blessed and praised, glorified, exalted and extolled,
honored, adored and lauded be the Name of the Holy One, blessed be He, (Cong:
Amen.) beyond all the blessings, hymns, praises and consolations that are uttered

SHACHARIT PRAYER FOR ROSH HASHANAH

הוֹדוּ לַייָ קִרְאוּ בִשְׁמוֹ, הוֹדִיעוּ בָעַמִּים עֲלִילוֹתָיו: שִׁירוּ
לוֹ זַמְּרוּ לוֹ, שִׂיחוּ בְּכָל נִפְלְאוֹתָיו: הִתְהַלְלוּ בְּשֵׁם
קָדְשׁוֹ, יִשְׂמַח לֵב מְבַקְשֵׁי יְיָ: דִּרְשׁוּ יְיָ וְעֻזּוֹ, בַּקְּשׁוּ פָנָיו
תָּמִיד: זִכְרוּ נִפְלְאֹתָיו אֲשֶׁר עָשָׂה, מֹפְתָיו וּמִשְׁפְּטֵי פִיהוּ:
זֶרַע יִשְׂרָאֵל עַבְדּוֹ, בְּנֵי יַעֲקֹב בְּחִירָיו: הוּא יְיָ אֱלֹהֵינוּ,
בְּכָל הָאָרֶץ מִשְׁפָּטָיו: זִכְרוּ לְעוֹלָם בְּרִיתוֹ, דָּבָר צִוָּה
לְאֶלֶף דּוֹר: אֲשֶׁר כָּרַת אֶת אַבְרָהָם, וּשְׁבוּעָתוֹ לְיִצְחָק:
וַיַּעֲמִידֶהָ לְיַעֲקֹב לְחֹק, לְיִשְׂרָאֵל בְּרִית עוֹלָם: לֵאמֹר: לְךָ
אֶתֵּן אֶרֶץ כְּנָעַן, חֶבֶל נַחֲלַתְכֶם: בִּהְיוֹתְכֶם מְתֵי מִסְפָּר,
כִּמְעַט וְגָרִים בָּהּ: וַיִּתְהַלְּכוּ מִגּוֹי אֶל גּוֹי, וּמִמַּמְלָכָה אֶל
עַם אַחֵר: לֹא הִנִּיחַ לְאִישׁ לְעָשְׁקָם, וַיּוֹכַח עֲלֵיהֶם
מְלָכִים: אַל תִּגְּעוּ בִּמְשִׁיחָי, וּבִנְבִיאַי אַל תָּרֵעוּ: שִׁירוּ לַייָ
כָּל הָאָרֶץ, בַּשְּׂרוּ מִיּוֹם אֶל יוֹם יְשׁוּעָתוֹ: סַפְּרוּ בַגּוֹיִם
אֶת כְּבוֹדוֹ, בְּכָל הָעַמִּים נִפְלְאֹתָיו: כִּי גָדוֹל יְיָ וּמְהֻלָּל
מְאֹד, וְנוֹרָא הוּא עַל כָּל אֱלֹהִים: כִּי כָּל אֱלֹהֵי הָעַמִּים
אֱלִילִים (Pause) וַייָ שָׁמַיִם עָשָׂה: הוֹד וְהָדָר לְפָנָיו, עֹז
וְחֶדְוָה בִּמְקֹמוֹ: הָבוּ לַייָ מִשְׁפְּחוֹת עַמִּים, הָבוּ לַייָ כָּבוֹד
וָעֹז: הָבוּ לַייָ כְּבוֹד שְׁמוֹ, שְׂאוּ מִנְחָה וּבֹאוּ לְפָנָיו,
הִשְׁתַּחֲווּ לַייָ בְּהַדְרַת קֹדֶשׁ: חִילוּ מִלְּפָנָיו כָּל הָאָרֶץ, אַף
תִּכּוֹן תֵּבֵל בַּל תִּמּוֹט: יִשְׂמְחוּ הַשָּׁמַיִם וְתָגֵל הָאָרֶץ,
וְיֹאמְרוּ בַגּוֹיִם יְיָ מָלָךְ: יִרְעַם הַיָּם וּמְלוֹאוֹ, יַעֲלֹץ הַשָּׂדֶה

SHACHARIT PRAYER FOR ROSH HASHANAH

הודו Offer praise to the Lord, proclaim His Name; make His deeds known among the nations. Sing to Him, chant praises to Him, speak of all His wonders. Glory in His holy Name; may the heart of those who seek the Lord rejoice. Search for the Lord and His might; continually seek His countenance. Remember the wonders that He has wrought, His miracles, and the judgments of His mouth. O descendants of Israel His servant, children of Jacob, His chosen ones: He is the Lord our God; His judgments extend over the entire earth. Remember His covenant forever, the word which He has commanded to a thousand generations; the covenant which He made with Abraham, and His oath to Isaac. He established it for Jacob as a statute, for Israel as an everlasting covenant, stating, "To you I shall give the land of Canaan"—the portion of your inheritance, when you were but few, very few, and strangers in it. They wandered from nation to nation, and from one kingdom to another people. He permitted no one to wrong them, and admonished kings for their sakes, "Do not touch My anointed ones, and do not harm My prophets." Sing to the Lord, all the earth; proclaim His deliverance from day to day. Recount His glory among the nations, His wonders among all the peoples. For the Lord is great and highly praised; He is awesome above all gods. For all the gods of the nations are naught, but the Lord made the heavens. Majesty and splendor are before Him, strength and joy in His presence. Render to the Lord, families of nations, render to the Lord honor and might. Render to the Lord the honor due His Name; bring an offering and come before Him, bow down to the Lord in resplendent holiness. Tremble before Him, all the earth; indeed, the world will be firmly established that it shall not falter. The heavens will rejoice, the earth will exult, and among the nations they will proclaim, "The Lord reigns!" The sea and its fullness will roar;

וְכָל אֲשֶׁר בּוֹ: אָז יְרַנְּנוּ עֲצֵי הַיָּעַר, מִלִּפְנֵי יְיָ כִּי בָא
לִשְׁפּוֹט אֶת הָאָרֶץ: הוֹדוּ לַייָ כִּי טוֹב, כִּי לְעוֹלָם חַסְדּוֹ:
וְאִמְרוּ, הוֹשִׁיעֵנוּ אֱלֹהֵי יִשְׁעֵנוּ, וְקַבְּצֵנוּ וְהַצִּילֵנוּ מִן
הַגּוֹיִם, לְהוֹדוֹת לְשֵׁם קָדְשֶׁךָ, לְהִשְׁתַּבֵּחַ בִּתְהִלָּתֶךָ: בָּרוּךְ
יְיָ אֱלֹהֵי יִשְׂרָאֵל מִן הָעוֹלָם וְעַד הָעֹלָם, וַיֹּאמְרוּ כָל
הָעָם אָמֵן וְהַלֵּל לַייָ:[1] רוֹמְמוּ יְיָ אֱלֹהֵינוּ וְהִשְׁתַּחֲווּ לַהֲדֹם
רַגְלָיו, קָדוֹשׁ הוּא:[2] רוֹמְמוּ יְיָ אֱלֹהֵינוּ וְהִשְׁתַּחֲווּ לְהַר
קָדְשׁוֹ, כִּי קָדוֹשׁ יְיָ אֱלֹהֵינוּ:[3] **וְהוּא** רַחוּם יְכַפֵּר עָוֹן וְלֹא
יַשְׁחִית, וְהִרְבָּה לְהָשִׁיב אַפּוֹ, וְלֹא יָעִיר כָּל חֲמָתוֹ:[4] אַתָּה
יְיָ לֹא תִכְלָא רַחֲמֶיךָ מִמֶּנִּי, חַסְדְּךָ וַאֲמִתְּךָ תָּמִיד יִצְּרוּנִי:[5]
זְכֹר רַחֲמֶיךָ יְיָ וַחֲסָדֶיךָ, כִּי מֵעוֹלָם הֵמָּה:[6] תְּנוּ עֹז
לֵאלֹהִים עַל יִשְׂרָאֵל גַּאֲוָתוֹ, וְעֻזּוֹ בַּשְּׁחָקִים: נוֹרָא אֱלֹהִים
מִמִּקְדָּשֶׁיךָ, אֵל יִשְׂרָאֵל הוּא נֹתֵן עֹז וְתַעֲצֻמוֹת לָעָם,
בָּרוּךְ אֱלֹהִים:[7] אֵל נְקָמוֹת יְיָ, אֵל נְקָמוֹת הוֹפִיעַ: הִנָּשֵׂא
שֹׁפֵט הָאָרֶץ, הָשֵׁב גְּמוּל עַל גֵּאִים:[8] לַייָ הַיְשׁוּעָה, עַל
עַמְּךָ בִרְכָתֶךָ סֶּלָה:[9] יְיָ צְבָאוֹת עִמָּנוּ, מִשְׂגָּב לָנוּ אֱלֹהֵי
יַעֲקֹב סֶלָה:[10] יְיָ צְבָאוֹת, אַשְׁרֵי אָדָם בֹּטֵחַ בָּךְ:[11] יְיָ
הוֹשִׁיעָה, הַמֶּלֶךְ יַעֲנֵנוּ בְיוֹם קָרְאֵנוּ:[12] הוֹשִׁיעָה אֶת עַמֶּךָ
וּבָרֵךְ אֶת נַחֲלָתֶךָ, וּרְעֵם וְנַשְּׂאֵם עַד הָעוֹלָם:[13] נַפְשֵׁנוּ
חִכְּתָה לַייָ, עֶזְרֵנוּ וּמָגִנֵּנוּ הוּא: כִּי בוֹ יִשְׂמַח לִבֵּנוּ, כִּי
בְשֵׁם קָדְשׁוֹ בָטָחְנוּ: יְהִי חַסְדְּךָ יְיָ עָלֵינוּ, כַּאֲשֶׁר יִחַלְנוּ
לָךְ:[14] הַרְאֵנוּ יְיָ חַסְדֶּךָ, וְיֶשְׁעֲךָ תִּתֶּן לָנוּ:[15] קוּמָה עֶזְרָתָה
לָּנוּ, וּפְדֵנוּ לְמַעַן חַסְדֶּךָ:[16] אָנֹכִי יְיָ אֱלֹהֶיךָ הַמַּעַלְךָ מֵאֶרֶץ

1. I Chronicles 16:8-36. **2.** Psalms 99:5. **3.** Ibid. 99:9. **4.** Ibid. 78:38. **5.** Ibid. 40:12. **6.** Ibid. 25:6. **7.** Ibid. 68:35-36. **8.** Ibid. 94:1-2. **9.** Ibid. 3:9. **10.** Ibid. 46:8. **11.** Ibid. 84:13. **12.** Ibid. 20:10. **13.** Ibid. 28:9. **14.** Ibid. 33:20-22. **15.** Ibid. 85:8. **16.** Ibid. 44:27.

the field and all therein will jubilate. Then the trees of the forest will sing before the Lord, when He comes to judge the earth. Give thanks to the Lord for He is good, for His kindness is everlasting. And say, "Help us, God of our salvation, gather us and deliver us from among the nations, that we may give thanks to Your holy Name and glory in Your praise. Blessed is the Lord, the God of Israel, to all eternity"; and all the people said Amen and praise to the Lord.[1] Exalt the Lord our God, and bow down at His footstool; holy is He.[2] Exalt the Lord our God, and bow down at His holy mountain, for the Lord our God is holy.[3] And He, being compassionate, pardons iniquity, and does not destroy; time and again He turns away His anger, and does not arouse all His wrath.[4] May You, Lord, not withhold Your mercies from me; may Your kindness and truth continually guard me.[5] Lord, remember Your mercies and kindnesses, for they have existed for all time.[6] Ascribe power to God; His majesty is over Israel, and His might is in the skies. God, You are feared from Your Sanctuary; it is the God of Israel who grants strength and power to His people; blessed is God.[7] The Lord is a God of retribution; O God of retribution, reveal Yourself! Judge of the earth, arise; render to the arrogant their recompense.[8] Deliverance is the Lord's; may Your blessing be upon Your people forever.[9] The Lord of hosts is with us; the God of Jacob is our eternal stronghold.[10] Lord of hosts, happy is the man who trusts in You.[11] Lord, help us; may the King answer us on the day we call.[12] Grant salvation to Your people and bless Your heritage; tend them and exalt them forever.[13] Our soul yearns for the Lord; He is our help and our shield. For our heart shall rejoice in Him, for we have put our trust in His holy Name. May Your kindness, Lord, be upon us, as we have placed our hope in You.[14] Lord, show us Your kindness and grant us Your deliverance.[15] Arise, be our help, and redeem us for the sake of Your lovingkindness.[16] I am the Lord your God who brought you up from the land of Egypt; open wide your

מִצְרָיִם, הַרְחֶב פִּיךָ וַאֲמַלְאֵהוּ:[1] אַשְׁרֵי הָעָם שֶׁכָּכָה לּוֹ, אַשְׁרֵי הָעָם שֶׁיְיָ אֱלֹהָיו:[2] וַאֲנִי בְּחַסְדְּךָ בָטַחְתִּי יָגֵל לִבִּי בִּישׁוּעָתֶךָ, אָשִׁירָה לַייָ כִּי גָמַל עָלָי:[3]

מִזְמוֹר שִׁיר חֲנֻכַּת הַבַּיִת לְדָוִד: אֲרוֹמִמְךָ יְיָ כִּי דִלִּיתָנִי, וְלֹא שִׂמַּחְתָּ אֹיְבַי לִי: יְיָ אֱלֹהָי, שִׁוַּעְתִּי אֵלֶיךָ וַתִּרְפָּאֵנִי: יְיָ הֶעֱלִיתָ מִן שְׁאוֹל נַפְשִׁי, חִיִּיתַנִי מִיָּרְדִי בוֹר: זַמְּרוּ לַייָ חֲסִידָיו, וְהוֹדוּ לְזֵכֶר קָדְשׁוֹ: כִּי רֶגַע בְּאַפּוֹ, חַיִּים בִּרְצוֹנוֹ, בָּעֶרֶב יָלִין בֶּכִי וְלַבֹּקֶר רִנָּה: וַאֲנִי אָמַרְתִּי בְשַׁלְוִי, בַּל אֶמּוֹט לְעוֹלָם: יְיָ בִּרְצוֹנְךָ הֶעֱמַדְתָּה לְהַרְרִי עֹז, הִסְתַּרְתָּ פָנֶיךָ, הָיִיתִי נִבְהָל: אֵלֶיךָ יְיָ אֶקְרָא, וְאֶל יְיָ אֶתְחַנָּן: מַה בֶּצַע בְּדָמִי בְּרִדְתִּי אֶל שָׁחַת, הֲיוֹדְךָ עָפָר הֲיַגִּיד אֲמִתֶּךָ: שְׁמַע יְיָ וְחָנֵּנִי, יְיָ הֱיֵה עֹזֵר לִי: הָפַכְתָּ מִסְפְּדִי לְמָחוֹל לִי, פִּתַּחְתָּ שַׂקִּי וַתְּאַזְּרֵנִי שִׂמְחָה: לְמַעַן יְזַמֶּרְךָ כָבוֹד וְלֹא יִדֹּם, יְיָ אֱלֹהַי, לְעוֹלָם אוֹדֶךָּ:[4]

Rise for the following paragraph.

יְיָ מֶלֶךְ, יְיָ מָלָךְ, יְיָ יִמְלֹךְ לְעוֹלָם וָעֶד:[5] יְיָ מֶלֶךְ, יְיָ מָלָךְ, יְיָ יִמְלֹךְ לְעוֹלָם וָעֶד: וְהָיָה יְיָ לְמֶלֶךְ עַל כָּל הָאָרֶץ, בַּיּוֹם הַהוּא יִהְיֶה יְיָ אֶחָד וּשְׁמוֹ אֶחָד:[6]

הוֹשִׁיעֵנוּ יְיָ אֱלֹהֵינוּ וְקַבְּצֵנוּ מִן הַגּוֹיִם, לְהוֹדוֹת לְשֵׁם קָדְשֶׁךָ, לְהִשְׁתַּבֵּחַ בִּתְהִלָּתֶךָ: בָּרוּךְ יְיָ אֱלֹהֵי יִשְׂרָאֵל מִן הָעוֹלָם וְעַד הָעוֹלָם, וְאָמַר כָּל הָעָם אָמֵן, הַלְלוּיָהּ:[7] כֹּל הַנְּשָׁמָה תְּהַלֵּל יָהּ הַלְלוּיָהּ:[8]

1. Psalms 81:11. **2.** Ibid. 144:15. **3.** Ibid. 13:6. **4.** Ibid. 30. **5.** Ibid. 10:16, 93:1, Exodus 15:18; Talmud Bavli, Soferim 14:8; Pirkei Hechalot. **6.** Zechariah 14:9. **7.** Psalms 106:47-48. **8.** Ibid. 150:6.

mouth, [state all your desires] and I shall grant them.[1] Happy is the people whose lot is thus; happy is the people whose God is the Lord.[2] I have placed my trust in Your kindness, my heart shall rejoice in Your deliverance; I will sing to the Lord for He has dealt kindly with me.[3]

מזמור A psalm, a song of dedication of the House, by David. I exalt You, Lord, for You have uplifted me, and did not allow my enemies to rejoice over me. Lord, my God, I cried out to You, and You healed me. Lord, You have brought up my soul from *sheol*; You have kept me alive, that I should not descend to the pit. Sing to the Lord, you His pious ones, and praise His holy Name. For His wrath endures but for a moment, when He is conciliated there is [long] life; when one retires at night weeping, joy will come in the morning. In my security I thought, "I shall never falter." Lord, by Your favor You have made my mountain stand strong; when You concealed Your countenance, I was alarmed. I called to You, O Lord, and I made supplication to the Lord: What profit is there in my death, in my going down to the grave? Can dust praise You? Can it proclaim Your truth? Lord, hear and be gracious to me; Lord, be a help to me. You have turned my mourning into dancing; You have loosened [the cords of] my sackcloth and girded me with joy. Therefore my soul shall sing to You, and not be silent; Lord my God, I will praise You forever.[4]

Rise for the following paragraph.

יי מלך **The Lord is King, the Lord was King, the Lord will be King forever and ever.[5] The Lord is King, the Lord was King, the Lord will be King forever and ever. The Lord will be King over all the earth; on that day the Lord will be One and His Name One.[6]**

הושיענו Deliver us, Lord our God; gather us from among the nations, that we may give thanks to Your holy Name and glory in Your praise. Blessed is the Lord, the God of Israel, forever and ever; and all the people said: Amen, praise the Lord![7] Let every being that has a soul praise the Lord. Praise the Lord.[8]

לַמְנַצֵּחַ מִזְמוֹר לְדָוִד: הַשָּׁמַיִם מְסַפְּרִים כְּבוֹד אֵל, וּמַעֲשֵׂה יָדָיו מַגִּיד הָרָקִיעַ: יוֹם לְיוֹם יַבִּיעַ אֹמֶר, וְלַיְלָה לְּלַיְלָה יְחַוֶּה דָּעַת: אֵין אֹמֶר וְאֵין דְּבָרִים, בְּלִי נִשְׁמָע קוֹלָם: בְּכָל הָאָרֶץ יָצָא קַוָּם וּבִקְצֵה תֵבֵל מִלֵּיהֶם, לַשֶּׁמֶשׁ שָׂם אֹהֶל בָּהֶם: וְהוּא כְּחָתָן יֹצֵא מֵחֻפָּתוֹ, יָשִׂישׂ כְּגִבּוֹר לָרוּץ אֹרַח: מִקְצֵה הַשָּׁמַיִם מוֹצָאוֹ, וּתְקוּפָתוֹ עַל קְצוֹתָם, וְאֵין נִסְתָּר מֵחַמָּתוֹ: תּוֹרַת יְיָ תְּמִימָה מְשִׁיבַת נָפֶשׁ, עֵדוּת יְיָ נֶאֱמָנָה מַחְכִּימַת פֶּתִי: פִּקּוּדֵי יְיָ יְשָׁרִים מְשַׂמְּחֵי לֵב, מִצְוַת יְיָ בָּרָה מְאִירַת עֵינָיִם: יִרְאַת יְיָ טְהוֹרָה עוֹמֶדֶת לָעַד, מִשְׁפְּטֵי יְיָ אֱמֶת, צָדְקוּ יַחְדָּו: הַנֶּחֱמָדִים מִזָּהָב וּמִפַּז רָב, וּמְתוּקִים מִדְּבַשׁ וְנֹפֶת צוּפִים: גַּם עַבְדְּךָ נִזְהָר בָּהֶם, בְּשָׁמְרָם עֵקֶב רָב: שְׁגִיאוֹת מִי יָבִין, מִנִּסְתָּרוֹת נַקֵּנִי: גַּם מִזֵּדִים חֲשֹׂךְ עַבְדֶּךָ, אַל יִמְשְׁלוּ בִי, אָז אֵיתָם, וְנִקֵּיתִי מִפֶּשַׁע רָב: יִהְיוּ לְרָצוֹן אִמְרֵי פִי וְהֶגְיוֹן לִבִּי לְפָנֶיךָ, יְיָ צוּרִי וְגֹאֲלִי:[1]

רַנְּנוּ צַדִּיקִים בַּייָ, לַיְשָׁרִים נָאוָה תְהִלָּה: הוֹדוּ לַייָ בְּכִנּוֹר, בְּנֵבֶל עָשׂוֹר זַמְּרוּ לוֹ: שִׁירוּ לוֹ שִׁיר חָדָשׁ, הֵיטִיבוּ נַגֵּן בִּתְרוּעָה: כִּי יָשָׁר דְּבַר יְיָ, וְכָל מַעֲשֵׂהוּ בֶּאֱמוּנָה: אֹהֵב צְדָקָה וּמִשְׁפָּט, חֶסֶד יְיָ מָלְאָה הָאָרֶץ: בִּדְבַר יְיָ שָׁמַיִם נַעֲשׂוּ, וּבְרוּחַ פִּיו כָּל צְבָאָם: כֹּנֵס כַּנֵּד מֵי הַיָּם, נֹתֵן בְּאוֹצָרוֹת תְּהוֹמוֹת: יִירְאוּ מֵייָ כָּל הָאָרֶץ, מִמֶּנּוּ יָגוּרוּ כָּל יֹשְׁבֵי תֵבֵל: כִּי הוּא אָמַר וַיֶּהִי, הוּא צִוָּה וַיַּעֲמֹד: יְיָ הֵפִיר עֲצַת גּוֹיִם, הֵנִיא מַחְשְׁבוֹת עַמִּים: עֲצַת יְיָ לְעוֹלָם תַּעֲמֹד, מַחְשְׁבוֹת לִבּוֹ לְדֹר וָדֹר: אַשְׁרֵי הַגּוֹי

1. Psalms 19:15.

למנצח For the Choirmaster, a Psalm by David. The heavens recount the glory of the Almighty; the sky proclaims His handiwork. Day to day speech streams forth; night to night expresses knowledge. There is no utterance, there are no words; their voice is inaudible. Their arc extends throughout the world, their message to the end of the earth. He set in them [in the heavens] a tent for the sun which is like a groom coming forth from his bridal canopy, like a strong man rejoicing to run the course. Its rising is at one end of the heavens, and its orbit encompasses the other ends; nothing is hidden from its heat. The Torah of the Lord is perfect, restoring the soul; the testimony of the Lord is trustworthy, making wise the simpleton. The precepts of the Lord are just, rejoicing the heart; the *mitzvah* of the Lord is clear, enlightening the eyes. The fear of the Lord is pure, abiding forever; the judgments of the Lord are true, they are all righteous together. They are more desirable than gold, than much fine gold; sweeter than honey or the drippings of the honeycomb. Indeed, Your servant is scrupulous with them; in observing them there is abundant reward. Yet, who can discern inadvertent wrongs? Purge me of hidden sins. Also, hold back Your servant from willful sins; let them not prevail over me; then I will be unblemished and keep myself clean of gross transgression. May the words of my mouth and the meditation of my heart be acceptable before You, Lord, my Strength and my Redeemer.[1]

רננו Sing joyously to the Lord, you righteous ones; it is fitting for the upright to offer praise. Extol the Lord with a harp; sing to Him with a ten-stringed lyre. Sing to Him a new song; skillfully play sounds of jubilation. For the word of the Lord is just; all His deeds are done in faithfulness. He loves righteousness and justice; the kindness of the Lord fills the earth. By the word of the Lord the heavens were made, and by the breath of His mouth all their hosts. He gathers the waters of the sea like a mound; He stows away the deeps in vaults. Let all the earth fear the Lord; let all the inhabitants of the world tremble before Him. For He spoke, and it came to be; He commanded, and it endured. The Lord has annulled the counsel of nations; He has foiled the schemes of peoples. The counsel of the Lord stands forever, the thoughts of His heart throughout all generations. Fortunate is the nation

אֲשֶׁר יְיָ אֱלֹהָיו, הָעָם בָּחַר לְנַחֲלָה לוֹ: מִשָּׁמַיִם הִבִּיט יְיָ, רָאָה אֶת כָּל בְּנֵי הָאָדָם: מִמְּכוֹן שִׁבְתּוֹ הִשְׁגִּיחַ, אֶל כָּל יֹשְׁבֵי הָאָרֶץ: הַיֹּצֵר יַחַד לִבָּם, הַמֵּבִין אֶל כָּל מַעֲשֵׂיהֶם: אֵין הַמֶּלֶךְ נוֹשָׁע בְּרָב חָיִל, גִּבּוֹר לֹא יִנָּצֵל בְּרָב כֹּחַ: שֶׁקֶר הַסּוּס לִתְשׁוּעָה, וּבְרֹב חֵילוֹ לֹא יְמַלֵּט: הִנֵּה עֵין יְיָ אֶל יְרֵאָיו, לַמְיַחֲלִים לְחַסְדּוֹ: לְהַצִּיל מִמָּוֶת נַפְשָׁם, וּלְחַיּוֹתָם בָּרָעָב: נַפְשֵׁנוּ חִכְּתָה לַייָ, עֶזְרֵנוּ וּמָגִנֵּנוּ הוּא: כִּי בוֹ יִשְׂמַח לִבֵּנוּ, כִּי בְשֵׁם קָדְשׁוֹ בָטָחְנוּ: יְהִי חַסְדְּךָ יְיָ עָלֵינוּ, כַּאֲשֶׁר יִחַלְנוּ לָךְ:[1]

לְדָוִד בְּשַׁנּוֹתוֹ אֶת טַעְמוֹ[2] לִפְנֵי אֲבִימֶלֶךְ,[3] וַיְגָרְשֵׁהוּ וַיֵּלַךְ: אֲבָרְכָה אֶת יְיָ בְּכָל עֵת, תָּמִיד תְּהִלָּתוֹ בְּפִי: בַּייָ תִּתְהַלֵּל נַפְשִׁי, יִשְׁמְעוּ עֲנָוִים וְיִשְׂמָחוּ: גַּדְּלוּ לַייָ אִתִּי, וּנְרוֹמְמָה שְׁמוֹ יַחְדָּו: דָּרַשְׁתִּי אֶת יְיָ וְעָנָנִי, וּמִכָּל מְגוּרוֹתַי הִצִּילָנִי: הִבִּיטוּ אֵלָיו וְנָהָרוּ, וּפְנֵיהֶם אַל יֶחְפָּרוּ: זֶה עָנִי קָרָא וַייָ שָׁמֵעַ, וּמִכָּל צָרוֹתָיו הוֹשִׁיעוֹ: חֹנֶה מַלְאַךְ יְיָ סָבִיב לִירֵאָיו, וַיְחַלְּצֵם: טַעֲמוּ וּרְאוּ כִּי טוֹב יְיָ, אַשְׁרֵי הַגֶּבֶר יֶחֱסֶה בּוֹ: [4]יְראוּ אֶת יְיָ קְדֹשָׁיו, כִּי אֵין מַחְסוֹר לִירֵאָיו: כְּפִירִים רָשׁוּ וְרָעֵבוּ, וְדֹרְשֵׁי יְיָ לֹא יַחְסְרוּ כָל טוֹב: לְכוּ בָנִים שִׁמְעוּ לִי, יִרְאַת יְיָ אֲלַמֶּדְכֶם: מִי הָאִישׁ הֶחָפֵץ חַיִּים, אֹהֵב יָמִים לִרְאוֹת טוֹב: נְצֹר לְשׁוֹנְךָ מֵרָע, וּשְׂפָתֶיךָ מִדַּבֵּר מִרְמָה: סוּר מֵרָע וַעֲשֵׂה טוֹב, בַּקֵּשׁ שָׁלוֹם וְרָדְפֵהוּ: עֵינֵי יְיָ אֶל צַדִּיקִים, וְאָזְנָיו אֶל שַׁוְעָתָם: פְּנֵי יְיָ בְּעֹשֵׂי רָע, לְהַכְרִית מֵאֶרֶץ זִכְרָם: צָעֲקוּ וַייָ שָׁמֵעַ, וּמִכָּל צָרוֹתָם הִצִּילָם: קָרוֹב יְיָ לְנִשְׁבְּרֵי לֵב, וְאֶת דַּכְּאֵי

1. Psalm 33. 2. V. I Samuel 21:11-16. 3. V. Rashi, Psalms 34:1. 4. Pronounced יִרְוּ.

whose God is the Lord, the people He chose as a heritage for Himself. The Lord looks down from heaven; He beholds all mankind. From His dwelling-place He watches intently all the inhabitants of the earth. It is He who fashions the hearts of them all, who perceives all their actions. A king is not saved through a large army; a warrior is not rescued by means of great strength. A horse is a false guarantee for victory; with all its great strength it offers no escape. But the eye of the Lord is directed toward those who fear Him, toward those who hope for His kindness, to save their soul from death and to sustain them during famine. Our soul yearns for the Lord; He is our help and our shield. For our heart shall rejoice in Him, for we have put our trust in His holy Name. May Your kindness, Lord, be upon us, as we have placed our hope in You.[1]

לדוד [A Psalm] by David, when he feigned insanity[2] before Avimelech,[3] who then drove him away, and he left. I bless the Lord at all times; His praise is always in my mouth. My soul glories in the Lord; let the humble hear it and rejoice. Exalt the Lord with me, and let us extol His Name together. I sought the Lord and He answered me, and delivered me from all my fears. Those who look to Him are radiant; their faces are never humiliated. This poor man called, and the Lord heard, and delivered him from all his tribulations. The angel of the Lord camps around those who fear Him and rescues them. Taste and see that the Lord is good; happy is the man who trusts in Him. Fear the Lord, you His holy ones, for those who fear Him suffer no want. Young lions are in need and go hungry, but those who seek the Lord shall not lack any good thing. Come, children, listen to me; I will teach you fear of the Lord. Who is the man who desires life, who loves long life wherein to see goodness? Guard your tongue from evil, and your lips from speaking deceitfully. Turn away from evil and do good, seek peace and pursue it. The eyes of the Lord are directed toward the righteous, and His ears toward their cry. The wrath of the Lord is upon the evildoers, to extirpate the memory of them from the earth. But when they [repent and] cry out, the Lord hears, and saves them from all their troubles. The Lord is close to the

רְוּחַ יוֹשִׁיעַ: רַבּוֹת רָעוֹת צַדִּיק, וּמִכֻּלָּם יַצִּילֶנּוּ יְיָ: שֹׁמֵר כָּל עַצְמוֹתָיו, אַחַת מֵהֵנָּה לֹא נִשְׁבָּרָה: תְּמוֹתֵת רָשָׁע רָעָה, וְשֹׂנְאֵי צַדִּיק יֶאְשָׁמוּ: פּוֹדֶה יְיָ נֶפֶשׁ עֲבָדָיו, וְלֹא יֶאְשְׁמוּ כָּל הַחוֹסִים בּוֹ:[1]

תְּפִלָּה לְמֹשֶׁה אִישׁ הָאֱלֹהִים, אֲדֹנָי מָעוֹן אַתָּה הָיִיתָ לָּנוּ בְּדוֹר וָדֹר: בְּטֶרֶם הָרִים יֻלָּדוּ וַתְּחוֹלֵל אֶרֶץ וְתֵבֵל, וּמֵעוֹלָם עַד עוֹלָם אַתָּה אֵל: תָּשֵׁב אֱנוֹשׁ עַד דַּכָּא, וַתֹּאמֶר שׁוּבוּ בְנֵי אָדָם: כִּי אֶלֶף שָׁנִים בְּעֵינֶיךָ כְּיוֹם אֶתְמוֹל כִּי יַעֲבֹר, וְאַשְׁמוּרָה בַלָּיְלָה: זְרַמְתָּם שֵׁנָה יִהְיוּ, בַּבֹּקֶר כֶּחָצִיר יַחֲלֹף: בַּבֹּקֶר יָצִיץ וְחָלָף, לָעֶרֶב יְמוֹלֵל וְיָבֵשׁ: כִּי כָלִינוּ בְאַפֶּךָ, וּבַחֲמָתְךָ נִבְהָלְנוּ: שַׁתָּה עֲוֹנֹתֵינוּ לְנֶגְדֶּךָ, עֲלֻמֵנוּ לִמְאוֹר פָּנֶיךָ: כִּי כָל יָמֵינוּ פָּנוּ בְעֶבְרָתֶךָ, כִּלִּינוּ שָׁנֵינוּ כְמוֹ הֶגֶה: יְמֵי שְׁנוֹתֵינוּ בָהֶם שִׁבְעִים שָׁנָה, וְאִם בִּגְבוּרֹת שְׁמוֹנִים שָׁנָה, וְרָהְבָּם עָמָל וָאָוֶן, כִּי גָז חִישׁ וַנָּעֻפָה: מִי יוֹדֵעַ עֹז אַפֶּךָ, וּכְיִרְאָתְךָ עֶבְרָתֶךָ: לִמְנוֹת יָמֵינוּ כֵּן הוֹדַע, וְנָבִא לְבַב חָכְמָה: שׁוּבָה יְיָ עַד מָתָי, וְהִנָּחֵם עַל עֲבָדֶיךָ: שַׂבְּעֵנוּ בַבֹּקֶר חַסְדֶּךָ, וּנְרַנְּנָה וְנִשְׂמְחָה בְּכָל יָמֵינוּ: שַׂמְּחֵנוּ כִּימוֹת עִנִּיתָנוּ, שְׁנוֹת רָאִינוּ רָעָה: יֵרָאֶה אֶל עֲבָדֶיךָ פָעֳלֶךָ, וַהֲדָרְךָ עַל בְּנֵיהֶם: וִיהִי נֹעַם אֲדֹנָי אֱלֹהֵינוּ עָלֵינוּ, וּמַעֲשֵׂה יָדֵינוּ כּוֹנְנָה עָלֵינוּ, וּמַעֲשֵׂה יָדֵינוּ כּוֹנְנֵהוּ:[2]

ישֵׁב בְּסֵתֶר עֶלְיוֹן, בְּצֵל שַׁדַּי יִתְלוֹנָן: אֹמַר לַייָ מַחְסִי וּמְצוּדָתִי, אֱלֹהַי אֶבְטַח בּוֹ: כִּי הוּא יַצִּילְךָ מִפַּח

1. Psalm 34. **2.** Ibid. 90.

broken-hearted, and delivers those with a crushed spirit. Many are the afflictions of a righteous person, but the Lord rescues him from them all. He protects all his bones, not one of them is broken. Evil brings death upon the wicked, and the enemies of the righteous are condemned. The Lord redeems the soul of His servants, and all who take shelter in Him are not condemned.[1]

תפלה A prayer by Moses, the man of God. My Lord, You have been a shelter for us in every generation: Before the mountains came into being, before You created the earth and the world— for ever and ever You are Almighty God. You bring man low until he is crushed, and You say, "Return, you children of man." Indeed, a thousand years are in Your eyes like yesterday that has passed, like a watch of the night. The stream of their life is as but a slumber; in the morning they are like grass that sprouts anew. In the morning it thrives and sprouts anew; in the evening it withers and dries up. For we are consumed by Your anger, and destroyed by Your wrath. You have set our wrongdoings before You, our hidden sins before the light of Your countenance. For all our days have vanished in Your wrath; we cause our years to pass like a fleeting sound. The years of our life number seventy, if in great vigor—eighty; most of them are but travail and futility, passing quickly and flying away. Who can know the intensity of Your anger? Your wrath is commensurate with one's fear of You. Teach us, then, to reckon our days, that we may acquire a wise heart. Relent, O Lord; how long [will Your anger last]? Have compassion upon Your servants. Satiate us in the morning with Your kindness; then we shall sing and rejoice throughout our days. Give us joy corresponding to the days You afflicted us, the years we have seen adversity. Let Your work be revealed to Your servants, and Your splendor be upon their children. May the pleasantness of the Lord our God be upon us; establish for us the work of our hands; establish the work of our hands.[2]

ישב You who dwells in the shelter of the Most High, who abides in the shadow of the Omnipotent, I say [to you] of the Lord who is my refuge and my stronghold, my God in whom I trust, that He will save you from the ensnaring trap, from the

יָקוּשׁ, מִדֶּבֶר הַוּוֹת: בְּאֶבְרָתוֹ יָסֶךְ לָךְ, וְתַחַת כְּנָפָיו תֶּחְסֶה, צִנָּה וְסֹחֵרָה אֲמִתּוֹ: לֹא תִירָא מִפַּחַד לָיְלָה, מֵחֵץ יָעוּף יוֹמָם: מִדֶּבֶר בָּאֹפֶל יַהֲלֹךְ, מִקֶּטֶב יָשׁוּד צָהֳרָיִם: יִפֹּל מִצִּדְּךָ אֶלֶף וּרְבָבָה מִימִינֶךָ, אֵלֶיךָ לֹא יִגָּשׁ: רַק בְּעֵינֶיךָ תַבִּיט, וְשִׁלֻּמַת רְשָׁעִים תִּרְאֶה: כִּי אַתָּה יְיָ מַחְסִי, עֶלְיוֹן שַׂמְתָּ מְעוֹנֶךָ: לֹא תְאֻנֶּה אֵלֶיךָ רָעָה, וְנֶגַע לֹא יִקְרַב בְּאָהֳלֶךָ: כִּי מַלְאָכָיו יְצַוֶּה לָּךְ, לִשְׁמָרְךָ בְּכָל דְּרָכֶיךָ: עַל כַּפַּיִם יִשָּׂאוּנְךָ, פֶּן תִּגֹּף בָּאֶבֶן רַגְלֶךָ: עַל שַׁחַל וָפֶתֶן תִּדְרֹךְ, תִּרְמֹס כְּפִיר וְתַנִּין: כִּי בִי חָשַׁק וַאֲפַלְּטֵהוּ, אֲשַׂגְּבֵהוּ כִּי יָדַע שְׁמִי: יִקְרָאֵנִי וְאֶעֱנֵהוּ, עִמּוֹ אָנֹכִי בְצָרָה, אֲחַלְּצֵהוּ וַאֲכַבְּדֵהוּ: אֹרֶךְ יָמִים אַשְׂבִּיעֵהוּ, וְאַרְאֵהוּ בִּישׁוּעָתִי:[1]

מִזְמוֹר, שִׁירוּ לַייָ שִׁיר חָדָשׁ כִּי נִפְלָאוֹת עָשָׂה, הוֹשִׁיעָה לּוֹ יְמִינוֹ וּזְרוֹעַ קָדְשׁוֹ: הוֹדִיעַ יְיָ יְשׁוּעָתוֹ, לְעֵינֵי הַגּוֹיִם גִּלָּה צִדְקָתוֹ: זָכַר חַסְדּוֹ וֶאֱמוּנָתוֹ לְבֵית יִשְׂרָאֵל, רָאוּ כָל אַפְסֵי אָרֶץ אֵת יְשׁוּעַת אֱלֹהֵינוּ: הָרִיעוּ לַייָ כָּל הָאָרֶץ, פִּצְחוּ וְרַנְּנוּ וְזַמֵּרוּ: זַמְּרוּ לַייָ בְּכִנּוֹר, בְּכִנּוֹר וְקוֹל זִמְרָה: בַּחֲצֹצְרוֹת וְקוֹל שׁוֹפָר, הָרִיעוּ לִפְנֵי הַמֶּלֶךְ יְיָ: יִרְעַם הַיָּם וּמְלֹאוֹ, תֵּבֵל וְיֹשְׁבֵי בָהּ: נְהָרוֹת יִמְחֲאוּ כָף, יַחַד הָרִים יְרַנֵּנוּ: לִפְנֵי יְיָ כִּי בָא לִשְׁפֹּט הָאָרֶץ, יִשְׁפֹּט תֵּבֵל בְּצֶדֶק, וְעַמִּים בְּמֵישָׁרִים:[2]

שִׁיר לַמַּעֲלוֹת, אֶשָּׂא עֵינַי אֶל הֶהָרִים, מֵאַיִן יָבוֹא עֶזְרִי: עֶזְרִי מֵעִם יְיָ, עֹשֵׂה שָׁמַיִם וָאָרֶץ: אַל יִתֵּן לַמּוֹט

---

1. Psalm 91. **2.** Ibid. 98.

destructive pestilence. He will cover you with His pinions and you will find refuge under His wings; His truth is a shield and an armor. You will not fear the terror of the night, nor the arrow that flies by day, the pestilence that prowls in the darkness, nor the destruction that ravages at noon. A thousand may fall at your [left] side, and ten thousand at your right, but it shall not reach you. You need only look with your eyes, and you will see the retribution of the wicked. Because you [have said,] "The Lord is my shelter," and you have made the Most High your haven, no evil will befall you, no plague will come near your tent. For He will instruct His angels in your behalf, to guard you in all your ways. They will carry you in their hands, lest you hurt your foot on a rock. You will tread upon the lion and the viper; you will trample upon the young lion and the serpent. Because he desires Me, I will deliver him; I will fortify him for he knows My Name. When he calls on Me, I will answer him; I am with him in distress; I will deliver him and honor him. I will satiate him with long life, and show him My deliverance.[1]

מזמור A Psalm. Sing to the Lord a new song, for He has performed wonders; His right hand and holy arm have wrought deliverance for Him. The Lord has made known His salvation; He has revealed His justice before the eyes of the nations. He has remembered His loving-kindness and faithfulness to the House of Israel; all, from the farthest corners of the earth, witnessed the deliverance by our God. Raise your voices in jubilation to the Lord, all the earth; burst into joyous song and chanting. Sing to the Lord with a harp, with a harp and the sound of song. With trumpets and the sound of the *shofar*, jubilate before the King, the Lord. The sea and its fullness will roar in joy, the earth and its inhabitants. The rivers will clap their hands, the mountains will sing together. [They will rejoice] before the Lord for He has come to judge the earth; He will judge the world with justice, and the nations with righteousness.[2]

שיר A song of ascents. I lift my eyes to the mountains—from where will my help come? My help will come from the Lord, Maker of heaven and earth. He will not let your foot falter;

רַגְלֶךָ, אַל יָנוּם שֹׁמְרֶךָ: הִנֵּה לֹא יָנוּם וְלֹא יִישָׁן, שׁוֹמֵר יִשְׂרָאֵל: יְיָ שֹׁמְרֶךָ, יְיָ צִלְּךָ עַל יַד יְמִינֶךָ: יוֹמָם הַשֶּׁמֶשׁ לֹא יַכֶּכָּה, וְיָרֵחַ בַּלָּיְלָה: יְיָ יִשְׁמָרְךָ מִכָּל רָע, יִשְׁמֹר אֶת נַפְשֶׁךָ: יְיָ יִשְׁמָר צֵאתְךָ וּבוֹאֶךָ, מֵעַתָּה וְעַד עוֹלָם:[1]

שִׁיר הַמַּעֲלוֹת לְדָוִד, שָׂמַחְתִּי בְּאֹמְרִים לִי, בֵּית יְיָ נֵלֵךְ: עֹמְדוֹת הָיוּ רַגְלֵינוּ, בִּשְׁעָרַיִךְ יְרוּשָׁלָיִם: יְרוּשָׁלַיִם הַבְּנוּיָה, כְּעִיר שֶׁחֻבְּרָה לָּהּ יַחְדָּו: שֶׁשָּׁם עָלוּ שְׁבָטִים שִׁבְטֵי יָהּ עֵדוּת לְיִשְׂרָאֵל, לְהוֹדוֹת לְשֵׁם יְיָ: כִּי שָׁמָּה יָשְׁבוּ כִסְאוֹת לְמִשְׁפָּט, כִּסְאוֹת לְבֵית דָּוִד: שַׁאֲלוּ שְׁלוֹם יְרוּשָׁלָיִם, יִשְׁלָיוּ אֹהֲבָיִךְ: יְהִי שָׁלוֹם בְּחֵילֵךְ, שַׁלְוָה בְּאַרְמְנוֹתָיִךְ: לְמַעַן אַחַי וְרֵעָי, אֲדַבְּרָה נָּא שָׁלוֹם בָּךְ: לְמַעַן בֵּית יְיָ אֱלֹהֵינוּ אֲבַקְשָׁה טוֹב לָךְ:[2]

שִׁיר הַמַּעֲלוֹת, אֵלֶיךָ נָשָׂאתִי אֶת עֵינַי, הַיֹּשְׁבִי בַּשָּׁמָיִם: הִנֵּה כְעֵינֵי עֲבָדִים אֶל יַד אֲדוֹנֵיהֶם, כְּעֵינֵי שִׁפְחָה אֶל יַד גְּבִרְתָּהּ, כֵּן עֵינֵינוּ אֶל יְיָ אֱלֹהֵינוּ, עַד שֶׁיְּחָנֵּנוּ: חָנֵּנוּ יְיָ חָנֵּנוּ, כִּי רַב שָׂבַעְנוּ בוּז: רַבַּת שָׂבְעָה לָּהּ נַפְשֵׁנוּ, הַלַּעַג הַשַּׁאֲנַנִּים, הַבּוּז לִגְאֵי יוֹנִים:[3]

שִׁיר הַמַּעֲלוֹת לְדָוִד, לוּלֵי יְיָ שֶׁהָיָה לָנוּ, יֹאמַר נָא יִשְׂרָאֵל: לוּלֵי יְיָ שֶׁהָיָה לָנוּ, בְּקוּם עָלֵינוּ אָדָם: אֲזַי חַיִּים בְּלָעוּנוּ, בַּחֲרוֹת אַפָּם בָּנוּ: אֲזַי הַמַּיִם שְׁטָפוּנוּ, נַחְלָה עָבַר עַל נַפְשֵׁנוּ: אֲזַי עָבַר עַל נַפְשֵׁנוּ, הַמַּיִם הַזֵּידוֹנִים: בָּרוּךְ יְיָ, שֶׁלֹּא נְתָנָנוּ טֶרֶף לְשִׁנֵּיהֶם: נַפְשֵׁנוּ כְּצִפּוֹר נִמְלְטָה מִפַּח יוֹקְשִׁים, הַפַּח נִשְׁבָּר, וַאֲנַחְנוּ נִמְלָטְנוּ: עֶזְרֵנוּ בְּשֵׁם יְיָ, עֹשֵׂה שָׁמַיִם וָאָרֶץ:[4]

1. Psalm 121. 2. Ibid. 122. 3. Ibid. 123. 4. Ibid. 124.

your guardian does not slumber. Indeed, the Guardian of Israel neither slumbers nor sleeps. The Lord is your guardian; the Lord is your protective shade at your right hand. The sun will not harm you by day, nor the moon by night. The Lord will guard you from all evil; He will guard your soul. The Lord will guard your going and Your coming from now and for all time.[1]

שיר A song of ascents by David. I was happy when they said to me, "Let us go to the House of the Lord." Our feet were standing within your gates, O Jerusalem; Jerusalem that is built like a city in which [all Israel] is united together. For there the tribes went up, the tribes of God—as enjoined upon Israel—to offer praise to the Name of the Lord. For there stood the seats of justice, the thrones of the house of David. Pray for the peace of Jerusalem; may those who love you have peace. May there be peace within your walls, serenity within your mansions. For the sake of my brethren and friends, I ask that there be peace within you. For the sake of the House of the Lord our God, I seek your well-being.[2]

שיר A song of ascents. To You have I lifted my eyes, You who are enthroned in heaven. Indeed, as the eyes of servants are turned to the hand of their masters, as the eyes of a maid to the hand of her mistress, so are our eyes turned to the Lord our God, until He will be gracious to us. Be gracious to us, Lord, be gracious to us, for we have been surfeited with humiliation. Our soul has been overfilled with the derision of the complacent, with the scorn of the arrogant.[3]

שיר A song of ascents by David. Were it not for the Lord who was with us—let Israel declare—were it not for the Lord who was with us when men rose up against us, then they would have swallowed us alive in their burning rage against us. Then the waters would have inundated us, the torrent would have swept over our soul; then the raging waters would have surged over our soul. Blessed is the Lord who did not permit us to be prey for their teeth. Our soul is like a bird which has escaped from the fowler's snare; the snare broke and we escaped. Our help is in the Name of the Lord, the Maker of heaven and earth.[4]

הַלְלוּיָהּ, הַלְלוּ אֶת שֵׁם יְיָ, הַלְלוּ עַבְדֵי יְיָ: שֶׁעֹמְדִים בְּבֵית יְיָ, בְּחַצְרוֹת בֵּית אֱלֹהֵינוּ: הַלְלוּיָהּ כִּי טוֹב יְיָ, זַמְּרוּ לִשְׁמוֹ כִּי נָעִים: כִּי יַעֲקֹב בָּחַר לוֹ יָהּ, יִשְׂרָאֵל לִסְגֻלָּתוֹ: כִּי אֲנִי יָדַעְתִּי כִּי גָדוֹל יְיָ, וַאֲדֹנֵינוּ מִכָּל אֱלֹהִים: כֹּל אֲשֶׁר חָפֵץ יְיָ עָשָׂה, בַּשָּׁמַיִם וּבָאָרֶץ, בַּיַּמִּים וְכָל תְּהוֹמוֹת: מַעֲלֶה נְשִׂאִים מִקְצֵה הָאָרֶץ, בְּרָקִים לַמָּטָר עָשָׂה, מוֹצֵא רוּחַ מֵאוֹצְרוֹתָיו: שֶׁהִכָּה בְּכוֹרֵי מִצְרָיִם, מֵאָדָם עַד בְּהֵמָה: שָׁלַח אוֹתֹת וּמֹפְתִים בְּתוֹכֵכִי מִצְרָיִם, בְּפַרְעֹה וּבְכָל עֲבָדָיו: שֶׁהִכָּה גּוֹיִם רַבִּים, וְהָרַג מְלָכִים עֲצוּמִים: לְסִיחוֹן מֶלֶךְ הָאֱמֹרִי וּלְעוֹג מֶלֶךְ הַבָּשָׁן, וּלְכֹל מַמְלְכוֹת כְּנָעַן: וְנָתַן אַרְצָם נַחֲלָה, נַחֲלָה לְיִשְׂרָאֵל עַמּוֹ: יְיָ, שִׁמְךָ לְעוֹלָם, יְיָ, זִכְרְךָ לְדֹר וָדֹר: כִּי יָדִין יְיָ עַמּוֹ, וְעַל עֲבָדָיו יִתְנֶחָם: עֲצַבֵּי הַגּוֹיִם כֶּסֶף וְזָהָב, מַעֲשֵׂה יְדֵי אָדָם: פֶּה לָהֶם וְלֹא יְדַבֵּרוּ, עֵינַיִם לָהֶם וְלֹא יִרְאוּ: אָזְנַיִם לָהֶם וְלֹא יַאֲזִינוּ, אַף אֵין יֶשׁ רוּחַ בְּפִיהֶם: כְּמוֹהֶם יִהְיוּ עֹשֵׂיהֶם, כֹּל אֲשֶׁר בֹּטֵחַ בָּהֶם: בֵּית יִשְׂרָאֵל בָּרְכוּ אֶת יְיָ, בֵּית אַהֲרֹן בָּרְכוּ אֶת יְיָ: בֵּית הַלֵּוִי בָּרְכוּ אֶת יְיָ, יִרְאֵי יְיָ בָּרְכוּ אֶת יְיָ: בָּרוּךְ יְיָ מִצִּיּוֹן, שֹׁכֵן יְרוּשָׁלָיִם, הַלְלוּיָהּ:[1]

Rise and remain standing until after בָּרוּךְ שֶׁאָמַר, page 89.

הוֹדוּ[2] לַייָ כִּי טוֹב, כִּי לְעוֹלָם חַסְדּוֹ:

הוֹדוּ לֵאלֹהֵי הָאֱלֹהִים, כִּי לְעוֹלָם חַסְדּוֹ:

הוֹדוּ לַאֲדֹנֵי הָאֲדֹנִים, כִּי לְעוֹלָם חַסְדּוֹ:

לְעֹשֵׂה נִפְלָאוֹת גְּדֹלוֹת לְבַדּוֹ, כִּי לְעוֹלָם חַסְדּוֹ:

---

1. Psalm 135. 2. While reciting each group of verses, concentrate on the letter of the Divine Name shown in parentheses on the Hebrew side at the end of the group (e.g., for the first ten verses concentrate on the י, for the next five verses—on the ה, etc.), but do not say them.

הללויה Praise the Lord. Praise the Name of the Lord; offer praise, you servants of the Lord who stand in the House of the Lord, in the courtyards of the House of our God. Praise the Lord, for the Lord is good; sing to His Name, for He is pleasant. For God has chosen Jacob for Himself, Israel as His beloved treasure. For I know that the Lord is great, our Master is greater than all supernal beings. All that the Lord desired He has done, in the heavens and on earth, in the seas and all the depths. He causes mists to rise from the ends of the earth; He makes lightning for the rain; He brings forth the wind from His vaults. It was He who struck down the first-born of Egypt, of man and beast. He sent signs and wonders into the midst of Egypt, on Pharaoh and on all his servants. It was He who struck down many nations, and slew mighty kings: Sichon, king of the Amorites; Og, king of Bashan; and all the kingdoms of Canaan. And He gave their lands as a heritage, a heritage to His people Israel. Lord, Your Name is forever; Lord, Your remembrance is throughout all generations. Indeed, the Lord will judge on behalf of His people, and have compassion on His servants. The idols of the nations are silver and gold, the product of human hands. They have a mouth, but cannot speak; they have eyes, but cannot see; they have ears, but cannot hear; nor is there breath in their mouth. Those who make them will become like them—all who trust in them. House of Israel, bless the Lord; House of Aaron, bless the Lord; House of Levi, bless the Lord; you who fear the Lord, bless the Lord. Blessed is the Lord from Zion, who dwells in Jerusalem. Praise the Lord.[1]

Rise and remain standing until after *Blessed is He who spoke,* page 89.

הודו Praise[2] the Lord for He is good, for His kindness is everlasting.

Praise the God of the supernal beings, for His kindness is everlasting.

Praise the Master of the heavenly hosts, for His kindness is everlasting.

Who alone performs great wonders, for His kindness is everlasting.

לְעֹשֵׂה הַשָּׁמַיִם בִּתְבוּנָה, כִּי לְעוֹלָם חַסְדּוֹ:
לְרוֹקַע הָאָרֶץ עַל הַמָּיִם, כִּי לְעוֹלָם חַסְדּוֹ:
לְעֹשֵׂה אוֹרִים גְּדֹלִים, כִּי לְעוֹלָם חַסְדּוֹ:
אֶת הַשֶּׁמֶשׁ לְמֶמְשֶׁלֶת בַּיּוֹם, כִּי לְעוֹלָם חַסְדּוֹ:
אֶת הַיָּרֵחַ וְכוֹכָבִים לְמֶמְשְׁלוֹת בַּלָּיְלָה,
כִּי לְעוֹלָם חַסְדּוֹ:
לְמַכֵּה מִצְרַיִם בִּבְכוֹרֵיהֶם, (יָ) כִּי לְעוֹלָם חַסְדּוֹ:
וַיּוֹצֵא יִשְׂרָאֵל מִתּוֹכָם, כִּי לְעוֹלָם חַסְדּוֹ:
בְּיָד חֲזָקָה וּבִזְרוֹעַ נְטוּיָה, כִּי לְעוֹלָם חַסְדּוֹ:
לְגֹזֵר יַם סוּף לִגְזָרִים, כִּי לְעוֹלָם חַסְדּוֹ:
וְהֶעֱבִיר יִשְׂרָאֵל בְּתוֹכוֹ, כִּי לְעוֹלָם חַסְדּוֹ:
וְנִעֵר פַּרְעֹה וְחֵילוֹ בְיַם סוּף, (הָ) כִּי לְעוֹלָם חַסְדּוֹ:
לְמוֹלִיךְ עַמּוֹ בַּמִּדְבָּר, כִּי לְעוֹלָם חַסְדּוֹ:
לְמַכֵּה מְלָכִים גְּדֹלִים, כִּי לְעוֹלָם חַסְדּוֹ:
וַיַּהֲרֹג מְלָכִים אַדִּירִים, כִּי לְעוֹלָם חַסְדּוֹ:
לְסִיחוֹן מֶלֶךְ הָאֱמֹרִי, כִּי לְעוֹלָם חַסְדּוֹ:
וּלְעוֹג מֶלֶךְ הַבָּשָׁן, כִּי לְעוֹלָם חַסְדּוֹ:
וְנָתַן אַרְצָם לְנַחֲלָה, (וָ) כִּי לְעוֹלָם חַסְדּוֹ:
נַחֲלָה לְיִשְׂרָאֵל עַבְדּוֹ, כִּי לְעוֹלָם חַסְדּוֹ:
שֶׁבְּשִׁפְלֵנוּ זָכַר לָנוּ, כִּי לְעוֹלָם חַסְדּוֹ:
וַיִּפְרְקֵנוּ מִצָּרֵינוּ, כִּי לְעוֹלָם חַסְדּוֹ:
נוֹתֵן לֶחֶם לְכָל בָּשָׂר, כִּי לְעוֹלָם חַסְדּוֹ:
הוֹדוּ לְאֵל הַשָּׁמָיִם, (הָ) כִּי לְעוֹלָם חַסְדּוֹ:[1]

1. Psalm 136.

Who makes the heavens with understanding, for His kindness is everlasting.

Who spreads forth the earth above the waters, for His kindness is everlasting.

Who makes the great lights, for His kindness is everlasting.

The sun to rule by day, for His kindness is everlasting.

The moon and stars to rule by night, for His kindness is everlasting.

Who struck Egypt through its first-born, for His kindness is everlasting.

And brought Israel out of their midst, for His kindness is everlasting.

With a strong hand and with an outstretched arm, for His kindness is everlasting.

Who split the Sea of Reeds into sections, for His kindness is everlasting.

And brought Israel across it, for His kindness is everlasting.

And cast Pharaoh and his army into the Sea of Reeds, for His kindness is everlasting.

Who led His people through the desert, for His kindness is everlasting.

Who struck down great kings, for His kindness is everlasting.

And slew mighty kings, for His kindness is everlasting.

Sichon, king of the Amorites, for His kindness is everlasting.

And Og, king of Bashan, for His kindness is everlasting.

And gave their land as a heritage, for His kindness is everlasting.

A heritage to Israel His servant, for His kindness is everlasting.

Who remembered us in our humiliation, for His kindness is everlasting.

And redeemed us from our oppressors, for His kindness is everlasting.

Who gives food to all flesh, for His kindness is everlasting.

Praise the God of heaven, for His kindness is everlasting.[1]

הָאַדֶּרֶת וְהָאֱמוּנָה לְחַי עוֹלָמִים:
הַבִּינָה וְהַבְּרָכָה לְחַי עוֹלָמִים:
הַגַּאֲוָה וְהַגְּדֻלָּה לְחַי עוֹלָמִים:
הַדֵּעָה וְהַדִּבּוּר לְחַי עוֹלָמִים:
הַהוֹד וְהֶהָדָר לְחַי עוֹלָמִים:
הַוַּעַד וְהַוָּתִיקוּת לְחַי עוֹלָמִים:
הַזִּיו וְהַזֹּהַר לְחַי עוֹלָמִים:
הַחַיִל וְהַחֹסֶן לְחַי עוֹלָמִים:
הַטֶּכֶס וְהַטֹּהַר לְחַי עוֹלָמִים:
הַיִּחוּד וְהַיִּרְאָה לְחַי עוֹלָמִים:
הַכֶּתֶר וְהַכָּבוֹד לְחַי עוֹלָמִים:
הַלֶּקַח וְהַלִּבּוּב לְחַי עוֹלָמִים:
הַמְּלוּכָה וְהַמֶּמְשָׁלָה לְחַי עוֹלָמִים:
הַנּוֹי וְהַנֵּצַח לְחַי עוֹלָמִים:
הַסִּגּוּי וְהַשֶּׂגֶב לְחַי עוֹלָמִים:
הָעֹז וְהָעֲנָוָה לְחַי עוֹלָמִים:
הַפְּדוּת וְהַפְּאֵר לְחַי עוֹלָמִים:
הַצְּבִי וְהַצֶּדֶק לְחַי עוֹלָמִים:
הַקְּרִיאָה וְהַקְּדֻשָּׁה לְחַי עוֹלָמִים:
הָרוֹן וְהָרוֹמֵמוּת לְחַי עוֹלָמִים:
הַשִּׁיר וְהַשֶּׁבַח לְחַי עוֹלָמִים:
הַתְּהִלָּה וְהַתִּפְאֶרֶת לְחַי עוֹלָמִים:

PESUKEI DEZIMRAH—VERSES OF PRAISE

Hold the two front *tzitzit* for the blessing בָּרוּךְ שֶׁאָמַר. At the conclusion of the blessing, before releasing the *tzitzit*, pass them over the eyes and kiss them.

Uttering any words—other than prayer—is prohibited from this point until after the Amidah on page 114.

לְשֵׁם יִחוּד קוּדְשָׁא בְּרִיךְ הוּא וּשְׁכִינְתֵּהּ לְיַחֲדָא שֵׁם י״ה בו״ה[1] בְּיִחוּדָא שְׁלִים בְּשֵׁם כָּל יִשְׂרָאֵל:

בָּרוּךְ שֶׁאָמַר וְהָיָה הָעוֹלָם, בָּרוּךְ הוּא, בָּרוּךְ אוֹמֵר וְעֹשֶׂה, בָּרוּךְ גּוֹזֵר וּמְקַיֵּם, בָּרוּךְ עֹשֶׂה בְרֵאשִׁית, בָּרוּךְ מְרַחֵם עַל הָאָרֶץ, בָּרוּךְ מְרַחֵם עַל הַבְּרִיּוֹת, בָּרוּךְ מְשַׁלֵּם שָׂכָר טוֹב לִירֵאָיו, בָּרוּךְ חַי לָעַד וְקַיָּם לָנֶצַח, בָּרוּךְ פּוֹדֶה וּמַצִּיל, בָּרוּךְ שְׁמוֹ. בָּרוּךְ אַתָּה יְיָ אֱלֹהֵינוּ מֶלֶךְ הָעוֹלָם, הָאֵל, אָב הָרַחֲמָן, הַמְהֻלָּל בְּפֶה עַמּוֹ, מְשֻׁבָּח וּמְפֹאָר בִּלְשׁוֹן חֲסִידָיו וַעֲבָדָיו, וּבְשִׁירֵי דָוִד עַבְדֶּךָ. נְהַלֶּלְךָ יְיָ אֱלֹהֵינוּ, בִּשְׁבָחוֹת וּבִזְמִרוֹת, נְגַדֶּלְךָ וּנְשַׁבֵּחֲךָ וּנְפָאֶרְךָ, וְנַמְלִיכְךָ וְנַזְכִּיר שִׁמְךָ מַלְכֵּנוּ אֱלֹהֵינוּ. יָחִיד, חֵי הָעוֹלָמִים מֶלֶךְ. מְשֻׁבָּח וּמְפֹאָר עֲדֵי עַד שְׁמוֹ הַגָּדוֹל. בָּרוּךְ אַתָּה יְיָ, מֶלֶךְ מְהֻלָּל בַּתִּשְׁבָּחוֹת: (Cong—אָמֵן)

1. Pronounced "Yud Kay b'Vöv Kay."

האדרת Power and trustworthiness	to Him who lives forever.
Understanding and blessing	to Him who lives forever.
Grandeur and greatness	to Him who lives forever.
Knowledge and speech	to Him who lives forever.
Majesty and splendor	to Him who lives forever.
Convocation and zealousness	to Him who lives forever.
Resplendence and radiance	to Him who lives forever.
Valor and might	to Him who lives forever.
Adornment and purity	to Him who lives forever.
Oneness and awe	to Him who lives forever.
Crown and honor	to Him who lives forever.
Torah and perception	to Him who lives forever.
Kingship and dominion	to Him who lives forever.
Beauty and victory	to Him who lives forever.
Supremacy and transcendence	to Him who lives forever.
Strength and humility	to Him who lives forever.
Redemption and magnificence	to Him who lives forever.
Glory and righteousness	to Him who lives forever.
Invocation and sanctity	to Him who lives forever.
Song and exaltation	to Him who lives forever.
Chant and praise	to Him who lives forever.
Adoration and grace	to Him who lives forever.

PESUKEI DEZIMRAH—VERSES OF PRAISE

Hold the two front *tzitzit* for the blessing *Blessed is He who spoke*. At the conclusion of the blessing, before releasing the *tzitzit*, pass them over the eyes and kiss them.

Uttering any words—other than prayer—is prohibited from this point until after the Amidah on page 114.

לשם For the sake of the union of the Holy One, blessed be He, with His Shechinah, to unite the Name *yud-kay* with *vav-kay* in a perfect union in the name of all Israel.

ברוך Blessed is He who spoke, and the world came into being; blessed is He; blessed is He who says and does; blessed is He who decrees and fulfills; blessed is He who creates the universe; blessed is He who has compassion on the earth; blessed is He who has compassion on the creatures; blessed is He who rewards well those who fear Him; blessed is He who lives forever and exists eternally; blessed is He who redeems and saves; blessed is His Name. Blessed are You, Lord our God, King of the universe, benevolent God; merciful Father, who is praised by the mouth of His people, exalted and glorified by the tongue of His pious ones and His servants, and by the songs of David Your servant. We will extol You, Lord our God, with praises and songs; exalt, laud, and glorify You, proclaim You King, and mention Your Name, our King, our God. You are the only One—the Life of [all] the worlds, O King; praised and glorified is His great Name forever and ever. Blessed are You Lord, King who is extolled with praises. Cong. Amen.

You may be seated.

מִזְמוֹר שִׁיר לְיוֹם הַשַּׁבָּת: טוֹב לְהֹדוֹת לַיְיָ, וּלְזַמֵּר
לְשִׁמְךָ עֶלְיוֹן: לְהַגִּיד בַּבֹּקֶר חַסְדֶּךָ, וֶאֱמוּנָתְךָ
בַּלֵּילוֹת: עֲלֵי עָשׂוֹר וַעֲלֵי נָבֶל, עֲלֵי הִגָּיוֹן בְּכִנּוֹר: כִּי
שִׂמַּחְתַּנִי יְיָ בְּפָעֳלֶךָ, בְּמַעֲשֵׂי יָדֶיךָ אֲרַנֵּן: מַה גָּדְלוּ
מַעֲשֶׂיךָ יְיָ, מְאֹד עָמְקוּ מַחְשְׁבֹתֶיךָ: אִישׁ בַּעַר לֹא יֵדָע,
וּכְסִיל לֹא יָבִין אֶת זֹאת: בִּפְרֹחַ רְשָׁעִים כְּמוֹ עֵשֶׂב,
וַיָּצִיצוּ כָּל פֹּעֲלֵי אָוֶן, לְהִשָּׁמְדָם עֲדֵי עַד: וְאַתָּה מָרוֹם
לְעֹלָם יְיָ: כִּי הִנֵּה אֹיְבֶיךָ יְיָ, כִּי הִנֵּה אֹיְבֶיךָ יֹאבֵדוּ,
יִתְפָּרְדוּ כָּל פֹּעֲלֵי אָוֶן: וַתָּרֶם כִּרְאֵים קַרְנִי, בַּלֹּתִי בְּשֶׁמֶן
רַעֲנָן: וַתַּבֵּט עֵינִי בְּשׁוּרָי, בַּקָּמִים עָלַי מְרֵעִים, תִּשְׁמַעְנָה
אָזְנָי: צַדִּיק כַּתָּמָר יִפְרָח, כְּאֶרֶז בַּלְּבָנוֹן יִשְׂגֶּה: שְׁתוּלִים
בְּבֵית יְיָ, בְּחַצְרוֹת אֱלֹהֵינוּ יַפְרִיחוּ: עוֹד יְנוּבוּן בְּשֵׂיבָה,
דְּשֵׁנִים וְרַעֲנַנִּים יִהְיוּ: לְהַגִּיד כִּי יָשָׁר יְיָ, צוּרִי וְלֹא
עַוְלָתָה בּוֹ:[1]

יְיָ מָלָךְ גֵּאוּת לָבֵשׁ, לָבֵשׁ יְיָ עֹז הִתְאַזָּר, אַף תִּכּוֹן
תֵּבֵל בַּל תִּמּוֹט: נָכוֹן כִּסְאֲךָ מֵאָז, מֵעוֹלָם
אָתָּה: נָשְׂאוּ נְהָרוֹת יְיָ, נָשְׂאוּ נְהָרוֹת קוֹלָם, יִשְׂאוּ נְהָרוֹת
דָּכְיָם: מִקֹּלוֹת מַיִם רַבִּים אַדִּירִים מִשְׁבְּרֵי יָם, אַדִּיר
בַּמָּרוֹם יְיָ: עֵדֹתֶיךָ נֶאֶמְנוּ מְאֹד, לְבֵיתְךָ נָאֲוָה[2] קֹדֶשׁ, יְיָ
לְאֹרֶךְ יָמִים:[3]

יְהִי כְבוֹד יְיָ לְעוֹלָם, יִשְׂמַח יְיָ בְּמַעֲשָׂיו:[4] יְהִי שֵׁם יְיָ
מְבֹרָךְ, מֵעַתָּה וְעַד עוֹלָם: מִמִּזְרַח שֶׁמֶשׁ עַד
מְבוֹאוֹ, מְהֻלָּל שֵׁם יְיָ: רָם עַל כָּל גּוֹיִם l יְיָ, עַל הַשָּׁמַיִם

---

1. Psalm 92. **2.** Another version: נָאֲוָה. **3.** Psalm 93. **4.** Ibid. 104:31.

You may be seated.

מזמור A Psalm, a song for the Shabbat day. It is good to praise the Lord, and to sing to Your Name, O Most High; to proclaim Your kindness in the morning, and Your faithfulness in the nights, with a ten-stringed instrument and lyre, to the melody of a harp. For You, Lord, have gladdened me with Your deeds; I sing for joy at the works of Your hand. How great are Your works, O Lord; how very profound Your thoughts! A brutish man cannot know, a fool cannot comprehend this: when the wicked thrive like grass, and all evildoers flourish—it is in order that they may be destroyed forever. But You, Lord, are exalted forever. Indeed, Your enemies, Lord, indeed, Your enemies shall perish; all evildoers shall be scattered. But You have increased my might like that of a wild ox; I am anointed with fresh oil. My eyes have seen [the downfall of] my watchful enemies; my ears have heard [the doom of] the wicked who rise against me. The righteous will flourish like a palm tree, grow tall like a cedar in Lebanon. Planted in the House of the Lord, they shall blossom in the courtyards of our God. They shall be fruitful even in old age; they shall be full of sap and freshness. That is to say that the Lord is just; He is my Strength, and there is no injustice in Him.[1]

יי מלך The Lord is King; He has garbed Himself with grandeur; the Lord has robed Himself, He has girded Himself with strength; He has also established the world firmly that it shall not falter. Your throne stands firm from of old; You have existed forever. The rivers have raised, O Lord, the rivers have raised their voice; the rivers raise their raging waves. More than the sound of many waters, than the mighty breakers of the sea, is the Lord mighty on high. Your testimonies are most trustworthy; Your House will be resplendent in holiness, O Lord, forever.[3]

יהי May the glory of the Lord be forever; may the Lord find delight in His works.[4] May the Name of the Lord be blessed from now and to all eternity. From the rising of the sun to its setting, the Name of the Lord is praised. The Lord is high above all

כְּבוֹדוֹ:[1] יְיָ, שִׁמְךָ לְעוֹלָם, יְיָ, זִכְרְךָ לְדֹר וָדֹר:[2] יְיָ בַּשָּׁמַיִם
הֵכִין כִּסְאוֹ, וּמַלְכוּתוֹ בַּכֹּל מָשָׁלָה:[3] יִשְׂמְחוּ הַשָּׁמַיִם
וְתָגֵל הָאָרֶץ, וְיֹאמְרוּ בַגּוֹיִם יְיָ מָלָךְ:[4] יְיָ מֶלֶךְ, יְיָ מָלָךְ,
יְיָ יִמְלֹךְ לְעוֹלָם וָעֶד:[5] יְיָ מֶלֶךְ עוֹלָם וָעֶד, אָבְדוּ גוֹיִם
מֵאַרְצוֹ:[6] יְיָ הֵפִיר עֲצַת גּוֹיִם, הֵנִיא מַחְשְׁבוֹת עַמִּים:[7]
רַבּוֹת מַחֲשָׁבוֹת בְּלֶב אִישׁ, וַעֲצַת יְיָ הִיא תָקוּם:[8] עֲצַת
יְיָ לְעוֹלָם תַּעֲמֹד, מַחְשְׁבוֹת לִבּוֹ לְדֹר וָדֹר:[9] כִּי הוּא אָמַר
וַיֶּהִי, הוּא צִוָּה וַיַּעֲמֹד:[10] כִּי בָחַר יְיָ בְּצִיּוֹן, אִוָּהּ לְמוֹשָׁב
לוֹ:[11] כִּי יַעֲקֹב בָּחַר לוֹ יָהּ, יִשְׂרָאֵל לִסְגֻלָּתוֹ:[12] כִּי, לֹא
יִטֹּשׁ יְיָ עַמּוֹ, וְנַחֲלָתוֹ לֹא יַעֲזֹב:[13] וְהוּא רַחוּם יְכַפֵּר עָוֹן
וְלֹא יַשְׁחִית, וְהִרְבָּה לְהָשִׁיב אַפּוֹ, וְלֹא יָעִיר כָּל חֲמָתוֹ:[14]
יְיָ הוֹשִׁיעָה, הַמֶּלֶךְ יַעֲנֵנוּ בְיוֹם קָרְאֵנוּ:[15]

אַשְׁרֵי יוֹשְׁבֵי בֵיתֶךָ, עוֹד יְהַלְלוּךָ סֶּלָה:[16] אַשְׁרֵי
הָעָם שֶׁכָּכָה לּוֹ, אַשְׁרֵי הָעָם שֶׁיְיָ
אֱלֹהָיו:[17] תְּהִלָּה לְדָוִד, אֲרוֹמִמְךָ אֱלוֹהַי הַמֶּלֶךְ,
וַאֲבָרְכָה שִׁמְךָ לְעוֹלָם וָעֶד: בְּכָל יוֹם אֲבָרְכֶךָּ,
וַאֲהַלְלָה שִׁמְךָ לְעוֹלָם וָעֶד: גָּדוֹל יְיָ וּמְהֻלָּל
מְאֹד, וְלִגְדֻלָּתוֹ אֵין חֵקֶר: דּוֹר לְדוֹר יְשַׁבַּח
מַעֲשֶׂיךָ, וּגְבוּרֹתֶיךָ יַגִּידוּ: הֲדַר כְּבוֹד הוֹדֶךָ,
וְדִבְרֵי נִפְלְאוֹתֶיךָ אָשִׂיחָה: וֶעֱזוּז נוֹרְאוֹתֶיךָ יֹאמֵרוּ,
וּגְדֻלָּתְךָ אֲסַפְּרֶנָּה: זֵכֶר רַב טוּבְךָ יַבִּיעוּ, וְצִדְקָתְךָ

1. Psalms 113:2-4. **2.** Ibid. 135:13. **3.** Ibid. 103:19. **4.** I Chronicles 16:31. **5.** See note 5, page 81. **6.** Psalms 10:16. **7.** Ibid. 33:10. **8.** Proverbs 19:21. **9.** Psalms 33:11. **10.** Ibid. 33:9. **11.** Ibid. 132:13. **12.** Ibid. 135:4. **13.** Ibid. 94:14. **14.** Ibid. 78:38. **15.** Ibid. 20:10. **16.** Ibid. 84:5. **17.** Ibid. 144:15.

nations; His glory transcends the heavens.[1] O Lord, Your Name is forever; Your remembrance, O Lord, is throughout all generations.[2] The Lord has established His throne in the heavens, and His kingship has dominion over all.[3] The heavens will rejoice, the earth will exult, and among the nations they will proclaim, "The Lord reigns!"[4] The Lord is King, the Lord was King, the Lord shall be King for ever and ever.[5] The Lord reigns for all eternity; the nations have vanished from His land.[6] The Lord has annulled the counsel of nations; He has foiled the schemes of peoples.[7] Many are the thoughts in the heart of man, but it is the counsel of the Lord that endures.[8] The counsel of the Lord stands forever, the thoughts of His heart throughout all generations.[9] For He spoke, and it came to be; He commanded, and it endured.[10] Indeed, the Lord has chosen Zion; He desired it for His dwelling place.[11] For God has chosen Jacob for Himself, Israel as His beloved treasure.[12] Indeed, the Lord will not abandon His people, nor will He forsake His heritage.[13] And He, being compassionate, pardons iniquity, and does not destroy; time and again He turns away His anger, and does not arouse all His wrath.[14] Deliver us, O Lord; may the King answer us on the day we call.[15]

Transliteration, page 333.

אשרי Happy are those who dwell in Your House; they will yet praise You forever.[16] Happy is the people whose lot is thus; happy is the people whose God is the Lord.[17] A psalm of praise by David: I will exalt You, my God the King, and bless Your Name forever. Every day I will bless You, and extol Your Name forever. The Lord is great and exceedingly exalted, and there is no limit to His greatness. One generation to another will laud Your works, and tell of Your mighty acts. I will speak of the splendor of Your glorious majesty and of Your wondrous deeds. They will proclaim the might of Your awesome acts, and I will recount Your greatness. They will express the remembrance of Your abounding goodness, and sing of Your righteousness. The Lord is

יְרַנֵּנוּ: חַנּוּן וְרַחוּם יְיָ, אֶרֶךְ אַפַּיִם וּגְדָל חָסֶד: טוֹב
יְיָ לַכֹּל, וְרַחֲמָיו עַל כָּל מַעֲשָׂיו: יוֹדוּךָ יְיָ כָּל
מַעֲשֶׂיךָ, וַחֲסִידֶיךָ יְבָרְכוּכָה: כְּבוֹד מַלְכוּתְךָ
יֹאמֵרוּ, וּגְבוּרָתְךָ יְדַבֵּרוּ: לְהוֹדִיעַ לִבְנֵי הָאָדָם
גְּבוּרֹתָיו, וּכְבוֹד הֲדַר מַלְכוּתוֹ: מַלְכוּתְךָ מַלְכוּת
כָּל עֹלָמִים, וּמֶמְשַׁלְתְּךָ בְּכָל דּוֹר וָדֹר: סוֹמֵךְ יְיָ
לְכָל הַנֹּפְלִים, וְזוֹקֵף לְכָל הַכְּפוּפִים: עֵינֵי כֹל
אֵלֶיךָ יְשַׂבֵּרוּ, וְאַתָּה נוֹתֵן לָהֶם אֶת אָכְלָם בְּעִתּוֹ:
פּוֹתֵחַ אֶת יָדֶךָ, וּמַשְׂבִּיעַ לְכָל
חַי רָצוֹן: צַדִּיק יְיָ בְּכָל דְּרָכָיו, וְחָסִיד בְּכָל
מַעֲשָׂיו: קָרוֹב יְיָ לְכָל קֹרְאָיו, לְכֹל אֲשֶׁר יִקְרָאֻהוּ
בֶאֱמֶת: רְצוֹן יְרֵאָיו יַעֲשֶׂה, וְאֶת שַׁוְעָתָם יִשְׁמַע
וְיוֹשִׁיעֵם: שׁוֹמֵר יְיָ אֶת כָּל אֹהֲבָיו, וְאֵת כָּל
הָרְשָׁעִים יַשְׁמִיד: תְּהִלַּת יְיָ יְדַבֶּר פִּי, וִיבָרֵךְ כָּל
בָּשָׂר שֵׁם קָדְשׁוֹ לְעוֹלָם וָעֶד:[1] וַאֲנַחְנוּ נְבָרֵךְ יָהּ,
מֵעַתָּה וְעַד עוֹלָם, הַלְלוּיָהּ:[2]

This verse must be recited with concentration.

הַלְלוּיָהּ, הַלְלִי נַפְשִׁי אֶת יְיָ: אֲהַלְלָה יְיָ בְּחַיָּי, אֲזַמְּרָה לֵאלֹהַי בְּעוֹדִי: אַל תִּבְטְחוּ בִנְדִיבִים, בְּבֶן אָדָם שֶׁאֵין לוֹ תְשׁוּעָה: תֵּצֵא רוּחוֹ יָשֻׁב לְאַדְמָתוֹ, בַּיּוֹם הַהוּא אָבְדוּ עֶשְׁתֹּנֹתָיו: אַשְׁרֵי שֶׁאֵל יַעֲקֹב בְּעֶזְרוֹ, שִׂבְרוֹ עַל יְיָ אֱלֹהָיו: עֹשֶׂה שָׁמַיִם וָאָרֶץ, אֶת הַיָּם וְאֶת כָּל אֲשֶׁר

1. Psalm 145. 2. Ibid. 115:18.

gracious and compassionate, slow to anger and of great kindness. The Lord is good to all, and His mercies extend over all His works. Lord, all Your works will give thanks to You, and Your pious ones will bless You. They will declare the glory of Your kingdom, and tell of Your strength. To make known to men His mighty acts, and the glorious majesty of His kingdom. Your kingship is a kingship over all worlds, and Your dominion is throughout all generations. The Lord supports all who fall, and makes erect all who are bent. The eyes of all look expectantly to You, and You give them their food at the proper time. You open Your hand and satisfy the desire of every living thing. The Lord is righteous in all His ways, and benevolent in all His deeds. The Lord is close to all who call upon Him, to all who call upon Him in truth. He fulfills the desire of those who fear Him, hears their cry and delivers them. The Lord watches over all who love Him, and will destroy all the wicked. My mouth will utter the praise of the Lord, and let all flesh bless His holy Name forever.[1] And we will bless the Lord from now to eternity. Praise the Lord.[2]

This verse must be recited with concentration.

הללויה Praise the Lord. Praise the Lord, O my soul. I will sing to the Lord with my soul; I will chant praises to my God with my [entire] being. Do not place your trust in munificent benefactors, in mortal man, for he does not have the ability to bring deliverance. When his spirit departs, he returns to his earth; on that very day, his plans come to naught. Fortunate is he whose help is the God of Jacob, whose hope rests upon the Lord his God. He makes the heavens, the earth, the sea and all that is in them; He

בָּם, הַשֹּׁמֵר אֱמֶת לְעוֹלָם: עֹשֶׂה מִשְׁפָּט לַעֲשׁוּקִים, נֹתֵן לֶחֶם לָרְעֵבִים, יְיָ מַתִּיר אֲסוּרִים: יְיָ פֹּקֵחַ עִוְרִים, יְיָ זֹקֵף כְּפוּפִים, יְיָ אֹהֵב צַדִּיקִים: יְיָ שֹׁמֵר אֶת גֵּרִים, יָתוֹם וְאַלְמָנָה יְעוֹדֵד, וְדֶרֶךְ רְשָׁעִים יְעַוֵּת: יִמְלֹךְ יְיָ לְעוֹלָם, אֱלֹהַיִךְ צִיּוֹן, לְדֹר וָדֹר, הַלְלוּיָהּ:[1]

הַלְלוּיָהּ, כִּי טוֹב זַמְּרָה אֱלֹהֵינוּ, כִּי נָעִים נָאוָה תְהִלָּה: בּוֹנֵה יְרוּשָׁלַיִם יְיָ, נִדְחֵי יִשְׂרָאֵל יְכַנֵּס: הָרוֹפֵא לִשְׁבוּרֵי לֵב, וּמְחַבֵּשׁ לְעַצְּבוֹתָם: מוֹנֶה מִסְפָּר לַכּוֹכָבִים, לְכֻלָּם שֵׁמוֹת יִקְרָא: גָּדוֹל אֲדוֹנֵינוּ וְרַב כֹּחַ, לִתְבוּנָתוֹ אֵין מִסְפָּר: מְעוֹדֵד עֲנָוִים יְיָ, מַשְׁפִּיל רְשָׁעִים עֲדֵי אָרֶץ: עֱנוּ לַייָ בְּתוֹדָה, זַמְּרוּ לֵאלֹהֵינוּ בְכִנּוֹר: הַמְכַסֶּה שָׁמַיִם בְּעָבִים, הַמֵּכִין לָאָרֶץ מָטָר, הַמַּצְמִיחַ הָרִים חָצִיר: נוֹתֵן לִבְהֵמָה לַחְמָהּ, לִבְנֵי עֹרֵב אֲשֶׁר יִקְרָאוּ: לֹא בִגְבוּרַת הַסּוּס יֶחְפָּץ, לֹא בְשׁוֹקֵי הָאִישׁ יִרְצֶה: רוֹצֶה יְיָ אֶת יְרֵאָיו, אֶת הַמְיַחֲלִים לְחַסְדּוֹ: שַׁבְּחִי יְרוּשָׁלַיִם אֶת יְיָ, הַלְלִי אֱלֹהַיִךְ צִיּוֹן: כִּי חִזַּק בְּרִיחֵי שְׁעָרָיִךְ, בֵּרַךְ בָּנַיִךְ בְּקִרְבֵּךְ: הַשָּׂם גְּבוּלֵךְ שָׁלוֹם, חֵלֶב חִטִּים יַשְׂבִּיעֵךְ: הַשֹּׁלֵחַ אִמְרָתוֹ אָרֶץ, עַד מְהֵרָה יָרוּץ דְּבָרוֹ: הַנֹּתֵן שֶׁלֶג כַּצָּמֶר, כְּפוֹר כָּאֵפֶר יְפַזֵּר: מַשְׁלִיךְ קַרְחוֹ כְפִתִּים, לִפְנֵי קָרָתוֹ מִי יַעֲמֹד: יִשְׁלַח דְּבָרוֹ וְיַמְסֵם, יַשֵּׁב רוּחוֹ יִזְּלוּ מָיִם: מַגִּיד דְּבָרָיו לְיַעֲקֹב, חֻקָּיו וּמִשְׁפָּטָיו לְיִשְׂרָאֵל: לֹא עָשָׂה כֵן לְכָל גּוֹי, וּמִשְׁפָּטִים בַּל יְדָעוּם, הַלְלוּיָהּ:[2]

1. Psalm 146. 2. Ibid. 147.

keeps His promise faithfully forever. He renders justice to the oppressed; He gives food to the hungry; the Lord releases those who are bound. The Lord opens the eyes of the blind; the Lord makes erect those who are bowed down; the Lord loves the righteous. The Lord watches over the strangers; He gives strength to the orphan and the widow; and He thwarts the way of the wicked. The Lord shall reign forever, your God, O Zion, throughout all generations. Praise the Lord.[1]

הללויה Praise the Lord. Sing to our God for He is good, for He is pleasant; praise befits Him. The Lord is the rebuilder of Jerusalem; He will gather the dispersed of Israel. He heals the broken-hearted, and binds up their wounds. He counts the number of the stars; He gives a name to each of them. Great is our Master and abounding in might; His understanding is beyond reckoning. The Lord strengthens the humble; He casts the wicked down to the ground. Lift your voices to the Lord in gratitude; sing to our God with a harp. He covers the heaven with clouds; He prepares rain for the earth, and makes grass grow upon the mountains. He gives to the cattle their food, to the young ravens which cry to Him. He does not desire [those who place their trust in] the strength of the horse, nor does He want those who rely upon the thighs [swiftness] of man. He desires those who fear Him, those who long for His kindness. Praise the Lord, O Jerusalem; Zion, extol your God. For He has strengthened the bolts of your gates; He has blessed your children in your midst. He has made peace within your borders; He satiates you with the finest of wheat. He sends forth His command to the earth; His word runs most swiftly. He gives snow like fleece; He scatters frost like ashes. He hurls His ice like morsels; who can withstand His cold? He sends forth His word and melts them; He causes His wind to blow, and the waters flow. He tells His words [Torah] to Jacob, His statutes and ordinances to Israel. He has not done so for other nations, and they do not know [His] ordinances. Praise the Lord.[2]

הַלְלוּיָהּ, הַלְלוּ אֶת יְיָ מִן הַשָּׁמַיִם, הַלְלוּהוּ בַּמְּרוֹמִים:
הַלְלוּהוּ כָל מַלְאָכָיו, הַלְלוּהוּ כָּל צְבָאָיו:
הַלְלוּהוּ שֶׁמֶשׁ וְיָרֵחַ, הַלְלוּהוּ כָּל כּוֹכְבֵי אוֹר: הַלְלוּהוּ
שְׁמֵי הַשָּׁמָיִם, וְהַמַּיִם אֲשֶׁר מֵעַל הַשָּׁמָיִם: יְהַלְלוּ אֶת
שֵׁם יְיָ, כִּי הוּא צִוָּה וְנִבְרָאוּ: וַיַּעֲמִידֵם לָעַד לְעוֹלָם, חָק
נָתַן וְלֹא יַעֲבוֹר: הַלְלוּ אֶת יְיָ מִן הָאָרֶץ, תַּנִּינִים וְכָל
תְּהֹמוֹת: אֵשׁ וּבָרָד שֶׁלֶג וְקִיטוֹר, רוּחַ סְעָרָה עֹשָׂה
דְבָרוֹ: הֶהָרִים וְכָל גְּבָעוֹת, עֵץ פְּרִי וְכָל אֲרָזִים: הַחַיָּה
וְכָל בְּהֵמָה, רֶמֶשׂ וְצִפּוֹר כָּנָף: מַלְכֵי אֶרֶץ וְכָל לְאֻמִּים,
שָׂרִים וְכָל שֹׁפְטֵי אָרֶץ: בַּחוּרִים וְגַם בְּתוּלוֹת, זְקֵנִים עִם
נְעָרִים: יְהַלְלוּ אֶת שֵׁם יְיָ, כִּי נִשְׂגָּב שְׁמוֹ לְבַדּוֹ, הוֹדוֹ
עַל אֶרֶץ וְשָׁמָיִם: וַיָּרֶם קֶרֶן לְעַמּוֹ, תְּהִלָּה לְכָל חֲסִידָיו,
לִבְנֵי יִשְׂרָאֵל עַם קְרֹבוֹ, הַלְלוּיָהּ:[1]

הַלְלוּיָהּ, שִׁירוּ לַיְיָ שִׁיר חָדָשׁ, תְּהִלָּתוֹ בִּקְהַל חֲסִידִים:
יִשְׂמַח יִשְׂרָאֵל בְּעֹשָׂיו, בְּנֵי צִיּוֹן יָגִילוּ
בְמַלְכָּם: יְהַלְלוּ שְׁמוֹ בְמָחוֹל, בְּתֹף וְכִנּוֹר יְזַמְּרוּ לוֹ: כִּי
רוֹצֶה יְיָ בְּעַמּוֹ, יְפָאֵר עֲנָוִים בִּישׁוּעָה: יַעְלְזוּ חֲסִידִים
בְּכָבוֹד, יְרַנְּנוּ עַל מִשְׁכְּבוֹתָם: רוֹמְמוֹת אֵל בִּגְרוֹנָם, וְחֶרֶב
פִּיפִיּוֹת בְּיָדָם: לַעֲשׂוֹת נְקָמָה בַּגּוֹיִם, תּוֹכֵחוֹת בַּלְאֻמִּים:
לֶאְסֹר מַלְכֵיהֶם בְּזִקִּים, וְנִכְבְּדֵיהֶם בְּכַבְלֵי בַרְזֶל: לַעֲשׂוֹת
בָּהֶם מִשְׁפָּט כָּתוּב, הָדָר הוּא לְכָל חֲסִידָיו, הַלְלוּיָהּ:[2]

הַלְלוּיָהּ, הַלְלוּ אֵל בְּקָדְשׁוֹ, הַלְלוּהוּ בִּרְקִיעַ עֻזּוֹ:
הַלְלוּהוּ בִגְבוּרֹתָיו, הַלְלוּהוּ כְּרֹב גֻּדְלוֹ:

---

1. Psalm 148. **2.** Ibid. 149.

הללויה Praise the Lord. Praise the Lord from the heavens; praise Him in the celestial heights. Praise Him, all His angels; praise Him, all His hosts. Praise Him, sun and moon; praise Him, all the shining stars. Praise Him, heavens of heavens, and the waters that are above the heavens. Let them praise the Name of the Lord, for He commanded and they were created. He has established them forever, for all time; He issued a decree, and it shall not be transgressed. Praise the Lord from the earth, sea-monsters and all [that dwell in] the depths; fire and hail, snow and vapor, stormy wind carrying out His command; the mountains and all hills, fruit-bearing trees and all cedars; the beasts and all cattle, creeping things and winged fowl; kings of the earth and all nations, rulers and all judges of the land; young men as well as maidens, elders together with young lads. Let them praise the Name of the Lord, for His Name is sublimely transcendent, it is unto Himself; [only] its radiance is upon the earth and heavens. He shall raise the glory of His people, [increase] the praise of all His pious ones, the children of Israel, the people close to Him. Praise the Lord.[1]

הללויה Praise the Lord. Sing to the Lord a new song; [recount] His praise in the assembly of the pious. Israel will rejoice in its Maker; the children of Zion will delight in their King. They will praise His Name with dancing; they will sing to Him with the drum and harp. For the Lord desires His people; He will adorn the humble with salvation. The pious will exult in glory; they will sing upon their beds. The exaltation of God is in their throat, and a double-edged sword in their hand, to bring retribution upon the nations, punishment upon the peoples; to bind their kings with chains, and their nobles with iron fetters; to execute upon them the prescribed judgment; it shall be a glory for all His pious ones. Praise the Lord.[2]

הללויה Praise the Lord. Praise God in His holiness; praise Him in the firmament of His strength. Praise Him for His mighty acts; praise Him according to His abundant

הַלְלְוּהוּ בְּתֵקַע שׁוֹפָר, הַלְלְוּהוּ בְּנֵבֶל וְכִנּוֹר: הַלְלְוּהוּ
בְּתֹף וּמָחוֹל, הַלְלְוּהוּ בְּמִנִּים וְעֻגָב: הַלְלְוּהוּ בְצִלְצְלֵי
שָׁמַע, הַלְלְוּהוּ בְּצִלְצְלֵי תְרוּעָה: כֹּל הַנְּשָׁמָה תְּהַלֵּל יָהּ
הַלְלוּיָהּ:[1] כֹּל הַנְּשָׁמָה תְּהַלֵּל יָהּ הַלְלוּיָהּ:

Rise and remain standing until after בָּרְכוּ on page 101.

בָּרוּךְ יְיָ לְעוֹלָם, אָמֵן וְאָמֵן:[2] בָּרוּךְ יְיָ מִצִּיּוֹן שֹׁכֵן
יְרוּשָׁלָיִם, הַלְלוּיָהּ:[3] בָּרוּךְ יְיָ אֱלֹהִים אֱלֹהֵי
יִשְׂרָאֵל, עֹשֵׂה נִפְלָאוֹת לְבַדּוֹ: וּבָרוּךְ שֵׁם כְּבוֹדוֹ לְעוֹלָם,
וְיִמָּלֵא כְבוֹדוֹ אֶת כָּל הָאָרֶץ, אָמֵן וְאָמֵן:[4]

וַיְבָרֶךְ דָּוִיד אֶת יְיָ לְעֵינֵי כָּל הַקָּהָל, וַיֹּאמֶר דָּוִיד, בָּרוּךְ
אַתָּה יְיָ אֱלֹהֵי יִשְׂרָאֵל אָבִינוּ, מֵעוֹלָם וְעַד
עוֹלָם: לְךָ יְיָ הַגְּדֻלָּה, וְהַגְּבוּרָה, וְהַתִּפְאֶרֶת, וְהַנֵּצַח,
וְהַהוֹד, כִּי כֹל בַּשָּׁמַיִם וּבָאָרֶץ, לְךָ יְיָ הַמַּמְלָכָה
וְהַמִּתְנַשֵּׂא לְכֹל לְרֹאשׁ: וְהָעֹשֶׁר וְהַכָּבוֹד מִלְּפָנֶיךָ, וְאַתָּה
מוֹשֵׁל בַּכֹּל, וּבְיָדְךָ, כֹּחַ וּגְבוּרָה, וּבְיָדְךָ, לְגַדֵּל וּלְחַזֵּק
לַכֹּל: וְעַתָּה אֱלֹהֵינוּ, מוֹדִים אֲנַחְנוּ לָךְ, וּמְהַלְלִים לְשֵׁם
תִּפְאַרְתֶּךָ:[5] וִיבָרְכוּ שֵׁם כְּבוֹדֶךָ, וּמְרוֹמַם עַל כָּל בְּרָכָה
וּתְהִלָּה: אַתָּה הוּא יְיָ לְבַדֶּךָ, אַתָּה עָשִׂיתָ אֶת הַשָּׁמַיִם,
שְׁמֵי הַשָּׁמַיִם, וְכָל צְבָאָם, הָאָרֶץ וְכָל אֲשֶׁר עָלֶיהָ,
הַיַּמִּים וְכָל אֲשֶׁר בָּהֶם, וְאַתָּה מְחַיֶּה אֶת כֻּלָּם, וּצְבָא
הַשָּׁמַיִם לְךָ מִשְׁתַּחֲוִים: אַתָּה הוּא יְיָ הָאֱלֹהִים, אֲשֶׁר
בָּחַרְתָּ בְּאַבְרָם, וְהוֹצֵאתוֹ מֵאוּר כַּשְׂדִּים, וְשַׂמְתָּ שְׁמוֹ
אַבְרָהָם: וּמָצָאתָ אֶת לְבָבוֹ נֶאֱמָן לְפָנֶיךָ[6]—

1. Psalm 150. 2. Ibid. 89:53. 3. Ibid. 135:21. 4. Ibid. 72:18-19. 5. I Chronicles 29:10-13.
6. Nehemiah 9:5-8.

greatness. Praise Him with the call of the *shofar*; praise Him with harp and lyre. Praise Him with timbrel and dance; praise Him with stringed instruments and flute. Praise Him with resounding cymbals; praise Him with clanging cymbals. Let every being that has a soul praise the Lord. Praise the Lord.[1] Let every being that has a soul praise the Lord. Praise the Lord.

Rise and remain standing until after *Borchu* on page 101.

ברוך Blessed is the Lord forever, Amen and Amen.[2] Blessed is the Lord from Zion, who dwells in Jerusalem; praise the Lord.[3] Blessed is the Lord God, the God of Israel, who alone performs wonders. Blessed is His glorious Name forever, and let the whole earth be filled with His glory. Amen and Amen.[4]

ויברך And David blessed the Lord in the presence of all the assembly, and David said: Blessed are You Lord, God of our father Israel, in all the realms of the universe. Lord, Yours is the greatness, the power, the glory, the victory, and the majesty; for all in heaven and on the earth [is Yours]. Lord, Yours is the kingship and You are exalted, supreme over all rulers. Wealth and honor come from You, and You rule over all; in Your hand are might and power, and it is in Your hand to grant greatness and strength to all. And now, our God, we give thanks to You, and praise Your glorious Name.[5] Let [Israel] bless Your glorious Name, which is exalted above all blessing and praise. You alone are the Lord; You have made the heavens, the heavens of heavens, and all their hosts, the earth and all thereon, the seas and all therein; You give life to them all, and the hosts of the heavens bow before You. You are the Lord, the God, who chose Abram, brought him out of Ur Kasdim, and gave him the name Abraham. And You found his heart faithful before You[6] —

—וְכָרוֹת עִמּוֹ הַבְּרִית, לָתֵת אֶת אֶרֶץ הַכְּנַעֲנִי הַחִתִּי הָאֱמֹרִי וְהַפְּרִזִּי וְהַיְבוּסִי וְהַגִּרְגָּשִׁי לָתֵת לְזַרְעוֹ, וַתָּקֶם אֶת דְּבָרֶיךָ כִּי צַדִּיק אָתָּה: וַתֵּרֶא אֶת עֳנִי אֲבֹתֵינוּ בְּמִצְרָיִם, וְאֶת זַעֲקָתָם שָׁמַעְתָּ עַל יַם סוּף: וַתִּתֵּן אֹתֹת וּמֹפְתִים בְּפַרְעֹה וּבְכָל עֲבָדָיו וּבְכָל עַם אַרְצוֹ, כִּי יָדַעְתָּ כִּי הֵזִידוּ עֲלֵיהֶם, וַתַּעַשׂ לְךָ שֵׁם כְּהַיּוֹם הַזֶּה: וְהַיָּם בָּקַעְתָּ לִפְנֵיהֶם וַיַּעַבְרוּ בְתוֹךְ הַיָּם בַּיַּבָּשָׁה, וְאֶת רֹדְפֵיהֶם הִשְׁלַכְתָּ בִמְצוֹלֹת, כְּמוֹ אֶבֶן בְּמַיִם עַזִּים:[1]

וַיּוֹשַׁע יְיָ בַּיּוֹם הַהוּא אֶת יִשְׂרָאֵל מִיַּד מִצְרָיִם, וַיַּרְא יִשְׂרָאֵל אֶת מִצְרַיִם מֵת עַל שְׂפַת הַיָּם: וַיַּרְא יִשְׂרָאֵל אֶת הַיָּד הַגְּדֹלָה אֲשֶׁר עָשָׂה יְיָ בְּמִצְרַיִם, וַיִּירְאוּ הָעָם אֶת יְיָ, וַיַּאֲמִינוּ בַּייָ וּבְמֹשֶׁה עַבְדּוֹ:[2]

אָז יָשִׁיר מֹשֶׁה וּבְנֵי יִשְׂרָאֵל אֶת הַשִּׁירָה הַזֹּאת לַייָ וַיֹּאמְרוּ לֵאמֹר, אָשִׁירָה לַייָ כִּי גָאֹה גָּאָה, סוּס וְרֹכְבוֹ רָמָה בַיָּם: עָזִּי וְזִמְרָת יָהּ וַיְהִי לִי לִישׁוּעָה, זֶה אֵלִי וְאַנְוֵהוּ, אֱלֹהֵי אָבִי וַאֲרֹמְמֶנְהוּ: יְיָ אִישׁ מִלְחָמָה, יְיָ שְׁמוֹ: מַרְכְּבֹת פַּרְעֹה וְחֵילוֹ יָרָה בַיָּם, וּמִבְחַר שָׁלִשָׁיו טֻבְּעוּ בְיַם סוּף: תְּהֹמֹת יְכַסְיֻמוּ, יָרְדוּ בִמְצוֹלֹת כְּמוֹ אָבֶן: יְמִינְךָ יְיָ נֶאְדָּרִי בַּכֹּחַ, יְמִינְךָ יְיָ תִּרְעַץ אוֹיֵב: וּבְרֹב גְּאוֹנְךָ תַּהֲרֹס קָמֶיךָ, תְּשַׁלַּח חֲרֹנְךָ יֹאכְלֵמוֹ כַּקַּשׁ: וּבְרוּחַ אַפֶּיךָ נֶעֶרְמוּ מַיִם, נִצְּבוּ כְמוֹ נֵד נֹזְלִים, קָפְאוּ תְהֹמֹת בְּלֶב יָם: אָמַר אוֹיֵב, אֶרְדֹּף אַשִּׂיג אֲחַלֵּק שָׁלָל, תִּמְלָאֵמוֹ נַפְשִׁי, אָרִיק חַרְבִּי, תּוֹרִישֵׁמוֹ יָדִי: נָשַׁפְתָּ בְרוּחֲךָ כִּסָּמוֹ

---

1. Nehemiah 9:8-11. **2.** Exodus 14:30-31. **3.** Another interpretation: impoverish. See Rashi, Exodus 15:9.

וכרות and You made a Covenant with him to give the land
of the Canaanites, the Hittites, the Amorites, the Perizzites,
the Jebusites and the Girgashites, to give it to his descen-
dants; and You fulfilled Your words, for You are righteous.
You saw the affliction of our fathers in Egypt, and heard
their cry at the Sea of Reeds. You performed signs and
wonders against Pharaoh and all his servants and all the
people of his land, for You knew that they acted wickedly
toward them; and You have made a name for Yourself to this
day. You split the sea before them, and they went through
the midst of the sea on dry land; and You hurled their
pursuers into the depths, like a stone into mighty waters.[1]

ויושע The Lord delivered Israel on that day from the hands
of the Egyptians, and Israel saw the Egyptians dead on the
seashore. Israel beheld the mighty hand which the Lord
wielded against the Egyptians, and the people feared the
Lord, and believed in the Lord and in Moses His servant.[2]

אז Then Moses and the children of Israel sang this song to
the Lord, and they declared, saying: I will sing to the Lord,
for He is most exalted; the horse with its rider He cast into
the sea. The might and retribution of God was my salvation;
this is my God and I will glorify Him, the God of my father
and I will exalt Him. The Lord is master of war, the Lord is
His Name. He hurled Pharaoh's chariots and his army into
the sea; the elite of his officers were drowned in the Sea of
Reeds. The deep waters covered them; they dropped into the
depths like a stone. Your right hand, O Lord, is adorned with
power; Your right hand, O Lord, shatters the enemy. In Your
great majesty, You destroy those who rise up against You;
You send forth Your fury, it consumes them like straw. At
the blast of Your nostrils the waters piled up, the flowing
streams stood erect like a wall; the deep waters were
congealed in the heart of the sea. The foe had said: I will
pursue them, I will overtake them, I will divide the spoil, my
lust shall be sated upon them; I will unsheath my sword, my
hand shall annihilate[3] them. You blew with Your wind, the

יָם, צָלְלוּ כַּעוֹפֶרֶת בְּמַיִם אַדִּירִים: מִי כָמֹכָה בָּאֵלִם יְיָ,
מִי כָּמֹכָה נֶאְדָּר בַּקֹּדֶשׁ, נוֹרָא תְהִלֹּת, עֹשֵׂה פֶלֶא: נָטִיתָ
יְמִינְךָ, תִּבְלָעֵמוֹ אָרֶץ: נָחִיתָ בְחַסְדְּךָ עַם זוּ גָּאָלְתָּ, נֵהַלְתָּ
בְעָזְּךָ אֶל נְוֵה קָדְשֶׁךָ: שָׁמְעוּ עַמִּים יִרְגָּזוּן, חִיל אָחַז יֹשְׁבֵי
פְּלָשֶׁת: אָז נִבְהֲלוּ אַלּוּפֵי אֱדוֹם, אֵילֵי מוֹאָב יֹאחֲזֵמוֹ
רָעַד, נָמֹגוּ כֹּל יֹשְׁבֵי כְנָעַן: תִּפֹּל עֲלֵיהֶם אֵימָתָה וָפַחַד,
בִּגְדֹל זְרוֹעֲךָ יִדְּמוּ כָּאָבֶן, עַד יַעֲבֹר עַמְּךָ יְיָ, עַד יַעֲבֹר
עַם זוּ קָנִיתָ: תְּבִאֵמוֹ וְתִטָּעֵמוֹ בְּהַר נַחֲלָתְךָ, מָכוֹן
לְשִׁבְתְּךָ פָּעַלְתָּ יְיָ, מִקְּדָשׁ, אֲדֹנָי, כּוֹנְנוּ יָדֶיךָ: יְיָ יִמְלֹךְ
לְעֹלָם וָעֶד:[1] יְיָ יִמְלֹךְ לְעֹלָם וָעֶד: יְיָ מַלְכוּתֵהּ קָאֵם
לְעָלַם וּלְעָלְמֵי עָלְמַיָּא:[2] כִּי בָא סוּס פַּרְעֹה בְּרִכְבּוֹ
וּבְפָרָשָׁיו בַּיָּם וַיָּשֶׁב יְיָ עֲלֵהֶם אֶת מֵי הַיָּם, וּבְנֵי יִשְׂרָאֵל
הָלְכוּ בַיַּבָּשָׁה בְּתוֹךְ הַיָּם:[3] כִּי לַייָ הַמְּלוּכָה וּמוֹשֵׁל
בַּגּוֹיִם:[4] וְעָלוּ מוֹשִׁעִים בְּהַר צִיּוֹן לִשְׁפֹּט אֶת הַר עֵשָׂו,
וְהָיְתָה לַייָ הַמְּלוּכָה:[5] וְהָיָה יְיָ לְמֶלֶךְ עַל כָּל הָאָרֶץ, בַּיּוֹם
הַהוּא יִהְיֶה יְיָ אֶחָד וּשְׁמוֹ אֶחָד:[6]

נִשְׁמַת כָּל חַי תְּבָרֵךְ אֶת שִׁמְךָ יְיָ אֱלֹהֵינוּ, וְרוּחַ כָּל
בָּשָׂר תְּפָאֵר וּתְרוֹמֵם זִכְרְךָ מַלְכֵּנוּ תָּמִיד, מִן
הָעוֹלָם וְעַד הָעוֹלָם אַתָּה אֵל, וּמִבַּלְעָדֶיךָ אֵין לָנוּ
מֶלֶךְ גּוֹאֵל וּמוֹשִׁיעַ, פּוֹדֶה וּמַצִּיל וּמְפַרְנֵס וְעוֹנֶה
וּמְרַחֵם בְּכָל עֵת צָרָה וְצוּקָה, אֵין לָנוּ מֶלֶךְ אֶלָּא
אָתָּה, אֱלֹהֵי הָרִאשׁוֹנִים וְהָאַחֲרוֹנִים. אֱלוֹהַּ כָּל בְּרִיּוֹת,

---

1. Exodus 15:1-18. **2.** This sentence is the paraphrase of the preceding Biblical verse in Targum Onkelos. **3.** Exodus 15:19. **4.** Psalms 22:29. **5.** Obadiah 1:21. **6.** Zechariah 14:9.

sea enveloped them; they sank like lead in the mighty waters. Who is like You among the supernal beings, O Lord! Who is like You, resplendent in holiness, awesome in praise, performing wonders! You stretched out Your right hand, the earth swallowed them. In Your lovingkindness You led the people whom You redeemed; in Your strength You guided them to Your holy abode. The nations heard it and trembled; pangs of fear gripped the inhabitants of Philistia. Then the chieftains of Edom were terrified; the mighty men of Moab were panic-stricken; all the inhabitants of Canaan melted away. May terror and dread fall upon them; by the great [strength] of Your arm let them be still as a stone—until Your people pass over, O Lord, until the people You acquired pass over. You will bring them and plant them on the mountain of Your inheritance; the place which You, O Lord, have made for Your abode, the Sanctuary which Your hands, O Lord, have established. The Lord will reign forever and ever.[1] The Lord will reign forever and ever. The sovereignty of the Lord is established forever and to all eternity.[2] When the horses of Pharaoh, with his chariots and horsemen, went into the sea, the Lord turned the waters of the sea back on them; and the children of Israel walked on dry land in the midst of the sea.[3] For sovereignty is the Lord's, and He rules over the nations.[4] Deliverers will go up to Mount Zion to judge the mount of Esau, and kingship will be the Lord's.[5] The Lord will be King over the entire earth; on that day the Lord will be One and His Name One.[6]

נשמת The soul of every living being shall bless Your Name, Lord our God; and the spirit of all flesh shall continuously glorify and exalt Your remembrance, our King. From the highest world to the lowest, You are Almighty God; and aside from You we have no King, Redeemer and Savior who delivers, rescues, sustains, answers, and is merciful in every time of distress and tribulation; we have no King other than You. [You are] the God of the first and of the last [generations], God of all created things, Master of all events, who is

אֲדוֹן כָּל תּוֹלָדוֹת, הַמְּהֻלָּל בְּרוֹב הַתִּשְׁבָּחוֹת, הַמְנַהֵג עוֹלָמוֹ בְּחֶסֶד וּבְרִיּוֹתָיו בְּרַחֲמִים. וַיְיָ הִנֵּה לֹא יָנוּם וְלֹא יִישָׁן, הַמְעוֹרֵר יְשֵׁנִים, וְהַמֵּקִיץ נִרְדָּמִים, וְהַמֵּשִׂיחַ אִלְּמִים, וְהַמַּתִּיר אֲסוּרִים, וְהַסּוֹמֵךְ נוֹפְלִים, וְהַזּוֹקֵף כְּפוּפִים, לְךָ לְבַדְּךָ אֲנַחְנוּ מוֹדִים. אִלּוּ פִינוּ מָלֵא שִׁירָה כַּיָּם, וּלְשׁוֹנֵנוּ רִנָּה כַּהֲמוֹן גַּלָּיו, וְשִׂפְתוֹתֵינוּ שֶׁבַח כְּמֶרְחֲבֵי רָקִיעַ, וְעֵינֵינוּ מְאִירוֹת כַּשֶּׁמֶשׁ וְכַיָּרֵחַ, וְיָדֵינוּ פְרוּשׂוֹת כְּנִשְׁרֵי שָׁמָיִם, וְרַגְלֵינוּ קַלּוֹת כָּאַיָּלוֹת, אֵין אֲנוּ מַסְפִּיקִים לְהוֹדוֹת לְךָ יְיָ אֱלֹהֵינוּ וֵאלֹהֵי אֲבוֹתֵינוּ, וּלְבָרֵךְ אֶת שְׁמֶךָ עַל אַחַת מֵאֶלֶף אַלְפֵי אֲלָפִים, וְרִבֵּי רְבָבוֹת פְּעָמִים, הַטּוֹבוֹת נִסִּים וְנִפְלָאוֹת שֶׁעָשִׂיתָ עִמָּנוּ וְעִם אֲבוֹתֵינוּ מִלְּפָנִים: מִמִּצְרַיִם גְּאַלְתָּנוּ, יְיָ אֱלֹהֵינוּ, מִבֵּית עֲבָדִים פְּדִיתָנוּ, בְּרָעָב זַנְתָּנוּ, וּבְשָׂבָע כִּלְכַּלְתָּנוּ, מֵחֶרֶב הִצַּלְתָּנוּ, וּמִדֶּבֶר מִלַּטְתָּנוּ, וּמֵחֳלָיִם רָעִים וְנֶאֱמָנִים דִּלִּיתָנוּ. עַד הֵנָּה עֲזָרוּנוּ רַחֲמֶיךָ, וְלֹא עֲזָבוּנוּ חֲסָדֶיךָ, וְאַל תִּטְּשֵׁנוּ יְיָ אֱלֹהֵינוּ, לָנֶצַח. עַל כֵּן, אֵבָרִים שֶׁפִּלַּגְתָּ בָּנוּ, וְרוּחַ וּנְשָׁמָה שֶׁנָּפַחְתָּ בְּאַפֵּינוּ, וְלָשׁוֹן אֲשֶׁר שַׂמְתָּ בְּפִינוּ. הֵן הֵם: יוֹדוּ וִיבָרְכוּ וִישַׁבְּחוּ וִיפָאֲרוּ, וִירוֹמְמוּ וְיַעֲרִיצוּ, וְיַקְדִּישׁוּ וְיַמְלִיכוּ אֶת שִׁמְךָ מַלְכֵּנוּ. כִּי כָל פֶּה לְךָ יוֹדֶה, וְכָל לָשׁוֹן לְךָ תִשָּׁבַע, וְכָל עַיִן לְךָ תְצַפֶּה, וְכָל בֶּרֶךְ לְךָ תִכְרַע, וְכָל קוֹמָה לְפָנֶיךָ תִשְׁתַּחֲוֶה, וְכָל הַלְּבָבוֹת יִירָאוּךָ, וְכָל קֶרֶב וּכְלָיוֹת יְזַמְּרוּ לִשְׁמֶךָ, כַּדָּבָר שֶׁכָּתוּב, כָּל עַצְמוֹתַי תֹּאמַרְנָה: יְיָ, מִי כָמוֹךָ, מַצִּיל עָנִי מֵחָזָק מִמֶּנּוּ, וְעָנִי וְאֶבְיוֹן מִגֹּזְלוֹ.[1] מִי יִדְמֶה לָּךְ, וּמִי יִשְׁוֶה לָּךְ,

1. Psalms 35:10.

extolled with manifold praises, who directs His world with kindness and His creatures with compassion. Indeed, the Lord neither slumbers nor sleeps. It is He who rouses those who sleep, who awakens those who slumber, who enables the mute to speak, who releases the bound, who supports those who fall, and who makes erect those who are bowed. To You alone we offer thanks. Even if our mouth were filled with song as the sea [is filled with water], our tongue with melody as the roar of its waves, and our lips with praise as the breadth of the firmament; if our eyes were radiant like the sun and the moon, our hands spread out as the [wings of the] eagles of the sky, and our feet as swift as the deer—we would still be unable to thank You, Lord our God and God of our fathers, and bless Your Name for even one of the innumerable myriads of favors, miracles and wonders which You have performed for us and for our fathers before us. Lord our God, You have delivered us from Egypt, redeemed us from the house of bondage, sustained us in famine and nourished us in plenty, rescued us from the sword and saved us from the plague, and kept us from severe and lasting maladies. Until now Your mercies have helped us, and Your kindnesses have not forsaken us; and You, Lord our God, will never abandon us. Therefore, the limbs which You have arranged within us, the spirit and soul which You have breathed into our nostrils, and the tongue which You have placed in our mouth—they all shall thank, bless, praise and glorify, exalt and adore, hallow and proclaim the sovereignty of Your Name, our King. For every mouth shall offer thanks to You, every tongue shall swear by Your Name, every eye shall look to You, every knee shall bend to You, all who stand erect shall prostrate themselves before You, all hearts shall fear You, and every innermost part shall sing to Your Name, as it is written: My entire being shall declare: Lord, who is like You, who saves the poor from one stronger than he, the poor and the destitute from one who would rob him![1] Who can be likened to You, who is equal to You, who

וּמִי יַעֲרָךְ לָךְ, הָאֵל הַגָּדוֹל, הַגִּבּוֹר וְהַנּוֹרָא, אֵל עֶלְיוֹן, קֹנֵה שָׁמַיִם וָאָרֶץ. נְהַלֶּלְךָ, וּנְשַׁבֵּחֲךָ, וּנְפָאֶרְךָ, וּנְבָרֵךְ אֶת שֵׁם קָדְשֶׁךָ, כָּאָמוּר: לְדָוִד, בָּרְכִי נַפְשִׁי אֶת יְיָ, וְכָל קְרָבַי אֶת שֵׁם קָדְשׁוֹ:[1]

הָאֵל בְּתַעֲצֻמוֹת עֻזֶּךָ, הַגָּדוֹל בִּכְבוֹד שְׁמֶךָ, הַגִּבּוֹר לָנֶצַח, וְהַנּוֹרָא בְּנוֹרְאוֹתֶיךָ:

It is quoted in *Machzorim* that, on one occasion, when the holy Rabbi, Reb Aharon of Karlin, of blessed memory (one of the eminent disciples of the *Maggid* of Mezritch, of blessed memory), began to recite הַמֶּלֶךְ, he fell into a deep faint. When later asked the cause for this, he replied that he reflected upon the statement in the Talmud (Gittin 56a), "If I am a king, why did you not come before!" [If the holy Rabbi Aharon felt so,] how should we feel...

הַמֶּלֶךְ

יוֹשֵׁב עַל כִּסֵּא רָם וְנִשָּׂא:

שׁוֹכֵן עַד, מָרוֹם וְקָדוֹשׁ שְׁמוֹ, וְכָתוּב: רַנְּנוּ צַדִּיקִים בַּייָ, לַיְשָׁרִים נָאוָה תְהִלָּה:[2]

בְּפִי יְשָׁרִים תִּתְרוֹמָם,
וּבְשִׂפְתֵי צַדִּיקִים תִּתְבָּרֵךְ,
וּבִלְשׁוֹן חֲסִידִים תִּתְקַדָּשׁ,
וּבְקֶרֶב קְדוֹשִׁים תִּתְהַלָּל:

וּבְמַקְהֲלוֹת רִבְבוֹת עַמְּךָ בֵּית יִשְׂרָאֵל, בְּרִנָּה יִתְפָּאַר שִׁמְךָ מַלְכֵּנוּ בְּכָל דּוֹר וָדוֹר. שֶׁכֵּן חוֹבַת כָּל הַיְצוּרִים, לְפָנֶיךָ יְיָ אֱלֹהֵינוּ וֵאלֹהֵי אֲבוֹתֵינוּ: לְהוֹדוֹת, לְהַלֵּל, לְשַׁבֵּחַ, לְפָאֵר, לְרוֹמֵם, לְהַדֵּר, לְבָרֵךְ, לְעַלֵּה וּלְקַלֵּס, עַל כָּל דִּבְרֵי שִׁירוֹת וְתִשְׁבְּחוֹת דָּוִד בֶּן יִשַׁי עַבְדְּךָ מְשִׁיחֶךָ:

---

1. Psalms 103:1. 2. Ibid. 33:1.

can be compared to You, the great, mighty and awesome God, exalted God, Creator of heaven and earth! We will laud, extol and glorify You and bless Your holy Name, as it is said: [A Psalm] by David; bless the Lord, O my soul, and all my being—His holy Name.[1]

האל You are the Almighty by virtue of the strength of Your power; the Great by virtue of the glory of Your Name; the Powerful for eternity, and the Awesome by virtue of Your awe-inspiring deeds.

> It is quoted in *Machzorim* that, on one occasion, when the holy Rabbi, Reb Aharon of Karlin, of blessed memory (one of the eminent disciples of the *Maggid* of Mezritch, of blessed memory), began to recite *The King*, he fell into a deep faint. When later asked the cause for this, he replied that he reflected upon the statement in the Talmud (Gittin 56a), "If I am a king, why did you not come before!" [If the holy Rabbi Aharon felt so,] how should we feel...

המלך The King is seated upon a lofty and sublime throne.

שוכן He who dwells for eternity, exalted and holy is His Name. And it is written: Sing joyously to the Lord, you righteous; it is fitting for the upright to offer praise.[2]

בפי By the mouth of the upright You are exalted;

ובשפתי by the lips of the righteous You are blessed;

ובלשון by the tongue of the pious You are hallowed;

ובקרב and in the innermost part of the holy ones You are praised.

ובמקהלות In the assemblies of the myriads of Your people the House of Israel, with song shall Your Name, our King, be glorified in every generation. For that is the obligation of all created beings, Lord our God and God of our fathers, to offer thanks to You, to laud, to praise, to glorify, to exalt, to extol, to bless, to magnify and to acclaim You, even more than all the words of songs of praise and adorations of David the son of Yishai, Your anointed servant.

וּבְכֵן יִשְׁתַּבַּח שִׁמְךָ לָעַד מַלְכֵּנוּ, הָאֵל, הַמֶּלֶךְ הַגָּדוֹל וְהַקָּדוֹשׁ בַּשָּׁמַיִם וּבָאָרֶץ. כִּי לְךָ נָאֶה יְיָ אֱלֹהֵינוּ וֵאלֹהֵי אֲבוֹתֵינוּ לְעוֹלָם וָעֶד: שִׁיר וּשְׁבָחָה, הַלֵּל וְזִמְרָה, עֹז וּמֶמְשָׁלָה, נֶצַח, גְּדֻלָּה וּגְבוּרָה, תְּהִלָּה וְתִפְאֶרֶת, קְדֻשָּׁה וּמַלְכוּת: בְּרָכוֹת וְהוֹדָאוֹת לְשִׁמְךָ הַגָּדוֹל וְהַקָּדוֹשׁ, וּמֵעוֹלָם עַד עוֹלָם אַתָּה אֵל. בָּרוּךְ אַתָּה יְיָ, אֵל מֶלֶךְ גָּדוֹל וּמְהֻלָּל בַּתִּשְׁבָּחוֹת, אֵל הַהוֹדָאוֹת, אֲדוֹן הַנִּפְלָאוֹת, בּוֹרֵא כָּל הַנְּשָׁמוֹת, רִבּוֹן כָּל הַמַּעֲשִׂים, הַבּוֹחֵר בְּשִׁירֵי זִמְרָה, מֶלֶךְ יָחִיד חֵי הָעוֹלָמִים: (Cong—אָמֵן)

שִׁיר הַמַּעֲלוֹת, מִמַּעֲמַקִּים קְרָאתִיךָ יְיָ: אֲדֹנָי שִׁמְעָה בְקוֹלִי, תִּהְיֶינָה אָזְנֶיךָ קַשֻּׁבוֹת לְקוֹל תַּחֲנוּנָי: אִם עֲוֹנוֹת תִּשְׁמָר יָהּ, אֲדֹנָי מִי יַעֲמֹד: כִּי עִמְּךָ הַסְּלִיחָה, לְמַעַן תִּוָּרֵא: קִוִּיתִי יְיָ קִוְּתָה נַפְשִׁי, וְלִדְבָרוֹ הוֹחָלְתִּי: נַפְשִׁי לַאדֹנָי, מִשֹּׁמְרִים לַבֹּקֶר שֹׁמְרִים לַבֹּקֶר: יַחֵל יִשְׂרָאֵל אֶל יְיָ, כִּי עִם יְיָ הַחֶסֶד, וְהַרְבֵּה עִמּוֹ פְדוּת: וְהוּא יִפְדֶּה אֶת יִשְׂרָאֵל מִכֹּל עֲוֹנוֹתָיו:[1]

Chazzan recites Half Kaddish. Congregation responds אָמֵן as indicated.

יִתְגַּדַּל וְיִתְקַדַּשׁ שְׁמֵהּ רַבָּא. (Cong—אָמֵן) בְּעָלְמָא דִּי בְרָא כִרְעוּתֵהּ וְיַמְלִיךְ מַלְכוּתֵהּ, וְיַצְמַח פּוּרְקָנֵהּ וִיקָרֵב מְשִׁיחֵהּ. (Cong—אָמֵן) בְּחַיֵּיכוֹן וּבְיוֹמֵיכוֹן וּבְחַיֵּי דְכָל בֵּית יִשְׂרָאֵל, בַּעֲגָלָא וּבִזְמַן קָרִיב וְאִמְרוּ אָמֵן:

(Cong—אָמֵן. יְהֵא שְׁמֵהּ רַבָּא מְבָרַךְ לְעָלַם וּלְעָלְמֵי עָלְמַיָּא, יִתְבָּרֵךְ.)

1. Psalm 130.

Transliteration, page 341.

ובכן And therefore may Your Name be praised forever, our King, the Almighty God, the great and holy King, in heaven and on earth. For to You, Lord our God and God of our fathers, it is fitting to offer forever song and praise, adoration and melody, [to acclaim Your] might and dominion, victory, grandeur and power, glory, splendor, holiness and sovereignty; blessings and thanksgiving to Your great and holy Name; from the highest world to the lowest, You are God. Blessed are You, Lord, Almighty God, great King, extolled with praises, God worthy of thanksgiving, Master of wonders, Creator of all souls, Ruler of all creatures, who takes pleasure in songs of praise; You are the only King, the Life of [all] the worlds. Cong. Amen.

שיר A song of ascents. Out of the depths I call to You, O Lord. My Lord, hearken to my voice; let Your ears be attentive to the voice of my pleas. God, if You were to preserve iniquities, my Lord, who could survive? But forgiveness is with You, that You may be feared. I hope in the Lord; my soul hopes, and I long for His word. My soul yearns for the Lord more than [night] watchmen [waiting] for the morning, wait for the morning. Israel, put your hope in the Lord, for with the Lord there is kindness; with Him there is abounding deliverance. And He will redeem Israel from all its iniquities.[1]

Chazzan recites Half Kaddish. Congregation responds Amen as indicated.

יתגדל Exalted and hallowed be His great Name (Cong: Amen) throughout the world which He has created according to His will. May He establish His kingship, bring forth His redemption and hasten the coming of His Mashiach (Cong: Amen) in your lifetime and in your days and in the lifetime of the entire House of Israel, speedily and soon, and say, Amen.

(Cong: Amen. May His great Name be blessed forever and to all eternity. Blessed.)

יְהֵא שְׁמֵהּ רַבָּא מְבָרַךְ לְעָלַם וּלְעָלְמֵי עָלְמַיָּא. יִתְבָּרַךְ, וְיִשְׁתַּבַּח, וְיִתְפָּאַר, וְיִתְרוֹמַם, וְיִתְנַשֵּׂא, וְיִתְהַדָּר, וְיִתְעַלֶּה, וְיִתְהַלָּל, שְׁמֵהּ דְּקוּדְשָׁא בְּרִיךְ הוּא. (Cong—אָמֵן) לְעֵלָּא מִן כָּל בִּרְכָתָא וְשִׁירָתָא, תֻּשְׁבְּחָתָא וְנֶחֱמָתָא, דַּאֲמִירָן בְּעָלְמָא, וְאִמְרוּ אָמֵן: (Cong—אָמֵן)

Congregation and chazzan bow as chazzan says:

בָּרְכוּ אֶת יְיָ הַמְבֹרָךְ:

Congregation and chazzan. Bow at בָּרוּךְ, straighten up at יְיָ:

בָּרוּךְ יְיָ הַמְבֹרָךְ לְעוֹלָם וָעֶד:

Do not respond אָמֵן.

BLESSINGS OF THE SHEMA

You may be seated.

בָּרוּךְ אַתָּה יְיָ, אֱלֹהֵינוּ מֶלֶךְ הָעוֹלָם, יוֹצֵר אוֹר וּבוֹרֵא חֹשֶׁךְ, עוֹשֶׂה שָׁלוֹם וּבוֹרֵא אֶת הַכֹּל:

When Rosh Hashanah occurs on Shabbat, continue הַכֹּל יוֹדוּךָ on the next page.

On weekdays, the following is recited:

הַמֵּאִיר לָאָרֶץ וְלַדָּרִים עָלֶיהָ בְּרַחֲמִים, וּבְטוּבוֹ מְחַדֵּשׁ בְּכָל יוֹם תָּמִיד מַעֲשֵׂה בְרֵאשִׁית. מָה רַבּוּ מַעֲשֶׂיךָ יְיָ, כֻּלָּם בְּחָכְמָה עָשִׂיתָ, מָלְאָה הָאָרֶץ קִנְיָנֶךָ:[1] הַמֶּלֶךְ הַמְרוֹמָם לְבַדּוֹ מֵאָז, הַמְשֻׁבָּח, וְהַמְפֹאָר, וְהַמִּתְנַשֵּׂא מִימוֹת עוֹלָם. אֱלֹהֵי עוֹלָם, בְּרַחֲמֶיךָ הָרַבִּים רַחֵם עָלֵינוּ, אֲדוֹן עֻזֵּנוּ, צוּר מִשְׂגַּבֵּנוּ, מָגֵן יִשְׁעֵנוּ, מִשְׂגָּב בַּעֲדֵנוּ. אֵל בָּרוּךְ, גְּדוֹל דֵּעָה, הֵכִין וּפָעַל זָהֳרֵי חַמָּה, טוֹב יָצַר כָּבוֹד לִשְׁמוֹ, מְאוֹרוֹת נָתַן סְבִיבוֹת עֻזּוֹ, פִּנּוֹת צְבָאָיו קְדוֹשִׁים, רוֹמְמֵי שַׁדַּי, תָּמִיד מְסַפְּרִים כְּבוֹד אֵל וּקְדֻשָּׁתוֹ. תִּתְבָּרַךְ יְיָ אֱלֹהֵינוּ בַּשָּׁמַיִם מִמַּעַל וְעַל הָאָרֶץ

1. Psalms 104:24.

May His great Name be blessed forever and to all eternity. Blessed and praised, glorified, exalted and extolled, honored, adored and lauded be the Name of the Holy One, blessed be He, (Cong: Amen) beyond all the blessings, hymns, praises and consolations that are uttered in the world; and say, Amen. (Cong: Amen)

Congregation and chazzan bow as chazzan says:

ברכו *Bö-r'chu es adonöy ha-m'voröch.*

Congregation and chazzan. Bow at *Böruch*, straighten up at *adonöy*:

ברוך *Böruch adonöy ha-m'voröch l'olöm vö-ed.*

Do not respond Amen.

BLESSINGS OF THE SHEMA

You may be seated.

ברוך Blessed are You, Lord our God, King of the universe, who forms light and creates darkness, who makes peace and creates all things.

When Rosh Hashanah occurs on Shabbat, continue *All shall praise You* on the next page.

On weekdays, the following is recited:

המאיר In mercy He gives light to the earth and to those who dwell thereon; and in His goodness He renews each day, continuously, the work of Creation. How manifold are Your works, O Lord! You have made them all with wisdom; the earth is full of Your possessions.[1] O King, who alone is elevated from aforetime, extolled, glorified and exalted from the time of Creation; God of the universe, in Your abounding mercies have compassion on us, Master of our strength, Rock of our stronghold, Shield of our deliverance, a Refuge for us. The blessed God, great in knowledge, prepared and made the radiance of the sun; the Beneficent One created glory for His Name; He set the luminaries around His majesty; the chiefs of His hosts are holy beings that exalt the Omnipotent, continually recounting the glory of God and His holiness. Be blessed, Lord our God, in the heavens above and on the earth

מְתַּחַת, עַל כָּל שֶׁבַח מַעֲשֵׂה יָדֶיךָ, וְעַל מְאוֹרֵי אוֹר שֶׁיָּצַרְתָּ, יְפָאֲרוּךָ סֶּלָה:

Continue with תִּתְבָּרֵךְ on the next page.

On Shabbat, the following is recited:

הַכֹּל יוֹדוּךָ, וְהַכֹּל יְשַׁבְּחוּךָ, וְהַכֹּל יֹאמְרוּ: אֵין קָדוֹשׁ כַּיְיָ. הַכֹּל יְרוֹמְמוּךָ סֶּלָה, יוֹצֵר הַכֹּל. הָאֵל, הַפּוֹתֵחַ בְּכָל יוֹם דַּלְתוֹת שַׁעֲרֵי מִזְרָח, וּבוֹקֵעַ חַלּוֹנֵי רָקִיעַ, מוֹצִיא חַמָּה מִמְּקוֹמָהּ, וּלְבָנָה מִמְּכוֹן שִׁבְתָּהּ, וּמֵאִיר לָעוֹלָם כֻּלּוֹ וּלְיוֹשְׁבָיו, שֶׁבָּרָא בְּמִדַּת הָרַחֲמִים. הַמֵּאִיר לָאָרֶץ וְלַדָּרִים עָלֶיהָ בְּרַחֲמִים, וּבְטוּבוֹ מְחַדֵּשׁ בְּכָל יוֹם תָּמִיד מַעֲשֵׂה בְרֵאשִׁית. מָה רַבּוּ מַעֲשֶׂיךָ יְיָ, כֻּלָּם בְּחָכְמָה עָשִׂיתָ, מָלְאָה הָאָרֶץ קִנְיָנֶךָ.[1] הַמֶּלֶךְ הַמְרוֹמָם לְבַדּוֹ מֵאָז, הַמְשֻׁבָּח וְהַמְפֹאָר וְהַמִּתְנַשֵּׂא מִימוֹת עוֹלָם. אֱלֹהֵי עוֹלָם, בְּרַחֲמֶיךָ הָרַבִּים רַחֵם עָלֵינוּ, אֲדוֹן עֻזֵּנוּ, צוּר מִשְׂגַּבֵּנוּ, מָגֵן יִשְׁעֵנוּ, מִשְׂגָּב בַּעֲדֵנוּ. אֵין עֲרוֹךְ לְךָ וְאֵין זוּלָתֶךָ, אֶפֶס בִּלְתֶּךָ, וּמִי דּוֹמֶה לָּךְ. אֵין עֲרוֹךְ לְךָ יְיָ אֱלֹהֵינוּ בָּעוֹלָם הַזֶּה, וְאֵין זוּלָתְךָ מַלְכֵּנוּ לְחַיֵּי הָעוֹלָם הַבָּא. אֶפֶס בִּלְתְּךָ גּוֹאֲלֵנוּ לִימוֹת הַמָּשִׁיחַ, וְאֵין דּוֹמֶה לְּךָ מוֹשִׁיעֵנוּ לִתְחִיַּת הַמֵּתִים:

אֵל אָדוֹן עַל כָּל הַמַּעֲשִׂים, בָּרוּךְ וּמְבֹרָךְ בְּפִי כָּל הַנְּשָׁמָה, גָּדְלוֹ וְטוּבוֹ מָלֵא עוֹלָם, דַּעַת וּתְבוּנָה סֹבְבִים הוֹדוֹ. הַמִּתְגָּאֶה עַל חַיּוֹת הַקֹּדֶשׁ,[2] וְנֶהְדָּר בְּכָבוֹד עַל הַמֶּרְכָּבָה, זְכוּת וּמִישׁוֹר לִפְנֵי כִסְאוֹ, חֶסֶד וְרַחֲמִים מָלֵא כְבוֹדוֹ. טוֹבִים מְאוֹרוֹת שֶׁבָּרָא אֱלֹהֵינוּ, יְצָרָם בְּדַעַת בְּבִינָה וּבְהַשְׂכֵּל, כֹּחַ וּגְבוּרָה נָתַן בָּהֶם, לִהְיוֹת מוֹשְׁלִים

1. Psalms 104:24. 2. I.e., angels—v. Ezekiel 3:13; Isaiah 6:2.

below, for all Your praiseworthy handiwork, and for the light-giving luminaries which You have created; they shall glorify You forever.

Continue with *Be eternally blessed*, on the next page.

On Shabbat, the following is recited:

הכל All shall praise You, all shall extol You, all shall declare, "There is none holy like the Lord!" All shall exalt You forever, Creator of all, God who each day opens the doors of the eastern gates [of heaven], causes the apertures of the sky to unclose, brings forth the sun from its place and the moon from its abode, and gives light to the whole world and to its inhabitants which He has created with the attribute of mercy. In mercy He gives light to the earth and to those who dwell upon it, and in His goodness He renews each day, continuously, the work of Creation. How manifold are Your works, O Lord! You have made them all with wisdom; the earth is full of Your possessions.[1] O King, who alone is elevated from aforetime, extolled, glorified and exalted from the time of Creation; God of the universe, in Your abundant mercies have compassion on us, Master of our strength, Rock of our stronghold, Shield of our deliverance, a Refuge for us. There is none comparable to You, and none apart from You; there is nothing without You, and who is like You? There is none comparable to You, Lord our God—in this world; and none apart from You, our King—in the life of the World to Come; there is nothing without You, our Redeemer—in the days of Mashiach; and there is none like You, our Deliverer—in the era of the resurrection of the dead.

Transliteration, page 341.

אל Almighty God is the Master over all works, blessed is He, and He is blessed by the mouth of every soul; His greatness and goodness fill the world, knowledge and understanding surround His majesty. He is exalted above the holy *Chayot*,[2] and adorned in glory above the Chariot; merit and uprightness are before His throne, kindness and mercy fill His glory. The luminaries which our God has created are good; He formed them with knowledge, with discernment and with wisdom; He endowed them with strength and power, that they may rule

בְּקֶרֶב תֵּבֵל. מְלֵאִים זִיו וּמְפִיקִים נֹגַהּ, נָאֶה זִיוָם בְּכָל הָעוֹלָם, שְׂמֵחִים בְּצֵאתָם וְשָׂשִׂים בְּבוֹאָם, עֹשִׂים בְּאֵימָה רְצוֹן קוֹנָם. פְּאֵר וְכָבוֹד נוֹתְנִים לִשְׁמוֹ, צָהֳלָה וְרִנָּה לְזֵכֶר מַלְכוּתוֹ, קָרָא לַשֶּׁמֶשׁ וַיִּזְרַח אוֹר, רָאָה וְהִתְקִין צוּרַת הַלְּבָנָה. שֶׁבַח נוֹתְנִים לוֹ כָּל צְבָא מָרוֹם, תִּפְאֶרֶת וּגְדֻלָּה, שְׂרָפִים[1] וְחַיּוֹת[1] וְאוֹפַנֵּי הַקֹּדֶשׁ:[1]

לָאֵל אֲשֶׁר שָׁבַת מִכָּל הַמַּעֲשִׂים, בַּיּוֹם הַשְּׁבִיעִי נִתְעַלָּה וְיָשַׁב עַל כִּסֵּא כְבוֹדוֹ. תִּפְאֶרֶת עָטָה לְיוֹם הַמְּנוּחָה, עֹנֶג קָרָא לְיוֹם הַשַּׁבָּת, זֶה שֶׁבַח יוֹם הַשְּׁבִיעִי, שֶׁבּוֹ שָׁבַת אֵל מִכָּל מְלַאכְתּוֹ. וְיוֹם הַשְּׁבִיעִי מְשַׁבֵּחַ וְאוֹמֵר: מִזְמוֹר שִׁיר לְיוֹם הַשַּׁבָּת, טוֹב לְהוֹדוֹת לַייָ,[2] לְפִיכָךְ יְפָאֲרוּ וִיבָרְכוּ לָאֵל כָּל יְצוּרָיו. שֶׁבַח יְקָר וּגְדֻלָּה וְכָבוֹד יִתְּנוּ לָאֵל מֶלֶךְ יוֹצֵר כֹּל, הַמַּנְחִיל מְנוּחָה לְעַמּוֹ יִשְׂרָאֵל בִּקְדֻשָּׁתוֹ בְּיוֹם שַׁבַּת קֹדֶשׁ. שִׁמְךָ יְיָ אֱלֹהֵינוּ יִתְקַדַּשׁ, וְזִכְרְךָ מַלְכֵּנוּ יִתְפָּאַר, בַּשָּׁמַיִם מִמַּעַל וְעַל הָאָרֶץ מִתָּחַת. עַל כָּל שֶׁבַח מַעֲשֵׂה יָדֶיךָ, וְעַל מְאוֹרֵי אוֹר שֶׁיָּצַרְתָּ יְפָאֲרוּךָ סֶּלָה:

תִּתְבָּרַךְ לָנֶצַח צוּרֵנוּ מַלְכֵּנוּ וְגֹאֲלֵנוּ בּוֹרֵא קְדוֹשִׁים, יִשְׁתַּבַּח שִׁמְךָ לָעַד מַלְכֵּנוּ יוֹצֵר מְשָׁרְתִים, וַאֲשֶׁר מְשָׁרְתָיו, כֻּלָּם עוֹמְדִים בְּרוּם עוֹלָם, וּמַשְׁמִיעִים בְּיִרְאָה יַחַד בְּקוֹל, דִּבְרֵי אֱלֹהִים חַיִּים וּמֶלֶךְ עוֹלָם. כֻּלָּם אֲהוּבִים, כֻּלָּם בְּרוּרִים, כֻּלָּם גִּבּוֹרִים, כֻּלָּם קְדוֹשִׁים, וְכֻלָּם עֹשִׂים בְּאֵימָה וּבְיִרְאָה רְצוֹן קוֹנָם. וְכֻלָּם פּוֹתְחִים אֶת פִּיהֶם בִּקְדֻשָּׁה וּבְטָהֳרָה, בְּשִׁירָה וּבְזִמְרָה, וּמְבָרְכִים וּמְשַׁבְּחִים, וּמְפָאֲרִים וּמַעֲרִיצִים, וּמַקְדִּישִׁים וּמַמְלִיכִים:

1. I.e., angels—v. Ezekiel 3:13; Isaiah 6:2. 2. Psalms 92:1-2.

within the world. They are full of radiance, and emanate brightness, beautiful is their radiance throughout the world; they rejoice in their rising and exult in their setting, fulfilling with awe the will of their Creator. Glory and honor they give to His Name, exultation and joyous song at the mention of His kingship; He called forth the sun and it radiated light, He saw and formed the shape of the moon. All the heavenly hosts offer Him praise; the *Seraphim*,[1] the *Chayot*,[1] and the holy *Ophanim*[1] render glory and grandeur:

לאל To the Almighty God who rested from all His work, [who] on the Seventh Day was elevated and sat upon His Throne of Glory. He garbed the day of rest in beauty; He called the Shabbat day a delight. This is the glory of the Seventh Day, that on it Almighty God rested from all His work. The Seventh Day offers praise and proclaims, "A Psalm, a Song of the Shabbat day—it is good to praise the Lord."[2] Therefore, let all His creatures glorify and bless Almighty God; let them offer praise, honor, grandeur and glory to Almighty God, the King, Creator of all, who, in His holiness, gives His people Israel the heritage of rest on the holy Shabbat day. Your Name, Lord our God, will be hallowed, and Your remembrance, our King, will be glorified in the heavens above and on the earth below, for all Your praiseworthy handiwork, and for the light-giving luminaries which You have made; they shall glorify You forever.

תתברך Be eternally blessed, our Rock, our King and our Redeemer, who creates holy beings; praised be Your Name forever, our King, who creates ministering angels, and whose ministering angels all stand in the heights of the universe and proclaim in awe, aloud in unison, the words of the living God and Sovereign of the universe. All of them are beloved, all are pure, all are mighty, all are holy, and all perform the will of their Maker with fear and awe. And all of them open their mouths in holiness and purity, with song and melody, and bless and adore, glorify and revere, hallow and ascribe sovereignty to—

אֵת שֵׁם הָאֵל, הַמֶּלֶךְ הַגָּדוֹל, הַגִּבּוֹר וְהַנּוֹרָא, קָדוֹשׁ הוּא.
וְכֻלָּם מְקַבְּלִים עֲלֵיהֶם עֹל מַלְכוּת שָׁמַיִם זֶה מִזֶּה,
וְנוֹתְנִים בְּאַהֲבָה רְשׁוּת זֶה לָזֶה, לְהַקְדִּישׁ לְיוֹצְרָם בְּנַחַת
רוּחַ, בְּשָׂפָה בְרוּרָה וּבִנְעִימָה קְדוֹשָׁה. כֻּלָּם כְּאֶחָד עוֹנִים
בְּאֵימָה וְאוֹמְרִים בְּיִרְאָה:

קָדוֹשׁ | קָדוֹשׁ קָדוֹשׁ יְיָ צְבָאוֹת,
מְלֹא כָל הָאָרֶץ כְּבוֹדוֹ:[1]

וְהָאוֹפַנִּים[2] וְחַיּוֹת הַקֹּדֶשׁ[2] בְּרַעַשׁ גָּדוֹל מִתְנַשְּׂאִים לְעֻמַּת
הַשְּׂרָפִים,[2] לְעֻמָּתָם מְשַׁבְּחִים וְאוֹמְרִים:

בָּרוּךְ כְּבוֹד יְיָ מִמְּקוֹמוֹ:[3]

לָאֵל בָּרוּךְ נְעִימוֹת יִתֵּנוּ, לַמֶּלֶךְ אֵל חַי וְקַיָּם, זְמִרוֹת
יֹאמֵרוּ וְתִשְׁבָּחוֹת יַשְׁמִיעוּ, כִּי הוּא לְבַדּוֹ מָרוֹם
וְקָדוֹשׁ, פּוֹעֵל גְּבוּרוֹת, עוֹשֶׂה חֲדָשׁוֹת, בַּעַל מִלְחָמוֹת,
זוֹרֵעַ צְדָקוֹת, מַצְמִיחַ יְשׁוּעוֹת, בּוֹרֵא רְפוּאוֹת, נוֹרָא
תְהִלּוֹת, אֲדוֹן הַנִּפְלָאוֹת, הַמְחַדֵּשׁ בְּטוּבוֹ בְּכָל יוֹם תָּמִיד
מַעֲשֵׂה בְרֵאשִׁית. כָּאָמוּר: לְעֹשֵׂה אוֹרִים גְּדֹלִים, כִּי לְעוֹלָם
חַסְדּוֹ:[4] בָּרוּךְ אַתָּה יְיָ, יוֹצֵר הַמְּאוֹרוֹת: (Cong—אָמֵן)

אַהֲבַת עוֹלָם אֲהַבְתָּנוּ יְיָ אֱלֹהֵינוּ, חֶמְלָה גְדוֹלָה וִיתֵרָה
חָמַלְתָּ עָלֵינוּ. אָבִינוּ מַלְכֵּנוּ, בַּעֲבוּר שִׁמְךָ הַגָּדוֹל
וּבַעֲבוּר אֲבוֹתֵינוּ שֶׁבָּטְחוּ בְךָ וַתְּלַמְּדֵם חֻקֵּי חַיִּים לַעֲשׂוֹת
רְצוֹנְךָ בְּלֵבָב שָׁלֵם, כֵּן תְּחָנֵּנוּ וּתְלַמְּדֵנוּ. אָבִינוּ אָב הָרַחֲמָן
הַמְרַחֵם רַחֵם נָא עָלֵינוּ, וְתֵן בְּלִבֵּנוּ בִּינָה לְהָבִין וּלְהַשְׂכִּיל,
לִשְׁמֹעַ לִלְמֹד וּלְלַמֵּד לִשְׁמֹר וְלַעֲשׂוֹת וּלְקַיֵּם אֶת כָּל דִּבְרֵי

---

1. Isaiah 6:3.　**2.** I.e., angels—see Ezekiel 3:13; Isaiah 6:2.　**3.** Ezekiel 3:12.　**4.** Psalms 136:7.

את The Name of the Almighty God, the great, powerful and awe-inspiring King; holy is He. They all take upon themselves the yoke of Heavenly kingship, one from the other, and with love grant permission to each other to sanctify their Maker with joyous spirit, with pure speech and sacred melody; all exclaiming in unison, with awe, and declaring in reverence:

קדוש **Holy, holy, holy is the Lord of hosts; the whole earth is full of His glory.**[1]

והאופנים And the *Ophanim*[2] and the holy *Chayot*,[2] with a mighty sound, rise toward the *Seraphim*,[2] and facing them, offer praise and say:

ברוך **Blessed be the glory of the Lord from its place.**[3]

לאל They chant sweet melodies to the blessed God; they utter hymns and sing praises to the King, the living and eternal God. For He alone, exalted and holy, performs mighty deeds and makes new things; He is the master of battle, He sows righteousness, causes deliverance to sprout forth, creates healing; He is awesome in praise, master of wonders, who in His goodness renews each day, continuously, the work of Creation, as it is said: [Give thanks] to Him who makes the great lights, for His kindness is eternal.[4] Blessed are You Lord, who creates the luminaries. Cong. Amen.

אהבת Lord our God, You have loved us with everlasting love; You have bestowed upon us exceedingly abounding mercy. Our Father, our King, for the sake of Your great Name and for the sake of our forefathers who trusted in You, and whom You taught the laws that bring eternal life, to carry out Your will with a perfect heart, be gracious also to us and teach us. Our Father, merciful Father who is compassionate, have mercy on us, and grant our heart understanding to comprehend and to discern, to perceive, to learn and to teach, to observe, to practice and to fulfill all the

תַּלְמוּד תּוֹרָתֶךָ בְּאַהֲבָה. וְהָאֵר עֵינֵינוּ בְּתוֹרָתֶךָ, וְדַבֵּק לִבֵּנוּ בְּמִצְוֹתֶיךָ, וְיַחֵד לְבָבֵנוּ לְאַהֲבָה וּלְיִרְאָה אֶת שְׁמֶךָ, וְלֹא נֵבוֹשׁ וְלֹא נִכָּלֵם וְלֹא נִכָּשֵׁל לְעוֹלָם וָעֶד. כִּי בְשֵׁם קָדְשְׁךָ הַגָּדוֹל וְהַנּוֹרָא בָּטָחְנוּ, נָגִילָה וְנִשְׂמְחָה בִּישׁוּעָתֶךָ. וְרַחֲמֶיךָ יְיָ אֱלֹהֵינוּ וַחֲסָדֶיךָ הָרַבִּים אַל יַעַזְבוּנוּ נֶצַח סֶלָה וָעֶד.

Gather the two front *tzitzit* into the right hand, then bring the back left *tzitzit* forward, then the back right *tzitzit*. Hold all four *tzitzit* in the left hand near the heart. See illustration, page 349.

מַהֵר וְהָבֵא עָלֵינוּ בְּרָכָה וְשָׁלוֹם מְהֵרָה, וַהֲבִיאֵנוּ לְשָׁלוֹם מֵאַרְבַּע כַּנְפוֹת הָאָרֶץ, וּשְׁבוֹר עֹל הַגּוֹיִם מֵעַל צַוָּארֵנוּ, וְתוֹלִיכֵנוּ מְהֵרָה קוֹמְמִיּוּת לְאַרְצֵנוּ, כִּי אֵל פּוֹעֵל יְשׁוּעוֹת אָתָּה, וּבָנוּ בָחַרְתָּ מִכָּל עַם וְלָשׁוֹן, וְקֵרַבְתָּנוּ מַלְכֵּנוּ לְשִׁמְךָ הַגָּדוֹל בְּאַהֲבָה לְהוֹדוֹת לְךָ וּלְיַחֶדְךָ וּלְאַהֲבָה אֶת שְׁמֶךָ: בָּרוּךְ אַתָּה יְיָ, הַבּוֹחֵר בְּעַמּוֹ יִשְׂרָאֵל בְּאַהֲבָה:

The chazzan concludes this blessing silently. Do not respond אָמֵן.

THE SHEMA

The Shema should be recited with intense concentration, especially the first two verses in which we accept the sovereignty of God. Recite the first verse aloud, with your right hand covering your eyes.

Do not slur over the ח, but draw it out slightly for the length of time that it takes to affirm God's sovereignty in the seven heavens and on earth—equal to eight, the numerical value of ח. The ד (whose numerical value is four) should be drawn out for the length of time that it takes to reflect that God is alone in His world and that he rules in all four corners of the universe. While reciting the Shema, pause at the commas to convey the following meaning: Hear O Israel (pause), the Lord who is our God (pause) is the one God. See additional laws on page 324.

שְׁמַע יִשְׂרָאֵל, יְיָ אֱלֹהֵינוּ, יְיָ | אֶחָד:[1]

Recite the following verse in an undertone:

בָּרוּךְ שֵׁם כְּבוֹד מַלְכוּתוֹ לְעוֹלָם וָעֶד:[2]

וְאָהַבְתָּ אֵת יְיָ אֱלֹהֶיךָ, בְּכָל | לְבָבְךָ, וּבְכָל נַפְשְׁךָ, וּבְכָל מְאֹדֶךָ: וְהָיוּ הַדְּבָרִים הָאֵלֶּה אֲשֶׁר אָנֹכִי מְצַוְּךָ הַיּוֹם, עַל | לְבָבֶךָ: וְשִׁנַּנְתָּם לְבָנֶיךָ וְדִבַּרְתָּ בָּם,

1. Deuteronomy 6:4. 2. Pesachim 56a; Deuteronomy Rabbah 2:31, 35, 36.

teachings of Your Torah with love. Enlighten our eyes in Your Torah, cause our hearts to cleave to Your commandments, and unite our hearts to love and fear Your Name; and may we never be put to shame, disgrace or stumbling. Because we trust in Your holy, great and awesome Name, may we rejoice and exult in Your salvation. Lord our God, may Your mercy and Your abounding kindness never, ever forsake us. Hasten and speedily bring upon us blessing and peace; bring us in peace from the four corners of the earth, break the yoke of the nations from our neck, and speedily lead us upright to our land. For You are God who performs acts of deliverance, and You have chosen us from among all nations and tongues; and have, in love, brought us near, our King, to Your great Name, that we may praise You, and proclaim Your Oneness and love Your Name. Blessed are You Lord, who chooses His people Israel with love. The chazzan concludes this blessing silently. Do not respond Amen.

Gather the two front *tzitzit* into the right hand, then bring the back left *tzitzit* forward, then the back right *tzitzit*. Hold all four *tzitzit* in the left hand near the heart. See illustration, page 349.

THE SHEMA

The Shema should be recited with intense concentration, especially the first two verses in which we accept the sovereignty of God. Recite the first verse aloud, with your right hand covering your eyes.

Do not slur over the ח, but draw it out slightly for the length of time that it takes to affirm God's sovereignty in the seven heavens and on earth—equal to eight, the numerical value of ח. The ד (whose numerical value is four) should be drawn out for the length of time that it takes to reflect that God is alone in His world and that he rules in all four corners of the universe. While reciting the Shema, pause at the commas to convey the following meaning: Hear O Israel (pause), the Lord who is our God (pause) is the one God. See additional laws on page 324.

Transliteration, page 336.

שמע Hear, O Israel, the Lord is our God, the Lord is One.[1]

Recite the following verse in an undertone:

ברוך Blessed be the name of the glory of His kingdom for ever and ever.[2]

ואהבת You shall love the Lord your God with all your heart, with all your soul, and with all your might. And these words which I command you today, shall be upon your heart. You shall teach them thoroughly to your children, and you shall

בְּשִׁבְתְּךָ בְּבֵיתֶךָ, וּבְלֶכְתְּךָ בַדֶּרֶךְ, וּבְשָׁכְבְּךָ, וּבְקוּמֶךָ:
וּקְשַׁרְתָּם לְאוֹת עַל יָדֶךָ, וְהָיוּ לְטֹטָפֹת בֵּין עֵינֶיךָ:
וּכְתַבְתָּם עַל מְזֻזוֹת בֵּיתֶךָ, וּבִשְׁעָרֶיךָ:[1]

וְהָיָה אִם שָׁמֹעַ תִּשְׁמְעוּ אֶל מִצְוֺתַי אֲשֶׁר אָנֹכִי מְצַוֶּה
אֶתְכֶם הַיּוֹם, לְאַהֲבָה אֶת יְיָ אֱלֹהֵיכֶם וּלְעָבְדוֹ,
בְּכָל | לְבַבְכֶם וּבְכָל נַפְשְׁכֶם: וְנָתַתִּי מְטַר אַרְצְכֶם
בְּעִתּוֹ יוֹרֶה וּמַלְקוֹשׁ, וְאָסַפְתָּ דְגָנֶךָ וְתִירֹשְׁךָ וְיִצְהָרֶךָ:
וְנָתַתִּי עֵשֶׂב | בְּשָׂדְךָ לִבְהֶמְתֶּךָ, וְאָכַלְתָּ וְשָׂבָעְתָּ:
הִשָּׁמְרוּ לָכֶם פֶּן יִפְתֶּה לְבַבְכֶם, וְסַרְתֶּם וַעֲבַדְתֶּם
אֱלֹהִים אֲחֵרִים וְהִשְׁתַּחֲוִיתֶם לָהֶם: וְחָרָה | אַף יְיָ בָּכֶם
וְעָצַר אֶת הַשָּׁמַיִם וְלֹא יִהְיֶה מָטָר וְהָאֲדָמָה לֹא תִתֵּן
אֶת יְבוּלָהּ, וַאֲבַדְתֶּם | מְהֵרָה מֵעַל הָאָרֶץ הַטֹּבָה אֲשֶׁר
יְיָ נֹתֵן לָכֶם: וְשַׂמְתֶּם | אֶת דְּבָרַי אֵלֶּה עַל | לְבַבְכֶם
וְעַל נַפְשְׁכֶם, וּקְשַׁרְתֶּם | אֹתָם לְאוֹת עַל יֶדְכֶם וְהָיוּ
לְטוֹטָפֹת בֵּין עֵינֵיכֶם: וְלִמַּדְתֶּם | אֹתָם | אֶת בְּנֵיכֶם
לְדַבֵּר בָּם, בְּשִׁבְתְּךָ בְּבֵיתֶךָ וּבְלֶכְתְּךָ בַדֶּרֶךְ וּבְשָׁכְבְּךָ
וּבְקוּמֶךָ: וּכְתַבְתָּם עַל מְזוּזוֹת בֵּיתֶךָ וּבִשְׁעָרֶיךָ: לְמַעַן
יִרְבּוּ יְמֵיכֶם וִימֵי בְנֵיכֶם עַל הָאֲדָמָה אֲשֶׁר נִשְׁבַּע יְיָ
לַאֲבֹתֵיכֶם לָתֵת לָהֶם, כִּימֵי הַשָּׁמַיִם עַל הָאָרֶץ:[2]

At this point the *tzitzit* are to be held also in the right hand and looked at. They should
remain so until the words וְנֶחְמָדִים לָעַד on the next page, and then released. At the words
marked °, pass the *tzitzit* over the eyes and kiss them.

וַיֹּאמֶר יְיָ אֶל מֹשֶׁה לֵּאמֹר: דַּבֵּר אֶל בְּנֵי יִשְׂרָאֵל
וְאָמַרְתָּ אֲלֵהֶם וְעָשׂוּ לָהֶם °צִיצִת עַל כַּנְפֵי
בִגְדֵיהֶם לְדֹרֹתָם, וְנָתְנוּ עַל °צִיצִת הַכָּנָף | פְּתִיל תְּכֵלֶת:

---

1. Deuteronomy 6:5-9.   **2.** Ibid. 11:13-21.

speak of them when you sit in your house and when you walk on the road, when you lie down and when you rise. You shall bind them as a sign upon your hand, and they shall be for a reminder between your eyes. And you shall write them upon the doorposts of your house and upon your gates.[1]

והיה And it will be, if you will diligently obey My commandments which I enjoin upon you this day, to love the Lord your God and to serve Him with all your heart and with all your soul: I will give rain for your land at the proper time, the early rain and the late rain, and you will gather in your grain, your wine and your oil. And I will give grass in your fields for your cattle, and you will eat and be sated. Take care lest your heart be lured away, and you turn astray and worship alien gods and bow down to them. For then the Lord's wrath will flare up against you, and He will close the heavens so that there will be no rain and the earth will not yield its produce, and you will swiftly perish from the good land which the Lord gives you. Therefore, place these words of Mine upon your heart and upon your soul, and bind them for a sign on your hand, and they shall be for a reminder between your eyes. You shall teach them to your children, to speak of them when you sit in your house and when you walk on the road, when you lie down and when you rise. And you shall inscribe them on the doorposts of your house and on your gates—so that your days and the days of your children may be prolonged on the land which the Lord swore to your fathers to give to them for as long as the heavens are above the earth.[2]

At this point the *tzitzit* are to be held also in the right hand and looked at. They should remain so until the words *and pleasant, forever* on the next page, and then released. At the starred words, pass the *tzitzit* over the eyes and kiss them.

ויאמר The Lord spoke to Moses, saying: Speak to the children of Israel and tell them to make for themselves fringes* on the corners of their garments throughout their generations, and to attach a thread of blue on the fringe*

וְהָיָה לָכֶם °לְצִיצִת, וּרְאִיתֶם | אֹתוֹ, וּזְכַרְתֶּם | אֶת כָּל מִצְוֹת יְיָ, וַעֲשִׂיתֶם | אֹתָם, וְלֹא תָתֻורוּ אַחֲרֵי לְבַבְכֶם וְאַחֲרֵי עֵינֵיכֶם אֲשֶׁר אַתֶּם זֹנִים אַחֲרֵיהֶם: לְמַעַן תִּזְכְּרוּ וַעֲשִׂיתֶם | אֶת כָּל מִצְוֹתָי, וִהְיִיתֶם קְדֹשִׁים לֵאלֹהֵיכֶם: אֲנִי יְיָ אֱלֹהֵיכֶם אֲשֶׁר הוֹצֵאתִי אֶתְכֶם | מֵאֶרֶץ מִצְרַיִם לִהְיוֹת לָכֶם לֵאלֹהִים, אֲנִי יְיָ אֱלֹהֵיכֶם[1]

Although the word אֱמֶת belongs to the next paragraph, do not pause between אֱלֹהֵיכֶם and אֱמֶת. When praying without a *minyan,* repeat אֲנִי יְיָ אֱלֹהֵיכֶם and conclude אֱמֶת.

Chazzan concludes silently: אֲנִי יְיָ אֱלֹהֵיכֶם אֱמֶת, and repeats aloud יְיָ אֱלֹהֵיכֶם אֱמֶת.

°**אֱמֶת** וְיַצִּיב, וְנָכוֹן, וְקַיָּם, וְיָשָׁר, וְנֶאֱמָן; וְאָהוּב וְחָבִיב, וְנֶחְמָד וְנָעִים, וְנוֹרָא וְאַדִּיר, וּמְתֻקָּן וּמְקֻבָּל, וְטוֹב וְיָפֶה, הַדָּבָר הַזֶּה[2] עָלֵינוּ לְעוֹלָם וָעֶד: אֱמֶת, אֱלֹהֵי עוֹלָם מַלְכֵּנוּ, צוּר יַעֲקֹב מָגֵן יִשְׁעֵנוּ, לְדֹר וָדֹר הוּא קַיָּם, וּשְׁמוֹ קַיָּם, וְכִסְאוֹ נָכוֹן, וּמַלְכוּתוֹ וֶאֱמוּנָתוֹ לָעַד °קַיֶּמֶת. וּדְבָרָיו חָיִים וְקַיָּמִים, נֶאֱמָנִים וְנֶחֱמָדִים °לָעַד וּלְעוֹלְמֵי עוֹלָמִים, עַל אֲבוֹתֵינוּ וְעָלֵינוּ, עַל בָּנֵינוּ וְעַל דּוֹרוֹתֵינוּ, וְעַל כָּל דּוֹרוֹת זֶרַע יִשְׂרָאֵל עֲבָדֶיךָ. עַל הָרִאשׁוֹנִים וְעַל הָאַחֲרוֹנִים דָּבָר טוֹב וְקַיָּם בֶּאֱמֶת וּבֶאֱמוּנָה, חוֹק וְלֹא יַעֲבוֹר. אֱמֶת, שָׁאַתָּה הוּא יְיָ אֱלֹהֵינוּ וֵאלֹהֵי אֲבוֹתֵינוּ, מַלְכֵּנוּ מֶלֶךְ אֲבוֹתֵינוּ, גּוֹאֲלֵנוּ גּוֹאֵל אֲבוֹתֵינוּ, צוּרֵנוּ צוּר יְשׁוּעָתֵנוּ, פּוֹדֵנוּ וּמַצִּילֵנוּ מֵעוֹלָם הוּא שְׁמֶךָ, וְאֵין לָנוּ עוֹד אֱלֹהִים זוּלָתֶךָ סֶלָה:

---

1. Numbers 15:37-41. **2.** That which we have affirmed in the Shema.

of each corner. They shall be to you as *tzitzit**, and you shall look upon them and remember all the commandments of the Lord and fulfill them, and you will not follow after your heart and after your eyes by which you go astray—so that you may remember and fulfill all My commandments, and be holy to your God. I am the Lord your God who brought you out of the land of Egypt to be your God; I, the Lord, am your God.[1]

Although the word *True* belongs to the next paragraph, do not pause between *your God* and *True.*

אמת True* and certain, established and enduring, right and faithful, beloved and cherished, delightful and sweet, awesome and mighty, correct and acceptable, good and beautiful is this[2] to us for all eternity. Truly, the God of the universe is our King; the Stronghold of Jacob is the shield of our deliverance. He endures and His Name endures throughout all generations; His throne is firmly established, and His sovereignty and His truth abide* forever. His words are living and eternal, faithful and pleasant, forever* and to all eternity, for our fathers, for us, for our children and our descendants, and for all the generations of the progeny of Israel Your servants. From the first to the last generations, [Your] Word is good and eternal in truth and trustworthiness, a Law that will never be abrogated. Truly, You are the Lord our God and the God of our fathers, our King, the King of our fathers, our Redeemer, the Redeemer of our fathers, our Stronghold, the Stronghold of our salvation, our Deliverer and Rescuer which is Your name from of old; we have no other God besides You, ever.

עֶזְרַת אֲבוֹתֵינוּ אַתָּה הוּא מֵעוֹלָם, מָגֵן וּמוֹשִׁיעַ לָהֶם וְלִבְנֵיהֶם אַחֲרֵיהֶם בְּכָל דּוֹר וָדוֹר. בְּרוּם עוֹלָם מוֹשָׁבֶךָ, וּמִשְׁפָּטֶיךָ וְצִדְקָתְךָ עַד אַפְסֵי אָרֶץ. אֱמֶת, אַשְׁרֵי אִישׁ שֶׁיִּשְׁמַע לְמִצְוֹתֶיךָ, וְתוֹרָתְךָ וּדְבָרְךָ יָשִׂים עַל לִבּוֹ. אֱמֶת, אַתָּה הוּא אָדוֹן לְעַמֶּךָ, וּמֶלֶךְ גִּבּוֹר לָרִיב רִיבָם לְאָבוֹת וּבָנִים. אֱמֶת, אַתָּה הוּא רִאשׁוֹן, וְאַתָּה הוּא אַחֲרוֹן, וּמִבַּלְעָדֶיךָ אֵין לָנוּ מֶלֶךְ גּוֹאֵל וּמוֹשִׁיעַ. אֱמֶת, מִמִּצְרַיִם גְּאַלְתָּנוּ יְיָ אֱלֹהֵינוּ, וּמִבֵּית עֲבָדִים פְּדִיתָנוּ. כָּל בְּכוֹרֵיהֶם הָרָגְתָּ, וּבְכוֹרְךָ יִשְׂרָאֵל גָּאָלְתָּ, וְיַם סוּף לָהֶם בָּקַעְתָּ, וְזֵדִים טִבַּעְתָּ, וִידִידִים הֶעֱבַרְתָּ, וַיְכַסּוּ מַיִם צָרֵיהֶם, אֶחָד מֵהֶם לֹא נוֹתָר.[1] עַל זֹאת שִׁבְּחוּ אֲהוּבִים, וְרוֹמְמוּ לָאֵל, וְנָתְנוּ יְדִידִים זְמִירוֹת שִׁירוֹת וְתִשְׁבָּחוֹת, בְּרָכוֹת וְהוֹדָאוֹת לַמֶּלֶךְ אֵל חַי וְקַיָּם. רָם וְנִשָּׂא גָּדוֹל וְנוֹרָא, מַשְׁפִּיל גֵּאִים עֲדֵי אָרֶץ, וּמַגְבִּיהַּ שְׁפָלִים עַד מָרוֹם, מוֹצִיא אֲסִירִים, פּוֹדֶה עֲנָוִים, עוֹזֵר דַּלִּים, הָעוֹנֶה לְעַמּוֹ יִשְׂרָאֵל בְּעֵת שַׁוְּעָם אֵלָיו.

Rise for the Amidah when reciting the words תְּהִלּוֹת לְאֵל עֶלְיוֹן.

תְּהִלּוֹת לְאֵל עֶלְיוֹן גּוֹאֲלָם, בָּרוּךְ הוּא וּמְבֹרָךְ, מֹשֶׁה וּבְנֵי יִשְׂרָאֵל לְךָ עָנוּ שִׁירָה בְּשִׂמְחָה רַבָּה, וְאָמְרוּ כֻלָּם: מִי כָמֹכָה בָּאֵלִם יְיָ, מִי כָּמֹכָה נֶאְדָּר בַּקֹּדֶשׁ, נוֹרָא תְהִלֹּת עֹשֵׂה פֶלֶא:[2]

It is best to conclude the words גָּאַל יִשְׂרָאֵל along with the chazzan.

שִׁירָה חֲדָשָׁה שִׁבְּחוּ גְאוּלִים לְשִׁמְךָ הַגָּדוֹל עַל שְׂפַת הַיָּם, יַחַד כֻּלָּם הוֹדוּ וְהִמְלִיכוּ וְאָמְרוּ: יְיָ יִמְלֹךְ לְעֹלָם וָעֶד.[3] וְנֶאֱמַר: גֹּאֲלֵנוּ יְיָ צְבָאוֹת שְׁמוֹ קְדוֹשׁ יִשְׂרָאֵל.[4] בָּרוּךְ אַתָּה יְיָ, גָּאַל יִשְׂרָאֵל: Do not respond אָמֵן.

1. Psalms 106:11. **2.** Exodus 15:11. **3.** Ibid. 15:18. **4.** Isaiah 47:4.

עזרת You have always been the help of our fathers, a shield and a deliverer to them and to their children after them in every generation. Your habitation is in the heights of the universe, and Your judgments and justice extend to the ends of the earth. Truly, happy is the man who heeds Your commandments, and takes to heart Your Torah and Your Word. Truly, You are the Master of Your people, and a mighty King to wage their battle, for the fathers and sons. Truly, You are the first and You are the last, and besides You we have no King, Redeemer and Deliverer. Truly, You redeemed us from Egypt, Lord our God; You freed us from the house of bondage, You slew all their first-born, but You redeemed Israel Your first-born; You split for them the Sea of Reeds, drowned the wicked, and took Your beloved people across; the waters engulfed their adversaries, not one of them remained.[1] For this, the cherished people praised and exalted God; the beloved ones offered hymns, songs and praises, blessings and thanksgiving to the King, the living and eternal God. He is lofty and exalted, great and awesome; He humbles the haughty to the ground, and raises the lowly to supreme heights. He frees the captives, redeems the humble, helps the needy; it is He who answers His people Israel when they cry out to Him. They offered praises to the sublime God, their Redeemer, blessed be He and He is blessed; Moses and the children of Israel with great joy raised their voices in song to You, and they all proclaimed: Who is like You among the supernal beings, O Lord! Who is like You, resplendent in holiness, awesome in praise, performing wonders![2]

Rise for the Amidah when reciting the words *They offered praises*.

It is best to conclude the words *who delivered Israel* along with the chazzan.

שירה With a new song, the redeemed people extolled Your great Name at the seashore; all of them in unison gave thanks and acclaimed Your sovereignty, and said: The Lord shall reign forever and ever.[3] And it is said: Our Redeemer, the Lord of hosts is His Name, the Holy One of Israel.[4] Blessed are You, Lord, who delivered Israel. Do not respond Amen.

SHACHARIT AMIDAH FOR ROSH HASHANAH

While praying, concentrate on the meaning of the words. Remember that you stand before the Divine Presence. Remove any distracting thoughts, allowing the mind to remain focused on prayer. Before beginning the Amidah, take three steps back, then three steps forward. Recite the Amidah quietly—but audibly—while standing with feet together. Throughout the Amidah, ending on page 114, interruptions of any form are forbidden.

אֲדֹנָי, שְׂפָתַי תִּפְתָּח וּפִי יַגִּיד תְּהִלָּתֶךָ:[1]

Bend knees at בָּרוּךְ; bow at אַתָּה; straighten up at יְיָ.

בָּרוּךְ אַתָּה יְיָ, אֱלֹהֵינוּ וֵאלֹהֵי אֲבוֹתֵינוּ, אֱלֹהֵי אַבְרָהָם, אֱלֹהֵי יִצְחָק, וֵאלֹהֵי יַעֲקֹב, הָאֵל הַגָּדוֹל הַגִּבּוֹר וְהַנּוֹרָא, אֵל עֶלְיוֹן, גּוֹמֵל חֲסָדִים טוֹבִים, קוֹנֵה הַכֹּל, וְזוֹכֵר חַסְדֵי אָבוֹת, וּמֵבִיא גוֹאֵל לִבְנֵי בְנֵיהֶם, לְמַעַן שְׁמוֹ בְּאַהֲבָה:

זָכְרֵנוּ לְחַיִּים, מֶלֶךְ חָפֵץ בַּחַיִּים, וְכָתְבֵנוּ בְּסֵפֶר הַחַיִּים, לְמַעַנְךָ אֱלֹהִים חַיִּים:

Bend knees at בָּרוּךְ; bow at אַתָּה; straighten up at יְיָ.

מֶלֶךְ עוֹזֵר וּמוֹשִׁיעַ וּמָגֵן. בָּרוּךְ אַתָּה יְיָ, מָגֵן אַבְרָהָם:

אַתָּה גִּבּוֹר לְעוֹלָם אֲדֹנָי, מְחַיֵּה מֵתִים אַתָּה, רַב לְהוֹשִׁיעַ. מוֹרִיד הַטָּל.

מְכַלְכֵּל חַיִּים בְּחֶסֶד, מְחַיֵּה מֵתִים בְּרַחֲמִים רַבִּים, סוֹמֵךְ נוֹפְלִים, וְרוֹפֵא חוֹלִים, וּמַתִּיר אֲסוּרִים, וּמְקַיֵּם אֱמוּנָתוֹ לִישֵׁנֵי עָפָר. מִי כָמוֹךָ בַּעַל גְּבוּרוֹת, וּמִי דּוֹמֶה לָּךְ, מֶלֶךְ מֵמִית וּמְחַיֶּה וּמַצְמִיחַ יְשׁוּעָה:

מִי כָמוֹךָ אַב הָרַחֲמָן, זוֹכֵר יְצוּרָיו לְחַיִּים בְּרַחֲמִים:

וְנֶאֱמָן אַתָּה לְהַחֲיוֹת מֵתִים. בָּרוּךְ אַתָּה יְיָ, מְחַיֵּה הַמֵּתִים:

1. Psalms 51:17.

SHACHARIT AMIDAH FOR ROSH HASHANAH

While praying, concentrate on the meaning of the words. Remember that you stand before the Divine Presence. Remove any distracting thoughts, allowing the mind to remain focused on prayer. Before beginning the Amidah, take three steps back, then three steps forward. Recite the Amidah quietly—but audibly—while standing with feet together. Throughout the Amidah, ending on page 114, interruptions of any form are forbidden.

אדני My Lord, open my lips, and my mouth shall declare Your praise.[1]

Bend knees at *Blessed;* bow at *You;* straighten up at *Lord.*

ברוך Blessed are You, Lord our God and God of our fathers, God of Abraham, God of Isaac and God of Jacob, the great, mighty and awesome God, exalted God, who bestows bountiful kindness, who creates all things, who remembers the piety of the Patriarchs, and who, in love, brings a redeemer to their children's children, for the sake of His Name.

זכרנו Remember us for life, King who desires life; inscribe us in the Book of Life, for Your sake, O living God.

Bend knees at *Blessed;* bow at *You;* straighten up at *Lord.*

מלך O King, [You are] a helper, a savior and a shield. Blessed are You, Lord, Shield of Abraham.

אתה You are mighty forever, my Lord; You resurrect the dead; You are powerful to save. He causes the dew to descend.

מכלכל He sustains the living with lovingkindness, resurrects the dead with great mercy, supports the falling, heals the sick, releases the bound, and fulfills His trust to those who sleep in the dust. Who is like You, mighty One! And who can be compared to You, King, who brings death and restores life, and causes deliverance to spring forth!

מי Who is like You, merciful Father, who in compassion remembers His creatures for life.

ונאמן You are trustworthy to revive the dead. Blessed are You, Lord, who revives the dead.

אַתָּה קָדוֹשׁ וְשִׁמְךָ קָדוֹשׁ, וּקְדוֹשִׁים בְּכָל יוֹם יְהַלְלוּךָ סֶּלָה.

לְדוֹר וָדוֹר הַמְלִיכוּ לָאֵל, כִּי הוּא לְבַדּוֹ מָרוֹם וְקָדוֹשׁ:

וּבְכֵן יִתְקַדַּשׁ שִׁמְךָ יְיָ אֱלֹהֵינוּ עַל יִשְׂרָאֵל עַמֶּךָ, וְעַל יְרוּשָׁלַיִם עִירֶךָ, וְעַל צִיּוֹן מִשְׁכַּן כְּבוֹדֶךָ, וְעַל מַלְכוּת בֵּית דָּוִד מְשִׁיחֶךָ, וְעַל מְכוֹנְךָ וְהֵיכָלֶךָ:

וּבְכֵן תֵּן פַּחְדְּךָ יְיָ אֱלֹהֵינוּ עַל כָּל מַעֲשֶׂיךָ, וְאֵימָתְךָ עַל כֹּל מַה שֶּׁבָּרָאתָ, וְיִירָאוּךָ כָּל הַמַּעֲשִׂים, וְיִשְׁתַּחֲווּ לְפָנֶיךָ כָּל הַבְּרוּאִים, וְיֵעָשׂוּ כֻלָּם אֲגֻדָּה אַחַת לַעֲשׂוֹת רְצוֹנְךָ בְּלֵבָב שָׁלֵם. שֶׁיָּדַעְנוּ יְיָ אֱלֹהֵינוּ שֶׁהַשָּׁלְטָן לְפָנֶיךָ, עֹז בְּיָדְךָ וּגְבוּרָה בִּימִינֶךָ, וְשִׁמְךָ נוֹרָא עַל כֹּל מַה שֶּׁבָּרָאתָ:

וּבְכֵן תֵּן כָּבוֹד יְיָ לְעַמֶּךָ, תְּהִלָּה לִירֵאֶיךָ, וְתִקְוָה טוֹבָה לְדוֹרְשֶׁיךָ, וּפִתְחוֹן פֶּה לַמְיַחֲלִים לָךְ, שִׂמְחָה לְאַרְצֶךָ, וְשָׂשׂוֹן לְעִירֶךָ, וּצְמִיחַת קֶרֶן לְדָוִד עַבְדֶּךָ, וַעֲרִיכַת נֵר לְבֶן יִשַׁי מְשִׁיחֶךָ, בִּמְהֵרָה בְיָמֵינוּ:

וּבְכֵן צַדִּיקִים יִרְאוּ וְיִשְׂמָחוּ, וִישָׁרִים יַעֲלֹזוּ, וַחֲסִידִים בְּרִנָּה יָגִילוּ, וְעוֹלָתָה תִּקְפָּץ פִּיהָ, וְהָרִשְׁעָה כֻּלָּהּ כְּעָשָׁן תִּכְלֶה, כִּי תַעֲבִיר מֶמְשֶׁלֶת זָדוֹן מִן הָאָרֶץ:

אתה You are holy and Your Name is holy, and holy beings praise You daily for all eternity.

לדור Through all generations proclaim the kingship of God, for He alone is exalted and holy.

ובכן And thus shall Your Name, Lord our God, be sanctified upon Israel Your people, upon Jerusalem Your city, upon Zion the abode of Your glory, upon the kingship of the house of David Your anointed, and upon Your dwelling-place and Your sanctuary.

ובכן And so, Lord our God, instill fear of You upon all that You have made, and dread of You upon all that You have created; and [then] all works will be in awe of You, all the created beings will prostrate themselves before You, and they all will form a single band to carry out Your will with a perfect heart. For we know, Lord our God, that rulership is Yours, strength is in Your [left] hand, might is in Your right hand, and Your Name is awesome over all that You have created.

ובכן And so, Lord, grant honor to Your people, glory to those who fear You, good hope to those who seek You, confident speech to those who yearn for You, joy to Your land, gladness to Your city, a flourishing of strength to David Your servant, and a setting up of light to the son of Yishai Your anointed, speedily in our days.

ובכן And then the righteous will see and be glad, the upright will rejoice, and the pious will exult in song; injustice will shut its mouth and all wickedness will go up in smoke, when You will remove the rule of evil from the earth.

וְתִמְלוֹךְ אַתָּה הוּא יְיָ אֱלֹהֵינוּ לְבַדֶּךָ עַל כָּל
מַעֲשֶׂיךָ, בְּהַר צִיּוֹן מִשְׁכַּן כְּבוֹדֶךָ,
וּבִירוּשָׁלַיִם עִיר קָדְשֶׁךָ, כַּכָּתוּב בְּדִבְרֵי קָדְשֶׁךָ: יִמְלֹךְ
יְיָ לְעוֹלָם אֱלֹהַיִךְ צִיּוֹן לְדֹר וָדֹר, הַלְלוּיָהּ:‏‎

קָדוֹשׁ אַתָּה וְנוֹרָא שְׁמֶךָ, וְאֵין אֱלוֹהַּ מִבַּלְעָדֶיךָ,
כַּכָּתוּב: וַיִּגְבַּהּ יְיָ צְבָאוֹת בַּמִּשְׁפָּט, וְהָאֵל
הַקָּדוֹשׁ נִקְדָּשׁ בִּצְדָקָה.‏‎²‎‏ בָּרוּךְ אַתָּה יְיָ, הַמֶּלֶךְ הַקָּדוֹשׁ:

אַתָּה בְחַרְתָּנוּ מִכָּל הָעַמִּים, אָהַבְתָּ אוֹתָנוּ וְרָצִיתָ
בָּנוּ, וְרוֹמַמְתָּנוּ מִכָּל הַלְּשׁוֹנוֹת, וְקִדַּשְׁתָּנוּ
בְּמִצְוֹתֶיךָ, וְקֵרַבְתָּנוּ מַלְכֵּנוּ לַעֲבוֹדָתֶךָ, וְשִׁמְךָ הַגָּדוֹל
וְהַקָּדוֹשׁ עָלֵינוּ קָרָאתָ:

On Shabbat, add the words in shaded parentheses.

וַתִּתֶּן לָנוּ יְיָ אֱלֹהֵינוּ בְּאַהֲבָה אֶת יוֹם (הַשַּׁבָּת הַזֶּה
וְאֶת יוֹם) הַזִּכָּרוֹן הַזֶּה, אֶת יוֹם טוֹב מִקְרָא
קֹדֶשׁ הַזֶּה, יוֹם (זִכְרוֹן) תְּרוּעָה (בְּאַהֲבָה) מִקְרָא קֹדֶשׁ
זֵכֶר לִיצִיאַת מִצְרָיִם:

On Shabbat, add the words in shaded parentheses.

אֱלֹהֵינוּ וֵאלֹהֵי אֲבוֹתֵינוּ, יַעֲלֶה וְיָבוֹא וְיַגִּיעַ, וְיֵרָאֶה
וְיֵרָצֶה וְיִשָּׁמַע, וְיִפָּקֵד וְיִזָּכֵר זִכְרוֹנֵנוּ
וּפִקְדּוֹנֵנוּ, וְזִכְרוֹן אֲבוֹתֵינוּ, וְזִכְרוֹן מָשִׁיחַ בֶּן דָּוִד
עַבְדֶּךָ, וְזִכְרוֹן יְרוּשָׁלַיִם עִיר קָדְשֶׁךָ, וְזִכְרוֹן כָּל עַמְּךָ
בֵּית יִשְׂרָאֵל לְפָנֶיךָ, לִפְלֵיטָה לְטוֹבָה, לְחֵן וּלְחֶסֶד

‏‎1.‎‏ Psalms 146:10. ‏‎2.‎‏ Isaiah 5:16.

ותמלוך Lord our God, You are He who alone will reign over all Your works, in Mount Zion the abode of Your glory, in Jerusalem Your holy city, as it is written in Your holy Scriptures: The Lord shall reign forever, your God, O Zion, throughout all generations; praise the Lord.[1]

קדוש Holy are You, awesome is Your Name, and aside from You there is no God, as it is written: The Lord of hosts is exalted in justice and the holy God is sanctified in righteousness.[2] Blessed are You, Lord, the holy King.

אתה You have chosen us from among all the nations; You have loved us and found favor with us. You have raised us above all tongues and made us holy through Your commandments. You, our King, have drawn us near to Your service and proclaimed Your great and holy Name upon us.

On Shabbat, add the words in shaded parentheses.

ותתן And You, Lord our God, have given us in love (this Shabbat day and) this Day of Remembrance, this festival of holy assembly, a day for (the remembrance of) sounding the *shofar*, (in love,) a holy assembly, commemorating the Exodus from Egypt.

On Shabbat, add the words in shaded parentheses.

אלהינו Our God and God of our fathers, may there ascend, come and reach, be seen, accepted, and heard, recalled and remembered before You our remembrance and recollection, the remembrance of our fathers, the remembrance of Mashiach the son of David Your servant, the remembrance of Jerusalem Your holy city, and the remembrance of all Your people the House of Israel, for deliverance, well-being, grace, kindness, mercy, good life

וּלְרַחֲמִים וּלְחַיִּים טוֹבִים וּלְשָׁלוֹם, בְּיוֹם (הַשַּׁבָּת הַזֶּה וּבְיוֹם) הַזִּכָּרוֹן הַזֶּה, בְּיוֹם טוֹב מִקְרָא קֹדֶשׁ הַזֶּה. זָכְרֵנוּ יְיָ אֱלֹהֵינוּ בּוֹ לְטוֹבָה, וּפָקְדֵנוּ בּוֹ לִבְרָכָה, וְהוֹשִׁיעֵנוּ בּוֹ לְחַיִּים טוֹבִים. וּבִדְבַר יְשׁוּעָה וְרַחֲמִים, חוּס וְחָנֵּנוּ, וְרַחֵם עָלֵינוּ וְהוֹשִׁיעֵנוּ, כִּי אֵלֶיךָ עֵינֵינוּ, כִּי אֵל מֶלֶךְ חַנּוּן וְרַחוּם אָתָּה:

On Shabbat, add the words in shaded parentheses.

אֱלֹהֵינוּ וֵאלֹהֵי אֲבוֹתֵינוּ, מְלוֹךְ עַל הָעוֹלָם כֻּלּוֹ בִּכְבוֹדֶךָ, וְהִנָּשֵׂא עַל כָּל הָאָרֶץ בִּיקָרֶךָ, וְהוֹפַע בַּהֲדַר גְּאוֹן עֻזֶּךָ עַל כָּל יוֹשְׁבֵי תֵבֵל אַרְצֶךָ, וְיֵדַע כָּל פָּעוּל כִּי אַתָּה פְעַלְתּוֹ, וְיָבִין כָּל יְצוּר כִּי אַתָּה יְצַרְתּוֹ, וְיֹאמַר כָּל אֲשֶׁר נְשָׁמָה בְאַפּוֹ: יְיָ אֱלֹהֵי יִשְׂרָאֵל מֶלֶךְ, וּמַלְכוּתוֹ בַּכֹּל מָשָׁלָה: (אֱלֹהֵינוּ וֵאלֹהֵי אֲבוֹתֵינוּ, רְצֵה נָא בִמְנוּחָתֵנוּ,) קַדְּשֵׁנוּ בְּמִצְוֹתֶיךָ, וְתֵן חֶלְקֵנוּ בְּתוֹרָתֶךָ, שַׂבְּעֵנוּ מִטּוּבֶךָ וְשַׂמַּח נַפְשֵׁנוּ בִּישׁוּעָתֶךָ, (וְהַנְחִילֵנוּ יְיָ אֱלֹהֵינוּ בְּאַהֲבָה וּבְרָצוֹן שַׁבַּת קָדְשֶׁךָ וְיָנוּחוּ בוֹ כָּל יִשְׂרָאֵל מְקַדְּשֵׁי שְׁמֶךָ,) וְטַהֵר לִבֵּנוּ לְעָבְדְּךָ בֶּאֱמֶת, כִּי אַתָּה אֱלֹהִים אֱמֶת וּדְבָרְךָ מַלְכֵּנוּ אֱמֶת וְקַיָּם לָעַד. בָּרוּךְ אַתָּה יְיָ, מֶלֶךְ עַל כָּל הָאָרֶץ, מְקַדֵּשׁ (הַשַּׁבָּת וְ) יִשְׂרָאֵל וְיוֹם הַזִּכָּרוֹן:

רְצֵה יְיָ אֱלֹהֵינוּ בְּעַמְּךָ יִשְׂרָאֵל וְלִתְפִלָּתָם שְׁעֵה, וְהָשֵׁב הָעֲבוֹדָה לִדְבִיר בֵּיתֶךָ, וְאִשֵּׁי יִשְׂרָאֵל

and peace, on this (Shabbat day and this) Day of Remembrance, this festival of holy assembly. Remember us on this [day], Lord our God, for good; be mindful of us on this [day] for blessing; help us on this [day] for good life. With the promise of deliverance and compassion, spare us and be gracious to us; have mercy upon us and deliver us; for our eyes are directed to You, for You, God, are a gracious and merciful King.

On Shabbat, add the words in shaded parentheses.

אלהינו Our God and God of our fathers, reign over the entire world in Your glory, be exalted over all the earth in Your splendor, and reveal Yourself in the majesty of Your glorious might over all the inhabitants of Your terrestrial world. May everything that has been made know that You have made it; may everything that has been created understand that You have created it; and may everyone who has the breath [of life] in his nostrils declare that the Lord, God of Israel, is King and His kingship has dominion over all. (Our God and God of our fathers, please find favor in our rest.) Make us holy with Your commandments and grant us our portion in Your Torah; satiate us with Your goodness and gladden our soul with Your salvation. (Lord our God, grant as our heritage, in love and goodwill, Your holy Shabbat, and may all Israel who sanctify Your Name rest thereon.) Make our heart pure to serve You in truth; for You are the true God, and Your word, our King, is true and enduring forever. Blessed are You, Lord, King over the whole earth, who sanctifies (the Shabbat and) Israel and the Day of Remembrance.

רצה Look with favor, Lord our God, on Your people Israel, and pay heed to their prayer; restore the service to

וּתְפִלָּתָם בְּאַהֲבָה תְקַבֵּל בְּרָצוֹן, וּתְהִי לְרָצוֹן תָּמִיד
עֲבוֹדַת יִשְׂרָאֵל עַמֶּךָ:

וְתֶחֱזֶינָה עֵינֵינוּ בְּשׁוּבְךָ לְצִיּוֹן בְּרַחֲמִים. בָּרוּךְ אַתָּה
יְיָ, הַמַּחֲזִיר שְׁכִינָתוֹ לְצִיּוֹן:

Bow at מוֹדִים; straighten up at יְיָ.

מוֹדִים אֲנַחְנוּ לָךְ, שָׁאַתָּה הוּא יְיָ אֱלֹהֵינוּ וֵאלֹהֵי
אֲבוֹתֵינוּ לְעוֹלָם וָעֶד, צוּר חַיֵּינוּ, מָגֵן יִשְׁעֵנוּ,
אַתָּה הוּא לְדוֹר וָדוֹר, נוֹדֶה לְךָ וּנְסַפֵּר תְּהִלָּתֶךָ, עַל
חַיֵּינוּ הַמְּסוּרִים בְּיָדֶךָ, וְעַל נִשְׁמוֹתֵינוּ הַפְּקוּדוֹת לָךְ,
וְעַל נִסֶּיךָ שֶׁבְּכָל יוֹם עִמָּנוּ, וְעַל נִפְלְאוֹתֶיךָ וְטוֹבוֹתֶיךָ
שֶׁבְּכָל עֵת, עֶרֶב וָבֹקֶר וְצָהֳרָיִם, הַטּוֹב, כִּי לֹא כָלוּ
רַחֲמֶיךָ, וְהַמְרַחֵם, כִּי לֹא תַמּוּ חֲסָדֶיךָ, כִּי מֵעוֹלָם
קִוִּינוּ לָךְ:

וְעַל כֻּלָּם יִתְבָּרֵךְ וְיִתְרוֹמָם וְיִתְנַשֵּׂא שִׁמְךָ מַלְכֵּנוּ
תָּמִיד לְעוֹלָם וָעֶד:

וּכְתוֹב לְחַיִּים טוֹבִים כָּל בְּנֵי בְרִיתֶךָ:

וְכֹל הַחַיִּים יוֹדוּךָ סֶּלָה, וִיהַלְלוּ שִׁמְךָ הַגָּדוֹל לְעוֹלָם כִּי
טוֹב, הָאֵל יְשׁוּעָתֵנוּ וְעֶזְרָתֵנוּ סֶלָה, הָאֵל הַטּוֹב.

Bend knees at בָּרוּךְ; bow at אַתָּה; straighten up at יְיָ.

בָּרוּךְ אַתָּה יְיָ, הַטּוֹב שִׁמְךָ וּלְךָ נָאֶה לְהוֹדוֹת:

שִׂים שָׁלוֹם, טוֹבָה וּבְרָכָה, חַיִּים חֵן וָחֶסֶד וְרַחֲמִים,
עָלֵינוּ וְעַל כָּל יִשְׂרָאֵל עַמֶּךָ. בָּרְכֵנוּ אָבִינוּ כֻּלָּנוּ
כְּאֶחָד בְּאוֹר פָּנֶיךָ, כִּי בְאוֹר פָּנֶיךָ נָתַתָּ לָנוּ יְיָ אֱלֹהֵינוּ

Your Sanctuary, and accept with love and favor Israel's fire-offerings and prayer; and may the service of Your people Israel always find favor.

ותחזינה May our eyes behold Your return to Zion in mercy. Blessed are You, Lord, who restores His Divine Presence to Zion.

Bow at *We thankfully acknowledge*; straighten up at *Lord.*

מודים We thankfully acknowledge that You are the Lord our God and God of our fathers forever. You are the strength of our life, the shield of our salvation in every generation. We will give thanks to You and recount Your praise, evening, morning and noon, for our lives which are committed into Your hand, for our souls which are entrusted to You, for Your miracles which are with us daily, and for Your continual wonders and beneficences. You are the Beneficent One, for Your mercies never cease; and the Merciful One, for Your kindnesses never end; for we always place our hope in You.

ועל And for all these, may Your Name, our King, be continually blessed, exalted, and extolled forever and all time.

וכתוב Inscribe all the children of Your Covenant for a good life.

וכל And all living things shall forever thank You, and praise Your great Name eternally, for You are good. God, You are our everlasting salvation and help, O benevolent God.

Bend knees at *Blessed*; bow at *You*; straighten up at *Lord.*

Blessed are You, Lord, Beneficent is Your Name, and to You it is fitting to offer thanks.

שים Bestow peace, goodness, and blessing, life, graciousness, kindness, and mercy, upon us and upon all Your people Israel. Bless us, our Father, all of us as one, with the light of Your countenance, for by the light of Your

תּוֹרַת חַיִּים וְאַהֲבַת חֶסֶד, וּצְדָקָה וּבְרָכָה וְרַחֲמִים וְחַיִּים וְשָׁלוֹם, וְטוֹב בְּעֵינֶיךָ לְבָרֵךְ אֶת עַמְּךָ יִשְׂרָאֵל בְּכָל עֵת וּבְכָל שָׁעָה בִּשְׁלוֹמֶךָ.

וּבְסֵפֶר חַיִּים בְּרָכָה וְשָׁלוֹם וּפַרְנָסָה טוֹבָה, יְשׁוּעָה וְנֶחָמָה וּגְזֵרוֹת טוֹבוֹת, נִזָּכֵר וְנִכָּתֵב לְפָנֶיךָ, אֲנַחְנוּ וְכָל עַמְּךָ בֵּית יִשְׂרָאֵל, לְחַיִּים טוֹבִים וּלְשָׁלוֹם. בָּרוּךְ אַתָּה יְיָ, הַמְבָרֵךְ אֶת עַמּוֹ יִשְׂרָאֵל בַּשָּׁלוֹם:

יִהְיוּ לְרָצוֹן אִמְרֵי פִי וְהֶגְיוֹן לִבִּי לְפָנֶיךָ, יְיָ צוּרִי וְגוֹאֲלִי:[1]

אֱלֹהַי, נְצֹר לְשׁוֹנִי מֵרָע, וּשְׂפָתַי מִדַּבֵּר מִרְמָה, וְלִמְקַלְלַי נַפְשִׁי תִדּוֹם, וְנַפְשִׁי כֶּעָפָר לַכֹּל תִּהְיֶה. פְּתַח לִבִּי בְּתוֹרָתֶךָ, וּבְמִצְוֹתֶיךָ תִּרְדּוֹף נַפְשִׁי, וְכָל הַחוֹשְׁבִים עָלַי רָעָה, מְהֵרָה הָפֵר עֲצָתָם וְקַלְקֵל מַחֲשַׁבְתָּם. יִהְיוּ כְּמֹץ לִפְנֵי רוּחַ וּמַלְאַךְ יְיָ דֹּחֶה.[2] לְמַעַן יֵחָלְצוּן יְדִידֶיךָ, הוֹשִׁיעָה יְמִינְךָ וַעֲנֵנִי.[3] עֲשֵׂה לְמַעַן שְׁמֶךָ, עֲשֵׂה לְמַעַן יְמִינֶךָ, עֲשֵׂה לְמַעַן תּוֹרָתֶךָ, עֲשֵׂה לְמַעַן קְדֻשָּׁתֶךָ.[4] יִהְיוּ לְרָצוֹן אִמְרֵי פִי וְהֶגְיוֹן לִבִּי לְפָנֶיךָ, יְיָ צוּרִי וְגוֹאֲלִי:[1]

Take three steps back, then bow left saying עֹשֶׂה הַשָּׁלוֹם בִּמְרוֹמָיו, bow forward saying הוּא, bow right saying יַעֲשֶׂה שָׁלוֹם עָלֵינוּ, and bow forward saying וְעַל כָּל יִשְׂרָאֵל, וְאִמְרוּ אָמֵן.

עֹשֶׂה הַשָּׁלוֹם בִּמְרוֹמָיו, הוּא יַעֲשֶׂה שָׁלוֹם עָלֵינוּ וְעַל כָּל יִשְׂרָאֵל, וְאִמְרוּ אָמֵן:

יְהִי רָצוֹן מִלְּפָנֶיךָ, יְיָ אֱלֹהֵינוּ וֵאלֹהֵי אֲבוֹתֵינוּ, שֶׁיִּבָּנֶה בֵּית הַמִּקְדָּשׁ בִּמְהֵרָה בְיָמֵינוּ, וְתֵן חֶלְקֵנוּ בְּתוֹרָתֶךָ:[5]

The Amidah ends here.
Continue with the chazzan's repetition of the Amidah:
First day—following page; Second day—page 132.

1. Psalms 19:15. 2. Ibid. 35:5. 3. Ibid. 60:7; 108:7. 4. It is customary to recite a verse in which the first and last letters correspond to the first and last letters of one's own Hebrew name. For a list of verses, see page 318. 5. Avot 5:20.

countenance You gave us, Lord our God, the Torah of life and loving-kindness, righteousness, blessing, mercy, life and peace. May it be favorable in Your eyes to bless Your people Israel, at all times and at every moment, with Your peace.

ובספר And in the book of life, blessing, peace, and prosperity, deliverance, consolation, and favorable decrees, may we and all Your people the House of Israel be remembered and inscribed before You for a happy life and for peace. Blessed are You, Lord, who blesses His people Israel with peace.

יהיו May the words of my mouth and the meditation of my heart be acceptable before You, Lord, my Strength and my Redeemer.[1]

אלהי My God, guard my tongue from evil, and my lips from speaking deceitfully. Let my soul be silent to those who curse me; let my soul be as dust to all. Open my heart to Your Torah, and let my soul eagerly pursue Your commandments. As for all those who plot evil against me, hasten to annul their counsel and frustrate their design. Let them be as chaff before the wind; let the angel of the Lord thrust them away.[2] That Your beloved ones may be delivered, help with Your right hand and answer me.[3] Do it for the sake of Your Name; do it for the sake of Your right hand; do it for the sake of Your Torah; do it for the sake of Your holiness.[4] May the words of my mouth and the meditation of my heart be acceptable before You, Lord, my Strength and my Redeemer.[1]

Take three steps back, then bow left saying *He who makes the peace in His Heavens,* bow forward saying *may He,* bow right saying *make peace for us,* and bow forward saying *and for all Israel; and say, Amen.*

עשה He who makes the peace in His heavens, may He make peace for us and for all Israel; and say, Amen.

יהי May it be Your will, Lord our God and God of our fathers, that the Bet Hamikdash be speedily rebuilt in our days, and grant us our portion in Your Torah.[5]

The Amidah ends here.
Continue with the chazzan's repetition of the Amidah:
First day—following page; Second day—page 132.

CHAZZAN'S REPETITION OF THE AMIDAH FOR THE FIRST DAY

THE REPETITION OF THE AMIDAH

The congregation must listen attentively to the chazzan and respond אָמֵן at the conclusion of each blessing. If there are not at least nine men who respond אָמֵן after the blessings, it is tantamount to a blessing in vain. It is proper to respond with בָּרוּךְ הוּא וּבָרוּךְ שְׁמוֹ each time the chazzan says בָּרוּךְ אַתָּה יְיָ.

The Ark is opened at various times throughout the chazzan's repetition of the Amidah. While it is preferable to stand when the Ark is open, one who finds this to be difficult may sit, except where indicated.

THE ARK IS OPENED.

אֲדֹנָי, שְׂפָתַי תִּפְתָּח וּפִי יַגִּיד תְּהִלָּתֶךָ:[1]

Bend knees at בָּרוּךְ; bow at אַתָּה; straighten up at יְיָ.

בָּרוּךְ אַתָּה יְיָ, אֱלֹהֵינוּ וֵאלֹהֵי אֲבוֹתֵינוּ, אֱלֹהֵי אַבְרָהָם, אֱלֹהֵי יִצְחָק, וֵאלֹהֵי יַעֲקֹב, הָאֵל הַגָּדוֹל הַגִּבּוֹר וְהַנּוֹרָא, אֵל עֶלְיוֹן, גּוֹמֵל חֲסָדִים טוֹבִים, קוֹנֵה הַכֹּל, וְזוֹכֵר חַסְדֵי אָבוֹת, וּמֵבִיא גוֹאֵל לִבְנֵי בְנֵיהֶם, לְמַעַן שְׁמוֹ בְּאַהֲבָה:

מִסּוֹד חֲכָמִים וּנְבוֹנִים, וּמִלֶּמֶד דַּעַת מְבִינִים. אֶפְתְּחָה פִּי בִּתְפִלָּה וּבְתַחֲנוּנִים, לְחַלּוֹת וּלְחַנֵּן פְּנֵי מֶלֶךְ מַלְכֵי הַמְּלָכִים וַאֲדוֹנֵי הָאֲדוֹנִים:

יְרֵאתִי בִּפְצוֹתִי שִׂיחַ לְהַשְׁחִיל. קוּמִי לְחַלּוֹת פְּנֵי נוֹרָא וְדָחִיל. וְקָטֹנְתִּי מַעַשׂ לָכֵן אַזְחִיל. תְּבוּנָה חָסַרְתִּי וְאֵיךְ אוֹחִיל: יוֹצְרִי הֲבִינֵנִי מוֹרָשָׁה לְהַנְחִיל. אַיְּלֵנִי וְאַמְּצֵנִי מֵרִפְיוֹן וָחִיל. לַחֲשִׁי יֶרָצֶה כִּמְנַטִּיף וּמַשְׁחִיל. בִּטּוּיִי יֻמְתַּק כְּצוּף נְחִיל: רָצוּי בְּיֹשֶׁר וְלֹא כְמַכְחִיל. מְשַׁלְּחַי לְהַמְצִיא כֹּפֶר וּמְחִיל. שַׁאֲגִי יֶעֱרַב וְלֹא

1. Psalms 51:17.

CHAZZAN'S REPETITION OF THE AMIDAH FOR THE FIRST DAY

THE REPETITION OF THE AMIDAH

The congregation must listen attentively to the chazzan and respond Amen at the conclusion of each blessing. If there are not at least nine men who respond Amen after the blessings, it is tantamount to a blessing in vain. It is proper to respond with "Boruch Hu u'Voruch Shemo" ("Blessed is He and Blessed is His Name") each time the chazzan says *Blessed are You, Lord.*

The Ark is opened at various times throughout the chazzan's repetition of the Amidah. While it is preferable to stand when the Ark is open, one who finds this to be difficult may sit, except where indicated.

THE ARK IS OPENED.

אדני My Lord, open my lips, and my mouth shall declare Your praise.[1]

Bend knees at *Blessed;* bow at *You;* straighten up at *Lord.*

ברוך Blessed are You, Lord our God and God of our fathers, God of Abraham, God of Isaac and God of Jacob, the great, mighty and awesome God, exalted God, who bestows bountiful kindness, who creates all things, who remembers the piety of the Patriarchs, and who, in love, brings a redeemer to their children's children, for the sake of His Name.

מסוד [With words] based upon the teachings of the wise and the understanding, and upon the knowledge acquired from the discerning, I open my mouth in prayer and in supplication, to beseech and implore the countenance of the supreme King of kings and Master of masters.

יראתי I am awe-stricken as I open my lips to utter words of prayer, as I rise to plead before the most awesome One. Few are my good deeds, therefore I tremble; I lack understanding, how, then, can I hope and pray? O my Creator, grant me discernment that I may possess [the Torah] my heritage; strengthen me and fortify me against weakness and fear. May my whispered prayer find favor like the incense-offering; may my words be as sweet as pure honey. May they be accepted as truly sincere, for I am not a pretender—to obtain atonement and forgiveness for those who have made me their emissary. May my prayerful cry be

כְּמַשְׁחִיל. הֶעָתֵר לְנֶחְשָׁבִים כְּזָחִיל: חַנּוּן כְּהַבְטִיחָךְ לִבְנִקְרַת מְחִיל.[1] זַעֲקִי קְשֹׁב בְּעֵת אַתְחִיל. קְרָבַי יְחֳמָרוּ בְּחָקְרָךְ חַלּוֹחִיל. וּמֵאֵימַת הַדִּין נַפְשִׁי תַבְחִיל: אִם כִּגְמוּל, הַלֵּב יָחִיל. מְקוֹרֵי עַפְעַפַּי אַזִּיל כְּמַזְחִיל. צְדָקָה אֲקַוֶּה מִמְּךָ וְאוֹחִיל. יֹשֶׁר הוֹרַי זָכְרָה לְהַאֲחִיל. חַם לִבִּי בַּהֲגִיגַי יַגְחִיל. יִסְתָּעֵר בְּקִרְבִּי בְּעֵת אָתְחִיל:

THE ARK IS CLOSED.

Chazzan and congregation recite the following;
chazzan concludes the paragraph aloud, as indicated:

אָת חִיל יוֹם פְּקֻדָּה. בְּאֵימָיו כָּל לְחֶם לְשָׁקְדָה. גָּשִׁים בּוֹ בֶּרֶךְ לִיקוֹדָה. דֵּעָם לְיַשֵּׁר כְּעַל מוֹקְדָה: הַיּוֹצֵר יַחַד כֶּסֶל נִשְׁפָּט. וְשׁוֹעַ וָדַל בִּפְלוּס יִשָּׁפֵט. זֵכֶר לֹא יַעֲשֶׂה מִשְׁפָּט.[2] חִין עֶרְכּוֹ יִזָּכֵר בַּמִּשְׁפָּט: טֶרֶם כָּל מִפְעַל חָצָב. יַזַּם בְּמַחֲשֶׁבֶת צוּר חֻצַּב. כְּאָחוֹר וָקֶדֶם בַּתָּוֶךְ נֶחֱצַב. לְיַהַב עָלָיו כָּל הַמַּחֲצָב:[3] מָנָתוֹ כְּהַיּוֹם כֹּחַ דְּשֵׁנָה. נֵצֶר לְהַחֲנִיט לְתִשְׁעִים שָׁנָה. סִיְּמָהּ אוֹת הֱיוֹת לְשׁוֹשַׁנָּה. עֲבוֹר לְפָנָיו בְּזֶה רֹאשׁ הַשָּׁנָה: פִּלְּצוּ פְרָחֶיהָ בְּזֶה יוֹם. צִבְאוֹתָם פְּנֵי כֵם אָיוֹם. קוֹל דִּבּוּבָם יַרְחִישׁוּ הַיּוֹם. רוֹגְשִׁים לְהָרִיעַ לִמְצֹא פִדְיוֹם: שְׁעוּנִים עָלֶיהָ בָּהּ לְהִפָּקְדָה. שׁוֹאֲגִים בְּלַהַק דְּלָתוֹת לְשָׁקְדָה: —Chazzan תְּמוּכִים בְּדֶשֶׁן שֶׂה עֲקֵדָה. תֵּשֶׁר אֲשֶׁר בּוֹ נִפְקָדָה:

1. Cf. Exodus 33:22. 2. Genesis 18:25. 3. I.e., so that his merit would be a protection for all the preceding and succeeding generations.

pleasant and not irritating; respond to the supplications of [Israel, Your humble people,] who consider themselves as lowly creeping creatures. Gracious God, as You promised [Moses] in the cleft of the rock,[1] hearken to my cry as I begin. My innards shrink [when I consider] that You search the recesses of my heart; from the fear of judgment, my soul trembles! If You were to requite us according to our deeds, the heart would quake, the fountains of my eyelids would flow as a stream; I hope and pray for mercy from You, remember for good the merit of my forefathers. My heart is hot like glowing embers as I offer my prayer; it seethes within me as I begin [to pray].

THE ARK IS CLOSED.

Chazzan and congregation recite the following;
chazzan concludes the paragraph aloud, as indicated:

את The awesome day of reckoning has come, in fear thereof all flesh hasten [to repent]; on this day they approach to bend the knee, to purify their thoughts, as if offering a sacrifice upon the altar. The Creator who judges the thoughts of them all, who weighs on the scale of justice rich and poor, [may there arise before Him] the remembrance of [Abraham who said,] "Shall not the Judge of all the earth deal justly?"[2]—may his suppliant prayer be recalled on the day of judgment. Before [the Creator] brought anything into existence, He had planned the rock [Abraham] from which [Israel] was hewn; in the midst of past and future generations was he created so as to rest upon him the burden[3] of all created beings. [Sarah, the wife] bestowed upon him, was on this day granted youthful vigor, to bring forth a scion [Yitzchak] at the age of ninety; thus becoming a symbol, a sign to [Israel, the nation compared to] a rose, to pass [and be favorably remembered] before the Almighty on this day of Rosh Hashanah. Her offspring tremble on this day as they stand before the throne of the awesome One; they raise their voices in fervent prayer this day, assembling to sound the *shofar* so that they may merit redemption. They rely upon her to be remembered for good, in her merit; they cry out in full assembly, knocking at the gates [of prayer]. Chazzan: They place their reliance upon the ashes of [Yitzchak] who was bound as a lamb, [upon the son] with whom she was remembered in the month of Tishrei.

Chazzan and congregation recite the following;
chazzan concludes the paragraph aloud, as indicated:
On Shabbat, substitute בְּזִכְרוֹן שׁוֹפָר for בְּשׁוֹפָר.

נַעֲלֶה בַּדִּין עָלוֹת בִּתְרוּעָה. גֵּיא עִם דָּרֶיהָ לְרוֹעֲעָה:

(בְּזִכְרוֹן שׁוֹפָר) בַּשׁוֹפָר אֲפַתֶּנּוּ (אַרְצֵנוּ)—Chazzan

וּבְבֶרֶךְ כְּרִיעָה. בְּמַגְנַת רֵעִים בְּגִנּוֹ אִתְרוֹעֲעָה:

Chazzan:

זָכְרֵנוּ לְחַיִּים, מֶלֶךְ חָפֵץ בַּחַיִּים, וְכָתְבֵנוּ בְּסֵפֶר הַחַיִּים, לְמַעַנְךָ אֱלֹהִים חַיִּים:

Bend knees at בָּרוּךְ; bow at אַתָּה; straighten up at יְיָ.

מֶלֶךְ עוֹזֵר וּמוֹשִׁיעַ וּמָגֵן. בָּרוּךְ אַתָּה יְיָ, מָגֵן אַבְרָהָם:
(אָמֵן—Cong)

אַתָּה גִּבּוֹר לְעוֹלָם אֲדֹנָי, מְחַיֶּה מֵתִים אַתָּה, רַב לְהוֹשִׁיעַ. מוֹרִיד הַטָּל.

מְכַלְכֵּל חַיִּים בְּחֶסֶד, מְחַיֶּה מֵתִים בְּרַחֲמִים רַבִּים, סוֹמֵךְ נוֹפְלִים, וְרוֹפֵא חוֹלִים, וּמַתִּיר אֲסוּרִים, וּמְקַיֵּם אֱמוּנָתוֹ לִישֵׁנֵי עָפָר. מִי כָמוֹךָ בַּעַל גְּבוּרוֹת, וּמִי דוֹמֶה לָּךְ, מֶלֶךְ מֵמִית וּמְחַיֶּה וּמַצְמִיחַ יְשׁוּעָה:

Chazzan and congregation recite the following;
chazzan concludes the paragraph aloud, as indicated:

מֶלֶךְ עֶלְיוֹן וְנוֹרָא. מִשְׁפָּטֵנוּ יוֹצִיא כָאוֹרָה:

אִיַחֲלֶנּוּ כֶּתֶר לַעֲטָרָה. בְּטַלְלֵי תְחִי—Chazzan
בְּחַסְדּוֹ אֶתְפָּאֲרָה:

Chazzan:

מִי כָמוֹךָ אָב הָרַחֲמָן, זוֹכֵר יְצוּרָיו לְחַיִּים בְּרַחֲמִים:
וְנֶאֱמָן אַתָּה לְהַחֲיוֹת מֵתִים. בָּרוּךְ אַתָּה יְיָ, מְחַיֶּה הַמֵּתִים: (אָמֵן—Cong)

Chazzan and congregation recite the following;
chazzan concludes the paragraph aloud, as indicated:

נעלה The Almighty has ascended the throne of judgment to be exalted through the sound of *teruah*, causing the earth and its inhabitants to tremble.

Chazzan:
On Shabbat, add the words in shaded parentheses.

With (the remembrance of) the sounding of the *shofar* and with bended knee I will propitiate Him, so that through the protection of the Almighty, the Shield of the Patriarchs, I will sound the *teruah* in His garden [Bet Hamikdash].

Chazzan:

זכרנו Remember us for life, King who desires life; inscribe us in the Book of Life, for Your sake, O living God.

Bend knees at *Blessed*; bow at *You*; straighten up at *Lord*.

מלך O King, [You are] a helper, a savior and a shield. Blessed are You, Lord, Shield of Abraham. Cong. Amen.

אתה You are mighty forever, my Lord; You resurrect the dead; You are powerful to save. He causes the dew to descend.

מכלכל He sustains the living with lovingkindness, resurrects the dead with great mercy, supports the falling, heals the sick, releases the bound, and fulfills His trust to those who sleep in the dust. Who is like You, mighty One! And who can be compared to You, King, who brings death and restores life, and causes deliverance to spring forth!

Chazzan and congregation recite the following;
chazzan concludes the paragraph aloud, as indicated:

מלך May the exalted and awesome King bring forth our vindication [as clear] as light. Chazzan: I pray that [our supplication will become] a diadem to crown Him; through His kindness I will exult in the vivifying dew.

Chazzan:

מי Who is like You, merciful Father, who in compassion remembers His creatures for life. You are trustworthy to revive the dead. Blessed are You, Lord, who revives the dead.

Cong. Amen.

Chazzan and congregation:

יִמְלֹךְ יְיָ לְעוֹלָם אֱלֹהַיִךְ צִיּוֹן לְדֹר וָדֹר הַלְלוּיָהּ:[1]
וְאַתָּה קָדוֹשׁ יוֹשֵׁב תְּהִלּוֹת יִשְׂרָאֵל[2] אֵל נָא:

THE ARK IS OPENED.

The following section is recited across the page line by line. The chazzan recites the first line followed by the congregation. The subsequent lines are recited by the congregation followed by the chazzan.

אַתָּה הוּא אֱלֹהֵינוּ:
בַּשָּׁמַיִם וּבָאָרֶץ: גִּבּוֹר וְנַעֲרָץ:
דָּגוּל מֵרְבָבָה: הוּא שָׂח וַיֶּהִי:
וְצִוָּה וְנִבְרָאוּ: זִכְרוֹ לָנֶצַח:
חַי עוֹלָמִים: טְהוֹר עֵינַיִם:
יוֹשֵׁב סֵתֶר: כִּתְרוֹ יְשׁוּעָה:
לְבוּשׁוֹ צְדָקָה: מַעֲטֵהוּ קִנְאָה:
נֶאְפַּד נְקָמָה: סִתְרוֹ יֹשֶׁר:
עֲצָתוֹ אֱמוּנָה: פְּעֻלָּתוֹ אֱמֶת:
צַדִּיק וְיָשָׁר: קָרוֹב לְקוֹרְאָיו בֶּאֱמֶת:
רָם וּמִתְנַשֵּׂא: שׁוֹכֵן שְׁחָקִים:
תּוֹלֶה אֶרֶץ עַל בְּלִימָה:

Chazzan then congregation:

חַי וְקַיָּם נוֹרָא וּמָרוֹם וְקָדוֹשׁ:

THE ARK IS CLOSED.

On Shabbat, omit the following three stanzas and continue וּבְכֵן on the next page.

—Chazzan then cong. תָּעִיר וְתָרִיעַ. לְהַכְרִית כָּל מֵרִיעַ. וְתֶקְדַּשׁ בְּיוֹדְעֵי לְהָרִיעַ. קָדוֹשׁ:

—Chazzan then cong. מֶלֶךְ מְמַלֵּט מֵרָעָה. לְיוֹדְעֵי תְרוּעָה. הָאֵל קָדוֹשׁ:

—Chazzan then cong. מֶלֶךְ זְכֹר אָחוּז קֶרֶן.[3] לְתוֹקְעֵי הַיּוֹם לְךָ בְּקֶרֶן. נוֹרָא וְקָדוֹשׁ:

1. Psalms 146:10. 2. Ibid. 22:4. 3. See Genesis 22:13.

Chazzan and congregation:

ימלך The Lord shall reign forever, your God, O Zion, throughout all generations. Praise the Lord.[1]

ואתה And You, holy One, are enthroned upon the praises of Israel;[2] O benevolent God!

THE ARK IS OPENED.

The following section is recited across the page line by line. The chazzan recites the first line followed by the congregation. The subsequent lines are recited by the congregation followed by the chazzan.

Transliteration, page 341.

אתה You are our God

In Heaven and on earth,	He is mighty and awesome;
He is distinguished among myriads [of angels],	He spoke and it came to be;
He commanded and they were created,	His remembrance is eternal;
He lives forever,	His eyes are pure;
He is enthroned in mystery,	His crown is salvation;
Righteousness is His garment,	His cloak is zeal;
He is girded with retribution,	His mysterious ways are just;
His counsel is trustworthy,	His deeds are truth;
He is righteous and just,	He is close to those who call upon Him in truth;
He is sublime and exalted,	He abides in the heavens;

He suspends the earth in empty space.

Chazzan then congregation:

חי He is living and eternal, awesome, exalted and holy.

THE ARK IS CLOSED.

On Shabbat, omit the following three stanzas and continue *Indeed* on the next page.

Chazzan then cong: תעיר Rise and sound the *shofar* to destroy every evildoer, and You will be sanctified by those who know how to sound the *shofar*, O holy One.

Chazzan then cong: מלך O King, who delivers from evil those who know [how to propitiate You through] the sound of the *shofar*, O holy God.

Chazzan then cong: מלך O King, remember [the merit of Isaac, in whose stead] the ram caught by the horn was offered,[3] on behalf of those who blow the horn before You this day, O awesome and holy One.

Chazzan:

וּבְכֵן וַיָ פָּקַד אֶת שָׂרָה כַּאֲשֶׁר אָמָר:¹

Chazzan and congregation:

צֶאֱצָאֶיהָ כֵּן פִּקֵד לְטוֹב הַיּוֹם. קָדוֹשׁ:

שְׁמוֹ מְפָאֲרִים עֲדַת חֶבְלוֹ. וְנַעֲרַץ בְּאֶרְאֵלֵי　— Chazzan then cong.
קֹדֶשׁ הִלּוּלוֹ. וּבְהֵיכָלוֹ כָּבוֹד אוֹמֵר כֻּלּוֹ.²
קָדוֹשׁ:

שׁוֹמְרֵי מִצְוֹתָיו עוֹד יְשׁוּבוּן לְבִצָּרוֹן.　— Chazzan then cong.
נִדְבָּרִים יְרֵאָיו בְּהַכְשֵׁר וְיִתְרוֹן. וַיַּקְשֵׁב יְיָ
וַיִּשְׁמַע וַיִּכָּתֵב סֵפֶר זִכָּרוֹן.³ קָדוֹשׁ:

שַׁפְּרוּ מַעֲשֵׂיכֶם וּבְרִית לֹא תוּפָר. נָאֲקַתְכֶם　— Chazzan then cong.
יַאֲזִין שְׁחָקִים שֻׁפָּר. וְתִיטַב לַייָ מִשּׁוֹר פָּר.⁴
קָדוֹשׁ:

שִׁבְטֵי מְקוֹרָאֶךָ עֲלֵה וְהַמְשֵׁל. נְטִישׁוֹת　— Chazzan then cong.
צָרֶיךָ בְּהַתִּיזְךָ לְנַשֵּׁל. כִּי לַייָ הַמְּלוּכָה
וּמוֹשֵׁל.⁵ קָדוֹשׁ:

שְׁבוּתֵנוּ מִמֶּרְחָק עֲלוֹת לְהַר קָדְשׁוֹ.　— Chazzan then cong.
וּנְפָאֲרֶנּוּ תָמִיד בִּדְבִיר מִקְדָּשׁוֹ. כִּי זָכַר אֶת
דְּבַר קָדְשׁוֹ.⁶ קָדוֹשׁ:

> The following verse is omitted on Shabbat.
>
> The Maharil (Rabbi Yaakov Mollin c.1365-1427) would recite the following verse in
> a very loud voice, and the words שֵׁם הַגָּדוֹל with all his might.

שֶׁבַח מִגְדוֹל עֹז שֵׁם הַגָּדוֹל. נֶצַח בְּתִתּוֹ　— Chazzan then cong.
לְמַלְכּוֹ עֹז וּמִגְדּוֹל. בַּיּוֹם הַהוּא יִתָּקַע
בְּשׁוֹפָר גָּדוֹל.⁷ קָדוֹשׁ:

---

1. See Genesis 21:1. 2. Cf. Psalms 29:9. 3. Malachi 3:16. 4. Psalms 69:32. 5. Ibid. 22:29.
6. Ibid. 105:42. 7. Isaiah 27:13.

Chazzan:

ובכן Indeed, the Lord remembered Sarah as He had promised.[1]

Chazzan and congregation:

צאצאיה So remember her descendants on this day for good, O holy One.

Chazzan then cong: שמו The Congregation of Israel, His portion, glorify His Name; His praise is proclaimed by the holy angels; and in His Sanctuary all declare His glory,[2] O holy One.

Chazzan then cong: שומרי Those who observe His commandments will yet return to the stronghold [Jerusalem]; those who revere Him discuss what is proper and permissible according to the Torah, and the Lord listens and hears and records in the book of remembrance,[3] O holy One.

Chazzan then cong: שפרו Improve your deeds that the Covenant shall not be annulled; He who has spread out the heavens as a canopy shall hear your cry, and it will please the Lord more than a sacrifice of oxen,[4] O holy One.

Chazzan then cong: שבטי Exalt and grant dominion to the tribes whom You have called [Israel], when You cut off the branches of Your adversaries to cast them away, for sovereignty is the Lord's and You rule,[5] O holy One.

Chazzan then cong: שבותנו May He bring our exiled from distant lands up to His holy mountain, and we shall ever glorify Him in the shrine of His Sanctuary for having remembered His sacred promise,[6] O holy One.

The following verse is omitted on Shabbat.

The Maharil (Rabbi Yaakov Mollin c. 1365-1427) would recite the following verse in a very loud voice, and the words *His great Name* with all his might.

Chazzan then cong: שבח Praised be His great Name, which is a tower of strength, for He grants victory, power and grandeur to His king [Mashiach]. On that day the great *shofar* shall be sounded,[7] O holy One.

—Chazzan then cong. כָּל יוֹשְׁבֵי תֵבֵל וְשׁוֹכְנֵי אָרֶץ. יֹאמְרוּ תָמִיד הַגְדִּיל יְיָ לַעֲשׂוֹת בָּאָרֶץ. וְהָיָה יְיָ לְמֶלֶךְ עַל כָּל הָאָרֶץ.[1] קָדוֹשׁ:

The following section is recited by the chazzan and congregation. While the chazzan recites the first verse aloud, the congregation recites it in an undertone. Then, the congregation responds by reciting the second (Scriptural) verse aloud, while the chazzan recites it in an undertone. After every three stanzas, one of the previous seven stanzas is recited in an undertone.

—Chazzan אֶדֶר וָהוֹד אֶתֶּן בִּצְבְיוֹן. שֶׁוַע אֶעֱרֹךְ בְּנִיב וְהִגָּיוֹן:
—Cong. אֶקְרָא לֵאלֹהִים עֶלְיוֹן:[2]

—Chazzan בְּיוֹם הַנִּבְחַר מִשְּׁמֵי עֶרֶץ. מֵישָׁרִים לִשְׁפֹּט קָדְשָׁתוֹ לְהַעֲרִיץ:
—Cong. יְיָ מָלָךְ תָּגֵל הָאָרֶץ:[3]

—Chazzan גַּאֲוָתוֹ גָּדְלָה עוֹלָם מֵהָכִיל. עִזּוּזוֹ לְסַפֵּר כֹּחַ מִי יָכִיל:
—Cong. מֶלֶךְ עַל כָּל הָאָרֶץ אֱלֹהִים זַמְּרוּ מַשְׂכִּיל:[4]

Chazzan and congregation:

שְׁמוֹ מְפָאֲרִים עֲדַת חֲבָלוֹ. וְנַעֲרָץ בְּאֶרְאֶלֵּי קֹדֶשׁ הִלּוּלוֹ. וּבְהֵיכָלוֹ כָּבוֹד אוֹמֵר כֻּלּוֹ. קָדוֹשׁ:

—Chazzan דֵּעַ יָשִׂימוּ כָּל בְּרִיּוֹתָיו. וְיֵדְעוּ כִּי גָדְלוּ גְּבוּרוֹתָיו:
—Cong. זֵכֶר עָשָׂה לְנִפְלְאוֹתָיו:[5]

—Chazzan הִצִּיב וְיָרָה אֶבֶן פִּנָּתוֹ. נַחֲלִיאֵל עֲבוּר לְשַׁעֲשֵׁעַ בְּאֻמָּתוֹ:
—Cong. זָכַר לְעוֹלָם בְּרִיתוֹ:[6]

1. Zechariah 14:9. 2. Psalms 57:3. 3. Ibid. 97:1. 4. Ibid. 47:8. 5. Ibid. 114:4. 6. Ibid. 105:8.

Chazzan then cong: כל All who inhabit the world and who dwell on earth shall proclaim continually that the Lord has wrought great things on earth. The Lord shall be King over the entire earth,[1] O holy One.

The following section is recited by the chazzan and congregation. While the chazzan recites the first verse aloud, the congregation recites it in an undertone. Then, the congregation responds by reciting the second (Scriptural) verse aloud, while the chazzan recites it in an undertone. After every three stanzas, one of the previous seven stanzas is recited in an undertone.

Chazzan: אדר With pleasure I declare His grandeur and majesty; I arrange my prayer in speech and thought.

Cong: I call unto God, most sublime.[2]

Chazzan: ביום On [Rosh Hashanah,] the day chosen by the Almighty in heaven to judge with righteousness, we are to revere His holiness.

Cong: The Lord reigns, let the earth exult.[3]

Chazzan: גאותו His grandeur is greater than the earth can contain; who has the power to describe His might?

Cong: God is King over all the earth; sing, O men of understanding.[4]

Chazzan and congregation:

שמו The congregation of Israel, His portion, glorify His Name; His praise is proclaimed by the holy angels; and in His Sanctuary all declare His glory, O holy One.

Chazzan: דע May all His creatures acquire knowledge, and they will know that great are His mighty acts.

Cong: He has made His wonders to be remembered.[5]

Chazzan: הציב He has firmly established the cornerstone of the world, that He might bequeath the Torah to His people for their delight.

Cong: He has remembered His Covenant forever.[6]

— Chazzan וְרָשַׁם בְּחֹק דַּת הֶגְיוֹנָי. בְּכָל שָׁנָה וְשָׁנָה לִזְכֹּר
זִכְרוֹנָי:

— Cong. לְזִכָּרוֹן בְּהֵיכַל יְיָ:¹

Chazzan and congregation:

שׁוֹמְרֵי מִצְוֹתָיו עוֹד יָשׁוּבוּן לְבִצָּרוֹן. נִדְבָּרִים יְרֵאָיו
בְּהַכְשֵׁר וְיִתְרוֹן. וַיַּקְשֵׁב יְיָ וַיִּשְׁמָע וַיִּכָּתֵב סֵפֶר
זִכָּרוֹן. קָדוֹשׁ:

— Chazzan זֶבַח קֹדֶשׁ כְּהַכְשֵׁר אָז בְּעֵינָיו. רֶגֶל תְּמוּרָתוֹ אַיִל
לְהַקְרִיב לְפָנָיו:

— Cong. אַחַר נֶאֱחַז בַּסְּבַךְ בְּקַרְנָיו:²

— Chazzan חֲכַם חֲנִיטָיו לִתְקֹעַ בְּזֶה חֹדֶשׁ. יוֹם זֶה אִם יִקָּרֶה
בְּשַׁבַּת קֹדֶשׁ:

— Cong. זִכְרוֹן תְּרוּעָה מִקְרָא קֹדֶשׁ:³

— Chazzan טִבְעוֹ אִם בְּחוֹל יְבוֹאֲכֶם. צַוּוּ לִתְקֹעַ בְּכָל
גְּבוּלְכֶם:

— Cong. יוֹם תְּרוּעָה יִהְיֶה לָכֶם:⁴

Chazzan and congregation:

שַׁפְּרוּ מַעֲשֵׂיכֶם וּבְרִית לֹא תוּפַר. נַאֲקַתְכֶם יַאֲזִין
שְׁחָקִים שַׁפֵּר. וְתִיטַב לַיְיָ מִשּׁוֹר פָּר. קָדוֹשׁ:

— Chazzan יָרוּם צוּר יִשְׁעִי בְּפִי כָל אֻמִּים. חֲשׂוֹף זְרוֹעֲךָ
לְהוֹשִׁיעַ מִמִּתְקוֹמְמִים:

— Cong. מַלְכוּתְךָ מַלְכוּת כָּל עוֹלָמִים:⁵

---

1. Zechariah 6:14. **2.** Genesis 22:13. **3.** Leviticus 23:24. **4.** Numbers 29:1. **5.** Psalms 145:13.

Chazzan: ורשם And He has inscribed as a law in the Torah in which I meditate, [that we recite verses of] remembrance so that we be remembered each and every year—

Cong: For a remembrance in the Sanctuary of the Lord.[1]

Chazzan and congregation:

שומרי Those who observe His commandments will yet return to the stronghold [Jerusalem]; those who revere Him discuss what is proper and permissible according to the Torah, and the Lord listens and hears and records in the book of remembrance, O holy One.

Chazzan: זבח When the holy offering [Isaac] found favor in His eyes, He hurriedly summoned a ram to be sacrificed in his stead before Him.

Cong: Thereafter a ram was caught in the thicket by its horns.[2]

Chazzan: חכם He instructed his [Isaac's] offspring to sound the *shofar* this month; but if this day [Rosh Hashanah] falls on the holy Shabbat, then—

Cong: [Only] a mention of the sounding of the *shofar* on the holy assembly.[3]

Chazzan: טבעו Its rule is that if it comes on a weekday, we are enjoined to sound the *shofar* within all our borders.

Cong: It shall be for you a day for sounding the *shofar*.[4]

Chazzan and congregation:

שפרו Improve your deeds that the Covenant shall not be annulled; He who has spread out the heavens as a canopy shall hear your cry, and it will please the Lord more than a sacrifice of oxen, O holy One.

Chazzan: ירום May the Rock of our deliverance be exalted in the mouths of all nations; bare Your arm to deliver us from those who rise up against us.

Cong: Your kingship is a kingship over all worlds.[5]

— Chazzan כְּהִגָּלוֹתְךָ לְעֵין כֹּל שִׁכְנְךָ לְהִוָּעֵד. קְהִלּוֹת וְרִבָבוֹת בְּפִימוֹ לְהָעֵד:

— Cong. יְיָ יִמְלֹךְ לְעוֹלָם וָעֶד:[1]

— Chazzan לְךָ יָאֲתָה כָּבוֹד וָעֹז הַגּוֹיִם. חֶלֶד וְכָל שׁוֹכְנֶיהָ וְכָל הָאִיִּים:

— Cong. מִי לֹא יִירָאֲךָ מֶלֶךְ הַגּוֹיִם:[2]

Chazzan and congregation:

שִׁבְטֵי מְקוֹרָאֶךָ עֲלֵה וְהַמְשֵׁל. נְטִישׁוֹת צָרֶיךָ בְּהִתִּיזְךָ לְנַשֵּׁל. כִּי לַייָ הַמְּלוּכָה וּמוֹשֵׁל. קָדוֹשׁ:

— Chazzan מוֹטוֹת צָרִים שַׁבֵּר וְהַכְחִידֵם. זְרוֹיֶיךָ קַבֵּץ וְחִנָּם תִּפְדֵּם:

— Cong. זְכֹר עֲדָתְךָ קָנִיתָ קֶּדֶם:[3]

— Chazzan נְדִיבֵי עַמִּים יְנָחֲמוּ בְּכִפְלַיִם. קָמֵיהֶם עַל פָּנֵימוֹ גַּלֵּה שׁוּלַיִם:

— Cong. זְכֹר יְיָ לִבְנֵי אֱדוֹם אֵת יוֹם יְרוּשָׁלָיִם:[4]

— Chazzan סְלוּל מְסִלָּתֵנוּ יַשֵּׁר לִצְעֹד. וּבֵן יַקִּירְךָ קַרְסוֹל לֹא יִמְעוֹד:

— Cong. כְּנַמְתָּ: זְכֹר אֶזְכְּרֶנּוּ עוֹד:[5]

Chazzan and congregation:

שְׁבוּתֵנוּ מִמֶּרְחָק עֲלוֹת לְהַר קָדְשׁוֹ. וּנְפָאֲרֶנּוּ תָּמִיד בִּדְבִיר מִקְדָּשׁוֹ. כִּי זָכַר אֶת דְּבַר קָדְשׁוֹ. קָדוֹשׁ:

---

1. Exodus 15:18. 2. Jeremiah 10:7. 3. Psalms 74:2. 4. Ibid. 137:7. 5. Jeremiah 31:19.

Chazzan: כהגלותך When You will reveal Yourself, causing Your Divine Presence to appear in the Beit Hamikdash, congregations and multitudes will loudly affirm—

Cong: The Lord will reign forever and ever.[1]

Chazzan: לך It is fitting for You to be acclaimed with honor and majesty by the world and all its inhabitants and all the isles.

Cong: Who does not fear You, King of the nations![2]

Chazzan and congregation:

שבטי Exalt and grant dominion to the tribes whom You have called [Israel], when You cut off the branches of Your adversaries to cast them away, for sovereignty is the Lord's and You rule, O holy One.

Chazzan: מוטות Break the yoke of the oppressors and annihilate them; gather Your dispersed and redeem them gratuitously.

Cong: Remember Your congregation which You have acquired long ago.[3]

Chazzan: נדיבי Let [Israel,] the most noble of the nations, be doubly comforted; expose to the faces of their enemies their disgrace.

Cong: Remember, O Lord, against the Edomites the day of the destruction of Jerusalem.[4]

Chazzan: סלול Make our highway smooth, straighten it that we may tread securely; and the foot of [Israel,] Your beloved son will not falter—

Cong: As You did say: I will surely still remember him.[5]

Chazzan and congregation:

שבותנו May He bring our exiled from distant lands up to His holy mountain, and we shall ever glorify Him in the shrine of His Sanctuary, for having remembered His sacred promise, O holy One.

On Shabbat, omit the following section and continue קְרִיַּת.

עֲמוּסֶיךָ' תּוֹקְעִין וּמְרִיעִין בַּשּׁוֹפָר. אִמְרָתְךָ לְקַיֵּם — Chazzan
כְּחוֹק הַמִּסְפָּר:

תִּקְעוּ בַחֹדֶשׁ שׁוֹפָר: — Cong.

פִּשְׁעָם הַעֲבֵר וַעֲוֹנָם יְכֻפָּר. מַעֲנָם יֶעֱרַב כְּהַקְרָבַת — Chazzan
כְּבָשִׂים וָפָר:

בַּחֲצֹצְרוֹת וְקוֹל שׁוֹפָר: — Cong.

צִמְחֵיהֶם יִרְבּוּ כְּחוֹל אֵין מִסְפָּר. צְבָרֵיהֶם יְעוֹרְרוּ — Chazzan
וְיַעֲלוּ מֵעָפָר:

כְּנְשֹׂא נֵס הָרִים תִּרְאוּ וְכִתְקֹעַ שׁוֹפָר: — Cong.

Chazzan and congregation:

שֶׁבַח מִגְדוֹל עֹז שֵׁם הַגָּדוֹל. נֶצַח בְּתִתּוֹ לְמַלְכּוֹ עֹז
וּמִגְדּוֹל. בַּיּוֹם הַהוּא יִתָּקַע בְּשׁוֹפָר גָּדוֹל. קָדוֹשׁ:

קִרְיַת מְשׂוֹשׂ הֵיכָל וְאוּלָם. מִזְבֵּחַ יָשִׁיב וּכְלֵי — Chazzan
שָׁרֵת כֻּלָּם:

יְיָ יִמְלֹךְ לְעוֹלָם: — Cong.

שָׁמַיִם וָאָרֶץ יְרַנְּנוּ לִשְׁמוֹ. יְעָרוֹת יִמְחֲאוּ כָף — Chazzan
לְהַנְעִימוֹ:

כִּי פָקַד יְיָ אֶת עַמּוֹ: — Cong.

תֹּקֶף אֶרְאֶלִּים וְכוֹכְבֵי צָפָר. תְּהִלּוֹת יִתְּנוּ שֶׁבַח — Chazzan
לְהַשְׁפֵּר:

הַלְלוּהוּ בְּתֵקַע שׁוֹפָר: — Cong.

---

1. V. Isaiah 46:3.   **2.** Psalms 81:4.   **3.** Ibid. 98:6.   **4.** Isaiah 18:3.   **5.** Exodus 15:18.   **6.** Cf.
Ruth 1:6.   **7.** Psalms 150:3.

On Shabbat, omit the following section and continue *May He restore*.

Chazzan: עמוסיך Israel, borne by You,[1] sound and blow the *shofar* to carry out Your word, as the decree is expressed [in the Torah]—

Cong: Sound the *shofar* on the New Moon.[2]

Chazzan: פשעם Remove their transgressions and grant atonement for their iniquities; may their prayers be pleasing as the offering of lambs and bullock—

Cong: With trumpets and the sound of the *shofar*.[3]

Chazzan: צמחיהם May their offspring multiply to be without number as sand; may their buried ones awake and rise from the dust.

Cong: You will see when the banner will be raised on the mountain and when the *shofar* will be sounded.[4]

Chazzan and congregation:

שבח Praised be His great Name, which is a tower of strength, for He grants victory, power and grandeur to His king [Mashiach]. On that day the great *shofar* shall be sounded, O holy One.

Chazzan: קרית May He restore [Jerusalem,] the joyful city, the Temple and the Temple-Hall, the altar and the service vessels—all of them.

Cong: The Lord will reign forever.[5]

Chazzan: שמים Heaven and earth will sing to His Name; the forests will clap hands to extol Him with sweet songs—

Cong: For the Lord has remembered His people.[6]

Chazzan: תוקף Mighty angels and morning stars will offer praise and exaltation to glorify Him—

Cong: Praise Him with the call of the *shofar*.[7]

Chazzan and congregation:

כָּל יוֹשְׁבֵי תֵבֵל וְשׁוֹכְנֵי אָרֶץ. יֹאמְרוּ תָמִיד הַגְדִּיל יְיָ לַעֲשׂוֹת בָּאָרֶץ. וְהָיָה יְיָ לְמֶלֶךְ עַל כָּל הָאָרֶץ. קָדוֹשׁ:

—Chazzan then cong. יִשְׁפֹּט תֵּבֵל בְּצֶדֶק. וּלְאֻמִּים בְּמֵישָׁרִים.[1] הָאֵל קָדוֹשׁ:

—Chazzan then cong. וְהוּא בְאֶחָד וּמִי יְשִׁיבֶנּוּ. וְנַפְשׁוֹ אִוְּתָה וַיָּעַשׂ.[2] נוֹרָא וְקָדוֹשׁ:

THE ARK IS OPENED.

The following section is recited across the page line by line. The chazzan recites the first line followed by the congregation. The subsequent lines are recited by the congregation followed by the chazzan.

The verse ה' מֶלֶךְ is recited by the chazzan and congregation in unison.

יְיָ מֶלֶךְ יְיָ מָלָךְ יְיָ יִמְלֹךְ לְעוֹלָם וָעֶד:[3]

אַדִּירֵי אֲיֻמָּה יַאְדִּירוּ בְקוֹל. יְיָ מֶלֶךְ:
בְּרוּאֵי בָרָק יְבָרְכוּ בְקוֹל. יְיָ מָלָךְ:
גִּבּוֹרֵי גֹבַהּ יַגְבִּירוּ בְקוֹל. יְיָ יִמְלֹךְ:

יְיָ מֶלֶךְ יְיָ מָלָךְ יְיָ יִמְלֹךְ לְעוֹלָם וָעֶד:

דּוֹהֲרֵי דוֹלְקִים יְדוֹבְבוּ בְקוֹל. יְיָ מֶלֶךְ:
הֲמוֹנֵי הֲמֻלָּה יְהַלְלוּ בְקוֹל. יְיָ מָלָךְ:
וַחֲיָלִים וְחַיּוֹת[4] יְוַעֲדוּ בְקוֹל. יְיָ יִמְלֹךְ:

יְיָ מֶלֶךְ יְיָ מָלָךְ יְיָ יִמְלֹךְ לְעוֹלָם וָעֶד:

זוֹכְרֵי זְמִירוֹת יְזַמְּרוּ בְקוֹל. יְיָ מֶלֶךְ:
חַכְמֵי חִידוֹת יְחַסְּנוּ בְקוֹל. יְיָ מָלָךְ:
טַפְסְרֵי טְפוּחִים יְטַכְּסוּ בְקוֹל. יְיָ יִמְלֹךְ:

יְיָ מֶלֶךְ יְיָ מָלָךְ יְיָ יִמְלֹךְ לְעוֹלָם וָעֶד:

1. Psalms 9:9. **2.** Job 23:13. **3.** See note 5, page 81. **4.** I.e., angels. V. Ezekiel 3:13; Isaiah 6:2.

Chazzan and congregation:

כל All who inhabit the world and who dwell on earth shall proclaim continually that the Lord has wrought great things on earth. The Lord shall be King over the entire earth, O holy One.

Chazzan then cong: ישפט He will judge the world with justice and the nations with righteousness[1]—O holy God.

Chazzan then cong: והוא He is the sole [Judge], who can refute Him! Whatever His will desires He does[2]—Awesome and Holy!

THE ARK IS OPENED.

The following section is recited across the page line by line. The chazzan recites the first line followed by the congregation. The subsequent lines are recited by the congregation followed by the chazzan.

The verse *The Lord is King* is recited by the chazzan and congregation in unison.

יי The Lord is King, the Lord was King, the Lord shall be King forever and ever.[3]

אדירי Israel, strong in the fear of God, exalt aloud:	The Lord is King.
The angels, lightning-like creatures, bless aloud:	The Lord was King.
The mighty of the supernal heights raise their voices aloud:	The Lord shall be King.

יי The Lord is King, the Lord was King, the Lord shall be King forever and ever.

דוהרי The galloping fiery angels utter aloud:	The Lord is King.
The roaring multitudes praise aloud:	The Lord was King.
And the heavenly hosts and the holy *Chayot*[4] assemble to declare aloud:	The Lord shall be King.

יי The Lord is King, the Lord was King, the Lord shall be King forever and ever.

זוכרי Israel, who ever remembers to sing His praises, sings aloud:	The Lord is King.
Scholars learned in the esoteric lore acclaim His might aloud:	The Lord was King.
Chiefs of the heavenly legions adore aloud:	The Lord shall be King.

יי The Lord is King, the Lord was King, the Lord shall be King forever and ever.

יוֹרְשֵׁי יְקָרָה יְיַשְּׁירוּ בְקוֹל. יְיָ מֶלֶךְ:
כַּבִּירֵי כֹחַ יַכְתִּירוּ בְקוֹל. יְיָ מָלָךְ:
לְבוּשֵׁי לֶהָבוֹת יְלַבְּבוּ בְקוֹל. יְיָ יִמְלֹךְ:

יְיָ מֶלֶךְ יְיָ מָלָךְ יְיָ יִמְלֹךְ לְעוֹלָם וָעֶד:

מְנַעִימֵי מֶלֶל יְמַלְּלוּ בְקוֹל. יְיָ מֶלֶךְ:
נוֹצְצֵי נֹגַהּ יְנַצְּחוּ בְקוֹל. יְיָ מָלָךְ:
שְׂרָפִים[1] סוֹבְבִים יְסַלְסְלוּ בְקוֹל. יְיָ יִמְלֹךְ:

יְיָ מֶלֶךְ יְיָ מָלָךְ יְיָ יִמְלֹךְ לְעוֹלָם וָעֶד:

עֹרְכֵי עֹז יַעֲנוּ בְקוֹל. יְיָ מֶלֶךְ:
פְּחוּדֵי פִלְאֶךָ יְפַצְּחוּ בְקוֹל. יְיָ מָלָךְ:
צִבְאוֹת צְאנֶךָ יְצַלְצְלוּ בְקוֹל. יְיָ יִמְלֹךְ:

יְיָ מֶלֶךְ יְיָ מָלָךְ יְיָ יִמְלֹךְ לְעוֹלָם וָעֶד:

קְהִלּוֹת קֹדֶשׁ יַקְדִּישׁוּ בְקוֹל. יְיָ מֶלֶךְ:
רִבְבוֹת רְבָבָה יְרַנְּנוּ בְקוֹל. יְיָ מָלָךְ:
שְׁבִיבֵי שַׁלְהֲבוֹת יְשַׁנְּנוּ בְקוֹל. יְיָ יִמְלֹךְ:

יְיָ מֶלֶךְ יְיָ מָלָךְ יְיָ יִמְלֹךְ לְעוֹלָם וָעֶד:

תּוֹמְכֵי תְהִלּוֹת יַתְמִידוּ בְקוֹל. יְיָ מֶלֶךְ:
תּוֹקְפֵי תִפְאַרְתֶּךָ יַתְמִימוּ בְקוֹל. יְיָ מָלָךְ:
תְּמִימֵי תְעוּדָה יְתַנּוּ בְקוֹל. יְיָ יִמְלֹךְ:

יְיָ מֶלֶךְ יְיָ מָלָךְ יְיָ יִמְלֹךְ לְעוֹלָם וָעֶד:

1. I.e., angels, see Ezekiel 3:13; Isaiah 6:2.

יורשי Heirs of the precious Torah affirm His uprightness aloud: The Lord is King.
The mighty in strength proclaim His kingship aloud: The Lord was King.
Those garbed in flames with heartfelt love say aloud: The Lord shall be King.

יי The Lord is King, the Lord was King, the Lord shall be King forever and ever.

מנעימי Those who speak pleasing words tell aloud: The Lord is King.
The sparkling angels triumphantly exclaim aloud: The Lord was King.
The *Seraphim*[1] surrounding [the Divine Throne] extol aloud: The Lord shall be King.

יי The Lord is King, the Lord was King, the Lord shall be King forever and ever.

ערכי Those who systematically arrange the laws of the Torah raise their voices aloud: The Lord is King.
Those who are in awe of Your wonders burst forth aloud: The Lord was King.
The multitudes of Your flock ring out aloud: The Lord shall be King.

יי The Lord is King, the Lord was King, the Lord shall be King forever and ever.

קהלות Holy congregations sanctify aloud: The Lord is King.
Myriads upon myriads [of angels] sing aloud: The Lord was King.
Glittering, flaming angels repeat aloud: The Lord shall be King.

יי The Lord is King, the Lord was King, the Lord shall be King forever and ever.

תומכי Those who are sustained by the praiseworthy One constantly say aloud: The Lord is King.
Those who strongly proclaim Your glory say aloud with a perfect heart: The Lord was King.
Those who are perfect in the Torah recount aloud: The Lord shall be King.

יי The Lord is King, the Lord was King, the Lord shall be King forever and ever.

וּבְכֵן לְךָ הַכֹּל יַכְתִּירוּ: —Chazzan and cong.

The following section is recited across the page line by line. The chazzan recites the first line followed by the congregation. The subsequent lines are recited by the congregation followed by the chazzan.

לְאֵל עוֹרֵךְ דִּין:

לְבוֹחֵן לְבָבוֹת בְּיוֹם דִּין:	לְגוֹלֶה עֲמוּקוֹת בַּדִּין:
לְדוֹבֵר מֵישָׁרִים בְּיוֹם דִּין:	לְהוֹגֶה דֵעוֹת בַּדִּין:
לְוָתִיק וְעוֹשֶׂה חֶסֶד בְּיוֹם דִּין:	לְזוֹכֵר בְּרִיתוֹ בַּדִּין:
לְחוֹמֵל מַעֲשָׂיו בְּיוֹם דִּין:	לְטַהֵר חוֹסָיו בַּדִּין:
לְיוֹדֵעַ מַחֲשָׁבוֹת בְּיוֹם דִּין:	לְכוֹבֵשׁ כַּעֲסוֹ בַּדִּין:
לְלוֹבֵשׁ צְדָקוֹת בְּיוֹם דִּין:	לְמוֹחֵל עֲוֹנוֹת בַּדִּין:
לְנוֹרָא תְהִלּוֹת בְּיוֹם דִּין:	לְסוֹלֵחַ לַעֲמוּסָיו בַּדִּין:
לְעוֹנֶה לְקוֹרְאָיו בְּיוֹם דִּין:	לְפוֹעֵל רַחֲמָיו בַּדִּין:
לְצוֹפֶה נִסְתָּרוֹת בְּיוֹם דִּין:	לְקוֹנֶה עֲבָדָיו בַּדִּין:
לְרַחֵם עַמּוֹ בְּיוֹם דִּין:	לְשׁוֹמֵר אֹהֲבָיו בַּדִּין:

לְתוֹמֵךְ תְּמִימָיו בְּיוֹם דִּין:

THE ARK IS CLOSED.

וּבְכֵן וּלְךָ תַעֲלֶה קְדֻשָּׁה, כִּי אַתָּה אֱלֹהֵינוּ —Chazzan and cong.
מֶלֶךְ:

KEDUSHAH

Stand with feet together, and avoid any interruption. Rise on the toes at the words קָדוֹשׁ, קָדוֹשׁ, קָדוֹשׁ; בָּרוּךְ; and יִמְלֹךְ.

נַקְדִּישָׁךְ וְנַעֲרִיצָךְ כְּנֹעַם שִׂיחַ סוֹד שַׂרְפֵי —Cong. then chazzan
קֹדֶשׁ הַמְשַׁלְּשִׁים לְךָ קְדֻשָּׁה,
כַּכָּתוּב עַל יַד נְבִיאֶךָ, וְקָרָא זֶה אֶל זֶה
וְאָמַר:

Chazzan and cong: ובכן And thus shall all crown You as King.

The following section is recited across the page paragraph by paragraph. The chazzan recites the first paragraph followed by the congregation. The subsequent paragraphs are recited by the congregation followed by the chazzan.

Transliteration, page 342.

לאל To the Almighty who arranges judgment;

To Him who probes hearts on the day of judgment;
to Him who reveals hidden things in judgment;

To Him who speaks justly on the day of judgment;
to Him who analyzes attitudes in judgment;

To Him who is benevolent and acts kindly on the day of judgment;
to Him who remembers His covenant in judgment;

To Him who has pity on His creatures on the day of judgment;
to Him who purifies those who trust in Him in judgment;

To Him who knows [hidden] thoughts on the day of judgment;
to Him who suppresses His wrath in judgment;

To Him who garbs Himself in righteousness on the day of judgment;
to Him who forgives iniquities in judgment;

To Him who is awesome yet accepts praises on the day of judgment;
to Him who pardons those borne by Him, in judgment;

To Him who answers those who call upon Him on the day of judgment;
to Him who performs His acts of mercy in judgment;

To Him who beholds what is concealed, on the day of judgment;
to Him who acquires His servants in judgment;

To Him who has compassion on His people on the day of judgment;
to Him who watches over those who love Him in judgment;

To Him who supports His sincere ones on the day of judgment.

THE ARK IS CLOSED.

Chazzan and cong: ובכן And so to You is offered sanctification because You, our God, are King.

KEDUSHAH

Stand with feet together, and avoid any interruption. Rise on the toes at the words *Ködosh, ködosh, ködosh*; *Böruch*; and *Yimloch*.

Cong. then chazzan: נקדישך *Nak-dishöch v'na-aritzöch k'no-am si-ach sod sar'fay kodesh ha-m'shal'shim l'chö k'dushö, ka-kösuv al yad n'vi-echö v'körö ze el ze v'ömar,*

נקדישך We will hallow and adore You as the sweet words of the assembly of the holy Seraphim who thrice repeat "holy" unto You, as it is written by Your prophet: And they call one to another and say,

קָדוֹשׁ, קָדוֹשׁ, קָדוֹשׁ יְיָ צְבָאוֹת, מְלֹא כָל — Cong. then chazzan
הָאָרֶץ כְּבוֹדוֹ:¹ אָז, בְּקוֹל רַעַשׁ
גָּדוֹל אַדִּיר וְחָזָק, מַשְׁמִיעִים קוֹל, מִתְנַשְּׂאִים
לְעֻמַּת הַשְּׂרָפִים, לְעֻמָּתָם מְשַׁבְּחִים
וְאוֹמְרִים:

בָּרוּךְ כְּבוֹד יְיָ מִמְּקוֹמוֹ:² מִמְּקוֹמְךָ מַלְכֵּנוּ — Cong. then chazzan
תוֹפִיעַ וְתִמְלוֹךְ עָלֵינוּ, כִּי מְחַכִּים
אֲנַחְנוּ לָךְ. מָתַי תִּמְלֹךְ בְּצִיּוֹן, בְּקָרוֹב בְּיָמֵינוּ
לְעוֹלָם וָעֶד. תִּשְׁכּוֹן תִּתְגַּדֵּל וְתִתְקַדֵּשׁ בְּתוֹךְ
יְרוּשָׁלַיִם עִירְךָ, לְדוֹר וָדוֹר וּלְנֵצַח נְצָחִים.
וְעֵינֵינוּ תִרְאֶינָה מַלְכוּתֶךָ, כַּדָּבָר הָאָמוּר
בְּשִׁירֵי עֻזֶּךָ, עַל יְדֵי דָוִד מְשִׁיחַ צִדְקֶךָ:

יִמְלֹךְ יְיָ לְעוֹלָם, אֱלֹהַיִךְ צִיּוֹן לְדֹר וָדֹר, — Cong. then chazzan
הַלְלוּיָהּ:³

Remain standing with feet together until the chazzan concludes the following line.

Chazzan:

אַתָּה קָדוֹשׁ וְשִׁמְךָ קָדוֹשׁ, וּקְדוֹשִׁים בְּכָל יוֹם יְהַלְלוּךָ סֶּלָה.

You may be seated.

לְדוֹר וָדוֹר הַמְלִיכוּ לָאֵל, כִּי הוּא לְבַדּוֹ מָרוֹם וְקָדוֹשׁ:

וּבְכֵן יִתְקַדֵּשׁ שִׁמְךָ יְיָ אֱלֹהֵינוּ עַל יִשְׂרָאֵל עַמֶּךָ, וְעַל
יְרוּשָׁלַיִם עִירֶךָ, וְעַל צִיּוֹן מִשְׁכַּן כְּבוֹדֶךָ, וְעַל
מַלְכוּת בֵּית דָּוִד מְשִׁיחֶךָ, וְעַל מְכוֹנְךָ וְהֵיכָלֶךָ:

---

1. Isaiah 6:3.   **2.** Ezekiel 3:12.   **3.** Psalms 146:10.

---

and hallowed within Jerusalem Your city for all generations and to all eternity.
May our eyes behold Your kingship, as it is said in the songs to Your majesty by
David, Your righteous anointed: יִמְלֹךְ The Lord shall reign forever; your God,
O Zion, throughout all generations. Praise the Lord.

Cong. then chazzan: קדוש *Ködosh, ködosh, ködosh, adonöy tz'vö-os, m'lo chöl hö-öretz k'vodo.*[1] *Öz b'kol ra-ash gödol adir v'chözök, mashmi-im kol, misna-s'im l'umas ha-s'röfim, l'u-mösöm m'sha-b'chim v'om'rim.*

Cong. then chazzan: ברוך *Böruch k'vod adonöy mi-m'komo.*[2] *Mi-m'komöch malkaynu sofi-a v'simloch ölaynu, ki m'chakim anachnu loch. Mosai timloch b'tziyon b'körov b'yömaynu l'olöm vö-ed. Tishkon tisgadayl v'siska-daysh b'soch y'rushöla-yim ir'chö, l'dor vödor u-l'naytzach n'tzöchim. V'ay-naynu sir-enö mal'chu-sechö, ka-dövör hö-ömur b'shiray u-zechö, al y'day dövid m'shi-ach tzidkechö.*

Cong. then chazzan: ימלך *Yimloch adonöy l'olöm eloha-yich tziyon l'dor vö-dor ha-l'luyöh.*[3]

Remain standing with feet together until the chazzan concludes the following line.

Chazzan:

אתה You are holy and Your Name is holy, and holy beings praise You daily for all eternity.

You may be seated.

לדור Through all generations proclaim the kingship of God, for He alone is exalted and holy.

ובכן And thus shall Your Name, Lord our God, be sanctified upon Israel Your people, upon Jerusalem Your city, upon Zion the abode of Your glory, upon the kingship of the house of David Your anointed, and upon Your dwelling-place and Your sanctuary.

קדוש "Holy, holy, holy is the Lord of hosts; the whole earth is full of His glory." Then with a great, mighty and powerful roaring sound, they make their voice heard, and rising toward the Seraphim, facing them, offer praise and say, ברוך "Blessed be the glory of the Lord from its place." From Your place, our King, reveal Yourself and reign over us, for we wait for You. When will You reign in Zion? Let it be soon, in our days, forever and ever. May You dwell, be exalted

וּבְכֵן תֵּן פַּחְדְּךָ יְיָ אֱלֹהֵינוּ עַל כָּל מַעֲשֶׂיךָ, וְאֵימָתְךָ עַל
כָּל מַה שֶּׁבָּרָאתָ, וְיִירָאוּךָ כָּל הַמַּעֲשִׂים, וְיִשְׁתַּחֲווּ
לְפָנֶיךָ כָּל הַבְּרוּאִים, וְיֵעָשׂוּ כֻלָּם אֲגֻדָּה אֶחָת לַעֲשׂוֹת
רְצוֹנְךָ בְּלֵבָב שָׁלֵם. שֶׁיָּדַעְנוּ יְיָ אֱלֹהֵינוּ שֶׁהַשָּׁלְטָן לְפָנֶיךָ,
עֹז בְּיָדְךָ וּגְבוּרָה בִּימִינֶךָ, וְשִׁמְךָ נוֹרָא עַל כָּל מַה שֶּׁבָּרָאתָ:

וּבְכֵן תֵּן כָּבוֹד יְיָ לְעַמֶּךָ, תְּהִלָּה לִירֵאֶיךָ, וְתִקְוָה טוֹבָה
לְדוֹרְשֶׁיךָ, וּפִתְחוֹן פֶּה לַמְיַחֲלִים לָךְ, שִׂמְחָה
לְאַרְצֶךָ, וְשָׂשׂוֹן לְעִירֶךָ, וּצְמִיחַת קֶרֶן לְדָוִד עַבְדֶּךָ, וַעֲרִיכַת
נֵר לְבֶן יִשַׁי מְשִׁיחֶךָ, בִּמְהֵרָה בְיָמֵינוּ:

וּבְכֵן צַדִּיקִים יִרְאוּ וְיִשְׂמָחוּ, וִישָׁרִים יַעֲלֹזוּ, וַחֲסִידִים
בְּרִנָּה יָגִילוּ, וְעוֹלָתָה תִּקְפָּץ פִּיהָ, וְהָרִשְׁעָה כֻלָּה
בְּעָשָׁן תִּכְלֶה, כִּי תַעֲבִיר מֶמְשֶׁלֶת זָדוֹן מִן הָאָרֶץ:

וְתִמְלוֹךְ אַתָּה הוּא יְיָ אֱלֹהֵינוּ לְבַדֶּךָ עַל כָּל מַעֲשֶׂיךָ,
בְּהַר צִיּוֹן מִשְׁכַּן כְּבוֹדֶךָ, וּבִירוּשָׁלַיִם עִיר
קָדְשֶׁךָ, כַּכָּתוּב בְּדִבְרֵי קָדְשֶׁךָ: יִמְלֹךְ יְיָ לְעוֹלָם אֱלֹהַיִךְ צִיּוֹן
לְדֹר וָדֹר, הַלְלוּיָהּ:[1]

קָדוֹשׁ אַתָּה וְנוֹרָא שְׁמֶךָ, וְאֵין אֱלוֹהַּ מִבַּלְעָדֶיךָ, כַּכָּתוּב:
וַיִּגְבַּהּ יְיָ צְבָאוֹת בַּמִּשְׁפָּט, וְהָאֵל הַקָּדוֹשׁ נִקְדַּשׁ
בִּצְדָקָה.[2] בָּרוּךְ אַתָּה יְיָ, הַמֶּלֶךְ הַקָּדוֹשׁ: (Cong—אָמֵן)

אַתָּה בְחַרְתָּנוּ מִכָּל הָעַמִּים, אָהַבְתָּ אוֹתָנוּ וְרָצִיתָ בָּנוּ,
וְרוֹמַמְתָּנוּ מִכָּל הַלְּשׁוֹנוֹת, וְקִדַּשְׁתָּנוּ בְּמִצְוֹתֶיךָ,
וְקֵרַבְתָּנוּ מַלְכֵּנוּ לַעֲבֹדָתֶךָ, וְשִׁמְךָ הַגָּדוֹל וְהַקָּדוֹשׁ עָלֵינוּ
קָרָאתָ:

---

1. Psalms 146:10. **2.** Isaiah 5:16.

ובכן And so, Lord our God, instill fear of You upon all that You have made, and dread of You upon all that You have created; and [then] all works will be in awe of You, all the created beings will prostrate themselves before You, and they all will form a single band to carry out Your will with a perfect heart. For we know, Lord our God, that rulership is Yours, strength is in Your [left] hand, might is in Your right hand, and Your Name is awesome over all that You have created.

ובכן And so, Lord, grant honor to Your people, glory to those who fear You, good hope to those who seek You, confident speech to those who yearn for You, joy to Your land, gladness to Your city, a flourishing of strength to David Your servant, and a setting up of light to the son of Yishai Your anointed, speedily in our days.

ובכן And then the righteous will see and be glad, the upright will rejoice, and the pious will exult in song; injustice will shut its mouth and all wickedness will go up in smoke, when You will remove the rule of evil from the earth.

ותמלוך Lord our God, You are He who alone will reign over all Your works, in Mount Zion the abode of Your glory, in Jerusalem Your holy city, as it is written in Your holy Scriptures: The Lord shall reign forever, your God, O Zion, throughout all generations; praise the Lord.[1]

קדוש Holy are You, awesome is Your Name, and aside from You there is no God, as it is written: The Lord of hosts is exalted in justice and the holy God is sanctified in righteousness.[2] Blessed are You, Lord, the holy King. Cong. Amen.

אתה You have chosen us from among all the nations; You have loved us and found favor with us. You have raised us above all tongues and made us holy through Your commandments. You, our King, have drawn us near to Your service and proclaimed Your great and holy Name upon us.

On Shabbat, add the words in shaded parentheses.

וַתִּתֶּן לָנוּ יְיָ אֱלֹהֵינוּ בְּאַהֲבָה אֶת יוֹם (הַשַּׁבָּת הַזֶּה וְאֶת יוֹם) הַזִּכָּרוֹן הַזֶּה, אֶת יוֹם טוֹב מִקְרָא קֹדֶשׁ הַזֶּה, יוֹם (זִכְרוֹן) תְּרוּעָה (בְּאַהֲבָה) מִקְרָא קֹדֶשׁ זֵכֶר לִיצִיאַת מִצְרָיִם:

On Shabbat, add the words in shaded parentheses.
The congregation responds אָמֵן as indicated.

אֱלֹהֵינוּ וֵאלֹהֵי אֲבוֹתֵינוּ, יַעֲלֶה וְיָבוֹא וְיַגִּיעַ, וְיֵרָאֶה וְיֵרָצֶה וְיִשָּׁמַע, וְיִפָּקֵד וְיִזָּכֵר זִכְרוֹנֵנוּ וּפִקְדוֹנֵנוּ, וְזִכְרוֹן אֲבוֹתֵינוּ, וְזִכְרוֹן מָשִׁיחַ בֶּן דָּוִד עַבְדֶּךָ, וְזִכְרוֹן יְרוּשָׁלַיִם עִיר קָדְשֶׁךָ, וְזִכְרוֹן כָּל עַמְּךָ בֵּית יִשְׂרָאֵל לְפָנֶיךָ, לִפְלֵיטָה לְטוֹבָה, לְחֵן וּלְחֶסֶד וּלְרַחֲמִים וּלְחַיִּים טוֹבִים וּלְשָׁלוֹם, בְּיוֹם (הַשַּׁבָּת הַזֶּה וּבְיוֹם) הַזִּכָּרוֹן הַזֶּה, בְּיוֹם טוֹב מִקְרָא קֹדֶשׁ הַזֶּה. זָכְרֵנוּ יְיָ אֱלֹהֵינוּ בּוֹ לְטוֹבָה (אָמֵן), וּפָקְדֵנוּ בוֹ לִבְרָכָה (אָמֵן), וְהוֹשִׁיעֵנוּ בוֹ לְחַיִּים טוֹבִים (אָמֵן). וּבִדְבַר יְשׁוּעָה וְרַחֲמִים, חוּס וְחָנֵּנוּ, וְרַחֵם עָלֵינוּ וְהוֹשִׁיעֵנוּ, כִּי אֵלֶיךָ עֵינֵינוּ, כִּי אֵל מֶלֶךְ חַנּוּן וְרַחוּם אָתָּה:

On Shabbat, add the words in shaded parentheses.

אֱלֹהֵינוּ וֵאלֹהֵי אֲבוֹתֵינוּ, מְלוֹךְ עַל הָעוֹלָם כֻּלּוֹ בִּכְבוֹדֶךָ, וְהִנָּשֵׂא עַל כָּל הָאָרֶץ בִּיקָרֶךָ, וְהוֹפַע בַּהֲדַר גְּאוֹן עֻזֶּךָ עַל כָּל יוֹשְׁבֵי תֵבֵל אַרְצֶךָ, וְיֵדַע כָּל פָּעוּל כִּי אַתָּה פְעַלְתּוֹ, וְיָבִין כָּל יְצוּר כִּי אַתָּה יְצַרְתּוֹ, וְיֹאמַר כֹּל אֲשֶׁר נְשָׁמָה בְאַפּוֹ: יְיָ אֱלֹהֵי יִשְׂרָאֵל

On Shabbat, add the words in shaded parentheses.

ותתן And You, Lord our God, have given us in love (this Shabbat day and) this Day of Remembrance, this festival of holy assembly, a day for (the remembrance of) sounding the *shofar*, (in love,) a holy assembly, commemorating the Exodus from Egypt.

On Shabbat, add the words in shaded parentheses.
The congregation responds Amen as indicated.

אלהינו Our God and God of our fathers, may there ascend, come and reach, be seen, accepted, and heard, recalled and remembered before You our remembrance and recollection, the remembrance of our fathers, the remembrance of Mashiach the son of David Your servant, the remembrance of Jerusalem Your holy city, and the remembrance of all Your people the House of Israel, for deliverance, well-being, grace, kindness, mercy, good life and peace, on this (Shabbat day and this) Day of Remembrance, this festival of holy assembly. Remember us on this [day], Lord our God, for good (Amen); be mindful of us on this [day] for blessing (Amen); help us on this [day] for good life (Amen). With the promise of deliverance and compassion, spare us and be gracious to us; have mercy upon us and deliver us; for our eyes are directed to You, for You, God, are a gracious and merciful King.

On Shabbat, add the words in shaded parentheses.

אלהינו Our God and God of our fathers, reign over the entire world in Your glory, be exalted over all the earth in Your splendor, and reveal Yourself in the majesty of Your glorious might over all the inhabitants of Your terrestrial world. May everything that has been made know that You have made it; may everything that has been created understand that You have created it; and may everyone who has the breath [of life] in his nostrils declare that the

מֶלֶךְ, וּמַלְכוּתוֹ בַּכֹּל מָשָׁלָה: (אֱלֹהֵינוּ וֵאלֹהֵי אֲבוֹתֵינוּ, רְצֵה נָא בִמְנוּחָתֵנוּ) קַדְּשֵׁנוּ בְּמִצְוֹתֶיךָ, וְתֵן חֶלְקֵנוּ בְּתוֹרָתֶךָ, שַׂבְּעֵנוּ מִטּוּבֶךָ וְשַׂמַּח נַפְשֵׁנוּ בִּישׁוּעָתֶךָ, (וְהַנְחִילֵנוּ יְיָ אֱלֹהֵינוּ בְּאַהֲבָה וּבְרָצוֹן שַׁבַּת קָדְשֶׁךָ וְיָנוּחוּ בוֹ כָּל יִשְׂרָאֵל מְקַדְּשֵׁי שְׁמֶךָ,) וְטַהֵר לִבֵּנוּ לְעָבְדְּךָ בֶּאֱמֶת, כִּי אַתָּה אֱלֹהִים אֱמֶת וּדְבָרְךָ מַלְכֵּנוּ אֱמֶת וְקַיָּם לָעַד. בָּרוּךְ אַתָּה יְיָ, מֶלֶךְ עַל כָּל הָאָרֶץ, מְקַדֵּשׁ (הַשַּׁבָּת וְ) יִשְׂרָאֵל וְיוֹם הַזִּכָּרוֹן: (Cong—אָמֵן)

רְצֵה יְיָ אֱלֹהֵינוּ בְּעַמְּךָ יִשְׂרָאֵל וְלִתְפִלָּתָם שְׁעֵה, וְהָשֵׁב הָעֲבוֹדָה לִדְבִיר בֵּיתֶךָ, וְאִשֵּׁי יִשְׂרָאֵל וּתְפִלָּתָם בְּאַהֲבָה תְקַבֵּל בְּרָצוֹן, וּתְהִי לְרָצוֹן תָּמִיד עֲבוֹדַת יִשְׂרָאֵל עַמֶּךָ:

וְתֶחֱזֶינָה עֵינֵינוּ בְּשׁוּבְךָ לְצִיּוֹן בְּרַחֲמִים. בָּרוּךְ אַתָּה יְיָ, הַמַּחֲזִיר שְׁכִינָתוֹ לְצִיּוֹן: (Cong—אָמֵן)

Bow at מוֹדִים; straighten up at יְיָ.

מוֹדִים אֲנַחְנוּ לָךְ, שָׁאַתָּה הוּא יְיָ אֱלֹהֵינוּ וֵאלֹהֵי אֲבוֹתֵינוּ לְעוֹלָם וָעֶד, צוּר חַיֵּינוּ, מָגֵן יִשְׁעֵנוּ, אַתָּה הוּא לְדוֹר וָדוֹר, נוֹדֶה לְּךָ וּנְסַפֵּר תְּהִלָּתֶךָ, עַל חַיֵּינוּ הַמְּסוּרִים בְּיָדֶךָ, וְעַל נִשְׁמוֹתֵינוּ הַפְּקוּדוֹת לָךְ, וְעַל נִסֶּיךָ שֶׁבְּכָל יוֹם

MODIM D'RABBANAN

While the chazzan recites מוֹדִים, the congregation recites the following, while bowing:

מוֹדִים אֲנַחְנוּ לָךְ, שָׁאַתָּה הוּא יְיָ אֱלֹהֵינוּ וֵאלֹהֵי אֲבוֹתֵינוּ, אֱלֹהֵי כָל בָּשָׂר, יוֹצְרֵנוּ, יוֹצֵר בְּרֵאשִׁית, בְּרָכוֹת וְהוֹדָאוֹת לְשִׁמְךָ הַגָּדוֹל וְהַקָּדוֹשׁ, עַל שֶׁהֶחֱיִיתָנוּ וְקִיַּמְתָּנוּ, כֵּן תְּחַיֵּנוּ וּתְקַיְּמֵנוּ, וְתֶאֱסוֹף גָּלֻיּוֹתֵינוּ

Lord, God of Israel, is King and His kingship has dominion over all. (Our God and God of our fathers, please find favor in our rest.) Make us holy with Your commandments and grant us our portion in Your Torah; satiate us with Your goodness and gladden our soul with Your salvation. (Lord our God, grant as our heritage, in love and goodwill, Your holy Shabbat, and may all Israel who sanctify Your Name rest thereon.) Make our heart pure to serve You in truth; for You are the true God, and Your word, our King, is true and enduring forever. Blessed are You, Lord, King over the whole earth, who sanctifies (the Shabbat and) Israel and the Day of Remembrance. Cong. Amen.

רצה Look with favor, Lord our God, on Your people Israel, and pay heed to their prayer; restore the service to Your Sanctuary, and accept with love and favor Israel's fire-offerings and prayer; and may the service of Your people Israel always find favor.

ותחזינה May our eyes behold Your return to Zion in mercy. Blessed are You, Lord, who restores His Divine Presence to Zion. Cong. Amen.

Bow at We thankfully acknowledge; *straighten up at* Lord.

מודים We thankfully acknowledge that You are the Lord our God and God of our fathers forever. You are the strength of our life, the shield of our salvation in every generation. We will give thanks to You and recount Your praise, evening, morning and noon, for our lives which are committed into Your hand, for our souls which are entrusted to You, for Your miracles which are with us daily,

MODIM D'RABBANAN

While the chazzan recites *Modim*, the congregation recites the following, while bowing:

Transliteration, page 334.

מודים We thankfully acknowledge that You are the Lord our God and God of our fathers, the God of all flesh, our Creator and the Creator of all existence. We offer blessings and thanks to Your great and holy Name, for You have given us life and sustained us; so may You continue to grant us life and sustain us—gather

עַמָּנוּ, וְעַל נִפְלְאוֹתֶיךָ
וְטוֹבוֹתֶיךָ שֶׁבְּכָל עֵת, עֶרֶב
וָבֹקֶר וְצָהֳרָיִם, הַטּוֹב, כִּי
לֹא כָלוּ רַחֲמֶיךָ, וְהַמְרַחֵם,
כִּי לֹא תַמּוּ חֲסָדֶיךָ, כִּי
מֵעוֹלָם קִוִּינוּ לָךְ:

לֶחָצְרוֹת קָדְשֶׁךָ, וְנָשׁוּב אֵלֶיךָ
לִשְׁמוֹר חֻקֶּיךָ, וְלַעֲשׂוֹת
רְצוֹנֶךָ, וּלְעָבְדְּךָ בְּלֵבָב שָׁלֵם,
עַל שֶׁאֲנוּ מוֹדִים לָךְ, בָּרוּךְ
אֵל הַהוֹדָאוֹת:

וְעַל כֻּלָּם יִתְבָּרַךְ וְיִתְרוֹמַם וְיִתְנַשֵּׂא שִׁמְךָ מַלְכֵּנוּ תָּמִיד
לְעוֹלָם וָעֶד:

Cong. then chazzan — וּכְתוֹב לְחַיִּים טוֹבִים כָּל בְּנֵי בְרִיתֶךָ:

Chazzan:

וְכֹל הַחַיִּים יוֹדוּךָ סֶּלָה, וִיהַלְלוּ שִׁמְךָ הַגָּדוֹל לְעוֹלָם כִּי
טוֹב, הָאֵל יְשׁוּעָתֵנוּ וְעֶזְרָתֵנוּ סֶלָה, הָאֵל הַטּוֹב.

Bend knees at בָּרוּךְ; bow at אַתָּה; straighten up at יְיָ.

בָּרוּךְ אַתָּה יְיָ, הַטּוֹב שִׁמְךָ וּלְךָ נָאֶה לְהוֹדוֹת:
(אָמֵן —Cong)

The congregation responds אָמֵן as indicated.

אֱלֹהֵינוּ וֵאלֹהֵי אֲבוֹתֵינוּ, בָּרְכֵנוּ בַבְּרָכָה הַמְשֻׁלֶּשֶׁת
בַּתּוֹרָה הַכְּתוּבָה עַל יְדֵי מֹשֶׁה עַבְדֶּךָ,
הָאֲמוּרָה מִפִּי אַהֲרֹן וּבָנָיו, כֹּהֲנִים עַם קְדוֹשֶׁךָ, כָּאָמוּר:
יְבָרֶכְךָ יְיָ וְיִשְׁמְרֶךָ: (אָמֵן) יָאֵר יְיָ פָּנָיו אֵלֶיךָ, וִיחֻנֶּךָּ:
(אָמֵן) יִשָּׂא יְיָ פָּנָיו אֵלֶיךָ, וְיָשֵׂם לְךָ שָׁלוֹם:[1] (אָמֵן)

שִׂים שָׁלוֹם, טוֹבָה וּבְרָכָה, חַיִּים חֵן וָחֶסֶד וְרַחֲמִים,
עָלֵינוּ וְעַל כָּל יִשְׂרָאֵל עַמֶּךָ. בָּרְכֵנוּ אָבִינוּ כֻּלָּנוּ
כְּאֶחָד בְּאוֹר פָּנֶיךָ, כִּי בְאוֹר פָּנֶיךָ נָתַתָּ לָּנוּ יְיָ אֱלֹהֵינוּ
תּוֹרַת חַיִּים וְאַהֲבַת חֶסֶד, וּצְדָקָה וּבְרָכָה וְרַחֲמִים

---

1. Numbers 6:24-26.

and for Your continual wonders and beneficences. You are the Beneficent One, for Your mercies never cease; and the Merciful One, for Your kindnesses never end; for we always place our hope in You.

our dispersed to the courtyards of Your Sanctuary, and we shall return to You to keep Your Laws, to do Your will, and to serve You with a perfect heart —for we thankfully acknowledge You. Blessed is God, who is worthy of thanks.

ועל And for all these, may Your Name, our King, be continually blessed, exalted, and extolled forever and all time.

Cong. then chazzan: וכתוב *U-ch'sov l'cha-yim tovim köl b'nay v'risechö.*

Chazzan:

וכל And all living things shall forever thank You, and praise Your great Name eternally, for You are good. God, You are our everlasting salvation and help, O benevolent God.

Bend knees at *Blessed*; bow at *You*; straighten up at *Lord*.

Blessed are You, Lord, Beneficent is Your Name, and to You it is fitting to offer thanks. Cong. Amen.

Congregation responds Amen as indicated.

אלהינו Our God and God of our fathers, bless us with the threefold blessing written in the Torah by Moses Your servant, and pronounced by Aaron and his sons the Kohanim, Your consecrated people, as it is said: The Lord bless you and guard you. (Amen) The Lord make His countenance shine upon you and be gracious to you. (Amen) The Lord turn His countenance toward you and grant you peace.[1] (Amen)

שים Bestow peace, goodness, and blessing, life, graciousness, kindness, and mercy, upon us and upon all Your people Israel. Bless us, our Father, all of us as one, with the light of Your countenance, for by the light of Your countenance You gave us, Lord our God, the Torah of life and loving-kindness, righteousness, blessing, mercy, life and

---

וכתוב Inscribe all the children of Your Covenant for a good life.

וְחַיִּים וְשָׁלוֹם, וְטוֹב בְּעֵינֶיךָ לְבָרֵךְ אֶת עַמְּךָ יִשְׂרָאֵל בְּכָל עֵת וּבְכָל שָׁעָה בִּשְׁלוֹמֶךָ.

—Cong. then chazzan וּבְסֵפֶר חַיִּים בְּרָכָה וְשָׁלוֹם וּפַרְנָסָה טוֹבָה, יְשׁוּעָה וְנֶחָמָה וּגְזֵרוֹת טוֹבוֹת, נִזָּכֵר וְנִכָּתֵב לְפָנֶיךָ, אֲנַחְנוּ וְכָל עַמְּךָ בֵּית יִשְׂרָאֵל, לְחַיִּים טוֹבִים וּלְשָׁלוֹם.

Chazzan:

בָּרוּךְ אַתָּה יְיָ, הַמְבָרֵךְ אֶת עַמּוֹ יִשְׂרָאֵל בַּשָּׁלוֹם:

(אָמֵן—Cong)

The chazzan recites the following verse silently:

יִהְיוּ לְרָצוֹן אִמְרֵי פִי וְהֶגְיוֹן לִבִּי לְפָנֶיךָ, יְיָ צוּרִי וְגוֹאֲלִי:[1]

Continue with אָבִינוּ מַלְכֵּנוּ on page 152.
On Shabbat, chazzan recites Complete Kaddish, page 154.

CHAZZAN'S REPETITION OF THE AMIDAH FOR THE SECOND DAY

THE REPETITION OF THE AMIDAH

The congregation must listen attentively to the chazzan and respond אָמֵן at the conclusion of each blessing. If there are not at least nine men who respond אָמֵן after the blessings, it is tantamount to a blessing in vain. It is proper to respond with בָּרוּךְ הוּא וּבָרוּךְ שְׁמוֹ each time the chazzan says בָּרוּךְ אַתָּה יְיָ.

The Ark is opened at various times throughout the chazzan's repetition of the Amidah. While it is preferable to stand when the Ark is open, one who finds this to be difficult may sit, except where indicated.

THE ARK IS OPENED.

אֲדֹנָי, שְׂפָתַי תִּפְתָּח וּפִי יַגִּיד תְּהִלָּתֶךָ:[2]

Bend knees at בָּרוּךְ; bow at אַתָּה; straighten up at יְיָ.

בָּרוּךְ אַתָּה יְיָ, אֱלֹהֵינוּ וֵאלֹהֵי אֲבוֹתֵינוּ, אֱלֹהֵי אַבְרָהָם, אֱלֹהֵי יִצְחָק, וֵאלֹהֵי יַעֲקֹב, הָאֵל הַגָּדוֹל הַגִּבּוֹר וְהַנּוֹרָא, אֵל עֶלְיוֹן, גּוֹמֵל חֲסָדִים טוֹבִים, קוֹנֵה הַכֹּל,

1. Psalms 19:15. 2. Ibid. 51:17.

peace. May it be favorable in Your eyes to bless Your people Israel, at all times and at every moment, with Your peace.

Cong. then chazzan: ובספר *U-v'sayfer cha-yim b'röchö v'shölom ufar'nösö tovö, y'shu-ö v'nechömö u-g'zayros tovos, nizöchayr v'nikösayv l'fönechö, anach-nu v'chöl am'chö bays yisrö-ayl, l'cha-yim tovim u-l'shölom.*

Chazzan:

Blessed are You, Lord, who blesses His people Israel with peace. Cong. Amen.

The chazzan recites the following verse silently:

יהיו May the words of my mouth and the meditation of my heart be acceptable before You, Lord, my Strength and my Redeemer.[1]

Continue with *Avinu Malkeinu* on page 152.
On Shabbat, chazzan recites Complete Kaddish, page 154.

CHAZZAN'S REPETITION OF THE AMIDAH FOR THE SECOND DAY

THE REPETITION OF THE AMIDAH

The congregation must listen attentively to the chazzan and respond Amen at the conclusion of each blessing. If there are not at least nine men who respond Amen after the blessings, it is tantamount to a blessing in vain. It is proper to respond with "Boruch Hu u'Voruch Shemo" ("Blessed is He and Blessed is His Name") each time the chazzan says *Blessed are You, Lord.*

The Ark is opened at various times throughout the chazzan's repetition of the Amidah. While it is preferable to stand when the Ark is open, one who finds this to be difficult may sit, except where indicated.

THE ARK IS OPENED.

אדני My Lord, open my lips, and my mouth shall declare Your praise.[2]

Bend knees at *Blessed*; bow at *You*; straighten up at *Lord.*

ברוך Blessed are You, Lord our God and God of our fathers, God of Abraham, God of Isaac and God of Jacob, the great, mighty and awesome God, exalted God, who bestows bountiful kindness, who creates all things, who remembers the piety of

ובספר And in the book of life, blessing, peace, and prosperity, deliverance, consolation, and favorable decrees, may we and all Your people the House of Israel be remembered and inscribed before You for a happy life and for peace.

וְזוֹכֵר חַסְדֵי אָבוֹת, וּמֵבִיא גוֹאֵל לִבְנֵי בְנֵיהֶם, לְמַעַן שְׁמוֹ בְּאַהֲבָה:

מִסּוֹד חֲכָמִים וּנְבוֹנִים, וּמִלֶּמֶד דַּעַת מְבִינִים. אֶפְתְּחָה פִי בִּתְפִלָּה וּבְתַחֲנוּנִים. לְחַלּוֹת וּלְחַנֵּן פְּנֵי מֶלֶךְ מַלְכֵי הַמְּלָכִים וַאֲדוֹנֵי הָאֲדוֹנִים:

אָתִיתִי לְחַנְּנָךְ בְּלֵב קָרוּעַ וּמֻרְתָּח. בַּקֵּשׁ רַחֲמִים כְּעָנִי בַּפֶּתַח. גַּלְגֵּל רַחֲמֶיךָ וְדִין אַל תִּמְתַּח. אֲדֹנָי שְׂפָתַי תִּפְתָּח:[1] דָּבָר אֵין בְּפִי וּבִלְשׁוֹנִי מִלָּה. הֵן יְיָ יָדַעְתָּ כֻלָּהּ. וּמִמַּעֲמַקֵּי הַלֵּב לְפָנֶיךָ אוֹחִילָה. אֶחֱסֶה בְסֵתֶר כְּנָפֶיךָ סֶּלָה:[2] זַלְעָפָה וּפַלָּצוּת אֲחָזוּנִי בְּמוֹרָא. חַלּוֹת פְּנֵי נוֹרָא בְּנֶפֶשׁ יְקָרָה. טוּב טַעַם וָדַעַת קָטֹנְתִּי לְחַסְּרָה. עַל כֵּן זָחַלְתִּי וָאִירָא:[3] יָגַעְתִּי בְּאַנְחָתִי אֵיךְ לַעֲמֹד לְפָנֶיךָ. כִּי אֵין מַעֲשִׂים לִזְכּוּת בְּעֵינֶיךָ. לְחַלּוֹתְךָ שְׁלָחוּנִי מַקְהֲלוֹת הֲמוֹנֶךָ. תָּכִין לִבָּם תַּקְשִׁיב אָזְנֶךָ:[4] מָה אֲנִי וּמֶה חַיַּי תּוֹלֵעָה וְרִמָּה. נִבְעַר מִדַּעַת וּבְאֶפֶס מְזִמָּה. סָמַכְתִּי יְתֵדוֹתַי בְּסֵפֶר הַחָכְמָה. מַעֲנֶה רַךְ יָשִׁיב חֵמָה:[5] עֻזִּי אֵלֶיךָ אֶשְׁמְרָה לְסַעֲדִי. פֵּתַח דְּבָרְךָ הָאֵר לְהַגִּידִי. צַדְּקֵנִי וְאַמְּצֵנִי וְתֵן לְאֵל יָדִי. כִּי אַתָּה מִשְׂגַּבִּי אֱלֹהֵי חַסְדִּי:[6] קְהָלֶיךָ עוֹמְדִים לְבַקֵּשׁ מְחִילָתֶךָ. רַחֲמֶיךָ יִכְמְרוּ לְרַחֵם בְּחֶמְלָתֶךָ. שׁוֹפְכִים לֵב כַּמַּיִם לְעֻמָּתֶךָ. וְאַתָּה תִּשְׁמַע הַשָּׁמַיִם מְכוֹן שִׁבְתֶּךָ:[7] תְּחַזֵּק לְעַמְּךָ יָדָם הָרָפָה. שְׁלַח מֵאִתְּךָ עֵזֶר וּתְרוּפָה. נוֹאֲמֶיךָ יַשִּׂיגוּ לְחַזֵּק וּלְתָקְפָּה. כָּל אִמְרַת אֱלוֹהַּ צְרוּפָה:[8]

THE ARK IS CLOSED.

1. Psalms 51:17. 2. Ibid. 61:5. 3. Job 32:6. 4. Psalms 10:17. 5. Proverbs 15:1. 6. Cf. Psalms 59:18. 7. I Kings 8:39. 8. Proverbs 30:5.

the Patriarchs, and who, in love, brings a redeemer to their children's children, for the sake of His Name.

מסוד [With words] based upon the teachings of the wise and the understanding, and upon the knowledge acquired from the discerning, I open my mouth in prayer and in supplication, to beseech and implore the countenance of the supreme King of kings and Master of masters.

אתיתי I have come to implore You with a torn and seething heart, to seek mercy like a poor man at the door; arouse Your compassion and do not mete out strict justice; open my lips, my Lord.[1] There is no expression in my mouth, no word on my tongue, but You, O Lord, know all [I wish to ask]; from the depths of my heart I offer prayer before You; O let me take refuge in the shadow of Your wings forever.[2] Trembling and grieving from fear have gripped me; with a heavy heart I entreat You, O awesome One; lacking eloquence, deficient in knowledge, I therefore tremble and fear.[3] I am weary with sighing; how can I stand before You, for I have no good deeds to be meritorious in Your eyes! Your assembled congregation has sent me to beseech You; direct their hearts [to You] and may Your ear listen[4] [to their prayers]. What am I, what is my life? A worm, an insect, devoid of knowledge and wanting in discernment! I place my reliance on [that which is stated in] the Book of Wisdom: "Soft speech turns away wrath."[5] O You, my Stronghold, I eagerly look to You to sustain me; may Your opening words enlighten me, to inform me [of a favorable judgment]; declare me righteous, fortify me and grant me strength, for You are my Protector, my God who bestows loving-kindness upon me.[6] Your congregation stands to seek Your forgiveness; in Your [abounding] grace, let Your compassion be aroused to show them mercy. They pour out their heart like water before You; hear them in heaven, Your dwelling-place.[7] Strengthen the enfeebled hand of Your people, send them from You help and healing; may Your [good] words reach them to strengthen and fortify them, [for] every utterance of God is pure.[8]

THE ARK IS CLOSED.

Chazzan and congregation recite the following;
chazzan concludes the paragraph aloud, as indicated:

אִמְרָתְךָ צְרוּפָה וְעֵדוֹתֶיךָ צֶדֶק. בָּאֵי עָדֶיךָ בְּרִיב אֵל תְּדַקְדֵּק. גִּשְׁתְּךָ לְחַפֵּשׁ כָּל תַּעֲלוּם וָבֶדֶק. דִּין עִנְיֶיךָ בַּמִּשְׁפָּט הַצְּדֵק: הֵן עוֹלָמְךָ בָּנִיתָ בְּחֶסֶד. וְרַב חֶסֶד מַטֶּה כְּלַפֵּי חֶסֶד.¹ זְכִיּוֹת הַכְּרַע וְעֻזְּךָ תְּיַסֵּד. חוֹן עַל נִינֵי מוֹצָא מִכְשֵׁד: טֶרֶם נִקְרָא אַתָּה תַעֲנֶה. יִמָּצֵא לָנוּ חֶסֶד בְּמַעֲנֶה. כְּפָקְדְּךָ הַיּוֹם יְצוּרֶיךָ לְהַמְנֶה. לָנוּ מַלְאָכֶיךָ סָבִיב יַחֲנֶה: מִדַּת טוּבְךָ עָלֵינוּ הַגְבֵּר. נַקֵּנוּ מֵעָוֹן וּפְשָׁעִים הַעֲבֵר. שַׂגֵּב בִּזְרוֹעַ לִמְקַוֶּיךָ בְּסֵבֶר. עֹז חֲלִיפוֹת כֹּחַ וַעֲלַת אֵבֶר: פְּעֻלַּת אֶזְרָחִי לְפָנֶיךָ לְהַזְכֵּר. צִדְקוֹ יָלִיץ כְּשֶׁר וּמִשְׁטִין יִסָּכֵר. קַבֵּל מוֹרָאֲךָ יְחוּדְךָ לְהַכֵּר. רָץ בְּפִקּוּדֶיךָ לִיַשֵּׁר וּלְיַקֵּר: שָׁלֵם נִמְצָא בְּכָל אֲשֶׁר נִפְקַד. שׁוֹעֲשַׁע Chazzan—כְּהַיּוֹם בְּחֵנֶט מְפֻקַּד. תְּהִלָּה וָעֹז לִמְרַחֲמוֹ שָׁקַד. תַּמָּתוֹ בְּעֵת אֲשֶׁר פָּקַד:

Chazzan and congregation recite the following;
chazzan concludes the paragraph aloud, as indicated:

בּוֹ שׁוֹעֲנוּ מֵעוֹלָם וַיַּעֲנֵנוּ נוֹרָאוֹת. בִּרְצוֹי חִנּוּנֵנוּ יְקַבֵּל כְּהַעֲלָאוֹת: Chazzan—יְחַלְּצֵנוּ בְּמַגִּנּוּ מִתַּחֲלוּאֵי תוֹצָאוֹת. כְּצִפֳּרִים עָפוֹת כֵּן יָגֵן יְיָ צְבָאוֹת:²

Chazzan:

זָכְרֵנוּ לְחַיִּים, מֶלֶךְ חָפֵץ בַּחַיִּים, וְכָתְבֵנוּ בְּסֵפֶר הַחַיִּים, לְמַעַנְךָ אֱלֹהִים חַיִּים:

Bend knees at בָּרוּךְ; bow at אַתָּה; straighten up at יְיָ.

מֶלֶךְ עוֹזֵר וּמוֹשִׁיעַ וּמָגֵן. בָּרוּךְ אַתָּה יְיָ, מָגֵן אַבְרָהָם: (אָמֵן—Cong)

---

1. Rosh Hashanah 17a.　**2.** Isaiah 31:5.

Chazzan and congregation recite the following;
chazzan concludes the paragraph aloud, as indicated:

אמרתך Your utterance is pure and Your testimonies just; do not be overly scrupulous in judgment with those who approach You [in prayer]. When You go forth to scrutinize every hidden and revealed wrongdoing, find Your afflicted people righteous in judgment. Indeed, You built Your world with loving-kindness; You who are abounding in kindness, who inclines [the scales] toward kindness,[1] let the merits prevail and [thereby] Your strength will be established; be gracious to the offspring of [Abraham] who was taken out from Ur Kasdim. Even before we call, answer us; let kindness be granted to us in Your response. When You bring to mind Your creatures this day to be counted, let Your [protective] angels camp around us. Let Your attribute of benevolence prevail in our behalf; cleanse us of iniquity and remove transgression. Strengthen with Your might those who sincerely hope in You; grant them renewed vigor and the soaring wings [of an eagle to do Your will]. Let the deeds of Abraham be remembered before You; let his righteousness intercede for our good and let the Accuser be silenced. He [Abraham] took upon himself the fear of You, acknowledging Your Oneness; he hastened to carry out Your commands, to make them acceptable and loved. Perfect was he found in all that he was commanded; he was gladdened this day with the good tidings that he would have a son. Chazzan: He hastened to praise and acclaim the might of Him who was merciful to him, when his virtuous wife was remembered [with an offspring].

Chazzan and congregation recite the following;
chazzan concludes the paragraph aloud, as indicated:

בו Ever have we relied upon Him, and He has responded with awesome deeds. May He favorably accept our supplications as offerings [upon the altar]. Chazzan: May He guard us with His protection from every kind of disease. As birds hovering [over their young to protect them], so shall the Lord of hosts guard [His people].[2]

Chazzan:

זכרנו Remember us for life, King who desires life; inscribe us in the Book of Life, for Your sake, O living God.

Bend knees at Blessed; bow at You; straighten up at Lord.

מלך O King, [You are] a helper, a savior and a shield. Blessed are You, Lord, Shield of Abraham. Cong. Amen.

אַתָּה גִּבּוֹר לְעוֹלָם אֲדֹנָי, מְחַיֵּה מֵתִים אַתָּה, רַב לְהוֹשִׁיעַ. מוֹרִיד הַטָּל.

מְכַלְכֵּל חַיִּים בְּחֶסֶד, מְחַיֵּה מֵתִים בְּרַחֲמִים רַבִּים, סוֹמֵךְ נוֹפְלִים, וְרוֹפֵא חוֹלִים, וּמַתִּיר אֲסוּרִים, וּמְקַיֵּם אֱמוּנָתוֹ לִישֵׁנֵי עָפָר. מִי כָמוֹךָ בַּעַל גְּבוּרוֹת, וּמִי דּוֹמֶה לָּךְ, מֶלֶךְ מֵמִית וּמְחַיֶּה וּמַצְמִיחַ יְשׁוּעָה:

Chazzan and congregation:
Chazzan concludes the paragraph aloud, as indicated.

שְׂפָתֵינוּ מְדוּבְבוֹת עֹז וּבְצִדְקָתוֹ נִחְיֶה. בְּרַחֲמִים יַצְדְּקֵנוּ וּזְרוֹעֵנוּ יִהְיֶה: —Chazzan יְחַיֵּנוּ כְּקֶדֶם מִיּוֹמַיִם אֶהְיֶה. בַּיּוֹם הַשְּׁלִישִׁי יְקִמֵנוּ וְנִחְיֶה:[1]

Chazzan:

מִי כָמוֹךָ אָב הָרַחֲמָן, זוֹכֵר יְצוּרָיו לְחַיִּים בְּרַחֲמִים: וְנֶאֱמָן אַתָּה לְהַחֲיוֹת מֵתִים. בָּרוּךְ אַתָּה יְיָ, מְחַיֵּה הַמֵּתִים:
(אָמֵן—Cong)

THE ARK IS OPENED.

Chazzan:

שְׁלַחְתִּי בְּמַלְאֲכוּת סֶגֶל חֲבוּרָה. שׁוֹמְרֵי אֱמוּנָתְךָ וּמְיַחֲדֶיךָ בְּמוֹרָא. שָׁפַכְתִּי שִׂיחַ לְבַקֵּשׁ עֲתִירָה. שְׁמַע יְיָ קוֹלִי אֶקְרָא:[2]

THE ARK IS CLOSED.

Chazzan and congregation:

יִמְלֹךְ יְיָ לְעוֹלָם אֱלֹהַיִךְ צִיּוֹן לְדֹר וָדֹר הַלְלוּיָהּ:[3]
וְאַתָּה קָדוֹשׁ יוֹשֵׁב תְּהִלּוֹת יִשְׂרָאֵל[4] אֵל נָא:

---

1. Cf. Hosea 6:2. **2.** Psalms 27:7. **3.** Ibid. 146:10. **4.** Ibid. 22:4.

אתה You are mighty forever, my Lord; You resurrect the dead; You are powerful to save. He causes the dew to descend.

מכלכל He sustains the living with lovingkindness, resurrects the dead with great mercy, supports the falling, heals the sick, releases the bound, and fulfills His trust to those who sleep in the dust. Who is like You, mighty One! And who can be compared to You, King, who brings death and restores life, and causes deliverance to spring forth!

Chazzan and congregation:
Chazzan concludes the paragraph aloud, as indicated.

שפתינו Our lips declare the praise of the Almighty, for it is through His benevolence that we live. In His compassion may He find us righteous and be our strength. Chazzan: May the Eternal deliver us as He did in the two former periods [of exile]; may He lift us out from this third period [of exile] that we may live.[1]

Chazzan:

מי Who is like You, merciful Father, who in compassion remembers His creatures for life. You are trustworthy to revive the dead. Blessed are You, Lord, who revives the dead.

Cong. Amen.

THE ARK IS OPENED.

Chazzan:

שלחתי I have been sent as an emissary by the congregation of Your beloved people, who keep Your faith and affirm Your Oneness in awe; I have poured forth supplication, seeking to entreat You; O Lord, hear my voice as I call.[2]

THE ARK IS CLOSED.

Chazzan and congregation:

ימלך The Lord shall reign forever, your God, O Zion, throughout all generations. Praise the Lord.[3]

ואתה And You, holy One, are enthroned upon the praises of Israel;[4] O benevolent God!

THE ARK IS OPENED.

The following section is recited across the page line by line. The chazzan recites the first line followed by the congregation. The subsequent lines are recited by the congregation followed by the chazzan.

אַתָּה הוּא אֱלֹהֵינוּ:

בַּשָּׁמַיִם וּבָאָרֶץ: גִּבּוֹר וְנַעֲרָץ:

דָּגוּל מֵרְבָבָה: הוּא שָׂח וַיֶּהִי:

וְצִוָּה וְנִבְרָאוּ: זִכְרוֹ לָנֶצַח:

חַי עוֹלָמִים: טְהוֹר עֵינַיִם:

יוֹשֵׁב סֵתֶר: כִּתְרוֹ יְשׁוּעָה:

לְבוּשׁוֹ צְדָקָה: מַעֲטֵהוּ קִנְאָה:

נֶאְפַּד נְקָמָה: סִתְרוֹ יֹשֶׁר:

עֲצָתוֹ אֱמוּנָה: פְּעֻלָּתוֹ אֱמֶת:

צַדִּיק וְיָשָׁר: קָרוֹב לְקוֹרְאָיו בֶּאֱמֶת:

רָם וּמִתְנַשֵּׂא: שׁוֹכֵן שְׁחָקִים:

תּוֹלֶה אֶרֶץ עַל בְּלִימָה:

Chazzan then congregation:

חַי וְקַיָּם נוֹרָא וּמָרוֹם וְקָדוֹשׁ:

THE ARK IS CLOSED.

Chazzan then congregation:

תָּעִיר וְתָרִיעַ. לְהַכְרִית כָּל מֵרִיעַ. וְתַקְדֵּשׁ בְּיוֹדְעֵי לְהָרִיעַ. קָדוֹשׁ:

Chazzan then congregation:

מֶלֶךְ מְמַלֵּט מֵרָעָה. לְיוֹדְעֵי תְרוּעָה. הָאֵל קָדוֹשׁ:

Chazzan then congregation:

מֶלֶךְ זָכַר אָחוּז קֶרֶן.[1] לְתוֹקְעֵי הַיּוֹם לְךָ בְּקֶרֶן. נוֹרָא וְקָדוֹשׁ:

—Chazzan then cong. שְׁמוֹ מְפָאֲרִים עֲדַת חֶבְלוֹ. וְנַעֲרָץ בְּאֶרְאֶלֵּי קֹדֶשׁ הִלּוּלוֹ. וּבְהֵיכָלוֹ כָּבוֹד אוֹמֵר כֻּלּוֹ.[2] קָדוֹשׁ:

1. See Genesis 22:13. 2. Cf. Psalms 29:9.

THE ARK IS OPENED.

The following section is recited across the page line by line. The chazzan recites the first line followed by the congregation. The subsequent lines are recited by the congregation followed by the chazzan.

Transliteration, page 341.

אתה You are our God

In Heaven and on earth;	He is mighty and awesome;
He is distinguished among myriads [of angels];	He spoke and it came to be;
He commanded and they were created;	His remembrance is eternal;
He lives forever;	His eyes are pure;
He is enthroned in mystery;	His crown is salvation;
Righteousness is His garment;	His cloak is zeal;
He is girded with retribution;	His mysterious ways are just;
His counsel is trustworthy;	His deeds are truth;
He is righteous and just;	He is close to those who call upon Him in truth;
He is sublime and exalted;	He abides in the heavens;

He suspends the earth in empty space.

Chazzan then congregation:

חי He is living and eternal, awesome, exalted and holy.

THE ARK IS CLOSED.

Chazzan then congregation:

תעיר Rise and sound the *shofar* to destroy every evildoer, and You will be sanctified by those who know how to sound the *shofar*, O holy One.

Chazzan then congregation:

מלך O King, who delivers from evil those who know [how to propitiate You through] the sound of the *shofar*, O holy God.

Chazzan then congregation:

מלך O King, remember [the merit of Isaac, in whose stead] the ram caught by the horn was offered,[1] on behalf of those who blow the horn before You this day, O awesome and holy One.

Chazzan then cong: שמו The congregation of Israel, His portion, glorify His Name; His praise is proclaimed by the holy angels; and in His Sanctuary all declare His glory,[2] O holy One.

שׁוֹמְרֵי מִצְוֹתָיו עוֹד יְשׁוּבוּן לְבִצָּרוֹן. —Chazzan then cong.

נִדְבָּרִים יְרֵאָיו בְּהַכְשֵׁר וְיִתְרוֹן. וַיַּקְשֵׁב יְיָ

וַיִּשְׁמָע וַיִּכָּתֵב סֵפֶר זִכָּרוֹן.[1] קָדוֹשׁ:

שַׁפְּרוּ מַעֲשֵׂיכֶם וּבְרִית לֹא תוּפַר. נָאַקַתְכֶם —Chazzan then cong.

יַאֲזִין שְׁחָקִים שָׁפַר. וְתִיטַב לַיְיָ מִשּׁוֹר פָּר.[2]

קָדוֹשׁ:

שִׁבְטֵי מְקוֹרָאֶךָ עָלֶה וְהַמְשֵׁל. נְטִישׁוֹת —Chazzan then cong.

צָרֶיךָ בְּהַתִּיזְךָ לְנַשֵּׁל. כִּי לַיְיָ הַמְּלוּכָה

וּמוֹשֵׁל.[3] קָדוֹשׁ:

שְׁבוּתֵנוּ מִמֶּרְחָק עֲלוֹת לְהַר קָדְשׁוֹ. —Chazzan then cong.

וּנְפָאֲרֶנּוּ תָמִיד בִּדְבִיר מִקְדָּשׁוֹ. כִּי זָכַר אֶת

דְּבַר קָדְשׁוֹ.[4] קָדוֹשׁ:

The Maharil (Rabbi Yaakov Mollin c. 1365-1427) would recite the following verse in a very loud voice, and the words שֵׁם הַגָּדוֹל with all his might.

שֶׁבַח מִגְדוֹל עֹז שֵׁם הַגָּדוֹל. נֵצַח בְּתִתּוֹ —Chazzan then cong.

לְמַלְכּוֹ עֹז וּמִגְדּוֹל. בַּיּוֹם הַהוּא יִתָּקַע

בְּשׁוֹפָר גָּדוֹל.[5] קָדוֹשׁ:

כָּל יוֹשְׁבֵי תֵבֵל וְשֹׁכְנֵי אָרֶץ. יֹאמְרוּ תָמִיד —Chazzan then cong.

הִגְדִּיל יְיָ לַעֲשׂוֹת בָּאָרֶץ. וְהָיָה יְיָ לְמֶלֶךְ עַל

כָּל הָאָרֶץ.[6] קָדוֹשׁ:

---

1. Malachi 3:16.　　**2.** Psalms 69:32.　　**3.** Ibid. 22:29.　　**4.** Ibid. 105:42.　　**5.** Isaiah 27:13.
6. Zechariah 14:9.

Chazzan then cong: שומרי Those who observe His commandments will yet return to the stronghold [Jerusalem]; those who revere Him discuss what is proper and permissible according to the Torah, and the Lord listens and hears and records in the book of remembrance,[1] O holy One.

Chazzan then cong: שפרו Improve your deeds that the Covenant shall not be annulled; He who has spread out the heavens as a canopy shall hear your cry, and it will please the Lord more than a sacrifice of oxen,[2] O holy One.

Chazzan then cong: שבטי Exalt and grant dominion to the tribes whom You have called [Israel], when You cut off the branches of Your adversaries to cast them away, for sovereignty is the Lord's and You rule,[3] O holy One.

Chazzan then cong: שבותנו May He bring our exiled from distant lands up to His holy mountain, and we shall ever glorify Him in the shrine of His Sanctuary for having remembered His sacred promise,[4] O holy One.

The Maharil (Rabbi Yaakov Mollin c. 1365-1427) would recite the following verse in a very loud voice, and the words *His great Name* with all his might.

Chazzan then cong: שבח Praised be His great Name, which is a tower of strength, for He grants victory, power and grandeur to His king [Mashiach]. On that day the great *shofar* shall be sounded,[5] O holy One.

Chazzan then cong: כל All who inhabit the world and who dwell on earth shall proclaim continually that the Lord has wrought great things on earth. The Lord shall be King over the entire earth,[6] O holy One.

The following section is recited by the chazzan and congregation. While the chazzan recites the first verse aloud, the congregation recites it in an undertone. Then, the congregation responds by reciting the second (Scriptural) verse aloud, while the chazzan recites it in an undertone. After every three stanzas, one of the previous seven stanzas is recited in an undertone.

—Chazzan אֶדֶר וָהוֹד אֶתֵּן בִּצְבְיוֹן. שֶׁוַע אֶעֱרֹךְ בְּנִיב וְהִגָּיוֹן:

—Cong. אֶקְרָא לֵאלֹהִים עֶלְיוֹן:[1]

—Chazzan בַּיּוֹם הַנִּבְחַר מִשְּׁמֵי עֶרֶץ. מֵישָׁרִים לִשְׁפֹּט קְדֻשָּׁתוֹ לְהַעֲרִיץ:

—Cong. יְיָ מָלָךְ תָּגֵל הָאָרֶץ:[2]

—Chazzan גַּאֲוָתוֹ גָּדְלָה עוֹלָם מֵהָכִיל. עֱזוּזוֹ לְסַפֵּר כֹּחַ מִי יָכִיל:

—Cong. מֶלֶךְ עַל כָּל הָאָרֶץ אֱלֹהִים זַמְּרוּ מַשְׂכִּיל:[3]

Chazzan and congregation:

שְׁמוֹ מְפָאֲרִים עֲדַת חֶבְלוֹ. וְנַעֲרָץ בְּאֶרְאֶלֵּי קֹדֶשׁ הִלּוּלוֹ. וּבְהֵיכָלוֹ כָּבוֹד אוֹמֵר כֻּלּוֹ. קָדוֹשׁ:

—Chazzan דֵּעַ יָשִׂימוּ כָּל בְּרִיּוֹתָיו. וְיֵדְעוּ כִּי גָדְלוּ גְּבוּרוֹתָיו:

—Cong. זֵכֶר עָשָׂה לְנִפְלְאוֹתָיו:[4]

—Chazzan הִצִּיב וְיָרָה אֶבֶן פִּנָּתוֹ. נַחֲלִיאֵל עֲבוּר לְשַׁעֲשֵׁעַ בַּאֲמִתּוֹ:

—Cong. זָכַר לְעוֹלָם בְּרִיתוֹ:[5]

—Chazzan וְרָשַׁם בְּחֹק דָּת הֶגְיוֹנַי. בְּכָל שָׁנָה וְשָׁנָה לִזְכֹּר זִכְרוֹנַי:

—Cong. לְזִכָּרוֹן בְּהֵיכַל יְיָ:[6]

---

1. Psalms 57:3. **2.** Ibid. 97:1. **3.** Ibid. 47:8. **4.** Ibid. 114:4. **5.** Ibid. 105:8. **6.** Zechariah 6:14.

The following section is recited by the chazzan and congregation. While the chazzan recites the first verse aloud, the congregation recites it in an undertone. Then, the congregation responds by reciting the second (Scriptural) verse aloud, while the chazzan recites it in an undertone. After every three stanzas, one of the previous seven stanzas is recited in an undertone.

Chazzan: אדר With pleasure I declare His grandeur and majesty; I arrange my prayer in speech and thought.

Cong: I call unto God, most sublime.[1]

Chazzan: ביום On [Rosh Hashanah,] the day chosen by the Almighty in heaven to judge with righteousness, we are to revere His holiness.

Cong: The Lord reigns, let the earth exult.[2]

Chazzan: גאותו His grandeur is greater than the earth can contain; who has the power to describe His might?

Cong: God is King over all the earth; sing, O men of understanding.[3]

Chazzan and congregation:

שמו The congregation of Israel, His portion, glorify His Name; His praise is proclaimed by the holy angels; and in His Sanctuary all declare His glory, O holy One.

Chazzan: דע May all His creatures acquire knowledge, and they will know that great are His mighty acts.

Cong: He has made His wonders to be remembered.[4]

Chazzan: הציב He has firmly established the cornerstone of the world, that He might bequeath the Torah to His people for their delight.

Cong: He has remembered His Covenant forever.[5]

Chazzan: ורשם And He has inscribed as a law in the Torah in which I meditate, [that we recite verses of] remembrance so that we be remembered each and every year—

Cong: For a remembrance in the Sanctuary of the Lord.[6]

Chazzan and congregation:

שׁוֹמְרֵי מִצְוֹתָיו עוֹד יְשׁוּבוּן לְבִצָּרוֹן. נִדְבָּרִים יְרֵאָיו
בְּהִכָּשֵׁר וְיִתְרוֹן. וַיַּקְשֵׁב יְיָ וַיִּשְׁמָע וַיִּכָּתֵב סֵפֶר
זִכָּרוֹן. קָדוֹשׁ:

— Chazzan   זֶבַח קֹדֶשׁ כְּהֻכְשַׁר אָז בְּעֵינָיו. רֶגֶל תְּמוּרָתוֹ אַיִל
לְהַקְרִיב לְפָנָיו:

— Cong.   אַחַר נֶאֱחַז בַּסְּבַךְ בְּקַרְנָיו:¹

— Chazzan   חֲכֵם חֲנִיטָיו לִתְקֹעַ בָּזֶה חֹדֶשׁ. יוֹם זֶה אִם יִקָּרֶה
בְּשַׁבַּת קֹדֶשׁ:

— Cong.   זִכָּרוֹן תְּרוּעָה מִקְרָא קֹדֶשׁ:²

— Chazzan   טִבְעוּ אִם בְּחוֹל יְבוֹאֲכֶם. צַוּוּ לִתְקֹעַ בְּכָל
גְּבוּלְכֶם:

— Cong.   יוֹם תְּרוּעָה יִהְיֶה לָכֶם:³

Chazzan and congregation:

שַׁפְּרוּ מַעֲשֵׂיכֶם וּבְרִית לֹא תוּפַר. נַאֲקַתְכֶם יַאֲזִין
שְׁחָקִים שֶׁפֶר. וְתִיטַב לַיָי מִשּׁוֹר פָּר. קָדוֹשׁ:

— Chazzan   יָרוּם צוּר יִשְׁעִי בְּפִי כָל אֻמִּים. חֲשׂוֹף זְרוֹעֲךָ
לְהוֹשִׁיעַ מִמִּתְקוֹמְמִים:

— Cong.   מַלְכוּתְךָ מַלְכוּת כָּל עוֹלָמִים:⁴

— Chazzan   כְּהִגָּלוֹתְךָ לְעֵין כֹּל שְׁכִנְךָ לְהַוָּעֵד. קְהִלּוֹת
וּרְבָבוֹת בְּפִימוֹ לְהַעֵד:

— Cong.   יְיָ יִמְלֹךְ לְעוֹלָם וָעֶד:⁵

---

1. Genesis 22:13.   2. Leviticus 23:24.   3. Numbers 29:1.   4. Psalms 145:13.   5. Exodus 15:18.

Chazzan and congregation:

שומרי Those who observe His commandments will yet return to the stronghold [Jerusalem]; those who revere Him discuss what is proper and permissible according to the Torah, and the Lord listens and hears and records in the book of remembrance, O holy One.

Chazzan: זבח When the holy offering [Isaac] found favor in His eyes, He hurriedly summoned a ram to be sacrificed in his stead before Him.

Cong: Thereafter a ram was caught in the thicket by its horns.[1]

Chazzan: חכם He instructed his [Isaac's] offspring to sound the *shofar* this month; but if this day [Rosh Hashanah] falls on the holy Shabbat, then—

Cong: [Only] a mention of the sounding of the *shofar* on the holy assembly.[2]

Chazzan: טבעו Its rule is that if it comes on a weekday, we are enjoined to sound the *shofar* within all our borders.

Cong: It shall be for you a day for sounding the *shofar*.[3]

Chazzan and congregation:

שפרו Improve your deeds that the Covenant shall not be annulled; He who has spread out the heavens as a canopy shall hear your cry, and it will please the Lord more than a sacrifice of oxen, O holy One.

Chazzan: ירום May the Rock of our deliverance be exalted in the mouths of all nations; bare Your arm to deliver us from those who rise up against us.

Cong: Your kingship is a kingship over all worlds.[4]

Chazzan: כהגלותך When You will reveal Yourself, causing Your Divine Presence to appear in the Beit Hamikdash, congregations and multitudes will loudly affirm—

Cong: The Lord will reign forever and ever.[5]

—Chazzan לְךָ יָאֲתָה כָּבוֹד וָעֹז הֲגוֹיִם. חֶלֶד וְכָל שׁוֹכְנֶיהָ וְכָל הָאִיִּים:

—Cong. מִי לֹא יִירָאֲךָ מֶלֶךְ הַגּוֹיִם:[1]

Chazzan and congregation:

שִׁבְטֵי מְקוֹרָאֶךָ עֲלֵה וְהַמְשֵׁל. נְטִישׁוֹת צָרֶיךָ בְּהִתִּיזְךָ לְנַשֵּׁל. כִּי לַייָ הַמְּלוּכָה וּמוֹשֵׁל. קָדוֹשׁ:

—Chazzan מוֹטוֹת צָרִים שַׁבֵּר וְהַכְחִידֵם. זְרוּיֶיךָ קַבֵּץ וְחִנָּם תִּפְדֵּם:

—Cong. זְכֹר עֲדָתְךָ קָנִיתָ קֶּדֶם:[2]

—Chazzan נְדִיבֵי עַמִּים יְנָחֲמוּ בְּכִפְלַיִם. קָמֵיהֶם עַל פָּנֵימוֹ גַּלֵּה שׁוּלַיִם:

—Cong. זְכֹר יְיָ לִבְנֵי אֱדוֹם אֵת יוֹם יְרוּשָׁלָיִם:[3]

—Chazzan סְלוּל מְסִלָּתֵנוּ יַשֵּׁר לִצְעֹד. וּבֵן יַקִּירְךָ קַרְסוֹל לֹא יִמְעוֹד:

—Cong. כְּנַמְתָּ: זָכֹר אֶזְכְּרֶנּוּ עוֹד:[4]

Chazzan and congregation:

שְׁבוּתֵנוּ מִמֶּרְחָק עֲלוֹת לְהַר קָדְשׁוֹ. וּנְפָאֲרֶנּוּ תָּמִיד בִּדְבִיר מִקְדָּשׁוֹ. כִּי זָכַר אֶת דְּבַר קָדְשׁוֹ. קָדוֹשׁ:

—Chazzan עֲמוּסֶיךָ[5] תּוֹקְעִין וּמְרִיעִין בַּשּׁוֹפָר. אִמְרָתְךָ לְקַיֵּם כְּחוֹק הַמְּסֻפָּר:

—Cong. תִּקְעוּ בַחֹדֶשׁ שׁוֹפָר:[6]

1. Jeremiah 10:7. 2. Psalms 74:2. 3. Ibid. 137:7. 4. Jeremiah 31:19. 5. V. Isaiah 46:3. 6. Psalms 81:4.

Chazzan: לך It is fitting for You to be acclaimed with honor and majesty by the world and all its inhabitants and all the isles.

Cong: Who does not fear You, King of the nations![1]

Chazzan and congregation:

שבטי Exalt and grant dominion to the tribes whom You have called [Israel], when You cut off the branches of Your adversaries to cast them away, for sovereignty is the Lord's and You rule, O holy One.

Chazzan: מוטות Break the yoke of the oppressors and annihilate them; gather Your dispersed and redeem them gratuitously.

Cong: Remember Your congregation which You have acquired long ago.[2]

Chazzan: נדיבי Let [Israel,] the most noble of the nations, be doubly comforted; expose to the faces of their enemies their disgrace.

Cong: Remember, O Lord, against the Edomites the day of the destruction of Jerusalem.[3]

Chazzan: סלול Make our highway smooth, straighten it that we may tread securely; and the foot of [Israel,] Your beloved son will not falter—

Cong: As You did say: I will surely still remember him.[4]

Chazzan and congregation:

שבותנו May He bring our exiled from distant lands up to His holy mountain, and we shall ever glorify Him in the shrine of His Sanctuary, for having remembered His sacred promise, O holy One.

Chazzan: עמוסיך Israel, borne by You,[5] sound and blow the *shofar* to carry out Your word, as the decree is expressed [in the Torah]—

Cong: Sound the *shofar* on the New Moon.[6]

Chazzan — פִּשְׁעָם הַעֲבֵר וַעֲוֹנָם יְכַפֵּר. מַעֲנָם יֶעֱרַב כְּהַקְרָבַת כְּבָשִׂים וָפָר:

Cong. — בַּחֲצֹצְרוֹת וְקוֹל שׁוֹפָר:[1]

Chazzan — צְמֵחֵיהֶם יִרְבּוּ כְּחוֹל אֵין מִסְפָּר. צִבְרֵיהֶם יְעוֹרְרוּ וְיַעֲלוּ מֵעָפָר:

Cong. — כִּנְשֹׂא נֵס הָרִים תִּרְאוּ וְכִתְקֹעַ שׁוֹפָר:[2]

Chazzan and congregation:

שֶׁבַח מִגְדּוֹל עוֹז שֵׁם הַגָּדוֹל. נֵצַח בְּתִתּוֹ לְמַלְכּוֹ עֹז וּמִגְדּוֹל. בַּיּוֹם הַהוּא יִתָּקַע בְּשׁוֹפָר גָּדוֹל. קָדוֹשׁ:

Chazzan — קִרְיַת מְשׂוֹשׂ הֵיכָל וְאוּלָם. מִזְבֵּחַ יָשִׁיב וּכְלֵי שָׁרֵת כֻּלָּם:

Cong. — יְיָ יִמְלֹךְ לְעוֹלָם:[3]

Chazzan — שָׁמַיִם וָאָרֶץ יְרַנְּנוּ לִשְׁמוֹ. יְעָרוֹת יִמְחֲאוּ כָף לְהַנְעִימוֹ:

Cong. — כִּי פָקַד יְיָ אֶת עַמּוֹ:[4]

Chazzan — תֹּקֶף אֶרְאֶלִּים וְכוֹכְבֵי צָפַר. תְּהִלּוֹת יִתְּנוּ שֶׁבַח לְהַשְׁפַּר:

Cong. — הַלְלוּהוּ בְּתֵקַע שׁוֹפָר:[5]

Chazzan and congregation:

כָּל יוֹשְׁבֵי תֵבֵל וְשׁוֹכְנֵי אָרֶץ. יֹאמְרוּ תָמִיד הִגְדִּיל יְיָ לַעֲשׂוֹת בָּאָרֶץ. וְהָיָה יְיָ לְמֶלֶךְ עַל כָּל הָאָרֶץ. קָדוֹשׁ:

1. Ibid. 98:6. **2.** Isaiah 18:3. **3.** Exodus 15:18. **4.** Cf. Ruth 1:6. **5.** Psalms 150:3.

Chazzan: פשעם Remove their transgressions and grant atonement for their iniquities; may their prayers be pleasing as the offering of lambs and bullock—

Cong: With trumpets and the sound of the *shofar.*[1]

Chazzan: צמחיהם May their offspring multiply to be without number as sand; may their buried ones awake and rise from the dust.

Cong: You will see when the banner will be raised on the mountain and when the *shofar* will be sounded.[2]

Chazzan and congregation:

שבח **Praised be His great Name, which is a tower of strength, for He grants victory, power and grandeur to His king [Mashiach]. On that day the great** *shofar* **shall be sounded, O holy One.**

Chazzan: קרית May He restore [Jerusalem,] the joyful city, the Temple and the Temple-Hall, the altar and the service vessels—all of them.

Cong: The Lord will reign forever.[3]

Chazzan: שמים Heaven and earth will sing to His Name; the forests will clap hands to extol Him with sweet songs—

Cong: For the Lord has remembered His people.[4]

Chazzan: תוקף Mighty angels and morning stars will offer praise and exaltation to glorify Him—

Cong: Praise Him with the call of the *shofar.*[5]

Chazzan and congregation:

כל **All who inhabit the world and who dwell on earth shall proclaim continually that the Lord has wrought great things on earth. The Lord shall be King over the entire earth, O holy One.**

—Chazzan then cong. אָדוֹן אִם מַעֲשִׂים אֵין בָּנוּ. שִׁמְךָ הַגָּדוֹל יַעֲמָד לָנוּ. וְאַל תָּבוֹא בְּמִשְׁפָּט עִמָּנוּ. קָדוֹשׁ:

—Chazzan then cong. הֵן לֹא יַאֲמִין בִּקְדוֹשָׁיו. וּתְהִלָּה יָשִׂים בְּאֵילֵי תַרְשִׁישָׁיו. וְאֵיךְ יִצְדְּקוּ קְרוּצֵי גוּשָׁיו בַּמִּשְׁפָּט. קָדוֹשׁ:

THE ARK IS OPENED.

Chazzan and congregation:

וּבְכֵן וַיְהִי בִישֻׁרוּן מֶלֶךְ:[1]

The following section is recited responsively. The chazzan recites the first paragraph followed by the congregation; the subsequent paragraphs are recited by the congregation followed by the chazzan. Although each stanza begins with מֶלֶךְ עֶלְיוֹן, these words are recited at the conclusion of the previous stanza.

מֶלֶךְ עֶלְיוֹן: אַמִּיץ הַמְנֻשָּׂא. לְכָל רֹאשׁ מִתְנַשֵּׂא. אוֹמֵר וְעוֹשֶׂה. מָעוֹז וּמַחֲסֶה. נִשָּׂא וְנוֹשֵׂא. מוֹשִׁיב מְלָכִים לַכִּסֵּא. לָעֲדֵי עַד יִמְלֹךְ:

מֶלֶךְ עֶלְיוֹן: גִּבּוֹר בִּגְבוּרוֹת. קוֹרֵא הַדּוֹרוֹת. גּוֹלֶה נִסְתָּרוֹת. אִמְרוֹתָיו טְהוֹרוֹת. יוֹדֵעַ סְפוּרוֹת. לְתוֹצָאוֹת מַזָּרוֹת. לָעֲדֵי עַד יִמְלֹךְ:

מֶלֶךְ עֶלְיוֹן: הַמְפֹאָר בְּפִי כֹּל. וְהוּא כֹּל יָכוֹל. הַמְרַחֵם אֶת כֹּל. וְנוֹתֵן מִחְיָה לַכֹּל. וְנֶעְלָם מֵעֵין כֹּל. וְעֵינָיו מְשׁוֹטְטוֹת בַּכֹּל. לָעֲדֵי עַד יִמְלֹךְ:

מֶלֶךְ עֶלְיוֹן: זוֹכֵר נִשְׁכָּחוֹת. חוֹקֵר טוּחוֹת. עֵינָיו פְּקוּחוֹת. מַגִּיד שֵׂחוֹת. אֱלֹהֵי הָרוּחוֹת. אִמְרוֹתָיו נְכוֹחוֹת. לָעֲדֵי עַד יִמְלֹךְ:

1. Deuteronomy 33:5.

Chazzan then cong: **אדון** Master, if we do not possess meritorious deeds, let Your great Name stand up in our behalf, and do not enter into judgment with us, O holy One.

Chazzan then cong: **הן** Indeed, He puts no trust in His holy ones, and finds fault with His mighty angels; so how can those whom He has formed from a clod of earth be righteous in judgment, O holy One!

THE ARK IS OPENED.

Chazzan and congregation:

ובכן And so He was King in Jeshurun.[1]

The following section is recited responsively. The chazzan recites the first paragraph followed by the congregation; the subsequent paragraphs are recited by the congregation followed by the chazzan. Although each stanza begins with *Exalted King*, these words are recited at the conclusion of the previous stanza.

מלך עליון Exalted King: The lofty mighty One, supreme over all rulers, who says and does, a fortress and shelter, sublime and uplifting, who seats kings upon the throne—He will reign forever and ever.

Exalted King: Mighty in every kind of might, who summons the generations into existence [each in its time], revealing hidden things, whose words are pure, who knows the number of the stars, bringing them forth in their orbit—He will reign forever and ever.

Exalted King: Glorified by the mouth of all, He is omnipotent, the One whose mercy extends to all, who gives sustenance to all, He is hidden from the eyes of all, yet His eyes oversee all—He will reign forever and ever.

Exalted King: He remembers forgotten things, He searches innermost thoughts, His eyes are open, He recounts conversations, the God of all souls, whose words are just—He will reign forever and ever.

מֶלֶךְ עֶלְיוֹן: טָהוֹר בִּזְבוּלָיו. אוֹת הוּא בְּאֶרְאֵלָיו. אֵין
עֲרוֹךְ אֵלָיו. לִפְעֹל כְּמִפְעָלָיו. חוֹל שָׂם
גְּבוּלָיו. כַּהֲמוֹת יָם לְגַלָּיו.　　　　לַעֲדֵי עַד יִמְלֹךְ:

מֶלֶךְ עֶלְיוֹן: כּוֹנֵס מֵי הַיָּם. רוֹגַע גַּלֵּי יָם. סוֹעֵר שְׁאוֹן
דָּכְיָם. מְלֹא הָעוֹלָם דַּיָּם. מַשְׁבִּיחָם בַּעְיָם.
וְשָׁבִים אָחוֹר וְאַיָּם.　　　　　　לַעֲדֵי עַד יִמְלֹךְ:

מֶלֶךְ עֶלְיוֹן: מוֹשֵׁל בִּגְבוּרָה. דַּרְכּוֹ סוּפָה וּסְעָרָה.
עוֹטֶה אוֹרָה. לַיְלָה כַּיּוֹם לְהָאִירָה. עֲרָפֶל
לוֹ סִתְרָה. וְעִמֵּהּ שְׁרָא נְהוֹרָא.　　　לַעֲדֵי עַד יִמְלֹךְ:

מֶלֶךְ עֶלְיוֹן: סִתְרוֹ עָבִים. סְבִיבָיו לֶהָבִים. רְכוּבוֹ
כְּרוּבִים. מְשָׁרְתָיו שְׁבִיבִים. מַזָּלוֹת
וְכוֹכָבִים. הִלּוּלוֹ מַרְבִּים.　　　　לַעֲדֵי עַד יִמְלֹךְ:

מֶלֶךְ עֶלְיוֹן: פּוֹתֵחַ יָד וּמַשְׂבִּיעַ. צוֹרֵר מַיִם וּמַנְבִּיעַ.
יַבֶּשֶׁת לְהַטְבִּיעַ. לִשְׁלִישׁ וְלִרְבִּיעַ. יוֹם
לְיוֹם יַבִּיעַ. שְׁבָחוֹ לְהַבִּיעַ.　　　לַעֲדֵי עַד יִמְלֹךְ:

מֶלֶךְ עֶלְיוֹן: קָדוֹשׁ וְנוֹרָא. בְּמוֹפֵת וּבְמוֹרָא. מְמַדֵּי אֶרֶץ
קָרָא. וְאֶבֶן פִּנָּתָהּ יָרָה. וְכָל הַנִּבְרָא
לִכְבוֹדוֹ בָּרָא.　　　　　　　לַעֲדֵי עַד יִמְלֹךְ:

מֶלֶךְ עֶלְיוֹן: שׁוֹמֵעַ אֶל אֶבְיוֹנִים. וּמַאֲזִין חַנּוּנִים.
מַאֲרִיךְ רְצוֹנִים. וּמְקַצֵּר חֲרוֹנִים. רִאשׁוֹן
לָרִאשׁוֹנִים. וְאַחֲרוֹן לָאַחֲרוֹנִים.　　לַעֲדֵי עַד יִמְלֹךְ:

THE ARK IS CLOSED for the following two paragraphs.

Exalted King: Pure in His celestial abode, sublimely transcendent above His angels, there is none comparable to Him to perform deeds like His; He sets the sand as a boundary for the raging waves of the sea—He will reign forever and ever.

Exalted King: He gathers the waters of the sea, stirring up the ocean waves; He makes the breakers storm in rage, they are sufficient to inundate the world; He restrains them with His mighty word, and they turn back and are no more—He will reign forever and ever.

Exalted King: Ruling with might, His way [of retribution is as swift as] a whirlwind and a tempest; He is enwrapped with light, so that the night shines as the day; though thick cloud is His place of concealment, light abides with Him—He will reign forever and ever.

Exalted King: Clouds are His place of concealment, flames surround Him, His chariot is the *Keruvim*, sparks of fire His servants, the planets and stars offer Him abundant praise—He will reign forever and ever.

Exalted King: He opens His hand and satisfies all; He gathers the waters and makes them flow to irrigate the dry land—a portion of the earth's surface; day to day [speech] streams forth to proclaim His praise—He will reign forever and ever.

Exalted King: Holy and awesome is He through His wondrous and awe-inspiring deeds; He proclaimed the dimensions of the earth, laid its cornerstone, and created all the creatures for His glory—He will reign forever and ever.

Exalted King: He listens to the needy and hears entreaties; He extends His goodwill and curtails His wrath; He is the first of all that was, and the last of all who ever will be—He will reign forever and ever.

THE ARK IS CLOSED for the following two paragraphs.

Chazzan and congregation recite the following in an undertone:

מֶלֶךְ אֶבְיוֹן. בָּלָה וְיֹרֵד שַׁחַת. בִּשְׁאוֹל וּבְתַחַת. בְּלֵאוּת בְּלִי נַחַת. עַד מָתַי יִמְלֹךְ:

מֶלֶךְ אֶבְיוֹן. תְּנוּמָה תְעוּפֶנּוּ. תַּרְדֵּמָה תְּעוֹפְפֶנּוּ. תֹּהוּ יְשׁוּפֶנּוּ. עַד מָתַי יִמְלֹךְ:

THE ARK IS IMMEDIATELY RE-OPENED.

Congregation then chazzan:

אֲבָל מֶלֶךְ עֶלְיוֹן: שׁוֹפֵט הָאֱמֶת. מַעְבָּדָיו אֱמֶת. עֹשֶׂה חֶסֶד וֶאֱמֶת. וְרַב חֶסֶד וֶאֱמֶת. נְתִיבָתוֹ אֱמֶת. חוֹתָמוֹ אֱמֶת. לַעֲדֵי עַד יִמְלֹךְ:

The following section is recited across the page line by line. The chazzan recites the first line followed by the congregation. The subsequent lines are recited by the congregation followed by the chazzan.

The verse ה' מֶלֶךְ is recited by the chazzan and congregation in unison.

יְיָ מֶלֶךְ יְיָ מָלָךְ יְיָ יִמְלֹךְ לְעוֹלָם וָעֶד:[1]

כָּל שִׁנְאַנֵּי שַׁחַק בְּאֹמֶר מַאֲדִירִים. יְיָ מֶלֶךְ:

כָּל שׁוֹכְנֵי שֶׁקֶט בִּבְרָכָה מְבָרְכִים. יְיָ מָלָךְ:

אֵלּוּ וָאֵלּוּ בְּגֹבַהּ מַגְדִּילִים. יְיָ יִמְלֹךְ:

יְיָ מֶלֶךְ יְיָ מָלָךְ יְיָ יִמְלֹךְ לְעוֹלָם וָעֶד:

כָּל מַלְאֲכֵי מַעְלָה בְּדֵעָה מַדְגִּילִים. יְיָ מֶלֶךְ:

כָּל מוֹשְׁלֵי מַטָּה בְּהַלֵּל מְהַלְּלִים. יְיָ מָלָךְ:

אֵלּוּ וָאֵלּוּ בְּוַדַּאי מוֹדִים. יְיָ יִמְלֹךְ:

יְיָ מֶלֶךְ יְיָ מָלָךְ יְיָ יִמְלֹךְ לְעוֹלָם וָעֶד:

כָּל עָרִיצֵי עֶלְיוֹנִים בְּזֶמֶר מְזַמְּרִים. יְיָ מֶלֶךְ:

כָּל עוֹבְרֵי עוֹלָמִים בְּחַיִל מְחַסְּנִים. יְיָ מָלָךְ:

אֵלּוּ וָאֵלּוּ בְּטַעַם מְטַכְּסִים. יְיָ יִמְלֹךְ:

1. See note 5, page 81.

Chazzan and congregation in an undertone:

מלך אביון Mortal king decays and descends to the grave, to *sheol* and the nether-world, weary and without respite—how long will he be king?

מלך אביון Mortal king, sleep makes dark for him, deep slumber overcomes him, chaos crushes him—how long will he be king?

THE ARK IS IMMEDIATELY RE-OPENED.

Congregation then chazzan:

אבל But the exalted King, who is the true Judge, whose deeds are truth, who performs kindness and truth and is abounding in kindness and truth, whose path is truth, whose seal is truth—He will reign forever and ever.

The following section is recited across the page line by line. The chazzan recites the first line followed by the congregation. The subsequent lines are recited by the congregation followed by the chazzan.

The verse *The Lord is King* is recited by the chazzan and congregation in unison.

יי The Lord is King, the Lord was King, the Lord shall be King forever and ever.[1]

כל שנאני All heavenly angels proclaim His might:	The Lord is King.
All who dwell on earth with blessings bless Him:	The Lord was King.
Both the former and the latter loudly acclaim:	The Lord shall be King.

יי The Lord is King, the Lord was King, the Lord shall be King forever and ever.

כל מלאכי All supernal angels with knowledge exalt Him:	The Lord is King.
All the rulers of the earth laud Him with praise:	The Lord was King.
Both the former and the latter acknowledge with certainty:	The Lord shall be King.

יי The Lord is King, the Lord was King, the Lord shall be King forever and ever.

כל עריצי All mighty celestial beings chant in melody:	The Lord is King.
All sojourners in the world forcefully affirm:	The Lord was King.
Both the former and the latter glorify Him with words:	The Lord shall be King.

יְיָ מֶלֶךְ יְיָ מָלָךְ יְיָ יִמְלֹךְ לְעוֹלָם וָעֶד:

כָּל וְעוּדֵי וַעַד בְּיֹשֶׁר מְיַפִּים. יְיָ מֶלֶךְ:
כָּל וָתִיקֵי וֶסֶת בְּכֹשֶׁר מְכַלְלִים. יְיָ מָלָךְ:
אֵלּוּ וָאֵלּוּ בְּלַהַג מְלַהֲגִים. יְיָ יִמְלֹךְ:

יְיָ מֶלֶךְ יְיָ מָלָךְ יְיָ יִמְלֹךְ לְעוֹלָם וָעֶד:

כָּל נְדִיבֵי נְדָבוֹת בְּמַאֲמַר מְמַלְלִים. יְיָ מֶלֶךְ:
כָּל נִכְבַּדֵּי נֹעַם בְּנִצּוּחַ מְנַצְּחִים. יְיָ מָלָךְ:
אֵלּוּ וָאֵלּוּ בְּשִׂיחַ מְשׂוֹחֲחִים. יְיָ יִמְלֹךְ:

יְיָ מֶלֶךְ יְיָ מָלָךְ יְיָ יִמְלֹךְ לְעוֹלָם וָעֶד:

כָּל בַּעֲלֵי בִינָה בְּעִלּוּי מְעַלִּים. יְיָ מֶלֶךְ:
כָּל בְּרוּאֵי בְרִיָּה בְּפֶצַח מְפַצְּחִים. יְיָ מָלָךְ:
אֵלּוּ וָאֵלּוּ בְּצִפְצוּף מְצַפְצְפִים. יְיָ יִמְלֹךְ:

יְיָ מֶלֶךְ יְיָ מָלָךְ יְיָ יִמְלֹךְ לְעוֹלָם וָעֶד:

כָּל רִשְׁפֵּי רוּמָה בְּקוֹל מַקְדִּישִׁים. יְיָ מֶלֶךְ:
כָּל רָאשֵׁי רוֹן בְּרֶנֶן מְרַנְּנִים. יְיָ מָלָךְ:
אֵלּוּ וָאֵלּוּ בְּשִׁירָה מְשׁוֹרְרִים. יְיָ יִמְלֹךְ:

יְיָ מֶלֶךְ יְיָ מָלָךְ יְיָ יִמְלֹךְ לְעוֹלָם וָעֶד:

כָּל יַקִּירֵי יֹפִי בְּתֹקֶף מְתַנִּים. יְיָ מֶלֶךְ:
כָּל יוֹשְׁבֵי יְשׁוּב בְּיִחוּד מְיַחֲדִים. יְיָ מָלָךְ:
אֵלּוּ וָאֵלּוּ בְּאֶדֶר מְאַדְּרִים. יְיָ יִמְלֹךְ:

יְיָ מֶלֶךְ יְיָ מָלָךְ יְיָ יִמְלֹךְ לְעוֹלָם וָעֶד:

יי The Lord is King, the Lord was King, the Lord shall be King forever and ever.

כל ועודי All the assembled throngs adorn in uprightness: The Lord is King.
All those who are constant in their observance fittingly crown Him: The Lord was King.
Both the former and the latter verbally reiterate: The Lord shall be King.

יי The Lord is King, the Lord was King, the Lord shall be King forever and ever.

כל נדיבי All the angels who freely do His bidding in speech declare: The Lord is King.
All who are honored with the pleasant Torah triumphantly celebrate: The Lord was King.
Both the former and the latter engage in conversation: The Lord shall be King.

יי The Lord is King, the Lord was King, the Lord shall be King forever and ever.

כל בעלי All discerning angels extol Him with praise: The Lord is King.
All created beings burst forth exclaiming: The Lord was King.
Both the former and the latter softly whisper: The Lord shall be King.

יי The Lord is King, the Lord was King, the Lord shall be King forever and ever.

כל רשפי All the exalted fiery angels sanctify Him aloud: The Lord is King.
All those who take the lead in song melodiously chant: The Lord was King.
Both the former and the latter harmoniously sing: The Lord shall be King.

יי The Lord is King, the Lord was King, the Lord shall be King forever and ever.

כל יקירי All angels resplendent in beauty vigorously proclaim: The Lord is King.
All Israel for whose sake the world was inhabited affirm His absolute Oneness: The Lord was King.
Both the former and the latter glorify Him with majesty: The Lord shall be King.

יי The Lord is King, the Lord was King, the Lord shall be King forever and ever.

כָּל צוֹבְאֵי צָבָא בְּלֶמֶד מְלַמְּדִים. יְיָ מֶלֶךְ:
כָּל צְנוּפֵי צְפִירָה בְּצֶדֶק מַצְדִּיקִים. יְיָ מָלָךְ:
אֵלּוּ וָאֵלּוּ בְּחַיִל מְחַזְּרִים. יְיָ יִמְלֹךְ:

יְיָ מֶלֶךְ יְיָ מָלָךְ יְיָ יִמְלֹךְ לְעוֹלָם וָעֶד:

כָּל חֲיָלֵי חֹסֶן בַּחֲרָדָה מְחַלִּים. יְיָ מֶלֶךְ:
כָּל חֲשׁוּקֵי חֶמֶד בְּחָזְקָה מְחַזְּקִים. יְיָ מָלָךְ:
אֵלּוּ וָאֵלּוּ בְּנִגּוּן מְנַגְּנִים. יְיָ יִמְלֹךְ:

יְיָ מֶלֶךְ יְיָ מָלָךְ יְיָ יִמְלֹךְ לְעוֹלָם וָעֶד:

כָּל קְדוֹשֵׁי קָדוֹשׁ בִּקְדֻשָּׁה מַקְדִּישִׁים. יְיָ מֶלֶךְ:
כָּל קְבוּצֵי קָהָל בְּקֹשֶׁט מְקַשְּׁטִים. יְיָ מָלָךְ:
אֵלּוּ וָאֵלּוּ בְּנֹעַם מַנְעִימִים. יְיָ יִמְלֹךְ:

יְיָ מֶלֶךְ יְיָ מָלָךְ יְיָ יִמְלֹךְ לְעוֹלָם וָעֶד:

כָּל חַשְׁמַלֵּי זִקִּים לַבְּקָרִים מִתְחַדְּשִׁים. יְיָ מֶלֶךְ:
כָּל תַּרְשִׁישֵׁי גֹבַהּ בִּדְמָמָה מְלַחֲשִׁים. יְיָ מָלָךְ:
אֵלּוּ וָאֵלּוּ בְּשִׁלּוּשׁ מְשַׁלְּשִׁים. יְיָ יִמְלֹךְ:

יְיָ מֶלֶךְ יְיָ מָלָךְ יְיָ יִמְלֹךְ לְעוֹלָם וָעֶד:

THE ARK IS CLOSED.

Chazzan and cong.— וּבְכֵן וּלְךָ תַעֲלֶה קְדֻשָּׁה, כִּי אַתָּה אֱלֹהֵינוּ מֶלֶךְ:

כל צובאי All the angelic hosts diligently
teach: The Lord is King.
All who are crowned with the diadem of
Torah ascribe to Him complete righteousness: The Lord was King.
Both the former and the latter continuously
repeat with might: The Lord shall be King.

ײ **The Lord is King, the Lord was King, the Lord shall be King forever and ever.**

כל חילי All the mighty heavenly legions with
trembling implore: The Lord is King.
All who delight in the desirable treasure
[the Torah] powerfully assert: The Lord was King.
Both the former and the latter express in
song: The Lord shall be King.

ײ **The Lord is King, the Lord was King, the Lord shall be King forever and ever.**

כל קדושי All the holy angels of the holy One
sanctify Him with *kedushah*: The Lord is King.
All the assembled congregations adorn
Him with truth: The Lord was King.
Both the former and the latter extol Him
with delight: The Lord shall be King.

ײ **The Lord is King, the Lord was King, the Lord shall be King forever and ever.**

כל חשמלי All the sparkling angels, as they
are newly created each morning, declare: The Lord is King.
All the lofty angels in a gentle whisper
proclaim: The Lord was King.
Both the former and the latter affirm with
threefold sanctification: The Lord shall be King.

ײ **The Lord is King, the Lord was King, the Lord shall be King forever and ever.**

THE ARK IS CLOSED.

Chazzan and cong: **ובכן** **And so to You is offered sanctification because You, our God, are King.**

KEDUSHAH

Stand with feet together, and avoid any interruption. Rise on the toes at the words קָדוֹשׁ, קָדוֹשׁ, קָדוֹשׁ; בָּרוּךְ; and יִמְלֹךְ.

—Cong. then chazzan נַקְדִּישְׁךָ וְנַעֲרִיצְךָ כְּנְעַם שִׂיחַ סוֹד שַׂרְפֵי קֹדֶשׁ הַמְשַׁלְּשִׁים לְךָ קְדֻשָּׁה, כַּכָּתוּב עַל יַד נְבִיאֶךָ, וְקָרָא זֶה אֶל זֶה וְאָמַר:

—Cong. then chazzan קָדוֹשׁ, קָדוֹשׁ, קָדוֹשׁ יְיָ צְבָאוֹת, מְלֹא כָל הָאָרֶץ כְּבוֹדוֹ:[1] אָז, בְּקוֹל רַעַשׁ גָּדוֹל אַדִּיר וְחָזָק, מַשְׁמִיעִים קוֹל, מִתְנַשְּׂאִים לְעֻמַּת הַשְּׂרָפִים, לְעֻמָּתָם מְשַׁבְּחִים וְאוֹמְרִים:

—Cong. then chazzan בָּרוּךְ כְּבוֹד יְיָ מִמְּקוֹמוֹ:[2] מִמְּקוֹמְךָ מַלְכֵּנוּ תוֹפִיעַ וְתִמְלוֹךְ עָלֵינוּ, כִּי מְחַכִּים אֲנַחְנוּ לָךְ. מָתַי תִּמְלֹךְ בְּצִיּוֹן, בְּקָרוֹב בְּיָמֵינוּ לְעוֹלָם וָעֶד. תִּשְׁכּוֹן תִּתְגַּדַּל וְתִתְקַדַּשׁ בְּתוֹךְ יְרוּשָׁלַיִם עִירְךָ, לְדוֹר וָדוֹר וּלְנֵצַח נְצָחִים. וְעֵינֵינוּ תִרְאֶינָה מַלְכוּתֶךָ, כַּדָּבָר הָאָמוּר בְּשִׁירֵי עֻזֶּךָ, עַל יְדֵי דָוִד מְשִׁיחַ צִדְקֶךָ:

—Cong. then chazzan יִמְלֹךְ יְיָ לְעוֹלָם, אֱלֹהַיִךְ צִיּוֹן לְדֹר וָדֹר, הַלְלוּיָהּ:[3]

Remain standing with feet together until the chazzan concludes the following line.

Chazzan:

אַתָּה קָדוֹשׁ וְשִׁמְךָ קָדוֹשׁ, וּקְדוֹשִׁים בְּכָל יוֹם יְהַלְלוּךָ סֶּלָה.

You may be seated.

---

1. Isaiah 6:3. 2. Ezekiel 3:12. 3. Psalms 146:10.

KEDUSHAH

Stand with feet together, and avoid any interruption. Rise on the toes at the words Ködosh, ködosh, ködosh; Böruch; and Yimloch.

Cong. then chazzan: נקדישך *Nak-dishöch v'na-aritzöch k'no-am si-ach sod sar'fay kodesh ha-m'shal'shim l'chö k'dushö, ka-kösuv al yad n'vi-echö v'körö ze el ze v'ömar,*

Cong. then chazzan: קדוש *Ködosh, ködosh, ködosh, adonöy tz'vö-os, m'lo chöl hö-öretz k'vodo.*[1] *Öz b'kol ra-ash gödol adir v'chözök, mashmi-im kol, misna-s'im l'umas ha-s'röfim, l'u-mösöm m'sha-b'chim v'om'rim.*

Cong. then chazzan: ברוך *Böruch   k'vod   adonöy   mi-m'komo.*[2] *Mi-m'komöch malkaynu sofi-a v'simloch ölaynu, ki m'chakim anachnu loch. Mosai timloch b'tziyon b'körov b'yömaynu l'olöm vö-ed. Tishkon tisgadayl v'siska-daysh b'soch y'rushöla-yim ir'chö, l'dor vödor u-l'naytzach n'tzöchim. V'ay-naynu sir-enö mal'chu-sechö, ka-dövör hö-ömur b'shiray u-zechö, al y'day dövid m'shi-ach tzidkechö.*

Cong. then chazzan: ימלך *Yimloch adonöy l'olöm eloha-yich tziyon l'dor vö-dor ha-l'luyöh.*[3]

Remain standing with feet together until the chazzan concludes the following line.

Chazzan:

אתה You are holy and Your Name is holy, and holy beings praise You daily for all eternity.

You may be seated.

נקדישך We will hallow and adore You as the sweet words of the assembly of the holy Seraphim who thrice repeat "holy" unto You, as it is written by Your prophet: And they call one to another and say, קדוש "Holy, holy, holy is the Lord of hosts; the whole earth is full of His glory." Then with a great, mighty and powerful roaring sound, they make their voice heard, and rising toward the Seraphim, facing them, offer praise and say, ברוך "Blessed be the glory of the Lord from its place." From Your place, our King, reveal Yourself and reign over us, for we wait for You. When will You reign in Zion? Let it be soon, in our days, forever and ever. May You dwell, be exalted and hallowed within Jerusalem Your city for all generations and to all eternity. May our eyes behold Your kingship, as it is said in the songs to Your majesty by David, Your righteous anointed: ימלך The Lord shall reign forever; your God, O Zion, throughout all generations. Praise the Lord.

לְדוֹר וָדוֹר הַמְלִיכוּ לָאֵל, כִּי הוּא לְבַדּוֹ מָרוֹם וְקָדוֹשׁ:

וּבְכֵן יִתְקַדַּשׁ שִׁמְךָ יְיָ אֱלֹהֵינוּ עַל יִשְׂרָאֵל עַמֶּךָ, וְעַל יְרוּשָׁלַיִם עִירֶךָ, וְעַל צִיּוֹן מִשְׁכַּן כְּבוֹדֶךָ, וְעַל מַלְכוּת בֵּית דָּוִד מְשִׁיחֶךָ, וְעַל מְכוֹנְךָ וְהֵיכָלֶךָ:

וּבְכֵן תֵּן פַּחְדְּךָ יְיָ אֱלֹהֵינוּ עַל כָּל מַעֲשֶׂיךָ, וְאֵימָתְךָ עַל כֹּל מַה שֶּׁבָּרָאתָ, וְיִירָאוּךָ כָּל הַמַּעֲשִׂים, וְיִשְׁתַּחֲווּ לְפָנֶיךָ כָּל הַבְּרוּאִים, וְיֵעָשׂוּ כֻלָּם אֲגֻדָּה אֶחָת לַעֲשׂוֹת רְצוֹנְךָ בְּלֵבָב שָׁלֵם. שֶׁיָּדַעְנוּ יְיָ אֱלֹהֵינוּ שֶׁהַשָּׁלְטָן לְפָנֶיךָ, עֹז בְּיָדְךָ וּגְבוּרָה בִּימִינֶךָ, וְשִׁמְךָ נוֹרָא עַל כֹּל מַה שֶּׁבָּרָאתָ:

וּבְכֵן תֵּן כָּבוֹד יְיָ לְעַמֶּךָ, תְּהִלָּה לִירֵאֶיךָ, וְתִקְוָה טוֹבָה לְדוֹרְשֶׁיךָ, וּפִתְחוֹן פֶּה לַמְיַחֲלִים לָךְ, שִׂמְחָה לְאַרְצֶךָ, וְשָׂשׂוֹן לְעִירֶךָ, וּצְמִיחַת קֶרֶן לְדָוִד עַבְדֶּךָ, וַעֲרִיכַת נֵר לְבֶן יִשַׁי מְשִׁיחֶךָ, בִּמְהֵרָה בְיָמֵינוּ:

וּבְכֵן צַדִּיקִים יִרְאוּ וְיִשְׂמָחוּ, וִישָׁרִים יַעֲלֹזוּ, וַחֲסִידִים בְּרִנָּה יָגִילוּ, וְעוֹלָתָה תִּקְפָּץ פִּיהָ, וְהָרִשְׁעָה כֻּלָּהּ כְּעָשָׁן תִּכְלֶה, כִּי תַעֲבִיר מֶמְשֶׁלֶת זָדוֹן מִן הָאָרֶץ:

וְתִמְלוֹךְ אַתָּה הוּא יְיָ אֱלֹהֵינוּ לְבַדֶּךָ עַל כָּל מַעֲשֶׂיךָ, בְּהַר צִיּוֹן מִשְׁכַּן כְּבוֹדֶךָ, וּבִירוּשָׁלַיִם עִיר קָדְשֶׁךָ, כַּכָּתוּב בְּדִבְרֵי קָדְשֶׁךָ: יִמְלֹךְ יְיָ לְעוֹלָם אֱלֹהַיִךְ צִיּוֹן לְדֹר וָדֹר, הַלְלוּיָהּ:[1]

קָדוֹשׁ אַתָּה וְנוֹרָא שְׁמֶךָ, וְאֵין אֱלוֹהַּ מִבַּלְעָדֶיךָ, כַּכָּתוּב: וַיִּגְבַּהּ יְיָ צְבָאוֹת בַּמִּשְׁפָּט, וְהָאֵל הַקָּדוֹשׁ נִקְדַּשׁ בִּצְדָקָה.[2] בָּרוּךְ אַתָּה יְיָ, הַמֶּלֶךְ הַקָּדוֹשׁ: (Cong—אָמֵן)

1. Psalms 146:10. 2. Isaiah 5:16.

לדור Through all generations proclaim the kingship of God, for He alone is exalted and holy.

ובכן And thus shall Your Name, Lord our God, be sanctified upon Israel Your people, upon Jerusalem Your city, upon Zion the abode of Your glory, upon the kingship of the house of David Your anointed, and upon Your dwelling-place and Your sanctuary.

ובכן And so, Lord our God, instill fear of You upon all that You have made, and dread of You upon all that You have created; and [then] all works will be in awe of You, all the created beings will prostrate themselves before You, and they all will form a single band to carry out Your will with a perfect heart. For we know, Lord our God, that rulership is Yours, strength is in Your [left] hand, might is in Your right hand, and Your Name is awesome over all that You have created.

ובכן And so, Lord, grant honor to Your people, glory to those who fear You, good hope to those who seek You, confident speech to those who yearn for You, joy to Your land, gladness to Your city, a flourishing of strength to David Your servant, and a setting up of light to the son of Yishai Your anointed, speedily in our days.

ובכן And then the righteous will see and be glad, the upright will rejoice, and the pious will exult in song; injustice will shut its mouth and all wickedness will go up in smoke, when You will remove the rule of evil from the earth.

ותמלוך Lord our God, You are He who alone will reign over all Your works, in Mount Zion the abode of Your glory, in Jerusalem Your holy city, as it is written in Your holy Scriptures: The Lord shall reign forever, your God, O Zion, throughout all generations; praise the Lord.[1]

קדוש Holy are You, awesome is Your Name, and aside from You there is no God, as it is written: The Lord of hosts is exalted in justice and the holy God is sanctified in righteousness.[2] Blessed are You, Lord, the holy King. Cong. Amen.

אַתָּה בְחַרְתָּנוּ מִכָּל הָעַמִּים, אָהַבְתָּ אוֹתָנוּ וְרָצִיתָ בָּנוּ,
וְרוֹמַמְתָּנוּ מִכָּל הַלְּשׁוֹנוֹת, וְקִדַּשְׁתָּנוּ בְּמִצְוֹתֶיךָ,
וְקֵרַבְתָּנוּ מַלְכֵּנוּ לַעֲבוֹדָתֶךָ, וְשִׁמְךָ הַגָּדוֹל וְהַקָּדוֹשׁ עָלֵינוּ
קָרָאתָ:

וַתִּתֶּן לָנוּ יְיָ אֱלֹהֵינוּ בְּאַהֲבָה אֶת יוֹם הַזִּכָּרוֹן הַזֶּה, אֶת
יוֹם טוֹב מִקְרָא קֹדֶשׁ הַזֶּה, יוֹם תְּרוּעָה מִקְרָא
קֹדֶשׁ זֵכֶר לִיצִיאַת מִצְרָיִם:

The congregation responds אָמֵן as indicated.

אֱלֹהֵינוּ וֵאלֹהֵי אֲבוֹתֵינוּ, יַעֲלֶה וְיָבֹא וְיַגִּיעַ, וְיֵרָאֶה
וְיֵרָצֶה וְיִשָּׁמַע, וְיִפָּקֵד וְיִזָּכֵר זִכְרוֹנֵנוּ וּפִקְדוֹנֵנוּ,
וְזִכְרוֹן אֲבוֹתֵינוּ, וְזִכְרוֹן מָשִׁיחַ בֶּן דָּוִד עַבְדֶּךָ, וְזִכְרוֹן
יְרוּשָׁלַיִם עִיר קָדְשֶׁךָ, וְזִכְרוֹן כָּל עַמְּךָ בֵּית יִשְׂרָאֵל לְפָנֶיךָ,
לִפְלֵיטָה לְטוֹבָה, לְחֵן וּלְחֶסֶד וּלְרַחֲמִים וּלְחַיִּים טוֹבִים
וּלְשָׁלוֹם, בְּיוֹם הַזִּכָּרוֹן הַזֶּה, בְּיוֹם טוֹב מִקְרָא קֹדֶשׁ הַזֶּה.
זָכְרֵנוּ יְיָ אֱלֹהֵינוּ בּוֹ לְטוֹבָה (אָמֵן), וּפָקְדֵנוּ בוֹ לִבְרָכָה
(אָמֵן), וְהוֹשִׁיעֵנוּ בוֹ לְחַיִּים טוֹבִים (אָמֵן). וּבִדְבַר יְשׁוּעָה
וְרַחֲמִים, חוּס וְחָנֵּנוּ, וְרַחֵם עָלֵינוּ וְהוֹשִׁיעֵנוּ, כִּי אֵלֶיךָ
עֵינֵינוּ, כִּי אֵל מֶלֶךְ חַנּוּן וְרַחוּם אָתָּה:

אֱלֹהֵינוּ וֵאלֹהֵי אֲבוֹתֵינוּ, מְלוֹךְ עַל הָעוֹלָם כֻּלּוֹ
בִּכְבוֹדֶךָ, וְהִנָּשֵׂא עַל כָּל הָאָרֶץ בִּיקָרֶךָ,
וְהוֹפַע בַּהֲדַר גְּאוֹן עֻזֶּךָ עַל כָּל יוֹשְׁבֵי תֵבֵל אַרְצֶךָ, וְיֵדַע
כָּל פָּעוּל כִּי אַתָּה פְעַלְתּוֹ, וְיָבִין כָּל יְצוּר כִּי אַתָּה
יְצַרְתּוֹ, וְיֹאמַר כָּל אֲשֶׁר נְשָׁמָה בְאַפּוֹ: יְיָ אֱלֹהֵי יִשְׂרָאֵל
מֶלֶךְ, וּמַלְכוּתוֹ בַּכֹּל מָשָׁלָה: קַדְּשֵׁנוּ בְּמִצְוֹתֶיךָ, וְתֵן
חֶלְקֵנוּ בְּתוֹרָתֶךָ, שַׂבְּעֵנוּ מִטּוּבֶךָ וְשַׂמַּח נַפְשֵׁנוּ בִּישׁוּעָתֶךָ,

אתה You have chosen us from among all the nations; You have loved us and found favor with us. You have raised us above all tongues and made us holy through Your commandments. You, our King, have drawn us near to Your service and proclaimed Your great and holy Name upon us.

ותתן And You, Lord our God, have given us in love this Day of Remembrance, this festival of holy assembly, a day for sounding the *shofar*, a holy assembly, commemorating the Exodus from Egypt.

The congregation responds Amen as indicated.

אלהינו Our God and God of our fathers, may there ascend, come and reach, be seen, accepted, and heard, recalled and remembered before You our remembrance and recollection, the remembrance of our fathers, the remembrance of Mashiach the son of David Your servant, the remembrance of Jerusalem Your holy city, and the remembrance of all Your people the House of Israel, for deliverance, well-being, grace, kindness, mercy, good life and peace, on this Day of Remembrance, this festival of holy assembly. Remember us on this [day], Lord our God, for good (Amen); be mindful of us on this [day] for blessing (Amen); help us on this [day] for good life (Amen). With the promise of deliverance and compassion, spare us and be gracious to us; have mercy upon us and deliver us; for our eyes are directed to You, for You, God, are a gracious and merciful King.

אלהינו Our God and God of our fathers, reign over the entire world in Your glory, be exalted over all the earth in Your splendor, and reveal Yourself in the majesty of Your glorious might over all the inhabitants of Your terrestrial world. May everything that has been made know that You have made it; may everything that has been created understand that You have created it; and may everyone who has the breath [of life] in his nostrils declare that the Lord, God of Israel, is King and His kingship has dominion over all. Make us holy with Your commandments and grant us our portion in Your Torah; satiate us with Your goodness and gladden our soul with Your salvation. Make our heart pure

וְטַהֵר לִבֵּנוּ לְעָבְדְּךָ בֶּאֱמֶת, כִּי אַתָּה אֱלֹהִים אֱמֶת וּדְבָרְךָ מַלְכֵּנוּ אֱמֶת וְקַיָּם לָעַד. בָּרוּךְ אַתָּה יְיָ, מֶלֶךְ עַל כָּל הָאָרֶץ, מְקַדֵּשׁ יִשְׂרָאֵל וְיוֹם הַזִּכָּרוֹן: (Cong—אָמֵן)

רְצֵה יְיָ אֱלֹהֵינוּ בְּעַמְּךָ יִשְׂרָאֵל וְלִתְפִלָּתָם שְׁעֵה, וְהָשֵׁב הָעֲבוֹדָה לִדְבִיר בֵּיתֶךָ, וְאִשֵּׁי יִשְׂרָאֵל וּתְפִלָּתָם בְּאַהֲבָה תְקַבֵּל בְּרָצוֹן, וּתְהִי לְרָצוֹן תָּמִיד עֲבוֹדַת יִשְׂרָאֵל עַמֶּךָ:

וְתֶחֱזֶינָה עֵינֵינוּ בְּשׁוּבְךָ לְצִיּוֹן בְּרַחֲמִים. בָּרוּךְ אַתָּה יְיָ, הַמַּחֲזִיר שְׁכִינָתוֹ לְצִיּוֹן: (Cong—אָמֵן)

Bow at מוֹדִים; straighten up at יְיָ.

מוֹדִים אֲנַחְנוּ לָךְ, שָׁאַתָּה הוּא יְיָ אֱלֹהֵינוּ וֵאלֹהֵי אֲבוֹתֵינוּ לְעוֹלָם וָעֶד, צוּר חַיֵּינוּ, מָגֵן יִשְׁעֵנוּ, אַתָּה הוּא לְדוֹר וָדוֹר, נוֹדֶה לְּךָ וּנְסַפֵּר תְּהִלָּתֶךָ, עַל חַיֵּינוּ הַמְּסוּרִים בְּיָדֶךָ, וְעַל נִשְׁמוֹתֵינוּ הַפְּקוּדוֹת לָךְ, וְעַל נִסֶּיךָ שֶׁבְּכָל יוֹם עִמָּנוּ, וְעַל נִפְלְאוֹתֶיךָ וְטוֹבוֹתֶיךָ שֶׁבְּכָל עֵת, עֶרֶב וָבֹקֶר וְצָהֳרָיִם, הַטּוֹב, כִּי לֹא כָלוּ רַחֲמֶיךָ, וְהַמְרַחֵם, כִּי לֹא תַמּוּ חֲסָדֶיךָ, כִּי מֵעוֹלָם קִוִּינוּ לָךְ:

MODIM D'RABBANAN

While the chazzan recites מוֹדִים, the congregation recites the following, while bowing:

מוֹדִים אֲנַחְנוּ לָךְ, שָׁאַתָּה הוּא יְיָ אֱלֹהֵינוּ וֵאלֹהֵי אֲבוֹתֵינוּ, אֱלֹהֵי כָל בָּשָׂר, יוֹצְרֵנוּ, יוֹצֵר בְּרֵאשִׁית, בְּרָכוֹת וְהוֹדָאוֹת לְשִׁמְךָ הַגָּדוֹל וְהַקָּדוֹשׁ, עַל שֶׁהֶחֱיִיתָנוּ וְקִיַּמְתָּנוּ, כֵּן תְּחַיֵּנוּ וּתְקַיְּמֵנוּ, וְתֶאֱסוֹף גָּלֻיּוֹתֵינוּ לְחַצְרוֹת קָדְשֶׁךָ, וְנָשׁוּב אֵלֶיךָ לִשְׁמוֹר חֻקֶּיךָ, וְלַעֲשׂוֹת רְצוֹנֶךָ, וּלְעָבְדְּךָ בְּלֵבָב שָׁלֵם, עַל שֶׁאֲנוּ מוֹדִים לָךְ, בָּרוּךְ אֵל הַהוֹדָאוֹת:

to serve You in truth; for You are the true God, and Your word, our King, is true and enduring forever. Blessed are You, Lord, King over the whole earth, who sanctifies Israel and the Day of Remembrance. Cong. Amen.

רצה Look with favor, Lord our God, on Your people Israel, and pay heed to their prayer; restore the service to Your Sanctuary, and accept with love and favor Israel's fire-offerings and prayer; and may the service of Your people Israel always find favor.

ותחזינה May our eyes behold Your return to Zion in mercy. Blessed are You, Lord, who restores His Divine Presence to Zion. Cong. Amen.

Bow at We thankfully acknowledge; straighten up at Lord.

מודים We thankfully acknowledge that You are the Lord our God and God of our fathers forever. You are the strength of our life, the shield of our salvation in every generation. We will give thanks to You and recount Your praise, evening, morning and noon, for our lives which are committed into Your hand, for our souls which are entrusted to You, for Your miracles which are with us daily, and for Your continual wonders and beneficences. You are the Beneficent One, for Your mercies never cease; and the Merciful One, for Your kindnesses never end; for we always place our hope in You.

MODIM D'RABBANAN

While the chazzan recites *Modim*, the congregation recites the following, while bowing:

Transliteration, page 334.

מודים We thankfully acknowledge that You are the Lord our God and God of our fathers, the God of all flesh, our Creator and the Creator of all existence. We offer blessings and thanks to Your great and holy Name, for You have given us life and sustained us; so may You continue to grant us life and sustain us—gather our dispersed to the courtyards of Your Sanctuary, and we shall return to You to keep Your Laws, to do Your will, and to serve You with a perfect heart—for we thankfully acknowledge You. Blessed is God, who is worthy of thanks.

וְעַל כֻּלָּם יִתְבָּרֵךְ וְיִתְרוֹמַם וְיִתְנַשֵּׂא שִׁמְךָ מַלְכֵּנוּ תָּמִיד לְעוֹלָם וָעֶד:

—Cong. then chazzan **וּכְתוֹב** לְחַיִּים טוֹבִים כָּל בְּנֵי בְרִיתֶךָ:

Chazzan:

וְכֹל הַחַיִּים יוֹדוּךָ סֶּלָה, וִיהַלְלוּ שִׁמְךָ הַגָּדוֹל לְעוֹלָם כִּי טוֹב, הָאֵל יְשׁוּעָתֵנוּ וְעֶזְרָתֵנוּ סֶלָה, הָאֵל הַטּוֹב.

Bend knees at בָּרוּךְ; bow at אַתָּה; straighten up at יְיָ.

בָּרוּךְ אַתָּה יְיָ, הַטּוֹב שִׁמְךָ וּלְךָ נָאֶה לְהוֹדוֹת:

(Cong—אָמֵן)

The congregation responds אָמֵן as indicated.

אֱלֹהֵינוּ וֵאלֹהֵי אֲבוֹתֵינוּ, בָּרְכֵנוּ בַבְּרָכָה הַמְשֻׁלֶּשֶׁת בַּתּוֹרָה הַכְּתוּבָה עַל יְדֵי מֹשֶׁה עַבְדֶּךָ, הָאֲמוּרָה מִפִּי אַהֲרֹן וּבָנָיו, כֹּהֲנִים עַם קְדוֹשֶׁךָ, כָּאָמוּר: יְבָרֶכְךָ יְיָ וְיִשְׁמְרֶךָ: (אָמֵן) יָאֵר יְיָ פָּנָיו אֵלֶיךָ, וִיחֻנֶּךָּ: (אָמֵן) יִשָּׂא יְיָ פָּנָיו אֵלֶיךָ, וְיָשֵׂם לְךָ שָׁלוֹם:[1] (אָמֵן)

שִׂים שָׁלוֹם, טוֹבָה וּבְרָכָה, חַיִּים חֵן וָחֶסֶד וְרַחֲמִים, עָלֵינוּ וְעַל כָּל יִשְׂרָאֵל עַמֶּךָ. בָּרְכֵנוּ אָבִינוּ כֻּלָּנוּ כְּאֶחָד בְּאוֹר פָּנֶיךָ, כִּי בְאוֹר פָּנֶיךָ נָתַתָּ לָּנוּ יְיָ אֱלֹהֵינוּ תּוֹרַת חַיִּים וְאַהֲבַת חֶסֶד, וּצְדָקָה וּבְרָכָה וְרַחֲמִים וְחַיִּים וְשָׁלוֹם, וְטוֹב בְּעֵינֶיךָ לְבָרֵךְ אֶת עַמְּךָ יִשְׂרָאֵל בְּכָל עֵת וּבְכָל שָׁעָה בִּשְׁלוֹמֶךָ.

—Cong. then chazzan **וּבְסֵפֶר** חַיִּים בְּרָכָה וְשָׁלוֹם וּפַרְנָסָה טוֹבָה, יְשׁוּעָה וְנֶחָמָה וּגְזֵרוֹת טוֹבוֹת, נִזָּכֵר וְנִכָּתֵב לְפָנֶיךָ, אֲנַחְנוּ וְכָל עַמְּךָ בֵּית יִשְׂרָאֵל, לְחַיִּים טוֹבִים וּלְשָׁלוֹם.

1. Numbers 6:24-26.

ועל And for all these, may Your Name, our King, be continually blessed, exalted, and extolled forever and all time.

Cong. then chazzan: וכתוב *U-ch'sov l'cha-yim tovim köl b'nay v'risechö.*

Chazzan:

וכל And all living things shall forever thank You, and praise Your great Name eternally, for You are good. God, You are our everlasting salvation and help, O benevolent God.

Bend knees at *Blessed;* bow at *You;* straighten up at *Lord.*

Blessed are You, Lord, Beneficent is Your Name, and to You it is fitting to offer thanks. Cong. Amen.

Congregation responds Amen as indicated.

אלהינו Our God and God of our fathers, bless us with the threefold blessing written in the Torah by Moses Your servant, and pronounced by Aaron and his sons the Kohanim, Your consecrated people, as it is said: The Lord bless you and guard you. (Amen) The Lord make His countenance shine upon you and be gracious to you. (Amen) The Lord turn His countenance toward you and grant you peace.[1] (Amen)

שים Bestow peace, goodness, and blessing, life, graciousness, kindness, and mercy, upon us and upon all Your people Israel. Bless us, our Father, all of us as one, with the light of Your countenance, for by the light of Your countenance You gave us, Lord our God, the Torah of life and loving-kindness, righteousness, blessing, mercy, life and peace. May it be favorable in Your eyes to bless Your people Israel, at all times and at every moment, with Your peace.

Cong. then chazzan: ובספר *U-v'sayfer cha-yim b'röchö v'shölom ufar'nösö tovö, y'shu-ö v'nechömö u-g'zayros tovos, nizöchayr v'nikösayv l'fönechö, anach-nu v'chöl am'chö bays yisrö-ayl, l'cha-yim tovim u-l'shölom.*

וכתוב Inscribe all the children of Your Covenant for a good life.

ובספר And in the book of life, blessing, peace, and prosperity, deliverance, consolation, and favorable decrees, may we and all Your people the House of Israel be remembered and inscribed before You for a happy life and for peace.

Chazzan:

בָּרוּךְ אַתָּה יְיָ, הַמְבָרֵךְ אֶת עַמּוֹ יִשְׂרָאֵל בַּשָּׁלוֹם:

(Cong—אָמֵן)

The chazzan recites the following verse silently:

יִהְיוּ לְרָצוֹן אִמְרֵי פִי וְהֶגְיוֹן לִבִּי לְפָנֶיךָ, יְיָ צוּרִי וְגוֹאֲלִי:[1]

AVINU MALKEINU

On Shabbat אָבִינוּ מַלְכֵּנוּ is not said.

THE ARK IS OPENED.

The following is said standing.

אָבִינוּ מַלְכֵּנוּ אֵין לָנוּ מֶלֶךְ אֶלָּא אָתָּה:
אָבִינוּ מַלְכֵּנוּ עֲשֵׂה עִמָּנוּ לְמַעַן שְׁמֶךָ:
אָבִינוּ מַלְכֵּנוּ חַדֵּשׁ עָלֵינוּ שָׁנָה טוֹבָה:
אָבִינוּ מַלְכֵּנוּ בַּטֵּל מֵעָלֵינוּ כָּל גְּזֵרוֹת קָשׁוֹת:
אָבִינוּ מַלְכֵּנוּ בַּטֵּל מַחְשְׁבוֹת שׂוֹנְאֵינוּ:
אָבִינוּ מַלְכֵּנוּ הָפֵר עֲצַת אוֹיְבֵינוּ:
אָבִינוּ מַלְכֵּנוּ כַּלֵּה כָּל צַר וּמַסְטִין מֵעָלֵינוּ:
אָבִינוּ מַלְכֵּנוּ סְתוֹם פִּיּוֹת מַסְטִינֵנוּ וּמְקַטְרִיגֵנוּ:
אָבִינוּ מַלְכֵּנוּ כַּלֵּה דֶּבֶר וְחֶרֶב וְרָעָב וּשְׁבִי וּמַשְׁחִית מִבְּנֵי בְרִיתֶךָ:
אָבִינוּ מַלְכֵּנוּ מְנַע מַגֵּפָה מִנַּחֲלָתֶךָ:
אָבִינוּ מַלְכֵּנוּ הַחֲזִירֵנוּ בִּתְשׁוּבָה שְׁלֵמָה לְפָנֶיךָ:
אָבִינוּ מַלְכֵּנוּ שְׁלַח רְפוּאָה שְׁלֵמָה לְחוֹלֵי עַמֶּךָ:
אָבִינוּ מַלְכֵּנוּ קְרַע רוֹעַ גְּזַר דִּינֵנוּ:
אָבִינוּ מַלְכֵּנוּ זָכְרֵנוּ בְּזִכָּרוֹן טוֹב לְפָנֶיךָ:

1. Psalms 19:15.

Chazzan:

Blessed are You, Lord, who blesses His people Israel with peace. Cong. Amen.

The chazzan recites the following verse silently:

יהיו May the words of my mouth and the meditation of my heart be acceptable before You, Lord, my Strength and my Redeemer.[1]

AVINU MALKEINU

On Shabbat *Avinu Malkeinu* is not said.

THE ARK IS OPENED.

The following is said standing.

אבינו Our Father, our King, we have no King but You.

Our Father, our King, act [benevolently] with us for the sake of Your Name.

Our Father, our King, renew for us a good year.

Our Father, our King, remove from us all harsh decrees.

Our Father, our King, annul the intentions of our enemies.

Our Father, our King, foil the plans of our foes.

Our Father, our King, wipe out every oppressor and adversary from against us.

Our Father, our King, close the mouths of our adversaries and accusers.

Our Father, our King, remove pestilence, sword, famine, captivity, and destruction from the members of Your covenant.

Our Father, our King, withhold the plague from Your inheritance.

Our Father, our King, bring us back to You in wholehearted repentance.

Our Father, our King, send a complete healing to the sick of Your people.

Our Father, our King, rend the evil [aspect] of the verdict decreed against us.

Our Father, our King, remember us with a favorable remembrance before You.

אָבִינוּ מַלְכֵּנוּ כָּתְבֵנוּ בְּסֵפֶר חַיִּים טוֹבִים:
אָבִינוּ מַלְכֵּנוּ כָּתְבֵנוּ בְּסֵפֶר גְּאֻלָּה וִישׁוּעָה:
אָבִינוּ מַלְכֵּנוּ כָּתְבֵנוּ בְּסֵפֶר פַּרְנָסָה וְכַלְכָּלָה:
אָבִינוּ מַלְכֵּנוּ כָּתְבֵנוּ בְּסֵפֶר זְכֻיּוֹת:
אָבִינוּ מַלְכֵּנוּ הַצְמַח לָנוּ יְשׁוּעָה בְּקָרוֹב:
אָבִינוּ מַלְכֵּנוּ הָרֵם קֶרֶן יִשְׂרָאֵל עַמֶּךָ:
אָבִינוּ מַלְכֵּנוּ הָרֵם קֶרֶן מְשִׁיחֶךָ:
אָבִינוּ מַלְכֵּנוּ מַלֵּא יָדֵינוּ מִבִּרְכוֹתֶיךָ:
אָבִינוּ מַלְכֵּנוּ מַלֵּא אֲסָמֵינוּ שָׂבָע:
אָבִינוּ מַלְכֵּנוּ שְׁמַע קוֹלֵנוּ חוּס וְרַחֵם עָלֵינוּ:
אָבִינוּ מַלְכֵּנוּ קַבֵּל בְּרַחֲמִים וּבְרָצוֹן אֶת תְּפִלָּתֵנוּ:
אָבִינוּ מַלְכֵּנוּ פְּתַח שַׁעֲרֵי שָׁמַיִם לִתְפִלָּתֵנוּ:
אָבִינוּ מַלְכֵּנוּ זָכוֹר כִּי עָפָר אֲנָחְנוּ:
אָבִינוּ מַלְכֵּנוּ נָא אַל תְּשִׁיבֵנוּ רֵיקָם מִלְּפָנֶיךָ:
אָבִינוּ מַלְכֵּנוּ תְּהֵא הַשָּׁעָה הַזֹּאת שְׁעַת רַחֲמִים וְעֵת רָצוֹן מִלְּפָנֶיךָ:
אָבִינוּ מַלְכֵּנוּ חֲמוֹל עָלֵינוּ וְעַל עוֹלָלֵינוּ וְטַפֵּנוּ:
אָבִינוּ מַלְכֵּנוּ עֲשֵׂה לְמַעַן הֲרוּגִים עַל שֵׁם קָדְשֶׁךָ:
אָבִינוּ מַלְכֵּנוּ עֲשֵׂה לְמַעַן טְבוּחִים עַל יִחוּדֶךָ:
אָבִינוּ מַלְכֵּנוּ עֲשֵׂה לְמַעַן בָּאֵי בָאֵשׁ וּבַמַּיִם עַל קִדּוּשׁ שְׁמֶךָ:
אָבִינוּ מַלְכֵּנוּ נְקוֹם נִקְמַת דַּם עֲבָדֶיךָ הַשָּׁפוּךְ:
אָבִינוּ מַלְכֵּנוּ עֲשֵׂה לְמַעַנְךָ אִם לֹא לְמַעֲנֵנוּ:

Our Father, our King, inscribe us in the book of good life.

Our Father, our King, inscribe us in the book of redemption and deliverance.

Our Father, our King, inscribe us in the book of livelihood and sustenance.

Our Father, our King, inscribe us in the book of merits.

Our Father, our King, cause deliverance to flourish for us soon.

Our Father, our King, exalt the glory of Israel Your people.

Our Father, our King, exalt the glory of Your anointed one.

Our Father, our King, fill our hands with Your blessings.

Our Father, our King, fill our storehouses with plenty.

Our Father, our King, hear our voice, have pity and compassion upon us.

Our Father, our King, accept our prayer with mercy and with favor.

Our Father, our King, open the gates of heaven to our prayer.

Our Father, our King, let it be remembered that we are but dust.

Our Father, our King, we beseech You, do not turn us away from You empty-handed.

Our Father, our King, may this hour be an hour of mercy and a time of favor before You.

Our Father, our King, have compassion upon us, and upon our infants and children.

Our Father, our King, do it for the sake of those who were slain for Your holy Name.

Our Father, our King, do it for the sake of those who were slaughtered for Your Oneness.

Our Father, our King, do it for the sake of those who went through fire and water for the sanctification of Your Name.

Our Father, our King, avenge the spilled blood of Your servants.

Our Father, our King, do it for Your sake, if not for ours.

אָבִינוּ מַלְכֵּנוּ עֲשֵׂה לְמַעַנְךָ וְהוֹשִׁיעֵנוּ:
אָבִינוּ מַלְכֵּנוּ עֲשֵׂה לְמַעַן רַחֲמֶיךָ הָרַבִּים:
אָבִינוּ מַלְכֵּנוּ עֲשֵׂה לְמַעַן שִׁמְךָ הַגָּדוֹל הַגִּבּוֹר וְהַנּוֹרָא שֶׁנִּקְרָא עָלֵינוּ:
אָבִינוּ מַלְכֵּנוּ חָנֵּנוּ וַעֲנֵנוּ כִּי אֵין בָּנוּ מַעֲשִׂים עֲשֵׂה עִמָּנוּ צְדָקָה וָחֶסֶד וְהוֹשִׁיעֵנוּ:

THE ARK IS CLOSED.

Chazzan recites Complete Kaddish. Congregation responds אָמֵן as indicated.

יִתְגַּדַּל וְיִתְקַדַּשׁ שְׁמֵהּ רַבָּא. (Cong—אָמֵן) בְּעָלְמָא דִּי בְרָא כִרְעוּתֵהּ וְיַמְלִיךְ מַלְכוּתֵהּ, וְיַצְמַח פֻּרְקָנֵהּ וִיקָרֵב מְשִׁיחֵהּ. (Cong—אָמֵן) בְּחַיֵּיכוֹן וּבְיוֹמֵיכוֹן וּבְחַיֵּי דְכָל בֵּית יִשְׂרָאֵל, בַּעֲגָלָא וּבִזְמַן קָרִיב וְאִמְרוּ אָמֵן:

(Cong—אָמֵן. יְהֵא שְׁמֵהּ רַבָּא מְבָרַךְ לְעָלַם וּלְעָלְמֵי עָלְמַיָּא, יִתְבָּרַךְ.)

יְהֵא שְׁמֵהּ רַבָּא מְבָרַךְ לְעָלַם וּלְעָלְמֵי עָלְמַיָּא. יִתְבָּרַךְ, וְיִשְׁתַּבַּח, וְיִתְפָּאַר, וְיִתְרוֹמַם, וְיִתְנַשֵּׂא, וְיִתְהַדָּר וְיִתְעַלֶּה, וְיִתְהַלָּל, שְׁמֵהּ דְּקוּדְשָׁא בְּרִיךְ הוּא. (Cong—אָמֵן) לְעֵלָּא מִן כָּל בִּרְכָתָא וְשִׁירָתָא, תֻּשְׁבְּחָתָא וְנֶחֱמָתָא, דַּאֲמִירָן בְּעָלְמָא, וְאִמְרוּ אָמֵן: (Cong—אָמֵן)

תִּתְקַבַּל צְלוֹתְהוֹן וּבָעוּתְהוֹן דְּכָל בֵּית יִשְׂרָאֵל, קֳדָם אֲבוּהוֹן דִּי בִשְׁמַיָּא, וְאִמְרוּ אָמֵן: (Cong—אָמֵן) יְהֵא שְׁלָמָא רַבָּא מִן שְׁמַיָּא וְחַיִּים טוֹבִים עָלֵינוּ וְעַל כָּל יִשְׂרָאֵל, וְאִמְרוּ אָמֵן: (Cong—אָמֵן)

Take three steps back, then bow right saying עֹשֶׂה הַשָּׁלוֹם בִּמְרוֹמָיו, bow forward saying הוּא, bow left saying יַעֲשֶׂה שָׁלוֹם עָלֵינוּ, and bow forward saying וְעַל כָּל יִשְׂרָאֵל, וְאִמְרוּ אָמֵן.

עֹשֶׂה הַשָּׁלוֹם בִּמְרוֹמָיו, הוּא יַעֲשֶׂה שָׁלוֹם עָלֵינוּ וְעַל כָּל יִשְׂרָאֵל, וְאִמְרוּ אָמֵן: (Cong—אָמֵן)

Our Father, our King, do it for Your sake, and deliver us.

Our Father, our King, do it for the sake of Your abounding mercies.

Our Father, our King, do it for the sake of Your great, mighty and awesome Name which is proclaimed over us.

Our Father, our King, be gracious to us and answer us, for we have no meritorious deeds; deal charitably and kindly with us and deliver us.

THE ARK IS CLOSED.

Chazzan recites Complete Kaddish. Congregation responds Amen as indicated.

יתגדל Exalted and hallowed be His great Name (Cong: Amen) throughout the world which He has created according to His will. May He establish His kingship, bring forth His redemption and hasten the coming of His Mashiach (Cong: Amen) in your lifetime and in your days and in the lifetime of the entire House of Israel, speedily and soon, and say, Amen.

(Cong: Amen. May His great Name be blessed forever and to all eternity. Blessed.)

May His great Name be blessed forever and to all eternity. Blessed and praised, glorified, exalted and extolled, honored, adored and lauded be the Name of the Holy One, blessed be He, (Cong: Amen) beyond all the blessings, hymns, praises and consolations that are uttered in the world; and say, Amen. (Cong: Amen)

May the prayers and supplications of the entire House of Israel be accepted before their Father in heaven; and say, Amen. (Cong: Amen) May there be abundant peace from heaven, and a good life for us and for all Israel; and say, Amen. (Cong: Amen)

Take three steps back, then bow right saying *He who makes the peace in His Heavens*, bow forward saying *may He*, bow left saying *make peace for us*, and bow forward saying *and for all Israel; and say, Amen.*

He who makes the peace in His heavens, may He make peace for us and for all Israel; and say, Amen. (Cong: Amen)

SONG OF THE DAY

SUNDAY:

הַיּוֹם, יוֹם רִאשׁוֹן בַּשַּׁבָּת, שֶׁבּוֹ הָיוּ הַלְוִיִּם אוֹמְרִים בְּבֵית הַמִּקְדָּשׁ:

לְדָוִד מִזְמוֹר, לַייָ הָאָרֶץ וּמְלוֹאָהּ, תֵּבֵל וְיֹשְׁבֵי בָהּ: כִּי הוּא עַל יַמִּים יְסָדָהּ, וְעַל נְהָרוֹת יְכוֹנְנֶהָ: מִי יַעֲלֶה בְהַר יְיָ, וּמִי יָקוּם בִּמְקוֹם קָדְשׁוֹ: נְקִי כַפַּיִם וּבַר לֵבָב, אֲשֶׁר לֹא נָשָׂא לַשָּׁוְא נַפְשִׁי, וְלֹא נִשְׁבַּע לְמִרְמָה: יִשָּׂא בְרָכָה מֵאֵת יְיָ, וּצְדָקָה מֵאֱלֹהֵי יִשְׁעוֹ: זֶה דּוֹר דֹּרְשָׁיו, מְבַקְשֵׁי פָנֶיךָ יַעֲקֹב סֶלָה: שְׂאוּ שְׁעָרִים רָאשֵׁיכֶם, וְהִנָּשְׂאוּ פִּתְחֵי עוֹלָם, וְיָבוֹא מֶלֶךְ הַכָּבוֹד: מִי זֶה מֶלֶךְ הַכָּבוֹד, יְיָ עִזּוּז וְגִבּוֹר, יְיָ גִּבּוֹר מִלְחָמָה: שְׂאוּ שְׁעָרִים רָאשֵׁיכֶם, וּשְׂאוּ פִּתְחֵי עוֹלָם, וְיָבֹא מֶלֶךְ הַכָּבוֹד: מִי הוּא זֶה מֶלֶךְ הַכָּבוֹד, יְיָ צְבָאוֹת, הוּא מֶלֶךְ הַכָּבוֹד סֶלָה:[1]

Continue with הוֹשִׁיעֵנוּ at the bottom of page 158.

MONDAY:

הַיּוֹם, יוֹם שֵׁנִי בַּשַּׁבָּת, שֶׁבּוֹ הָיוּ הַלְוִיִּם אוֹמְרִים בְּבֵית הַמִּקְדָּשׁ:

שִׁיר מִזְמוֹר לִבְנֵי קֹרַח: גָּדוֹל יְיָ וּמְהֻלָּל מְאֹד, בְּעִיר אֱלֹהֵינוּ הַר קָדְשׁוֹ: יְפֵה נוֹף מְשׂוֹשׂ כָּל הָאָרֶץ הַר צִיּוֹן, יַרְכְּתֵי צָפוֹן, קִרְיַת מֶלֶךְ רָב: אֱלֹהִים בְּאַרְמְנוֹתֶיהָ נוֹדַע לְמִשְׂגָּב: כִּי הִנֵּה הַמְּלָכִים נוֹעֲדוּ, עָבְרוּ יַחְדָּו: הֵמָּה רָאוּ כֵּן תָּמָהוּ, נִבְהֲלוּ נֶחְפָּזוּ: רְעָדָה אֲחָזָתַם שָׁם, חִיל כַּיּוֹלֵדָה: בְּרוּחַ קָדִים, תְּשַׁבֵּר אֳנִיּוֹת תַּרְשִׁישׁ: כַּאֲשֶׁר שָׁמַעְנוּ כֵּן רָאִינוּ בְּעִיר יְיָ צְבָאוֹת, בְּעִיר אֱלֹהֵינוּ, אֱלֹהִים יְכוֹנְנֶהָ עַד עוֹלָם סֶלָה: דִּמִּינוּ אֱלֹהִים חַסְדֶּךָ בְּקֶרֶב הֵיכָלֶךָ: כְּשִׁמְךָ אֱלֹהִים כֵּן תְּהִלָּתְךָ עַל קַצְוֵי אֶרֶץ, צֶדֶק מָלְאָה יְמִינֶךָ: יִשְׂמַח הַר צִיּוֹן, תָּגֵלְנָה בְּנוֹת יְהוּדָה, לְמַעַן מִשְׁפָּטֶיךָ: סֹבּוּ צִיּוֹן וְהַקִּיפוּהָ, סִפְרוּ מִגְדָּלֶיהָ: שִׁיתוּ

1. Psalm 24.

SONG OF THE DAY

SUNDAY:

היום Today is the first day of the week, on which the Levi'im in the Bet Hamikdash used to say:

לדוד By David, a psalm. The earth and all therein is the Lord's, the world and its inhabitants. For He has founded it upon the seas, and established it upon the rivers. Who may ascend the mountain of the Lord, and who may stand in His holy place? He who has clean hands and a pure heart, who has not used My Name in vain nor sworn falsely. He shall receive a blessing from the Lord, and kindness from God, his deliverer. Such is the generation of those who search for Him, [the children of] Jacob who seek Your countenance forever. Lift up your heads, O gates, and be lifted up, eternal doors, so the glorious King may enter. Who is the glorious King? The Lord, strong and mighty; the Lord, mighty in battle. Lift up your heads, O gates; lift them up, eternal doors, so the glorious King may enter. Who is the glorious King? The Lord of hosts, He is the glorious King for all eternity.[1]

Continue with *Deliver us* at the bottom of page 158.

MONDAY:

היום Today is the second day of the week, on which the Levi'im in the Bet Hamikdash used to say:

שיר A song, a psalm by the sons of Korach. The Lord is great and exceedingly acclaimed in the city of God, His holy mountain. Beautiful in landscape, the joy of the whole earth is Mount Zion, on the northern slopes, the city of the great King. In her citadels, God became known as a tower of strength. For behold, the kings assembled, they advanced in concert [to invade her]. They saw [the wonders of the Almighty] and were astounded; they were terror-stricken, they hastened to flee. Trembling seized them there, pangs as of a woman in the throes of labor; [they were crushed as] by an east wind that shatters the ships of Tarshish. As we have heard, so have we seen in the city of the Lord of hosts, in the city of our God; may God establish it for all eternity. God, we have been hoping for Your kindness [to be revealed] within Your Sanctuary. As Your Name, O God, [is great,] so is Your praise to the ends of the earth; Your right hand is filled with righteousness. Let Mount Zion rejoice, let the towns of Judah exult, because of Your judgments. Walk around Zion, encircle her, count her towers; consider well her

לְבִּכֶם לְחֵילָה פַּסְּגוּ אַרְמְנוֹתֶיהָ, לְמַעַן תְּסַפְּרוּ לְדוֹר אַחֲרוֹן: כִּי זֶה אֱלֹהִים אֱלֹהֵינוּ עוֹלָם וָעֶד, הוּא יְנַהֲגֵנוּ עַל מוּת:[1]

Continue with הוֹשִׁיעֵנוּ at the bottom of page 158.

TUESDAY:

הַיּוֹם, יוֹם שְׁלִישִׁי בַּשַּׁבָּת, שֶׁבּוֹ הָיוּ הַלְוִיִּם אוֹמְרִים בְּבֵית הַמִּקְדָּשׁ:

מִזְמוֹר לְאָסָף, אֱלֹהִים נִצָּב בַּעֲדַת אֵל, בְּקֶרֶב אֱלֹהִים יִשְׁפֹּט: עַד מָתַי תִּשְׁפְּטוּ עָוֶל, וּפְנֵי רְשָׁעִים תִּשְׂאוּ סֶלָה: שִׁפְטוּ דָל וְיָתוֹם, עָנִי וָרָשׁ הַצְדִּיקוּ: פַּלְּטוּ דַל וְאֶבְיוֹן, מִיַּד רְשָׁעִים הַצִּילוּ: לֹא יָדְעוּ וְלֹא יָבִינוּ, בַּחֲשֵׁכָה יִתְהַלָּכוּ, יִמּוֹטוּ כָּל מוֹסְדֵי אָרֶץ: אֲנִי אָמַרְתִּי אֱלֹהִים אַתֶּם, וּבְנֵי עֶלְיוֹן כֻּלְּכֶם: אָכֵן כְּאָדָם תְּמוּתוּן, וּכְאַחַד הַשָּׂרִים תִּפֹּלוּ: קוּמָה אֱלֹהִים שָׁפְטָה הָאָרֶץ, כִּי אַתָּה תִנְחַל בְּכָל הַגּוֹיִם:[2]

Continue with הוֹשִׁיעֵנוּ at the bottom of page 158.

WEDNESDAY:

הַיּוֹם, יוֹם רְבִיעִי בַּשַּׁבָּת, שֶׁבּוֹ הָיוּ הַלְוִיִּם אוֹמְרִים בְּבֵית הַמִּקְדָּשׁ:

אֵל נְקָמוֹת יְיָ, אֵל נְקָמוֹת הוֹפִיעַ: הִנָּשֵׂא שֹׁפֵט הָאָרֶץ, הָשֵׁב גְּמוּל עַל גֵּאִים: עַד מָתַי רְשָׁעִים ׀ יְיָ, עַד מָתַי רְשָׁעִים יַעֲלֹזוּ: יַבִּיעוּ יְדַבְּרוּ עָתָק, יִתְאַמְּרוּ כָּל פֹּעֲלֵי אָוֶן: עַמְּךָ יְיָ יְדַכְּאוּ, וְנַחֲלָתְךָ יְעַנּוּ: אַלְמָנָה וְגֵר יַהֲרֹגוּ, וִיתוֹמִים יְרַצֵּחוּ: וַיֹּאמְרוּ לֹא יִרְאֶה יָּהּ, וְלֹא יָבִין אֱלֹהֵי יַעֲקֹב: בִּינוּ בֹּעֲרִים בָּעָם, וּכְסִילִים מָתַי תַּשְׂכִּילוּ: הֲנֹטַע אֹזֶן הֲלֹא יִשְׁמָע, אִם יֹצֵר עַיִן הֲלֹא יַבִּיט: הֲיֹסֵר גּוֹיִם הֲלֹא יוֹכִיחַ, הַמְלַמֵּד אָדָם דָּעַת: יְיָ יֹדֵעַ מַחְשְׁבוֹת אָדָם, כִּי הֵמָּה הָבֶל: אַשְׁרֵי הַגֶּבֶר אֲשֶׁר תְּיַסְּרֶנּוּ יָּהּ, וּמִתּוֹרָתְךָ תְלַמְּדֶנּוּ: לְהַשְׁקִיט לוֹ מִימֵי רָע, עַד יִכָּרֶה לָרָשָׁע שָׁחַת: כִּי לֹא יִטֹּשׁ יְיָ עַמּוֹ, וְנַחֲלָתוֹ לֹא יַעֲזֹב: כִּי עַד צֶדֶק יָשׁוּב מִשְׁפָּט, וְאַחֲרָיו כָּל יִשְׁרֵי לֵב: מִי יָקוּם לִי עִם מְרֵעִים, מִי יִתְיַצֵּב לִי עִם פֹּעֲלֵי אָוֶן: לוּלֵי יְיָ

1. Psalm 48. **2.** Ibid. 82.

ramparts, behold her lofty citadels, that you may recount it to a later generation. For this God is our God forever and ever; He will lead us eternally.[1]

Continue with *Deliver us* at the bottom of page 158.

TUESDAY:

היום Today is the third day of the week, on which the Levi'im in the Bet Hamikdash used to say:

מזמור A Psalm by Asaf. God stands in the council of judges; among the judges He renders judgment: How long will you judge wickedly, ever showing partiality toward the evildoers? Render justice to the needy and the orphan; deal righteously with the poor and the destitute. Rescue the needy and the pauper; deliver them from the hand of the wicked. But they do not know, nor do they understand; they go about in darkness, [therefore] all the foundations of the earth tremble. I said you are angels, supernal beings, all of you, but you will die as mortals, you will fall like any prince. Arise, O God, judge the earth, for You possess all the nations.[2]

Continue with *Deliver us* at the bottom of page 158.

WEDNESDAY:

היום Today is the fourth day of the week, on which the Levi'im in the Bet Hamikdash used to say:

אל The Lord is a God of retribution; O God of retribution, reveal Yourself! Judge of the earth, arise; render to the arrogant their recompense. How long shall the wicked, O Lord, how long shall the wicked exult? They continuously speak insolently; all the evildoers act arrogantly. They crush Your people, O Lord, and oppress Your heritage. They kill the widow and the stranger, and murder the orphans. And they say, "The Lord does not see, the God of Jacob does not perceive." Understand, you senseless among the people; you fools, when will you become wise? Shall He who implants the ear not hear? Shall He who forms the eye not see? Shall He who chastises nations not punish? Shall He who imparts knowledge to man [not know]? The Lord knows the thoughts of man that they are naught. Fortunate is the man whom You chastise, O Lord, and instruct him in Your Torah, bestowing upon him tranquility in times of adversity, until the pit is dug for the wicked. For the Lord will not abandon His people, nor forsake His heritage. For judgment shall again be consonant with justice, and all the upright in heart will pursue it. Who would rise up for me against the wicked ones, who would stand up for me against the evildoers? Had the Lord not been

עֲזָרָתָה לִּי, כִּמְעַט שָׁכְנָה דוּמָה נַפְשִׁי: אִם אָמַרְתִּי מָטָה רַגְלִי,

חַסְדְּךָ יְיָ יִסְעָדֵנִי: בְּרֹב שַׂרְעַפַּי בְּקִרְבִּי, תַּנְחוּמֶיךָ יְשַׁעַשְׁעוּ

נַפְשִׁי: הַיְחָבְרְךָ כִּסֵּא הַוּוֹת, יֹצֵר עָמָל עֲלֵי חֹק: יָגְוֹדּוּ עַל

נֶפֶשׁ צַדִּיק, וְדָם נָקִי יַרְשִׁיעוּ: וַיְהִי יְיָ לִי לְמִשְׂגָּב, וֵאלֹהַי לְצוּר

מַחְסִי: וַיָּשֶׁב עֲלֵיהֶם אֶת אוֹנָם וּבְרָעָתָם יַצְמִיתֵם, יַצְמִיתֵם יְיָ

אֱלֹהֵינוּ:[1] לְכוּ נְרַנְּנָה לַיְיָ, נָרִיעָה לְצוּר יִשְׁעֵנוּ: נְקַדְּמָה פָנָיו

בְּתוֹדָה, בִּזְמִרוֹת נָרִיעַ לוֹ: כִּי אֵל גָּדוֹל יְיָ, וּמֶלֶךְ גָּדוֹל עַל

כָּל אֱלֹהִים:[2]

Continue with הוֹשִׁיעֵנוּ at the bottom of page 158.

THURSDAY:

הַיּוֹם, יוֹם חֲמִישִׁי בַּשַּׁבָּת, שֶׁבּוֹ הָיוּ הַלְוִיִּם אוֹמְרִים בְּבֵית הַמִּקְדָּשׁ:

לַמְנַצֵּחַ עַל הַגִּתִּית לְאָסָף: הַרְנִינוּ לֵאלֹהִים עוּזֵּנוּ, הָרִיעוּ

לֵאלֹהֵי יַעֲקֹב: שְׂאוּ זִמְרָה וּתְנוּ תֹף, כִּנּוֹר נָעִים עִם

נָבֶל: תִּקְעוּ בַחֹדֶשׁ שׁוֹפָר, בַּכֵּסֶה לְיוֹם חַגֵּנוּ: כִּי חֹק לְיִשְׂרָאֵל

הוּא, מִשְׁפָּט לֵאלֹהֵי יַעֲקֹב: עֵדוּת בִּיהוֹסֵף שָׂמוֹ בְּצֵאתוֹ עַל

אֶרֶץ מִצְרָיִם, שְׂפַת לֹא יָדַעְתִּי אֶשְׁמָע: הֲסִירוֹתִי מִסֵּבֶל שִׁכְמוֹ,

כַּפָּיו מִדּוּד תַּעֲבֹרְנָה: בַּצָּרָה קָרֶאתָ וָאֲחַלְּצֶךָּ, אֶעֶנְךָ בְּסֵתֶר

רַעַם, אֶבְחָנְךָ עַל מֵי מְרִיבָה סֶלָה: שְׁמַע עַמִּי וְאָעִידָה בָּךְ,

יִשְׂרָאֵל אִם תִּשְׁמַע לִי: לֹא יִהְיֶה בְךָ אֵל זָר, וְלֹא תִשְׁתַּחֲוֶה

לְאֵל נֵכָר: אָנֹכִי יְיָ אֱלֹהֶיךָ הַמַּעַלְךָ מֵאֶרֶץ מִצְרָיִם, הַרְחֶב פִּיךָ

וַאֲמַלְאֵהוּ: וְלֹא שָׁמַע עַמִּי לְקוֹלִי, וְיִשְׂרָאֵל לֹא אָבָה לִי:

וָאֲשַׁלְּחֵהוּ בִּשְׁרִירוּת לִבָּם, יֵלְכוּ בְּמוֹעֲצוֹתֵיהֶם: לוּ עַמִּי שֹׁמֵעַ

לִי, יִשְׂרָאֵל בִּדְרָכַי יְהַלֵּכוּ: כִּמְעַט אוֹיְבֵיהֶם אַכְנִיעַ, וְעַל צָרֵיהֶם

אָשִׁיב יָדִי: מְשַׂנְאֵי יְיָ יְכַחֲשׁוּ לוֹ, וִיהִי עִתָּם לְעוֹלָם: וַיַּאֲכִילֵהוּ

מֵחֵלֶב חִטָּה, וּמִצּוּר דְּבַשׁ אַשְׂבִּיעֶךָ:[3]

Continue with הוֹשִׁיעֵנוּ at the bottom of page 158.

---

1. Psalm 94. **2.** Ibid. 95:1-3. **3.** Ibid. 81.

a help to me, my soul would have soon dwelt in the silence [of the grave]. When I thought that my foot was slipping, Your kindness, O Lord, supported me. When my [worrisome] thoughts multiply within me, Your consolation delights my soul. Can one in the seat of evil, one who makes iniquity into law, consort with You? They band together against the life of the righteous, and condemn innocent blood. The Lord has been my stronghold; my God, the strength of my refuge. He will turn their violence against them and destroy them through their own wickedness; the Lord our God will destroy them.[1] Come, let us sing to the Lord; let us raise our voices in jubilation to the Rock of our deliverance. Let us approach Him with thanksgiving; let us raise our voices to Him in song. For the Lord is a great God, and a great King over all supernal beings.[2]

Continue with *Deliver us* at the bottom of page 158.

THURSDAY:

היום Today is the fifth day of the week, on which the Levi'im in the Bet Hamikdash used to say:

למנצח For the choirmaster, upon the [musical instrument] *gittit*, by Asaf. Sing joyously to God our strength; sound the *shofar* to the God of Jacob. Raise your voice in song; sound the drum, the pleasant harp and the lyre. Blow the *shofar* on the New Moon, on the designated day of our Holy Day; for it is a decree for Israel, a ruling of the God of Jacob. He ordained it as a precept for Joseph when he went forth over the land of Egypt; I heard a language which I did not know. I have taken his shoulder from the burden; his hands were removed from the caldron. In distress you called and I delivered you; [you called] in secret, and I answered you with thunderous wonders; I tested you at the waters of Merivah, Selah. Hear, My people, and I will admonish you; Israel, if you would only listen to Me! You shall have no alien god within you, nor shall you bow down to a foreign deity. I am the Lord your God who brought you up from the land of Egypt; open wide your mouth, [state all your desires,] and I shall grant them. But My people did not heed My voice; Israel did not want [to listen to] Me. So I sent them away for the willfulness of their heart, for following their [evil] design. If only My people would listen to Me, if Israel would only walk in My ways, then I would speedily subdue their enemies, and turn My hand against their oppressors; those who hate the Lord would shrivel before Him, and the time [of their retribution] shall be forever. I would feed him [Israel] with the finest of wheat, and sate you with honey from the rock.[3]

Continue with *Deliver us* at the bottom of page 158.

FRIDAY:

הַיּוֹם, יוֹם שִׁשִּׁי בַּשַּׁבָּת, שֶׁבּוֹ הָיוּ הַלְוִיִּם אוֹמְרִים בְּבֵית הַמִּקְדָּשׁ:

יְיָ **מָלָךְ** גֵּאוּת לָבֵשׁ, לָבֵשׁ יְיָ, עֹז הִתְאַזָּר, אַף תִּכּוֹן תֵּבֵל
בַּל תִּמּוֹט: נָכוֹן כִּסְאֲךָ מֵאָז, מֵעוֹלָם אָתָּה: נָשְׂאוּ
נְהָרוֹת יְיָ, נָשְׂאוּ נְהָרוֹת קוֹלָם, יִשְׂאוּ נְהָרוֹת דָּכְיָם: מִקֹּלוֹת
מַיִם רַבִּים אַדִּירִים מִשְׁבְּרֵי יָם, אַדִּיר בַּמָּרוֹם יְיָ: עֵדֹתֶיךָ נֶאֶמְנוּ
מְאֹד, לְבֵיתְךָ נָאֲוָה קֹדֶשׁ, יְיָ לְאֹרֶךְ יָמִים:[1]

Continue with הוֹשִׁיעֵנוּ at the bottom of the page.

SHABBAT:

הַיּוֹם, יוֹם שַׁבַּת קֹדֶשׁ, שֶׁבּוֹ הָיוּ הַלְוִיִּם אוֹמְרִים בְּבֵית הַמִּקְדָּשׁ:

מִזְמוֹר שִׁיר לְיוֹם הַשַּׁבָּת: טוֹב לְהוֹדוֹת לַיְיָ, וּלְזַמֵּר לְשִׁמְךָ
עֶלְיוֹן: לְהַגִּיד בַּבֹּקֶר חַסְדֶּךָ, וֶאֱמוּנָתְךָ בַּלֵּילוֹת: עֲלֵי
עָשׂוֹר וַעֲלֵי נָבֶל, עֲלֵי הִגָּיוֹן בְּכִנּוֹר: כִּי שִׂמַּחְתַּנִי יְיָ בְּפָעֳלֶךָ,
בְּמַעֲשֵׂי יָדֶיךָ אֲרַנֵּן: מַה גָּדְלוּ מַעֲשֶׂיךָ יְיָ, מְאֹד עָמְקוּ
מַחְשְׁבֹתֶיךָ: אִישׁ בַּעַר לֹא יֵדָע, וּכְסִיל לֹא יָבִין אֶת זֹאת:
בִּפְרֹחַ רְשָׁעִים כְּמוֹ עֵשֶׂב, וַיָּצִיצוּ כָּל פֹּעֲלֵי אָוֶן, לְהִשָּׁמְדָם
עֲדֵי עַד: וְאַתָּה מָרוֹם לְעֹלָם יְיָ: כִּי הִנֵּה אֹיְבֶיךָ יְיָ, כִּי הִנֵּה
אֹיְבֶיךָ יֹאבֵדוּ, יִתְפָּרְדוּ כָּל פֹּעֲלֵי אָוֶן: וַתָּרֶם כִּרְאֵים קַרְנִי,
בַּלֹּתִי בְּשֶׁמֶן רַעֲנָן: וַתַּבֵּט עֵינִי בְּשׁוּרָי, בַּקָּמִים עָלַי מְרֵעִים,
תִּשְׁמַעְנָה אָזְנָי: צַדִּיק כַּתָּמָר יִפְרָח, כְּאֶרֶז בַּלְּבָנוֹן יִשְׂגֶּה:
שְׁתוּלִים בְּבֵית יְיָ, בְּחַצְרוֹת אֱלֹהֵינוּ יַפְרִיחוּ: עוֹד יְנוּבוּן
בְּשֵׂיבָה, דְּשֵׁנִים וְרַעֲנַנִּים יִהְיוּ: לְהַגִּיד כִּי יָשָׁר יְיָ, צוּרִי וְלֹא
עַוְלָתָה בּוֹ:[2]

הוֹשִׁיעֵנוּ יְיָ אֱלֹהֵינוּ וְקַבְּצֵנוּ מִן הַגּוֹיִם, לְהוֹדוֹת לְשֵׁם
קָדְשֶׁךָ, לְהִשְׁתַּבֵּחַ בִּתְהִלָּתֶךָ: בָּרוּךְ יְיָ אֱלֹהֵי
יִשְׂרָאֵל מִן הָעוֹלָם וְעַד הָעוֹלָם, וְאָמַר כָּל הָעָם אָמֵן,

---

1. Psalm 93.   2. Ibid. 92.

FRIDAY:

היום Today is the sixth day of the week, on which the Levi'im in the Bet Hamikdash used to say:

יי The Lord is King; He has garbed Himself with grandeur; the Lord has robed Himself, He has girded Himself with strength; He has also established the world firmly that it shall not falter. Your throne stands firm from of old; You have existed forever. The rivers have raised, O Lord, the rivers have raised their voice; the rivers raise their raging waves. More than the sound of many waters, than the mighty breakers of the sea, is the Lord mighty on high. Your testimonies are most trustworthy; Your House will be resplendent in holiness, O Lord, forever.[1]

Continue with *Deliver us* at the bottom of the page.

SHABBAT:

היום Today is the holy Shabbat day, on which the Levi'im in the Bet Hamikdash used to say:

מזמור A Psalm, a song for the Shabbat day. It is good to praise the Lord, and to sing to Your Name, O Most High; to proclaim Your kindness in the morning, and Your faithfulness in the nights, with a ten-stringed instrument and lyre, to the melody of a harp. For You, Lord, have gladdened me with Your deeds; I sing for joy at the works of Your hand. How great are Your works, O Lord; how very profound Your thoughts! A brutish man cannot know, a fool cannot comprehend this: when the wicked thrive like grass, and all evildoers flourish—it is in order that they may be destroyed forever. But You, Lord, are exalted forever. Indeed, Your enemies, Lord, indeed, Your enemies shall perish; all evildoers shall be scattered. But You have increased my might like that of a wild ox; I am anointed with fresh oil. My eyes have seen [the downfall of] my watchful enemies; my ears have heard [the doom of] the wicked who rise against me. The righteous will flourish like a palm tree, grow tall like a cedar in Lebanon. Planted in the House of the Lord, they shall blossom in the courtyards of our God. They shall be fruitful even in old age; they shall be full of sap and freshness. That is to say that the Lord is just; He is my Strength, and there is no injustice in Him.[2]

הושיענו Deliver us, Lord our God, and gather us from among the nations, that we may give thanks to Your holy Name and glory in Your praise. Blessed is the Lord, the God of Israel, to all eternity, and all the people said: Amen, praise

הַלְלוּיָהּ:[1] בָּרוּךְ יְיָ מִצִּיּוֹן שֹׁכֵן יְרוּשָׁלָיִם, הַלְלוּיָהּ:[2] בָּרוּךְ יְיָ אֱלֹהִים אֱלֹהֵי יִשְׂרָאֵל, עֹשֵׂה נִפְלָאוֹת לְבַדּוֹ: וּבָרוּךְ שֵׁם כְּבוֹדוֹ לְעוֹלָם, וְיִמָּלֵא כְבוֹדוֹ אֶת כָּל הָאָרֶץ, אָמֵן וְאָמֵן:[3]

לְדָוִד, יְיָ אוֹרִי וְיִשְׁעִי מִמִּי אִירָא, יְיָ מָעוֹז חַיַּי מִמִּי אֶפְחָד: בִּקְרֹב עָלַי מְרֵעִים לֶאֱכֹל אֶת בְּשָׂרִי, צָרַי וְאֹיְבַי לִי, הֵמָּה כָשְׁלוּ וְנָפָלוּ: אִם תַּחֲנֶה עָלַי מַחֲנֶה לֹא יִירָא לִבִּי, אִם תָּקוּם עָלַי מִלְחָמָה, בְּזֹאת[4] אֲנִי בוֹטֵחַ: אַחַת שָׁאַלְתִּי מֵאֵת יְיָ, אוֹתָהּ אֲבַקֵּשׁ, שִׁבְתִּי בְּבֵית יְיָ כָּל יְמֵי חַיַּי, לַחֲזוֹת בְּנֹעַם יְיָ וּלְבַקֵּר בְּהֵיכָלוֹ: כִּי יִצְפְּנֵנִי בְּסֻכֹּה בְּיוֹם רָעָה, יַסְתִּרֵנִי בְּסֵתֶר אָהֳלוֹ, בְּצוּר יְרוֹמְמֵנִי: וְעַתָּה יָרוּם רֹאשִׁי עַל אֹיְבַי סְבִיבוֹתַי, וְאֶזְבְּחָה בְאָהֳלוֹ זִבְחֵי תְרוּעָה, אָשִׁירָה וַאֲזַמְּרָה לַייָ: שְׁמַע יְיָ קוֹלִי אֶקְרָא, וְחָנֵּנִי וַעֲנֵנִי: לְךָ אָמַר לִבִּי בַּקְּשׁוּ פָנָי, אֶת פָּנֶיךָ יְיָ אֲבַקֵּשׁ: אַל תַּסְתֵּר פָּנֶיךָ מִמֶּנִּי, אַל תַּט בְּאַף עַבְדֶּךָ, עֶזְרָתִי הָיִיתָ, אַל תִּטְּשֵׁנִי וְאַל תַּעַזְבֵנִי אֱלֹהֵי יִשְׁעִי: כִּי אָבִי וְאִמִּי עֲזָבוּנִי, וַייָ יַאַסְפֵנִי: הוֹרֵנִי יְיָ דַּרְכֶּךָ, וּנְחֵנִי בְּאֹרַח מִישׁוֹר, לְמַעַן שׁוֹרְרָי: אַל תִּתְּנֵנִי בְּנֶפֶשׁ צָרָי, כִּי קָמוּ בִי עֵדֵי שֶׁקֶר וִיפֵחַ חָמָס: לוּלֵא הֶאֱמַנְתִּי לִרְאוֹת בְּטוּב יְיָ בְּאֶרֶץ חַיִּים: קַוֵּה אֶל יְיָ, חֲזַק וְיַאֲמֵץ לִבֶּךָ, וְקַוֵּה אֶל יְיָ:[5]

MOURNER'S KADDISH

Mourners recite the following Kaddish (translation on page 368). Congregation responds אָמֵן as indicated.

יִתְגַּדַּל וְיִתְקַדַּשׁ שְׁמֵהּ רַבָּא. (Cong—אָמֵן) בְּעָלְמָא דִּי בְרָא כִרְעוּתֵהּ וְיַמְלִיךְ מַלְכוּתֵהּ, וְיַצְמַח פּוּרְקָנֵהּ וִיקָרֵב מְשִׁיחֵהּ. (Cong—אָמֵן) בְּחַיֵּיכוֹן וּבְיוֹמֵיכוֹן וּבְחַיֵּי דְכָל בֵּית יִשְׂרָאֵל, בַּעֲגָלָא וּבִזְמַן קָרִיב וְאִמְרוּ אָמֵן:

(Cong—אָמֵן. יְהֵא שְׁמֵהּ רַבָּא מְבָרַךְ לְעָלַם וּלְעָלְמֵי עָלְמַיָּא, יִתְבָּרַךְ.)

1. Psalms 106:47-48. 2. Ibid. 135:21. 3. Ibid. 72:18-19. 4. I.e., that "the Lord is my light and my salvation," etc. 5. Ibid. 27.

the Lord.¹ Blessed is the Lord from Zion, who dwells in Jerusalem; praise the Lord.² Blessed is the Lord God, the God of Israel, who alone performs wonders. Blessed is His glorious Name forever, and let the whole earth be filled with His glory. Amen and Amen.³

לדוד By David. The Lord is my light and my salvation—whom shall I fear? The Lord is the strength of my life—whom shall I dread? When evildoers approached me to devour my flesh, my oppressors and my foes, they stumbled and fell. If an army were to beleaguer me, my heart would not fear; if war were to arise against me, in this⁴ I trust. One thing I have asked of the Lord, this I seek: that I may dwell in the House of the Lord all the days of my life, to behold the pleasantness of the Lord and to visit in His Sanctuary. For He will hide me in His tabernacle on a day of adversity; He will conceal me in the hidden places of His tent; He will lift me upon a rock. And then my head will be raised above my enemies around me, and I will offer in His tabernacle sacrifices of jubilation; I will sing and chant to the Lord. Lord, hear my voice as I call; be gracious to me and answer me. In Your behalf my heart says, "Seek My countenance"; Your countenance, Lord, I seek. Do not conceal Your countenance from me, do not cast aside Your servant in wrath; You have been my help; do not abandon me nor forsake me, God of my deliverance. Though my father and mother have forsaken me, the Lord has taken me in. Lord, teach me Your way and lead me in the path of righteousness because of my watchful enemies. Do not give me over to the will of my oppressors, for there have risen against me false witnesses and they speak evil. [They would have crushed me] had I not believed that I would see the goodness of the Lord in the land of the living. Hope in the Lord, be strong and let your heart be valiant, and hope in the Lord.⁵

MOURNER'S KADDISH

Mourners recite the following Kaddish (translation on page 368).
Congregation responds Amen as indicated.

יתגדל **Yis-gadal** v'yis-kadash sh'mayh rabö. (Cong: Ömayn)

B'öl'mö di v'rö chir'u-sayh v'yamlich mal'chusayh, v'yatzmach pur-könay vikörayv m'shi-chayh. (Cong: Ömayn)

B'cha-yay-chon u-v'yomaychon u-v'cha-yay d'chöl bays yisrö-ayl, ba-agölö u-viz'man köriv v'im'ru ömayn.

(Cong: Ömayn. Y'hay sh'mayh rabö m'vörach l'ölam u-l'öl'may öl'ma-yö, yisböraych.)

יְהֵא שְׁמֵהּ רַבָּא מְבָרַךְ לְעָלַם וּלְעָלְמֵי עָלְמַיָּא. יִתְבָּרַךְ, וְיִשְׁתַּבַּח, וְיִתְפָּאַר, וְיִתְרוֹמַם, וְיִתְנַשֵּׂא, וְיִתְהַדָּר, וְיִתְעַלֶּה, וְיִתְהַלָּל, שְׁמֵהּ דְּקוּדְשָׁא בְּרִיךְ הוּא. (Cong—אָמֵן) לְעֵלָּא מִן כָּל בִּרְכָתָא וְשִׁירָתָא, תֻּשְׁבְּחָתָא וְנֶחֱמָתָא, דַּאֲמִירָן בְּעָלְמָא, וְאִמְרוּ אָמֵן: (Cong—אָמֵן) יְהֵא שְׁלָמָא רַבָּא מִן שְׁמַיָּא וְחַיִּים טוֹבִים עָלֵינוּ וְעַל כָּל יִשְׂרָאֵל, וְאִמְרוּ אָמֵן: (Cong—אָמֵן)

Take three steps back, then bow right saying עֹשֶׂה הַשָּׁלוֹם בִּמְרוֹמָיו, bow forward saying הוּא, bow left saying יַעֲשֶׂה שָׁלוֹם עָלֵינוּ, and bow forward saying וְעַל כָּל יִשְׂרָאֵל, וְאִמְרוּ אָמֵן.

עֹשֶׂה הַשָּׁלוֹם בִּמְרוֹמָיו, הוּא יַעֲשֶׂה שָׁלוֹם עָלֵינוּ וְעַל כָּל יִשְׂרָאֵל, וְאִמְרוּ אָמֵן: (Cong—אָמֵן)

אַתָּה הָרְאֵתָ לָדַעַת כִּי יְיָ הוּא הָאֱלֹהִים, אֵין עוֹד מִלְּבַדּוֹ:[1] מַלְכוּתְךָ מַלְכוּת כָּל עֹלָמִים, וּמֶמְשַׁלְתְּךָ בְּכָל דּוֹר וָדֹר:[2] יְיָ מֶלֶךְ, יְיָ מָלָךְ, יְיָ יִמְלֹךְ לְעֹלָם וָעֶד:[3] יְיָ עֹז לְעַמּוֹ יִתֵּן, יְיָ יְבָרֵךְ אֶת עַמּוֹ בַשָּׁלוֹם:[4]

ORDER OF THE READING OF THE TORAH

As the Ark is opened, stand and recite the following. Remain standing until the Torah is placed on the *bimah.*

וַיְהִי בִּנְסֹעַ הָאָרֹן וַיֹּאמֶר מֹשֶׁה: קוּמָה יְיָ וְיָפֻצוּ אֹיְבֶיךָ, וְיָנֻסוּ מְשַׂנְאֶיךָ מִפָּנֶיךָ:[5] כִּי מִצִּיּוֹן תֵּצֵא תוֹרָה, וּדְבַר יְיָ מִירוּשָׁלָיִם:[6] בָּרוּךְ שֶׁנָּתַן תּוֹרָה לְעַמּוֹ יִשְׂרָאֵל בִּקְדֻשָּׁתוֹ:

The following paragraph is recited three times:

יְיָ, יְיָ, אֵל רַחוּם וְחַנּוּן, אֶרֶךְ אַפַּיִם וְרַב חֶסֶד וֶאֱמֶת: נֹצֵר חֶסֶד לָאֲלָפִים נֹשֵׂא עָוֹן וָפֶשַׁע וְחַטָּאָה וְנַקֵּה:[7]

---

1. Deuteronomy 4:35. **2.** Psalms 145:13. **3.** Ibid. 10:16, 93:1, Exodus 15:18; Talmud Bavli, Soferim 14:8; Pirkei Hechalot. **4.** Psalms 29:11. **5.** Numbers 10:35. **6.** Isaiah 2:3. **7.** Exodus 34:6-7.

Y'hay sh'mayh rabö m'vörach l'ölam u-l'öl'may öl'ma-yö. Yisböraych, v'yishtabach, v'yispö-ayr, v'yisromöm, v'yis-nasay, v'yis-hadör, v'yis-aleh, v'yis-halöl, sh'mayh d'kudshö b'rich hu. (Cong: *Ömayn*)

L'aylö min köl bir-chösö v'shirösö, tush-b'chösö v'neche-mösö, da-amirön b'öl'mö, v'im'ru ömayn. (Cong: *Ömayn*)

Y'hay sh'lömö rabö min sh'ma-yö, v'cha-yim tovim ölaynu v'al köl yisrö-ayl v'im'ru ömayn. (Cong: *Ömayn*)

Take three steps back, then bow right saying *Oseh ha-shölom bim'romöv,* bow forward saying *hu,* bow left saying *ya-aseh shölom ölaynu,* and bow forward saying *v'al köl yisrö-ayl, v'im'ru ömayn.*

Oseh ha-shölom bim'romöv, hu ya-a-seh shölom ölaynu v'al köl yisrö-ayl, v'im'ru ömayn. (Cong: *Ömayn*)

אתה You have been shown to know that the Lord is God; there is none else aside from Him.[1] Your kingship is a kingship over all worlds, and Your dominion is throughout all generations.[2] The Lord is King, the Lord was King, the Lord will be King forever and ever.[3] The Lord will give strength to His people; the Lord will bless His people with peace.[4]

ORDER OF THE READING OF THE TORAH

As the Ark is opened, stand and recite the following. Remain standing until the Torah is placed on the *bimah.*

Transliteration, page 342.

ויהי Whenever the Ark set out, Moses would say, "Arise, O Lord, and Your enemies will be dispersed, and Your foes will flee before You."[5] For from Zion shall go forth the Torah, and the word of the Lord from Jerusalem.[6] Blessed is He who in His holiness gave the Torah to His people Israel.

The following paragraph is recited three times:

Transliteration, page 342.

יי Lord, Lord, benevolent God, compassionate and gracious, slow to anger and abounding in kindness and truth; He preserves kindness for two thousand generations, forgiving iniquity, transgression and sin, and He cleanses.[7]

רִבּוֹנוֹ שֶׁל עוֹלָם, מַלֵּא מִשְׁאֲלוֹתַי לְטוֹבָה, וְהָפֵק רְצוֹנִי וְתֵן שְׁאֵלָתִי, וְזָכְרֵנִי בְּזִכָּרוֹן טוֹב לְפָנֶיךָ, וּפָקְדֵנִי בִּפְקֻדַּת יְשׁוּעָה וְרַחֲמִים, וְזָכְרֵנִי לְחַיִּים אֲרוּכִים לְחַיִּים טוֹבִים וּלְשָׁלוֹם וּפַרְנָסָה טוֹבָה וְכַלְכָּלָה וְלֶחֶם לֶאֱכוֹל וּבֶגֶד לִלְבּוֹשׁ וְעֹשֶׁר וְכָבוֹד וַאֲרִיכוּת יָמִים בְּתוֹרָתֶךָ וּבְמִצְוֹתֶיךָ, וְשֵׂכֶל וּבִינָה לְהָבִין וּלְהַשְׂכִּיל עִמְקֵי סוֹדוֹתֶיךָ, וְהָפֵק רְפוּאָה שְׁלֵמָה לְכָל מַכְאוֹבֵינוּ, וּתְבָרֵךְ כָּל מַעֲשֵׂה יָדֵינוּ, וְתִגְזוֹר עָלֵינוּ גְּזֵרוֹת טוֹבוֹת יְשׁוּעוֹת וְנֶחָמוֹת, וּבַטֵּל מֵעָלֵינוּ כָּל גְּזֵרוֹת קָשׁוֹת וְרָעוֹת, וְתֵן בְּלֵב מַלְכוּת וְיוֹעֲצָיו וְשָׂרָיו עָלֵינוּ לְטוֹבָה, אָמֵן וְכֵן יְהִי רָצוֹן:

יִהְיוּ לְרָצוֹן אִמְרֵי פִי וְהֶגְיוֹן לִבִּי לְפָנֶיךָ, יְיָ צוּרִי וְגוֹאֲלִי:[1]
וַאֲנִי תְפִלָּתִי לְךָ יְיָ, עֵת רָצוֹן, אֱלֹהִים בְּרָב חַסְדֶּךָ, עֲנֵנִי בֶּאֱמֶת יִשְׁעֶךָ:[2]

בְּרִיךְ שְׁמֵהּ דְּמָרֵא עָלְמָא, בְּרִיךְ כִּתְרָךְ וְאַתְרָךְ, יְהֵא רְעוּתָךְ עִם עַמָּךְ יִשְׂרָאֵל לְעָלַם, וּפוּרְקַן יְמִינָךְ אַחֲזֵי לְעַמָּךְ בְּבֵי מַקְדְּשָׁךְ, וּלְאַמְטוּיֵי לָנָא מִטּוּב נְהוֹרָךְ וּלְקַבֵּל צְלוֹתָנָא בְּרַחֲמִין. יְהֵא רַעֲוָא קֳדָמָךְ דְּתוֹרִיךְ לָן חַיִּין בְּטִיבוּ, וְלֶהֱוֵי אֲנָא פְקִידָא בְּגוֹ צַדִּיקַיָּא, לְמִרְחַם עָלַי וּלְמִנְטַר יָתִי וְיַת כָּל דִּי לִי, וְדִי לְעַמָּךְ יִשְׂרָאֵל. אַנְתְּ הוּא זָן לְכֹלָּא וּמְפַרְנֵס לְכֹלָּא, אַנְתְּ הוּא שַׁלִּיט עַל כֹּלָּא. אַנְתְּ הוּא דְּשַׁלִּיט עַל מַלְכַיָּא, וּמַלְכוּתָא דִּילָךְ הִיא. אֲנָא עַבְדָּא דְקֻדְשָׁא בְּרִיךְ הוּא, דְּסָגִידְנָא קַמֵּהּ וּמִקַּמֵּי דִּיקַר אוֹרַיְתֵהּ. בְּכָל עִדָּן וְעִדָּן לָא עַל אֱנָשׁ רְחִיצְנָא וְלָא עַל בַּר אֱלָהִין סָמִיכְנָא, אֶלָּא בֶּאֱלָהָא דִשְׁמַיָּא, דְּהוּא אֱלָהָא קְשׁוֹט, וְאוֹרַיְתֵהּ קְשׁוֹט, וּנְבִיאוֹהִי קְשׁוֹט, וּמַסְגֵּא לְמֶעְבַּד טַבְוָן וּקְשׁוֹט. בֵּהּ אֲנָא רָחִיץ, וְלִשְׁמֵהּ קַדִּישָׁא יַקִּירָא אֲנָא אֵמַר תֻּשְׁבְּחָן. יְהֵא רַעֲוָא קֳדָמָךְ דְּתִפְתַּח לִבָּאִי בְּאוֹרַיְתָא, וְתַשְׁלִים מִשְׁאֲלִין דְּלִבָּאִי, וְלִבָּא דְכָל עַמָּךְ יִשְׂרָאֵל, לְטַב וּלְחַיִּין וְלִשְׁלָם.[3]

---

1. Psalms 19:15. **2.** Ibid. 69:14. **3.** Zohar II, 206a.

רבונו Master of the world, fulfill my requests for good, satisfy my desire and grant my wish, remember me favorably before You and be mindful of me for deliverance and mercy. Remember me for a long life, for a good and peaceful life, good livelihood and sustenance, food to eat and clothes to wear, wealth, honor and longevity [being occupied] in Your Torah and in Your *mitzvot*, and intelligence and understanding to perceive and comprehend the depths of Your mysteries. Grant a complete healing to all our pains, and bless all the work of our hands. Enact for us favorable decrees, salvations and consolations; nullify all severe and harsh decrees against us; and dispose the heart of the government, its advisers and ministers favorably toward us. Amen, and so let it be Your will.

יהיו May the words of my mouth and the meditation of my heart be acceptable before You, Lord, my Strength and my Redeemer.[1]

ואני May my prayer to You, Lord, be at a propitious time; God, in Your abounding kindness, answer me with Your true deliverance.[2]

בריך Blessed is the Name of the Master of the universe! Blessed is Your crown and the place [of Your majesty]. May Your goodwill ever be with Your people Israel; show Your people the redemption of Your right hand through [the rebuilding of] Your Bet Hamikdash. Bestow upon us of Your beneficent light, and accept our prayer with compassion. May it be Your will to prolong our life in well-being. May I be counted among the righteous, so that You may have mercy upon me, and protect me and all that belongs to me and to Your people Israel. It is You who feeds all and sustains all. It is You who rules over all; it is You who rules over kings, and sovereignty is Yours. I am the servant of the Holy One, blessed be He, before whom and before whose glorious Torah I bow. I do not at any time put my trust in man, nor do I place my reliance on an angel, but only in the God of heaven who is the true God, whose Torah is truth, whose prophets are true, and who performs numerous deeds of goodness and truth. I put my trust in Him, and I utter praises to His holy and glorious Name. May it be Your will to open my heart to the Torah, and to fulfill the desires of my heart and the hearts of all Your people Israel for good, for life and for peace.[3]

Transliteration, page 342.

Two Torah scrolls are removed from the Ark, and the first one is handed to the chazzan.

Chazzan then congregation:

שְׁמַ֣ע יִשְׂרָאֵ֔ל, יְיָ אֱלֹהֵ֥ינוּ, יְיָ | אֶחָֽד:¹

Chazzan then congregation:

אֶחָד אֱלֹהֵֽינוּ, גָּדוֹל אֲדוֹנֵֽינוּ, קָדוֹשׁ וְנוֹרָא שְׁמוֹ:

The chazzan raises the Torah slightly and says:

גַּדְּלוּ לַיְיָ אִתִּי, וּנְרוֹמְמָה שְׁמוֹ יַחְדָּו:²

As the chazzan carries the Torah to the *bimah*, the congregation and chazzan respond:

לְךָ יְיָ הַגְּדֻלָּה וְהַגְּבוּרָה וְהַתִּפְאֶֽרֶת וְהַנֵּֽצַח וְהַהוֹד, כִּי כֹל
בַּשָּׁמַֽיִם וּבָאָֽרֶץ. לְךָ יְיָ הַמַּמְלָכָה וְהַמִּתְנַשֵּׂא לְכֹל לְרֹאשׁ:³
רוֹמְמוּ יְיָ אֱלֹהֵֽינוּ, וְהִשְׁתַּחֲווּ לַהֲדֹם רַגְלָיו, קָדוֹשׁ הוּא:⁴ רוֹמְמוּ
יְיָ אֱלֹהֵֽינוּ וְהִשְׁתַּחֲווּ לְהַר קָדְשׁוֹ, כִּי קָדוֹשׁ יְיָ אֱלֹהֵֽינוּ:⁵

עַל הַכֹּל יִתְגַּדַּל וְיִתְקַדַּשׁ וְיִשְׁתַּבַּח וְיִתְפָּאַר וְיִתְרוֹמֵם וְיִתְנַשֵּׂא
שְׁמוֹ שֶׁל מֶֽלֶךְ מַלְכֵי הַמְּלָכִים הַקָּדוֹשׁ בָּרוּךְ הוּא,
בָּעוֹלָמוֹת שֶׁבָּרָא הָעוֹלָם הַזֶּה וְהָעוֹלָם הַבָּא, כִּרְצוֹנוֹ וְכִרְצוֹן
יְרֵאָיו וְכִרְצוֹן כָּל עַמְּךָ בֵּית יִשְׂרָאֵל. צוּר הָעוֹלָמִים, אֲדוֹן כָּל
הַבְּרִיּוֹת, אֱלֽוֹהַּ כָּל הַנְּפָשׁוֹת, הַיּוֹשֵׁב בְּמֶרְחֲבֵי מָרוֹם, הַשּׁוֹכֵן
בִּשְׁמֵי שְׁמֵי קֶֽדֶם, קְדֻשָּׁתוֹ עַל הַחַיּוֹת וּקְדֻשָּׁתוֹ עַל כִּסֵּא הַכָּבוֹד.
וּבְכֵן יִתְקַדַּשׁ שִׁמְךָ בָּֽנוּ, יְיָ אֱלֹהֵֽינוּ, לְעֵינֵי כָּל חָי, וְנֹאמַר לְפָנָיו
שִׁיר חָדָשׁ כַּכָּתוּב: שִׁירוּ לֵאלֹהִים זַמְּרוּ שְׁמוֹ, סֹֽלּוּ לָרֹכֵב
בָּעֲרָבוֹת בְּיָהּ שְׁמוֹ, וְעִלְזוּ לְפָנָיו:⁶ וְנִרְאֵֽהוּ עַֽיִן בְּעַֽיִן בְּשׁוּבוֹ אֶל
נָוֵֽהוּ, כַּכָּתוּב: כִּי עַֽיִן בְּעַֽיִן יִרְאוּ בְּשׁוּב יְיָ צִיּוֹן:⁷ וְנֶאֱמַר: וְנִגְלָה
כְּבוֹד יְיָ, וְרָאוּ כָל בָּשָׂר יַחְדָּו כִּי פִּי יְיָ דִּבֵּר:⁸

אַב הָרַחֲמִים הוּא יְרַחֵם עַם עֲמוּסִים,⁹ וְיִזְכּוֹר בְּרִית אֵיתָנִים,
וְיַצִּיל נַפְשׁוֹתֵֽינוּ מִן הַשָּׁעוֹת הָרָעוֹת, וְיִגְעַר בְּיֵֽצֶר הָרַע מִן
הַנְּשׂוּאִים,⁹ וְיָחוֹן עָלֵֽינוּ לִפְלֵיטַת עוֹלָמִים, וִימַלֵּא מִשְׁאֲלוֹתֵֽינוּ
בְּמִדָּה טוֹבָה יְשׁוּעָה וְרַחֲמִים:

---

1. Deuteronomy 6:4. **2.** Psalms 34:4. **3.** I Chronicles 29:11. **4.** Psalms 99:5. **5.** Ibid. 99:9.
6. Ibid. 68:5. **7.** Isaiah 52:8. **8.** Ibid. 40:5. **9.** V. ibid. 46:3.

Two Torah scrolls are removed from the Ark, and the first one is handed to the chazzan.

Chazzan then congregation (transliteration, page 342):

שמע **Hear, O Israel, the Lord is our God, the Lord is One.**[1]

Chazzan then congregation:

אחד **Our God is One, Our Master is great, holy and awesome is His Name.**

The chazzan raises the Torah slightly and says:

גדלו **Exalt the Lord with me, and let us extol His Name together.**[2]

As the chazzan carries the Torah to the *bimah*, the congregation and chazzan respond:

לך Lord, Yours is the greatness, the power, the glory, the victory, and the majesty; for all in heaven and on earth [is Yours]. Lord, Yours is the kingship and You are exalted, supreme over all rulers.[3] Exalt the Lord our God, and bow down at His footstool; holy is He.[4] Exalt the Lord our God, and bow down at His holy mountain, for the Lord our God is holy.[5]

על May the Name of the Holy One, blessed be He, be magnified and hallowed, praised and glorified, exalted and extolled above all, in the worlds which He has created, this world and the World to Come, in accordance with His desire, the desire of those who fear Him, and the desire of Your entire people, the House of Israel. Rock of the worlds, Master of all created beings, God of all souls, who is enthroned in the heavenly expanse, who abides in the primeval, most supernal heavens—His holiness is upon the *Chayot* and His holiness is upon the Throne of Glory. And so may Your Name, Lord our God, be sanctified within us in the sight of all living beings. And we shall sing a new song before Him, as it is written: Sing to God, chant praises to His Name, exalt Him who dwells in the heavens; praise His Name with awe, and exult before Him.[6] And we shall see Him eye to eye when He returns to His abode, as it is written: For they shall see eye to eye when the Lord returns to Zion.[7] And it is said: And the glory of the Lord shall be revealed, and together all flesh shall see that the mouth of the Lord has spoken.[8]

אב May the All-Merciful Father have compassion on the people borne [by Him],[9] and remember the covenant with the mighty ones [Patriarchs]; may He deliver our souls from evil times, and banish the evil impulse from the ones carried [by Him];[9] may He graciously grant us eternal survival and fulfill our wishes in ample measure for salvation and mercy.

The following is recited by the *gabbai* to call the Kohen to the Torah. If no Kohen is present, a Levite or Israelite is called up to the Torah. See additional laws on page 329.

וְיַעֲזוֹר וְיָגֵן וְיוֹשִׁיעַ לְכָל הַחוֹסִים בּוֹ וְנֹאמַר אָמֵן. הַכֹּל הָבוּ גֹדֶל לֵאלֹהֵינוּ וּתְנוּ כָבוֹד לַתּוֹרָה. כֹּהֵן קְרָב, יַעֲמֹד (name) בֶּן (father's name) הַכֹּהֵן, בָּרוּךְ שֶׁנָּתַן תּוֹרָה לְעַמּוֹ יִשְׂרָאֵל בִּקְדֻשָּׁתוֹ:

The congregation responds:

וְאַתֶּם הַדְּבֵקִים בַּייָ אֱלֹהֵיכֶם, חַיִּים כֻּלְּכֶם הַיּוֹם:[1]

The *oleh*, the one called to the Torah, should use the shortest route possible to the *bimah*.

BLESSINGS OVER THE TORAH

Touch the beginning and end of the Torah reading with the corner of your *tallit* (or the Torah's sash) and kiss it. Close the Torah, hold both handles, turn your head slightly to the right, and say:

בָּרְכוּ אֶת יְיָ הַמְבֹרָךְ:

Congregation and *oleh* say:

בָּרוּךְ יְיָ הַמְבֹרָךְ לְעוֹלָם וָעֶד:

Oleh continues:

בָּרוּךְ אַתָּה יְיָ אֱלֹהֵינוּ מֶלֶךְ הָעוֹלָם, אֲשֶׁר בָּחַר בָּנוּ מִכָּל הָעַמִּים, וְנָתַן לָנוּ אֶת תּוֹרָתוֹ. בָּרוּךְ אַתָּה יְיָ, נוֹתֵן הַתּוֹרָה:

During the *aliyah*, hold the right handle of the Torah, and read quietly along with the reader.

AT THE CONCLUSION OF THE ALIYAH

Touch the end and beginning of the Torah reading with the corner of your *tallit* (or the Torah's sash) and kiss it. Close the Torah, hold both handles, turn your head slightly to the right, and say:

בָּרוּךְ אַתָּה יְיָ אֱלֹהֵינוּ מֶלֶךְ הָעוֹלָם, אֲשֶׁר נָתַן לָנוּ תּוֹרַת אֱמֶת, וְחַיֵּי עוֹלָם נָטַע בְּתוֹכֵנוּ. בָּרוּךְ אַתָּה יְיָ, נוֹתֵן הַתּוֹרָה:

After the *aliyah*, stand to the right of the following *oleh* until the end of his *aliyah* (if it was the last *aliyah*, stand at the *bimah* until the Torah is raised). Before leaving the *bima* (or if it was the last *aliyah*, before the Torah is raised), touch the outside of the Torah scroll with the corner of your *tallit* (or the Torah's sash) and kiss it. When returning to your seat, do not use the shortest route.

1. Deuteronomy 4:4.

universe, who has given us the Torah of truth and planted eternal life within us. Blessed are You Lord, who gives the Torah.

The following is recited by the *gabbai* to call the Kohen to the Torah. If no Kohen is present, a Levite or Israelite is called up to the Torah. See additional laws on page 329.

ויעזור And may He help, shield and deliver all who trust in Him, and let us say, Amen. Let all render glory to our God and give honor to the Torah. Let the Kohen come forward; arise, (name) son of (father's name) the Kohen. Blessed is He who in His holiness gave the Torah to His people Israel.

The congregation responds:

And you who cleave to the Lord your God are all alive today.[1]

The *oleh*, the one called to the Torah, should use the shortest route possible to the *bimah*.

BLESSINGS OVER THE TORAH

Touch the beginning and end of the Torah reading with the corner of your *tallit* (or the Torah's sash) and kiss it. Close the Torah, hold both handles, turn your head slightly to the right, and say:

ברכו *Bö-r'chu es adonöy ha-m'voröch.*

Congregation and *oleh* say:

ברוך *Böruch adonöy ha-m'voröch l'olöm vö-ed.*

Oleh continues:

ברוך *Böruch atö adonöy elo-haynu melech hö-olöm, asher böchar bönu miköl hö-amim, v'nösan lönu es toröso. Böruch atö adonöy, nosayn ha-torö.*

During the *aliyah*, hold the right handle of the Torah, and read quietly along with the reader.

AT THE CONCLUSION OF THE ALIYAH

Touch the end and beginning of the Torah reading with the corner of your *tallit* (or the Torah's sash) and kiss it. Close the Torah, hold both handles, turn your head slightly to the right and say:

ברוך *Böruch atö adonöy elo-haynu melech hö-olöm, asher nösan lönu toras emes, v'cha-yay olöm nöta b'sochaynu. Böruch atö adonöy, nosayn ha-torö.*

After the *aliyah*, stand to the right of the following *oleh* until the end of his *aliyah* (if it was the last *aliyah*, stand at the *bimah* until the Torah is raised). Before leaving the *bima* (or if it was the last *aliyah*, before the Torah is raised), touch the outside of the Torah scroll with the corner of your *tallit* (or the Torah's sash) and kiss it. When returning to your seat, do not use the shortest route.

ברכו Bless the Lord who is blessed.   Congregation and oleh say: ברוך Blessed be the Lord who is blessed for all eternity.   Oleh continues: ברוך Blessed are You, Lord our God, King of the universe, who has chosen us from among all the nations and given us His Torah. Blessed are You Lord, who gives the Torah. At the conclusion of the aliyah: ברוך Blessed are You, Lord our God, King of the

PRAYER ON BEHALF OF THE PERSON CALLED UP TO THE TORAH

מִי שֶׁבֵּרַךְ אֲבוֹתֵינוּ אַבְרָהָם יִצְחָק וְיַעֲקֹב, הוּא יְבָרֵךְ אֶת (name) בֶּן (father's name) בַּעֲבוּר שֶׁעָלָה לִכְבוֹד הַמָּקוֹם לִכְבוֹד הַתּוֹרָה (on Shabbat add—וְלִכְבוֹד הַשַּׁבָּת) וְלִכְבוֹד יוֹם הַדִּין, וּבִשְׂכַר זֶה הַקָּדוֹשׁ בָּרוּךְ הוּא יִשְׁמְרֵהוּ וְיַצִּילֵהוּ מִכָּל צָרָה וְצוּקָה וּמִכָּל נֶגַע וּמַחֲלָה, וְיִשְׁלַח בְּרָכָה וְהַצְלָחָה בְּכָל מַעֲשֵׂה יָדָיו וְיִכְתְּבֵהוּ וְיַחְתְּמֵהוּ לְחַיִּים טוֹבִים בְּיוֹם הַדִּין הַזֶּה עִם כָּל יִשְׂרָאֵל אֶחָיו, וְנֹאמַר אָמֵן:

TORAH READING FOR THE FIRST DAY OF ROSH HASHANAH

The following section is read in the first Torah.

וַיהֹוָה פָּקַד אֶת־שָׂרָה כַּאֲשֶׁר אָמָר וַיַּעַשׂ יְהֹוָה לְשָׂרָה כַּאֲשֶׁר דִּבֵּר: וַתַּהַר וַתֵּלֶד שָׂרָה לְאַבְרָהָם בֵּן לִזְקֻנָיו לַמּוֹעֵד אֲשֶׁר־דִּבֶּר אֹתוֹ אֱלֹהִים: וַיִּקְרָא אַבְרָהָם אֶת־שֶׁם־בְּנוֹ הַנּוֹלַד־לוֹ אֲשֶׁר־יָלְדָה־לּוֹ שָׂרָה יִצְחָק: וַיָּמָל אַבְרָהָם אֶת־יִצְחָק בְּנוֹ בֶּן־שְׁמֹנַת יָמִים כַּאֲשֶׁר צִוָּה אֹתוֹ אֱלֹהִים:

לוי וְאַבְרָהָם בֶּן־מְאַת שָׁנָה בְּהִוָּלֶד לוֹ אֵת יִצְחָק בְּנוֹ: וַתֹּאמֶר שָׂרָה צְחֹק עָשָׂה לִי אֱלֹהִים כָּל־הַשֹּׁמֵעַ יִצְחַק־לִי: וַתֹּאמֶר מִי מִלֵּל לְאַבְרָהָם הֵינִיקָה בָנִים שָׂרָה כִּי־יָלַדְתִּי בֵן לִזְקֻנָיו: וַיִּגְדַּל הַיֶּלֶד וַיִּגָּמַל וַיַּעַשׂ אַבְרָהָם מִשְׁתֶּה גָדוֹל בְּיוֹם הִגָּמֵל אֶת־יִצְחָק: (בשבת ישראל) וַתֵּרֶא שָׂרָה אֶת־בֶּן־הָגָר הַמִּצְרִית אֲשֶׁר־יָלְדָה לְאַבְרָהָם מְצַחֵק: וַתֹּאמֶר לְאַבְרָהָם גָּרֵשׁ הָאָמָה הַזֹּאת וְאֶת־בְּנָהּ כִּי לֹא יִירַשׁ בֶּן־הָאָמָה הַזֹּאת עִם־בְּנִי עִם־יִצְחָק: וַיֵּרַע הַדָּבָר מְאֹד בְּעֵינֵי אַבְרָהָם עַל אוֹדֹת בְּנוֹ: וַיֹּאמֶר אֱלֹהִים אֶל־אַבְרָהָם אַל־יֵרַע בְּעֵינֶיךָ עַל־הַנַּעַר וְעַל־אֲמָתֶךָ כֹּל אֲשֶׁר תֹּאמַר אֵלֶיךָ שָׂרָה שְׁמַע בְּקֹלָהּ כִּי בְיִצְחָק יִקָּרֵא לְךָ זָרַע:

TORAH READING FOR THE SECOND DAY OF ROSH HASHANAH

The following section is read in the first Torah.

וַיְהִי אַחַר הַדְּבָרִים הָאֵלֶּה וְהָאֱלֹהִים נִסָּה אֶת־אַבְרָהָם וַיֹּאמֶר אֵלָיו אַבְרָהָם וַיֹּאמֶר הִנֵּנִי: וַיֹּאמֶר קַח־נָא אֶת־בִּנְךָ אֶת־יְחִידְךָ אֲשֶׁר־אָהַבְתָּ אֶת־יִצְחָק וְלֶךְ־לְךָ אֶל־אֶרֶץ הַמֹּרִיָּה וְהַעֲלֵהוּ שָׁם לְעֹלָה עַל אַחַד הֶהָרִים אֲשֶׁר אֹמַר אֵלֶיךָ: וַיַּשְׁכֵּם אַבְרָהָם בַּבֹּקֶר וַיַּחֲבֹשׁ אֶת־חֲמֹרוֹ וַיִּקַּח אֶת־שְׁנֵי נְעָרָיו אִתּוֹ וְאֵת יִצְחָק בְּנוֹ וַיְבַקַּע עֲצֵי עֹלָה וַיָּקָם וַיֵּלֶךְ אֶל־הַמָּקוֹם אֲשֶׁר־אָמַר־לוֹ הָאֱלֹהִים:

PRAYER ON BEHALF OF THE PERSON
CALLED UP TO THE TORAH

מי May He who blessed our fathers, Abraham, Isaac and Jacob, bless (name) son of (father's name) because he has come up for the honor of God, for the honor of the Torah, (On Shabbat add: and for the honor of the Shabbat,) and for the honor of the Day of Judgment. In this merit may the Holy One, blessed be He, protect and deliver him from all trouble and distress, and from all affliction and illness; may He send blessing and success to all his endeavors, and may He inscribe and seal him for a good life on this Day of Judgment, together with all Israel his brethren; and let us say, Amen.

TORAH READING FOR THE FIRST DAY OF ROSH HASHANAH
The following section is read in the first Torah.

Genesis 21:1-34

ויהוה The Lord remembered Sarah as He had said, and the Lord did for Sarah as He had spoken. Sarah conceived and bore Abraham a son in his old age, at the designated time of which God had spoken to him. Abraham named his son who was born to him, whom Sarah bore him, Isaac. Abraham circumcised his son Isaac when he was eight days old, as God had commanded him.

Levi: Abraham was one hundred years old when his son Isaac was born to him. Sarah said, "God has caused me joy; whoever hears [about it] will rejoice on my account." And she said, "Who would have said to Abraham that Sarah would nurse children? Yet I have given birth to a son in his old age!" The child grew and was weaned; and Abraham made a great feast on the day that Isaac was weaned. **(On Shabbat, third Aliyah:)** Sarah saw the son of Hagar, the Egyptian woman, whom she had borne to Abraham, scoffing. So she said to Abraham, "Drive away this maidservant and her son, for the son of this maid-servant shall not inherit together with my son, with Isaac!" The matter distressed Abraham greatly on account of his son. And God said to Abraham, "Do not be distressed over the lad or your maidservant; whatever Sarah tells you hearken to her voice, for your progeny will be called after Isaac.

TORAH READING FOR THE SECOND DAY OF ROSH HASHANAH
The following section is read in the first Torah.

Genesis 22:1-24

ויהי And it was after these events that God tested Abraham, and said to him, "Abraham," and he answered, "Here I am." And He said, "Take your son, your only son, whom you love, Isaac, and go to the land of Moriah, and offer him there as a burnt-offering on one of the mountains which I will tell you." Abraham rose early in the morning, saddled his donkey, and took with him his two attendants and Isaac his son; he chopped wood for the offering, and set out for the place of which God had told him.

FIRST DAY

ישראל (בשבת רביעי) וְגַם אֶת־בֶּן־הָאָמָה לְגוֹי אֲשִׂימֶנּוּ כִּי זַרְעֲךָ הוּא: וַיַּשְׁכֵּם אַבְרָהָם | בַּבֹּקֶר וַיִּקַּח־לֶחֶם וְחֵמַת מַיִם וַיִּתֵּן אֶל־הָגָר שָׂם עַל־שִׁכְמָהּ וְאֶת־הַיֶּלֶד וַיְשַׁלְּחֶהָ וַתֵּלֶךְ וַתֵּתַע בְּמִדְבַּר בְּאֵר שָׁבַע: וַיִּכְלוּ הַמַּיִם מִן־הַחֵמֶת וַתַּשְׁלֵךְ אֶת־הַיֶּלֶד תַּחַת אַחַד הַשִּׂיחִם: וַתֵּלֶךְ וַתֵּשֶׁב לָהּ מִנֶּגֶד הַרְחֵק כִּמְטַחֲוֵי קֶשֶׁת כִּי אָמְרָה אַל־אֶרְאֶה בְּמוֹת הַיָּלֶד וַתֵּשֶׁב מִנֶּגֶד וַתִּשָּׂא אֶת־קֹלָהּ וַתֵּבְךְּ: וַיִּשְׁמַע אֱלֹהִים אֶת־קוֹל הַנַּעַר וַיִּקְרָא מַלְאַךְ אֱלֹהִים | אֶל־הָגָר מִן־הַשָּׁמַיִם וַיֹּאמֶר לָהּ מַה־לָּךְ הָגָר אַל־תִּירְאִי כִּי־שָׁמַע אֱלֹהִים אֶל־קוֹל הַנַּעַר בַּאֲשֶׁר הוּא־שָׁם: (בשבת חמישי) קוּמִי שְׂאִי אֶת־הַנַּעַר וְהַחֲזִיקִי אֶת־יָדֵךְ בּוֹ כִּי־לְגוֹי גָּדוֹל אֲשִׂימֶנּוּ: וַיִּפְקַח אֱלֹהִים אֶת־עֵינֶיהָ וַתֵּרֶא בְּאֵר מָיִם וַתֵּלֶךְ וַתְּמַלֵּא אֶת־הַחֵמֶת מַיִם וַתַּשְׁק אֶת־הַנָּעַר: וַיְהִי אֱלֹהִים אֶת־הַנַּעַר וַיִּגְדָּל וַיֵּשֶׁב בַּמִּדְבָּר וַיְהִי רֹבֶה קַשָּׁת: וַיֵּשֶׁב בְּמִדְבַּר פָּארָן וַתִּקַּח־לוֹ אִמּוֹ אִשָּׁה מֵאֶרֶץ מִצְרָיִם:

רביעי (בשבת ששי) וַיְהִי בָּעֵת הַהִוא וַיֹּאמֶר אֲבִימֶלֶךְ וּפִיכֹל שַׂר־צְבָאוֹ אֶל־אַבְרָהָם לֵאמֹר אֱלֹהִים עִמְּךָ בְּכֹל אֲשֶׁר־אַתָּה עֹשֶׂה: וְעַתָּה הִשָּׁבְעָה לִּי בֵאלֹהִים הֵנָּה אִם־תִּשְׁקֹר לִי וּלְנִינִי וּלְנֶכְדִּי כַּחֶסֶד אֲשֶׁר־עָשִׂיתִי עִמְּךָ תַּעֲשֶׂה עִמָּדִי וְעִם־הָאָרֶץ אֲשֶׁר־גַּרְתָּה בָּהּ: וַיֹּאמֶר אַבְרָהָם אָנֹכִי אִשָּׁבֵעַ: וְהוֹכִחַ אַבְרָהָם אֶת־אֲבִימֶלֶךְ עַל־אֹדוֹת בְּאֵר הַמַּיִם אֲשֶׁר גָּזְלוּ עַבְדֵי אֲבִימֶלֶךְ: וַיֹּאמֶר אֲבִימֶלֶךְ לֹא יָדַעְתִּי מִי עָשָׂה אֶת־הַדָּבָר הַזֶּה וְגַם־אַתָּה לֹא־הִגַּדְתָּ לִּי וְגַם אָנֹכִי לֹא שָׁמַעְתִּי בִּלְתִּי הַיּוֹם: וַיִּקַּח אַבְרָהָם צֹאן וּבָקָר וַיִּתֵּן לַאֲבִימֶלֶךְ וַיִּכְרְתוּ שְׁנֵיהֶם בְּרִית:

SECOND DAY

לוי בַּיּוֹם הַשְּׁלִישִׁי וַיִּשָּׂא אַבְרָהָם אֶת־עֵינָיו וַיַּרְא אֶת־הַמָּקוֹם מֵרָחֹק: וַיֹּאמֶר אַבְרָהָם אֶל־נְעָרָיו שְׁבוּ־לָכֶם פֹּה עִם־הַחֲמוֹר וַאֲנִי וְהַנַּעַר נֵלְכָה עַד־כֹּה וְנִשְׁתַּחֲוֶה וְנָשׁוּבָה אֲלֵיכֶם: וַיִּקַּח אַבְרָהָם אֶת־עֲצֵי הָעֹלָה וַיָּשֶׂם עַל־יִצְחָק בְּנוֹ וַיִּקַּח בְּיָדוֹ אֶת־הָאֵשׁ וְאֶת־הַמַּאֲכֶלֶת וַיֵּלְכוּ שְׁנֵיהֶם יַחְדָּו: וַיֹּאמֶר יִצְחָק אֶל־אַבְרָהָם אָבִיו וַיֹּאמֶר אָבִי וַיֹּאמֶר הִנֶּנִּי בְנִי וַיֹּאמֶר הִנֵּה הָאֵשׁ וְהָעֵצִים וְאַיֵּה הַשֶּׂה לְעֹלָה: וַיֹּאמֶר אַבְרָהָם אֱלֹהִים יִרְאֶה־לּוֹ הַשֶּׂה לְעֹלָה בְּנִי וַיֵּלְכוּ שְׁנֵיהֶם יַחְדָּו:

—————————————————— FIRST DAY ——————————————————

Yisrael (On Shabbat, fourth Aliyah): "And also the son of the maidservant I will make into a nation, for he is your seed." Abraham rose early in the morning, took bread and a skin-bottle of water, and gave them to Hagar, placing them on her shoulder, as well as the child, and sent her away; she went and wandered in the desert of Beer-Sheva. The water in the skin-bottle was used up, and she cast the child under one of the trees. She went and sat herself down at a distance, some bowshots away, because she said, "Let me not see the death of the child," and she sat even further, raised her voice and wept. God heard the cry of the lad, and an angel of God called to Hagar from heaven and said to her, "What grieves you, Hagar? Fear not, for God has heard the cry of the lad, there where he is. **(On Shabbat, fifth Aliyah):** Arise, lift up the lad and hold him firmly with your hand, for I will make him into a great nation." God opened her eyes and she beheld a well of water; she went and filled the skin-bottle with water, and gave the lad to drink. God was with the lad and he grew up; he lived in the desert and became a skilled archer. He lived in the desert of Paran, and his mother took a wife for him from the land of Egypt.

Fourth Aliyah (On Shabbat, sixth Aliyah): It was then that Avimelech and Phichol, the head of his army, spoke to Abraham, saying, "God is with you in everything that you do. Now swear to me here by God that you will not deal falsely with me, with my son, or with my grandson; as kindly as I have dealt with you, deal with me and with the land in which you have sojourned." And Abraham said, "I will swear." Then Abraham remonstrated with Avimelech concerning the well of water which Avimelech's servants had seized. Avimelech said, "I do not know who has done this thing; neither have you told me, nor have I heard about it until today." Abraham took sheep and cattle, gave them to Avimelech, and the two of them entered into a covenant.

—————————————————— SECOND DAY ——————————————————

Levi: On the third day, Abraham looked up and saw the place from afar. Abraham said to his attendants, "You stay here with the donkey, and I and the lad will go yonder; we will prostrate ourselves [before God], and then return to you." Abraham took the wood for the offering and put it on Isaac his son, and he took in his hand the fire and the knife; and the two walked on together. Then Isaac spoke to Abraham his father and said, "My father"; and he answered, "Here I am, my son." And he said, "Here are the fire and the wood, but where is the lamb for the burnt-offering?" Abraham answered, "God will provide for Himself the lamb for the burnt-offering, my son," and the two walked on together.

FIRST DAY

חמישי (בשבת שביעי) וַיַּצֵּב אַבְרָהָם אֶת־שֶׁבַע כִּבְשֹׂת הַצֹּאן לְבַדְּהֶן׃ וַיֹּאמֶר אֲבִימֶלֶךְ אֶל־אַבְרָהָם מָה הֵנָּה שֶׁבַע כְּבָשֹׂת הָאֵלֶּה אֲשֶׁר הִצַּבְתָּ לְבַדָּנָה׃ וַיֹּאמֶר כִּי אֶת־שֶׁבַע כְּבָשֹׂת תִּקַּח מִיָּדִי בַּעֲבוּר תִּהְיֶה־לִּי לְעֵדָה כִּי חָפַרְתִּי אֶת־הַבְּאֵר הַזֹּאת׃ עַל־כֵּן קָרָא לַמָּקוֹם הַהוּא בְּאֵר שָׁבַע כִּי שָׁם נִשְׁבְּעוּ שְׁנֵיהֶם׃ וַיִּכְרְתוּ בְרִית בִּבְאֵר שָׁבַע וַיָּקָם אֲבִימֶלֶךְ וּפִיכֹל שַׂר־צְבָאוֹ וַיָּשֻׁבוּ אֶל־אֶרֶץ פְּלִשְׁתִּים׃ וַיִּטַּע אֶשֶׁל בִּבְאֵר שָׁבַע וַיִּקְרָא־שָׁם בְּשֵׁם יְהוָה אֵל עוֹלָם׃ וַיָּגָר אַבְרָהָם בְּאֶרֶץ פְּלִשְׁתִּים יָמִים רַבִּים׃

SECOND DAY

ישראל וַיָּבֹאוּ אֶל־הַמָּקוֹם אֲשֶׁר אָמַר־לוֹ הָאֱלֹהִים וַיִּבֶן שָׁם אַבְרָהָם אֶת־הַמִּזְבֵּחַ וַיַּעֲרֹךְ אֶת־הָעֵצִים וַיַּעֲקֹד אֶת־יִצְחָק בְּנוֹ וַיָּשֶׂם אֹתוֹ עַל־הַמִּזְבֵּחַ מִמַּעַל לָעֵצִים׃ וַיִּשְׁלַח אַבְרָהָם אֶת־יָדוֹ וַיִּקַּח אֶת־הַמַּאֲכֶלֶת לִשְׁחֹט אֶת־בְּנוֹ׃ וַיִּקְרָא אֵלָיו מַלְאַךְ יְהוָה מִן־הַשָּׁמַיִם וַיֹּאמֶר אַבְרָהָם ׀ אַבְרָהָם וַיֹּאמֶר הִנֵּנִי׃ וַיֹּאמֶר אַל־תִּשְׁלַח יָדְךָ אֶל־הַנַּעַר וְאַל־תַּעַשׂ לוֹ מְאוּמָה כִּי ׀ עַתָּה יָדַעְתִּי כִּי־יְרֵא אֱלֹהִים אַתָּה וְלֹא חָשַׂכְתָּ אֶת־בִּנְךָ אֶת־יְחִידְךָ מִמֶּנִּי׃ וַיִּשָּׂא אַבְרָהָם אֶת־עֵינָיו וַיַּרְא וְהִנֵּה־אַיִל אַחַר נֶאֱחַז בַּסְּבַךְ בְּקַרְנָיו וַיֵּלֶךְ אַבְרָהָם וַיִּקַּח אֶת־הָאַיִל וַיַּעֲלֵהוּ לְעֹלָה תַּחַת בְּנוֹ׃ וַיִּקְרָא אַבְרָהָם שֵׁם־הַמָּקוֹם הַהוּא יְהוָה ׀ יִרְאֶה אֲשֶׁר יֵאָמֵר הַיּוֹם בְּהַר יְהוָה יֵרָאֶה׃

רביעי וַיִּקְרָא מַלְאַךְ יְהוָה אֶל־אַבְרָהָם שֵׁנִית מִן־הַשָּׁמָיִם׃ וַיֹּאמֶר בִּי נִשְׁבַּעְתִּי נְאֻם־יְהוָה כִּי יַעַן אֲשֶׁר עָשִׂיתָ אֶת־הַדָּבָר הַזֶּה וְלֹא חָשַׂכְתָּ אֶת־בִּנְךָ אֶת־יְחִידֶךָ׃ כִּי־בָרֵךְ אֲבָרֶכְךָ וְהַרְבָּה אַרְבֶּה אֶת־זַרְעֲךָ כְּכוֹכְבֵי הַשָּׁמַיִם וְכַחוֹל אֲשֶׁר עַל־שְׂפַת הַיָּם וְיִרַשׁ זַרְעֲךָ אֵת שַׁעַר אֹיְבָיו׃ וְהִתְבָּרְכוּ בְזַרְעֲךָ כֹּל גּוֹיֵי הָאָרֶץ עֵקֶב אֲשֶׁר שָׁמַעְתָּ בְּקֹלִי׃ וַיָּשָׁב אַבְרָהָם אֶל־נְעָרָיו וַיָּקֻמוּ וַיֵּלְכוּ יַחְדָּו אֶל־בְּאֵר שָׁבַע וַיֵּשֶׁב אַבְרָהָם בִּבְאֵר שָׁבַע׃

חמישי וַיְהִי אַחֲרֵי הַדְּבָרִים הָאֵלֶּה וַיֻּגַּד לְאַבְרָהָם לֵאמֹר הִנֵּה יָלְדָה מִלְכָּה גַם־הִוא בָּנִים לְנָחוֹר אָחִיךָ׃ אֶת־עוּץ בְּכֹרוֹ וְאֶת־בּוּז אָחִיו וְאֶת־קְמוּאֵל אֲבִי אֲרָם׃ וְאֶת־כֶּשֶׂד וְאֶת־חֲזוֹ וְאֶת־פִּלְדָּשׁ וְאֶת־יִדְלָף וְאֵת בְּתוּאֵל׃ וּבְתוּאֵל יָלַד אֶת־רִבְקָה שְׁמֹנָה אֵלֶּה יָלְדָה מִלְכָּה לְנָחוֹר אֲחִי אַבְרָהָם׃ וּפִילַגְשׁוֹ וּשְׁמָהּ רְאוּמָה וַתֵּלֶד גַּם־הִוא אֶת־טֶבַח וְאֶת־גַּחַם וְאֶת־תַּחַשׁ וְאֶת־מַעֲכָה׃

———————————————— FIRST DAY ————————————————

Fifth Aliyah (On Shabbat, seventh Aliyah): Abraham then set seven ewes of the flock by themselves. Avimelech said to Abraham, "What are these seven ewes which you have set by themselves?" He said, "Indeed, take these seven ewes from my hand so that they may be evidence for me that I dug this well." Therefore that place was called Beer-Sheva [Well of Swearing], for they both swore there. They made a covenant in Beer-Sheva; then Avimelech arose together with Phichol, the head of his army, and they returned to the land of the Philistines. [Abraham] planted a tree in Beer-Sheva, and there he proclaimed the Name of the Lord, God of the universe. And Abraham sojourned in the land of the Philistines many years.

———————————————— SECOND DAY ————————————————

Yisrael: They reached the place of which God had told him, and Abraham built an altar there, arranged the wood, bound Isaac his son, and placed him on the altar upon the wood. Then Abraham stretched forth his hand, and took the knife to slaughter his son. But an angel of the Lord called to him from heaven and said, "Abraham! Abraham!" And he answered, "Here I am." And he said, "Do not lay your hand upon the lad, nor do anything to him; for now I know that you are a God-fearing man, since you have not withheld your son, your only son, from Me." Thereafter, Abraham looked up and saw a ram caught in the thicket by its horns; and Abraham went and took the ram and offered it as a burnt-offering instead of his son. Abraham called the name of the place "The Lord Will See," as it is referred to this day, "On the mount where the Lord shall reveal Himself."

Fourth Aliyah: An angel of the Lord called to Abraham a second time from heaven, and said, "By Myself have I sworn, says the Lord, because you have done this and have not withheld your son, your only son: I will greatly bless you and make your descendants as numerous as the stars in heaven and as the sand on the seashore; and your descendants shall inherit the gates of their enemies. And all the nations of the earth shall bless themselves by your descendants, because you have obeyed My voice." Abraham then returned to his attendants, and they rose and went together to Beer-Sheva; and Abraham lived in Beer-Sheva.

Fifth Aliyah: And it was after these events that Abraham was told as follows: "Milkah too has borne sons to your brother Nachor: Utz his first-born, Buz his brother, Kemuel the father of Aram, Kesed, Chazo, Pildash, Yidlaf and Besuel." And Besuel begat Rebecca. These eight did Milkah bear to Nachor, Abraham's brother. And his concubine, whose name was Reumah, also bore Tevach, Gacham, Tachash and Maachah.

The second Torah scroll is placed on the *bimah* near the first, and Half Kaddish is recited.[1]
Congregation responds אָמֵן as indicated.

יִתְגַּדַּל וְיִתְקַדַּשׁ שְׁמֵהּ רַבָּא. (Cong—אָמֵן) בְּעָלְמָא

דִּי בְרָא כִרְעוּתֵהּ וְיַמְלִיךְ מַלְכוּתֵהּ, וְיַצְמַח

פּוּרְקָנֵהּ וִיקָרֵב מְשִׁיחֵהּ. (Cong—אָמֵן) בְּחַיֵּיכוֹן וּבְיוֹמֵיכוֹן

וּבְחַיֵּי דְכָל בֵּית יִשְׂרָאֵל, בַּעֲגָלָא וּבִזְמַן קָרִיב וְאִמְרוּ

אָמֵן:

(Cong—אָמֵן. יְהֵא שְׁמֵהּ רַבָּא מְבָרַךְ לְעָלַם וּלְעָלְמֵי עָלְמַיָּא,

יִתְבָּרַךְ.)

יְהֵא שְׁמֵהּ רַבָּא מְבָרַךְ לְעָלַם וּלְעָלְמֵי עָלְמַיָּא. יִתְבָּרַךְ,

וְיִשְׁתַּבַּח, וְיִתְפָּאַר, וְיִתְרוֹמַם, וְיִתְנַשֵּׂא, וְיִתְהַדָּר,

וְיִתְעַלֶּה, וְיִתְהַלָּל, שְׁמֵהּ דְּקוּדְשָׁא בְּרִיךְ הוּא.

(Cong—אָמֵן) לְעֵלָּא מִן כָּל בִּרְכָתָא וְשִׁירָתָא,

תֻּשְׁבְּחָתָא וְנֶחֱמָתָא, דַּאֲמִירָן בְּעָלְמָא, וְאִמְרוּ אָמֵן:

(Cong—אָמֵן)

BLESSING OF THANKSGIVING ON
DELIVERANCE FROM DANGER

One who is obligated to recite this blessing should do so at the Torah.

בָּרוּךְ אַתָּה יְיָ אֱלֹהֵינוּ מֶלֶךְ הָעוֹלָם, הַגּוֹמֵל לְחַיָּבִים

טוֹבוֹת, שֶׁגְּמָלַנִי טוֹב:

The congregation responds:

אָמֵן. מִי שֶׁגְּמָלְךָ טוֹב, הוּא יִגְמָלְךָ כָּל טוֹב סֶלָה:

BLESSING BY THE FATHER OF A BAR MITZVAH

After a Bar Mitzvah concludes his first *aliyah*, his father recites:

בָּרוּךְ (אתה יי אלהינו מלך העולם) שֶׁפְּטָרַנִי מֵעָנֶשׁ הַלָּזֶה:

---

1. It is customary that a mourner, or one who is observing *yahrzeit*, recites this Half Kaddish. If there is none present, the reader recites it.

The second Torah scroll is placed on the *bimah* near the first, and Half Kaddish is recited.[1]
Congregation responds Amen as indicated.

Translation, page 100.

יתגדל *Yis-gadal v'yis-kadash sh'mayh rabö.* (Cong: *Ömayn*)

B'öl'mö di v'rö chir'u-sayh v'yamlich mal'chusayh, v'yatzmach pur-könay vikörayv m'shi-chayh. (Cong: *Ömayn*)

B'cha-yay-chon u-v'yomaychon u-v'cha-yay d'chöl bays yisrö-ayl, ba-agölö u-viz'man köriv v'im'ru ömayn.

(Cong: *Ömayn. Y'hay sh'mayh rabö m'vörach l'ölam u-l'öl'may öl'ma-yö, yisböraych.*)

Y'hay sh'mayh rabö m'vörach l'ölam u-l'öl'may öl'ma-yö. Yisböraych, v'yishtabach, v'yispö-ayr, v'yisromöm, v'yis-nasay, v'yis-hadör, v'yis-aleh, v'yis-halöl, sh'mayh d'kudshö b'rich hu. (Cong: *Ömayn*)

L'aylö min köl bir-chösö v'shirösö, tush-b'chösö v'neche-mösö, da-amirön b'öl'mö, v'im'ru ömayn. (Cong: *Ömayn*)

BLESSING OF THANKSGIVING ON DELIVERANCE FROM DANGER

One who is obligated to recite this blessing should do so at the Torah.

ברוך *Böruch atö adonöy elohay-nu melech hö-olöm, ha-gomayl l'cha-yövim tovos, she-g'mölani tov.*

The congregation responds:

אמן *Ömayn. Mi she-g'möl'chö tov, hu yigmöl'chö köl tov selö.*

BLESSING BY THE FATHER OF A BAR MITZVAH

After a Bar Mitzvah concludes his first *aliyah*, his father recites:

Transliteration, page 343.

ברוך Blessed be who has released me from being punishable for this [boy].

BLESSING OF THANKSGIVING. ברוך Blessed are You, Lord our God, King of the universe, who bestows beneficences upon the culpable, for He has bestowed goodness upon me. אמן Amen. May He who has bestowed beneficence upon you always bestow every beneficence upon you.

PRAYER FOR A WOMAN WHO GAVE BIRTH

On the birth of a baby boy:

מִי שֶׁבֵּרַךְ אֲבוֹתֵינוּ אַבְרָהָם יִצְחָק וְיַעֲקֹב, מֹשֶׁה וְאַהֲרֹן דָּוִד וּשְׁלֹמֹה, הוּא יְבָרֵךְ אֶת הָאִשָּׁה הַיּוֹלֶדֶת (woman's name) בַּת (mother's name) עִם בְּנָהּ הַנּוֹלָד לָהּ בְּמַזָּל טוֹב, בַּעֲבוּר שֶׁבַּעְלָהּ וְאָבִיו יִתֵּן בְּלִי נֶדֶר לִצְדָקָה בַּעֲדָם, וּבִשְׂכַר זֶה יִזְכּוּ לְהַכְנִיסוֹ בִּבְרִיתוֹ שֶׁל אַבְרָהָם אָבִינוּ וִיגַדְּלוּהוּ לְתוֹרָה וּלְחֻפָּה וּלְמַעֲשִׂים טוֹבִים, וְנֹאמַר אָמֵן:

On the birth of a baby girl:

מִי שֶׁבֵּרַךְ אֲבוֹתֵינוּ אַבְרָהָם יִצְחָק וְיַעֲקֹב, מֹשֶׁה וְאַהֲרֹן דָּוִד וּשְׁלֹמֹה, הוּא יְבָרֵךְ אֶת הָאִשָּׁה הַיּוֹלֶדֶת (woman's name) בַּת (mother's name) עִם בִּתָּהּ הַנּוֹלְדָה לָהּ בְּמַזָּל טוֹב, וְיִקָּרֵא שְׁמָהּ בְּיִשְׂרָאֵל (Hebrew name of the newborn) בַּת (father's name), בַּעֲבוּר שֶׁבַּעְלָהּ וְאָבִיהָ יִתֵּן בְּלִי נֶדֶר לִצְדָקָה בַּעֲדָן, וּבִשְׂכַר זֶה יְגַדְּלוּהָ לְתוֹרָה וּלְחֻפָּה וּלְמַעֲשִׂים טוֹבִים, וְנֹאמַר אָמֵן:

PRAYER FOR A SICK PERSON

This prayer is recited even when Rosh Hashanah occurs on Shabbat.[1]

For a man:

מִי שֶׁבֵּרַךְ אֲבוֹתֵינוּ אַבְרָהָם יִצְחָק וְיַעֲקֹב, מֹשֶׁה וְאַהֲרֹן דָּוִד וּשְׁלֹמֹה, הוּא יְרַפֵּא אֶת (name) בֶּן (mother's name) בַּעֲבוּר שֶׁ(donor's name) בֶּן (father's name) יִתֵּן בְּלִי נֶדֶר לִצְדָקָה בַּעֲבוּרוֹ, בִּשְׂכַר זֶה הַקָּדוֹשׁ בָּרוּךְ הוּא יִמָּלֵא רַחֲמִים עָלָיו לְהַחֲלִימוֹ וּלְרַפְּאתוֹ וּלְהַחֲזִיקוֹ וּלְהַחֲיוֹתוֹ, וְיִשְׁלַח לוֹ מְהֵרָה רְפוּאָה שְׁלֵמָה מִן הַשָּׁמַיִם לִרְמַ"ח אֵבָרָיו וְשַׁסָ"ה גִּידָיו בְּתוֹךְ שְׁאָר חוֹלֵי יִשְׂרָאֵל, רְפוּאַת הַנֶּפֶשׁ וּרְפוּאַת הַגּוּף, וְנֹאמַר אָמֵן:

For a woman:

מִי שֶׁבֵּרַךְ אֲבוֹתֵינוּ אַבְרָהָם יִצְחָק וְיַעֲקֹב, מֹשֶׁה וְאַהֲרֹן דָּוִד וּשְׁלֹמֹה, הוּא יְרַפֵּא אֶת (name) בַּת (mother's name) בַּעֲבוּר שֶׁ(donor's name) בֶּן (father's name) יִתֵּן בְּלִי נֶדֶר לִצְדָקָה בַּעֲבוּרָהּ, בִּשְׂכַר זֶה הַקָּדוֹשׁ בָּרוּךְ הוּא יִמָּלֵא רַחֲמִים עָלֶיהָ לְהַחֲלִימָהּ וּלְרַפְּאתָהּ

1. Matei Efrayim 584:25.

PRAYER FOR A WOMAN WHO GAVE BIRTH

On the birth of a baby boy:

מי May He who blessed our fathers, Abraham, Isaac and Jacob, Moses and Aaron, David and Solomon, bless the woman who has given birth (name) daughter of (mother's name) together with the son born to her in an auspicious time, because her husband, the child's father, has pledged charity, without a vow, for their sakes. In this merit, may they be privileged to bring him into the Covenant of Abraham our father, and to raise him to Torah, to marriage and to good deeds; and let us say, Amen.

On the birth of a baby girl:

מי May He who blessed our fathers, Abraham, Isaac and Jacob, Moses and Aaron, David and Solomon, bless the woman who has given birth (name) daughter of (mother's name) together with the daughter born to her in an auspicious time, and her name shall be called in Israel (Hebrew name of the newborn) daughter of (father's name) because her husband, the child's father, has pledged charity, without a vow, for their sakes. In this merit may they raise her to Torah, to marriage and to good deeds; and let us say, Amen.

PRAYER FOR A SICK PERSON

This prayer is recited even when Rosh Hashanah occurs on Shabbat.[1]

For a man:

מי May He who blessed our fathers, Abraham, Isaac, and Jacob, Moses and Aaron, David and Solomon, heal (name) son of (mother's name), because (donor's name) son of (father's name) pledged charity, without a vow, for his sake. In this merit may the Holy One, blessed be He, be filled with mercy for him, to restore him to health and to cure him, to strengthen him and to invigorate him. And may He hasten to send him from Heaven a complete recovery to his two hundred and forty-eight bodily parts and three hundred sixty-five veins among the other sick people of Israel, a healing of spirit and a healing of body. Let us say, Amen.

For a woman:

מי May He who blessed our fathers, Abraham, Isaac and Jacob, Moses and Aaron, David and Solomon, heal (name) daughter of (mother's name), because (donor's name) son of (father's name) pledged charity, without a vow, for her sake. In this merit may the Holy One, blessed be He, be filled with mercy for her, to restore her to health

וּלְהַחֲזִיקָהּ וּלְהַחֲיוֹתָהּ, וְיִשְׁלַח לָהּ מְהֵרָה רְפוּאָה שְׁלֵמָה מִן הַשָּׁמַיִם
בְּכָל אֵבָרֶיהָ וְגִידֶיהָ בְּתוֹךְ שְׁאָר חוֹלֵי יִשְׂרָאֵל, רְפוּאַת הַנֶּפֶשׁ
וּרְפוּאַת הַגּוּף, וְנֹאמַר אָמֵן:

RAISING THE TORAH

Before raising the Torah, open it to reveal at least three columns and one seam. Raise the Torah, turning to the right and left, so that everyone present can see the text. Place the open Torah back on the *bimah* and roll it closed with the seam centered between the two rollers. Lift the closed Torah and be seated holding it.

As the Torah is raised the congregation rises, looks at the Torah, and says aloud:

וְזֹאת הַתּוֹרָה אֲשֶׁר שָׂם מֹשֶׁה לִפְנֵי בְּנֵי יִשְׂרָאֵל:[1] עֵץ חַיִּים
הִיא לַמַּחֲזִיקִים בָּהּ, וְתוֹמְכֶיהָ מְאֻשָּׁר: דְּרָכֶיהָ דַרְכֵי
נֹעַם, וְכָל נְתִיבוֹתֶיהָ שָׁלוֹם: אֹרֶךְ יָמִים בִּימִינָהּ, בִּשְׂמֹאלָהּ
עֹשֶׁר וְכָבוֹד:[2] יְיָ חָפֵץ לְמַעַן צִדְקוֹ, יַגְדִּיל תּוֹרָה וְיַאְדִּיר:[3]

The *golel* wraps the sash around the Torah at the top of the lower third, and places the mantle over the Torah (followed by the crown, etc.).

The *maftir* is called to the Torah, and the following section is read from the second Torah.

וּבַחֹדֶשׁ הַשְּׁבִיעִי בְּאֶחָד לַחֹדֶשׁ מִקְרָא־קֹדֶשׁ יִהְיֶה לָכֶם כָּל־מְלֶאכֶת
עֲבֹדָה לֹא תַעֲשׂוּ יוֹם תְּרוּעָה יִהְיֶה לָכֶם: וַעֲשִׂיתֶם עֹלָה לְרֵיחַ
נִיחֹחַ לַיהֹוָה פַּר בֶּן־בָּקָר אֶחָד אַיִל אֶחָד כְּבָשִׂים בְּנֵי־שָׁנָה שִׁבְעָה
תְּמִימִם: וּמִנְחָתָם סֹלֶת בְּלוּלָה בַשָּׁמֶן שְׁלֹשָׁה עֶשְׂרֹנִים לַפָּר שְׁנֵי
עֶשְׂרֹנִים לָאָיִל: וְעִשָּׂרוֹן אֶחָד לַכֶּבֶשׂ הָאֶחָד לְשִׁבְעַת הַכְּבָשִׂים:
וּשְׂעִיר־עִזִּים אֶחָד חַטָּאת לְכַפֵּר עֲלֵיכֶם: מִלְּבַד עֹלַת הַחֹדֶשׁ וּמִנְחָתָהּ
וְעֹלַת הַתָּמִיד וּמִנְחָתָהּ וְנִסְכֵּיהֶם כְּמִשְׁפָּטָם לְרֵיחַ נִיחֹחַ אִשֶּׁה לַיהֹוָה:

Raising of the Torah, above.

BLESSING BEFORE THE HAFTARAH

The *maftir* recites the following blessing before the Haftarah.

בָּרוּךְ אַתָּה יְיָ אֱלֹהֵינוּ מֶלֶךְ הָעוֹלָם אֲשֶׁר בָּחַר בִּנְבִיאִים
טוֹבִים וְרָצָה בְדִבְרֵיהֶם הַנֶּאֱמָרִים בֶּאֱמֶת בָּרוּךְ
אַתָּה יְיָ הַבּוֹחֵר בַּתּוֹרָה וּבְמֹשֶׁה עַבְדּוֹ וּבְיִשְׂרָאֵל עַמּוֹ
וּבִנְבִיאֵי הָאֱמֶת וָצֶדֶק: (Cong—אָמֵן)

1. Deuteronomy 4:44. 2. Proverbs 3:18, 17, 16. 3. Isaiah 42:21.

and to cure her, to strengthen her and to invigorate her. And may He hasten to send her from Heaven a complete recovery to all her bodily parts and veins, among the other sick people of Israel, a healing of spirit and a healing of body. Let us say, Amen.

RAISING THE TORAH

Before raising the Torah, open it to reveal at least three columns and one seam. Raise the Torah, turning to the right and left, so that everyone present can see the text. Place the open Torah back on the *bimah* and roll it closed with the seam centered between the two rollers. Lift the closed Torah and be seated holding it.

As the Torah is raised the congregation rises, looks at the Torah, and says aloud:

Transliteration, page 343.

וזאת This is the Torah which Moses placed before the children of Israel.[1] It is a tree of life for those who hold fast to it, and those who support it are fortunate. Its ways are pleasant ways, and all its paths are peace. Long life is at its right, riches and honor at its left.[2] The Lord desired, for the sake of his [Israel's] righteousness, to make the Torah great and glorious.[3]

The *golel* wraps the sash around the Torah at the top of the lower third, and places the mantle over the Torah (followed by the crown, etc.).

The *maftir* is called to the Torah, and the following section is read from the second Torah.

Numbers 29:1-6

ובחדש In the seventh month, on the first day of the month, you shall have a holy assembly; you shall do no work of labor; it shall be to you a day for blowing the *shofar*. You shall bring a burnt-offering for a pleasing odor to the Lord: one young bullock, one ram and seven yearling lambs, without blemish. And their meal-offering, fine flour mixed with oil: three-tenths [of an ephah] for the bullock, two-tenths for the ram, and one-tenth for each lamb of the seven lambs; and one goat for a sin-offering to atone for you; aside from the Rosh Chodesh burnt-offering and its meal-offering, and the daily burnt-offering and its meal-offering, and their libations in accordance with their regulation, for a pleasing odor, an offering consumed by fire to the Lord.

Raising of the Torah, above.

BLESSING BEFORE THE HAFTARAH

The *maftir* recites the following blessing before the Haftarah.

ברוך Blessed are You, Lord our God, King of the universe, who has chosen good prophets and found favor with their words which were spoken in truth. Blessed are You, Lord, who has chosen the Torah, Moses His servant, Israel His people, and the prophets of truth and righteousness. Cong. Amen.

HAFTARAH FOR THE FIRST DAY OF ROSH HASHANAH

וַיְהִי֩ אִ֨ישׁ אֶחָ֜ד מִן־הָרָמָתַ֛יִם צוֹפִ֖ים מֵהַ֣ר אֶפְרָ֑יִם וּשְׁמ֣וֹ אֶלְקָנָ֡ה
בֶּן־יְרֹחָ֧ם בֶּן־אֱלִיה֛וּא בֶּן־תֹּ֥חוּ בֶן־צ֖וּף אֶפְרָתִֽי: וְלוֹ֙ שְׁתֵּ֣י נָשִׁ֔ים שֵׁ֤ם
אַחַת֙ חַנָּ֔ה וְשֵׁ֥ם הַשֵּׁנִ֖ית פְּנִנָּ֑ה וַיְהִ֤י לִפְנִנָּה֙ יְלָדִ֔ים וּלְחַנָּ֖ה אֵ֥ין יְלָדִֽים:
וְעָלָה֩ הָאִ֨ישׁ הַה֤וּא מֵעִירוֹ֙ מִיָּמִ֣ים ׀ יָמִ֔ימָה לְהִֽשְׁתַּחֲוֺ֧ת וְלִזְבֹּ֛חַ לַיהֹוָ֥ה
צְבָא֖וֹת בְּשִׁלֹ֑ה וְשָׁ֞ם שְׁנֵ֣י בְנֵֽי־עֵלִ֗י חׇפְנִי֙ וּפִ֣נְחָ֔ס כֹּהֲנִ֖ים לַיהֹוָֽה: וַיְהִ֣י הַיּ֔וֹם
וַיִּזְבַּ֖ח אֶלְקָנָ֑ה וְנָתַ֞ן לִפְנִנָּ֣ה אִשְׁתּ֗וֹ וּֽלְכׇל־בָּנֶ֛יהָ וּבְנוֹתֶ֖יהָ מָנֽוֹת: וּלְחַנָּ֕ה יִתֵּ֛ן
מָנָ֥ה אַחַ֖ת אַפָּ֑יִם כִּ֤י אֶת־חַנָּה֙ אָהֵ֔ב וַֽיהֹוָ֖ה סָגַ֥ר רַחְמָֽהּ: וְכִֽעֲסַ֤תָּה צָרָתָהּ֙
גַּם־כַּ֔עַס בַּעֲב֖וּר הַרְּעִמָ֑הּ כִּֽי־סָגַ֥ר יְהֹוָ֖ה בְּעַ֣ד רַחְמָֽהּ: וְכֵ֨ן יַֽעֲשֶׂ֜ה שָׁנָ֣ה
בְשָׁנָ֗ה מִדֵּ֤י עֲלֹתָהּ֙ בְּבֵ֣ית יְהֹוָ֔ה כֵּ֖ן תַּכְעִסֶ֑נָּה וַתִּבְכֶּ֖ה וְלֹ֥א תֹאכַֽל: וַיֹּ֨אמֶר
לָ֜הּ אֶלְקָנָ֣ה אִישָׁ֗הּ חַנָּה֙ לָ֣מֶה תִבְכִּ֗י וְלָ֙מֶה֙ לֹ֣א תֹֽאכְלִ֔י וְלָ֖מֶה יֵרַ֣ע לְבָבֵ֑ךְ
הֲל֤וֹא אָֽנֹכִי֙ ט֣וֹב לָ֔ךְ מֵעֲשָׂרָ֖ה בָּנִֽים: וַתָּ֣קׇם חַנָּ֗ה אַחֲרֵ֛י אׇכְלָ֥ה בְשִׁלֹ֖ה
וְאַחֲרֵ֣י שָׁתֹ֑ה וְעֵלִ֣י הַכֹּהֵ֗ן יֹשֵׁב֙ עַל־הַכִּסֵּ֔א עַל־מְזוּזַ֖ת הֵיכַ֥ל יְהֹוָֽה: וְהִ֖יא
מָ֣רַת נָ֑פֶשׁ וַתִּתְפַּלֵּ֥ל עַל־יְהֹוָ֖ה וּבָכֹ֥ה תִבְכֶּֽה: וַתִּדֹּ֨ר נֶ֜דֶר וַתֹּאמַ֗ר יְהֹוָ֨ה
צְבָא֜וֹת אִם־רָאֹ֥ה תִרְאֶ֣ה ׀ בׇּעֳנִ֣י אֲמָתֶ֗ךָ וּזְכַרְתַּ֙נִי֙ וְלֹֽא־תִשְׁכַּ֣ח אֶת־אֲמָתֶ֔ךָ
וְנָתַתָּ֥ה לַאֲמָֽתְךָ֖ זֶ֣רַע אֲנָשִׁ֑ים וּנְתַתִּ֤יו לַֽיהֹוָה֙ כׇּל־יְמֵ֣י חַיָּ֔יו וּמוֹרָ֖ה לֹא־יַעֲלֶ֥ה
עַל־רֹאשֽׁוֹ: וְהָיָה֙ כִּ֣י הִרְבְּתָ֔ה לְהִתְפַּלֵּ֖ל לִפְנֵ֣י יְהֹוָ֑ה וְעֵלִ֖י שֹׁמֵ֥ר אֶת־פִּֽיהָ:

HAFTARAH FOR THE SECOND DAY OF ROSH HASHANAH

כֹּ֚ה אָמַ֣ר יְהֹוָ֔ה מָצָ֥א חֵן֙ בַּמִּדְבָּ֔ר עַ֖ם שְׂרִ֣ידֵי חָ֑רֶב הָל֥וֹךְ לְהַרְגִּיע֖וֹ
יִשְׂרָאֵֽל: מֵרָח֕וֹק יְהֹוָ֖ה נִרְאָ֣ה לִ֑י וְאַהֲבַ֤ת עוֹלָם֙ אֲהַבְתִּ֔יךְ עַל־כֵּ֖ן
מְשַׁכְתִּ֥יךְ חָֽסֶד: ע֤וֹד אֶבְנֵךְ֙ וְֽנִבְנֵ֔ית בְּתוּלַ֖ת יִשְׂרָאֵ֑ל ע֚וֹד תַּעְדִּ֣י תֻפַּ֔יִךְ
וְיָצָ֖את בִּמְח֥וֹל מְשַׂחֲקִֽים: ע֗וֹד תִּטְּעִ֤י כְרָמִים֙ בְּהָרֵ֣י שֹֽׁמְר֔וֹן נָטְע֥וּ נֹטְעִ֖ים
וְחִלֵּֽלוּ: כִּ֣י יֶשׁ־י֗וֹם קָֽרְא֤וּ נֹֽצְרִים֙ בְּהַ֣ר אֶפְרָ֑יִם ק֣וּמוּ וְנַעֲלֶ֣ה צִיּ֔וֹן אֶל־יְהֹוָ֖ה
אֱלֹהֵֽינוּ: כִּי־כֹ֣ה ׀ אָמַ֣ר יְהֹוָ֗ה רׇנּ֤וּ לְיַֽעֲקֹב֙ שִׂמְחָ֔ה וְצַהֲל֖וּ בְּרֹ֣אשׁ הַגּוֹיִ֑ם
הַשְׁמִ֙יעוּ֙ הַֽלְל֔וּ וְאִמְר֕וּ הוֹשַׁ֤ע יְהֹוָה֙ אֶת־עַמְּךָ֔ אֵ֖ת שְׁאֵרִ֣ית יִשְׂרָאֵֽל: הִנְנִי֩
מֵבִ֨יא אוֹתָ֜ם מֵאֶ֣רֶץ צָפ֗וֹן וְקִבַּצְתִּים֮ מִיַּרְכְּתֵי־אָ֒רֶץ֒ בָּ֚ם עִוֵּ֣ר וּפִסֵּ֔חַ הָרָ֥ה
וְיֹלֶ֖דֶת יַחְדָּ֑ו קָהָ֥ל גָּד֖וֹל יָשׁ֥וּבוּ הֵֽנָּה: בִּבְכִ֣י יָבֹ֗אוּ וּֽבְתַחֲנוּנִים֙ אֽוֹבִילֵ֔ם

HAFTARAH FOR THE FIRST DAY OF ROSH HASHANAH

I Samuel 1:1-2:10

ויהי There was a particular man from Ramataim-Tzofim, from Mount Ephraim, whose name was Elkanah, son of Yerocham, son of Elihu, son of Tohu, son of Tzuf, a distinguished man. He had two wives: the name of one was Chanah and the name of the other, Peninah; Peninah had children, but Chanah was childless. That man used to go up from his town year by year to prostrate himself [in prayer] and to offer sacrifices to the Lord of hosts in Shiloh; and there the two sons of Eli, Chofni and Pinchas, served as Kohanim to the Lord. On the day that Elkanah offered sacrifices, he would give portions to his wife Peninah and to all her sons and daughters. But to Chanah he would give the choicest portion, for he loved Chanah and [also to ease her pain, because] the Lord had closed her womb. [Peninah] her rival used to constantly provoke her to anger, so that she would complain [and pray to the Lord], for He closed her womb. And so he would do year by year; whenever she went up to the House of the Lord, so [Peninah] would provoke her to anger, and she would weep and could not eat. Elkanah her husband said to her, "Chanah, why do you weep, why do you not eat, and why is your heart grieved? Am I not better to you than ten sons?" Chanah arose after the eating and drinking in Shiloh and Eli the Kohen was sitting in the chair by the doorpost of the Sanctuary of the Lord—and she was grieved to her very soul, and she prayed to the Lord, weeping profusely. She made a vow, saying, "Lord of hosts, if You will look upon the anguish of Your maidservant, remember me and not forget Your maidservant, and give Your maidservant a male child, then I will give him to the Lord all the days of his life, and no razor shall come upon his head." And it was, as she was praying so much before the Lord, that Eli was watching her mouth.

HAFTARAH FOR THE SECOND DAY OF ROSH HASHANAH

Jeremiah 31:1-20

כה Thus said the Lord: The people who survived the sword have found grace in the wilderness, when I went forth to give Israel its place of rest. The Lord appeared to me from afar, [saying:] With everlasting love have I loved you, therefore have I drawn lovingkindness over you. I will yet build you up, then will you be built [forever,] O virgin of Israel; you will yet adorn yourself with your tambourines and go forth in joyous dance. You will again plant vineyards on the hills of Shomron; the planters will plant and redeem them [in the fourth year]. For the day will come when the watchmen on Mount Ephraim will call out: Arise, let us go up to Zion, to the Lord our God. For thus said the Lord to Jacob: Sing joyously, raise your voices in jubilation on the high places of the nations, make it known, offer praises and say: Save Your people, O Lord, the remnant of Israel. Behold, I will bring them from the land of the north and gather them from the ends of the earth; among them the blind and the lame, the pregnant woman and the woman who has just given birth, all together; a large assembly will return here. Weeping [from joy] will they come, and with compassion will I lead them; I will make

FIRST DAY

וְחַנָּה הִיא מְדַבֶּרֶת עַל־לִבָּהּ רַק שְׂפָתֶיהָ נָּעוֹת וְקוֹלָהּ לֹא יִשָּׁמֵעַ וַיַּחְשְׁבֶהָ
עֵלִי לְשִׁכֹּרָה: וַיֹּאמֶר אֵלֶיהָ עֵלִי עַד־מָתַי תִּשְׁתַּכָּרִין הָסִירִי אֶת־יֵינֵךְ
מֵעָלָיִךְ: וַתַּעַן חַנָּה וַתֹּאמֶר לֹא אֲדֹנִי אִשָּׁה קְשַׁת־רוּחַ אָנֹכִי וְיַיִן וְשֵׁכָר
לֹא שָׁתִיתִי וָאֶשְׁפֹּךְ אֶת־נַפְשִׁי לִפְנֵי יְהוָה: אַל־תִּתֵּן אֶת־אֲמָתְךָ לִפְנֵי
בַּת־בְּלִיָּעַל כִּי־מֵרֹב שִׂיחִי וְכַעְסִי דִּבַּרְתִּי עַד־הֵנָּה: וַיַּעַן עֵלִי וַיֹּאמֶר לְכִי
לְשָׁלוֹם וֵאלֹהֵי יִשְׂרָאֵל יִתֵּן אֶת־שֵׁלָתֵךְ אֲשֶׁר שָׁאַלְתְּ מֵעִמּוֹ: וַתֹּאמֶר
תִּמְצָא שִׁפְחָתְךָ חֵן בְּעֵינֶיךָ וַתֵּלֶךְ הָאִשָּׁה לְדַרְכָּהּ וַתֹּאכַל וּפָנֶיהָ
לֹא־הָיוּ־לָהּ עוֹד: וַיַּשְׁכִּמוּ בַבֹּקֶר וַיִּשְׁתַּחֲווּ לִפְנֵי יְהוָה וַיָּשֻׁבוּ וַיָּבֹאוּ
אֶל־בֵּיתָם הָרָמָתָה וַיֵּדַע אֶלְקָנָה אֶת־חַנָּה אִשְׁתּוֹ וַיִּזְכְּרֶהָ יְהוָה: וַיְהִי
לִתְקֻפוֹת הַיָּמִים וַתַּהַר חַנָּה וַתֵּלֶד בֵּן וַתִּקְרָא אֶת־שְׁמוֹ שְׁמוּאֵל כִּי
מֵיְהוָה שְׁאִלְתִּיו: וַיַּעַל הָאִישׁ אֶלְקָנָה וְכָל־בֵּיתוֹ לִזְבֹּחַ לַיהוָה אֶת־זֶבַח
הַיָּמִים וְאֶת־נִדְרוֹ: וְחַנָּה לֹא עָלָתָה כִּי־אָמְרָה לְאִישָׁהּ עַד יִגָּמֵל הַנַּעַר
וַהֲבִאֹתִיו וְנִרְאָה אֶת־פְּנֵי יְהוָה וְיָשַׁב שָׁם עַד־עוֹלָם: וַיֹּאמֶר לָהּ אֶלְקָנָה
אִישָׁהּ עֲשִׂי הַטּוֹב בְּעֵינַיִךְ שְׁבִי עַד־גָּמְלֵךְ אֹתוֹ אַךְ יָקֵם יְהוָה אֶת־דְּבָרוֹ
וַתֵּשֶׁב הָאִשָּׁה וַתֵּינֶק אֶת־בְּנָהּ עַד־גָּמְלָהּ אֹתוֹ: וַתַּעֲלֵהוּ עִמָּהּ כַּאֲשֶׁר
גְּמָלַתּוּ בְּפָרִים שְׁלֹשָׁה וְאֵיפָה אַחַת קֶמַח וְנֵבֶל יַיִן וַתְּבִאֵהוּ בֵית־יְהוָה
שִׁלוֹ וְהַנַּעַר נָעַר: וַיִּשְׁחֲטוּ אֶת־הַפָּר וַיָּבִאוּ אֶת־הַנַּעַר אֶל־עֵלִי: וַתֹּאמֶר
בִּי אֲדֹנִי חֵי נַפְשְׁךָ אֲדֹנִי אֲנִי הָאִשָּׁה הַנִּצֶּבֶת עִמְּכָה בָּזֶה לְהִתְפַּלֵּל

SECOND DAY

אוֹלִיכֵם אֶל־נַחֲלֵי מַיִם בְּדֶרֶךְ יָשָׁר לֹא יִכָּשְׁלוּ בָּהּ כִּי־הָיִיתִי לְיִשְׂרָאֵל
לְאָב וְאֶפְרַיִם בְּכֹרִי הוּא: שִׁמְעוּ דְבַר־יְהוָה גּוֹיִם וְהַגִּידוּ בָאִיִּים מִמֶּרְחָק
וְאִמְרוּ מְזָרֵה יִשְׂרָאֵל יְקַבְּצֶנּוּ וּשְׁמָרוֹ כְּרֹעֶה עֶדְרוֹ: כִּי־פָדָה יְהוָה
אֶת־יַעֲקֹב וּגְאָלוֹ מִיַּד חָזָק מִמֶּנּוּ: וּבָאוּ וְרִנְּנוּ בִמְרוֹם־צִיּוֹן וְנָהֲרוּ אֶל־טוּב
יְהוָה עַל־דָּגָן וְעַל־תִּירֹשׁ וְעַל־יִצְהָר וְעַל־בְּנֵי־צֹאן וּבָקָר וְהָיְתָה נַפְשָׁם
כְּגַן רָוֶה וְלֹא־יוֹסִיפוּ לְדַאֲבָה עוֹד: אָז תִּשְׂמַח בְּתוּלָה בְּמָחוֹל וּבַחֻרִים
וּזְקֵנִים יַחְדָּו וְהָפַכְתִּי אֶבְלָם לְשָׂשׂוֹן וְנִחַמְתִּים וְשִׂמַּחְתִּים מִיגוֹנָם: וְרִוֵּיתִי
נֶפֶשׁ הַכֹּהֲנִים דָּשֶׁן וְעַמִּי אֶת־טוּבִי יִשְׂבָּעוּ נְאֻם־יְהוָה: כֹּה | אָמַר יְהוָה

——————————————— FIRST DAY ———————————————

Chanah was speaking to herself; only her lips moved but her voice could not be heard, so Eli thought she was drunk. And Eli said to her, "How long will you be drunk? Remove your wine from yourself!" Chanah replied, saying, "It is not so, my lord, I am a woman heavy of heart; I have drunk neither new wine nor old wine, but I have poured out my soul before the Lord. Do not regard your maidservant as a wicked woman, for it is due to my great distress and vexation that I have been speaking until now." Eli replied and said, "Go in peace, and the God of Israel will grant your request which you have asked of Him." She said, "May your maidservant find favor in your eyes." Then the woman went on her way; she ate and her face was no longer [sorrowful]. They rose early in the morning, prostrated themselves [in prayer] before the Lord, and returned and came to their house in Ramah; Elkanah knew [intimately] his wife Chanah, and the Lord remembered her. And it was at the end of the period of pregnancy of Chanah that she gave birth to a son, and she called his name Shmuel, for [she said,] "I have asked for him (*sh'iltiv*) of the Lord." The man Elkanah with his entire household went up [to Shiloh] to offer to the Lord the yearly sacrifices and his vow. But Chanah did not go up, for she said to her husband, "[I will remain at home] until the boy is weaned; then I shall bring him [there] that he may appear before the Lord and stay there forever." Elkanah her husband said to her, "Do what is best in your eyes; stay until you have weaned him, only may the Lord fulfill what you have spoken concerning him." So the woman stayed and nursed her son until she weaned him. When she weaned him, she took him up with her, together with three bullocks, one ephah of flour and a skin-flask of wine, and she brought him to the House of the Lord in Shiloh; the boy was still very young. They slaughtered the bullock, and brought the boy to Eli. She said, "Please, my lord, as surely as your soul lives, my lord, I am the woman who was standing here with you, praying to the

——————————————— SECOND DAY ———————————————

them walk along streams of water, on a straight path on which they will not stumble; for I have been a father to Israel, and Ephraim is My firstborn. Hear the word of the Lord, you nations, declare it in the distant islands and say: He who has scattered Israel will gather them and guard them as a shepherd his flock. For the Lord will redeem Jacob, and deliver him from a power mightier than he. And they will come and sing joyously on [the Temple Mount,] the high place of Zion, and stream toward the bounty of the Lord, to the grain, the wine, the oil, the young sheep and cattle; their soul will be like a well-watered garden, and they shall grieve no longer. Then will the maidens rejoice in dance, young men and old alike; I will turn their mourning into joy, I will console them and will gladden them after their sorrow. I will satiate the soul of the Kohanim with fatness, and My people shall be filled with My goodness, declares the Lord. Thus said the Lord:

— FIRST DAY —

אֶל־יְהֹוָה: אֶל־הַנַּעַר הַזֶּה הִתְפַּלָּלְתִּי וַיִּתֵּן יְהֹוָה לִי אֶת־שְׁאֵלָתִי אֲשֶׁר
שָׁאַלְתִּי מֵעִמּוֹ: וְגַם אָנֹכִי הִשְׁאִלְתִּהוּ לַיהֹוָה כָּל־הַיָּמִים אֲשֶׁר הָיָה הוּא
שָׁאוּל לַיהֹוָה וַיִּשְׁתַּחוּ שָׁם לַיהֹוָה: וַתִּתְפַּלֵּל חַנָּה וַתֹּאמַר עָלַץ לִבִּי
בַּיהֹוָה רָמָה קַרְנִי בַּיהֹוָה רָחַב פִּי עַל־אוֹיְבַי כִּי שָׂמַחְתִּי בִּישׁוּעָתֶךָ:
אֵין־קָדוֹשׁ כַּיהֹוָה כִּי־אֵין בִּלְתֶּךָ וְאֵין צוּר כֵּאלֹהֵינוּ: אַל־תַּרְבּוּ תְדַבְּרוּ
גְּבֹהָה גְבֹהָה יֵצֵא עָתָק מִפִּיכֶם כִּי אֵל דֵּעוֹת יְהֹוָה וְלוֹ נִתְכְּנוּ עֲלִלוֹת:
קֶשֶׁת גִּבֹּרִים חַתִּים וְנִכְשָׁלִים אָזְרוּ חָיִל: שְׂבֵעִים בַּלֶּחֶם נִשְׂכָּרוּ וּרְעֵבִים
חָדֵלּוּ עַד־עֲקָרָה יָלְדָה שִׁבְעָה וְרַבַּת בָּנִים אֻמְלָלָה: יְהֹוָה מֵמִית וּמְחַיֶּה
מוֹרִיד שְׁאוֹל וַיָּעַל: יְהֹוָה מוֹרִישׁ וּמַעֲשִׁיר מַשְׁפִּיל אַף־מְרוֹמֵם: מֵקִים
מֵעָפָר דָּל מֵאַשְׁפֹּת יָרִים אֶבְיוֹן לְהוֹשִׁיב עִם־נְדִיבִים וְכִסֵּא כָבוֹד יַנְחִלֵם
כִּי לַיהֹוָה מְצֻקֵי אֶרֶץ וַיָּשֶׁת עֲלֵיהֶם תֵּבֵל: רַגְלֵי חֲסִידָו יִשְׁמֹר וּרְשָׁעִים
בַּחֹשֶׁךְ יִדָּמּוּ כִּי־לֹא בְכֹחַ יִגְבַּר־אִישׁ: יְהֹוָה יֵחַתּוּ מְרִיבָו עָלָו בַּשָּׁמַיִם
יַרְעֵם יְהֹוָה יָדִין אַפְסֵי־אָרֶץ וְיִתֶּן־עֹז לְמַלְכּוֹ וְיָרֵם קֶרֶן מְשִׁיחוֹ:

— SECOND DAY —

קוֹל בְּרָמָה נִשְׁמָע נְהִי בְּכִי תַמְרוּרִים רָחֵל מְבַכָּה עַל־בָּנֶיהָ מֵאֲנָה
לְהִנָּחֵם עַל־בָּנֶיהָ כִּי אֵינֶנּוּ: כֹּה | אָמַר יְהֹוָה מִנְעִי קוֹלֵךְ מִבֶּכִי וְעֵינַיִךְ
מִדִּמְעָה כִּי יֵשׁ שָׂכָר לִפְעֻלָּתֵךְ נְאֻם־יְהֹוָה וְשָׁבוּ מֵאֶרֶץ אוֹיֵב: וְיֵשׁ־תִּקְוָה
לְאַחֲרִיתֵךְ נְאֻם־יְהֹוָה וְשָׁבוּ בָנִים לִגְבוּלָם: שָׁמוֹעַ שָׁמַעְתִּי אֶפְרַיִם
מִתְנוֹדֵד יִסַּרְתַּנִי וָאִוָּסֵר כְּעֵגֶל לֹא לֻמָּד הֲשִׁבֵנִי וְאָשׁוּבָה כִּי אַתָּה יְהֹוָה
אֱלֹהָי: כִּי־אַחֲרֵי שׁוּבִי נִחַמְתִּי וְאַחֲרֵי הִוָּדְעִי סָפַקְתִּי עַל־יָרֵךְ בֹּשְׁתִּי
וְגַם־נִכְלַמְתִּי כִּי נָשָׂאתִי חֶרְפַּת נְעוּרָי: הֲבֵן יַקִּיר לִי אֶפְרַיִם אִם יֶלֶד
שַׁעֲשׁוּעִים כִּי־מִדֵּי דַבְּרִי בּוֹ זָכֹר אֶזְכְּרֶנּוּ עוֹד עַל־כֵּן הָמוּ מֵעַי לוֹ רַחֵם
אֲרַחֲמֶנּוּ נְאֻם־יְהֹוָה:

FIRST DAY

Lord. It was for this boy that I prayed, and the Lord granted me the request which I asked of Him. [Therefore] I have also lent him to the Lord; as long as he lives he is loaned to the Lord." And he bowed there unto the Lord. Chanah prayed and said, "My heart exults in the Lord, my glory has been raised by the Lord; my mouth is opened wide against my enemies, for I rejoice through Your salvation. There is none holy as the Lord, for there is none aside from You, and there is none mighty as our God. Do not talk so exceedingly arrogantly; let not insolence come out of your mouths, for the Lord is a God of thoughts, and by Him [all] deeds are reckoned. The bows of the mighty are broken, while those who had stumbled are girded with strength. Those who were sated have hired themselves out for bread, while those who were hungry have ceased [to be in want]; while the barren woman has given birth to seven, she who had many children is bereaved. The Lord puts to death and restores to life; He brings down to the grave and raises up. The Lord makes poor and makes rich; He humbles, He also exalts. He raises the poor from the dust, lifts the destitute from the dunghill, to seat them with nobles, and gives them as an inheritance a seat of honor; for the pillars of the earth are the Lord's, and He has set the world upon them. He guards the feet of His pious ones, but the wicked are silenced in darkness, for not by strength does man prevail. Those who contend with the Lord will be crushed, He will thunder against them in heaven; the Lord will judge the furthest corners of the earth, give strength to His king, and raise the glory of His anointed one."

SECOND DAY

A voice is heard on high, lamentations, bitter weeping; it is Rachel weeping for her children; she refuses to be consoled for her children, because they are gone [into exile]. Thus said the Lord: Keep your voice from weeping, your eyes from tears, for there is a reward for your deeds, declares the Lord; they shall return from the land of the enemy. There is hope for your future, declares the Lord; the children shall return to their border. I have surely heard Ephraim bemoaning himself: You have chastised me and I have been chastened, like an untrained calf; cause me to repent and I will repent, for You, Lord, are my God. For after I repented I regretted [my past], and after I understood [my wrongdoings] I beat my thigh [in remorse]; I was ashamed, even disgraced, for I have had to bear the shame of my youth. Is Ephraim not My beloved son, is he not a precious child that whenever I speak of him I recall him even more? Therefore My inner parts stir for him, I will surely have compassion on him, declares the Lord.

BLESSINGS AFTER THE HAFTARAH

Upon concluding the Haftarah, the *maftir* recites the following blessings:

בָּרוּךְ אַתָּה יְיָ, אֱלֹהֵינוּ מֶלֶךְ הָעוֹלָם, צוּר כָּל הָעוֹלָמִים, צַדִּיק בְּכָל הַדּוֹרוֹת, הָאֵל הַנֶּאֱמָן הָאוֹמֵר וְעוֹשֶׂה, הַמְדַבֵּר וּמְקַיֵּם, שֶׁכָּל דְּבָרָיו אֱמֶת וָצֶדֶק: Do not respond אָמֵן.

נֶאֱמָן אַתָּה הוּא יְיָ אֱלֹהֵינוּ, וְנֶאֱמָנִים דְּבָרֶיךָ, וְדָבָר אֶחָד מִדְּבָרֶיךָ אָחוֹר לֹא יָשׁוּב רֵיקָם, כִּי אֵל מֶלֶךְ נֶאֱמָן וְרַחֲמָן אָתָּה. בָּרוּךְ אַתָּה יְיָ, הָאֵל הַנֶּאֱמָן בְּכָל דְּבָרָיו: (Cong—אָמֵן)

רַחֵם עַל צִיּוֹן כִּי הִיא בֵּית חַיֵּינוּ, וְלַעֲלוּבַת נֶפֶשׁ תּוֹשִׁיעַ וּתְשַׂמַּח בִּמְהֵרָה בְיָמֵינוּ. בָּרוּךְ אַתָּה יְיָ, מְשַׂמֵּחַ צִיּוֹן בְּבָנֶיהָ: (Cong—אָמֵן)

שַׂמְּחֵנוּ, יְיָ אֱלֹהֵינוּ, בְּאֵלִיָּהוּ הַנָּבִיא עַבְדֶּךָ, וּבְמַלְכוּת בֵּית דָּוִד מְשִׁיחֶךָ, בִּמְהֵרָה יָבֹא וְיָגֵל לִבֵּנוּ, עַל כִּסְאוֹ לֹא יֵשֶׁב זָר, וְלֹא יִנְחֲלוּ עוֹד אֲחֵרִים אֶת כְּבוֹדוֹ, כִּי בְשֵׁם קָדְשְׁךָ נִשְׁבַּעְתָּ לוֹ, שֶׁלֹּא יִכְבֶּה נֵרוֹ לְעוֹלָם וָעֶד. בָּרוּךְ אַתָּה יְיָ, מָגֵן דָּוִד: (Cong—אָמֵן)

On Shabbat, add the words in shaded parentheses.

עַל הַתּוֹרָה, וְעַל הָעֲבוֹדָה וְעַל הַנְּבִיאִים (וְעַל יוֹם הַשַּׁבָּת הַזֶּה), וְעַל יוֹם הַזִּכָּרוֹן הַזֶּה וְעַל יוֹם טוֹב מִקְרָא קֹדֶשׁ הַזֶּה, שֶׁנָּתַתָּ לָּנוּ יְיָ אֱלֹהֵינוּ (לִקְדֻשָּׁה וְלִמְנוּחָה,) לְכָבוֹד וּלְתִפְאָרֶת: עַל הַכֹּל, יְיָ אֱלֹהֵינוּ, אֲנַחְנוּ מוֹדִים לָךְ, וּמְבָרְכִים אוֹתָךְ, יִתְבָּרֵךְ שִׁמְךָ בְּפִי כָּל חַי תָּמִיד לְעוֹלָם וָעֶד, וּדְבָרְךָ מַלְכֵּנוּ אֱמֶת וְקַיָּם לָעַד. בָּרוּךְ אַתָּה יְיָ, מֶלֶךְ עַל כָּל הָאָרֶץ, מְקַדֵּשׁ (הַשַּׁבָּת וְ) יִשְׂרָאֵל וְיוֹם הַזִּכָּרוֹן: (Cong—אָמֵן)

BLESSINGS AFTER THE HAFTARAH

Upon concluding the Haftarah, the *maftir* recites the following blessings:

ברוך Blessed are You, Lord our God, King of the universe, Creator of all the worlds, righteous in all generations, faithful God, who says and does, who speaks and fulfills, for all His words are true and just. Do not respond Amen.

נאמן You are trustworthy, Lord our God, and Your words are trustworthy; not one of Your words returns unfulfilled, for You, Almighty King, are trustworthy and compassionate. Blessed are You Lord, the God who is trustworthy in all His words. Cong. Amen.

רחם Have mercy on Zion, for it is the abode of our life; bring deliverance and joy to the humiliated spirit speedily in our days. Blessed are You Lord, who causes Zion to rejoice in her children. Cong. Amen.

שמחנו Gladden us, Lord our God, with [the coming of] Your servant Elijah the Prophet, and with the kingdom of the house of David Your anointed. May he soon come and delight our heart; no stranger shall sit on his throne, nor shall others any longer inherit his glory, for You have sworn to him by Your holy Name that his light will never be extinguished. Blessed are You Lord, Shield of David.

Cong. Amen.

On Shabbat, add the words in shaded parentheses.

על For the Torah, for the Divine service, for the Prophets (for this Shabbat day), for this Day of Remembrance and for this holy Festival day, which You have given us, Lord our God (for sanctity and tranquility,) for glory and splendor—for all this, Lord our God, we give thanks to You and bless You; may Your Name be blessed by the mouth of every living being, constantly and forever, and Your word, our King, is true and endures forever. Blessed are You Lord, King over the whole earth, who sanctifies (the Shabbat and) Israel and the Day of Remembrance. Cong. Amen.

On Shabbat, recite the following three paragraphs:

יְקוּם פֻּרְקָן מִן שְׁמַיָּא, חִנָּא וְחִסְדָּא, וְרַחֲמִין וְחַיִּין אֲרִיכִין, וּמְזוֹנָא רְוִיחָא, וְסַיַּעְתָּא דִשְׁמַיָּא, וּבַרְיוּת גּוּפָא, וּנְהוֹרָא מַעַלְיָא. זַרְעָא חַיָּא וְקַיָּמָא, זַרְעָא דִּי לָא יִפְסוּק וְדִי לָא יִבְטוּל מִפִּתְגָּמֵי אוֹרַיְתָא. לְמָרָנָן וְרַבָּנָן חֲבוּרָתָא קַדִּישָׁתָא, דִּי בְאַרְעָא דְיִשְׂרָאֵל, וְדִי בְּבָבֶל, לְרֵישֵׁי כַלָּה וּלְרֵישֵׁי גַלְוָתָא, וּלְרֵישֵׁי מְתִיבָתָא, וּלְדַיָּנֵי דְבָבָא. לְכָל תַּלְמִידֵיהוֹן וּלְכָל תַּלְמִידֵי תַלְמִידֵיהוֹן, וּלְכָל מָאן דְּעָסְקִין בְּאוֹרַיְתָא. מַלְכָּא דְעָלְמָא, יְבָרֵךְ יַתְהוֹן, יַפִּישׁ חַיֵּיהוֹן, וְיַסְגֵּא יוֹמֵיהוֹן, וְיִתֵּן אַרְכָא לִשְׁנֵיהוֹן. וְיִתְפָּרְקוּן וְיִשְׁתֵּזְבוּן מִן כָּל עָקָא וּמִן כָּל מַרְעִין בִּישִׁין. מָרָן דִּי בִשְׁמַיָּא יְהֵא בְסַעְדְּהוֹן כָּל זְמַן וְעִדָּן. וְנֹאמַר אָמֵן:

One who prays alone need not say the following two paragraphs:

יְקוּם פֻּרְקָן מִן שְׁמַיָּא, חִנָּא וְחִסְדָּא, וְרַחֲמִין וְחַיִּין אֲרִיכִין, וּמְזוֹנָא רְוִיחָא, וְסַיַּעְתָּא דִשְׁמַיָּא, וּבַרְיוּת גּוּפָא, וּנְהוֹרָא מַעַלְיָא. זַרְעָא חַיָּא וְקַיָּמָא, זַרְעָא דִּי לָא יִפְסוּק וְדִי לָא יִבְטוּל מִפִּתְגָּמֵי אוֹרַיְתָא. לְכָל קְהָלָא קַדִּישָׁא הָדֵין, רַבְרְבַיָּא עִם זְעֵרַיָּא, טַפְלָא וּנְשַׁיָּא. מַלְכָּא דְעָלְמָא יְבָרֵךְ יַתְכוֹן, יַפִּישׁ חַיֵּיכוֹן, וְיַסְגֵּא יוֹמֵיכוֹן, וְיִתֵּן אַרְכָא לִשְׁנֵיכוֹן. וְתִתְפָּרְקוּן וְתִשְׁתֵּזְבוּן מִן כָּל עָקָא וּמִן כָּל מַרְעִין בִּישִׁין. מָרָן דִּי בִשְׁמַיָּא יְהֵא בְסַעְדְּכוֹן כָּל זְמַן וְעִדָּן. וְנֹאמַר אָמֵן:

מִי שֶׁבֵּרַךְ אֲבוֹתֵינוּ אַבְרָהָם יִצְחָק וְיַעֲקֹב, הוּא יְבָרֵךְ אֶת כָּל הַקָּהָל הַקָּדוֹשׁ הַזֶּה, עִם כָּל קְהִלּוֹת הַקֹּדֶשׁ. הֵם וּנְשֵׁיהֶם, וּבְנֵיהֶם וּבְנוֹתֵיהֶם, וְכָל אֲשֶׁר לָהֶם. וּמִי שֶׁמְּיַחֲדִים בָּתֵּי כְנֵסִיּוֹת לִתְפִלָּה, וּמִי שֶׁבָּאִים בְּתוֹכָם לְהִתְפַּלֵּל, וּמִי שֶׁנּוֹתְנִים נֵר לַמָּאוֹר וְיַיִן לְקִדּוּשׁ וּלְהַבְדָּלָה, וּפַת לָאוֹרְחִים וּצְדָקָה לָעֲנִיִּים. וְכָל מִי שֶׁעוֹסְקִים בְּצָרְכֵי צִבּוּר בֶּאֱמוּנָה, הַקָּדוֹשׁ בָּרוּךְ הוּא יְשַׁלֵּם שְׂכָרָם, וְיָסִיר מֵהֶם כָּל מַחֲלָה, וְיִרְפָּא לְכָל גּוּפָם, וְיִסְלַח לְכָל עֲוֹנָם, וְיִשְׁלַח בְּרָכָה וְהַצְלָחָה בְּכָל מַעֲשֵׂה יְדֵיהֶם, עִם כָּל יִשְׂרָאֵל אֲחֵיהֶם, וְנֹאמַר אָמֵן:

Continue with אַשְׁרֵי, page 177.

On Shabbat, recite the following three paragraphs:

יקום May there come forth from Heaven redemption, grace, kindness, compassion, long life, ample sustenance, heavenly assistance, bodily health, good vision, healthy and viable children, children who will not cease from nor neglect the words of Torah—to our masters and sages, the holy company, who are in the Land of Israel and in Babylon, to the heads of the Torah assemblies and to the Exilarchs, to the heads of the Yeshivot and to the judges at the gates, to all their disciples and to all the disciples of their disciples, and to all who occupy themselves with the Torah. May the King of the universe bless them and prolong their lives, increase their days and lengthen their years; may they be delivered and protected from all distress and severe afflictions. May the Lord who is in heaven be their support at all times and seasons; and let us say, Amen.

One who prays alone need not say the following two paragraphs:

יקום May there come forth from Heaven redemption, grace, kindness, compassion, long life, ample sustenance, heavenly assistance, bodily health, good vision, healthy and viable children, children who will not cease from nor neglect the words of Torah—to this entire holy congregation, adults as well as children, infants and women. May the King of the universe bless you and prolong your lives, increase your days and lengthen your years; may you be delivered and protected from all distress and severe afflictions. May the Lord who is in heaven be your support at all times and seasons; and let us say, Amen.

מי May He who blessed our fathers, Abraham, Isaac and Jacob, bless this entire holy congregation, together with all the holy congregations—them and their wives, their sons and their daughters, and all that belongs to them. Those who establish synagogues for prayer and those who come there to pray, those who provide lights for illumination, wine for Kiddush and Havdalah, food for the wayfarers and charity for the needy, and all those who occupy themselves faithfully with communal affairs—may the Holy One, blessed be He, give them their reward, remove from them all sickness, heal their entire body, pardon all their sins, and send blessing and success to all their endeavors, together with all Israel their brethren; and let us say, Amen.

Continue with *Happy*, page 177.

ORDER OF THE BLOWING OF THE SHOFAR

The *shofar* is not blown on Shabbat.

After the reading of the Torah, one should prepare for the blowing of the *shofar* and recite the following psalm seven times. See additional laws on page 330.

לַמְנַצֵּחַ לִבְנֵי קֹרַח מִזְמוֹר: כָּל הָעַמִּים תִּקְעוּ כָף,
הָרִיעוּ לֵאלֹהִים בְּקוֹל רִנָּה: כִּי יְיָ עֶלְיוֹן נוֹרָא,
מֶלֶךְ גָּדוֹל עַל כָּל הָאָרֶץ: יַדְבֵּר עַמִּים תַּחְתֵּינוּ, וּלְאֻמִּים
תַּחַת רַגְלֵינוּ: יִבְחַר לָנוּ אֶת נַחֲלָתֵנוּ, אֶת גְּאוֹן יַעֲקֹב
אֲשֶׁר אָהֵב סֶלָה: עָלָה אֱלֹהִים בִּתְרוּעָה, יְיָ בְּקוֹל שׁוֹפָר:
זַמְּרוּ אֱלֹהִים זַמֵּרוּ, זַמְּרוּ לְמַלְכֵּנוּ זַמֵּרוּ: כִּי מֶלֶךְ כָּל
הָאָרֶץ אֱלֹהִים, זַמְּרוּ מַשְׂכִּיל: מָלַךְ אֱלֹהִים עַל גּוֹיִם,
אֱלֹהִים יָשַׁב עַל כִּסֵּא קָדְשׁוֹ: נְדִיבֵי עַמִּים נֶאֱסָפוּ, עַם
אֱלֹהֵי אַבְרָהָם, כִּי לֵאלֹהִים מָגִנֵּי אֶרֶץ, מְאֹד נַעֲלָה:[1]

The following verses are recited responsively. The one who blows the *shofar* leads, followed by the congregation.

מִן הַמֵּצַר קָרָאתִי יָּהּ, עָנָנִי בַמֶּרְחָב יָהּ:[2]
קוֹלִי שִׁמְעָה כְּחַסְדֶּךָ יְיָ, כְּמִשְׁפָּטֶךָ חַיֵּנִי:[3]
רֹאשׁ דְּבָרְךָ אֱמֶת, וּלְעוֹלָם כָּל מִשְׁפַּט צִדְקֶךָ:[4]
עֲרוֹב עַבְדְּךָ לְטוֹב, אַל יַעַשְׁקֻנִי זֵדִים:[5]
שָׂשׂ אָנֹכִי עַל אִמְרָתֶךָ, כְּמוֹצֵא שָׁלָל רָב:[6]
טוּב טַעַם וָדַעַת לַמְּדֵנִי, כִּי בְמִצְוֹתֶיךָ הֶאֱמָנְתִּי:[7]
נִדְבוֹת פִּי רְצֵה נָא יְיָ, וּמִשְׁפָּטֶיךָ לַמְּדֵנִי:[8]
עָלָה אֱלֹהִים בִּתְרוּעָה, יְיָ בְּקוֹל שׁוֹפָר:[9]

1. Psalm 47. **2.** Ibid. 118:5. **3.** Ibid. 119:149. **4.** Ibid. 119:160. **5.** Ibid. 119:122. **6.** Ibid. 119:162. **7.** Ibid. 119:66. **8.** Ibid. 119:108. **9.** Ibid. 47:6.

ORDER OF THE BLOWING OF THE SHOFAR

The *shofar* is not blown on Shabbat.

After the reading of the Torah, one should prepare for the blowing of the *shofar* and recite the following psalm seven times. See additional laws on page 330.

למנצח For the Choirmaster, a Psalm by the sons of Korach. All you nations, clap hands; sound [the *shofar*] to God with a sound of jubilation. For the Lord is most high, awesome, a great King over all the earth. He subdues peoples under us, nations beneath our feet. He chooses our heritage for us, the glory of Jacob whom He loves eternally. God ascends through *teruah*, the Lord—through the sound of the *shofar.* Sing, O sing to God; sing, O sing to our King. For God is King over all the earth; sing, O man of understanding. God reigns over the nations; God is seated on His holy throne. The most noble of the nations are gathered, the nation of the God of Abraham, for the protectors of the earth belong to God; He is greatly exalted.[1]

The following verses are recited responsively. The one who blows the *shofar* leads, followed by the congregation.

Transliteration, page 343.

מן From out of distress I called to God; with abounding relief, God answered me.[2]

קולי Hear my voice in keeping with Your kindness; Lord, as is Your way, grant me life.[3]

ראש The beginning of Your word is truth, and all Your righteous judgments are eternal.[4]

ערוב Guarantee Your servant goodness; do not let the wicked despoil me.[5]

שש I rejoice in Your word, like one who finds great spoil.[6]

טוב Teach me the edifying reasons and knowledge [of Your Torah], for I believe in Your commandments.[7]

נדבות Accept with favor, O Lord, the offerings of my lips, and teach me Your judgments.[8]

עלה God ascends through *teruah*, the Lord—through the sound of the *shofar.*[9]

The one who blows the *shofar* recites the following prayer in an undertone.

יְהִי רָצוֹן מִלְּפָנֶיךָ יְיָ אֱלֹהֵינוּ וֵאלֹהֵי אֲבוֹתֵינוּ אֱלֹהֵי הַמִּשְׁפָּט שֶׁבִּזְכוּת אֵלּוּ הַשֵּׁמוֹת הַיּוֹצְאִים מֵרָאשֵׁי תֵּבוֹת **אֵל נָא** קְרַב **תְּ**שׁוּעַת **מְ**צַפֶּיךָ, **פְּ**חוּדְךָ **סַר תּוֹ**צִיאֵם **מִ**מַּאֲסָר, **פְּ**דֵה **סוֹ**עִים **פְּ**תַח **סוֹ**מִים **יְ**מִינְךָ **מְ**צַפִּים, **דְּ**לֵה **יוֹ**קְשִׁים **וְ**קַבֵּץ **נְ**פוּצִים **סְ**מוֹךְ **יָהּ מְ**פֻלָּגִים, שֶׁתִּקְרַע הַמְּסַכִּים וְהַמְקַטְרְגִים אֲשֶׁר הֵם מַבְדִּילִים בֵּינְךָ וּבֵין עַמְּךָ יִשְׂרָאֵל. אֲרוֹמִמְךָ אֱלֹהֵי הַמֶּלֶךְ הַמִּשְׁפָּט שׁוֹמֵעַ קוֹל תְּרוּעַת עַמְּךָ יִשְׂרָאֵל בְּרַחֲמִים:

The one who blows the *shofar* recites the following blessings. The congregation should not respond בָּרוּךְ הוּא וּבָרוּךְ שְׁמוֹ. (Conversation is prohibited from this point until after the final *shofar* blasts at the conclusion of musaf.) See Laws, page 330.

בָּרוּךְ אַתָּה יְיָ, אֱלֹהֵינוּ מֶלֶךְ הָעוֹלָם, אֲשֶׁר קִדְּשָׁנוּ בְּמִצְוֹתָיו וְצִוָּנוּ לִשְׁמוֹעַ קוֹל שׁוֹפָר: (Cong—אָמֵן)

בָּרוּךְ אַתָּה יְיָ, אֱלֹהֵינוּ מֶלֶךְ הָעוֹלָם, שֶׁהֶחֱיָנוּ וְקִיְּמָנוּ וְהִגִּיעָנוּ לַזְּמַן הַזֶּה: (Cong—אָמֵן)

תקיעה. שברים תרועה. תקיעה.
תקיעה. שברים תרועה. תקיעה.
תקיעה. שברים תרועה. תקיעה.

Confess silently.

תקיעה. שברים. תקיעה.
תקיעה. שברים. תקיעה.
תקיעה. שברים. תקיעה.

Confess silently.

תקיעה. תרועה. תקיעה.
תקיעה. תרועה. תקיעה.
תקיעה. תרועה. תקיעה גדולה:

The one who blows the *shofar* recites the following prayer in an undertone.

יהי May it be Your will, Lord our God and God of our fathers, the God of judgment, in the merit of these Names which are formed from the initials of the words: אֵל נָא קָרֵב תְּשׁוּעַת מְצַפֶּיךָ, פְּחוּדֶךָ סָר תּוֹצִיאֵם מִמַּאֲסָר, פְּדֵה סוֹעִים פְּתַח סוּמִים יְמִינְךָ מְצַפִּים, דְּלֵה יוֹקְשִׁים וְקַבֵּץ נְפוּצִים סְמוֹךְ יָהּ מְפֻלָּגִים (O God, we beseech You, bring close the salvation of those who wait eagerly for You. Watch over those who fear You; take them out of imprisonment. Redeem the storm-beaten, open the [eyes of the] sightless who yearn for Your right hand. Save the ensnared, gather the dispersed; make near, O God, those who are distant), to tear asunder the screens and the accusers which separate between You and Your people Israel. I exalt You, my God, the King of judgment who hears the sound of the *shofar* of Your people Israel with mercy.

The one who blows the *shofar* recites the following blessings. The congregation should not respond "Boruch Hu u'Voruch Shemo". (Conversation is prohibited from this point until after the final *shofar* blasts at the conclusion of musaf.) See Laws, page 330.

ברוך Blessed are You, Lord our God, King of the universe, who has sanctified us with His commandments and commanded us to hear the sound of the *shofar.* Cong. Amen.

ברוך Blessed are You, Lord our God, King of the universe, who has granted us life, sustained us and enabled us to reach this occasion. Cong. Amen.

TEKIAH SHEVARIM–TERUAH TEKIAH
TEKIAH SHEVARIM–TERUAH TEKIAH
TEKIAH SHEVARIM–TERUAH TEKIAH

Confess silently.

TEKIAH SHEVARIM TEKIAH
TEKIAH SHEVARIM TEKIAH
TEKIAH SHEVARIM TEKIAH

Confess silently.

TEKIAH TERUAH TEKIAH
TEKIAH TERUAH TEKIAH
TEKIAH TERUAH TEKIAH–GEDOLAH

The one who sounded the *shofar* and the congregation recite the following in an undertone:

וּבְכֵן יְהִי רָצוֹן מִלְּפָנֶיךָ יְיָ אֱלֹהֵינוּ וֵאלֹהֵי אֲבוֹתֵינוּ שֶׁיַּעֲלוּ
אֵלּוּ הַמַּלְאָכִים הַיּוֹצְאִים מִן הַשּׁוֹפָר וּמִן הַתְּקִיעָה
וּמִן הַשְּׁבָרִים וּמִן הַתְּרוּעָה וּמִן הַתְּקִיעָה וּמִן קַשְׁרַ"ק וּמִן
תַּשַׁ"ק וּמִן קַרַ"ק לִפְנֵי כִּסֵּא כְבוֹדֶךָ וְיַמְלִיצוּ טוֹב בַּעֲדֵנוּ
לְכַפֵּר עַל כָּל חַטֹּאתֵינוּ:

The following verses are recited responsively. The one who sounded the *shofar* leads, followed by the congregation.

אַשְׁרֵי הָעָם יֹדְעֵי תְרוּעָה, יְיָ בְּאוֹר פָּנֶיךָ יְהַלֵּכוּן:[1]
בְּשִׁמְךָ יְגִילוּן כָּל הַיּוֹם, וּבְצִדְקָתְךָ יָרוּמוּ:[2]
כִּי תִפְאֶרֶת עֻזָּמוֹ אָתָּה, וּבִרְצוֹנְךָ תָּרוּם קַרְנֵנוּ:[3]

All continue:

אַשְׁרֵי יוֹשְׁבֵי בֵיתֶךָ, עוֹד יְהַלְלוּךָ סֶּלָה:[4] אַשְׁרֵי הָעָם
שֶׁכָּכָה לּוֹ, אַשְׁרֵי הָעָם שֶׁיְיָ אֱלֹהָיו:[5] תְּהִלָּה לְדָוִד,
אֲרוֹמִמְךָ אֱלוֹהַי הַמֶּלֶךְ, וַאֲבָרְכָה שִׁמְךָ לְעוֹלָם וָעֶד: בְּכָל
יוֹם אֲבָרְכֶךָּ, וַאֲהַלְלָה שִׁמְךָ לְעוֹלָם וָעֶד: גָּדוֹל יְיָ וּמְהֻלָּל
מְאֹד, וְלִגְדֻלָּתוֹ אֵין חֵקֶר: דּוֹר לְדוֹר יְשַׁבַּח מַעֲשֶׂיךָ,
וּגְבוּרֹתֶיךָ יַגִּידוּ: הֲדַר כְּבוֹד הוֹדֶךָ, וְדִבְרֵי נִפְלְאֹתֶיךָ
אָשִׂיחָה: וֶעֱזוּז נוֹרְאוֹתֶיךָ יֹאמֵרוּ, וּגְדֻלָּתְךָ אֲסַפְּרֶנָּה: זֵכֶר
רַב טוּבְךָ יַבִּיעוּ, וְצִדְקָתְךָ יְרַנֵּנוּ: חַנּוּן וְרַחוּם יְיָ, אֶרֶךְ אַפַּיִם
וּגְדָל חָסֶד: טוֹב יְיָ לַכֹּל, וְרַחֲמָיו עַל כָּל מַעֲשָׂיו: יוֹדוּךָ יְיָ
כָּל מַעֲשֶׂיךָ, וַחֲסִידֶיךָ יְבָרְכוּכָה: כְּבוֹד מַלְכוּתְךָ יֹאמֵרוּ,
וּגְבוּרָתְךָ יְדַבֵּרוּ: לְהוֹדִיעַ לִבְנֵי הָאָדָם גְּבוּרֹתָיו, וּכְבוֹד הֲדַר
מַלְכוּתוֹ: מַלְכוּתְךָ מַלְכוּת כָּל עֹלָמִים, וּמֶמְשַׁלְתְּךָ בְּכָל
דּוֹר וָדֹר: סוֹמֵךְ יְיָ לְכָל הַנֹּפְלִים, וְזוֹקֵף לְכָל הַכְּפוּפִים:

1. Psalms 89:16. 2. Ibid. 89:17. 3. Ibid. 89:18. 4. Ibid. 84:5. 5. Ibid. 144:15.

The one who sounded the *shofar* and the congregation recite the following in an undertone:

ובכן And so may it be Your will, Lord our God and God of our fathers, that the angels that are formed from the [blowing of the] *shofar*; and from the *tekiah*, the *shevarim*, the *teruah*, and the *tekiah*; and from the *tekiah–shevarim-teruah–tekiah*; and from the *tekiah–shevarim–tekiah*; and from the *tekiah–teruah–tekiah*, ascend before the Throne of Your Glory and intercede favorably in our behalf to atone for all our sins.

The following verses are recited responsively. The one who sounded the *shofar* leads, followed by the congregation.

Transliteration, page 343.

אשרי Fortunate is the people who know the sound of the *shofar*; Lord, they walk in the light of Your countenance.[1]

בשמך They rejoice in Your Name all day, and they are exalted through Your righteousness.[2]

כי Indeed, You are the splendor of their might, and in Your goodwill our glory is exalted.[3]

All continue:

Transliteration, page 333.

אשרי Happy are those who dwell in Your House; they will yet praise You forever.[4] Happy is the people whose lot is thus; happy is the people whose God is the Lord.[5] A Psalm of praise by David: I will exalt You, my God the King, and bless Your Name forever. Every day I will bless You, and extol Your Name forever. The Lord is great and exceedingly exalted, and there is no limit to His greatness. One generation to another will laud Your works, and tell of Your mighty acts. I will speak of the splendor of Your glorious majesty and of Your wondrous deeds. They will proclaim the might of Your awesome acts, and I will recount Your greatness. They will express the remembrance of Your abounding goodness, and sing of Your righteousness. The Lord is gracious and compassionate, slow to anger and of great kindness. The Lord is good to all, and His mercies extend over all His works. Lord, all Your works will give thanks to You, and Your pious ones will bless You. They will declare the glory of Your kingdom, and tell of Your strength. To make known to men His mighty acts, and the glorious majesty of His kingdom. Your kingship is a kingship over all worlds, and Your dominion is throughout all generations. The Lord supports all who fall, and makes erect all who are bent.

עֵינֵי כֹל אֵלֶיךָ יְשַׂבֵּרוּ, וְאַתָּה נוֹתֵן לָהֶם אֶת אָכְלָם בְּעִתּוֹ:
פּוֹתֵחַ אֶת יָדֶךָ, וּמַשְׂבִּיעַ לְכָל חַי רָצוֹן: צַדִּיק יְיָ בְּכָל דְּרָכָיו,
וְחָסִיד בְּכָל מַעֲשָׂיו: קָרוֹב יְיָ לְכָל קֹרְאָיו, לְכֹל אֲשֶׁר
יִקְרָאֻהוּ בֶאֱמֶת: רְצוֹן יְרֵאָיו יַעֲשֶׂה, וְאֶת שַׁוְעָתָם יִשְׁמַע
וְיוֹשִׁיעֵם: שׁוֹמֵר יְיָ אֶת כָּל אֹהֲבָיו, וְאֵת כָּל הָרְשָׁעִים
יַשְׁמִיד: תְּהִלַּת יְיָ יְדַבֶּר פִּי, וִיבָרֵךְ כָּל בָּשָׂר שֵׁם קָדְשׁוֹ
לְעוֹלָם וָעֶד:[1] וַאֲנַחְנוּ נְבָרֵךְ יָהּ, מֵעַתָּה וְעַד עוֹלָם, הַלְלוּיָהּ:[2]

As the Torah is returned to the Ark, the following is said:

יְהַלְלוּ אֶת שֵׁם יְיָ, כִּי נִשְׂגָּב שְׁמוֹ לְבַדּוֹ:[3]

Congregation responds:

הוֹדוֹ עַל אֶרֶץ וְשָׁמָיִם: וַיָּרֶם קֶרֶן לְעַמּוֹ, תְּהִלָּה לְכָל
חֲסִידָיו, לִבְנֵי יִשְׂרָאֵל עַם קְרֹבוֹ, הַלְלוּיָהּ:[4]

Remain standing until the Ark is closed.

The chazzan recites the following prayer before Musaf:

הִנְנִי הֶעָנִי מִמַּעַשׂ, נִרְעָשׁ וְנִפְחָד מִפַּחַד יוֹשֵׁב תְּהִלּוֹת יִשְׂרָאֵל,
לַעֲמוֹד לְהִתְחַנֵּן לְפָנָיו עַל עַמּוֹ יִשְׂרָאֵל אֲשֶׁר שְׁלָחוּנִי, אַף
עַל פִּי שֶׁאֵינִי כְדַאי וְהָגוּן לְכָךְ. לָכֵן אֲבַקֵּשׁ מִמְּךָ, אֱלֹהֵי אַבְרָהָם
אֱלֹהֵי יִצְחָק וֵאלֹהֵי יַעֲקֹב, יְיָ יְיָ אֵל רַחוּם וְחַנּוּן אֱלֹהֵי יִשְׂרָאֵל,
שַׁדַּי אָיוֹם וְנוֹרָא, הֱיֵה נָא מַצְלִיחַ דַּרְכִּי אֲשֶׁר אָנֹכִי הוֹלֵךְ וְעוֹמֵד
לְבַקֵּשׁ רַחֲמִים עָלַי וְעַל שׁוֹלְחַי (וְנָא אַל תַּפְשִׁיעֵם בְּחַטֹּאתַי
וְאַל תְּחַיְּבֵם בַּעֲוֹנוֹתַי וְאַל יִכָּלְמוּ בִּפְשָׁעַי, וְאַל יֵבוֹשׁוּ בִי וְאַל
אֵבוֹשׁ בָּם). וְקַבֵּל תְּפִלָּתִי כִּתְפִלַּת זָקֵן וְרָגִיל וּפִרְקוֹ נָאֶה וּזְקָנוֹ
מְגֻדָּל וְקוֹלוֹ נָעִים וּמְעֹרָב בְּדַעַת עִם הַבְּרִיּוֹת. וְתִגְעַר בְּשָׂטָן
לְבַל יַשְׂטִינֵנִי, וִיהִי נָא דִּגְלֵנוּ (דִּלּוּגֵנוּ) עָלֶיךָ אַהֲבָה, וּפְשָׁעֵינוּ
תְּכַסֶּה בְּאַהֲבָה. וְכָל צָרוֹת וְרָעוֹת הֲפָךְ נָא לָנוּ וּלְכָל יִשְׂרָאֵל

---

1. Psalm 145. **2.** Ibid. 115:18. **3.** Ibid. 148:13. **4.** Ibid. 148:13-14. **5.** Alternative version: Our errors in pronunciation or deletions of letters or words of the prayers. See Songs Rabbah 2:4.

The eyes of all look expectantly to You, and You give them their food at the proper time. You open Your hand and satisfy the desire of every living thing. The Lord is righteous in all His ways, and benevolent in all His deeds. The Lord is close to all who call upon Him, to all who call upon Him in truth. He fulfills the desire of those who fear Him, hears their cry and delivers them. The Lord watches over all who love Him, and will destroy all the wicked. My mouth will utter the praise of the Lord, and let all flesh bless His holy Name forever.[1] And we will bless the Lord from now to eternity. Praise the Lord.[2]

As the Torah is returned to the Ark, the following is said:

Transliteration, page 343.

יְהַלְלוּ Let them praise the Name of the Lord, for His Name is sublimely exalted.[3]

Congregation responds:

הוֹדוֹ His radiance is upon the earth and heavens. He shall raise the glory of His people, [increase] the praise of all His pious ones, the children of Israel, the people close to Him. Praise the Lord.[4]

Remain standing until the Ark is closed.

The chazzan recites the following prayer before Musaf:

הִנְנִי Here am I, deficient in meritorious deeds, trembling and awe-stricken from fear of the One who is enthroned upon the praises of Israel, standing and pleading before Him on behalf of His people Israel who have sent me, though I am unworthy and unqualified for the task. Therefore, I entreat You, God of Abraham, God of Isaac, and God of Jacob, Lord, Lord, benevolent God, compassionate and gracious, God of Israel, Omnipotent, fearful and awesome, grant success to the mission which I am undertaking, to stand and plead for mercy for myself and for those who have sent me. (I beseech You, do not hold them guilty on account of my sins, nor condemn them because of my iniquities; let them not be disgraced because of my transgressions; let them not be ashamed of me nor I of them.) Accept my prayer as if it were the prayer of a man advanced in years and experienced in prayer, whose conduct in his youth was unblemished, whose beard is fully grown, whose voice is sweet, and whose disposition is pleasing to his fellow-men. Rebuke the Adversary that he may not bring charges against me. May our assemblage[5] be cherished by You, and may You cover our transgressions with love. Please transform all

לְשָׂשׂוֹן וּלְשִׂמְחָה לַחַיִּים וּלְשָׁלוֹם, וְהָאֱמֶת וְהַשָּׁלוֹם אֱהָבוּ. וְאַל
יְהִי שׁוּם מִכְשׁוֹל בִּתְפִלָּתִי. וִיהִי רָצוֹן מִלְּפָנֶיךָ, יְיָ אֱלֹהֵי אַבְרָהָם
אֱלֹהֵי יִצְחָק וֵאלֹהֵי יַעֲקֹב, הָאֵל הַגָּדוֹל הַגִּבּוֹר וְהַנּוֹרָא אֵל עֶלְיוֹן,
אֶהְיֶה אֲשֶׁר אֶהְיֶה,¹ שֶׁכָּל הַמַּלְאָכִים שֶׁהֵם פּוֹעֲלֵי תְפִלּוֹת יָבִיאוּ
תְפִלָּתִי לִפְנֵי כִסֵּא כְבוֹדֶךָ וְיַפִּיצוּ אוֹתָהּ לְפָנֶיךָ, בַּעֲבוּר כָּל
הַצַּדִּיקִים וְהַחֲסִידִים וְהַתְּמִימִים וְהַיְשָׁרִים, וּבַעֲבוּר כְּבוֹד שִׁמְךָ
הַגָּדוֹל וְהַנּוֹרָא, כִּי אַתָּה שׁוֹמֵעַ תְּפִלַּת עַמְּךָ יִשְׂרָאֵל בְּרַחֲמִים.
בָּרוּךְ אַתָּה, שׁוֹמֵעַ תְּפִלָּה:

יָדַעְתִּי יְיָ כִּי צֶדֶק מִשְׁפָּטֶיךָ, וֶאֱמוּנָה עִנִּיתָנִי:²

הַקְשִׁיבָה לִּי וַעֲנֵנִי, אָרִיד בְּשִׂיחִי וְאָהִימָה:³

וְנַפְשִׁי תָּגִיל בַּיְיָ, תָּשִׂישׂ בִּישׁוּעָתוֹ:⁴

הַנּוֹתֵן תְּשׁוּעָה לַמְּלָכִים, הַפּוֹצֶה אֶת דָּוִד עַבְדּוֹ מֵחֶרֶב
רָעָה:⁵

Chazzan recites Half Kaddish. Congregation responds אָמֵן as indicated.

יִתְגַּדַּל וְיִתְקַדַּשׁ שְׁמֵהּ רַבָּא. (Cong—אָמֵן) בְּעָלְמָא דִי
בְרָא כִרְעוּתֵהּ וְיַמְלִיךְ מַלְכוּתֵהּ, וְיַצְמַח פּוּרְקָנֵהּ
וִיקָרֵב מְשִׁיחֵהּ. (Cong—אָמֵן) בְּחַיֵּיכוֹן וּבְיוֹמֵיכוֹן וּבְחַיֵּי דְכָל
בֵּית יִשְׂרָאֵל, בַּעֲגָלָא וּבִזְמַן קָרִיב וְאִמְרוּ אָמֵן:

(Cong—אָמֵן. יְהֵא שְׁמֵהּ רַבָּא מְבָרַךְ לְעָלַם וּלְעָלְמֵי עָלְמַיָּא,
יִתְבָּרַךְ.)

יְהֵא שְׁמֵהּ רַבָּא מְבָרַךְ לְעָלַם וּלְעָלְמֵי עָלְמַיָּא. יִתְבָּרַךְ,
וְיִשְׁתַּבַּח, וְיִתְפָּאַר, וְיִתְרוֹמָם, וְיִתְנַשֵּׂא, וְיִתְהַדָּר, וְיִתְעַלֶּה,
וְיִתְהַלָּל, שְׁמֵהּ דְּקוּדְשָׁא בְּרִיךְ הוּא. (Cong—אָמֵן) לְעֵלָּא
מִן כָּל בִּרְכָתָא וְשִׁירָתָא, תֻּשְׁבְּחָתָא וְנֶחֱמָתָא, דַּאֲמִירָן
בְּעָלְמָא, וְאִמְרוּ אָמֵן: (Cong—אָמֵן)

1. One of the Divine Names—V. Exodus 3:14; Shevuot 35a; Shulchan Aruch, Yoreh Deah 276:9.
2. Psalms 119:75. **3.** Ibid. 55:3. **4.** Ibid. 35:9. **5.** Ibid. 144:10.

suffering and distress, for us and for all Israel, to gladness and joy, to life and peace—[for the people who] love truth and peace. May there be no stumbling in my prayer. May it be Your will, Lord, God of Abraham, God of Isaac and God of Jacob, the great, mighty and awesome God, exalted God, "I Will Be What I Will Be,"[1] that all the angels who occupy themselves with [our] prayers bring my prayer before the Throne of Your Glory and spread it before You for the sake of all the righteous, the pious, the perfect and the upright, and for the sake of Your glorious, great and awesome Name; for You hear the prayer of Your people Israel with mercy. Blessed are You who hears prayer.

ידעתי I know, O Lord, that Your judgments are just; rightfully have You chastised me.[2]

הקשיבה Hearken unto me and answer me as I lament in my distress and moan.[3]

ונפשי And my soul shall exult in the Lord, rejoice in His deliverance.[4]

הנותן It is He who gives salvation to kings, who delivers His servant David from the evil sword.[5]

Chazzan recites Half Kaddish.
Congregation responds Amen as indicated.

יתגדל Exalted and hallowed be His great Name (Cong: Amen) throughout the world which He has created according to His will. May He establish His kingship, bring forth His redemption and hasten the coming of His Mashiach (Cong: Amen) in your lifetime and in your days and in the lifetime of the entire House of Israel, speedily and soon, and say, Amen.

(Cong: Amen. May His great Name be blessed forever and to all eternity. Blessed.)

May His great Name be blessed forever and to all eternity. Blessed and praised, glorified, exalted and extolled, honored, adored and lauded be the Name of the Holy One, blessed be He, (Cong: Amen) beyond all the blessings, hymns, praises and consolations that are uttered in the world; and say, Amen. (Cong: Amen)

MUSAF AMIDAH FOR ROSH HASHANAH

While praying, concentrate on the meaning of the words. Remember that you stand before the Divine Presence. Remove any distracting thoughts, allowing the mind to remain focused on prayer. Before beginning the Amidah, take three steps back, then three steps forward. Recite the Amidah quietly—but audibly—while standing with feet together. Throughout the Amidah, ending on page 192, interruptions of any form are forbidden.

אֲדֹנָי, שְׂפָתַי תִּפְתָּח וּפִי יַגִּיד תְּהִלָּתֶךָ:[1]

Bend knees at בָּרוּךְ; bow at אַתָּה; straighten up at יְיָ.

בָּרוּךְ אַתָּה יְיָ, אֱלֹהֵינוּ וֵאלֹהֵי אֲבוֹתֵינוּ, אֱלֹהֵי אַבְרָהָם, אֱלֹהֵי יִצְחָק, וֵאלֹהֵי יַעֲקֹב, הָאֵל הַגָּדוֹל הַגִּבּוֹר וְהַנּוֹרָא, אֵל עֶלְיוֹן, גּוֹמֵל חֲסָדִים טוֹבִים, קוֹנֵה הַכֹּל, וְזוֹכֵר חַסְדֵי אָבוֹת, וּמֵבִיא גוֹאֵל לִבְנֵי בְנֵיהֶם, לְמַעַן שְׁמוֹ בְּאַהֲבָה:

זָכְרֵנוּ לְחַיִּים, מֶלֶךְ חָפֵץ בַּחַיִּים, וְכָתְבֵנוּ בְּסֵפֶר הַחַיִּים, לְמַעַנְךָ אֱלֹהִים חַיִּים:

Bend knees at בָּרוּךְ; bow at אַתָּה; straighten up at יְיָ.

מֶלֶךְ עוֹזֵר וּמוֹשִׁיעַ וּמָגֵן. בָּרוּךְ אַתָּה יְיָ, מָגֵן אַבְרָהָם:

אַתָּה גִּבּוֹר לְעוֹלָם אֲדֹנָי, מְחַיֶּה מֵתִים אַתָּה, רַב לְהוֹשִׁיעַ. מוֹרִיד הַטָּל:

מְכַלְכֵּל חַיִּים בְּחֶסֶד, מְחַיֵּה מֵתִים בְּרַחֲמִים רַבִּים, סוֹמֵךְ נוֹפְלִים, וְרוֹפֵא חוֹלִים, וּמַתִּיר אֲסוּרִים, וּמְקַיֵּם אֱמוּנָתוֹ לִישֵׁנֵי עָפָר. מִי כָמוֹךָ בַּעַל גְּבוּרוֹת, וּמִי דּוֹמֶה לָּךְ, מֶלֶךְ מֵמִית וּמְחַיֶּה וּמַצְמִיחַ יְשׁוּעָה:

מִי כָמוֹךָ אָב הָרַחֲמִים, זוֹכֵר יְצוּרָיו לְחַיִּים בְּרַחֲמִים:

וְנֶאֱמָן אַתָּה לְהַחֲיוֹת מֵתִים. בָּרוּךְ אַתָּה יְיָ, מְחַיֵּה הַמֵּתִים:

---

1. Psalms 51:17.

MUSAF AMIDAH FOR ROSH HASHANAH

While praying, concentrate on the meaning of the words. Remember that you stand before the Divine Presence. Remove any distracting thoughts, allowing the mind to remain focused on prayer. Before beginning the Amidah, take three steps back, then three steps forward. Recite the Amidah quietly—but audibly—while standing with feet together. Throughout the Amidah, ending on page 192, interruptions of any form are forbidden.

אדני My Lord, open my lips, and my mouth shall declare Your praise.[1]

Bend knees at *Blessed*; bow at *You*; straighten up at *Lord*.

ברוך Blessed are You, Lord our God and God of our fathers, God of Abraham, God of Isaac and God of Jacob, the great, mighty and awesome God, exalted God, who bestows bountiful kindness, who creates all things, who remembers the piety of the Patriarchs, and who, in love, brings a redeemer to their children's children, for the sake of His Name.

זכרנו Remember us for life, King who desires life; inscribe us in the Book of Life, for Your sake, O living God.

Bend knees at *Blessed*; bow at *You*; straighten up at *Lord*.

מלך O King, [You are] a helper, a savior and a shield. Blessed are You, Lord, Shield of Abraham.

אתה You are mighty forever, my Lord; You resurrect the dead; You are powerful to save. He causes the dew to descend.

מכלכל He sustains the living with lovingkindness, resurrects the dead with great mercy, supports the falling, heals the sick, releases the bound, and fulfills His trust to those who sleep in the dust. Who is like You, mighty One! And who can be compared to You, King, who brings death and restores life, and causes deliverance to spring forth!

מי Who is like You, All-Merciful Father, who in compassion remembers His creatures for life.

ונאמן You are trustworthy to revive the dead. Blessed are You, Lord, who revives the dead.

אַתָּה קָדוֹשׁ וְשִׁמְךָ קָדוֹשׁ, וּקְדוֹשִׁים בְּכָל יוֹם יְהַלְלְוּךָ סֶּלָה.

לְדוֹר וָדוֹר הַמְלִיכוּ לָאֵל, כִּי הוּא לְבַדּוֹ מָרוֹם וְקָדוֹשׁ:

וּבְכֵן יִתְקַדֵּשׁ שִׁמְךָ יְיָ אֱלֹהֵינוּ עַל יִשְׂרָאֵל עַמֶּךָ, וְעַל יְרוּשָׁלַיִם עִירֶךָ, וְעַל צִיּוֹן מִשְׁכַּן כְּבוֹדֶךָ, וְעַל מַלְכוּת בֵּית דָּוִד מְשִׁיחֶךָ, וְעַל מְכוֹנְךָ וְהֵיכָלֶךָ:

וּבְכֵן תֵּן פַּחְדְּךָ יְיָ אֱלֹהֵינוּ עַל כָּל מַעֲשֶׂיךָ, וְאֵימָתְךָ עַל כֹּל מַה שֶּׁבָּרָאתָ, וְיִירָאוּךָ כָּל הַמַּעֲשִׂים, וְיִשְׁתַּחֲווּ לְפָנֶיךָ כָּל הַבְּרוּאִים, וְיֵעָשׂוּ כֻלָּם אֲגֻדָּה אֶחָת לַעֲשׂוֹת רְצוֹנְךָ בְּלֵבָב שָׁלֵם. שֶׁיָּדַעְנוּ יְיָ אֱלֹהֵינוּ שֶׁהַשָּׁלְטָן לְפָנֶיךָ, עֹז בְּיָדְךָ וּגְבוּרָה בִּימִינֶךָ, וְשִׁמְךָ נוֹרָא עַל כֹּל מַה שֶּׁבָּרָאתָ:

וּבְכֵן תֵּן כָּבוֹד יְיָ לְעַמֶּךָ, תְּהִלָּה לִירֵאֶיךָ, וְתִקְוָה טוֹבָה לְדוֹרְשֶׁיךָ, וּפִתְחוֹן פֶּה לַמְיַחֲלִים לָךְ, שִׂמְחָה לְאַרְצֶךָ, וְשָׂשׂוֹן לְעִירֶךָ, וּצְמִיחַת קֶרֶן לְדָוִד עַבְדֶּךָ, וַעֲרִיכַת נֵר לְבֶן יִשַׁי מְשִׁיחֶךָ, בִּמְהֵרָה בְיָמֵינוּ:

וּבְכֵן צַדִּיקִים יִרְאוּ וְיִשְׂמָחוּ, וִישָׁרִים יַעֲלֹזוּ, וַחֲסִידִים בְּרִנָּה יָגִילוּ, וְעוֹלָתָה תִּקְפָּץ פִּיהָ, וְהָרִשְׁעָה כֻלָּהּ כֶּעָשָׁן תִּכְלֶה, כִּי תַעֲבִיר מֶמְשֶׁלֶת זָדוֹן מִן הָאָרֶץ:

אתה You are holy and Your Name is holy, and holy beings praise You daily for all eternity.

לדור Through all generations proclaim the kingship of God, for He alone is exalted and holy.

ובכן And thus shall Your Name, Lord our God, be sanctified upon Israel Your people, upon Jerusalem Your city, upon Zion the abode of Your glory, upon the kingship of the house of David Your anointed, and upon Your dwelling-place and Your sanctuary.

ובכן And so, Lord our God, instill fear of You upon all that You have made, and dread of You upon all that You have created; and [then] all works will be in awe of You, all the created beings will prostrate themselves before You, and they all will form a single band to carry out Your will with a perfect heart. For we know, Lord our God, that rulership is Yours, strength is in Your [left] hand, might is in Your right hand, and Your Name is awesome over all that You have created.

ובכן And so, Lord, grant honor to Your people, glory to those who fear You, good hope to those who seek You, confident speech to those who yearn for You, joy to Your land, gladness to Your city, a flourishing of strength to David Your servant, and a setting up of light to the son of Yishai Your anointed, speedily in our days.

ובכן And then the righteous will see and be glad, the upright will rejoice, and the pious will exult in song; injustice will shut its mouth and all wickedness will go up in smoke, when You will remove the rule of evil from the earth.

וְתִמְלוֹךְ אַתָּה הוּא יְיָ אֱלֹהֵינוּ לְבַדֶּךָ עַל כָּל מַעֲשֶׂיךָ,
בְּהַר צִיּוֹן מִשְׁכַּן כְּבוֹדֶךָ, וּבִירוּשָׁלַיִם עִיר
קָדְשֶׁךָ, כַּכָּתוּב בְּדִבְרֵי קָדְשֶׁךָ: יִמְלֹךְ יְיָ לְעוֹלָם אֱלֹהַיִךְ
צִיּוֹן לְדֹר וָדֹר, הַלְלוּיָהּ:[1]

קָדוֹשׁ אַתָּה וְנוֹרָא שְׁמֶךָ, וְאֵין אֱלוֹהַּ מִבַּלְעָדֶיךָ,
כַּכָּתוּב: וַיִּגְבַּהּ יְיָ צְבָאוֹת בַּמִּשְׁפָּט, וְהָאֵל
הַקָּדוֹשׁ נִקְדָּשׁ בִּצְדָקָה.[2] בָּרוּךְ אַתָּה יְיָ, הַמֶּלֶךְ הַקָּדוֹשׁ:

אַתָּה בְּחַרְתָּנוּ מִכָּל הָעַמִּים, אָהַבְתָּ אוֹתָנוּ וְרָצִיתָ בָּנוּ,
וְרוֹמַמְתָּנוּ מִכָּל הַלְּשׁוֹנוֹת, וְקִדַּשְׁתָּנוּ בְּמִצְוֹתֶיךָ,
וְקֵרַבְתָּנוּ מַלְכֵּנוּ לַעֲבוֹדָתֶךָ, וְשִׁמְךָ הַגָּדוֹל וְהַקָּדוֹשׁ עָלֵינוּ
קָרָאתָ:

On Shabbat, add the words in shaded parentheses.

וַתִּתֶּן לָנוּ יְיָ אֱלֹהֵינוּ בְּאַהֲבָה אֶת יוֹם (הַשַּׁבָּת הַזֶּה וְאֶת
יוֹם) הַזִּכָּרוֹן הַזֶּה, אֶת יוֹם טוֹב מִקְרָא קֹדֶשׁ הַזֶּה,
יוֹם (זִכְרוֹן) תְּרוּעָה (בְּאַהֲבָה) מִקְרָא קֹדֶשׁ זֵכֶר לִיצִיאַת
מִצְרָיִם:

On Shabbat, add the words in shaded parentheses.

וּמִפְּנֵי חֲטָאֵינוּ גָּלִינוּ מֵאַרְצֵנוּ, וְנִתְרַחַקְנוּ מֵעַל אַדְמָתֵנוּ,
וְאֵין אָנוּ יְכוֹלִים לַעֲשׂוֹת חוֹבוֹתֵינוּ בְּבֵית
בְּחִירָתֶךָ, בַּבַּיִת הַגָּדוֹל וְהַקָּדוֹשׁ שֶׁנִּקְרָא שִׁמְךָ עָלָיו,
מִפְּנֵי הַיָּד שֶׁנִּשְׁתַּלְּחָה בְּמִקְדָּשֶׁךָ. יְהִי רָצוֹן מִלְּפָנֶיךָ יְיָ
אֱלֹהֵינוּ וֵאלֹהֵי אֲבוֹתֵינוּ, מֶלֶךְ רַחֲמָן, שֶׁתָּשׁוּב וּתְרַחֵם
עָלֵינוּ וְעַל מִקְדָּשְׁךָ בְּרַחֲמֶיךָ הָרַבִּים, וְתִבְנֵהוּ מְהֵרָה
וּתְגַדֵּל כְּבוֹדוֹ. אָבִינוּ מַלְכֵּנוּ, אֱלֹהֵינוּ, גַּלֵּה כְּבוֹד מַלְכוּתְךָ

---

1. Psalms 146:10. **2.** Isaiah 5:16.

ותמלוך Lord our God, You are He who alone will reign over all Your works, in Mount Zion the abode of Your glory, in Jerusalem Your holy city, as it is written in Your holy Scriptures: The Lord shall reign forever, your God, O Zion, throughout all generations; praise the Lord.[1]

קדוש Holy are You, awesome is Your Name, and aside from You there is no God, as it is written: The Lord of hosts is exalted in justice and the holy God is sanctified in righteousness.[2] Blessed are You, Lord, the holy King.

אתה You have chosen us from among all the nations; You have loved us and found favor with us. You have raised us above all tongues and made us holy through Your commandments. You, our King, have drawn us near to Your service and proclaimed Your great and holy Name upon us.

On Shabbat, add the words in shaded parentheses.

ותתן And You, Lord our God, have given us in love (this Shabbat day and) this Day of Remembrance, this festival of holy assembly, a day for (the remembrance of) sounding the *shofar*, (in love,) a holy assembly, commemorating the Exodus from Egypt.

On Shabbat, add the words in shaded parentheses.

ומפני But because of our sins, we were exiled from our land and driven far away from our soil; and we are unable to discharge our obligations in Your chosen House, the great and holy House upon which Your Name is proclaimed, because of the hand that was sent forth against Your Sanctuary. May it be Your will, Lord our God and God of our fathers, merciful King, in Your abounding compassion, to again have mercy on us and on Your Sanctuary, and rebuild it soon and increase its glory. Our Father, our King, our God, speedily reveal the glory of Your Kingship upon

עָלֵינוּ מְהֵרָה, וְהוֹפַע וְהִנָּשֵׂא עָלֵינוּ לְעֵינֵי כָּל חָי, וְקָרֵב
פְּזוּרֵינוּ מִבֵּין הַגּוֹיִם, וּנְפוּצוֹתֵינוּ כַּנֵּס מִיַּרְכְּתֵי אָרֶץ.
וַהֲבִיאֵנוּ לְצִיּוֹן עִירְךָ בְּרִנָּה, וְלִירוּשָׁלַיִם בֵּית מִקְדָּשְׁךָ,
בְּשִׂמְחַת עוֹלָם, וְשָׁם נַעֲשֶׂה לְפָנֶיךָ אֶת קָרְבְּנוֹת
חוֹבוֹתֵינוּ, תְּמִידִים כְּסִדְרָם וּמוּסָפִים כְּהִלְכָתָם. וְאֶת
מוּסְפֵי (יוֹם הַשַּׁבָּת הַזֶּה וְ) יוֹם הַזִּכָּרוֹן הַזֶּה, וְיוֹם טוֹב
מִקְרָא קֹדֶשׁ הַזֶּה, נַעֲשֶׂה וְנַקְרִיב לְפָנֶיךָ בְּאַהֲבָה, כְּמִצְוַת
רְצוֹנֶךָ, כְּמוֹ שֶׁכָּתַבְתָּ עָלֵינוּ בְּתוֹרָתֶךָ עַל יְדֵי מֹשֶׁה עַבְדֶּךָ
מִפִּי כְבוֹדֶךָ כָּאָמוּר:

On Shabbat, add the following:

וּבְיוֹם הַשַּׁבָּת שְׁנֵי כְבָשִׂים בְּנֵי שָׁנָה תְּמִימִם, וּשְׁנֵי
עֶשְׂרֹנִים סֹלֶת מִנְחָה בְּלוּלָה בַשֶּׁמֶן וְנִסְכּוֹ. עֹלַת
שַׁבַּת בְּשַׁבַּתּוֹ, עַל עֹלַת הַתָּמִיד וְנִסְכָּהּ:¹

וּבַחֹדֶשׁ הַשְּׁבִיעִי בְּאֶחָד לַחֹדֶשׁ, מִקְרָא קֹדֶשׁ יִהְיֶה
לָכֶם, כָּל מְלֶאכֶת עֲבֹדָה לֹא תַעֲשׂוּ, יוֹם
תְּרוּעָה יִהְיֶה לָכֶם. וַעֲשִׂיתֶם עֹלָה לְרֵיחַ נִיחֹחַ לַייָ, פַּר
בֶּן בָּקָר אֶחָד, אַיִל אֶחָד, כְּבָשִׂים בְּנֵי שָׁנָה שִׁבְעָה,
תְּמִימִם:²

וּמִנְחָתָם וְנִסְכֵּיהֶם כִּמְדֻבָּר: שְׁלֹשָׁה עֶשְׂרֹנִים לַפָּר,
וּשְׁנֵי עֶשְׂרֹנִים לָאָיִל, וְעִשָּׂרוֹן לַכֶּבֶשׂ, וְיַיִן
כְּנִסְכּוֹ, וּשְׁנֵי שְׂעִירִים לְכַפֵּר, וּשְׁנֵי תְמִידִים כְּהִלְכָתָם.
מִלְּבַד עֹלַת הַחֹדֶשׁ וּמִנְחָתָהּ, וְעֹלַת הַתָּמִיד וּמִנְחָתָהּ,
וְנִסְכֵּיהֶם כְּמִשְׁפָּטָם, לְרֵיחַ נִיחֹחַ אִשֶּׁה לַייָ:³

---

1. Numbers 28:9-10. **2.** Ibid. 29:1-2. **3.** V. Ibid. 29:3-6.

us; appear and be exalted over us before the eyes of all the living. Gather our dispersed from among the nations, and assemble our scattered from the ends of the earth. Bring us with song to Zion Your city, and with everlasting joy to Jerusalem Your Sanctuary. There we will offer to You our obligatory sacrifices, the daily burnt-offerings according to their order and the *musaf* offerings according to their rule; and the *musaf* offerings of (this Shabbat day and) this Day of Remembrance and this festival of holy assembly we will prepare and offer You with love in accordance with the command of Your will, as You have prescribed for us in Your Torah through Moses Your servant in Your glorious Name, as it is stated:

On Shabbat, add the following:

וביום On the Shabbat day, two yearling male lambs without blemish, and two-tenths [of an *ephah*] of fine flour mixed with oil as a meal-offering, and its wine-offering—this is the burnt-offering for Shabbat, each Shabbat, aside from the daily burnt-offering and its wine-offering.[1]

ובחדש In the seventh month, on the first day of the month, you shall have a holy assembly; you shall do no work of labor; it shall be to you a day for blowing the *shofar*. You shall prepare a burnt-offering for a pleasing odor to the Lord: one young bullock, one ram and seven yearling lambs without blemish.[2]

ומנחתם And their meal-offering and libations as prescribed: three-tenths [of an ephah of fine flour] for the bullock, two-tenths for the ram, one-tenth for each lamb, and wine in accordance with each one's wine-offering; as well as two he-goats for atonement, and two daily burnt-offerings according to their rule; aside from the Rosh Chodesh burnt-offering and its meal-offering, and the daily burnt-offering and its meal-offering, and their libations in accordance with the regulation, for a pleasing odor, an offering consumed by fire to the Lord.[3]

On Shabbat, add the following:

יִשְׂמְחוּ בְמַלְכוּתְךָ שׁוֹמְרֵי שַׁבָּת וְקוֹרְאֵי עֹנֶג, עַם מְקַדְּשֵׁי שְׁבִיעִי, כֻּלָּם יִשְׂבְּעוּ וְיִתְעַנְּגוּ מִטּוּבֶךָ, וּבַשְּׁבִיעִי רָצִיתָ בּוֹ וְקִדַּשְׁתּוֹ, חֶמְדַּת יָמִים אוֹתוֹ קָרָאתָ, זֵכֶר לְמַעֲשֵׂה בְרֵאשִׁית:

עָלֵינוּ לְשַׁבֵּחַ לַאֲדוֹן הַכֹּל, לָתֵת גְּדֻלָּה לְיוֹצֵר בְּרֵאשִׁית, שֶׁלֹּא עָשָׂנוּ כְּגוֹיֵי הָאֲרָצוֹת, וְלֹא שָׂמָנוּ כְּמִשְׁפְּחוֹת הָאֲדָמָה, שֶׁלֹּא שָׂם חֶלְקֵנוּ כָּהֶם, וְגוֹרָלֵנוּ כְּכָל הֲמוֹנָם, שֶׁהֵם מִשְׁתַּחֲוִים לְהֶבֶל וָרִיק. וַאֲנַחְנוּ כּוֹרְעִים וּמִשְׁתַּחֲוִים וּמוֹדִים לִפְנֵי מֶלֶךְ מַלְכֵי הַמְּלָכִים, הַקָּדוֹשׁ בָּרוּךְ הוּא. שֶׁהוּא נוֹטֶה שָׁמַיִם וְיוֹסֵד אָרֶץ, וּמוֹשַׁב יְקָרוֹ בַּשָּׁמַיִם מִמַּעַל, וּשְׁכִינַת עֻזּוֹ בְּגָבְהֵי מְרוֹמִים. הוּא אֱלֹהֵינוּ אֵין עוֹד, אֱמֶת מַלְכֵּנוּ, אֶפֶס זוּלָתוֹ, כַּכָּתוּב בְּתוֹרָתוֹ:[1] וְיָדַעְתָּ הַיּוֹם וַהֲשֵׁבֹתָ אֶל לְבָבֶךָ, כִּי יְיָ הוּא הָאֱלֹהִים, בַּשָּׁמַיִם מִמַּעַל וְעַל הָאָרֶץ מִתָּחַת, אֵין עוֹד:[2]

וְעַל כֵּן נְקַוֶּה לְּךָ יְיָ אֱלֹהֵינוּ, לִרְאוֹת מְהֵרָה בְּתִפְאֶרֶת עֻזֶּךָ, לְהַעֲבִיר גִּלּוּלִים מִן הָאָרֶץ, וְהָאֱלִילִים כָּרוֹת יִכָּרֵתוּן, לְתַקֵּן עוֹלָם בְּמַלְכוּת שַׁדַּי, וְכָל בְּנֵי בָשָׂר יִקְרְאוּ בִשְׁמֶךָ, לְהַפְנוֹת אֵלֶיךָ כָּל רִשְׁעֵי אָרֶץ. יַכִּירוּ וְיֵדְעוּ כָּל יוֹשְׁבֵי תֵבֵל, כִּי לְךָ תִּכְרַע כָּל בֶּרֶךְ, תִּשָּׁבַע כָּל לָשׁוֹן. לְפָנֶיךָ יְיָ אֱלֹהֵינוּ יִכְרְעוּ וְיִפֹּלוּ, וְלִכְבוֹד שִׁמְךָ יְקָר יִתֵּנוּ. וִיקַבְּלוּ כֻלָּם עֲלֵיהֶם אֶת עוֹל מַלְכוּתֶךָ, וְתִמְלוֹךְ עֲלֵיהֶם מְהֵרָה לְעוֹלָם וָעֶד. כִּי הַמַּלְכוּת שֶׁלְּךָ הִיא, וּלְעוֹלְמֵי עַד תִּמְלוֹךְ בְּכָבוֹד, כַּכָּתוּב בְּתוֹרָתֶךָ: יְיָ יִמְלֹךְ לְעֹלָם וָעֶד:[3]

1. Deuteronomy 4:39. **2.** For further elucidation, see Tanya, part II, ch. 6. **3.** Exodus 15:18.

On Shabbat, add the following:

ישמחו Those who observe the Shabbat and call it a delight shall rejoice in Your kingship; the nation which hallows the Seventh Day—all shall be satiated and delighted with Your goodness. You were pleased with the Seventh Day and made it holy; You called it the most desirable of days, in remembrance of the work of Creation.

עלינו It is incumbent upon us to praise the Master of all things, to exalt the Creator of all existence, that He has not made us like the nations of the world, nor caused us to be like the families of the earth; that He has not assigned us a portion like theirs, nor a lot like that of all their multitudes, for they bow to vanity and nothingness. But we bend the knee, bow down, and offer praise before the supreme King of kings, the Holy One, blessed be He, who stretches forth the heavens and establishes the earth, the seat of whose glory is in the heavens above, and the abode of whose majesty is in the loftiest heights. He is our God; there is none else. Truly, He is our King; there is nothing besides Him, as it is written in His Torah:[1] Know this day and take unto your heart, that the Lord is God, in the heavens above and upon the earth below there is nothing else.[2]

ועל And therefore we hope to You, Lord our God, that we may speedily behold the splendor of Your might, to banish idolatry from the earth—and false gods will be utterly destroyed; to perfect the world under the sovereignty of the Almighty. All mankind shall invoke Your Name, to turn to You all the wicked of the earth. Then all the inhabitants of the world will recognize and know that every knee should bend to You, every tongue should swear [by Your Name]. Before You, Lord our God, they will bow and prostrate themselves, and give honor to the glory of Your Name; and they will all take upon themselves the yoke of Your kingdom. May You soon reign over them forever and ever, for Kingship is Yours, and to all eternity You will reign in glory, as it is written in Your Torah: The Lord will reign forever and ever.[3]

וְנֶאֱמַר: לֹא הִבִּיט אָוֶן בְּיַעֲקֹב, וְלֹא רָאָה עָמָל בְּיִשְׂרָאֵל, יְיָ אֱלֹהָיו עִמּוֹ, וּתְרוּעַת מֶלֶךְ בּוֹ.[1] וְנֶאֱמַר: וַיְהִי בִישֻׁרוּן מֶלֶךְ, בְּהִתְאַסֵּף רָאשֵׁי עָם, יַחַד שִׁבְטֵי יִשְׂרָאֵל.[2] וּבְדִבְרֵי קָדְשְׁךָ כָּתוּב לֵאמֹר: כִּי לַייָ הַמְּלוּכָה, וּמוֹשֵׁל בַּגּוֹיִם.[3] וְנֶאֱמַר: יְיָ מָלָךְ גֵּאוּת לָבֵשׁ, לָבֵשׁ יְיָ עֹז הִתְאַזָּר, אַף תִּכּוֹן תֵּבֵל בַּל תִּמּוֹט.[4] וְנֶאֱמַר: שְׂאוּ שְׁעָרִים רָאשֵׁיכֶם, וְהִנָּשְׂאוּ פִּתְחֵי עוֹלָם, וְיָבוֹא מֶלֶךְ הַכָּבוֹד. מִי זֶה מֶלֶךְ הַכָּבוֹד, יְיָ עִזּוּז וְגִבּוֹר, יְיָ גִּבּוֹר מִלְחָמָה. שְׂאוּ שְׁעָרִים רָאשֵׁיכֶם וּשְׂאוּ פִּתְחֵי עוֹלָם, וְיָבֹא מֶלֶךְ הַכָּבוֹד. מִי הוּא זֶה מֶלֶךְ הַכָּבוֹד, יְיָ צְבָאוֹת הוּא מֶלֶךְ הַכָּבוֹד סֶלָה:[5]

וְעַל יְדֵי עֲבָדֶיךָ הַנְּבִיאִים כָּתוּב לֵאמֹר: כֹּה אָמַר יְיָ מֶלֶךְ יִשְׂרָאֵל וְגֹאֲלוֹ, יְיָ צְבָאוֹת, אֲנִי רִאשׁוֹן וַאֲנִי אַחֲרוֹן, וּמִבַּלְעָדַי אֵין אֱלֹהִים.[6] וְנֶאֱמַר: וְעָלוּ מוֹשִׁעִים בְּהַר צִיּוֹן לִשְׁפֹּט אֶת הַר עֵשָׂו, וְהָיְתָה לַייָ הַמְּלוּכָה.[7] וְנֶאֱמַר: וְהָיָה יְיָ לְמֶלֶךְ עַל כָּל הָאָרֶץ, בַּיּוֹם הַהוּא יִהְיֶה יְיָ אֶחָד וּשְׁמוֹ אֶחָד.[8] וּבְתוֹרָתְךָ כָּתוּב לֵאמֹר: שְׁמַע יִשְׂרָאֵל, יְיָ אֱלֹהֵינוּ יְיָ אֶחָד:[9]

On Shabbat, add the words in shaded parentheses.

אֱלֹהֵינוּ וֵאלֹהֵי אֲבוֹתֵינוּ, מְלוֹךְ עַל הָעוֹלָם כֻּלּוֹ בִּכְבוֹדֶךָ, וְהִנָּשֵׂא עַל כָּל הָאָרֶץ בִּיקָרֶךָ, וְהוֹפַע בַּהֲדַר גְּאוֹן עֻזֶּךָ עַל כָּל יוֹשְׁבֵי תֵּבֵל אַרְצֶךָ, וְיֵדַע כָּל פָּעוּל כִּי אַתָּה פְעַלְתּוֹ, וְיָבִין כָּל יָצוּר כִּי אַתָּה יְצַרְתּוֹ, וְיֹאמַר כֹּל אֲשֶׁר נְשָׁמָה בְאַפּוֹ: יְיָ אֱלֹהֵי יִשְׂרָאֵל מֶלֶךְ, וּמַלְכוּתוֹ בַּכֹּל מָשָׁלָה: (אֱלֹהֵינוּ וֵאלֹהֵי אֲבוֹתֵינוּ, רְצֵה נָא בִמְנוּחָתֵנוּ,) קַדְּשֵׁנוּ

1. Numbers 23:21. 2. Deuteronomy 33:5. 3. Psalms 22:29. 4. Ibid. 93:1. 5. Ibid. 24:7-10. 6. Isaiah 44:6. 7. Obadiah 1:21. 8. Zechariah 14:9. 9. Deuteronomy 6:4.

ונאמר And it is stated: He does not look at iniquity in Jacob nor see wrongdoing in Israel; the Lord his God is with him and the love of the King is in him.[1] And it is stated: And He became king in Yeshurun, when the heads of the people assembled, the tribes of Israel were united.[2] And in your holy Scriptures it is written thus: For sovereignty is the Lord's, and He rules over the nations.[3] And it is stated: God is King; He has garbed Himself with grandeur; the Lord has robed Himself, He has girded Himself with strength; He has also established the world firmly that it shall not falter.[4] And it is stated: Lift up your heads, O gates, and be lifted up, eternal doors, so the glorious King may enter. Who is the glorious King? The Lord, strong and mighty; the Lord, mighty in battle. Lift up your heads, O gates; lift them up, eternal doors, so the glorious King may enter. Who is the glorious King? The Lord of hosts, He is the glorious King for all eternity.[5]

ועל And by Your servants, the Prophets, it is written as follows: Thus said the Lord, the King of Israel and his Redeemer, the Lord of hosts: I am the first and I am the last, and aside from Me there is no God.[6] And it is stated: Deliverers will go up to Mount Zion to judge the mount of Esau, and kingship will be the Lord's.[7] And it is stated: The Lord will be King over the entire earth; on that day the Lord will be One and His Name One.[8] And in Your Torah it is written thus: Hear, O Israel, the Lord is our God, the Lord is One.[9]

On Shabbat, add the words in shaded parentheses.

אלהינו Our God and God of our fathers, reign over the entire world in Your glory, be exalted over all the earth in Your splendor, and reveal Yourself in the majesty of Your glorious might over all the inhabitants of Your terrestrial world. May everything that has been made know that You have made it; may everything that has been created understand that You have created it; and may everyone who has the breath [of life] in his nostrils declare that the Lord, God of Israel, is King and His kingship has dominion over all. (Our God and God of our fathers, please find favor in our rest.) Make us holy with

בְּמִצְוֹתֶיךָ, וְתֵן חֶלְקֵנוּ בְּתוֹרָתֶךָ, שַׂבְּעֵנוּ מִטּוּבֶךָ וְשַׂמַּח נַפְשֵׁנוּ בִּישׁוּעָתֶךָ, (וְהַנְחִילֵנוּ יְיָ אֱלֹהֵינוּ בְּאַהֲבָה וּבְרָצוֹן שַׁבַּת קָדְשֶׁךָ וְיָנוּחוּ בוֹ כָּל יִשְׂרָאֵל מְקַדְּשֵׁי שְׁמֶךָ,) וְטַהֵר לִבֵּנוּ לְעָבְדְּךָ בֶּאֱמֶת, כִּי אַתָּה אֱלֹהִים אֱמֶת וּדְבָרְךָ מַלְכֵּנוּ אֱמֶת וְקַיָּם לָעַד. בָּרוּךְ אַתָּה יְיָ, מֶלֶךְ עַל כָּל הָאָרֶץ, מְקַדֵּשׁ (הַשַּׁבָּת וְ) יִשְׂרָאֵל וְיוֹם הַזִּכָּרוֹן:

The *shofar* is sounded at this point (except on Shabbat).
Pause until the *shofar* is sounded before continuing אַתָּה.

תקיעה. שברים תרועה. תקיעה.
תקיעה. שברים. תקיעה.
תקיעה. תרועה. תקיעה.

אַתָּה זוֹכֵר מַעֲשֵׂה עוֹלָם, וּפוֹקֵד כָּל יְצוּרֵי קֶדֶם. לְפָנֶיךָ נִגְלוּ כָּל תַּעֲלוּמוֹת, וַהֲמוֹן נִסְתָּרוֹת שֶׁמִּבְּרֵאשִׁית, כִּי אֵין שִׁכְחָה לִפְנֵי כִסֵּא כְבוֹדֶךָ, וְאֵין נִסְתָּר מִנֶּגֶד עֵינֶיךָ. אַתָּה זוֹכֵר אֶת כָּל הַמִּפְעָל, וְגַם כָּל הַיְּצוּר לֹא נִכְחָד מִמֶּךָּ. הַכֹּל גָּלוּי וְיָדוּעַ לְפָנֶיךָ יְיָ אֱלֹהֵינוּ, צוֹפֶה וּמַבִּיט עַד סוֹף כָּל הַדּוֹרוֹת, כִּי תָבִיא חֹק זִכָּרוֹן לְהִפָּקֵד כָּל רוּחַ וָנֶפֶשׁ, לְהִזָּכֵר מַעֲשִׂים רַבִּים, וַהֲמוֹן בְּרִיּוֹת לְאֵין תַּכְלִית. מֵרֵאשִׁית כָּזֹאת הוֹדָעְתָּ, וּמִלְּפָנִים אוֹתָהּ גִּלִּיתָ, זֶה הַיּוֹם תְּחִלַּת מַעֲשֶׂיךָ, זִכָּרוֹן לְיוֹם רִאשׁוֹן. כִּי חֹק לְיִשְׂרָאֵל הוּא, מִשְׁפָּט לֵאלֹהֵי יַעֲקֹב.[1] וְעַל הַמְּדִינוֹת בּוֹ יֵאָמֵר: אֵיזוֹ לַחֶרֶב, וְאֵיזוֹ לַשָּׁלוֹם, אֵיזוֹ לָרָעָב, וְאֵיזוֹ לָשֹׂבַע, וּבְרִיּוֹת בּוֹ יִפָּקֵדוּ לְהַזְכִּירָם לַחַיִּים וְלַמָּוֶת. מִי לֹא נִפְקַד כְּהַיּוֹם הַזֶּה, כִּי זֵכֶר כָּל הַיְּצוּר לְפָנֶיךָ בָּא, מַעֲשֵׂה

1. Psalms 81:5.

Your commandments and grant us our portion in Your Torah; satiate us with Your goodness and gladden our soul with Your salvation. (Lord our God, grant as our heritage, in love and goodwill, Your holy Shabbat, and may all Israel who sanctify Your Name rest thereon.) Make our heart pure to serve You in truth; for You are the true God, and Your word, our King, is true and enduring forever. Blessed are You, Lord, King over the whole earth, who sanctifies (the Shabbat and) Israel and the Day of Remembrance.

The shofar is sounded at this point (except on Shabbat).
Pause until the shofar is sounded before continuing You.

TEKIAH   SHEVARIM–TERUAH   TEKIAH

TEKIAH   SHEVARIM   TEKIAH

TEKIAH   TERUAH   TEKIAH

אתה You remember the deeds [performed] in the world and recall all that was created in days of yore. Before You are revealed all the hidden things and the myriad secrets from the beginning of creation; for there is no forgetting before the Throne of Your Glory, nor is there anything concealed from Your sight. You remember the entire work [of creation], and no creature is hidden from You. All is revealed and known before You, Lord our God, who observes and looks to the end of all generations. For You bring the set time of remembrance that every soul and being shall be recalled, that the numerous deeds and myriads of creatures without limit shall be remembered. You have made this known from the beginning [of creation], and from aforetime You revealed it. This is the day which is the beginning of Your work, a remembrance of the first day; indeed, it is a decree for Israel, a [day of] judgment for the God of Jacob.[1] Concerning countries, [judgment] is pronounced on [this day]—which for war and which for peace, which for famine and which for plenty; and on it, creatures are brought to mind, to remember them for life or death. Who is not recalled on this day? For the remembrance of every created

אִישׁ וּפְקֻדָּתוֹ, וַעֲלִילוֹת מִצְעֲדֵי גָבֶר, מַחְשְׁבוֹת אָדָם וְתַחְבּוּלוֹתָיו, וְיִצְרֵי מַעַלְלֵי אִישׁ. אַשְׁרֵי אִישׁ שֶׁלֹּא יִשְׁכָּחֶךָּ, וּבֶן אָדָם יִתְאַמֶּץ בָּךְ, כִּי דוֹרְשֶׁיךָ לְעוֹלָם לֹא יִכָּשֵׁלוּ, וְלֹא יִכָּלְמוּ לָנֶצַח כָּל הַחוֹסִים בָּךְ, כִּי זֵכֶר כָּל הַמַּעֲשִׂים לְפָנֶיךָ בָּא, וְאַתָּה דוֹרֵשׁ מַעֲשֵׂה כֻלָּם. וְגַם אֶת נֹחַ בְּאַהֲבָה זָכַרְתָּ, וַתִּפְקְדֵהוּ בִּדְבַר יְשׁוּעָה וְרַחֲמִים, בַּהֲבִיאֲךָ אֶת מֵי הַמַּבּוּל לְשַׁחֵת כָּל בָּשָׂר מִפְּנֵי רֹעַ מַעַלְלֵיהֶם. עַל כֵּן זִכְרוֹנוֹ בָּא לְפָנֶיךָ יְיָ אֱלֹהֵינוּ לְהַרְבּוֹת זַרְעוֹ כְּעַפְרוֹת תֵּבֵל וְצֶאֱצָאָיו כְּחוֹל הַיָּם. כַּכָּתוּב בְּתוֹרָתֶךָ: וַיִּזְכֹּר אֱלֹהִים אֶת נֹחַ, וְאֵת כָּל הַחַיָּה וְאֶת כָּל הַבְּהֵמָה, אֲשֶׁר אִתּוֹ בַּתֵּבָה, וַיַּעֲבֵר אֱלֹהִים רוּחַ עַל הָאָרֶץ וַיָּשֹׁכּוּ הַמָּיִם.[1] וְנֶאֱמַר: וַיִּשְׁמַע אֱלֹהִים אֶת נַאֲקָתָם, וַיִּזְכֹּר אֱלֹהִים אֶת בְּרִיתוֹ אֶת אַבְרָהָם אֶת יִצְחָק וְאֶת יַעֲקֹב.[2] וְנֶאֱמַר: וְזָכַרְתִּי אֶת בְּרִיתִי יַעֲקוֹב, וְאַף אֶת בְּרִיתִי יִצְחָק, וְאַף אֶת בְּרִיתִי אַבְרָהָם אֶזְכֹּר, וְהָאָרֶץ אֶזְכֹּר.[3] וּבְדִבְרֵי קָדְשְׁךָ כָּתוּב לֵאמֹר: זֵכֶר עָשָׂה לְנִפְלְאוֹתָיו, חַנּוּן וְרַחוּם יְיָ.[4] וְנֶאֱמַר: טֶרֶף נָתַן לִירֵאָיו, יִזְכֹּר לְעוֹלָם בְּרִיתוֹ.[5] וְנֶאֱמַר: וַיִּזְכֹּר לָהֶם בְּרִיתוֹ, וַיִּנָּחֵם כְּרֹב חֲסָדָיו:[6]

וְעַל יְדֵי עֲבָדֶיךָ הַנְּבִיאִים כָּתוּב לֵאמֹר: הָלֹךְ וְקָרָאתָ בְאָזְנֵי יְרוּשָׁלַיִם לֵאמֹר, כֹּה אָמַר יְיָ, זָכַרְתִּי לָךְ חֶסֶד נְעוּרַיִךְ, אַהֲבַת כְּלוּלֹתָיִךְ, לֶכְתֵּךְ אַחֲרַי בַּמִּדְבָּר, בְּאֶרֶץ לֹא זְרוּעָה.[7] וְנֶאֱמַר: וְזָכַרְתִּי אֲנִי אֶת בְּרִיתִי

1. Genesis 8:1. **2.** Exodus 2:24. **3.** Leviticus 26:42. **4.** Psalms 111:4. **5.** Ibid. 111:5. **6.** Ibid. 106:45. **7.** Jeremiah 2:2.

being comes before You—man's deed and his task, the actions and movements of a mortal, the thoughts of a person and his schemes, and the motives for the acts of a man. Happy is the man who does not forget You, the son of man who holds fast to You; for those who seek You will not stumble forever, nor will anyone who places his trust in You be put to shame eternally. For the remembrance of all [Your] works comes before You, and You examine the deeds of them all. And You also remembered Noach with love, and were mindful of him with a promise of salvation and mercy, when You brought the waters of the Flood to destroy all flesh because of the wickedness of their deeds. Therefore his remembrance came before You, Lord our God, to make his descendants as numerous as the dust of the earth, and his offspring as the sand of the sea; as it is written in Your Torah: God remembered Noach and all the beasts and all the cattle that were with him in the ark, and God caused a wind to pass over the earth and the waters were calmed.[1] And it is stated: God heard their outcry, and God remembered His covenant with Abraham, with Isaac, and with Jacob.[2] And it is stated: I will remember My covenant with Jacob; also My covenant with Isaac, and also My covenant with Abraham will I remember; and I will remember the land.[3] And in Your holy Scriptures it is written thus: He has instituted a remembrance of His wonders; gracious and merciful is the Lord.[4] And it is stated: He has provided food to those who fear Him; He will remember His covenant forever.[5] And it is stated: He remembered for them His covenant and He relented, in keeping with His abounding kindness.[6]

ועל And by Your servants, the Prophets, it is written as follows: Go and call out in the ears [of the inhabitants] of Jerusalem, saying: Thus said the Lord, I remember for you the devotion of your youth, the love of your bridal days, as you went after Me in the wilderness, in an uncultivated land.[7] And it is stated: I will remember My covenant [which

אוֹתָךְ בִּימֵי נְעוּרָיִךְ, וַהֲקִמוֹתִי לָךְ בְּרִית עוֹלָם.[1] וְנֶאֱמַר:
הֲבֵן יַקִּיר לִי אֶפְרַיִם אִם יֶלֶד שַׁעֲשֻׁעִים, כִּי מִדֵּי דַבְּרִי
בּוֹ זָכֹר אֶזְכְּרֶנּוּ עוֹד, עַל כֵּן הָמוּ מֵעַי לוֹ, רַחֵם אֲרַחֲמֶנּוּ
נְאֻם יְיָ:[2]

אֱלֹהֵינוּ וֵאלֹהֵי אֲבוֹתֵינוּ, זָכְרֵנוּ בְּזִכָּרוֹן טוֹב לְפָנֶיךָ,
וּפָקְדֵנוּ בִּפְקֻדַּת יְשׁוּעָה וְרַחֲמִים מִשְּׁמֵי שְׁמֵי
קֶדֶם. וּזְכָר לָנוּ יְיָ אֱלֹהֵינוּ אֶת הַבְּרִית וְאֶת הַחֶסֶד וְאֶת
הַשְּׁבוּעָה אֲשֶׁר נִשְׁבַּעְתָּ לְאַבְרָהָם אָבִינוּ בְּהַר הַמֹּרִיָּה.
וְתֵרָאֶה לְפָנֶיךָ עֲקֵדָה שֶׁעָקַד אַבְרָהָם אָבִינוּ אֶת יִצְחָק
בְּנוֹ עַל גַּבֵּי הַמִּזְבֵּחַ, וְכָבַשׁ רַחֲמָיו לַעֲשׂוֹת רְצוֹנְךָ בְּלֵבָב
שָׁלֵם, כֵּן יִכְבְּשׁוּ רַחֲמֶיךָ אֶת כַּעַסְךָ מֵעָלֵינוּ, וּבְטוּבְךָ
הַגָּדוֹל יָשׁוּב חֲרוֹן אַפְּךָ מֵעַמְּךָ וּמֵעִירְךָ וּמֵאַרְצְךָ
וּמִנַּחֲלָתֶךָ. וְקַיֶּם לָנוּ יְיָ אֱלֹהֵינוּ אֶת הַדָּבָר שֶׁהִבְטַחְתָּנוּ
בְּתוֹרָתֶךָ עַל יְדֵי מֹשֶׁה עַבְדֶּךָ מִפִּי כְבוֹדֶךָ כָּאָמוּר:
וְזָכַרְתִּי לָהֶם בְּרִית רִאשֹׁנִים, אֲשֶׁר הוֹצֵאתִי אֹתָם מֵאֶרֶץ
מִצְרַיִם לְעֵינֵי הַגּוֹיִם, לִהְיוֹת לָהֶם לֵאלֹהִים, אֲנִי יְיָ.[3] כִּי
זוֹכֵר כָּל הַנִּשְׁכָּחוֹת אַתָּה הוּא מֵעוֹלָם, וְאֵין שִׁכְחָה לִפְנֵי
כִסֵּא כְבוֹדֶךָ, וַעֲקֵדַת יִצְחָק לְזַרְעוֹ הַיּוֹם בְּרַחֲמִים תִּזְכֹּר.
בָּרוּךְ אַתָּה יְיָ, זוֹכֵר הַבְּרִית:

The *shofar* is sounded at this point (except on Shabbat).
Pause until the *shofar* is sounded before continuing אַתָּה, next page.

תקיעה. שברים תרועה. תקיעה.
תקיעה. שברים. תקיעה.
תקיעה. תרועה. תקיעה.

1. Ezekiel 16:60. **2.** Jeremiah 31:19. **3.** Leviticus 26:45.

I made] with you in the days of your youth, and I will fulfill it for you as an everlasting covenant.[1] And it is stated: Is Ephraim not My beloved son, is he not a precious child that whenever I speak of him I recall him even more? Therefore My inner parts stir for him, I will surely have compassion on him, says the Lord.[2]

אלהינו Our God and God of our fathers, remember us with a favorable remembrance before You, and be mindful of us with a decree of deliverance and mercy from the primeval, most supernal heavens. Remember in our behalf, Lord our God, the covenant, the kindness and the vow which You swore to Abraham our father on Mount Moriah; and let there appear before you the *akedah*, when Abraham our father bound Isaac his son upon the altar and suppressed his compassion to do Your will with a perfect heart. So may Your compassion suppress Your wrath from upon us, and in Your great goodness, let Your fierce anger turn away from Your people, from Your city, from Your land and from Your heritage. Fulfill, Lord our God, that which You have promised us in Your Torah through Moses Your servant in Your glorious Name, as it is stated: I will remember in their favor the covenant with their ancestors, whom I took out of the land of Egypt before the eyes of the nations, to be their God; I am the Lord.[3] For You are He who remembers forever all forgotten things, and there is no forgetting before the Throne of Your Glory. Remember in mercy this day the binding of Isaac for his descendants. Blessed are You, Lord, who remembers the covenant.

The *shofar* is sounded at this point (except on Shabbat).
Pause until the *shofar* is sounded before continuing *You*, next page.

TEKIAH   SHEVARIM–TERUAH   TEKIAH

TEKIAH   SHEVARIM   TEKIAH

TEKIAH   TERUAH   TEKIAH

אַתָּה נִגְלֵיתָ בַּעֲנַן כְּבוֹדֶךָ עַל עַם קָדְשְׁךָ לְדַבֵּר עִמָּם. מִן הַשָּׁמַיִם הִשְׁמַעְתָּם קוֹלֶךָ, וְנִגְלֵיתָ עֲלֵיהֶם בְּעַרְפְלֵּי טֹהַר. גַּם הָעוֹלָם כֻּלּוֹ חָל מִפָּנֶיךָ, וּבְרִיּוֹת בְּרֵאשִׁית חָרְדוּ מִמֶּךָּ, בְּהִגָּלוֹתְךָ מַלְכֵּנוּ עַל הַר סִינַי, לְלַמֵּד לְעַמְּךָ תּוֹרָה וּמִצְוֹת. וַתַּשְׁמִיעֵם אֶת הוֹד קוֹלֶךָ, וְדִבְּרוֹת קָדְשְׁךָ מִלַּהֲבוֹת אֵשׁ. בְּקוֹלוֹת וּבְרָקִים עֲלֵיהֶם נִגְלֵיתָ, וּבְקוֹל שׁוֹפָר עֲלֵיהֶם הוֹפָעְתָּ. כַּכָּתוּב בְּתוֹרָתֶךָ: וַיְהִי בַיּוֹם הַשְּׁלִישִׁי בִּהְיֹת הַבֹּקֶר, וַיְהִי קֹלֹת וּבְרָקִים, וְעָנָן כָּבֵד עַל הָהָר, וְקֹל שֹׁפָר חָזָק מְאֹד, וַיֶּחֱרַד כָּל הָעָם אֲשֶׁר בַּמַּחֲנֶה.[1] וְנֶאֱמַר: וַיְהִי קוֹל הַשֹּׁפָר הוֹלֵךְ וְחָזֵק מְאֹד, מֹשֶׁה יְדַבֵּר וְהָאֱלֹהִים יַעֲנֶנּוּ בְקוֹל.[2] וְנֶאֱמַר: וְכָל הָעָם רֹאִים אֶת הַקּוֹלֹת, וְאֶת הַלַּפִּידִם, וְאֵת קוֹל הַשֹּׁפָר, וְאֶת הָהָר עָשֵׁן, וַיַּרְא הָעָם וַיָּנֻעוּ וַיַּעַמְדוּ מֵרָחֹק.[3] וּבְדִבְרֵי קָדְשְׁךָ כָּתוּב לֵאמֹר: עָלָה אֱלֹהִים בִּתְרוּעָה, יְיָ בְּקוֹל שׁוֹפָר.[4] וְנֶאֱמַר: בַּחֲצֹצְרוֹת וְקוֹל שׁוֹפָר, הָרִיעוּ לִפְנֵי הַמֶּלֶךְ יְיָ.[5] וְנֶאֱמַר: תִּקְעוּ בַחֹדֶשׁ שׁוֹפָר, בַּכֶּסֶה לְיוֹם חַגֵּנוּ. כִּי חֹק לְיִשְׂרָאֵל הוּא, מִשְׁפָּט לֵאלֹהֵי יַעֲקֹב:[6]

וְנֶאֱמַר: הַלְלוּיָהּ, הַלְלוּ אֵל בְּקָדְשׁוֹ, הַלְלוּהוּ בִּרְקִיעַ עֻזּוֹ: הַלְלוּהוּ בִגְבוּרֹתָיו, הַלְלוּהוּ כְּרֹב גֻּדְלוֹ: הַלְלוּהוּ בְּתֵקַע שׁוֹפָר, הַלְלוּהוּ בְּנֵבֶל וְכִנּוֹר: הַלְלוּהוּ בְּתֹף וּמָחוֹל, הַלְלוּהוּ בְּמִנִּים וְעֻגָב: הַלְלוּהוּ בְצִלְצְלֵי שָׁמַע, הַלְלוּהוּ בְּצִלְצְלֵי תְרוּעָה: כֹּל הַנְּשָׁמָה תְּהַלֵּל יָהּ, הַלְלוּיָהּ:[7]

---

1. Exodus 19:16. **2.** Ibid. 19:19. **3.** Ibid. 20:15. **4.** Psalms 47:6. **5.** Ibid. 98:6. **6.** Ibid. 81:4-5. **7.** Ibid. 150.

אתה You revealed Yourself in Your cloud of glory to Your holy people to speak to them. From the heavens You let them hear Your voice, and revealed Yourself to them in pure clouds. The whole world also trembled before You, the beings of creation were in awe of You, when You, our King, revealed Yourself upon Mount Sinai to teach Your people Torah and mitzvot. You let them hear the majesty of Your voice and Your holy utterances from flames of fire; with thunder and lightning You revealed Yourself to them, with the sound of the *shofar* You appeared to them; as it is written in Your Torah: It was on the third day, as morning dawned, there was thunder and lightning, and a heavy cloud on the mountain, and an exceedingly loud sound of the *shofar*; and all the people in the camp trembled.[1] And it is stated: The sound of the *shofar* became increasingly louder; Moses spoke, and God answered him aloud.[2] And it is stated: All the people saw the sounds and the flames, the voice of the *shofar* and the mountain smoking; the people saw and trembled, and went to stand far away.[3] And in Your holy Scriptures it is written thus: God ascends through *teruah*, the Lord—through the sound of the *shofar*.[4] And it is stated: With trumpets and the sound of the *shofar*, jubilate before the King, the Lord.[5] And it is stated: Blow the *shofar* on the New Moon, on the designated day of our Holy Day; for it is a decree for Israel, a [day of] judgment for the God of Jacob.[6]

ונאמר And it is stated: Praise the Lord. Praise God in His holiness; praise Him in the firmament of His strength. Praise Him for His mighty acts; praise Him according to His abundant greatness. Praise Him with the call of the *shofar*; praise Him with harp and lyre. Praise Him with timbrel and dance; praise Him with stringed instruments and flute. Praise Him with resounding cymbals; praise Him with clanging cymbals. Let every being that has a soul praise the Lord. Praise the Lord.[7]

וְעַל יְדֵי עֲבָדֶיךָ הַנְּבִיאִים כָּתוּב לֵאמֹר: כָּל יֹשְׁבֵי תֵבֵל
וְשֹׁכְנֵי אָרֶץ, כִּנְשֹׂא נֵס הָרִים תִּרְאוּ וְכִתְקֹעַ שׁוֹפָר
תִּשְׁמָעוּ.¹ וְנֶאֱמַר: וְהָיָה בַּיּוֹם הַהוּא יִתָּקַע בְּשׁוֹפָר גָּדוֹל,
וּבָאוּ הָאֹבְדִים בְּאֶרֶץ אַשּׁוּר, וְהַנִּדָּחִים בְּאֶרֶץ מִצְרָיִם,
וְהִשְׁתַּחֲווּ לַיָי בְּהַר הַקֹּדֶשׁ בִּירוּשָׁלָיִם.² וְנֶאֱמַר: וַיָי עֲלֵיהֶם
יֵרָאֶה, וְיָצָא כַבָּרָק חִצּוֹ, וַאדֹנָי אֱלֹהִים בַּשׁוֹפָר יִתְקָע,
וְהָלַךְ בְּסַעֲרוֹת תֵּימָן. יְיָ צְבָאוֹת יָגֵן עֲלֵיהֶם,³ כֵּן תָּגֵן עַל
עַמְּךָ יִשְׂרָאֵל בִּשְׁלוֹמֶךָ:

אֱלֹהֵינוּ וֵאלֹהֵי אֲבוֹתֵינוּ, תְּקַע בְּשׁוֹפָר גָּדוֹל לְחֵרוּתֵנוּ,
וְשָׂא נֵס לְקַבֵּץ גָּלֻיּוֹתֵינוּ, וְקָרֵב פְּזוּרֵינוּ מִבֵּין
הַגּוֹיִם, וּנְפוּצוֹתֵינוּ כַּנֵּס מִיַּרְכְּתֵי אָרֶץ, וַהֲבִיאֵנוּ לְצִיּוֹן
עִירְךָ בְּרִנָּה, וְלִירוּשָׁלַיִם בֵּית מִקְדָּשְׁךָ בְּשִׂמְחַת עוֹלָם,
וְשָׁם נַעֲשֶׂה לְפָנֶיךָ אֶת קָרְבְּנוֹת חוֹבוֹתֵינוּ, כִּמְצֻוָּה עָלֵינוּ
בְּתוֹרָתֶךָ עַל יְדֵי מֹשֶׁה עַבְדֶּךָ, מִפִּי כְבוֹדֶךָ כָּאָמוּר:

וּבְיוֹם שִׂמְחַתְכֶם וּבְמוֹעֲדֵיכֶם וּבְרָאשֵׁי חָדְשֵׁכֶם,
וּתְקַעְתֶּם בַּחֲצֹצְרֹת עַל עֹלֹתֵיכֶם וְעַל זִבְחֵי
שַׁלְמֵיכֶם, וְהָיוּ לָכֶם לְזִכָּרוֹן לִפְנֵי אֱלֹהֵיכֶם, אֲנִי יְיָ
אֱלֹהֵיכֶם.⁴ כִּי אַתָּה שׁוֹמֵעַ קוֹל שׁוֹפָר וּמַאֲזִין תְּרוּעָה,
וְאֵין דּוֹמֶה לָךְ. בָּרוּךְ אַתָּה יְיָ, שׁוֹמֵעַ קוֹל תְּרוּעַת עַמּוֹ
יִשְׂרָאֵל בְּרַחֲמִים:

The shofar is sounded at this point (except on Shabbat).
Pause until the shofar is sounded before continuing רְצֵה, *next page.*

תקיעה. שברים תרועה. תקיעה.
תקיעה. שברים. תקיעה.
תקיעה. תרועה. תקיעה.

---

1. Isaiah 18:3.   **2.** Ibid. 27:13.   **3.** Zechariah 9:14-15.   **4.** Numbers 10:10.

ועל And by Your servants, the Prophets, it is written as follows: All who inhabit the world and who dwell on earth—you will see when the banner [of the ingathering of Israel] will be raised on the mountain, you will hear when the *shofar* will be sounded.[1] And it is stated: And it shall be on that day, that a great *shofar* shall be sounded, and those who were lost in the land of Ashur and those who were banished in the land of Mitzrayim shall come and bow down to the Lord on the holy mountain in Jerusalem.[2] And it is stated: And the Lord shall appear over them, and His arrow shall go forth like lightning; the Lord God shall sound the *shofar* and go forth in a southerly storm-wind. The Lord of hosts shall protect them.[3] So shall You protect Your people Israel with Your peace.

אלהינו Our God and God of our fathers, sound the great *shofar* for our freedom; raise a banner to gather our exiles, draw together our dispersed from among the nations, and assemble our scattered from the ends of the earth. Bring us with song to Zion Your city, and with everlasting joy to Jerusalem Your Sanctuary. There we will offer to You our obligatory sacrifices, as we were instructed in Your Torah, through Moses Your servant in Your glorious Name, as it is stated:

וביום And on the day of your rejoicing, on your festivals and on your Rosh Chodesh days, you shall sound the trumpets over your burnt-offerings and over the sacrifices of your peace-offerings, and they shall be a remembrance for you before your God; I am the Lord your God.[4] For You hear the sound of the *shofar* and listen to the *teruah*; and there is none who can be compared to You. Blessed are You, Lord, who hears the sound of the *teruah* of His people Israel in mercy.

The *shofar* is sounded at this point (except on Shabbat).
Pause until the *shofar* is sounded before continuing *Look,* next page.

TEKIAH SHEVARIM–TERUAH TEKIAH

TEKIAH SHEVARIM TEKIAH

TEKIAH TERUAH TEKIAH

רְצֵה יְיָ אֱלֹהֵינוּ בְּעַמְּךָ יִשְׂרָאֵל וְלִתְפִלָּתָם שְׁעֵה, וְהָשֵׁב הָעֲבוֹדָה לִדְבִיר בֵּיתֶךָ, וְאִשֵּׁי יִשְׂרָאֵל וּתְפִלָּתָם בְּאַהֲבָה תְקַבֵּל בְּרָצוֹן, וּתְהִי לְרָצוֹן תָּמִיד עֲבוֹדַת יִשְׂרָאֵל עַמֶּךָ:

וְתֶחֱזֶינָה עֵינֵינוּ בְּשׁוּבְךָ לְצִיּוֹן בְּרַחֲמִים. בָּרוּךְ אַתָּה יְיָ, הַמַּחֲזִיר שְׁכִינָתוֹ לְצִיּוֹן:

Bow at מוֹדִים; straighten up at יְיָ.

מוֹדִים אֲנַחְנוּ לָךְ, שָׁאַתָּה הוּא יְיָ אֱלֹהֵינוּ וֵאלֹהֵי אֲבוֹתֵינוּ לְעוֹלָם וָעֶד, צוּר חַיֵּינוּ, מָגֵן יִשְׁעֵנוּ, אַתָּה הוּא לְדוֹר וָדוֹר, נוֹדֶה לְּךָ וּנְסַפֵּר תְּהִלָּתֶךָ, עַל חַיֵּינוּ הַמְּסוּרִים בְּיָדֶךָ, וְעַל נִשְׁמוֹתֵינוּ הַפְּקוּדוֹת לָךְ, וְעַל נִסֶּיךָ שֶׁבְּכָל יוֹם עִמָּנוּ, וְעַל נִפְלְאוֹתֶיךָ וְטוֹבוֹתֶיךָ שֶׁבְּכָל עֵת, עֶרֶב וָבֹקֶר וְצָהֳרָיִם, הַטּוֹב, כִּי לֹא כָלוּ רַחֲמֶיךָ, וְהַמְרַחֵם, כִּי לֹא תַמּוּ חֲסָדֶיךָ, כִּי מֵעוֹלָם קִוִּינוּ לָךְ:

וְעַל כֻּלָּם יִתְבָּרַךְ וְיִתְרוֹמַם וְיִתְנַשֵּׂא שִׁמְךָ מַלְכֵּנוּ תָּמִיד לְעוֹלָם וָעֶד:

וּכְתוֹב לְחַיִּים טוֹבִים כָּל בְּנֵי בְרִיתֶךָ:

וְכֹל הַחַיִּים יוֹדוּךָ סֶּלָה, וִיהַלְלוּ שִׁמְךָ הַגָּדוֹל לְעוֹלָם כִּי טוֹב, הָאֵל יְשׁוּעָתֵנוּ וְעֶזְרָתֵנוּ סֶלָה, הָאֵל הַטּוֹב.

Bend knees at בָּרוּךְ; bow at אַתָּה; straighten up at יְיָ.

בָּרוּךְ אַתָּה יְיָ, הַטּוֹב שִׁמְךָ וּלְךָ נָאֶה לְהוֹדוֹת:

שִׂים שָׁלוֹם, טוֹבָה וּבְרָכָה, חַיִּים חֵן וָחֶסֶד וְרַחֲמִים, עָלֵינוּ וְעַל כָּל יִשְׂרָאֵל עַמֶּךָ. בָּרְכֵנוּ אָבִינוּ כֻּלָּנוּ כְּאֶחָד בְּאוֹר פָּנֶיךָ, כִּי בְאוֹר פָּנֶיךָ נָתַתָּ לָּנוּ יְיָ אֱלֹהֵינוּ

רצה Look with favor, Lord our God, on Your people Israel, and pay heed to their prayer; restore the service to Your Sanctuary, and accept with love and favor Israel's fire-offerings and prayer; and may the service of Your people Israel always find favor.

ותחזינה May our eyes behold Your return to Zion in mercy. Blessed are You, Lord, who restores His Divine Presence to Zion.

Bow at We thankfully acknowledge; *straighten up at* Lord.

מודים We thankfully acknowledge that You are the Lord our God and God of our fathers forever. You are the strength of our life, the shield of our salvation in every generation. We will give thanks to You and recount Your praise, evening, morning and noon, for our lives which are committed into Your hand, for our souls which are entrusted to You, for Your miracles which are with us daily, and for Your continual wonders and beneficences. You are the Beneficent One, for Your mercies never cease; and the Merciful One, for Your kindnesses never end; for we always place our hope in You.

ועל And for all these, may Your Name, our King, be continually blessed, exalted, and extolled forever and all time.

וכתוב Inscribe all the children of Your Covenant for a good life.

וכל And all living things shall forever thank You, and praise Your great Name eternally, for You are good. God, You are our everlasting salvation and help, O benevolent God.

Bend knees at Blessed; *bow at* You; *straighten up at* Lord.

Blessed are You, Lord, Beneficent is Your Name, and to You it is fitting to offer thanks.

שים Bestow peace, goodness, and blessing, life, graciousness, kindness, and mercy, upon us and upon all Your people Israel. Bless us, our Father, all of us as one, with the light of Your countenance, for by the light of Your

תּוֹרַת חַיִּים וְאַהֲבַת חֶסֶד, וּצְדָקָה וּבְרָכָה וְרַחֲמִים
וְחַיִּים וְשָׁלוֹם, וְטוֹב בְּעֵינֶיךָ לְבָרֵךְ אֶת עַמְּךָ יִשְׂרָאֵל
בְּכָל עֵת וּבְכָל שָׁעָה בִּשְׁלוֹמֶךָ.

וּבְסֵפֶר חַיִּים בְּרָכָה וְשָׁלוֹם וּפַרְנָסָה טוֹבָה, יְשׁוּעָה
וְנֶחָמָה וּגְזֵרוֹת טוֹבוֹת, נִזָּכֵר וְנִכָּתֵב לְפָנֶיךָ,
אֲנַחְנוּ וְכָל עַמְּךָ בֵּית יִשְׂרָאֵל, לְחַיִּים טוֹבִים וּלְשָׁלוֹם.
בָּרוּךְ אַתָּה יְיָ, הַמְבָרֵךְ אֶת עַמּוֹ יִשְׂרָאֵל בַּשָּׁלוֹם:

יִהְיוּ לְרָצוֹן אִמְרֵי פִי וְהֶגְיוֹן לִבִּי לְפָנֶיךָ, יְיָ צוּרִי וְגוֹאֲלִי:¹

אֱלֹהַי, נְצֹר לְשׁוֹנִי מֵרָע, וּשְׂפָתַי מִדַּבֵּר מִרְמָה,² וְלִמְקַלְלַי
נַפְשִׁי תִדּוֹם, וְנַפְשִׁי כֶּעָפָר לַכֹּל תִּהְיֶה. פְּתַח לִבִּי
בְּתוֹרָתֶךָ, וּבְמִצְוֹתֶיךָ תִּרְדּוֹף נַפְשִׁי, וְכָל הַחוֹשְׁבִים עָלַי
רָעָה, מְהֵרָה הָפֵר עֲצָתָם וְקַלְקֵל מַחֲשַׁבְתָּם. יִהְיוּ כְּמֹץ לִפְנֵי
רוּחַ וּמַלְאַךְ יְיָ דֹּחֶה.³ לְמַעַן יֵחָלְצוּן יְדִידֶיךָ, הוֹשִׁיעָה יְמִינְךָ
וַעֲנֵנִי.⁴ עֲשֵׂה לְמַעַן שְׁמֶךָ, עֲשֵׂה לְמַעַן יְמִינֶךָ, עֲשֵׂה לְמַעַן
תּוֹרָתֶךָ, עֲשֵׂה לְמַעַן קְדֻשָּׁתֶךָ.⁵ יִהְיוּ לְרָצוֹן אִמְרֵי פִי וְהֶגְיוֹן
לִבִּי לְפָנֶיךָ, יְיָ צוּרִי וְגוֹאֲלִי:¹

Take three steps back, then bow left saying עֹשֶׂה הַשָּׁלוֹם בִּמְרוֹמָיו, bow forward saying הוּא,
bow right saying יַעֲשֶׂה שָׁלוֹם עָלֵינוּ, and bow forward saying וְעַל כָּל יִשְׂרָאֵל, וְאִמְרוּ אָמֵן.

עֹשֶׂה הַשָּׁלוֹם בִּמְרוֹמָיו, הוּא יַעֲשֶׂה שָׁלוֹם עָלֵינוּ וְעַל
כָּל יִשְׂרָאֵל, וְאִמְרוּ אָמֵן:

יְהִי רָצוֹן מִלְּפָנֶיךָ, יְיָ אֱלֹהֵינוּ וֵאלֹהֵי אֲבוֹתֵינוּ, שֶׁיִּבָּנֶה בֵּית
הַמִּקְדָּשׁ בִּמְהֵרָה בְיָמֵינוּ, וְתֵן חֶלְקֵנוּ בְּתוֹרָתֶךָ:⁶

The Amidah ends here.
Continue with the chazzan's repetition of the Amidah:
First day—following page; Second day—page 221.

---

1. Psalms 19:15. **2.** Cf. Ibid. 34:14. **3.** Ibid. 35:5. **4.** Ibid. 60:7; 108:7. **5.** It is customary to recite a verse in which the first and last letters correspond to the first and last letters of one's own Hebrew name. For a list of verses, see page 318. **6.** Avot 5:20.

countenance You gave us, Lord our God, the Torah of life and loving-kindness, righteousness, blessing, mercy, life and peace. May it be favorable in Your eyes to bless Your people Israel, at all times and at every moment, with Your peace.

ובספר And in the book of life, blessing, peace, and prosperity, deliverance, consolation, and favorable decrees, may we and all Your people the House of Israel be remembered and inscribed before You for a happy life and for peace. Blessed are You, Lord, who blesses His people Israel with peace.

יהיו May the words of my mouth and the meditation of my heart be acceptable before You, Lord, my Strength and my Redeemer.¹

אלהי My God, guard my tongue from evil, and my lips from speaking deceitfully.² Let my soul be silent to those who curse me; let my soul be as dust to all. Open my heart to Your Torah, and let my soul eagerly pursue Your commandments. As for all those who plot evil against me, hasten to annul their counsel and frustrate their design. Let them be as chaff before the wind; let the angel of the Lord thrust them away.³ That Your beloved ones may be delivered, help with Your right hand and answer me.⁴ Do it for the sake of Your Name; do it for the sake of Your right hand; do it for the sake of Your Torah; do it for the sake of Your holiness.⁵ May the words of my mouth and the meditation of my heart be acceptable before You, Lord, my Strength and my Redeemer.¹

Take three steps back, then bow left saying *He who makes the peace in His Heavens*, bow forward saying *may He*, bow right saying *make peace for us*, and bow forward saying *and for all Israel; and say, Amen.*

עשה He who makes the peace in His heavens, may He make peace for us and for all Israel; and say, Amen.

יהי May it be Your will, Lord our God and God of our fathers, that the Bet Hamikdash be speedily rebuilt in our days, and grant us our portion in Your Torah.⁶

The Amidah ends here.
Continue with the chazzan's repetition of the Amidah:
First day—following page; Second day—page 221.

CHAZZAN'S REPETITION OF THE MUSAF AMIDAH FOR THE FIRST DAY

THE REPETITION OF THE AMIDAH

The congregation must listen attentively to the chazzan and respond אָמֵן at the conclusion of each blessing. If there are not at least nine men who respond אָמֵן after the blessings, it is tantamount to a blessing in vain. It is proper to respond with בָּרוּךְ הוּא וּבָרוּךְ שְׁמוֹ each time the chazzan says בָּרוּךְ אַתָּה יְיָ.

The Ark is opened at various times throughout the chazzan's repetition of the Amidah. While it is preferable to stand when the Ark is open, one who finds this to be difficult may sit, except where indicated.

THE ARK IS OPENED.

אֲדֹנָי, שְׂפָתַי תִּפְתָּח וּפִי יַגִּיד תְּהִלָּתֶךָ:[1]

Bend knees at בָּרוּךְ; bow at אַתָּה; straighten up at יְיָ.

בָּרוּךְ אַתָּה יְיָ, אֱלֹהֵינוּ וֵאלֹהֵי אֲבוֹתֵינוּ, אֱלֹהֵי אַבְרָהָם, אֱלֹהֵי יִצְחָק, וֵאלֹהֵי יַעֲקֹב, הָאֵל הַגָּדוֹל הַגִּבּוֹר וְהַנּוֹרָא, אֵל עֶלְיוֹן, גּוֹמֵל חֲסָדִים טוֹבִים, קוֹנֵה הַכֹּל, וְזוֹכֵר חַסְדֵי אָבוֹת, וּמֵבִיא גוֹאֵל לִבְנֵי בְנֵיהֶם, לְמַעַן שְׁמוֹ בְּאַהֲבָה:

מִסּוֹד חֲכָמִים וּנְבוֹנִים, וּמִלֶּמֶד דַּעַת מְבִינִים. אֶפְתְּחָה פִי בִּתְפִלָּה וּבְתַחֲנוּנִים, לְחַלּוֹת וּלְחַנֵּן פְּנֵי מֶלֶךְ מַלְכֵי הַמְּלָכִים וַאֲדוֹנֵי הָאֲדוֹנִים:

THE ARK IS CLOSED.

Chazzan and congregation recite the following;
chazzan concludes the paragraph aloud, as indicated:

אֵפֶד מֵאָז לְשֶׁפֶט הַיּוֹם. בְּחוֹן מַעֲשֵׂה כָּל יוֹם. גִּישַׁת יְקוּמִים פְּנֵי אָיוֹם. דִּינָם בּוֹ לְפַלֵּס לְפִדְיוֹם: הָרִאשׁוֹן אָדָם בּוֹ נוֹצָר. וְצִוָּה חֹק וְלֹא נָצָר. זֶה מֵלִיץ כְּהִרְחִיב בַּצָּר. חֲקָקוֹ לְמִשְׁפָּט וְלַדּוֹרוֹת הֻנְצָר: טִיעַת

1. Psalms 51:17.

CHAZZAN'S REPETITION OF THE MUSAF AMIDAH FOR THE FIRST DAY

THE REPETITION OF THE AMIDAH

The congregation must listen attentively to the chazzan and respond Amen at the conclusion of each blessing. If there are not at least nine men who respond Amen after the blessings, it is tantamount to a blessing in vain. It is proper to respond with "Boruch Hu u'Voruch Shemo" ("Blessed is He and Blessed is His Name") each time the chazzan says *Blessed are You, Lord.*

The Ark is opened at various times throughout the chazzan's repetition of the Amidah. While it is preferable to stand when the Ark is open, one who finds this to be difficult may sit, except where indicated.

THE ARK IS OPENED.

אדני My Lord, open my lips, and my mouth shall declare Your praise.[1]

Bend knees at *Blessed*; bow at *You*; straighten up at *Lord*.

ברוך Blessed are You, Lord our God and God of our fathers, God of Abraham, God of Isaac and God of Jacob, the great, mighty and awesome God, exalted God, who bestows bountiful kindness, who creates all things, who remembers the piety of the Patriarchs, and who, in love, brings a redeemer to their children's children, for the sake of His Name.

מסוד [With words] based upon the teachings of the wise and the understanding, and upon the knowledge acquired from the discerning, I open my mouth in prayer and in supplication, to beseech and implore the countenance of the supreme King of kings and Master of masters.

THE ARK IS CLOSED.

Chazzan and congregation recite the following; chazzan concludes the paragraph aloud, as indicated:

אפד From of old was this day established for judgment, to scrutinize the deeds of each day; the day when all created beings approach the presence of the Awesome One that He may decide the verdict of their judgment favorably. The first man, Adam, was on this day created, and was given a command but did not obey it; the Almighty interceded in his behalf [against his accusers], providing him relief in his distress, and ordained it to be a day of judgment to be preserved for later generations. Planted by the Almighty, the

חוֹצֵב גְּבָעוֹת וְצוּרִים. יְלָדוּ בוֹ מֵרֹאשׁ צֻרִים.[1] כְּיוֹשְׁבֵי נְטָעִים הֵמָּה הַיּוֹצְרִים. לְלַמֵּד בּוֹ צֶדֶק לַעֲצוּרִים: מְיַחֵס שְׁמוֹ בְּשֵׁם אֵיתָנִים.[2] נֵס לְהִתְנוֹסֵס עֶלְיוֹנִים וְתַחְתּוֹנִים. סְפָרִים נִפְתָּחִים וּמַעֲשִׂים מְתַנִּים. עוֹבְרִים לְפָנֶיךָ וְחֶשְׁבּוֹן נוֹתְנִים: פָּקִיד הוּכַן לְתִקּוּן מוֹעֲדֶיךָ. צֹאן לְהַעֲבִיר בַּשֵּׁבֶט עָדֶיךָ: —Chazzan קֶרֶן (בְּזָכְרָם) בְּמָשְׁכָם הַיּוֹם עֵדֶיךָ. רַחוּם זְכוֹר שְׁבוּעַת עֲבָדֶיךָ:

On Shabbat, substitute בְּזָכְרָם for בְּמָשְׁכָם.

Chazzan and congregation recite the following; chazzan concludes the paragraph aloud, as indicated:

נַעֲלֶה שׁוֹפָר עִם תַּחֲנוּן. שַׁדַּי לְפַתּוֹתְךָ (לְרַצּוֹתְךָ) בָּם בְּחִנּוּן: —Chazzan תָּשִׁיב לְנָדָן בְּרַק הַשָּׁנוּן. תַּחֲזִק מָגֵן לְגוֹנְנֵי בְּגִנּוּן:

Chazzan:

זָכְרֵנוּ לְחַיִּים, מֶלֶךְ חָפֵץ בַּחַיִּים, וְכָתְבֵנוּ בְּסֵפֶר הַחַיִּים, לְמַעַנְךָ אֱלֹהִים חַיִּים:

Bend knees at בָּרוּךְ; bow at אַתָּה; straighten up at יְיָ.

מֶלֶךְ עוֹזֵר וּמוֹשִׁיעַ וּמָגֵן. בָּרוּךְ אַתָּה יְיָ, מָגֵן אַבְרָהָם: (Cong—אָמֵן)

אַתָּה גִּבּוֹר לְעוֹלָם אֲדֹנָי, מְחַיֵּה מֵתִים אַתָּה, רַב לְהוֹשִׁיעַ. מוֹרִיד הַטָּל:

מְכַלְכֵּל חַיִּים בְּחֶסֶד, מְחַיֵּה מֵתִים בְּרַחֲמִים רַבִּים, סוֹמֵךְ נוֹפְלִים, וְרוֹפֵא חוֹלִים, וּמַתִּיר אֲסוּרִים, וּמְקַיֵּם אֱמוּנָתוֹ לִישֵׁנֵי עָפָר. מִי כָמוֹךָ בַּעַל גְּבוּרוֹת, וּמִי דּוֹמֶה לָּךְ, מֶלֶךְ מֵמִית וּמְחַיֶּה וּמַצְמִיחַ יְשׁוּעָה:

1. Cf. Numbers 23:9 and Rashi, loc. cit. 2. I.e., the Patriarchs, born in this month. See Rosh Hashanah 11a.

Hewer of mountains and rocks, the Patriarchs who are designated as "mountain peaks"[1] were born on this day like [Adam and Eve] who dwelled in the Garden of Eden; they [the Patriarchs], the builders [of the Jewish nation, were born thereon] in order to serve as righteous advocates for those gathered in prayer. In this month, bearing the name Etanim (mighty ones[2]), in which [Abraham] was repeatedly tested in order to be exalted both in the upper and the lower worlds, books are opened which recount man's deeds; all beings pass before You and render account. On this day of Rosh Hashanah, designated as the head of all the months of the year, by which Your festivals are regulated, Your flock passes under the staff before You. Chazzan: When [Your people] who attest to Your Oneness (make mention of) sound the *shofar*, remember, O Merciful One, Your oath to Your servant.

On Shabbat, substitute *make mention of* for *sound.*

Chazzan and congregation recite the following; chazzan concludes the paragraph aloud, as indicated:

נעלה May the sound of the *shofar* together with our prayers ascend, O Omnipotent One, to propitiate You through them, that You may be gracious to us. Return the glistening sword to its sheath; take up the shield to safeguard me in Your protection.

Chazzan:

זכרנו Remember us for life, King who desires life; inscribe us in the Book of Life, for Your sake, O living God.

Bend knees at *Blessed*; bow at *You*; straighten up at *Lord.*

מלך O King, [You are] a helper, a savior and a shield. Blessed are You, Lord, Shield of Abraham. Cong. Amen.

אתה You are mighty forever, my Lord; You resurrect the dead; You are powerful to save. He causes the dew to descend.

מכלכל He sustains the living with lovingkindness, resurrects the dead with great mercy, supports the falling, heals the sick, releases the bound, and fulfills His trust to those who sleep in the dust. Who is like You, mighty One! And who can be compared to You, King, who brings death and restores life, and causes deliverance to spring forth!

Chazzan and congregation recite the following; chazzan concludes the paragraph aloud, as indicated:

תֵּפֶן בְּמָכוֹן לְכֵס שֶׁבֶת. שְׁעוֹן וּמוּסָר כְּעָלוּ בְּמַחֲשֶׁבֶת. רָם תְּהִי אָזְנְךָ קַשֶּׁבֶת. קוֹל שׁוֹפָר שְׁעוֹת מְנוּשֶּׁבֶת: צָרַת אוֹמֶר לֹא יָדוֹן.[1] פַּעֲמַיִם לֹא תָקוּם לַאֲבַדּוֹן. עוֹלָם אֲשֶׁר בְּאַרְבָּעָה נִדּוֹן.[2] סְמוֹךְ בְּחַסְדְּךָ וּבַאֲמִתְּךָ אָדוֹן: נוֹעָדִים בְּיוֹם קְרָב וְנִלְחָמִים. מוּל אֶבֶן נֶגֶף מִתְלַחֲמִים. לְבוּב תְּרוּעָתָם שְׁעֵה מִמְּרוֹמִים. כִּסֵּא דִין לְהָמִיר בְּשֶׁל רַחֲמִים: יָחִיד אֲשֶׁר בְּעֵקֶד נִשְׁפָּט. טְלָאָיו בּוֹ יְחֻנָּנוּ מִלְּהִשָּׁפֵט. חָלִילָה לְּךָ אֱלֹהֵי הַמִּשְׁפָּט.[3] זְכוֹר לֹא יַעֲשֶׂה מִשְׁפָּט: וְאִם כְּאָדָם עָבְרוּ בְרִית. הָאֵל כָּאֵל הַבֵּט לַבְּרִית: Chazzan— דִּבְרוֹת אֵלֶּה דִּבְרֵי הַבְּרִית.[5] גַּלֵּה בְּזִכְרוֹן שְׁלוֹשׁ בְּרִית:[6]

Chazzan and congregation recite the following; chazzan concludes the paragraph aloud, as indicated:

עוֹלָם בְּבַקְּרָךְ בְּרֹאשׁ הַשָּׁנָה. בְּהַכְרָעַת צֶדֶק תַּכְרִיעַ שָׁנָה: Chazzan— אֲסוּמָה טְלוּלָה גְּשׁוּמָה אִם שְׁחוּנָה. אֲטוּמִים לְהַחֲיוֹת בְּטַלְלֵי שָׁנָה:

Chazzan:

מִי כָמוֹךָ אָב הָרַחֲמִים, זוֹכֵר יְצוּרָיו לְחַיִּים בְּרַחֲמִים: וְנֶאֱמָן אַתָּה לְהַחֲיוֹת מֵתִים. בָּרוּךְ אַתָּה יְיָ, מְחַיֵּה הַמֵּתִים: (Cong.— אָמֵן)

Chazzan and congregation:

יִמְלֹךְ יְיָ לְעוֹלָם אֱלֹהַיִךְ צִיּוֹן לְדֹר וָדֹר הַלְלוּיָהּ:[7]
וְאַתָּה קָדוֹשׁ יוֹשֵׁב תְּהִלּוֹת יִשְׂרָאֵל[8] אֵל נָא:

---

1. Genesis 6:3 and Rashi loc. cit. **2.** Rosh Hashanah 1:2. **3.** Cf. Genesis 18:25. **4.** Deuteronomy 28:15-69. **5.** Ibid. 28:69. **6.** V. Leviticus 26:42. **7.** Psalms 146:10. **8.** Ibid. 22:4.

Chazzan and congregation recite the following;
chazzan concludes the paragraph aloud, as indicated:

תפן Turn in Your heavenly abode to the [likeness of Jacob engraved on the] Throne of Glory; when the attributes of mercy and of stern justice arise in Your thought, Exalted One, may Your ear hearken and accept the sound of the *shofar* that is blown by Your people Israel. The calamitous decree [concerning the Flood]—"My spirit shall not contend regarding man"[1]—will not again arise to cause destruction; the world which is judged four times a year,[2] sustain, O Master, in Your lovingkindess and truth. We are assembled [in the House of Prayer] on this day of battle and engage in combat; against the stumbling-block [the Adversary] do we battle; from the heavenly heights accept the *shofar* blast, to change the Throne of Judgment for that of Mercy. [In the merit of Isaac,] the only son, who was ordained to be bound as an offering upon the altar, may his descendants be graciously spared from judgment; remember [the merit of Abraham who pleaded:] It is sacrilege for You, O God of Justice, not to deal justly.[3] And if, as [is the nature of] man, they have transgressed the covenant, O benevolent God, as [is the nature of] the benevolent God, regard the covenant. Chazzan: Remove [the retributions described in the Chastisement[4] which conclude,] "These are the words of the covenant,"[5] through the remembrance of the thrice-made covenant with the Patriarchs.[6]

Chazzan and congregation recite the following;
chazzan concludes the paragraph aloud, as indicated:

עולם When You examine the world on Rosh Hashanah, by tilting the scale of judgment in our favor, determine a year of— Chazzan: Abundant fruit, dew and rain if hot and dry; and revive with dew those slumbering in the grave.

Chazzan:

מי Who is like You, All-Merciful Father, who in compassion remembers His creatures for life. You are trustworthy to revive the dead. Blessed are You, Lord, who revives the dead. Cong. Amen.

Chazzan and congregation:

ימלך The Lord shall reign forever, your God, O Zion, throughout all generations. Praise the Lord.[7]

ואתה And You, holy One, are enthroned upon the praises of Israel;[8] O benevolent God!

Chazzan then congregation:

אֵל אֱמוּנָה בְּעָרְכְּךָ דִּין. אִם תְּמַצֵּה עְוֹמֶק הַדִּין. מִי יִצְדַּק לְפָנֶיךָ בַּדִּין. קָדוֹשׁ:

Chazzan then congregation:

אִם לֹא לְמַעֲנוֹ יַעַשׂ. וְיָסִיר מֶנּוּ חֲרוֹן אַף וָכַעַס. אֵין לְבַקֵּר וְלִמְצֹא מַעַשׂ. קָדוֹשׁ:

Chazzan and congregation recite the following;
chazzan concludes the paragraph aloud, as indicated:

אֳוֹמֶץ אַדִּירֵי כָל חֵפֶץ, בְּהִתְבַּקְּרָם בַּדִּין חֻיָּבוּ לְנַפֵּץ, כְּלֹא נִמְצָא בָהֶם חֵפֶץ. אָדָם יְצִיר עָפָר מֵאֲדָמָה, לְאֵילֵי מָרוֹם אוֹתוֹ דִּמָּה, לֹא בָן וְלַהֶבֶל דָּמָה. לַעֲבוֹד וְלִשְׁמוֹר גַּן הִפְרִישׁוֹ, וְעָבַר עַל צִוּוּיוֹ וַיְגָרְשׁוֹ, וְיוֹם זֶה לְיוֹשֶׁר דְּרָשׁוֹ. לְעֵת הֵאִיר אֶזְרָח מִמַּאֲפָל, עוֹלָם הָיָה תֹּהוּ וּמְאֻפָּל, עֶשְׂרִים דּוֹר בָּזוּי וְשָׁפָל. עִקְּשִׁים בְּאוֹרַח מִישׁוֹר מַסְלוּל יָדַע, וְעַל נָאֲמוֹ בַּמָּה אֵדַע,[1] נִדּוֹן בְּקַו יָדוֹעַ תֵּדַע.[2] עוֹבְרִים בְּעֵמֶק הַבָּכָא לְהִבָּדֵק, אִם כְּפָעֳלָם בְּרִיב יְדַקְדֵּק, לִפְנֵי שׁוֹפֵט מִי יִצְטַדֵּק. זָךְ הַמַּשְׁלִים בְּעֵקֶד נֶפֶשׁ,[3] בְּזָקֵן לֹא מָצָא נֹפֶשׁ, וַתִּכְהֶיןָ עֵינָיו[4] בְּעָשָׁן טִפֵּשׁ. זַרְעוֹ רִגֵּל בְּאָהֳלֵי תוֹרָה, וְעַל אָמְרוֹ נִסְתְּרָה דַּרְכִּי,[5] נִכְסָה מֶנּוּ פֹּרֶת בְּסִתְירָה. רָשָׁע אֲשֶׁר בְּמַחֲבָא יְחַתֵּר, צֶדֶק לְפָנָיו יְהַלֵּךְ וִינַתֵּר, אוּלַי בְּיוֹם אַף יִסָּתֵר. רֵעִים שְׁנֵים עָשָׂר כְּהִבְדִּיק, בְּרִיב אוֹתָם לֹא הִצְדִּיק, עַל מִכְרָם בַּכֶּסֶף צַדִּיק.[6] בְּנֵי בְלִי שֵׁם בְּמָכְרָם עֲמוּסִים, בַּזּוֹנָה וּבַיַּיִן וּבְשׁוֹד חֲמָסִים, אֵיךְ בַּדִּין יִהְיוּ נֶעֱמָסִים. בְּהִתְיַצְּבוּ לָרִיב

1. Genesis 15:8. **2.** Ibid. 15:13. **3.** Ibid. 22:1-19. **4.** Ibid. 27:1. **5.** Isaiah 40:27. **6.** Amos 2:6.

Chazzan then congregation:

אל O faithful God, as You sit in judgment, if You were to wring out the full measure of justice, who would be vindicated before You in judgment, O holy One?

Chazzan then congregation:

אם If He will not act for His own sake and remove from us fierce wrath and anger, it is of no avail to probe man's actions to find meritorious deeds, O holy One!

Chazzan and congregation recite the following;
chazzan concludes the paragraph aloud, as indicated:

אומץ [Even] the mighty *tzaddikim* who valiantly subdue all their desires, when examined in judgment were found culpable, as though nothing favorable was found in them. Adam [the first man], formed from the dust of the earth, whom He likened to the mighty supernal angels, failed to grasp [his stature] and became as naught. He was assigned to till and guard the Garden of Eden, but he transgressed His command and He drove him out; yet on this day, He interceded in his behalf and judged him favorably. In due time, Abraham, the resplendent one, shined forth from the darkness of the world which was desolate and dark, having for twenty generations been in a disgraceful and decadent state. He made known the way to the path of righteousness to those who had strayed, but because he said, "Whereby shall I know [that I will inherit...],"[1] it was decreed against him, "Know with certainty [that your descendants will be enslaved and oppressed"[2]]. [How much more so] those who are deep in sin, as they pass before [You] to be examined, if they would be scrupulously judged according to their deeds, who would be vindicated before the supreme Judge? [Isaac,] the pure one, who wholeheartedly offered his soul when he was bound at the *akedah*,[3] in his old age did not find comfort, for his eyes became dim[4] from the [idolatrous] smoke of [Esau] the fool. [Jacob,] who trained his children in the tents of Torah, because he said, "My way is hidden,"[5] his graceful son [Joseph] was hidden and concealed from him. The evildoer who transgresses in privy, [how much more so must he repent and perform] deeds of righteousness which will vigorously go before him, that [the Almighty may pardon him and] perchance on the day of wrath shelter him. When He examined the [deeds of the] twelve brothers, He did not vindicate them in judgment, for they had sold [Joseph,] the righteous one, for money.[6] The sons of the nameless [Chaldeans] who sold [Israel,] the people borne by God, for lechery, wine and violent plunder, how will they be able to bear

בְּעָמְדוֹ לָדִין, עַל זֹאת אוֹתָם יָדִין, לְמַעַן יֵדְעוּן שַׁדּוּן בַּדִּין: יָרֵד אֲשֶׁר הוֹרִיד אֲמָרִים, וְהִדְרִיר בְּכוֹר שׁוֹר מֵחֲמוּרִים, וְנֶעֱנַשׁ בְּשָׁמְעוּ נָא הַמֹּרִים.[1] יַעַן אֲשֶׁר נוֹקַשׁ בְּעֶשֶׂר, נֶחֱרְתוּ בוֹ מִיתוֹת עֶשֶׂר, וּכְנֶגַע גְּבוּל כְּבַל בְּאֹסֶר. רָאשֶׁיהָ אֲשֶׁר בְּשֹׁחַד יִשְׁפֹּטוּ, אֵיךְ בְּקַו צֶדֶק יִשָּׁפֵטוּ, כִּי אִם כְּמוֹ שָׁפָטוּ. רוֹבִים עֲלֵי אֵשׁ זָרָה, פָּגְעָה בָם בְּאַף גְּזֵרָה,[2] לְלַמֵּד בָּם פּוֹשְׁעֵי פְזוּרָה. בַּעַר חָמַד מִן הַחֵרֶם, וְנִלְכַּד הוּא וְכָל אֲשֶׁר לוֹ בַּחֵרֶם,[3] מַגְדִּישׁ וְעַד קָמָה וָכֶרֶם. בּוֹגֵד וְשׁוֹדֵד מַה מּוֹעִיל, הוֹן בְּעֶבְרָה לֹא יוֹעִיל, כִּי אִם לְחַלּוֹת פְּנֵי מְלַמֵּד לְהוֹעִיל. יָד שָׁלַח אֱחוֹז בָּאָרוֹן, נַעֲשָׂה בוֹ מִשְׁפָּט וְחָרוֹן,[4] מַה יַּעֲשׂוּ עוֹבְרֵי כִּבְנֵי מָרוֹן. יוֹדֵעַ נַגֵּן כְּפָץ בְּחָנֵנִי,[5] נִבְחַן וְנָם חִנָּם חָנֵּנִי, וְאַל תָּבֹא בְמִשְׁפָּט לְדִינֵנִי.[6] קוֹרְאֵי בְגָרוֹן וְקוֹל שׁוֹפָר, אִם פִּשְׁעָם בַּדִּין יְסֻפָּר, בְּמַתְּנַת חִנָּם הַיּוֹם יְכֻפָּר. קָצִין כְּגָאָה לְקַטֵּר לְשֵׁם, נֶגַע בְּמִצְחוֹ זָרַח לְהֵרָשֵׁם,[7] וְנִשְׁפַּט בְּלֹא יָדַע וְאָשֵׁם. לְעֵת תָּמוּט רֶגֶל זֵדִים, אֲשֶׁר בָּאוּ לְהֵיכָל מְזִידִים, יִשָּׁפְטוּ בְּמַכְנִיעַ זֵדִים. לְעֵת יְבֻקְּרוּ פּוֹעֲלֵי שֶׁקֶר, לְהִשָּׁפֵט בְּוִכּוּחַ אַף וָחֵקֶר, יִסָּכֵר פִּי דוֹבְרֵי שָׁקֶר. יָשָׁר מִתְהַלֵּךְ לְפָנָיו בֶּאֱמֶת,[8] אֵיךְ אַחֲרֵי הַדְּבָרִים וְהָאֱמֶת,[9] חִשַּׁב פָּעֳלוֹ אֱלֹהִים אֱמֶת. יְדִיד אֲשֶׁר לְפָנָיו וְאַחֲרָיו, לֹא קָם כָּמֹהוּ בִּבְחִירָיו,[10] וְאַחֲרֵי כָל זֹאת דִּקְדֵּק אַחֲרָיו. יָבִינוּ כָּל יְצוּרֵי אֶרֶץ, אִם כַּךְ בִּמְצוּקֵי אֶרֶץ, מַה יַּעֲשׂוּ רִשְׁעֵי אָרֶץ. רָאֹה יִרְאוּ יַעֲרֵי שִׂיחִים, אִם אֵשׁ אָחֲזָה בַלַּחִים, אָז יָנוּעוּ

1. Numbers 20:10. **2.** V. Leviticus 10:1-2. **3.** V. Joshua 7:1-26. **4.** V. II Samuel 6:6-7. **5.** Psalms 26:2. **6.** Cf. Ibid. 51:3; 143:2. **7.** V. II Chronicles 26:16-19. **8.** Cf. II Kings 20:3. **9.** Cf. II Chronicles 32:1. **10.** Cf. II Kings 23:25.

the retribution when called to judgment! When He arises to prosecute, when He stands up to judge, for this He will judge them, that they may know that there is judgment [in the world]. Moses, who brought down the words [of the Torah from Heaven], and who freed the children of Israel from among the Egyptians, was punished when he said, "Hear now, you rebels!"[1] Because he cast aspersion on Israel ten times, his death is mentioned in the Torah ten times; and when he reached the border of the Holy Land, he was held back from entering the land. Judges who administer judgment through bribery, how can they hope to be judged with mercy? Indeed, as they have judged others, so shall they be judged. The youths [Nadav and Avihu] who offered unconsecrated fire upon the altar were stricken with a wrathful decree,[2] to serve as a lesson to the transgressors among Israel. [Achan] the fool coveted that which was proscribed, and that brought destruction upon him and all that was his,[3] from the stacked grain to the standing grain and vineyard. What benefit reaps the deceiver and the robber? Wealth is of no avail on the day of wrath; only supplication before Him who teaches [repentence] helps. When [Uzzah] stretched forth his hand to grasp the holy Ark, retribution and wrath were visited upon him;[4] what then shall they do, those who pass before Him like a flock of sheep? [David] the skilled harpist said, "Test me [O Lord!"][5] He was tested [and failed;] then he exclaimed, "Be gracious unto me, gratuitously, and do not initiate judgment to judge me."[6] Those who raise their voices in prayer and sound the *shofar*, [even] if their transgressions are enumerated in judgment, grant them atonement this day as an unearned gift. When King [Uzziah] in his presumptuousness went to burn the incense-offering to the Almighty, leprosy broke out on his forehead to mark this offense,[7] and he was judged for an unwitting trespass. At the time when the foot of the wicked, who wantonly entered the Sanctuary, will falter, they will be judged by Him who subdues the wicked. At the time when those who act falsely shall be examined, to be judged with reasoning, wrath and probing, then the mouth of those who utter lies will be silenced. The just [King Chizkiah] who walked before Him in truth[8]—notwithstanding his good deeds and his truth,[9] the God of truth scrutinized his actions [and he was found wanting]. The beloved [King Josiah] like whom there never was, before or after, among His chosen [kings][10]—yet after all this, the Almighty meticulously examined his deeds. Let all the creatures of the earth comprehend that if it is so with the pillars of the earth, what are the evildoers of the earth to do? Let the trees of the forest reflect that if the fire took hold of the fresh trees, then the dry, cut ones should tremble!

יְבֵשִׁים כְּסוּחִים. רְאֵה כִּי אֵין אִישׁ, לְהַפְגִּיעַ בְּעַד בְּנֵי אִישׁ, וְאַתָּה אֵל וְלֹא אִישׁ: Chazzan—רָשׁוּם בְּכְתָב אֱמֶת אֲשַׁנְּנָה, מַעֲשֵׂה כָּל יְמוֹת הַשָּׁנָה, לְרַצּוֹתְךָ (בְּזִכְרוֹן שׁוֹפָר) בַּשּׁוֹפָר בְּזֶה רֹאשׁ הַשָּׁנָה:

On Shabbat, substitute בְּזִכְרוֹן שׁוֹפָר for בַּשּׁוֹפָר.

Chazzan then congregation:

אִם לֹא לְמַעֲנוּ יַעַשׂ, וְיָסִיר מִמֶּנּוּ חֲרוֹן אַף וָכַעַס, אֵין לְבַקֵּר וְלִמְצֹא מַעַשׂ. קָדוֹשׁ.

THE ARK IS OPENED.

Chazzan and congregation:

וּבְכֵן וַיְהִי בִישֻׁרוּן מֶלֶךְ:[1]

The following section is recited responsively. The chazzan recites the first paragraph followed by the congregation; the subsequent paragraphs are recited by the congregation followed by the chazzan. Although each stanza begins with מֶלֶךְ עֶלְיוֹן, these words are recited at the conclusion of the previous stanza.

מֶלֶךְ עֶלְיוֹן: אֵל דַּר בַּמָּרוֹם. אַדִּיר בַּמָּרוֹם. אֹמֶץ יָדוֹ תָּרוּם. לַעֲדֵי עַד יִמְלֹךְ:

מֶלֶךְ עֶלְיוֹן: גִּבּוֹר לְהָקִים. גּוֹזֵר וּמֵקִים. גּוֹלֶה עֲמוּקִים. לַעֲדֵי עַד יִמְלֹךְ:

מֶלֶךְ עֶלְיוֹן: הַמְדַבֵּר בִּצְדָקָה. הַלּוֹבֵשׁ צְדָקָה. הַמַּאֲזִין צְעָקָה. לַעֲדֵי עַד יִמְלֹךְ:

מֶלֶךְ עֶלְיוֹן: זוֹכֵר צוּרִים. זַכּוּת יְצוּרִים. זוֹעֵם צָרִים. לַעֲדֵי עַד יִמְלֹךְ:

מֶלֶךְ עֶלְיוֹן: טוֹב שׁוֹכֵן עַד. טוּבוֹ לָעַד. טִפַּח שְׁמֵי עַד. לַעֲדֵי עַד יִמְלֹךְ:

1. Deuteronomy 33:5.

O see that there is no man to supplicate on behalf of the children of men, but You are the benevolent God and not man. Chazzan: I recount [and confess] the deeds of the whole year which are inscribed in truthful writing, so as to propitiate You with the (On Shabbat add: remembrance of the) sounding of the *shofar*, on this Rosh Hashanah.

Congregation then chazzan:

אם If He will not act for His own sake and remove from us fierce wrath and anger, it is of no avail to probe man's actions to find meritorious deeds, O holy One!

THE ARK IS OPENED.

Chazzan and congregation:

ובכן And so He was King in Jeshurun.[1]

The following section is recited responsively. The chazzan recites the first paragraph followed by the congregation; the subsequent paragraphs are recited by the congregation followed by the chazzan. Although each stanza begins with *Exalted King*, these words are recited at the conclusion of the previous stanza.

מלך עליון Exalted King: Almighty God who dwells on high; who is mighty on high; the power of His hand shall be lifted high—He will reign forever and ever.

Exalted King: Who is strong to fulfill; who decrees and fulfills; He reveals deep secrets—He will reign forever and ever.

Exalted King: Who speaks righteously; who is garbed in righteousness; who hearkens to cries [of prayer]—He will reign forever and ever.

Exalted King: Who remembers the rocks [the Patriarchs]; who makes meritorious their offspring; who is indignant with their oppressors—He will reign forever and ever.

Exalted King: He who abides forever is benevolent; His goodness is everlasting; He spans the boundless heavens—He will reign forever and ever.

מֶלֶךְ עֶלְיוֹן: כַּשַּׂלְמָה עֹטֶה אוֹר. כָּל מְאוֹרֵי אוֹר. כַּבִּיר וְנָאוֹר. לַעֲדֵי עַד יִמְלֹךְ:

מֶלֶךְ עֶלְיוֹן: מֶלֶךְ עוֹלָמִים. מְפַעֲנֵחַ נֶעֱלָמִים. מֵשִׂיחַ אִלְּמִים. לַעֲדֵי עַד יִמְלֹךְ:

מֶלֶךְ עֶלְיוֹן: סוֹבֵל הַכֹּל. סָב וּמְכַלֶּה כֹּל. סוֹקֵר הַכֹּל. לַעֲדֵי עַד יִמְלֹךְ:

מֶלֶךְ עֶלְיוֹן: פְּאֵרוֹ עֹז. פּוֹעַל יְמִינוֹ תָעֹז. פּוֹדֶה וּמָעוֹז. לַעֲדֵי עַד יִמְלֹךְ:

מֶלֶךְ עֶלְיוֹן: קְדוֹשָׁיו לַהַב. קוֹרֵא מֵי רַהַב. קָרוֹב לְקוֹרְאָיו בְּאַהַב. לַעֲדֵי עַד יִמְלֹךְ:

מֶלֶךְ עֶלְיוֹן: שֵׁנָה אֵין לְפָנָיו. שֶׁקֶט בִּפְנִינָיו. שֶׁבַח טוֹב בְּמַצְפּוּנָיו. לַעֲדֵי עַד יִמְלֹךְ:

THE ARK IS CLOSED FOR THE FOLLOWING TWO PARAGRAPHS.

Chazzan and congregation recite the following in an undertone:

מֶלֶךְ אֶבְיוֹן. בָּלֶה וְיֹרֵד שַׁחַת. בִּשְׁאוֹל וּבְתַחַת. בִּלְאוּת בְּלִי נַחַת. עַד מָתַי יִמְלֹךְ:

מֶלֶךְ אֶבְיוֹן. תְּנוּמָה תְעוּפֶנּוּ. תַּרְדֵּמָה תְעוֹפְפֶנּוּ. תֹּהוּ יְשׁוּפֶנּוּ. עַד מָתַי יִמְלֹךְ:

THE ARK IS IMMEDIATELY RE-OPENED.

Congregation then chazzan:

אֲבָל מֶלֶךְ עֶלְיוֹן: תָּקְפּוֹ לָעַד. תִּפְאַרְתּוֹ עֲדֵי עַד. תְּהִלָּתוֹ עוֹמֶדֶת לָעַד. לַעֲדֵי עַד יִמְלֹךְ:

Chazzan and cong.— וּבְכֵן וּלְךָ תַעֲלֶה קְדֻשָּׁה, כִּי אַתָּה אֱלֹהֵינוּ מֶלֶךְ:

Exalted King: Who enwraps Himself with light as with a garment; from Him emanate all luminaries; who is omnipotent and resplendent—He will reign forever and ever.

Exalted King: Who is King of the worlds; who exposes the concealed; who enables the mute to speak—He will reign forever and ever.

Exalted King: Who sustains all; who is ancient and outlasts all; who surveys all—He will reign forever and ever.

Exalted King: Whose splendor is might; the work of whose right hand is mighty; who redeems and is a stronghold—He will reign forever and ever.

Exalted King: Whose holy ones are flames of fire; who calls forth the waters of the sea; who is close to those who call upon Him in love—He will reign forever and ever.

Exalted King: There is no sleep before Him; tranquility prevails in His inner chambers; He is greatly praised in His hidden places—He will reign forever and ever.

THE ARK IS CLOSED FOR THE FOLLOWING TWO PARAGRAPHS.

Chazzan and congregation recite the following in an undertone:

מלך אביון Mortal king decays and descends to the grave, to *sheol* and the nether-world, weary and without respite—how long will he be king?

מלך אביון Mortal king, sleep makes dark for him, deep slumber overcomes him, chaos crushes him—how long will he be king?

THE ARK IS IMMEDIATELY RE-OPENED.

Congregation then chazzan:

אבל But the exalted King—whose might is eternal; whose glory is everlasting; whose praise endures forever—He will reign forever and ever.

Chazzan and cong: ובכן And so to You is offered sanctification because You, our God, are King.

Chazzan and congregation recite the following;
chazzan concludes the paragraph aloud, as indicated:

Rise and remain standing until after Kedushah, page 202.

וּנְתַנֶּה תֹּקֶף קְדֻשַּׁת הַיּוֹם, כִּי הוּא נוֹרָא וְאָיוֹם, וּבוֹ תִנָּשֵׂא מַלְכוּתֶךָ, וְיִכּוֹן בְּחֶסֶד כִּסְאֶךָ, וְתֵשֵׁב עָלָיו בֶּאֱמֶת. אֱמֶת כִּי אַתָּה הוּא דַיָּן וּמוֹכִיחַ וְיוֹדֵעַ וָעֵד, וְכוֹתֵב וְחוֹתֵם וְסוֹפֵר וּמוֹנֶה, וְתִזְכּוֹר כָּל הַנִּשְׁכָּחוֹת, וְתִפְתַּח אֶת סֵפֶר הַזִּכְרוֹנוֹת, וּמֵאֵלָיו יִקָּרֵא, וְחוֹתָם יַד כָּל אָדָם בּוֹ, וּבַשּׁוֹפָר גָּדוֹל יִתָּקַע, וְקוֹל דְּמָמָה דַקָּה יִשָּׁמַע, וּמַלְאָכִים יֵחָפֵזוּן, וְחִיל וּרְעָדָה יֹאחֵזוּן, וְיֹאמְרוּ הִנֵּה יוֹם הַדִּין, לִפְקוֹד עַל צְבָא מָרוֹם בַּדִּין, כִּי לֹא יִזְכּוּ בְעֵינֶיךָ בַּדִּין. וְכָל בָּאֵי עוֹלָם יַעַבְרוּן לְפָנֶיךָ כִּבְנֵי מָרוֹן: —Chazzan כְּבַקָּרַת רוֹעֶה עֶדְרוֹ, מַעֲבִיר צֹאנוֹ תַּחַת שִׁבְטוֹ, כֵּן תַּעֲבִיר וְתִסְפּוֹר וְתִמְנֶה, וְתִפְקוֹד נֶפֶשׁ כָּל חָי, וְתַחְתּוֹךְ קִצְבָה לְכָל בְּרִיּוֹתֶיךָ, וְתִכְתּוֹב אֶת גְּזַר דִּינָם:

Congregation then chazzan:

בְּרֹאשׁ הַשָּׁנָה יִכָּתֵבוּן, וּבְיוֹם צוֹם כִּפּוּר יֵחָתֵמוּן, כַּמָּה יַעַבְרוּן, וְכַמָּה יִבָּרֵאוּן, מִי יִחְיֶה וּמִי יָמוּת, מִי בְקִצּוֹ וּמִי לֹא בְקִצּוֹ, מִי בַמַּיִם, וּמִי בָאֵשׁ, מִי בַחֶרֶב, וּמִי בַחַיָּה, מִי בָרָעָב, וּמִי בַצָּמָא, מִי בָרַעַשׁ, וּמִי בַמַּגֵּפָה, מִי בַחֲנִיקָה, וּמִי בַסְּקִילָה. מִי יָנוּחַ וּמִי יָנוּעַ, מִי יִשָּׁקֵט וּמִי יִטָּרֵף, מִי יִשָּׁלֵו וּמִי יִתְיַסָּר, מִי יֵעָנִי וּמִי יֵעָשֵׁר, מִי יִשָּׁפֵל וּמִי יָרוּם:

Congregation then chazzan:

צוֹם קוֹל מָמוֹן

וּתְשׁוּבָה[1] וּתְפִלָּה וּצְדָקָה
מַעֲבִירִין אֶת רֹעַ הַגְּזֵרָה:

1. While saying each of these three words, keep in mind (but do not articulate) the corresponding word in small type.

Chazzan and congregation recite the following;
chazzan concludes the paragraph aloud, as indicated:
Rise and remain standing until after Kedushah, page 202.
Transliteration, page 343.

ונתנה Let us proclaim the mighty holiness of this day, for it is awe-inspiring and fearsome. Thereon Your Kingship is exalted, Your throne is established with lovingkindness, and You are seated on it in truth. It is true that You are the judge, the one who presents evidence, the knower and the witness, who records and seals, who counts and reckons, and You remember all things that are forgotten. You open the Book of Remembrance and it reads itself; every man's signature is in it. The great *shofar* is sounded, and a still, soft voice is heard; the angels tremble, fear and dread seize them, and they exclaim: the Day of Judgment is here! The heavenly hosts are to stand in judgment, for [even] they will not be found meritorious in Your eyes in judgment. All created beings pass before You, [one by one,] like a flock of sheep. Chazzan: As a shepherd examines his flock, making his sheep pass under his staff, so do You cause to pass [before You] every living soul, and You count, reckon and are mindful of [them], and You allocate the fixed portion for the needs of all Your creatures, and inscribe the verdict of their judgment.

Congregation then chazzan:

בראש On Rosh Hashanah they are inscribed, and on the fast day of Yom Kippur they are sealed: How many shall pass away and how many shall be born; who shall live and who shall die; who shall live out his allotted time and who shall depart before his time; who [shall perish] by water and who by fire; who by the sword and who by a wild beast; who by hunger and who by thirst; who by earthquake and who by pestilence; who by strangulation and who by lapidation; who shall be at rest and who shall wander; who shall be tranquil and who shall be harassed; who shall enjoy well-being and who shall suffer tribulation; who shall be poor and who shall be rich; who shall be humbled and who shall be exalted.

Congregation then chazzan:

ותשובה **But Repentance, Prayer and Charity**
avert the severity of the decree.

Chazzan and congregation recite the following;
chazzan concludes the paragraph aloud, as indicated:

כִּי כְשִׁמְךָ כֵּן תְּהִלָּתֶךָ, קָשֶׁה לִכְעוֹס וְנֽוֹחַ לִרְצוֹת, כִּי לֹא תַחְפֹּץ בְּמוֹת הַמֵּת, כִּי אִם בְּשׁוּבוֹ מִדַּרְכּוֹ וְחָיָה, וְעַד יוֹם מוֹתוֹ תְּחַכֶּה לּוֹ, אִם יָשׁוּב מִיַּד תְּקַבְּלוֹ: Chazzan—**אֱמֶת** כִּי אַתָּה הוּא יוֹצְרָם, וְאַתָּה יוֹדֵֽעַ יִצְרָם, כִּי הֵם בָּשָׂר וָדָם. אָדָם יְסוֹדוֹ מֵעָפָר וְסוֹפוֹ לֶעָפָר, בְּנַפְשׁוֹ יָבִיא לַחְמוֹ. מָשׁוּל כְּחֶֽרֶס הַנִּשְׁבָּר, כְּחָצִיר יָבֵשׁ, וּכְצִיץ נוֹבֵל, כְּצֵל עוֹבֵר, וּכְעָנָן כָּלָה, וּכְרֽוּחַ נוֹשָֽׁבֶת, וּכְאָבָק פּוֹרֵֽחַ, וְכַחֲלוֹם יָעוּף:

Congregation then chazzan:

וְאַתָּה הוּא מֶֽלֶךְ אֵל חַי וְקַיָּם:

Chazzan and congregation:

אֵין קִצְבָה לִשְׁנוֹתֶֽיךָ, וְאֵין קֵץ לְאֹֽרֶךְ יָמֶֽיךָ, וְאֵין לְשַׁעֵר מַרְכְּבוֹת כְּבוֹדֶֽךָ, וְאֵין לְפָרֵשׁ עֵלוּם שְׁמֶֽךָ. שִׁמְךָ נָאֶה לְךָ, וְאַתָּה נָאֶה לִשְׁמֶֽךָ, וּשְׁמֵֽנוּ קָרָֽאתָ בִּשְׁמֶֽךָ:

THE ARK IS CLOSED.

KEDUSHAH

Stand with feet together, and avoid any interruption. Rise on the toes at the words קָדוֹשׁ, קָדוֹשׁ ,קָדוֹשׁ; בָּרוּךְ; and יִמְלֹךְ.

כֶּֽתֶר יִתְּנוּ לְךָ יְיָ אֱלֹהֵֽינוּ מַלְאָכִים הֲמֽוֹנֵי —Cong. then chazzan
מַֽעְלָה, וְעַמְּךָ יִשְׂרָאֵל קְבֽוּצֵי מַֽטָּה, יַֽחַד כֻּלָּם קְדֻשָּׁה לְךָ יְשַׁלֵּֽשׁוּ, כַּכָּתוּב עַל יַד נְבִיאֶֽךָ, וְקָרָא זֶה אֶל זֶה וְאָמַר:

קָדוֹשׁ, קָדוֹשׁ, קָדוֹשׁ יְיָ צְבָאוֹת, מְלֹא כָל —Cong. then chazzan
הָאָֽרֶץ כְּבוֹדוֹ:¹ כְּבוֹדוֹ מָלֵא עוֹלָם, מְשָׁרְתָיו שׁוֹאֲלִים זֶה לָזֶה, אַיֵּה מְקוֹם כְּבוֹדוֹ לְהַעֲרִיצוֹ, לְעֻמָּתָם מְשַׁבְּחִים וְאוֹמְרִים:

---

1. Isaiah 6:3.

Chazzan and congregation recite the following;
chazzan concludes the paragraph aloud, as indicated:

כי For as is Your Name so is Your praise. You are slow to anger and easy to pacify, for You do not desire the death of the one deserving death, but that he return from his path and live. And [even] until the day of his death You wait for him; if he will but repent, You will welcome him at once. Chazzan: Truly, You are their Creator and You know their evil inclination, for they are but flesh and blood. Man's origin is dust and his end is unto dust. He earns his bread at the risk of his life. He is likened to a broken potsherd, to withering grass, to a fading flower, to a passing shadow, to a vanishing cloud, to a blowing wind, to dust that scatters and to a fleeting dream.

Congregation then chazzan:

ואתה But You are the King, the living and eternal God.

Chazzan and congregation:

אין There is no limit to Your years and no end to the length of Your days; it is not possible to estimate [the countless angelic hosts of] Your glorious Chariot, nor can one explain Your inscrutable Name. Your Name befits You and You befit Your Name, and You have called our name by Your Name.

THE ARK IS CLOSED.

KEDUSHAH

Stand with feet together, and avoid any interruption. Rise on the toes at the words *Ködosh, ködosh, ködosh*; *Böruch*; and *Yimloch*.

Cong. then chazzan: כתר *Keser yi-t'nu l'chö adonöy elohaynu mal-öchim ha-monay ma-lö v'am'chö yisrö-ayl k'vutzay matö, yachad kulöm k'dushö l'chö y'sha-layshu, ka-kösuv al yad n'vi-echö v'körö ze el ze v'ömar,*

Cong. then chazzan: קדוש *Ködosh, ködosh, ködosh, adonöy tz'vö-os, m'lo chöl hö-öretz k'vodo.*[1] *K'vodo mölay olöm, m'shö-r'söv sho-alim ze löze a-yay m'kom k'vodo l'ha-aritzo, l'umösöm m'sha-b'chim v'om'rim.*

כתר A crown is given to You, Lord our God, by the angels, the supernal multitudes, and by Your people Israel who assemble below. All of them together thrice repeat "holy" unto You, as it is written by Your prophet: And they call one to another and say, קדוש "Holy, holy, holy is the Lord of hosts; the whole earth is full of His glory." His glory fills the worlds; His ministering angels ask one another, "Where is the place of His glory to adore Him?" Those facing them offer praise and say,

—Cong. then chazzan
בָּרוּךְ כְּבוֹד יְיָ מִמְּקוֹמוֹ:[1] מִמְּקוֹמוֹ הוּא יִפֶן בְּרַחֲמָיו לְעַמּוֹ, הַמְיַחֲדִים שְׁמוֹ עֶרֶב וָבֹקֶר בְּכָל יוֹם תָּמִיד, פַּעֲמַיִם בְּאַהֲבָה שְׁמַע אוֹמְרִים:

—Cong. then chazzan[2]
שְׁמַע יִשְׂרָאֵל, יְיָ אֱלֹהֵינוּ, יְיָ אֶחָד:[3] הוּא אֱלֹהֵינוּ, הוּא אָבִינוּ, הוּא מַלְכֵּנוּ, הוּא מוֹשִׁיעֵנוּ, הוּא יוֹשִׁיעֵנוּ וְיִגְאָלֵנוּ שֵׁנִית בְּקָרוֹב וְיַשְׁמִיעֵנוּ בְּרַחֲמָיו לְעֵינֵי כָּל חַי לֵאמֹר: הֵן גָּאַלְתִּי אֶתְכֶם אַחֲרִית כְּבְרֵאשִׁית, לִהְיוֹת לָכֶם לֵאלֹהִים—

—Cong. and chazzan
אֲנִי יְיָ אֱלֹהֵיכֶם:

—Chazzan
וּבְדִבְרֵי קָדְשְׁךָ כָּתוּב לֵאמֹר:

—Cong. then chazzan
יִמְלֹךְ יְיָ לְעוֹלָם, אֱלֹהַיִךְ צִיּוֹן לְדֹר וָדֹר, הַלְלוּיָהּ:[4]

Remain standing with feet together until the chazzan concludes the following line.

Chazzan:

אַתָּה קָדוֹשׁ וְשִׁמְךָ קָדוֹשׁ, וּקְדוֹשִׁים בְּכָל יוֹם יְהַלְלוּךָ סֶּלָה.

You may be seated.

לְדוֹר וָדוֹר הַמְלִיכוּ לָאֵל, כִּי הוּא לְבַדּוֹ מָרוֹם וְקָדוֹשׁ:

חֲמוֹל עַל מַעֲשֶׂיךָ, וְתִשְׂמַח בְּמַעֲשֶׂיךָ, וְיֹאמְרוּ לְךָ חוֹסֶיךָ, בְּצַדֶּקְךָ עֲמוּסֶיךָ,[5] תֻּקְדַּשׁ אָדוֹן עַל כָּל מַעֲשֶׂיךָ, כִּי מַקְדִּישֶׁיךָ כִּקְדֻשָּׁתְךָ (כְּעֶרְכְּךָ) קִדַּשְׁתָּ, נָאֶה לְקָדוֹשׁ פְּאֵר מִקְּדוֹשִׁים:

1. Ezekiel 3:12. 2. The chazzan says the words שְׁמַע יִשְׂרָאֵל along with the congregation. 3. Deuteronomy 6:4. 4. Psalms 146:10. 5. V. Isaiah 46:3.

Cong. then chazzan: ברוך *Böruch k'vod adonöy mi-m'komo.*[1] *Mi-m'komo hu yifen b'rachamöv l'amo ha-m'yachadim sh'mo erev vövoker b'chöl yom tömid, pa-ama-yim b'ahavö sh'ma om'rim.*

Cong. then chazzan:[2] שמע *Sh'ma yisrö-ayl, adonöy elohaynu, adonöy echöd.*[3] *Hu elohaynu, hu övinu, hu malkaynu, hu moshi-aynu, hu yoshi-aynu v'yig-ölaynu shaynis b'körov, v'yashmi-aynu b'rachamöv l'aynay köl chai lay-mor, hayn gö-alti es'chem a-charis ki-v'rayshis lih-yos löchem lay-lohim.*

Cong. and chazzan: אני *Ani adonöy elo-haychem.*

Chazzan: And in Your holy Scriptures it is written thus:

Cong. then chazzan: ימלך *Yimloch adonöy l'olöm eloha-yich tziyon l'dor vö-dor ha-l'luyöh.*[4]

Remain standing with feet together until the chazzan concludes the following line.

Chazzan:

אתה You are holy and Your Name is holy, and holy beings praise You daily for all eternity.

You may be seated.

לדור Through all generations proclaim the kingship of God, for He alone is exalted and holy.

חמול Have mercy upon Your works, and find delight in Your works. When You vindicate [Israel,] the people borne by You,[5] those who put their trust in You shall declare: Be sanctified, Master, over all Your works! For You have sanctified those who hallow You with Your holiness (akin to You). It is fitting to the Holy One [to receive] praise from the holy ones.

ברוך "Blessed be the glory of the Lord from its place." May He turn from His place in compassion toward His people who affirm the Oneness of His Name, evening and morning, twice each and every day, saying *Shema* (Hear...) in love. שמע "Hear, O Israel, the Lord is our God, the Lord is One." He is our God; He is our Father; He is our King; He is our Deliverer. He will soon again save and redeem us, and in His mercy will let us hear, in the sight of every living thing, as follows: Behold, I have redeemed you from this final [exile] as from the first, to be your God. אני I, the Lord, am your God. And in Your holy Scriptures it is written thus: ימלך The Lord shall reign forever; your God, O Zion, throughout all generations. Praise the Lord.

עוֹד יִזְכָּר לָנוּ אַהֲבַת אֵיתָן, אֲדוֹנֵינוּ, וּבַבֵּן הַנֶּעֱקַד יַשְׁבִּית מְדַיְּנֵנוּ, וּבִזְכוּת הַתָּם יוֹצִיא אָיוֹם (הַיּוֹם) לְצֶדֶק דִּינֵנוּ, כִּי קָדוֹשׁ הַיּוֹם לַאֲדוֹנֵינוּ:[1]

בְּאֵין מֵלִיץ יֹשֶׁר מוּל מַגִּיד פֶּשַׁע, תַּגִּיד לְיַעֲקֹב דְּבַר חֹק וּמִשְׁפָּט, וְצַדְּקֵנוּ בַּמִּשְׁפָּט, הַמֶּלֶךְ הַמִּשְׁפָּט:

THE ARK IS OPENED.

The following section is recited across the page line by line. The chazzan recites the first line followed by the congregation. The subsequent lines are recited by the congregation followed by the chazzan.

הָאוֹחֵז בְּיַד מִדַּת מִשְׁפָּט:

וְכֹל מַאֲמִינִים שֶׁהוּא אֵל אֱמוּנָה: הַבּוֹחֵן וּבוֹדֵק גִּנְזֵי נִסְתָּרוֹת:

וְכֹל מַאֲמִינִים שֶׁהוּא בּוֹחֵן כְּלָיוֹת: הַגּוֹאֵל מִמָּוֶת וּפוֹדֶה מִשַּׁחַת:

וְכֹל מַאֲמִינִים שֶׁהוּא גּוֹאֵל חָזָק: הַדָּן יְחִידִי לְבָאֵי עוֹלָם:

וְכֹל מַאֲמִינִים שֶׁהוּא דַּיָּן אֱמֶת: הֶהָגוּי: בְּאֶהְיֶה אֲשֶׁר אֶהְיֶה:[2]

וְכֹל מַאֲמִינִים שֶׁהוּא הָיָה הֹוֶה וְיִהְיֶה:

הַוַּדַּאי שְׁמוֹ כֵּן תְּהִלָּתוֹ:

וְכֹל מַאֲמִינִים שֶׁהוּא וְאֵין בִּלְתּוֹ: הַזּוֹכֵר לְמַזְכִּירָיו טוֹבוֹת זִכְרוֹנוֹת:

וְכֹל מַאֲמִינִים שֶׁהוּא זוֹכֵר הַבְּרִית: הַחוֹתֵךְ חַיִּים לְכָל חָי:

וְכֹל מַאֲמִינִים שֶׁהוּא חַי וְקַיָּם: הַטּוֹב, וּמֵטִיב לָרָעִים וְלַטּוֹבִים:

וְכֹל מַאֲמִינִים שֶׁהוּא טוֹב לַכֹּל: הַיּוֹדֵעַ יֵצֶר כָּל יְצוּרִים:

וְכֹל מַאֲמִינִים שֶׁהוּא יוֹצְרָם בַּבָּטֶן: הַכֹּל יָכוֹל וְכוֹלְלָם יַחַד:

וְכֹל מַאֲמִינִים שֶׁהוּא כֹּל יָכוֹל: הַלָּן בְּסֵתֶר בְּצֵל, שַׁדַּי:

וְכֹל מַאֲמִינִים שֶׁהוּא לְבַדּוֹ הוּא: הַמַּמְלִיךְ מְלָכִים וְלוֹ הַמְּלוּכָה:

וְכֹל מַאֲמִינִים שֶׁהוּא מֶלֶךְ עוֹלָם: הַנּוֹהֵג בְּחַסְדּוֹ כָּל דּוֹר:

וְכֹל מַאֲמִינִים שֶׁהוּא נוֹצֵר חֶסֶד: הַסּוֹבֵל, וּמַעְלִים עַיִן מִסּוֹרְרִים:

1. Nehemiah 8:10. 2. One of the Divine Names—v. Exodus 3:14; Shevuot 35a; Shulchan Aruch, Yoreh Deah 276:9.

עוד May our Master yet remember in our favor the love of the steadfast Patriarch [Abraham]; for the sake of the son [Isaac] who was bound on the altar may He silence our Accuser; and in the merit of the perfect one [Jacob] may the Awesome One (He today) bring forth our verdict finding us righteous, for this day is holy to our Master.[1]

באין When there is no defender to intercede in our behalf against the Accuser who reports our transgression, You speak for Jacob [and invoke the merit of the observance of] the statutes and ordinances, and vindicate us in judgment, O King of Judgment.

THE ARK IS OPENED.

The following section is recited across the page paragraph by paragraph. The chazzan recites the first paragraph followed by the congregation. The subsequent paragraphs are recited by the congregation followed by the chazzan.

Transliteration, page 344.

האוחז He holds in His hand the attribute of judgment.
And all believe that He is the faithful God.
He probes and searches hidden secrets.

And all believe that He probes man's thoughts.
He redeems from death and delivers from the grave.

And all believe that He is the mighty Redeemer.
He alone judges all created beings.

And all believe that He is the true Judge.
He is called "I Will Be What I Will Be."[2]

And all believe that He was, He is, and He will be.
Sure is His Name, likewise His praise.

And all believe that He is, and there is none besides Him.
He remembers with a favorable remembrance those who remember Him.

And all believe that He remembers the Covenant.
He apportions life to all living beings.

And all believe that He lives and is eternal.
He is good and does good to the wicked and to the good.

And all believe that He is good to all.
He knows the inclination of all creatures.

And all believe that He has formed them in the womb.
He is all-powerful and contains them all.

And all believe that He is all-powerful.
He, the Omnipotent, abides in mystery, in shadow.

And all believe that He is One Alone.
He enthrones kings and Kingship is His.

And all believe that He is King of the world.
He guides every generation with loving-kindness.

And all believe that He preserves kindness.
He is patient and He overlooks [the actions of] the rebellious.

וְכֹל מַאֲמִינִים שֶׁהוּא סוֹלֵחַ סֶלָה: הָעֶלְיוֹן, וְעֵינוֹ אֶל יְרֵאָיו:
וְכֹל מַאֲמִינִים שֶׁהוּא עוֹנֶה לָחַשׁ: הַפּוֹתֵחַ שַׁעַר לְדוֹפְקֵי בִּתְשׁוּבָה:
וְכֹל מַאֲמִינִים שֶׁהוּא פְּתוּחָה יָדוֹ: הַצּוֹפֶה לָרָשָׁע וְחָפֵץ בְּהִצָּדְקוֹ:
וְכֹל מַאֲמִינִים שֶׁהוּא צַדִּיק וְיָשָׁר: הַקְּצַר בְּזַעַם וּמַאֲרִיךְ אַף:
וְכֹל מַאֲמִינִים שֶׁהוּא קָשֶׁה לִכְעוֹס: הָרַחוּם, וּמַקְדִּים רַחֲמִים לְרֹגֶז:
וְכֹל מַאֲמִינִים שֶׁהוּא רַךְ לִרְצוֹת: הַשָּׁוֶה, וּמַשְׁוֶה קָטֹן וְגָדוֹל:
וְכֹל מַאֲמִינִים שֶׁהוּא שׁוֹפֵט צֶדֶק: הַתָּם, וּמִתַּמֵּם עִם תְּמִימִים:
וְכֹל מַאֲמִינִים שֶׁהוּא תָּמִים פָּעֳלוֹ:

THE ARK IS CLOSED.

Chazzan:

תִּשְׂגַּב לְבַדֶּךָ וְתִמְלֹךְ עַל כֹּל בְּיִחוּד, כַּכָּתוּב עַל יַד נְבִיאֶךָ: וְהָיָה יְיָ לְמֶלֶךְ עַל כָּל הָאָרֶץ, בַּיּוֹם הַהוּא יִהְיֶה יְיָ אֶחָד וּשְׁמוֹ אֶחָד:[1]

וּבְכֵן יִתְקַדֵּשׁ שִׁמְךָ יְיָ אֱלֹהֵינוּ עַל יִשְׂרָאֵל עַמֶּךָ, וְעַל יְרוּשָׁלַיִם עִירֶךָ, וְעַל צִיּוֹן מִשְׁכַּן כְּבוֹדֶךָ, וְעַל מַלְכוּת בֵּית דָּוִד מְשִׁיחֶךָ, וְעַל מְכוֹנְךָ וְהֵיכָלֶךָ:

וּבְכֵן תֵּן פַּחְדְּךָ יְיָ אֱלֹהֵינוּ עַל כָּל מַעֲשֶׂיךָ, וְאֵימָתְךָ עַל כֹּל מַה שֶּׁבָּרָאתָ, וְיִירָאוּךָ כָּל הַמַּעֲשִׂים, וְיִשְׁתַּחֲווּ לְפָנֶיךָ כָּל הַבְּרוּאִים, וְיֵעָשׂוּ כֻלָּם אֲגֻדָּה אֶחָת לַעֲשׂוֹת רְצוֹנְךָ בְּלֵבָב שָׁלֵם. שֶׁיָּדַעְנוּ יְיָ אֱלֹהֵינוּ שֶׁהַשִּׁלְטָן לְפָנֶיךָ, עֹז בְּיָדְךָ וּגְבוּרָה בִּימִינֶךָ, וְשִׁמְךָ נוֹרָא עַל כֹּל מַה שֶּׁבָּרָאתָ:

וּבְכֵן תֵּן כָּבוֹד יְיָ לְעַמֶּךָ, תְּהִלָּה לִירֵאֶיךָ, וְתִקְוָה טוֹבָה לְדוֹרְשֶׁיךָ, וּפִתְחוֹן פֶּה לַמְיַחֲלִים לָךְ, שִׂמְחָה לְאַרְצֶךָ, וְשָׂשׂוֹן לְעִירֶךָ, וּצְמִיחַת קֶרֶן לְדָוִד עַבְדֶּךָ, וַעֲרִיכַת נֵר לְבֶן יִשַׁי מְשִׁיחֶךָ, בִּמְהֵרָה בְיָמֵינוּ:

1. Zechariah 14:9.

And all believe that He pardons forever.
He is the Most High, and His eye is directed to those who fear Him.
And all believe that He answers silent prayer.
He opens the gate for those who knock in repentance.
And all believe that His hand is open.
He waits for the evildoer, and desires that he be exculpated.
And all believe that He is righteous and upright.
His wrath is brief and He is forbearing.
And all believe that He is hard to anger.
He is merciful and causes mercy to precede wrath.
And all believe that He is easily appeased.
He is immutable, and treats small and great alike.
And all believe that He is the righteous Judge.
He is perfect and acts with perfection to those who are sincere.

And all believe that His work is perfect.

THE ARK IS CLOSED.

Chazzan:

תשגב You alone will be exalted and will reign over all in Oneness, as it is written: The Lord shall be King over the entire earth; on that day the Lord shall be One and His Name One.[1]

ובכן And thus shall Your Name, Lord our God, be sanctified upon Israel Your people, upon Jerusalem Your city, upon Zion the abode of Your glory, upon the kingship of the house of David Your anointed, and upon Your dwelling-place and Your sanctuary.

ובכן And so, Lord our God, instill fear of You upon all that You have made, and dread of You upon all that You have created; and [then] all works will be in awe of You, all the created beings will prostrate themselves before You, and they all will form a single band to carry out Your will with a perfect heart. For we know, Lord our God, that rulership is Yours, strength is in Your [left] hand, might is in Your right hand, and Your Name is awesome over all that You have created.

ובכן And so, Lord, grant honor to Your people, glory to those who fear You, good hope to those who seek You, confident speech to those who yearn for You, joy to Your land, gladness to Your city, a flourishing of strength to David Your servant, and a setting up of light to the son of Yishai Your anointed, speedily in our days.

וּבְכֵן צַדִּיקִים יִרְאוּ וְיִשְׂמָחוּ, וִישָׁרִים יַעֲלֹזוּ, וַחֲסִידִים בְּרִנָּה יָגִילוּ, וְעוֹלָתָה תִּקְפָּץ פִּיהָ, וְהָרִשְׁעָה כֻּלָּהּ כֶּעָשָׁן תִּכְלֶה, כִּי תַעֲבִיר מֶמְשֶׁלֶת זָדוֹן מִן הָאָרֶץ:

וְתִמְלוֹךְ אַתָּה הוּא יְיָ אֱלֹהֵינוּ לְבַדֶּךָ עַל כָּל מַעֲשֶׂיךָ, בְּהַר צִיּוֹן מִשְׁכַּן כְּבוֹדֶךָ, וּבִירוּשָׁלַיִם עִיר קָדְשֶׁךָ, כַּכָּתוּב בְּדִבְרֵי קָדְשֶׁךָ: יִמְלֹךְ יְיָ לְעוֹלָם אֱלֹהַיִךְ צִיּוֹן לְדֹר וָדֹר, הַלְלוּיָהּ:[1]

קָדוֹשׁ אַתָּה וְנוֹרָא שְׁמֶךָ, וְאֵין אֱלוֹהַּ מִבַּלְעָדֶיךָ, כַּכָּתוּב: וַיִּגְבַּהּ יְיָ צְבָאוֹת בַּמִּשְׁפָּט, וְהָאֵל הַקָּדוֹשׁ נִקְדַּשׁ בִּצְדָקָה.[2] בָּרוּךְ אַתָּה יְיָ, הַמֶּלֶךְ הַקָּדוֹשׁ: (Cong—אָמֵן)

אַתָּה בְחַרְתָּנוּ מִכָּל הָעַמִּים, אָהַבְתָּ אוֹתָנוּ וְרָצִיתָ בָּנוּ, וְרוֹמַמְתָּנוּ מִכָּל הַלְּשׁוֹנוֹת, וְקִדַּשְׁתָּנוּ בְּמִצְוֹתֶיךָ, וְקֵרַבְתָּנוּ מַלְכֵּנוּ לַעֲבוֹדָתֶךָ, וְשִׁמְךָ הַגָּדוֹל וְהַקָּדוֹשׁ עָלֵינוּ קָרָאתָ:

On Shabbat, add the words in shaded parentheses.

וַתִּתֶּן לָנוּ יְיָ אֱלֹהֵינוּ בְּאַהֲבָה אֶת יוֹם (הַשַּׁבָּת הַזֶּה וְאֶת יוֹם) הַזִּכָּרוֹן הַזֶּה, אֶת יוֹם טוֹב מִקְרָא קֹדֶשׁ הַזֶּה, יוֹם (זִכְרוֹן) תְּרוּעָה (בְּאַהֲבָה) מִקְרָא קֹדֶשׁ זֵכֶר לִיצִיאַת מִצְרָיִם:

On Shabbat, add the words in shaded parentheses.

וּמִפְּנֵי חֲטָאֵינוּ גָּלִינוּ מֵאַרְצֵנוּ, וְנִתְרַחַקְנוּ מֵעַל אַדְמָתֵנוּ, וְאֵין אֲנַחְנוּ יְכוֹלִים לַעֲשׂוֹת חוֹבוֹתֵינוּ בְּבֵית בְּחִירָתֶךָ, בַּבַּיִת הַגָּדוֹל וְהַקָּדוֹשׁ שֶׁנִּקְרָא שִׁמְךָ עָלָיו, מִפְּנֵי הַיָּד שֶׁנִּשְׁתַּלְּחָה בְּמִקְדָּשֶׁךָ. יְהִי רָצוֹן מִלְּפָנֶיךָ יְיָ אֱלֹהֵינוּ וֵאלֹהֵי אֲבוֹתֵינוּ, מֶלֶךְ רַחֲמָן, שֶׁתָּשׁוּב וּתְרַחֵם

1. Psalms 146:10. 2. Isaiah 5:16.

ובכן And then the righteous will see and be glad, the upright will rejoice, and the pious will exult in song; injustice will shut its mouth and all wickedness will go up in smoke, when You will remove the rule of evil from the earth.

ותמלוך Lord our God, You are He who alone will reign over all Your works, in Mount Zion the abode of Your glory, in Jerusalem Your holy city, as it is written in Your holy Scriptures: The Lord shall reign forever, your God, O Zion, throughout all generations; praise the Lord.[1]

קדוש Holy are You, awesome is Your Name, and aside from You there is no God, as it is written: The Lord of hosts is exalted in justice and the holy God is sanctified in righteousness.[2] Blessed are You, Lord, the holy King. Cong. Amen.

אתה You have chosen us from among all the nations; You have loved us and found favor with us. You have raised us above all tongues and made us holy through Your commandments. You, our King, have drawn us near to Your service and proclaimed Your great and holy Name upon us.

On Shabbat, add the words in shaded parentheses.

ותתן And You, Lord our God, have given us in love (this Shabbat day and) this Day of Remembrance, this festival of holy assembly, a day for (the remembrance of) sounding the *shofar*, (in love,) a holy assembly, commemorating the Exodus from Egypt.

On Shabbat, add the words in shaded parentheses.

ומפני But because of our sins, we were exiled from our land and driven far away from our soil; and we are unable to discharge our obligations in Your chosen House, the great and holy House upon which Your Name is proclaimed, because of the hand that was sent forth against Your Sanctuary. May it be Your will, Lord our God and God of our fathers, merciful King, in Your abounding compassion,

עָלֵינוּ וְעַל מִקְדָּשְׁךָ בְּרַחֲמֶיךָ הָרַבִּים, וְתִבְנֵהוּ מְהֵרָה וּתְגַדֵּל כְּבוֹדוֹ. אָבִינוּ מַלְכֵּנוּ, אֱלֹהֵינוּ גַּלֵּה כְּבוֹד מַלְכוּתְךָ עָלֵינוּ מְהֵרָה, וְהוֹפַע וְהִנָּשֵׂא עָלֵינוּ לְעֵינֵי כָּל חָי, וְקָרֵב פְּזוּרֵינוּ מִבֵּין הַגּוֹיִם, וּנְפוּצוֹתֵינוּ כַּנֵּס מִיַּרְכְּתֵי אָרֶץ. וַהֲבִיאֵנוּ לְצִיּוֹן עִירְךָ בְּרִנָּה, וְלִירוּשָׁלַיִם בֵּית מִקְדָּשְׁךָ, בְּשִׂמְחַת עוֹלָם, וְשָׁם נַעֲשֶׂה לְפָנֶיךָ אֶת קָרְבְּנוֹת חוֹבוֹתֵינוּ, תְּמִידִים כְּסִדְרָם וּמוּסָפִים כְּהִלְכָתָם. וְאֶת מוּסְפֵי (יוֹם הַשַּׁבָּת הַזֶּה וְ) יוֹם הַזִּכָּרוֹן הַזֶּה, וְיוֹם טוֹב מִקְרָא קֹדֶשׁ הַזֶּה, נַעֲשֶׂה וְנַקְרִיב לְפָנֶיךָ בְּאַהֲבָה, כְּמִצְוַת רְצוֹנֶךָ, כְּמוֹ שֶׁכָּתַבְתָּ עָלֵינוּ בְּתוֹרָתֶךָ עַל יְדֵי מֹשֶׁה עַבְדֶּךָ מִפִּי כְבוֹדֶךָ כָּאָמוּר:

On Shabbat, add the following:

וּבְיוֹם הַשַּׁבָּת שְׁנֵי כְבָשִׂים בְּנֵי שָׁנָה תְּמִימִם, וּשְׁנֵי עֶשְׂרֹנִים סֹלֶת מִנְחָה בְּלוּלָה בַשֶּׁמֶן וְנִסְכּוֹ. עֹלַת שַׁבַּת בְּשַׁבַּתּוֹ, עַל עֹלַת הַתָּמִיד וְנִסְכָּהּ:[1]

וּבַחֹדֶשׁ הַשְּׁבִיעִי בְּאֶחָד לַחֹדֶשׁ, מִקְרָא קֹדֶשׁ יִהְיֶה לָכֶם, כָּל מְלֶאכֶת עֲבֹדָה לֹא תַעֲשׂוּ, יוֹם תְּרוּעָה יִהְיֶה לָכֶם. וַעֲשִׂיתֶם עֹלָה לְרֵיחַ נִיחֹחַ לַייָ, פַּר בֶּן בָּקָר אֶחָד, אַיִל אֶחָד, כְּבָשִׂים בְּנֵי שָׁנָה שִׁבְעָה, תְּמִימִם:[2]

וּמִנְחָתָם וְנִסְכֵּיהֶם כִּמְדֻבָּר: שְׁלֹשָׁה עֶשְׂרֹנִים לַפָּר, וּשְׁנֵי עֶשְׂרֹנִים לָאָיִל, וְעִשָּׂרוֹן לַכֶּבֶשׂ, וְיַיִן כְּנִסְכּוֹ, וּשְׁנֵי שְׂעִירִים לְכַפֵּר, וּשְׁנֵי תְמִידִים כְּהִלְכָתָם. מִלְּבַד עֹלַת הַחֹדֶשׁ וּמִנְחָתָהּ, וְעֹלַת הַתָּמִיד וּמִנְחָתָהּ, וְנִסְכֵּיהֶם כְּמִשְׁפָּטָם, לְרֵיחַ נִיחֹחַ אִשֶּׁה לַייָ:[3]

1. Numbers 28:9-10. 2. Ibid. 29:1-2. 3. V. Ibid. 29:3-6.

to again have mercy on us and on Your Sanctuary, and rebuild it soon and increase its glory. Our Father, our King, our God, speedily reveal the glory of Your Kingship upon us; appear and be exalted over us before the eyes of all the living. Gather our dispersed from among the nations, and assemble our scattered from the ends of the earth. Bring us with song to Zion Your city, and with everlasting joy to Jerusalem Your Sanctuary. There we will offer to You our obligatory sacrifices, the daily burnt-offerings according to their order and the *musaf* offerings according to their rule; and the *musaf* offerings of (this Shabbat day and) this Day of Remembrance and this day of holy assembly we will prepare and offer You with love in accordance with the command of Your will, as You have prescribed for us in Your Torah through Moses Your servant in Your glorious Name, as it is stated:

On Shabbat, add the following:

וביום On the Shabbat day, two yearling male lambs without blemish, and two-tenths [of an *ephah*] of fine flour mixed with oil as a meal-offering, and its wine-offering—this is the burnt-offering for Shabbat, each Shabbat, aside from the daily burnt-offering and its wine-offering.[1]

ובחדש In the seventh month, on the first day of the month, you shall have a holy assembly; you shall do no work of labor; it shall be to you a day for blowing the *shofar*. You shall prepare a burnt-offering for a pleasing odor to the Lord: one young bullock, one ram and seven yearling lambs without blemish.[2]

ומנחתם And their meal-offering and libations as prescribed: three-tenths [of an ephah of fine flour] for the bullock, two-tenths for the ram, one-tenth for each lamb, and wine in accordance with each one's wine-offering; as well as two he-goats for atonement, and two daily burnt-offerings according to their rule; aside from the Rosh Chodesh burnt-offering and its meal-offering, and the daily burnt-offering and its meal-offering, and their libations in accordance with the regulation, for a pleasing odor, an offering consumed by fire to the Lord.[3]

On Shabbat, add the following:

יִשְׂמְחוּ בְמַלְכוּתְךָ שׁוֹמְרֵי שַׁבָּת וְקוֹרְאֵי עֹנֶג, עַם מְקַדְּשֵׁי
שְׁבִיעִי, כֻּלָּם יִשְׂבְּעוּ וְיִתְעַנְּגוּ מִטּוּבֶךָ, וּבַשְּׁבִיעִי
רָצִיתָ בּוֹ וְקִדַּשְׁתּוֹ, חֶמְדַּת יָמִים אוֹתוֹ קָרָאתָ, זֵכֶר לְמַעֲשֵׂה
בְרֵאשִׁית:

THE ARK IS OPENED.

Chazzan and congregation:

עָלֵינוּ לְשַׁבֵּחַ לַאֲדוֹן הַכֹּל, לָתֵת גְּדֻלָּה לְיוֹצֵר
בְּרֵאשִׁית, שֶׁלֹּא עָשָׂנוּ כְּגוֹיֵי הָאֲרָצוֹת, וְלֹא
שָׂמָנוּ כְּמִשְׁפְּחוֹת הָאֲדָמָה,   THE ARK IS CLOSED TEMPORARILY.
שֶׁלֹּא שָׂם חֶלְקֵנוּ כָּהֶם, וְגוֹרָלֵנוּ כְּכָל הֲמוֹנָם, שֶׁהֵם
מִשְׁתַּחֲוִים לְהֶבֶל וָרִיק.

THE ARK IS RE-OPENED.

While saying the word כּוֹרְעִים, kneel on the floor, and at וּמִשְׁתַּחֲוִים, bow until your forehead touches the floor and remain so until saying בָּרוּךְ הוּא.

וַאֲנַחְנוּ כּוֹרְעִים וּמִשְׁתַּחֲוִים וּמוֹדִים לִפְנֵי מֶלֶךְ מַלְכֵי
הַמְּלָכִים, הַקָּדוֹשׁ בָּרוּךְ הוּא. שֶׁהוּא נוֹטֶה שָׁמַיִם וְיוֹסֵד
אָרֶץ, וּמוֹשַׁב יְקָרוֹ בַּשָּׁמַיִם מִמַּעַל, וּשְׁכִינַת עֻזּוֹ בְּגָבְהֵי
מְרוֹמִים. הוּא אֱלֹהֵינוּ אֵין עוֹד,

Congregation continues until the end of the paragraph. There is a tradition handed down from Rabbi Elazar Rokeach (c.1160-1242) that as the chazzan concludes this paragraph aloud, the congregation recites the paragraph אַתָּה הָרְאֵתָ.

אֱמֶת מַלְכֵּנוּ, אֶפֶס זוּלָתוֹ, כַּכָּתוּב
בְּתוֹרָתוֹ:¹ וְיָדַעְתָּ הַיּוֹם וַהֲשֵׁבֹתָ אֶל
לְבָבֶךָ, כִּי יְיָ הוּא הָאֱלֹהִים, בַּשָּׁמַיִם

Chazzan continues אוֹחִילָה, next page.

מִמַּעַל וְעַל הָאָרֶץ מִתָּחַת, אֵין עוֹד:²

אַתָּה הָרְאֵתָ לָדַעַת כִּי יְיָ הוּא הָאֱלֹהִים, אֵין עוֹד מִלְבַדּוֹ:³
שְׁמַע יִשְׂרָאֵל, יְיָ אֱלֹהֵינוּ יְיָ אֶחָד:⁴ הֵן לַייָ אֱלֹהֶיךָ
הַשָּׁמַיִם וּשְׁמֵי הַשָּׁמַיִם, הָאָרֶץ וְכָל אֲשֶׁר בָּהּ:⁵ כִּי יְיָ אֱלֹהֵיכֶם

---

1. Deuteronomy 4:39.   2. For further elucidation, see Tanya, part II, ch. 6.   3. Deuteronomy 4:35.   4. Ibid. 6:4.   5. Ibid. 10:14.

On Shabbat, add following:

ישמחו Those who observe the Shabbat and call it a delight shall rejoice in Your kingship; the nation which hallows the Seventh Day—all shall be satiated and delighted with Your goodness. You were pleased with the Seventh Day and made it holy; You called it the most desirable of days, in remembrance of the work of Creation.

THE ARK IS OPENED.

Chazzan and congregation:

Transliteration, page 334.

עלינו It is incumbent upon us to praise the Master of all things, to exalt the Creator of all existence, that He has not made us like the nations of the world, nor caused us to be like the families of the earth; THE ARK IS CLOSED TEMPORARILY.
that He has not assigned us a portion like theirs, nor a lot like that of all their multitudes, for they bow to vanity and nothingness.

THE ARK IS RE-OPENED.

While saying the words *bend the knee*, kneel on the floor, and at *bow down*, bow until your forehead touches the floor and remain so until saying *blessed be He*.

But we bend the knee, bow down, and offer praise before the supreme King of kings, the Holy One, blessed be He, who stretches forth the heavens and establishes the earth, the seat of whose glory is in the heavens above, and the abode of whose majesty is in the loftiest heights. He is our God; there is none else. Truly, He is our King; there is nothing besides Him, as it is written in His Torah:[1] Know this day and take unto your heart, that the Lord is God, in the heavens above and upon the earth below there is nothing else.[2]

Congregation continues until the end of the paragraph. There is a tradition handed down from Rabbi Elazar Rokeach (c. 1160-1242) that as the chazzan concludes this paragraph aloud, the congregation recites the paragraph *You have*.

Chazzan continues *I place*, next page.

אתה You have been shown to know that the Lord is God; there is none else aside from Him.[3] Hear, O Israel, the Lord is our God, the Lord is One.[4] Behold, the heavens and the heaven of heavens belong to the Lord your God, the earth and all therein.[5] For the Lord your God is the God of the supernal beings and the

הוּא אֱלֹהֵי הָאֱלֹהִים וַאֲדֹנֵי הָאֲדֹנִים הָאֵל הַגָּדֹל הַגִּבֹּר וְהַנּוֹרָא אֲשֶׁר לֹא יִשָּׂא פָנִים וְלֹא יִקַּח שֹׁחַד:[1] כִּי שֵׁם יְיָ אֶקְרָא, הָבוּ גֹדֶל לֵאלֹהֵינוּ:[2] יְהִי שֵׁם יְיָ מְבֹרָךְ מֵעַתָּה וְעַד עוֹלָם:[3]

Chazzan:

אוֹחִילָה לָאֵל, אֲחַלֶּה פָנָיו, אֶשְׁאֲלָה מִמֶּנּוּ מַעֲנֵה לָשׁוֹן: אֲשֶׁר בִּקְהַל עָם אָשִׁירָה עֻזּוֹ, אַבִּיעָה רְנָנוֹת בְּעַד מִפְעָלָיו: לְאָדָם מַעַרְכֵי לֵב, וּמֵיְיָ מַעֲנֵה לָשׁוֹן:[4] אֲדֹנָי שְׂפָתַי תִּפְתָּח. וּפִי יַגִּיד תְּהִלָּתֶךָ:[5] יִהְיוּ לְרָצוֹן אִמְרֵי פִי וְהֶגְיוֹן לִבִּי לְפָנֶיךָ יְיָ צוּרִי וְגוֹאֲלִי:[6]

THE ARK IS CLOSED.

Chazzan continues:

וְעַל כֵּן נְקַוֶּה לְּךָ יְיָ אֱלֹהֵינוּ, לִרְאוֹת מְהֵרָה בְּתִפְאֶרֶת עֻזֶּךָ, לְהַעֲבִיר גִּלּוּלִים מִן הָאָרֶץ, וְהָאֱלִילִים כָּרוֹת יִכָּרֵתוּן, לְתַקֵּן עוֹלָם בְּמַלְכוּת שַׁדַּי, וְכָל בְּנֵי בָשָׂר יִקְרְאוּ בִשְׁמֶךָ, לְהַפְנוֹת אֵלֶיךָ כָּל רִשְׁעֵי אָרֶץ. יַכִּירוּ וְיֵדְעוּ כָּל יוֹשְׁבֵי תֵבֵל, כִּי לְךָ תִּכְרַע כָּל בֶּרֶךְ, תִּשָּׁבַע כָּל לָשׁוֹן. לְפָנֶיךָ יְיָ אֱלֹהֵינוּ יִכְרְעוּ וְיִפֹּלוּ, וְלִכְבוֹד שִׁמְךָ יְקָר יִתֵּנוּ. וִיקַבְּלוּ כֻלָּם עֲלֵיהֶם אֶת עוֹל מַלְכוּתֶךָ, וְתִמְלוֹךְ עֲלֵיהֶם מְהֵרָה לְעוֹלָם וָעֶד. כִּי הַמַּלְכוּת שֶׁלְּךָ הִיא, וּלְעוֹלְמֵי עַד תִּמְלוֹךְ בְּכָבוֹד, כַּכָּתוּב בְּתוֹרָתֶךָ: יְיָ יִמְלֹךְ לְעֹלָם וָעֶד:[7]

וְנֶאֱמַר: לֹא הִבִּיט אָוֶן בְּיַעֲקֹב, וְלֹא רָאָה עָמָל בְּיִשְׂרָאֵל, יְיָ אֱלֹהָיו עִמּוֹ, וּתְרוּעַת מֶלֶךְ בּוֹ.[8] וְנֶאֱמַר: וַיְהִי בִישֻׁרוּן מֶלֶךְ, בְּהִתְאַסֵּף רָאשֵׁי עָם, יַחַד שִׁבְטֵי יִשְׂרָאֵל.[9] וּבְדִבְרֵי קָדְשְׁךָ כָּתוּב לֵאמֹר: כִּי לַיְיָ

1. Deuteronomy 10:17. 2. Ibid. 32:3. 3. Psalms 113:2. 4. Proverbs 16:1. 5. Psalms 51:17. 6. Ibid. 19:15. 7. Exodus 15:18. 8. Numbers 23:21. 9. Deuteronomy 33:5.

Master of the heavenly hosts, the great, the mighty and the awesome God, who shows no favor and takes no bribe.[1] When I proclaim the Name of the Lord, ascribe greatness to our God.[2] May the Name of the Lord be blessed from now to all eternity.[3]

Chazzan:

אוחילה I place my hope in God, I entreat His countenance; I ask Him to grant me the gift of speech, that I may sing of His majesty in the assemblage of the people, that I may chant songs of prayer on behalf of His works [Israel]. The arrangement of thoughts belongs to man, but the gift of speech comes from the Lord.[4] My Lord, open my lips, and my mouth shall declare Your praise.[5] May the words of my mouth and the meditation of my heart be acceptable before You, Lord, my Strength and my Redeemer.[6]

THE ARK IS CLOSED.

Chazzan continues:

ועל And therefore we hope to You, Lord our God, that we may speedily behold the splendor of Your might, to banish idolatry from the earth—and false gods will be utterly destroyed; to perfect the world under the sovereignty of the Almighty. All mankind shall invoke Your Name, to turn to You all the wicked of the earth. Then all the inhabitants of the world will recognize and know that every knee should bend to You, every tongue should swear [by Your Name]. Before You, Lord our God, they will bow and prostrate themselves, and give honor to the glory of Your Name; and they will all take upon themselves the yoke of Your kingdom. May You soon reign over them forever and ever, for Kingship is Yours, and to all eternity You will reign in glory, as it is written in Your Torah: The Lord will reign forever and ever.[7]

ונאמר And it is stated: He does not look at iniquity in Jacob nor see wrongdoing in Israel; the Lord his God is with him and the love of the King is in him.[8] And it is stated: And He became king in Yeshurun, when the heads of the people assembled, the tribes of Israel were united.[9] And in your holy Scriptures it is written thus: For sovereignty is the Lord's,

הַמְּלוּכָה, וּמוֹשֵׁל בַּגּוֹיִם.[1] וְנֶאֱמַר: יְיָ מָלָךְ גֵּאוּת לָבֵשׁ, לָבֵשׁ יְיָ עֹז הִתְאַזָּר, אַף תִּכּוֹן תֵּבֵל בַּל תִּמּוֹט.[2] וְנֶאֱמַר: שְׂאוּ שְׁעָרִים רָאשֵׁיכֶם, וְהִנָּשְׂאוּ פִּתְחֵי עוֹלָם, וְיָבוֹא מֶלֶךְ הַכָּבוֹד. מִי זֶה מֶלֶךְ הַכָּבוֹד, יְיָ עִזּוּז וְגִבּוֹר, יְיָ גִּבּוֹר מִלְחָמָה. שְׂאוּ שְׁעָרִים רָאשֵׁיכֶם וּשְׂאוּ פִּתְחֵי עוֹלָם, וְיָבֹא מֶלֶךְ הַכָּבוֹד. מִי הוּא זֶה מֶלֶךְ הַכָּבוֹד, יְיָ צְבָאוֹת, הוּא מֶלֶךְ הַכָּבוֹד סֶלָה:[3]

וְעַל יְדֵי עֲבָדֶיךָ הַנְּבִיאִים כָּתוּב לֵאמֹר: כֹּה אָמַר יְיָ מֶלֶךְ יִשְׂרָאֵל וְגֹאֲלוֹ, יְיָ צְבָאוֹת, אֲנִי רִאשׁוֹן וַאֲנִי אַחֲרוֹן, וּמִבַּלְעָדַי אֵין אֱלֹהִים.[4] וְנֶאֱמַר: וְעָלוּ מוֹשִׁעִים בְּהַר צִיּוֹן לִשְׁפֹּט אֶת הַר עֵשָׂו, וְהָיְתָה לַייָ הַמְּלוּכָה.[5] וְנֶאֱמַר: וְהָיָה יְיָ לְמֶלֶךְ עַל כָּל הָאָרֶץ, בַּיּוֹם הַהוּא יִהְיֶה יְיָ אֶחָד וּשְׁמוֹ אֶחָד.[6] וּבְתוֹרָתְךָ כָּתוּב לֵאמֹר: שְׁמַע יִשְׂרָאֵל, יְיָ אֱלֹהֵינוּ יְיָ אֶחָד:[7]

On Shabbat, add the words in shaded parentheses.

אֱלֹהֵינוּ וֵאלֹהֵי אֲבוֹתֵינוּ, מְלוֹךְ עַל הָעוֹלָם כֻּלּוֹ בִּכְבוֹדֶךָ, וְהִנָּשֵׂא עַל כָּל הָאָרֶץ בִּיקָרֶךָ, וְהוֹפַע בַּהֲדַר גְּאוֹן עֻזֶּךָ עַל כָּל יוֹשְׁבֵי תֵבֵל אַרְצֶךָ, וְיֵדַע כָּל פָּעוּל כִּי אַתָּה פְעַלְתּוֹ, וְיָבִין כָּל יְצוּר כִּי אַתָּה יְצַרְתּוֹ, וְיֹאמַר כֹּל אֲשֶׁר נְשָׁמָה בְאַפּוֹ: יְיָ אֱלֹהֵי יִשְׂרָאֵל מֶלֶךְ, וּמַלְכוּתוֹ בַּכֹּל מָשָׁלָה: (אֱלֹהֵינוּ וֵאלֹהֵי אֲבוֹתֵינוּ, רְצֵה נָא בִמְנוּחָתֵנוּ,) קַדְּשֵׁנוּ בְּמִצְוֹתֶיךָ, וְתֵן חֶלְקֵנוּ בְּתוֹרָתֶךָ, שַׂבְּעֵנוּ מִטּוּבֶךָ וְשַׂמַּח נַפְשֵׁנוּ בִּישׁוּעָתֶךָ, (וְהַנְחִילֵנוּ יְיָ

1. Psalms 22:29. **2.** Ibid. 93:1. **3.** Ibid. 24:7-10. **4.** Isaiah 44:6. **5.** Obadiah 1:21. **6.** Zechariah 14:9. **7.** Deuteronomy 6:4.

and He rules over the nations.[1] And it is stated: God is King; He has garbed Himself with grandeur; the Lord has robed Himself, He has girded Himself with strength; He has also established the world firmly that it shall not falter.[2] And it is stated: Lift up your heads, O gates, and be lifted up, eternal doors, so the glorious King may enter. Who is the glorious King? The Lord, strong and mighty; the Lord, mighty in battle. Lift up your heads, O gates; lift them up, eternal doors, so the glorious King may enter. Who is the glorious King? The Lord of hosts, He is the glorious King for all eternity.[3]

ועל And by Your servants, the Prophets, it is written as follows: Thus said the Lord, the King of Israel and his Redeemer, the Lord of hosts: I am the first and I am the last, and aside from Me there is no God.[4] And it is stated: Deliverers will go up to Mount Zion to judge the mount of Esau, and kingship will be the Lord's.[5] And it is stated: The Lord will be King over the entire earth; on that day the Lord will be One and His Name One.[6] And in Your Torah it is written thus: Hear, O Israel, the Lord is our God, the Lord is One.[7]

On Shabbat, add the words in shaded parentheses.

אלהינו Our God and God of our fathers, reign over the entire world in Your glory, be exalted over all the earth in Your splendor, and reveal Yourself in the majesty of Your glorious might over all the inhabitants of Your terrestrial world. May everything that has been made know that You have made it; may everything that has been created understand that You have created it; and may everyone who has the breath [of life] in his nostrils declare that the Lord, God of Israel, is King and His kingship has dominion over all. (Our God and God of our fathers, please find favor in our rest.) Make us holy with Your commandments and grant us our portion in Your Torah; satiate us with Your goodness and gladden our soul with Your salvation. (Lord our God, grant as

אֱלֹהֵינוּ בְּאַהֲבָה וּבְרָצוֹן שַׁבַּת קָדְשֶׁךָ וְיָנוּחוּ בוֹ כָּל יִשְׂרָאֵל מְקַדְּשֵׁי שְׁמֶךָ,) וְטַהֵר לִבֵּנוּ לְעָבְדְּךָ בֶּאֱמֶת, כִּי אַתָּה אֱלֹהִים אֱמֶת וּדְבָרְךָ מַלְכֵּנוּ אֱמֶת וְקַיָּם לָעַד. בָּרוּךְ אַתָּה יְיָ, מֶלֶךְ עַל כָּל הָאָרֶץ, מְקַדֵּשׁ (הַשַּׁבָּת וְ) יִשְׂרָאֵל וְיוֹם הַזִּכָּרוֹן: (Cong—אָמֵן)

The *shofar* is sounded at this point (except on Shabbat). Rise for the sounding of the *shofar*.

תקיעה. שברים תרועה. תקיעה.
תקיעה. שברים. תקיעה.
תקיעה. תרועה. תקיעה.

The congregation and the chazzan recite the following paragraph even on Shabbat when the *shofar* is not sounded:

הַיּוֹם הֲרַת עוֹלָם, הַיּוֹם יַעֲמִיד בַּמִּשְׁפָּט כָּל יְצוּרֵי עוֹלָמִים. אִם כְּבָנִים, אִם כַּעֲבָדִים. אִם כְּבָנִים, רַחֲמֵנוּ כְּרַחֵם אָב עַל בָּנִים. וְאִם כַּעֲבָדִים, עֵינֵינוּ לְךָ תְלוּיוֹת, עַד שֶׁתְּחָנֵּנוּ וְתוֹצִיא כָאוֹר מִשְׁפָּטֵנוּ, אָיוֹם קָדוֹשׁ:

Chazzan and congregation:
The following paragraph is omitted on Shabbat.

אֲרֶשֶׁת שְׂפָתֵינוּ יֶעֱרַב לְפָנֶיךָ אֵל רָם וְנִשָּׂא, מֵבִין וּמַאֲזִין מַבִּיט וּמַקְשִׁיב לְקוֹל תְּקִיעָתֵנוּ, וּתְקַבֵּל בְּרַחֲמִים וּבְרָצוֹן סֵדֶר מַלְכִיּוֹתֵינוּ:

You may be seated.

Chazzan:

אַתָּה זוֹכֵר מַעֲשֵׂה עוֹלָם, וּפוֹקֵד כָּל יְצוּרֵי קֶדֶם. לְפָנֶיךָ נִגְלוּ כָּל תַּעֲלוּמוֹת, וַהֲמוֹן נִסְתָּרוֹת שֶׁמִּבְּרֵאשִׁית, כִּי אֵין שִׁכְחָה לִפְנֵי כִסֵּא כְבוֹדֶךָ, וְאֵין נִסְתָּר מִנֶּגֶד עֵינֶיךָ. אַתָּה זוֹכֵר אֶת כָּל הַמִּפְעָל, וְגַם כָּל הַיְצוּר לֹא נִכְחָד מִמֶּךָּ. הַכֹּל גָּלוּי וְיָדוּעַ לְפָנֶיךָ יְיָ אֱלֹהֵינוּ, צוֹפֶה וּמַבִּיט עַד סוֹף כָּל הַדּוֹרוֹת, כִּי תָבִיא חֹק זִכָּרוֹן לְהִפָּקֵד כָּל

our heritage, in love and goodwill, Your holy Shabbat, and may all Israel who sanctify Your Name rest thereon.) Make our heart pure to serve You in truth; for You are the true God, and Your word, our King, is true and enduring forever. Blessed are You, Lord, King over the whole earth, who sanctifies (the Shabbat and) Israel and the Day of Remembrance. Cong. Amen.

The *shofar* is sounded at this point (except on Shabbat).
Rise for the sounding of the *shofar*.

TEKIAH SHEVARIM–TERUAH TEKIAH

TEKIAH SHEVARIM TEKIAH

TEKIAH TERUAH TEKIAH

The congregation and the chazzan recite the following paragraph even on Shabbat when the *shofar* is not sounded:

Transliteration, page 345.

היום Today is the birthday of the world; on this day He calls all the created beings of the worlds to stand in judgment. [Are we regarded] as children or as servants? If as children, have mercy upon us as a father has mercy upon [his] children; if as servants, our eyes are turned to You until You will be gracious to us and bring forth our judgment as the light, O Awesome and Holy One.

Chazzan and congregation:
The following paragraph is omitted on Shabbat.

Transliteration, page 345.

ארשת May the utterance of our lips be pleasing before You, sublime and exalted God, who understands and hears, perceives and hearkens to the sound of our *shofar*-blast, and accept with mercy and favor our recitation [of the Scriptural verses] of *Malchuyot* (Kingship).

You may be seated.

Chazzan:

אתה You remember the deeds [performed] in the world and recall all that was created in days of yore. Before You are revealed all the hidden things and the myriad secrets from the beginning of creation; for there is no forgetting before the Throne of Your Glory, nor is there anything concealed from Your sight. You remember the entire work [of creation], and no creature is hidden from You. All is revealed and known before You, Lord our God, who observes and looks to the end of all generations. For You bring the set time of remembrance that every soul and being shall be

רְוּחַ וָנֶפֶשׁ, לְהִזָּכֵר מַעֲשִׂים רַבִּים, וַהֲמוֹן בְּרִיּוֹת לְאֵין תַּכְלִית. מֵרֵאשִׁית כָּזֹאת הוֹדָעְתָּ, וּמִלְּפָנִים אוֹתָהּ גִּלִּיתָ, זֶה הַיּוֹם תְּחִלַּת מַעֲשֶׂיךָ, זִכָּרוֹן לְיוֹם רִאשׁוֹן. כִּי חֹק לְיִשְׂרָאֵל הוּא, מִשְׁפָּט לֵאלֹהֵי יַעֲקֹב.[1] וְעַל הַמְּדִינוֹת בּוֹ יֵאָמֵר: אֵיזוֹ לַחֶרֶב, וְאֵיזוֹ לַשָּׁלוֹם, אֵיזוֹ לָרָעָב, וְאֵיזוֹ לָשָׂבַע, וּבְרִיּוֹת בּוֹ יִפָּקֵדוּ לְהַזְכִּירָם לַחַיִּים וְלַמָּוֶת. מִי לֹא נִפְקַד כְּהַיּוֹם הַזֶּה, כִּי זֵכֶר כָּל הַיְצוּר לְפָנֶיךָ בָּא, מַעֲשֵׂה אִישׁ וּפְקֻדָּתוֹ, וַעֲלִילוֹת מִצְעֲדֵי גָבֶר, מַחְשְׁבוֹת אָדָם וְתַחְבּוּלוֹתָיו, וְיִצְרֵי מַעַלְלֵי אִישׁ. אַשְׁרֵי אִישׁ שֶׁלֹּא יִשְׁכָּחֶךָּ, וּבֶן אָדָם יִתְאַמֶּץ בָּךְ, כִּי דוֹרְשֶׁיךָ לְעוֹלָם לֹא יִכָּשֵׁלוּ, וְלֹא יִכָּלְמוּ לָנֶצַח כָּל הַחוֹסִים בָּךְ, כִּי זֵכֶר כָּל הַמַּעֲשִׂים לְפָנֶיךָ בָּא, וְאַתָּה דוֹרֵשׁ מַעֲשֵׂה כֻלָּם. וְגַם אֶת נֹחַ בְּאַהֲבָה זָכַרְתָּ, וַתִּפְקְדֵהוּ בִּדְבַר יְשׁוּעָה וְרַחֲמִים, בַּהֲבִיאֲךָ אֶת מֵי הַמַּבּוּל לְשַׁחֵת כָּל בָּשָׂר מִפְּנֵי רֹעַ מַעַלְלֵיהֶם. עַל כֵּן זִכְרוֹנוֹ בָּא לְפָנֶיךָ יְיָ אֱלֹהֵינוּ לְהַרְבּוֹת זַרְעוֹ כְּעַפְרוֹת תֵּבֵל וְצֶאֱצָאָיו כְּחוֹל הַיָּם. כַּכָּתוּב בְּתוֹרָתֶךָ: וַיִּזְכֹּר אֱלֹהִים אֶת נֹחַ, וְאֵת כָּל הַחַיָּה וְאֶת כָּל הַבְּהֵמָה, אֲשֶׁר אִתּוֹ בַּתֵּבָה, וַיַּעֲבֵר אֱלֹהִים רוּחַ עַל הָאָרֶץ וַיָּשֹׁכּוּ הַמָּיִם.[2] וְנֶאֱמַר: וַיִּשְׁמַע אֱלֹהִים אֶת נַאֲקָתָם, וַיִּזְכֹּר אֱלֹהִים אֶת בְּרִיתוֹ אֶת אַבְרָהָם אֶת יִצְחָק וְאֶת יַעֲקֹב.[3] וְנֶאֱמַר: וְזָכַרְתִּי אֶת בְּרִיתִי יַעֲקוֹב, וְאַף אֶת בְּרִיתִי יִצְחָק, וְאַף אֶת בְּרִיתִי אַבְרָהָם אֶזְכֹּר, וְהָאָרֶץ אֶזְכֹּר.[4] וּבְדִבְרֵי קָדְשְׁךָ כָּתוּב לֵאמֹר: זֵכֶר עָשָׂה לְנִפְלְאוֹתָיו, חַנּוּן וְרַחוּם יְיָ.[5] וְנֶאֱמַר: טֶרֶף נָתַן לִירֵאָיו, יִזְכֹּר לְעוֹלָם בְּרִיתוֹ.[6] וְנֶאֱמַר: וַיִּזְכֹּר לָהֶם בְּרִיתוֹ, וַיִּנָּחֵם כְּרֹב חֲסָדָיו:[7]

1. Psalms 81:5. **2.** Genesis 8:1. **3.** Exodus 2:24. **4.** Leviticus 26:42. **5.** Psalms 111:4. **6.** Ibid. 111:5. **7.** Ibid. 106:45.

recalled, that the numerous deeds and myriads of creatures without limit shall be remembered. You have made this known from the beginning [of creation], and from aforetime You revealed it. This is the day which is the beginning of Your work, a remembrance of the first day; indeed, it is a decree for Israel, a [day of] judgment for the God of Jacob.¹ Concerning countries, [judgment] is pronounced on [this day]—which for war and which for peace, which for famine and which for plenty; and on it, creatures are brought to mind, to remember them for life or death. Who is not recalled on this day? For the remembrance of every created being comes before You—man's deed and his task, the actions and movements of a mortal, the thoughts of a person and his schemes, and the motives for the acts of a man. Happy is the man who does not forget You, the son of man who holds fast to You; for those who seek You will not stumble forever, nor will anyone who places his trust in You be put to shame eternally. For the remembrance of all [Your] works comes before You, and You examine the deeds of them all. And You also remembered Noach with love, and were mindful of him with a promise of salvation and mercy, when You brought the waters of the Flood to destroy all flesh because of the wickedness of their deeds. Therefore his remembrance came before You, Lord our God, to make his descendants as numerous as the dust of the earth, and his offspring as the sand of the sea; as it is written in Your Torah: God remembered Noach and all the beasts and all the cattle that were with him in the ark, and God caused a wind to pass over the earth and the waters were calmed.² And it is stated: God heard their outcry, and God remembered His covenant with Abraham, with Isaac, and with Jacob.³ And it is stated: I will remember My covenant with Jacob; also My covenant with Isaac, and also My covenant with Abraham will I remember; and I will remember the land.⁴ And in Your holy Scriptures it is written thus: He has instituted a remembrance of His wonders; gracious and merciful is the Lord.⁵ And it is stated: He has provided food to those who fear Him; He will remember His covenant forever.⁶ And it is stated: He remembered for them His covenant and He relented, in keeping with His abounding kindness.⁷

וְעַל יְדֵי עֲבָדֶיךָ הַנְּבִיאִים כָּתוּב לֵאמֹר: הָלֹךְ וְקָרָאתָ בְאָזְנֵי יְרוּשָׁלַיִם לֵאמֹר, כֹּה אָמַר יְיָ, זָכַרְתִּי לָךְ חֶסֶד נְעוּרַיִךְ, אַהֲבַת כְּלוּלֹתָיִךְ, לֶכְתֵּךְ אַחֲרַי בַּמִּדְבָּר, בְּאֶרֶץ לֹא זְרוּעָה.[1] וְנֶאֱמַר: וְזָכַרְתִּי אֲנִי אֶת בְּרִיתִי אוֹתָךְ בִּימֵי נְעוּרָיִךְ, וַהֲקִימוֹתִי לָךְ בְּרִית עוֹלָם.[2] וְנֶאֱמַר: הֲבֵן יַקִּיר לִי אֶפְרַיִם אִם יֶלֶד שַׁעֲשֻׁעִים, כִּי מִדֵּי דַבְּרִי בּוֹ זָכֹר אֶזְכְּרֶנּוּ עוֹד, עַל כֵּן הָמוּ מֵעַי לוֹ, רַחֵם אֲרַחֲמֶנּוּ נְאֻם יְיָ:[3]

אֱלֹהֵינוּ וֵאלֹהֵי אֲבוֹתֵינוּ, זָכְרֵנוּ בְּזִכָּרוֹן טוֹב לְפָנֶיךָ, וּפָקְדֵנוּ בִּפְקֻדַּת יְשׁוּעָה וְרַחֲמִים מִשְּׁמֵי שְׁמֵי קֶדֶם. וּזְכָר לָנוּ יְיָ אֱלֹהֵינוּ אֶת הַבְּרִית וְאֶת הַחֶסֶד וְאֶת הַשְּׁבוּעָה אֲשֶׁר נִשְׁבַּעְתָּ לְאַבְרָהָם אָבִינוּ בְּהַר הַמּוֹרִיָּה. וְתֵרָאֶה לְפָנֶיךָ עֲקֵדָה שֶׁעָקַד אַבְרָהָם אָבִינוּ אֶת יִצְחָק בְּנוֹ עַל גַּבֵּי הַמִּזְבֵּחַ, וְכָבַשׁ רַחֲמָיו לַעֲשׂוֹת רְצוֹנְךָ בְּלֵבָב שָׁלֵם, כֵּן יִכְבְּשׁוּ רַחֲמֶיךָ אֶת כַּעַסְךָ מֵעָלֵינוּ, וּבְטוּבְךָ הַגָּדוֹל יָשׁוּב חֲרוֹן אַפְּךָ מֵעַמְּךָ וּמֵעִירְךָ וּמֵאַרְצְךָ וּמִנַּחֲלָתֶךָ. וְקַיֶּם לָנוּ יְיָ אֱלֹהֵינוּ אֶת הַדָּבָר שֶׁהִבְטַחְתָּנוּ בְּתוֹרָתֶךָ עַל יְדֵי מֹשֶׁה עַבְדֶּךָ מִפִּי כְבוֹדֶךָ כָּאָמוּר: וְזָכַרְתִּי לָהֶם בְּרִית רִאשֹׁנִים אֲשֶׁר הוֹצֵאתִי אוֹתָם מֵאֶרֶץ מִצְרַיִם לְעֵינֵי הַגּוֹיִם, לִהְיוֹת לָהֶם לֵאלֹהִים, אֲנִי יְיָ.[4] כִּי זוֹכֵר כָּל הַנִּשְׁכָּחוֹת אַתָּה הוּא מֵעוֹלָם, וְאֵין שִׁכְחָה לִפְנֵי כִסֵּא כְבוֹדֶךָ, וַעֲקֵדַת יִצְחָק לְזַרְעוֹ הַיּוֹם בְּרַחֲמִים תִּזְכּוֹר. בָּרוּךְ אַתָּה יְיָ, זוֹכֵר הַבְּרִית: (Cong—אָמֵן)

1. Jeremiah 2:2. 2. Ezekiel 16:60. 3. Jeremiah 31:19. 4. Leviticus 26:45.

ועל And by Your servants, the Prophets, it is written as follows: Go and call out in the ears [of the inhabitants] of Jerusalem, saying: Thus said the Lord, I remember for you the devotion of your youth, the love of your bridal days, as you went after Me in the wilderness, in an uncultivated land.[1] And it is stated: I will remember My covenant [which I made] with you in the days of your youth, and I will fulfill it for you as an everlasting covenant.[2] And it is stated: Is Ephraim not My beloved son, is he not a precious child that whenever I speak of him I recall him even more? Therefore My inner parts stir for him, I will surely have compassion on him, says the Lord.[3]

אלהינו Our God and God of our fathers, remember us with a favorable remembrance before You, and be mindful of us with a decree of deliverance and mercy from the primeval, most supernal heavens. Remember in our behalf, Lord our God, the covenant, the kindness and the vow which You swore to Abraham our father on Mount Moriah; and let there appear before you the akedah, when Abraham our father bound Isaac his son upon the altar and suppressed his compassion to do Your will with a perfect heart. So may Your compassion suppress Your wrath from upon us, and in Your great goodness, let Your fierce anger turn away from Your people, from Your city, from Your land and from Your heritage. Fulfill, Lord our God, that which You have promised us in Your Torah through Moses Your servant in Your glorious Name, as it is stated: I will remember in their favor the covenant with their ancestors, whom I took out of the land of Egypt before the eyes of the nations, to be their God; I am the Lord.[4] For You are He who remembers forever all forgotten things, and there is no forgetting before the Throne of Your Glory. Remember in mercy this day the binding of Isaac for his descendants. Blessed are You, Lord, who remembers the covenant. Cong. Amen.

The *shofar* is sounded at this point (except on Shabbat).
Rise for the sounding of the *shofar*.

תקיעה. שברים תרועה. תקיעה.
תקיעה. שברים. תקיעה.
תקיעה. תרועה. תקיעה.

The congregation and the chazzan recite the following paragraph, even on Shabbat when the *shofar* is not sounded.

הַיּוֹם הֲרַת עוֹלָם, הַיּוֹם יַעֲמִיד בַּמִּשְׁפָּט כָּל יְצוּרֵי עוֹלָמִים. אִם כְּבָנִים, אִם כַּעֲבָדִים. אִם כְּבָנִים, רַחֲמֵנוּ כְּרַחֵם אָב עַל בָּנִים. וְאִם כַּעֲבָדִים, עֵינֵינוּ לְךָ תְלוּיוֹת, עַד שֶׁתְּחָנֵּנוּ וְתוֹצִיא כָאוֹר מִשְׁפָּטֵנוּ, אָיוֹם קָדוֹשׁ:

Chazzan and congregation:
The following paragraph is omitted on Shabbat.

אֲרֶשֶׁת שְׂפָתֵינוּ יֶעֱרַב לְפָנֶיךָ אֵל רָם וְנִשָּׂא, מֵבִין וּמַאֲזִין מַבִּיט וּמַקְשִׁיב לְקוֹל תְּקִיעָתֵנוּ, וּתְקַבֵּל בְּרַחֲמִים וּבְרָצוֹן סֵדֶר זִכְרוֹנוֹתֵינוּ:

You may be seated.

Chazzan:

אַתָּה נִגְלֵיתָ בַּעֲנַן כְּבוֹדֶךָ עַל עַם קָדְשְׁךָ לְדַבֵּר עִמָּם. מִן הַשָּׁמַיִם הִשְׁמַעְתָּם קוֹלֶךָ, וְנִגְלֵיתָ עֲלֵיהֶם בְּעַרְפִלֵּי טֹהַר. גַּם הָעוֹלָם כֻּלּוֹ חָל מִפָּנֶיךָ, וּבְרִיּוֹת בְּרֵאשִׁית חָרְדוּ מִמֶּךָּ, בְּהִגָּלוֹתְךָ מַלְכֵּנוּ עַל הַר סִינַי, לְלַמֵּד לְעַמְּךָ תּוֹרָה וּמִצְוֹת. וַתַּשְׁמִיעֵם אֶת הוֹד קוֹלֶךָ, וְדִבְּרוֹת קָדְשְׁךָ מִלַּהֲבוֹת אֵשׁ. בְּקוֹלוֹת וּבְרָקִים עֲלֵיהֶם נִגְלֵיתָ, וּבְקוֹל שׁוֹפָר עֲלֵיהֶם הוֹפָעְתָּ. כַּכָּתוּב בְּתוֹרָתֶךָ: וַיְהִי בַיּוֹם הַשְּׁלִישִׁי בִּהְיֹת הַבֹּקֶר, וַיְהִי קֹלֹת וּבְרָקִים, וְעָנָן כָּבֵד עַל הָהָר, וְקֹל שֹׁפָר חָזָק מְאֹד, וַיֶּחֱרַד כָּל הָעָם אֲשֶׁר בַּמַּחֲנֶה.[1] וְנֶאֱמַר: וַיְהִי קוֹל הַשֹּׁפָר הוֹלֵךְ וְחָזֵק

1. Exodus 19:16.

The *shofar* is sounded at this point (except on Shabbat).
Rise for the sounding of the *shofar*.

TEKIAH SHEVARIM–TERUAH TEKIAH

TEKIAH SHEVARIM TEKIAH

TEKIAH TERUAH TEKIAH

The congregation and the chazzan recite the following paragraph even on Shabbat when the *shofar* is not sounded:

Transliteration, page 345.

היום Today is the birthday of the world; on this day He calls all the created beings of the worlds to stand in judgment. [Are we regarded] as children or as servants? If as children, have mercy upon us as a father has mercy upon [his] children; if as servants, our eyes are turned to You until You will be gracious to us and bring forth our judgment as the light, O Awesome and Holy One.

Chazzan and congregation:
The following paragraph is omitted on Shabbat.

Transliteration, page 345.

ארשת May the utterance of our lips be pleasing before You, sublime and exalted God, who understands and hears, perceives and hearkens to the sound of our *shofar*-blast, and accept with mercy and favor our recitation [of the Scriptural verses] of *Zichronot* (Remembrance).

You may be seated.

Chazzan:

אתה You revealed Yourself in Your cloud of glory to Your holy people to speak to them. From the heavens You let them hear Your voice, and revealed Yourself to them in pure clouds. The whole world also trembled before You, the beings of creation were in awe of You, when You, our King, revealed Yourself upon Mount Sinai to teach Your people Torah and mitzvot. You let them hear the majesty of Your voice and Your holy utterances from flames of fire; with thunder and lightning You revealed Yourself to them, with the sound of the *shofar* You appeared to them; as it is written in Your Torah: It was on the third day, as morning dawned, there was thunder and lightning, and a heavy cloud on the mountain, and an exceedingly loud sound of the *shofar*; and all the people in the camp trembled.[1] And it is stated: The sound of the *shofar* became

מְאֹד, מֹשֶׁה יְדַבֵּר וְהָאֱלֹהִים יַעֲנֶנּוּ בְקוֹל.[1] וְנֶאֱמַר: וְכָל הָעָם רֹאִים אֶת הַקּוֹלֹת, וְאֶת הַלַּפִּידִם, וְאֵת קוֹל הַשֹּׁפָר, וְאֶת הָהָר עָשֵׁן, וַיַּרְא הָעָם וַיָּנֻעוּ וַיַּעַמְדוּ מֵרָחֹק.[2] וּבְדִבְרֵי קָדְשְׁךָ כָּתוּב לֵאמֹר: עָלָה אֱלֹהִים בִּתְרוּעָה, יְיָ בְּקוֹל שׁוֹפָר.[3] וְנֶאֱמַר: בַּחֲצֹצְרוֹת וְקוֹל שׁוֹפָר, הָרִיעוּ לִפְנֵי הַמֶּלֶךְ יְיָ.[4] וְנֶאֱמַר: תִּקְעוּ בַחֹדֶשׁ שׁוֹפָר, בַּכֶּסֶה לְיוֹם חַגֵּנוּ. כִּי חֹק לְיִשְׂרָאֵל הוּא, מִשְׁפָּט לֵאלֹהֵי יַעֲקֹב:[5]

וְנֶאֱמַר: הַלְלוּיָהּ, הַלְלוּ אֵל בְּקָדְשׁוֹ, הַלְלוּהוּ בִּרְקִיעַ עֻזּוֹ: הַלְלוּהוּ בִגְבוּרֹתָיו, הַלְלוּהוּ כְּרֹב גֻּדְלוֹ: הַלְלוּהוּ בְּתֵקַע שׁוֹפָר, הַלְלוּהוּ בְּנֵבֶל וְכִנּוֹר: הַלְלוּהוּ בְתֹף וּמָחוֹל, הַלְלוּהוּ בְּמִנִּים וְעֻגָב: הַלְלוּהוּ בְצִלְצְלֵי שָׁמַע, הַלְלוּהוּ בְּצִלְצְלֵי תְרוּעָה: כֹּל הַנְּשָׁמָה תְּהַלֵּל יָהּ, הַלְלוּיָהּ:[6]

וְעַל יְדֵי עֲבָדֶיךָ הַנְּבִיאִים כָּתוּב לֵאמֹר: כָּל יֹשְׁבֵי תֵבֵל וְשֹׁכְנֵי אָרֶץ, כִּנְשֹׂא נֵס הָרִים תִּרְאוּ וְכִתְקֹעַ שׁוֹפָר תִּשְׁמָעוּ.[7] וְנֶאֱמַר: וְהָיָה בַּיּוֹם הַהוּא יִתָּקַע בְּשׁוֹפָר גָּדוֹל, וּבָאוּ הָאֹבְדִים בְּאֶרֶץ אַשּׁוּר, וְהַנִּדָּחִים בְּאֶרֶץ מִצְרָיִם, וְהִשְׁתַּחֲווּ לַייָ בְּהַר הַקֹּדֶשׁ בִּירוּשָׁלָיִם.[8] וְנֶאֱמַר: וַייָ עֲלֵיהֶם יֵרָאֶה, וְיָצָא כַבָּרָק חִצּוֹ, וַאדֹנָי אֱלֹהִים בַּשּׁוֹפָר יִתְקָע, וְהָלַךְ בְּסַעֲרוֹת תֵּימָן. יְיָ צְבָאוֹת יָגֵן עֲלֵיהֶם,[9] כֵּן תָּגֵן עַל עַמְּךָ יִשְׂרָאֵל בִּשְׁלוֹמֶךָ:

אֱלֹהֵינוּ וֵאלֹהֵי אֲבוֹתֵינוּ, תְּקַע בְּשׁוֹפָר גָּדוֹל לְחֵרוּתֵנוּ, וְשָׂא נֵס לְקַבֵּץ גָּלֻיּוֹתֵינוּ, וְקָרֵב פְּזוּרֵינוּ מִבֵּין הַגּוֹיִם, וּנְפוּצוֹתֵינוּ כַּנֵּס מִיַּרְכְּתֵי אָרֶץ, וַהֲבִיאֵנוּ לְצִיּוֹן עִירְךָ

---

1. Exodus 19:19. **2.** Exodus 20:15. **3.** Psalms 47:6. **4.** Psalms 98:6. **5.** Ibid. 81:4-5. **6.** Ibid. 150. **7.** Isaiah 18:3. **8.** Ibid. 27:13. **9.** Zechariah 9:14-15.

increasingly louder; Moses spoke, and God answered him aloud.[1] And it is stated: All the people saw the sounds and the flames, the voice of the *shofar* and the mountain smoking; the people saw and trembled, and went to stand far away.[2] And in Your holy Scriptures it is written thus: God ascends through *teruah*, the Lord—through the sound of the *shofar*.[3] And it is stated: With trumpets and the sound of the *shofar*, jubilate before the King, the Lord.[4] And it is stated: Blow the *shofar* on the New Moon, on the designated day of our Holy Day; for it is a decree for Israel, a [day of] judgment for the God of Jacob.[5]

ונאמר And it is stated: Praise the Lord. Praise God in His holiness; praise Him in the firmament of His strength. Praise Him for His mighty acts; praise Him according to His abundant greatness. Praise Him with the call of the *shofar*; praise Him with harp and lyre. Praise Him with timbrel and dance; praise Him with stringed instruments and flute. Praise Him with resounding cymbals; praise Him with clanging cymbals. Let every being that has a soul praise the Lord. Praise the Lord.[6]

ועל And by Your servants, the Prophets, it is written as follows: All who inhabit the world and who dwell on earth— you will see when the banner [of the ingathering of Israel] will be raised on the mountain, you will hear when the *shofar* will be sounded.[7] And it is stated: And it shall be on that day, that a great *shofar* shall be sounded, and those who were lost in the land of Ashur and those who were banished in the land of Mitzrayim shall come and bow down to the Lord on the holy mountain in Jerusalem.[8] And it is stated: And the Lord shall appear over them, and His arrow shall go forth like lightning; the Lord God shall sound the *shofar* and go forth in a southerly storm-wind. The Lord of hosts shall protect them.[9] So shall You protect Your people Israel with Your peace.

אלהינו Our God and God of our fathers, sound the great *shofar* for our freedom; raise a banner to gather our exiles, draw together our dispersed from among the nations, and assemble our scattered from the ends of the earth. Bring us with song to

בְּרִנָּה, וְלִירוּשָׁלַיִם בֵּית מִקְדָּשְׁךָ בְּשִׂמְחַת עוֹלָם, וְשָׁם
נַעֲשֶׂה לְפָנֶיךָ אֶת קָרְבְּנוֹת חוֹבוֹתֵינוּ, כְּמִצְוָה עָלֵינוּ
בְּתוֹרָתֶךָ עַל יְדֵי מֹשֶׁה עַבְדֶּךָ, מִפִּי כְבוֹדֶךָ כָּאָמוּר:

וּבְיוֹם שִׂמְחַתְכֶם וּבְמוֹעֲדֵיכֶם וּבְרָאשֵׁי חָדְשֵׁכֶם,
וּתְקַעְתֶּם בַּחֲצֹצְרֹת עַל עֹלֹתֵיכֶם וְעַל זִבְחֵי
שַׁלְמֵיכֶם, וְהָיוּ לָכֶם לְזִכָּרוֹן לִפְנֵי אֱלֹהֵיכֶם, אֲנִי יְיָ
אֱלֹהֵיכֶם.¹ כִּי אַתָּה שׁוֹמֵעַ קוֹל שׁוֹפָר וּמַאֲזִין תְּרוּעָה,
וְאֵין דּוֹמֶה לָּךְ. בָּרוּךְ אַתָּה יְיָ, שׁוֹמֵעַ קוֹל תְּרוּעַת עַמּוֹ
יִשְׂרָאֵל בְּרַחֲמִים: (Cong—אָמֵן)

The *shofar* is sounded at this point (except on Shabbat).
Rise for the sounding of the *shofar*.

תקיעה. שברים תרועה. תקיעה.
תקיעה. שברים. תקיעה.
תקיעה. תרועה. תקיעה.

The congregation and the chazzan recite the following paragraph even on Shabbat when
the *shofar* is not sounded.

הַיּוֹם הֲרַת עוֹלָם, הַיּוֹם יַעֲמִיד בַּמִּשְׁפָּט כָּל יְצוּרֵי עוֹלָמִים.
אִם כְּבָנִים, אִם כַּעֲבָדִים. אִם כְּבָנִים, רַחֲמֵנוּ כְּרַחֵם
אָב עַל בָּנִים, וְאִם כַּעֲבָדִים, עֵינֵינוּ לְךָ תְלוּיוֹת, עַד שֶׁתְּחָנֵּנוּ
וְתוֹצִיא כָאוֹר מִשְׁפָּטֵנוּ, אָיוֹם קָדוֹשׁ:

Chazzan and congregation:
The following paragraph is omitted on Shabbat.

אֲרֶשֶׁת שְׂפָתֵינוּ יֶעֱרַב לְפָנֶיךָ אֵל רָם וְנִשָּׂא, מֵבִין וּמַאֲזִין
מַבִּיט וּמַקְשִׁיב לְקוֹל תְּקִיעָתֵנוּ, וּתְקַבֵּל בְּרַחֲמִים
וּבְרָצוֹן סֵדֶר שׁוֹפְרוֹתֵינוּ:

---

1. Numbers 10:10.

Zion Your city, and with everlasting joy to Jerusalem Your Sanctuary. There we will offer to You our obligatory sacrifices, as we were instructed in Your Torah, through Moses Your servant in Your glorious Name, as it is stated:

וביום And on the day of your rejoicing, on your festivals and on your Rosh Chodesh days, you shall sound the trumpets over your burnt-offerings and over the sacrifices of your peace-offerings, and they shall be a remembrance for you before your God; I am the Lord your God.[1] For You hear the sound of the *shofar* and listen to the *teruah*; and there is none who can be compared to You. Blessed are You, Lord, who hears the sound of the *teruah* of His people Israel in mercy. Cong. Amen.

The *shofar* is sounded at this point (except on Shabbat).
Rise for the sounding of the *shofar*.

TEKIAH SHEVARIM–TERUAH TEKIAH

TEKIAH SHEVARIM TEKIAH

TEKIAH TERUAH TEKIAH

The congregation and the chazzan recite the following paragraph even on Shabbat when the *shofar* is not sounded:

Transliteration, page 345.

היום Today is the birthday of the world; on this day He calls all the created beings of the worlds to stand in judgment. [Are we regarded] as children or as servants? If as children, have mercy upon us as a father has mercy upon [his] children; if as servants, our eyes are turned to You until You will be gracious to us and bring forth our judgment as the light, O Awesome and Holy One.

Chazzan and congregation:
The following paragraph is omitted on Shabbat.

Transliteration, page 345.

ארשת May the utterance of our lips be pleasing before You, sublime and exalted God, who understands and hears, perceives and hearkens to the sound of our *shofar*-blast, and accept with mercy and favor our recitation [of the Scriptural verses] of *Shofrot.*

Chazzan:

רְצֵה יְיָ אֱלֹהֵינוּ בְּעַמְּךָ יִשְׂרָאֵל וְלִתְפִלָּתָם שְׁעֵה, וְהָשֵׁב הָעֲבוֹדָה לִדְבִיר בֵּיתֶךָ, וְאִשֵּׁי יִשְׂרָאֵל וּתְפִלָּתָם בְּאַהֲבָה תְקַבֵּל בְּרָצוֹן, וּתְהִי לְרָצוֹן תָּמִיד עֲבוֹדַת יִשְׂרָאֵל עַמֶּךָ:

וְתֶחֱזֶינָה עֵינֵינוּ בְּשׁוּבְךָ לְצִיּוֹן בְּרַחֲמִים. בָּרוּךְ אַתָּה יְיָ, הַמַּחֲזִיר שְׁכִינָתוֹ לְצִיּוֹן: (Cong—אָמֵן)

Bow at מוֹדִים; straighten up at יְיָ.

מוֹדִים אֲנַחְנוּ לָךְ, שָׁאַתָּה הוּא יְיָ אֱלֹהֵינוּ וֵאלֹהֵי אֲבוֹתֵינוּ לְעוֹלָם וָעֶד, צוּר חַיֵּינוּ, מָגֵן יִשְׁעֵנוּ, אַתָּה הוּא לְדוֹר וָדוֹר, נוֹדֶה לְּךָ וּנְסַפֵּר תְּהִלָּתֶךָ, עַל חַיֵּינוּ הַמְּסוּרִים בְּיָדֶךָ, וְעַל נִשְׁמוֹתֵינוּ הַפְּקוּדוֹת לָךְ, וְעַל נִסֶּיךָ שֶׁבְּכָל יוֹם עִמָּנוּ, וְעַל נִפְלְאוֹתֶיךָ וְטוֹבוֹתֶיךָ שֶׁבְּכָל עֵת, עֶרֶב וָבֹקֶר וְצָהֳרָיִם, הַטּוֹב, כִּי לֹא כָלוּ רַחֲמֶיךָ, וְהַמְרַחֵם, כִּי לֹא תַמּוּ חֲסָדֶיךָ, כִּי מֵעוֹלָם קִוִּינוּ לָךְ:

MODIM D'RABBANAN

While the chazzan recites מוֹדִים, the congregation recites the following, while bowing:

מוֹדִים אֲנַחְנוּ לָךְ, שָׁאַתָּה הוּא יְיָ אֱלֹהֵינוּ וֵאלֹהֵי אֲבוֹתֵינוּ, אֱלֹהֵי כָל בָּשָׂר, יוֹצְרֵנוּ, יוֹצֵר בְּרֵאשִׁית, בְּרָכוֹת וְהוֹדָאוֹת לְשִׁמְךָ הַגָּדוֹל וְהַקָּדוֹשׁ, עַל שֶׁהֶחֱיִיתָנוּ וְקִיַּמְתָּנוּ, כֵּן תְּחַיֵּנוּ וּתְקַיְּמֵנוּ, וְתֶאֱסוֹף גָּלֻיּוֹתֵינוּ לְחַצְרוֹת קָדְשֶׁךָ, וְנָשׁוּב אֵלֶיךָ לִשְׁמוֹר חֻקֶּיךָ, וְלַעֲשׂוֹת רְצוֹנֶךָ, וּלְעָבְדְּךָ בְּלֵבָב שָׁלֵם, עַל שֶׁאֲנַחְנוּ מוֹדִים לָךְ, בָּרוּךְ אֵל הַהוֹדָאוֹת:

Chazzan:

רצה Look with favor, Lord our God, on Your people Israel, and pay heed to their prayer; restore the service to Your Sanctuary, and accept with love and favor Israel's fire-offerings and prayer; and may the service of Your people Israel always find favor.

ותחזינה May our eyes behold Your return to Zion in mercy. Blessed are You, Lord, who restores His Divine Presence to Zion. Cong. Amen.

Bow at We thankfully acknowledge; *straighten up at* Lord.

מודים We thankfully acknowledge that You are the Lord our God and God of our fathers forever. You are the strength of our life, the shield of our salvation in every generation. We will give thanks to You and recount Your praise, evening, morning and noon, for our lives which are committed into Your hand, for our souls which are entrusted to You, for Your miracles which are with us daily, and for Your continual wonders and beneficences. You are the Beneficent One, for Your mercies never cease; and the Merciful One, for Your kindnesses never end; for we always place our hope in You.

MODIM D'RABBANAN

While the chazzan recites *Modim*, the congregation recites the following, while bowing:

Transliteration, page 334.

מודים We thankfully acknowledge that You are the Lord our God and God of our fathers, the God of all flesh, our Creator and the Creator of all existence. We offer blessings and thanks to Your great and holy Name, for You have given us life and sustained us; so may You continue to grant us life and sustain us—gather our dispersed to the courtyards of Your Sanctuary, and we shall return to You to keep Your Laws, to do Your will, and to serve You with a perfect heart—for we thankfully acknowledge You. Blessed is God, who is worthy of thanks.

וְעַל כֻּלָּם יִתְבָּרַךְ וְיִתְרוֹמַם וְיִתְנַשֵּׂא שִׁמְךָ מַלְכֵּנוּ תָּמִיד לְעוֹלָם וָעֶד:

Cong. then chazzan—אָבִינוּ מַלְכֵּנוּ, זְכוֹר רַחֲמֶיךָ, וּכְבוֹשׁ כַּעַסְךָ, וְכַלֵּה דֶּבֶר, וְחֶרֶב, וְרָעָב, וּשְׁבִי, וּמַשְׁחִית, וְעָוֹן, וּמַגֵּפָה, וּפֶגַע רָע, וְכָל מַחֲלָה, וְכָל תַּקָּלָה, וְכָל קְטָטָה, וְכָל מִינֵי פֻרְעָנִיּוֹת, וְכָל גְּזֵרָה רָעָה, וְשִׂנְאַת חִנָּם, מֵעָלֵינוּ וּמֵעַל כָּל בְּנֵי בְרִיתֶךָ:

Cong. then chazzan—וּכְתוֹב לְחַיִּים טוֹבִים כָּל בְּנֵי בְרִיתֶךָ:

The Kohanim who will be reciting the Priestly Blessing recite the following, as the chazzan recites וְכָל הַחַיִּים:

יְהִי רָצוֹן מִלְּפָנֶיךָ, יְיָ אֱלֹהֵינוּ וֵאלֹהֵי אֲבוֹתֵינוּ, שֶׁתְּהֵא הַבְּרָכָה הַזֹּאת שֶׁצִּוִּיתָנוּ לְבָרֵךְ אֶת עַמְּךָ יִשְׂרָאֵל בְּרָכָה שְׁלֵמָה שֶׁלֹּא יִהְיֶה בָּהּ מִכְשׁוֹל וְעָוֹן, מֵעַתָּה וְעַד עוֹלָם:[1]

The Kohanim prolong the recital to conclude it as the chazzan concludes the blessing הַטּוֹב שִׁמְךָ, so that the congregation will answer אָמֵן to both.

Chazzan:

וְכָל הַחַיִּים יוֹדוּךָ סֶּלָה, וִיהַלְלוּ שִׁמְךָ הַגָּדוֹל לְעוֹלָם כִּי טוֹב, הָאֵל יְשׁוּעָתֵנוּ וְעֶזְרָתֵנוּ סֶלָה, הָאֵל הַטּוֹב.

Bend knees at בָּרוּךְ; bow at אַתָּה; straighten up at יְיָ.

בָּרוּךְ אַתָּה יְיָ, הַטּוֹב שִׁמְךָ וּלְךָ נָאֶה לְהוֹדוֹת:

(Cong—אָמֵן)

1. V. Sotah 39a.

וכתוב Inscribe all the children of Your Covenant for a good life.

ועל And for all these, may Your Name, our King, be continually blessed, exalted, and extolled forever and all time.

Cong. then chazzan: אבינו *Övinu malkaynu z'chor rachamechö u-ch'vosh ka-as'chö v'chalay dever v'cherev v'rö-öv u-sh'vi u-mash-chis v'övon u-magayfö u-fega rö v'chöl machalö v'chöl takölö v'chöl k'tötö v'chöl minay fur-öniyos v'chöl g'zayrö rö-ö v'sin-as chinöm may-ölaynu u-may-al köl b'nay v'risechö.*

Cong. then chazzan: וכתוב *U-ch'sov l'cha-yim tovim köl b'nay v'risechö.*

The Kohanim who will be reciting the Priestly Blessing recite the following, as the chazzan recites *And all living things*:

יהי May it be Your will, Lord our God and God of our fathers, that this blessing which You have commanded us to bless Your people Israel shall be a perfect blessing, that it shall have in it no impediment or iniquity, from now and for all time.[1]

The Kohanim prolong the recital to conclude it as the chazzan concludes the blessing *Beneficent is Your Name*, so that the congregation will answer Amen to both.

Chazzan:

וכל And all living things shall forever thank You, and praise Your great Name eternally, for You are good. God, You are our everlasting salvation and help, O benevolent God.

Bend knees at *Blessed*; bow at *You*; straighten up at *Lord*.

Blessed are You, Lord, Beneficent is Your Name, and to You it is fitting to offer thanks. Cong. Amen.

אבינו Our Father, our King, remember Your compassion and suppress Your wrath, and eradicate pestilence, sword, famine, captivity, destruction, iniquity, plague and evil occurrence; every disease, every mishap, every strife, every kind of punishment, every evil decree and groundless hatred, from us and from every member of Your Covenant.

THE PRIESTLY BLESSING

For laws regarding the Priestly Blessing, see page 331.
For the יְהִי רָצוֹן, recited by the Kohanim before the Priestly Blessing, see previous page.

The chazzan says quietly:[1]

אֱלֹהֵינוּ וֵאלֹהֵי אֲבוֹתֵינוּ, בָּרְכֵנוּ בַבְּרָכָה הַמְשֻׁלֶּשֶׁת בַּתּוֹרָה הַכְּתוּבָה עַל יְדֵי מֹשֶׁה עַבְדֶּךָ, הָאֲמוּרָה מִפִּי אַהֲרֹן וּבָנָיו,

The chazzan calls to the Kohanim aloud:

כֹּהֲנִים,

and concludes quietly:

עַם קְדוֹשֶׁךָ, כָּאָמוּר:

The congregation covers their faces with their *tallitot*. One not wearing a *tallit* should stand together with someone who does, and cover his face with that person's *tallit*.

The Kohanim, who are facing the Ark, then turn to face the congregation before reciting the following blessing:

בָּרוּךְ אַתָּה יְיָ, אֱלֹהֵינוּ מֶלֶךְ הָעוֹלָם, אֲשֶׁר קִדְּשָׁנוּ בִּקְדֻשָּׁתוֹ שֶׁל אַהֲרֹן, וְצִוָּנוּ לְבָרֵךְ אֶת עַמּוֹ יִשְׂרָאֵל בְּאַהֲבָה. (Cong—אָמֵן)

The chazzan should not begin יְבָרֶכְךָ until the congregation has concluded saying אָמֵן. The Kohanim should not begin each word until the chazzan has concluded it, and the congregation should not respond אָמֵן until the Kohanim have concluded each blessing.

The people standing behind the Kohanim are not included in the Priestly Blessing, but those in front of them or on their side are included, for even an iron curtain cannot separate between Israel and their Father in Heaven. However, they should face the Kohanim (but not look at them) and not look around, as the blessing of the Kohanim must be face-to-face.

The chazzan calls out each word of the following blessing and the Kohanim repeat after him. The congregation responds אָמֵן as indicated.

יְבָרֶכְךָ, יְיָ, וְיִשְׁמְרֶךָ: (אָמֵן) יָאֵר, יְיָ, פָּנָיו, אֵלֶיךָ, וִיחֻנֶּךָּ: (אָמֵן) יִשָּׂא, יְיָ, פָּנָיו, אֵלֶיךָ, וְיָשֵׂם, לְךָ, שָׁלוֹם:[2] **(אָמֵן)**

1. If no Kohanim are present, the chazzan recites the paragraphs אֱלֹהֵינוּ...כָּאָמוּר and יְבָרֶכְךָ...שָׁלוֹם in a normal tone of voice, and the congregation responds אָמֵן as indicated. Then the chazzan continues with שִׂים שָׁלוֹם, page 219. 2. Numbers 6:24-26.

THE PRIESTLY BLESSING

For laws regarding the Priestly Blessing, see page 331.
For the prayer recited by the Kohanim before the Priestly Blessing, see previous page.

The chazzan says quietly:[1]

אלהינו Our God and God of our fathers, bless us with the threefold blessing written in the Torah by Moses Your servant, and pronounced by Aaron and his sons,

The chazzan calls to the Kohanim aloud:

Kohanim,

and concludes quietly:

Your consecrated people, as it is said:

The congregation covers their faces with their *tallitot*. One not wearing a *tallit* should stand together with someone who does, and cover his face with that person's *tallit*.

The Kohanim, who are facing the Ark, then turn to face the congregation before reciting the following blessing:

Transliteration, page 345.

ברוך Blessed are You, Lord our God, King of the universe, who has sanctified us with the sanctity of Aaron, and commanded us to bless His people Israel with love. Cong. Amen.

The chazzan should not begin *The Lord bless you* until the congregation has concluded saying Amen. The Kohanim should not begin each word until the chazzan has concluded it, and the congregation should not respond Amen until the Kohanim have concluded each blessing.

The people standing behind the Kohanim are not included in the Priestly Blessing, but those in front of them or on their side are included, for even an iron curtain cannot separate between Israel and their Father in Heaven. However, they should face the Kohanim (but not look at them) and not look around, as the blessing of the Kohanim must be face-to-face.

The chazzan calls out each word of the following blessing and the Kohanim repeat after him. The congregation responds Amen as indicated.

Transliteration, page 345.

יברכך The Lord bless you and guard you. (Amen) The Lord make His countenance shine upon you and be gracious to you. (Amen) The Lord turn His countenance toward you and grant you peace.[2] (Amen)

While the Kohanim sing the wordless melody prior to saying (but not while they say) וְיָשֵׂם, the congregation says:

רִבּוֹנוֹ שֶׁל עוֹלָם, אֲנִי שֶׁלָּךְ, וַחֲלוֹמוֹתַי שֶׁלָּךְ, חֲלוֹם חָלַמְתִּי וְאֵינִי יוֹדֵעַ מַה הוּא. יְהִי רָצוֹן מִלְּפָנֶיךָ יְיָ אֱלֹהַי וֵאלֹהֵי אֲבוֹתַי, שֶׁיִּהְיוּ כָּל חֲלוֹמוֹתַי עָלַי וְעַל כָּל יִשְׂרָאֵל, לְטוֹבָה, בֵּין חֲלוֹמוֹת שֶׁחָלַמְתִּי עַל אֲחֵרִים, וּבֵין שֶׁחָלַמְתִּי עַל עַצְמִי, וּבֵין שֶׁחָלְמוּ אֲחֵרִים עָלַי. אִם טוֹבִים הֵם, חַזְּקֵם וְאַמְּצֵם, וְיִתְקַיְּמוּ בִי וּבָהֶם, כַּחֲלוֹמוֹתָיו שֶׁל יוֹסֵף הַצַּדִּיק:

While the Kohanim sing the wordless melody prior to saying (but not while they say) לְךָ, the congregation says:

וְאִם צְרִיכִים רְפוּאָה, רְפָאֵם, כְּחִזְקִיָּהוּ מֶלֶךְ יְהוּדָה מֵחָלְיוֹ, וּכְמִרְיָם הַנְּבִיאָה מִצָּרַעְתָּהּ, וּכְנַעֲמָן מִצָּרַעְתּוֹ, וּכְמֵי מָרָה עַל יְדֵי מֹשֶׁה רַבֵּינוּ, וּכְמֵי יְרִיחוֹ עַל יְדֵי אֱלִישָׁע:

While the Kohanim sing the wordless melody prior to saying (but not while they say) שָׁלוֹם, the congregation says:

וּכְשֵׁם שֶׁהָפַכְתָּ אֶת קִלְלַת בִּלְעָם הָרָשָׁע מִקְּלָלָה לִבְרָכָה, כֵּן תַּהֲפוֹךְ כָּל חֲלוֹמוֹתַי עָלַי וְעַל כָּל יִשְׂרָאֵל לְטוֹבָה,

As the Kohanim say the word שָׁלוֹם, the congregation says:

וְתִשְׁמְרֵנִי וּתְחָנֵּנִי וְתִרְצֵנִי:

After the Kohanim say שָׁלוֹם respond: אָמֵן. The following is recited while the face is still covered by the *tallit*:

אַדִּיר בַּמָּרוֹם, שׁוֹכֵן בִּגְבוּרָה, אַתָּה שָׁלוֹם וְשִׁמְךָ שָׁלוֹם, יְהִי רָצוֹן מִלְּפָנֶיךָ שֶׁתָּשִׂים עָלֵינוּ וְעַל כָּל עַמְּךָ בֵּית יִשְׂרָאֵל, חַיִּים וּבְרָכָה לְמִשְׁמֶרֶת שָׁלוֹם:

The Kohanim remain standing at the Ark until after Kaddish, page 245.

Chazzan:

שִׂים שָׁלוֹם, טוֹבָה וּבְרָכָה, חַיִּים חֵן וָחֶסֶד וְרַחֲמִים, עָלֵינוּ וְעַל כָּל יִשְׂרָאֵל עַמֶּךָ. בָּרְכֵנוּ אָבִינוּ כֻּלָּנוּ כְּאֶחָד בְּאוֹר פָּנֶיךָ, כִּי בְאוֹר פָּנֶיךָ נָתַתָּ לָּנוּ יְיָ אֱלֹהֵינוּ תּוֹרַת חַיִּים וְאַהֲבַת חֶסֶד, וּצְדָקָה וּבְרָכָה וְרַחֲמִים וְחַיִּים

While the Kohanim sing the wordless melody prior to saying (but not while they say) Vyaseim, the congregation says:

רבונו Master of the universe! I am Yours and my dreams are Yours. I have dreamed a dream and I do not know what it is. May it be Your will, Lord my God and God of my fathers, that all my dreams, concerning myself and concerning anyone of Israel, shall be for good—whether dreams that I dreamed about others, or whether I dreamed about myself, or whether others dreamed about me. If they are good [dreams], strengthen and reinforce them, and may they be fulfilled in me and in them, like the dreams of Joseph the righteous.

While the Kohanim sing the wordless melody prior to saying (but not while they say) Lecha, the congregation says:

ואם But if they require a remedy, heal them like Hezekiah King of Judah from his illness, like Miriam the prophetess from her leprosy, like Naaman from his leprosy, like the waters of Marah by Moses and like the waters of Jericho by Elisha.

While the Kohanim sing the wordless melody prior to saying (but not while they say) Shalom, the congregation says:

וכשם As You have changed the curse of the wicked Balaam from a curse to a blessing, so shall You change all my dreams concerning myself and concerning all Israel to good;

As the Kohanim say the word Shalom, the congregation says:

ותשמרני and guard me, be gracious to me, and favor me.

After the Kohanim say Shalom respond: Amen. The following is recited while the face is still covered by the tallit:

אדיר Mighty One on high, abiding in power, You are peace and Your Name is peace. May it be Your will to bestow upon us and upon all Your people, the House of Israel, life and blessing for the preservation of peace.

The Kohanim remain standing at the Ark until after Kaddish, page 245.

Chazzan:

שים Bestow peace, goodness, and blessing, life, graciousness, kindness, and mercy, upon us and upon all Your people Israel. Bless us, our Father, all of us as one, with the light of Your countenance, for by the light of Your countenance You gave us, Lord our God, the Torah of life and loving-kindness, righteousness, blessing, mercy, life and

וְשָׁלוֹם, וְטוֹב בְּעֵינֶיךָ לְבָרֵךְ אֶת עַמְּךָ יִשְׂרָאֵל בְּכָל עֵת וּבְכָל שָׁעָה בִּשְׁלוֹמֶךָ.

Congregation then chazzan:

וּבְסֵפֶר חַיִּים בְּרָכָה וְשָׁלוֹם וּפַרְנָסָה טוֹבָה, יְשׁוּעָה וְנֶחָמָה וּגְזֵרוֹת טוֹבוֹת, נִזָּכֵר וְנִכָּתֵב לְפָנֶיךָ, אֲנַחְנוּ וְכָל עַמְּךָ בֵּית יִשְׂרָאֵל, לְחַיִּים טוֹבִים וּלְשָׁלוֹם: וְנֶאֱמַר: כִּי בִי יִרְבּוּ יָמֶיךָ וְיוֹסִיפוּ לְּךָ שְׁנוֹת חַיִּים:[1] לְחַיִּים טוֹבִים תִּכְתְּבֵנוּ אֱלֹהִים חַיִּים, כָּתְבֵנוּ בְּסֵפֶר הַחַיִּים, כַּכָּתוּב: וְאַתֶּם הַדְּבֵקִים בַּייָ אֱלֹהֵיכֶם חַיִּים כֻּלְּכֶם הַיּוֹם:[2]

THE ARK IS OPENED.

The following phrases are recited responsively. The congregation says the first phrase, followed by the chazzan. After the chazzan recites each phrase, the congregation responds אָמֵן as indicated, and then recites the subsequent phrase.

הַיּוֹם תְּאַמְּצֵנוּ: (אָמֵן)

הַיּוֹם תְּבָרְכֵנוּ: (אָמֵן)

הַיּוֹם תְּגַדְּלֵנוּ: (אָמֵן)

הַיּוֹם תִּדְרְשֵׁנוּ לְטוֹבָה: (אָמֵן)

הַיּוֹם תִּשְׁמַע שַׁוְעָתֵנוּ: (אָמֵן)

הַיּוֹם תְּקַבֵּל בְּרַחֲמִים וּבְרָצוֹן אֶת תְּפִלָּתֵנוּ: (אָמֵן)

הַיּוֹם תִּתְמְכֵנוּ בִּימִין צִדְקֶךָ: (אָמֵן)

THE ARK IS CLOSED.

Congregation and chazzan:

כְּהַיּוֹם הַזֶּה תְּבִיאֵנוּ שָׂשִׂים וּשְׂמֵחִים בְּבִנְיַן שָׁלֵם, כַּכָּתוּב: וַהֲבִיאוֹתִים אֶל הַר קָדְשִׁי וְשִׂמַּחְתִּים בְּבֵית תְּפִלָּתִי, עוֹלֹתֵיהֶם וְזִבְחֵיהֶם לְרָצוֹן עַל מִזְבְּחִי, כִּי בֵיתִי בֵּית תְּפִלָּה יִקָּרֵא לְכָל הָעַמִּים.[3] וְנֶאֱמַר: וַיְצַוֵּנוּ יְיָ לַעֲשׂוֹת אֶת כָּל הַחֻקִּים הָאֵלֶּה לְיִרְאָה אֶת יְיָ אֱלֹהֵינוּ, לְטוֹב לָנוּ כָּל הַיָּמִים, לְחַיֹּתֵנוּ כְּהַיּוֹם הַזֶּה.[4] וְנֶאֱמַר: וּצְדָקָה תִּהְיֶה לָּנוּ כִּי נִשְׁמֹר לַעֲשׂוֹת אֶת כָּל הַמִּצְוָה הַזֹּאת לִפְנֵי יְיָ אֱלֹהֵינוּ כַּאֲשֶׁר צִוָּנוּ:[5] וּצְדָקָה וּבְרָכָה וְרַחֲמִים וְחַיִּים וְשָׁלוֹם יִהְיֶה לָּנוּ וּלְכָל יִשְׂרָאֵל עַד הָעוֹלָם:

1. Proverbs 9:11. 2. Deuteronomy 4:4. 3. Isaiah 56:7. 4. Deuteronomy 6:24. 5. Ibid. 6:25.

peace. May it be favorable in Your eyes to bless Your people Israel, at all times and at every moment, with Your peace.

Congregation then chazzan:

ובספר *U-v'sayfer cha-yim b'röchö v'shölom ufar'nösö tovö, y'shu-ö v'nechömö u-g'zayros tovos, nizöchayr v'nikösayv l'fönechö, anach-nu v'chöl am'chö bays yisrö-ayl, l'cha-yim tovim u-l'shölom. V'ne-emar: Ki vi yirbu yömechö v'yosifu l'chö sh'nos cha-yim.*[1] *L'cha-yim tovim tich-t'vaynu elohim cha-yim, kös'vaynu b'sayfer hacha-yim kakösuv: V'atem had'vaykim badonöy elohaychem cha-yim kul'chem ha-yom.*[2]

THE ARK IS OPENED.

The following phrases are recited responsively. The congregation says the first phrase, followed by the chazzan. After the chazzan recites each phrase, the congregation responds Amen as indicated, and then recites the subsequent phrase.

Transliteration, page 346.

On this day, strengthen us. (Amen)
On this day, bless us. (Amen)
On this day, exalt us. (Amen)
On this day, seek us out for good. (Amen)
On this day, hear our cry. (Amen)
On this day, accept our prayer with mercy and goodwill. (Amen)
On this day, sustain us with the right hand of Your righteousness. (Amen)

THE ARK IS CLOSED.

Congregation and chazzan:

כהיום As of this day, bring us joyous and happy to the Temple at Jerusalem, as it is written: I will bring them to My holy mountain and make them rejoice in My house of prayer; their burnt-offerings and their sacrifices shall be favorably accepted upon My altar, for My house shall be called a house of prayer for all the nations.[3] And it is said: The Lord commanded us to observe all these statutes, to fear the Lord our God, for our own lasting good, that He might keep us alive, as on this day.[4] And it is said: It will be to our merit if we take care to do this entire commandment before the Lord our God, as He has commanded us.[5] May righteousness, blessing, mercy, life, and peace be granted to us and to all Israel forever.

ובספר And in the Book of life, blessing, peace and prosperity, deliverance, consolation and favorable decrees may we and all Your people the House of Israel be remembered and inscribed before You for a happy life and for peace. And it is said: For through Me shall your days be multiplied and years of life shall be added to you.[1] Inscribe us for a happy life, O living God; inscribe us in the Book of Life, as it is written: And you who cleave to the Lord your God are all alive today.[2]

The Kohanim recite the following, making sure to conclude it as the chazzan concludes the blessing הַמְבָרֵךְ...בַּשָּׁלוֹם (below), so that the congregation will answer אָמֵן to both.

רִבּוֹנוֹ שֶׁל עוֹלָם, עָשִׂינוּ מַה שֶּׁגָּזַרְתָּ עָלֵינוּ, עֲשֵׂה אַתָּה עִמָּנוּ כְּמוֹ שֶׁהִבְטַחְתָּנוּ. הַשְׁקִיפָה מִמְּעוֹן קָדְשְׁךָ מִן הַשָּׁמַיִם, וּבָרֵךְ אֶת עַמְּךָ אֶת יִשְׂרָאֵל, וְאֵת הָאֲדָמָה אֲשֶׁר נָתַתָּה לָנוּ, כַּאֲשֶׁר נִשְׁבַּעְתָּ לַאֲבֹתֵינוּ, אֶרֶץ זָבַת חָלָב וּדְבָשׁ:[1]

Chazzan:

בָּרוּךְ אַתָּה יְיָ, הַמְבָרֵךְ אֶת עַמּוֹ יִשְׂרָאֵל בַּשָּׁלוֹם:

(Cong—אָמֵן)

Chazzan concludes silently:

יִהְיוּ לְרָצוֹן אִמְרֵי פִי וְהֶגְיוֹן לִבִּי לְפָנֶיךָ, יְיָ צוּרִי וְגוֹאֲלִי:[2]

Chazzan continues with Complete Kaddish, page 244.

CHAZZAN'S REPETITION OF THE MUSAF AMIDAH FOR THE SECOND DAY

THE REPETITION OF THE AMIDAH

The congregation must listen attentively to the chazzan and respond אָמֵן at the conclusion of each blessing. If there are not at least nine men who respond אָמֵן after the blessings, it is tantamount to a blessing in vain. It is proper to respond with בָּרוּךְ הוּא וּבָרוּךְ שְׁמוֹ each time the chazzan says בָּרוּךְ אַתָּה יְיָ.

The Ark is opened at various times throughout the chazzan's repetition of the Amidah. While it is preferable to stand when the Ark is open, one who finds this to be difficult may sit, except where indicated.

THE ARK IS OPENED.

אֲדֹנָי, שְׂפָתַי תִּפְתָּח וּפִי יַגִּיד תְּהִלָּתֶךָ:[3]

Bend knees at בָּרוּךְ; bow at אַתָּה; straighten up at יְיָ.

בָּרוּךְ אַתָּה יְיָ, אֱלֹהֵינוּ וֵאלֹהֵי אֲבוֹתֵינוּ, אֱלֹהֵי אַבְרָהָם, אֱלֹהֵי יִצְחָק, וֵאלֹהֵי יַעֲקֹב, הָאֵל הַגָּדוֹל הַגִּבּוֹר וְהַנּוֹרָא, אֵל עֶלְיוֹן, גּוֹמֵל חֲסָדִים טוֹבִים, קוֹנֵה הַכֹּל, וְזוֹכֵר חַסְדֵי אָבוֹת, וּמֵבִיא גוֹאֵל לִבְנֵי בְנֵיהֶם, לְמַעַן שְׁמוֹ בְּאַהֲבָה:

1. Deuteronomy 26:15. 2. Psalms 19:15. 3. Ibid. 51:17.

The Kohanim recite the following, making sure to conclude it as the chazzan concludes the blessing *Blessed...peace* (below), so that the congregation will answer Amen to both.

רבונו Master of the universe, we have carried out that which You have decreed on us; You deal with us as You have promised us: Look down from Your abode, from heaven, and bless Your people Israel and the land which You have given us, as You have sworn to our fathers—a land flowing with milk and honey.[1]

Chazzan:

Blessed are You, Lord, who blesses His people Israel with peace. Cong. Amen.

Chazzan concludes silently:

יהיו May the words of my mouth and the meditation of my heart be acceptable before You, Lord, my Strength and my Redeemer.[2]

Chazzan continues with Complete Kaddish, page 244.

CHAZZAN'S REPETITION OF THE MUSAF AMIDAH FOR THE SECOND DAY

THE REPETITION OF THE AMIDAH

The congregation must listen attentively to the chazzan and respond Amen at the conclusion of each blessing. If there are not at least nine men who respond Amen after the blessings, it is tantamount to a blessing in vain. It is proper to respond with "Boruch Hu u'Voruch Shemo" ("Blessed is He and Blessed is His Name") each time the chazzan says *Blessed are You, Lord.*

The Ark is opened at various times throughout the chazzan's repetition of the Amidah. While it is preferable to stand when the Ark is open, one who finds this to be difficult may sit, except where indicated.

THE ARK IS OPENED.

אדני My Lord, open my lips, and my mouth shall declare Your praise.[3]

Bend knees at *Blessed*; bow at *You*; straighten up at *Lord*.

ברוך Blessed are You, Lord our God and God of our fathers, God of Abraham, God of Isaac and God of Jacob, the great, mighty and awesome God, exalted God, who bestows bountiful kindness, who creates all things, who remembers the piety of the Patriarchs, and who, in love, brings a redeemer to their children's children, for the sake of His Name.

זָכְרֵנוּ לְחַיִּים, מֶלֶךְ חָפֵץ בַּחַיִּים, וְכָתְבֵנוּ בְּסֵפֶר הַחַיִּים, לְמַעַנְךָ אֱלֹהִים חַיִּים:

Bend knees at בָּרוּךְ; bow at אַתָּה; straighten up at יְיָ.

מֶלֶךְ עוֹזֵר וּמוֹשִׁיעַ וּמָגֵן. בָּרוּךְ אַתָּה יְיָ, מָגֵן אַבְרָהָם: (Cong—אָמֵן)

אַתָּה גִּבּוֹר לְעוֹלָם אֲדֹנָי, מְחַיֵּה מֵתִים אַתָּה, רַב לְהוֹשִׁיעַ. מוֹרִיד הַטָּל:

מְכַלְכֵּל חַיִּים בְּחֶסֶד, מְחַיֵּה מֵתִים בְּרַחֲמִים רַבִּים, סוֹמֵךְ נוֹפְלִים, וְרוֹפֵא חוֹלִים, וּמַתִּיר אֲסוּרִים, וּמְקַיֵּם אֱמוּנָתוֹ לִישֵׁנֵי עָפָר. מִי כָמוֹךָ בַּעַל גְּבוּרוֹת, וּמִי דּוֹמֶה לָּךְ, מֶלֶךְ מֵמִית וּמְחַיֶּה וּמַצְמִיחַ יְשׁוּעָה:

מִי כָמוֹךָ אָב הָרַחֲמִים, זוֹכֵר יְצוּרָיו לְחַיִּים בְּרַחֲמִים: וְנֶאֱמָן אַתָּה לְהַחֲיוֹת מֵתִים. בָּרוּךְ אַתָּה יְיָ, מְחַיֵּה הַמֵּתִים: (Cong—אָמֵן)

Chazzan and cong.—וּבְכֵן לְךָ הַכֹּל יַכְתִּירוּ:

The following section is recited across the page line by line. The chazzan recites the first line followed by the congregation. The subsequent lines are recited by the congregation followed by the chazzan.

לְאֵל עוֹרֵךְ דִּין:

לְבוֹחֵן לְבָבוֹת בְּיוֹם דִּין: לְגוֹלֶה עֲמוּקוֹת בַּדִּין:

לְדוֹבֵר מֵישָׁרִים בְּיוֹם דִּין: לְהוֹגֶה דֵעוֹת בַּדִּין:

לְוָתִיק וְעֹשֶׂה חֶסֶד בְּיוֹם דִּין: לְזוֹכֵר בְּרִיתוֹ בַּדִּין:

לְחוֹמֵל מַעֲשָׂיו בְּיוֹם דִּין: לְטַהֵר חוֹסָיו בַּדִּין:

לְיוֹדֵעַ מַחֲשָׁבוֹת בְּיוֹם דִּין: לְכוֹבֵשׁ כַּעֲסוֹ בַּדִּין:

לְלוֹבֵשׁ צְדָקוֹת בְּיוֹם דִּין: לְמוֹחֵל עֲוֹנוֹת בַּדִּין:

זכרנו Remember us for life, King who desires life; inscribe us in the Book of Life, for Your sake, O living God.

Bend knees at *Blessed*; bow at *You*; straighten up at *Lord*.

מלך O King, [You are] a helper, a savior and a shield. Blessed are You, Lord, Shield of Abraham. Cong. Amen.

אתה You are mighty forever, my Lord; You resurrect the dead; You are powerful to save. He causes the dew to descend.

מכלכל He sustains the living with lovingkindness, resurrects the dead with great mercy, supports the falling, heals the sick, releases the bound, and fulfills His trust to those who sleep in the dust. Who is like You, mighty One! And who can be compared to You, King, who brings death and restores life, and causes deliverance to spring forth!

מי Who is like You, All-Merciful Father, who in compassion remembers His creatures for life. You are trustworthy to revive the dead. Blessed are You, Lord, who revives the dead.

Cong. Amen.

Chazzan and cong: ובכן And thus shall all crown You as King.

The following section is recited across the page paragraph by paragraph. The chazzan recites the first paragraph followed by the congregation. The subsequent paragraphs are recited by the congregation followed by the chazzan.

Transliteration, page 342.

לאל To the Almighty who arranges judgment;

To Him who probes hearts on the day of judgment;
    to Him who reveals hidden things in judgment;

To Him who speaks justly on the day of judgment;
    to Him who analyzes attitudes in judgment;

To Him who is benevolent and acts kindly on the day of judgment;
    to Him who remembers His covenant in judgment;

To Him who has pity on His creatures on the day of judgment;
    to Him who purifies those who trust in Him in judgment;

To Him who knows [hidden] thoughts on the day of judgment;
    to Him who suppresses His wrath in judgment;

To Him who garbs Himself in righteousness on the day of judgment;
    to Him who forgives iniquities in judgment;

לְנוֹרָא תְהִלּוֹת בְּיוֹם דִּין: לְסוֹלֵחַ לַעֲמוּסָיו בַּדִּין:
לְעוֹנֶה לְקוֹרְאָיו בְּיוֹם דִּין: לְפוֹעֵל רַחֲמָיו בַּדִּין:
לְצוֹפֶה נִסְתָּרוֹת בְּיוֹם דִּין: לְקוֹנֶה עֲבָדָיו בַּדִּין:
לְרַחֵם עַמּוֹ בְּיוֹם דִּין: לְשׁוֹמֵר אֹהֲבָיו בַּדִּין:
לְתוֹמֵךְ תְּמִימָיו בְּיוֹם דִּין:

— Chazzan and cong. וּבְכֵן וּלְךָ תַעֲלֶה קְדֻשָּׁה כִּי אַתָּה אֱלֹהֵינוּ מֶלֶךְ:

Chazzan and congregation recite the following; chazzan concludes the paragraph aloud, as indicated:

Rise and remain standing until after Kedushah, page 225.

וּנְתַנֶּה תֹּקֶף קְדֻשַּׁת הַיּוֹם, כִּי הוּא נוֹרָא וְאָיוֹם, וּבוֹ תִנָּשֵׂא מַלְכוּתֶךָ, וְיִכּוֹן בְּחֶסֶד כִּסְאֶךָ, וְתֵשֵׁב עָלָיו בֶּאֱמֶת. אֱמֶת כִּי אַתָּה הוּא דַיָּן וּמוֹכִיחַ וְיוֹדֵעַ וָעֵד, וְכוֹתֵב וְחוֹתֵם וְסוֹפֵר וּמוֹנֶה, וְתִזְכּוֹר כָּל הַנִּשְׁכָּחוֹת, וְתִפְתַּח אֶת סֵפֶר הַזִּכְרוֹנוֹת, וּמֵאֵלָיו יִקָּרֵא, וְחוֹתָם יַד כָּל אָדָם בּוֹ. וּבַשּׁוֹפָר גָּדוֹל יִתָּקַע, וְקוֹל דְּמָמָה דַקָּה יִשָּׁמַע. וּמַלְאָכִים יֵחָפֵזוּן, וְחִיל וּרְעָדָה יֹאחֵזוּן, וְיֹאמְרוּ הִנֵּה יוֹם הַדִּין, לִפְקוֹד עַל צְבָא מָרוֹם בַּדִּין, כִּי לֹא יִזְכּוּ בְעֵינֶיךָ בַּדִּין. וְכָל בָּאֵי עוֹלָם יַעַבְרוּן לְפָנֶיךָ כִּבְנֵי מָרוֹן:

— Chazzan כְּבַקָּרַת רוֹעֶה עֶדְרוֹ, מַעֲבִיר צֹאנוֹ תַּחַת שִׁבְטוֹ, כֵּן תַּעֲבִיר וְתִסְפּוֹר וְתִמְנֶה, וְתִפְקוֹד נֶפֶשׁ כָּל חָי, וְתַחְתּוֹךְ קִצְבָה לְכָל בְּרִיּוֹתֶיךָ, וְתִכְתּוֹב אֶת גְּזַר דִּינָם:

Congregation then chazzan:

בְּרֹאשׁ הַשָּׁנָה יִכָּתֵבוּן, וּבְיוֹם צוֹם כִּפּוּר יֵחָתֵמוּן, כַּמָּה יַעַבְרוּן, וְכַמָּה יִבָּרֵאוּן, מִי יִחְיֶה, וּמִי יָמוּת,

To Him who is awesome yet accepts praises on the day of judgment;
to Him who pardons those borne by Him, in judgment;

To Him who answers those who call upon Him on the day of judgment;
to Him who performs His acts of mercy in judgment;

To Him who beholds what is concealed, on the day of judgment;
to Him who acquires His servants in judgment;

To Him who has compassion on His people on the day of judgment;
to Him who watches over those who love Him in judgment;

To Him who supports His sincere ones on the day of judgment.

Chazzan and cong: ובכן And so to You is offered sanctification because You, our Lord, are King.

Chazzan and congregation recite the following;
chazzan concludes the paragraph aloud, as indicated:

Rise and remain standing until after Kedushah, page 225.
Transliteration, page 343.

ונתנה Let us proclaim the mighty holiness of this day, for it is awe-inspiring and fearsome. Thereon Your Kingship is exalted, Your throne is established with lovingkindness, and You are seated on it in truth. It is true that You are the judge, the one who presents evidence, the knower and the witness, who records and seals, who counts and reckons, and You remember all things that are forgotten. You open the Book of Remembrance and it reads itself; every man's signature is in it. The great *shofar* is sounded, and a still, soft voice is heard; the angels tremble, fear and dread seize them, and they exclaim: the Day of Judgment is here! The heavenly hosts are to stand in judgment, for [even] they will not be found meritorious in Your eyes in judgment. All created beings pass before You, [one by one,] like a flock of sheep. Chazzan: As a shepherd examines his flock, making his sheep pass under his staff, so do You cause to pass [before You] every living soul, and You count, reckon and are mindful of [them], and You allocate the fixed portion for the needs of all Your creatures, and inscribe the verdict of their judgment.

Congregation then chazzan:

בראש On Rosh Hashanah they are inscribed, and on the fast day of Yom Kippur they are sealed: How many shall pass away and how many shall be born; who shall live and who shall die;

מִי בְקִצּוֹ, וּמִי לֹא בְקִצּוֹ, מִי בַמַּיִם, וּמִי בָאֵשׁ, מִי בַחֶרֶב, וּמִי בַחַיָּה, מִי בָרָעָב, וּמִי בַצָּמָא, מִי בָרַעַשׁ, וּמִי בַמַּגֵּפָה, מִי בַחֲנִיקָה, וּמִי בַסְּקִילָה. מִי יָנְוּחַ וּמִי יָנְוּעַ, מִי יִשָּׁקֵט וּמִי יִטָּרֵף, מִי יִשָּׁלֵו וּמִי יִתְיַסָּר, מִי יֵעָנִי וּמִי יֵעָשֵׁר, מִי יִשָּׁפֵל וּמִי יָרוּם:

Congregation then chazzan:

צום קול ממון

וּתְשׁוּבָה[1] וּתְפִלָּה וּצְדָקָה
מַעֲבִירִין אֶת רְוֹעַ הַגְּזֵרָה:

Chazzan and congregation recite the following;
chazzan concludes the paragraph aloud, as indicated:

כִּי כְּשִׁמְךָ כֵּן תְּהִלָּתֶךָ, קָשֶׁה לִכְעוֹס וְנְוֹחַ לִרְצוֹת, כִּי לֹא תַחְפֹּץ בְּמוֹת הַמֵּת, כִּי אִם בְּשׁוּבוֹ מִדַּרְכּוֹ וְחָיָה, וְעַד יוֹם מוֹתוֹ תְּחַכֶּה לוֹ, אִם יָשׁוּב מִיַּד תְּקַבְּלוֹ: —Chazzan אֱמֶת כִּי אַתָּה הוּא יוֹצְרָם, וְאַתָּה יוֹדֵעַ יִצְרָם, כִּי הֵם בָּשָׂר וָדָם. אָדָם יְסוֹדוֹ מֵעָפָר וְסוֹפוֹ לֶעָפָר, בְּנַפְשׁוֹ יָבִיא לַחְמוֹ. מָשׁוּל כְּחֶרֶס הַנִּשְׁבָּר, כְּחָצִיר יָבֵשׁ, וּכְצִיץ נוֹבֵל, כְּצֵל עוֹבֵר, וּכְעָנָן כָּלָה, וּכְרְוּחַ נוֹשָׁבֶת, וּכְאָבָק פּוֹרֵחַ, וְכַחֲלוֹם יָעוּף:

Congregation then chazzan:

וְאַתָּה הוּא מֶלֶךְ אֵל חַי וְקַיָּם:

Chazzan and congregation:

אֵין קִצְבָה לִשְׁנוֹתֶיךָ, וְאֵין קֵץ לְאְֹרֶךְ יָמֶיךָ, וְאֵין לְשַׁעֵר מַרְכְּבוֹת כְּבוֹדֶךָ, וְאֵין לְפָרֵשׁ עֵלוּם שְׁמֶךָ. שִׁמְךָ נָאֶה לְךָ, וְאַתָּה נָאֶה לִשְׁמֶךָ, וּשְׁמֵנוּ קָרָאתָ בִשְׁמֶךָ:

THE ARK IS CLOSED.

1. While saying each of these three words, keep in mind (but do not articulate) the corresponding word in small type.

who shall live out his allotted time and who shall depart before his time; who [shall perish] by water and who by fire; who by the sword and who by a wild beast; who by hunger and who by thirst; who by earthquake and who by pestilence; who by strangulation and who by lapidation; who shall be at rest and who shall wander; who shall be tranquil and who shall be harassed; who shall enjoy well-being and who shall suffer tribulation; who shall be poor and who shall be rich; who shall be humbled and who shall be exalted.

Congregation then chazzan:

ותשובה **But Repentance, Prayer and Charity**
avert the severity of the decree.

Chazzan and congregation recite the following;
chazzan concludes the paragraph aloud, as indicated:

כי For as is Your Name so is Your praise. You are slow to anger and easy to pacify, for You do not desire the death of the one deserving death, but that he return from his path and live. And [even] until the day of his death You wait for him; if he will but repent, You will welcome him at once. Chazzan: Truly, You are their Creator and You know their evil inclination, for they are but flesh and blood. Man's origin is dust and his end is unto dust. He earns his bread at the risk of his life. He is likened to a broken potsherd, to withering grass, to a fading flower, to a passing shadow, to a vanishing cloud, to a blowing wind, to dust that scatters and to a fleeting dream.

Congregation then chazzan:

ואתה **But You are the King, the living and eternal God.**

Chazzan and congregation:

אין There is no limit to Your years and no end to the length of Your days; it is not possible to estimate [the countless angelic hosts of] Your glorious Chariot, nor can one explain Your inscrutable Name. Your Name befits You and You befit Your Name, and You have called our name by Your Name.

THE ARK IS CLOSED.

KEDUSHAH

Stand with feet together, and avoid any interruption. Rise on the toes at the words קָדוֹשׁ,
קָדוֹשׁ, קָדוֹשׁ; בָּרוּךְ; and יִמְלֹךְ.

כֶּתֶר יִתְּנוּ לְךָ יְיָ אֱלֹהֵינוּ מַלְאָכִים הֲמוֹנֵי — Cong. then chazzan

מַעְלָה, וְעַמְּךָ יִשְׂרָאֵל קְבוּצֵי מַטָּה,

יַחַד כֻּלָּם קְדֻשָּׁה לְךָ יְשַׁלֵּשׁוּ, כַּכָּתוּב עַל יַד

נְבִיאֶךָ, וְקָרָא זֶה אֶל זֶה וְאָמַר:

קָדוֹשׁ, קָדוֹשׁ, קָדוֹשׁ יְיָ צְבָאוֹת, מְלֹא כָל — Cong. then chazzan

הָאָרֶץ כְּבוֹדוֹ:¹ כְּבוֹדוֹ מָלֵא עוֹלָם,

מְשָׁרְתָיו שׁוֹאֲלִים זֶה לָזֶה, אַיֵּה מְקוֹם כְּבוֹדוֹ

לְהַעֲרִיצוֹ, לְעֻמָּתָם מְשַׁבְּחִים וְאוֹמְרִים:

בָּרוּךְ כְּבוֹד יְיָ מִמְּקוֹמוֹ:² מִמְּקוֹמוֹ הוּא יִפֶן — Cong. then chazzan

בְּרַחֲמָיו לְעַמּוֹ, הַמְּיַחֲדִים שְׁמוֹ עֶרֶב

וָבֹקֶר בְּכָל יוֹם תָּמִיד, פַּעֲמַיִם בְּאַהֲבָה שְׁמַע

אוֹמְרִים:

שְׁמַע יִשְׂרָאֵל, יְיָ אֱלֹהֵינוּ, יְיָ אֶחָד:⁴ הוּא — Cong. then chazzan³

אֱלֹהֵינוּ, הוּא אָבִינוּ, הוּא מַלְכֵּנוּ,

הוּא מוֹשִׁיעֵנוּ, הוּא יוֹשִׁיעֵנוּ וְיִגְאָלֵנוּ שֵׁנִית

בְּקָרוֹב וְיַשְׁמִיעֵנוּ בְּרַחֲמָיו לְעֵינֵי כָּל חַי

לֵאמֹר: הֵן גָּאַלְתִּי אֶתְכֶם אַחֲרִית

כְּבְרֵאשִׁית, לִהְיוֹת לָכֶם לֵאלֹהִים—

אֲנִי יְיָ אֱלֹהֵיכֶם: — Cong. and chazzan

וּבְדִבְרֵי קָדְשְׁךָ כָּתוּב לֵאמֹר: — Chazzan

יִמְלֹךְ יְיָ לְעוֹלָם, אֱלֹהַיִךְ צִיּוֹן לְדֹר וָדֹר, — Cong. then chazzan

הַלְלוּיָהּ:⁵

Remain standing with feet together until the chazzan concludes אַתָּה קָדוֹשׁ, next page.

---

1. Isaiah 6:3. **2.** Ezekiel 3:12. **3.** The chazzan says the words שְׁמַע יִשְׂרָאֵל along with the
congregation. **4.** Deuteronomy 6:4. **5.** Psalms 146:10.

KEDUSHAH

Stand with feet together, and avoid any interruption. Rise on the toes at the words *Ködosh, ködosh, ködosh; Böruch;* and *Yimloch.*

Cong. then chazzan: כתר *Keser yi-t'nu l'chö adonöy elohaynu mal-öchim ha-monay ma-lö v'am'chö yisrö-ayl k'vutzay matö, yachad kulöm k'dushö l'chö y'sha-layshu, ka-kösuv al yad n'vi-echö v'körö ze el ze v'ömar,*

Cong. then chazzan: קדוש *Ködosh, ködosh, ködosh, adonöy tz'vö-os, m'lo chöl hö-öretz k'vodo.*[1] *K'vodo mölay olöm, m'shö-r'söv sho-alim ze löze a-yay m'kom k'vodo l'ha-aritzo, l'umösöm m'sha-b'chim v'om'rim.*

Cong. then chazzan: ברוך *Böruch k'vod adonöy mi-m'komo.*[2] *Mi-m'komo hu yifen b'rachamöv l'amo ha-m'yachadim sh'mo erev vövoker b'chöl yom tömid, pa-ama-yim b'ahavö sh'ma om'rim.*

Cong. then chazzan:[3] שמע *Sh'ma yisrö-ayl, adonöy elohaynu, adonöy echöd.*[4] *Hu elohaynu, hu övinu, hu malkaynu, hu moshi-aynu, hu yoshi-aynu v'yig-ölaynu shaynis b'körov, v'yashmi-aynu b'rachamöv l'aynay köl chai lay-mor, hayn gö-alti es'chem a-charis ki-v'rayshis lih-yos löchem lay-lohim.*

Cong. and chazzan: אני *Ani adonöy elo-haychem.*

Chazzan: And in Your holy Scriptures it is written thus:

Cong. then chazzan: ימלך *Yimloch adonöy l'olöm eloha-yich tziyon l'dor vö-dor ha-l'luyöh.*[5]

Remain standing with feet together until the chazzan concludes *You are holy,* next page.

כתר A crown is given to You, Lord our God, by the angels, the supernal multitudes, and by Your people Israel who assemble below. All of them together thrice repeat "holy" unto You, as it is written by Your prophet: And they call one to another and say, קדוש "Holy, holy, holy is the Lord of hosts; the whole earth is full of His glory." His glory fills the worlds; His ministering angels ask one another, "Where is the place of His glory to adore Him?" Those facing them offer praise and say, ברוך "Blessed be the glory of the Lord from its place." May He turn from His place in compassion toward His people who affirm the Oneness of His Name, evening and morning, twice each and every day, saying *Shema* (Hear...) in love. שמע "Hear, O Israel, the Lord is our God, the Lord is One." He is our God; He is our Father; He is our King; He is our Deliverer. He will soon again save and redeem us, and in His mercy will let us hear, in the sight of every living thing, as follows: Behold, I have redeemed you from this final [exile] as from the first, to be your God. אני I, the Lord, am your God. And in Your holy Scriptures it is written thus: ימלך The Lord shall reign forever; your God, O Zion, throughout all generations. Praise the Lord.

Chazzan:

אַתָּה קָדוֹשׁ וְשִׁמְךָ קָדוֹשׁ, וּקְדוֹשִׁים בְּכָל יוֹם יְהַלְלוּךָ סֶּלָה.

You may be seated.

לְדוֹר וָדוֹר הַמְלִיכוּ לָאֵל, כִּי הוּא לְבַדּוֹ מָרוֹם וְקָדוֹשׁ:

חֲמוֹל עַל מַעֲשֶׂיךָ, וְתִשְׂמַח בְּמַעֲשֶׂיךָ, וְיֹאמְרוּ לְךָ חוֹסֶיךָ, בְּצַדֶּקְךָ עֲמוּסֶיךָ,[1] תֻּקְדַּשׁ אָדוֹן עַל כָּל מַעֲשֶׂיךָ, כִּי מַקְדִּישֶׁיךָ כִּקְדֻשָּׁתְךָ (כְּעֶרְכְּךָ) קִדַּשְׁתָּ, נָאֶה לְקָדוֹשׁ פְּאֵר מִקְּדוֹשִׁים:

עוֹד יִזְכָּר לָנוּ אַהֲבַת אֵיתָן, אֲדוֹנֵינוּ, וּבַבֵּן הַנֶּעֱקַד יַשְׁבִּית מְדַיְּנֵנוּ, וּבִזְכוּת הַתָּם יוֹצִיא אָיוֹם (הַיּוֹם) לְצֶדֶק דִּינֵנוּ, כִּי קָדוֹשׁ הַיּוֹם לַאֲדוֹנֵינוּ:[2]

בְּאֵין מֵלִיץ יֹשֶׁר מוּל מַגִּיד פֶּשַׁע, תַּגִּיד לְיַעֲקֹב דְּבַר חֹק וּמִשְׁפָּט, וְצַדְּקֵנוּ בַּמִּשְׁפָּט הַמֶּלֶךְ הַמִּשְׁפָּט:

THE ARK IS OPENED.

The following section is recited across the page line by line. The chazzan recites the first line followed by the congregation. The subsequent lines are recited by the congregation followed by the chazzan.

הָאוֹחֵז בְּיַד מִדַּת מִשְׁפָּט:

וְכֹל מַאֲמִינִים שֶׁהוּא אֵל אֱמוּנָה: הַבּוֹחֵן וּבוֹדֵק גִּנְזֵי נִסְתָּרוֹת:

וְכֹל מַאֲמִינִים שֶׁהוּא בּוֹחֵן כְּלָיוֹת: הַגּוֹאֵל מִמָּוֶת וּפוֹדֶה מִשַּׁחַת:

וְכֹל מַאֲמִינִים שֶׁהוּא גּוֹאֵל חָזָק: הַדָּן יְחִידִי לְבָאֵי עוֹלָם:

וְכֹל מַאֲמִינִים שֶׁהוּא דַּיַּן אֱמֶת: הֶהָגוּי: בְּאֶהְיֶה אֲשֶׁר אֶהְיֶה:[3]

וְכֹל מַאֲמִינִים שֶׁהוּא הָיָה הֹוֶה וְיִהְיֶה:

הַוַּדַּאי שְׁמוֹ כֵּן תְּהִלָּתוֹ:

וְכֹל מַאֲמִינִים שֶׁהוּא וְאֵין בִּלְתּוֹ: הַזּוֹכֵר לְמַזְכִּירָיו טוֹבוֹת זִכְרוֹנוֹת:

---

1. V. Isaiah 46:3. **2.** Nehemiah 8:10. **3.** One of the Divine Names—See Exodus 3:14; Shevuot 35a; Shulchan Aruch, Yorah Deah 276:9.

Chazzan:

אתה You are holy and Your Name is holy, and holy beings praise You daily for all eternity.

You may be seated.

לדור Through all generations proclaim the kingship of God, for He alone is exalted and holy.

חמול Have mercy upon Your works, and find delight in Your works. When You vindicate [Israel,] the people borne by You,[1] those who put their trust in You shall declare: Be sanctified, Master, over all Your works! For You have sanctified those who hallow You with Your holiness (akin to You). It is fitting to the Holy One [to receive] praise from the holy ones.

עוד May our Master yet remember in our favor the love of the steadfast Patriarch [Abraham]; for the sake of the son [Isaac] who was bound on the altar may He silence our Accuser; and in the merit of the perfect one [Jacob] may the Awesome One (He today) bring forth our verdict finding us righteous, for this day is holy to our Master.[2]

באין When there is no defender to intercede in our behalf against the Accuser who reports our transgression, You speak for Jacob [and invoke the merit of the observance of] the statutes and ordinances, and vindicate us in judgment, O King of Judgment.

THE ARK IS OPENED.

The following section is recited across the page paragraph by paragraph. The chazzan recites the first paragraph followed by the congregation. The subsequent paragraphs are recited by the congregation followed by the chazzan.

Transliteration, page 344.

האוחז He holds in His hand the attribute of judgment.
And all believe that He is the faithful God.
He probes and searches hidden secrets.
And all believe that He probes man's thoughts.
He redeems from death and delivers from the grave.
And all believe that He is the mighty Redeemer.
He alone judges all created beings.
And all believe that He is the true Judge.
He is called "I Will Be What I Will Be."[3]
And all believe that He was, He is, and He will be.
Sure is His Name, likewise His praise.
And all believe that He is, and there is none besides Him.
He remembers with a favorable remembrance those who remember Him.

וְכֹל מַאֲמִינִים שֶׁהוּא זוֹכֵר הַבְּרִית: הַחוֹתֵךְ חַיִּים לְכָל חָי:
וְכֹל מַאֲמִינִים שֶׁהוּא חַי וְקַיָּם: הַטּוֹב, וּמֵטִיב לָרָעִים וְלַטּוֹבִים:
וְכֹל מַאֲמִינִים שֶׁהוּא טוֹב לַכֹּל: הַיּוֹדֵעַ יֵצֶר כָּל יְצוּרִים:
וְכֹל מַאֲמִינִים שֶׁהוּא יוֹצְרָם בַּבָּטֶן: הַכֹּל יָכוֹל וְכוֹלְלָם יַחַד:
וְכֹל מַאֲמִינִים שֶׁהוּא כֹּל יָכוֹל: הַלָּן בְּסֵתֶר בְּצֵל, שַׁדַּי:
וְכֹל מַאֲמִינִים שֶׁהוּא לְבַדּוֹ הוּא: הַמַּמְלִיךְ מְלָכִים וְלוֹ הַמְּלוּכָה:
וְכֹל מַאֲמִינִים שֶׁהוּא מֶלֶךְ עוֹלָם: הַנּוֹהֵג בְּחַסְדּוֹ כָּל דּוֹר:
וְכֹל מַאֲמִינִים שֶׁהוּא נוֹצֵר חֶסֶד: הַסּוֹבֵל, וּמַעְלִים עַיִן מִסּוֹרְרִים:
וְכֹל מַאֲמִינִים שֶׁהוּא סוֹלֵחַ סֶלָה: הָעֶלְיוֹן, וְעֵינוֹ אֶל יְרֵאָיו:
וְכֹל מַאֲמִינִים שֶׁהוּא עוֹנֶה לָחַשׁ: הַפּוֹתֵחַ שַׁעַר לְדוֹפְקֵי בִּתְשׁוּבָה:
וְכֹל מַאֲמִינִים שֶׁהוּא פְּתוּחָה יָדוֹ: הַצּוֹפֶה לָרָשָׁע וְחָפֵץ בְּהִצָּדְקוֹ:
וְכֹל מַאֲמִינִים שֶׁהוּא צַדִּיק וְיָשָׁר: הַקְּצַר בְּזַעַם וּמַאֲרִיךְ אַף:
וְכֹל מַאֲמִינִים שֶׁהוּא קָשֶׁה לִכְעוֹס: הָרַחוּם, וּמַקְדִּים רַחֲמִים לְרֹגֶז:
וְכֹל מַאֲמִינִים שֶׁהוּא רַךְ לִרְצוֹת: הַשָּׁוֶה, וּמַשְׁוֶה קָטֹן וְגָדוֹל:
וְכֹל מַאֲמִינִים שֶׁהוּא שׁוֹפֵט צֶדֶק: הַתָּם, וּמִתַּמֵּם עִם תְּמִימִים:
וְכֹל מַאֲמִינִים שֶׁהוּא תָּמִים פָּעֳלוֹ:

THE ARK IS CLOSED.

Chazzan:

תִּשְׂגַּב לְבַדֶּךָ וְתִמְלֹךְ עַל כֹּל בְּיִחוּד, כַּכָּתוּב עַל יַד נְבִיאֶךָ: וְהָיָה יְיָ לְמֶלֶךְ עַל כָּל הָאָרֶץ, בַּיּוֹם הַהוּא יִהְיֶה יְיָ אֶחָד וּשְׁמוֹ אֶחָד:[1]

וּבְכֵן יִתְקַדַּשׁ שִׁמְךָ יְיָ אֱלֹהֵינוּ עַל יִשְׂרָאֵל עַמֶּךָ, וְעַל יְרוּשָׁלַיִם עִירֶךָ, וְעַל צִיּוֹן מִשְׁכַּן כְּבוֹדֶךָ, וְעַל מַלְכוּת בֵּית דָּוִד מְשִׁיחֶךָ, וְעַל מְכוֹנְךָ וְהֵיכָלֶךָ:

1. Zechariah 14:9.

And all believe that He remembers the Covenant.
He apportions life to all living beings.
And all believe that He lives and is eternal.
He is good and does good to the wicked and to the good.
And all believe that He is good to all.
He knows the inclination of all creatures.
And all believe that He has formed them in the womb.
He is all-powerful and contains them all.
And all believe that He is all-powerful.
He, the Omnipotent, abides in mystery, in shadow.
And all believe that He is One Alone.
He enthrones kings and Kingship is His.
And all believe that He is King of the world.
He guides every generation with loving-kindness.
And all believe that He preserves kindness.
He is patient and He overlooks [the actions of] the rebellious.
And all believe that He pardons forever.
He is the Most High, and His eye is directed to those who fear Him.
And all believe that He answers silent prayer.
He opens the gate for those who knock in repentance.
And all believe that His hand is open.
He waits for the evildoer, and desires that he be exculpated.
And all believe that He is righteous and upright.
His wrath is brief and He is forbearing.
And all believe that He is hard to anger.
He is merciful and causes mercy to precede wrath.
And all believe that He is easily appeased.
He is immutable, and treats small and great alike.
And all believe that He is the righteous Judge.
He is perfect and acts with perfection to those who are sincere.

And all believe that His work is perfect.

THE ARK IS CLOSED.

Chazzan:

תשגב You alone will be exalted and will reign over all in Oneness, as it is written: The Lord shall be King over the entire earth; on that day the Lord shall be One and His Name One.[1]

ובכן And thus shall Your Name, Lord our God, be sanctified upon Israel Your people, upon Jerusalem Your city, upon Zion the abode of Your glory, upon the kingship of the house of David Your anointed, and upon Your dwelling-place and Your sanctuary.

וּבְכֵן תֵּן פַּחְדְּךָ יְיָ אֱלֹהֵינוּ עַל כָּל מַעֲשֶׂיךָ, וְאֵימָתְךָ עַל
כָּל מַה שֶּׁבָּרָאתָ, וְיִירָאוּךָ כָּל הַמַּעֲשִׂים, וְיִשְׁתַּחֲווּ
לְפָנֶיךָ כָּל הַבְּרוּאִים, וְיֵעָשׂוּ כֻלָּם אֲגֻדָּה אֶחָת לַעֲשׂוֹת
רְצוֹנְךָ בְּלֵבָב שָׁלֵם. שֶׁיָּדַעְנוּ יְיָ אֱלֹהֵינוּ שֶׁהַשָּׁלְטָן לְפָנֶיךָ,
עֹז בְּיָדְךָ וּגְבוּרָה בִּימִינֶךָ, וְשִׁמְךָ נוֹרָא עַל כֹּל מַה שֶּׁבָּרָאתָ:

וּבְכֵן תֵּן כָּבוֹד יְיָ לְעַמֶּךָ, תְּהִלָּה לִירֵאֶיךָ, וְתִקְוָה טוֹבָה
לְדוֹרְשֶׁיךָ, וּפִתְחוֹן פֶּה לַמְיַחֲלִים לָךְ, שִׂמְחָה
לְאַרְצֶךָ, וְשָׂשׂוֹן לְעִירֶךָ, וּצְמִיחַת קֶרֶן לְדָוִד עַבְדֶּךָ, וַעֲרִיכַת
נֵר לְבֶן יִשַׁי מְשִׁיחֶךָ, בִּמְהֵרָה בְיָמֵינוּ:

וּבְכֵן צַדִּיקִים יִרְאוּ וְיִשְׂמָחוּ, וִישָׁרִים יַעֲלֹזוּ, וַחֲסִידִים
בְּרִנָּה יָגִילוּ, וְעוֹלָתָה תִּקְפָּץ פִּיהָ, וְהָרִשְׁעָה כֻלָּה
בֶּעָשָׁן תִּכְלֶה, כִּי תַעֲבִיר מֶמְשֶׁלֶת זָדוֹן מִן הָאָרֶץ:

וְתִמְלוֹךְ אַתָּה הוּא יְיָ אֱלֹהֵינוּ לְבַדֶּךָ עַל כָּל מַעֲשֶׂיךָ,
בְּהַר צִיּוֹן מִשְׁכַּן כְּבוֹדֶךָ, וּבִירוּשָׁלַיִם עִיר
קָדְשֶׁךָ, כַּכָּתוּב בְּדִבְרֵי קָדְשֶׁךָ: יִמְלֹךְ יְיָ לְעוֹלָם אֱלֹהַיִךְ צִיּוֹן
לְדֹר וָדֹר, הַלְלוּיָהּ:[1]

קָדוֹשׁ אַתָּה וְנוֹרָא שְׁמֶךָ, וְאֵין אֱלוֹהַּ מִבַּלְעָדֶיךָ, כַּכָּתוּב:
וַיִּגְבַּהּ יְיָ צְבָאוֹת בַּמִּשְׁפָּט, וְהָאֵל הַקָּדוֹשׁ נִקְדַּשׁ
בִּצְדָקָה.[2] בָּרוּךְ אַתָּה יְיָ, הַמֶּלֶךְ הַקָּדוֹשׁ: (Cong—אָמֵן)

אַתָּה בְחַרְתָּנוּ מִכָּל הָעַמִּים, אָהַבְתָּ אוֹתָנוּ וְרָצִיתָ בָּנוּ,
וְרוֹמַמְתָּנוּ מִכָּל הַלְּשׁוֹנוֹת, וְקִדַּשְׁתָּנוּ בְּמִצְוֹתֶיךָ,
וְקֵרַבְתָּנוּ מַלְכֵּנוּ לַעֲבֹדָתֶךָ, וְשִׁמְךָ הַגָּדוֹל וְהַקָּדוֹשׁ עָלֵינוּ
קָרָאתָ:

---

1. Psalms 146:10.   **2.** Isaiah 5:16.

ובכן And so, Lord our God, instill fear of You upon all that You have made, and dread of You upon all that You have created; and [then] all works will be in awe of You, all the created beings will prostrate themselves before You, and they all will form a single band to carry out Your will with a perfect heart. For we know, Lord our God, that rulership is Yours, strength is in Your [left] hand, might is in Your right hand, and Your Name is awesome over all that You have created.

ובכן And so, Lord, grant honor to Your people, glory to those who fear You, good hope to those who seek You, confident speech to those who yearn for You, joy to Your land, gladness to Your city, a flourishing of strength to David Your servant, and a setting up of light to the son of Yishai Your anointed, speedily in our days.

ובכן And then the righteous will see and be glad, the upright will rejoice, and the pious will exult in song; injustice will shut its mouth and all wickedness will go up in smoke, when You will remove the rule of evil from the earth.

ותמלוך Lord our God, You are He who alone will reign over all Your works, in Mount Zion the abode of Your glory, in Jerusalem Your holy city, as it is written in Your holy Scriptures: The Lord shall reign forever, your God, O Zion, throughout all generations; praise the Lord.[1]

קדוש Holy are You, awesome is Your Name, and aside from You there is no God, as it is written: The Lord of hosts is exalted in justice and the holy God is sanctified in righteousness.[2] Blessed are You, Lord, the holy King. Cong. Amen.

אתה You have chosen us from among all the nations; You have loved us and found favor with us. You have raised us above all tongues and made us holy through Your commandments. You, our King, have drawn us near to Your service and proclaimed Your great and holy Name upon us.

וַתִּתֶּן לָנוּ יְיָ אֱלֹהֵינוּ בְּאַהֲבָה אֶת יוֹם הַזִּכָּרוֹן הַזֶּה, אֶת יוֹם טוֹב מִקְרָא קֹדֶשׁ הַזֶּה, יוֹם תְּרוּעָה מִקְרָא קֹדֶשׁ זֵכֶר לִיצִיאַת מִצְרָיִם:

וּמִפְּנֵי חֲטָאֵינוּ גָּלִינוּ מֵאַרְצֵנוּ, וְנִתְרַחַקְנוּ מֵעַל אַדְמָתֵנוּ, וְאֵין אֲנוּ יְכוֹלִים לַעֲשׂוֹת חוֹבוֹתֵינוּ בְּבֵית בְּחִירָתֶךָ, בַּבַּיִת הַגָּדוֹל וְהַקָּדוֹשׁ שֶׁנִּקְרָא שִׁמְךָ עָלָיו, מִפְּנֵי הַיָּד שֶׁנִּשְׁתַּלְּחָה בְּמִקְדָּשֶׁךָ. יְהִי רָצוֹן מִלְּפָנֶיךָ יְיָ אֱלֹהֵינוּ וֵאלֹהֵי אֲבוֹתֵינוּ, מֶלֶךְ רַחֲמָן, שֶׁתָּשׁוּב וּתְרַחֵם עָלֵינוּ וְעַל מִקְדָּשְׁךָ בְּרַחֲמֶיךָ הָרַבִּים, וְתִבְנֵהוּ מְהֵרָה וּתְגַדֵּל כְּבוֹדוֹ. אָבִינוּ מַלְכֵּנוּ, אֱלֹהֵינוּ גַּלֵּה כְּבוֹד מַלְכוּתְךָ עָלֵינוּ מְהֵרָה, וְהוֹפַע וְהִנָּשֵׂא עָלֵינוּ לְעֵינֵי כָּל חָי, וְקָרֵב פְּזוּרֵינוּ מִבֵּין הַגּוֹיִם, וּנְפוּצוֹתֵינוּ כַּנֵּס מִיַּרְכְּתֵי אָרֶץ. וַהֲבִיאֵנוּ לְצִיּוֹן עִירְךָ בְּרִנָּה, וְלִירוּשָׁלַיִם בֵּית מִקְדָּשְׁךָ, בְּשִׂמְחַת עוֹלָם, וְשָׁם נַעֲשֶׂה לְפָנֶיךָ אֶת קָרְבְּנוֹת חוֹבוֹתֵינוּ, תְּמִידִים כְּסִדְרָם וּמוּסָפִים כְּהִלְכָתָם. וְאֶת מוּסְפֵי יוֹם הַזִּכָּרוֹן הַזֶּה, וְיוֹם טוֹב מִקְרָא קֹדֶשׁ הַזֶּה, נַעֲשֶׂה וְנַקְרִיב לְפָנֶיךָ בְּאַהֲבָה, כְּמִצְוַת רְצוֹנֶךָ, כְּמוֹ שֶׁכָּתַבְתָּ עָלֵינוּ בְּתוֹרָתֶךָ עַל יְדֵי מֹשֶׁה עַבְדֶּךָ מִפִּי כְבוֹדֶךָ כָּאָמוּר:

וּבַחֹדֶשׁ הַשְּׁבִיעִי בְּאֶחָד לַחֹדֶשׁ, מִקְרָא קֹדֶשׁ יִהְיֶה לָכֶם, כָּל מְלֶאכֶת עֲבֹדָה לֹא תַעֲשׂוּ, יוֹם תְּרוּעָה יִהְיֶה לָכֶם. וַעֲשִׂיתֶם עֹלָה לְרֵיחַ נִיחֹחַ לַייָ, פַּר בֶּן בָּקָר אֶחָד, אַיִל אֶחָד, כְּבָשִׂים בְּנֵי שָׁנָה שִׁבְעָה, תְּמִימִם:[1]

וּמִנְחָתָם וְנִסְכֵּיהֶם כִּמְדֻבָּר: שְׁלֹשָׁה עֶשְׂרֹנִים לַפָּר, וּשְׁנֵי עֶשְׂרֹנִים לָאָיִל, וְעִשָּׂרוֹן לַכֶּבֶשׂ, וְיַיִן כְּנִסְכּוֹ,

1. Numbers 29:1-2.

ותתן And You, Lord our God, have given us in love this Day of Remembrance, this festival of holy assembly, a day for sounding the *shofar*, a holy assembly, commemorating the Exodus from Egypt.

ומפני But because of our sins, we were exiled from our land and driven far away from our soil; and we are unable to discharge our obligations in Your chosen House, the great and holy House upon which Your Name is proclaimed, because of the hand that was sent forth against Your Sanctuary. May it be Your will, Lord our God and God of our fathers, merciful King, in Your abounding compassion, to again have mercy on us and on Your Sanctuary, and rebuild it soon and increase its glory. Our Father, our King, our God, speedily reveal the glory of Your Kingship upon us; appear and be exalted over us before the eyes of all the living. Gather our dispersed from among the nations, and assemble our scattered from the ends of the earth. Bring us with song to Zion Your city, and with everlasting joy to Jerusalem Your Sanctuary. There we will offer to You our obligatory sacrifices, the daily burnt-offerings according to their order and the *musaf* offerings according to their rule; and the *musaf* offerings of this Day of Remembrance and this day of holy assembly we will prepare and offer You with love in accordance with the command of Your will, as You have prescribed for us in Your Torah through Moses Your servant in Your glorious Name, as it is stated:

ובחדש In the seventh month, on the first day of the month, you shall have a holy assembly; you shall do no work of labor; it shall be to you a day for blowing the *shofar*. You shall prepare a burnt-offering for a pleasing odor to the Lord: one young bullock, one ram and seven yearling lambs without blemish.[1]

ומנחתם And their meal-offering and libations as prescribed: three-tenths [of an ephah of fine flour] for the bullock, two-tenths for the ram, one-tenth for each lamb, and wine

וּשְׁנֵי שְׂעִירִים לְכַפֵּר, וּשְׁנֵי תְמִידִים כְּהִלְכָתָם. מִלְּבַד עֹלַת הַחֹדֶשׁ וּמִנְחָתָהּ, וְעֹלַת הַתָּמִיד וּמִנְחָתָהּ, וְנִסְכֵּיהֶם כְּמִשְׁפָּטָם, לְרֵיחַ נִיחֹחַ אִשֶּׁה לַייָ:[1]

THE ARK IS OPENED.

Chazzan and congregation:

עָלֵינוּ לְשַׁבֵּחַ לַאֲדוֹן הַכֹּל, לָתֵת גְּדֻלָּה לְיוֹצֵר בְּרֵאשִׁית, שֶׁלֹּא עָשָׂנוּ כְּגוֹיֵי הָאֲרָצוֹת, וְלֹא שָׂמָנוּ כְּמִשְׁפְּחוֹת הָאֲדָמָה, THE ARK IS CLOSED TEMPORARILY. שֶׁלֹּא שָׂם חֶלְקֵנוּ כָּהֶם, וְגוֹרָלֵנוּ כְּכָל הֲמוֹנָם, שֶׁהֵם מִשְׁתַּחֲוִים לְהֶבֶל וָרִיק.

THE ARK IS RE-OPENED.

While saying the word כּוֹרְעִים, kneel on the floor, and at וּמִשְׁתַּחֲוִים, bow until your forehead touches the floor and remain so until saying בָּרוּךְ הוּא.

וַאֲנַחְנוּ כּוֹרְעִים וּמִשְׁתַּחֲוִים וּמוֹדִים לִפְנֵי מֶלֶךְ מַלְכֵי הַמְּלָכִים, הַקָּדוֹשׁ בָּרוּךְ הוּא. שֶׁהוּא נוֹטֶה שָׁמַיִם וְיוֹסֵד אָרֶץ, וּמוֹשַׁב יְקָרוֹ בַּשָּׁמַיִם מִמַּעַל, וּשְׁכִינַת עֻזּוֹ בְּגָבְהֵי מְרוֹמִים. הוּא אֱלֹהֵינוּ אֵין עוֹד, אֱמֶת מַלְכֵּנוּ, אֶפֶס זוּלָתוֹ, כַּכָּתוּב בְּתוֹרָתוֹ: [2] וְיָדַעְתָּ הַיּוֹם וַהֲשֵׁבֹתָ אֶל לְבָבֶךָ, כִּי יְיָ הוּא הָאֱלֹהִים, בַּשָּׁמַיִם מִמַּעַל וְעַל הָאָרֶץ מִתָּחַת, אֵין עוֹד:[3]

Congregation continues until the end of the paragraph. There is a tradition handed down from Rabbi Elazar Rokeach (c. 1160-1242) that as the chazzan concludes this paragraph aloud, the congregation recites the paragraph אַתָּה הָרְאֵתָ.

Chazzan continues אוֹחִילָה, next page.

אַתָּה הָרְאֵתָ לָדַעַת כִּי יְיָ הוּא הָאֱלֹהִים, אֵין עוֹד מִלְּבַדּוֹ:[4] שְׁמַע יִשְׂרָאֵל, יְיָ אֱלֹהֵינוּ יְיָ אֶחָד:[5] הֵן לַייָ אֱלֹהֶיךָ הַשָּׁמַיִם וּשְׁמֵי הַשָּׁמָיִם, הָאָרֶץ וְכָל אֲשֶׁר בָּהּ:[6] כִּי יְיָ אֱלֹהֵיכֶם הוּא אֱלֹהֵי הָאֱלֹהִים וַאֲדֹנֵי הָאֲדֹנִים הָאֵל הַגָּדֹל הַגִּבֹּר וְהַנּוֹרָא

1. V. Numbers 29:3-6. **2.** Deuteronomy 4:39. **3.** For further elucidation, see Tanya, part II, ch. 6. **4.** Deuteronomy 4:35. **5.** Ibid. 6:4. **6.** Ibid. 10:14.

in accordance with each one's wine-offering; as well as two he-goats for atonement, and two daily burnt-offerings according to their rule; aside from the Rosh Chodesh burnt-offering and its meal-offering, and the daily burnt-offering and its meal-offering, and their libations in accordance with the regulation, for a pleasing odor, an offering consumed by fire to the Lord.[1]

THE ARK IS OPENED.

Chazzan and congregation:

Transliteration, page 334.

עלינו It is incumbent upon us to praise the Master of all things, to exalt the Creator of all existence, that He has not made us like the nations of the world, nor caused us to be like the families of the earth; THE ARK IS CLOSED TEMPORARILY.
that He has not assigned us a portion like theirs, nor a lot like that of all their multitudes, for they bow to vanity and nothingness.

THE ARK IS RE-OPENED.

While saying the words *bend the knee*, kneel on the floor, and at *bow down*, bow until your forehead touches the floor and remain so until saying *blessed be He*.

But we bend the knee, bow down, and offer praise before the supreme King of kings, the Holy One, blessed be He, who stretches forth the heavens and establishes the earth, the seat of whose glory is in the heavens above, and the abode of whose majesty is in the loftiest heights. He is our God; there is none else. Truly, He is our King; there is nothing besides Him, as it is written in His Torah:[2] Know this day and take unto your heart, that the Lord is God, in the heavens above and upon the earth below there is nothing else.[3]

Congregation continues until the end of the paragraph. There is a tradition handed down from Rabbi Elazar Rokeach (c. 1160-1242) that as the chazzan concludes this paragraph aloud, the congregation recites the paragraph *You have*.

Chazzan continues *I place*, next page.

אתה You have been shown to know that the Lord is God; there is none else aside from Him.[4] Hear, O Israel, the Lord is our God, the Lord is One.[5] Behold, the heavens and the heaven of heavens belong to the Lord your God, the earth and all therein.[6] For the Lord your God is the God of the supernal beings and the Master of the heavenly hosts, the great, the mighty and the awesome God,

אֲשֶׁר לֹא יִשָּׂא פָנִים וְלֹא יִקַּח שֹׁחַד:[1] כִּי שֵׁם יְיָ אֶקְרָא, הָבוּ גֹדֶל לֵאלֹהֵינוּ:[2] יְהִי שֵׁם יְיָ מְבֹרָךְ מֵעַתָּה וְעַד עוֹלָם:[3]

Chazzan:

אוֹחִילָה לָאֵל, אֲחַלֶּה פָנָיו, אֶשְׁאֲלָה מִמֶּנּוּ מַעֲנֵה לָשׁוֹן: אֲשֶׁר בִּקְהַל עָם אָשִׁירָה עֻזּוֹ, אַבִּיעָה רְנָנוֹת בְּעַד מִפְעָלָיו: לְאָדָם מַעַרְכֵי לֵב, וּמֵיְיָ מַעֲנֵה לָשׁוֹן:[4] אֲדֹנָי שְׂפָתַי תִּפְתָּח. וּפִי יַגִּיד תְּהִלָּתֶךָ:[5] יִהְיוּ לְרָצוֹן אִמְרֵי פִי וְהֶגְיוֹן לִבִּי לְפָנֶיךָ יְיָ צוּרִי וְגוֹאֲלִי:[6]

THE ARK IS CLOSED.

Chazzan continues:

וְעַל כֵּן נְקַוֶּה לְךָ יְיָ אֱלֹהֵינוּ, לִרְאוֹת מְהֵרָה בְּתִפְאֶרֶת עֻזֶּךָ, לְהַעֲבִיר גִּלּוּלִים מִן הָאָרֶץ, וְהָאֱלִילִים כָּרוֹת יִכָּרֵתוּן, לְתַקֵּן עוֹלָם בְּמַלְכוּת שַׁדַּי, וְכָל בְּנֵי בָשָׂר יִקְרְאוּ בִשְׁמֶךָ, לְהַפְנוֹת אֵלֶיךָ כָּל רִשְׁעֵי אָרֶץ. יַכִּירוּ וְיֵדְעוּ כָּל יוֹשְׁבֵי תֵבֵל, כִּי לְךָ תִּכְרַע כָּל בֶּרֶךְ, תִּשָּׁבַע כָּל לָשׁוֹן. לְפָנֶיךָ יְיָ אֱלֹהֵינוּ יִכְרְעוּ וְיִפֹּלוּ, וְלִכְבוֹד שִׁמְךָ יְקָר יִתֵּנוּ. וִיקַבְּלוּ כֻלָּם עֲלֵיהֶם אֶת עוֹל מַלְכוּתֶךָ, וְתִמְלוֹךְ עֲלֵיהֶם מְהֵרָה לְעוֹלָם וָעֶד. כִּי הַמַּלְכוּת שֶׁלְּךָ הִיא, וּלְעוֹלְמֵי עַד תִּמְלוֹךְ בְּכָבוֹד, כַּכָּתוּב בְּתוֹרָתֶךָ: יְיָ יִמְלֹךְ לְעֹלָם וָעֶד:[7]

וְנֶאֱמַר: לֹא הִבִּיט אָוֶן בְּיַעֲקֹב, וְלֹא רָאָה עָמָל בְּיִשְׂרָאֵל, יְיָ אֱלֹהָיו עִמּוֹ, וּתְרוּעַת מֶלֶךְ בּוֹ.[8] וְנֶאֱמַר: וַיְהִי בִישֻׁרוּן מֶלֶךְ, בְּהִתְאַסֵּף רָאשֵׁי עָם, יַחַד שִׁבְטֵי יִשְׂרָאֵל.[9] וּבְדִבְרֵי קָדְשְׁךָ כָּתוּב לֵאמֹר: כִּי לַייָ

1. Deuteronomy 1:17. 2. Ibid. 32:3. 3. Psalms 113:2. 4. Proverbs 16:1. 5. Psalms 51:17. 6. Ibid. 19:15. 7. Exodus 15:18. 8. Numbers 23:21. 9. Deuteronomy 33:5.

who shows no favor and takes no bribe.[1] When I proclaim the Name of the Lord, ascribe greatness to our God.[2] May the Name of the Lord be blessed from now to all eternity.[3]

Chazzan:

אוחילה I place my hope in God, I entreat His countenance; I ask Him to grant me the gift of speech, that I may sing of His majesty in the assemblage of the people, that I may chant songs of prayer on behalf of His works [Israel]. The arrangement of thoughts belongs to man, but the gift of speech comes from the Lord.[4] My Lord, open my lips, and my mouth shall declare Your praise.[5] May the words of my mouth and the meditation of my heart be acceptable before You, Lord, my Strength and my Redeemer.[6]

THE ARK IS CLOSED.

Chazzan continues:

ועל And therefore we hope to You, Lord our God, that we may speedily behold the splendor of Your might, to banish idolatry from the earth—and false gods will be utterly destroyed; to perfect the world under the sovereignty of the Almighty. All mankind shall invoke Your Name, to turn to You all the wicked of the earth. Then all the inhabitants of the world will recognize and know that every knee should bend to You, every tongue should swear [by Your Name]. Before You, Lord our God, they will bow and prostrate themselves, and give honor to the glory of Your Name; and they will all take upon themselves the yoke of Your kingdom. May You soon reign over them forever and ever, for Kingship is Yours, and to all eternity You will reign in glory, as it is written in Your Torah: The Lord will reign forever and ever.[7]

ונאמר And it is stated: He does not look at iniquity in Jacob nor see wrongdoing in Israel; the Lord his God is with him and the love of the King is in him.[8] And it is stated: And He became king in Yeshurun, when the heads of the people assembled, the tribes of Israel were united.[9] And in your holy Scriptures it is written thus: For sovereignty is the Lord's,

הַמְּלוּכָה, וּמוֹשֵׁל בַּגּוֹיִם.[1] וְנֶאֱמַר: יְיָ מָלָךְ גֵּאוּת לָבֵשׁ, לָבֵשׁ יְיָ עֹז הִתְאַזָּר, אַף תִּכּוֹן תֵּבֵל בַּל תִּמּוֹט.[2] וְנֶאֱמַר: שְׂאוּ שְׁעָרִים רָאשֵׁיכֶם, וְהִנָּשְׂאוּ פִּתְחֵי עוֹלָם, וְיָבוֹא מֶלֶךְ הַכָּבוֹד. מִי זֶה מֶלֶךְ הַכָּבוֹד, יְיָ עִזּוּז וְגִבּוֹר, יְיָ גִּבּוֹר מִלְחָמָה. שְׂאוּ שְׁעָרִים רָאשֵׁיכֶם וּשְׂאוּ פִּתְחֵי עוֹלָם, וְיָבֹא מֶלֶךְ הַכָּבוֹד. מִי הוּא זֶה מֶלֶךְ הַכָּבוֹד, יְיָ צְבָאוֹת, הוּא מֶלֶךְ הַכָּבוֹד סֶלָה:[3]

וְעַל יְדֵי עֲבָדֶיךָ הַנְּבִיאִים כָּתוּב לֵאמֹר: כֹּה אָמַר יְיָ מֶלֶךְ יִשְׂרָאֵל וְגֹאֲלוֹ, יְיָ צְבָאוֹת, אֲנִי רִאשׁוֹן וַאֲנִי אַחֲרוֹן, וּמִבַּלְעָדַי אֵין אֱלֹהִים.[4] וְנֶאֱמַר: וְעָלוּ מוֹשִׁעִים בְּהַר צִיּוֹן לִשְׁפֹּט אֶת הַר עֵשָׂו, וְהָיְתָה לַייָ הַמְּלוּכָה.[5] וְנֶאֱמַר: וְהָיָה יְיָ לְמֶלֶךְ עַל כָּל הָאָרֶץ, בַּיּוֹם הַהוּא יִהְיֶה יְיָ אֶחָד וּשְׁמוֹ אֶחָד.[6] וּבְתוֹרָתְךָ כָּתוּב לֵאמֹר: שְׁמַע יִשְׂרָאֵל, יְיָ אֱלֹהֵינוּ יְיָ אֶחָד:[7]

אֱלֹהֵינוּ וֵאלֹהֵי אֲבוֹתֵינוּ, מְלוֹךְ עַל הָעוֹלָם כֻּלּוֹ בִּכְבוֹדֶךָ, וְהִנָּשֵׂא עַל כָּל הָאָרֶץ בִּיקָרֶךָ, וְהוֹפַע בַּהֲדַר גְּאוֹן עֻזֶּךָ עַל כָּל יוֹשְׁבֵי תֵבֵל אַרְצֶךָ, וְיֵדַע כָּל פָּעוּל כִּי אַתָּה פְעַלְתּוֹ, וְיָבִין כָּל יְצוּר כִּי אַתָּה יְצַרְתּוֹ, וְיֹאמַר כֹּל אֲשֶׁר נְשָׁמָה בְאַפּוֹ: יְיָ אֱלֹהֵי יִשְׂרָאֵל מֶלֶךְ, וּמַלְכוּתוֹ בַּכֹּל מָשָׁלָה: קַדְּשֵׁנוּ בְּמִצְוֹתֶיךָ, וְתֵן חֶלְקֵנוּ בְּתוֹרָתֶךָ, שַׂבְּעֵנוּ מִטּוּבֶךָ וְשַׂמַּח נַפְשֵׁנוּ בִּישׁוּעָתֶךָ, וְטַהֵר לִבֵּנוּ לְעָבְדְּךָ בֶּאֱמֶת, כִּי אַתָּה אֱלֹהִים אֱמֶת

1. Psalms 22:29. 2. Ibid. 93:1. 3. Ibid. 24:7-10. 4. Isaiah 44:6. 5. Obadiah 1:21. 6. Zechariah 14:9. 7. Deuteronomy 6:4.

and He rules over the nations.[1] And it is stated: God is King; He has garbed Himself with grandeur; the Lord has robed Himself, He has girded Himself with strength; He has also established the world firmly that it shall not falter.[2] And it is stated: Lift up your heads, O gates, and be lifted up, eternal doors, so the glorious King may enter. Who is the glorious King? The Lord, strong and mighty; the Lord, mighty in battle. Lift up your heads, O gates; lift them up, eternal doors, so the glorious King may enter. Who is the glorious King? The Lord of hosts, He is the glorious King for all eternity.[3]

ועל And by Your servants, the Prophets, it is written as follows: Thus said the Lord, the King of Israel and his Redeemer, the Lord of hosts: I am the first and I am the last, and aside from Me there is no God.[4] And it is stated: Deliverers will go up to Mount Zion to judge the mount of Esau, and kingship will be the Lord's.[5] And it is stated: The Lord will be King over the entire earth; on that day the Lord will be One and His Name One.[6] And in Your Torah it is written thus: Hear, O Israel, the Lord is our God, the Lord is One.[7]

אלהינו Our God and God of our fathers, reign over the entire world in Your glory, be exalted over all the earth in Your splendor, and reveal Yourself in the majesty of Your glorious might over all the inhabitants of Your terrestrial world. May everything that has been made know that You have made it; may everything that has been created understand that You have created it; and may everyone who has the breath [of life] in his nostrils declare that the Lord, God of Israel, is King and His kingship has dominion over all. Make us holy with Your commandments and grant us our portion in Your Torah; satiate us with Your goodness and gladden our soul with Your salvation. Make our heart pure to serve You in truth; for You are the true God, and Your

וּדְבָרְךָ מַלְכֵּנוּ אֱמֶת וְקַיָּם לָעַד. בָּרוּךְ אַתָּה יְיָ, מֶלֶךְ עַל כָּל הָאָרֶץ, מְקַדֵּשׁ יִשְׂרָאֵל וְיוֹם הַזִּכָּרוֹן: (Cong—אָמֵן)

The *shofar* is sounded at this point. Rise for the sounding of the *shofar*.

תקיעה. שברים תרועה. תקיעה.

תקיעה. שברים. תקיעה.

תקיעה. תרועה. תקיעה.

Congregation then chazzan:

הַיּוֹם הֲרַת עוֹלָם, הַיּוֹם יַעֲמִיד בַּמִּשְׁפָּט כָּל יְצוּרֵי עוֹלָמִים. אִם כְּבָנִים, אִם כַּעֲבָדִים. אִם כְּבָנִים, רַחֲמֵנוּ כְּרַחֵם אָב עַל בָּנִים. וְאִם כַּעֲבָדִים, עֵינֵינוּ לְךָ תְלוּיוֹת, עַד שֶׁתְּחָנֵּנוּ וְתוֹצִיא כָאוֹר מִשְׁפָּטֵנוּ, אָיוֹם קָדוֹשׁ:

Congregation then chazzan:

אֲרֶשֶׁת שְׂפָתֵינוּ יֶעֱרַב לְפָנֶיךָ אֵל רָם וְנִשָּׂא, מֵבִין וּמַאֲזִין מַבִּיט וּמַקְשִׁיב לְקוֹל תְּקִיעָתֵנוּ, וּתְקַבֵּל בְּרַחֲמִים וּבְרָצוֹן סֵדֶר מַלְכִיּוֹתֵינוּ:

You may be seated.

Chazzan:

אַתָּה זוֹכֵר מַעֲשֵׂה עוֹלָם, וּפוֹקֵד כָּל יְצוּרֵי קֶדֶם. לְפָנֶיךָ נִגְלוּ כָּל תַּעֲלוּמוֹת, וַהֲמוֹן נִסְתָּרוֹת שֶׁמִּבְּרֵאשִׁית, כִּי אֵין שִׁכְחָה לִפְנֵי כִסֵּא כְבוֹדֶךָ, וְאֵין נִסְתָּר מִנֶּגֶד עֵינֶיךָ. אַתָּה זוֹכֵר אֶת כָּל הַמִּפְעָל, וְגַם כָּל הַיְצוּר לֹא נִכְחָד מִמֶּךָּ. הַכֹּל גָּלוּי וְיָדוּעַ לְפָנֶיךָ יְיָ אֱלֹהֵינוּ, צוֹפֶה וּמַבִּיט עַד סוֹף כָּל הַדּוֹרוֹת, כִּי תָבִיא חֹק זִכָּרוֹן לְהִפָּקֵד כָּל רוּחַ וָנֶפֶשׁ, לְהִזָּכֵר מַעֲשִׂים רַבִּים, וַהֲמוֹן בְּרִיּוֹת לְאֵין תַּכְלִית. מֵרֵאשִׁית כָּזֹאת הוֹדַעְתָּ, וּמִלְּפָנִים אוֹתָהּ גִּלִּיתָ, זֶה הַיּוֹם תְּחִלַּת מַעֲשֶׂיךָ, זִכָּרוֹן לְיוֹם רִאשׁוֹן. כִּי חֹק לְיִשְׂרָאֵל הוּא, מִשְׁפָּט לֵאלֹהֵי

word, our King, is true and enduring forever. Blessed are You, Lord, King over the whole earth, who sanctifies Israel and the Day of Remembrance. Cong. Amen.

The shofar is sounded at this point. Rise for the sounding of the shofar.

TEKIAH   SHEVARIM–TERUAH   TEKIAH
TEKIAH   SHEVARIM   TEKIAH
TEKIAH   TERUAH   TEKIAH

Congregation then chazzan:

Transliteration, page 345.

היום Today is the birthday of the world; on this day He calls all the created beings of the worlds to stand in judgment. [Are we regarded] as children or as servants? If as children, have mercy upon us as a father has mercy upon [his] children; if as servants, our eyes are turned to You until You will be gracious to us and bring forth our judgment as the light, O Awesome and Holy One.

Congregation then chazzan:

Transliteration, page 345.

ארשת May the utterance of our lips be pleasing before You, sublime and exalted God, who understands and hears, perceives and hearkens to the sound of our *shofar*-blast, and accept with mercy and favor our recitation [of the Scriptural verses] of *Malchuyot* (Kingship).

You may be seated.

Chazzan:

אתה You remember the deeds [performed] in the world and recall all that was created in days of yore. Before You are revealed all the hidden things and the myriad secrets from the beginning of creation; for there is no forgetting before the Throne of Your Glory, nor is there anything concealed from Your sight. You remember the entire work [of creation], and no creature is hidden from You. All is revealed and known before You, Lord our God, who observes and looks to the end of all generations. For You bring the set time of remembrance that every soul and being shall be recalled, that the numerous deeds and myriads of creatures without limit shall be remembered. You have made this known from the beginning [of creation], and from aforetime You revealed it. This is the day which is the beginning of Your work, a remembrance of the first day; indeed, it is a decree for Israel, a [day of] judgment for the God

יַעֲקֹב.¹ וְעַל הַמְּדִינוֹת בּוֹ יֵאָמֵר: אֵיזוֹ לַחֶרֶב, וְאֵיזוֹ
לְשָׁלוֹם, אֵיזוֹ לְרָעָב, וְאֵיזוֹ לְשָׂבַע, וּבְרִיּוֹת בּוֹ יִפָּקֵדוּ
לְהַזְכִּירָם לְחַיִּים וְלַמָּוֶת. מִי לֹא נִפְקַד כְּהַיּוֹם הַזֶּה, כִּי
זֵכֶר כָּל הַיְצוּר לְפָנֶיךָ בָּא, מַעֲשֵׂה אִישׁ וּפְקֻדָּתוֹ,
וַעֲלִילוֹת מִצְעֲדֵי גָבֶר, מַחְשְׁבוֹת אָדָם וְתַחְבּוּלוֹתָיו,
וְיִצְרֵי מַעַלְלֵי אִישׁ. אַשְׁרֵי אִישׁ שֶׁלֹּא יִשְׁכָּחֶךָ, וּבֶן אָדָם
יִתְאַמֶּץ בָּךְ, כִּי דוֹרְשֶׁיךָ לְעוֹלָם לֹא יִכָּשֵׁלוּ, וְלֹא יִכָּלְמוּ
לָנֶצַח כָּל הַחוֹסִים בָּךְ, כִּי זֵכֶר כָּל הַמַּעֲשִׂים לְפָנֶיךָ
בָּא, וְאַתָּה דוֹרֵשׁ מַעֲשֵׂה כֻלָּם. וְגַם אֶת נֹחַ בְּאַהֲבָה
זָכַרְתָּ, וַתִּפְקְדֵהוּ בִּדְבַר יְשׁוּעָה וְרַחֲמִים, בַּהֲבִיאֲךָ אֶת
מֵי הַמַּבּוּל לְשַׁחֵת כָּל בָּשָׂר מִפְּנֵי רֹעַ מַעַלְלֵיהֶם. עַל
כֵּן זִכְרוֹנוֹ בָּא לְפָנֶיךָ יְיָ אֱלֹהֵינוּ לְהַרְבּוֹת זַרְעוֹ כְּעַפְרוֹת
תֵּבֵל וְצֶאֱצָאָיו כְּחוֹל הַיָּם. כַּכָּתוּב בְּתוֹרָתֶךָ: וַיִּזְכֹּר
אֱלֹהִים אֶת נֹחַ, וְאֵת כָּל הַחַיָּה וְאֶת כָּל הַבְּהֵמָה, אֲשֶׁר
אִתּוֹ בַּתֵּבָה, וַיַּעֲבֵר אֱלֹהִים רוּחַ עַל הָאָרֶץ וַיָּשֹׁכּוּ
הַמָּיִם. וְנֶאֱמַר:² וַיִּשְׁמַע אֱלֹהִים אֶת נַאֲקָתָם, וַיִּזְכֹּר
אֱלֹהִים אֶת בְּרִיתוֹ אֶת אַבְרָהָם אֶת יִצְחָק וְאֶת יַעֲקֹב.³
וְנֶאֱמַר: וְזָכַרְתִּי אֶת בְּרִיתִי יַעֲקוֹב, וְאַף אֶת בְּרִיתִי
יִצְחָק, וְאַף אֶת בְּרִיתִי אַבְרָהָם אֶזְכֹּר, וְהָאָרֶץ אֶזְכֹּר.⁴
וּבְדִבְרֵי קָדְשְׁךָ כָּתוּב לֵאמֹר: זֵכֶר עָשָׂה לְנִפְלְאֹתָיו, חַנּוּן
וְרַחוּם יְיָ.⁵ וְנֶאֱמַר: טֶרֶף נָתַן לִירֵאָיו, יִזְכֹּר לְעוֹלָם
בְּרִיתוֹ.⁶ וְנֶאֱמַר: וַיִּזְכֹּר לָהֶם בְּרִיתוֹ, וַיִּנָּחֵם כְּרֹב חֲסָדָיו:⁷

1. Psalms 81:5.   **2.** Genesis 8:1.   **3.** Exodus 2:24.   **4.** Leviticus 26:42.   **5.** Psalms 111:4.
6. Ibid. 111:5.   **7.** Ibid. 106:45.

of Jacob.[1] Concerning countries, [judgment] is pronounced on [this day]—which for war and which for peace, which for famine and which for plenty; and on it, creatures are brought to mind, to remember them for life or death. Who is not recalled on this day? For the remembrance of every created being comes before You—man's deed and his task, the actions and movements of a mortal, the thoughts of a person and his schemes, and the motives for the acts of a man. Happy is the man who does not forget You, the son of man who holds fast to You; for those who seek You will not stumble forever, nor will anyone who places his trust in You be put to shame eternally. For the remembrance of all [Your] works comes before You, and You examine the deeds of them all. And You also remembered Noach with love, and were mindful of him with a promise of salvation and mercy, when You brought the waters of the Flood to destroy all flesh because of the wickedness of their deeds. Therefore his remembrance came before You, Lord our God, to make his descendants as numerous as the dust of the earth, and his offspring as the sand of the sea; as it is written in Your Torah: God remembered Noach and all the beasts and all the cattle that were with him in the ark, and God caused a wind to pass over the earth and the waters were calmed.[2] And it is stated: God heard their outcry, and God remembered His covenant with Abraham, with Isaac, and with Jacob.[3] And it is stated: I will remember My covenant with Jacob; also My covenant with Isaac, and also My covenant with Abraham will I remember; and I will remember the land.[4] And in Your holy Scriptures it is written thus: He has instituted a remembrance of His wonders; gracious and merciful is the Lord.[5] And it is stated: He has provided food to those who fear Him; He will remember His covenant forever.[6] And it is stated: He remembered for them His covenant and He relented, in keeping with His abounding kindness.[7]

וְעַל יְדֵי עֲבָדֶיךָ הַנְּבִיאִים כָּתוּב לֵאמֹר: הָלֹךְ וְקָרָאתָ בְאָזְנֵי יְרוּשָׁלַיִם לֵאמֹר, כֹּה אָמַר יְיָ, זָכַרְתִּי לָךְ חֶסֶד נְעוּרַיִךְ, אַהֲבַת כְּלוּלֹתָיִךְ, לֶכְתֵּךְ אַחֲרַי בַּמִּדְבָּר, בְּאֶרֶץ לֹא זְרוּעָה.[1] וְנֶאֱמַר: וְזָכַרְתִּי אֲנִי אֶת בְּרִיתִי אוֹתָךְ בִּימֵי נְעוּרָיִךְ, וַהֲקִימוֹתִי לָךְ בְּרִית עוֹלָם.[2] וְנֶאֱמַר: הֲבֵן יַקִּיר לִי אֶפְרַיִם אִם יֶלֶד שַׁעֲשׁוּעִים, כִּי מִדֵּי דַבְּרִי בּוֹ זָכֹר אֶזְכְּרֶנּוּ עוֹד, עַל כֵּן הָמוּ מֵעַי לוֹ, רַחֵם אֲרַחֲמֶנּוּ נְאֻם יְיָ:[3]

אֱלֹהֵינוּ וֵאלֹהֵי אֲבוֹתֵינוּ, זָכְרֵנוּ בְּזִכָּרוֹן טוֹב לְפָנֶיךָ, וּפָקְדֵנוּ בִּפְקֻדַּת יְשׁוּעָה וְרַחֲמִים מִשְּׁמֵי שְׁמֵי קֶדֶם. וּזְכָר לָנוּ יְיָ אֱלֹהֵינוּ אֶת הַבְּרִית וְאֶת הַחֶסֶד וְאֶת הַשְּׁבוּעָה אֲשֶׁר נִשְׁבַּעְתָּ לְאַבְרָהָם אָבִינוּ בְּהַר הַמּוֹרִיָּה. וְתֵרָאֶה לְפָנֶיךָ עֲקֵדָה שֶׁעָקַד אַבְרָהָם אָבִינוּ אֶת יִצְחָק בְּנוֹ עַל גַּבֵּי הַמִּזְבֵּחַ, וְכָבַשׁ רַחֲמָיו לַעֲשׂוֹת רְצוֹנְךָ בְּלֵבָב שָׁלֵם, כֵּן יִכְבְּשׁוּ רַחֲמֶיךָ אֶת כַּעַסְךָ מֵעָלֵינוּ, וּבְטוּבְךָ הַגָּדוֹל יָשׁוּב חֲרוֹן אַפְּךָ מֵעַמְּךָ וּמֵעִירְךָ וּמֵאַרְצְךָ וּמִנַּחֲלָתֶךָ. וְקַיֶּם לָנוּ יְיָ אֱלֹהֵינוּ אֶת הַדָּבָר שֶׁהִבְטַחְתָּנוּ בְּתוֹרָתֶךָ עַל יְדֵי מֹשֶׁה עַבְדֶּךָ מִפִּי כְבוֹדֶךָ כָּאָמוּר: וְזָכַרְתִּי לָהֶם בְּרִית רִאשֹׁנִים אֲשֶׁר הוֹצֵאתִי אֹתָם מֵאֶרֶץ מִצְרַיִם לְעֵינֵי הַגּוֹיִם, לִהְיוֹת לָהֶם לֵאלֹהִים, אֲנִי יְיָ.[4] כִּי זוֹכֵר כָּל הַנִּשְׁכָּחוֹת אַתָּה הוּא מֵעוֹלָם, וְאֵין שִׁכְחָה לִפְנֵי כִסֵּא כְבוֹדֶךָ, וַעֲקֵדַת יִצְחָק לְזַרְעוֹ הַיּוֹם בְּרַחֲמִים תִּזְכֹּר. בָּרוּךְ אַתָּה יְיָ, זוֹכֵר הַבְּרִית: (Cong—אָמֵן)

---

1. Jeremiah 2:2. 2. Ezekiel 16:60. 3. Jeremiah 31:19. 4. Leviticus 26:45.

ועל And by Your servants, the Prophets, it is written as follows: Go and call out in the ears [of the inhabitants] of Jerusalem, saying: Thus said the Lord, I remember for you the devotion of your youth, the love of your bridal days, as you went after Me in the wilderness, in an uncultivated land.[1] And it is stated: I will remember My covenant [which I made] with you in the days of your youth, and I will fulfill it for you as an everlasting covenant.[2] And it is stated: Is Ephraim not My beloved son, is he not a precious child that whenever I speak of him I recall him even more? Therefore My inner parts stir for him, I will surely have compassion on him, says the Lord.[3]

אלהינו Our God and God of our fathers, remember us with a favorable remembrance before You, and be mindful of us with a decree of deliverance and mercy from the primeval, most supernal heavens. Remember in our behalf, Lord our God, the covenant, the kindness and the vow which You swore to Abraham our father on Mount Moriah; and let there appear before you the *akedah*, when Abraham our father bound Isaac his son upon the altar and suppressed his compassion to do Your will with a perfect heart. So may Your compassion suppress Your wrath from upon us, and in Your great goodness, let Your fierce anger turn away from Your people, from Your city, from Your land and from Your heritage. Fulfill, Lord our God, that which You have promised us in Your Torah through Moses Your servant in Your glorious Name, as it is stated: I will remember in their favor the covenant with their ancestors, whom I took out of the land of Egypt before the eyes of the nations, to be their God; I am the Lord.[4] For You are He who remembers forever all forgotten things, and there is no forgetting before the Throne of Your Glory. Remember in mercy this day the binding of Isaac for his descendants. Blessed are You, Lord, who remembers the covenant. Cong. Amen.

The *shofar* is sounded at this point. Rise for the sounding of the *shofar*.

תקיעה. שברים תרועה. תקיעה.
תקיעה. שברים. תקיעה.
תקיעה. תרועה. תקיעה.

Congregation then chazzan:

הַיּוֹם הֲרַת עוֹלָם, הַיּוֹם יַעֲמִיד בַּמִּשְׁפָּט כָּל יְצוּרֵי עוֹלָמִים. אִם כְּבָנִים, אִם כַּעֲבָדִים. אִם כְּבָנִים, רַחֲמֵנוּ כְּרַחֵם אָב עַל בָּנִים. וְאִם כַּעֲבָדִים, עֵינֵינוּ לְךָ תְלוּיוֹת, עַד שֶׁתְּחָנֵּנוּ וְתוֹצִיא כָאוֹר מִשְׁפָּטֵנוּ, אָיוֹם קָדוֹשׁ:

Congregation then chazzan:

אֲרֶשֶׁת שְׂפָתֵינוּ יֶעֱרַב לְפָנֶיךָ אֵל רָם וְנִשָּׂא, מֵבִין וּמַאֲזִין מַבִּיט וּמַקְשִׁיב לְקוֹל תְּקִיעָתֵנוּ, וּתְקַבֵּל בְּרַחֲמִים וּבְרָצוֹן סֵדֶר זִכְרוֹנוֹתֵינוּ:

You may be seated.

Chazzan:

אַתָּה נִגְלֵיתָ בַּעֲנַן כְּבוֹדֶךָ עַל עַם קָדְשְׁךָ לְדַבֵּר עִמָּם. מִן הַשָּׁמַיִם הִשְׁמַעְתָּם קוֹלֶךָ, וְנִגְלֵיתָ עֲלֵיהֶם בְּעַרְפְלֵי טֹהַר. גַּם הָעוֹלָם כֻּלּוֹ חָל מִפָּנֶיךָ, וּבְרִיּוֹת בְּרֵאשִׁית חָרְדוּ מִמֶּךָּ, בְּהִגָּלוֹתְךָ מַלְכֵּנוּ עַל הַר סִינַי, לְלַמֵּד לְעַמְּךָ תּוֹרָה וּמִצְוֹת. וַתַּשְׁמִיעֵם אֶת הוֹד קוֹלֶךָ, וְדִבְּרוֹת קָדְשְׁךָ מִלַּהֲבוֹת אֵשׁ. בְּקוֹלוֹת וּבְרָקִים עֲלֵיהֶם נִגְלֵיתָ, וּבְקוֹל שׁוֹפָר עֲלֵיהֶם הוֹפָעְתָּ. כַּכָּתוּב בְּתוֹרָתֶךָ: וַיְהִי בַיּוֹם הַשְּׁלִישִׁי בִּהְיֹת הַבֹּקֶר, וַיְהִי קֹלֹת וּבְרָקִים, וְעָנָן כָּבֵד עַל הָהָר, וְקֹל שֹׁפָר חָזָק מְאֹד, וַיֶּחֱרַד כָּל הָעָם אֲשֶׁר בַּמַּחֲנֶה.[1] וְנֶאֱמַר: וַיְהִי קוֹל הַשֹּׁפָר הוֹלֵךְ וְחָזֵק

1. Exodus 19:16.

The *shofar* is sounded at this point. Rise for the sounding of the *shofar*.

TEKIAH   SHEVARIM–TERUAH   TEKIAH
TEKIAH   SHEVARIM   TEKIAH
TEKIAH   TERUAH   TEKIAH

Congregation then chazzan:

Transliteration, page 345.

היום Today is the birthday of the world; on this day He calls all the created beings of the worlds to stand in judgment. [Are we regarded] as children or as servants? If as children, have mercy upon us as a father has mercy upon [his] children; if as servants, our eyes are turned to You until You will be gracious to us and bring forth our judgment as the light, O Awesome and Holy One.

Congregation then chazzan:

Transliteration, page 345.

ארשת May the utterance of our lips be pleasing before You, sublime and exalted God, who understands and hears, perceives and hearkens to the sound of our *shofar*-blast, and accept with mercy and favor our recitation [of the Scriptural verses] of *Zichronot* (Remembrance).

You may be seated.

Chazzan:

אתה You revealed Yourself in Your cloud of glory to Your holy people to speak to them. From the heavens You let them hear Your voice, and revealed Yourself to them in pure clouds. The whole world also trembled before You, the beings of creation were in awe of You, when You, our King, revealed Yourself upon Mount Sinai to teach Your people Torah and mitzvot. You let them hear the majesty of Your voice and Your holy utterances from flames of fire; with thunder and lightning You revealed Yourself to them, with the sound of the *shofar* You appeared to them; as it is written in Your Torah: It was on the third day, as morning dawned, there was thunder and lightning, and a heavy cloud on the mountain, and an exceedingly loud sound of the *shofar*; and all the people in the camp trembled.[1] And it is stated: The sound of the *shofar* became

מְאֹד, מֹשֶׁה יְדַבֵּר וְהָאֱלֹהִים יַעֲנֶנּוּ בְקוֹל.' וְנֶאֱמַר: וְכָל
הָעָם רֹאִים אֶת הַקּוֹלֹת, וְאֶת הַלַּפִּידִם, וְאֵת קוֹל הַשֹּׁפָר,
וְאֶת הָהָר עָשֵׁן, וַיַּרְא הָעָם וַיָּנֻעוּ וַיַּעַמְדוּ מֵרָחֹק.² וּבְדִבְרֵי
קָדְשְׁךָ כָּתוּב לֵאמֹר: עָלָה אֱלֹהִים בִּתְרוּעָה, יְיָ בְּקוֹל
שׁוֹפָר.³ וְנֶאֱמַר: בַּחֲצֹצְרוֹת וְקוֹל שׁוֹפָר, הָרִיעוּ לִפְנֵי
הַמֶּלֶךְ יְיָ.⁴ וְנֶאֱמַר: תִּקְעוּ בַחֹדֶשׁ שׁוֹפָר, בַּכֶּסֶה לְיוֹם
חַגֵּנוּ. כִּי חֹק לְיִשְׂרָאֵל הוּא, מִשְׁפָּט לֵאלֹהֵי יַעֲקֹב:⁵

וְנֶאֱמַר: הַלְלוּיָהּ, הַלְלוּ אֵל בְּקָדְשׁוֹ, הַלְלוּהוּ בִּרְקִיעַ
עֻזּוֹ: הַלְלוּהוּ בִגְבוּרֹתָיו, הַלְלוּהוּ כְּרֹב גֻּדְלוֹ:
הַלְלוּהוּ בְּתֵקַע שׁוֹפָר, הַלְלוּהוּ בְּנֵבֶל וְכִנּוֹר: הַלְלוּהוּ
בְתֹף וּמָחוֹל, הַלְלוּהוּ בְּמִנִּים וְעֻגָב: הַלְלוּהוּ בְצִלְצְלֵי
שָׁמַע, הַלְלוּהוּ בְּצִלְצְלֵי תְרוּעָה: כֹּל הַנְּשָׁמָה תְּהַלֵּל יָהּ,
הַלְלוּיָהּ:⁶

וְעַל יְדֵי עֲבָדֶיךָ הַנְּבִיאִים כָּתוּב לֵאמֹר: כָּל יֹשְׁבֵי תֵבֵל
וְשֹׁכְנֵי אָרֶץ, כִּנְשֹׂא נֵס הָרִים תִּרְאוּ וְכִתְקֹעַ שׁוֹפָר
תִּשְׁמָעוּ.⁷ וְנֶאֱמַר: וְהָיָה בַּיּוֹם הַהוּא יִתָּקַע בְּשׁוֹפָר גָּדוֹל,
וּבָאוּ הָאֹבְדִים בְּאֶרֶץ אַשּׁוּר, וְהַנִּדָּחִים בְּאֶרֶץ מִצְרָיִם,
וְהִשְׁתַּחֲווּ לַיְיָ בְּהַר הַקֹּדֶשׁ בִּירוּשָׁלָיִם.⁸ וְנֶאֱמַר: וַיְיָ עֲלֵיהֶם
יֵרָאֶה, וְיָצָא כַבָּרָק חִצּוֹ, וַאדֹנָי אֱלֹהִים בַּשּׁוֹפָר יִתְקָע,
וְהָלַךְ בְּסַעֲרוֹת תֵּימָן. יְיָ צְבָאוֹת יָגֵן עֲלֵיהֶם,⁹ כֵּן תָּגֵן עַל
עַמְּךָ יִשְׂרָאֵל בִּשְׁלוֹמֶךָ:

1. Exodus 19:19. **2.** Ibid. 20:15. **3.** Psalms 47:6. **4.** Ibid. 98:6. **5.** Ibid. 81:4-5. **6.** Ibid. 150. **7.** Isaiah 18:3. **8.** Ibid. 27:13. **9.** Zechariah 9:14-15.

increasingly louder; Moses spoke, and God answered him aloud.[1] And it is stated: All the people saw the sounds and the flames, the voice of the *shofar* and the mountain smoking; the people saw and trembled, and went to stand far away.[2] And in Your holy Scriptures it is written thus: God ascends through *teruah*, the Lord—through the sound of the *shofar*.[3] And it is stated: With trumpets and the sound of the *shofar*, jubilate before the King, the Lord.[4] And it is stated: Blow the *shofar* on the New Moon, on the designated day of our Holy Day; for it is a decree for Israel, a [day of] judgment for the God of Jacob.[5]

ונאמר And it is stated: Praise the Lord. Praise God in His holiness; praise Him in the firmament of His strength. Praise Him for His mighty acts; praise Him according to His abundant greatness. Praise Him with the call of the *shofar*; praise Him with harp and lyre. Praise Him with timbrel and dance; praise Him with stringed instruments and flute. Praise Him with resounding cymbals; praise Him with clanging cymbals. Let every being that has a soul praise the Lord. Praise the Lord.[6]

ועל And by Your servants, the Prophets, it is written as follows: All who inhabit the world and who dwell on earth—you will see when the banner [of the ingathering of Israel] will be raised on the mountain, you will hear when the *shofar* will be sounded.[7] And it is stated: And it shall be on that day, that a great *shofar* shall be sounded, and those who were lost in the land of Ashur and those who were banished in the land of Mitzrayim shall come and bow down to the Lord on the holy mountain in Jerusalem.[8] And it is stated: And the Lord shall appear over them, and His arrow shall go forth like lightning; the Lord God shall sound the *shofar* and go forth in a southerly storm-wind. The Lord of hosts shall protect them.[9] So shall You protect Your people Israel with Your peace.

אֱלֹהֵינוּ וֵאלֹהֵי אֲבוֹתֵינוּ, תְּקַע בְּשׁוֹפָר גָּדוֹל לְחֵרוּתֵנוּ, וְשָׂא נֵס לְקַבֵּץ גָּלֻיּוֹתֵינוּ, וְקָרֵב פְּזוּרֵינוּ מִבֵּין הַגּוֹיִם, וּנְפוּצוֹתֵינוּ כַּנֵּס מִיַּרְכְּתֵי אָרֶץ, וַהֲבִיאֵנוּ לְצִיּוֹן עִירְךָ בְּרִנָּה, וְלִירוּשָׁלַיִם בֵּית מִקְדָּשְׁךָ בְּשִׂמְחַת עוֹלָם, וְשָׁם נַעֲשֶׂה לְפָנֶיךָ אֶת קָרְבְּנוֹת חוֹבוֹתֵינוּ, כִּמְצֻוֶּה עָלֵינוּ בְּתוֹרָתֶךָ עַל יְדֵי מֹשֶׁה עַבְדֶּךָ, מִפִּי כְבוֹדֶךָ כָּאָמוּר:

וּבְיוֹם שִׂמְחַתְכֶם וּבְמוֹעֲדֵיכֶם וּבְרָאשֵׁי חָדְשֵׁכֶם, וּתְקַעְתֶּם בַּחֲצֹצְרֹת עַל עֹלֹתֵיכֶם וְעַל זִבְחֵי שַׁלְמֵיכֶם, וְהָיוּ לָכֶם לְזִכָּרוֹן לִפְנֵי אֱלֹהֵיכֶם, אֲנִי יְיָ אֱלֹהֵיכֶם.[1] כִּי אַתָּה שׁוֹמֵעַ קוֹל שׁוֹפָר וּמַאֲזִין תְּרוּעָה, וְאֵין דּוֹמֶה לָּךְ. בָּרוּךְ אַתָּה יְיָ, שׁוֹמֵעַ קוֹל תְּרוּעַת עַמּוֹ יִשְׂרָאֵל בְּרַחֲמִים: (Cong—אָמֵן)

The *shofar* is sounded at this point. Rise for the sounding of the *shofar*.

תקיעה. שברים תרועה. תקיעה.

תקיעה. שברים. תקיעה.

תקיעה. תרועה. תקיעה.

Congregation then chazzan:

הַיּוֹם הֲרַת עוֹלָם, הַיּוֹם יַעֲמִיד בַּמִּשְׁפָּט כָּל יְצוּרֵי עוֹלָמִים. אִם כְּבָנִים, אִם כַּעֲבָדִים. אִם כְּבָנִים, רַחֲמֵנוּ כְּרַחֵם אָב עַל בָּנִים. וְאִם כַּעֲבָדִים, עֵינֵינוּ לְךָ תְלוּיוֹת, עַד שֶׁתְּחָנֵּנוּ וְתוֹצִיא כָאוֹר מִשְׁפָּטֵנוּ, אָיוֹם קָדוֹשׁ:

Congregation then chazzan:

אֲרֶשֶׁת שְׂפָתֵינוּ יֶעֱרַב לְפָנֶיךָ אֵל רָם וְנִשָּׂא, מֵבִין וּמַאֲזִין מַבִּיט וּמַקְשִׁיב לְקוֹל תְּקִיעָתֵנוּ, וּתְקַבֵּל בְּרַחֲמִים וּבְרָצוֹן סֵדֶר שׁוֹפְרוֹתֵינוּ:

1. Numbers 10:10.

אלהינו Our God and God of our fathers, sound the great *shofar* for our freedom; raise a banner to gather our exiles, draw together our dispersed from among the nations, and assemble our scattered from the ends of the earth. Bring us with song to Zion Your city, and with everlasting joy to Jerusalem Your Sanctuary. There we will offer to You our obligatory sacrifices, as we were instructed in Your Torah, through Moses Your servant in Your glorious Name, as it is stated:

וביום And on the day of your rejoicing, on your festivals and on your Rosh Chodesh days, you shall sound the trumpets over your burnt-offerings and over the sacrifices of your peace-offerings, and they shall be a remembrance for you before your God; I am the Lord your God.[1] For You hear the sound of the *shofar* and listen to the *teruah*; and there is none who can be compared to You. Blessed are You, Lord, who hears the sound of the *teruah* of His people Israel in mercy. Cong. Amen.

The *shofar* is sounded at this point. Rise for the sounding of the *shofar*.

TEKIAH SHEVARIM–TERUAH TEKIAH

TEKIAH SHEVARIM TEKIAH

TEKIAH TERUAH TEKIAH

Congregation then chazzan:

Transliteration, page 345.

היום Today is the birthday of the world; on this day He calls all the created beings of the worlds to stand in judgment. [Are we regarded] as children or as servants? If as children, have mercy upon us as a father has mercy upon [his] children; if as servants, our eyes are turned to You until You will be gracious to us and bring forth our judgment as the light, O Awesome and Holy One.

Congregation then chazzan:

Transliteration, page 345.

ארשת May the utterance of our lips be pleasing before You, sublime and exalted God, who understands and hears, perceives and hearkens to the sound of our *shofar*-blast, and accept with mercy and favor our recitation [of the Scriptural verses] of *Shofrot*.

Chazzan:

רְצֵה יְיָ אֱלֹהֵינוּ בְּעַמְּךָ יִשְׂרָאֵל וְלִתְפִלָּתָם שְׁעֵה, וְהָשֵׁב הָעֲבוֹדָה לִדְבִיר בֵּיתֶךָ, וְאִשֵּׁי יִשְׂרָאֵל וּתְפִלָּתָם בְּאַהֲבָה תְקַבֵּל בְּרָצוֹן, וּתְהִי לְרָצוֹן תָּמִיד עֲבוֹדַת יִשְׂרָאֵל עַמֶּךָ:

וְתֶחֱזֶינָה עֵינֵינוּ בְּשׁוּבְךָ לְצִיּוֹן בְּרַחֲמִים. בָּרוּךְ אַתָּה יְיָ, הַמַּחֲזִיר שְׁכִינָתוֹ לְצִיּוֹן: (Cong—אָמֵן)

Bow at מוֹדִים; straighten up at יְיָ.

מוֹדִים אֲנַחְנוּ לָךְ, שָׁאַתָּה הוּא יְיָ אֱלֹהֵינוּ וֵאלֹהֵי אֲבוֹתֵינוּ לְעוֹלָם וָעֶד, צוּר חַיֵּינוּ, מָגֵן יִשְׁעֵנוּ, אַתָּה הוּא לְדוֹר וָדוֹר, נוֹדֶה לְּךָ וּנְסַפֵּר תְּהִלָּתֶךָ, עַל חַיֵּינוּ הַמְּסוּרִים בְּיָדֶךָ, וְעַל נִשְׁמוֹתֵינוּ הַפְּקוּדוֹת לָךְ, וְעַל נִסֶּיךָ שֶׁבְּכָל יוֹם עִמָּנוּ, וְעַל נִפְלְאוֹתֶיךָ וְטוֹבוֹתֶיךָ שֶׁבְּכָל עֵת, עֶרֶב וָבֹקֶר וְצָהֳרָיִם, הַטּוֹב, כִּי לֹא כָלוּ רַחֲמֶיךָ, וְהַמְרַחֵם, כִּי לֹא תַמּוּ חֲסָדֶיךָ, כִּי מֵעוֹלָם קִוִּינוּ לָךְ:

MODIM D'RABBANAN

While the chazzan recites מוֹדִים, the congregation recites the following, while bowing:

מוֹדִים אֲנַחְנוּ לָךְ, שָׁאַתָּה הוּא יְיָ אֱלֹהֵינוּ וֵאלֹהֵי אֲבוֹתֵינוּ, אֱלֹהֵי כָל בָּשָׂר, יוֹצְרֵנוּ, יוֹצֵר בְּרֵאשִׁית, בְּרָכוֹת וְהוֹדָאוֹת לְשִׁמְךָ הַגָּדוֹל וְהַקָּדוֹשׁ, עַל שֶׁהֶחֱיִיתָנוּ וְקִיַּמְתָּנוּ, כֵּן תְּחַיֵּנוּ וּתְקַיְּמֵנוּ, וְתֶאֱסוֹף גָּלֻיּוֹתֵינוּ לְחַצְרוֹת קָדְשֶׁךָ, וְנָשׁוּב אֵלֶיךָ לִשְׁמוֹר חֻקֶּיךָ, וְלַעֲשׂוֹת רְצוֹנֶךָ, וּלְעָבְדְּךָ בְּלֵבָב שָׁלֵם, עַל שֶׁאֲנוּ מוֹדִים לָךְ, בָּרוּךְ אֵל הַהוֹדָאוֹת:

Chazzan:

רצה Look with favor, Lord our God, on Your people Israel, and pay heed to their prayer; restore the service to Your Sanctuary, and accept with love and favor Israel's fire-offerings and prayer; and may the service of Your people Israel always find favor.

ותחזינה May our eyes behold Your return to Zion in mercy. Blessed are You, Lord, who restores His Divine Presence to Zion. Cong. Amen.

Bow at We thankfully acknowledge; straighten up at Lord.

מודים We thankfully acknowledge that You are the Lord our God and God of our fathers forever. You are the strength of our life, the shield of our salvation in every generation. We will give thanks to You and recount Your praise, evening, morning and noon, for our lives which are committed into Your hand, for our souls which are entrusted to You, for Your miracles which are with us daily, and for Your continual wonders and beneficences. You are the Beneficent One, for Your mercies never cease; and the Merciful One, for Your kindnesses never end; for we always place our hope in You.

MODIM D'RABBANAN

While the chazzan recites *Modim*, the congregation recites the following, while bowing:

Transliteration, page 334.

מודים We thankfully acknowledge that You are the Lord our God and God of our fathers, the God of all flesh, our Creator and the Creator of all existence. We offer blessings and thanks to Your great and holy Name, for You have given us life and sustained us; so may You continue to grant us life and sustain us—gather our dispersed to the courtyards of Your Sanctuary, and we shall return to You to keep Your Laws, to do Your will, and to serve You with a perfect heart—for we thankfully acknowledge You. Blessed is God, who is worthy of thanks.

וְעַל כֻּלָּם יִתְבָּרַךְ וְיִתְרוֹמָם וְיִתְנַשֵּׂא שִׁמְךָ מַלְכֵּנוּ תָּמִיד
לְעוֹלָם וָעֶד:

—Cong. then chazzan

אָבִינוּ מַלְכֵּנוּ, זְכוֹר רַחֲמֶיךָ, וּכְבוֹשׁ כַּעַסְךָ,
וְכַלֵּה דֶּבֶר, וְחֶרֶב, וְרָעָב, וּשְׁבִי, וּמַשְׁחִית,
וְעָוֹן, וּמַגֵּפָה, וּפֶגַע רָע, וְכָל מַחֲלָה, וְכָל
תַּקָּלָה, וְכָל קְטָטָה, וְכָל מִינֵי פֻּרְעָנִיּוֹת, וְכָל
גְּזֵרָה רָעָה, וְשִׂנְאַת חִנָּם, מֵעָלֵינוּ וּמֵעַל כָּל
בְּנֵי בְרִיתֶךָ:

—Cong. then chazzan

וּכְתוֹב לְחַיִּים טוֹבִים כָּל בְּנֵי בְרִיתֶךָ:

The Kohanim who will be reciting the Priestly Blessing recite the following, as the chazzan recites וְכָל הַחַיִּים:

יְהִי רָצוֹן מִלְּפָנֶיךָ, יְיָ אֱלֹהֵינוּ וֵאלֹהֵי אֲבוֹתֵינוּ, שֶׁתְּהֵא
הַבְּרָכָה הַזֹּאת שֶׁצִּוִּיתָנוּ לְבָרֵךְ אֶת עַמְּךָ יִשְׂרָאֵל
בְּרָכָה שְׁלֵמָה שֶׁלֹּא יִהְיֶה בָּהּ מִכְשׁוֹל וְעָוֹן, מֵעַתָּה וְעַד
עוֹלָם:

The Kohanim prolong the recital to conclude it as the chazzan concludes the blessing הַטּוֹב
שִׁמְךָ, so that the congregation will answer אָמֵן to both.

Chazzan:

וְכָל הַחַיִּים יוֹדוּךָ סֶּלָה, וִיהַלְלוּ שִׁמְךָ הַגָּדוֹל לְעוֹלָם כִּי
טוֹב, הָאֵל יְשׁוּעָתֵנוּ וְעֶזְרָתֵנוּ סֶלָה, הָאֵל הַטּוֹב.

Bend knees at בָּרוּךְ; bow at אַתָּה; straighten up at יְיָ.

בָּרוּךְ אַתָּה יְיָ, הַטּוֹב שִׁמְךָ וּלְךָ נָאֶה לְהוֹדוֹת:
(אָמֵן—Cong)

---

1. V. Sotah 39a.

וכתוב Inscribe all the children of Your Covenant for a good life.

ועל And for all these, may Your Name, our King, be continually blessed, exalted, and extolled forever and all time.

Cong. then chazzan: אבינו *Övinu malkaynu z'chor rachamechö u-ch'vosh ka-as'chö v'chalay dever v'cherev v'rö-öv u-sh'vi u-mash-chis v'övon u-magayfö u-fega rö v'chöl machalö v'chöl takölö v'chöl k'tötö v'chöl minay fur-öniyos v'chöl g'zayrö rö-ö v'sin-as chinöm may-ölaynu u-may-al köl b'nay v'risechö.*

Cong. then chazzan: וכתוב *U-ch'sov l'cha-yim tovim köl b'nay v'risechö.*

The Kohanim who will be reciting the Priestly Blessing recite the following, as the chazzan recites *And all living things*:

יהי May it be Your will, Lord our God and God of our fathers, that this blessing which You have commanded us to bless Your people Israel shall be a perfect blessing, that it shall have in it no impediment or iniquity, from now and for all time.[1]

The Kohanim prolong the recital to conclude it as the chazzan concludes the blessing *Beneficent is Your Name*, so that the congregation will answer Amen to both.

Chazzan:

וכל And all living things shall forever thank You, and praise Your great Name eternally, for You are good. God, You are our everlasting salvation and help, O benevolent God.

Bend knees at *Blessed*; bow at *You*; straighten up at *Lord*.

Blessed are You, Lord, Beneficent is Your Name, and to You it is fitting to offer thanks. Cong. Amen.

אבינו Our Father, our King, remember Your compassion and suppress Your wrath, and eradicate pestilence, sword, famine, captivity, destruction, iniquity, plague and evil occurrence; every disease, every mishap, every strife, every kind of punishment, every evil decree and groundless hatred, from us and from every member of Your Covenant.

THE PRIESTLY BLESSING

For laws regarding the Priestly Blessing, see page 331.
For the יְהִי רָצוֹן, recited by the Kohanim before the Priestly Blessing, see previous page.

The chazzan says quietly:[1]

אֱלֹהֵינוּ וֵאלֹהֵי אֲבוֹתֵינוּ, בָּרְכֵנוּ בַבְּרָכָה הַמְּשֻׁלֶּשֶׁת בַּתּוֹרָה הַכְּתוּבָה עַל יְדֵי מֹשֶׁה עַבְדֶּךָ, הָאֲמוּרָה מִפִּי אַהֲרֹן וּבָנָיו,

The chazzan calls to the Kohanim aloud:

כֹּהֲנִים,

and concludes quietly:

עַם קְדוֹשֶׁךָ, כָּאָמוּר:

The congregation covers their faces with their *tallitot*. One not wearing a *tallit* should stand together with someone who does, and cover his face with that person's *tallit*.

The Kohanim, who are facing the Ark, then turn to face the congregation before reciting the following blessing:

בָּרוּךְ אַתָּה יְיָ, אֱלֹהֵינוּ מֶלֶךְ הָעוֹלָם, אֲשֶׁר קִדְּשָׁנוּ בִּקְדֻשָּׁתוֹ שֶׁל אַהֲרֹן, וְצִוָּנוּ לְבָרֵךְ אֶת עַמּוֹ יִשְׂרָאֵל בְּאַהֲבָה. (Cong—אָמֵן)

The chazzan should not begin יְבָרֶכְךָ until the congregation has concluded saying אָמֵן. The Kohanim should not begin each word until the chazzan has concluded it, and the congregation should not respond אָמֵן until the Kohanim have concluded each blessing.

The people standing behind the Kohanim are not included in the Priestly Blessing, but those in front of them or on their side are included, for even an iron curtain cannot separate between Israel and their Father in Heaven. However, they should face the Kohanim (but not look at them) and not look around, as the blessing of the Kohanim must be face-to-face.

The chazzan calls out each word of the following blessing and the Kohanim repeat after him. The congregation responds אָמֵן as indicated.

יְבָרֶכְךָ, יְיָ, וְיִשְׁמְרֶךָ: (אָמֵן) יָאֵר, יְיָ, פָּנָיו, אֵלֶיךָ, וִיחֻנֶּךָּ: (אָמֵן) יִשָּׂא, יְיָ, פָּנָיו, אֵלֶיךָ, וְיָשֵׂם, לְךָ, שָׁלוֹם:[2] (אָמֵן)

1. If no Kohanim are present, the chazzan recites the paragrahs אֱלֹהֵינוּ...כָּאָמוּר and יְבָרֶכְךָ...שָׁלוֹם in a normal tone of voice, and the congregation responds אָמֵן as indicated. Then the chazzan continues with שִׂים שָׁלוֹם, pages 242. 2. Numbers 6:24-26.

THE PRIESTLY BLESSING

For laws regarding the Priestly Blessing, see page 331.
For the prayer recited by the Kohanim before the Priestly Blessing, see previous page.

The chazzan says quietly:[1]

אלהינו Our God and God of our fathers, bless us with the threefold blessing written in the Torah by Moses Your servant, and pronounced by Aaron and his sons,

The chazzan calls to the Kohanim aloud:

Kohanim,

and concludes quietly:

Your consecrated people, as it is said:

The congregation covers their faces with their *tallitot*. One not wearing a *tallit* should stand together with someone who does, and cover his face with that person's *tallit*.

The Kohanim, who are facing the Ark, then turn to face the congregation before reciting the following blessing:

Transliteration, page 345.

ברוך Blessed are You, Lord our God, King of the universe, who has sanctified us with the sanctity of Aaron, and commanded us to bless His people Israel with love. Cong. Amen.

The chazzan should not begin *The Lord bless you* until the congregation has concluded saying Amen. The Kohanim should not begin each word until the chazzan has concluded it, and the congregation should not respond Amen until the Kohanim have concluded each blessing.

The people standing behind the Kohanim are not included in the Priestly Blessing, but those in front of them or on their side are included, for even an iron curtain cannot separate between Israel and their Father in Heaven. However, they should face the Kohanim (but not look at them) and not look around, as the blessing of the Kohanim must be face-to-face.

The chazzan calls out each word of the following blessing and the Kohanim repeat after him. The congregation responds Amen as indicated.

Transliteration, page 345.

יברכך The Lord bless you and guard you. (Amen) The Lord make His countenance shine upon you and be gracious to you. (Amen) The Lord turn His countenance toward you and grant you peace.[2] (Amen)

While the Kohanim sing the wordless melody prior to saying (but not while they say) וְיָשֵׂם, the congregation says:

רִבּוֹנוֹ שֶׁל עוֹלָם, אֲנִי שֶׁלָּךְ, וַחֲלוֹמוֹתַי שֶׁלָּךְ, חֲלוֹם חָלַמְתִּי וְאֵינִי יוֹדֵעַ מַה הוּא. יְהִי רָצוֹן מִלְּפָנֶיךָ יְיָ אֱלֹהַי וֵאלֹהֵי אֲבוֹתַי, שֶׁיִּהְיוּ כָּל חֲלוֹמוֹתַי עָלַי וְעַל כָּל יִשְׂרָאֵל, לְטוֹבָה, בֵּין חֲלוֹמוֹת שֶׁחָלַמְתִּי עַל אֲחֵרִים, וּבֵין שֶׁחָלַמְתִּי עַל עַצְמִי, וּבֵין שֶׁחָלְמוּ אֲחֵרִים עָלָי. אִם טוֹבִים הֵם, חַזְּקֵם וְאַמְּצֵם, וְיִתְקַיְּמוּ בִי וּבָהֶם, כַּחֲלוֹמוֹתָיו שֶׁל יוֹסֵף הַצַּדִּיק:

While the Kohanim sing the wordless melody prior to saying (but not while they say) לְךָ, the congregation says:

וְאִם צְרִיכִים רְפוּאָה, רְפָאֵם, כְּחִזְקִיָּהוּ מֶלֶךְ יְהוּדָה מֵחָלְיוֹ, וּכְמִרְיָם הַנְּבִיאָה מִצָּרַעְתָּהּ, וּכְנַעֲמָן מִצָּרַעְתּוֹ, וּכְמֵי מָרָה עַל יְדֵי מֹשֶׁה רַבֵּינוּ, וּכְמֵי יְרִיחוֹ עַל יְדֵי אֱלִישָׁע:

While the Kohanim sing the wordless melody prior to saying (but not while they say) שָׁלוֹם, the congregation says:

וּכְשֵׁם שֶׁהָפַכְתָּ אֶת קִלְלַת בִּלְעָם הָרָשָׁע מִקְּלָלָה לִבְרָכָה, כֵּן תַּהֲפוֹךְ כָּל חֲלוֹמוֹתַי עָלַי וְעַל כָּל יִשְׂרָאֵל לְטוֹבָה,

As the Kohanim say the word שָׁלוֹם, the congregation says:

וְתִשְׁמְרֵנִי וּתְחָנֵּנִי וְתִרְצֵנִי:

After the Kohanim say שָׁלוֹם respond: אָמֵן. The following is recited while the face is still covered by the *tallit*:

אַדִּיר בַּמָּרוֹם, שׁוֹכֵן בִּגְבוּרָה, אַתָּה שָׁלוֹם וְשִׁמְךָ שָׁלוֹם, יְהִי רָצוֹן מִלְּפָנֶיךָ שֶׁתָּשִׂים עָלֵינוּ וְעַל כָּל עַמְּךָ בֵּית יִשְׂרָאֵל, חַיִּים וּבְרָכָה לְמִשְׁמֶרֶת שָׁלוֹם:

The Kohanim remain standing at the Ark until after Kaddish, page 245.

Chazzan:

שִׂים שָׁלוֹם, טוֹבָה וּבְרָכָה, חַיִּים חֵן וָחֶסֶד וְרַחֲמִים, עָלֵינוּ וְעַל כָּל יִשְׂרָאֵל עַמֶּךָ. בָּרְכֵנוּ אָבִינוּ כֻּלָּנוּ כְּאֶחָד בְּאוֹר פָּנֶיךָ, כִּי בְאוֹר פָּנֶיךָ נָתַתָּ לָּנוּ יְיָ אֱלֹהֵינוּ תּוֹרַת חַיִּים וְאַהֲבַת חֶסֶד, וּצְדָקָה וּבְרָכָה וְרַחֲמִים וְחַיִּים

While the Kohanim sing the wordless melody prior to saying (but not while they say) Vyaseim, the congregation says:

רבונו **Master of the universe!** I am Yours and my dreams are Yours. I have dreamed a dream and I do not know what it is. May it be Your will, Lord my God and God of my fathers, that all my dreams, concerning myself and concerning anyone of Israel, shall be for good—whether dreams that I dreamed about others, or whether I dreamed about myself, or whether others dreamed about me. If they are good [dreams], strengthen and reinforce them, and may they be fulfilled in me and in them, like the dreams of Joseph the righteous.

While the Kohanim sing the wordless melody prior to saying (but not while they say) Lecha, the congregation says:

ואם **But if** they require a remedy, heal them like Hezekiah King of Judah from his illness, like Miriam the prophetess from her leprosy, like Naaman from his leprosy, like the waters of Marah by Moses and like the waters of Jericho by Elisha.

While the Kohanim sing the wordless melody prior to saying (but not while they say) Shalom, the congregation says:

וכשם **As You** have changed the curse of the wicked Balaam from a curse to a blessing, so shall You change all my dreams concerning myself and concerning all Israel to good;

As the Kohanim say the word Shalom, the congregation says:

ותשמרני **and guard me,** be gracious to me, and favor me.

After the Kohanim say Shalom respond: Amen. The following is recited while the face is still covered by the tallit:

אדיר **Mighty One** on high, abiding in power, You are peace and Your Name is peace. May it be Your will to bestow upon us and upon all Your people, the House of Israel, life and blessing for the preservation of peace.

The Kohanim remain standing at the Ark until after Kaddish, page 245.

Chazzan:

שים **Bestow peace,** goodness, and blessing, life, graciousness, kindness, and mercy, upon us and upon all Your people Israel. Bless us, our Father, all of us as one, with the light of Your countenance, for by the light of Your countenance You gave us, Lord our God, the Torah of life and loving-kindness, righteousness, blessing, mercy, life and

וְשָׁלוֹם, וְטוֹב בְּעֵינֶיךָ לְבָרֵךְ אֶת עַמְּךָ יִשְׂרָאֵל בְּכָל עֵת וּבְכָל שָׁעָה בִּשְׁלוֹמֶךָ.

Congregation then chazzan:

וּבְסֵפֶר חַיִּים בְּרָכָה וְשָׁלוֹם וּפַרְנָסָה טוֹבָה, יְשׁוּעָה וְנֶחָמָה וּגְזֵרוֹת טוֹבוֹת, נִזָּכֵר וְנִכָּתֵב לְפָנֶיךָ, אֲנַחְנוּ וְכָל עַמְּךָ בֵּית יִשְׂרָאֵל, לְחַיִּים טוֹבִים וּלְשָׁלוֹם: וְנֶאֱמַר: כִּי בִי יִרְבּוּ יָמֶיךָ וְיוֹסִיפוּ לְךָ שְׁנוֹת חַיִּים:[1] לְחַיִּים טוֹבִים תִּכְתְּבֵנוּ אֱלֹהִים חַיִּים, כָּתְבֵנוּ בְּסֵפֶר הַחַיִּים, כַּכָּתוּב: וְאַתֶּם הַדְּבֵקִים בַּיְיָ אֱלֹהֵיכֶם חַיִּים כֻּלְּכֶם הַיּוֹם:[2]

THE ARK IS OPENED.

The following phrases are recited responsively. The congregation says the first phrase, followed by the chazzan. After the chazzan recites each phrase, the congregation responds אָמֵן as indicated, and then recites the subsequent phrase.

הַיּוֹם תְּאַמְּצֵנוּ: (אָמֵן)
הַיּוֹם תְּבָרְכֵנוּ: (אָמֵן)
הַיּוֹם תְּגַדְּלֵנוּ: (אָמֵן)
הַיּוֹם תִּדְרְשֵׁנוּ לְטוֹבָה: (אָמֵן)
הַיּוֹם תִּשְׁמַע שַׁוְעָתֵנוּ: (אָמֵן)
הַיּוֹם תְּקַבֵּל בְּרַחֲמִים וּבְרָצוֹן אֶת תְּפִלָּתֵנוּ: (אָמֵן)
הַיּוֹם תִּתְמְכֵנוּ בִּימִין צִדְקֶךָ: (אָמֵן)

THE ARK IS CLOSED.

Congregation and chazzan:

כְּהַיּוֹם הַזֶּה תְּבִיאֵנוּ שָׂשִׂים וּשְׂמֵחִים בְּבִנְיַן שָׁלֵם, כַּכָּתוּב: וַהֲבִיאוֹתִים אֶל הַר קָדְשִׁי וְשִׂמַּחְתִּים בְּבֵית תְּפִלָּתִי, עוֹלֹתֵיהֶם וְזִבְחֵיהֶם לְרָצוֹן עַל מִזְבְּחִי, כִּי בֵיתִי בֵּית תְּפִלָּה יִקָּרֵא לְכָל הָעַמִּים.[3] וְנֶאֱמַר: וַיְצַוֵּנוּ יְיָ לַעֲשׂוֹת אֶת כָּל הַחֻקִּים הָאֵלֶּה לְיִרְאָה אֶת יְיָ אֱלֹהֵינוּ, לְטוֹב לָנוּ כָּל הַיָּמִים, לְחַיֹּתֵנוּ כְּהַיּוֹם הַזֶּה.[4] וְנֶאֱמַר: וּצְדָקָה תִּהְיֶה לָּנוּ כִּי נִשְׁמֹר לַעֲשׂוֹת אֶת כָּל הַמִּצְוָה הַזֹּאת לִפְנֵי יְיָ אֱלֹהֵינוּ כַּאֲשֶׁר צִוָּנוּ:[5] וּצְדָקָה וּבְרָכָה וְרַחֲמִים וְחַיִּים וְשָׁלוֹם יִהְיֶה לָּנוּ וּלְכָל יִשְׂרָאֵל עַד הָעוֹלָם:

1. Proverbs 9:11. 2. Deuteronomy 4:4. 3. Isaiah 56:7. 4. Deuteronomy 6:24. 5. Ibid. 6:25.

peace. May it be favorable in Your eyes to bless Your people Israel, at all times and at every moment, with Your peace.

Congregation then chazzan:

ובספר *U-v'sayfer cha-yim b'röchö v'shölom ufar'nösö tovö, y'shu-ö v'nechömö u-g'zayros tovos, nizöchayr v'nikösayv l'fönechö, anach-nu v'chöl am'chö bays yisrö-ayl, l'cha-yim tovim u-l'shölom. V'ne-emar: Ki vi yirbu yömechö v'yosifu l'chö sh'nos cha-yim.*[1] *L'cha-yim tovim tich-t'vaynu elohim cha-yim, kös'vaynu b'sayfer hacha-yim kakösuv: V'atem had'vaykim badonöy elohaychem cha-yim kul'chem ha-yom.*[2]

THE ARK IS OPENED.

The following phrases are recited responsively. The congregation says the first phrase, followed by the chazzan. After the chazzan recites each phrase, the congregation responds Amen as indicated, and then recites the subsequent phrase.

Transliteration, page 346.

On this day, strengthen us. (Amen)

On this day, bless us. (Amen)

On this day, exalt us. (Amen)

On this day, seek us out for good. (Amen)

On this day, hear our cry. (Amen)

On this day, accept our prayer with mercy and goodwill. (Amen)

On this day, sustain us with the right hand of Your righteousness. (Amen)

THE ARK IS CLOSED.

Congregation and chazzan:

כהיום As of this day, bring us joyous and happy to the Temple at Jerusalem, as it is written: I will bring them to My holy mountain and make them rejoice in My house of prayer; their burnt-offerings and their sacrifices shall be favorably accepted upon My altar, for My house shall be called a house of prayer for all the nations.[3] And it is said: The Lord commanded us to observe all these statutes, to fear the Lord our God, for our own lasting good, that He might keep us alive, as on this day.[4] And it is said: It will be to our merit if we take care to do this entire commandment before the Lord our God, as He has commanded us.[5] May righteousness, blessing, mercy, life, and peace be granted to us and to all Israel forever.

ובספר And in the Book of life, blessing, peace and prosperity, deliverance, consolation and favorable decrees may we and all Your people the House of Israel be remembered and inscribed before You for a happy life and for peace. And it is said: For through Me shall your days be multiplied and years of life shall be added to you.[1] Inscribe us for a happy life, O living God; inscribe us in the Book of Life, as it is written: And you who cleave to the Lord your God are all alive today.[2]

The Kohanim recite the following, making sure to conclude it as the chazzan concludes the blessing הַמְבָרֵךְ...בַּשָּׁלוֹם (below), so that the congregation will answer אָמֵן to both.

רִבּוֹנוֹ שֶׁל עוֹלָם, עָשִׂינוּ מַה שֶּׁגָּזַרְתָּ עָלֵינוּ, עֲשֵׂה אַתָּה עִמָּנוּ כְּמוֹ שֶׁהִבְטַחְתָּנוּ. הַשְׁקִיפָה מִמְּעוֹן קָדְשְׁךָ מִן הַשָּׁמַיִם, וּבָרֵךְ אֶת עַמְּךָ אֶת יִשְׂרָאֵל, וְאֵת הָאֲדָמָה אֲשֶׁר נָתַתָּה לָנוּ, כַּאֲשֶׁר נִשְׁבַּעְתָּ לַאֲבֹתֵינוּ, אֶרֶץ זָבַת חָלָב וּדְבָשׁ:[1]

Chazzan:

בָּרוּךְ אַתָּה יְיָ, הַמְבָרֵךְ אֶת עַמּוֹ יִשְׂרָאֵל בַּשָּׁלוֹם:

(Cong—אָמֵן)

Chazzan concludes silently:

יִהְיוּ לְרָצוֹן אִמְרֵי פִי וְהֶגְיוֹן לִבִּי לְפָנֶיךָ, יְיָ צוּרִי וְגוֹאֲלִי:[2]

Chazzan recites Complete Kaddish. Congregation responds אָמֵן as indicated. The *shofar* is sounded before the sentence תִּתְקַבַּל as indicated (except on Shabbat).

יִתְגַּדַּל וְיִתְקַדַּשׁ שְׁמֵהּ רַבָּא. (Cong—אָמֵן) בְּעָלְמָא דִּי בְרָא כִרְעוּתֵהּ וְיַמְלִיךְ מַלְכוּתֵהּ, וְיַצְמַח פּוּרְקָנֵהּ וִיקָרֵב מְשִׁיחֵהּ. (Cong—אָמֵן) בְּחַיֵּיכוֹן וּבְיוֹמֵיכוֹן וּבְחַיֵּי דְכָל בֵּית יִשְׂרָאֵל, בַּעֲגָלָא וּבִזְמַן קָרִיב וְאִמְרוּ אָמֵן:

(Cong—אָמֵן. יְהֵא שְׁמֵהּ רַבָּא מְבָרַךְ לְעָלַם וּלְעָלְמֵי עָלְמַיָּא, יִתְבָּרַךְ.)

יְהֵא שְׁמֵהּ רַבָּא מְבָרַךְ לְעָלַם וּלְעָלְמֵי עָלְמַיָּא. יִתְבָּרַךְ, וְיִשְׁתַּבַּח, וְיִתְפָּאַר, וְיִתְרוֹמַם, וְיִתְנַשֵּׂא, וְיִתְהַדָּר וְיִתְעַלֶּה, וְיִתְהַלָּל, שְׁמֵהּ דְּקוּדְשָׁא בְּרִיךְ הוּא. (Cong—אָמֵן) לְעֵלָּא מִן כָּל בִּרְכָתָא וְשִׁירָתָא, תֻּשְׁבְּחָתָא וְנֶחֱמָתָא, דַּאֲמִירָן בְּעָלְמָא, וְאִמְרוּ אָמֵן: (Cong—אָמֵן)

The *shofar* is sounded at this point (except on Shabbat).

תקיעה. שברים תרועה. תקיעה.

1. Deuteronomy 26:15. 2. Psalms 19:15.

The Kohanim recite the following, making sure to conclude it as the chazzan concludes the blessing *Blessed...peace* (below), so that the congregation will answer Amen to both.

רבונו Master of the universe, we have carried out that which You have decreed on us; You deal with us as You have promised us: Look down from Your abode, from heaven, and bless Your people Israel and the land which You have given us, as You have sworn to our fathers—a land flowing with milk and honey.[1]

Chazzan:

Blessed are You, Lord, who blesses His people Israel with peace. Cong. Amen.

Chazzan concludes silently:

יהיו May the words of my mouth and the meditation of my heart be acceptable before You, Lord, my Strength and my Redeemer.[2]

Chazzan recites Complete Kaddish. Congregation responds Amen as indicated. The *shofar* is sounded before the sentence *May the prayers* as indicated (except on Shabbat).

יתגדל Exalted and hallowed be His great Name (Cong: Amen) throughout the world which He has created according to His will. May He establish His kingship, bring forth His redemption and hasten the coming of His Mashiach (Cong: Amen) in your lifetime and in your days and in the lifetime of the entire House of Israel, speedily and soon, and say, Amen.

(Cong: Amen. May His great Name be blessed forever and to all eternity. Blessed.)

May His great Name be blessed forever and to all eternity. Blessed and praised, glorified, exalted and extolled, honored, adored and lauded be the Name of the Holy One, blessed be He, (Cong: Amen) beyond all the blessings, hymns, praises and consolations that are uttered in the world; and say, Amen. (Cong: Amen)

The *shofar* is sounded at this point (except on Shabbat).

TEKIAH   SHEVARIM–TERUAH   TEKIAH

תקיעה. שברים. תקיעה.
תקיעה. תרועה. תקיעה.

תִּתְקַבֵּל צְלוֹתְהוֹן וּבָעוּתְהוֹן דְּכָל בֵּית יִשְׂרָאֵל, קֳדָם אֲבוּהוֹן דִּי בִשְׁמַיָּא, וְאִמְרוּ אָמֵן: (Cong—אָמֵן) יְהֵא שְׁלָמָא רַבָּא מִן שְׁמַיָּא וְחַיִּים טוֹבִים עָלֵינוּ וְעַל כָּל יִשְׂרָאֵל, וְאִמְרוּ אָמֵן: (Cong—אָמֵן)

Take three steps back, then bow right saying עֹשֶׂה הַשָּׁלוֹם בִּמְרוֹמָיו, bow forward saying הוּא, bow left saying יַעֲשֶׂה שָׁלוֹם עָלֵינוּ, and bow forward saying וְעַל כָּל יִשְׂרָאֵל, וְאִמְרוּ אָמֵן.

עֹשֶׂה הַשָּׁלוֹם בִּמְרוֹמָיו, הוּא יַעֲשֶׂה שָׁלוֹם עָלֵינוּ וְעַל כָּל יִשְׂרָאֵל, וְאִמְרוּ אָמֵן: (Cong—אָמֵן)

קַוֵּה אֶל יְיָ, חֲזַק וְיַאֲמֵץ לִבֶּךָ, וְקַוֵּה אֶל יְיָ:[1] אֵין קָדוֹשׁ כַּייָ, כִּי אֵין בִּלְתֶּךָ, וְאֵין צוּר כֵּאלֹהֵינוּ:[2] כִּי מִי אֱלוֹהַ מִבַּלְעֲדֵי יְיָ, וּמִי צוּר זוּלָתִי אֱלֹהֵינוּ:[3]

אֵין כֵּאלֹהֵינוּ, אֵין כַּאדוֹנֵינוּ, אֵין כְּמַלְכֵּנוּ, אֵין כְּמוֹשִׁיעֵנוּ: מִי כֵאלֹהֵינוּ, מִי כַאדוֹנֵינוּ, מִי כְמַלְכֵּנוּ, מִי כְמוֹשִׁיעֵנוּ: נוֹדֶה לֵאלֹהֵינוּ, נוֹדֶה לַאדוֹנֵינוּ, נוֹדֶה לְמַלְכֵּנוּ, נוֹדֶה לְמוֹשִׁיעֵנוּ: בָּרוּךְ אֱלֹהֵינוּ, בָּרוּךְ אֲדוֹנֵינוּ, בָּרוּךְ מַלְכֵּנוּ, בָּרוּךְ מוֹשִׁיעֵנוּ: אַתָּה הוּא אֱלֹהֵינוּ, אַתָּה הוּא אֲדוֹנֵינוּ, אַתָּה הוּא מַלְכֵּנוּ, אַתָּה הוּא מוֹשִׁיעֵנוּ, אַתָּה תוֹשִׁיעֵנוּ: אַתָּה תָקוּם תְּרַחֵם צִיּוֹן כִּי עֵת לְחֶנְנָהּ כִּי בָא מוֹעֵד:[4] אַתָּה הוּא יְיָ אֱלֹהֵינוּ וֵאלֹהֵי אֲבוֹתֵינוּ, שֶׁהִקְטִירוּ אֲבוֹתֵינוּ לְפָנֶיךָ אֶת קְטֹרֶת הַסַּמִּים:

1. Psalm 27:14. 2. I Samuel 2:2. 3. Psalms 18:32. 4. Ibid. 102:14.

TEKIAH   SHEVARIM   TEKIAH

TEKIAH   TERUAH   TEKIAH

May the prayers and supplications of the entire House of Israel be accepted before their Father in heaven; and say, Amen. (Cong: Amen) May there be abundant peace from heaven, and a good life for us and for all Israel; and say, Amen. (Cong: Amen)

Take three steps back, then bow right saying *He who makes the peace in His Heavens*, bow forward saying *may He*, bow left saying *make peace for us*, and bow forward saying *and for all Israel; and say, Amen.*

He who makes the peace in His heavens, may He make peace for us and for all Israel; and say, Amen. (Cong: Amen)

קוה Hope in the Lord, be strong and let your heart be valiant, and hope in the Lord.[1] None is holy as the Lord, for there is none aside from You, and there is none mighty as our God.[2] For who is God except the Lord, and who is mighty other than our God?[3]

Transliteration, page 346.

אין There is none like our God; there is none like our Lord; there is none like our King; there is none like our Deliverer. Who is like our God? Who is like our Lord? Who is like our King? Who is like our Deliverer? Let us acknowledge our God; let us acknowledge our Lord; let us acknowledge our King; let us acknowledge our Deliverer. Blessed is our God; blessed is our Lord; blessed is our King; blessed is our Deliverer. You are our God; You are our Lord; You are our King; You are our Deliverer; You will save us. You will arise and have mercy on Zion, for it is time to be gracious to her; the appointed time has come.[4] You are the Lord our God and God of our fathers before whom our ancestors burned the offering of incense.

פִּטּוּם הַקְּטֹרֶת, הַצֳּרִי, וְהַצִּפֹּרֶן, הַחֶלְבְּנָה, וְהַלְּבוֹנָה, מִשְׁקַל שִׁבְעִים שִׁבְעִים מָנֶה, מוֹר, וּקְצִיעָה, שִׁבֹּלֶת נֵרְדְּ, וְכַרְכֹּם, מִשְׁקַל שִׁשָּׁה עָשָׂר שִׁשָּׁה עָשָׂר מָנֶה, הַקֹּשְׁטְ שְׁנֵים עָשָׂר, קִלּוּפָה שְׁלשָׁה, קִנָּמוֹן תִּשְׁעָה. בֹּרִית כַּרְשִׁינָה תִּשְׁעָה קַבִּין, יֵין קַפְרִיסִין סְאִין תְּלָתָא וְקַבִּין תְּלָתָא, וְאִם אֵין לוֹ יֵין קַפְרִיסִין מֵבִיא חֲמַר חִוַּרְיָן עַתִּיק. מֶלַח סְדוֹמִית רוֹבַע, מַעֲלֶה עָשָׁן כָּל שֶׁהוּא. רַבִּי נָתָן הַבַּבְלִי אוֹמֵר: אַף כִּפַּת הַיַּרְדֵּן כָּל שֶׁהִיא, וְאִם נָתַן בָּהּ דְּבַשׁ פְּסָלָהּ, וְאִם חִסַּר אֶחָד מִכָּל סַמְמָנֶיהָ חַיָּב מִיתָה: רַבָּן שִׁמְעוֹן בֶּן גַּמְלִיאֵל אוֹמֵר: הַצֳּרִי אֵינוֹ אֶלָּא שְׂרָף הַנּוֹטֵף מֵעֲצֵי הַקְּטָף, בֹּרִית כַּרְשִׁינָה שֶׁשָּׁפִין בָּהּ אֶת הַצִּפֹּרֶן, כְּדֵי שֶׁתְּהֵא נָאָה; יֵין קַפְרִיסִין שֶׁשּׁוֹרִין בּוֹ אֶת הַצִּפֹּרֶן, כְּדֵי שֶׁתְּהֵא עַזָּה. וַהֲלֹא מֵי רַגְלַיִם יָפִין לָהּ, אֶלָּא שֶׁאֵין מַכְנִיסִין מֵי רַגְלַיִם בַּמִּקְדָּשׁ מִפְּנֵי הַכָּבוֹד:[1]

תָּנָא דְבֵי אֵלִיָּהוּ, כָּל הַשּׁוֹנֶה הֲלָכוֹת בְּכָל יוֹם מֻבְטָח לוֹ שֶׁהוּא בֶּן עוֹלָם הַבָּא, שֶׁנֶּאֱמַר: הֲלִיכוֹת עוֹלָם לוֹ,[2] אַל תִּקְרֵי הֲלִיכוֹת אֶלָּא הֲלָכוֹת:[3]

אָמַר רַבִּי אֶלְעָזָר אָמַר רַבִּי חֲנִינָא:[4] תַּלְמִידֵי חֲכָמִים מַרְבִּים שָׁלוֹם בָּעוֹלָם, שֶׁנֶּאֱמַר: וְכָל בָּנַיִךְ לִמּוּדֵי יְיָ, וְרַב שְׁלוֹם בָּנָיִךְ:[5] אַל תִּקְרֵי בָּנָיִךְ, אֶלָּא בּוֹנָיִךְ: שָׁלוֹם רָב לְאֹהֲבֵי תוֹרָתֶךָ, וְאֵין לָמוֹ מִכְשׁוֹל:[6] יְהִי שָׁלוֹם בְּחֵילֵךְ, שַׁלְוָה בְּאַרְמְנוֹתָיִךְ: לְמַעַן אַחַי וְרֵעָי, אֲדַבְּרָה נָּא שָׁלוֹם בָּךְ: לְמַעַן בֵּית יְיָ אֱלֹהֵינוּ, אֲבַקְשָׁה טוֹב לָךְ:[7] יְיָ עֹז לְעַמּוֹ יִתֵּן, יְיָ יְבָרֵךְ אֶת עַמּוֹ בַשָּׁלוֹם:[8]

1. V. Keritot 6a; Yerushalmi, Yoma 4:5. **2.** Habakkuk 3:6. **3.** Tanna D'vei Eliyahu Zuta, ch. 2; Megillah 28b; Niddah 73a. **4.** Berachot 64a; Yevamot 122b; Nazir 66b; Keritot 28b; Tamid 32b. **5.** Isaiah 54:13. **6.** Psalms 119:165. **7.** Ibid. 122:7-9. **8.** Ibid. 29:11.

פטום The incense consisted of balm, onycha, galbanum, and frankincense, each one weighing seventy *maneh*; myrrh, cassia, spikenard, and saffron, each weighing sixteen *maneh*; costus, twelve [*maneh*]; aromatic bark, three [*maneh*]; cinnamon, nine [*maneh*]. [Also used in the preparation of the incense were:] lye of Carshinah, nine *kabin*; Cyprus wine, three *se'in* and three *kabin*—if Cyprus wine was not available, strong white wine might be used instead; salt of Sodom, a fourth of a *kab*; and a minute quantity of a smoke-raising herb. Rabbi Nathan the Babylonian says: A minute quantity of Jordan amber was also added. If, however, honey were added, the incense became unfit; while if one left out any one of the ingredients, he was liable to the death penalty. Rabban Shimon ben Gamliel says: The balm is no other than a resin which exudes from the balsam trees. The lye of Carshinah was used for rubbing on the onycha to refine its appearance. The Cyprus wine was used in which to steep the onycha to make its odor more pungent. Though the water of Raglayim might have served that purpose well, it would be disrespectful to bring it into the Bet Hamikdash.[1]

תנא It was taught by Elijah: Whoever studies Torah laws every day is assured of life in the World to Come, for it is said: *Halichot* (the ways of) the world are his.[2] Do not read *halichot* but *halachot* (Torah laws).[3]

אמר Rabbi Elazar said in the name of Rabbi Chanina:[4] Torah scholars increase peace in the world, for it is said: And all your children shall be learners of the [Torah of the] Lord, and great will be the peace of *banayich* (your children).[5] Do not read *banayich*, but *bonayich* (your builders). Those who love Your Torah have abundant peace, and there is no stumbling for them.[6] May there be peace within your walls, serenity within your mansions. For the sake of my brethren and friends, I ask that there be peace within you. For the sake of the House of the Lord our God, I seek your well-being.[7] The Lord will give strength to His people; the Lord will bless His people with peace.[8]

KADDISH D'RABBANAN

Mourners recite the following Kaddish. Congregation responds אָמֵן as indicated.

יִתְגַּדַּל וְיִתְקַדַּשׁ שְׁמֵהּ רַבָּא. (Cong—אָמֵן) בְּעָלְמָא דִּי בְרָא כִרְעוּתֵהּ וְיַמְלִיךְ מַלְכוּתֵהּ, וְיַצְמַח פּוּרְקָנֵהּ וִיקָרֵב מְשִׁיחֵהּ. (Cong—אָמֵן) בְּחַיֵּיכוֹן וּבְיוֹמֵיכוֹן וּבְחַיֵּי דְכָל בֵּית יִשְׂרָאֵל, בַּעֲגָלָא וּבִזְמַן קָרִיב וְאִמְרוּ אָמֵן:

(Cong—אָמֵן. יְהֵא שְׁמֵהּ רַבָּא מְבָרַךְ לְעָלַם וּלְעָלְמֵי עָלְמַיָּא, יִתְבָּרֵךְ.)

יְהֵא שְׁמֵהּ רַבָּא מְבָרַךְ לְעָלַם וּלְעָלְמֵי עָלְמַיָּא. יִתְבָּרֵךְ, וְיִשְׁתַּבַּח, וְיִתְפָּאַר, וְיִתְרוֹמַם, וְיִתְנַשֵּׂא, וְיִתְהַדָּר, וְיִתְעַלֶּה, וְיִתְהַלָּל, שְׁמֵהּ דְּקוּדְשָׁא בְּרִיךְ הוּא. (Cong—אָמֵן) לְעֵלָּא מִן כָּל בִּרְכָתָא וְשִׁירָתָא, תֻּשְׁבְּחָתָא וְנֶחֱמָתָא, דַּאֲמִירָן בְּעָלְמָא, וְאִמְרוּ אָמֵן: (Cong—אָמֵן) עַל יִשְׂרָאֵל וְעַל רַבָּנָן, וְעַל תַּלְמִידֵיהוֹן וְעַל כָּל תַּלְמִידֵי תַלְמִידֵיהוֹן, וְעַל כָּל מָאן דְּעָסְקִין בְּאוֹרַיְתָא, דִּי בְאַתְרָא הָדֵין וְדִי בְכָל אֲתַר וַאֲתַר, יְהֵא לְהוֹן וּלְכוֹן שְׁלָמָא רַבָּא חִנָּא וְחִסְדָּא וְרַחֲמִין וְחַיִּין אֲרִיכִין וּמְזוֹנָא רְוִיחָא וּפוּרְקָנָא מִן קֳדָם אֲבוּהוֹן דְּבִשְׁמַיָּא וְאִמְרוּ אָמֵן: (Cong—אָמֵן) יְהֵא שְׁלָמָא רַבָּא מִן שְׁמַיָּא וְחַיִּים טוֹבִים עָלֵינוּ וְעַל כָּל יִשְׂרָאֵל, וְאִמְרוּ אָמֵן: (Cong—אָמֵן)

Take three steps back, then bow right saying עֹשֶׂה הַשָּׁלוֹם בִּמְרוֹמָיו, bow forward saying הוּא, bow left saying יַעֲשֶׂה שָׁלוֹם עָלֵינוּ, and bow forward saying וְעַל כָּל יִשְׂרָאֵל, וְאִמְרוּ אָמֵן.

עֹשֶׂה הַשָּׁלוֹם בִּמְרוֹמָיו, הוּא יַעֲשֶׂה שָׁלוֹם עָלֵינוּ וְעַל כָּל יִשְׂרָאֵל, וְאִמְרוּ אָמֵן: (Cong—אָמֵן)

Stand while reciting עָלֵינוּ.

עָלֵינוּ לְשַׁבֵּחַ לַאֲדוֹן הַכֹּל, לָתֵת גְּדֻלָּה לְיוֹצֵר בְּרֵאשִׁית, שֶׁלֹּא עָשָׂנוּ כְּגוֹיֵי הָאֲרָצוֹת, וְלֹא שָׂמָנוּ כְּמִשְׁפְּחוֹת הָאֲדָמָה, שֶׁלֹּא שָׂם חֶלְקֵנוּ כָּהֶם, וְגוֹרָלֵנוּ כְּכָל הֲמוֹנָם, שֶׁהֵם מִשְׁתַּחֲוִים לְהֶבֶל וָרִיק. וַאֲנַחְנוּ

KADDISH D'RABBANAN

Mourners recite the following Kaddish. Congregation responds Amen as indicated.
Translation, page 78.

יתגדל *Yis-gadal v'yis-kadash sh'mayh rabö.* (Cong: *Ömayn*)
*B'öl'mö di v'rö chir'u-sayh v'yamlich mal'chusayh,
v'yatzmach pur-könay vikörayv m'shi-chayh.* (Cong: *Ömayn*)
*B'cha-yay-chon u-v'yomaychon u-v'cha-yay d'chöl bays
yisrö-ayl, ba-agölö u-viz'man köriv v'im'ru ömayn.*
(Cong: *Ömayn. Y'hay sh'mayh rabö m'vörach l'ölam u-l'öl'may
öl'ma-yö, yisböraych.*)
*Y'hay sh'mayh rabö m'vörach l'ölam u-l'öl'may öl'ma-yö.
Yisböraych, v'yishtabach, v'yispö-ayr, v'yisromöm,
v'yis-nasay, v'yis-hadör, v'yis-aleh, v'yis-halöl, sh'mayh
d'kudshö b'rich hu.* (Cong: *Ömayn*)
*L'aylö min köl bir-chösö v'shirösö, tush-b'chösö
v'neche-mösö, da-amirön b'öl'mö, v'im'ru ömayn.* (Cong:
Ömayn)
*Al yisrö-ayl v'al rabönön, v'al tal-midayhon, v'al köl
tal-miday sal-midayhon, v'al köl mön d'ös'kin b'ora-y'sö, di
v'asrö hödayn, v'di v'chöl asar v'asar. Y'hay l'hon u-l'chon
shlömö rabö, chinö v'chisdö v'rachamin v'cha-yin arichin,
u-m'zonö r'vichö u-furkönö min ködöm avu-hon d'vish'ma-yö
v'im'ru ömayn.* (Cong: *Ömayn*)
*Y'hay sh'lömö rabö min sh'ma-yö, v'cha-yim tovim ölaynu
v'al köl yisrö-ayl v'im'ru ömayn.* (Cong: *Ömayn*)

Take three steps back, then bow right saying *Oseh ha-shölom bim'romöv*, bow forward
saying *hu*, bow left saying *ya-aseh shölom ölaynu*, and bow forward saying *v'al köl
yisrö-ayl, v'im'ru ömayn.*

*Oseh ha-shölom bim'romöv, hu ya-a-seh shölom ölaynu v'al
köl yisrö-ayl, v'im'ru ömayn.* (Cong: *Ömayn*)

Stand while reciting *Aleinu*.
Transliteration, page 334.

עלינו It is incumbent upon us to praise the Master of all
things, to exalt the Creator of all existence, that He has not
made us like the nations of the world, nor caused us to be
like the families of the earth; that He has not assigned us
a portion like theirs, nor a lot like that of all their
multitudes, for they bow to vanity and nothingness. But we

כּוֹרְעִים וּמִשְׁתַּחֲוִים וּמוֹדִים לִפְנֵי מֶלֶךְ מַלְכֵי הַמְּלָכִים, הַקָּדוֹשׁ בָּרוּךְ הוּא. שֶׁהוּא נוֹטֶה שָׁמַיִם וְיוֹסֵד אָרֶץ, וּמוֹשַׁב יְקָרוֹ בַּשָּׁמַיִם מִמַּעַל, וּשְׁכִינַת עֻזּוֹ בְּגָבְהֵי מְרוֹמִים. הוּא אֱלֹהֵינוּ אֵין עוֹד, אֱמֶת מַלְכֵּנוּ, אֶפֶס זוּלָתוֹ, כַּכָּתוּב בְּתוֹרָתוֹ:[1] וְיָדַעְתָּ הַיּוֹם וַהֲשֵׁבֹתָ אֶל לְבָבֶךָ, כִּי יְיָ הוּא הָאֱלֹהִים, בַּשָּׁמַיִם מִמַּעַל וְעַל הָאָרֶץ מִתָּחַת, אֵין עוֹד:[2]

וְעַל כֵּן נְקַוֶּה לְּךָ יְיָ אֱלֹהֵינוּ, לִרְאוֹת מְהֵרָה בְּתִפְאֶרֶת עֻזֶּךָ, לְהַעֲבִיר גִּלּוּלִים מִן הָאָרֶץ, וְהָאֱלִילִים כָּרוֹת יִכָּרֵתוּן, לְתַקֵּן עוֹלָם בְּמַלְכוּת שַׁדַּי, וְכָל בְּנֵי בָשָׂר יִקְרְאוּ בִשְׁמֶךָ, לְהַפְנוֹת אֵלֶיךָ כָּל רִשְׁעֵי אָרֶץ. יַכִּירוּ וְיֵדְעוּ כָּל יוֹשְׁבֵי תֵבֵל, כִּי לְךָ תִּכְרַע כָּל בֶּרֶךְ, תִּשָּׁבַע כָּל לָשׁוֹן. לְפָנֶיךָ יְיָ אֱלֹהֵינוּ יִכְרְעוּ וְיִפֹּלוּ, וְלִכְבוֹד שִׁמְךָ יְקָר יִתֵּנוּ. וִיקַבְּלוּ כֻלָּם עֲלֵיהֶם אֶת עוֹל מַלְכוּתֶךָ, וְתִמְלוֹךְ עֲלֵיהֶם מְהֵרָה לְעוֹלָם וָעֶד. כִּי הַמַּלְכוּת שֶׁלְּךָ הִיא, וּלְעוֹלְמֵי עַד תִּמְלוֹךְ בְּכָבוֹד, כַּכָּתוּב בְּתוֹרָתֶךָ: יְיָ יִמְלֹךְ לְעֹלָם וָעֶד:[3] וְנֶאֱמַר: וְהָיָה יְיָ לְמֶלֶךְ עַל כָּל הָאָרֶץ, בַּיּוֹם הַהוּא יִהְיֶה יְיָ אֶחָד וּשְׁמוֹ אֶחָד:[4]

MOURNER'S KADDISH

Mourners recite the following Kaddish. Congregation responds אָמֵן as indicated.

יִתְגַּדַּל וְיִתְקַדַּשׁ שְׁמֵהּ רַבָּא. (Cong—אָמֵן) בְּעָלְמָא דִּי בְרָא כִרְעוּתֵהּ וְיַמְלִיךְ מַלְכוּתֵהּ, וְיַצְמַח פּוּרְקָנֵהּ וִיקָרֵב מְשִׁיחֵהּ. (Cong—אָמֵן) בְּחַיֵּיכוֹן וּבְיוֹמֵיכוֹן וּבְחַיֵּי דְכָל בֵּית יִשְׂרָאֵל, בַּעֲגָלָא וּבִזְמַן קָרִיב וְאִמְרוּ אָמֵן:

(Cong—אָמֵן. יְהֵא שְׁמֵהּ רַבָּא מְבָרַךְ לְעָלַם וּלְעָלְמֵי עָלְמַיָּא, יִתְבָּרֵךְ.)

---

1. Deuteronomy 4:39. **2.** For further elucidation, see Tanya, part II, ch. 6. **3.** Exodus 15:18. **4.** Zechariah 14:9.

bend the knee, bow down, and offer praise before the supreme King of kings, the Holy One, blessed be He, who stretches forth the heavens and establishes the earth, the seat of whose glory is in the heavens above, and the abode of whose majesty is in the loftiest heights. He is our God; there is none else. Truly, He is our King; there is nothing besides Him, as it is written in His Torah:[1] Know this day and take unto your heart that the Lord is God; in the heavens above and upon the earth below there is nothing else.[2]

ועל And therefore we hope to You, Lord our God, that we may speedily behold the splendor of Your might, to banish idolatry from the earth—and false gods will be utterly destroyed; to perfect the world under the sovereignty of the Almighty. All mankind shall invoke Your Name, to turn to You all the wicked of the earth. Then all the inhabitants of the world will recognize and know that every knee should bend to You, every tongue should swear [by Your Name]. Before You, Lord our God, they will bow and prostrate themselves, and give honor to the glory of Your Name; and they will all take upon themselves the yoke of Your kingdom. May You soon reign over them forever and ever, for kingship is Yours, and to all eternity You will reign in glory, as it is written in Your Torah: The Lord will reign forever and ever.[3] And it is said: The Lord will be King over the entire earth; on that day the Lord will be One and His Name One.[4]

MOURNER'S KADDISH

Mourners recite the following Kaddish (translation on page 368). Congregation responds Amen as indicated.

יתגדל *Yis-gadal v'yis-kadash sh'mayh rabö.* (Cong: *Ömayn*)

B'öl'mö di v'rö chir'u-sayh v'yamlich mal'chusayh, v'yatzmach pur-könay vikörayv m'shi-chayh. (Cong: *Ömayn*)

B'cha-yay-chon u-v'yomaychon u-v'cha-yay d'chöl bays yisrö-ayl, ba-agölö u-viz'man köriv v'im'ru ömayn.

(Cong: *Ömayn. Y'hay sh'mayh rabö m'vörach l'ölam u-l'öl'may öl'ma-yö, yisböraych.*)

יְהֵא שְׁמֵהּ רַבָּא מְבָרַךְ לְעָלַם וּלְעָלְמֵי עָלְמַיָּא. יִתְבָּרַךְ, וְיִשְׁתַּבַּח, וְיִתְפָּאַר, וְיִתְרוֹמַם, וְיִתְנַשֵּׂא, וְיִתְהַדָּר, וְיִתְעַלֶּה, וְיִתְהַלָּל, שְׁמֵהּ דְּקוּדְשָׁא בְּרִיךְ הוּא. (Cong—אָמֵן) לְעֵלָּא מִן כָּל בִּרְכָתָא וְשִׁירָתָא, תֻּשְׁבְּחָתָא וְנֶחֱמָתָא, דַּאֲמִירָן בְּעָלְמָא, וְאִמְרוּ אָמֵן: (Cong—אָמֵן) יְהֵא שְׁלָמָא רַבָּא מִן שְׁמַיָּא וְחַיִּים טוֹבִים עָלֵינוּ וְעַל כָּל יִשְׂרָאֵל, וְאִמְרוּ אָמֵן: (Cong—אָמֵן)

Take three steps back, then bow right saying עֹשֶׂה הַשָּׁלוֹם בִּמְרוֹמָיו, bow forward saying הוּא, bow left saying יַעֲשֶׂה שָׁלוֹם עָלֵינוּ, and bow forward saying וְעַל כָּל יִשְׂרָאֵל, וְאִמְרוּ אָמֵן.

עֹשֶׂה הַשָּׁלוֹם בִּמְרוֹמָיו, הוּא יַעֲשֶׂה שָׁלוֹם עָלֵינוּ וְעַל כָּל יִשְׂרָאֵל, וְאִמְרוּ אָמֵן: (Cong—אָמֵן)

אַל תִּירָא מִפַּחַד פִּתְאֹם, וּמִשֹּׁאַת רְשָׁעִים כִּי תָבֹא:[1] עֻצוּ עֵצָה וְתֻפָר, דַּבְּרוּ דָבָר וְלֹא יָקוּם, כִּי עִמָּנוּ אֵל:[2] וְעַד זִקְנָה אֲנִי הוּא, וְעַד שֵׂיבָה אֲנִי אֶסְבֹּל; אֲנִי עָשִׂיתִי וַאֲנִי אֶשָּׂא וַאֲנִי אֶסְבֹּל וַאֲמַלֵּט:[3]

אַךְ צַדִּיקִים יוֹדוּ לִשְׁמֶךָ, יֵשְׁבוּ יְשָׁרִים אֶת פָּנֶיךָ:[4]

TEHILLIM

The daily portion of Tehillim, as it is apportioned according to the days of the month, is recited at this point, followed by Mourner's Kaddish. It is customary to say also the chapter that corresponds to one's age (e.g., from one's 13th birthday and on, one should recite chapter 14) before reciting the daily portion.

Psalm 20 should be recited before the daily portion of Tehillim.

לַמְנַצֵּחַ מִזְמוֹר לְדָוִד: יַעַנְךָ יְיָ בְּיוֹם צָרָה, יְשַׂגֶּבְךָ שֵׁם אֱלֹהֵי יַעֲקֹב: יִשְׁלַח עֶזְרְךָ מִקֹּדֶשׁ, וּמִצִּיּוֹן יִסְעָדֶךָּ: יִזְכֹּר כָּל מִנְחֹתֶיךָ, וְעוֹלָתְךָ יְדַשְּׁנֶה סֶלָה: יִתֶּן לְךָ כִלְבָבֶךָ, וְכָל עֲצָתְךָ יְמַלֵּא: נְרַנְּנָה בִּישׁוּעָתֶךָ, וּבְשֵׁם אֱלֹהֵינוּ נִדְגֹּל, יְמַלֵּא יְיָ כָּל מִשְׁאֲלוֹתֶיךָ: עַתָּה יָדַעְתִּי, כִּי הוֹשִׁיעַ יְיָ מְשִׁיחוֹ, יַעֲנֵהוּ מִשְּׁמֵי קָדְשׁוֹ, בִּגְבוּרוֹת יֵשַׁע יְמִינוֹ: אֵלֶּה בָרֶכֶב וְאֵלֶּה בַסּוּסִים, וַאֲנַחְנוּ בְּשֵׁם יְיָ אֱלֹהֵינוּ נַזְכִּיר: הֵמָּה כָּרְעוּ וְנָפָלוּ, וַאֲנַחְנוּ קַמְנוּ וַנִּתְעוֹדָד: יְיָ הוֹשִׁיעָה, הַמֶּלֶךְ יַעֲנֵנוּ בְיוֹם קָרְאֵנוּ:[5]

1. Proverbs 3:25. 2. Isaiah 8:10. 3. Ibid. 46:4. 4. Psalms 140:14. 5. Ibid. 20.

Y'hay sh'mayh rabö m'vörach l'ölam u-l'öl'may öl'ma-yö.
Yisböraych,   v'yishtabach,   v'yispö-ayr,   v'yisromöm,
v'yis-nasay,   v'yis-hadör,   v'yis-aleh,   v'yis-halöl,   sh'mayh
d'kudshö b'rich hu. (Cong: *Ömayn*)
L'aylö   min   köl   bir-chösö   v'shirösö,   tush-b'chösö
v'neche-mösö, da-amirön b'öl'mö, v'im'ru ömayn. (Cong:
Ömayn)
Y'hay sh'lömö rabö min sh'ma-yö, v'cha-yim tovim ölaynu
v'al köl yisrö-ayl v'im'ru ömayn. (Cong: *Ömayn*)

Take three steps back, then bow right saying *Oseh ha-shölom bim'romöv,* bow forward
saying *hu,* bow left saying *ya-aseh shölom ölaynu,* and bow forward saying *v'al köl
yisrö-ayl, v'im'ru ömayn.*

Oseh ha-shölom bim'romöv, hu ya-a-seh shölom ölaynu v'al
köl yisrö-ayl, v'im'ru ömayn. (Cong: *Ömayn*)

אל Do not fear sudden terror, nor the destruction of the wicked
when it comes.[1] Contrive a scheme, but it will be foiled; conspire a
plot, but it will not materialize, for God is with us.[2] To your old age
I am [with you]; to your hoary years I will sustain you; I have made
you, and I will carry you; I will sustain you and deliver you.[3]

אך Indeed, the righteous will extol Your Name; the upright will
dwell in Your presence.[4]

TEHILLIM

The daily portion of Tehillim, as it is apportioned according to the days of the month, is
recited at this point, followed by Mourner's Kaddish. It is customary to say also the chapter
that corresponds to one's age (e.g., from one's 13th birthday and on, one should recite
chapter 14) before reciting the daily portion.

Psalm 20 should be recited before the daily portion of Tehillim.

למנצח For the choirmaster, a psalm by David. May the Lord answer
you on the day of distress; may the Name of the God of Jacob fortify
you. May He send your help from the Sanctuary, and support you
from Zion. May He remember all your offerings, and always accept
favorably your sacrifices. May He grant you your heart's desire, and
fulfill your every counsel. We will rejoice in your deliverance, and
raise our banners in the name of our God; may the Lord fulfill all
your wishes. Now I know that the Lord has delivered His anointed
one, answering him from His holy heavens with the mighty saving
power of His right hand. Some [rely] upon chariots and some upon
horses, but we [rely upon and] invoke the Name of the Lord our
God. They bend and fall, but we rise and stand firm. Lord, deliver
us; may the King answer us on the day we call.[5]

Tehillim for the second day of Rosh Hashanah is on page 258.

FOR THE FIRST DAY:

א אַשְׁרֵי הָאִישׁ אֲשֶׁר לֹא הָלַךְ בַּעֲצַת רְשָׁעִים, וּבְדֶרֶךְ חַטָּאִים לֹא עָמָד, וּבְמוֹשַׁב לֵצִים לֹא יָשָׁב: כִּי אִם בְּתוֹרַת יְיָ חֶפְצוֹ, וּבְתוֹרָתוֹ יֶהְגֶּה יוֹמָם וָלָיְלָה: וְהָיָה כְּעֵץ שָׁתוּל עַל פַּלְגֵי מָיִם, אֲשֶׁר פִּרְיוֹ יִתֵּן בְּעִתּוֹ וְעָלֵהוּ לֹא יִבּוֹל וְכֹל אֲשֶׁר יַעֲשֶׂה יַצְלִיחַ: לֹא כֵן הָרְשָׁעִים, כִּי אִם כַּמֹּץ אֲשֶׁר תִּדְּפֶנּוּ רוּחַ: עַל כֵּן לֹא יָקֻמוּ רְשָׁעִים בַּמִּשְׁפָּט, וְחַטָּאִים בַּעֲדַת צַדִּיקִים: כִּי יוֹדֵעַ יְיָ דֶּרֶךְ צַדִּיקִים, וְדֶרֶךְ רְשָׁעִים תֹּאבֵד:

ב לָמָּה רָגְשׁוּ גוֹיִם, וּלְאֻמִּים יֶהְגּוּ רִיק: יִתְיַצְּבוּ מַלְכֵי אֶרֶץ וְרוֹזְנִים נוֹסְדוּ יָחַד, עַל יְיָ וְעַל מְשִׁיחוֹ: נְנַתְּקָה אֶת מוֹסְרוֹתֵימוֹ, וְנַשְׁלִיכָה מִמֶּנּוּ עֲבֹתֵימוֹ: יוֹשֵׁב בַּשָּׁמַיִם יִשְׂחָק, אֲדֹנָי יִלְעַג לָמוֹ: אָז יְדַבֵּר אֵלֵימוֹ בְאַפּוֹ, וּבַחֲרוֹנוֹ יְבַהֲלֵמוֹ: וַאֲנִי נָסַכְתִּי מַלְכִּי, עַל צִיּוֹן הַר קָדְשִׁי: אֲסַפְּרָה אֶל חֹק, יְיָ אָמַר אֵלַי בְּנִי אַתָּה, אֲנִי הַיּוֹם יְלִדְתִּיךָ: שְׁאַל מִמֶּנִּי וְאֶתְּנָה גוֹיִם נַחֲלָתֶךָ, וַאֲחֻזָּתְךָ אַפְסֵי אָרֶץ: תְּרֹעֵם בְּשֵׁבֶט בַּרְזֶל, כִּכְלִי יוֹצֵר תְּנַפְּצֵם: וְעַתָּה מְלָכִים הַשְׂכִּילוּ, הִוָּסְרוּ שֹׁפְטֵי אָרֶץ: עִבְדוּ אֶת יְיָ בְּיִרְאָה, וְגִילוּ בִּרְעָדָה: נַשְּׁקוּ בַר פֶּן יֶאֱנַף וְתֹאבְדוּ דֶרֶךְ כִּי יִבְעַר כִּמְעַט אַפּוֹ, אַשְׁרֵי כָּל חוֹסֵי בוֹ:

ג מִזְמוֹר לְדָוִד, בְּבָרְחוֹ מִפְּנֵי אַבְשָׁלוֹם בְּנוֹ: יְיָ מָה רַבּוּ צָרָי, רַבִּים קָמִים עָלָי: רַבִּים אֹמְרִים לְנַפְשִׁי, אֵין יְשׁוּעָתָה לּוֹ בֵאלֹהִים סֶלָה: וְאַתָּה יְיָ מָגֵן בַּעֲדִי, כְּבוֹדִי

Tehillim for the second day of Rosh Hashanah is on page 258.

FOR THE FIRST DAY:

1. אשרי Happy is the man who has not walked in the counsel of the wicked, nor stood in the path of sinners, nor sat in the company of scoffers. But rather his desire is in the Torah of the Lord, and in his Torah he meditates day and night. He will be like a tree planted near streams of water that yields its fruit in its proper season and whose leaf does not wither; and everything he does will succeed. Not so the wicked! They are like the chaff that the wind drives away. Therefore the wicked will not stand up in judgment, nor shall the sinner [be included] in the assembly of the righteous. For the Lord knows the way of the righteous, but the way of the wicked shall perish.

2. למה Why do nations gather in rage, and peoples scheme in vain! [Why do] the kings of the earth rise up, and rulers assemble together against the Lord and against His anointed, [saying:] "Let us remove their cords and cast off from us their ropes." He who sits in Heaven laughs; my Master mocks them. Then He speaks to them in His wrath, and terrifies them in His rage, [saying:] "It is I who have anointed My king, on Zion, My holy mountain!" It is incumbent upon me to declare: The Lord said to me, "You are My son, I have begotten you this day. Ask of Me, and I will make the nations your inheritance, and your possessions will extend to the furthermost corners of the earth. You will crush them with an iron rod, shatter them like a potter's vessel." And now, O kings, be wise; draw a lesson, you rulers of the earth! Serve the Lord in awe and rejoice with trembling. Hasten to purify [your heart] lest He be angered and you perish on the way, even if His wrath will blaze for a brief moment. Happy are all who put their trust in Him.

3. מזמור A Psalm by David when he fled from his son Avshalom. O Lord, how numerous are my adversaries; many rise up against me! Many say of my soul, "There is no salvation for him from God—ever!" But You, Lord, are a shield for me, my glory, and the

וּמֵרִים רֹאשִׁי: קוֹלִי אֶל יְיָ אֶקְרָא, וַיַּעֲנֵנִי מֵהַר קָדְשׁוֹ
סֶלָה: אֲנִי שָׁכַבְתִּי וָאִישָׁנָה, הֱקִיצוֹתִי כִּי יְיָ יִסְמְכֵנִי: לֹא
אִירָא מֵרִבְבוֹת עָם, אֲשֶׁר סָבִיב שָׁתוּ עָלָי: קוּמָה יְיָ
הוֹשִׁיעֵנִי אֱלֹהַי, כִּי הִכִּיתָ אֶת כָּל אֹיְבַי לֶחִי, שִׁנֵּי רְשָׁעִים
שִׁבַּרְתָּ: לַייָ הַיְשׁוּעָה, עַל עַמְּךָ בִרְכָתֶךָ סֶּלָה:

ד לַמְנַצֵּחַ בִּנְגִינוֹת מִזְמוֹר לְדָוִד: בְּקָרְאִי עֲנֵנִי אֱלֹהֵי
צִדְקִי, בַּצָּר הִרְחַבְתָּ לִּי, חָנֵּנִי וּשְׁמַע תְּפִלָּתִי: בְּנֵי
אִישׁ, עַד מֶה כְבוֹדִי לִכְלִמָּה תֶּאֱהָבוּן רִיק, תְּבַקְשׁוּ כָזָב
סֶלָה: וּדְעוּ כִּי הִפְלָה יְיָ חָסִיד לוֹ, יְיָ יִשְׁמַע בְּקָרְאִי אֵלָיו:
רִגְזוּ וְאַל תֶּחֱטָאוּ, אִמְרוּ בִלְבַבְכֶם עַל מִשְׁכַּבְכֶם וְדֹמּוּ
סֶלָה: זִבְחוּ זִבְחֵי צֶדֶק, וּבִטְחוּ אֶל יְיָ: רַבִּים אֹמְרִים מִי
יַרְאֵנוּ טוֹב, נְסָה עָלֵינוּ אוֹר פָּנֶיךָ יְיָ: נָתַתָּה שִׂמְחָה בְלִבִּי,
מֵעֵת דְּגָנָם וְתִירוֹשָׁם רָבּוּ: בְּשָׁלוֹם יַחְדָּו אֶשְׁכְּבָה וְאִישָׁן,
כִּי אַתָּה יְיָ לְבָדָד לָבֶטַח תּוֹשִׁיבֵנִי:

ה לַמְנַצֵּחַ אֶל הַנְּחִילוֹת מִזְמוֹר לְדָוִד: אֲמָרַי הַאֲזִינָה
יְיָ, בִּינָה הֲגִיגִי: הַקְשִׁיבָה לְקוֹל שַׁוְעִי מַלְכִּי וֵאלֹהָי,
כִּי אֵלֶיךָ אֶתְפַּלָּל: יְיָ בֹּקֶר תִּשְׁמַע קוֹלִי, בֹּקֶר אֶעֱרָךְ
לְךָ וַאֲצַפֶּה: כִּי לֹא אֵל חָפֵץ רֶשַׁע אָתָּה, לֹא יְגֻרְךָ
רָע: לֹא יִתְיַצְּבוּ הוֹלְלִים לְנֶגֶד עֵינֶיךָ, שָׂנֵאתָ כָּל פֹּעֲלֵי
אָוֶן: תְּאַבֵּד דֹּבְרֵי כָזָב, אִישׁ דָּמִים וּמִרְמָה יְתָעֵב יְיָ:
וַאֲנִי בְּרֹב חַסְדְּךָ אָבוֹא בֵיתֶךָ, אֶשְׁתַּחֲוֶה אֶל הֵיכַל
קָדְשְׁךָ בְּיִרְאָתֶךָ: יְיָ נְחֵנִי בְצִדְקָתֶךָ לְמַעַן שׁוֹרְרָי, הַיְשַׁר
לְפָנַי דַּרְכֶּךָ: כִּי אֵין בְּפִיהוּ נְכוֹנָה קִרְבָּם הַוּוֹת, קֶבֶר
פָּתוּחַ גְּרוֹנָם, לְשׁוֹנָם יַחֲלִיקוּן: הַאֲשִׁימֵם אֱלֹהִים

One who raises my head. With my voice I call out to the Lord, and He answers me from His holy mountain forever. I lie down and sleep [peacefully]; I awake [in tranquility], for the Lord sustains me. I do not fear the myriads of people who have aligned themselves all around me. Arise, O Lord; deliver me, my God, for You have struck all my foes on the cheek; You have smashed the teeth of the wicked. Deliverance is the Lord's; may Your blessing be upon Your people forever.

4. למנצח For the Choirmaster, with instrumental music, a Psalm by David. Answer me when I call, O God [who knows] my righteousness; in distress You granted me abounding relief; be gracious to me and hear my prayer. O sons of men, how long will you put my honor to shame, will you love vanity, [and] always seek falsehood? Know that the Lord sets apart the pious for Himself; the Lord will hear when I call to Him. Tremble and do not sin; reflect in your hearts upon your bed, and be silent forever. Offer sacrifices in righteousness and put your trust in the Lord. Many say, "Who will show us good?" Lift up the light of Your countenance upon us, O Lord. You put joy in my heart when their grain and wine are in abundance. I will both lie down and sleep in peace, for You, Lord, will make me dwell alone, in security.

5. למנצח For the Choirmaster, upon the musical instrument *nechilot*, a Psalm by David. Give ear to my words, O Lord; consider my thoughts. Hearken to the voice of my cry, my King and my God, for to You I offer prayer. Lord, hear my voice in the morning; I offer [my prayer] before You in the morning, and I hope. For You are not a God who desires wickedness; evil does not abide with You. The boastful cannot stand before Your eyes; You hate all evildoers. You extirpate those who speak falsehood; the Lord detests the bloodthirsty and treacherous man. And I, through Your abundant kindness, come into Your house; I bow toward Your holy sanctuary in awe of You. Lead me, O Lord, in Your righteousness, because of my watchful enemies; straighten Your way before me. For in their mouth there is no honesty, their heart is treacherous; their throat is an open grave, [though] their tongue flatters. Find them guilty, O God; let them fall because of

יִפְּלוּ מִמֹּעֲצוֹתֵיהֶם, בְּרֹב פִּשְׁעֵיהֶם הַדִּיחֵמוֹ, כִּי מָרוּ בָךְ:
וְיִשְׂמְחוּ כָל חוֹסֵי בָךְ לְעוֹלָם יְרַנֵּנוּ וְתָסֵךְ עָלֵימוֹ,
וְיַעְלְצוּ בְךָ אֹהֲבֵי שְׁמֶךָ: כִּי אַתָּה תְּבָרֵךְ צַדִּיק, יְיָ כַּצִּנָּה
רָצוֹן תַּעְטְרֶנּוּ:

ו לַמְנַצֵּחַ בִּנְגִינוֹת עַל הַשְּׁמִינִית, מִזְמוֹר לְדָוִד: יְיָ אַל
בְּאַפְּךָ תוֹכִיחֵנִי, וְאַל בַּחֲמָתְךָ תְיַסְּרֵנִי: חָנֵּנִי יְיָ כִּי
אֻמְלַל אָנִי, רְפָאֵנִי יְיָ כִּי נִבְהֲלוּ עֲצָמָי: וְנַפְשִׁי נִבְהֲלָה
מְאֹד, וְאַתָּה יְיָ עַד מָתָי: שׁוּבָה יְיָ חַלְּצָה נַפְשִׁי, הוֹשִׁיעֵנִי
לְמַעַן חַסְדֶּךָ: כִּי אֵין בַּמָּוֶת זִכְרֶךָ, בִּשְׁאוֹל מִי יוֹדֶה לָּךְ:
יָגַעְתִּי בְּאַנְחָתִי, אַשְׂחֶה בְכָל לַיְלָה מִטָּתִי, בְּדִמְעָתִי
עַרְשִׂי אַמְסֶה: עָשְׁשָׁה מִכַּעַס עֵינִי, עָתְקָה בְּכָל צוֹרְרָי:
סוּרוּ מִמֶּנִּי כָּל פֹּעֲלֵי אָוֶן, כִּי שָׁמַע יְיָ קוֹל בִּכְיִי: שָׁמַע
יְיָ תְּחִנָּתִי, יְיָ תְּפִלָּתִי יִקָּח: יֵבֹשׁוּ וְיִבָּהֲלוּ מְאֹד כָּל אֹיְבָי,
יָשֻׁבוּ יֵבֹשׁוּ רָגַע:

ז שִׁגָּיוֹן לְדָוִד, אֲשֶׁר שָׁר לַייָ עַל דִּבְרֵי כוּשׁ בֶּן יְמִינִי:
יְיָ אֱלֹהַי בְּךָ חָסִיתִי, הוֹשִׁיעֵנִי מִכָּל רֹדְפַי וְהַצִּילֵנִי: פֶּן
יִטְרֹף כְּאַרְיֵה נַפְשִׁי, פֹּרֵק וְאֵין מַצִּיל: יְיָ אֱלֹהַי, אִם
עָשִׂיתִי זֹאת, אִם יֶשׁ עָוֶל בְּכַפָּי: אִם גָּמַלְתִּי שׁוֹלְמִי רָע,
וָאֲחַלְּצָה צוֹרְרִי רֵיקָם: יִרַדֹּף אוֹיֵב נַפְשִׁי וְיַשֵּׂג, וְיִרְמֹס
לָאָרֶץ חַיָּי, וּכְבוֹדִי לֶעָפָר יַשְׁכֵּן סֶלָה: קוּמָה יְיָ בְּאַפֶּךָ,
הִנָּשֵׂא בְּעַבְרוֹת צוֹרְרָי, וְעוּרָה אֵלַי מִשְׁפָּט צִוִּיתָ: וַעֲדַת
לְאֻמִּים תְּסוֹבְבֶךָּ, וְעָלֶיהָ לַמָּרוֹם שׁוּבָה: יְיָ יָדִין עַמִּים,
שָׁפְטֵנִי יְיָ, כְּצִדְקִי וּכְתֻמִּי עָלָי: יִגְמָר נָא רַע רְשָׁעִים

their [evil] schemes; cast them away for their many transgressions, for they have rebelled against You. But all who put their trust in You will rejoice, they will sing joyously forever; You will shelter them, and those who love Your Name will exult in You. For You, O Lord, will bless the righteous; You will encompass him with goodwill as with a shield.

6. למנצח For the Choirmaster, with instrumental music on the *sheminit*, a Psalm by David. O Lord, do not chastise me in Your anger nor castigate me in Your wrath. Be gracious to me, O Lord, for I languish away; heal me, O Lord, for my bones tremble in fear. My soul is panic-stricken; and You, O Lord, how long [before You will help]? Turn, O Lord, [from Your anger], deliver my soul; help me for the sake of Your kindness. For in death there is no remembrance of You; in *sheol* who will praise You? I am weary from sighing; every night I drench my bed, I melt my couch with my tears. My eye has grown dim from vexation, worn out because of all my adversaries. Depart from me, all you evildoers, for the Lord has heard the sound of my weeping. The Lord has heard my supplication; the Lord accepts my prayer. All my enemies will be ashamed and greatly terrified; they will repent and be instantly ashamed.

7. שגיון A *shigayon* by David, which he sang to the Lord concerning Kush, the Benjaminite. Lord, my God, in You have I put my trust; save me from all my pursuers and deliver me, lest he tear my soul like a lion, crushing me, without a rescuer. Lord my God, if I have done this, if there is iniquity in my hands; if I have recompensed my friends with evil or oppressed those who hate me without cause—then let the enemy pursue my soul and overtake it; let him trample my life to the ground and lay my glory in the dust forever. Arise, O Lord, in Your anger, lift Yourself up in fury against my foes, and arouse within me [the strength to mete out] the retribution which You have commanded. When the assembly of nations will surround You, remove Yourself from them and return to Your supernal abode. The Lord will mete out retribution upon the nations; judge me, O Lord, according to my righteousness and my integrity. Let the evil of the wicked come to an end, but establish the righteous, O, righteous God, who probes

וּתְכוֹנֵן צַדִּיק, וּבֹחֵן לִבּוֹת וּכְלָיוֹת אֱלֹהִים צַדִּיק: מָגִנִּי עַל אֱלֹהִים, מוֹשִׁיעַ יִשְׁרֵי לֵב: אֱלֹהִים שׁוֹפֵט צַדִּיק, וְאֵל זֹעֵם בְּכָל יוֹם: אִם לֹא יָשׁוּב חַרְבּוֹ יִלְטוֹשׁ, קַשְׁתּוֹ דָרַךְ וַיְכוֹנְנֶהָ: וְלוֹ הֵכִין כְּלֵי מָוֶת, חִצָּיו לְדֹלְקִים יִפְעָל: הִנֵּה יְחַבֶּל אָוֶן, וְהָרָה עָמָל וְיָלַד שָׁקֶר: בּוֹר כָּרָה וַיַּחְפְּרֵהוּ, וַיִּפֹּל בְּשַׁחַת יִפְעָל: יָשׁוּב עֲמָלוֹ בְרֹאשׁוֹ, וְעַל קָדְקֳדוֹ חֲמָסוֹ יֵרֵד: אוֹדֶה יְיָ כְּצִדְקוֹ, וַאֲזַמְּרָה שֵׁם יְיָ עֶלְיוֹן:

ח לַמְנַצֵּחַ עַל הַגִּתִּית, מִזְמוֹר לְדָוִד: יְיָ אֲדֹנֵינוּ, מָה אַדִּיר שִׁמְךָ בְּכָל הָאָרֶץ, אֲשֶׁר תְּנָה הוֹדְךָ עַל הַשָּׁמָיִם: מִפִּי עוֹלְלִים וְיֹנְקִים יִסַּדְתָּ עֹז, לְמַעַן צוֹרְרֶיךָ, לְהַשְׁבִּית אוֹיֵב וּמִתְנַקֵּם: כִּי אֶרְאֶה שָׁמֶיךָ מַעֲשֵׂה אֶצְבְּעֹתֶיךָ, יָרֵחַ וְכוֹכָבִים אֲשֶׁר כּוֹנָנְתָּה: מָה אֱנוֹשׁ כִּי תִזְכְּרֶנּוּ, וּבֶן אָדָם כִּי תִפְקְדֶנּוּ: וַתְּחַסְּרֵהוּ מְּעַט מֵאֱלֹהִים, וְכָבוֹד וְהָדָר תְּעַטְּרֵהוּ: תַּמְשִׁילֵהוּ בְּמַעֲשֵׂי יָדֶיךָ, כֹּל שַׁתָּה תַחַת רַגְלָיו: צֹנֶה וַאֲלָפִים כֻּלָּם, וְגַם בַּהֲמוֹת שָׂדָי: צִפּוֹר שָׁמַיִם וּדְגֵי הַיָּם, עֹבֵר אָרְחוֹת יַמִּים: יְיָ אֲדֹנֵינוּ, מָה אַדִּיר שִׁמְךָ בְּכָל הָאָרֶץ:

ט לַמְנַצֵּחַ עַל מוּת לַבֵּן, מִזְמוֹר לְדָוִד: אוֹדֶה יְיָ בְּכָל לִבִּי, אֲסַפְּרָה כָּל נִפְלְאוֹתֶיךָ: אֶשְׂמְחָה וְאֶעֶלְצָה בָךְ, אֲזַמְּרָה שִׁמְךָ עֶלְיוֹן: בְּשׁוּב אוֹיְבַי אָחוֹר, יִכָּשְׁלוּ וְיֹאבְדוּ מִפָּנֶיךָ: כִּי עָשִׂיתָ מִשְׁפָּטִי וְדִינִי, יָשַׁבְתָּ לְכִסֵּא שׁוֹפֵט צֶדֶק: גָּעַרְתָּ גוֹיִם אִבַּדְתָּ רָשָׁע, שְׁמָם מָחִיתָ לְעוֹלָם וָעֶד: הָאוֹיֵב תַּמּוּ חֳרָבוֹת לָנֶצַח, וְעָרִים נָתַשְׁתָּ, אָבַד זִכְרָם הֵמָּה: וַיְיָ לְעוֹלָם יֵשֵׁב, כּוֹנֵן לַמִּשְׁפָּט כִּסְאוֹ: וְהוּא

hearts and minds. [I rely] upon God to be my shield, He who delivers the upright of heart. God is the righteous judge; and the Almighty is angered [by the wicked] every day. If he does not repent, He will sharpen His sword, bend His bow and make it ready [against the wicked]. And He has prepared for him deadly weapons; He will use His arrows against those who chase [the righteous]. Indeed, he conceives iniquity, carries evil schemes, and gives birth to falsehood. He has made a pit, dug it deep, and will fall into the ditch which he himself has made. His evil will recoil upon his own head; his violence will come down upon his own skull. I will praise the Lord according to His righteousness and sing to the Name of the exalted Lord.

8. למנצח For the Choirmaster, upon the musical instrument *gittit*, a Psalm by David. O Lord, our Master, how mighty is Your Name throughout the earth, You who has set Your majesty upon the heavens! Out of the mouths of babes and sucklings You have founded strength, to counter Your enemies, to put an end to foe and avenger. Indeed, when I behold Your heavens, the work of Your fingers, the moon and the stars which You have set in place—what is man that You should remember him, the son of man that You should be mindful of him! Yet You have made him but a little less than the supernal beings, and crowned him with glory and resplendence. You gave him dominion over Your hand-iwork, You placed everything under his feet: sheep and cattle, all of them, also the beasts of the field; the birds in the sky and the fish in the sea, whatever passes through the paths of the seas. O Lord, our Master, how mighty is Your Name throughout the earth!

9. למנצח For the Choirmaster, upon the death of Labben, a Psalm by David. I will offer praise to the Lord with all my heart; I will recount all Your wonders. I will rejoice and exult in You, I will sing praise to Your Name, O Most High. When my enemies retreat, they will stumble and perish from before You. Indeed, You have rendered my judgment and [defended] my cause; You were seated upon the throne [of judgment], O righteous Judge. You have destroyed nations, extirpated the wicked, obliterated their name for all eternity. O enemy, your desolate places shall be in ruin forever; the cities which were laid waste on account of your iniquity, their very remembrance is obliterated. But the Lord is

יִשְׁפֹּט תֵּבֵל בְּצֶדֶק, יָדִין לְאֻמִּים בְּמֵישָׁרִים: וִיהִי יְיָ מִשְׂגָּב לַדָּךְ, מִשְׂגָּב לְעִתּוֹת בַּצָּרָה: וְיִבְטְחוּ בְךָ יוֹדְעֵי שְׁמֶךָ, כִּי לֹא עָזַבְתָּ דֹרְשֶׁיךָ יְיָ: זַמְּרוּ לַייָ יֹשֵׁב צִיּוֹן, הַגִּידוּ בָעַמִּים עֲלִילוֹתָיו: כִּי דֹרֵשׁ דָּמִים אוֹתָם זָכָר, לֹא שָׁכַח צַעֲקַת עֲנָוִים: חָנְנֵנִי יְיָ רְאֵה עָנְיִי מִשֹּׂנְאָי, מְרוֹמְמִי מִשַּׁעֲרֵי מָוֶת: לְמַעַן אֲסַפְּרָה כָּל תְּהִלָּתֶיךָ, בְּשַׁעֲרֵי בַת צִיּוֹן אָגִילָה בִּישׁוּעָתֶךָ: טָבְעוּ גוֹיִם בְּשַׁחַת עָשׂוּ, בְּרֶשֶׁת זוּ טָמָנוּ נִלְכְּדָה רַגְלָם: נוֹדַע יְיָ מִשְׁפָּט עָשָׂה, בְּפֹעַל כַּפָּיו נוֹקֵשׁ רָשָׁע, הִגָּיוֹן סֶלָה: יָשׁוּבוּ רְשָׁעִים לִשְׁאוֹלָה, כָּל גּוֹיִם שְׁכֵחֵי אֱלֹהִים: כִּי לֹא לָנֶצַח יִשָּׁכַח אֶבְיוֹן, תִּקְוַת עֲנִיִּים תֹּאבַד לָעַד: קוּמָה יְיָ אַל יָעֹז אֱנוֹשׁ, יִשָּׁפְטוּ גוֹיִם עַל פָּנֶיךָ: שִׁיתָה יְיָ מוֹרָה לָהֶם, יֵדְעוּ גוֹיִם אֱנוֹשׁ הֵמָּה סֶּלָה:

פח שִׁיר מִזְמוֹר לִבְנֵי קֹרַח, לַמְנַצֵּחַ עַל מָחֲלַת לְעַנּוֹת, מַשְׂכִּיל לְהֵימָן הָאֶזְרָחִי: יְיָ אֱלֹהֵי יְשׁוּעָתִי, יוֹם צָעַקְתִּי בַלַּיְלָה נֶגְדֶּךָ: תָּבוֹא לְפָנֶיךָ תְּפִלָּתִי, הַטֵּה אָזְנְךָ לְרִנָּתִי: כִּי שָׂבְעָה בְרָעוֹת נַפְשִׁי, וְחַיַּי לִשְׁאוֹל הִגִּיעוּ: נֶחְשַׁבְתִּי עִם יוֹרְדֵי בוֹר, הָיִיתִי כְּגֶבֶר אֵין אֱיָל: בַּמֵּתִים חָפְשִׁי, כְּמוֹ חֲלָלִים שֹׁכְבֵי קֶבֶר אֲשֶׁר לֹא זְכַרְתָּם עוֹד, וְהֵמָּה מִיָּדְךָ נִגְזָרוּ: שַׁתַּנִי בְּבוֹר תַּחְתִּיּוֹת, בְּמַחֲשַׁכִּים בִּמְצֹלוֹת: עָלַי סָמְכָה חֲמָתֶךָ, וְכָל מִשְׁבָּרֶיךָ עִנִּיתָ סֶּלָה: הִרְחַקְתָּ מְיֻדָּעַי מִמֶּנִּי, שַׁתַּנִי תוֹעֵבוֹת לָמוֹ, כָּלֻא וְלֹא אֵצֵא: עֵינִי דָאֲבָה מִנִּי עֹנִי, קְרָאתִיךָ יְיָ בְּכָל יוֹם, שִׁטַּחְתִּי אֵלֶיךָ כַפָּי: הֲלַמֵּתִים תַּעֲשֶׂה פֶּלֶא, אִם רְפָאִים

enthroned forever, He has established His throne for judgment. And He will judge the world with righteousness; He will render judgment to the nations with uprightness. The Lord will be a stronghold for the oppressed, a stronghold in times of affliction. Those who know Your Name put their trust in You, for You, Lord, have not abandoned those who seek You. Chant praises to the Lord who dwells in Zion, recount His deeds among the nations. For the Avenger of bloodshed is mindful of them; He does not forget the cry of the downtrodden. Be gracious to me, O Lord; behold my affliction caused by my enemies, You who lifts me from the gates of death, so that I may relate all Your praises in the gates of the daughter of Zion, that I may exult in Your deliverance. The nations have sunk in the pit which they have made; their foot was caught in that very snare which they have hidden. The Lord became known by the judgment which He executed; through the work of his very own hands was the wicked entrapped; reflect on this forever. The wicked will return to *sheol*, all nations who forget God. For the needy will not forever be forgotten, nor will the hope of the poor forever be lost. Arise, O Lord, let not [evil] man prevail; let the nations be judged in Your presence. Set Your mastery over them, O Lord; let the nations know that they are indeed frail men.

88. שיר A Song, a Psalm by the sons of Korach, for the Choirmaster, upon the musical instrument *machalat l'anot*; a *maskil* for Heman the Ezrachite. O Lord, God of my deliverance, by day I cried out [to You], by night I [offer my prayer] before You. Let my prayer come before You, turn Your ear to my supplication. For my soul is surfeited with affliction, and my life has reached *sheol*. I was reckoned with those who go down to the pit, I was like a man without strength. [I am regarded] among the dead who are free [of worldly cares], like corpses lying in the grave of whom You are not yet mindful, who are yet cut off by Your hand. You have put me into the lowest pit, into the darkest places, into the depths. Your wrath has weighed heavily upon me, and all the waves [of Your fury] have constantly afflicted me. You have estranged my friends from me, You have made me abhorrent to them; I am imprisoned and unable to leave. My eye is afflicted because of distress; I call to You, O Lord, every day; I have stretched out my hands [in prayer] to You. Do You perform

יָקוּמוּ יוֹדוּךָ סֶּלָה: הַיְסֻפַּר בַּקֶּבֶר חַסְדֶּךָ, אֱמוּנָתְךָ בָּאֲבַדּוֹן: הֲיִוָּדַע בַּחֹשֶׁךְ פִּלְאֶךָ, וְצִדְקָתְךָ בְּאֶרֶץ נְשִׁיָּה: וַאֲנִי אֵלֶיךָ יְיָ שִׁוַּעְתִּי, וּבַבֹּקֶר תְּפִלָּתִי תְקַדְּמֶךָּ: לָמָה יְיָ תִּזְנַח נַפְשִׁי, תַּסְתִּיר פָּנֶיךָ מִמֶּנִּי: עָנִי אֲנִי וְגֹוֵעַ מִנֹּעַר, נָשָׂאתִי אֵמֶיךָ אָפוּנָה: עָלַי עָבְרוּ חֲרוֹנֶיךָ, בִּעוּתֶיךָ צִמְּתֻתוּנִי: סַבּוּנִי כַמַּיִם כָּל הַיּוֹם, הִקִּיפוּ עָלַי יָחַד: הִרְחַקְתָּ מִמֶּנִּי אֹהֵב וָרֵעַ, מְיֻדָּעַי מַחְשָׁךְ:

פט מַשְׂכִּיל לְאֵיתָן הָאֶזְרָחִי: חַסְדֵי יְיָ עוֹלָם אָשִׁירָה, לְדֹר וָדֹר אוֹדִיעַ אֱמוּנָתְךָ בְּפִי: כִּי אָמַרְתִּי עוֹלָם חֶסֶד יִבָּנֶה, שָׁמַיִם תָּכִן אֱמוּנָתְךָ בָהֶם: כָּרַתִּי בְרִית לִבְחִירִי, נִשְׁבַּעְתִּי לְדָוִד עַבְדִּי: עַד עוֹלָם אָכִין זַרְעֶךָ, וּבָנִיתִי לְדֹר וָדוֹר כִּסְאֲךָ סֶלָה: וְיוֹדוּ שָׁמַיִם פִּלְאֲךָ יְיָ, אַף אֱמוּנָתְךָ בִּקְהַל קְדֹשִׁים: כִּי מִי בַשַּׁחַק יַעֲרֹךְ לַייָ, יִדְמֶה לַייָ בִּבְנֵי אֵלִים: אֵל נַעֲרָץ בְּסוֹד קְדֹשִׁים רַבָּה, וְנוֹרָא עַל כָּל סְבִיבָיו: יְיָ אֱלֹהֵי צְבָאוֹת מִי כָמוֹךָ חֲסִין יָהּ, וֶאֱמוּנָתְךָ סְבִיבוֹתֶיךָ: אַתָּה מוֹשֵׁל בְּגֵאוּת הַיָּם, בְּשׂוֹא גַלָּיו אַתָּה תְשַׁבְּחֵם: אַתָּה דִכִּאתָ כֶחָלָל רָהַב, בִּזְרוֹעַ עֻזְּךָ פִּזַּרְתָּ אוֹיְבֶיךָ: לְךָ שָׁמַיִם אַף לְךָ אָרֶץ, תֵּבֵל וּמְלֹאָהּ אַתָּה יְסַדְתָּם: צָפוֹן וְיָמִין אַתָּה בְרָאתָם, תָּבוֹר וְחֶרְמוֹן בְּשִׁמְךָ יְרַנֵּנוּ: לְךָ זְרוֹעַ עִם גְּבוּרָה, תָּעֹז יָדְךָ תָּרוּם יְמִינֶךָ: צֶדֶק וּמִשְׁפָּט מְכוֹן כִּסְאֶךָ, חֶסֶד וֶאֱמֶת יְקַדְּמוּ פָנֶיךָ: אַשְׁרֵי הָעָם יוֹדְעֵי תְרוּעָה, יְיָ בְּאוֹר פָּנֶיךָ יְהַלֵּכוּן: בְּשִׁמְךָ יְגִילוּן כָּל הַיּוֹם, וּבְצִדְקָתְךָ יָרוּמוּ: כִּי תִפְאֶרֶת עֻזָּמוֹ אָתָּה,

wonders for the deceased? Do the dead stand to offer You praise? Selah. Is Your loving-kindness recounted in the grave, your faithfulness in the place of perdition? Are Your wondrous deeds known in the darkness [of the grave], or Your righteousness in the land of oblivion? But, I, to You, O Lord, I cry; each morning my prayer comes before You. Why, O Lord, do You forsake my soul? Why do You conceal Your countenance from Me? From my youth I have been afflicted and approaching death, yet I have borne the fear of You which is firmly established within me. Your furies have passed over me; Your terrors have cut me down. They have engulfed me like water all day long, they all together surrounded me. You have estranged from me beloved and friend; I have been rejected by my acquaintances.

89. משכיל A *maskil* by Etan the Ezrachite. I will sing of the Lord's loving-kindess forever; to all generations I will make known Your faithfulness with my mouth. For I have said, "The world is built with loving-kindness; there in the heavens You establish Your faithfulness." I have made a covenant with My chosen one; I have sworn to David, My servant: "I will establish Your descendants forever; I will build your throne for all generations." Selah. Then the heavens will extol Your wonders, O Lord; Your faithfulness, too, in the congregation of the holy ones. Indeed, who in heaven can be compared to the Lord, who among the supernal beings can be likened to the Lord! The Almighty is revered in the great assembly of the holy ones, awe-inspiring to all who surround Him. O Lord, God of hosts, who is mighty like You, O God! Your faithfulness surrounds You. You rule the vastness of the sea; when its waves surge, You still them. You crushed Rahav [Egypt] like a corpse; with Your powerful arm You scattered Your enemies. Yours are the heavens, the earth is also Yours; the world and all therein—You established them. The north and the south—You created them; Tabor and Hermon sing of [the greatness] of Your Name. Yours is the arm which has the might; strengthen Your hand, raise high Your right hand. Righteousness and justice are the foundation of Your throne; kindness and truth go before Your countenance. Fortunate is the people who know the sound of the *shofar*; Lord, they walk in the light of Your countenance. They rejoice in Your Name all day, and they are exalted through Your righteousness. Indeed, You are the splendor of their might, and in

וּבִרְצוֹנְךָ תָּרוּם קַרְנֵינוּ: כִּי לַייָ מָגִנֵּנוּ, וְלִקְדוֹשׁ יִשְׂרָאֵל
מַלְכֵּנוּ: אָז דִּבַּרְתָּ בְחָזוֹן לַחֲסִידֶיךָ, וַתֹּאמֶר שִׁוִּיתִי עֵזֶר
עַל גִּבּוֹר, הֲרִימוֹתִי בָחוּר מֵעָם: מָצָאתִי דָּוִד עַבְדִּי,
בְּשֶׁמֶן קָדְשִׁי מְשַׁחְתִּיו: אֲשֶׁר יָדִי תִּכּוֹן עִמּוֹ, אַף זְרוֹעִי
תְאַמְּצֶנּוּ: לֹא יַשִּׁיא אוֹיֵב בּוֹ, וּבֶן עַוְלָה לֹא יְעַנֶּנּוּ:
וְכַתּוֹתִי מִפָּנָיו צָרָיו, וּמְשַׂנְאָיו אֶגּוֹף: וֶאֱמוּנָתִי וְחַסְדִּי
עִמּוֹ, וּבִשְׁמִי תָּרוּם קַרְנוֹ: וְשַׂמְתִּי בַיָּם יָדוֹ, וּבַנְּהָרוֹת
יְמִינוֹ: הוּא יִקְרָאֵנִי אָבִי אָתָּה, אֵלִי וְצוּר יְשׁוּעָתִי: אַף
אָנִי בְּכוֹר אֶתְּנֵהוּ, עֶלְיוֹן לְמַלְכֵי אָרֶץ: לְעוֹלָם אֶשְׁמָר
לוֹ חַסְדִּי, וּבְרִיתִי נֶאֱמֶנֶת לוֹ: וְשַׂמְתִּי לָעַד זַרְעוֹ, וְכִסְאוֹ
כִּימֵי שָׁמָיִם: אִם יַעַזְבוּ בָנָיו תּוֹרָתִי, וּבְמִשְׁפָּטַי לֹא
יֵלֵכוּן: אִם חֻקֹּתַי יְחַלֵּלוּ, וּמִצְוֹתַי לֹא יִשְׁמֹרוּ: וּפָקַדְתִּי
בְשֵׁבֶט פִּשְׁעָם, וּבִנְגָעִים עֲוֹנָם: וְחַסְדִּי לֹא אָפִיר מֵעִמּוֹ,
וְלֹא אֲשַׁקֵּר בֶּאֱמוּנָתִי: לֹא אֲחַלֵּל בְּרִיתִי, וּמוֹצָא שְׂפָתַי
לֹא אֲשַׁנֶּה: אַחַת נִשְׁבַּעְתִּי בְקָדְשִׁי, אִם לְדָוִד אֲכַזֵּב:
זַרְעוֹ לְעוֹלָם יִהְיֶה, וְכִסְאוֹ כַשֶּׁמֶשׁ נֶגְדִּי: כְּיָרֵחַ יִכּוֹן
עוֹלָם, וְעֵד בַּשַּׁחַק נֶאֱמָן סֶלָה: וְאַתָּה זָנַחְתָּ וַתִּמְאָס,
הִתְעַבַּרְתָּ עִם מְשִׁיחֶךָ: נֵאַרְתָּה בְּרִית עַבְדֶּךָ, חִלַּלְתָּ
לָאָרֶץ נִזְרוֹ: פָּרַצְתָּ כָל גְּדֵרֹתָיו, שַׂמְתָּ מִבְצָרָיו מְחִתָּה:
שַׁסֻּהוּ כָּל עֹבְרֵי דָרֶךְ, הָיָה חֶרְפָּה לִשְׁכֵנָיו: הֲרִימוֹתָ
יְמִין צָרָיו, הִשְׂמַחְתָּ כָּל אוֹיְבָיו: אַף תָּשִׁיב צוּר חַרְבּוֹ,
וְלֹא הֲקֵימֹתוֹ בַּמִּלְחָמָה: הִשְׁבַּתָּ מִטְּהָרוֹ, וְכִסְאוֹ לָאָרֶץ
מִגַּרְתָּה: הִקְצַרְתָּ יְמֵי עֲלוּמָיו, הֶעֱטִיתָ עָלָיו בּוּשָׁה סֶלָה:
עַד מָה יְיָ תִּסָּתֵר לָנֶצַח, תִּבְעַר כְּמוֹ אֵשׁ חֲמָתֶךָ: זְכָר
אֲנִי מֶה חָלֶד, עַל מַה שָּׁוְא בָּרָאתָ כָל בְּנֵי אָדָם:

Your goodwill our glory is exalted. For our protectors turn to the Lord, and our king to the Holy One of Israel. Then You spoke in a vision to Your pious ones and said: "I have granted aid to [David] the mighty one; I have exalted the one chosen from among the people. I have found David, My servant; I have anointed him with My holy oil. It is he whom My hand shall be prepared [to assist]; My arm, too, shall strengthen him. The enemy shall not prevail over him, nor shall the iniquitous person afflict him. And I will crush his adversaries before him, and will strike down those who hate him. Indeed, My faithfulness and My kindness shall be with him, and through My Name his glory shall be exalted. I will set his hand upon the sea, his right hand upon the rivers. He will call out to Me, 'You are my Father, my God, the strength of my deliverance.' I will also make him [My] first-born, supreme over the kings of the earth. I will maintain My loving-kindness for him forever; My covenant shall remain true to him. And I will bestow [kingship] upon his seed forever, and his throne will endure as long as the heavens last. If his children forsake My Torah and do not walk in My ordinances; if they profane My statutes and do not observe My commandments, then I will punish their transgression with the rod and their misdeeds with plagues. Yet I shall not take away My kindness from him, nor betray My faithfulness. I will not abrogate My covenant nor change that which has issued from My lips. One thing I have sworn by My holiness—I will not cause disappointment to David. His seed will endure forever and his throne will be [resplendent] as the sun before Me. Like the moon, it shall be established forever; [the moon] is a faithful witness in the sky for all time." Yet You have forsaken and abhorred; You became enraged at Your anointed. You annulled the covenant with Your servant; You have profaned his crown [by casting it] to the ground. You shattered all his fences; You turned all his strongholds into ruin. All wayfarers despoiled him; he has become a disgrace to his neighbors. You have uplifted the right hand of his adversaries; You have made all his enemies rejoice. You also turned back the blade of his sword, and did not sustain him in battle. You have cut short the days of his youth; You have enclothed him with long-lasting shame. How long, O Lord, will You conceal Yourself—forever? [How long] will Your fury blaze like fire? O remember how short is my life span! Why have You created all children of man for

מִי גֶבֶר יִחְיֶה וְלֹא יִרְאֶה מָּוֶת, יְמַלֵּט נַפְשׁוֹ מִיַּד שְׁאוֹל
סֶלָה: אַיֵּה חֲסָדֶיךָ הָרִאשֹׁנִים אֲדֹנָי, נִשְׁבַּעְתָּ לְדָוִד
בֶּאֱמוּנָתֶךָ: זְכֹר אֲדֹנָי חֶרְפַּת עֲבָדֶיךָ, שְׂאֵתִי בְחֵיקִי כָּל
רַבִּים עַמִּים: אֲשֶׁר חֵרְפוּ אוֹיְבֶיךָ יְיָ, אֲשֶׁר חֵרְפוּ עִקְּבוֹת
מְשִׁיחֶךָ: בָּרוּךְ יְיָ לְעוֹלָם, אָמֵן וְאָמֵן:

צ תְּפִלָּה לְמֹשֶׁה אִישׁ הָאֱלֹהִים, אֲדֹנָי מָעוֹן אַתָּה הָיִיתָ
לָּנוּ בְּדֹר וָדֹר: בְּטֶרֶם הָרִים יֻלָּדוּ וַתְּחוֹלֵל אֶרֶץ
וְתֵבֵל, וּמֵעוֹלָם עַד עוֹלָם אַתָּה אֵל: תָּשֵׁב אֱנוֹשׁ עַד
דַּכָּא, וַתֹּאמֶר שׁוּבוּ בְנֵי אָדָם: כִּי אֶלֶף שָׁנִים בְּעֵינֶיךָ
כְּיוֹם אֶתְמוֹל כִּי יַעֲבֹר, וְאַשְׁמוּרָה בַלָּיְלָה: זְרַמְתָּם שֵׁנָה
יִהְיוּ, בַּבֹּקֶר כֶּחָצִיר יַחֲלֹף: בַּבֹּקֶר יָצִיץ וְחָלָף, לָעֶרֶב
יְמוֹלֵל וְיָבֵשׁ: כִּי כָלִינוּ בְאַפֶּךָ, וּבַחֲמָתְךָ נִבְהָלְנוּ: שַׁתָּה
עֲוֹנֹתֵינוּ לְנֶגְדֶּךָ, עֲלֻמֵנוּ לִמְאוֹר פָּנֶיךָ: כִּי כָל יָמֵינוּ פָּנוּ
בְעֶבְרָתֶךָ, כִּלִּינוּ שָׁנֵינוּ כְמוֹ הֶגֶה: יְמֵי שְׁנוֹתֵינוּ בָהֶם
שִׁבְעִים שָׁנָה, וְאִם בִּגְבוּרֹת שְׁמוֹנִים שָׁנָה, וְרָהְבָּם עָמָל
וָאָוֶן, כִּי גָז חִישׁ וַנָּעֻפָה: מִי יוֹדֵעַ עֹז אַפֶּךָ, וּכְיִרְאָתְךָ
עֶבְרָתֶךָ: לִמְנוֹת יָמֵינוּ כֵּן הוֹדַע, וְנָבִא לְבַב חָכְמָה:
שׁוּבָה יְיָ עַד מָתָי, וְהִנָּחֵם עַל עֲבָדֶיךָ: שַׂבְּעֵנוּ בַבֹּקֶר
חַסְדֶּךָ, וּנְרַנְּנָה וְנִשְׂמְחָה בְּכָל יָמֵינוּ: שַׂמְּחֵנוּ כִּימוֹת
עִנִּיתָנוּ, שְׁנוֹת רָאִינוּ רָעָה: יֵרָאֶה אֶל עֲבָדֶיךָ פָעֳלֶךָ,
וַהֲדָרְךָ עַל בְּנֵיהֶם: וִיהִי נֹעַם אֲדֹנָי אֱלֹהֵינוּ עָלֵינוּ,
וּמַעֲשֵׂה יָדֵינוּ כּוֹנְנָה עָלֵינוּ, וּמַעֲשֵׂה יָדֵינוּ כּוֹנְנֵהוּ:

Mourners recite Mourner's Kaddish on page 263.
Sounding of the *shofar*, page 263.
The Six Remembrances, page 264.

naught? What man can live and not see death, can save his soul forever from *sheol*? Where are Your former deeds of kindness, my Master, which You swore to David in Your faithfulness? Remember, my Master, the disgrace of Your servants that I bear in my bosom from all the many nations; that Your enemies have disgraced, O Lord, that they have disgraced the footsteps of Your anointed. Blessed is the Lord forever, Amen and Amen.

90. תפלה A prayer by Moses, the man of God. My Lord, You have been a shelter for us in every generation. Before the mountains came into being, before You created the earth and the world—for ever and ever You are Almighty God. You bring man low until he is crushed, and You say, "Return, you children of man." Indeed, a thousand years are in Your eyes like yesterday that has passed, like a watch of the night. The stream of their life is as but a slumber; in the morning they are like grass that sprouts anew. In the morning it thrives and sprouts anew; in the evening it withers and dries up. For we are consumed by Your anger, and destroyed by Your wrath. You have set our wrongdoings before You, our hidden sins before the light of Your countenance. For all our days have vanished in Your wrath; we cause our years to pass like a fleeting sound. The years of our life number seventy, if in great vigor—eighty; most of them are but travail and futility, passing quickly and flying away. Who can know the intensity of Your anger? Your wrath is commensurate with one's fear of You. Teach us, then, to reckon our days, that we may acquire a wise heart. Relent, O Lord; how long [will Your anger last]? Have compassion upon Your servants. Satiate us in the morning with Your kindness; then we shall sing and rejoice throughout our days. Give us joy corresponding to the days You afflicted us, the years we have seen adversity. Let Your work be revealed to Your servants, and Your splendor be upon their children. May the pleasantness of the Lord our God be upon us; establish for us the work of our hands; establish the work of our hands.

Mourners recite Mourner's Kaddish on page 263.
Sounding of the *shofar*, page 263.
The Six Remembrances, page 264.

FOR THE SECOND DAY:

י לָמָה יְיָ תַּעֲמֹד בְּרָחוֹק, תַּעְלִים לְעִתּוֹת בַּצָּרָה:
בְּגַאֲוַת רָשָׁע יִדְלַק עָנִי, יִתָּפְשׂוּ בִּמְזִמּוֹת זוּ חָשָׁבוּ:
כִּי הִלֵּל רָשָׁע עַל תַּאֲוַת נַפְשׁוֹ, וּבֹצֵעַ בֵּרֵךְ נִאֵץ יְיָ:
רָשָׁע כְּגֹבַהּ אַפּוֹ בַּל יִדְרֹשׁ, אֵין אֱלֹהִים כָּל מְזִמּוֹתָיו:
יָחִילוּ דְרָכָיו בְּכָל עֵת, מָרוֹם מִשְׁפָּטֶיךָ מִנֶּגְדּוֹ, כָּל
צוֹרְרָיו יָפִיחַ בָּהֶם: אָמַר בְּלִבּוֹ בַּל אֶמּוֹט, לְדֹר וָדֹר
אֲשֶׁר לֹא בְרָע: אָלָה פִּיהוּ מָלֵא וּמִרְמוֹת וָתֹךְ, תַּחַת
לְשׁוֹנוֹ עָמָל וָאָוֶן: יֵשֵׁב בְּמַאְרַב חֲצֵרִים, בַּמִּסְתָּרִים יַהֲרֹג
נָקִי, עֵינָיו לְחֵלְכָה יִצְפֹּנוּ: יֶאֱרֹב בַּמִּסְתָּר כְּאַרְיֵה בְסֻכֹּה,
יֶאֱרֹב לַחֲטוֹף עָנִי, יַחְטֹף עָנִי בְּמָשְׁכוֹ בְרִשְׁתּוֹ: יִדְכֶּה
יָשֹׁחַ, וְנָפַל בַּעֲצוּמָיו חֵל כָּאִים: אָמַר בְּלִבּוֹ שָׁכַח אֵל,
הִסְתִּיר פָּנָיו בַּל רָאָה לָנֶצַח: קוּמָה יְיָ אֵל נְשָׂא יָדֶךָ,
אַל תִּשְׁכַּח עֲנָוִים: עַל מֶה נִאֵץ רָשָׁע אֱלֹהִים, אָמַר
בְּלִבּוֹ לֹא תִּדְרֹשׁ: רָאִתָה כִּי אַתָּה עָמָל וָכַעַס תַּבִּיט
לָתֵת בְּיָדֶךָ, עָלֶיךָ יַעֲזֹב חֵלֵכָה, יָתוֹם אַתָּה הָיִיתָ עוֹזֵר:
שְׁבֹר זְרוֹעַ רָשָׁע, וָרָע תִּדְרוֹשׁ רִשְׁעוֹ בַל תִּמְצָא: יְיָ מֶלֶךְ
עוֹלָם וָעֶד, אָבְדוּ גוֹיִם מֵאַרְצוֹ: תַּאֲוַת עֲנָוִים שָׁמַעְתָּ
יְיָ, תָּכִין לִבָּם תַּקְשִׁיב אָזְנֶךָ: לִשְׁפֹּט יָתוֹם וָדָךְ, בַּל
יוֹסִיף עוֹד לַעֲרֹץ אֱנוֹשׁ מִן הָאָרֶץ:

יא לַמְנַצֵּחַ לְדָוִד, בַּייָ חָסִיתִי, אֵיךְ תֹּאמְרוּ לְנַפְשִׁי נוּדִי
הַרְכֶם צִפּוֹר: כִּי הִנֵּה הָרְשָׁעִים יִדְרְכוּן קֶשֶׁת,
כּוֹנְנוּ חִצָּם עַל יֶתֶר, לִירוֹת בְּמוֹ אֹפֶל לְיִשְׁרֵי לֵב: כִּי
הַשָּׁתוֹת יֵהָרֵסוּן, צַדִּיק מַה פָּעָל: יְיָ בְּהֵיכַל קָדְשׁוֹ

FOR THE SECOND DAY:

10. למה Why, O Lord, do You stand at a distance; why do You hide Yourself in times of tribulation? The wicked in his arrogance pursues the poor who are caught by the schemes which they have contrived. For the wicked man glories [in achieving] the desire of his heart, and the brazen robber boasts that he has scorned the Lord. The wicked one in his insolence [thinks], "He does not search [one's actions]"; all his thoughts are, "There is no God [of retribution]." His ways always succeed; Your retribution is far removed from before him; he puffs at all his foes. He says in his heart, "I shall not falter, for all generations no evil will befall me." His mouth is full of oaths, deceit and malice; under his tongue is mischief and iniquity. He sits in ambush in outlying areas; in secret places he murders the innocent; his eyes stealthily watch for the helpless. He lies in wait in a secret place like a lion in his lair; he lies in wait to seize the poor, he seizes the poor when he draws his net. He [pretends to be] crushed and stooped; the helpless fall prey to his might. He says in his heart, "God has forgotten, He conceals His countenance, He will never see [my wrong-doings]." Arise, O Lord! O God, lift Your hand! Do not forget the lowly. Why does the wicked man scorn God? Because he says in his heart, "You do not search [one's actions]." Indeed, You do see! For You behold mischief and vexation. To recompense is in Your power; the helpless place their trust in You; You have [always] been the orphan's helper. Break the power of the wicked; then search the wickedness of the evil one and You will not find it. The Lord reigns for all eternity; the nations have vanished from His land. Lord, You have heard the desire of the humble; direct their hearts [to You], let Your ear hearken [to their prayers], to bring justice to the orphan and the downtrodden, so that [the wicked] shall no longer spread terror among men on the earth.

11. למנצח For the Choirmaster, [a Psalm] by David. I have placed my trust in the Lord; how can you say to me that I flee from your mountain like a bird? For behold, the wicked bend the bow, they have made ready their arrow upon the bowstring, to shoot in darkness at the upright in heart. Indeed, when the foundations are destroyed, what has the righteous man done? The Lord is in

יְיָ בַּשָּׁמַיִם כִּסְאוֹ, עֵינָיו יֶחֱזוּ עַפְעַפָּיו יִבְחֲנוּ בְּנֵי אָדָם:
יְיָ צַדִּיק יִבְחָן, וְרָשָׁע וְאֹהֵב חָמָס שָׂנְאָה נַפְשׁוֹ: יַמְטֵר
עַל רְשָׁעִים פַּחִים, אֵשׁ וְגָפְרִית וְרוּחַ זִלְעָפוֹת מְנָת
כּוֹסָם: כִּי צַדִּיק יְיָ צְדָקוֹת אָהֵב, יָשָׁר יֶחֱזוּ פָנֵימוֹ:

יב לַמְנַצֵּחַ עַל הַשְּׁמִינִית, מִזְמוֹר לְדָוִד: הוֹשִׁיעָה יְיָ כִּי
גָמַר חָסִיד, כִּי פַסּוּ אֱמוּנִים מִבְּנֵי אָדָם: שָׁוְא יְדַבְּרוּ
אִישׁ אֶת רֵעֵהוּ, שְׂפַת חֲלָקוֹת בְּלֵב וָלֵב יְדַבֵּרוּ: יַכְרֵת יְיָ
כָּל שִׂפְתֵי חֲלָקוֹת, לָשׁוֹן מְדַבֶּרֶת גְּדֹלוֹת: אֲשֶׁר אָמְרוּ
לִלְשֹׁנֵנוּ נַגְבִּיר שְׂפָתֵינוּ אִתָּנוּ, מִי אָדוֹן לָנוּ: מִשֹּׁד עֲנִיִּים
מֵאַנְקַת אֶבְיוֹנִים, עַתָּה אָקוּם יֹאמַר יְיָ, אָשִׁית בְּיֵשַׁע
יָפִיחַ לוֹ: אִמְרוֹת יְיָ אֲמָרוֹת טְהֹרוֹת, כֶּסֶף צָרוּף בַּעֲלִיל
לָאָרֶץ מְזֻקָּק שִׁבְעָתָיִם: אַתָּה יְיָ תִּשְׁמְרֵם, תִּצְּרֶנּוּ מִן
הַדּוֹר זוּ לְעוֹלָם: סָבִיב רְשָׁעִים יִתְהַלָּכוּן, כֻּרֻם זֻלּוּת לִבְנֵי
אָדָם:

יג לַמְנַצֵּחַ מִזְמוֹר לְדָוִד: עַד אָנָה יְיָ תִּשְׁכָּחֵנִי נֶצַח, עַד
אָנָה תַּסְתִּיר אֶת פָּנֶיךָ מִמֶּנִּי: עַד אָנָה אָשִׁית עֵצוֹת
בְּנַפְשִׁי יָגוֹן בִּלְבָבִי יוֹמָם, עַד אָנָה יָרוּם אֹיְבִי עָלָי:
הַבִּיטָה עֲנֵנִי יְיָ אֱלֹהָי, הָאִירָה עֵינַי פֶּן אִישַׁן הַמָּוֶת: פֶּן
יֹאמַר אֹיְבִי יְכָלְתִּיו, צָרַי יָגִילוּ כִּי אֶמּוֹט: וַאֲנִי בְּחַסְדְּךָ
בָטַחְתִּי יָגֵל לִבִּי בִּישׁוּעָתֶךָ, אָשִׁירָה לַייָ כִּי גָמַל עָלָי:

יד לַמְנַצֵּחַ לְדָוִד, אָמַר נָבָל בְּלִבּוֹ אֵין אֱלֹהִים, הִשְׁחִיתוּ
הִתְעִיבוּ עֲלִילָה אֵין עֹשֵׂה טוֹב: יְיָ מִשָּׁמַיִם הִשְׁקִיף
עַל בְּנֵי אָדָם, לִרְאוֹת הֲיֵשׁ מַשְׂכִּיל דֹּרֵשׁ אֶת אֱלֹהִים:
הַכֹּל סָר יַחְדָּו נֶאֱלָחוּ, אֵין עֹשֵׂה טוֹב אֵין גַּם אֶחָד:

His holy Sanctuary, the Lord's throne is in heaven, [yet] His eyes behold, His pupils probe [the deeds of] mankind. The Lord tests the righteous, but He hates the wicked and the lover of violence. He will rain down upon the wicked fiery coals and brimstone; a scorching wind will be their allotted portion. For the Lord is righteous, He loves [the man of] righteous deeds; the upright will behold His countenance.

12. למנצח For the Choirmaster, upon the eight-stringed musical instrument *sheminit*, a Psalm by David. Lord, help us, for the pious are no more, for the faithful have vanished from among men. Men speak falsehood to one another; with flattering lips, with a double heart, do they speak. May the Lord cut off all flattering lips, [every] tongue that speaks boastfully. Those who have said, "With our tongues we shall prevail, our lips are with us, who is master over us!" "Because of the violence done to the poor, because of the moaning of the needy, now I will arise!" says the Lord; "I will grant him deliverance," He says to him. The words of the Lord are pure words, like silver refined in the finest earthen crucible, purified seven times. May You, O Lord, watch over them; may You forever guard them from this [evil] generation. The wicked walk on every side; when they are exalted it is a disgrace to mankind.

13. למנצח For the Choirmaster, a Psalm by David. How long, O Lord, will You forget me—forever? How long will You hide Your countenance from me? How long must I seek counsel within my soul [to escape] the grief in my heart all day? How long will my enemy be exalted over me? Look [at my distress and] answer me, O Lord, my God; give light to my eyes, lest I sleep the sleep of death. Lest my enemy say, "I have overcome him," [and] my oppressors rejoice when I falter. I have placed my trust in Your kindness, my heart will rejoice in Your deliverance; I will sing to the Lord for He has dealt kindly with me.

14. למנצח For the Choirmaster, [a Psalm] by David. The fool says in his heart, "There is no God!" [Man's] deeds have become corrupt and abominable, no one does good. The Lord looked down from heaven upon mankind, to see if there was any man of intelligence who searches for God. They have all gone astray together; they have become corrupt; there is none who does good,

הֲלֹא יָדְעוּ כָּל פֹּעֲלֵי אָוֶן, אֹכְלֵי עַמִּי אָכְלוּ לֶחֶם, יְיָ לֹא
קָרָאוּ: שָׁם פָּחֲדוּ פָחַד, כִּי אֱלֹהִים בְּדוֹר צַדִּיק: עֲצַת עָנִי
תָבִישׁוּ, כִּי יְיָ מַחְסֵהוּ: מִי יִתֵּן מִצִּיּוֹן יְשׁוּעַת יִשְׂרָאֵל,
בְּשׁוּב יְיָ שְׁבוּת עַמּוֹ, יָגֵל יַעֲקֹב יִשְׂמַח יִשְׂרָאֵל:

טו   מִזְמוֹר לְדָוִד, יְיָ מִי יָגוּר בְּאָהֳלֶךָ, מִי יִשְׁכֹּן בְּהַר
קָדְשֶׁךָ: הוֹלֵךְ תָּמִים וּפֹעֵל צֶדֶק, וְדֹבֵר אֱמֶת
בִּלְבָבוֹ: לֹא רָגַל עַל לְשֹׁנוֹ, לֹא עָשָׂה לְרֵעֵהוּ רָעָה
וְחֶרְפָּה לֹא נָשָׂא עַל קְרֹבוֹ: נִבְזֶה בְּעֵינָיו נִמְאָס, וְאֶת
יִרְאֵי יְיָ יְכַבֵּד, נִשְׁבַּע לְהָרַע וְלֹא יָמִר: כַּסְפּוֹ לֹא נָתַן
בְּנֶשֶׁךְ, וְשֹׁחַד עַל נָקִי לֹא לָקָח, עֹשֵׂה אֵלֶּה לֹא יִמּוֹט
לְעוֹלָם:

טז   מִכְתָּם לְדָוִד, שָׁמְרֵנִי אֵל כִּי חָסִיתִי בָךְ: אָמַרְתְּ לַייָ
אֲדֹנָי אָתָּה, טוֹבָתִי בַּל עָלֶיךָ: לִקְדוֹשִׁים אֲשֶׁר
בָּאָרֶץ הֵמָּה, וְאַדִּירֵי כָּל חֶפְצִי בָם: יִרְבּוּ עַצְּבוֹתָם אַחֵר
מָהָרוּ, בַּל אַסִּיךְ נִסְכֵּיהֶם מִדָּם, וּבַל אֶשָּׂא אֶת שְׁמוֹתָם
עַל שְׂפָתָי: יְיָ מְנָת חֶלְקִי וְכוֹסִי, אַתָּה תּוֹמִיךְ גּוֹרָלִי:
חֲבָלִים נָפְלוּ לִי בַּנְּעִמִים, אַף נַחֲלָת שָׁפְרָה עָלָי: אֲבָרֵךְ
אֶת יְיָ אֲשֶׁר יְעָצָנִי, אַף לֵילוֹת יִסְּרוּנִי כִלְיוֹתָי: שִׁוִּיתִי יְיָ
לְנֶגְדִּי תָמִיד, כִּי מִימִינִי בַּל אֶמּוֹט: לָכֵן שָׂמַח לִבִּי וַיָּגֶל
כְּבוֹדִי, אַף בְּשָׂרִי יִשְׁכֹּן לָבֶטַח: כִּי לֹא תַעֲזֹב נַפְשִׁי
לִשְׁאוֹל, לֹא תִתֵּן חֲסִידְךָ לִרְאוֹת שָׁחַת: תּוֹדִיעֵנִי אֹרַח
חַיִּים, שֹׂבַע שְׂמָחוֹת אֶת פָּנֶיךָ, נְעִמוֹת בִּימִינְךָ נֶצַח:

יז   תְּפִלָּה לְדָוִד, שִׁמְעָה יְיָ צֶדֶק הַקְשִׁיבָה רִנָּתִי, הַאֲזִינָה
תְפִלָּתִי בְּלֹא שִׂפְתֵי מִרְמָה: מִלְּפָנֶיךָ מִשְׁפָּטִי יֵצֵא,

not even one. Indeed, all the evildoers, who devour My people as they devour bread, who do not call upon the Lord, will ultimately come to know [the consequences of their actions]. There they will be seized with fright, for God is with the righteous generation. You scorn the counsel of the lowly, that he puts his trust in the Lord. O that out of Zion would come Israel's deliverance! When the Lord returns the captivity of His people, Jacob will exult, Israel will rejoice.

15. מזמור A Psalm by David. Lord, who may abide in Your tent? Who may dwell on Your holy mountain? He who walks blamelessly, acts justly and speaks truth in his heart; who has no slander on his tongue, who has done his fellowman no evil; who brought no disgrace [by his deeds] upon his relative; in whose eyes a despicable person is abhorrent, but he honors those who are God-fearing; who does not change his oath even if it is to his own detriment; who does not lend his money at interest, nor accept a bribe against the innocent; he who does these things shall never falter.

16. מכתם [A Psalm] accompanied by the musical instrument *michtam*, by David. Watch over me, O God, for I have put my trust in You. You [my soul] have said to God, "You are my Master; it is not incumbent upon You to bestow goodness upon me [for I am undeserving." But it is for the sake] of the holy ones who lie in the earth and the mighty [in the fear of God]; all my desires are fulfilled [in their merit]. Those who hasten after other [gods], their sorrows shall increase; I will not offer [like them] their libations of blood, nor take their names upon my lips. The Lord is my allotted portion and my share; You guide my destiny. Portions have fallen to me in pleasant places; indeed, a beautiful inheritance is mine. I bless the Lord who has given me counsel; even in the nights my intellect admonishes me. I have set the Lord before me at all times; because He is at my right hand, I shall not falter. Therefore my heart rejoices and my soul exults; my flesh, too, rests secure. For You will not abandon my soul to *sheol*; You will not allow Your pious one to see purgatory. Make known to me the path of life, that I may be satiated with the joy of Your presence, with the bliss of Your right hand forever.

17. תפלה A Prayer by David. Hear, Lord, my sincere [plea]; hearken to my cry; give ear to my prayer, expressed by guileless

עֵינֶיךָ תֶּחֱזֶינָה מֵישָׁרִים: בָּחַנְתָּ לִבִּי פָּקַדְתָּ לַּיְלָה, צְרַפְתַּנִי
בַל תִּמְצָא, זַמֹּתִי בַּל יַעֲבָר פִּי: לִפְעֻלּוֹת אָדָם בִּדְבַר
שְׂפָתֶיךָ, אֲנִי שָׁמַרְתִּי אָרְחוֹת פָּרִיץ: תָּמֹךְ אֲשֻׁרַי
בְּמַעְגְּלוֹתֶיךָ, בַּל נָמוֹטּוּ פְעָמָי: אֲנִי קְרָאתִיךָ כִי תַעֲנֵנִי
אֵל, הַט אָזְנְךָ לִי שְׁמַע אִמְרָתִי: הַפְלֵה חֲסָדֶיךָ מוֹשִׁיעַ
חוֹסִים, מִמִּתְקוֹמְמִים בִּימִינֶךָ: שָׁמְרֵנִי כְּאִישׁוֹן בַּת עָיִן,
בְּצֵל כְּנָפֶיךָ תַּסְתִּירֵנִי: מִפְּנֵי רְשָׁעִים זוּ שַׁדּוּנִי, אֹיְבַי
בְּנֶפֶשׁ יַקִּיפוּ עָלָי: חֶלְבָּמוֹ סָּגְרוּ, פִּימוֹ דִּבְּרוּ בְגֵאוּת:
אַשֻּׁרֵינוּ עַתָּה סְבָבוּנוּ, עֵינֵיהֶם יָשִׁיתוּ לִנְטוֹת בָּאָרֶץ:
דִּמְיֹנוֹ כְּאַרְיֵה יִכְסוֹף לִטְרוֹף, וְכִכְפִיר יֹשֵׁב בְּמִסְתָּרִים:
קוּמָה יְיָ קַדְּמָה פָנָיו הַכְרִיעֵהוּ, פַּלְּטָה נַפְשִׁי מֵרָשָׁע
חַרְבֶּךָ: מִמְתִים יָדְךָ יְיָ מִמְתִים מֵחֶלֶד, חֶלְקָם בַּחַיִּים
וּצְפוּנְךָ תְּמַלֵּא בִטְנָם, יִשְׂבְּעוּ בָנִים וְהִנִּיחוּ יִתְרָם
לְעוֹלְלֵיהֶם: אֲנִי בְּצֶדֶק אֶחֱזֶה פָנֶיךָ, אֶשְׂבְּעָה בְהָקִיץ
תְּמוּנָתֶךָ:

צא יֹשֵׁב בְּסֵתֶר עֶלְיוֹן, בְּצֵל שַׁדַּי יִתְלוֹנָן: אֹמַר לַייָ
מַחְסִי וּמְצוּדָתִי, אֱלֹהַי אֶבְטַח בּוֹ: כִּי הוּא יַצִּילְךָ
מִפַּח יָקוּשׁ, מִדֶּבֶר הַוּוֹת: בְּאֶבְרָתוֹ יָסֶךְ לָךְ, וְתַחַת כְּנָפָיו
תֶּחְסֶה, צִנָּה וְסֹחֵרָה אֲמִתּוֹ: לֹא תִירָא מִפַּחַד לָיְלָה,
מֵחֵץ יָעוּף יוֹמָם: מִדֶּבֶר בָּאֹפֶל יַהֲלֹךְ, מִקֶּטֶב יָשׁוּד
צָהֳרָיִם: יִפֹּל מִצִּדְּךָ אֶלֶף וּרְבָבָה מִימִינֶךָ, אֵלֶיךָ לֹא יִגָּשׁ:
רַק בְּעֵינֶיךָ תַבִּיט, וְשִׁלֻּמַת רְשָׁעִים תִּרְאֶה: כִּי אַתָּה יְיָ
מַחְסִי, עֶלְיוֹן שַׂמְתָּ מְעוֹנֶךָ: לֹא תְאֻנֶּה אֵלֶיךָ רָעָה, וְנֶגַע
לֹא יִקְרַב בְּאָהֳלֶךָ: כִּי מַלְאָכָיו יְצַוֶּה לָּךְ, לִשְׁמָרְךָ בְּכָל

lips. Let my verdict come forth from before You; let Your eyes behold [my] uprightness. You have probed my heart, examined it in the night, tested me and You found no [blemish]; as are my words so are my thoughts. So that human deeds conform with the words of Your lips, I watch the paths of the lawbreakers [and admonish them not to follow them]. Support my steps [to be firm] in Your paths, so that my feet shall not falter. I have called upon You, for You, O Lord, will answer me; incline Your ear to me, hear what I say. Withhold Your kindness, O You who delivers with Your right hand those who place their trust in You, from those who rise up against [You]. Guard me as the apple of the eye; hide me in the shadow of Your wings from the wicked who despoil me, [from] my mortal enemies who surround me. Their fat has closed up [their hearts]; with their mouths they have spoken arrogantly. They now encircle our footsteps, they set their eyes to make us stray from [the right path on] the earth. He is like a lion lusting to devour [its prey], like a young lion lurking in hiding. Arise, O Lord! Confront him, bring him to his knees; rescue my soul from the wicked [who serves as] Your sword. Let me be among those whose death is by Your hand, O Lord, among those who die of old age; whose portion is eternal life and whose innards are filled with Your concealed goodness, who are satisfied with [noble] sons and leave their overabundance to their offspring. [In the merit of] my righteousness, I shall behold Your countenance; in the time of resurrection, I will be sated by [beholding] Your likeness.

91. ישב You who dwells in the shelter of the Most High, who abides in the shadow of the Omnipotent, I say [to you] of the Lord who is my refuge and my stronghold, my God in whom I trust, that He will save you from the ensnaring trap, from the destructive pestilence. He will cover you with His pinions and you will find refuge under His wings; His truth is a shield and an armor. You will not fear the terror of the night, nor the arrow that flies by day, the pestilence that prowls in the darkness, nor the destruction that ravages at noon. A thousand may fall at your [left] side, and ten thousand at your right, but it shall not reach you. You need only look with your eyes, and you will see the retribution of the wicked. Because you [have said,] "The Lord is my shelter," and you have made the Most High your haven, no evil will befall you, no plague will come near your tent. For He

דְּרָכֶֽיךָ: עַל כַּפַּֽיִם יִשָּׂאֽוּנְךָ, פֶּן תִּגֹּף בָּאֶֽבֶן רַגְלֶֽךָ: עַל
שַֽׁחַל וָפֶֽתֶן תִּדְרֹךְ, תִּרְמֹס כְּפִיר וְתַנִּין: כִּי בִי חָשַׁק
וַאֲפַלְּטֵֽהוּ, אֲשַׂגְּבֵֽהוּ כִּי יָדַע שְׁמִי: יִקְרָאֵֽנִי וְאֶעֱנֵֽהוּ, עִמּוֹ
אָנֹכִי בְצָרָה, אֲחַלְּצֵֽהוּ וַאֲכַבְּדֵֽהוּ: אֹֽרֶךְ יָמִים אַשְׂבִּיעֵֽהוּ,
וְאַרְאֵֽהוּ בִּישׁוּעָתִי:

צב מִזְמוֹר שִׁיר לְיוֹם הַשַּׁבָּת: טוֹב לְהֹדוֹת לַייָ, וּלְזַמֵּר
לְשִׁמְךָ עֶלְיוֹן: לְהַגִּיד בַּבֹּֽקֶר חַסְדֶּֽךָ, וֶאֱמוּנָתְךָ
בַּלֵּילוֹת: עֲלֵי עָשׂוֹר וַעֲלֵי נָֽבֶל, עֲלֵי הִגָּיוֹן בְּכִנּוֹר: כִּי
שִׂמַּחְתַּֽנִי יְיָ בְּפָעֳלֶֽךָ, בְּמַעֲשֵׂי יָדֶֽיךָ אֲרַנֵּן: מַה גָּדְלוּ
מַעֲשֶֽׂיךָ יְיָ, מְאֹד עָמְקוּ מַחְשְׁבֹתֶֽיךָ: אִישׁ בַּֽעַר לֹא יֵדָע,
וּכְסִיל לֹא יָבִין אֶת זֹאת: בִּפְרֹֽחַ רְשָׁעִים כְּמוֹ עֵֽשֶׂב,
וַיָּצִֽיצוּ כָּל פֹּֽעֲלֵי אָֽוֶן, לְהִשָּׁמְדָם עֲדֵי עַד: וְאַתָּה מָרוֹם
לְעֹלָם יְיָ: כִּי הִנֵּה אֹיְבֶֽיךָ יְיָ, כִּי הִנֵּה אֹיְבֶֽיךָ יֹאבֵֽדוּ,
יִתְפָּרְדוּ כָּל פֹּֽעֲלֵי אָֽוֶן: וַתָּֽרֶם כִּרְאֵים קַרְנִי, בַּלֹּתִי בְּשֶֽׁמֶן
רַעֲנָן: וַתַּבֵּט עֵינִי בְּשׁוּרָי, בַּקָּמִים עָלַי מְרֵעִים, תִּשְׁמַֽעְנָה
אָזְנָי: צַדִּיק כַּתָּמָר יִפְרָח, כְּאֶֽרֶז בַּלְּבָנוֹן יִשְׂגֶּה: שְׁתוּלִים
בְּבֵית יְיָ, בְּחַצְרוֹת אֱלֹהֵֽינוּ יַפְרִֽיחוּ: עוֹד יְנוּבוּן בְּשֵׂיבָה,
דְּשֵׁנִים וְרַעֲנַנִּים יִהְיוּ: לְהַגִּיד כִּי יָשָׁר יְיָ, צוּרִי וְלֹא
עַוְלָֽתָה בּוֹ:

צג יְיָ מָלָךְ גֵּאוּת לָבֵשׁ, לָבֵשׁ יְיָ עֹז הִתְאַזָּר, אַף תִּכּוֹן
תֵּבֵל בַּל תִּמּוֹט: נָכוֹן כִּסְאֲךָ מֵאָז, מֵעוֹלָם אָֽתָּה:
נָשְׂאוּ נְהָרוֹת יְיָ, נָשְׂאוּ נְהָרוֹת קוֹלָם, יִשְׂאוּ נְהָרוֹת דָּכְיָם:
מִקֹּלוֹת מַֽיִם רַבִּים אַדִּירִים מִשְׁבְּרֵי יָם, אַדִּיר בַּמָּרוֹם יְיָ:
עֵדֹתֶֽיךָ נֶאֶמְנוּ מְאֹד, לְבֵיתְךָ נַֽאֲוָה קֹֽדֶשׁ, יְיָ לְאֹֽרֶךְ יָמִים:

will instruct His angels in your behalf, to guard you in all your ways. They will carry you in their hands, lest you hurt your foot on a rock. You will tread upon the lion and the viper; you will trample upon the young lion and the serpent. Because he desires Me, I will deliver him; I will fortify him for he knows My Name. When he calls on Me, I will answer him; I am with him in distress; I will deliver him and honor him. I will satiate him with long life, and show him My deliverance.

92. מזמור A Psalm, a song for the Shabbat day. It is good to praise the Lord, and to sing to Your Name, O Most High; to proclaim Your kindness in the morning, and Your faithfulness in the nights, with a ten-stringed instrument and lyre, to the melody of a harp. For You, Lord, have gladdened me with Your deeds; I sing for joy at the works of Your hand. How great are Your works, O Lord; how very profound Your thoughts! A brutish man cannot know, a fool cannot comprehend this: when the wicked thrive like grass, and all evildoers flourish—it is in order that they may be destroyed forever. But You, Lord, are exalted forever. Indeed, Your enemies, Lord, indeed, Your enemies shall perish; all evildoers shall be scattered. But You have increased my might like that of a wild ox; I am anointed with fresh oil. My eyes have seen [the downfall of] my watchful enemies; my ears have heard [the doom of] the wicked who rise against me. The righteous will flourish like a palm tree, grow tall like a cedar in Lebanon. Planted in the House of the Lord, they shall blossom in the courtyards of our God. They shall be fruitful even in old age; they shall be full of sap and freshness. That is to say that the Lord is just; He is my Strength, and there is no injustice in Him.

93. יי The Lord is King; He has garbed Himself with grandeur; the Lord has robed Himself, He has girded Himself with strength; He has also established the world firmly that it shall not falter. Your throne stands firm from of old; You have existed forever. The rivers have raised, O Lord, the rivers have raised their voice; the rivers raise their raging waves. More than the sound of many waters, than the mighty breakers of the sea, is the Lord mighty on high. Your testimonies are most trustworthy; Your House will be resplendent in holiness, O Lord, forever.

MOURNER'S KADDISH

Mourners recite the following Kaddish (translation on page 368). Congregation responds אָמֵן as indicated.

יִתְגַּדַּל וְיִתְקַדַּשׁ שְׁמֵהּ רַבָּא. (Cong—אָמֵן) בְּעָלְמָא דִּי בְרָא כִרְעוּתֵהּ וְיַמְלִיךְ מַלְכוּתֵהּ, וְיַצְמַח פּוּרְקָנֵהּ וִיקָרֵב מְשִׁיחֵהּ. (Cong—אָמֵן) בְּחַיֵּיכוֹן וּבְיוֹמֵיכוֹן וּבְחַיֵּי דְכָל בֵּית יִשְׂרָאֵל, בַּעֲגָלָא וּבִזְמַן קָרִיב וְאִמְרוּ אָמֵן:

(Cong—אָמֵן. יְהֵא שְׁמֵהּ רַבָּא מְבָרַךְ לְעָלַם וּלְעָלְמֵי עָלְמַיָּא, יִתְבָּרַךְ.)

יְהֵא שְׁמֵהּ רַבָּא מְבָרַךְ לְעָלַם וּלְעָלְמֵי עָלְמַיָּא. יִתְבָּרַךְ, וְיִשְׁתַּבַּח, וְיִתְפָּאַר, וְיִתְרוֹמַם, וְיִתְנַשֵּׂא, וְיִתְהַדָּר, וְיִתְעַלֶּה, וְיִתְהַלָּל, שְׁמֵהּ דְּקוּדְשָׁא בְּרִיךְ הוּא. (Cong—אָמֵן)

לְעֵלָּא מִן כָּל בִּרְכָתָא וְשִׁירָתָא, תֻּשְׁבְּחָתָא וְנֶחֱמָתָא, דַּאֲמִירָן בְּעָלְמָא, וְאִמְרוּ אָמֵן: (Cong—אָמֵן) יְהֵא שְׁלָמָא רַבָּא מִן שְׁמַיָּא וְחַיִּים טוֹבִים עָלֵינוּ וְעַל כָּל יִשְׂרָאֵל, וְאִמְרוּ אָמֵן: (Cong—אָמֵן)

Take three steps back, then bow right saying עֹשֶׂה הַשָּׁלוֹם בִּמְרוֹמָיו, bow forward saying הוּא, bow left saying יַעֲשֶׂה שָׁלוֹם עָלֵינוּ, and bow forward saying וְעַל כָּל יִשְׂרָאֵל, וְאִמְרוּ אָמֵן.

עֹשֶׂה הַשָּׁלוֹם בִּמְרוֹמָיו, הוּא יַעֲשֶׂה שָׁלוֹם עָלֵינוּ וְעַל כָּל יִשְׂרָאֵל, וְאִמְרוּ אָמֵן: (Cong—אָמֵן)

Mourners recite Kaddish D'Rabbanan after Mishnayot, page 307.

It is customary to sound the following thirty *shofar* blasts (except on Shabbat), in order to confuse the Satan.

תקיעה. שברים תרועה. תקיעה.
תקיעה. שברים תרועה. תקיעה.
תקיעה. שברים תרועה. תקיעה.

תקיעה. שברים. תקיעה.
תקיעה. שברים. תקיעה.
תקיעה. שברים. תקיעה.

תקיעה. תרועה. תקיעה.
תקיעה. תרועה. תקיעה.
תקיעה. תרועה. תקיעה גדולה:

MOURNER'S KADDISH

Mourners recite the following Kaddish (translation on page 368).
Congregation responds Amen as indicated.

יתגדל *Yis-gadal v'yis-kadash sh'mayh rabö.* (Cong: *Ömayn*)
*B'öl'mö di v'rö chir'u-sayh v'yamlich mal'chusayh,
v'yatzmach pur-könay vikörayv m'shi-chayh.* (Cong: *Ömayn*)
*B'cha-yay-chon u-v'yomaychon u-v'cha-yay d'chöl bays
yisrö-ayl, ba-agölö u-viz'man köriv v'im'ru ömayn.*
(Cong: *Ömayn. Y'hay sh'mayh rabö m'vörach l'ölam u-l'öl'may
öl'ma-yö, yisböraych.*)
*Y'hay sh'mayh rabö m'vörach l'ölam u-l'öl'may öl'ma-yö.
Yisböraych, v'yishtabach, v'yispö-ayr, v'yisromöm,
v'yis-nasay, v'yis-hadör, v'yis-aleh, v'yis-halöl, sh'mayh
d'kudshö b'rich hu.* (Cong: *Ömayn*)
*L'aylö min köl bir-chösö v'shirösö, tush-b'chösö
v'neche-mösö, da-amirön b'öl'mö, v'im'ru ömayn.* (Cong:
Ömayn)
*Y'hay sh'lömö rabö min sh'ma-yö, v'cha-yim tovim ölaynu
v'al köl yisrö-ayl v'im'ru ömayn.* (Cong: *Ömayn*)

Take three steps back, then bow right saying *Oseh ha-shölom bim'romöv,* bow forward
saying *hu,* bow left saying *ya-aseh shölom ölaynu,* and bow forward saying *v'al köl
yisrö-ayl, v'im'ru ömayn.*

*Oseh ha-shölom bim'romöv, hu ya-a-seh shölom ölaynu v'al
köl yisrö-ayl, v'im'ru ömayn.* (Cong: *Ömayn*)

Mourners recite Kaddish D'Rabbanan after Mishnayot, page 307.

It is customary to sound the following thirty *shofar* blasts (except on Shabbat), in order to
confuse the Satan.

TEKIAH	SHEVARIM–TERUAH	TEKIAH
TEKIAH	SHEVARIM–TERUAH	TEKIAH
TEKIAH	SHEVARIM–TERUAH	TEKIAH

TEKIAH	SHEVARIM	TEKIAH
TEKIAH	SHEVARIM	TEKIAH
TEKIAH	SHEVARIM	TEKIAH

TEKIAH	TERUAH	TEKIAH
TEKIAH	TERUAH	TEKIAH
TEKIAH	TERUAH	TEKIAH–GEDOLAH

On Shabbat, recite the following paragraph:

וְלָקַחְתָּ סֹלֶת וְאָפִיתָ אֹתָהּ שְׁתֵּים עֶשְׂרֵה חַלּוֹת, שְׁנֵי
עֶשְׂרֹנִים יִהְיֶה הַחַלָּה הָאֶחָת: וְשַׂמְתָּ אוֹתָם שְׁתַּיִם
מַעֲרָכוֹת שֵׁשׁ הַמַּעֲרָכֶת, עַל הַשֻּׁלְחָן הַטָּהֹר לִפְנֵי יְיָ: וְנָתַתָּ
עַל הַמַּעֲרֶכֶת לְבֹנָה זַכָּה, וְהָיְתָה לַלֶּחֶם לְאַזְכָּרָה אִשֶּׁה לַיְיָ:
בְּיוֹם הַשַּׁבָּת בְּיוֹם הַשַּׁבָּת יַעַרְכֶנּוּ לִפְנֵי יְיָ תָּמִיד, מֵאֵת בְּנֵי
יִשְׂרָאֵל בְּרִית עוֹלָם: וְהָיְתָה לְאַהֲרֹן וּלְבָנָיו וַאֲכָלֻהוּ בְּמָקוֹם
קָדֹשׁ, כִּי קֹדֶשׁ קָדָשִׁים הוּא לוֹ מֵאִשֵּׁי יְיָ, חָק עוֹלָם:¹

THE SIX REMEMBRANCES

לְמַעַן תִּזְכֹּר אֶת יוֹם צֵאתְךָ מֵאֶרֶץ מִצְרַיִם כֹּל יְמֵי חַיֶּיךָ:²

רַק הִשָּׁמֶר לְךָ וּשְׁמֹר נַפְשְׁךָ מְאֹד פֶּן תִּשְׁכַּח אֶת הַדְּבָרִים
אֲשֶׁר רָאוּ עֵינֶיךָ וּפֶן יָסוּרוּ מִלְּבָבְךָ כֹּל יְמֵי חַיֶּיךָ
וְהוֹדַעְתָּם לְבָנֶיךָ וְלִבְנֵי בָנֶיךָ: יוֹם אֲשֶׁר עָמַדְתָּ לִפְנֵי יְיָ
אֱלֹהֶיךָ בְּחֹרֵב:³

זָכוֹר אֵת אֲשֶׁר עָשָׂה לְךָ עֲמָלֵק בַּדֶּרֶךְ בְּצֵאתְכֶם מִמִּצְרָיִם:
אֲשֶׁר קָרְךָ בַּדֶּרֶךְ וַיְזַנֵּב בְּךָ כָּל הַנֶּחֱשָׁלִים אַחֲרֶיךָ
וְאַתָּה עָיֵף וְיָגֵעַ וְלֹא יָרֵא אֱלֹהִים: וְהָיָה בְּהָנִיחַ יְיָ אֱלֹהֶיךָ
לְךָ מִכָּל אֹיְבֶיךָ מִסָּבִיב בָּאָרֶץ אֲשֶׁר יְיָ אֱלֹהֶיךָ נֹתֵן לְךָ נַחֲלָה
לְרִשְׁתָּהּ תִּמְחֶה אֶת זֵכֶר עֲמָלֵק מִתַּחַת הַשָּׁמָיִם לֹא
תִּשְׁכָּח:⁴

זְכֹר אַל תִּשְׁכַּח אֵת אֲשֶׁר הִקְצַפְתָּ אֶת יְיָ אֱלֹהֶיךָ בַּמִּדְבָּר:⁵

זָכוֹר אֵת אֲשֶׁר עָשָׂה יְיָ אֱלֹהֶיךָ לְמִרְיָם בַּדֶּרֶךְ בְּצֵאתְכֶם
מִמִּצְרָיִם:⁶

זָכוֹר אֶת יוֹם הַשַּׁבָּת לְקַדְּשׁוֹ:⁷

1. Leviticus 24:5-9. **2.** Deuteronomy 16:3. **3.** Ibid. 4:9-10. **4.** Ibid. 25:17-19. **5.** Ibid. 9:7.
6. Ibid. 24:9. **7.** Exodus 20:8.

On Shabbat, recite the following paragraph:

ולקחת You shall take fine flour and bake of it twelve loaves; each loaf shall be two-tenths [of an ephah]. Place them in two rows, six to a row, upon the pure table before the Lord. Put near each row pure frankincense, which is to be a memorial-offering for the bread, a fire-offering to the Lord. He shall arrange them before the Lord regularly, each and every Shabbat, an everlasting covenant from the Children of Israel. It shall belong to Aaron and his sons and they shall eat it in a holy place, for it is most holy to him of the fire-offerings of the Lord, an everlasting statute.[1]

THE SIX REMEMBRANCES

למען So that you remember the day you came out of the land of Egypt all the days of your life.[2]

רק But beware and guard your soul scrupulously, lest you forget the things which your eyes have seen, and lest they be removed from your heart all the days of your life; make known to your children and to your children's children [what you saw] on the day when you stood before the Lord your God at Chorev [Sinai].[3]

זכור Remember what Amalek did to you on the way as you came out of Egypt: how he met you on the way, and cut down all the weak who straggled behind you, when you were weary and exhausted; and he did not fear God. Therefore, when the Lord your God will relieve you of all your enemies around you, in the land which the Lord your God gives you as a hereditary portion, you shall blot out the memory of Amalek from under heaven. Do not forget![4]

זכור Remember, do not forget, how you provoked the Lord your God to wrath in the desert.[5]

זכור Remember what the Lord your God did to Miriam on the way, as you came out of Egypt.[6]

זכור Remember the Shabbat day to sanctify it.[7]

KIDDUSH FOR ROSH HASHANAH DAY

When Rosh Hashanah occurs on a weekday, begin תִּקְעוּ, on the next page.

On Shabbat begin here, by reciting the shaded area in an undertone:

מִזְמוֹר לְדָוִד, יְיָ רֹעִי לֹא אֶחְסָר: בִּנְאוֹת דֶּשֶׁא יַרְבִּיצֵנִי, עַל מֵי מְנֻחוֹת יְנַהֲלֵנִי: נַפְשִׁי יְשׁוֹבֵב, יַנְחֵנִי בְמַעְגְּלֵי צֶדֶק לְמַעַן שְׁמוֹ: גַּם כִּי אֵלֵךְ בְּגֵיא צַלְמָוֶת לֹא אִירָא רָע, כִּי אַתָּה עִמָּדִי, שִׁבְטְךָ וּמִשְׁעַנְתֶּךָ הֵמָּה יְנַחֲמֻנִי: תַּעֲרֹךְ לְפָנַי שֻׁלְחָן נֶגֶד צֹרְרָי, דִּשַּׁנְתָּ בַשֶּׁמֶן רֹאשִׁי, כּוֹסִי רְוָיָה: אַךְ טוֹב וָחֶסֶד יִרְדְּפוּנִי כָּל יְמֵי חַיָּי, וְשַׁבְתִּי בְּבֵית יְיָ לְאֹרֶךְ יָמִים:[1]

אַתְקִינוּ סְעוּדָתָא דִמְהֵימְנוּתָא שְׁלֵמָתָא חֶדְוָתָא דְמַלְכָּא קַדִּישָׁא: אַתְקִינוּ סְעוּדָתָא דְמַלְכָּא, דָּא הִיא סְעוּדָתָא דְעַתִּיקָא קַדִּישָׁא,[2] וַחֲקַל תַּפּוּחִין קַדִּישִׁין[2] וּזְעֵיר אַנְפִּין[2] אַתְיָן לְסַעֲדָא בַּהֲדֵיהּ:[3]

וְשָׁמְרוּ בְנֵי יִשְׂרָאֵל אֶת הַשַּׁבָּת, לַעֲשׂוֹת אֶת הַשַּׁבָּת לְדֹרֹתָם בְּרִית עוֹלָם. בֵּינִי וּבֵין בְּנֵי יִשְׂרָאֵל אוֹת הִיא לְעֹלָם, כִּי שֵׁשֶׁת יָמִים עָשָׂה יְיָ אֶת הַשָּׁמַיִם וְאֶת הָאָרֶץ, וּבַיּוֹם הַשְּׁבִיעִי שָׁבַת וַיִּנָּפַשׁ:[4]

אִם תָּשִׁיב מִשַּׁבָּת רַגְלֶךָ, עֲשׂוֹת חֲפָצֶךָ בְּיוֹם קָדְשִׁי, וְקָרָאתָ לַשַּׁבָּת עֹנֶג, לִקְדוֹשׁ יְיָ מְכֻבָּד, וְכִבַּדְתּוֹ מֵעֲשׂוֹת דְּרָכֶיךָ, מִמְּצוֹא חֶפְצְךָ וְדַבֵּר דָּבָר. אָז תִּתְעַנַּג עַל יְיָ וְהִרְכַּבְתִּיךָ עַל בָּמֳתֵי אָרֶץ, וְהַאֲכַלְתִּיךָ נַחֲלַת יַעֲקֹב אָבִיךָ, כִּי פִּי יְיָ דִּבֵּר:[5]

1. Psalm 23. 2. Kabbalistic terms for various manifestations of the Shechinah. 3. V. Zohar II, 88a-b. 4. Exodus 31:16-17. 5. Isaiah 58:13-14.

KIDDUSH FOR ROSH HASHANAH DAY

When Rosh Hashanah occurs on a weekday, begin *Blow the shofar,* on the next page.

On Shabbat begin here, by reciting the shaded area in an undertone:

מזמור A Psalm by David. The Lord is my shepherd, I shall lack nothing. He makes me lie down in green pastures; He leads me beside still waters. He revives my soul; He directs me in paths of righteousness for the sake of His Name. Even if I will walk in the valley of the shadow of death, I will fear no evil, for You are with me; Your rod and Your staff—they will comfort me. You will prepare a table for me before my enemies; You have anointed my head with oil; my cup is full. Only goodness and kindness shall follow me all the days of my life, and I shall dwell in the House of the Lord for many long years.[1]

אתקינו Prepare the meal of perfect faith, which is the delight of the holy King; prepare the meal of the King. This is the meal of the holy Ancient One,[2] and the holy *Chakal Tapuchin*[2] and *Z'eir Anpin*[2] come to join Him in the meal.[3]

ושמרו The Children of Israel shall observe the Shabbat, establishing the Shabbat throughout their generations as an everlasting covenant. It is a sign between Me and the children of Israel for all time, for in six days the Lord made the heavens and the earth, and on the seventh day He ceased from work and rested.[4]

אם If you restrain your feet because of the Shabbat from attending to your affairs on My holy day, and you call the Shabbat, "delight," the day made holy by the Lord, "honored," and you honor it by not following your customary ways, refraining from pursuing your affairs and from speaking profane things, then you shall delight in the Lord, and I will make you ride on the high places of the earth, and I will nourish you with the heritage of Jacob your father; thus the mouth of the Lord has spoken.[5]

דָּא הִיא סְעוּדָתָא דְעַתִּיקָא קַדִּישָׁא:¹

זָכוֹר אֶת יוֹם הַשַּׁבָּת לְקַדְּשׁוֹ. שֵׁשֶׁת יָמִים תַּעֲבֹד וְעָשִׂיתָ
כָּל מְלַאכְתֶּךָ. וְיוֹם הַשְּׁבִיעִי שַׁבָּת לַיָי אֱלֹהֶיךָ, לֹא
תַעֲשֶׂה כָל מְלָאכָה, אַתָּה וּבִנְךָ וּבִתֶּךָ עַבְדְּךָ וַאֲמָתְךָ
וּבְהֶמְתֶּךָ, וְגֵרְךָ אֲשֶׁר בִּשְׁעָרֶיךָ: כִּי שֵׁשֶׁת יָמִים עָשָׂה יְיָ
אֶת הַשָּׁמַיִם וְאֶת הָאָרֶץ, אֶת הַיָּם וְאֶת כָּל אֲשֶׁר בָּם,
וַיָּנַח בַּיּוֹם הַשְּׁבִיעִי—
עַל כֵּן בֵּרַךְ יְיָ אֶת יוֹם הַשַּׁבָּת וַיְקַדְּשֵׁהוּ:²

When Rosh Hashanah occurs on a weekday begin here:

Take the cup of wine in the right hand, pass it to the left hand, and lower it onto the palm of the right hand. (See illustration, page 349.) The cup should be held three *tefachim* (approximately 9 in.) above the table throughout the Kiddush.

Those listening to the Kiddush should respond אָמֵן as indicated.

תִּקְעוּ בַחֹדֶשׁ שׁוֹפָר, בַּכֶּסֶה לְיוֹם חַגֵּנוּ: כִּי חֹק לְיִשְׂרָאֵל
הוּא, מִשְׁפָּט לֵאלֹהֵי יַעֲקֹב:³

When making Kiddush over bread, say:	When making Kiddush over wine, glance at the wine and say:
סַבְרִי מָרָנָן:	סַבְרִי מָרָנָן:
בָּרוּךְ אַתָּה יְיָ, אֱלֹהֵינוּ מֶלֶךְ הָעוֹלָם, הַמּוֹצִיא לֶחֶם מִן הָאָרֶץ: (אָמֵן)	בָּרוּךְ אַתָּה יְיָ, אֱלֹהֵינוּ מֶלֶךְ הָעוֹלָם, בּוֹרֵא פְּרִי הַגָּפֶן: (אָמֵן)

Pour some wine from the cup to be distributed to those listening, and drink at least 2 ounces of the remaining wine while seated.

All present wash their hands for the meal (see Laws on page 326), reciting the appropriate blessing, being careful not to speak until after eating of the *challah*. The head of the household recites the blessing for bread while holding both loaves, and distributes a piece to each person, who in turn recites the blessing over the bread.

Blessing After Meals, page 48.

---

1. Kabbalistic term for a manifestation of the Shechinah. **2.** Exodus 20:8-11. **3.** Psalms 81:4-5.

דא This is the meal of the holy Ancient One.¹

זכור Remember the Shabbat day to sanctify it. Six days you shall labor and do all your work, but the seventh day is Shabbat for the Lord your God; you shall not do any work—you, your son or your daughter, your manservant or your maidservant, or your cattle, or the stranger within your gates. For [in] six days the Lord made the heavens, the earth, the sea, and all that is in them, and rested on the seventh day—

על Therefore the Lord blessed the Shabbat day and made it holy.²

When Rosh Hashanah occurs on a weekday begin here:
Take the cup of wine in the right hand, pass it to the left hand, and lower it onto the palm of the right hand. (See illustration, page 349.) The cup should be held three *tefachim* (approximately 9 in.) above the table throughout the Kiddush.
Those listening to the Kiddush should respond Amen as indicated.

תקעו Blow the *shofar* on the New Moon, on the designated day of our Holy Day. For it is a decree for Israel, a day of judgment for the God of Jacob.³

When making Kiddush over wine, glance at the wine and say:	When making Kiddush over bread, say:
סברי Attention, Gentlemen!	סברי Attention, Gentlemen!
ברוך Blessed are You, Lord our God, King of the universe, who creates the fruit of the vine. (Amen)	ברוך Blessed are You, Lord our God, King of the universe, who brings forth bread from the earth. (Amen)

Pour some wine from the cup to be distributed to those listening, and drink at least 2 ounces of the remaining wine while seated.

All present wash their hands for the meal (see Laws on page 326), reciting the appropriate blessing, being careful not to speak until after eating of the *challah*. The head of the household recites the blessing for bread while holding both loaves, and distributes a piece to each person, who in turn recites the blessing over the bread.

Blessing After Meals, page 48.

MINCHAH FOR ROSH HASHANAH

When Rosh Hashanah occurs on all days except Friday, begin וַיְדַבֵּר, page 269.

When the second day of Rosh Hashanah occurs on Friday, begin here:

פְּתַח אֵלִיָּהוּ וְאָמַר:[1] רִבּוֹן עָלְמִין דְּאַנְתְּ הוּא חָד וְלָא בְחֻשְׁבָּן אַנְתְּ הוּא עִלָּאָה עַל כָּל עִלָּאִין סְתִימָא עַל כָּל סְתִימִין לֵית מַחֲשָׁבָה תְּפִיסָא בָךְ כְּלָל: אַנְתְּ הוּא דְּאַפִּיקַת עֲשַׂר תִּקּוּנִין וְקָרֵינָן לְהוֹן עֲשַׂר סְפִירָן לְאַנְהָגָא בְהוֹן עָלְמִין סְתִימִין דְּלָא אִתְגַּלְיָן וְעָלְמִין דְּאִתְגַּלְיָן וּבְהוֹן אִתְכְּסִיאַת מִבְּנֵי נָשָׁא וְאַנְתְּ הוּא דְקָשִׁיר לוֹן וּמְיַחֵד לוֹן וּבְגִין דְּאַנְתְּ מִלְּגָו כָּל מָאן דְּאַפְרִישׁ חַד מֵחַבְרֵיהּ מֵאִלֵּין עֲשַׂר סְפִירָן אִתְחֲשִׁיב לֵיהּ כְּאִלּוּ אַפְרִישׁ בָּךְ: וְאִלֵּין עֲשַׂר סְפִירָן אִנּוּן אָזְלִין כְּסִדְרָן חַד אֲרִיךְ וְחַד קְצִיר וְחַד בֵּינוּנִי: וְאַנְתְּ הוּא דְאַנְהִיג לוֹן וְלֵית מָאן דְּאַנְהִיג לָךְ לָא לְעֵלָּא וְלָא לְתַתָּא וְלָא מִכָּל סִטְרָא: לְבוּשִׁין תְּקִינַת לוֹן דְּמִנַּיְהוּ פָּרְחִין נִשְׁמָתִין לִבְנֵי נָשָׁא: וְכַמָּה גוּפִין תְּקִינַת לוֹן דְּאִתְקְרִיאוּ גוּפִין לְגַבֵּי לְבוּשִׁין דִּמְכַסְיָן עֲלֵיהוֹן וְאִתְקְרִיאוּ בְּתִקּוּנָא דָא: חֶסֶד דְּרוֹעָא יְמִינָא: גְּבוּרָה דְּרוֹעָא שְׂמָאלָא: תִּפְאֶרֶת גּוּפָא: נֶצַח וְהוֹד תְּרֵין שׁוֹקִין: יְסוֹד סִיּוּמָא דְגוּפָא אוֹת בְּרִית קֹדֶשׁ: מַלְכוּת פֶּה תּוֹרָה שֶׁבְּעַל פֶּה קָרֵינָן לָהּ: חָכְמָה מוֹחָא אִיהִי מַחֲשָׁבָה מִלְּגָו: בִּינָה לִבָּא וּבָהּ הַלֵּב מֵבִין וְעַל אִלֵּין תְּרֵין כְּתִיב הַנִּסְתָּרֹת לַייָ אֱלֹהֵינוּ:[2] כֶּתֶר עֶלְיוֹן אִיהוּ כֶּתֶר מַלְכוּת וַעֲלֵיהּ אִתְּמַר מַגִּיד מֵרֵאשִׁית אַחֲרִית[3] וְאִיהוּ קַרְקַפְתָּא דִתְפִלִּין מִלְּגָו אִיהוּ שֵׁם מַה (כְּזֵה: יו"ד ה"א וא"ו ה"א) דְּאִיהוּ אֹרַח

1. For a comprehensive exposition of this discourse, which contains many major Kabbalistic concepts, see R. Moshe Cordovero, Pardes Harimonim, Shaar 4, chs. 5-6. **2.** Deuteronomy 29:28. **3.** Isaiah 46:10.

MINCHAH FOR ROSH HASHANAH

When Rosh Hashanah occurs on all days except Friday, begin *And the Lord,* page 269.

When the second day of Rosh Hashanah occurs on Friday, begin here:

פתח Elijah opened [his discourse] and said:[1] Master of the worlds, You are One but not in the numerical sense. You are exalted above all the exalted ones, hidden from all the hidden ones; no thought can grasp You at all. You are He who has brought forth ten "garments," and we call them ten *sefirot,* through which to direct hidden worlds which are not revealed and revealed worlds; and through them You conceal Yourself from man. You are He who binds them together and unites them; and inasmuch as You are within them, whoever separates one from another of these ten *sefirot,* it is considered as if he had effected a separation in You. These ten *sefirot* proceed according to their order: one long, one short, and one intermediate. You are He who directs them, but there is no one who directs You—neither above, nor below, nor from any side. You have made garments for them, from which souls issue forth to man. You have made for them a number of bodies which are called "bodies" in comparison with the garments which cover them, and they are described [anthropomorphically] in the following manner: *chesed* (kindness)—the right arm; *gevurah* (severity, power)—the left arm; *tiferet* (beauty)—the torso; *netzach* (eternity, victory) and *hod* (splendor)—the two thighs; *yesod* (foundation)—the end of the torso, the sign of the Holy Covenant; *malchut* (kingship)—the mouth, which we call the Oral Torah; *chochmah* (wisdom)—the brain, that is, the thought within; *binah* (understanding)—the heart, by means of which the heart understands; and concerning the latter two [*sefirot*] it is written, "The secrets belong to the Lord our God";[2] supernal *keter* (crown) is the crown of kingship, concerning which it is said, "He declares the end from the beginning,"[3] and it is the skull [upon which the] *tefillin* [are placed]. Within them is the Name [whose numerical value is] forty-five (spelled thus: יו"ד ה"א וא"ו ה"א) which is the path

אֲצִילוּת וְאִיהוּ שַׁקְיוּ דְּאִילָנָא בִּדְרוֹעוֹי וְעַנְפּוֹי כְּמַיָּא דְּאַשְׁקֵי לְאִילָנָא וְאִתְרַבֵּי בְּהַהוּא שַׁקְיוּ: רִבּוֹן עָלְמִין אַנְתְּ הוּא עִלַּת הָעִלּוֹת וְסִבַּת הַסִּבּוֹת דְּאַשְׁקֵי לְאִילָנָא בְּהַהוּא נְבִיעוּ: וְהַהוּא נְבִיעוּ אִיהוּ כְּנִשְׁמְתָא לְגוּפָא דְּאִיהִי[1] חַיִּים לְגוּפָא: וּבָךְ לֵית דִּמְיוֹן וְדִיוּקְנָא מִכָּל מַה דִּלְגוֹ וּלְבַר: וּבְרָאתָ שְׁמַיָּא וְאַרְעָא וְאַפִּיקַת מִנְּהוֹן שִׁמְשָׁא וְסִיהֲרָא וְכוֹכְבַיָּא וּמַזָּלַיָּא: וּבְאַרְעָא אִילָנִין וְדִשְׁאִין וְגִנְתָּא דְעֵדֶן וְעִשְׂבִּין וְחֵיוָן וּבְעִירִין וְעוֹפִין וְנוּנִין וּבְנֵי נָשָׁא לְאִשְׁתְּמוֹדְעָא בְהוֹן עִלָּאִין וְאֵיךְ יִתְנַהֲגוּן עִלָּאִין וְתַתָּאִין וְאֵיךְ אִשְׁתְּמוֹדְעָן עִלָּאֵי מִתַּתָּאֵי וְלֵית דְּיָדַע בָּךְ כְּלָל: וּבַר מִנָּךְ לֵית יְחוּדָא בְּעִלָּאֵי וְתַתָּאֵי וְאַנְתְּ אִשְׁתְּמוֹדָע עִלַּת עַל כֹּלָּא וְאָדוֹן עַל כֹּלָּא: וְכָל סְפִירָא אִית לָהּ שֵׁם יְדִיעָא וּבְהוֹן אִתְקְרִיאוּ מַלְאָכַיָּא: וְאַנְתְּ לֵית לָךְ שֵׁם יְדִיעָא דְּאַנְתְּ הוּא מְמַלֵּא כָל שְׁמָהָן: וְאַנְתְּ הוּא שְׁלִימוּ דְּכֻלְּהוּ: וְכַד אַנְתְּ תִּסְתַּלֵּק מִנַּיְהוּ אִשְׁתָּאֲרוּ כֻּלְּהוּ שְׁמָהָן כְּגוּפָא בְּלָא נִשְׁמְתָא: אַנְתְּ הוּא חַכִּים וְלָא בְחָכְמָה יְדִיעָא אַנְתְּ הוּא מֵבִין וְלָא בְּבִינָה יְדִיעָא: לֵית לָךְ אֲתַר יְדִיעָא: אֶלָּא לְאִשְׁתְּמוֹדְעָא תּוּקְפָךְ וְחֵילָךְ לִבְנֵי נָשָׁא וּלְאַחֲזָאָה לוֹן אֵיךְ מִתְנַהֵג עָלְמָא בְּדִינָא וּבְרַחֲמֵי דְּאִית צֶדֶק וּמִשְׁפָּט כְּפוּם עוֹבְדֵיהוֹן דִּבְנֵי נָשָׁא: דִּין אִיהוּ גְבוּרָה מִשְׁפָּט עַמּוּדָא דְּאֶמְצָעִיתָא צֶדֶק מַלְכוּתָא קַדִּישָׁא מֹאזְנֵי צֶדֶק תְּרֵין סַמְכֵי קְשׁוֹט הִין צֶדֶק אוֹת בְּרִית קֹדֶשׁ כֹּלָּא לְאַחֲזָאָה אֵיךְ מִתְנַהֵג עָלְמָא אֲבָל לַאו דְּאִית לָךְ צֶדֶק יְדִיעָא דְּאִיהוּ דִין וְלָא מִשְׁפָּט יְדִיעָא דְּאִיהוּ רַחֲמֵי וְלָא מִכָּל אִלֵּין מִדּוֹת כְּלָל: בָּרוּךְ[2] יְיָ לְעוֹלָם אָמֵן וְאָמֵן:[3]

1. Another version: דְּאִיהוּ. 2. Psalms 89:53. 3. Tikkunei Zohar, Introduction II.

of *atzilut* (emanation), and the watering of the Tree [of the *sefirot*] with its arms and branches, just as water irrigates a tree and it grows by that irrigation. Master of the worlds, You are the cause of causes and producer of effects, who waters the Tree through that fountain; and that fountain is as the soul to the body, which is the life of the body. In You, however, there is no similitude or likeness to anything within or without. You have created heaven and earth and brought forth from them the sun, the moon, the stars and the planets; and on earth—the trees, the green herbage, the Garden of Eden, the grasses, the beasts, the cattle, the fowl, the fish, and mankind; in order to make known through them the Supernal Realms, how the higher and lower worlds are conducted, and how the higher worlds may be known from the lower. However, there is none who can know You at all. Without You there is no unity in the higher or lower realms, and You are known as the Cause of all and the Master of all. Each *sefirah* has a specific Name by which the angels are also designated. You, however, have no specific Name, for You permeate all the Names, and You are the perfection of them all. When You remove Yourself from them, all the Names remain as a body without a soul. You are wise, but not with a knowable attribute of wisdom; You understand, but not with a knowable attribute of understanding; You have no specific place. [You clothed Yourself in the *sefirot*] only to make known to mankind Your power and strength and to show them how the world is conducted through law and mercy—for there is righteousness and justice which are dispensed according to the deeds of man. Law is *gevurah* (severity, power); justice is the middle column; righteousness is the holy *malchut* (kingship); the scales of righteousness are the two supports of truth; *hin* (measure) of righteousness is the sign of the Holy Covenant. All these are to show how the world is conducted, but not that You possess a knowable righteousness—which is law, nor a knowable justice—which is mercy, nor any of these attributes at all. Blessed[2] is the Lord forever, Amen and Amen.[3]

יָ דִיד נֶפֶשׁ אָב הָרַחֲמָן, מְשׁוֹךְ עַבְדְּךָ אֶל רְצוֹנֶךָ, יָרוּץ
עַבְדְּךָ כְּמוֹ אַיָּל, יִשְׁתַּחֲוֶה אֶל מוּל הֲדָרֶךָ, יֶעֱרַב לוֹ
יְדִידוֹתֶיךָ, מִנֹּפֶת צוּף וְכָל טָעַם:

הָ דוּר נָאֶה זִיו הָעוֹלָם, נַפְשִׁי חוֹלַת אַהֲבָתֶךָ, אָנָּא אֵל נָא
רְפָא נָא לָהּ, בְּהַרְאוֹת לָהּ נְעַם זִיוֶךָ, אָז תִּתְחַזֵּק
וְתִתְרַפֵּא, וְהָיְתָה לָהּ שִׂמְחַת עוֹלָם:

וָ תִיק יֶהֱמוּ רַחֲמֶיךָ, וְחוּסָה נָּא עַל בֵּן אֲהוּבֶךָ, כִּי זֶה כַּמָּה
נִכְסוֹף נִכְסַפְתִּי לִרְאוֹת בְּתִפְאֶרֶת עֻזֶּךָ, אֵלֶּה חָמְדָה לִבִּי,
וְחוּסָה נָּא וְאַל תִּתְעַלָּם:

הָ גָּלֶה נָא וּפְרוֹס חֲבִיבִי עָלַי אֶת סֻכַּת שְׁלוֹמֶךָ, תָּאִיר אֶרֶץ
מִכְּבוֹדֶךָ, נָגִילָה וְנִשְׂמְחָה בָּךְ, מַהֵר אָהוּב כִּי בָא מוֹעֵד,
וְחָנֵּנוּ כִּימֵי עוֹלָם:

KORBANOT – OFFERINGS

Korbanot and Ketoret are recited before the *minyan* begins אַשְׁרֵי (page 272).

וַיְדַבֵּר יְיָ אֶל מֹשֶׁה לֵּאמֹר: צַו אֶת בְּנֵי יִשְׂרָאֵל וְאָמַרְתָּ
אֲלֵהֶם, אֶת קָרְבָּנִי לַחְמִי לְאִשַּׁי, רֵיחַ נִיחֹחִי
תִּשְׁמְרוּ לְהַקְרִיב לִי בְּמוֹעֲדוֹ: וְאָמַרְתָּ לָהֶם, זֶה הָאִשֶּׁה
אֲשֶׁר תַּקְרִיבוּ לַיְיָ, כְּבָשִׂים בְּנֵי שָׁנָה תְמִימִם, שְׁנַיִם לַיּוֹם,
עֹלָה תָמִיד: אֶת הַכֶּבֶשׂ אֶחָד תַּעֲשֶׂה בַבֹּקֶר, וְאֵת הַכֶּבֶשׂ
הַשֵּׁנִי תַּעֲשֶׂה בֵּין הָעַרְבָּיִם: וַעֲשִׂירִית הָאֵיפָה סֹלֶת
לְמִנְחָה, בְּלוּלָה בְּשֶׁמֶן כָּתִית רְבִיעִת הַהִין: עֹלַת תָּמִיד,
הָעֲשֻׂיָה בְּהַר סִינַי לְרֵיחַ נִיחֹחַ אִשֶּׁה לַיְיָ: וְנִסְכּוֹ רְבִיעִת
הַהִין לַכֶּבֶשׂ הָאֶחָד, בַּקֹּדֶשׁ הַסֵּךְ נֶסֶךְ שֵׁכָר לַיְיָ: וְאֵת
הַכֶּבֶשׂ הַשֵּׁנִי תַּעֲשֶׂה בֵּין הָעַרְבָּיִם, כְּמִנְחַת הַבֹּקֶר וּכְנִסְכּוֹ
תַּעֲשֶׂה, אִשֵּׁה רֵיחַ נִיחֹחַ לַיְיָ:[1]

---

1. Numbers 28:1-8.

Transliteration, page 333.

ידיד Beloved of [my] soul, merciful Father, draw Your servant to Your will. [Then] Your servant will run as swiftly as a deer; he will bow before Your splendor; Your acts of affection will be sweeter than honeycomb and every pleasant taste.

הדור Glorious, resplendent One, Light of the world, my soul is lovesick for You; I beseech You, O God, pray heal it by showing it the sweetness of Your splendor. Then it will be strengthened and healed and will experience everlasting joy.

ותיק O pious One, may Your mercy be aroused and have compassion upon Your beloved child. For it is long that I have been yearning to behold the glory of Your majesty. These my heart desires, so have pity and do not conceal Yourself.

הגלה Reveal Yourself, my Beloved, and spread over me the shelter of Your peace. Let the earth be illuminated by Your glory; we will rejoice and exult in You. Hasten, Beloved, for the time has come; and be gracious unto us as in days of yore.

KORBANOT – OFFERINGS

Korbanot and Ketoret are recited before the *minyan* begins *Ashrei* (page 272.)

וידבר And the Lord spoke to Moses, saying: Command the children of Israel and say to them: My offering, My food-offering consumed by fire, a pleasing odor to Me, you shall be careful to offer Me at its appointed time. And you shall say to them: This is the fire-offering which you shall offer to the Lord—two yearling male lambs without blemish, every day, as a daily burnt-offering. You shall offer one lamb in the morning, and the other lamb toward evening; and a tenth of an *ephah* of fine flour mixed with a fourth of a *hin* of oil of crushed olives as a meal-offering. This is a daily burnt-offering, as it was made at Mount Sinai, for a pleasing odor, a fire-offering to the Lord. And its wine-offering shall be a fourth of a *hin* for the one lamb; in the Sanctuary you shall pour out a wine-offering of strong wine to the Lord. And you shall offer the other lamb toward evening, with the same meal-offering and the same wine-offering as in the morning, to be a fire-offering of pleasing odor to the Lord.[1]

וְשָׁחַט אֹתוֹ עַל יֶרֶךְ הַמִּזְבֵּחַ צָפֹנָה לִפְנֵי יְיָ, וְזָרְקוּ בְּנֵי אַהֲרֹן הַכֹּהֲנִים אֶת דָּמוֹ עַל הַמִּזְבֵּחַ סָבִיב:[1]

KETORET – INCENSE

אַתָּה הוּא יְיָ אֱלֹהֵינוּ וֵאלֹהֵי אֲבוֹתֵינוּ, שֶׁהִקְטִירוּ אֲבוֹתֵינוּ לְפָנֶיךָ אֶת קְטֹרֶת הַסַּמִּים בִּזְמַן שֶׁבֵּית הַמִּקְדָּשׁ קַיָּם, כַּאֲשֶׁר צִוִּיתָ אוֹתָם עַל יַד מֹשֶׁה נְבִיאֶךָ, כַּכָּתוּב בְּתוֹרָתֶךָ:

וַיֹּאמֶר יְיָ אֶל מֹשֶׁה, קַח לְךָ סַמִּים, נָטָף, וּשְׁחֵלֶת, וְחֶלְבְּנָה, סַמִּים, וּלְבֹנָה זַכָּה, בַּד בְּבַד יִהְיֶה: וְעָשִׂיתָ אֹתָהּ קְטֹרֶת, רֹקַח מַעֲשֵׂה רוֹקֵחַ, מְמֻלָּח טָהוֹר קֹדֶשׁ: וְשָׁחַקְתָּ מִמֶּנָּה הָדֵק, וְנָתַתָּה מִמֶּנָּה לִפְנֵי הָעֵדֻת בְּאֹהֶל מוֹעֵד, אֲשֶׁר אִוָּעֵד לְךָ שָׁמָּה, קֹדֶשׁ קָדָשִׁים תִּהְיֶה לָכֶם:[2] וְנֶאֱמַר: וְהִקְטִיר עָלָיו אַהֲרֹן קְטֹרֶת סַמִּים, בַּבֹּקֶר בַּבֹּקֶר בְּהֵיטִיבוֹ אֶת הַנֵּרֹת יַקְטִירֶנָּה: וּבְהַעֲלֹת אַהֲרֹן אֶת הַנֵּרֹת בֵּין הָעַרְבַּיִם יַקְטִירֶנָּה, קְטֹרֶת תָּמִיד לִפְנֵי יְיָ לְדֹרֹתֵיכֶם:[3]

תָּנוּ רַבָּנָן,[4] פִּטּוּם הַקְּטֹרֶת כֵּיצַד: שְׁלֹשׁ מֵאוֹת וְשִׁשִּׁים וּשְׁמוֹנָה מָנִים הָיוּ בָהּ. שְׁלֹשׁ מֵאוֹת וְשִׁשִּׁים וַחֲמִשָּׁה כְּמִנְיַן יְמוֹת הַחַמָּה, מָנֶה לְכָל יוֹם פְּרַס בְּשַׁחֲרִית וּפְרַס בֵּין הָעַרְבָּיִם, וּשְׁלֹשָׁה מָנִים יְתֵרִים, שֶׁמֵּהֶם מַכְנִיס כֹּהֵן גָּדוֹל מְלֹא חָפְנָיו בְּיוֹם הַכִּפֻּרִים, וּמַחֲזִירָן לְמַכְתֶּשֶׁת בְּעֶרֶב יוֹם הַכִּפֻּרִים, וְשׁוֹחֲקָן יָפֶה יָפֶה כְּדֵי שֶׁתְּהֵא דַקָּה מִן הַדַּקָּה. וְאַחַד עָשָׂר סַמָּנִים הָיוּ בָהּ. וְאֵלּוּ הֵן: 1) הַצֳּרִי 2) וְהַצִּפֹּרֶן 3) הַחֶלְבְּנָה 4) וְהַלְּבוֹנָה מִשְׁקַל שִׁבְעִים שִׁבְעִים מָנֶה, 5) מוֹר 6) וּקְצִיעָה 7) שִׁבֹּלֶת נֵרְדְּ 8) וְכַרְכֹּם מִשְׁקַל שִׁשָּׁה עָשָׂר שִׁשָּׁה עָשָׂר מָנֶה, 9) הַקֹּשְׁטְ שְׁנֵים עָשָׂר, 10) קִלּוּפָה שְׁלֹשָׁה, 11) קִנָּמוֹן תִּשְׁעָה. בֹּרִית כַּרְשִׁינָה תִּשְׁעָה קַבִּין,

1. Leviticus 1:11. 2. Exodus 30:34-36. 3. Ibid. 30:7-8. 4. V. Keritot 6a-b; Yerushalmi, Yoma 4:5.

ושחט He shall slaughter it on the north side of the altar before the Lord; and Aaron's sons, the Kohanim, shall sprinkle its blood all around the altar.[1]

KETORET – INCENSE

אתה You are the Lord our God and God of our fathers before whom our ancestors burned the offering of incense when the Bet Hamikdash stood, as You have commanded them through Moses Your prophet, as it is written in Your Torah:

ויאמר The Lord said to Moses: Take fragrant spices, stacte, onycha, and galbanum, fragrant spices, and pure frankincense; there shall be an equal weight of each. And you shall make it into incense, a compound expertly blended, well-mingled, pure and holy. You shall grind some of it very fine, and put some of it before the Ark in the Tabernacle, where I will meet with you; most holy shall it be to you.[2] And it is written: Aaron shall burn upon the altar the incense of fragrant spices; every morning when he cleans the lamps [of the menorah], he shall burn it. And toward evening, when Aaron lights the menorah, he shall burn it; this is a continual incense-offering before the Lord throughout your generations.[3]

תנו The Rabbis have taught:[4] How was the incense prepared? It weighed 368 manim: 365 corresponding to the number of days in the solar year, one maneh for each day—half a maneh to be offered in the morning and half toward evening; and the other three manim from which the Kohen Gadol took two handfuls [into the Holy of Holies] on Yom Kippur. These [three manim] were put back into the mortar on the day before Yom Kippur and ground again very thoroughly so as to make the incense extremely fine. The incense contained the following eleven kinds of spices: 1) balm, 2) onycha, 3) galbanum, 4) frankincense—each one weighing seventy maneh; 5) myrrh, 6) cassia, 7) spikenard, 8) saffron—each weighing sixteen maneh; 9) costus, twelve maneh; 10) aromatic bark, three [maneh]; 11) cinnamon, nine [maneh]. [Also used in the preparation of the incense were:] lye of Carshinah, nine kabin;

יֵין קַפְרִיסִין סְאִין תְּלָתָא וְקַבִּין תְּלָתָא, וְאִם אֵין לוֹ יֵין קַפְרִיסִין מֵבִיא חֲמַר חִוַּרְיָן עַתִּיק. מֶלַח סְדוֹמִית רֹבַע, מַעֲלֶה עָשָׁן כָּל שֶׁהוּא. רַבִּי נָתָן הַבַּבְלִי אוֹמֵר: אַף כִּפַּת הַיַּרְדֵּן כָּל שֶׁהִיא, וְאִם נָתַן בָּהּ דְּבַשׁ פְּסָלָהּ, וְאִם חִסַּר אֶחָד מִכָּל סַמָּנֶיהָ חַיָּב מִיתָה:

רַבָּן שִׁמְעוֹן בֶּן גַּמְלִיאֵל אוֹמֵר: הַצֳּרִי אֵינוֹ אֶלָּא שְׂרָף הַנּוֹטֵף מֵעֲצֵי הַקְּטָף, בֹּרִית כַּרְשִׁינָה שֶׁשָּׁפִין בָּהּ אֶת הַצִּפֹּרֶן, כְּדֵי שֶׁתְּהֵא נָאָה; יֵין קַפְרִיסִין שֶׁשּׁוֹרִין בּוֹ אֶת הַצִּפֹּרֶן כְּדֵי שֶׁתְּהֵא עַזָּה. וַהֲלֹא מֵי רַגְלַיִם יָפִין לָהּ, אֶלָּא שֶׁאֵין מַכְנִיסִין מֵי רַגְלַיִם בַּמִּקְדָּשׁ מִפְּנֵי הַכָּבוֹד:

תַּנְיָא רַבִּי נָתָן אוֹמֵר: כְּשֶׁהוּא שׁוֹחֵק אוֹמֵר: הָדֵק הֵיטֵב, הֵיטֵב הָדֵק, מִפְּנֵי שֶׁהַקּוֹל יָפֶה לַבְּשָׂמִים. פִּטְּמָהּ לַחֲצָאִין כְּשֵׁרָה, לִשְׁלִישׁ וְלִרְבִיעַ, לֹא שָׁמַעְנוּ. אָמַר רַבִּי יְהוּדָה, זֶה הַכְּלָל: אִם כְּמִדָּתָהּ כְּשֵׁרָה לַחֲצָאִין. וְאִם חִסַּר אֶחָד מִכָּל סַמָּנֶיהָ חַיָּב מִיתָה:

תַּנְיָא בַּר קַפָּרָא אוֹמֵר: אַחַת לְשִׁשִּׁים אוֹ לְשִׁבְעִים שָׁנָה הָיְתָה בָאָה שֶׁל שִׁירַיִם לַחֲצָאִין. וְעוֹד תָּנֵי בַּר קַפָּרָא, אִלּוּ הָיָה נוֹתֵן בָּהּ קוֹרְטוֹב שֶׁל דְּבַשׁ, אֵין אָדָם יָכוֹל לַעֲמוֹד מִפְּנֵי רֵיחָהּ, וְלָמָּה אֵין מְעָרְבִין בָּהּ דְּבַשׁ, מִפְּנֵי שֶׁהַתּוֹרָה אָמְרָה, כִּי כָל שְׂאֹר וְכָל דְּבַשׁ לֹא תַקְטִירוּ מִמֶּנּוּ אִשֶּׁה לַייָ:[1]

—Say three times יְיָ צְבָאוֹת עִמָּנוּ, מִשְׂגָּב לָנוּ אֱלֹהֵי יַעֲקֹב סֶלָה:[2]

—Say three times יְיָ צְבָאוֹת, אַשְׁרֵי אָדָם בֹּטֵחַ בָּךְ:[3]

—Say three times יְיָ הוֹשִׁיעָה, הַמֶּלֶךְ יַעֲנֵנוּ בְיוֹם קָרְאֵנוּ:[4]

וְעָרְבָה לַייָ מִנְחַת יְהוּדָה וִירוּשָׁלָיִם, כִּימֵי עוֹלָם וּכְשָׁנִים קַדְמוֹנִיּוֹת:[5]

---

1. Leviticus 2:11. **2.** Psalms 46:8. **3.** Ibid. 84:13. **4.** Ibid. 20:10. **5.** Malachi 3:4.

Cyprus wine, three *se'in* and three *kabin*—if Cyprus wine was not available, strong white wine might be used instead; salt of Sodom, a fourth of a *kab*; and a minute quantity of a smoke-raising herb. Rabbi Nathan the Babylonian says: A minute quantity of Jordan amber was also added. If, however, honey were added, the incense became unfit; while if one left out any one of the ingredients, he was liable to the penalty of death.

רבן Rabban Shimon ben Gamliel says: The balm is no other than a resin which exudes from the balsam trees. The lye of Carshinah was used for rubbing on the onycha to refine its appearance. The Cyprus wine was used in which to steep the onycha to make its odor more pungent. Though the water of Raglayim might have served that purpose well, it would be disrespectful to bring it into the Bet Hamikdash.

תניא It has been taught, Rabbi Nathan says: While the Kohen was grinding the incense, the overseer would say, "Grind it fine, grind it fine," because the [rhythmic] sound is good for the compounding of the spices. If only half the yearly required quantity of incense was prepared, it was fit for use; but we have not heard if it was permissible to prepare only a third or a fourth of it. Rabbi Yehudah said: The general rule is that if the incense was compounded in its correct proportions, it was fit for use even if only half the annually required quantity was prepared; if, however, one left out any one of its ingredients, he was liable to the penalty of death.

תניא It has been taught, Bar Kappara says: Once in sixty or seventy years, half of the required yearly quantity of incense came from the accumulated surpluses [from the three *maneh* out of which the High Priest took two handfuls on Yom Kippur]. Bar Kappara also taught: Had a minute quantity of honey been mixed into the incense, no one could have resisted the scent. Why then was no honey mixed with it? Because the Torah said: You shall present no leaven nor honey as an offering by fire to the Lord.[1]

Say three times: ײ The Lord of hosts is with us; the God of Jacob is our stronghold forever.[2]

Say three times: ײ Lord of hosts, happy is the man who trusts in You.[3]

Say three times: ײ Lord, deliver us; may the King answer us on the day we call.[4]

וערבה Then shall the offering of Judah and Jerusalem be pleasing to the Lord, as in the days of old and as in bygone years.[5]

When reciting אָנָּא בְּכֹחַ, look at—or visualize—the Divine Names formed by the acronyms of the words (as they appear in the left column), but do not say them.

אב"ג ית"ץ	**אָנָּא,** בְּכֹחַ גְּדֻלַּת יְמִינְךָ, תַּתִּיר צְרוּרָה.
קר"ע שט"ן	קַבֵּל רִנַּת עַמְּךָ, שַׂגְּבֵנוּ, טַהֲרֵנוּ, נוֹרָא.
נג"ד יכ"ש	נָא גִבּוֹר, דּוֹרְשֵׁי יִחוּדְךָ, כְּבָבַת שָׁמְרֵם.
בט"ר צת"ג	בָּרְכֵם, טַהֲרֵם, רַחֲמֵי צִדְקָתְךָ תָּמִיד גָּמְלֵם.
חק"ב טנ"ע	חֲסִין קָדוֹשׁ, בְּרוֹב טוּבְךָ נַהֵל עֲדָתֶךָ.
יג"ל פז"ק	יָחִיד, גֵּאֶה, לְעַמְּךָ פְּנֵה, זוֹכְרֵי קְדֻשָּׁתֶךָ.
שק"ו צי"ת	שַׁוְעָתֵנוּ קַבֵּל, וּשְׁמַע צַעֲקָתֵנוּ, יוֹדֵעַ תַּעֲלוּמוֹת.
	בָּרוּךְ שֵׁם כְּבוֹד מַלְכוּתוֹ לְעוֹלָם וָעֶד:

ASHREI

אַשְׁרֵי יוֹשְׁבֵי בֵיתֶךָ, עוֹד יְהַלְלוּךָ סֶּלָה:¹ אַשְׁרֵי הָעָם
שֶׁכָּכָה לּוֹ, אַשְׁרֵי הָעָם שֶׁיְיָ אֱלֹהָיו:² תְּהִלָּה לְדָוִד,
אֲרוֹמִמְךָ אֱלוֹהַי הַמֶּלֶךְ, וַאֲבָרְכָה שִׁמְךָ לְעוֹלָם וָעֶד: בְּכָל
יוֹם אֲבָרְכֶךָּ, וַאֲהַלְלָה שִׁמְךָ לְעוֹלָם וָעֶד: גָּדוֹל יְיָ וּמְהֻלָּל
מְאֹד, וְלִגְדֻלָּתוֹ אֵין חֵקֶר: דּוֹר לְדוֹר יְשַׁבַּח מַעֲשֶׂיךָ,
וּגְבוּרֹתֶיךָ יַגִּידוּ: הֲדַר כְּבוֹד הוֹדֶךָ, וְדִבְרֵי נִפְלְאֹתֶיךָ
אָשִׂיחָה: וֶעֱזוּז נוֹרְאֹתֶיךָ יֹאמֵרוּ, וּגְדֻלָּתְךָ אֲסַפְּרֶנָּה: זֵכֶר רַב
טוּבְךָ יַבִּיעוּ, וְצִדְקָתְךָ יְרַנֵּנוּ: חַנּוּן וְרַחוּם יְיָ, אֶרֶךְ אַפַּיִם
וּגְדָל חָסֶד: טוֹב יְיָ לַכֹּל, וְרַחֲמָיו עַל כָּל מַעֲשָׂיו: יוֹדוּךָ יְיָ
כָּל מַעֲשֶׂיךָ, וַחֲסִידֶיךָ יְבָרְכוּכָה: כְּבוֹד מַלְכוּתְךָ יֹאמֵרוּ,
וּגְבוּרָתְךָ יְדַבֵּרוּ: לְהוֹדִיעַ לִבְנֵי הָאָדָם גְּבוּרֹתָיו, וּכְבוֹד הֲדַר
מַלְכוּתוֹ: מַלְכוּתְךָ מַלְכוּת כָּל עוֹלָמִים, וּמֶמְשַׁלְתְּךָ בְּכָל דּוֹר
וָדֹר: סוֹמֵךְ יְיָ לְכָל הַנֹּפְלִים, וְזוֹקֵף לְכָל הַכְּפוּפִים: עֵינֵי כֹל
אֵלֶיךָ יְשַׂבֵּרוּ, וְאַתָּה נוֹתֵן לָהֶם אֶת אָכְלָם בְּעִתּוֹ: פּוֹתֵחַ
אֶת יָדֶךָ, וּמַשְׂבִּיעַ לְכָל חַי רָצוֹן: צַדִּיק יְיָ בְּכָל דְּרָכָיו, וְחָסִיד
בְּכָל מַעֲשָׂיו: קָרוֹב יְיָ לְכָל קֹרְאָיו, לְכָל אֲשֶׁר יִקְרָאֻהוּ

---

1. Psalms 84:5.   **2.** Ibid. 144:15.

אנא We implore You, by the great power of Your right hand, release the captive. Accept the prayer of Your people; strengthen us, purify us, Awesome One. Mighty One, we beseech You, guard as the apple of the eye those who seek Your Oneness. Bless them, cleanse them; bestow upon them forever Your merciful righteousness. Powerful, Holy One, in Your abounding goodness, guide Your congregation. Only and Exalted One, turn to Your people who are mindful of Your holiness. Accept our supplication and hear our cry, You who knows secret thoughts. Blessed be the name of the glory of His kingdom forever and ever.

ASHREI

Transliteration, page 333.

אשרי Happy are those who dwell in Your House; they will yet praise You forever.[1] Happy is the people whose lot is thus; happy is the people whose God is the Lord.[2] A psalm of praise by David: I will exalt You, my God the King, and bless Your Name forever. Every day I will bless You, and extol Your Name forever. The Lord is great and exceedingly exalted, and there is no limit to His greatness. One generation to another will laud Your works, and tell of Your mighty acts. I will speak of the splendor of Your glorious majesty and of Your wondrous deeds. They will proclaim the might of Your awesome acts, and I will recount Your greatness. They will express the remembrance of Your abounding goodness, and sing of Your righteousness. The Lord is gracious and compassionate, slow to anger and of great kindness. The Lord is good to all, and His mercies extend over all His works. Lord, all Your works will give thanks to You, and Your pious ones will bless You. They will declare the glory of Your kingdom, and tell of Your strength. To make known to men His mighty acts, and the glorious majesty of His kingdom. Your kingship is a kingship over all worlds, and Your dominion is throughout all generations. The Lord supports all who fall, and makes erect all who are bent. The eyes of all look expectantly to You, and You give them their food at the proper time. You open Your hand and satisfy the desire of every living thing. The Lord is righteous in all His ways, and benevolent in all His deeds. The Lord is close to all who call upon Him, to all who call upon Him in truth.

בֶּאֱמֶת: רְצוֹן יְרֵאָיו יַעֲשֶׂה, וְאֶת שַׁוְעָתָם יִשְׁמַע וְיוֹשִׁיעֵם: שׁוֹמֵר יְיָ אֶת כָּל אֹהֲבָיו, וְאֵת כָּל הָרְשָׁעִים יַשְׁמִיד: תְּהִלַּת יְיָ יְדַבֶּר פִּי, וִיבָרֵךְ כָּל בָּשָׂר שֵׁם קָדְשׁוֹ לְעוֹלָם וָעֶד:[1] וַאֲנַחְנוּ נְבָרֵךְ יָהּ, מֵעַתָּה וְעַד עוֹלָם, הַלְלוּיָהּ:[2]

וּבָא לְצִיּוֹן גּוֹאֵל וּלְשָׁבֵי פֶשַׁע בְּיַעֲקֹב, נְאֻם יְיָ. וַאֲנִי זֹאת בְּרִיתִי אוֹתָם, אָמַר יְיָ: רוּחִי אֲשֶׁר עָלֶיךָ, וּדְבָרַי אֲשֶׁר שַׂמְתִּי בְּפִיךָ, לֹא יָמוּשׁוּ מִפִּיךָ וּמִפִּי זַרְעֲךָ וּמִפִּי זֶרַע זַרְעֲךָ, אָמַר יְיָ, מֵעַתָּה וְעַד עוֹלָם.[3] וְאַתָּה קָדוֹשׁ, יוֹשֵׁב תְּהִלּוֹת יִשְׂרָאֵל.[4] וְקָרָא זֶה אֶל זֶה וְאָמַר: קָדוֹשׁ קָדוֹשׁ קָדוֹשׁ יְיָ צְבָאוֹת, מְלֹא כָל הָאָרֶץ כְּבוֹדוֹ.[5] וּמְקַבְּלִין דֵּין מִן דֵּין וְאָמְרִין: קַדִּישׁ בִּשְׁמֵי מְרוֹמָא עִלָּאָה בֵּית שְׁכִינְתֵּהּ, קַדִּישׁ עַל אַרְעָא עוֹבַד גְּבוּרְתֵּהּ, קַדִּישׁ לְעָלַם וּלְעָלְמֵי עָלְמַיָּא, יְיָ צְבָאוֹת, מַלְיָא כָל אַרְעָא זִיו יְקָרֵהּ.[6] וַתִּשָּׂאֵנִי רוּחַ, וָאֶשְׁמַע אַחֲרַי קוֹל רַעַשׁ גָּדוֹל, בָּרוּךְ כְּבוֹד יְיָ מִמְּקוֹמוֹ.[7] וּנְטָלַתְנִי רוּחָא וּשְׁמָעִית בַּתְרַי קַל זִיעַ סַגִּיא דִּמְשַׁבְּחִין וְאָמְרִין, בְּרִיךְ יְקָרָא דַייָ מֵאֲתַר בֵּית שְׁכִינְתֵּהּ.[8] יְיָ יִמְלֹךְ לְעֹלָם וָעֶד.[8] יְיָ מַלְכוּתֵהּ קָאֵם לְעָלַם וּלְעָלְמֵי עָלְמַיָּא.[9] יְיָ אֱלֹהֵי אַבְרָהָם יִצְחָק וְיִשְׂרָאֵל אֲבוֹתֵינוּ, שָׁמְרָה זֹּאת לְעוֹלָם, לְיֵצֶר מַחְשְׁבוֹת לְבַב עַמֶּךָ, וְהָכֵן לְבָבָם אֵלֶיךָ.[10] וְהוּא רַחוּם, יְכַפֵּר עָוֹן וְלֹא יַשְׁחִית, וְהִרְבָּה לְהָשִׁיב אַפּוֹ, וְלֹא יָעִיר כָּל חֲמָתוֹ.[11] כִּי אַתָּה אֲדֹנָי טוֹב וְסַלָּח, וְרַב חֶסֶד לְכָל קֹרְאֶיךָ.[12] צִדְקָתְךָ צֶדֶק לְעוֹלָם, וְתוֹרָתְךָ אֱמֶת.[13] תִּתֵּן אֱמֶת לְיַעֲקֹב, חֶסֶד לְאַבְרָהָם, אֲשֶׁר נִשְׁבַּעְתָּ לַאֲבֹתֵינוּ מִימֵי קֶדֶם.[14] בָּרוּךְ אֲדֹנָי, יוֹם יוֹם יַעֲמָס לָנוּ, הָאֵל יְשׁוּעָתֵנוּ סֶלָה.[15] יְיָ צְבָאוֹת

1. Psalm 145. **2.** Ibid. 115:18. **3.** Isaiah 59:20-21. **4.** Psalms 22:4. **5.** Isaiah 6:3. **6.** This sentence is the paraphrase of the preceding Scriptural verse in Targum Yonatan. **7.** Ezekiel 3:12. **8.** Exodus 15:18. **9.** This sentence is the paraphrase of the preceding Biblical verse in Targum Onkelos. **10.** I Chronicles 29:18. **11.** Psalms 78:38. **12.** Ibid. 86:5. **13.** Ibid. 119:142. **14.** Micah 7:18-20. **15.** Psalms 68:20.

He fulfills the desire of those who fear Him, hears their cry, and delivers them. The Lord watches over all who love Him, and will destroy all the wicked. My mouth will utter the praise of the Lord, and let all flesh bless His holy Name forever.[1] And we will bless the Lord from now to eternity. Praise the Lord.[2]

ובא A redeemer shall come to Zion and to those in Jacob who repent of [their] transgression, says the Lord. And as for Me, this is My covenant with them, says the Lord: My spirit which is upon you and My words which I have put in your mouth shall not depart from your mouth, nor from the mouth of your children, nor from the mouth of your children's children, declares the Lord, from now to eternity.[3] You, holy One, are enthroned upon the praises of Israel.[4] [The angels] call to one another and say, "Holy, holy, holy is the Lord of hosts; the whole earth is full of His glory."[5] They receive [sanction] one from the other, and say, "Holy in the loftiest, most sublime heavens, the abode of His Divine Presence; holy upon earth, the work of His might; holy forever and to all eternity—is the Lord of hosts; the whole earth is filled with the radiance of His glory."[6] A wind lifted me, and I heard behind me a great, roaring sound, "Blessed be the glory of the Lord from its place."[7] A wind lifted me, and I heard behind me a mighty, thunderous sound of those who utter praises and say, "Blessed be the glory of the Lord from the place, the abode of His Divine Presence."[8] The Lord will reign forever and ever.[8] The sovereignty of the Lord is established forever and to all eternity.[9] Lord, God of Abraham, Isaac and Israel our fathers, keep this forever as the desire, the intention, of the hearts of Your people, and turn their hearts to You.[10] And He, being compassionate, pardons iniquity, and does not destroy; time and again He turns away His anger, and does not arouse all His wrath.[11] For You, my Lord, are good and forgiving, and abounding in kindness to all who call upon You.[12] Your righteousness is everlasting righteousness; Your Torah is truth.[13] Show faithfulness to Jacob, kindness to Abraham, as You have sworn to our fathers from the days of yore.[14] Blessed is my Lord, who each day loads us [with beneficence], the God who is our deliverance forever.[15] The Lord of hosts is with us;

עִמָּנוּ, מִשְׂגָּב לָנוּ אֱלֹהֵי יַעֲקֹב סֶלָה.[1] יְיָ צְבָאוֹת, אַשְׁרֵי אָדָם בֹּטֵחַ בָּךְ.[2] יְיָ הוֹשִׁיעָה, הַמֶּלֶךְ יַעֲנֵנוּ בְיוֹם קָרְאֵנוּ.[3] בָּרוּךְ הוּא אֱלֹהֵינוּ שֶׁבְּרָאָנוּ לִכְבוֹדוֹ, וְהִבְדִּילָנוּ מִן הַתּוֹעִים, וְנָתַן לָנוּ תּוֹרַת אֱמֶת, וְחַיֵּי עוֹלָם נָטַע בְּתוֹכֵנוּ, הוּא יִפְתַּח לִבֵּנוּ בְּתוֹרָתוֹ, וְיָשֵׂם בְּלִבֵּנוּ אַהֲבָתוֹ וְיִרְאָתוֹ, וְלַעֲשׂוֹת רְצוֹנוֹ וּלְעָבְדוֹ בְּלֵבָב שָׁלֵם, לְמַעַן לֹא נִיגַע לָרִיק, וְלֹא נֵלֵד לַבֶּהָלָה.[4] וּבְכֵן יְהִי רָצוֹן מִלְּפָנֶיךָ יְיָ אֱלֹהֵינוּ וֵאלֹהֵי אֲבוֹתֵינוּ, שֶׁנִּשְׁמוֹר חֻקֶּיךָ בָּעוֹלָם הַזֶּה, וְנִזְכֶּה וְנִחְיֶה וְנִרְאֶה, וְנִירַשׁ טוֹבָה וּבְרָכָה, לִשְׁנֵי יְמוֹת הַמָּשִׁיחַ וּלְחַיֵּי הָעוֹלָם הַבָּא. לְמַעַן יְזַמֶּרְךָ כָבוֹד וְלֹא יִדֹּם, יְיָ אֱלֹהַי לְעוֹלָם אוֹדֶךָּ.[5] בָּרוּךְ הַגֶּבֶר אֲשֶׁר יִבְטַח בַּייָ, וְהָיָה יְיָ מִבְטַחוֹ.[6] בִּטְחוּ בַייָ עֲדֵי עַד, כִּי בְּיָהּ יְיָ צוּר עוֹלָמִים.[7] וְיִבְטְחוּ בְךָ יוֹדְעֵי שְׁמֶךָ, כִּי לֹא עָזַבְתָּ דֹרְשֶׁיךָ יְיָ.[8] יְיָ חָפֵץ לְמַעַן צִדְקוֹ, יַגְדִּיל תּוֹרָה וְיַאְדִּיר:[9]

Chazzan recites Half Kaddish. Congregation responds אָמֵן as indicated.

יִתְגַּדַּל וְיִתְקַדַּשׁ שְׁמֵהּ רַבָּא. (Cong—אָמֵן) בְּעָלְמָא דִּי בְרָא כִרְעוּתֵהּ וְיַמְלִיךְ מַלְכוּתֵהּ, וְיַצְמַח פּוּרְקָנֵהּ וִיקָרֵב מְשִׁיחֵהּ. (Cong—אָמֵן) בְּחַיֵּיכוֹן וּבְיוֹמֵיכוֹן וּבְחַיֵּי דְכָל בֵּית יִשְׂרָאֵל, בַּעֲגָלָא וּבִזְמַן קָרִיב וְאִמְרוּ אָמֵן:

(Cong—אָמֵן. יְהֵא שְׁמֵהּ רַבָּא מְבָרַךְ לְעָלַם וּלְעָלְמֵי עָלְמַיָּא, יִתְבָּרֵךְ.)

יְהֵא שְׁמֵהּ רַבָּא מְבָרַךְ לְעָלַם וּלְעָלְמֵי עָלְמַיָּא. יִתְבָּרֵךְ, וְיִשְׁתַּבַּח, וְיִתְפָּאַר, וְיִתְרוֹמַם, וְיִתְנַשֵּׂא, וְיִתְהַדָּר, וְיִתְעַלֶּה, וְיִתְהַלָּל, שְׁמֵהּ דְּקוּדְשָׁא בְּרִיךְ הוּא. (Cong—אָמֵן) לְעֵלָּא מִן כָּל בִּרְכָתָא וְשִׁירָתָא, תֻּשְׁבְּחָתָא וְנֶחֱמָתָא, דַּאֲמִירָן בְּעָלְמָא, וְאִמְרוּ אָמֵן: (Cong—אָמֵן)

ON WEEKDAYS CONTINUE WITH THE AMIDAH, page 279.

1. Psalms 46:8. 2. Ibid. 84:13. 3. Ibid. 20:10. 4. Cf. Isaiah 65:23. 5. Psalms 30:13. 6. Jeremiah 17:7. 7. Isaiah 26:4. 8. Psalms 9:11. 9. Isaiah 42:21.

the God of Jacob is our eternal stronghold.[1] Lord of hosts, happy is the man who trusts in You.[2] Lord, deliver us; may the King answer us on the day we call.[3] Blessed is He, our God, who has created us for His glory, has set us apart from those who go astray, has given us the Torah of truth, and has implanted within us eternal life. May He open our heart to His Torah, instill in our heart love and awe of Him, and [inspire us] to do His will and serve Him with a perfect heart, so that we shall not labor in vain, nor produce [that which will cause] dismay.[4] And so, may it be Your will, Lord our God and God of our fathers, that we observe Your statutes in this world, and merit to live, to behold and to inherit the goodness and blessing of the Messianic era and the life of the World to Come. Therefore my soul shall sing to You, and not be silent; Lord my God, I will praise You forever.[5] Blessed is the man who trusts in the Lord, and the Lord will be his security.[6] Trust in the Lord forever and ever, for in God the Lord is the strength of the worlds.[7] Those who know Your Name put their trust in You, for You, Lord, have not abandoned those who seek You.[8] The Lord desired, for the sake of his [Israel's] righteousness, to make the Torah great and glorious.[9]

Chazzan recites Half Kaddish. Congregation responds Amen as indicated.

יתגדל Exalted and hallowed be His great Name (Cong: Amen) throughout the world which He has created according to His will. May He establish His kingship, bring forth His redemption and hasten the coming of His Mashiach (Cong: Amen) in your lifetime and in your days and in the lifetime of the entire House of Israel, speedily and soon, and say, Amen.

(Cong: Amen. May His great Name be blessed forever and to all eternity. Blessed.)

May His great Name be blessed forever and to all eternity. Blessed and praised, glorified, exalted and extolled, honored, adored and lauded be the Name of the Holy One, blessed be He, (Cong: Amen) beyond all the blessings, hymns, praises and consolations that are uttered in the world; and say, Amen. (Cong: Amen)

ON WEEKDAYS CONTINUE WITH THE AMIDAH, page 279.

On Shabbat add the following:

וַאֲנִי תְפִלָּתִי לְךָ יְיָ עֵת רָצוֹן, אֱלֹהִים בְּרָב חַסְדֶּךָ, עֲנֵנִי בֶּאֱמֶת יִשְׁעֶךָ:[1]

READING OF THE TORAH ON SHABBAT

As the Ark is opened, stand and recite the following. Remain standing until the Torah is placed on the *bimah*.

וַיְהִי בִּנְסֹעַ הָאָרֹן וַיֹּאמֶר מֹשֶׁה: קוּמָה יְיָ וְיָפֻצוּ אֹיְבֶיךָ וְיָנֻסוּ
מְשַׂנְאֶיךָ מִפָּנֶיךָ:[2] כִּי מִצִּיּוֹן תֵּצֵא תוֹרָה וּדְבַר יְיָ מִירוּשָׁלָיִם:[3]
בָּרוּךְ שֶׁנָּתַן תּוֹרָה לְעַמּוֹ יִשְׂרָאֵל בִּקְדֻשָּׁתוֹ:

בְּרִיךְ שְׁמֵהּ דְּמָרֵא עָלְמָא, בְּרִיךְ כִּתְרָךְ וְאַתְרָךְ, יְהֵא רְעוּתָךְ עִם
עַמָּךְ יִשְׂרָאֵל לְעָלַם, וּפֻרְקַן יְמִינָךְ אַחֲזֵי לְעַמָּךְ בְּבֵי
מַקְדְּשָׁךְ, וּלְאַמְטוּיֵי לָנָא מִטּוּב נְהוֹרָךְ וּלְקַבֵּל צְלוֹתָנָא בְּרַחֲמִין. יְהֵא
רַעֲוָא קֳדָמָךְ דְּתוֹרִיךְ לָן חַיִּין בְּטִיבוּ, וְלֶהֱוֵי אֲנָא פְקִידָא בְּגוֹ צַדִּיקַיָּא,
לְמִרְחַם עָלַי וּלְמִנְטַר יָתִי וְיַת כָּל דִּי לִי, וְדִי לְעַמָּךְ יִשְׂרָאֵל. אַנְתְּ
הוּא זָן לְכֹלָּא וּמְפַרְנֵס לְכֹלָּא, אַנְתְּ הוּא שַׁלִּיט עַל כֹּלָּא. אַנְתְּ הוּא
דְּשַׁלִּיט עַל מַלְכַיָּא, וּמַלְכוּתָא דִּילָךְ הִיא. אֲנָא עַבְדָּא דְקֻדְשָׁא בְּרִיךְ
הוּא, דְּסָגִידְנָא קַמֵּהּ וּמִקַּמֵּי דִּיקַר אוֹרַיְתֵהּ. בְּכָל עִדָּן וְעִדָּן לָא עַל
אֱנָשׁ רָחִיצְנָא וְלָא עַל בַּר אֱלָהִין סָמִיכְנָא, אֶלָּא בֶּאֱלָהָא דִשְׁמַיָּא,
דְּהוּא אֱלָהָא קְשׁוֹט, וְאוֹרַיְתֵהּ קְשׁוֹט, וּנְבִיאוֹהִי קְשׁוֹט, וּמַסְגֵּא
לְמֶעְבַּד טַבְוָן וּקְשׁוֹט. בֵּהּ אֲנָא רָחִיץ, וְלִשְׁמֵהּ קַדִּישָׁא יַקִּירָא אֲנָא
אֵמַר תֻּשְׁבְּחָן. יְהֵא רַעֲוָא קֳדָמָךְ דְּתִפְתַּח לִבָּאִי בְּאוֹרַיְתָא, וְתַשְׁלִים
מִשְׁאֲלִין דְּלִבָּאִי, וְלִבָּא דְכָל עַמָּךְ יִשְׂרָאֵל, לְטַב וּלְחַיִּין וְלִשְׁלָם.[4]

The Torah is removed from the Ark and handed to the chazzan.

The chazzan raises the Torah slightly and says:

גַּדְּלוּ לַייָ אִתִּי וּנְרוֹמְמָה שְׁמוֹ יַחְדָּו:[5]

As the chazzan carries the Torah to the *bimah*, the congregation and chazzan respond:

לְךָ יְיָ הַגְּדֻלָּה וְהַגְּבוּרָה וְהַתִּפְאֶרֶת וְהַנֵּצַח וְהַהוֹד, כִּי כֹל בַּשָּׁמַיִם
וּבָאָרֶץ, לְךָ יְיָ הַמַּמְלָכָה וְהַמִּתְנַשֵּׂא לְכֹל לְרֹאשׁ:[6] רוֹמְמוּ יְיָ

---

1. Psalms 69:14. **2.** Numbers 10:35. **3.** Isaiah 2:3. **4.** Zohar II, 206a. **5.** Psalms 34:4
6. I Chronicles 29:11.

On Shabbat add the following:

ואני May my prayer to You, Lord, be at a propitious time; God, in Your abounding kindness, answer me with Your true deliverance.[1]

READING OF THE TORAH ON SHABBAT

As the Ark is opened, stand and recite the following. Remain standing until the Torah is placed on the *bimah.*

Transliteration, page 342.

ויהי Whenever the Ark set out, Moses would say, "Arise, O Lord, and Your enemies will be dispersed, and Your foes will flee before You."[2] For from Zion shall go forth the Torah, and the word of the Lord from Jerusalem.[3] Blessed is He who in His holiness gave the Torah to His people Israel.

בריך Blessed is the Name of the Master of the universe! Blessed is Your crown and the place [of Your majesty]. May Your goodwill ever be with Your people Israel; show Your people the redemption of Your right hand through [the rebuilding of] Your Bet Hamikdash. Bestow upon us of Your beneficent light, and accept our prayer with compassion. May it be Your will to prolong our life in well-being. May I be counted among the righteous, so that You may have mercy upon me, and protect me and all that belongs to me and to Your people Israel. It is You who feeds all and sustains all. It is You who rules over all; it is You who rules over kings, and sovereignty is Yours. I am the servant of the Holy One, blessed be He, before whom and before whose glorious Torah I bow. I do not at any time put my trust in man, nor do I place my reliance on an angel, but only in the God of heaven who is the true God, whose Torah is truth, whose prophets are true, and who performs numerous deeds of goodness and truth. I put my trust in Him, and I utter praises to His holy and glorious Name. May it be Your will to open my heart to the Torah, and to fulfill the desires of my heart and the hearts of all Your people Israel for good, for life and for peace.[4]

Transliteration, page 342.

The Torah is removed from the Ark and handed to the chazzan.

The chazzan raises the Torah slightly and says:

גדלו Exalt the Lord with me, and let us extol His Name together.[5]

As the chazzan carries the Torah to the *bimah,* the congregation and chazzan respond:

Transliteration, page 342.

לך Lord, Yours is the greatness, the power, the glory, the victory, and the majesty; for all in heaven and on earth [is Yours]. Lord, Yours is the kingship and You are exalted, supreme over all rulers.[6]

אֱלֹהֵינוּ, וְהִשְׁתַּחֲווּ לַהֲדֹם רַגְלָיו, קָדוֹשׁ הוּא:[1] רוֹמְמוּ יְיָ אֱלֹהֵינוּ וְהִשְׁתַּחֲווּ לְהַר קָדְשׁוֹ, כִּי קָדוֹשׁ יְיָ אֱלֹהֵינוּ:[2]

אַב הָרַחֲמִים הוּא יְרַחֵם עַם עֲמוּסִים,[3] וְיִזְכּוֹר בְּרִית אֵיתָנִים, וְיַצִּיל נַפְשׁוֹתֵינוּ מִן הַשָּׁעוֹת הָרָעוֹת, וְיִגְעַר בְּיֵצֶר הָרָע מִן הַנְּשׂוּאִים,[3] וְיָחוֹן עָלֵינוּ לִפְלֵיטַת עוֹלָמִים, וִימַלֵּא מִשְׁאֲלוֹתֵינוּ בְּמִדָּה טוֹבָה יְשׁוּעָה וְרַחֲמִים:

You may be seated.

Three men are called for *Aliyot*.

The following is recited by the *gabbai* to call the Kohen to the Torah. If no Kohen is present, a Levite or Israelite is called up to the Torah. See additional laws on page 329.

וְתִגָּלֶה וְתֵרָאֶה מַלְכוּתוֹ עָלֵינוּ בִּזְמַן קָרוֹב, וְיָחוֹן פְּלֵטָתֵנוּ וּפְלֵטַת עַמּוֹ בֵּית יִשְׂרָאֵל לְחֵן וּלְחֶסֶד וּלְרַחֲמִים וּלְרָצוֹן וְנֹאמַר אָמֵן. הַכֹּל הָבוּ גֹדֶל לֵאלֹהֵינוּ וּתְנוּ כָבוֹד לַתּוֹרָה. כֹּהֵן קְרָב, יַעֲמוֹד (name) בֶּן (father's name) הַכֹּהֵן. בָּרוּךְ שֶׁנָּתַן תּוֹרָה לְעַמּוֹ יִשְׂרָאֵל בִּקְדֻשָּׁתוֹ:

The congregation responds:

וְאַתֶּם הַדְּבֵקִים בַּייָ אֱלֹהֵיכֶם, חַיִּים כֻּלְּכֶם הַיּוֹם:[4]

The *oleh* (the one called to the Torah) should use the shortest route possible to the *bimah*.

BLESSINGS OVER THE TORAH

Touch the beginning and end of the Torah reading with the the Torah's sash and kiss it. Close the Torah, hold both handles, turn your head slightly to the right, and say:

בָּרְכוּ אֶת יְיָ הַמְבֹרָךְ:

Congregation and *oleh* say:

בָּרוּךְ יְיָ הַמְבֹרָךְ לְעוֹלָם וָעֶד:

Oleh continues:

בָּרוּךְ אַתָּה יְיָ אֱלֹהֵינוּ מֶלֶךְ הָעוֹלָם, אֲשֶׁר בָּחַר בָּנוּ מִכָּל הָעַמִּים, וְנָתַן לָנוּ אֶת תּוֹרָתוֹ. בָּרוּךְ אַתָּה יְיָ, נוֹתֵן הַתּוֹרָה:

During the *aliyah*, hold the right handle of the Torah, and read quietly along with the reader.

1. Psalms 99:5. **2.** Ibid. 99:9. **3.** V. Isaiah 46:3. **4.** Deuteronomy 4:44.

Exalt the Lord our God, and bow down at His footstool; holy is He.[1]
Exalt the Lord our God, and bow down at His holy mountain, for
the Lord our God is holy.[2]

אב May the All-Merciful Father have compassion on the people
borne [by Him],[3] and remember the covenant with the mighty ones
[Patriarchs]; may He deliver our souls from evil times, and banish
the evil impulse from the ones carried [by Him];[3] may He graciously
grant us eternal survival and fulfill our wishes in ample measure for
salvation and mercy.

You may be seated.

Three men are called for *Aliyot.*

The following is recited by the *gabbai* to call the Kohen to the Torah. If no Kohen is present,
a Levite or Israelite is called up to the Torah. See additional laws on page 329.

ותגלה And may His kingship over us soon be revealed and made
visible, and may He graciously grant to our remnant and the
remnant of His people, the House of Israel, grace, kindness, mercy,
and goodwill; and let us say, Amen. Let all render glory to our God
and give honor to the Torah. Let the Kohen come forward. Arise,
(name) son of (father's name) the Kohen. Blessed is He who in His
holiness gave the Torah to His people Israel.

The congregation responds:

ואתם And you who cleave to the Lord your God are all alive
today.[4]

The *oleh* (the one called to the Torah) should use the shortest route possible to the *bimah.*

BLESSINGS OVER THE TORAH

Touch the beginning and end of the Torah reading with the the Torah's sash and kiss it.
Close the Torah, hold both handles, turn your head slightly to the right, and say:

ברכו *Bö-r'chu es adonöy ha-m'voröch.*

Congregation and *oleh* say:

ברוך *Böruch adonöy ha-m'voröch l'olöm vö-ed.*

Oleh continues:

ברוך *Böruch atö adonöy elo-haynu melech hö-olöm, asher
böchar bönu miköl hö-amim, v'nösan lönu es toröso. Böruch
atö adonöy, nosayn ha-torö.*

During the *aliyah,* hold the right handle of the Torah, and read quietly along with the reader.

ברכו Bless the Lord who is blessed.   Congregation and oleh say: ברוך Blessed be the
Lord who is blessed for all eternity.   Oleh continues: ברוך Blessed are You, Lord
our God, King of the universe, who has chosen us from among all the nations
and given us His Torah. Blessed are You Lord, who gives the Torah.

AT THE CONCLUSION OF THE ALIYAH

Touch the end and beginning of the Torah reading with the corner of the Torah's sash and kiss it. Close the Torah, hold both handles, turn your head slightly to the right, and say:

בָּרוּךְ אַתָּה יְיָ אֱלֹהֵינוּ מֶלֶךְ הָעוֹלָם, אֲשֶׁר נָתַן לָנוּ תּוֹרַת אֱמֶת, וְחַיֵּי עוֹלָם נָטַע בְּתוֹכֵנוּ. בָּרוּךְ אַתָּה יְיָ, נוֹתֵן הַתּוֹרָה:

After the *aliyah,* stand to the right of the following *oleh* until the end of his *aliyah* (if it was the last *aliyah,* stand at the *bimah* until the Torah is raised). Before leaving the *bima* (or if it was the last *aliyah,* before the Torah is raised), touch the outside of the Torah scroll with the corner of the Torah's sash and kiss it. When returning to your seat, do not use the shortest route.

The reader reads from the Torah portion הַאֲזִינוּ.

הַאֲזִינוּ הַשָּׁמַיִם וַאֲדַבֵּרָה וְתִשְׁמַע הָאָרֶץ אִמְרֵי־פִי: יַעֲרֹף כַּמָּטָר
לִקְחִי תִּזַּל כַּטַּל אִמְרָתִי כִּשְׂעִירִם עֲלֵי־דֶשֶׁא וְכִרְבִיבִים
עֲלֵי־עֵשֶׂב: כִּי שֵׁם יְהוָה אֶקְרָא הָבוּ גֹדֶל לֵאלֹהֵינוּ:

לוי הַצּוּר תָּמִים פָּעֳלוֹ כִּי כָל־דְּרָכָיו מִשְׁפָּט אֵל אֱמוּנָה וְאֵין עָוֶל
צַדִּיק וְיָשָׁר הוּא: שִׁחֵת לוֹ לֹא בָּנָיו מוּמָם דּוֹר עִקֵּשׁ וּפְתַלְתֹּל:
הַ לַיהוָה תִּגְמְלוּ־זֹאת עַם נָבָל וְלֹא חָכָם הֲלוֹא־הוּא אָבִיךָ קָּנֶךָ הוּא
עָשְׂךָ וַיְכֹנְנֶךָ:

ישראל זְכֹר יְמוֹת עוֹלָם בִּינוּ שְׁנוֹת דֹּר־וָדֹר שְׁאַל אָבִיךָ וְיַגֵּדְךָ זְקֵנֶיךָ
וְיֹאמְרוּ לָךְ: בְּהַנְחֵל עֶלְיוֹן גּוֹיִם בְּהַפְרִידוֹ בְּנֵי אָדָם יַצֵּב גְּבֻלֹת עַמִּים
לְמִסְפַּר בְּנֵי יִשְׂרָאֵל: כִּי חֵלֶק יְהוָה עַמּוֹ יַעֲקֹב חֶבֶל נַחֲלָתוֹ: יִמְצָאֵהוּ
בְּאֶרֶץ מִדְבָּר וּבְתֹהוּ יְלֵל יְשִׁמֹן יְסֹבְבֶנְהוּ יְבוֹנְנֵהוּ יִצְּרֶנְהוּ כְּאִישׁוֹן
עֵינוֹ: כְּנֶשֶׁר יָעִיר קִנּוֹ עַל־גּוֹזָלָיו יְרַחֵף יִפְרֹשׂ כְּנָפָיו יִקָּחֵהוּ יִשָּׂאֵהוּ
עַל־אֶבְרָתוֹ: יְהוָה בָּדָד יַנְחֶנּוּ וְאֵין עִמּוֹ אֵל נֵכָר:

RAISING THE TORAH

Before raising the Torah, open it to reveal at least three columns and one seam. Raise the Torah, turning to the right and left, so that everyone present can see the text. Place the open Torah back on the *bimah* and roll it closed with the seam centered between the two rollers. Lift the closed Torah and be seated holding it.

AT THE CONCLUSION OF THE ALIYAH

Touch the end and beginning of the Torah reading with the corner of the Torah's sash and kiss it. Close the Torah, hold both handles, turn your head slightly to the right, and say:

ברוך *Böruch atö adonöy elo-haynu melech hö-olöm, asher nösan lönu toras emes, v'cha-yay olöm nöta b'sochaynu. Böruch atö adonöy, nosayn ha-torö.*

After the *aliyah,* stand to the right of the following *oleh* until the end of his *aliyah* (if it was the last *aliyah,* stand at the *bimah* until the Torah is raised). Before leaving the *bima* (or if it was the last *aliyah,* before the Torah is raised), touch the outside of the Torah scroll with the corner of the Torah's sash and kiss it. When returning to your seat, do not use the shortest route.

The reader reads from the Torah portion *Ha'azinu.*

Deuteronomy 32:1-12

האזינו Listen, O heavens, and I shall speak; let the earth hear the sayings of my mouth. Let my teaching trickle like the rain, let my speech flow like the dew—like storm winds upon the grass, like droplets upon the green. When I call out the name of the Lord, ascribe greatness to our God.

Levi: The Rock, His deed is perfect, for all His ways are just; a God of trustworthiness and without injustice, righteous and fair is He. [Israel] brought injury [to itself, but] not to Him; His children [caused] their own blemishes—a generation warped and twisted. Can it be that to the Lord you do this? O foolish and unwise nation! Why, He is your Father, your Buyer! He made you and established you.

Yisrael: Remember the days of old, ponder the years of generation after generation; ask your father and he will relate it to you, your elders and they will tell you. When the Most High gave nations their inheritance [the Flood], when He separated the children of man, He upheld the borders of nations for the sake of the number of the children of Israel. For the portion of the Lord is His nation, Jacob the lot of His inheritance. He found him [faithful] in a wilderness—in a desolate, howling wasteland; He surrounded him and gave him understanding, He protected him like the pupil of His eye. Like an eagle awakens his nest, on his young he hovers; he spreads his wings and takes them, he carries them upon his pinions. The Lord led them alone; no foreign power was with Him.

RAISING THE TORAH

Before raising the Torah, open it to reveal at least three columns and one seam. Raise the Torah, turning to the right and left, so that everyone present can see the text. Place the open Torah back on the *bimah* and roll it closed with the seam centered between the two rollers. Lift the closed Torah and be seated holding it.

At the conclusion of the aliyah: ברוך Blessed are You, Lord our God, King of the universe, who has given us the Torah of truth and planted eternal life within us. Blessed are You Lord, who gives the Torah.

As the Torah is raised the congregation rises, looks at the Torah, and says aloud:

וְזֹאת הַתּוֹרָה אֲשֶׁר שָׂם מֹשֶׁה לִפְנֵי בְּנֵי יִשְׂרָאֵל:[1] עֵץ חַיִּים הִיא לַמַּחֲזִיקִים בָּהּ, וְתוֹמְכֶיהָ מְאֻשָּׁר: דְּרָכֶיהָ דַרְכֵי נֹעַם, וְכָל נְתִיבוֹתֶיהָ שָׁלוֹם: אֹרֶךְ יָמִים בִּימִינָהּ, בִּשְׂמֹאלָהּ עֹשֶׁר וְכָבוֹד:[2] יְיָ חָפֵץ לְמַעַן צִדְקוֹ, יַגְדִּיל תּוֹרָה וְיַאְדִּיר:[3]

The *golel* wraps the sash around the Torah at the top of the lower third, and places the mantle over the Torah (followed by the crown, etc.).

RETURNING THE TORAH TO THE ARK

The Chazzan begins Half Kaddish towards the end of the wrapping of the Torah, and prolongs its recital until the Torah is placed in the Ark. As the Torah is carried to the Ark, יְהַלְלוּ, below, is recited.

Congregation responds אָמֵן as indicated.

יִתְגַּדַּל וְיִתְקַדַּשׁ שְׁמֵהּ רַבָּא. (Cong—אָמֵן) בְּעָלְמָא דִּי בְרָא כִרְעוּתֵהּ וְיַמְלִיךְ מַלְכוּתֵהּ, וְיַצְמַח פּוּרְקָנֵהּ וִיקָרֵב מְשִׁיחֵהּ. (Cong—אָמֵן) בְּחַיֵּיכוֹן וּבְיוֹמֵיכוֹן וּבְחַיֵּי דְכָל בֵּית יִשְׂרָאֵל, בַּעֲגָלָא וּבִזְמַן קָרִיב וְאִמְרוּ אָמֵן:

(Cong—אָמֵן. יְהֵא שְׁמֵהּ רַבָּא מְבָרַךְ לְעָלַם וּלְעָלְמֵי עָלְמַיָּא, יִתְבָּרַךְ.)

יְהֵא שְׁמֵהּ רַבָּא מְבָרַךְ לְעָלַם וּלְעָלְמֵי עָלְמַיָּא. יִתְבָּרַךְ, וְיִשְׁתַּבַּח, וְיִתְפָּאַר, וְיִתְרוֹמַם, וְיִתְנַשֵּׂא, וְיִתְהַדָּר, וְיִתְעַלֶּה, וְיִתְהַלָּל, שְׁמֵהּ דְּקוּדְשָׁא בְּרִיךְ הוּא. (Cong—אָמֵן) לְעֵלָּא מִן כָּל בִּרְכָתָא וְשִׁירָתָא, תֻּשְׁבְּחָתָא וְנֶחֱמָתָא, דַּאֲמִירָן בְּעָלְמָא, וְאִמְרוּ אָמֵן: (Cong—אָמֵן)

As the Torah is returned to the Ark, the following is said.
The leader:

יְהַלְלוּ אֶת שֵׁם יְיָ, כִּי נִשְׂגָּב שְׁמוֹ לְבַדּוֹ:[4]

Congregation responds:

הוֹדוֹ עַל אֶרֶץ וְשָׁמָיִם: וַיָּרֶם קֶרֶן לְעַמּוֹ, תְּהִלָּה לְכָל חֲסִידָיו, לִבְנֵי יִשְׂרָאֵל עַם קְרוֹבוֹ, הַלְלוּיָהּ:[5]

Remain standing until the Ark is closed.

---

1. Deuteronomy 4:44. **2.** Proverbs 3:18, 17, 16. **3.** Isaiah 42:21. **4.** Psalms 148:13. **5.** Ibid. 148:13-14.

As the Torah is raised the congregation rises, looks at the Torah, and says aloud:
Transliteration, page 343.

וזאת This is the Torah which Moses placed before the children of Israel.[1] It is a tree of life for those who hold fast to it, and those who support it are fortunate. Its ways are pleasant ways, and all its paths are peace. Long life is at its right, riches and honor at its left.[2] The Lord desired, for the sake of his [Israel's] righteousness, to make the Torah great and glorious.[3]

The *golel* wraps the sash around the Torah at the top of the lower third, and places the mantle over the Torah (followed by the crown, etc.).

RETURNING THE TORAH TO THE ARK

The Chazzan begins Half Kaddish towards the end of the wrapping of the Torah, and prolongs its recital until the Torah is placed in the Ark. As the Torah is carried to the Ark, *Let them praise*, below, is recited.

Congregation responds Amen as indicated.

יתגדל Exalted and hallowed be His great Name (Cong: Amen.) throughout the world which He has created according to His will. May He establish His kingship, bring forth His redemption and hasten the coming of His Mashiach (Cong: Amen.) in your lifetime and in your days and in the lifetime of the entire House of Israel, speedily and soon, and say, Amen.

(Cong: Amen. May His great Name be blessed forever and to all eternity. Blessed.)

May His great Name be blessed forever and to all eternity. Blessed and praised, glorified, exalted and extolled, honored, adored and lauded be the Name of the Holy One, blessed be He, (Cong: Amen.) beyond all the blessings, hymns, praises and consolations that are uttered in the world; and say, Amen. (Cong: Amen.)

As the Torah is returned to the Ark, the following is said.
The leader:
Transliteration, page 343.

יהללו Let them praise the Name of the Lord, for His Name is sublimely exalted.[4]

Congregation responds:

הודו His radiance is upon the earth and heavens. He shall raise the glory of His people, [increase] the praise of all His pious ones, the children of Israel, the people close to Him. Praise the Lord.[5]

Remain standing until the Ark is closed.

MINCHAH AMIDAH FOR ROSH HASHANAH

While praying, concentrate on the meaning of the words. Remember that you stand before the Divine Presence. Remove any distracting thoughts, allowing the mind to remain focused on prayer. Before beginning the Amidah, take three steps back, then three steps forward. Recite the Amidah quietly—but audibly—while standing with feet together. Throughout the Amidah, ending on page 285, interruptions of any form are forbidden.

אֲדֹנָי, שְׂפָתַי תִּפְתָּח וּפִי יַגִּיד תְּהִלָּתֶךָ:[1]

Bend knees at בָּרוּךְ; bow at אַתָּה; straighten up at יְיָ.

בָּרוּךְ אַתָּה יְיָ, אֱלֹהֵינוּ וֵאלֹהֵי אֲבוֹתֵינוּ, אֱלֹהֵי אַבְרָהָם, אֱלֹהֵי יִצְחָק, וֵאלֹהֵי יַעֲקֹב, הָאֵל הַגָּדוֹל הַגִּבּוֹר וְהַנּוֹרָא, אֵל עֶלְיוֹן, גּוֹמֵל חֲסָדִים טוֹבִים, קוֹנֵה הַכֹּל, וְזוֹכֵר חַסְדֵי אָבוֹת, וּמֵבִיא גוֹאֵל לִבְנֵי בְנֵיהֶם, לְמַעַן שְׁמוֹ בְּאַהֲבָה:

זָכְרֵנוּ לְחַיִּים, מֶלֶךְ חָפֵץ בַּחַיִּים, וְכָתְבֵנוּ בְּסֵפֶר הַחַיִּים, לְמַעַנְךָ אֱלֹהִים חַיִּים:

Bend knees at בָּרוּךְ; bow at אַתָּה; straighten up at יְיָ.

מֶלֶךְ עוֹזֵר וּמוֹשִׁיעַ וּמָגֵן. בָּרוּךְ אַתָּה יְיָ, מָגֵן אַבְרָהָם:

אַתָּה גִּבּוֹר לְעוֹלָם אֲדֹנָי, מְחַיֶּה מֵתִים אַתָּה, רַב לְהוֹשִׁיעַ. מוֹרִיד הַטָּל:

מְכַלְכֵּל חַיִּים בְּחֶסֶד, מְחַיֵּה מֵתִים בְּרַחֲמִים רַבִּים, סוֹמֵךְ נוֹפְלִים, וְרוֹפֵא חוֹלִים, וּמַתִּיר אֲסוּרִים, וּמְקַיֵּם אֱמוּנָתוֹ לִישֵׁנֵי עָפָר. מִי כָמוֹךָ בַּעַל גְּבוּרוֹת, וּמִי דּוֹמֶה לָּךְ, מֶלֶךְ מֵמִית וּמְחַיֶּה וּמַצְמִיחַ יְשׁוּעָה:

On Shabbat, substitute הָרַחֲמִים for הָרַחֲמָן.

מִי כָמוֹךָ אָב (הָרַחֲמִים) הָרַחֲמָן, זוֹכֵר יְצוּרָיו לְחַיִּים בְּרַחֲמִים:

1. Psalms 146:10.

MINCHAH AMIDAH FOR ROSH HASHANAH

While praying, concentrate on the meaning of the words. Remember that you stand before the Divine Presence. Remove any distracting thoughts, allowing the mind to remain focused on prayer. Before beginning the Amidah, take three steps back, then three steps forward. Recite the Amidah quietly—but audibly—while standing with feet together. Throughout the Amidah, ending on page 285, interruptions of any form are forbidden.

אדני My Lord, open my lips, and my mouth shall declare Your praise.[1]

Bend knees at *Blessed;* bow at *You;* straighten up at *Lord.*

ברוך Blessed are You, Lord our God and God of our fathers, God of Abraham, God of Isaac and God of Jacob, the great, mighty and awesome God, exalted God, who bestows bountiful kindness, who creates all things, who remembers the piety of the Patriarchs, and who, in love, brings a redeemer to their children's children, for the sake of His Name.

זכרנו Remember us for life, King who desires life; inscribe us in the Book of Life, for Your sake, O living God.

Bend knees at *Blessed;* bow at *You;* straighten up at *Lord.*

מלך O King, [You are] a helper, a savior and a shield. Blessed are You, Lord, Shield of Abraham.

אתה You are mighty forever, my Lord; You resurrect the dead; You are powerful to save. He causes the dew to descend.

מכלכל He sustains the living with lovingkindness, resurrects the dead with great mercy, supports the falling, heals the sick, releases the bound, and fulfills His trust to those who sleep in the dust. Who is like You, mighty One! And who can be compared to You, King, who brings death and restores life, and causes deliverance to spring forth!

On Shabbat, substitute *All-Merciful* for *merciful.*

מי Who is like You, (All-Merciful) merciful Father, who in compassion remembers His creatures for life.

וְנֶאֱמָן אַתָּה לְהַחֲיוֹת מֵתִים. בָּרוּךְ אַתָּה יְיָ, מְחַיֵּה הַמֵּתִים:

KEDUSHAH

During the chazzan's repetition of the Amidah, Kedushah is recited. Stand with feet together, and avoid any interruption. Rise on the toes at the words קָדוֹשׁ, קָדוֹשׁ, קָדוֹשׁ; בָּרוּךְ; and יִמְלֹךְ.

—Cong. then chazzan: נְקַדֵּשְׁךָ וְנַעֲרִיצְךָ כְּנֹעַם שִׂיחַ סוֹד שַׂרְפֵי קֹדֶשׁ הַמְשַׁלְּשִׁים לְךָ קְדֻשָּׁה, כַּכָּתוּב עַל יַד נְבִיאֶךָ, וְקָרָא זֶה אֶל זֶה וְאָמַר:

—Cong. then chazzan: קָדוֹשׁ, קָדוֹשׁ, קָדוֹשׁ יְיָ צְבָאוֹת, מְלֹא כָל הָאָרֶץ כְּבוֹדוֹ:[1]

—Chazzan: לְעֻמָּתָם מְשַׁבְּחִים וְאוֹמְרִים:

—Cong. then chazzan: בָּרוּךְ כְּבוֹד יְיָ מִמְּקוֹמוֹ:[2]

—Chazzan: וּבְדִבְרֵי קָדְשְׁךָ כָּתוּב לֵאמֹר:

—Cong. then chazzan: יִמְלֹךְ יְיָ לְעוֹלָם, אֱלֹהַיִךְ צִיּוֹן לְדֹר וָדֹר, הַלְלוּיָהּ:[3]

Remain standing with feet together until the chazzan concludes the following line.

אַתָּה קָדוֹשׁ וְשִׁמְךָ קָדוֹשׁ, וּקְדוֹשִׁים בְּכָל יוֹם יְהַלְלוּךָ סֶּלָה. לְדוֹר וָדוֹר הַמְלִיכוּ לָאֵל, כִּי הוּא לְבַדּוֹ מָרוֹם וְקָדוֹשׁ:

וּבְכֵן יִתְקַדַּשׁ שִׁמְךָ יְיָ אֱלֹהֵינוּ עַל יִשְׂרָאֵל עַמֶּךָ, וְעַל יְרוּשָׁלַיִם עִירֶךָ, וְעַל צִיּוֹן מִשְׁכַּן כְּבוֹדֶךָ, וְעַל מַלְכוּת בֵּית דָּוִד מְשִׁיחֶךָ, וְעַל מְכוֹנְךָ וְהֵיכָלֶךָ:

וּבְכֵן תֵּן פַּחְדְּךָ יְיָ אֱלֹהֵינוּ עַל כָּל מַעֲשֶׂיךָ, וְאֵימָתְךָ עַל כֹּל מַה שֶּׁבָּרָאתָ, וְיִירָאוּךָ כָּל הַמַּעֲשִׂים, וְיִשְׁתַּחֲווּ לְפָנֶיךָ כָּל הַבְּרוּאִים, וְיֵעָשׂוּ כֻלָּם אֲגֻדָּה אֶחָת לַעֲשׂוֹת רְצוֹנְךָ בְּלֵבָב שָׁלֵם. שֶׁיָּדַעְנוּ יְיָ אֱלֹהֵינוּ שֶׁהַשִּׁלְטָן לְפָנֶיךָ, עֹז בְּיָדְךָ וּגְבוּרָה בִּימִינֶךָ, וְשִׁמְךָ נוֹרָא עַל כֹּל מַה שֶּׁבָּרָאתָ:

1. Isaiah 6:3. **2.** Ezekiel 3:12. **3.** Psalms 146:10.

ונאמן You are trustworthy to revive the dead. Blessed are You, Lord, who revives the dead.

KEDUSHAH

During the chazzan's repetition of the Amidah, Kedushah is recited. Stand with feet together, and avoid any interruption. Rise on the toes at the words *Ködosh, ködosh, ködosh; Böruch;* and *Yimloch.*

Cong. then chazzan: נקדישך *Nak-dishöch v'na-aritzöch k'no-am si-ach sod sar'fay kodesh ha-m'shal'shim l'chö k'dushö, ka-kösuv al yad n'vi-echö v'körö ze el ze v'ömar,*

Cong. then chazzan: קדוש *Ködosh, ködosh, ködosh, adonöy tz'vö-os, m'lo chöl hö-öretz k'vodo.*[1]

Chazzan: Those facing them offer praise and say,

Cong. then chazzan: ברוך *Böruch k'vod adonöy mi-m'komo.*[2]

Chazzan: And in Your holy Scriptures it is written thus:

Cong. then chazzan: ימלך *Yimloch adonöy l'olöm eloha-yich tziyon l'dor vö-dor ha-l'luyöh.*[3]

Remain standing with feet together until the chazzan concludes the following line.

אתה You are holy and Your Name is holy, and holy beings praise You daily for all eternity.

לדור Through all generations proclaim the kingship of God, for He alone is exalted and holy.

ובכן And thus shall Your Name, Lord our God, be sanctified upon Israel Your people, upon Jerusalem Your city, upon Zion the abode of Your glory, upon the kingship of the house of David Your anointed, and upon Your dwelling-place and Your sanctuary.

ובכן And so, Lord our God, instill fear of You upon all that You have made, and dread of You upon all that You have created; and [then] all works will be in awe of You, all the created beings will prostrate themselves before You, and they all will form a single band to carry out Your will with a perfect heart. For we know, Lord our God, that rulership is Yours, strength is in Your [left] hand, might is in Your right hand, and Your Name is awesome over all that You have created.

וּבְכֵן תֵּן כָּבוֹד יְיָ לְעַמֶּךָ, תְּהִלָּה לִירֵאֶיךָ, וְתִקְוָה טוֹבָה לְדוֹרְשֶׁיךָ, וּפִתְחוֹן פֶּה לַמְיַחֲלִים לָךְ, שִׂמְחָה לְאַרְצֶךָ, וְשָׂשׂוֹן לְעִירֶךָ, וּצְמִיחַת קֶרֶן לְדָוִד עַבְדֶּךָ, וַעֲרִיכַת נֵר לְבֶן יִשַׁי מְשִׁיחֶךָ, בִּמְהֵרָה בְיָמֵינוּ:

וּבְכֵן צַדִּיקִים יִרְאוּ וְיִשְׂמָחוּ, וִישָׁרִים יַעֲלֹזוּ, וַחֲסִידִים בְּרִנָּה יָגִילוּ, וְעוֹלָתָה תִּקְפָּץ פִּיהָ, וְהָרִשְׁעָה כֻּלָּהּ כֶּעָשָׁן תִּכְלֶה, כִּי תַעֲבִיר מֶמְשֶׁלֶת זָדוֹן מִן הָאָרֶץ:

וְתִמְלוֹךְ אַתָּה הוּא יְיָ אֱלֹהֵינוּ לְבַדֶּךָ, עַל כָּל מַעֲשֶׂיךָ, בְּהַר צִיּוֹן מִשְׁכַּן כְּבוֹדֶךָ, וּבִירוּשָׁלַיִם עִיר קָדְשֶׁךָ, כַּכָּתוּב בְּדִבְרֵי קָדְשֶׁךָ: יִמְלֹךְ יְיָ לְעוֹלָם אֱלֹהַיִךְ צִיּוֹן לְדֹר וָדֹר, הַלְלוּיָהּ:[1]

קָדוֹשׁ אַתָּה וְנוֹרָא שְׁמֶךָ, וְאֵין אֱלוֹהַּ מִבַּלְעָדֶיךָ, כַּכָּתוּב: וַיִּגְבַּהּ יְיָ צְבָאוֹת בַּמִּשְׁפָּט, וְהָאֵל הַקָּדוֹשׁ נִקְדַּשׁ בִּצְדָקָה.[2] בָּרוּךְ אַתָּה יְיָ, הַמֶּלֶךְ הַקָּדוֹשׁ:

אַתָּה בְחַרְתָּנוּ מִכָּל הָעַמִּים, אָהַבְתָּ אוֹתָנוּ וְרָצִיתָ בָּנוּ, וְרוֹמַמְתָּנוּ מִכָּל הַלְּשׁוֹנוֹת, וְקִדַּשְׁתָּנוּ בְּמִצְוֹתֶיךָ, וְקֵרַבְתָּנוּ מַלְכֵּנוּ לַעֲבוֹדָתֶךָ, וְשִׁמְךָ הַגָּדוֹל וְהַקָּדוֹשׁ עָלֵינוּ קָרָאתָ:

On Shabbat, add the words in shaded parentheses.

וַתִּתֶּן לָנוּ יְיָ אֱלֹהֵינוּ בְּאַהֲבָה אֶת יוֹם (הַשַּׁבָּת הַזֶּה וְאֶת יוֹם) הַזִּכָּרוֹן הַזֶּה, אֶת יוֹם טוֹב מִקְרָא קֹדֶשׁ הַזֶּה, יוֹם (זִכְרוֹן) תְּרוּעָה (בְּאַהֲבָה) מִקְרָא קֹדֶשׁ זֵכֶר לִיצִיאַת מִצְרָיִם:

---

1. Psalms 146:10. **2.** Isaiah 5:16.

ובכן And so, Lord, grant honor to Your people, glory to those who fear You, good hope to those who seek You, confident speech to those who yearn for You, joy to Your land, gladness to Your city, a flourishing of strength to David Your servant, and a setting up of light to the son of Yishai Your anointed, speedily in our days.

ובכן And then the righteous will see and be glad, the upright will rejoice, and the pious will exult in song; injustice will shut its mouth and all wickedness will go up in smoke, when You will remove the rule of evil from the earth.

ותמלוך Lord our God, You are He who alone will reign over all Your works, in Mount Zion the abode of Your glory, in Jerusalem Your holy city, as it is written in Your holy Scriptures: The Lord shall reign forever, your God, O Zion, throughout all generations; praise the Lord.[1]

קדוש Holy are You, awesome is Your Name, and aside from You there is no God, as it is written: The Lord of hosts is exalted in justice and the holy God is sanctified in righteousness.[2] Blessed are You, Lord, the holy King.

אתה You have chosen us from among all the nations; You have loved us and found favor with us. You have raised us above all tongues and made us holy through Your commandments. You, our King, have drawn us near to Your service and proclaimed Your great and holy Name upon us.

On Shabbat, add the words in shaded parentheses.

ותתן And You, Lord our God, have given us in love (this Shabbat day and) this Day of Remembrance, this festival of holy assembly, a day for (the remembrance of) sounding the *shofar*, (in love,) a holy assembly, commemorating the Exodus from Egypt.

On Shabbat, add the words in shaded parentheses.
During the repetition of the Amidah, the congregation responds אָמֵן as indicated.

אֱלֹהֵינוּ וֵאלֹהֵי אֲבוֹתֵינוּ, יַעֲלֶה וְיָבוֹא וְיַגִּיעַ, וְיֵרָאֶה וְיֵרָצֶה וְיִשָּׁמַע, וְיִפָּקֵד וְיִזָּכֵר זִכְרוֹנֵנוּ וּפִקְדוֹנֵנוּ, וְזִכְרוֹן אֲבוֹתֵינוּ, וְזִכְרוֹן מָשִׁיחַ בֶּן דָּוִד עַבְדֶּךָ, וְזִכְרוֹן יְרוּשָׁלַיִם עִיר קָדְשֶׁךָ, וְזִכְרוֹן כָּל עַמְּךָ בֵּית יִשְׂרָאֵל לְפָנֶיךָ, לִפְלֵיטָה לְטוֹבָה, לְחֵן וּלְחֶסֶד וּלְרַחֲמִים וּלְחַיִּים טוֹבִים וּלְשָׁלוֹם, בְּיוֹם (הַשַּׁבָּת הַזֶּה וּבְיוֹם) הַזִּכָּרוֹן הַזֶּה, בְּיוֹם טוֹב מִקְרָא קֹדֶשׁ הַזֶּה. זָכְרֵנוּ יְיָ אֱלֹהֵינוּ בּוֹ לְטוֹבָה (אָמֵן), וּפָקְדֵנוּ בוֹ לִבְרָכָה (אָמֵן), וְהוֹשִׁיעֵנוּ בוֹ לְחַיִּים טוֹבִים (אָמֵן). וּבִדְבַר יְשׁוּעָה וְרַחֲמִים, חוּס וְחָנֵּנוּ, וְרַחֵם עָלֵינוּ וְהוֹשִׁיעֵנוּ, כִּי אֵלֶיךָ עֵינֵינוּ, כִּי אֵל מֶלֶךְ חַנּוּן וְרַחוּם אָתָּה:

On Shabbat, add the words in shaded parentheses.

אֱלֹהֵינוּ וֵאלֹהֵי אֲבוֹתֵינוּ, מְלוֹךְ עַל הָעוֹלָם כֻּלּוֹ בִּכְבוֹדֶךָ, וְהִנָּשֵׂא עַל כָּל הָאָרֶץ בִּיקָרֶךָ, וְהוֹפַע בַּהֲדַר גְּאוֹן עֻזֶּךָ עַל כָּל יוֹשְׁבֵי תֵבֵל אַרְצֶךָ, וְיֵדַע כָּל פָּעוּל כִּי אַתָּה פְעַלְתּוֹ, וְיָבִין כָּל יְצוּר כִּי אַתָּה יְצַרְתּוֹ, וְיֹאמַר כֹּל אֲשֶׁר נְשָׁמָה בְאַפּוֹ: יְיָ אֱלֹהֵי יִשְׂרָאֵל מֶלֶךְ, וּמַלְכוּתוֹ בַּכֹּל מָשָׁלָה: (אֱלֹהֵינוּ וֵאלֹהֵי אֲבוֹתֵינוּ, רְצֵה נָא בִמְנוּחָתֵנוּ,) קַדְּשֵׁנוּ בְּמִצְוֹתֶיךָ, וְתֵן חֶלְקֵנוּ בְּתוֹרָתֶךָ, שַׂבְּעֵנוּ מִטּוּבֶךָ וְשַׂמַּח נַפְשֵׁנוּ בִּישׁוּעָתֶךָ, (וְהַנְחִילֵנוּ יְיָ אֱלֹהֵינוּ בְּאַהֲבָה וּבְרָצוֹן שַׁבְּתוֹת קָדְשֶׁךָ וְיָנוּחוּ בָם כָּל יִשְׂרָאֵל מְקַדְּשֵׁי שְׁמֶךָ,) וְטַהֵר לִבֵּנוּ לְעָבְדְּךָ בֶּאֱמֶת, כִּי אַתָּה אֱלֹהִים אֱמֶת וּדְבָרְךָ מַלְכֵּנוּ אֱמֶת וְקַיָּם לָעַד. בָּרוּךְ אַתָּה יְיָ, מֶלֶךְ עַל כָּל הָאָרֶץ, מְקַדֵּשׁ (הַשַּׁבָּת וְ) יִשְׂרָאֵל וְיוֹם הַזִּכָּרוֹן:

On Shabbat, add the words in shaded parentheses.
During the repetition of the Amidah, the congregation responds Amen as indicated.

אלהינו Our God and God of our fathers, may there ascend, come and reach, be seen, accepted, and heard, recalled and remembered before You our remembrance and recollection, the remembrance of our fathers, the remembrance of Mashiach the son of David Your servant, the remembrance of Jerusalem Your holy city, and the remembrance of all Your people the House of Israel, for deliverance, well-being, grace, kindness, mercy, good life and peace, on this (Shabbat day and this) Day of Remembrance, this festival of holy assembly. Remember us on this [day], Lord our God, for good (Amen); be mindful of us on this [day] for blessing (Amen); help us on this [day] for good life (Amen). With the promise of deliverance and compassion, spare us and be gracious to us; have mercy upon us and deliver us; for our eyes are directed to You, for You, God, are a gracious and merciful King.

On Shabbat, add the words in shaded parentheses.

אלהינו Our God and God of our fathers, reign over the entire world in Your glory, be exalted over all the earth in Your splendor, and reveal Yourself in the majesty of Your glorious might over all the inhabitants of Your terrestrial world. May everything that has been made know that You have made it; may everything that has been created understand that You have created it; and may everyone who has the breath [of life] in his nostrils declare that the Lord, God of Israel, is King and His kingship has dominion over all. (Our God and God of our fathers, please find favor in our rest.) Make us holy with Your commandments and grant us our portion in Your Torah; satiate us with Your goodness and gladden our soul with Your salvation. (Lord our God, grant as our heritage, in love and goodwill, Your holy Shabbat days, and may all Israel who sanctify Your Name rest on them.) Make our heart pure to serve You in truth; for You are the true God, and Your word, our King, is true and enduring forever. Blessed are You, Lord, King over the whole earth, who sanctifies (the Shabbat and) Israel and the Day of Remembrance.

רְצֵה יְיָ אֱלֹהֵינוּ בְּעַמְּךָ יִשְׂרָאֵל וְלִתְפִלָּתָם שְׁעֵה, וְהָשֵׁב הָעֲבוֹדָה לִדְבִיר בֵּיתֶךָ, וְאִשֵּׁי יִשְׂרָאֵל וּתְפִלָּתָם בְּאַהֲבָה תְקַבֵּל בְּרָצוֹן, וּתְהִי לְרָצוֹן תָּמִיד עֲבוֹדַת יִשְׂרָאֵל עַמֶּךָ:

וְתֶחֱזֶינָה עֵינֵינוּ בְּשׁוּבְךָ לְצִיּוֹן בְּרַחֲמִים. בָּרוּךְ אַתָּה יְיָ, הַמַּחֲזִיר שְׁכִינָתוֹ לְצִיּוֹן:

Bow at מוֹדִים; straighten up at יְיָ.

מוֹדִים אֲנַחְנוּ לָךְ, שָׁאַתָּה הוּא יְיָ אֱלֹהֵינוּ וֵאלֹהֵי אֲבוֹתֵינוּ לְעוֹלָם וָעֶד, צוּר חַיֵּינוּ, מָגֵן יִשְׁעֵנוּ, אַתָּה הוּא לְדוֹר וָדוֹר, נוֹדֶה לְּךָ וּנְסַפֵּר תְּהִלָּתֶךָ, עַל חַיֵּינוּ הַמְּסוּרִים בְּיָדֶךָ, וְעַל נִשְׁמוֹתֵינוּ הַפְּקוּדוֹת לָךְ, וְעַל נִסֶּיךָ שֶׁבְּכָל יוֹם עִמָּנוּ, וְעַל נִפְלְאוֹתֶיךָ וְטוֹבוֹתֶיךָ שֶׁבְּכָל עֵת, עֶרֶב וָבֹקֶר וְצָהֳרָיִם, הַטּוֹב, כִּי לֹא כָלוּ רַחֲמֶיךָ, וְהַמְרַחֵם, כִּי לֹא תַמּוּ חֲסָדֶיךָ, כִּי מֵעוֹלָם קִוִּינוּ לָךְ:

MODIM D'RABBANAN

While the chazzan recites מוֹדִים, the congregation recites the following, while bowing:

מוֹדִים אֲנַחְנוּ לָךְ, שָׁאַתָּה הוּא יְיָ אֱלֹהֵינוּ וֵאלֹהֵי אֲבוֹתֵינוּ, אֱלֹהֵי כָל בָּשָׂר, יוֹצְרֵנוּ, יוֹצֵר בְּרֵאשִׁית, בְּרָכוֹת וְהוֹדָאוֹת לְשִׁמְךָ הַגָּדוֹל וְהַקָּדוֹשׁ, עַל שֶׁהֶחֱיִיתָנוּ וְקִיַּמְתָּנוּ, כֵּן תְּחַיֵּנוּ וּתְקַיְּמֵנוּ, וְתֶאֱסוֹף גָּלֻיּוֹתֵינוּ לְחַצְרוֹת קָדְשֶׁךָ, וְנָשׁוּב אֵלֶיךָ לִשְׁמוֹר חֻקֶּיךָ, וְלַעֲשׂוֹת רְצוֹנֶךָ, וּלְעָבְדְּךָ בְּלֵבָב שָׁלֵם, עַל שֶׁאֲנוּ מוֹדִים לָךְ, בָּרוּךְ אֵל הַהוֹדָאוֹת:

וְעַל כֻּלָּם יִתְבָּרַךְ וְיִתְרוֹמַם וְיִתְנַשֵּׂא שִׁמְךָ מַלְכֵּנוּ תָּמִיד לְעוֹלָם וָעֶד:

רצה Look with favor, Lord our God, on Your people Israel, and pay heed to their prayer; restore the service to Your Sanctuary, and accept with love and favor Israel's fire-offerings and prayer; and may the service of Your people Israel always find favor.

ותחזינה May our eyes behold Your return to Zion in mercy. Blessed are You, Lord, who restores His Divine Presence to Zion.

Bow at *We thankfully acknowledge*; straighten up at *Lord*.

מודים We thankfully acknowledge that You are the Lord our God and God of our fathers forever. You are the strength of our life, the shield of our salvation in every generation. We will give thanks to You and recount Your praise, evening, morning and noon, for our lives which are committed into Your hand, for our souls which are entrusted to You, for Your miracles which are with us daily, and for Your continual wonders and beneficences. You are the Beneficent One, for Your mercies never cease; and the Merciful One, for Your kindnesses never end; for we always place our hope in You.

MODIM D'RABBANAN

While the chazzan recites *Modim*, the congregation recites the following, while bowing:

Transliteration, page 334.

מודים We thankfully acknowledge that You are the Lord our God and God of our fathers, the God of all flesh, our Creator and the Creator of all existence. We offer blessings and thanks to Your great and holy Name, for You have given us life and sustained us; so may You continue to grant us life and sustain us—gather our dispersed to the courtyards of Your Sanctuary, and we shall return to You to keep Your Laws, to do Your will, and to serve You with a perfect heart—for we thankfully acknowledge You. Blessed is God, who is worthy of thanks.

ועל And for all these, may Your Name, our King, be continually blessed, exalted, and extolled forever and all time.

During the repetition of the Amidah, the chazzan pauses for the congregation to say the following line, and then repeats it:

וּכְתוֹב לְחַיִּים טוֹבִים כָּל בְּנֵי בְרִיתֶךָ:

וְכֹל הַחַיִּים יוֹדְוּךָ סֶּלָה, וִיהַלְלוּ שִׁמְךָ הַגָּדוֹל לְעוֹלָם כִּי טוֹב, הָאֵל יְשׁוּעָתֵנוּ וְעֶזְרָתֵנוּ סֶלָה, הָאֵל הַטּוֹב.

Bend knees at בָּרוּךְ; bow at אַתָּה; straighten up at יְיָ.

בָּרוּךְ אַתָּה יְיָ, הַטּוֹב שִׁמְךָ וּלְךָ נָאֶה לְהוֹדוֹת:

שִׂים שָׁלוֹם, טוֹבָה וּבְרָכָה, חַיִּים חֵן וָחֶסֶד וְרַחֲמִים, עָלֵינוּ וְעַל כָּל יִשְׂרָאֵל עַמֶּךָ. בָּרְכֵנוּ אָבִינוּ כֻּלָּנוּ כְּאֶחָד בְּאוֹר פָּנֶיךָ, כִּי בְאוֹר פָּנֶיךָ נָתַתָּ לָּנוּ יְיָ אֱלֹהֵינוּ תּוֹרַת חַיִּים וְאַהֲבַת חֶסֶד, וּצְדָקָה וּבְרָכָה וְרַחֲמִים וְחַיִּים וְשָׁלוֹם, וְטוֹב בְּעֵינֶיךָ לְבָרֵךְ אֶת עַמְּךָ יִשְׂרָאֵל בְּכָל עֵת וּבְכָל שָׁעָה בִּשְׁלוֹמֶךָ.

During the repetition of the Amidah, the chazzan pauses for the congregation to say the following paragraph, and then repeats it:

וּבְסֵפֶר חַיִּים בְּרָכָה וְשָׁלוֹם וּפַרְנָסָה טוֹבָה, יְשׁוּעָה וְנֶחָמָה וּגְזֵרוֹת טוֹבוֹת, נִזָּכֵר וְנִכָּתֵב לְפָנֶיךָ, אֲנַחְנוּ וְכָל עַמְּךָ בֵּית יִשְׂרָאֵל, לְחַיִּים טוֹבִים וּלְשָׁלוֹם.

בָּרוּךְ אַתָּה יְיָ, הַמְבָרֵךְ אֶת עַמּוֹ יִשְׂרָאֵל בַּשָּׁלוֹם:

[During the repetition of the Amidah, the chazzan recites the following verse silently.]

יִהְיוּ לְרָצוֹן אִמְרֵי פִי וְהֶגְיוֹן לִבִּי לְפָנֶיךָ, יְיָ צוּרִי וְגוֹאֲלִי:[1]

[The chazzan's repetition of the Amidah ends here.]

אֱלֹהַי, נְצוֹר לְשׁוֹנִי מֵרָע, וּשְׂפָתַי מִדַּבֵּר מִרְמָה, וְלִמְקַלְלַי נַפְשִׁי תִדּוֹם, וְנַפְשִׁי כֶּעָפָר לַכֹּל תִּהְיֶה. פְּתַח לִבִּי בְּתוֹרָתֶךָ, וּבְמִצְוֹתֶיךָ תִּרְדּוֹף נַפְשִׁי, וְכָל הַחוֹשְׁבִים עָלַי רָעָה, מְהֵרָה הָפֵר עֲצָתָם וְקַלְקֵל מַחֲשַׁבְתָּם. יִהְיוּ כְּמֹץ לִפְנֵי

1. Psalms 19:15.

During the repetition of the Amidah, the chazzan pauses for the congregation to say the following line, and then repeats it:

וכתוב **Inscribe** all the children of Your Covenant for a good life.

וכל **And** all living things shall forever thank You, and praise Your great Name eternally, for You are good. God, You are our everlasting salvation and help, O benevolent God.

Bend knees at *Blessed*; bow at *You*; straighten up at *Lord.*

Blessed are You, Lord, Beneficent is Your Name, and to You it is fitting to offer thanks.

שים **Bestow** peace, goodness, and blessing, life, graciousness, kindness, and mercy, upon us and upon all Your people Israel. Bless us, our Father, all of us as one, with the light of Your countenance, for by the light of Your countenance You gave us, Lord our God, the Torah of life and loving-kindness, righteousness, blessing, mercy, life and peace. May it be favorable in Your eyes to bless Your people Israel, at all times and at every moment, with Your peace.

During the repetition of the Amidah, the chazzan pauses for the congregation to say the following paragraph, and then repeats it:

ובספר **And** in the book of life, blessing, peace, and prosperity, deliverance, consolation, and favorable decrees, may we and all Your people the House of Israel be remembered and inscribed before You for a happy life and for peace.

Blessed are You, Lord, who blesses His people Israel with peace. Cong. Amen.

[During the repetition of the Amidah, the chazzan recites the following verse silently.]

יהיו **May** the words of my mouth and the meditation of my heart be acceptable before You, Lord, my Strength and my Redeemer.[1]

[The chazzan's repetition of the Amidah ends here.]

אלהי **My** God, guard my tongue from evil, and my lips from speaking deceitfully. Let my soul be silent to those who curse me; let my soul be as dust to all. Open my heart to Your Torah, and let my soul eagerly pursue Your commandments. As for all those who plot evil against me, hasten to annul their counsel and frustrate their design. Let them be as chaff before the wind; let the

רוּחַ וּמַלְאַךְ יְיָ דֹּחֶה.[1] לְמַעַן יֵחָלְצוּן יְדִידֶיךָ, הוֹשִׁיעָה יְמִינְךָ וַעֲנֵנִי.[2] עֲשֵׂה לְמַעַן שְׁמֶךָ, עֲשֵׂה לְמַעַן יְמִינֶךָ, עֲשֵׂה לְמַעַן תּוֹרָתֶךָ, עֲשֵׂה לְמַעַן קְדֻשָּׁתֶךָ.[3] יִהְיוּ לְרָצוֹן אִמְרֵי פִי וְהֶגְיוֹן לִבִּי לְפָנֶיךָ, יְיָ צוּרִי וְגוֹאֲלִי:[4]

Take three steps back, then bow left saying עֹשֶׂה הַשָּׁלוֹם בִּמְרוֹמָיו, bow forward saying הוּא, bow right saying יַעֲשֶׂה שָׁלוֹם עָלֵינוּ, and bow forward saying וְעַל כָּל יִשְׂרָאֵל, וְאִמְרוּ אָמֵן.

עֹשֶׂה הַשָּׁלוֹם בִּמְרוֹמָיו, הוּא יַעֲשֶׂה שָׁלוֹם עָלֵינוּ וְעַל כָּל יִשְׂרָאֵל, וְאִמְרוּ אָמֵן:

יְהִי רָצוֹן מִלְּפָנֶיךָ, יְיָ אֱלֹהֵינוּ וֵאלֹהֵי אֲבוֹתֵינוּ, שֶׁיִּבָּנֶה בֵּית הַמִּקְדָּשׁ בִּמְהֵרָה בְיָמֵינוּ, וְתֵן חֶלְקֵנוּ בְּתוֹרָתֶךָ:[5]

The Amidah ends here.

THE REPETITION OF THE AMIDAH

The congregation must listen attentively to the chazzan and respond אָמֵן at the conclusion of each blessing. If there are not at least nine men who respond אָמֵן after the blessings, it is tantamount to a blessing in vain. It is proper to respond with בָּרוּךְ הוּא וּבָרוּךְ שְׁמוֹ each time the chazzan says בָּרוּךְ אַתָּה יְיָ.

On Friday and Shabbat אָבִינוּ מַלְכֵּנוּ is not said, chazzan continues with Complete Kaddish, page 287.

AVINU MALKEINU

THE ARK IS OPENED.

The following is said standing.

אָבִינוּ מַלְכֵּנוּ אֵין לָנוּ מֶלֶךְ אֶלָּא אָתָּה:
אָבִינוּ מַלְכֵּנוּ עֲשֵׂה עִמָּנוּ לְמַעַן שְׁמֶךָ:
אָבִינוּ מַלְכֵּנוּ חַדֵּשׁ עָלֵינוּ שָׁנָה טוֹבָה:
אָבִינוּ מַלְכֵּנוּ בַּטֵּל מֵעָלֵינוּ כָּל גְּזֵרוֹת קָשׁוֹת:
אָבִינוּ מַלְכֵּנוּ בַּטֵּל מַחְשְׁבוֹת שׂוֹנְאֵינוּ:
אָבִינוּ מַלְכֵּנוּ הָפֵר עֲצַת אוֹיְבֵינוּ:

1. Psalms 35:5. **2.** Ibid. 60:7; 108:7. **3.** It is customary to recite a verse in which the first and last letters correspond to the first and last letters of one's own Hebrew name. For a list of verses, see page 318. **4.** Psalms 19:15. **5.** Avot 5:20.

angel of the Lord thrust them away.[1] That Your beloved ones may be delivered, help with Your right hand and answer me.[2] Do it for the sake of Your Name; do it for the sake of Your right hand; do it for the sake of Your Torah; do it for the sake of Your holiness.[3] May the words of my mouth and the meditation of my heart be acceptable before You, Lord, my Strength and my Redeemer.[4]

Take three steps back, then bow left saying *He who makes the peace in His Heavens,* bow forward saying *may He,* bow right saying *make peace for us,* and bow forward saying *and for all Israel; and say, Amen.*

עשה He who makes the peace in His heavens, may He make peace for us and for all Israel; and say, Amen.

יהי May it be Your will, Lord our God and God of our fathers, that the Bet Hamikdash be speedily rebuilt in our days, and grant us our portion in Your Torah.[5]

The Amidah ends here.

THE REPETITION OF THE AMIDAH

The congregation must listen attentively to the chazzan and respond Amen at the conclusion of each blessing. If there are not at least nine men who respond Amen after the blessings, it is tantamount to a blessing in vain. It is proper to respond with "Boruch Hu u'Voruch Shemo" ("Blessed is He and Blessed is His Name") each time the chazzan says *Blessed are You, Lord.*

On Friday and Shabbat *Avinu Malkeinu* is not said, chazzan continues with Complete Kaddish, page 287.

⚜

AVINU MALKEINU

THE ARK IS OPENED.

The following is said standing.

אבינו Our Father, our King, we have no King but You.

Our Father, our King, act [benevolently] with us for the sake of Your Name.

Our Father, our King, renew for us a good year.

Our Father, our King, remove from us all harsh decrees.

Our Father, our King, annul the intentions of our enemies.

Our Father, our King, foil the plans of our foes.

אָבִינוּ מַלְכֵּנוּ כַּלֵּה כָּל צַר וּמַסְטִין מֵעָלֵינוּ:
אָבִינוּ מַלְכֵּנוּ סְתוֹם פִּיּוֹת מַסְטִינֵנוּ וּמְקַטְרִיגֵנוּ:
אָבִינוּ מַלְכֵּנוּ כַּלֵּה דֶּבֶר וְחֶרֶב וְרָעָב וּשְׁבִי וּמַשְׁחִית מִבְּנֵי בְרִיתֶךָ:
אָבִינוּ מַלְכֵּנוּ מְנַע מַגֵּפָה מִנַּחֲלָתֶךָ:
אָבִינוּ מַלְכֵּנוּ הַחֲזִירֵנוּ בִּתְשׁוּבָה שְׁלֵמָה לְפָנֶיךָ:
אָבִינוּ מַלְכֵּנוּ שְׁלַח רְפוּאָה שְׁלֵמָה לְחוֹלֵי עַמֶּךָ:
אָבִינוּ מַלְכֵּנוּ קְרַע רוֹעַ גְּזַר דִּינֵנוּ:
אָבִינוּ מַלְכֵּנוּ זָכְרֵנוּ בְּזִכָּרוֹן טוֹב לְפָנֶיךָ:
אָבִינוּ מַלְכֵּנוּ כָּתְבֵנוּ בְּסֵפֶר חַיִּים טוֹבִים:
אָבִינוּ מַלְכֵּנוּ כָּתְבֵנוּ בְּסֵפֶר גְּאֻלָּה וִישׁוּעָה:
אָבִינוּ מַלְכֵּנוּ כָּתְבֵנוּ בְּסֵפֶר פַּרְנָסָה וְכַלְכָּלָה:
אָבִינוּ מַלְכֵּנוּ כָּתְבֵנוּ בְּסֵפֶר זְכֻיּוֹת:
אָבִינוּ מַלְכֵּנוּ הַצְמַח לָנוּ יְשׁוּעָה בְּקָרוֹב:
אָבִינוּ מַלְכֵּנוּ הָרֵם קֶרֶן יִשְׂרָאֵל עַמֶּךָ:
אָבִינוּ מַלְכֵּנוּ הָרֵם קֶרֶן מְשִׁיחֶךָ:
אָבִינוּ מַלְכֵּנוּ מַלֵּא יָדֵינוּ מִבִּרְכוֹתֶיךָ:
אָבִינוּ מַלְכֵּנוּ מַלֵּא אֲסָמֵינוּ שָׂבָע:
אָבִינוּ מַלְכֵּנוּ שְׁמַע קוֹלֵנוּ חוּס וְרַחֵם עָלֵינוּ:
אָבִינוּ מַלְכֵּנוּ קַבֵּל בְּרַחֲמִים וּבְרָצוֹן אֶת תְּפִלָּתֵנוּ:
אָבִינוּ מַלְכֵּנוּ פְּתַח שַׁעֲרֵי שָׁמַיִם לִתְפִלָּתֵנוּ:
אָבִינוּ מַלְכֵּנוּ זָכוּר כִּי עָפָר אֲנָחְנוּ:

Our Father, our King, wipe out every oppressor and adversary from against us.

Our Father, our King, close the mouths of our adversaries and accusers.

Our Father, our King, remove pestilence, sword, famine, captivity, and destruction from the members of Your covenant.

Our Father, our King, withhold the plague from Your inheritance.

Our Father, our King, bring us back to You in wholehearted repentance.

Our Father, our King, send a complete healing to the sick of Your people.

Our Father, our King, rend the evil [aspect] of the verdict decreed against us.

Our Father, our King, remember us with a favorable remembrance before You.

Our Father, our King, inscribe us in the book of good life.

Our Father, our King, inscribe us in the book of redemption and deliverance.

Our Father, our King, inscribe us in the book of livelihood and sustenance.

Our Father, our King, inscribe us in the book of merits.

Our Father, our King, cause deliverance to flourish for us soon.

Our Father, our King, exalt the glory of Israel Your people.

Our Father, our King, exalt the glory of Your anointed one.

Our Father, our King, fill our hands with Your blessings.

Our Father, our King, fill our storehouses with plenty.

Our Father, our King, hear our voice, have pity and compassion upon us.

Our Father, our King, accept our prayer with mercy and with favor.

Our Father, our King, open the gates of heaven to our prayer.

Our Father, our King, let it be remembered that we are but dust.

אָבִינוּ מַלְכֵּנוּ נָא אַל תְּשִׁיבֵנוּ רֵיקָם מִלְּפָנֶיךָ:
אָבִינוּ מַלְכֵּנוּ תְּהֵא הַשָּׁעָה הַזֹּאת שְׁעַת רַחֲמִים וְעֵת
רָצוֹן מִלְּפָנֶיךָ:
אָבִינוּ מַלְכֵּנוּ חֲמוֹל עָלֵינוּ וְעַל עוֹלָלֵינוּ וְטַפֵּנוּ:
אָבִינוּ מַלְכֵּנוּ עֲשֵׂה לְמַעַן הֲרוּגִים עַל שֵׁם קָדְשֶׁךָ:
אָבִינוּ מַלְכֵּנוּ עֲשֵׂה לְמַעַן טְבוּחִים עַל יִחוּדֶךָ:
אָבִינוּ מַלְכֵּנוּ עֲשֵׂה לְמַעַן בָּאֵי בָאֵשׁ וּבַמַּיִם עַל קִדּוּשׁ
שְׁמֶךָ:
אָבִינוּ מַלְכֵּנוּ נְקוֹם נִקְמַת דַּם עֲבָדֶיךָ הַשָּׁפוּךְ:
אָבִינוּ מַלְכֵּנוּ עֲשֵׂה לְמַעַנְךָ אִם לֹא לְמַעֲנֵנוּ:
אָבִינוּ מַלְכֵּנוּ עֲשֵׂה לְמַעַנְךָ וְהוֹשִׁיעֵנוּ:
אָבִינוּ מַלְכֵּנוּ עֲשֵׂה לְמַעַן רַחֲמֶיךָ הָרַבִּים:
אָבִינוּ מַלְכֵּנוּ עֲשֵׂה לְמַעַן שִׁמְךָ הַגָּדוֹל הַגִּבּוֹר וְהַנּוֹרָא
שֶׁנִּקְרָא עָלֵינוּ:
אָבִינוּ מַלְכֵּנוּ חָנֵּנוּ וַעֲנֵנוּ כִּי אֵין בָּנוּ מַעֲשִׂים עֲשֵׂה עִמָּנוּ
צְדָקָה וָחֶסֶד וְהוֹשִׁיעֵנוּ:

THE ARK IS CLOSED.

Chazzan recites Complete Kaddish. Congregation responds אָמֵן as indicated.

יִתְגַּדַּל וְיִתְקַדַּשׁ שְׁמֵהּ רַבָּא. (Cong—אָמֵן) בְּעָלְמָא דִּי
בְרָא כִרְעוּתֵהּ וְיַמְלִיךְ מַלְכוּתֵהּ, וְיַצְמַח
פּוּרְקָנֵהּ וִיקָרֵב מְשִׁיחֵהּ. (Cong—אָמֵן) בְּחַיֵּיכוֹן וּבְיוֹמֵיכוֹן
וּבְחַיֵּי דְכָל בֵּית יִשְׂרָאֵל, בַּעֲגָלָא וּבִזְמַן קָרִיב וְאִמְרוּ
אָמֵן:

(Cong—אָמֵן. יְהֵא שְׁמֵהּ רַבָּא מְבָרַךְ לְעָלַם וּלְעָלְמֵי עָלְמַיָּא,
יִתְבָּרֵךְ.)

Our Father, our King, we beseech You, do not turn us away from You empty-handed.

Our Father, our King, may this hour be an hour of mercy and a time of favor before You.

Our Father, our King, have compassion upon us, and upon our infants and children.

Our Father, our King, do it for the sake of those who were slain for Your holy Name.

Our Father, our King, do it for the sake of those who were slaughtered for Your Oneness.

Our Father, our King, do it for the sake of those who went through fire and water for the sanctification of Your Name.

Our Father, our King, avenge the spilled blood of Your servants.

Our Father, our King, do it for Your sake, if not for ours.

Our Father, our King, do it for Your sake, and deliver us.

Our Father, our King, do it for the sake of Your abounding mercies.

Our Father, our King, do it for the sake of Your great, mighty and awesome Name which is proclaimed over us.

Our Father, our King, be gracious to us and answer us, for we have no meritorious deeds; deal charitably and kindly with us and deliver us.

THE ARK IS CLOSED.

Chazzan recites Complete Kaddish. Congregation responds Amen as indicated.

יתגדל Exalted and hallowed be His great Name (Cong: Amen) throughout the world which He has created according to His will. May He establish His kingship, bring forth His redemption and hasten the coming of His Mashiach (Cong: Amen) in your lifetime and in your days and in the lifetime of the entire House of Israel, speedily and soon, and say, Amen.

(Cong: Amen. May His great Name be blessed forever and to all eternity. Blessed.)

יְהֵא שְׁמֵהּ רַבָּא מְבָרַךְ לְעָלַם וּלְעָלְמֵי עָלְמַיָּא. יִתְבָּרַךְ, וְיִשְׁתַּבַּח, וְיִתְפָּאַר, וְיִתְרוֹמַם, וְיִתְנַשֵּׂא, וְיִתְהַדָּר וְיִתְעַלֶּה, וְיִתְהַלָּל, שְׁמֵהּ דְּקוּדְשָׁא בְּרִיךְ הוּא. (Cong—אָמֵן) לְעֵלָּא מִן כָּל בִּרְכָתָא וְשִׁירָתָא, תֻּשְׁבְּחָתָא וְנֶחֱמָתָא, דַּאֲמִירָן בְּעָלְמָא, וְאִמְרוּ אָמֵן: (Cong—אָמֵן)

תִּתְקַבֵּל צְלוֹתְהוֹן וּבָעוּתְהוֹן דְּכָל בֵּית יִשְׂרָאֵל, קֳדָם אֲבוּהוֹן דִּי בִשְׁמַיָּא, וְאִמְרוּ אָמֵן: (Cong—אָמֵן) יְהֵא שְׁלָמָא רַבָּא מִן שְׁמַיָּא וְחַיִּים טוֹבִים עָלֵינוּ וְעַל כָּל יִשְׂרָאֵל, וְאִמְרוּ אָמֵן: (Cong—אָמֵן)

Take three steps back, then bow right saying עֹשֶׂה הַשָּׁלוֹם בִּמְרוֹמָיו, bow forward saying הוּא, bow left saying יַעֲשֶׂה שָׁלוֹם עָלֵינוּ, and bow forward saying וְעַל כָּל יִשְׂרָאֵל, וְאִמְרוּ אָמֵן.

עֹשֶׂה הַשָּׁלוֹם בִּמְרוֹמָיו, הוּא יַעֲשֶׂה שָׁלוֹם עָלֵינוּ וְעַל כָּל יִשְׂרָאֵל, וְאִמְרוּ אָמֵן: (Cong—אָמֵן)

לְדָוִד, יְיָ אוֹרִי וְיִשְׁעִי מִמִּי אִירָא, יְיָ מָעוֹז חַיַּי מִמִּי אֶפְחָד: בִּקְרֹב עָלַי מְרֵעִים לֶאֱכֹל אֶת בְּשָׂרִי, צָרַי וְאֹיְבַי לִי, הֵמָּה כָּשְׁלוּ וְנָפָלוּ: אִם תַּחֲנֶה עָלַי מַחֲנֶה לֹא יִירָא לִבִּי, אִם תָּקוּם עָלַי מִלְחָמָה, בְּזֹאת[1] אֲנִי בוֹטֵחַ: אַחַת שָׁאַלְתִּי מֵאֵת יְיָ, אוֹתָהּ אֲבַקֵּשׁ, שִׁבְתִּי בְּבֵית יְיָ כָּל יְמֵי חַיַּי, לַחֲזוֹת בְּנֹעַם יְיָ וּלְבַקֵּר בְּהֵיכָלוֹ: כִּי יִצְפְּנֵנִי בְּסֻכֹּה בְּיוֹם רָעָה, יַסְתִּירֵנִי בְּסֵתֶר אָהֳלוֹ, בְּצוּר יְרוֹמְמֵנִי: וְעַתָּה יָרוּם רֹאשִׁי עַל אֹיְבַי סְבִיבוֹתַי, וְאֶזְבְּחָה בְאָהֳלוֹ זִבְחֵי תְרוּעָה, אָשִׁירָה וַאֲזַמְּרָה לַייָ: שְׁמַע יְיָ קוֹלִי אֶקְרָא, וְחָנֵּנִי וַעֲנֵנִי: לְךָ אָמַר לִבִּי בַּקְּשׁוּ פָנָי, אֶת פָּנֶיךָ יְיָ אֲבַקֵּשׁ: אַל תַּסְתֵּר פָּנֶיךָ מִמֶּנִּי, אַל תַּט בְּאַף עַבְדֶּךָ, עֶזְרָתִי הָיִיתָ, אַל תִּטְּשֵׁנִי וְאַל תַּעַזְבֵנִי אֱלֹהֵי יִשְׁעִי: כִּי אָבִי וְאִמִּי עֲזָבוּנִי, וַייָ יַאַסְפֵנִי: הוֹרֵנִי יְיָ דַּרְכֶּךָ, וּנְחֵנִי בְּאֹרַח מִישׁוֹר, לְמַעַן שׁוֹרְרָי: אַל תִּתְּנֵנִי בְּנֶפֶשׁ צָרָי, כִּי קָמוּ בִי עֵדֵי שֶׁקֶר וִיפֵחַ חָמָס:

1. I.e., that "the Lord is my light and my salvation," etc.

May His great Name be blessed forever and to all eternity. Blessed and praised, glorified, exalted and extolled, honored, adored and lauded be the Name of the Holy One, blessed be He, (Cong: Amen) beyond all the blessings, hymns, praises and consolations that are uttered in the world; and say, Amen. (Cong: Amen)

May the prayers and supplications of the entire House of Israel be accepted before their Father in heaven; and say, Amen. (Cong: Amen) May there be abundant peace from heaven, and a good life for us and for all Israel; and say, Amen. (Cong: Amen)

Take three steps back, then bow right saying *He who makes the peace in His Heavens,* bow forward saying *may He,* bow left saying *make peace for us,* and bow forward saying *and for all Israel; and say, Amen.*

He who makes the peace in His heavens, may He make peace for us and for all Israel; and say, Amen. (Cong: Amen)

לדוד By David. The Lord is my light and my salvation—whom shall I fear? The Lord is the strength of my life—whom shall I dread? When evildoers approached me to devour my flesh, my oppressors and my foes, they stumbled and fell. If an army were to beleaguer me, my heart would not fear; if war were to arise against me, in this[1] I trust. One thing I have asked of the Lord, this I seek: that I may dwell in the House of the Lord all the days of my life, to behold the pleasantness of the Lord and to visit in His Sanctuary. For He will hide me in His tabernacle on a day of adversity; He will conceal me in the hidden places of His tent; He will lift me upon a rock. And then my head will be raised above my enemies around me, and I will offer in His tabernacle sacrifices of jubilation; I will sing and chant to the Lord. Lord, hear my voice as I call; be gracious to me and answer me. In Your behalf my heart says, "Seek My countenance"; Your countenance, Lord, I seek. Do not conceal Your countenance from me, do not cast aside Your servant in wrath; You have been my help; do not abandon me nor forsake me, God of my deliverance. Though my father and mother have forsaken me, the Lord has taken me in. Lord, teach me Your way and lead me in the path of righteousness because of my watchful enemies. Do not give me over to the will of my oppressors, for there have risen against me false witnesses and they speak evil.

לוּלֵא הֶאֱמַנְתִּי לִרְאוֹת בְּטוּב יְיָ בְּאֶֽרֶץ חַיִּים: קַוֵּה אֶל יְיָ, חֲזַק
וְיַאֲמֵץ לִבֶּֽךָ, וְקַוֵּה אֶל יְיָ:[1]

Stand while reciting עָלֵינוּ.

עָלֵֽינוּ לְשַׁבֵּֽחַ לַאֲדוֹן הַכֹּל, לָתֵת גְּדֻלָּה לְיוֹצֵר בְּרֵאשִׁית,
שֶׁלֹּא עָשָֽׂנוּ כְּגוֹיֵי הָאֲרָצוֹת, וְלֹא שָׂמָֽנוּ כְּמִשְׁפְּחוֹת
הָאֲדָמָה, שֶׁלֹּא שָׂם חֶלְקֵֽנוּ כָּהֶם, וְגוֹרָלֵֽנוּ כְּכָל הֲמוֹנָם,
שֶׁהֵם מִשְׁתַּחֲוִים לְהֶֽבֶל וְלָרִיק. וַאֲנַֽחְנוּ כּוֹרְעִים וּמִשְׁתַּחֲוִים
וּמוֹדִים לִפְנֵי מֶֽלֶךְ מַלְכֵי הַמְּלָכִים, הַקָּדוֹשׁ בָּרוּךְ הוּא.
שֶׁהוּא נוֹטֶה שָׁמַֽיִם וְיוֹסֵד אָֽרֶץ, וּמוֹשַׁב יְקָרוֹ בַּשָּׁמַֽיִם
מִמַּֽעַל, וּשְׁכִינַת עֻזּוֹ בְּגָבְהֵי מְרוֹמִים. הוּא אֱלֹהֵֽינוּ אֵין עוֹד,
אֱמֶת מַלְכֵּֽנוּ, אֶֽפֶס זוּלָתוֹ, כַּכָּתוּב בְּתוֹרָתוֹ:[2] וְיָדַעְתָּ הַיּוֹם
וַהֲשֵׁבֹתָ אֶל לְבָבֶֽךָ, כִּי יְיָ הוּא הָאֱלֹהִים, בַּשָּׁמַֽיִם מִמַּֽעַל
וְעַל הָאָֽרֶץ מִתָּֽחַת, אֵין עוֹד:[3]

וְעַל כֵּן נְקַוֶּה לְּךָ יְיָ אֱלֹהֵֽינוּ, לִרְאוֹת מְהֵרָה בְּתִפְאֶֽרֶת
עֻזֶּֽךָ, לְהַעֲבִיר גִּלּוּלִים מִן הָאָֽרֶץ, וְהָאֱלִילִים כָּרוֹת
יִכָּרֵתוּן, לְתַקֵּן עוֹלָם בְּמַלְכוּת שַׁדַּי, וְכָל בְּנֵי בָשָׂר יִקְרְאוּ
בִשְׁמֶֽךָ, לְהַפְנוֹת אֵלֶֽיךָ כָּל רִשְׁעֵי אָֽרֶץ. יַכִּֽירוּ וְיֵדְעוּ כָּל
יוֹשְׁבֵי תֵבֵל, כִּי לְךָ תִּכְרַע כָּל בֶּֽרֶךְ, תִּשָּׁבַע כָּל לָשׁוֹן.
לְפָנֶֽיךָ יְיָ אֱלֹהֵֽינוּ יִכְרְעוּ וְיִפֹּֽלוּ, וְלִכְבוֹד שִׁמְךָ יְקָר יִתֵּֽנוּ.
וִיקַבְּלוּ כֻלָּם אֶת עוֹל מַלְכוּתֶֽךָ, וְתִמְלוֹךְ עֲלֵיהֶם
מְהֵרָה לְעוֹלָם וָעֶד. כִּי הַמַּלְכוּת שֶׁלְּךָ הִיא, וּלְעוֹלְמֵי עַד
תִּמְלוֹךְ בְּכָבוֹד, כַּכָּתוּב בְּתוֹרָתֶֽךָ: יְיָ יִמְלֹךְ לְעֹלָם וָעֶד:[4]
וְנֶאֱמַר: וְהָיָה יְיָ לְמֶֽלֶךְ עַל כָּל הָאָֽרֶץ, בַּיּוֹם הַהוּא יִהְיֶה
יְיָ אֶחָד וּשְׁמוֹ אֶחָד:[5]

---

1. Psalm 27.   **2.** Deuteronomy 4:39.   **3.** For further elucidation, see Tanya, part II, ch. 6.
4. Exodus 15:18.   **5.** Zechariah 14:9.

[They would have crushed me] had I not believed that I would see the goodness of the Lord in the land of the living. Hope in the Lord, be strong and let your heart be valiant, and hope in the Lord.[1]

Stand while reciting *Aleinu.*

Transliteration, page 334.

עָלֵינוּ It is incumbent upon us to praise the Master of all things, to exalt the Creator of all existence, that He has not made us like the nations of the world, nor caused us to be like the families of the earth; that He has not assigned us a portion like theirs, nor a lot like that of all their multitudes, for they bow to vanity and nothingness. But we bend the knee, bow down, and offer praise before the supreme King of kings, the Holy One, blessed be He, who stretches forth the heavens and establishes the earth, the seat of whose glory is in the heavens above and the abode of whose majesty is in the loftiest heights. He is our God; there is none else. Truly, He is our King; there is nothing besides Him, as it is written in His Torah:[2] Know this day and take unto your heart that the Lord is God; in the heavens above and upon the earth below there is nothing else.[3]

וְעַל And therefore we hope to You, Lord our God, that we may speedily behold the splendor of Your might, to banish idolatry from the earth—and false gods will be utterly destroyed; to perfect the world under the sovereignty of the Almighty. All mankind shall invoke Your Name, to turn to You all the wicked of the earth. Then all the inhabitants of the world will recognize and know that every knee should bend to You, every tongue should swear [by Your Name]. Before You, Lord our God, they will bow and prostrate themselves, and give honor to the glory of Your Name; and they will all take upon themselves the yoke of Your kingdom. May You soon reign over them forever and ever, for Kingship is Yours, and to all eternity You will reign in glory, as it is written in Your Torah: The Lord will reign forever and ever.[4] And it is said: The Lord shall be King over the entire earth; on that day the Lord shall be One and His Name One.[5]

MOURNER'S KADDISH

Mourners recite the following Kaddish (translation on page 368).
Congregation responds אָמֵן as indicated.

יִתְגַּדַּל וְיִתְקַדַּשׁ שְׁמֵהּ רַבָּא. (Cong—אָמֵן) בְּעָלְמָא דִּי בְרָא כִּרְעוּתֵהּ וְיַמְלִיךְ מַלְכוּתֵהּ, וְיַצְמַח פּוּרְקָנֵהּ וִיקָרֵב מְשִׁיחֵהּ. (Cong—אָמֵן) בְּחַיֵּיכוֹן וּבְיוֹמֵיכוֹן וּבְחַיֵּי דְכָל בֵּית יִשְׂרָאֵל, בַּעֲגָלָא וּבִזְמַן קָרִיב וְאִמְרוּ אָמֵן:

(Cong—אָמֵן. יְהֵא שְׁמֵהּ רַבָּא מְבָרַךְ לְעָלַם וּלְעָלְמֵי עָלְמַיָּא, יִתְבָּרֵךְ.)

יְהֵא שְׁמֵהּ רַבָּא מְבָרַךְ לְעָלַם וּלְעָלְמֵי עָלְמַיָּא. יִתְבָּרֵךְ, וְיִשְׁתַּבַּח, וְיִתְפָּאַר, וְיִתְרוֹמַם, וְיִתְנַשֵּׂא, וְיִתְהַדָּר, וְיִתְעַלֶּה, וְיִתְהַלָּל, שְׁמֵהּ דְּקוּדְשָׁא בְּרִיךְ הוּא. (Cong—אָמֵן) לְעֵלָּא מִן כָּל בִּרְכָתָא וְשִׁירָתָא, תֻּשְׁבְּחָתָא וְנֶחֱמָתָא, דַּאֲמִירָן בְּעָלְמָא, וְאִמְרוּ אָמֵן: (Cong—אָמֵן) יְהֵא שְׁלָמָא רַבָּא מִן שְׁמַיָּא וְחַיִּים טוֹבִים עָלֵינוּ וְעַל כָּל יִשְׂרָאֵל, וְאִמְרוּ אָמֵן: (Cong—אָמֵן)

Take three steps back, then bow right saying עֹשֶׂה הַשָּׁלוֹם בִּמְרוֹמָיו, bow forward saying הוּא, bow left saying יַעֲשֶׂה שָׁלוֹם עָלֵינוּ, and bow forward saying וְעַל כָּל יִשְׂרָאֵל, וְאִמְרוּ אָמֵן.

עֹשֶׂה הַשָּׁלוֹם בִּמְרוֹמָיו, הוּא יַעֲשֶׂה שָׁלוֹם עָלֵינוּ וְעַל כָּל יִשְׂרָאֵל, וְאִמְרוּ אָמֵן: (Cong—אָמֵן)

אַל תִּירָא מִפַּחַד פִּתְאֹם, וּמִשֹּׁאַת רְשָׁעִים כִּי תָבֹא:[1] עֻצוּ עֵצָה וְתֻפָר, דַּבְּרוּ דָבָר וְלֹא יָקוּם, כִּי עִמָּנוּ אֵל:[2] וְעַד זִקְנָה אֲנִי הוּא, וְעַד שֵׂיבָה אֲנִי אֶסְבֹּל; אֲנִי עָשִׂיתִי וַאֲנִי אֶשָּׂא וַאֲנִי אֶסְבֹּל וַאֲמַלֵּט:[3]

אַךְ צַדִּיקִים יוֹדוּ לִשְׁמֶךָ, יֵשְׁבוּ יְשָׁרִים אֶת פָּנֶיךָ:[4]

Mourners recite Kaddish D'Rabbanan after Mishnayot, page 307.

1. Proverbs 3:25. 2. Isaiah 8:10. 3. Psalms 46:4. 4. Ibid. 140:14.

MOURNER'S KADDISH

Mourners recite the following Kaddish (translation on page 368).
Congregation responds Amen as indicated.

יתגדל *Yis-gadal v'yis-kadash sh'mayh rabö.* (Cong: *Ömayn*)
B'öl'mö di v'rö chir'u-sayh v'yamlich mal'chusayh, v'yatzmach pur-könay vikörayv m'shi-chayh. (Cong: *Ömayn*)
B'cha-yay-chon u-v'yomaychon u-v'cha-yay d'chöl bays yisrö-ayl, ba-agölö u-viz'man köriv v'im'ru ömayn.
(Cong: *Ömayn. Y'hay sh'mayh rabö m'vörach l'ölam u-l'öl'may öl'ma-yö, yisböraych.*)

Y'hay sh'mayh rabö m'vörach l'ölam u-l'öl'may öl'ma-yö. Yisböraych, v'yishtabach, v'yispö-ayr, v'yisromöm, v'yis-nasay, v'yis-hadör, v'yis-aleh, v'yis-halöl, sh'mayh d'kudshö b'rich hu. (Cong: *Ömayn*)

L'aylö min köl bir-chösö v'shirösö, tush-b'chösö v'neche-mösö, da-amirön b'öl'mö, v'im'ru ömayn. (Cong: *Ömayn*)

Y'hay sh'lömö rabö min sh'ma-yö, v'cha-yim tovim ölaynu v'al köl yisrö-ayl v'im'ru ömayn. (Cong: *Ömayn*)

Take three steps back, then bow right saying *Oseh ha-shölom bim'romöv*, bow forward saying *hu*, bow left saying *ya-aseh shölom ölaynu*, and bow forward saying *v'al köl yisrö-ayl, v'im'ru ömayn*.

Oseh ha-shölom bim'romöv, hu ya-a-seh shölom ölaynu v'al köl yisrö-ayl, v'im'ru ömayn. (Cong: *Ömayn*)

אל Do not fear sudden terror, nor the destruction of the wicked when it comes.[1] Contrive a scheme, but it will be foiled; conspire a plot, but it will not materialize, for God is with us.[2] To your old age I am [with you]; to your hoary years I will sustain you; I have made you, and I will carry you; I will sustain you and deliver you.[3]

אך Indeed, the righteous will extol Your Name; the upright will dwell in Your presence.[4]

Mourners recite Kaddish D'Rabbanan after Mishnayot, page 307.

TASHLICH

On the first day of Rosh Hashanah (or on the second day if the first occurs on Shabbat), after the Minchah Prayer, before sunset, it is proper to go to a well or spring (that contains fish)—for water symbolizes kindness, and fish, an ever-open eye—and recite the Thirteen Divine Attributes of Mercy mentioned in the verses מִי אֵל כָּמוֹךָ which correspond to the thirteen Divine Attributes, יי יי אל רחום וגו'. While saying each attribute in the verses מִי אֵל כָּמוֹךָ, keep in mind (but do not articulate) the corresponding attribute printed above it in small type. Then, recite the verses מִן הַמֵּצַר וגו' which correspond to the nine attributes in the verse יי ארך וגו' (printed above it in small type). See additional laws on page 332.

יי יי אל
1 מִי אֵל כָּמוֹךָ
רחום
2 נוֹשֵׂא עָוֹן
וחנון
3 וְעוֹבֵר עַל פֶּשַׁע
ארך
4 לִשְׁאֵרִית נַחֲלָתוֹ
אפים
5 לֹא הֶחֱזִיק לָעַד אַפּוֹ
ורב חסד
6 כִּי חָפֵץ חֶסֶד הוּא:
ואמת:
7 יָשׁוּב יְרַחֲמֵנוּ
נצר חסד
8 יִכְבּוֹשׁ עֲוֹנוֹתֵינוּ
לאלפים,
9 וְתַשְׁלִיךְ בִּמְצוּלוֹת יָם
כָּל חַטֹּאתָם:
נשא עון
10 תִּתֵּן אֱמֶת לְיַעֲקֹב
ופשע
11 חֶסֶד לְאַבְרָהָם
וחטאה
12 אֲשֶׁר נִשְׁבַּעְתָּ לַאֲבוֹתֵינוּ
ונקה:[2]
13 מִימֵי קֶדֶם:[1]

יי ארך
1 מִן הַמֵּצַר קָרָאתִי יָּהּ
אפים
2 עָנָנִי בַמֶּרְחַבְיָה:
ורב חסד
3 יְיָ לִי
נשא עון
4 לֹא אִירָא
ופשע
5 מַה יַּעֲשֶׂה לִי אָדָם:
ונקה
6 יְיָ לִי בְּעֹזְרָי
לא ינקה
7 וַאֲנִי אֶרְאֶה בְשֹׂנְאָי:
פקד עון אבות על בנים
8 טוֹב לַחֲסוֹת בַּייָ מִבְּטֹחַ
בָּאָדָם:
על שלשים ועל רבעים:[4]
9 טוֹב לַחֲסוֹת בַּייָ מִבְּטֹחַ
בִּנְדִיבִים:[3]

רַנְּנוּ צַדִּיקִים בַּייָ, לַיְשָׁרִים נָאוָה תְהִלָּה: הוֹדוּ לַייָ בְּכִנּוֹר, בְּנֵבֶל עָשׂוֹר זַמְּרוּ לוֹ: שִׁירוּ לוֹ שִׁיר חָדָשׁ, הֵיטִיבוּ נַגֵּן בִּתְרוּעָה: כִּי יָשָׁר דְּבַר יְיָ, וְכָל מַעֲשֵׂהוּ בֶּאֱמוּנָה: אֹהֵב צְדָקָה וּמִשְׁפָּט, חֶסֶד יְיָ מָלְאָה הָאָרֶץ: בִּדְבַר יְיָ שָׁמַיִם נַעֲשׂוּ, וּבְרוּחַ פִּיו כָּל צְבָאָם:

1. Micah 7:18-20. **2.** Exodus 34:6-7. **3.** Psalms 118:5-9. **4.** Numbers 14:18.

TASHLICH

On the first day of Rosh Hashanah (or on the second day if the first occurs on Shabbat), after the Minchah Prayer, before sunset, it is proper to go to a well or spring (that contains fish)—for water symbolizes kindness, and fish, an ever-open eye—and recite the Thirteen Divine Attributes of Mercy mentioned in the verses *Who is a God like You...* which correspond to the thirteen Divine Attributes, *Lord, Lord....* While saying each attribute in the verses *Who is a God like You...*, keep in mind (but do not articulate) the corresponding attribute printed above it in small type. Then, recites the verses *From out of distress...* which correspond to the nine attributes in the verse *The Lord is slow...*(printed above it in small type). See additional laws on page 332.

Lord, Lord, benevolent God,
1) מי Who is a God like You,
compassionate
2) who pardons iniquity
and gracious,
3) and forgives transgression
slow
4) for the remnant of His heritage?
to anger
5) He does not maintain His wrath forever,
and abounding in kindness
6) for He desires [to do] kindness.
and truth;
7) He will again show us mercy,
He preserves kindness
8) He will suppress our iniquities;
for two thousand generations,
9) and You will cast all their sins into the depths of the sea.
pardoning iniquity,
10) Show faithfulness to Jacob,
transgression
11) kindness to Abraham,
and sin,
12) which You have sworn to our fathers
and He cleanses.[2]
13) from the days of yore.[1]

The Lord is slow
1) מן From out of distress I called to God;
to anger
2) with abounding relief, God answered me.
and abounding in kindness,
3) The Lord is with me,
pardoning iniquity
4) I do not fear—
and transgression,
5) what can man do to me?
acquitting [the penitent]
6) The Lord is with me among my helpers,
and not acquitting [the impenitent],
7) and I will see [the downfall of] my enemies.
remembering the iniquity of the
8) It is better to rely on the Lord
fathers for the children,
than to trust in man.
for the third and for the
9) It is better to rely on the Lord
fourth generation.[4]
than to trust in nobles.[3]

רננו Sing joyously to the Lord, you righteous ones; it is fitting for the upright to offer praise. Extol the Lord with a harp; sing to Him with a ten-stringed lyre. Sing to Him a new song; skillfully play sounds of jubilation. For the word of the Lord is just; all His deeds are done in faithfulness. He loves righteousness and justice; the kindness of the Lord fills the earth. By the word of the Lord the heavens were made, and by the breath of His mouth all their hosts.

כֹּנֵס כַּנֵּד מֵי הַיָּם, נֹתֵן בְּאוֹצָרוֹת תְּהוֹמוֹת: יִירְאוּ מֵיְיָ כָּל הָאָרֶץ, מִמֶּנּוּ יָגוּרוּ כָּל יֹשְׁבֵי תֵבֵל: כִּי הוּא אָמַר וַיֶּהִי, הוּא צִוָּה וַיַּעֲמֹד: יְיָ הֵפִיר עֲצַת גּוֹיִם, הֵנִיא מַחְשְׁבוֹת עַמִּים: עֲצַת יְיָ לְעוֹלָם תַּעֲמֹד, מַחְשְׁבוֹת לִבּוֹ לְדֹר וָדֹר: אַשְׁרֵי הַגּוֹי אֲשֶׁר יְיָ אֱלֹהָיו, הָעָם בָּחַר לְנַחֲלָה לוֹ: מִשָּׁמַיִם הִבִּיט יְיָ, רָאָה אֶת כָּל בְּנֵי הָאָדָם: מִמְּכוֹן שִׁבְתּוֹ הִשְׁגִּיחַ, אֶל כָּל יֹשְׁבֵי הָאָרֶץ: הַיֹּצֵר יַחַד לִבָּם, הַמֵּבִין אֶל כָּל מַעֲשֵׂיהֶם: אֵין הַמֶּלֶךְ נוֹשָׁע בְּרָב חָיִל, גִּבּוֹר לֹא יִנָּצֵל בְּרָב כֹּחַ: שֶׁקֶר הַסּוּס לִתְשׁוּעָה, וּבְרֹב חֵילוֹ לֹא יְמַלֵּט: הִנֵּה עֵין יְיָ אֶל יְרֵאָיו, לַמְיַחֲלִים לְחַסְדּוֹ: לְהַצִּיל מִמָּוֶת נַפְשָׁם, וּלְחַיּוֹתָם בָּרָעָב: נַפְשֵׁנוּ חִכְּתָה לַייָ, עֶזְרֵנוּ וּמָגִנֵּנוּ הוּא: כִּי בוֹ יִשְׂמַח לִבֵּנוּ, כִּי בְשֵׁם קָדְשׁוֹ בָטָחְנוּ: יְהִי חַסְדְּךָ יְיָ עָלֵינוּ, כַּאֲשֶׁר יִחַלְנוּ לָךְ:[1]

לֹא יָרֵעוּ וְלֹא יַשְׁחִיתוּ בְּכָל הַר קָדְשִׁי כִּי מָלְאָה הָאָרֶץ דֵּעָה אֶת יְיָ כַּמַּיִם לַיָּם מְכַסִּים:[2]

יְהִי רָצוֹן מִלְּפָנֶיךָ, יְיָ אֱלֹהֵינוּ וֵאלֹהֵי אֲבוֹתֵינוּ, אֵל עֶלְיוֹן מְכֻתָּר בְּי״ג מִדּוֹת מְכִילִין דְּרַחֲמֵי, שֶׁתְּהֵא שָׁעָה זוּ עֵת רָצוֹן לְפָנֶיךָ, וִיהֵא עוֹלֶה לְפָנֶיךָ קְרִיאַת י״ג מְכִילִין דְּרַחֲמֵי שֶׁבִּפְסוּקֵי מִי אֵל כָּמוֹךָ, הַמְכֻוָּנִים אֶל י״ג מִדּוֹת אֵל רַחוּם וְחַנּוּן, אֲשֶׁר קָרֵינוּ לְפָנֶיךָ, כְּאִלּוּ הִשַּׂגְנוּ כָּל הַסּוֹדוֹת וְצֵרוּפֵי שֵׁמוֹת הַקְּדוֹשִׁים הַיּוֹצְאִים מֵהֶם, וְזִוּוּגֵי מִדּוֹתֵיהֶן, אֲשֶׁר אַחַת בְּאַחַת יִגָּשׁוּ לְהַמְתִּיק אֶת הַדִּינִין תַּקִּיפִין. וּבְכֵן תַּשְׁלִיךְ בִּמְצוּלוֹת יָם כָּל חַטֹּאתֵינוּ, וְתַשְׁפִּיעַ עָלֵינוּ שֶׁפַע יְשׁוּעָה וְרַחֲמִים מֵהֶן, וְזָכְרֵנוּ לְחַיִּים, מֶלֶךְ חָפֵץ בַּחַיִּים, וְכָתְבֵנוּ בְּסֵפֶר הַחַיִּים, לְמַעַנְךָ אֱלֹהִים חַיִּים, וְנִזְכֶּה לִתְשׁוּבָה עִלָּאָה, כִּי יְמִינְךָ פְשׁוּטָה לְקַבֵּל שָׁבִים, וּקְרַע רוֹעַ גְּזַר דִּינֵנוּ, וְיִקָּרְאוּ לְפָנֶיךָ זְכֻיּוֹתֵינוּ, וְתַאֲרִיךְ אַפְּךָ עָלֵינוּ לְטוֹבָה, אָמֵן:

יִהְיוּ לְרָצוֹן אִמְרֵי פִי וְהֶגְיוֹן לִבִּי לְפָנֶיךָ, יְיָ צוּרִי וְגוֹאֲלִי:[3]

Shake the corners of the *tallit katan*.

---

1. Psalm 33. **2.** Isaiah 11:9. **3.** Psalms 19:15.

He gathers the waters of the sea like a mound; He stows away the deeps in vaults. Let all the earth fear the Lord; let all the inhabitants of the world tremble before Him. For He spoke, and it came to be; He commanded, and it endured. The Lord has annulled the counsel of nations; He has foiled the schemes of peoples. The counsel of the Lord stands forever, the thoughts of His heart throughout all generations. Fortunate is the nation whose God is the Lord, the people He chose as a heritage for Himself. The Lord looks down from heaven; He beholds all mankind. From His dwelling-place He watches intently all the inhabitants of the earth. It is He who fashions the hearts of them all, who perceives all their actions. A king is not saved through a large army; a warrior is not rescued by means of great strength. A horse is a false guarantee for victory; with all its great strength it offers no escape. But the eye of the Lord is directed toward those who fear Him, toward those who hope for His kindness, to save their soul from death and to sustain them during famine. Our soul yearns for the Lord; He is our help and our shield. For our heart shall rejoice in Him, for we have put our trust in His holy Name. May Your kindness, Lord, be upon us, as we have placed our hope in You.[1]

לא They shall do no evil nor shall they destroy in all My holy mountain, for the earth will be full of the knowledge of the Lord, as the waters cover the sea.[2]

יהי May it be Your will, Lord our God and God of our fathers, exalted God, crowned with thirteen attributes, qualities of mercy, that this shall be a propitious time before You; and may You consider the recitation of the Thirteen Attributes of Mercy in the verses "Who is a God like You..." which correspond to the thirteen attributes "benevolent God, compassionate and gracious...," that we recited before You, as if we had comprehended all the esoteric meanings and the combinations of the holy Names that are formed from them, and the joining of their attributes, which, one by one, shall approach to "sweeten" the severe judgments. And so, cast all our sins into the depths of the sea, and bestow upon us from them the bounty of deliverance and mercy. Remember us for life, King who desires life; inscribe us in the Book of Life for Your sake, O living God. May we merit to attain *teshuvah ila'ah* ("higher level repentance"), for Your right hand is stretched forth to receive penitents. Rend the evil [aspect] of the verdict decreed against us; may our merits be stated before You, and may You have forbearance for us for good. Amen.

יהיו May the words of my mouth and the meditation of my heart be acceptable before You, Lord, my Strength and my Redeemer.[3]

Shake the corners of the *tallit katan*.

CONCLUSION OF ROSH HASHANAH

On Friday night, the service follows the regular Friday night prayer.[1]
On weeknights, continue below.

Stand until after בָּרְכוּ.

וְהוּא רַחוּם יְכַפֵּר עָוֹן וְלֹא יַשְׁחִית, וְהִרְבָּה לְהָשִׁיב אַפּוֹ, וְלֹא יָעִיר כָּל חֲמָתוֹ:[2] יְיָ הוֹשִׁיעָה, הַמֶּלֶךְ יַעֲנֵנוּ בְיוֹם קָרְאֵנוּ:[3]

שִׁיר הַמַּעֲלוֹת, הִנֵּה בָּרְכוּ אֶת יְיָ כָּל עַבְדֵי יְיָ, הָעֹמְדִים בְּבֵית יְיָ בַּלֵּילוֹת: שְׂאוּ יְדֵכֶם קֹדֶשׁ, וּבָרְכוּ אֶת יְיָ: יְבָרֶכְךָ יְיָ מִצִּיּוֹן, עֹשֵׂה שָׁמַיִם וָאָרֶץ:[4] יוֹמָם יְצַוֶּה יְיָ חַסְדּוֹ, וּבַלַּיְלָה שִׁירֹה עִמִּי תְּפִלָּה לְאֵל חַיָּי:[5] וּתְשׁוּעַת צַדִּיקִים מֵיְיָ, מָעוּזָּם בְּעֵת צָרָה: וַיַּעְזְרֵם יְיָ וַיְפַלְּטֵם, יְפַלְּטֵם מֵרְשָׁעִים וְיוֹשִׁיעֵם כִּי חָסוּ בוֹ:[6]

—Say three times יְיָ צְבָאוֹת עִמָּנוּ, מִשְׂגָּב לָנוּ אֱלֹהֵי יַעֲקֹב סֶלָה:[7]

—Say three times יְיָ צְבָאוֹת, אַשְׁרֵי אָדָם בֹּטֵחַ בָּךְ:[8]

—Say three times יְיָ הוֹשִׁיעָה, הַמֶּלֶךְ יַעֲנֵנוּ בְיוֹם קָרְאֵנוּ:[3]

Chazzan recites Half Kaddish. Congregation responds אָמֵן as indicated.

יִתְגַּדַּל וְיִתְקַדַּשׁ שְׁמֵהּ רַבָּא. (Cong—אָמֵן) בְּעָלְמָא דִּי בְרָא כִרְעוּתֵהּ וְיַמְלִיךְ מַלְכוּתֵהּ, וְיַצְמַח פּוּרְקָנֵהּ וִיקָרֵב מְשִׁיחֵהּ. (Cong—אָמֵן) בְּחַיֵּיכוֹן וּבְיוֹמֵיכוֹן וּבְחַיֵּי דְכָל בֵּית יִשְׂרָאֵל, בַּעֲגָלָא וּבִזְמַן קָרִיב וְאִמְרוּ אָמֵן:

(Cong—אָמֵן. יְהֵא שְׁמֵהּ רַבָּא מְבָרַךְ לְעָלַם וּלְעָלְמֵי עָלְמַיָּא, יִתְבָּרֵךְ.)

יְהֵא שְׁמֵהּ רַבָּא מְבָרַךְ לְעָלַם וּלְעָלְמֵי עָלְמַיָּא. יִתְבָּרֵךְ, וְיִשְׁתַּבַּח, וְיִתְפָּאַר, וְיִתְרוֹמַם, וְיִתְנַשֵּׂא, וְיִתְהַדָּר, וְיִתְעַלֶּה, וְיִתְהַלָּל, שְׁמֵהּ דְּקוּדְשָׁא בְּרִיךְ הוּא. (Cong—אָמֵן) לְעֵלָּא מִן כָּל בִּרְכָתָא וְשִׁירָתָא, תֻּשְׁבְּחָתָא וְנֶחֱמָתָא, דַּאֲמִירָן בְּעָלְמָא, וְאִמְרוּ אָמֵן: (Cong—אָמֵן)

1. Beginning מִזְמוֹר לְדָוִד on page 156 in the Siddur (Annotated Edition). 2. Psalms 78:38. 3. Ibid. 20:10. 4. Ibid. 134. 5. Ibid. 42:9. 6. Ibid. 37:39-40. 7. Ibid. 46:8. 8. Ibid. 84:13.

CONCLUSION OF ROSH HASHANAH

On Friday night, the service follows the regular Friday night prayer.[1]
On weeknights, continue below.

Stand until after *Borchu*.

והוא And he, being compassionate, pardons iniquity, and does not destroy; time and again He turns away His anger, and does not arouse all His wrath.[2] Lord, deliver us; may the King answer us on the day we call.[3]

שיר A song of ascents. Behold, bless the Lord, all servants of the Lord who stand in the house of the Lord at night. Raise your hands in holiness and bless the Lord. May the Lord, Maker of heaven and earth, bless you from Zion.[4] By day the Lord ordains His kindness, and at night His song is with me, a prayer to the God of my life.[5] The deliverance of the righteous is from the Lord; He is their strength in time of distress. The Lord helps them and delivers them; He delivers them from the wicked and saves them, because they have put their trust in Him.[6]

Say three times: **יי** The Lord of hosts is with us; the God of Jacob is our stronghold forever.[7]

Say three times: **יי** Lord of hosts, happy is the man who trusts in You.[8]

Say three times: **יי** Lord, deliver us; may the King answer us on the day we call.[3]

Chazzan recites Half Kaddish. Congregation responds Amen as indicated.

יתגדל Exalted and hallowed be His great Name (Cong: Amen) throughout the world which He has created according to His will. May He establish His kingship, bring forth His redemption and hasten the coming of His Mashiach (Cong: Amen) in your lifetime and in your days and in the lifetime of the entire House of Israel, speedily and soon, and say, Amen.

(Cong: Amen. May His great Name be blessed forever and to all eternity. Blessed.)

May His great Name be blessed forever and to all eternity. Blessed and praised, glorified, exalted and extolled, honored, adored and lauded be the Name of the Holy One, blessed be He, (Cong: Amen) beyond all the blessings, hymns, praises and consolations that are uttered in the world; and say, Amen. (Cong: Amen)

Uttering any words—other than prayer—is prohibited from this point until after the Amidah on page 303.

Congregation and chazzan bow as chazzan says:

בָּרְכוּ אֶת יְיָ הַמְבֹרָךְ:

Congregation and chazzan. Bow at בָּרוּךְ, straighten up at יְיָ:

בָּרוּךְ יְיָ הַמְבֹרָךְ לְעוֹלָם וָעֶד:

Do not respond אָמֵן.

You may be seated.

בָּרוּךְ אַתָּה יְיָ אֱלֹהֵינוּ מֶלֶךְ הָעוֹלָם, אֲשֶׁר בִּדְבָרוֹ
מַעֲרִיב עֲרָבִים, בְּחָכְמָה פּוֹתֵחַ שְׁעָרִים,
וּבִתְבוּנָה מְשַׁנֶּה עִתִּים, וּמַחֲלִיף אֶת הַזְּמַנִּים, וּמְסַדֵּר
אֶת הַכּוֹכָבִים, בְּמִשְׁמְרוֹתֵיהֶם בָּרָקִיעַ, כִּרְצוֹנוֹ. בּוֹרֵא יוֹם
וָלַיְלָה, גּוֹלֵל אוֹר מִפְּנֵי חְשֶׁךְ, וְחְשֶׁךְ מִפְּנֵי אוֹר, וּמַעֲבִיר
יוֹם וּמֵבִיא לַיְלָה, וּמַבְדִּיל בֵּין יוֹם וּבֵין לַיְלָה, יְיָ צְבָאוֹת
שְׁמוֹ. בָּרוּךְ אַתָּה יְיָ, הַמַּעֲרִיב עֲרָבִים: (אָמֵן—Cong)

אַהֲבַת עוֹלָם בֵּית יִשְׂרָאֵל עַמְּךָ אָהָבְתָּ, תּוֹרָה
וּמִצְוֹת, חֻקִּים וּמִשְׁפָּטִים אוֹתָנוּ לִמָּדְתָּ. עַל
כֵּן יְיָ אֱלֹהֵינוּ, בְּשָׁכְבֵנוּ וּבְקוּמֵנוּ נָשִׂיחַ בְּחֻקֶּיךָ, וְנִשְׂמַח
בְּדִבְרֵי תוֹרָתְךָ וּבְמִצְוֹתֶיךָ לְעוֹלָם וָעֶד. כִּי הֵם חַיֵּינוּ
וְאֹרֶךְ יָמֵינוּ, וּבָהֶם נֶהְגֶּה יוֹמָם וָלַיְלָה, וְאַהֲבָתְךָ לֹא
תָסוּר[1] מִמֶּנּוּ לְעוֹלָמִים. בָּרוּךְ אַתָּה יְיָ, אוֹהֵב עַמּוֹ
יִשְׂרָאֵל: The chazzan concludes this blessing silently. Do not respond אָמֵן.

---

1. Another version: אַל תָּסִיר (May you never remove your love from us).

Uttering any words—other than prayer—is prohibited from this point until after the Amidah on page 303.

Congregation and chazzan bow as chazzan says:

ברכו *Bö-r'chu es adonöy ha-m'voröch.*

Congregation and chazzan. Bow at *Böruch*, straighten up at *adonöy*:

ברוך *Böruch adonöy ha-m'voröch l'olöm vö-ed.*
Do not respond Amen.

You may be seated.

ברוך Blessed are You, Lord our God, King of the universe, who by His word causes the evenings to become dark. With wisdom He opens the [heavenly] gates; with understanding He changes the periods [of the day], varies the times, and arranges the stars in their positions in the sky according to His will. He creates day and night; He rolls away light before darkness and darkness before light; He causes the day to pass and brings on the night, and separates between day and night; the Lord of hosts is His Name. Blessed are You, Lord, who causes the evenings to become dark. Cong. Amen.

אהבת With everlasting love have You loved the House of Israel Your people. You have taught us Torah and mitzvot, decrees and Laws. Therefore, Lord our God, when we lie down and when we rise, we will speak of Your statutes and rejoice in the words of Your Torah and in Your mitzvot forever. For they are our life and the length of our days, and we will meditate on them day and night. May Your love never depart from us.[1] Blessed are You, Lord, who loves His people Israel.

The chazzan concludes this blessing silently. Do not respond Amen.

ברכו Bless the Lord who is blessed. **ברוך** Blessed be the Lord who is blessed for all eternity.

THE SHEMA

The Shema should be recited with intense concentration, especially the first two verses in which we accept the sovereignty of God. Recite the first verse aloud, with your right hand covering your eyes.

Do not slur over the ח, but draw it out slightly for the length of time that it takes to affirm God's sovereignty in the seven heavens and on earth—equal to eight, the numerical value of ח. The ד (whose numerical value is four) should be drawn out for the length of time that it takes to reflect that God is alone in His world and that he rules in all four corners of the universe. While reciting the Shema, pause at the commas to convey the following meaning: Hear O Israel (pause), the Lord who is our God (pause) is the one God. See additional laws, page 324.

שְׁמַע יִשְׂרָאֵל, יְיָ אֱלֹהֵינוּ, יְיָ | אֶחָד:[1]

Recite the following verse in an undertone:

בָּרוּךְ שֵׁם כְּבוֹד מַלְכוּתוֹ לְעוֹלָם וָעֶד:[2]

וְאָהַבְתָּ אֵת יְיָ אֱלֹהֶיךָ, בְּכָל | לְבָבְךָ, וּבְכָל נַפְשְׁךָ, וּבְכָל מְאֹדֶךָ: וְהָיוּ הַדְּבָרִים הָאֵלֶּה אֲשֶׁר אָנֹכִי מְצַוְּךָ הַיּוֹם, עַל | לְבָבֶךָ: וְשִׁנַּנְתָּם לְבָנֶיךָ וְדִבַּרְתָּ בָּם, בְּשִׁבְתְּךָ בְּבֵיתֶךָ, וּבְלֶכְתְּךָ בַדֶּרֶךְ, וּבְשָׁכְבְּךָ, וּבְקוּמֶךָ: וּקְשַׁרְתָּם לְאוֹת עַל יָדֶךָ, וְהָיוּ לְטֹטָפֹת בֵּין עֵינֶיךָ: וּכְתַבְתָּם עַל מְזֻזוֹת בֵּיתֶךָ, וּבִשְׁעָרֶיךָ:[3]

וְהָיָה אִם שָׁמֹעַ תִּשְׁמְעוּ אֶל מִצְוֹתַי אֲשֶׁר אָנֹכִי מְצַוֶּה אֶתְכֶם הַיּוֹם, לְאַהֲבָה אֶת יְיָ אֱלֹהֵיכֶם וּלְעָבְדוֹ, בְּכָל | לְבַבְכֶם וּבְכָל נַפְשְׁכֶם: וְנָתַתִּי מְטַר אַרְצְכֶם | בְּעִתּוֹ יוֹרֶה וּמַלְקוֹשׁ, וְאָסַפְתָּ דְגָנֶךָ וְתִירשְׁךָ וְיִצְהָרֶךָ: וְנָתַתִּי עֵשֶׂב | בְּשָׂדְךָ לִבְהֶמְתֶּךָ, וְאָכַלְתָּ וְשָׂבָעְתָּ: הִשָּׁמְרוּ לָכֶם פֶּן יִפְתֶּה לְבַבְכֶם, וְסַרְתֶּם וַעֲבַדְתֶּם אֱלֹהִים אֲחֵרִים וְהִשְׁתַּחֲוִיתֶם לָהֶם: וְחָרָה | אַף יְיָ בָּכֶם וְעָצַר אֶת הַשָּׁמַיִם וְלֹא יִהְיֶה מָטָר וְהָאֲדָמָה לֹא תִתֵּן

1. Deuteronomy 6:4. 2. Pesachim 56a; Deuteronomy Rabbah 2:31, 35, 36. 3. Deuteronomy 6:5-9.

THE SHEMA

The Shema should be recited with intense concentration, especially the first two verses in which we accept the sovereignty of God. Recite the first verse aloud, with your right hand covering your eyes.

Do not slur over the ח, but draw it out slightly for the length of time that it takes to affirm God's sovereignty in the seven heavens and on earth—equal to eight, the numerical value of ח. The ד (whose numerical value is four) should be drawn out for the length of time that it takes to reflect that God is alone in His world and that he rules in all four corners of the universe. While reciting the Shema, pause at the commas to convey the following meaning: Hear O Israel (pause), the Lord who is our God (pause) is the one God. See additional laws, page 324.

Transliteration, page 336.

שמע Hear, O Israel, the Lord is our God, the Lord is One.[1]

Recite the following verse in an undertone:

ברוך Blessed be the name of the glory of His kingdom for ever and ever.[2]

ואהבת You shall love the Lord your God with all your heart, with all your soul, and with all your might. And these words which I command you today, shall be upon your heart. You shall teach them thoroughly to your children, and you shall speak of them when you sit in your house and when you walk on the road, when you lie down and when you rise. You shall bind them as a sign upon your hand, and they shall be for a reminder between your eyes. And you shall write them upon the doorposts of your house and upon your gates.[3]

והיה And it will be, if you will diligently obey My commandments which I enjoin upon you this day, to love the Lord your God and to serve Him with all your heart and with all your soul: I will give rain for your land at the proper time, the early rain and the late rain, and you will gather in your grain, your wine and your oil. And I will give grass in your fields for your cattle, and you will eat and be sated. Take care lest your heart be lured away, and you turn astray and worship alien gods and bow down to them. For then the Lord's wrath will flare up against you, and He will close the heavens so that there will be no rain and the earth will not yield

אֶת יְבוּלָהּ, וַאֲבַדְתֶּם | מְהֵרָה מֵעַל הָאָֽרֶץ הַטֹּבָה אֲשֶׁר
יְיָ נֹתֵן לָכֶם: וְשַׂמְתֶּם | אֶת דְּבָרַי אֵֽלֶּה עַל | לְבַבְכֶם
וְעַל נַפְשְׁכֶם, וּקְשַׁרְתֶּם | אֹתָם לְאוֹת עַל יֶדְכֶם וְהָיוּ
לְטוֹטָפֹת בֵּין עֵינֵיכֶם: וְלִמַּדְתֶּם | אֹתָם | אֶת בְּנֵיכֶם
לְדַבֵּר בָּם, בְּשִׁבְתְּךָ בְּבֵיתֶֽךָ וּבְלֶכְתְּךָ בַדֶּֽרֶךְ וּבְשָׁכְבְּךָ
וּבְקוּמֶֽךָ: וּכְתַבְתָּם עַל מְזוּזוֹת בֵּיתֶֽךָ וּבִשְׁעָרֶֽיךָ: לְמַֽעַן
יִרְבּוּ יְמֵיכֶם וִימֵי בְנֵיכֶם עַל הָאֲדָמָה אֲשֶׁר נִשְׁבַּע יְיָ
לַאֲבֹתֵיכֶם לָתֵת לָהֶם, כִּימֵי הַשָּׁמַֽיִם עַל הָאָֽרֶץ:[1]

וַיֹּֽאמֶר יְיָ אֶל מֹשֶׁה לֵּאמֹר: דַּבֵּר אֶל בְּנֵי יִשְׂרָאֵל
וְאָמַרְתָּ אֲלֵהֶם וְעָשׂוּ לָהֶם צִיצִת עַל כַּנְפֵי
בִגְדֵיהֶם לְדֹרֹתָם, וְנָתְנוּ עַל צִיצִת הַכָּנָף | פְּתִיל תְּכֵֽלֶת:
וְהָיָה לָכֶם לְצִיצִת, וּרְאִיתֶם | אֹתוֹ, וּזְכַרְתֶּם | אֶת כָּל
מִצְוֹת יְיָ, וַעֲשִׂיתֶם | אֹתָם, וְלֹא תָתֽוּרוּ אַחֲרֵי לְבַבְכֶם
וְאַחֲרֵי עֵינֵיכֶם אֲשֶׁר אַתֶּם זֹנִים אַחֲרֵיהֶם: לְמַֽעַן תִּזְכְּרוּ
וַעֲשִׂיתֶם | אֶת כָּל מִצְוֹתָי, וִהְיִיתֶם קְדֹשִׁים לֵאלֹהֵיכֶם:
אֲנִי יְיָ אֱלֹהֵיכֶם אֲשֶׁר הוֹצֵאתִי אֶתְכֶם | מֵאֶֽרֶץ מִצְרַֽיִם
לִהְיוֹת לָכֶם לֵאלֹהִים, אֲנִי יְיָ אֱלֹהֵיכֶם[2]

Although the word אֱמֶת belongs to the next paragraph, do not pause between אֱלֹהֵיכֶם and אֱמֶת. When praying without a *minyan*, repeat אֲנִי יְיָ אֱלֹהֵיכֶם and conclude אֱמֶת.

Chazzan concludes silently: אֲנִי יְיָ אֱלֹהֵיכֶם אֱמֶת, and repeats aloud יְיָ אֱלֹהֵיכֶם אֱמֶת.

אֱמֶת וֶאֱמוּנָה כָּל זֹאת,[3] וְקַיָּם עָלֵֽינוּ, כִּי הוּא יְיָ אֱלֹהֵֽינוּ
וְאֵין זוּלָתוֹ, וַאֲנַֽחְנוּ יִשְׂרָאֵל עַמּוֹ, הַפּוֹדֵֽנוּ מִיַּד
מְלָכִים, מַלְכֵּֽנוּ הַגּוֹאֲלֵֽנוּ מִכַּף כָּל הֶעָרִיצִים. הָאֵל הַנִּפְרָע
לָֽנוּ מִצָּרֵֽינוּ, וְהַמְשַׁלֵּם גְּמוּל לְכָל אֹיְבֵי נַפְשֵֽׁנוּ, הָעֹשֶׂה

1. Deuteronomy 11:13-21. 2. Numbers 15:37-41. 3. That which we have affirmed in the Shema.

its produce, and you will swiftly perish from the good land which the Lord gives you. Therefore, place these words of Mine upon your heart and upon your soul, and bind them for a sign on your hand, and they shall be for a reminder between your eyes. You shall teach them to your children, to speak of them when you sit in your house and when you walk on the road, when you lie down and when you rise. And you shall inscribe them on the doorposts of your house and on your gates—so that your days and the days of your children may be prolonged on the land which the Lord swore to your fathers to give to them for as long as the heavens are above the earth.[1]

ויאמר The Lord spoke to Moses, saying: Speak to the children of Israel and tell them to make for themselves fringes on the corners of their garments throughout their generations, and to attach a thread of blue on the fringe of each corner. They shall be to you as *tzitzit*, and you shall look upon them and remember all the commandments of the Lord and fulfill them, and you will not follow after your heart and after your eyes by which you go astray—so that you may remember and fulfill all My commandments, and be holy to your God. I am the Lord your God who brought you out of the land of Egypt to be your God; I, the Lord, am your God.[2]

Although the word *Truth* belongs to the next paragraph, do not pause between *your God* and *Truth.*

אמת Truth and belief is all this;[3] it is established with us that He is the Lord our God, there is no other, and that we Israel are His people. It is He who redeems us from the hand of kings; our King, who delivers us from the grip of all the tyrants; the benevolent God, who avenges us against our

גְּדֹלוֹת עַד אֵין חֵקֶר, וְנִפְלָאוֹת עַד אֵין מִסְפָּר.[1] הַשָּׂם נַפְשֵׁנוּ בַּחַיִּים, וְלֹא נָתַן לַמּוֹט רַגְלֵנוּ.[2] הַמַּדְרִיכֵנוּ עַל בָּמוֹת אוֹיְבֵינוּ, וַיָּרֶם קַרְנֵנוּ עַל כָּל שׂוֹנְאֵינוּ. הָאֵל הָעֹשֶׂה לָּנוּ נְקָמָה בְּפַרְעֹה, וְאוֹתוֹת וּמוֹפְתִים בְּאַדְמַת בְּנֵי חָם. הַמַּכֶּה בְעֶבְרָתוֹ כָּל בְּכוֹרֵי מִצְרָיִם, וַיּוֹצֵא אֶת עַמּוֹ יִשְׂרָאֵל מִתּוֹכָם לְחֵרוּת עוֹלָם. הַמַּעֲבִיר בָּנָיו בֵּין גִּזְרֵי יַם סוּף, וְאֶת רוֹדְפֵיהֶם וְאֶת שׂוֹנְאֵיהֶם בִּתְהוֹמוֹת טִבַּע, וְרָאוּ בָנָיו גְּבוּרָתוֹ, שִׁבְּחוּ וְהוֹדוּ לִשְׁמוֹ. וּמַלְכוּתוֹ בְּרָצוֹן קִבְּלוּ עֲלֵיהֶם, מֹשֶׁה וּבְנֵי יִשְׂרָאֵל לְךָ עָנוּ שִׁירָה בְּשִׂמְחָה רַבָּה, וְאָמְרוּ כֻלָּם:

מִי כָמֹכָה בָּאֵלִם יְיָ, מִי כָּמֹכָה נֶאְדָּר בַּקֹּדֶשׁ, נוֹרָא תְהִלֹּת עֹשֵׂה פֶלֶא:[3] מַלְכוּתְךָ רָאוּ בָנֶיךָ, בּוֹקֵעַ יָם לִפְנֵי מֹשֶׁה, זֶה אֵלִי[4] עָנוּ וְאָמְרוּ:

יְיָ יִמְלֹךְ לְעֹלָם וָעֶד.[5] וְנֶאֱמַר: כִּי פָדָה יְיָ אֶת יַעֲקֹב, וּגְאָלוֹ מִיַּד חָזָק מִמֶּנּוּ.[6] בָּרוּךְ אַתָּה יְיָ, גָּאַל יִשְׂרָאֵל:
(Cong—אָמֵן)

הַשְׁכִּיבֵנוּ אָבִינוּ לְשָׁלוֹם, וְהַעֲמִידֵנוּ מַלְכֵּנוּ לְחַיִּים טוֹבִים וּלְשָׁלוֹם, וְתַקְּנֵנוּ בְּעֵצָה טוֹבָה מִלְּפָנֶיךָ, וְהוֹשִׁיעֵנוּ מְהֵרָה לְמַעַן שְׁמֶךָ, וּפְרוֹשׂ עָלֵינוּ סֻכַּת שְׁלוֹמֶךָ. וְהָגֵן בַּעֲדֵנוּ, וְהָסֵר מֵעָלֵינוּ אוֹיֵב דֶּבֶר וְחֶרֶב וְרָעָב וְיָגוֹן. וְהָסֵר שָׂטָן מִלְּפָנֵינוּ וּמֵאַחֲרֵינוּ, וּבְצֵל כְּנָפֶיךָ תַּסְתִּירֵנוּ, וּשְׁמוֹר צֵאתֵנוּ וּבוֹאֵנוּ לְחַיִּים טוֹבִים וּלְשָׁלוֹם מֵעַתָּה וְעַד עוֹלָם. כִּי אֵל שׁוֹמְרֵנוּ וּמַצִּילֵנוּ אָתָּה. בָּרוּךְ אַתָּה יְיָ, שׁוֹמֵר אֶת עַמּוֹ יִשְׂרָאֵל לָעַד: (Cong—אָמֵן)

---

1. Job 9:10. **2.** Psalms 66:9. **3.** Exodus 15:11. **4.** Ibid. 15:2. **5.** Ibid. 15:18. **6.** Jeremiah 31:10.

persecutors, and brings retribution on all our mortal ene-
mies. He does great things beyond limit, and wonders
beyond number.[1] He has kept us alive, and did not allow our
feet to falter.[2] He led us upon the high places of our foes,
and increased our strength over all our adversaries. He is the
benevolent God who, in our behalf, brought retribution
upon Pharaoh, and signs and miracles in the land of the
Hamites; who, in His wrath, struck all the first-born of
Egypt, and brought out His people Israel from their midst
to everlasting freedom; who led His children through the
divided parts of the Sea of Reeds, and drowned their
pursuers and their enemies in the depths. As His children
beheld His might, they extolled and offered praise to His
Name, and willingly accepted His sovereignty; Moses and the
children of Israel with great joy raised their voices in song
to You, and they all proclaimed:

מִי Who is like You among the supernal beings, O Lord!
Who is like You, resplendent in holiness, awesome in praise,
performing wonders![3] Your children beheld Your sovereignty
as You split the sea before Moses. "This is my God!"[4] they
exclaimed, and declared,
    "The Lord shall reign forever and ever."[5] And it is said: For
the Lord has redeemed Jacob, and delivered him from a
power mightier than he.[6] Blessed are You, Lord, who has
delivered Israel. Cong. Amen.

הַשְׁכִּיבֵנוּ Our Father, let us lie down in peace; our King,
raise us up to a good life and peace. Improve us with Your
good counsel, help us speedily for the sake of Your Name,
and spread over us the shelter of Your peace. Protect us and
remove from us the enemy, pestilence, sword, famine and
sorrow. Remove the adversary from before us and from
behind us, shelter us in the shadow of Your wings, and guard
our going out and our coming in for a good life and peace
from now and for all time; for You, God, are our guardian
and our deliverer. Blessed are You, Lord, who guards His
people Israel forever. Cong. Amen.

Chazzan recites Half Kaddish.
Congregation responds אָמֵן as indicated.

יִתְגַּדַּל וְיִתְקַדַּשׁ שְׁמֵהּ רַבָּא. (Cong—אָמֵן) בְּעָלְמָא דִי
בְרָא כִרְעוּתֵהּ וְיַמְלִיךְ מַלְכוּתֵהּ, וְיַצְמַח פּוּרְקָנֵהּ
וִיקָרֵב מְשִׁיחֵהּ. (Cong—אָמֵן) בְּחַיֵּיכוֹן וּבְיוֹמֵיכוֹן וּבְחַיֵּי דְכָל
בֵּית יִשְׂרָאֵל, בַּעֲגָלָא וּבִזְמַן קָרִיב וְאִמְרוּ אָמֵן:

(Cong—אָמֵן. יְהֵא שְׁמֵהּ רַבָּא מְבָרַךְ לְעָלַם וּלְעָלְמֵי עָלְמַיָּא,
יִתְבָּרַךְ.)

יְהֵא שְׁמֵהּ רַבָּא מְבָרַךְ לְעָלַם וּלְעָלְמֵי עָלְמַיָּא. יִתְבָּרַךְ,
וְיִשְׁתַּבַּח, וְיִתְפָּאַר, וְיִתְרוֹמַם, וְיִתְנַשֵּׂא, וְיִתְהַדָּר, וְיִתְעַלֶּה,
וְיִתְהַלָּל, שְׁמֵהּ דְּקוּדְשָׁא בְּרִיךְ הוּא. (Cong—אָמֵן) לְעֵלָּא
מִן כָּל בִּרְכָתָא וְשִׁירָתָא, תֻּשְׁבְּחָתָא וְנֶחֱמָתָא, דַּאֲמִירָן
בְּעָלְמָא, וְאִמְרוּ אָמֵן: (Cong—אָמֵן)

THE AMIDAH

While praying, concentrate on the meaning of the words. Remember that you stand before the Divine Presence. Remove any distracting thoughts, allowing the mind to remain focused on prayer. Before beginning the Amidah, take three steps back, then three steps forward. Recite the Amidah quietly—but audibly—while standing with feet together. Throughout the Amidah, ending on page 303, interruptions of any form are forbidden.

אֲדֹנָי, שְׂפָתַי תִּפְתָּח וּפִי יַגִּיד תְּהִלָּתֶךָ:[1]

Bend knees at בָּרוּךְ; bow at אַתָּה; straighten up at יְיָ.

בָּרוּךְ אַתָּה יְיָ אֱלֹהֵינוּ וֵאלֹהֵי אֲבוֹתֵינוּ, אֱלֹהֵי אַבְרָהָם,
אֱלֹהֵי יִצְחָק, וֵאלֹהֵי יַעֲקֹב, הָאֵל הַגָּדוֹל הַגִּבּוֹר
וְהַנּוֹרָא, אֵל עֶלְיוֹן, גּוֹמֵל חֲסָדִים טוֹבִים, קוֹנֵה הַכֹּל,
וְזוֹכֵר חַסְדֵי אָבוֹת, וּמֵבִיא גוֹאֵל לִבְנֵי בְנֵיהֶם, לְמַעַן
שְׁמוֹ בְּאַהֲבָה:

זָכְרֵנוּ לְחַיִּים, מֶלֶךְ חָפֵץ בַּחַיִּים, וְכָתְבֵנוּ בְּסֵפֶר הַחַיִּים,
לְמַעַנְךָ אֱלֹהִים חַיִּים:

---
1. Psalms 51:17.

Chazzan recites Half Kaddish.
Congregation responds Amen as indicated.

יתגדל Exalted and hallowed be His great Name (Cong: Amen) throughout the world which He has created according to His will. May He establish His kingship, bring forth His redemption and hasten the coming of His Mashiach (Cong: Amen) in your lifetime and in your days and in the lifetime of the entire House of Israel, speedily and soon, and say, Amen.

(Cong: Amen. May His great Name be blessed forever and to all eternity. Blessed.)

May His great Name be blessed forever and to all eternity. Blessed and praised, glorified, exalted and extolled, honored, adored and lauded be the Name of the Holy One, blessed be He, (Cong: Amen) beyond all the blessings, hymns, praises and consolations that are uttered in the world; and say, Amen. (Cong: Amen)

THE AMIDAH

While praying, concentrate on the meaning of the words. Remember that you stand before the Divine Presence. Remove any distracting thoughts, allowing the mind to remain focused on prayer. Before beginning the Amidah, take three steps back, then three steps forward. Recite the Amidah quietly—but audibly—while standing with feet together. Throughout the Amidah, ending on page 303, interruptions of any form are forbidden.

אדני My Lord, open my lips, and my mouth shall declare Your praise.[1]

Bend knees at Blessed; bow at You; straighten up at Lord.

ברוך Blessed are You, Lord our God and God of our fathers, God of Abraham, God of Isaac and God of Jacob, the great, mighty and awesome God, exalted God, who bestows bountiful kindness, who creates all things, who remembers the piety of the Patriarchs, and who, in love, brings a redeemer to their children's children, for the sake of His Name.

זכרנו Remember us for life, King who desires life; inscribe us in the Book of Life, for Your sake, O living God.

Bend knees at בָּרוּךְ; bow at אַתָּה; straighten up at יְיָ.

מֶלֶךְ עוֹזֵר וּמוֹשִׁיעַ וּמָגֵן. בָּרוּךְ אַתָּה יְיָ, מָגֵן אַבְרָהָם:

אַתָּה גִּבּוֹר לְעוֹלָם אֲדֹנָי, מְחַיֵּה מֵתִים אַתָּה, רַב לְהוֹשִׁיעַ. מוֹרִיד הַטָּל:

מְכַלְכֵּל חַיִּים בְּחֶסֶד, מְחַיֵּה מֵתִים בְּרַחֲמִים רַבִּים, סוֹמֵךְ נוֹפְלִים, וְרוֹפֵא חוֹלִים, וּמַתִּיר אֲסוּרִים, וּמְקַיֵּם אֱמוּנָתוֹ לִישֵׁנֵי עָפָר. מִי כָמוֹךְ בַּעַל גְּבוּרוֹת, וּמִי דּוֹמֶה לָּךְ, מֶלֶךְ מֵמִית וּמְחַיֶּה וּמַצְמִיחַ יְשׁוּעָה:

מִי כָמוֹךְ אָב הָרַחֲמָן, זוֹכֵר יְצוּרָיו לְחַיִּים בְּרַחֲמִים:

וְנֶאֱמָן אַתָּה לְהַחֲיוֹת מֵתִים. בָּרוּךְ אַתָּה יְיָ, מְחַיֵּה הַמֵּתִים:

אַתָּה קָדוֹשׁ וְשִׁמְךָ קָדוֹשׁ, וּקְדוֹשִׁים בְּכָל יוֹם יְהַלְלוּךָ סֶּלָה. בָּרוּךְ אַתָּה יְיָ, הָאֵל הַקָּדוֹשׁ:

אַתָּה חוֹנֵן לְאָדָם דַּעַת, וּמְלַמֵּד לֶאֱנוֹשׁ בִּינָה. אַתָּה חוֹנַנְתָּנוּ לְמַדַּע תּוֹרָתֶךָ, וַתְּלַמְּדֵנוּ לַעֲשׂוֹת חֻקֵּי רְצוֹנֶךָ, וַתַּבְדֵּל יְיָ אֱלֹהֵינוּ בֵּין קֹדֶשׁ לְחוֹל, בֵּין אוֹר לְחֹשֶׁךְ, בֵּין יִשְׂרָאֵל לָעַמִּים, בֵּין יוֹם הַשְּׁבִיעִי לְשֵׁשֶׁת יְמֵי הַמַּעֲשֶׂה. אָבִינוּ מַלְכֵּנוּ, הָחֵל עָלֵינוּ הַיָּמִים הַבָּאִים לִקְרָאתֵנוּ לְשָׁלוֹם, חֲשׂוּכִים מִכָּל חֵטְא, וּמְנֻקִּים מִכָּל עָוֹן וּמְדֻבָּקִים בְּיִרְאָתֶךָ. וְחָנֵּנוּ מֵאִתְּךָ חָכְמָה בִּינָה וָדָעַת. בָּרוּךְ אַתָּה יְיָ, חוֹנֵן הַדָּעַת:

הֲשִׁיבֵנוּ אָבִינוּ לְתוֹרָתֶךָ, וְקָרְבֵנוּ מַלְכֵּנוּ לַעֲבוֹדָתֶךָ, וְהַחֲזִירֵנוּ בִּתְשׁוּבָה שְׁלֵמָה לְפָנֶיךָ. בָּרוּךְ אַתָּה יְיָ, הָרוֹצֶה בִּתְשׁוּבָה:

Bend knees at Blessed; bow at You; straighten up at Lord.

O King, [You are] a helper, a savior and a shield. Blessed are You, Lord, Shield of Abraham.

אתה You are mighty forever, my Lord; You resurrect the dead; You are powerful to save. He causes the dew to descend.

מכלכל He sustains the living with lovingkindness, resurrects the dead with great mercy, supports the falling, heals the sick, releases the bound, and fulfills His trust to those who sleep in the dust. Who is like You, mighty One! And who can be compared to You, King, who brings death and restores life, and causes deliverance to spring forth!

מי Who is like You, merciful Father, who in compassion remembers His creatures for life.

ונאמן You are trustworthy to revive the dead. Blessed are You, Lord, who revives the dead.

אתה You are holy and Your Name is holy, and holy beings praise You daily for all eternity. Blessed are You, Lord, the holy King.

אתה You graciously bestow knowledge upon man, and teach mortals understanding. You have graciously endowed us with the ability to know Your Torah, and taught us to perform the statutes of Your will. Lord our God, You have made a distinction between sacred and profane, between light and darkness, between Israel and the nations, between the Seventh Day and the six work days. Our Father, our King, bring upon us the approaching days in peace, devoid of all sin, cleansed of all wrongdoing, and devoted to the fear of You. And graciously bestow upon us from You, wisdom, understanding and knowledge. Blessed are You, Lord, who graciously bestows knowledge.

השיבנו Cause us to return, our Father, to Your Torah; draw us near, our King, to Your service; and bring us back to You in whole-hearted repentance. Blessed are You, Lord, who desires penitence.

סְלַח לָנוּ אָבִינוּ, כִּי חָטָאנוּ, מְחוֹל לָנוּ מַלְכֵּנוּ, כִּי פָשָׁעְנוּ, כִּי אֵל טוֹב וְסַלָּח אָתָּה. בָּרוּךְ אַתָּה יְיָ, חַנּוּן, הַמַּרְבֶּה לִסְלֹחַ:

רְאֵה נָא בְעָנְיֵנוּ וְרִיבָה רִיבֵנוּ, וּגְאָלֵנוּ מְהֵרָה לְמַעַן שְׁמֶךָ, כִּי אֵל גּוֹאֵל חָזָק אָתָּה. בָּרוּךְ אַתָּה יְיָ, גּוֹאֵל יִשְׂרָאֵל:

רְפָאֵנוּ יְיָ וְנֵרָפֵא, הוֹשִׁיעֵנוּ וְנִוָּשֵׁעָה, כִּי תְהִלָּתֵנוּ אָתָּה,[1] וְהַעֲלֵה אֲרוּכָה וּרְפוּאָה שְׁלֵמָה לְכָל מַכּוֹתֵינוּ, כִּי אֵל מֶלֶךְ רוֹפֵא נֶאֱמָן וְרַחֲמָן אָתָּה. בָּרוּךְ אַתָּה יְיָ, רוֹפֵא חוֹלֵי עַמּוֹ יִשְׂרָאֵל:

בָּרֵךְ עָלֵינוּ יְיָ אֱלֹהֵינוּ אֶת הַשָּׁנָה הַזֹּאת, וְאֶת כָּל מִינֵי תְבוּאָתָהּ[2] לְטוֹבָה, וְתֵן בְּרָכָה עַל פְּנֵי הָאֲדָמָה, וְשַׂבְּעֵנוּ מִטּוּבֶךָ, וּבָרֵךְ שְׁנָתֵנוּ כַּשָּׁנִים הַטּוֹבוֹת לִבְרָכָה, כִּי אֵל טוֹב וּמֵטִיב אַתָּה וּמְבָרֵךְ הַשָּׁנִים. בָּרוּךְ אַתָּה יְיָ, מְבָרֵךְ הַשָּׁנִים:

תְּקַע בְּשׁוֹפָר גָּדוֹל לְחֵרוּתֵנוּ, וְשָׂא נֵס לְקַבֵּץ גָּלֻיּוֹתֵינוּ, וְקַבְּצֵנוּ יַחַד מֵאַרְבַּע כַּנְפוֹת הָאָרֶץ לְאַרְצֵנוּ. בָּרוּךְ אַתָּה יְיָ, מְקַבֵּץ נִדְחֵי עַמּוֹ יִשְׂרָאֵל:

הָשִׁיבָה שׁוֹפְטֵינוּ כְּבָרִאשׁוֹנָה, וְיוֹעֲצֵינוּ כְּבַתְּחִלָּה,[3] וְהָסֵר מִמֶּנּוּ יָגוֹן וַאֲנָחָה, וּמְלוֹךְ עָלֵינוּ אַתָּה יְיָ לְבַדְּךָ בְּחֶסֶד וּבְרַחֲמִים, בְּצֶדֶק וּבְמִשְׁפָּט. בָּרוּךְ אַתָּה יְיָ, הַמֶּלֶךְ הַמִּשְׁפָּט:

1. Cf. Jeremiah 17:14. **2.** One should have in mind wheat for *matzah*, the *etrog*, and wine for Kiddush. **3.** Cf. Isaiah 1:26.

סלח Pardon us, our Father, for we have sinned; forgive us, our King, for we have transgressed; for You are a good and forgiving God. Blessed are You, Lord, gracious One who pardons abundantly.

ראה Behold our affliction and wage our battle; redeem us speedily for the sake of Your Name, for You, God, are the mighty redeemer. Blessed are You, Lord, Redeemer of Israel.

רפאנו Heal us, O Lord, and we will be healed; help us and we will be saved, for You are our praise.[1] Grant complete cure and healing to all our wounds, for You, Almighty King, are a faithful and merciful healer. Blessed are You, Lord, who heals the sick of His people Israel.

ברך Bless for us, Lord our God, this year and all the varieties of its produce[2] for good; and bestow blessing upon the face of the earth. Satisfy us from Your bounty and bless our year like other good years, for blessing; for You are a generous God who bestows goodness and blesses the years. Blessed are You, Lord, who blesses the years.

תקע Sound the great shofar for our freedom, raise a banner to gather our exiles, and bring us together from the four corners of the earth into our land. Blessed are You, Lord, who gathers the dispersed of His people Israel.

השיבה Restore our judges as in former times, and our counselors as of yore;[3] remove from us sorrow and sighing; and reign over us, You alone, O Lord, with kindness and compassion, with righteousness and justice. Blessed are You, Lord, the King of Judgment.

וְלַמַּלְשִׁינִים אַל תְּהִי תִקְוָה, וְכָל הַמִּינִים וְכָל הַזֵּדִים כְּרֶגַע יֹאבֵדוּ, וְכָל אֹיְבֵי עַמְּךָ מְהֵרָה יִכָּרֵתוּ, וּמַלְכוּת הָרִשְׁעָה מְהֵרָה תְעַקֵּר וּתְשַׁבֵּר וּתְמַגֵּר, וְתַכְנִיעַ בִּמְהֵרָה בְיָמֵינוּ. בָּרוּךְ אַתָּה יְיָ, שֹׁבֵר אֹיְבִים וּמַכְנִיעַ זֵדִים:

עַל הַצַּדִּיקִים וְעַל הַחֲסִידִים, וְעַל זִקְנֵי עַמְּךָ בֵּית יִשְׂרָאֵל, וְעַל פְּלֵיטַת בֵּית סוֹפְרֵיהֶם, וְעַל גֵּרֵי הַצֶּדֶק וְעָלֵינוּ, יֶהֱמוּ נָא רַחֲמֶיךָ יְיָ אֱלֹהֵינוּ, וְתֵן שָׂכָר טוֹב לְכָל הַבּוֹטְחִים בְּשִׁמְךָ בֶּאֱמֶת, וְשִׂים חֶלְקֵנוּ עִמָּהֶם, וּלְעוֹלָם לֹא נֵבוֹשׁ כִּי בְךָ בָּטָחְנוּ. בָּרוּךְ אַתָּה יְיָ, מִשְׁעָן וּמִבְטָח לַצַּדִּיקִים:

וְלִירוּשָׁלַיִם עִירְךָ בְּרַחֲמִים תָּשׁוּב, וְתִשְׁכּוֹן בְּתוֹכָהּ כַּאֲשֶׁר דִּבַּרְתָּ, וְכִסֵּא דָוִד עַבְדְּךָ מְהֵרָה בְּתוֹכָהּ תָּכִין, וּבְנֵה אוֹתָהּ בְּקָרוֹב בְּיָמֵינוּ בִּנְיַן עוֹלָם. בָּרוּךְ אַתָּה יְיָ, בּוֹנֵה יְרוּשָׁלָיִם:

אֶת צֶמַח דָּוִד עַבְדְּךָ מְהֵרָה תַצְמִיחַ, וְקַרְנוֹ תָּרוּם בִּישׁוּעָתֶךָ, כִּי לִישׁוּעָתְךָ קִוִּינוּ כָּל הַיּוֹם. בָּרוּךְ אַתָּה יְיָ, מַצְמִיחַ קֶרֶן יְשׁוּעָה:

שְׁמַע קוֹלֵנוּ יְיָ אֱלֹהֵינוּ, אָב הָרַחֲמָן רַחֵם עָלֵינוּ, וְקַבֵּל בְּרַחֲמִים וּבְרָצוֹן אֶת תְּפִלָּתֵנוּ, כִּי אֵל שׁוֹמֵעַ תְּפִלּוֹת וְתַחֲנוּנִים אָתָּה, וּמִלְּפָנֶיךָ מַלְכֵּנוּ רֵיקָם אַל תְּשִׁיבֵנוּ, כִּי אַתָּה שׁוֹמֵעַ תְּפִלַּת כָּל פֶּה. בָּרוּךְ אַתָּה יְיָ, שׁוֹמֵעַ תְּפִלָּה:

ולמלשינים Let there be no hope for informers, and may all the heretics and all the wicked instantly perish; may all the enemies of Your people be speedily extirpated; and may You swiftly uproot, break, crush and subdue the reign of wickedness speedily in our days. Blessed are You, Lord, who crushes enemies and subdues the wicked.

על May Your mercies be aroused, Lord our God, upon the righteous, upon the pious, upon the elders of Your people the House of Israel, upon the remnant of their sages, upon the righteous proselytes and upon us. Grant ample reward to all who truly trust in Your Name, and place our lot among them; may we never be disgraced, for we have put our trust in You. Blessed are You, Lord, the support and security of the righteous.

ולירושלים Return in mercy to Jerusalem Your city, and dwell therein as You have promised; speedily establish therein the throne of David Your servant; and rebuild it, soon in our days, as an everlasting edifice. Blessed are You, Lord, who rebuilds Jerusalem.

את Speedily cause the scion of David Your servant to flourish, and increase his power by Your salvation, for we hope for Your salvation all day. Blessed are You, Lord, who causes the power of salvation to flourish.

שמע Hear our voice, Lord our God; merciful Father, have compassion upon us and accept our prayers in mercy and favor, for You are God who hears prayers and supplications; do not turn us away empty-handed from You, our King, for You hear the prayer of every-one. Blessed are You, Lord, who hears prayer.

רְצֵה יְיָ אֱלֹהֵינוּ בְּעַמְּךָ יִשְׂרָאֵל וְלִתְפִלָּתָם שְׁעֵה, וְהָשֵׁב הָעֲבוֹדָה לִדְבִיר בֵּיתֶךָ, וְאִשֵּׁי יִשְׂרָאֵל וּתְפִלָּתָם בְּאַהֲבָה תְקַבֵּל בְּרָצוֹן, וּתְהִי לְרָצוֹן תָּמִיד עֲבוֹדַת יִשְׂרָאֵל עַמֶּךָ:

וְתֶחֱזֶינָה עֵינֵינוּ בְּשׁוּבְךָ לְצִיּוֹן בְּרַחֲמִים. בָּרוּךְ אַתָּה יְיָ, הַמַּחֲזִיר שְׁכִינָתוֹ לְצִיּוֹן:

Bow at מוֹדִים; straighten up at יְיָ.

מוֹדִים אֲנַחְנוּ לָךְ, שָׁאַתָּה הוּא יְיָ אֱלֹהֵינוּ וֵאלֹהֵי אֲבוֹתֵינוּ לְעוֹלָם וָעֶד, צוּר חַיֵּינוּ, מָגֵן יִשְׁעֵנוּ, אַתָּה הוּא לְדוֹר וָדוֹר, נוֹדֶה לְּךָ וּנְסַפֵּר תְּהִלָּתֶךָ, עַל חַיֵּינוּ הַמְּסוּרִים בְּיָדֶךָ, וְעַל נִשְׁמוֹתֵינוּ הַפְּקוּדוֹת לָךְ, וְעַל נִסֶּיךָ שֶׁבְּכָל יוֹם עִמָּנוּ, וְעַל נִפְלְאוֹתֶיךָ וְטוֹבוֹתֶיךָ שֶׁבְּכָל עֵת, עֶרֶב וָבֹקֶר וְצָהֳרָיִם, הַטּוֹב, כִּי לֹא כָלוּ רַחֲמֶיךָ, הַמְרַחֵם, כִּי לֹא תַמּוּ חֲסָדֶיךָ, כִּי מֵעוֹלָם קִוִּינוּ לָךְ:

וְעַל כֻּלָּם יִתְבָּרַךְ וְיִתְרוֹמָם וְיִתְנַשֵּׂא שִׁמְךָ מַלְכֵּנוּ תָּמִיד לְעוֹלָם וָעֶד:

וּכְתוֹב לְחַיִּים טוֹבִים כָּל בְּנֵי בְרִיתֶךָ:

וְכָל הַחַיִּים יוֹדוּךָ סֶּלָה, וִיהַלְלוּ שִׁמְךָ הַגָּדוֹל לְעוֹלָם כִּי טוֹב, הָאֵל יְשׁוּעָתֵנוּ וְעֶזְרָתֵנוּ סֶלָה, הָאֵל הַטּוֹב.

Bend knees at בָּרוּךְ; bow at אַתָּה; straighten up at יְיָ.

בָּרוּךְ אַתָּה יְיָ, הַטּוֹב שִׁמְךָ וּלְךָ נָאֶה לְהוֹדוֹת:

שִׂים שָׁלוֹם, טוֹבָה וּבְרָכָה, חַיִּים חֵן וָחֶסֶד וְרַחֲמִים, עָלֵינוּ וְעַל כָּל יִשְׂרָאֵל עַמֶּךָ. בָּרְכֵנוּ אָבִינוּ כֻּלָּנוּ כְּאֶחָד בְּאוֹר פָּנֶיךָ, כִּי בְאוֹר פָּנֶיךָ נָתַתָּ לָּנוּ יְיָ אֱלֹהֵינוּ

רצה Look with favor, Lord our God, on Your people Israel, and pay heed to their prayer; restore the service to Your Sanctuary, and accept with love and favor Israel's fire-offerings and prayer; and may the service of Your people Israel always find favor.

ותחזינה May our eyes behold Your return to Zion in mercy. Blessed are You, Lord, who restores His Divine Presence to Zion.

Bow at We thankfully acknowledge; straighten up at Lord.

מודים We thankfully acknowledge that You are the Lord our God and God of our fathers forever. You are the strength of our life, the shield of our salvation in every generation. We will give thanks to You and recount Your praise, evening, morning and noon, for our lives which are committed into Your hand, for our souls which are entrusted to You, for Your miracles which are with us daily, and for Your continual wonders and beneficences. You are the Beneficent One, for Your mercies never cease; the Merciful One, for Your kindnesses never end; for we always place our hope in You.

ועל And for all these, may Your Name, our King, be continually blessed, exalted, and extolled forever and all time.

וכתוב Inscribe all the children of Your Covenant for a good life.

וכל And all living things shall forever thank You, and praise Your great Name eternally, for You are good. God, You are our everlasting salvation and help, O benevolent God.

Bend knees at Blessed; bow at You; straighten up at Lord.

Blessed are You, Lord, Beneficent is Your Name, and to You it is fitting to offer thanks.

שים Bestow peace, goodness, and blessing, life, graciousness, kindness, and mercy, upon us and upon all Your people Israel. Bless us, our Father, all of us as one, with the light of Your countenance, for by the light of Your countenance You gave us, Lord our God, the Torah of life

תּוֹרַת חַיִּים וְאַהֲבַת חֶסֶד, וּצְדָקָה וּבְרָכָה וְרַחֲמִים וְחַיִּים וְשָׁלוֹם, וְטוֹב בְּעֵינֶיךָ לְבָרֵךְ אֶת עַמְּךָ יִשְׂרָאֵל בְּכָל עֵת וּבְכָל שָׁעָה בִּשְׁלוֹמֶךָ.

וּבְסֵפֶר חַיִּים בְּרָכָה וְשָׁלוֹם וּפַרְנָסָה טוֹבָה, יְשׁוּעָה וְנֶחָמָה וּגְזֵרוֹת טוֹבוֹת, נִזָּכֵר וְנִכָּתֵב לְפָנֶיךָ, אֲנַחְנוּ וְכָל עַמְּךָ בֵּית יִשְׂרָאֵל, לְחַיִּים טוֹבִים וּלְשָׁלוֹם. בָּרוּךְ אַתָּה יְיָ, הַמְבָרֵךְ אֶת עַמּוֹ יִשְׂרָאֵל בַּשָּׁלוֹם:

יִהְיוּ לְרָצוֹן אִמְרֵי פִי וְהֶגְיוֹן לִבִּי לְפָנֶיךָ, יְיָ צוּרִי וְגוֹאֲלִי:[1]

אֱלֹהַי, נְצֹר לְשׁוֹנִי מֵרָע, וּשְׂפָתַי מִדַּבֵּר מִרְמָה, וְלִמְקַלְלַי נַפְשִׁי תִדּוֹם, וְנַפְשִׁי כֶּעָפָר לַכֹּל תִּהְיֶה. פְּתַח לִבִּי בְּתוֹרָתֶךָ, וּבְמִצְוֹתֶיךָ תִּרְדּוֹף נַפְשִׁי, וְכָל הַחוֹשְׁבִים עָלַי רָעָה, מְהֵרָה הָפֵר עֲצָתָם וְקַלְקֵל מַחֲשַׁבְתָּם. יִהְיוּ כְּמֹץ לִפְנֵי רוּחַ וּמַלְאַךְ יְיָ דֹּחֶה.[2] לְמַעַן יֵחָלְצוּן יְדִידֶיךָ, הוֹשִׁיעָה יְמִינְךָ וַעֲנֵנִי.[3] עֲשֵׂה לְמַעַן שְׁמֶךָ, עֲשֵׂה לְמַעַן יְמִינֶךָ, עֲשֵׂה לְמַעַן תּוֹרָתֶךָ, עֲשֵׂה לְמַעַן קְדֻשָּׁתֶךָ.[4] יִהְיוּ לְרָצוֹן אִמְרֵי פִי וְהֶגְיוֹן לִבִּי לְפָנֶיךָ, יְיָ צוּרִי וְגוֹאֲלִי:[1]

Take three steps back, then bow left saying עֹשֶׂה הַשָּׁלוֹם בִּמְרוֹמָיו, bow forward saying הוּא, bow right saying יַעֲשֶׂה שָׁלוֹם עָלֵינוּ, and bow forward saying וְעַל כָּל יִשְׂרָאֵל, וְאִמְרוּ אָמֵן.

עֹשֶׂה הַשָּׁלוֹם בִּמְרוֹמָיו, הוּא יַעֲשֶׂה שָׁלוֹם עָלֵינוּ וְעַל כָּל יִשְׂרָאֵל, וְאִמְרוּ אָמֵן:

יְהִי רָצוֹן מִלְּפָנֶיךָ, יְיָ אֱלֹהֵינוּ וֵאלֹהֵי אֲבוֹתֵינוּ, שֶׁיִּבָּנֶה בֵּית הַמִּקְדָּשׁ בִּמְהֵרָה בְיָמֵינוּ, וְתֵן חֶלְקֵנוּ בְּתוֹרָתֶךָ:[5]

The Amidah ends here.

---

1. Psalms 19:15. **2.** Ibid. 35:5. **3.** Ibid. 60:7; 108:7. **4.** It is customary to recite a verse in which the first and last letter correspond to the first and last letters of one's own Hebrew name. For a list of verses, see page 318. **5.** Avot 5:20.

and loving-kindness, righteousness, blessing, mercy, life and peace. May it be favorable in Your eyes to bless Your people Israel, at all times and at every moment, with Your peace.

ובספר And in the book of life, blessing, peace, and prosperity, deliverance, consolation, and favorable decrees, may we and all Your people the House of Israel be remembered and inscribed before You for a happy life and for peace. Blessed are You, Lord, who blesses His people Israel with peace.

יהיו May the words of my mouth and the meditation of my heart be acceptable before You, Lord, my Strength and my Redeemer. [1]

אלהי My God, guard my tongue from evil, and my lips from speaking deceitfully. Let my soul be silent to those who curse me; let my soul be as dust to all. Open my heart to Your Torah, and let my soul eagerly pursue Your commandments. As for all those who plot evil against me, hasten to annul their counsel and frustrate their design. Let them be as chaff before the wind; let the angel of the Lord thrust them away. [2] That Your beloved ones may be delivered, help with Your right hand and answer me. [3] Do it for the sake of Your Name; do it for the sake of Your right hand; do it for the sake of Your Torah; do it for the sake of Your holiness. [4] May the words of my mouth and the meditation of my heart be acceptable before You, Lord, my Strength and my Redeemer. [1]

Take three steps back, then bow left saying *He who makes the peace in His Heavens*, bow forward saying *may He*, bow right saying *make peace for us*, and bow forward saying *and for all Israel; and say, Amen.*

עשה He who makes the peace in His heavens, may He make peace for us and for all Israel; and say, Amen.

יהי May it be Your will, Lord our God and God of our fathers, that the Bet Hamikdash be speedily rebuilt in our days, and grant us our portion in Your Torah. [5]

The Amidah ends here.

Chazzan recites Complete Kaddish. Congregation responds אָמֵן as indicated.

יִתְגַּדַּל וְיִתְקַדַּשׁ שְׁמֵהּ רַבָּא. (Cong—אָמֵן) בְּעָלְמָא דִּי בְרָא כִרְעוּתֵהּ וְיַמְלִיךְ מַלְכוּתֵהּ, וְיַצְמַח פֻּרְקָנֵהּ וִיקָרֵב מְשִׁיחֵהּ. (Cong—אָמֵן) בְּחַיֵּיכוֹן וּבְיוֹמֵיכוֹן וּבְחַיֵּי דְכָל בֵּית יִשְׂרָאֵל, בַּעֲגָלָא וּבִזְמַן קָרִיב וְאִמְרוּ אָמֵן:

(Cong—אָמֵן. יְהֵא שְׁמֵהּ רַבָּא מְבָרַךְ לְעָלַם וּלְעָלְמֵי עָלְמַיָּא, יִתְבָּרַךְ.)

יְהֵא שְׁמֵהּ רַבָּא מְבָרַךְ לְעָלַם וּלְעָלְמֵי עָלְמַיָּא. יִתְבָּרַךְ, וְיִשְׁתַּבַּח, וְיִתְפָּאַר, וְיִתְרוֹמַם, וְיִתְנַשֵּׂא, וְיִתְהַדָּר וְיִתְעַלֶּה, וְיִתְהַלָּל, שְׁמֵהּ דְּקוּדְשָׁא בְּרִיךְ הוּא. (Cong—אָמֵן) לְעֵלָּא מִן כָּל בִּרְכָתָא וְשִׁירָתָא, תֻּשְׁבְּחָתָא וְנֶחֱמָתָא, דַּאֲמִירָן בְּעָלְמָא, וְאִמְרוּ אָמֵן: (Cong—אָמֵן) תִּתְקַבֵּל צְלוֹתְהוֹן וּבָעוּתְהוֹן דְּכָל בֵּית יִשְׂרָאֵל, קֳדָם אֲבוּהוֹן דִּי בִשְׁמַיָּא, וְאִמְרוּ אָמֵן: (Cong—אָמֵן) יְהֵא שְׁלָמָא רַבָּא מִן שְׁמַיָּא וְחַיִּים טוֹבִים עָלֵינוּ וְעַל כָּל יִשְׂרָאֵל, וְאִמְרוּ אָמֵן: (Cong—אָמֵן)

Take three steps back, then bow right saying עֹשֶׂה הַשָּׁלוֹם בִּמְרוֹמָיו, bow forward saying הוּא, bow left saying יַעֲשֶׂה שָׁלוֹם עָלֵינוּ, and bow forward saying וְעַל כָּל יִשְׂרָאֵל, וְאִמְרוּ אָמֵן.

עֹשֶׂה הַשָּׁלוֹם בִּמְרוֹמָיו, הוּא יַעֲשֶׂה שָׁלוֹם עָלֵינוּ וְעַל כָּל יִשְׂרָאֵל, וְאִמְרוּ אָמֵן: (Cong—אָמֵן)

Stand while reciting עָלֵינוּ.

עָלֵינוּ לְשַׁבֵּחַ לַאֲדוֹן הַכֹּל, לָתֵת גְּדֻלָּה לְיוֹצֵר בְּרֵאשִׁית, שֶׁלֹּא עָשָׂנוּ כְּגוֹיֵי הָאֲרָצוֹת, וְלֹא שָׂמָנוּ כְּמִשְׁפְּחוֹת הָאֲדָמָה, שֶׁלֹּא שָׂם חֶלְקֵנוּ כָּהֶם, וְגוֹרָלֵנוּ כְּכָל הֲמוֹנָם, שֶׁהֵם מִשְׁתַּחֲוִים לְהֶבֶל וָרִיק. וַאֲנַחְנוּ כּוֹרְעִים וּמִשְׁתַּחֲוִים וּמוֹדִים לִפְנֵי מֶלֶךְ מַלְכֵי הַמְּלָכִים, הַקָּדוֹשׁ בָּרוּךְ הוּא. שֶׁהוּא נוֹטֶה שָׁמַיִם וְיוֹסֵד אָרֶץ, וּמוֹשַׁב יְקָרוֹ בַּשָּׁמַיִם מִמַּעַל, וּשְׁכִינַת עֻזּוֹ בְּגָבְהֵי מְרוֹמִים. הוּא אֱלֹהֵינוּ אֵין עוֹד,

Chazzan recites Complete Kaddish. Congregation responds Amen as indicated.

יתגדל Exalted and hallowed be His great Name (Cong: Amen) throughout the world which He has created according to His will. May He establish His kingship, bring forth His redemption and hasten the coming of His Mashiach (Cong: Amen) in your lifetime and in your days and in the lifetime of the entire House of Israel, speedily and soon, and say, Amen.

(Cong: Amen. May His great Name be blessed forever and to all eternity. Blessed.)

May His great Name be blessed forever and to all eternity. Blessed and praised, glorified, exalted and extolled, honored, adored and lauded be the Name of the Holy One, blessed be He, (Cong: Amen) beyond all the blessings, hymns, praises and consolations that are uttered in the world; and say, Amen. (Cong: Amen)

May the prayers and supplications of the entire House of Israel be accepted before their Father in heaven; and say, Amen. (Cong: Amen) May there be abundant peace from heaven, and a good life for us and for all Israel; and say, Amen. (Cong: Amen)

Take three steps back, then bow right saying *He who makes the peace in His Heavens*, bow forward saying *may He*, bow left saying *make peace for us*, and bow forward saying *and for all Israel; and say, Amen*.

He who makes the peace in His heavens, may He make peace for us and for all Israel; and say, Amen. (Cong: Amen)

Stand while reciting *Aleinu*.

Transliteration, page 334.

עלינו It is incumbent upon us to praise the Master of all things, to exalt the Creator of all existence, that He has not made us like the nations of the world, nor caused us to be like the families of the earth; that He has not assigned us a portion like theirs, nor a lot like that of all their multitudes, for they bow to vanity and nothingness. But we bend the knee, bow down, and offer praise before the supreme King of kings, the Holy One, blessed be He, who stretches forth the heavens and establishes the earth, the seat of whose glory is in the heavens above and the abode of whose majesty is in the loftiest heights. He is our God; there is none else.

אֱמֶת מַלְכֵּנוּ, אֶפֶס זוּלָתוֹ, כַּכָּתוּב בְּתוֹרָתוֹ:' וְיָדַעְתָּ הַיּוֹם
וַהֲשֵׁבֹתָ אֶל לְבָבֶךָ, כִּי יְיָ הוּא הָאֱלֹהִים, בַּשָּׁמַיִם מִמַּעַל
וְעַל הָאָרֶץ מִתָּחַת, אֵין עוֹד:²

וְעַל כֵּן נְקַוֶּה לְּךָ יְיָ אֱלֹהֵינוּ, לִרְאוֹת מְהֵרָה בְּתִפְאֶרֶת עֻזֶּךָ,
לְהַעֲבִיר גִּלּוּלִים מִן הָאָרֶץ, וְהָאֱלִילִים כָּרוֹת יִכָּרֵתוּן,
לְתַקֵּן עוֹלָם בְּמַלְכוּת שַׁדַּי, וְכָל בְּנֵי בָשָׂר יִקְרְאוּ בִשְׁמֶךָ,
לְהַפְנוֹת אֵלֶיךָ כָּל רִשְׁעֵי אָרֶץ. יַכִּירוּ וְיֵדְעוּ כָּל יוֹשְׁבֵי תֵבֵל,
כִּי לְךָ תִּכְרַע כָּל בֶּרֶךְ, תִּשָּׁבַע כָּל לָשׁוֹן. לְפָנֶיךָ יְיָ אֱלֹהֵינוּ
יִכְרְעוּ וְיִפֹּלוּ, וְלִכְבוֹד שִׁמְךָ יְקָר יִתֵּנוּ. וִיקַבְּלוּ כֻלָּם עֲלֵיהֶם
אֶת עוֹל מַלְכוּתֶךָ, וְתִמְלוֹךְ עֲלֵיהֶם מְהֵרָה לְעוֹלָם וָעֶד. כִּי
הַמַּלְכוּת שֶׁלְּךָ הִיא, וּלְעוֹלְמֵי עַד תִּמְלוֹךְ בְּכָבוֹד, כַּכָּתוּב
בְּתוֹרָתֶךָ: יְיָ יִמְלֹךְ לְעֹלָם וָעֶד:³ וְנֶאֱמַר: וְהָיָה יְיָ לְמֶלֶךְ עַל
כָּל הָאָרֶץ, בַּיּוֹם הַהוּא יִהְיֶה יְיָ אֶחָד וּשְׁמוֹ אֶחָד:⁴

MOURNER'S KADDISH

Mourners recite the following Kaddish (translation on page 368).
Congregation responds אָמֵן as indicated.

יִתְגַּדַּל וְיִתְקַדַּשׁ שְׁמֵהּ רַבָּא. (אָמֵן—Cong)   בְּעָלְמָא דִי בְרָא
כִרְעוּתֵהּ וְיַמְלִיךְ מַלְכוּתֵהּ, וְיַצְמַח פּוּרְקָנֵהּ וִיקָרֵב מְשִׁיחֵהּ.
(Cong—אָמֵן)   בְּחַיֵּיכוֹן וּבְיוֹמֵיכוֹן וּבְחַיֵּי דְכָל בֵּית יִשְׂרָאֵל, בַּעֲגָלָא
וּבִזְמַן קָרִיב וְאִמְרוּ אָמֵן:

(Cong—אָמֵן. יְהֵא שְׁמֵהּ רַבָּא מְבָרַךְ לְעָלַם וּלְעָלְמֵי עָלְמַיָּא, יִתְבָּרַךְ.)

יְהֵא שְׁמֵהּ רַבָּא מְבָרַךְ לְעָלַם וּלְעָלְמֵי עָלְמַיָּא. יִתְבָּרַךְ, וְיִשְׁתַּבַּח,
וְיִתְפָּאַר, וְיִתְרוֹמָם, וְיִתְנַשֵּׂא, וְיִתְהַדָּר, וְיִתְעַלֶּה, וְיִתְהַלָּל, שְׁמֵהּ
דְקוּדְשָׁא בְּרִיךְ הוּא. (אָמֵן—Cong)   לְעֵלָּא מִן כָּל בִּרְכָתָא וְשִׁירָתָא,
תֻּשְׁבְּחָתָא וְנֶחֱמָתָא, דַּאֲמִירָן בְּעָלְמָא, וְאִמְרוּ אָמֵן: (אָמֵן—Cong)
יְהֵא שְׁלָמָא רַבָּא מִן שְׁמַיָּא וְחַיִּים טוֹבִים עָלֵינוּ וְעַל כָּל יִשְׂרָאֵל,
וְאִמְרוּ אָמֵן: (אָמֵן—Cong)

---

1. Deuteronomy 4:39.   2. For further elucidation, see Tanya, part II, ch. 6.   3. Exodus 15:18.
4. Zechariah 14:9.

Truly, He is our King; there is nothing besides Him, as it is written in His Torah:[1] Know this day and take unto your heart that the Lord is God; in the heavens above and upon the earth below there is nothing else.[2]

ועל And therefore we hope to You, Lord our God, that we may speedily behold the splendor of Your might, to banish idolatry from the earth—and false gods will be utterly destroyed; to perfect the world under the sovereignty of the Almighty. All mankind shall invoke Your Name, to turn to You all the wicked of the earth. Then all the inhabitants of the world will recognize and know that every knee should bend to You, every tongue should swear [by Your Name]. Before You, Lord our God, they will bow and prostrate themselves, and give honor to the glory of Your Name; and they will all take upon themselves the yoke of Your kingdom. May You soon reign over them forever and ever, for Kingship is Yours, and to all eternity You will reign in glory, as it is written in Your Torah: The Lord will reign forever and ever.[3] And it is said: The Lord shall be King over the entire earth; on that day the Lord shall be One and His Name One.[4]

MOURNER'S KADDISH

Mourners recite the following Kaddish (translation on page 368). Congregation responds Amen as indicated.

יתגדל *Yis-gadal v'yis-kadash sh'mayh rabö.* (Cong: *Ömayn*)

B'öl'mö di v'rö chir'u-sayh v'yamlich mal'chusayh, v'yatzmach pur-könay vikörayv m'shi-chayh. (Cong: *Ömayn*)

B'cha-yay-chon u-v'yomaychon u-v'cha-yay d'chöl bays yisrö-ayl, ba-agölö u-viz'man köriv v'im'ru ömayn.

(Cong: *Ömayn. Y'hay sh'mayh rabö m'vörach l'ölam u-l'öl'may öl'ma-yö, yisböraych.*)

Y'hay sh'mayh rabö m'vörach l'ölam u-l'öl'may öl'ma-yö. Yisböraych, v'yishtabach, v'yispö-ayr, v'yisromöm, v'yis-nasay, v'yis-hadör, v'yis-aleh, v'yis-halöl, sh'mayh d'kudshö b'rich hu. (Cong: *Ömayn*)

L'aylö min köl bir-chösö v'shirösö, tush-b'chösö v'neche-mösö, da-amirön b'öl'mö, v'im'ru ömayn. (Cong: *Ömayn*)

Y'hay sh'lömö rabö min sh'ma-yö, v'cha-yim tovim ölaynu v'al köl yisrö-ayl v'im'ru ömayn. (Cong: *Ömayn*)

Take three steps back, then bow right saying עֹשֶׂה הַשָּׁלוֹם בִּמְרוֹמָיו, bow forward saying הוּא,
bow left saying יַעֲשֶׂה שָׁלוֹם עָלֵינוּ, and bow forward saying וְעַל כָּל יִשְׂרָאֵל, וְאִמְרוּ אָמֵן.

עֹשֶׂה הַשָּׁלוֹם בִּמְרוֹמָיו, הוּא יַעֲשֶׂה שָׁלוֹם עָלֵינוּ וְעַל כָּל יִשְׂרָאֵל,
וְאִמְרוּ אָמֵן: (Cong—אָמֵן)

אַל תִּירָא מִפַּחַד פִּתְאֹם, וּמִשֹּׁאַת רְשָׁעִים כִּי תָבֹא:' עֻצוּ עֵצָה
וְתֻפָר, דַּבְּרוּ דָבָר וְלֹא יָקוּם, כִּי עִמָּנוּ אֵל:² וְעַד זִקְנָה אֲנִי הוּא,
וְעַד שֵׂיבָה אֲנִי אֶסְבֹּל; אֲנִי עָשִׂיתִי וַאֲנִי אֶשָּׂא וַאֲנִי אֶסְבֹּל וַאֲמַלֵּט:³
אַךְ צַדִּיקִים יוֹדוּ לִשְׁמֶךָ, יֵשְׁבוּ יְשָׁרִים אֶת פָּנֶיךָ:⁴

Mourners recite Kaddish D'Rabbanan after Mishnayot, page 307.

HAVDALAH

Stand while reciting the Havdalah. Take the cup of wine in the right hand, pass it to the left
hand, and lower it onto the palm of the right hand (see illustration, page 349.). The cup
should be held three *tefachim* (approximately 9 in.) above the table throughout the
Havdalah.

Those listening to the Havdalah should respond אָמֵן as indicated.

הִנֵּה אֵל יְשׁוּעָתִי, אֶבְטַח וְלֹא אֶפְחָד, כִּי עָזִּי וְזִמְרָת יָהּ יְיָ,
וַיְהִי לִי לִישׁוּעָה. וּשְׁאַבְתֶּם מַיִם בְּשָׂשׂוֹן מִמַּעַיְנֵי
הַיְשׁוּעָה.⁵ לַיְיָ הַיְשׁוּעָה, עַל עַמְּךָ בִרְכָתֶךָ סֶּלָה.⁶ יְיָ צְבָאוֹת
עִמָּנוּ, מִשְׂגָּב לָנוּ אֱלֹהֵי יַעֲקֹב סֶלָה:⁷ יְיָ צְבָאוֹת, אַשְׁרֵי אָדָם
בֹּטֵחַ בָּךְ:⁸ יְיָ הוֹשִׁיעָה, הַמֶּלֶךְ יַעֲנֵנוּ בְיוֹם קָרְאֵנוּ:⁹

All those listening to Havdalah say לָיְהוּדִים ... לָנוּ, followed by the leader.

לַיְהוּדִים הָיְתָה אוֹרָה וְשִׂמְחָה, וְשָׂשׂוֹן וִיקָר.¹⁰ כֵּן תִּהְיֶה לָנוּ:
כּוֹס יְשׁוּעוֹת אֶשָּׂא, וּבְשֵׁם יְיָ אֶקְרָא:¹¹

סַבְרִי מָרָנָן:

בָּרוּךְ אַתָּה יְיָ, אֱלֹהֵינוּ מֶלֶךְ הָעוֹלָם, בּוֹרֵא פְּרִי הַגָּפֶן: (אָמֵן)

בָּרוּךְ אַתָּה יְיָ, אֱלֹהֵינוּ מֶלֶךְ הָעוֹלָם, הַמַּבְדִּיל בֵּין קֹדֶשׁ לְחוֹל,
בֵּין אוֹר לְחֹשֶׁךְ, בֵּין יִשְׂרָאֵל לָעַמִּים, בֵּין יוֹם הַשְּׁבִיעִי
לְשֵׁשֶׁת יְמֵי הַמַּעֲשֶׂה. בָּרוּךְ אַתָּה יְיָ, הַמַּבְדִּיל בֵּין קֹדֶשׁ לְחוֹל:
(אָמֵן)

Drink at least 3.5 oz. The concluding blessing over wine is on page 54.

---

1. Proverbs 3:25. **2.** Isaiah 8:10. **3.** Ibid. 46:4. **4.** Psalms 140:14. **5.** Isaiah 12:2-3.
6. Psalms 3:9. **7.** Ibid. 46:8. **8.** Ibid. 84:13. **9.** Ibid. 20:10. **10.** Esther 8:16. **11.** Psalms
116:13.

Take three steps back, then bow right saying *Oseh ha-shölom bim'romöv*, bow forward saying *hu*, bow left saying *ya-aseh shölom ölaynu*, and bow forward saying *v'al köl yisrö-ayl, v'im'ru ömayn.*

Oseh ha-shölom bim'romöv, hu ya-a-seh shölom ölaynu v'al köl yisrö-ayl, v'im'ru ömayn. (Cong: *Ömayn*)

אל Do not fear sudden terror, nor the destruction of the wicked when it comes.[1] Contrive a scheme, but it will be foiled; conspire a plot, but it will not materialize, for God is with us.[2] To your old age I am [with you]; to your hoary years I will sustain you; I have made you, and I will carry you; I will sustain you and deliver you.[3]

אך Indeed, the righteous will extol Your Name; the upright will dwell in Your presence.[4]

Mourners recite Kaddish D'Rabbanan after Mishnayot, page 307.

HAVDALAH

Stand while reciting the Havdalah. Take the cup of wine in the right hand, pass it to the left hand, and lower it onto the palm of the right hand (see illustration, page 349.). The cup should be held three *tefachim* (approximately 9 in.) above the table throughout the Havdalah.

Those listening to the Havdalah should respond Amen as indicated. Transliteration, page 346.

הנה Indeed, God is my deliverance; I am confident and shall not fear, for God the Lord is my strength and song, and He has been a help to me. You shall draw water with joy from the wellsprings of deliverance.[5] Deliverance is the Lord's; may Your blessing be upon Your people forever.[6] The Lord of hosts is with us; the God of Jacob is our everlasting stronghold.[7] Lord of hosts, happy is the man who trusts in You.[8] Lord help us; may the King answer us on the day we call.[9]

All those listening to Havdalah say *For the ... with us*, followed by the leader.

ליהודים For the Jews there was light and joy, gladness and honor[10]—so let it be with us.

כוס I will raise the cup of deliverance and invoke the Name of the Lord.[11]

סברי Attention, Gentlemen!

ברוך Blessed are You, Lord our God, King of the universe, who creates the fruit of the vine. (Amen)

ברוך Blessed are You, Lord our God, King of the universe, who makes a distinction between sacred and profane, between light and darkness, between Israel and the nations, between the Seventh Day and the six work days. Blessed are You Lord, who makes a distinction between sacred and profane. (Amen)

Drink at least 3.5 oz. The concluding blessing over wine is on page 54.

LEARNING FOR A MOURNER AND ON A YAHRZEIT

Throughout the twelve months following the passing of one's father or mother and on the anniversary of their passing, known as *yahrzeit*, it is appropriate to learn Mishnayot of the order Taharot, especially the twenty-fourth chapter of the tractate Kelim, which contains seventeen Mishnayot, each one concluding with the phrase "altogether clean," and the entire chapter concluding "whether on the inside or on the outside it is clean." • One who has the time should learn also those chapters whose initial letters make up the name of the deceased.

כלים פרק כד

א שְׁלֹשָׁה תְרִיסִין הֵם: תְּרִיס הַכָּפוּף, טָמֵא מִדְרָס;[1] וְשֶׁמְּשַׂחֲקִין בּוֹ בַּקְּנְפּוֹן, טָמֵא טְמֵא מֵת;[2] וְדִיצַת הָעַרְבִיִּין, טְהוֹרָה מִכְּלוּם:[3] ב שָׁלֹשׁ עֲגָלוֹת הֵם: הָעֲשׂוּיָה כְּקַתֶּדְרָא, טְמֵאָה מִדְרָס; כְּמִטָּה, טְמֵאָה טְמֵא מֵת; וְשֶׁל אֲבָנִים, טְהוֹרָה מִכְּלוּם: ג שָׁלֹשׁ עֲרֵבוֹת הֵן: עֲרֵבָה מִשְּׁנֵי לֻגִּין עַד תִּשְׁעָה קַבִּין שֶׁנִּסְדְּקָה, טְמֵאָה מִדְרָס; שְׁלֵמָה, טְמֵאָה טְמֵא מֵת; וְהַבָּאָה בַמִּדָּה,[4] טְהוֹרָה מִכְּלוּם: ד שָׁלֹשׁ תֵּבוֹת הֵן: תֵּבָה שֶׁפִּתְחָהּ מִצִּדָּהּ, טְמֵאָה מִדְרָס; מִלְמַעְלָן, טְמֵאָה טְמֵא מֵת; וְהַבָּאָה בַמִּדָּה, טְהוֹרָה מִכְּלוּם: ה שְׁלֹשָׁה תַרְבּוּסִין הֵן: שֶׁל סַפָּרִין, טָמֵא מִדְרָס; שֶׁאוֹכְלִין עָלָיו, טָמֵא טְמֵא מֵת; וְשֶׁל זֵיתִים, טָהוֹר מִכְּלוּם: ו שָׁלֹשׁ בְּסִיסָיוֹת הֵן: שֶׁלִּפְנֵי הַמִּטָּה וְשֶׁלִּפְנֵי סוֹפְרִים, טְמֵאָה מִדְרָס; וְשֶׁל דֶּלְפְּקִי, טְמֵאָה טְמֵא מֵת; וְשֶׁל מִגְדָּל, טְהוֹרָה מִכְּלוּם: ז שָׁלֹשׁ פִּנְקָסִיּוֹת הֵן: הָאֶפִּיפּוֹרִין, טְמֵאָה מִדְרָס; וְשֶׁיֵּשׁ בָּהּ בֵּית קִבּוּל שַׁעֲוָה, טְמֵאָה טְמֵא מֵת; וַחֲלָקָה,

1. Ritual uncleanness transmitted to an object suitable for use as, and used as a seat, couch, etc., when it is used for such a purpose by one of those mentioned in Leviticus 12:2, 15:2, 15:25, by sitting, lying, treading upon, etc. **2.** But is not subject to *midras* uncleanness, since it is not used for lying, sitting, etc. **3.** It is not considered a *kli tashmish* (an article of service)—in this case, because of its small size—and hence is not subject to uncleanness. The above three principles are the underlying reasons for the laws throughout this chapter. **4.** I.e., it holds more than forty *se'ah* of liquid volume, or sixty *se'ah* of dry volume.

LEARNING FOR A MOURNER AND ON A YAHRZEIT

Throughout the twelve months following the passing of one's father or mother and on the anniversary of their passing, known as *yahrzeit*, it is appropriate to learn Mishnayot of the order Taharot, especially the twenty-fourth chapter of the tractate Kelim, which contains seventeen Mishnayot, each one concluding with the phrase "altogether clean," and the entire chapter concluding "whether on the inside or on the outside it is clean." • One who has the time should learn also those chapters whose initial letters make up the name of the deceased.

KELIM CHAPTER 24

1. There are three kinds of shields [which differ with respect to the laws of ritual cleanness and uncleanness]: The bent shield [which surrounds the warrior on three sides, and which during a war is used by him to lie upon] is subject to *midras* uncleanness;[1] a shield used by swordsmen in their sword-play is subject to uncleanness by a corpse;[2] and the small shield used by the Arabs [in festivities and in sports, is not subject to any uncleanness, but] remains altogether clean.[3]

2. There are three kinds of wagons [which differ with respect to the laws of ritual cleanness and uncleanness]: One that is shaped like a chair with three sides is subject to *midras* uncleanness; one shaped like a bed is subject to uncleanness by a corpse; and one [made for carrying] stones remains altogether clean.

3. There are three kinds of kneading-troughs [which differ with respect to the laws of ritual cleanness and uncleanness]: A kneading-trough with a capacity of two *log* to nine *kab* which was cracked [hence unusable as a kneading-trough] is subject to *midras* uncleanness; if it was whole it is subject to uncleanness by a corpse; and one that holds a large quantity[4] remains altogether clean.

4. There are three kinds of boxes [which differ with respect to the laws of ritual cleanness and uncleanness]: A box whose opening is at its side is subject to *midras* uncleanness; one that has its opening at the top is subject to uncleanness by a corpse; and one that holds a large quantity[4] remains altogether clean.

5. There are three kinds of leather chests [which differ with respect to the laws of ritual cleanness and uncleanness]: That of barbers is subject to *midras* uncleanness; that at which people eat is subject to uncleanness by a corpse; and that for [pressing] olives remains altogether clean.

6. There are three kinds of stands [which differ with respect to the laws of ritual cleanness and uncleanness]: That which lies before a bed or before scribes is subject to *midras* uncleanness; that of a service table is subject to uncleanness by a corpse; and that of a cupboard remains altogether clean.

7. There are three kinds of writing tablets [which differ with respect to the laws of ritual cleanness and uncleanness]: One that is spread over with sand is subject to *midras* uncleanness; one that has a receptacle for wax is subject to uncleanness by a corpse; and one that is smooth remains altogether clean.

טְהוֹרָה מִכְּלוּם: ח שָׁלֹשׁ מִטּוֹת הֵן: הָעֲשׂוּיָה לִשְׁכִיבָה, טְמֵאָה מִדְרָס; שֶׁל זַגָּגִין, טְמֵאָה טְמֵא מֵת; וְשֶׁל סָרָגִין, טְהוֹרָה מִכְּלוּם: ט שָׁלֹשׁ מַשְׁפֵּלוֹת הֵן: שֶׁל זֶבֶל, טְמֵאָה מִדְרָס; שֶׁל תֶּבֶן, טְמֵאָה טְמֵא מֵת; וְהַפְּחָלֶץ שֶׁל גְּמַלִּים, טָהוֹר מִכְּלוּם: י שָׁלֹשׁ מַפָּצִים הֵן: הָעֲשׂוּיָה לִישִׁיבָה, טְמֵאָה מִדְרָס; שֶׁל צַבָּעִין, טָמֵא טְמֵא מֵת; וְשֶׁל גִּתּוֹת, טָהוֹר מִכְּלוּם: יא שָׁלֹשׁ חֲמָתוֹת וְשָׁלֹשׁ תַּרְמִלִין הֵן: הַמְקַבְּלִים כַּשִּׁעוּר, טְמֵאִין מִדְרָס; וְשֶׁאֵינָן מְקַבְּלִים כַּשִּׁעוּר, טְמֵאִין טְמֵא מֵת; וְשֶׁל עוֹר הַדָּג, טָהוֹר מִכְּלוּם: יב שְׁלֹשָׁה עוֹרוֹת הֵן: הֶעָשׂוּי לְשָׁטִיחַ, טָמֵא מִדְרָס; לְתַכְרִיךְ הַכֵּלִים, טָמֵא טְמֵא מֵת; וְשֶׁל רְצוּעוֹת וְשֶׁל סַנְדָּלִים, טְהוֹרָה מִכְּלוּם: יג שְׁלֹשָׁה סְדִינִין הֵן: הֶעָשׂוּי לִשְׁכִיבָה, טָמֵא מִדְרָס; לְוִילוֹן, טָמֵא טְמֵא מֵת; וְשֶׁל צוּרוֹת, טָהוֹר מִכְּלוּם: יד שָׁלֹשׁ מִטְפָּחוֹת הֵן: שֶׁל יָדַיִם, טְמֵאָה מִדְרָס; שֶׁל סְפָרִין, טְמֵאָה טְמֵא מֵת; וְשֶׁל תַּכְרִיךְ[1] (וְשֶׁל) נִבְלֵי בְנֵי לֵוִי, טְהוֹרָה מִכְּלוּם: טו שְׁלֹשָׁה פְּרַקְלִינִין הֵן: שֶׁל צַיָּדֵי חַיָּה וָעוֹף, טָמֵא מִדְרָס; שֶׁל חֲגָבִים, טָמֵא טְמֵא מֵת; וְשֶׁל קַיָּצִין, טָהוֹר מִכְּלוּם: טז שָׁלֹשׁ סְבָכוֹת הֵן: שֶׁל יַלְדָּה, טְמֵאָה טֻמְאַת מִדְרָס; שֶׁל זְקֵנָה, טְמֵאָה טְמֵא מֵת; וְשֶׁל יוֹצְאָה לַחוּץ, טְהוֹרָה מִכְּלוּם: יז שָׁלֹשׁ קֻפּוֹת הֵן: מְהוּהָה שֶׁטְּלָיָהּ עַל הַבְּרִיָּה, הוֹלְכִין אַחַר הַבְּרִיָּה; קְטַנָּה עַל הַגְּדוֹלָה, הוֹלְכִין

1. According to some texts [v. Bartenura] the Mishnah reads only: and covers for the musical instruments of the Levites.

8. There are three kinds of beds [which differ with respect to the laws of ritual cleanness and uncleanness]: That which is used for lying upon is subject to *midras* uncleanness; that which is used by glassmakers [to put their wares on] is subject to uncleanness by a corpse; and that which is used by net weavers remains altogether clean.

9. There are three kinds of baskets [which differ with respect to the laws of ritual cleanness and uncleanness]: That which is used for manure [to be carried to the field] is subject to *midras* uncleanness; that which is used for straw is subject to uncleanness by a corpse; and that of rope mesh used on camels remains altogether clean.

10. There are three kinds of mats [which differ with respect to the laws of ritual cleanness and uncleanness]: That which is used for sitting is subject to *midras* uncleanness; that which is used by dyers [to spread garments on them] is subject to uncleanness by a corpse; and that which is used in winepresses [to cover the grapes] remains altogether clean.

11. There are three kinds of skin flasks and three kinds of shepherds' skin bags [which differ with respect to the laws of ritual cleanness and uncleanness]: Those holding the standard quantity [seven *kab* for the flask and five for the bag] are subject to *midras* uncleanness; those holding less than the standard quantity are subject to uncleanness by a corpse; and those made of fish-skin remain altogether clean.

12. There are three kinds of hides [which differ with respect to the laws of ritual cleanness and uncleanness]: That which is used as a rug [to sit on] is subject to *midras* uncleanness; that which is used as a wrapper for utensils is subject to uncleanness by a corpse; and that which is prepared for making straps and sandals remains altogether clean.

13. There are three kinds of sheets [which differ with respect to the laws of ritual cleanness and uncleanness]: That which is made for lying upon is subject to *midras* uncleanness; that which is used as a door-curtain is subject to uncleanness by a corpse; and that which has designs [used as a pattern] remains altogether clean.

14. There are three kinds of cloths [which differ with respect to the laws of cleanness and uncleanness]: Towels for the hands are subject to *midras* uncleanness; coverings for books are subject to uncleanness by a corpse; and shrouds[1] and covers for the musical instruments of the Levi'im remain altogether clean.

15. There are three kinds of leather gloves [which differ with respect to the laws of ritual cleanness and uncleanness]: Those used by hunters of animals and birds are subject to *midras* uncleanness; those used by catchers of locusts are subject to uncleanness by a corpse; and those used by driers of summer fruit remain altogether clean.

16. There are three kinds of hairnets [which differ with respect to the laws of ritual cleanness and uncleanness]: That of a girl is subject to *midras* uncleanness; that of an old woman is subject to uncleanness by a corpse; and that of a woman when she goes outside remains altogether clean.

17. There are three kinds of receptacles [which differ with respect to the laws of ritual cleanness and uncleanness]: If a worn-out receptacle was placed over a sound one as a patch [to make it stronger, the cleanness or uncleanness of the

אַחַר הַגְּדוֹלָה; הָיוּ שָׁווֹת, הוֹלְכִין אַחַר הַפְּנִימִית. רַבִּי שִׁמְעוֹן אוֹמֵר: כַּף מֹאזְנַיִם שֶׁטְּלָיָה עַל שׁוּלֵי הַמֵּחַם, מִכְּפְנִים טָמֵא, מִבַּחוּץ טָהוֹר; טְלָיָה עַל צִדָּה, בֵּין מִכִּפְנִים בֵּין מִבַּחוּץ, טָהוֹר:

מקואות פרק ז

א יֵשׁ מַעֲלִין אֶת הַמִּקְוֶה וְלֹא פוֹסְלִין, פּוֹסְלִין וְלֹא מַעֲלִין, לֹא מַעֲלִין וְלֹא פוֹסְלִין. אֵלּוּ מַעֲלִין וְלֹא פוֹסְלִין: הַשֶּׁלֶג, וְהַבָּרָד, וְהַכְּפוֹר, וְהַגְּלִיד, וְהַמֶּלַח, וְהַטִּיט הַנָּרוֹק. אָמַר רַבִּי עֲקִיבָא: הָיָה רַבִּי יִשְׁמָעֵאל דָּן כְּנֶגְדִּי לוֹמַר: הַשֶּׁלֶג אֵינוֹ מַעֲלֶה אֶת הַמִּקְוֶה, וְהֵעִידוּ אַנְשֵׁי מֵידְבָא מִשְּׁמוֹ, שֶׁאָמַר לָהֶם: צְאוּ וְהָבִיאוּ שֶׁלֶג וַעֲשׂוּ מִקְוֶה בַּתְּחִלָּה. רַבִּי יוֹחָנָן בֶּן נוּרִי אוֹמֵר: אֶבֶן הַבָּרָד כַּמַּיִם. כֵּיצַד מַעֲלִין וְלֹא פוֹסְלִין, מִקְוֶה שֶׁיֵּשׁ בּוֹ אַרְבָּעִים סְאָה חָסֵר אַחַת, נָפַל מֵהֶם סְאָה לְתוֹכוֹ וְהֶעֱלָהוּ, נִמְצְאוּ מַעֲלִין וְלֹא פוֹסְלִין: ב אֵלּוּ פוֹסְלִין וְלֹא מַעֲלִין: הַמַּיִם בֵּין טְמֵאִים בֵּין טְהוֹרִים, וּמֵי כְבָשִׁים וּמֵי שְׁלָקוֹת, וְהַתֶּמֶד עַד שֶׁלֹּא הֶחֱמִיץ. כֵּיצַד פּוֹסְלִין וְלֹא מַעֲלִין, מִקְוֶה שֶׁיֵּשׁ בּוֹ אַרְבָּעִים סְאָה חָסֵר קוּרְטוֹב וְנָפַל מֵהֶם קוּרְטוֹב לְתוֹכוֹ, לֹא הֶעֱלָהוּ, וּפוֹסְלוֹ בִּשְׁלֹשָׁה לֻגִּין. אֲבָל שְׁאָר הַמַּשְׁקִין,[1] וּמֵי פֵרוֹת, וְהַצִּיר, וְהַמֻּרְיָס, וְהַתֶּמֶד מִשֶּׁהֶחֱמִיץ, פְּעָמִים מַעֲלִין וּפְעָמִים שֶׁאֵינָן מַעֲלִין. כֵּיצַד, מִקְוֶה שֶׁיֵּשׁ בּוֹ אַרְבָּעִים סְאָה חָסֵר אַחַת, נָפַל לְתוֹכוֹ סְאָה מֵהֶם, לֹא הֶעֱלָהוּ; הָיוּ בוֹ אַרְבָּעִים סְאָה, נָתַן סְאָה וְנָטַל סְאָה, הֲרֵי זֶה כָּשֵׁר: ג הֵדִיחַ בּוֹ סַלֵּי זֵיתִים וְסַלֵּי עֲנָבִים, וְשִׁנּוּ אֶת מַרְאָיו, כָּשֵׁר. רַבִּי יוֹסֵי אוֹמֵר: מֵי הַצֶּבַע פּוֹסְלִין אוֹתוֹ בִּשְׁלֹשָׁה לֻגִּין, וְאֵינָן פּוֹסְלִין אוֹתוֹ בְּשִׁנּוּי

1. Such as wine, oil, milk, etc.—v. Machshirin 6:4.

combined receptacle] is determined by the sound one; if a small receptacle was placed over a large one [and both are either sound or worn out, the cleanness or uncleanness of the combined receptacle] is determined by the large one; if both were equal [in size and both are either sound or worn out, the cleanness or uncleanness] is determined by the inner one. Rabbi Shimon said: If an [unclean] pan of a balance was patched on to the bottom of a [clean] boiler on the inside, it becomes unclean, but if on the outside, it is clean; if it was patched on to its side, whether on the inside or on the outside, it is clean.

MIKVAOT CHAPTER 7

1. There are things which [when added to or fall into a *mikveh* of less than the prescribed measure of forty *se'ah*] serve to raise the *mikveh* [to its prescribed measure] and do not render it unfit [for ritual immersion]; some make it unfit and do not serve to raise it; and some neither raise it nor make it unfit. The following raise it [to the prescribed measure] and do not make it unfit: snow, hail, frost, ice, salt and soft mud. Rabbi Akiva said: Rabbi Yishmael took issue with me, saying that snow does not serve to raise the *mikveh* [to its prescribed measure]. But the men of Medeva testified in his name that he told them: Go and bring snow and make with it [even] a completely new *mikveh*. Rabbi Yochanan ben Nuri said: Hailstones are like [drawn] water [which disqualifies the *mikveh*]. How do the [aforementioned] serve to raise [the *mikveh* to its required measure] and not render it unfit? If into a *mikveh* of forty *se'ah* less one fell a *se'ah* of any of these and increased it [to forty]—it is thereby raised [to its prescribed measure] and not rendered unfit.

2. These render a *mikveh* unfit and do not serve to raise it [to the prescribed measure]: Drawn water, whether [ritually] clean or unclean; water that has been used for pickling or cooking; and wine made from grape-skin, pip or lees before it ferments. How do they render it unfit and do not serve to raise it? If into a *mikveh* of forty *se'ah* less one *kortov* fell a *kortov* of any of them, it does not serve to raise [the *mikveh* to forty *se'ah*]; but it is rendered unfit by three *logs* of any of them. Other liquids,[1] however, and fruit juices, fish brine, liquid of pickled fish, and wine made from grape-skin, pip or lees that has fermented, at times serve to raise it [to the prescribed measure] and at times do not serve to raise it. How? If into a *mikveh* of forty *se'ah* less one fell a *se'ah* of any of them, it has not raised [the *mikveh* to its prescribed measure]; but if it contained forty *se'ah*, and a *se'ah* of any of them was put in and then one *se'ah* removed, the *mikveh* remains kosher.

3. If one rinsed in a *mikveh* baskets of olives or baskets of grapes and they changed its color, it remains kosher. Rabbi Yose said: Dye-water renders it unfit by a quantity of three *logs*, but not merely by the change of color. If

מַרְאֶה. נָפַל לְתוֹכוֹ יַיִן וּמֹחַל, וְשִׁנּוּ אֶת מַרְאָיו, פָּסוּל. כֵּיצַד יַעֲשֶׂה, יַמְתִּין לוֹ עַד שֶׁיֵּרְדוּ גְשָׁמִים וְיַחְזְרוּ מַרְאֵיהֶן לְמַרְאֵה הַמָּיִם; הָיוּ בוֹ אַרְבָּעִים סְאָה, מְמַלֵּא בַכָּתֵף, וְנוֹתֵן לְתוֹכוֹ עַד שֶׁיַּחְזְרוּ מַרְאֵיהֶן לְמַרְאֵה הַמָּיִם: ד נָפַל לְתוֹכוֹ יַיִן אוֹ מֹחַל, וְשִׁנּוּ מִקְצָת מַרְאָיו, אִם אֵין בּוֹ מַרְאֵה מַיִם אַרְבָּעִים סְאָה, הֲרֵי זֶה לֹא יִטְבֹּל בּוֹ: ה שְׁלֹשָׁה לֻגִּין מַיִם, וְנָפַל לְתוֹכָן קוֹרְטוֹב יַיִן, וַהֲרֵי מַרְאֵיהֶן כְּמַרְאֵה הַיַּיִן, וְנָפְלוּ לַמִּקְוֶה, לֹא פְסָלוּהוּ. שְׁלֹשָׁה לֻגִּין מַיִם חָסֵר קוֹרְטוֹב, וְנָפַל לְתוֹכָן קוֹרְטוֹב חָלָב, וַהֲרֵי מַרְאֵיהֶן כְּמַרְאֵה הַמַּיִם, וְנָפְלוּ לַמִּקְוֶה, לֹא פְסָלוּהוּ. רַבִּי יוֹחָנָן בֶּן נוּרִי אוֹמֵר: הַכֹּל הוֹלֵךְ אַחַר הַמַּרְאֶה: ו מִקְוֶה שֶׁיֵּשׁ בּוֹ אַרְבָּעִים סְאָה מְכֻוָּנוֹת, יָרְדוּ שְׁנַיִם וְטָבְלוּ זֶה אַחַר זֶה, הָרִאשׁוֹן טָהוֹר, וְהַשֵּׁנִי טָמֵא. רַבִּי יְהוּדָה אוֹמֵר: אִם הָיוּ רַגְלָיו שֶׁל רִאשׁוֹן נוֹגְעוֹת בַּמַּיִם, אַף הַשֵּׁנִי טָהוֹר. הִטְבִּיל בּוֹ אֶת הַסָּגוֹס וְהֶעֱלָהוּ, מִקְצָתוֹ נוֹגֵעַ בַּמַּיִם, טָהוֹר. הַכַּר וְהַכֶּסֶת שֶׁל עוֹר, כֵּיוָן שֶׁהִגְבִּיהַּ שִׂפְתוֹתֵיהֶם מִן הַמַּיִם, הַמַּיִם שֶׁבְּתוֹכָן שְׁאוּבִין. כֵּיצַד יַעֲשֶׂה, מַטְבִּילָן וּמַעֲלֶה אוֹתָם דֶּרֶךְ שׁוּלֵיהֶם:

ז הִטְבִּיל בּוֹ אֶת הַמִּטָּה, אַף עַל פִּי שֶׁרַגְלֶיהָ שׁוֹקְעוֹת בַּטִּיט הָעָבֶה, טְהוֹרָה, מִפְּנֵי שֶׁהַמַּיִם מְקַדְּמִין. מִקְוֶה שֶׁמֵּימָיו מְרֻדָּדִין, כּוֹבֵשׁ אֲפִילוּ חֲבִילֵי עֵצִים, אֲפִילוּ חֲבִילֵי קָנִים, כְּדֵי שֶׁיִּתְפְּחוּ הַמַּיִם, וְיוֹרֵד וְטוֹבֵל. מַחַט שֶׁהִיא נְתוּנָה עַל מַעֲלַת הַמְּעָרָה, הָיָה מוֹלִיךְ וּמֵבִיא בַּמַּיִם, כֵּיוָן שֶׁעָבַר עָלֶיהָ הַגַּל, טְהוֹרָה:

רַבִּי חֲנַנְיָא בֶּן עֲקַשְׁיָא אוֹמֵר: רָצָה הַקָּדוֹשׁ בָּרוּךְ הוּא לְזַכּוֹת אֶת יִשְׂרָאֵל, לְפִיכָךְ הִרְבָּה לָהֶם תּוֹרָה וּמִצְוֹת, שֶׁנֶּאֱמַר: יְיָ חָפֵץ לְמַעַן צִדְקוֹ, יַגְדִּיל תּוֹרָה וְיַאְדִּיר:

wine or olive sap fell into it and changed its color, it makes it unfit. What should one do [to render it kosher again if it contains less than forty *se'ah*]? He should wait until it rains and its color returns to the color of water. If, however, it already contained forty *se'ah*, he may fill [buckets of water], carry them on his shoulder, and pour them into the *mikveh* until its color returns to the color of water.

4. If wine or olive sap fell into a *mikveh* and discolored a part of the water, if it does not contain forty *se'ah* which has the color of water, one may not immerse himself in it.

5. If a *kortov* of wine fell into three *logs* of [drawn] water and its color became like the color of wine, and it then fell into a *mikveh* [of less than forty *se'ah*], it does not render the *mikveh* unfit. If a *kortov* of milk fell into three *logs* less a *kortov* of [drawn] water, and its color remained like the color of water, and then it fell into a *mikveh* [of less than forty *se'ah*], it does not render the *mikveh* unfit. Rabbi Yochanan ben Nuri said: Everything depends upon the color.

6. If two people went down and immersed themselves, one after the other, in a *mikveh* which contains exactly forty *se'ah*, the first becomes [ritually] clean but the second remains [ritually] unclean. Rabbi Yehudah said: If the feet of the first were still touching the water [while the second immersed himself], even the second becomes clean. If one immersed a thick mantle in a *mikveh* [of exactly forty *se'ah*], and took it out leaving part of it still touching the water, [if another person immersed himself,] he becomes ritually clean. If a leather pillow or cushion [was immersed in a *mikveh* of exactly forty *se'ah*], when it is taken out of the water by its open end the water within it becomes drawn water [and if three *logs* of it flow back into the *mikveh* they will render it—having now less than forty *se'ah*—unfit]. How is one to remove them [without making the *mikveh* unfit]? He should immerse them and take them out by their closed ends.

7. If one immersed a bed [that is too tall to be immersed all at one time in a *mikveh* of forty *se'ah*], even if its legs sank into the thick mud, it nevertheless becomes ritually clean because the water touched them before [they sank into the mud]. A *mikveh* whose water is too shallow [for proper immersion], one may press down even bundles of sticks, even bundles of reeds, so that the level of the water is raised and then he may go down and immerse himself. A needle which is placed on the step [leading down to a *mikveh*] in a cave, and the water is moved back and forth—as soon as a wave has passed over it, it becomes ritually clean.

רבי Rabbi Chananyah ben Akashya said: The Holy One, blessed be He, wished to make the people of Israel meritorious, therefore He gave them Torah and *mitzvot* in abundant measure, as it is written: The Lord desired, for the sake of his [Israel's] righteousness, to make the Torah great and glorious.

KADDISH D'RABBANAN

Mourners recite the following Kaddish. Congregation responds אָמֵן as indicated.

יִתְגַּדַּל וְיִתְקַדַּשׁ שְׁמֵהּ רַבָּא. (Cong—אָמֵן) בְּעָלְמָא דִּי בְרָא כִרְעוּתֵהּ. וְיַמְלִיךְ מַלְכוּתֵהּ, וְיַצְמַח פּוּרְקָנֵהּ וִיקָרֵב מְשִׁיחֵהּ. (Cong—אָמֵן) בְּחַיֵּיכוֹן וּבְיוֹמֵיכוֹן וּבְחַיֵּי דְכָל בֵּית יִשְׂרָאֵל, בַּעֲגָלָא וּבִזְמַן קָרִיב וְאִמְרוּ אָמֵן:

(Cong—אָמֵן. יְהֵא שְׁמֵהּ רַבָּא מְבָרַךְ לְעָלַם וּלְעָלְמֵי עָלְמַיָּא, יִתְבָּרַךְ.)

יְהֵא שְׁמֵהּ רַבָּא מְבָרַךְ לְעָלַם וּלְעָלְמֵי עָלְמַיָּא. יִתְבָּרַךְ, וְיִשְׁתַּבַּח, וְיִתְפָּאַר, וְיִתְרוֹמַם, וְיִתְנַשֵּׂא, וְיִתְהַדָּר, וְיִתְעַלֶּה, וְיִתְהַלָּל, שְׁמֵהּ דְּקוּדְשָׁא בְּרִיךְ הוּא. (Cong—אָמֵן) לְעֵלָּא מִן כָּל בִּרְכָתָא וְשִׁירָתָא, תֻּשְׁבְּחָתָא וְנֶחֱמָתָא, דַּאֲמִירָן בְּעָלְמָא, וְאִמְרוּ אָמֵן: (Cong—אָמֵן) עַל יִשְׂרָאֵל וְעַל רַבָּנָן, וְעַל תַּלְמִידֵיהוֹן וְעַל כָּל תַּלְמִידֵי תַלְמִידֵיהוֹן, וְעַל כָּל מָאן דְּעָסְקִין בְּאוֹרַיְתָא, דִּי בְאַתְרָא הָדֵין וְדִי בְכָל אֲתַר וַאֲתַר, יְהֵא לְהוֹן וּלְכוֹן שְׁלָמָא רַבָּא חִנָּא וְחִסְדָּא וְרַחֲמִין וְחַיִּין אֲרִיכִין וּמְזוֹנָא רְוִיחָא וּפוּרְקָנָא מִן קֳדָם אֲבוּהוֹן דְּבִשְׁמַיָּא וְאִמְרוּ אָמֵן: (Cong—אָמֵן) יְהֵא שְׁלָמָא רַבָּא מִן שְׁמַיָּא וְחַיִּים טוֹבִים עָלֵינוּ וְעַל כָּל יִשְׂרָאֵל, וְאִמְרוּ אָמֵן: (Cong—אָמֵן)

Take three steps back, then bow right saying עֹשֶׂה הַשָּׁלוֹם בִּמְרוֹמָיו, bow forward saying הוּא, bow left saying יַעֲשֶׂה שָׁלוֹם עָלֵינוּ, and bow forward saying וְעַל כָּל יִשְׂרָאֵל, וְאִמְרוּ אָמֵן.
During Minchah of Erev Rosh Hashanah substitute שָׁלוֹם for הַשָּׁלוֹם.

עֹשֶׂה הַשָּׁלוֹם בִּמְרוֹמָיו, הוּא יַעֲשֶׂה שָׁלוֹם עָלֵינוּ וְעַל כָּל יִשְׂרָאֵל, וְאִמְרוּ אָמֵן: (Cong—אָמֵן)

---

in the world; and say, Amen. (Cong: Amen.) Upon Israel, and upon our Sages, and upon their disciples, and upon all the disciples of their disciples, and upon all those who occupy themselves with the Torah, here or in any other place, upon them and upon you, may there be abundant peace, grace, kindness, compassion, long life, ample sustenance and deliverance, from their Father in heaven; and say, Amen. (Cong: Amen.) May there be abundant peace from heaven, and a good life for us and for all Israel; and say, Amen. (Cong: Amen.) He who makes the peace in His heavens, may He make peace for us and for all Israel; and say, Amen. (Cong: Amen.)

KADDISH D'RABBANAN

Mourners recite the following Kaddish. Congregation responds Amen as indicated.

יתגדל *Yis-gadal v'yis-kadash sh'mayh rabö.* (Cong: *Ömayn*)
B'öl'mö di v'rö chir'u-sayh v'yamlich mal'chusayh, v'yatzmach pur-könay vikörayv m'shi-chayh. (Cong: *Ömayn*)
B'cha-yay-chon u-v'yomaychon u-v'cha-yay d'chöl bays yisrö-ayl, ba-agölö u-viz'man köriv v'im'ru ömayn.
(Cong: *Ömayn. Y'hay sh'mayh rabö m'vörach l'ölam u-l'öl'may öl'ma-yö, yisböraych.*)
Y'hay sh'mayh rabö m'vörach l'ölam u-l'öl'may öl'ma-yö.
Yisböraych, v'yishtabach, v'yispö-ayr, v'yisromöm, v'yis-nasay, v'yis-hadör, v'yis-aleh, v'yis-halöl, sh'mayh d'kudshö b'rich hu. (Cong: *Ömayn*)
L'aylö min köl bir-chösö v'shirösö, tush-b'chösö v'neche-mösö, da-amirön b'öl'mö, v'im'ru ömayn. (Cong: *Ömayn*)
Al yisrö-ayl v'al rabönön, v'al tal-midayhon, v'al köl tal-miday sal-midayhon, v'al köl mön d'ös'kin b'ora-y'sö, di v'asrö hödayn, v'di v'chöl asar v'asar. Y'hay l'hon u-l'chon shlömö rabö, chinö v'chisdö v'rachamin v'cha-yin arichin, u-m'zonö r'vichö u-furkönö min ködöm avu-hon d'vish'ma-yö v'im'ru ömayn. (Cong: *Ömayn*)
Y'hay sh'lömö rabö min sh'ma-yö, v'cha-yim tovim ölaynu v'al köl yisrö-ayl v'im'ru ömayn. (Cong: *Ömayn*)

Take three steps back, then bow right saying *Oseh ha-shölom* bim'romöv, bow forward saying *hu*, bow left saying *ya-aseh shölom ölaynu*, and bow forward saying *v'al köl yisrö-ayl, v'im'ru ömayn.*
During Minchah of Erev Rosh Hashanah substitute *shölom* for *ha-shölom.*

Oseh ha-shölom bim'romöv, hu ya-a-seh shölom ölaynu v'al köl yisrö-ayl, v'im'ru ömayn. (Cong: *Ömayn*)

יתגדל Exalted and hallowed be His great Name (Cong: Amen.) throughout the world which He has created according to His will. May He establish His kingship, bring forth His redemption and hasten the coming of His Mashiach (Cong: Amen.) in your lifetime and in your days and in the lifetime of the entire House of Israel, speedily and soon, and say, Amen. (Cong: Amen. May His great Name be blessed forever and to all eternity. Blessed.) May His great Name be blessed forever and to all eternity. Blessed and praised, glorified, exalted and extolled, honored, adored and lauded be the Name of the Holy One, blessed be He, (Cong: Amen.) beyond all the blessings, hymns, praises and consolations that are uttered

קטעים מפסקי אדמו"ר הזקן בסדורו

(החלקים שנדפסו במחזור השלם לראש השנה)

סדר התרת נדרים

מבואר בגמרא ובפוסקים שאין שייך שאלה היתר והפרה רק לנדרים ושבועות שאדם נודר או נשבע במה שנוגע לעצמו בלבד כגון אוכל או לא אוכל אישן או לא אישן וכדומה אבל במה שנודר או נשבע לחבירו או לשום מי שמשביעו יהיה מאיזה עם ודת שיהיה אין מועיל שום היתר והפרה ושאלה בעולם:

בערב ראש השנה קודם חצות. וטוב שיהא עדה שלמה: שמעו נא רבותי כו':

והמתירין משיבין לו ג"פ בזה הלשון: הכל יהיו מותרים לך כו':

ואחר כך מוסר מודעה לפניהם ואומר בלשון הזה: הרי אני מוסר מודעה כו':

ואזי גם המתירין משיבין לו בלשון הזה: כלם יהיו מותרים לך כו':

סדר עירוב תבשילין

כשחל יו"ט ביום ה' וביום ו' או ביום ו' ובשבת יקח בערב יו"ט הפת משבת וגם תבשיל חשוב עמו כגון בשר או דג ויתן ביד אחר, לזכות על ידו לכל הקהל ואומר: (אני מזכה וכו')

ומי שזוכה נוטל בידו ומגבי' טפח וחוזר ונוטל מיד הזוכה והמזכה מברך: (ברוך... עירוב. בדין יהא כו')

קבלת שבת

ביחיד יאמר ג"כ סיום המאמר אחר בנהירו דאנפין ולומר כו':

תפלת ערבית

מנהג העולם לומר קודם חצי קדיש בחול ברוך ה' לעולם אמן ואמן ובשבת ושמרו (וביום־טוב וראש־השנה ויום הכפורים, פסוקים אחרים מעין קדושת היום), ויש להם על מה שיסמוכו, אבל הנוהגין שלא לומר בחול ברוך ה' לעולם אמן ואמן מפני חשש הפסק, גם בשבת (ויום־טוב וראש־השנה ויום הכפורים) אין להפסיק בפסוקים.

במוצאי שבת אומרים כאן ותודיענו:

[כשחל ר"ה בשבת] ואומר השליח־ציבור ברכה מעין ז'.

נוהגין בליל הראשון של ראש השנה לומר לחבירו לשנה טובה תכתב ותחתם.

[כשחל ר"ה בשבת] כשיבא לביתו יאמר זה: (שלום עליכם, כי מלאכיו, ה' ישמר, אשת חיל)

קידוש לראש השנה

בליל שני של ראש השנה נוהגין להניח פרי חדש בפני המקדש ויתן עינו בו ויאמר
שהחיינו. ואם אין פרי חדש מצוי מכל מקום יאמר שהחיינו:

בראש השנה בלילה ראשונה נוהגין לאכול תפוח מתוק בדבש בתחלת הסעודה וצריך
לברך בתחלה ברוך כו' בורא פרי העץ: ואחר כך יאמר יהי רצון מלפניך שתחדש
עלינו שנה טובה ומתוקה

ברכת המזון

קודם מים אחרונים יאמר: על נהרות בבל, ואם הוא יום שאין אומרים בו תחנון יאמר
זה: (שיר המעלות בשוב ה' וגו')

קודם מים אחרונים יאמר פסוק זה: (זה חלק וגו'), ואחר מים אחרונים יאמר פסוק
זה: (וידבר אלי וגו')

שכח ולא אמר רצה בשבת אפילו בסעודה שלישית אם הוא קודם שקיעת החמה
ונזכר קודם ברכת הטוב והמטיב אומר ברוך אתה כו' שנתן שבתות וכו'. ואם טעה
ולא אמר יעלה ויבא בראש השנה אומר ברוך אתה כו' אשר נתן ימים טובים כו',
ואם חל ראש השנה בשבת ולא הזכיר לא של שבת ולא של ראש השנה כוללן יחד
ואומר ברוך אתה כו' שנתן שבתות כו'.

וכל זה כשנזכר קודם שהתחיל ברכת הטוב והמטיב, אבל אם נזכר אחר שהתחיל
ברכת הטוב והמטיב, אפילו לא אמר אלא תיבת ברוך בלבד, צריך לחזור לראש.
במה דברים אמורים בשבת [וליל ר"ה], אבל בסעודה שלישית של שבת וכן בראש
השנה ביום אינו חוזר.

נוסח ברכה אחרונה מעין שלש

על תבשיל של ה' מיני דגן ועל היין ועל פירות מז' המינים שהם גפן תאנה ורמון
זית ותמרה, ואם אכל פירות מז' המינים ומיני מזונות ושתה יין, יכלול הכל בברכה
אחת ויאמר כך: על המחיה ועל הכלכלה ועל הגפן ועל פרי הגפן ועל העץ ועל פרי
העץ ועל תנובת השדה ועל ארץ חמדה כו', וחותם ונודה לך על הארץ ועל המחיה
ועל פרי הגפן ועל הפירות ברוך אתה ה' על הארץ ועל המחיה ועל פרי הגפן
והפירות.

ברכות השחר

כל הברכות הללו מברך אפילו לא נתחייב בהן, כגון שניעור כל הלילה ולא פשט
בגדיו ולא לבש אחרים, אלא שאם ניעור כל הלילה ולא נתחייב בהן, אינו מברך
אלא לאחר שיעלה עמוד השחר, אבל אם ישן בלילה ונתחייב בהן יכול לברך מיד

שנתחייב בהן, ובלבד שיהי' מחצות לילה ואילך. ואם ניעור כל הלילה ושמע קול תרנגול מחצות ואילך, יכול לברך 'הנותן לשכוי בינה', אבל על שמיעה שקודם חצות לא יברך, אלא ימתין עד אחר שיעלה עמוד השחר.

ברכת התורה צריך ליזהר בה מאד, ואסור לדבר ולהוציא דברי תורה מפיו עד שיברך. ומי שישן בלילה מברך בקומו מחצות הלילה ואילך, ואם ניעור כל הלילה מברך כשיאור היום כמו כל ברכת השחר.

הלכות ציצית

[עטיפת הטלית]

בהתעטפו יכוין שצונו הקב"ה להתעטף בו כדי שנזכור כל מצותיו לעשותם, שנאמר "וראיתם אותו וזכרתם" וגו'. העטיפה צריכה להיות מעומד וגם הברכה צריך להיות מעומד לכתחלה. וקודם שיתחיל להתעטף יברך: (ברוך ... להתעטף וכו')

ויכסה ראשו ויתעטף כעטיפת הישמעאלים דהיינו שיכרוך הטלית עם הב' כנפות של צד ימין סביב צוארו ויחזירנו לאחוריו דרך צד שמאל, וב' כנפות האחרים של צד שמאל יהיו דרך הפנים, ונמצאו כל הד' ציצית מצד שמאל, שתים לפניו ושתים לאחריו. וצריך שיהא מעוטף מלפניו ומלאחריו עד החזה (ואין צריך לכסות ראשו עד פיו), ויעמוד כך לפחות כדי הילוך ארבע אמות אחר הברכה, ואחר כך יפשילנו כמנהג המקום. ומכל מקום מצוה להיות עטוף בטלית גדול כל זמן התפלה, שיכסה בו ראשו וגופו מלפניו ומלאחריו סביב הזרועות, שיהא מונח צד ימין על שמאל. וטוב יותר להשליך כנף הא' של ימין על כתף שמאל לאחוריו ונמצא כולו מעוטף בו עטיפה גמורה כעטיפת הישמעאלים קצת.

ובשעת עטיפת הטלית יאמר זה: (מה יקר וכו')

שחרית

נכון לומר קודם התפלה: הריני מקבל עלי מצות־עשה של "ואהבת לרעך כמוך". נכון מאד לומר בכל יום פרשת תרומת הדשן וסידור המערכה, ויכול לאומרה אפילו קודם אור היום בחורף, ובקיץ יאמרנה קודם פרשת התמיד.

[סדר הוצאת ספר תורה]

ש"ץ וקהל: (שמע, אחד א־להינו) ואומר הש"ץ: (גדלו) והקהל עונין: (לך ה', על הכל, אב הרחמים)

יחיד המתפלל אינו צריך לומר יקום פורקן זה ולא מי שברך.

סדר תקיעות

אחר קריאת התורה יכין עצמו לתקוע בשופר ויאמר קפיטיל זה ז' פעמים: למנצח לבני קרח מזמור:

התוקע מתחיל וגם הקהל יאמרו כל פסוק ופסוק: מן המיצר גו':

ויתודה בלחש:

מוסף לראש השנה

קבלה בשם הרוקח כשהחזן אומר הוא אלהינו אין עוד יאמרו הקהל פסוקים אלו: אתה הראת גו׳.

ברכת כהנים

נהגו בכל מדינות אלו שאין נושאים כפים אלא ביום טוב שאז שרויים בשמחת יום טוב ונושאים כפים במוסף אפילו חל בשבת וכן יום הכפורים. לכתחלה יעקור כל כהן ממקומו כשמתחיל השליח־ציבור רצה. אם אינו עוקר רגליו קודם שסיים השליח־ציבור ברכת עבודה שוב אינו עולה. אחר שענו מודים עם השליח־ציבור יאמרו תפלה זו (יהי רצון מלפניך וכו׳). ויאריכו בה שיגמור הש״ץ הברכה כדי שיענו הציבור אמן על שתיהם.

יאמר המַקְרֵא או״א ברכנו וכו׳ עד שמגיע לתיבת כהנים וכשמגיע לכהנים קורא בקול רם ״כֹּהֲנִים״, והוא קריאה לכהנים. ואחר כך מסיים ואומר ״עַם קְדוֹשֶׁךָ כָּאָמוּר״, והכהנים מחזירים פניהם כלפי העם ומברכין: ברוך אתה ה׳ כו׳ באהבה: אמן, ומַקְרֵא להם כל מלה ומלה.

אין רשאין להתחיל יברכך עד שיכלה אמן מפי כל הצבור, ואין הכהנים רשאין להתחיל בתיבה עד שתכלה מפי המקרא, ואין הצבור עונים אמן עד שתכלה הברכה מפי הכהנים.

עם שאחורי הכהנים אינם בכלל ברכה, אבל מלפניהם ומצדיהם אפילו מחיצה של ברזל אינה מפסקת בין ישראל לאביהם שבשמים, רק שיחזירו פניהם נגד פני הכהנים ולא יחזירו פניהם אנה ואנה, שנשיאת כפים אינה אלא פנים כנגד פנים, וצריך לשמוע ולכוין לברכתם. ואין לומר הפסוקים, רק ה׳רבונו של עולם׳ בשעה שמנגנים.

בשעה שהכהנים מנגנים תיבת וישם לך שלום יאמר זה: (רבונו של עולם כו׳).

מוספין קודמין לבזיכין, לזאת נכון לומר פ׳ בזיכין ולחם הפנים אחר תפלת מוסף.

מנחה לשבת

כשקורין בתורה אומרים חצי קדיש ואחר כך אומרים: (ואני תפלתי גו׳)

סדר תשליך

אחר מנחה יום א׳ דראש השנה קודם שקיעת החמה טוב לילך מחוץ לעיר אל באר המים או מעין כי מים מורים על החסדים וגם דגים רומזים על עינא פקיחא ויאמר י״ג מדות שבפסוקים מי אל כמוך שהם כנגד י״ג מדות ה׳ ה׳ אל רחום וגו׳ ויכוין בכל מדה אל מדה אחת שבפסוק ה׳ ה׳ אל רחום וגו׳ ולא יאמרם. ואחר כך מן המצר וגו׳ והם כנגד ט׳ מדות ה׳ ארך אפים וגו׳:

APPENDIX

৩৩৩৩

VERSES FOR PEOPLE'S NAMES

It is customary to recite a verse symbolizing one's name before the second יְהִיוּ לְרָצוֹן at the conclusion of the Amidah. The verse should begin and end with the first and last letters of the name. Following is a selection of first and last letters of names, with appropriate verses:

א...א: אָנָּא יְיָ הוֹשִׁיעָה נָּא אָנָּא יְיָ הַצְלִיחָה נָּא.1

א...ד: אַזְכִּירָה שִׁמְךָ בְּכָל דֹּר וָדֹר עַל כֵּן עַמִּים יְהוֹדֻךָ לְעוֹלָם וָעֶד.2

א...ה: אַשְׁרֵי מַשְׂכִּיל אֶל דָּל בְּיוֹם רָעָה יְמַלְּטֵהוּ יְיָ.3

א...ו: אַשְׁרֵי שֶׁאֵל יַעֲקֹב בְּעֶזְרוֹ שִׂבְרוֹ עַל יְיָ אֱלֹהָיו.4

א...י: אִמְרֵי הַאֲזִינָה יְיָ בִּינָה הֲגִיגִי.5

א...ך: אָמַרְתְּ לַיָי אֲדֹנָי אָתָּה טוֹבָתִי בַּל עָלֶיךָ.6

א...ל: אֶרֶץ רָעָשָׁה אַף שָׁמַיִם נָטְפוּ מִפְּנֵי אֱלֹהִים זֶה סִינַי מִפְּנֵי אֱלֹהִים אֱלֹהֵי יִשְׂרָאֵל.7

א...ם: אַתָּה הוּא יְיָ הָאֱלֹהִים אֲשֶׁר בָּחַרְתָּ בְּאַבְרָם וְהוֹצֵאתוֹ מֵאוּר כַּשְׂדִּים וְשַׂמְתָּ שְּׁמוֹ אַבְרָהָם.8

א...ן: אֵלֶיךָ יְיָ אֶקְרָא וְאֶל יְיָ אֶתְחַנָּן.9

א...ע: אָמַר בְּלִבּוֹ בַּל אֶמּוֹט לְדֹר וָדֹר אֲשֶׁר לֹא בְרָע.10

א...ק: אֲשֶׁר כָּרַת אֶת אַבְרָהָם וּשְׁבוּעָתוֹ לְיִשְׂחָק.11

א...ר: אֵלֶּה בָרֶכֶב וְאֵלֶּה בַסּוּסִים וַאֲנַחְנוּ בְּשֵׁם יְיָ אֱלֹהֵינוּ נַזְכִּיר.12

ב...א: בֵּית אַהֲרֹן בִּטְחוּ בַיָי עֶזְרָם וּמָגִנָּם הוּא.13

ב...ה: בַּעֲבוּר יִשְׁמְרוּ חֻקָּיו וְתוֹרֹתָיו יִנְצֹרוּ הַלְלוּיָהּ.14

ב...ז: בְּיוֹם קָרָאתִי וַתַּעֲנֵנִי תַּרְהִבֵנִי בְנַפְשִׁי עֹז.15

ב...ך: בָּרוּךְ אַתָּה יְיָ לַמְּדֵנִי חֻקֶּיךָ.16

ב...ל: בְּמַקְהֵלוֹת בָּרְכוּ אֱלֹהִים אֲדֹנָי מִמְּקוֹר יִשְׂרָאֵל.17

ב...ן: בָּרוּךְ יְיָ אֱלֹהֵי יִשְׂרָאֵל מֵהָעוֹלָם וְעַד הָעוֹלָם אָמֵן וְאָמֵן.18

ב...ע: בְּחֶסֶד וֶאֱמֶת יְכֻפַּר עָוֹן וּבְיִרְאַת יְיָ סוּר מֵרָע.19

ב...ר: בְּנוֹת מְלָכִים בִּיקְּרוֹתֶיךָ נִצְּבָה שֵׁגַל לִימִינְךָ בְּכֶתֶם אוֹפִיר.20

ג...ד: גַּאֲוַת אָדָם תַּשְׁפִּילֶנּוּ וּשְׁפַל רוּחַ יִתְמֹךְ כָּבוֹד.21

ג...ה: גּוֹל עַל יְיָ דַּרְכֶּךָ וּבְטַח עָלָיו וְהוּא יַעֲשֶׂה.22

ג...ל: גַּם אֲנִי אוֹדְךָ בִכְלִי נֶבֶל אֲמִתְּךָ אֱלֹהָי אֲזַמְּרָה לְךָ בְכִנּוֹר קְדוֹשׁ יִשְׂרָאֵל.23

ג...ם: גְּדֹלִים מַעֲשֵׂי יְיָ דְּרוּשִׁים לְכָל חֶפְצֵיהֶם.24

ג...ן: גַּם בְּנֵי אָדָם גַּם בְּנֵי אִישׁ יַחַד עָשִׁיר וְאֶבְיוֹן.25

ד...ב: דִּרְשׁוּ יְיָ בְּהִמָּצְאוֹ קְרָאֻהוּ בִּהְיוֹתוֹ קָרוֹב.26

ד...ד: דִּרְשׁוּ יְיָ וְעֻזּוֹ בַּקְּשׁוּ פָנָיו תָּמִיד.27

ד...ה: דְּאָגָה בְלֶב אִישׁ יַשְׁחֶנָּה וְדָבָר טוֹב יְשַׂמְּחֶנָּה.28

ד...ל: דָּן יָדִין עַמּוֹ כְּאַחַד שִׁבְטֵי יִשְׂרָאֵל.29

1. Psalms 118:25. 2. Ibid. 45:18. 3. Ibid. 41:2. 4. Ibid. 146:5. 5. Ibid. 5:2. 6. Ibid. 16:2. 7. Ibid. 68:9. 8. Nehemiah 9:7. 9. Psalms 30:9. 10. Ibid. 10:6. 11. Ibid. 105:9. 12. Ibid. 20:8. 13. Ibid. 115:10. 14. Ibid. 105:45. 15. Ibid. 138:3. 16. Ibid. 119:12. 17. Ibid. 68:27. 18. Ibid. 41:14. 19. Proverbs 16:6. 20. Psalms 45:10. 21. Proverbs 29:23. 22. Psalms 37:5. 23. Ibid. 71:22. 24. Ibid. 111:2. 25. Ibid. 49:3. 26. Isaiah 55:6. 27. Psalms 105:4. 28. Proverbs 12:25. 29. Genesis 49:16.

ד...ם: דְּרָכֶיהָ דַרְכֵי נֹעַם וְכָל נְתִיבוֹתֶיהָ שָׁלוֹם.[30]

ד...ן: דַּבֵּר אֶל בְּנֵי יִשְׂרָאֵל וְאָמַרְתָּ אֲלֵהֶם כִּי אַתֶּם עֹבְרִים אֶת הַיַּרְדֵּן אֶל אֶרֶץ כְּנָעַן.[31]

ד...ר: דָּן וְנַפְתָּלִי גָּד וְאָשֵׁר.[32]

ה...א: הַצּוּר תָּמִים פָּעֳלוֹ כִּי כָל דְּרָכָיו מִשְׁפָּט אֵל אֱמוּנָה וְאֵין עָוֶל צַדִּיק וְיָשָׁר הוּא.[33]

ה...ה: הָפַכְתָּ מִסְפְּדִי לְמָחוֹל לִי פִּתַּחְתָּ שַׂקִּי וַתְּאַזְּרֵנִי שִׂמְחָה.[34]

ה...ל: הַקְשִׁיבָה לְקוֹל שַׁוְעִי מַלְכִּי וֵאלֹהָי כִּי אֵלֶיךָ אֶתְפַּלָּל.[35]

ו...ל: וְאַתָּה קָדוֹשׁ יוֹשֵׁב תְּהִלּוֹת יִשְׂרָאֵל.[36]

ו...ף: וְכַתּוֹתִי מִפָּנָיו צָרָיו וּמְשַׂנְאָיו אֶגּוֹף.[37]

ז...ב: זֵכֶר צַדִּיק לִבְרָכָה וְשֵׁם רְשָׁעִים יִרְקָב.[38]

ז...ד: זֹאת אֲשֶׁר לַלְוִיִּם מִבֶּן חָמֵשׁ וְעֶשְׂרִים שָׁנָה וָמַעְלָה יָבוֹא לִצְבֹא צָבָא בַּעֲבֹדַת אֹהֶל מוֹעֵד.[39]

ז...ה: זֹאת מְנוּחָתִי עֲדֵי עַד פֹּה אֵשֵׁב כִּי אִוִּתִיהָ.[40]

ז...ח: זָכַרְתִּי יָמִים מִקֶּדֶם הָגִיתִי בְכָל פָּעֳלֶךָ בְּמַעֲשֵׂה יָדֶיךָ אֲשׂוֹחֵחַ.[41]

ז...ל: זֹאת חֻקַּת הַתּוֹרָה אֲשֶׁר צִוָּה יְיָ לֵאמֹר דַּבֵּר אֶל בְּנֵי יִשְׂרָאֵל וְיִקְחוּ אֵלֶיךָ פָרָה אֲדֻמָּה תְּמִימָה אֲשֶׁר אֵין בָּהּ מוּם אֲשֶׁר לֹא עָלָה עָלֶיהָ עֹל.[42]

ז...ן: זְבוּלֻן לְחוֹף יַמִּים יִשְׁכֹּן וְהוּא לְחוֹף אֳנִיֹּת וְיַרְכָתוֹ עַל צִידֹן.[43]

ח...א: חִדְלוּ לָכֶם מִן הָאָדָם אֲשֶׁר נְשָׁמָה בְּאַפּוֹ כִּי בַמֶּה נֶחְשָׁב הוּא.[44]

ח...ה: חַרְבָּם תָּבוֹא בְלִבָּם וְקַשְּׁתוֹתָם תִּשָּׁבַרְנָה.[45]

ח...ך: חֲצוֹת לַיְלָה אָקוּם לְהוֹדוֹת לָךְ עַל מִשְׁפְּטֵי צִדְקֶךָ.[46]

ח...ל: חָדְלוּ פְרָזוֹן בְּיִשְׂרָאֵל חָדֵלּוּ עַד שַׁקַּמְתִּי דְּבוֹרָה שַׁקַּמְתִּי אֵם בְּיִשְׂרָאֵל.[47]

ח...ם: חֹנֶה מַלְאַךְ יְיָ סָבִיב לִירֵאָיו וַיְחַלְּצֵם.[48]

ט...א: טוֹב יַנְחִיל בְּנֵי בָנִים וְצָפוּן לַצַּדִּיק חֵיל חוֹטֵא.[49]

ט...ה: טָמְנוּ גֵאִים פַּח לִי וַחֲבָלִים פָּרְשׂוּ רֶשֶׁת לְיַד מַעְגָּל מֹקְשִׁים שָׁתוּ לִי סֶלָה.[50]

י...א: יִתֶּן לְךָ כִלְבָבֶךָ וְכָל עֲצָתְךָ יְמַלֵּא.[51]

י...ב: יַעַנְךָ יְיָ בְּיוֹם צָרָה יְשַׂגֶּבְךָ שֵׁם אֱלֹהֵי יַעֲקֹב.[52]

י...ד: יֹאכְלוּ עֲנָוִים וְיִשְׂבָּעוּ יְהַלְלוּ יְיָ דֹּרְשָׁיו יְחִי לְבַבְכֶם לָעַד.[53]

י...ה: יְיָ הַצִּילָה נַפְשִׁי מִשְּׂפַת שֶׁקֶר מִלָּשׁוֹן רְמִיָּה.[54]

י...ו: יִרְאַת יְיָ טְהוֹרָה עוֹמֶדֶת לָעַד מִשְׁפְּטֵי יְיָ אֱמֶת צָדְקוּ יַחְדָּו.[55]

י...ט: יָדִין עַמְּךָ בְצֶדֶק וַעֲנִיֶּיךָ בְמִשְׁפָּט.[56]

י...י: יְיָ לִי בְּעֹזְרָי וַאֲנִי אֶרְאֶה בְשֹׂנְאָי.[57]

י...ל: יְמִין יְיָ רוֹמֵמָה יְמִין יְיָ עֹשָׂה חָיִל.[58]

י...ם: יַעְלְזוּ חֲסִידִים בְּכָבוֹד יְרַנְּנוּ עַל מִשְׁכְּבוֹתָם.[59]

י...ן: יָשֵׂם נְהָרוֹת לְמִדְבָּר וּמֹצָאֵי מַיִם לְצִמָּאוֹן.[60]

י...ע: יָחֹס עַל דַּל וְאֶבְיוֹן וְנַפְשׁוֹת אֶבְיוֹנִים יוֹשִׁיעַ.[61]

י...ף: יְיָ יִגְמֹר בַּעֲדִי יְיָ חַסְדְּךָ לְעוֹלָם מַעֲשֵׂי יָדֶיךָ אַל תֶּרֶף.[62]

י...ץ: יְבָרְכֵנוּ אֱלֹהִים וְיִירְאוּ אוֹתוֹ כָּל אַפְסֵי אָרֶץ.[63]

30. Proverbs 3:17. **31.** Numbers 33:51. **32.** Exodus 1:4. **33.** Deuteronomy 32:4. **34.** Psalms 30:12. **35.** Ibid. 5:3. **36.** Ibid. 22:4. **37.** Ibid. 89:24. **38.** Proverbs 10:7. **39.** Numbers 8:24. **40.** Psalms 132:14. **41.** Ibid. 143:5. **42.** Numbers 19:2. **43.** Genesis 49:13. **44.** Isaiah 2:22. **45.** Psalms 37:15. **46.** Ibid. 119:62. **47.** Judges 5:7. **48.** Psalms 34:8. **49.** Proverbs 13:22. **50.** Psalms 140:6. **51.** Ibid. 20:5. **52.** Ibid. 20:2. **53.** Ibid. 22:27. **54.** Ibid. 120:2. **55.** Ibid. 19:10. **56.** Ibid. 72:2. **57.** Ibid. 118:7. **58.** Ibid. 118:16. **59.** Ibid. 149:5. **60.** Ibid. 107:33. **61.** Ibid. 72:13. **62.** Ibid. 138:8. **63.** Ibid. 67:8.

י...ק: יוֹצִיאֵם מֵחֹשֶׁךְ וְצַלְמָוֶת וּמוֹסְרוֹתֵיהֶם יְנַתֵּק.[1]

י...ר: יֹאמְרוּ גְּאוּלֵי יְיָ אֲשֶׁר גְּאָלָם מִיַּד צָר.[2]

כ...ב: כִּי לֹא יִטֹּשׁ יְיָ עַמּוֹ וְנַחֲלָתוֹ לֹא יַעֲזֹב.[3]

כ...ל: כִּי מֶלֶךְ כָּל הָאָרֶץ אֱלֹהִים זַמְּרוּ מַשְׂכִּיל.[4]

ל...א: לְדָוִד אֵלֶיךָ יְיָ נַפְשִׁי אֶשָּׂא.[5]

ל...ב: לֶךְ נָא אֶל הַצֹּאן וְקַח לִי מִשָּׁם שְׁנֵי גְּדָיֵי עִזִּים טֹבִים וְאֶעֱשֶׂה אֹתָם מַטְעַמִּים לְאָבִיךָ כַּאֲשֶׁר אָהֵב.[6]

ל...ה: לַיְיָ הַיְשׁוּעָה עַל עַמְּךָ בִרְכָתֶךָ סֶּלָה.[7]

ל...י: לוּלֵי תוֹרָתְךָ שַׁעֲשֻׁעָי אָז אָבַדְתִּי בְעָנְיִי.[8]

ל...ן: לְעֻמַּת הַמִּסְגֶּרֶת תִּהְיֶיןָ הַטַּבָּעֹת לְבָתִּים לְבַדִּים לָשֵׂאת אֶת הַשֻּׁלְחָן.[9]

ל...ת: לַמְנַצֵּחַ עַל שֹׁשַׁנִּים לִבְנֵי קֹרַח מַשְׂכִּיל שִׁיר יְדִידֹת.[10]

מ...א: מוֹנֶה מִסְפָּר לַכּוֹכָבִים לְכֻלָּם שֵׁמוֹת יִקְרָא.[11]

מ...ד: מִזְמוֹר שִׁיר חֲנֻכַּת הַבַּיִת לְדָוִד.[12]

מ...ה: מַחֲשָׁבוֹת בְּעֵצָה תִכּוֹן וּבְתַחְבֻּלוֹת עֲשֵׂה מִלְחָמָה.[13]

מ...ו: מַה דּוֹדֵךְ מִדּוֹד הַיָּפָה בַּנָּשִׁים מַה דּוֹדֵךְ מִדּוֹד שֶׁכָּכָה הִשְׁבַּעְתָּנוּ.[14]

מ...ח: מִן הָאָרֶץ הַהִוא יָצָא אַשּׁוּר וַיִּבֶן אֶת נִינְוֵה וְאֶת רְחֹבֹת עִיר וְאֶת כָּלַח.[15]

מ...י: מָה אָהַבְתִּי תוֹרָתֶךָ כָּל הַיּוֹם הִיא שִׂיחָתִי.[16]

מ...ל: מַה טֹּבוּ אֹהָלֶיךָ יַעֲקֹב מִשְׁכְּנֹתֶיךָ יִשְׂרָאֵל.[17]

מ...ם: מְאוֹר עֵינַיִם יְשַׂמַּח לֵב שְׁמוּעָה טוֹבָה תְּדַשֶּׁן עָצֶם.[18]

מ...ס: מְקוֹר חַיִּים פִּי צַדִּיק וּפִי רְשָׁעִים יְכַסֶּה חָמָס.[19]

מ...ר: מִי זֶה הָאִישׁ יְרֵא יְיָ יוֹרֶנּוּ בְּדֶרֶךְ יִבְחָר.[20]

נ...א: נַפְשֵׁנוּ חִכְּתָה לַיְיָ עֶזְרֵנוּ וּמָגִנֵּנוּ הוּא.[21]

נ...ה: נְקִי כַפַּיִם וּבַר לֵבָב אֲשֶׁר לֹא נָשָׂא לַשָּׁוְא נַפְשִׁי וְלֹא נִשְׁבַּע לְמִרְמָה.[22]

נ...ח: נֶגְבָּה לְאֶפְרַיִם וְצָפוֹנָה לִמְנַשֶּׁה וַיְהִי הַיָּם גְּבוּלוֹ וּבְאָשֵׁר יִפְגְּעוּן מִצָּפוֹן וּבְיִשָּׂשכָר מִמִּזְרָח.[23]

נ...י: נָכוֹן לִבִּי אֱלֹהִים אָשִׁירָה וַאֲזַמְּרָה אַף כְּבוֹדִי.[24]

נ...ל: נֶחְשַׁבְתִּי עִם יוֹרְדֵי בוֹר הָיִיתִי כְּגֶבֶר אֵין אֱיָל.[25]

נ...ם: נַעַר הָיִיתִי גַּם זָקַנְתִּי וְלֹא רָאִיתִי צַדִּיק נֶעֱזָב וְזַרְעוֹ מְבַקֶּשׁ לָחֶם.[26]

נ...ן: נָהָר פְּלָגָיו יְשַׂמְּחוּ עִיר אֱלֹהִים קְדֹשׁ מִשְׁכְּנֵי עֶלְיוֹן.[27]

ס...ה: סֹבּוּ צִיּוֹן וְהַקִּיפוּהָ סִפְרוּ מִגְדָּלֶיהָ.[28]

ס...י: סֵעֲפִים שָׂנֵאתִי וְתוֹרָתְךָ אָהָבְתִּי.[29]

ס...ר: סְמוּכִים לָעַד לְעוֹלָם עֲשׂוּיִם בֶּאֱמֶת וְיָשָׁר.[30]

ע...א: עַתָּה אָקוּם יֹאמַר יְיָ עַתָּה אֵרוֹמָם עַתָּה אֶנָּשֵׂא.[31]

ע...ב: עַד אֶמְצָא מָקוֹם לַיְיָ מִשְׁכָּנוֹת לַאֲבִיר יַעֲקֹב.[32]

ע...ה: עָזִּי וְזִמְרָת יָהּ וַיְהִי לִי לִישׁוּעָה.[33]

ע...ל: עַל דַּעְתְּךָ כִּי לֹא אֶרְשָׁע וְאֵין מִיָּדְךָ מַצִּיל.[34]

ע...ם: עִם חָסִיד תִּתְחַסָּד עִם גְּבַר תָּמִים תִּתַּמָּם.[35]

1. Psalms 107:14. **2.** Ibid. 107:2. **3.** Ibid. 94:14. **4.** Ibid. 47:8. **5.** Ibid. 25:1. **6.** Genesis 27:9. **7.** Psalms 3:9. **8.** Ibid. 119:92. **9.** Exodus 25:27. **10.** Psalms 45:1. **11.** Ibid. 147:4. **12.** Ibid. 30:1. **13.** Proverbs 20:18. **14.** Song of Songs 5:9. **15.** Genesis 10:11. **16.** Psalms 119:97. **17.** Numbers 24:5. **18.** Proverbs 15:30. **19.** Ibid. 10:11. **20.** Psalms 25:12. **21.** Ibid. 33:20. **22.** Ibid. 24:4. **23.** Joshua 17:10. **24.** Psalms 108:2. **25.** Ibid. 88:5. **26.** Ibid. 37:25. **27.** Ibid. 46:5. **28.** Ibid. 48:13. **29.** Ibid. 119:113. **30.** Ibid. 111:8. **31.** Isaiah 33:10. **32.** Psalms 132:5. **33.** Ibid. 118:14. **34.** Job 10:7. **35.** Psalms 18:26.

ע...ר: עֹשֶׂה גְדֹלוֹת וְאֵין חֵקֶר נִפְלָאוֹת עַד אֵין מִסְפָּר.[36]

פ...א: פָּתוֹת אֹתָהּ פִּתִּים וְיָצַקְתָּ עָלֶיהָ שָׁמֶן מִנְחָה הִוא.[37]

פ...ה: פִּתְחוּ לִי שַׁעֲרֵי צֶדֶק אָבֹא בָם אוֹדֶה יָהּ.[38]

פ...ל: פֶּן יִטְרֹף כְּאַרְיֵה נַפְשִׁי פֹּרֵק וְאֵין מַצִּיל.[39]

פ...ס: פֶּלֶס וּמֹאזְנֵי מִשְׁפָּט לַייָ מַעֲשֵׂהוּ כָּל אַבְנֵי כִיס.[40]

פ...ץ: פִּנִּיתָ לְפָנֶיהָ וַתַּשְׁרֵשׁ שָׁרָשֶׁיהָ וַתְּמַלֵּא אָרֶץ.[41]

צ...ה: צִיּוֹן בְּמִשְׁפָּט תִּפָּדֶה וְשָׁבֶיהָ בִּצְדָקָה.[42]

צ...ח: צִיּוֹן יִשְׁאָלוּ דֶּרֶךְ הֵנָּה פְנֵיהֶם בֹּאוּ וְנִלְווּ אֶל יְיָ בְּרִית עוֹלָם לֹא תִשָּׁכֵחַ.[43]

צ...י: צַר וּמָצוֹק מְצָאוּנִי מִצְוֹתֶיךָ שַׁעֲשֻׁעָי.[44]

צ...ל: צַהֲלִי וָרֹנִּי יוֹשֶׁבֶת צִיּוֹן כִּי גָדוֹל בְּקִרְבֵּךְ קְדוֹשׁ יִשְׂרָאֵל.[45]

צ...ן: צַוֵּה אֶת הַכֹּהֲנִים נֹשְׂאֵי אֲרוֹן הָעֵדוּת וְיַעֲלוּ מִן הַיַּרְדֵּן.[46]

צ...ק: צַוָּארֵךְ כְּמִגְדַּל הַשֵּׁן עֵינַיִךְ בְּרֵכוֹת בְּחֶשְׁבּוֹן עַל שַׁעַר בַּת רַבִּים אַפֵּךְ כְּמִגְדַּל הַלְּבָנוֹן צוֹפֶה פְּנֵי דַמָּשֶׂק.[47]

ק...ל: קוֹל רִנָּה וִישׁוּעָה בְּאָהֳלֵי צַדִּיקִים יְמִין יְיָ עֹשָׂה חָיִל.[48]

ק...ן: קוֹלִי אֶל יְיָ אֶזְעָק קוֹלִי אֶל יְיָ אֶתְחַנָּן.[49]

ק...ת: קָרוֹב אַתָּה יְיָ וְכָל מִצְוֹתֶיךָ אֱמֶת.[50]

ר...ה: רַבּוֹת רָעוֹת צַדִּיק וּמִכֻּלָּם יַצִּילֶנּוּ יְיָ.[51]

ר...ל: רְאוּ עַתָּה כִּי אֲנִי אֲנִי הוּא וְאֵין אֱלֹהִים עִמָּדִי אֲנִי אָמִית וַאֲחַיֶּה מָחַצְתִּי וַאֲנִי אֶרְפָּא וְאֵין מִיָּדִי מַצִּיל.[52]

ר...ם: רָאוּ עֲנָוִים יִשְׂמָחוּ דֹּרְשֵׁי אֱלֹהִים וִיחִי לְבַבְכֶם.[53]

ר...ן: רְאֵה זֶה מָצָאתִי אָמְרָה קֹהֶלֶת אַחַת לְאַחַת לִמְצֹא חֶשְׁבּוֹן.[54]

ר...ת: רָאוּךָ מַּיִם אֱלֹהִים רָאוּךָ מַּיִם יָחִילוּ אַף יִרְגְּזוּ תְהֹמוֹת.[55]

ש...א: שַׂמֵּחַ נֶפֶשׁ עַבְדֶּךָ כִּי אֵלֶיךָ אֲדֹנָי נַפְשִׁי אֶשָּׂא.[56]

ש...ה: שִׁיר הַשִּׁירִים אֲשֶׁר לִשְׁלֹמֹה.[57]

ש...ו: שֹׁמֵעַ תְּפִלָּה עָדֶיךָ כָּל בָּשָׂר יָבֹאוּ.[58]

ש...ח: שָׁמַע יְיָ תְּחִנָּתִי יְיָ תְּפִלָּתִי יִקָּח.[59]

ש...י: שָׂנֵאתִי הַשֹּׁמְרִים הַבְלֵי שָׁוְא וַאֲנִי אֶל יְיָ בָּטָחְתִּי.[60]

ש...ל: שָׁלוֹם רָב לְאֹהֲבֵי תוֹרָתֶךָ וְאֵין לָמוֹ מִכְשׁוֹל.[61]

ש...ם: שְׁמָר תָּם וּרְאֵה יָשָׁר כִּי אַחֲרִית לְאִישׁ שָׁלוֹם.[62]

ש...ן: שִׁיתוּ לִבְּכֶם לְחֵילָה פַּסְּגוּ אַרְמְנוֹתֶיהָ לְמַעַן תְּסַפְּרוּ לְדוֹר אַחֲרוֹן.[63]

ש...ר: שְׂפַת אֱמֶת תִּכּוֹן לָעַד וְעַד אַרְגִּיעָה לְשׁוֹן שָׁקֶר.[64]

ש...ת: שִׁיר הַמַּעֲלוֹת הִנֵּה בָּרְכוּ אֶת יְיָ כָּל עַבְדֵי יְיָ הָעֹמְדִים בְּבֵית יְיָ בַּלֵּילוֹת.[65]

ת...ה: תַּעֲרֹךְ לְפָנַי שֻׁלְחָן נֶגֶד צֹרְרָי דִּשַּׁנְתָּ בַשֶּׁמֶן רֹאשִׁי כּוֹסִי רְוָיָה.[66]

ת...י: תּוֹצִיאֵנִי מֵרֶשֶׁת זוּ טָמְנוּ לִי כִּי אַתָּה מָעוּזִּי.[67]

ת...ם: תְּנוּ עֹז לֵאלֹהִים עַל יִשְׂרָאֵל גַּאֲוָתוֹ וְעֻזּוֹ בַּשְּׁחָקִים.[68]

ת...ר: תְּפִלָּה לְמֹשֶׁה אִישׁ הָאֱלֹהִים אֲדֹנָי מָעוֹן אַתָּה הָיִיתָ לָּנוּ בְּדֹר וָדֹר.[69]

---

36. Job 5:9. **37.** Leviticus 2:6. **38.** Psalms 118:19. **39.** Psalms 7:3. **40.** Proverbs 16:11. **41.** Psalms 80:10. **42.** Isaiah 1:27. **43.** Jeremiah 50:5. **44.** Psalms 119:143. **45.** Isaiah 12:6. **46.** Joshua 4:16. **47.** Song of Songs 7:5. **48.** Psalms 118:15. **49.** Ibid. 140:2. **50.** Ibid. 119:151. **51.** Ibid. 34:20. **52.** Deuteronomy 32:39. **53.** Psalms 69:33. **54.** Ecclesiastes 7:27. **55.** Psalms 77:17. **56.** Ibid. 86:4. **57.** Song of Songs 1:1. **58.** Psalms 65:3. **59.** Ibid. 6:10. **60.** Ibid. 31:7. **61.** Ibid. 119:165. **62.** Ibid. 37:37. **63.** Ibid. 48:14. **64.** Proverbs 12:19. **65.** Psalms 134:1. **66.** Ibid. 23:5. **67.** Ibid. 31:5. **68.** Ibid. 68:35. **69.** Ibid. 90:1.

❧❧❧

SELECTED LAWS AND CUSTOMS

EREV ROSH HASHANAH

CUSTOMS

1. It is customary to visit the gravesites of the righteous during the days leading up to Rosh Hashanah and to pray for their intercession on high in our behalf on the imminent Day of Judgment.

2. On the day immediately preceding Rosh Hashanah (Erev Rosh Hashanah), *tachnun* is not said.

3. The *shofar* is sounded everyday of the month of Elul. On Erev Rosh Hashanah, however, the *shofar* is not sounded.

4. Erev Rosh Hashanah should be spent studying Torah, performing *mitzvot*, repairing our relations with others, reciting *Tehillim* (Psalms), and repenting for improper deeds committed during the past year.

5. Beginning an hour before the Minchah prayer on Erev Rosh Hashanah through the duration of the two-day festival, *Tehillim* should be recited during every free moment. Avoiding mundane, or everyday talk, is exemplary during this period.

ANNULMENT OF VOWS

1. On Erev Rosh Hashanah after the morning service, *Hatarat Nedarim* (the annulment of vows) is performed. It is necessary to understand the words one is reading. Therefore, if one does not understand the Hebrew, it should be read in a language one understands.

2. It is explained in the Talmud and in Halachic works that the absolution, annulment, or invalidation of vows or oaths applies only to those which one imposed upon oneself, as for example, "I will eat" or "I will not eat," "I will sleep" or "I will not sleep," and the like. But if one vows or swears to his fellow, or if someone places him under oath—regardless of that person's nationality or religion—no annulment, invalidation, or absolution is possible without the party's consent.

PRUZBUL

1. On Erev Rosh Hashanah of a Shemittah (Sabbatical) year—every seventh year since creation, e.g., 5768 (2007) 5775 (2014), etc.—one should arrange a *pruzbul*, by declaring to a *minyan* (or at least three men): "I hereby present you with all debts owed to me, so that I may claim them whenever I so choose." This is done after Hatarat Nedarim. If one forgot to perform it at the end of the sixth year, one should perform it at the end of the Shemittah year, i.e., on 29 Elul of the following year.

2. One who loans money during the Shemittah year (without setting a date for the loan to be paid) should make a *pruzbul* also at the end of the Shemittah year.

ERUV TAVSHILIN

1. Generally, it is forbidden to prepare on a holiday for the following day. When Rosh Hashanah occurs on Thursday and Friday, one should make an *eruv tavshilin* (lit. "mixture of cooked dishes") on the day preceding Rosh Hashanah to allow cooking on the Friday of Rosh Hashanah for the next day, Shabbat. The *eruv* acts as a reminder for the general prohibition of cooking and that a special dispensation for Shabbat has been made. A meal is set aside for Shabbat, and a blessing and statement are recited over it (see page 4).

2. For the *eruv*, one should use *challah* or matzah at least the size of a *kebeitzah* (1.93 oz.), and a cooked or roasted food at least the size of a *kezayit* (approx. 0.896 oz.) that is appropriate to be served with bread. It is appropriate to use an important

cooked dish, e.g., fish or meat.

3. One who does not understand the Aramaic text of the declaration בְּדֵין יְהֵא שָׁרָא should recite it in a language that he understands.

4. After an *eruv* has been made, it is permissible to cook food on Friday for Shabbat. One must, however, cook this food well before nightfall, so that it would be possible for one to benefit from the food on the Friday of Rosh Hashanah, and one is not cooking exclusively for Shabbat (which, according to one opinion in the Talmud, would be prohibited).

5. One must save the food designated for the *eruv* until all the tasks necessary for Shabbat have been completed. It is customary to use for the *eruv* an entire *challah* or matzah, which is then used on Shabbat as one of the two loaves and is eaten at the third Shabbat meal.

6. If one forgot to make an *eruv* during the day, he can make one between sunset and the appearance of the stars.

7. Although every individual should make his own *eruv*, the rabbi of the city generally makes an *eruv* for the entire community. Therefore, in such a case if one forgot to make an *eruv*, he can rely on the rabbi's *eruv*.

MINCHAH

1. The Minchah prayer on Erev Rosh Hashanah is recited with deep devotion and at a more deliberate pace than usual, since it is the last prayer of the year and a preparation for the onset of Rosh Hashanah. It is also a time of reflection and accounting for deeds committed or omitted during the previous year.

CANDLE LIGHTING

1. It is a *mitzvah* to light candles in honor of the Rosh Hashanah festival. The procedure of candle lighting for a festival is the same as that for Shabbat (except for the text of the blessing).

2. It is customary to give *tzedakah* (charity) before lighting the Rosh Hashanah candles.

3. Girls should begin lighting candles from the age of three, or even earlier, once they are able to relate to the concept of Shabbat, each girl according to her understanding. Before marriage, a girl should light only one candle.

4. While the blessing should be recited immediately after lighting the candles, if forgotten, it may be recited so long as the candles are still burning. (If there is doubt as to whether a blessing was said, it should not be repeated.)

5. On Rosh Hashanah (as on other festivals) it is permitted to light a candle from an existing flame, i.e., a flame that has been burning continuously from before the onset of the festival, such as a pilot light or a long-burning candle. It is forbidden to create a new fire by using a match, lighter or other method. Accordingly, on the second night of Rosh Hashanah, care should be taken to light the candles using an existing flame.

6. In addition to the blessing specific for Rosh Hashanah candle-lighting, (לְהַדְלִיק נֵר שֶׁל יוֹם הַזִּכָּרוֹן), the שֶׁהֶחֱיָנוּ blessing is also recited on each night of the festival.

7. It is customary for women to kindle the festival candles and to recite the accompanying blessings. Where there are no women present, however, men should light the candles as well. In any event, if whomever lights the candles is the same person who will recite the Kiddush later in the evening, that person should not recite the שֶׁהֶחֱיָנוּ blessing during candle-lighting, since it will be recited during the Kiddush. If the blessing was recited during the candle-lighting, it should not be repeated during Kiddush.

8. On the second night of Rosh Hashanah, if available, a new item of clothing should be worn or a fruit that has not yet been eaten during the current season should be

placed on the table before candle-lighting. When reciting the שֶׁהֶחֱיָנוּ blessing that evening (in connection with candle lighting), the fruit or new item should be kept in mind. (See "Traditional Foods" below [4].) Nevertheless, even in the absence of a new item of clothing or fruit, the שֶׁהֶחֱיָנוּ is still recited.

9. If, when reciting the blessing for Rosh Hashanah candle lighting, an incorrect ending (i.e., from לְהַדְלִיק until the end of the blessing) is inadvertently said in place of that for Rosh Hashanah, the correct ending may be recited immediately and the blessing need not be repeated. If the error was realized even several seconds later, however, the correct blessing must be recited from the beginning.

10. When Rosh Hashanah coincides with Shabbat, the blessing need not be repeated if only Shabbat was mentioned in the blessing.

CONCENTRATION

1. During prayer, one should stand before God in awe and humility. This is achieved by contemplating the exaltedness of God and the subjugation of man, removing human desires and pleasures from the heart, and visualizing the Divine Presence before us. To accomplish this, chasidim study Chasidus before the morning prayers.

2. Regarding *kavanah*, intent, in prayer, for those intellectually incapable of meditating on the mystical *kavanot* (either because they lack knowledge, or because they cannot remember the specific *kavanot* during prayer) it is sufficient that they keep one general *kavanah* in mind: that their prayers be heard by God with all the *kavanot* described in the Kabbalah literature.

3. There should be no casual conversation from the time the chazzan begins the prayer service until the conclusion of the final Kaddish. This applies to the morning, afternoon, and evening services.

KADDISH

1. One who recites Kaddish should do so while standing with feet together.

2. When reciting the Kaddish, the reader lowers his head at the following words: שְׁמֵהּ רַבָּא, וִיקָרֵב מְשִׁיחֵהּ, and וְאִמְרוּ אָמֵן. After the latter words, the reader lifts his head and lowers it again, reciting יְהֵא שְׁמֵהּ רַבָּא...יִתְבָּרַךְ. He then lifts his head and lowers it again slightly, continuing וְיִשְׁתַּבַּח וְיִתְפָּאַר...וְיִתְהַלָּל, where he lifts and lowers it again, reciting שְׁמֵהּ דְּקוּדְשָׁא בְּרִיךְ הוּא. The head is lowered and lifted each time וְאִמְרוּ אָמֵן is said.

Before reciting עֹשֶׂה הַשָּׁלוֹם, the reader takes three steps backward, then bends his head to the right while saying עֹשֶׂה הַשָּׁלוֹם בִּמְרוֹמָיו. The head erect, he bows forward and says the word הוּא. He bends his head to the left while saying יַעֲשֶׂה שָׁלוֹם עָלֵינוּ, and at וְעַל כָּל יִשְׂרָאֵל וְאִמְרוּ אָמֵן he bows forward again. (These instructions apply to the recitation of Kaddish only.)

THE CHAZZAN

1. It is Chabad custom that the chazzan does not wear a *kittel* for any of the Rosh Hashanah prayers.

THE SHEMA

1. One should be careful to recite all three sections of the Shema with *kavanah*, in awe and reverence.

2. One should pause while reciting the verse שְׁמַע, to convey the following meaning: Hear O Israel (pause) the Lord who is our God (pause) is the one God.

3. One who draws out [i.e., in meditation, not in articulation, see below] the ד of אֶחָד, will merit the blessing of longevity.

4. One should pronounce the ד (the numerical value of which is four) long enough to acknowledge His kingdom in all four directions.

5. One should not slur over the ח, but should draw it out slightly for the length of time that it takes to affirm God's sovereignty in the seven heavens and on earth—equal to eight, the numerical value of ח.

6. One should pronounce the ד clearly so that it should not sound like a ר, or a hard letter (with a dagesh), or be protracted so long that it sounds as if the ד has a *sheva* (echad-e).

7. One should enunciate the letter י of יִשְׂרָאֵל (שְׁמַע) distinctly, so that it will not sound like אִשְׂרָאֵל. Likewise, the י of וְהָיוּ, that it should not sound like וְהָאוּ.

8. One should pause slightly between שְׁמַע and בָּרוּךְ שֵׁם.

9. If בָּרוּךְ שֵׁם was omitted, the שְׁמַע must be repeated.

10. One should pause briefly between בָּרוּךְ שֵׁם and וְאָהַבְתָּ.

11. One should pause between הַיּוֹם and עַל לְבָבֶךָ and between הַיּוֹם and לְאַהֲבָה—so as not to imply that only "today" should it be upon your heart but not tomorrow.

12. One should pause between two successive words in which the first ends and the second begins with the same letter, so as not to "swallow" one of the letters, e.g., עַל לְבָבֶךָ. The same is true where the first word ends with a ם and the second begins with an א, e.g., וּרְאִיתֶם אֹתוֹ—so as not to make it sound like מוֹתוֹ. (The vertical line "|" between words in the Hebrew text indicates a pause.)

13. The Shema must be recited audibly. If it was not, one has still fulfilled the precept provided the words were articulated with his lips. If one cannot utter the words, one should think them in his mind.

14. One must pay attention to the meaning of the words while reciting the verses שְׁמַע יִשְׂרָאֵל and בָּרוּךְ שֵׁם; if one did not pay attention, they must be repeated. When praying with a congregation, they should be repeated in an undertone, so as not to appear like one who ascribes to a duality of deities.

15. If one became aware of his lack of intent only after concluding the entire section, it must be repeated from the beginning.

16. From וְאָהַבְתָּ onward one fulfills his obligation—post facto—by the mere recital of the words.

17. The obligation for the שְׁמַע to include 248 words is fulfilled when the chazzan repeats the words ה' אֱלֹקֵיכֶם אֱמֶת. One who is still reciting the שְׁמַע when the chazzan concludes need not repeat them, for he was included in the chazzan's recital.

18. In the blessing after the שְׁמַע, the chazzan should raise his voice at וּמַלְכוּתוֹ...קַיֶּמֶת.

THE AMIDAH

1. Beginning with Maariv on the first night of Rosh Hashanah through the final prayer of Yom Kippur, the passages of זָכְרֵנוּ, מִי כָמוֹךָ, וּכְתוֹב and וּבְסֵפֶר are added where indicated during the Amidah.

2. If any of these passages are unintentionally skipped but then remembered before completion of the current blessing, the skipped passage may be recited at that point.

3. However, once the words בָּרוּךְ אַתָּה יְיָ have been said towards the end of the current blessing, the passage should not be recited nor should the blessing be repeated.

4. During this same 10-day period, the Ten Days of Penitence, the third blessing of the Amidah is concluded with the words הַמֶּלֶךְ הַקָּדוֹשׁ, rather than הָאֵל הַקָּדוֹשׁ as is said throughout the year.

5. If the blessing is mistakenly concluded with the words הָאֵל הַקָּדוֹשׁ rather than הַמֶּלֶךְ הַקָּדוֹשׁ during this period, or if unsure as to which words were used, הַמֶּלֶךְ הַקָּדוֹשׁ may be immediately recited as a correction and the blessing need not be repeated. If the error was realized even several seconds later, however, the Amidah must be recited from the beginning.

ELOKAI NETZOR

1. One must not make any interruptions between the final blessing of the Amidah and the verse יִהְיוּ לְרָצוֹן, even to respond to Kaddish or Kedushah.

2. Between יִהְיוּ לְרָצוֹן and אֱלֹקַי נְצֹר, one is permitted to respond to holy things—but to nothing else—before stepping back three steps. Even moving from one's place is prohibited prior to stepping back.

ROSH HASHANAH MEALS

KIDDUSH

1. An otherwise appropriate Rosh Hashanah Kiddush that was mistakenly concluded with the words מְקַדֵּשׁ הַשַּׁבָּת, rather than מְקַדֵּשׁ יִשְׂרָאֵל וְיוֹם הַזִּכָּרוֹן, may be immediately corrected by reciting the correct ending and the Kiddush need not be repeated. If the error was realized even several seconds later, however, the entire Kiddush (aside from the initial בּוֹרֵא פְּרִי הַגָּפֶן) must be repeated.

2. If the Kiddush for Shabbat was mistakenly recited on Rosh Hashanah, the entire Kiddush (aside from the initial בּוֹרֵא פְּרִי הַגָּפֶן) must be repeated, even when Rosh Hashanah coincides with Shabbat. This is true even if the erroneous Shabbat Kiddush was concluded with the Rosh Hashanah-specific words of מְקַדֵּשׁ יִשְׂרָאֵל וְיוֹם הַזִּכָּרוֹן.

3. Where Rosh Hashanah coincides with Shabbat but the insertions for Shabbat were omitted from the Kiddush, the entire Kiddush (aside from the initial בּוֹרֵא פְּרִי הַגָּפֶן) must be repeated, even if Shabbat was remembered and mentioned in the Kiddush's concluding words.

4. Conversely, if the Shabbat insertions were properly included during the Kiddush, but only Rosh Hashanah (or only Shabbat) was mentioned in the concluding words, no part of the Kiddush need be repeated.

5. When Rosh Hashanah coincides with Motzaei Shabbat, if the regular Havdalah for Motzaei Shabbat was recited (instead of the special Havdalah for a Motzaei Shabbat that coincides with a festival) the correct Havdalah must be repeated. If the otherwise incorrect Havdalah is concluded with the words הַמַּבְדִּיל בֵּין קֹדֶשׁ לְקֹדֶשׁ, however (rather than the regular הַמַּבְדִּיל בֵּין קֹדֶשׁ לְחוֹל), Havdalah need not be repeated.

6. If the Havdalah blessing was omitted entirely and not remembered until after Kiddush, the appropriate Havdalah should be recited then over a cup of wine.

7. On the second night of Rosh Hashanah, if available, a new item of clothing should be worn or a fruit that has not yet been eaten during the current season should be placed on the table before Kiddush. When reciting the שֶׁהֶחֱיָנוּ blessing, that evening (in connection with Kiddush), the fruit or new item should be kept in mind. (See "Traditional Foods" below [4].) Nevertheless, even in the absence of a new item of clothing or fruit, the שֶׁהֶחֱיָנוּ is still recited.

WASHING THE HANDS FOR BREAD

1. The hands must be clean of any dirt or foreign matter before washing in the ritual manner necessary to partake of bread.

2. An abundant amount of water should be used, enough to cover the entire area of the hand up until the wrist six times—three times on each hand.

3. Pick up the cup containing the water in the right hand. Pass it to the left hand, and pour three times on the right hand. Then pass the cup to the right hand and pour three times on the left hand. It is customary to hold the cup with a towel when pouring on the left hand.

4. A little water from the final pouring should remain in the left hand. It should be rubbed over both hands together, while reciting the blessing בָּרוּךְ אַתָּה יְיָ אֱלֹהֵינוּ מֶלֶךְ הָעוֹלָם אֲשֶׁר קִדְּשָׁנוּ בְּמִצְוֹתָיו וְצִוָּנוּ עַל נְטִילַת יָדָיִם. Then dry the hands.

5. One should not talk until reciting the blessing בָּרוּךְ אַתָּה יְיָ אֱלֹהֵינוּ מֶלֶךְ הָעוֹלָם הַמּוֹצִיא לֶחֶם מִן הָאָרֶץ and partaking of the bread.

TRADITIONAL FOODS

1. It is customary to dip the *challah* (bread) upon which the blessing is made at the start of the meal in honey from Rosh Hashanah through Hoshana Rabbah (the seventh day of Sukkot).

2. At the beginning of the meal on the first night of Rosh Hashanah, after eating the *challah*, each member of the family dips a piece of sweet apple in honey and recites the appropriate blessing (בּוֹרֵא פְּרִי הָעֵץ). In addition, before eating the apple, a special prayer (יְהִי רָצוֹן..., see page 46) is recited aloud.

3. It is customary to include in the Rosh Hashanah meal foods that are traditionally associated with good fortune and virtue. Some examples are [the head of a] fish, the head of a lamb, carrots and pomegranates. Conversely, eating bitter foods or using bitter spices is generally avoided.

4. On the second night of Rosh Hashanah immediately following Kiddush—before washing the hands for bread—it is customary to eat a fruit that has not yet been eaten during the current season, preceded by its appropriate blessing (בּוֹרֵא פְּרִי הָעֵץ). (In the absence of a new fruit, a new item of clothing also may be worn during the Kiddush.) This is because, unlike other festivals, the two days of Rosh Hashanah are considered by some authorities to be a single, indivisible period of holiness—"one long day." Accordingly, there would be no cause to recite the שֶׁהֶחֱיָנוּ blessing anew at the onset of the second day. The new fruit on the table (or the new item of clothing), however, that is present at the time of candle-lighting and Kiddush on the second night of Rosh Hashanah provides sufficient cause to recite the שֶׁהֶחֱיָנוּ again. Note that the שֶׁהֶחֱיָנוּ is recited during both candle lighting and Kiddush regardless of whether a new fruit (or garment) is actually present.

BLESSING AFTER MEALS

1. It is a Biblical commandment to recite the Blessing After Meals, as it states, "When you have eaten and are satiated, you shall bless the Lord your God." (Deuteronomy 8:10).

2. The Blessing After Meals is preceded by the rinsing of the fingertips. This ritual is called *Mayim Acharonim* ("the final waters", i.e., after the meal).

3. The water must be poured on the fingers into a utensil, not directly onto the floor where it would be trodden upon.

4. After washing, the utensil containing the unclean water should be covered or removed from the table.

5. *Mayim Acharonim* signifies the removal of impurity and the attainment of holiness, to sanctify ourselves when blessing God for the food (after the meal). For hands that have become dirtied by the food make us unfit for saying the Blessing After Meals (Berachot 53b). Moreover, as there are certain salts injurious to man, it is obligatory to wash our hands after a meal to cleanse them from such salts and prevent any possible harm (Eruvin 17b; Chullin 105a-b. See Shulchan Aruch Harav, O. Ch., 181:1). In the spiritual sense, then, *Mayim Acharonim* signifies the removal of anything that is not holy, and is an act of self-sanctification: "'Sanctify yourselves' (Leviticus 11:44)—this refers to *Mayim Rishonim* (the first waters; washing the hands before the meal), 'and you shall be holy' (ibid.)—this refers to *Mayim Acharonim*" (Berachot 53b).

6. If יַעֲלֶה וְיָבֹא is omitted from the blessing after a meal at night, the entire blessing after meals must be repeated. If יַעֲלֶה וְיָבֹא is omitted, however, from the blessing following a daytime meal, the blessing after meals need not be repeated.

7. Everyone, even a guest or someone who does not have parents, says אֶת אָבִי מוֹרִי בַּעַל הַבַּיִת הַזֶּה וְאֶת אִמִּי מוֹרָתִי בַּעֲלַת הַבַּיִת הַזֶּה.

UPON ARISING

1. Immediately upon awaking, in order to be able to prevail over one's evil inclination and rise quickly, a person should consider in whose presence he lies. One should be mindful that the Supreme King of kings, the Holy One, blessed be He, hovers over him, as it is written (Isaiah 6:3), "His glory fills the whole earth."

2. An important principle of the Torah, as well as one of the great virtues of the *tzaddikim* who walk before God, is that "I have set the Lord before me at all times" (Psalms 16:8). For man's demeanor and conduct when he is alone in his house are unlike those he would exhibit in the presence of a great king; likewise, one's manner and conversation within the circle of his own family are not the same as when he is in the presence of a king. How much more exemplary will his conduct be when he considers that the Supreme King of kings, the Holy One, blessed be He, stands over him and observes his actions; as it is written (Jeremiah 23:24), "Can a man hide in secret places that I shall not see him? says the Lord. Do I not fill the heavens and the earth?" Reflecting upon this, he will be imbued with a feeling of reverence and humility, and always have a sense of shame before God.

3. One should become accustomed to recite מוֹדֶה אֲנִי (*I thank you...*, page 60) immediately upon awakening, even before washing the hands. For one will thereby be made aware of God who stands over him, and will rise quickly.

REPETITION OF THE AMIDAH

1. While the chazzan repeats the Amidah, the entire congregation is to be silent, listen attentively to the blessings which the chazzan recites, and respond אָמֵן. If there are not at least nine men present who are paying attention to the chazzan, it is tantamount to a blessing in vain, because the chazzan's repetition of the Amidah was instituted to be said only with a *minyan* of ten.

2. People who study during the chazzan's repetition of the Amidah—even if they are careful to listen to the ends of the blessings and respond אָמֵן—their actions, nonetheless, are inappropriate, and they should be reprimanded. Every individual should consider as though without him present there are less than ten, and should therefore listen attentively to every blessing from beginning to end.

3. One should not converse while the chazzan repeats the Amidah, and whoever does so—even if there are nine others present—commits a sin, and his transgression is very great. For whoever converses in the synagogue at the time when the congregation is occupied with recounting the praises of the Almighty, gives the impression that he has no part in the God of Israel.

4. While the congregation recites Modim D'Rabbanan, the chazzan recites מוֹדִים in a regular tone, and does not lower his voice.

5. After מוֹדִים (of Shacharit), the chazzan recites the priestly blessing, during which he bows his head as follows:

Bow right: יְבָרֶכְךָ. Head erect, face right: 'ה. Bow forward: וְיִשְׁמְרֶךָ. (Cong.: אָמֵן)

Bow left: יָאֵר. Head erect, face left: 'ה. Bow left: פָּנָיו אֵלֶיךָ. Bow forward: וִיחֻנֶּךָּ. (Cong.: אָמֵן)

Bow forward: יִשָּׂא. Head erect, face forward: 'ה. Bow forward: פָּנָיו אֵלֶיךָ. Bow right: וְיָשֵׂם. Bow left: לְךָ. Bow forward: שָׁלוֹם. (Cong.: אָמֵן)

READING OF THE TORAH

1. Someone is given the honor of opening the Ark and taking out two Torah Scrolls. The first one is handed to the chazzan, the second Torah is held by the one who opened the Ark, who then closes the Ark and follows the chazzan to the *bimah*.

2. "Said Rabbi Shimon [bar Yochai]: 'When the Congregation takes out the Scroll of the Torah to read in it, the Heavenly Gates of Mercy are opened, and God's love is aroused. Then בְּרִיךְ שְׁמֵהּ should be said'" (Zohar). Thus, the time of opening the Ark and taking out the Torah to read is a very special time, a time of Heavenly mercy and love, when our prayers are especially acceptable.

3. We are careful to listen to the Torah reading while following in the Machzor.

PERSONS TO BE CALLED UP FOR THE TORAH READING

1. A Kohen is called to the Torah for the first *aliyah*, and a Levi for the second.

2. If no Kohen is present, a Levi or Yisrael may be called for the first *aliyah*. However, the following text is substituted:

וּתְנוּ כָבוֹד לַתּוֹרָה, אֵין כַּאן כֹּהֵן יַעֲמוֹד
(name) בֶּן (father's name)
יִשְׂרָאֵל / לֵוִי בִּמְקוֹם כֹּהֵן בָּרוּךְ שֶׁנָּתַן...

3. If a Yisrael is called for the second *aliyah*, a Levi may not be called up after him.

4. If there is no Levi for the second *aliyah*, the Kohen who was called for the first *aliyah* is called again, and recites both blessings again. He is reintroduced by the announcement: "בִּמְקוֹם לֵוִי".

5. If there are Kohanim and Levi'im but no Yisraelim present, Kohanim and Levi'im are called alternatively.

6. If there are not enough Yisraelim present for the *aliyot* but there are Kohanim (and one Levi), the first three *aliyot* are: Kohen, Levi, Yisrael. The following *aliyot* are given to the Yisraelim until there are no more Yisraelim present. For the rest of the *aliyot*, Kohanim are called. For example, when only three Yisraelim are present on Shabbat, the order would be: 1) Kohen, 2) Levi, 3) Yisrael, 4) Yisrael, 5) Yisrael, 6) Kohen, 7) Kohen.

7. If there are not enough Yisraelim, and there are Kohanim—but not enough to complete the amount of *aliyot*—and at least two Levi'im, the order of "Kohen, Levi, Yisrael" is repeated. For example, on Shabbat the result would be: 1) Kohen, 2) Levi, 3) Yisrael, 4) Kohen, 5) Levi, 6) Yisrael, 7) Kohen.

8. If all those present are Kohanim, a different Kohen is called for each *aliyah*. The same applies if all are Levi'im. However, if one Yisrael is present besides them, he is called first. The same applies if one Levi is present in a shul of Kohanim or one Kohen is present in a shul of Levi'im (and there are no Yisraelim).

9. No additions should be made to the prescribed number of *aliyot* at each reading.

10. A Kohen or a Levi may be called for the מַפְטִיר.

HAGBAHAH AND GELILAH

1. As the Torah scroll is raised following the reading, one should endeavor to come close to the *bimah* so that he can read the Torah's writing.

2. We do not point at the Torah scroll when reciting these verses.

3. The sash with which the Torah is wrapped should be tied at the top of the bottom third of the Torah scroll.

LAWS CONCERNING THE HAFTARAH

1. The one who is called up for *Maftir* should not begin the blessings of the Haftarah until the Torah scroll is covered with its mantle, so that those who raised and wrapped

the Torah may also hear the Haftarah; for all are obligated to listen to it just as they are required to hear the Torah portion.

CIRCUMCISION

1. On the morning of Rosh Hashanah, if there is a baby to be circumcised in the synagogue, the circumcision is performed after the Torah reading, before the sounding of the shofar.

SHOFAR

1. The shofar is sounded from the synagogue podium, or *bimah*. [It is Chabad custom that] The one who sounds the shofar (the *Ba'al Toke'a*) does not don a *kittel*.

2. On the *bimah*, the shofar(s) are covered under a cloth or *talit* until the completion of the blessings לִשְׁמוֹעַ קוֹל שׁוֹפָר and שֶׁהֶחֱיָנוּ.

3. It is Chabad custom for an assistant to stand next to the *Baal Toke'a* and point to the name of the shofar-sounds in the Machzor as they are sounded, but not to announce them out loud. Both the assistant and the *Baal Toke'a* should be proficient in the laws of shofar sounding so that errors may be immediately corrected.

4. The *Baal Toke'a* should bear in mind that all those listening to his blessings and shofar blasts are fulfilling their obligation thereby to hear the shofar. The congregation must also bear in mind that they intend to fulfill their obligation by listening to the shofar being sounded by the *Ba'al Toke'a*.

5. Accordingly, prior to sounding the shofar the congregation simply responds "Amen" after each blessing recited by the *Ba'al Toke'a*. The customary refrain of בָּרוּךְ הוּא וּבָרוּךְ שְׁמוֹ is not interjected during these blessings as this would be deemed an unwarranted interruption.

6. There are three different shofar sounds, or notes: 1) *Tekiah* — one long blast that must resonate for at least the length of nine short blasts; 2) *Shevarim* — three blasts of medium length (intended to sound like a person moaning) that together equal the duration of a single *Tekiah*; and 3) *Teruah* – nine short blasts (intended to sound like a person sobbing) that together equal the duration of a single *Tekiah*.

7. On Rosh Hashanah, the shofar is sounded according to the following sequence of notes:

Tekiah, Shevarim-Teruah, Tekiah.

Tekiah, Shevarim, Tekiah.

Tekiah, Teruah, Tekiah.

Each of the above ten-note combinations is sounded three times during the Rosh Hashanah service [immediately] following the Torah reading, for a total of thirty notes (this section is termed "*tekios meyushav*"). The above ten-note combinations are sounded one time each at six intervals during the Musaf service and once during the Kaddish following Musaf (this section is termed "*tekios meumad*"). The total number of notes sounded during the service thus equals 100.

8. During the *tekios meyushav*, the *Shevarim-Teruah* combination is sounded in a single breath; a slight pause should be made between them, so it is clear that they are two different notes.

9. Neither the *Baal Toke'a* nor any listener should make any interruption, verbally or otherwise, between the blessings and the sounding of the shofar. If, before the shofar is sounded, an interruption is made regarding any matter that is irrelevant to the sounding of the shofar, the blessings must be repeated [by the individual(s) who made the interruption].

10. From the time the *Baal Toke'a* begins sounding the shofar until the final shofar blasts at the end of the Musaf service, extraneous conversation and other distractions

should be avoided. The shofar blessings need not be repeated, however, in the event an interruption is made during this period.

MUSAF

1. As discussed above, extraneous conversation and other distractions should be avoided throughout the Musaf service, until the final shofar blasts have been sounded.

2. During the chazzan's repetition of the Musaf Amidah, in the Aleinu prayer (pages 207 and 230), the chazzan and the congregation kneel on the ground when reciting the words וַאֲנַחְנוּ כּוֹרְעִים, touching their heads to the floor. If the synagogue has a stone floor, a cloth or handkerchief should be placed on the floor when kneeling so as to distinguish the procedure from that performed in the Temple. This is not necessary on wooden, linoleum or carpeted floors.

THE PRIESTLY BLESSING

1. The Kohanim recite the priestly blessing on Rosh Hashanah. This form of the Priestly Blessing is recited in the Musaf prayer even when Rosh Hashanah occurs on Shabbat.

2. The Kohen must wash his hands beforehand. It is preferable that he wash his hands as close to the recital of the blessing as possible, i.e., during the repetition of the Musaf Amidah. Care should be taken not to miss any of the shofar blasts at the various intervals during the Amidah.

3. A Levi washes the Kohen's hands. If no Levi is present, a firstborn takes his place. If no firstborn is present, the Kohen washes his own hands.

4. The Kohen must remove his shoes before reciting the blessing, taking care not to touch them if he has already washed his hands. Therefore, the Kohanim should untie their shoelaces before washing, so that they need not use their hands when removing them immediately prior to reciting the blessing.

5. The Kohen should go to the front of the synagogue no later than when the chazzan begins רְצֵה. If he has not begun to do so by the time the chazzan has concluded that blessing, he is not to go up at all.

6. The Kohen should be covered with a *tallit* when the chazzan calls out "Kohanim."

7. If there is only one Kohen present, the chazzan says "Kohanim" in an undertone.

8. The Kohen then raises his hands under his *tallit* so that they are in front of him, at shoulder height. He then separates his fingers between the middle and ring fingers, and between the index finger and the thumb. He then brings both hands horizontally near each other, to create five spaces in total between the fingers. The right hand should be slightly higher than the left.

9. The people standing behind the Kohanim are not included in the priestly blessing, but those in front of them or on their side are included, for even an iron curtain cannot separate between Israel and their Father in Heaven. However, they should face the Kohanim (but not look at them) and not look around, as the blessing of the Kohanim must be face-to-face. The people should pay attention to the blessing, and should not recite any Scriptural verses (along with the Kohanim); they should recite only the prayer רִבּוֹנוֹ שֶׁל עוֹלָם in three segments, while the Kohanim chant the wordless melodies before the concluding three words וְיָשֵׂם לְךָ שָׁלוֹם.

CONCLUSION OF THE MORNING SERVICE

1. After the final Kaddish following *Tehillim*, it is customary to sound an additional thirty shofar blasts for the purpose of "misleading" Satan as to the true moment of sounding the shofar. These additional blasts are not obligatory, however, and the obligation to hear the shofar is fully satisfied by the earlier sounding of the shofar.

TASHLICH

1. The *Tashlich* prayer is recited on the first day of Rosh Hashanah, after the Minchah Prayer but before sunset. If the first day of Rosh Hashanah occurs on Shabbat, then *Tashlich* is recited on the second day at the same time.

2. If time or other considerations make it impracticable to recite *Tashlich* after Minchah, then it may be recited before Minchah. Similarly, if where impracticable to recite *Tashlich* on Rosh Hashanah at all, it may be recited [at any time] until Hoshana Rabbah.

3. *Tashlich* is recited standing at or near a body of water containing fish. If wearing a *tallit katan*, shake out its corners over the water at the conclusion of the prayer in allusion to the verse (recited during *Tashlich*) "And You will cast all their sins into the depths of the sea."

CONCLUSION OF ROSH HASHANAH

ATA CHONANTANU

1. If, during the maariv Amidah, one forgot to say אַתָּה חוֹנַנְתָּנוּ in the blessing אַתָּה חוֹנֵן, one does not repeat the Amidah, because one must recite Havdalah over the cup [of wine or certain other beverages] afterwards, and will thereby fulfill his obligation. However, one should be careful not to do any work until Havdalah over the cup is recited. One may say: בָּרוּךְ הַמַּבְדִּיל בֵּין קֹדֶשׁ לְחוֹל after the Amidah, and is then permitted to do work.

2. Even if one became aware of it immediately after uttering the Divine Name at the end of אַתָּה חוֹנֵן—or after completing this blessing, although he did not yet begin the next blessing—he should not return to the beginning of אַתָּה חוֹנֵן. But if he realized his omission before uttering the Divine Name, he should say אַתָּה חוֹנַנְתָּנוּ and continue וְחָנֵּנוּ מֵאִתְּךָ, until the end of the blessing.

3. If one forgot to recite אַתָּה חוֹנַנְתָּנוּ and did something which is forbidden on Rosh Hashanah (or Shabbat) or ate before saying Havdalah over the cup—or before saying בָּרוּךְ הַמַּבְדִּיל בֵּין קֹדֶשׁ לְחוֹל he is required to repeat the Amidah and recite אַתָּה חוֹנַנְתָּנוּ, and then also to recite Havdalah over the cup.

4. If one forgot to say אַתָּה חוֹנַנְתָּנוּ, and has no wine, etc., and does not expect to have any the next day either—although he expects to have it thereafter—he must repeat the Amidah and say אַתָּה חוֹנַנְתָּנוּ [in accordance with the following rules]:

a) If he realized his error before concluding the blessing שׁוֹמֵעַ תְּפִלָּה, he should include אַתָּה חוֹנַנְתָּנוּ in שׁוֹמֵעַ תְּפִלָּה.

b) If he became aware of his omission after he had concluded שׁוֹמֵעַ תְּפִלָּה, he should return to אַתָּה חוֹנַנְתָּנוּ.

c) If one realized his omission after concluding the Amidah, i.e., after having already said the second יִהְיוּ לְרָצוֹן at the end of אֱלֹקַי נְצֹר, he is required to repeat the Amidah from the beginning.

HAMELECH HAMISHPAT

1. Throughout the year, מֶלֶךְ אוֹהֵב צְדָקָה וּמִשְׁפָּט is said in concluding the eleventh blessing, except during the Ten Days of Penitence: when הַמֶּלֶךְ הַמִּשְׁפָּט is substituted.

2. If one erred and said מֶלֶךְ אוֹהֵב צְדָקָה וּמִשְׁפָּט, or if one is in doubt whether הַמֶּלֶךְ הַמִּשְׁפָּט was said—if the error was realized within the time it takes to utter the words "Shalom Aleichem Rabbi," it is said at that point.

3. However, if one realized only after that interval or after beginning the next blessing, the Amidah need not be repeated. However, after concluding the Amidah, it is appropriate to repeat it as a *"Tefillat Nedavah"* (voluntary prayer).

SELECTED TRANSLITERATIONS

TRANSLITERATION KEY

HEBREW	TRANSLITERATION	EXAMPLE	HEBREW	TRANSLITERATION	EXAMPLE
כ or ח	ch	**Ch**allah	ֹ or וֹ	o	T**o**ne
ָ	ö	**O**f	ִ	i	K**ey**
ַ	a	Hurr**ah**	ֻ or וּ	u	L**u**nar
ֵ	ay	Tod**ay**	ַי	ai	H**igh**
ֶ	e	L**e**g	ָי	öy	B**oy**
ְ	’	Av**i**d			

YEDID NEFESH

Y’did nefesh öv höra-chamön, m’shoch av-d’chö el r’tzonechö, yörutz av-d’chö k’mo ayöl, yishta-cha-ve el mul ha-dörechö, ye-erav lo y’dido-sechö, mi-nofes tzuf v’chöl tö-am.

Hödur nö-e ziv hö-olöm, nafshi cholas ahavö-sechö, önö ayl nö r’fö nö löh, b’har-os löh no-am zivechö, öz tis-chazayk v’sis-rapay, v’hö-y’sö löh sim-chas olöm.

Vösik ye-hemu racha-mechö, v’chusö nö al bayn ahu-vechö, ki ze kamöh nich-sof nich-safti lir-os b’sif-eres uzechö, ay-le chö-m’dö libi v’chusö nö v’al tis-alöm.

Higö-le nö u-f’ros chavivi ölai es sukas sh’lomechö, tö-ir eretz mik’vodechö, nögilö v’nis-m’chö böch, ma-hayr öhuv ki vö mo-ayd, v’chönaynu kimay olöm.

ASHREI

Ash-ray yosh’vay vaysechö od y’hal’luchö selö. Ash-ray hö-öm sheköchö lo, ash-ray hö-öm she-adonöy elohöv. T’hilö l’dövid, aromi-m’chö elohai ha-melech, va-avör’chö shim’chö l’olöm vö-ed. B’chöl yom avör’chekö, va-ahal’löh shim’chö l’olöm vö-ed. Gödol adonöy u-m’hulöl m’od, v’lig’dulöso ayn chayker. Dor l’dor y’shabach ma-asechö, u-g’vurosechö yagidu. Hadar k’vod hodechö, v’div’ray nifl’osechö ö-sichö. Ve-ezuz nor’osechö yomayru, u-g’dulös’chö a-sap’renö. Zecher rav tuv’chö yabi-u, v’tzid’kös’chö y’ra-naynu. Chanun v’rachum adonöy, erech apa-yim u-g’döl chösed. Tov adonöy lakol, v’ra-chamöv al köl ma-asöv. Yoduchö adonöy köl ma-a-sechö, va-chasi-dechö y’vör’chuchö. K’vod mal’chus’chö yomayru, u-g’vurö-s’chö y’da-bayru. L’hodi-a liv’nay hö-ödöm g’vurosöv, u-ch’vod hadar mal’chuso. Mal’chus’chö, mal’chus köl olömim, u-memshalt’chö b’chöl dor vödor. Somaych adonöy l’chöl hanof’lim, v'zokayf l'chöl hak'fufim. Aynay chol aylechö y'sa-bayru, v'atöh nosayn löhem es öchlöm b'ito. Posay-ach es yödechö, u-masbi-a l'chöl chai rötzon. Tzadik adonöy b'chöl d'röchöv, v'chösid b'chöl ma-asöv. Körov adonöy l'chöl kor'öv, l'chol asher yikrö-uhu ve-emes. R'tzon y'ray-öv ya-a-se, v'es shav-ösöm yishma v'yoshi-aym. Shomayr adonöy es köl ohavöv, v'ays köl hör'shö-im yashmid. T'hilas adonöy y'daber pi, vivöraych köl bösör shaym köd'sho l'olöm vö-ed. Va-anachnu n'vöraych yöh, may-atöh v'ad olöm ha-l'luyöh.

MODIM D'RABBANAN

Modim anach-nu löch, shö-atö hu adonöy elo-haynu vay-lohay avosaynu elohay köl bösör, yotz'raynu, yo-tzayr b'rayshis. B'röchos v'hodö-os l'shim'chö hagödol v'haködosh, al she-heche-yisönu v'kiyam-tönu. Kayn t'cha-yaynu us'ka-y'maynu v'se-esof gölu-yosay-nu l'cha-tz'ros ködshechö, v'nöshuv ay-lechö lishmor chukechö, v'la-asos r'tzonechö, ul'övd'chö b'layvöv shölaym, al she-önu modim löch. Böruch ayl ha-hodö-os.

ALEINU

Ölaynu l'shabay-ach la-adon hakol, lösays g'dulöh l'yotzayr b'rayshis, shelo ösönu k'go-yay hö-arötzos, v'lo sömönu k'mish-p'chos hö-adömöh, shelo söm chelkaynu köhem, v'gorölaynu k'chöl ha-monöm sehaym mishtachavim l'hevel v'lörik. Va-anachnu kor'im u-mishtachavim u-modim, lif'nay melech, mal'chay ha-m'löchim, ha-ködosh böruch hu. She-hu noteh shöma-yim v'yosayd öretz, u-moshav y'köro ba-shöma-yim mima-al, u-sh'chinas u-zo b'göv'hay m'romim, hu elohaynu ayn od. Emes malkaynu, efes zulöso, kakösuv b'soröso: V'yöda-tö ha-yom vaha-shayvosö el l'vövechö, ki adonöy hu hö-elohim ba-shöma-yim mima-al, v'al hö-öretz mi-töchas, ayn od.

V'al kayn n'ka-ve l'chö adonöy elohaynu, lir-os m'hayrö b'sif-eres uzechö, l'ha-avir gilulim min hö-öretz v'hö-elilim köros yiköray-sun, l'sakayn olöm b'ma-l'chus shadai, v'chöl b'nay vösör yik-r'u vi-sh'mechö, l'hafnos ay-lechö köl ri-sh'ay öretz. Yakiru v'yay-d'u köl yo-sh'vay sayvayl, ki l'chö tichra köl berech, tishöva köl löshon. L'fönechö adonöy elohaynu yich-r'u v'yipolu, v'li-ch'vod shim'chö y'kör yitaynu, vika-b'lu chulöm alay-hem es ol ma-l'chusechö, v'simloch alayhem m'hayrö l'olöm vö-ed, ki hama-l'chus she-l'chö hi, u-l'ol'may ad timloch b'chövod, ka-kösuv b'sorösechö, adonöy yimloch l'olöm vö-ed. V'ne-emar, v'hö-yö adonöy l'melech al köl hö-öretz, ba-yom hahu yih-yeh adonöy echöd ush'mo echöd.

Al tirö mipachad pis-om, umisho-as r'shö-im ki sövo.

Utzu ay-tzö v'suför, da-b'ru dövör v'lo yökum, ki imönu ayl. V'ad zik-nö ani hu, v'ad sayvö ani esbol, ani ösisi va-ani esö, va-ani esbol va-amalayt.

Ach tzadikim yodu lish'mechö yay-sh'vu y'shörim es pönechö.

CANDLE LIGHTING

On Friday evening, add the words in shaded parentheses:

Böruch atö adonöy, elohaynu melech hö-olöm, asher ki-d'shönu b'mitzvosöv, v'tzivönu l'hadlik nayr shel (shabös v'shel) yom ha-ziköron.

Continue with:

Böruch atö adonöy, elohaynu melech hö-olöm, she-heche-yönu v'ki-y'mönu v'higi-önu li-z'man ha-ze.

MIZMOR LEDAVID

Mizmor l'dövid, hövu la-donöy b'nay aylim, hövu la-donöy kövod vö-oz. Hövu la-donöy k'vod sh'mo, hishta-chavu la-donöy b'ha-d'ras kodesh. Kol adonöy al ha-mö-yim, ayl ha-kövod hi-r'im, adonöy al ma-yim rabim. Kol adonöy ba-ko-ach, kol adonöy be-hödör. Kol adonöy shovayr arözim, va-y'shabayr adonöy es ar'zay ha-l'vönon. Va-yarkidaym k'mo aygel, l'vönon v'sir-yon k'mo ven r'aymim. Kol adonöy cho-tzayv la-havos aysh. Kol adonöy yöchil midbör, yöchil adonöy midbar ködaysh. Kol adonöy y'cholayl a-yölos va-yechesof y'öros, u-v'hay-chölo, kulo omayr kövod. Adonöy la-mabul yöshöv, va-yayshev adonöy melech l'olöm. Adonöy oz l'amo yitayn, adonöy y'vöraych es amo va-shölom.

LECHA DODI

L'chö dodi li-k'ras kalö, p'nay shabös n'ka-b'lö.
  L'chö dodi li-k'ras kalö, p'nay shabös n'ka-b'lö.

Shömor v'zöchor b'dibur echöd, hishmi-önu ayl ha-m'yuchöd, adonöy echöd u-sh'mo echöd, l'shaym u-l'sif-eres v'li-s'hilö.
  L'chö dodi li-k'ras kalö, p'nay shabös n'ka-b'lö.

Li-k'ras shabös l'chu v'nay-l'chö, ki hi m'kor ha-b'röchö, may-rosh mikedem n'suchö, sof ma-a-se b'ma-chashövö t'chilö.
  L'chö dodi li-k'ras kalö, p'nay shabös n'ka-b'lö.

Mikdash melech ir m'luchö, kumi tz'i mitoch ha-hafaychö, rav löch sheves b'aymek ha-böchö, v'hu yachmol öla-yich chemlö.
  L'chö dodi li-k'ras kalö, p'nay shabös n'ka-b'lö.

Hisna-ari may-öför kumi, li-v'shi bi-g'day sif-artaych ami, al yad ben yishai bays ha-lachmi, kör'vö el nafshi g'ölöh.
  L'chö dodi li-k'ras kalö, p'nay shabös n'ka-b'lö.

His-o-r'ri his-o-r'ri, ki vö oraych kumi ori, u-ri u-ri shir da-bayri, k'vod adonöy öla-yich niglö.
  L'chö dodi li-k'ras kalö, p'nay shabös n'ka-b'lö.

Lo say-voshi v'lo siköl'mi, ma tish-tochachi uma te-hemi, böch ye-chesu ani-yay ami, v'niv-n'sö hö-ir al tilöh.
L'chö dodi li-k'ras kalö, p'nay shabös n'ka-b'lö.

V'höyu lim'shisöh sho-sö-yich, v'röchaku köl m'va-l'ö-yich, yösis öla-yich elohö-yich, ki-m'sos chösön al kalö.
L'chö dodi li-k'ras kalö, p'nay shabös n'ka-b'lö.

Yömin u-s'mol tifro-tzi, v'es adonöy ta-ari-tzi, al yad ish ben par-tzi, v'nis-m'chö v'nögilö.
L'chö dodi li-k'ras kalö, p'nay shabös n'ka-b'lö.

Bo-i v'shölom ateres ba-löh, gam b'rinö u-v'tzöhölö, toch emunay am s'gulö, (bow right:) bo-i chalö, (bow left:) bo-i chalö, (say silently:) bo-i chalö shabös mal-k'sö.
L'chö dodi li-k'ras kalö, p'nay shabös n'ka-b'lö.

THE SHEMA

Sh'ma yisrö-ayl adonöy elohaynu adonöy echöd.

(In an undertone:) Böruch shaym k'vod mal'chuso l'olöm vö-ed.

V'öhavtö ays adonöy elohechö, b'chöl l'vöv'chö, u-v'chöl naf-sh'chö, u-v'chöl m'odechö. V'hö-yu ha-d'vörim hö-ay-le asher önochi m'tzav'chö ha-yom, al l'vö-vechö. V'shinan-töm l'vönechö v'dibartö böm, b'shiv-t'chö b'vaysechö, u-v'lech-t'chö vaderech, u-v'shöch-b'chö, u-v'kumechö. U-k'shartöm l'os al yödechö, v'hö-yu l'totöfos bayn aynechö. U-ch'savtöm al m'zuzos bay-sechö, u-vish'örechö.

MAGEN AVOT

Mögayn övos bi-d'vöro m'cha-ye maysim b'ma-amöro ha-melech ha-ködosh she-ayn kömohu, ha-mayni-ach l'amo b'yom shabas ködsho, ki vöm rötzö l'höni-ach löhem, l'fönöv na-avod b'yir-ö vö-fachad v'no-de li-sh'mo b'chöl yom tömid, may-ayn ha-b'röchos, ayl ha-hodö-os adon ha-shölom, m'kadaysh ha-shabös um'vöraych sh'vi-i, u-mayni-ach bi-k'dushö, l'am m'du-sh'nay oneg, zaycher l'ma-asay v'rayshis.

LEDAVID MIZMOR

Chazzan and congregation:

L'dövid mizmor ladonöy hö-öretz um'lo-öh, tayvayl v'yosh'vay vöh. Ki hu al yamim y'södöh, v'al n'höros y'chon'nehö. Mi ya-aleh b'har adonöy, u-mi yökum bimkom ködshö. N'ki chappa-yim u-var layvöv asher lo nösö lashöv nafshi v'lo nishba l'mir'mö. Yisö v'röchö may-ays adonöy u-tz'dökö may-elohay yish'o. Ze dor dor'shöv, m'vakshay fönechö ya-akov selö. S'u sh'örim röshaychem v'hinös'u pis'chay olöm v'yövo melech hakövod. Mi ze melech hakövod, adonöy izuz v'gibor adonöy gibor mil'chömö. S'u sh'örim röshaychem u-s'u pis'chay olöm v'yövo melech hakövod. Mi hu ze melech hakövod, adonöy tz'vö-os hu melech hakövod selö.

ROSH HASHANAH GREETING

It is customary on the first night of Rosh Hashanah to greet males as follows:
L'shönö tovö tikösayv v'say-chösaym.

Females are greeted as follows:
L'shönö tovö tikösayvi v'say-chösaymi.

KIDDUSH

On Shabbat: Yom ha-shishi. Va-y'chulu ha-shöma-yim v'hö-öretz v'chöl tz'vö-öm. Va-y'chal elohim ba-yom ha-sh'vi-i, m'lachto asher ösö, va-yishbos ba-yom ha-sh'vi-i miköl m'lachto asher ösö. Va-y'vörech elohim es yom ha-sh'vi-i, va-y'kadaysh oso, ki vo shoves miköl m'lachto, asher börö elohim la-asos.

Savri mörönön:

Böruch atö adonöy elohaynu melech hö-olöm, boray p'ri ha-göfen.

Böruch atö adonöy elohaynu melech hö-olöm, asher böchar bönu mi-köl öm v'ro-m'mönu mi-köl löshon v'ki-d'shönu b'mitzvosöv, va-titen lönu adonöy elohaynu b'ahavö es yom (hashabös ha-ze v'es yom) ha-ziköron ha-ze es yom tov mikrö kodesh ha-ze, yom (zich'ron) t'ru-ö (b'ahavö) mikrö kodesh, zaycher li-tzi-as mitzröyim. ki vönu vöchartö v'osönu kidashtö miköl hö-amim, ud'vör'chö malkaynu emes v'ka-yöm lö-ad. Böruch atö adonöy, melech al kö hö-öretz m'kadaysh (hashabös v') yisrö-ayl v'yom haziköron.

On Motzaei Shabbat: Böruch atö adonöy elohaynu melech hö-olöm, boray m'oray hö-aysh.

Böruch atö adonöy elohaynu melech hö-olöm, hamavdil bayn kodesh l'chol, bayn or l'choshech, bayn yisrö-ayl lö-amim, bayn yom hash'vi-i l'shayshes y'may hama-ase. Bayn k'dushas shabös lik'dushas yom tov hivdaltö, v'es yom hash'vi-i mi-shayshes y'may hama-ase kidashtö, hivdaltö v'kidashtö es am'chö yisrö-ayl bik'dushösechö. Böruch atö adonöy, hamavdil bayn kodesh l'kodesh.

Böruch atö adonöy, elohaynu melech hö-olöm, she-heche-yönu v'ki-y'mönu v'higi-önu li-z'man ha-ze.

WASHING THE HANDS FOR BREAD

Böruch atö adonöy, elohaynu melech hö-olöm, asher ki-d'shönu b'mitzvosöv, v'tzivönu al n'tilas yödö-yim.

BLESSING OVER BREAD

Böruch atö adonöy, elohaynu melech hö-olöm, hamotzi lechem min hö-öretz.

BLESSING AFTER A MEAL

Böruch atö adonöy elohaynu melech hö-olöm, ha-zön es hö-olöm kulo b'tuvo b'chayn b'chesed u-v'rachamim hu nosayn lechem l'chöl bösör, ki l'olöm chasdo. U-v'tuvo ha-gödol imönu tömid lo chösayr lönu v'al yechsar lönu mözon l'olöm vö-ed. Ba-avur sh'mo ha-gödol ki hu ayl zön u-m'farnays lakol umaytiv lakol umay-chin mözon l'chöl b'riyosöv asher börö kö-ömur po-say-ach es yödechö umasbi-a l'chöl chai rötzon. Böruch atö adonöy, ha-zön es ha-kol.

No-de l'chö adonöy elohaynu al shehin-chaltö la-avosaynu eretz chemdö tovö u-r'chövö v'al she-ho-tzay-sönu adonöy elohaynu may-eretz mitzra-yim u-f'disönu mibays avödim v'al b'ri-s'chö she-chösamtö bi-v'söraynu v'al torös'chö she-limad-tönu v'al chukechö she-hoda-tönu v'al cha-yim chayn vö-chesed she-chonantönu v'al achilas mözon shö-atö zön u-m'farnays osönu tömid b'chöl yom u-v'chöl ays u-v'chöl shö-ö.

V'al ha-kol adonöy elohaynu anachnu modim löch um'vö-r'chim osöch yis-böraych shim'chö b'fi köl chai tömid l'olöm vö-ed. Ka-kösuv v'öchaltö v'sövö-tö uvay-rachtö es adonöy elohechö al hö-öretz ha-tovö asher nösan löch. Böruch atö adonöy, al hö-öretz v'al ha-mözon.

Ra-chaym adonöy elohaynu al yisrö-ayl amechö v'al y'rushöla-yim i-rechö v'al tziyon mishkan k'vodechö v'al mal'chus bays dövid m'shichechö v'al ha-ba-yis ha-gödol v'ha-ködosh she-nikrö shi-m'chö ölöv. Elohaynu övinu ro-aynu zonaynu par-n'saynu v'chal-k'laynu v'harvi-chaynu v'harvach lönu adonöy elohaynu m'hayrö miköl tzöro-saynu. V'nö al tatzri-chaynu adonöy elohaynu, lo liday ma-t'nas bösör vödöm v'lo liday hal-vö-ösöm, ki im l'yö-d'chö ha-m'lay-ö ha-p'suchö ha-k'doshö v'hö-r'chövö shelo nay-vosh v'lo nikö-laym l'olöm vö-ed.

On Shabbat: R'tzay v'hacha-litzaynu adonöy elohaynu b'mitzvo-sechö uv'mitzvas yom ha-sh'vi-i ha-shabös ha-gödol v'ha-ködosh ha-ze ki yom ze gödol v'ködosh hu l'fönechö, lishbös bo v'lönu-ach bo b'ahavö k'mitzvas r'tzonechö, uvi-r'tzo-n'chö hö-ni-ach lönu adonöy elohaynu shelo s'hay tzörö v'yögon va-anöchö b'yom m'nuchö-saynu, v'har-aynu adonöy elohaynu b'nechömas tziyon i-rechö uv'vinyan y'rushöla-yim ir köd-shechö ki atö hu ba'al ha-y'shu-os uva-al ha-nechömos.

Elohaynu vaylo-hay avosaynu ya-a-le v'yövo, v'yagi-a v'yayrö-e v'yayrö-tze, v'yishöma v'yipökayd v'yizöchayr, zichro-naynu ufi-k'do-naynu, v'zichron avosaynu, v'zichron möshi-ach ben dövid av-dechö, v'zichron y'rushöla-yim ir köd-shechö, v'zichron köl am'chö bays yisrö-ayl l'fönechö li-f'laytö l'tovö, l'chayn ul'chesed ul'rachamim ul'cha-yim tovim ul'shölom b'yom ha-ziköron ha-ze. b'yom tov mikrö kodesh ha-ze. Zöch'raynu adonöy elohaynu bo l'tovö, ufök'daynu vo

liv'röchö, v'hoshi-aynu vo l'cha-yim tovim. Uvid'var y'shu-ö
v'rachamim chus v'chönaynu v'rachaym ölaynu v'hoshi-aynu ki aylechö
aynaynu, ki ayl melech chanun v'rachum ötö.

Uv'nay y'rushöla-yim ir ha-kodesh bi-m'hayrö v'yömaynu. Böruch atö
adonöy bonay v'rachamöv y'rushölö-yim. ömayn.

Boruch atö adonöy elohaynu melech hö-olöm, hö-ayl, övinu malkaynu,
adi-raynu bor'aynu go-alaynu yo-tz'raynu, k'do-shaynu k'dosh ya-akov
ro-aynu ro-ay yisrö-ayl ha-melech ha-tov v'ha-maytiv lakol b'chöl yom
vö-yom, hu hay-tiv lönu, hu may-tiv lönu, hu yay-tiv lönu, hu g'mölönu
hu gom'laynu hu yig-m'laynu lö-ad, l'chayn u-l'chesed u-l'racha-mim,
u-l'revach ha-tzölö v'hatzlöchö, b'röchö vishu-ö, nechömö par-nösö
v'chal-kölö v'racha-mim v'cha-yim v'shölom v'chöl tov u-miköl tuv
l'olöm al y'chas'raynu. Hörachamön hu yimloch ölaynu l'olöm vö-ed.
Hörachamön hu yisböraych ba-shöma-yim uvö-öretz. Hörachamön hu
yish-tabach l'dor dorim v'yispö-ayr bönu lö-ad ul'nay-tzach n'tzöchim
v'yis-hadar bönu lö-ad ul'ol'may olömim. Hörachamön hu y'farn'saynu
b'chövod. Hörachamön hu yish-bor ol gölus may-al tzavö-raynu v'hu
yoli-chaynu ko-m'miyus l'ar-tzaynu. Hörachamön hu yishlach b'röchö
m'rubö b'va-yis ze v'al shulchön ze she-öchalnu ölöv. Hörachamön hu
yishlach lönu es ayli-yöhu ha-növi zöchur latov vi-vaser lönu b'soros
tovos y'shu-os v'ne-chömos. Hörachamön hu y'vöraych es övi mori
ba-al haba-yis ha-ze v'es imi morösi ba-las haba-yis ha-ze osöm v'es
baysöm v'es zar-öm v'es köl asher löhem osönu v'es köl asher lönu.
K'mo shebay-rach es avosaynu avröhöm yitz-chök v'ya-akov bakol
mi-kol kol kayn y'vöraych osönu (b'nay v'ris) kulönu yachad biv'röchö
sh'laymö v'nomar ömayn.

Mimörom y'la-m'du ölöv v'ölaynu z'chus she-t'hay l'mish-meres
shölom v'nisö v'röchö may-ays adonöy utz'dökö may-elohay yish-aynu
v'nimtzö chayn v'saychel tov b'aynay elohim v'ödöm.

On Shabbat: Hörachamön hu yan-chilaynu l'yom she-kulo shabös
um'nuchö l'cha-yay hö-olömim.

Hörachamön hu yan-chilaynu l'yom she-kulo tov.

Hörachamön hu y'chadaysh ölaynu es ha-shönö ha-zos l'tovö
v'liv'röchö.

Hörachamön hu y'zakaynu limos ha-möshi-ach ul'cha-yay hö-olöm
habö. Migdol y'shu-os malko v'ose chesed li-m'shicho l'dövid ul'zar-o
ad olöm. O-se shölom bi-m'romöv hu ya-a-se shölom ölaynu v'al köl
yisrö-ayl v'im'ru ömayn.

Y'ru es adonöy k'doshöv ki ayn mach-sor liray-öv. K'firim röshu
v'rö-ayvu v'do-r'shay adonöy lo yach-s'ru chöl tov. Hodu la-donöy ki
tov ki l'olöm chasdo. Po-say-ach es yödechö umas-bi-a l'chöl chai
rötzon. Böruch ha-gever asher yiv-tach ba-donöy v'hö-yö adonöy
miv-tachö.

MODEH ANI

Mo-de ani l'fönechö melech chai v'ka-yöm, she-he-chezartö bi ni-sh'mösi b'chemlö, rabö emunösechö.

HAREINI

Ha-rayni m'kabayl ölai mitz-vas asay shel v'öhavtö l'ray-a-chö kömochö.

ADON OLAM

Adon olöm asher mölach, b'terem köl y'tzur niv-rö. l'ays na-asö v'cheftzo kol, azai melech sh'mo ni-k'rö. V'a-cha-ray ki-ch'los ha-kol l'vado yimloch norö. V'hu hö-yö v'hu ho-ve, v'hu yihye b'sif-örö. V'hu echod v'ayn shayni l'ham-shil lo l'hach'birö. B'li rayshis b'li sach-lis v'lo hö-oz v'ha-misrö. V'hu ayli v'chai go-ali, v'tzur chevli b'ays tzörö. V'hu nisi u-mö-nos li, m'nös kosi b'yom ekrö. B'yödo afkid ru-chi, b'ays ishan v'ö-irö. V'im ru-chi g'vi-yösi, adonöy li v'lo i-rö.

HA'ADERET VEHAEMUNAH

Hö-aderes v'hö-emunö, l'chai olömim.

Ha-binö v'ha-b'röchö, l'chai olömim.

Ha-ga-avö v'hag'dulö, l'chai olömim.

Ha-day-ö v'hadibur, l'chai olömim.

Ha-hod v'he-hödör, l'chai olömim.

Ha-va-ad v'ha-vösikus, l'chai olömim.

Ha-ziv v'ha-zohar, l'chai olömim.

Ha-cha-yil v'ha-chosen, l'chai olömim.

Ha-teches v'ha-tohar, l'chai olömim.

Ha-yichud v'ha-yir-ö, l'chai olömim.

Ha-keser v'ha-kövod, l'chai olömim.

Ha-lekach v'ha-libuv, l'chai olömim.

Ha-m'luchö v'ha-memshölö, l'chai olömim.

Ha-noy v'ha-naytzach, l'chai olömim.

Ha-siguy v'hasegev, l'chai olömim.

Hö-oz v'hö-anövö, l'chai olömim.

Ha-p'dus v'ha-p'ayr, l'chai olömim.

Ha-tz'vi v'ha-tzedek, l'chai olömim.

Ha-k'ri-ö v'ha-k'dushö, l'chai olömim.

Hö-ron v'höro-maymos, l'chai olömim.

Ha-shir v'ha-shevach, l'chai olömim.

Ha-t'hilö v'ha-tif-eres, l'chai olömim.

YISHTABACH

Uv'chayn yishtabach shim'chö lö-ad malkaynu, hö-ayl ha-melech, ha-gödol v'haködosh, ba-shöma-yim u-vö-öretz. Ki l'chö nö-e adonöy elohaynu vay-lohay avosaynu l'olöm vö-ed. Shir u-sh'vöchö, halayl v'zimrö, oz u-memshölö, netzach, g'dulö u-g'vurö, t'hilö v'sif-eres, k'dushö u-ma-l'chus. B'röchos v'hodö-os, l'shi-m'chö ha-gödol v'ha-ködosh, u-may-olöm ad olöm, atö ayl. Böruch atö adonöy, ayl melech, gödol u-m'hulöl batishböchos, ayl ha-hodö-os, adon ha-niflö-os, boray köl ha-n'shömos, ribon köl ha-ma-asim, ha-bochayr b'shiray zimrö, melech yöchid chay hö-olömim.

KEIL ADON

Ayl ödon al köl ha-ma-asim, böruch u-m'voröch b'fi köl ha-n'shömö, göd-lo v'tuvo mölay olöm, da-as u-s'vunö so-v'vim hodo. Ha-mis-gö-e al cha-yos ha-kodesh, v'neh-dör b'chövod al ha-merkövö, z'chus u-mishor li-f'nay chis-o, chesed v'rachamim mölay ch'vodo. Tovim m'oros shebörö elohaynu, y'tzöröm b'da-as b'vino u-v'haskayl, ko-ach u-g'vurö nösan böhem, lih-yos mo-sh'lim b'kerev tay-vayl. M'lay-im ziv u-m'fikim nogah, nö-e zivom b'chöl hö-olöm, s'maychim b'tzaysöm v'sösim b'vo-öm, osim b'aymö r'tzon konöm. P'ayr v'chövod nos'nim lish'mo, tzö-hölö v'rinö l'zaycher ma-l'chuso, körö la-shemesh va-yizrach or, rö-ö v'hiskin tzuras ha-l'vönö. Shevach no-s'nim lo köl tz'vö mörom, tif-eres u-g'dulö, s'röfim v'chayos v'ofa-nay ha-kodesh.

ATO HU

The following section is recited across the page line by line. The chazzan recites the first line followed by the congregation. The subsequent lines are recited by the congregation followed by the chazzan.

Atö hu elohaynu.

Bashöma-yim uvö-öretz. Gibor v'na-arötz.

Dögul mayrvövö. Hu söch va-yehi.

V'tzivö v'nivrö-u. Zichro lönetzach.

Chai olömim. T'hor ayna-yim.

Yoshayv sayser. Kisro y'shu-ö.

L'vusho tz'dökö. Ma-atayhu kin-ö.

Ne'pad n'kömö. Sisro yosher.

Atzöso emunö. P'ulöso emes.

Tzadik v'yöshör. Körov l'kor'öv be-emes.

Röm umisnasay. Shochayn sh'chökim.

Tole eretz al b'limö.

LKAYL ORECH DIN

The following section is recited across the page line by line. The chazzan recites the first line followed by the congregation. The subsequent lines are recited by the congregation followed by the chazzan.

L'ayl oraych din.

L'vochayn l'vövos b'yom din, l'go-le amukos ba-din.

L'dovayr may-shörim b'yom din, l'ho-ge day-os ba-din.

L'vösik v'oseh chesed b'yom din, l'zochayr b'riso ba-din.

L'chomayl ma-asöv b'yom din, l'ta-hayr chosöv ba-din.

L'yoday-a mach'shövos b'yom din, l'chovaysh ka-aso ba-din.

L'lovaysh tz'dökos b'yom din, l'mochayl avonos ba-din.

L'norö s'hilos b'yom din, l'solay-ach la-amusöv ba-din.

L'o-neh l'kor'öv b'yom din, l'fo-ayl rachamöv ba-din.

L'tzofeh nis'töros b'yom din, l'koneh avödöv ba-din.

L'rachaym amo b'yom din, l'shomayr o-havöv ba-din.

L'somaych t'mimöv b'yom din.

AVINU MALKEINU

Övinu malkaynu, ayn lönu melech elö ötö.

Övinu malkaynu, chönaynu va-a-naynu, ki ayn bönu ma-asim, asay imönu tz'dökö vöchesed v'hoshi-aynu.

VAYEHI BINSOA

Va-y'hi bi-n'so-a hö-öron, va-yomer moshe: kumö adonöy v'yöfu-tzu o-y've-chö, v'yönusu m'san'echö mi-pöne-chö. Ki mi-tziyon taytzay sorö, u-d'var adonöy mi-rushölöyim. Böruch she-nösan torö l'amo yisrö-ayl bi-k'dushöso.

THE THIRTEEN DIVINE ATTRIBUTES OF MERCY

Adonöy adonöy ayl rachum v'chanun erech apa-yim v'rav chesed ve-emes. No-tzayr chesed lö-alöfim nosay övon vö-fesha v'chatö-ö v'nakay.

BEI ANA RACHITZ

Bayh anö röchitz, v'lish'may kadishö yakirö anö aymar tush-b'chön. Y'hay ra-avö ködömöch d'sif-tach li-bö-i b'oraisö, v'sashlim mish-alin d'libö-i, v'libö d'chöl amöch yisrö-ayl, l'tav u-l'cha-yin v'lishlöm.

SHEMA/ECHAD/LECHA ADNAI

Sh'ma yisrö-ayl adonöy elohaynu adonöy echöd.

Echöd elohaynu, gödol ado-naynu, ködosh (v'norö) sh'mo.

L'chö Adonöy ha-g'dulö v'ha-g'vurö v'ha-tif-eres v'ha-naytzach v'ha-hod, ki chol bashöma-yim u-vö-öretz. L'chö Adonöy ha-mamlöchö v'ha-misnasay l'chol l'rosh. Ro-m'mu Adonöy elohaynu v'hishtachavu la-hadom rag-löv ködosh hu. Ro-m'mu Adonöy elohaynu v'hish-tachavu l'har ködsho, ki ködosh Adonöy elohaynu.

BLESSING BY THE FATHER OF THE BAR MITZVAH

Böruch she-p'törani may-onesh ha-lö-ze.

VEZOT HATORAH

V'zos ha-torö asher söm moshe lif'nay b'nay yisrö-ayl. Aytz cha-yim hi la-machazikim böh, v'som'chehö m'ushör. D'röchehö dar'chay no-am, v'chöl n'sivo-sehö shölom. Orech yömim bi-minöh bis'molöh osher v'chövod. Adonöy chöfaytz l'ma-an tzidko yagdil torö v'ya-dir.

MIN HAMEITZAR

Min hamaytzar körösi yöh, önöni bamerchav yöh.

Koli shim-ö k'chas-dechö adonöy, k'mish-pötechö cha-yayni.

Rosh d'vörchö emes, u-l'olöm köl mishpat tzid'kechö.

Arov av-d'chö l'tov, al ya-ashkuni zaydim.

Sös önochi al im'rösechö, k'motzay shölöl röv.

Tuv ta-am vöda-as lam'dayni, ki v'mitz'vosechö he-emanti.

Nid'vos pi r'tzay nö adonöy, u-mish'pötechö lam'dayni.

Ölö elohim bis'ru-ö, adonöy b'kol shoför.

ASHREI HO-OM

Ash'ray hö-öm yod'ay s'ru-ö, adonöy b'or pönechö y'ha-laychun.

B'shim'chö y'gilun köl ha-yom, u-v'tzid-kös'chö yörumu.

Ki sif-eres uzömo ötö u-vir'tzon'chö törum karnaynu.

YEHALELU

Y'ha-l'lu es shaym Adonöy ki nisgöv sh'mo l'vado.

Hodo al eretz v'shömö-yim. Va-yörem keren l'amo, t'hilö l'chöl chasidöv, li-v'nay yisrö-ayl am k'rovo, hal'luyöh.

UNESANEH TOKEF

U-n'saneh tokef k'dushas ha-yom, ki hu norö v'ö-yom. U-vo sinösay mal'chusechö, v'yikon b'chesed kis-echö, v'sayshayv ölöv be-emes. Emes ki atö hu da-yön u-mochi-ach v'yoday-a vö-ayd, v'cho-sayv v'cho-saym v'so-fayr u-moneh, v'sizkor köl ha-nish-köchos. V'siftach es say-fer hazich-ronos, u-may-aylöv yiköray, v'chosöm yad köl ödöm bo. U-vashoför gödol yitöka, v'kol d'mömö dakö yishöma. U-mal-öchim yay-chöfayzun, v'chil u-r'ödö yochayzun, v'yom'ru hinay yom ha-din, lifkod al tz'vö mörom ba-din, ki lo yiz-ku v'aynechö ba-din. V'chöl

bö-ay olöm ya-av-run l'fönechö kiv'nay möron. K'vaköras ro-eh edro,
ma-avir tzono tachas shiv-to, kayn ta-avir v'sispor v'sim-neh, v'sifkod
nefesh köl chöy, v'sach-toch kitz'vö l'chöl bir-yosechö, v'sichtov es
g'zar dinöm.

B'rosh hashönö yikö-sayvun, uv'yom tzom kipur yay-chösaymun, kamö
ya-avrun v'chamö yiböray-un. Mi yich-yeh, u-mi yömus. Mi v'kitzo,
u-mi lo v'kitzo. Mi vama-yim, u-mi vö-aysh. Mi vacherev, u-mi
vacha-yö. Mi vörö-öv, u-mi vatzömö. Mi vöra-ash, u-mi vama-gayfö. Mi
vachanikö, u-mi vas'kilö. Mi yönu-ach, u-mi yönu-a. Mi yishö-kayt,
u-mi yitö-rayf. Mi yishö-layv, u-mi yis-ya-sör. Mi yay-öni, u-mi
yay-öshayr. Mi yishöfayl, u-mi yörum.

Us'shuvö us'filö utz'dökö ma-avirin es ro-a hag'zayrö.

VCHOL MAAMINIM

The following section is recited across the page line by line. The chazzan recites the first
line followed by the congregation. The subsequent lines are recited by the congregation
followed by the chazzan.

Hö-ochayz b'yad midas mishpöt.

V'chol ma-aminim she-hu ayl emunö, habochayn u-vodayk ginzay
nistöros.

V'chol ma-aminim she-hu bochayn k'löyos, hago-ayl mimöves u-fodeh
mishachas.

V'chol ma-aminim she-hu go-ayl chözök, hadön y'chidi l'vö-ay olöm.

V'chol ma-aminim she-hu da-yön emes, he-höguy b'eh-yeh asher
eh-yeh.

V'chol ma-aminim she-hu höyö hoveh v'yi-h'yeh, havadai sh'mo kayn
t'hilöso.

V'chol ma-aminim she-hu v'ayn bilto, hazochayr l'mazkiröv tovos
zichronos.

V'chol ma-aminim she-hu zochayr hab'ris, hachosaych cha-yim l'chöl
chai.

V'chol ma-aminim she-hu chai v'ka-yöm, hatov, umaytiv lörö-im
v'latovim.

V'chol ma-aminim she-hu tov lakol, hayoday-a ye-tzer köl y'tzurim.

V'chol ma-aminim she-hu yo-tz'röm baböten, hakol yöchol v'cho-l'löm
yachad.

V'chol ma-aminim she-hu kol yöchol, halön b'sayser b'tzayl shadai.

V'chol ma-aminim she-hu l'vado hu, hamam-lich m'löchim v'lo
ham'luchö.

V'chol ma-aminim she-hu melech olöm, hanohayg b'chasdo köl dor.

V'chol ma-aminim she-hu no-tzayr chesed, hasovayl, uma-lim a-yin miso-r'rim.

V'chol ma-aminim she-hu solay-ach selö, hö-el-yon, v'ayno el y'ray-öv.

V'chol ma-aminim she-hu o-ne löchash, haposay-ach sha-ar l'dof'kay bis'shuvö.

V'chol ma-aminim she-hu p'suchö yödo, hatzo-fe löröshö v'chöfaytz b'hi-tzöd'ko.

V'chol ma-aminim she-hu tzadik v'yöshör, hak'tzar b'za-am uma-arich af.

V'chol ma-aminim she-hu kö-she lich-os, hörachum, umakdim rachamim l'rogez.

V'chol ma-aminim she-hu rach lir-tzos, hashö-ve, umash-ve köton v'gödol.

V'chol ma-aminim she-hu shofayt tzedek, hatöm, umitamöm im t'mimim.

V'chol ma-aminim she-hu tömim pö-ölo.

HAYOM HARAS

Ha-yom haras olöm, ha-yom ya-amid bamishpöt köl y'tzuray olömim, im k'vönim im ka-avödim: Im k'vönim rachamaynu k'rachaym öv al bönim. V'im ka-avödim ay-naynu l'chö s'lu-yos, ad she-t'chönaynu v'so-tzi chö-or mish-pötaynu, ö-yom ködosh.

ARESHES

Areshes s'fösaynu ye-erav l'fönechö ayl röm v'nisö, mayvin uma-azin mabit umak-shiv l'kol t'ki-ösaynu, u-s'kabayl b'rachamim u-v'rö-tzon sayder malchi-yosaynu.

Areshes s'fösaynu ye-erav l'fönechö ayl röm v'nisö, mayvin uma-azin mabit umak-shiv l'kol t'ki-ösaynu, u-s'kabayl b'rachamim u-v'rö-tzon sayder zich-ronosaynu.

Areshes s'fösaynu ye-erav l'fönechö ayl röm v'nisö, mayvin uma-azin mabit umak-shiv l'kol t'ki-ösaynu, u-s'kabayl b'rachamim u-v'rö-tzon sayder shof'rosaynu.

BIRKAT KOHANIM

Böruch atö adonöy, elohaynu melech hö-olöm, asher ki-d'shönu bik'dushöso shel a-haron, v'tzivönu l'vöraych es amo yisrö-ayl b'ahavö.

Y'vö-re-ch'chö, Adonöy, v'yish-m'rechö.   (Cong. ömayn)

Yö-ayr, Adonöy, pönöv, ay-lechö, vi-chunekö.   (Cong. ömayn)

Yisö, Adonöy, pönöv, ay-lechö, v'yösaym, l'chö, shölom. (Cong. ömayn)

HAYOM TEAMTZEINU

The following phrases are recited responsively. The congregation says the first phrase, followed by the chazzan. After the chazzan recites each phrase, the congregation responds Amen as indicated, and then recites the subsequent phrase.

Ha-yom t'am'tzaynu. (ömayn.)

Ha-yom t'vö-r'chaynu. (ömayn.)

Ha-yom t'gad'laynu. (ömayn.)

Ha-yom tid-r'shaynu l'tovö. (ömayn.)

Ha-yom tishma shav-ösaynu. (ömayn.)

Ha-yom t'kabayl b'rachamim u-v'rö-tzon es t'filösaynu. (ömayn.)

Ha-yom tis-m'chaynu bi-min tzidkechö. (ömayn.)

EIN KELOKEINU

Ayn kaylo-haynu, ayn kado-naynu, ayn k'malkaynu, ayn k'moshi-aynu. Mi chaylo-haynu, mi chado-naynu, mi ch'malkaynu, mi ch'moshi-aynu. No-de laylo-haynu, no-de lado-naynu, no-de l'malkaynu, no-de l'moshi-aynu. Böruch elo-haynu, böruch adonaynu, böruch malkaynu, böruch moshi-aynu. Atö hu elohaynu, atö hu ado-naynu, atö hu malkaynu, atö hu moshi-aynu, atö soshi-aynu. Atö sökum t'rachaym tzi-yon ki ays l'che-n'nöh ki vö mo-ayd. Atö hu adonöy elohaynu vay-lohay avo-saynu, she-hiktiru avosaynu l'fönechö es k'tores ha-samim.

KIDDUSH

On Shabbat: Ki shayshes yömim ösö adonöy es ha-shöma-yim v'es hö-öretz, es ha-yöm v'es köl asher böm, va-yönach ba-yom ha-sh'vi-i.

Al kayn bay-rach adonöy es yom ha-shabös va-y'kad'shayhu.

Tik'u vachodesh shoför ba-ke-se l'yom chagaynu. Ki chok l'yis-rö-ayl hu mish-pöt laylohay ya-akov.

Savri mörönön:

Böruch atö adonöy elohaynu melech hö-olöm, boray p'ri ha-göfen.

HAVDALAH

Hinay ayl y'shu-ösi ev-tach v'lo ef-chöd, ki özi v'zimrös yöh adonöy, va-y'hi li lishu-ö. Ush'avtem ma-yim b'söson mima-a-y'nay ha-y'shu-ö. La-donöy ha-y'shu-ö, al am'chö vir'chösechö selö. Adonöy tz'vö-os i-mönu misgöv lönu elohay ya-akov selö. Adonöy tz'vö-os ashray ödöm botay-ach böch. Adonöy hoshi-ö, ha-melech ya-anaynu v'yom kör'aynu. La-y'hudim hö-y'sö o-rö v'simchö, v'söson vikör. Kayn tih-ye lönu. Kos y'shu-os esö uv'shaym adonöy ekrö.

Savri mörönön:

Böruch atö adonöy elohaynu melech hö-olöm, boray p'ri ha-göfen.

Böruch atö adonöy elohaynu melech hö-olöm, hamavdil bayn kodesh l'chol, bayn or l'choshech, bayn yisrö-ayl lö-amim, bayn yom ha-sh'vi-i l'shayshes y'may hama-a-se. Böruch atö adonöy, hamavdil bayn kodesh l'chol.

SHEVA BERACHOT

1. Böruch atö adonöy, elohaynu melech hö-olöm, she-hakol börö lichvodo.

2. Böruch atö adonöy, elohaynu melech hö-olöm, yotzayr hö-ödöm.

3. Böruch atö adonöy, elohaynu melech hö-olöm, asher yötzar es hö-ödöm b'tzal-mo, b'tzelem d'mus tav-niso, v'hiskin lo mimenu bin-yan aday ad. Böruch atö adonöy, yotzayr hö-ödöm.

4. Sos tösis v'sögayl hö-akörö, b'kibutz bö-nehö l'sochö b'simchö. Böruch atö adonöy, m'samay-ach tzi-yon b'vö-nehö.

5. Samach t'samach ray-im hö-a-huvim, k'samay-chachö y'tzir'chö b'gan ayden mikedem. Böruch atö adonöy, m'samay-ach chösön v'chalö.

6. Böruch atö adonöy, elohaynu melech hö-olöm, asher börö söson v'simchö, chösön v'chalö, gilö rinö ditzö v'chedvö, ahavö v'ach'vö shölom v'ray-us, m'hayrö adonöy elohaynu yishöma b'öray y'hudö, u-v'chutzos y'rushölö-yim, kol söson v'kol simchö, kol chösön v'kol kalö, kol mitzhalos chasönim maychupösöm, u-n'örim mimishtay n'ginösöm. Böruch atö adonöy, m'samay-ach chösön im hakalö.

7. Böruch atö adonöy, elohaynu melech hö-olöm, boray p'ri hagöfen.

ORDER OF PUTTING ON THE TALLIT

1. Stand with the folded *tallit* over the right shoulder, examine the *tzitzit*...

2. Then, unfold the *tallit* and open it wide, kiss its upper edge, and swing it around from the position in which it is held in front of you until it is hanging behind you. At this point begin the blessing.

3. Gather the two right corners of the *tallit*, raise them up...

4. ...and place them over the left shoulder; gather the two left corners and bring them up to the left side of the chest. Thus, all four *tzitzit* are on the left side, two in front and two behind.

HOLDING THE CUP FOR KIDDUSH AND HAVDALAH

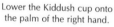

Lower the Kiddush cup onto
the palm of the right hand.

HOLDING THE TZITZIT FOR THE SHEMA

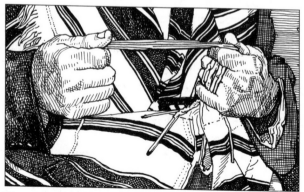

Hold all four *tzitzit* in the left hand, extending outward between the little and ring fingers,
back in between the middle and index fingers, and out again between the thumb and
index finger. (Before וַיֹּאמֶר (*The Lord spoke*) on page 106 the *tzitzit* are to be held also in
the right hand.)

שער הכולל

מהרה"ג וכו' מוה"ר אברהם דוד לאוואוט נ"ע

(השייכים לראש השנה)

פרק מא

ערב ראש השנה

(א) **מה** שאמרו בגמרא (נדרים כ"ג ע"ב) יעמוד בר"ה כו' אין פירושו ביו"ט של ר"ה שהרי אין מתירין נדרים ביו"ט אלא פירושו בתחלת השנה (וכן הוא בפי' הרא"ש) לכן מתירין ער"ה. ומה שאומרים כל נדרי בעיו"כ לעת ערב תירץ מהרי"ל דיו"כ נקרא ג"כ ר"ה כדכתיב (יחזקאל מ') בראש השנה בעשור לחודש (טור שו"ע או"ח סימן תרי"ט יו"ד סימן רי"א).

(ב) **מה** שהשמיט נזירות בנוסח התרת נדרים הוא משום דסתם נזירות א"צ להזכיר כמ"ש בשו"ת מהר"מ גלאנטי (הובא בבאה"ט יו"ד סימן רט"ו ס"ק ג') דכל נדרי מבטל נזירות אעפ"י שלא אמר נזירות הוא בכלל נדרים עכ"ל ונזירות שמשון אינו מועיל התרה כמ"ש ביו"ד סימן רל"ט באה"ט ס"ק י"ג ובפ"ת שם ס"ק ו' כתב ודע דמה שכתוב בנוסח התרת נדרים שאנו נוהגין בגלילות אלו לאמרם בער"ה וכל מיני נזירות שקבלתי עלי ואפילו נזירות שמשון כו' נוסחא מוטעת היא שהרי נזירות שמשון אין לה התרה כלל כו' והוא ש"ס ערוך והלכה פסוקה וכנזכר בש"ך עכ"ל.

(ג) **שנהגתי** שלשה פעמים. בספר קיצור שו"ע תמה ע"ז וז"ל וצ"ע מה שאומרים שנהגתי שלשה פעמים והלא אין חילוק ואפילו לא נהג רק פעם אחד צריך התרה עיין ב"י יו"ד סימן רי"ד עכ"ל. ובאמת אין מקום לתמיהתו ונוסח אדמו"ר ז"ל ברור כהלכה דהנה אין הנדר חל עד שיוציאו בשפתיו ויהי' פיו ולבו שוין (יו"ד סימן ריו"ד) ומ"ש בשו"ע סימן ריו"ד שאפילו על מנהג צריך התרה כתורת נדר ומבאר שם דהיינו מי שרגיל במנהג הזה כו' צריך שיתירו לו כו' ופשוט שבכגון זה לא נקרא רגיל בפחות מג' פעמים ועיין ביו"ד סימן א' וסימן קפ"ד וסימן קפ"ט ופשוט הוא בלשונות הש"ס והפוסקים דלמיחש חייש־ינן בחדא זימנא ובתרי זימני הוי רגיל כמ"ש הש"ך (יו"ד סימן רכ"ו ס"ק י"א) אבל שיחול עליו שם חדש או איסור חדש כמו מועד מומחה מוחזק וכדומה וכן אעפ"י שלא נדר ולא היה בדעתו לנהוג כן לעולם יחול עליו שם נדר אינו נקרא רגיל עד שינהוג כן ג"פ (עיין בשו"ע אדמו"ר סימן רמ"ט סעיף י"ג בשם הרש"ל והב"ח והמג"א) וזהו שכתוב בשו"ע יו"ד סימן רי"ד ואם בשעה שהתחיל לנהוג כן היה בדעתו לנהוג כן לעולם ונהג כן אפילו פעם אחת צריך התרה עכ"ל השו"ע. הרי שמ"ש ואפילו לא נהג אלא פ"א קאי על מי שהי' בדעתו לנהוג כן לעולם אבל מי שלא היה בדעתו לנהוג כן לעולם א"צ התרה עד שיהי' רגיל בזה המנהג דהיינו שנהג כן ג"פ. וכן הוא בפירוש בשו"ע אדמו"ר סימן תס"ח סעיף י"ז וכן מוכח לשון אדמו"ר בשו"ע הלכות נט"י סימן קס"א סעיף ח' שכתב ונכון להתנות ולומר

שאינו מקבל זה בתורת חובה אלא בתורת רשות כדי שאם איזה פעם (היינו שאחר שיהי׳ רגיל לעשות כן) לא יזדמנו לו מים כ״כ לא יצטרך להחמיר כמנהגו וכן ראוי לעשות להתנות בכל דבר שאדם רוצה להחמיר על עצמו (היינו שדעתו לנהוג כן לעולם) עכ״ל. וכן הוא במטה אפרים סימן תקצ״ז סעיף ח׳ לענין מי שהתענה תענית חלום בר״ה שצריך להתענות כל ימיו בר״ה משום סכנה ומי שאינו ירא לנפשו א״צ לנהוג כן לעולם פסק שם שאם התענה גם בר״ה שאח״כ בלא תענית חלום אז צריך התרה בר״ה השלישי (היינו מפני שהתענה פעם שני בלא ת״ח הרי שהי׳ דעתו לנהוג כן לעולם) ואם לא התענה בר״ה שאח״כ א״צ שום התרה עכ״ל. וזהו שדקדק אדמו״ר בלשון התרת נדרים. שמעו נא כו׳ בכל לשון של איסור שיצא מפי (היינו נדרים וידות וכנוים ונזירות) שנדרתי וגמרתי בלבי לעשות (היינו שהי׳ בדעתו לנהוג כן לעולם גם שלא הוציא כן בשפתיו רק שנהג כן אפילו פעם אחד) שנהגתי שלשה פעמים ולא התניתי שיהא בלי נדר (היינו שרגיל בהם) בכולהון אתחרטנא בהון מעיקרא אבל אם לא גמר כן בלבו לנהוג כן לעולם ולא נהג כן רק פעם אחד א״צ שום התרה.

(ד) **סדר** הנזיפה, נמצא בסדורים ישנים גם בסדור שער השמים משל״ה.

פרק מב
ראש השנה

(א) **תפוח** מתוק בדבש. הוא עפ״י הגמרא הוריות דף י״ב ע״א כריתות דף ו׳ ע״א ועיין בד״מ בשם מהרי״ל טעם עפ״י קבלה לאכול תפוח

ועיין במט״מ סימן תש״צ.

(ב) **יהי** רצון מלפניך שתחדש כו׳ ולא כמו שנמצא בסדורים חדשים יהי רצון מלפניך ה׳ או״א שתחדש כי נוסח אדמו״ר בהסדורים שנדפסו בחייו הוא כמו שנהג רב האי גאון (ב״י סימן תקפ״ג בשם המרדכי שכן נהג רב האי גאון וכן הוא באבודרהם) ומה שכתב הב״י שהאבודרהם הביא בשם י״א לאמרו בלשון תפלה יר״מ ה׳ או״א שתחדש כו׳ הנה בעלי השו״ע לא הביאו כלל דעת י״א הללו והגם שבסדור הראשון שקלאוו נדפס יר״מ ה׳ או״א שתחדש אבל בהסדור שנדפס אח״כ בקאפוסט אשר הגיה אדמו״ר לא נמצא רק יר״מ שתחדש גם לא יתכן שאדמו״ר יתקן נוסח דלא כמו שנהג רב האי גאון.

(ג) **לדור** ודור המליכו (סדור רב עמרם אבודרהם פע״ח סדור הארי־ז״ל).

(ד) **ובכן** יתקדש (ספר המנהיג אבודר־הם פע״ח סדור האריז״ל) והטעם שאומרים ובכן ולא ואז עיין בטור סימן תקפ״ב וב״י שם ובזוהר בשלח נ״ב ע״א ובכן הוא שם ע״ב מן ויסע ויבא ויט ומ״ש שם בזוהר תלת ובכן ולפי הנוסח שאומרים ג״כ ובכן יתקדש יש ארבעה ובכן תירץ במקדש מלך בשם ספר הכונות.

(ה) **תן** פחדך בטור כתוב שיש בו מ״ד תיבות ובסדור האריז״ל כתוב שיש בו מ״ב תיבות חוץ מתיבת ובכן היינו משום שהאריז״ל לא גריס תיבת כמו ועיין בפע״ח שער ר״ה פרק ז׳.

(ו) **בעשן** תכלה. בעשן בבי״ת ולא בכ״ף שהוא ע״ש הכתוב (תהלים ל״ז כ׳) כלו בעשן כלו ותרגומו ובתנן גיהנם יגמרון (אבודרהם פר״ח).

(ז) **ותמלוך** (תקוני זוהר תקון נ"ה).

(ח) **ותתן** לנו. ואין מזכירין של ראש חדש (עירובין דף מ' ע"א).

(ט) **בשבת** זכרון תרועה (ר"ה כ"ט ע"ב ירושלמי ר"ה פ"ד ה"ל א' מדרש ויקרא רבה פ' כ"ט מס' סופרים פי"ט טור בשם רב האי גאון*.

(י) **מלוך** על העולם כלו ואין אומרים על כל העולם כלו (כ"כ בלבוש).

(יא) **ודברך** מלכנו (ספר המנהיג הלכ־ות יו"כ אות נ"ז ודיני ר"ה אות ג' טור סימן תקפ"ב מהרי"ל) ואדמו"ר בש"ע כתב כהמג"א לומר ודברך אמת ולא לאמר ודברך מלכנו אבל בסדור פסק כהמקובלים לומר ודברך מלכנו ועיין לעיל ברכת הפטורה שיהי' מעין החתימה סמוך לחתימה. בשבלי הלקט סימן רפ"ו כתוב נוסחא אחרת ודברך אמת וקים לעד ומבלעדיך אין לנו מלך אלא אתה בא"י מלך כו' והיינו שיהי' מעין החתימה סמוך לחתימה.

(יב) **אבינו** מלכנו בנוסח הארוך. בסדור רב עמרם נקרא אבינו מלכנו דתקינו קמאי וז"ל כל בו לפי שמצינו (תענית כ"ה ע"ב) פעם גזרו תענית על הגשמים ולא נענו ירד ר"ע לפני התיבה ואמר אבינו מלכנו חטאנו לפניך כו' מיד נענה כשראה אותו הדור שנענה באותו תפלה הוסיפו עליה דברי בקשות ותחנונים וקבעום לעשי"ת. ועד היום נהגו בקצת מקומות לאמרו גם בשני וחמישי (הובא בב"י סימן תקפ"ב ועיין בתניא רבתי סימן ע"ד ובמט"מ סימן תת"א).

(יג) **אין** לומר בר"ה אבינו מלכנו שיש בו הזכרת חטא ועון (ב"י סימן תקפ"ד ובמשנת חסידים). בר"ה הנשמות משוטטות בעולמות העליונים לבקש רחמים על החיים (זוהר תרומה קמ"ב סוף ע"א).

פרק מג

תקיעות מוסף דר"ה ותשליך

(א) **אחר** קריאת התורה יכין עצמו לתקוע בשופר ויאמר מזמור זה ז' פעמים. זה הלשון לא נמצא בסדורים רק בפע"ח דפוס דובראוונא ובמשנת חסידים כתוב בזה הלשון יכין עצמו לתקוע בשופר אחר קריאת התורה לעורר הז"א כו' ולכאורה אם רצה אדמו"ר לבאר בסדור את הקבלה והסוד במה יכין א"ע הי' לו להעתיק לשון הפע"ח יכין עצמו. אמנם בפע"ח מבאר באורך איך ע"י השופר מתעלין ומתמתקין הדינים והגבורות דשם אלהים עיי"ש ובסדור ר' יעקב קאפיל ור' שבתי כתוב שלכן אומרים זה המזמור קודם תקיעות שיש במזמור זה ז"פ אלהים כו' ובאמירה זו מתבטלין ומתעלין כל הדינים קשים ורפים ומהפכין ממדת הדין למדת הרחמים ובאמירתו ז"פ יש מ"ט פעמים אלהים נגד מ"ט פנים טמא ומ"ט פנים טהור ובזה מתמתקין ויוצאין זכאין בדין עכ"ל וכן הוא במדרש תהלים סימן מ"ז כיון שעלה הקב"ה לדין יושב על כסא לדון כיון שתוקעין בשופר הוא עולה והופך מדת הדין למדת הרחמים ועולה בדין משהשופר עולה בתרועה כמ"ש והוי' בקול שופר (זכרי' ט') ברחמים שנאמר ה' ה' אל רחום וחנון וכן הוא במדרש ויקרא רבה פכ"ט ע"פ עלה אלהים בתרועה וברוקח סימן ר' בשם הפסיקתא. ולפי"ז מובן מ"ש אדמו"ר יכין עצמו לתקוע בשופר ויאמר כו' ההכנה היא שיאמר זה המזמור ז"פ. ענין מ"ט פנים טמא ומ"ט

*) לכאו' צ"ל: גאון). המו"ל.

פנים טהור הוא במדרש תהלים סימן ז׳ וסימן י״ב זוהר שמות ט״ו ע״ב משפטים כ״ג ע״א ובתקונים תקון י״ט ומה שבגמרא (עירובין י״ג ע״ב) איתא מ״ח פנים תירץ שם המהרש״א שאותו תלמיד השיג פנים אחד פחות מן מרע״ה שהשיג מ״ט פנים כו׳ עיי״ש.

(ב) **קולי** שמעה בפע״ח דפוס דוברא־וונא כתוב כזה יאמר ו׳ פסו־קים שר״ת שלהם קר״ע שט״ן ואלו הם קולי שמע׳ וגו׳ ראש דברך וגו׳ ערוב עבדך וגו׳ טוב טעם וגו׳ נדבות פי וגו׳ הרי שמפע״ח אין הכרע אם כונתו על פסוק קולי שמעה שהוא מתמניא אפי שבתהלים כמו שאר הפסוקים הללו שהם מתמניא אפי והקו שעל תיבת שמע׳ מורה על חסרון הה״א או שכונתו ע״פ קולי שמעת מן איכה והקו מן תיבת שמע׳ מורה על חסרון התי״ו ובסדור האריז״ל זלקווא כתוב הפסוק קולי שמעת אבל אדמו״ר הכריע לומר את הפסוק קולי שמעה שהוא ג״כ מתמניא אפי.

(ג) **יהי** רצון כו׳ שקודם תקיעות ולאחר תקיעות הם מפע״ח וסדור האריז״ל.

(ד) **תוקע** תשר״ת תש״ת תר״ת (ר״ה ל״ג ע״ב ל״ד ע״א).

(ה) **אשרי** העם יודעי תרועה. ע״ד המדרש ויקרא רבה פכ״ט יודעים לפתות את בוראם בתרועה כו׳ והוא עומד מכסא דין לכסא רחמים והופך להם מדת הדין למדת הרחמים.

(ו) **תשע** ברכות דמוסף ר״ה (ברכות כ״ט ע״א ר״ה ל״ב ע״א ירושלמי ברכות פ״ד הל״ג תקוני זוהר תקון נ״ה זוהר קרח קע״ט ע״ב): ונקראו תקיעתא דבי רב (ירושלמי ע״ז פ״א הל׳ ב׳ מדרש ויק״ר פכ״ט תנחומא פ׳ האזינו זוהר בשלח נ״ב ע״א וכתוב שם בהגהת הרח״ו דרב תנא הוא וחי ארבע מאות שנה והוא ר׳ אבא בעצמו כמ״ש ג״כ ביונת אלם עכ״ל (ועיין שו״ת חוות יאיר סימן קנ״ב ובסדר הדורות) ונקראו כן משום שנתקנו בבית מדרשו של רב.

(ז) **עלינו** לשבח הוא הקדמה למלכיות שאנו משבחים קודם להשי״ת שהבדילנו מן התועים׳ ומן ועל כן נקוה מתחילים סדר פסוקי מלכיות (ב״י סימן תקצ״א). כתוב בב״י סימן תקצ״א באשכנז אין אומרים היום הרת עולם אחר התקיעות שבתפלת לחש ובספרד נוהגין לומר גם בתפלת לחש ואדמו״ר הנהיג שלא לומר. וזהו כמנהג האשכנזים כדי שלא להפסיק בפיוטים באמצע התפלה.

(ח) **ותוקעין** גם בלחש. ז״ל ספר המנהיג אות כ״א במדינת בבל עושין מאה קולות וכך כתוב בערוך ערך כו׳* מאה פעיות דפעיא אמיה דסיסרא (כי מן הפסוק ותיבב אם סיסרא למדו בגמרא (ר״ה ל״ג ע״ב) שיעור תרועות) וכך מנהגם מיושב ל׳ קולות וכן מעומד למוסף כשהיחידים מתפללין אחד תוקע להם על סדר הברכות ל׳ קולות שלשת הסימנים למלכיות וכן לזכרונות וכן לשופרות וכששליח צבור אומר במוסף בקול רם תוקעים שלשים קולות על סדר הברכות הרי צ׳ קולות ואחר סיום התפלה לפני קדיש בתרא תוקע להם היחיד עשרה קולות כך קבלתי ומצאתי סמך לדבר בפרשת אמור בילמדנו זה שאמר הכתוב הן אתם מאין ופעלכם מאפע (ישעי׳ מ״א כ״ד) מאה פעיות כו׳.

(ט) **זה** היום תחלת מעשיך (ר״ה דף כ״ז).

---

*) צ״ל: ערך פע [כ״ה בספר המנהיג]. המו״ל.

(י) **ועל** המדינות בו יאמר (ירושלמי ר״ה פ״א הל׳ ג׳ ויק״ר פכ״ט ילקוט פנחס רמז תשפ״ב).

(יא) **אלהינו** ואלהי אבותינו זכרנו. מה שבתפלת מוסף דר״ה

השמיטו את תפלת ר׳ ישמעאל בן אלישע (ברכות דף ז׳ ע״א) שיכבשו רחמיך את כעסך כו׳ ויגולו רחמיך על מדותיך כו׳ שאומרים בתפלת תענית (טור או״ח סי׳ תקע״ט) ובהבקשה שאומרים בכל יום אחר פ׳ העקדה. ובאבודרהם ובתולע״י נמצא זה גם במוסף דר״ה. אבל בסדור האריז״ל ובסדור אדמו״ר השמיטו זה מתפלת מוסף דר״ה. י״ל הטעם שאחר התקיעות שכבר נהפך מדת הדין לרחמים ומברכין ע״ז שומע קול תרועת עמו ישראל ברחמים אין צריך לבקשת ויגולו רחמיך על מדותיך.

ואד׳ ה׳ בשופר יתקע. מה שתמיד כשנכתב אד׳ הוי׳ קורין אד׳ אלהים, הוא בזוהר ואתחנן דף ר״ס ע״ב.

(יב) **הנוהגין** עפ״י הזוהר והתקונים להתחיל קדושת מוסף

כתר יתנו לך אין להם לומר הפיוט עשה למען שמך כו׳ הנערץ והנקדש כו׳ שנמצא במחזורים קודם ככתוב על יד נביאך שהפיוט הזה הוא במקום התחלת הקדושה נעריצך ונקדישך כו׳ והאומרים זה הפיוט ואח״כ מתחילין כתר אין זה אלא בלבול הנוסחאות אבל הפיוט דנעילה שערי ארמון נוהגין לאמרו כי הוא הקדמה לכל הנוסחאות שהחרוז האחרון הוא שערי כתר כו׳ ובהם תוערץ ותוקדש כו׳.

(יג) **קבלה** בשם הרוקח. בקצת מחזורים כתוב כאן כמ״ש בד״מ סימן תקצ״א בשעה שהקהל אומרים הוא אלהינו אין עוד יאמר החזן אתה הראת לדעת וכ״כ במהרי״ל ואינו מובן כי החזן אומר הוא אלהינו אין עוד והקהל כבר אמרו עלינו בתפלת לחש. אלא ודאי צ״ל בשעה שהחזן אומר הוא אלהינו אין עוד יאמרו הקהל אתה הראת. גם השמיט אדמו״ר מזה הנוסח את הפסוק וידעת וגו׳ מטעם שהחזן עצמו אומר וידעת וגו׳ וקבלה בשם הרוקח שהקהל יחזקו דבריו ויוסיפו עוד ראיות מן פסוקים אחרים אתה הראת שמע ישראל וגו׳.

(יד) **תשליך** (מהרי״ל פע״ח סדור האריז״ל של״ה ועיין זוהר אמור דף ק״א ע״ב).

(טו) **מים** רומזים על חסדים כו׳ וגם דגים רומזים על עינא פקיחא.

הגם שאין דרכו של אדמו״ר בזה הסדור לבאר הטעמים אעפ״כ מבאר את הטעם מן תשליך משום שבסדור האריז״ל כתוב לילך אל הבאר כו׳ להשליך לשם עונותיו הגם שזה אינו שייך רק להבקיאים ומכונים הסודות עפ״י קבלה כמו שמבאר שם שזהו למצולות ים העליון אבל ההמון טועים לאמר משליכין את החטאים ועונות לנהר ורבים מלעיגים ע״ז לכן כתב אדמו״ר טעם המקובל השוה לכל.

(טז) **מי** אל כמוך. מה שציין אדמו״ר אותיות א׳ ב׳ עד י״ג ולא נמצא כן בשארי סדורים. הטעם הוא שגם בזוהר נשא קל״א ע״ב מציין מספרם ועיי״ש דף קל״ד ע״ב והתשעה תקונים מן הפסוק מן המצר מבוארים שם קל״ט ע״ב.

דרך החיים

להגאון המפורסם מוהר"ר יעקב מליסא בעל חוות דעת

ונתיב החיים

מלוקט משו"ע אדמו"ר הזקן ע"י מוהרא"ד לאוואוט נ"ע

(השייכים לראש השנה ועשרת ימי תשובה)

קלח דיני התרת נדרים

(א) **מה** שנוהגין בהתרת נדרים לומר אף שמצד הדין המבקש התרה צריך לפרט הנדר אך דעו נא רבותי כי א"א לפרטם כי רבים הם כו' זה אינו מועיל אלא לנדרים ששכח אבל לנדרים שלא שכח וזוכר אותם וצריך להתירם צריך לפרט הנדר ואם לאו אין מתירין לו ודי כשמפרט הנדר לפני אחד מהמתירין [שבולי לקט] ובתנאי מודעא שאנו מתירין אינו מועיל אלא בנדר שבינו לבין עצמו אבל בנדר שבין אדם לחבירו אינו מועיל.

קלט דיני חודש אלול וערב ראש השנה

(א) **ביום** שני של ר"ח אלול מתחילין לתקוע ותוקעין כל חודש אלול חוץ מערב ראש השנה (סימן תקפ"א).

(ב) **נוהגין** לעמוד באשמורת לומר סליחות ביום א' שלפני ר"ה ואם חל ר"ה ביום ב' או ג' אז מתחילין לעמוד מיום א' שבוע שלפניו כדי שאותן שמתענין עשי"ת יוכלו להתענות ארבעה ימים קודם ר"ה נגד ב' ימים ר"ה ושבת ועיו"כ שאין מתענין בהם ומי שמתענה בר"ה א"צ להתענות לפני ר"ה רק שני ימים ואף שנהג כמה פעמים להתענות ד' ימים לפני ר"ה אעפ"כ א"צ להתענות רק שני ימים ואין צריך התרה כי לא היתה כוונתו רק לתשלומין ועכשיו שמתענה בר"ה א"צ תשלומין (מ"א).

(ג) **הש"ץ** צריך להתעטף בטלית בשעה שאומר שלש עשרה מדות (שם).

(ד) **אבל** אסור לצאת מביתו לביהכ"נ לומר סליחות מלבד בער"ה שמרבין בסליחות אז צריך לילך לבהכ"נ (שם) אבל תוך י"ב חודש אסור להתפלל בימים נוראים כמו ברגלים אבל בדליכא אחר שרי (מ"א) אמנם סליחות מותר לומר אפילו בער"ה (פ"מ).

(ה) **ביום** ראשון של סליחות נוהגין רוב הקהל להתענות ונוהגין העולם להשלים התענית (מ"א סי' תקס"ב).

(ו) **ער"ה** נוהגין להתענות כולם וא"צ לא קבלה ולא השלמה אפילו אין מתענה עשי"ת ואין קורין ויחל וא"א או"א ברכנו במנחה מפני שאינו ת"צ (מ"א סי' תקפ"ב).

(ז) **אם** חל ברית מילה בער"ה השייכים לברית מילה מצוה לאכול וכן מי שמזמין אותו הבעל ברית אף שאינו שייך לברית יכול לאכול שם (שם) רק שלא יאכלו בביתם קודם הברית ואחר שאכלו על הברית מותרין לאכול אפילו בביתם וב"ב מותר לאכול אפילו קודם הסעודה רק יזהר לעשות הסעודה קודם שעה עשירית זמניות (שם).

(ח) **רבים** נוהגים (א) לאכול בער"ה קודם עלות השחר משום חוקות העו"ג הנוהגים להתענות בערב חגיהם ויכולין לאכול בלא תנאי אחר שכן נהגו (שם).

(א) והמעיין בזוהר ובכתבי האריז"ל מהחטא הגדול ר"ל לאכול קודם אור היום לא יעשה כן (באה"ט ס"ק י"ב).

(ט) **אין** נופלין על פניהם בער"ה בתפלה אבל באשמורת בסליחות נופלים ואף שנמשך אמירת סליחות על היום אעפ"כ נופלין על פניהם (שם) ואין תוקעין בער"ה אפילו יחיד בביתו אין רשאי לתקוע כדי לערבב השטן (שם).

(י) **נוהגין** לילך על הקברות קודם ר"ה ולהשתטח על קברי צדיקים ויקיף הקברות ולהרבות שם בתחינות ונותנים שם צדקה לעניים קודם שיאמר התחינות ואין לילך על קבר אחד ב"פ ביום אחד [מ"א בשם כתבים] ואומרים בכל סליחה בתחילתה או"א חוץ מן הסליחה המתחלת בשם (מ"א שם).

(יא) **מכבסין** ומסתפרין בער"ה כדי להראות שאנו בטוחים בהשי"ת שיוציא לאור משפטנו אבל עכ"פ לא ילבש בר"ה בגדים חשובים כמו בשאר י"ט רק שיהיה אימת הדין עליו ונוהגין לטבול ער"ה משום קרי (שם).

קמ דין תענית של עשרת ימי תשובה

(א) **המדקדקין** נוהגין להתענות עשי"ת וארבעה ימים שאוכלים בהם היינו ב' ימים של ר"ה ושבת ועי"כ משלימים אותם קודם ר"ה כמו שנתבאר לעיל (בסי' שלפני זה) וכן נכון לעשות.

(ב) **ובאלו** התעניתים א"צ לא קבלה ולא השלמה וכן מי שאינו מתענה רק יום א' או ב' ימים בעשי"ת אם נוהג כך בכל שנה א"צ לא קבלה ולא השלמה אבל מי שאינו מתענה בכל שנה צריך לקבל עליו אם רוצה להתענות וצריך להשלים רק אם מתנה בשעת קבלה שלא ישלים א"צ להשלים (סי' תקס"ב עי' במ"א).

(ג) **אלו** התעניות אם התענה שלשה פעמים בסתם צריך התרה ואם גמר בלבו שינהוג כן לעולם אפילו לא נהג כן רק פעם אחת ועתה מתחרט ג"כ צריך התרה אבל אם לא נהג עדיין אפילו פעם אחת אף שגמר בלבו לנהוג כן לעולם אין צריך התרה (א"ר סי' תקפ"ח).

(ד) **באלו** תעניתים לפי שא"צ קבלה והשלמה אף שקיבל בפירוש התענית במנחה אם

אירע ברית מילה באותן הימים יכול לאכול על הסעודת ברית מילה ואחר שאכל על הסעודה מותר אח"כ לאכול בביתו רק הב"ב בעצמו מותר לאכול אפילו קודם הסעודה מפני שי"ט שלו הוא (מ"א סי' תקס"ח).

(ה) **כל** אלו התעניתים אף שא"צ קבלה והשלמה יש להקל במקום שיש קצת חולה וא"צ התרה דמסתמא הכי קבילו עלייהו אם לא שמתענה יותר ממה שנהגו הציבור (מ"א שם וא"ר).

קמא דיני תפלה של ראש השנה

(א) **יש** נוהגים להתפלל בר"ה ויוה"כ בכריעה וצריכין לזקוף בברכת אבות כשיגיעו למלך עוזר כדי להראות שהשחיה ששוחה ברוך הוא חיוב ואח"כ ישחה בברוך אתה וכן בברכת ההודאה בסוף כשיגיע לוכל החיים יזקוף עצמו וישחה בברוך אתה ובשאר הברכות שאסור לשחות כשהגיע לברוך יזקוף עצמו וישאר זקוף עד שיתחיל ברכה אחרת ואחר שהתחיל הברכה יכול להתפלל בשחיה וכשיגיע עוד לברוך יזקוף עצמו וישאר ג"כ זקוף עד שיתחיל הברכה האחרת וכך יעשה בכל הברכות שאסור לשחות בהן תחילה וסוף (א"ר סי' תקפ"ב).

(ב) **דיני** זכרנו ומי כמוך והמלך הקדוש והמלך המשפט וכתוב ובספר הכל נתבאר על מקומו בש"ע של חול ע"ש.

(ג) **צריך** לומר לחיים בשו"א תחת הלמ"ד ואף דבכל השנה אומר בפת"ח ע"פ דקדוק אבל בר"ה שהוא יום הדין א"א בפת"ח שלא יהא משמע לא חיים (מ"א שם).

(ד) **אם** שכח לומר ובכן תן פחדך וחתם המלך הקדוש א"צ לומר רק אתה בחרתנו ואם טעה באתה בחרתנו והתפלל של חול דינו כמו בי"ט ע"ש.

(ה) **צריך** לומר שהשלטן בקמ"ץ תחת שי"ן הב' (מ"א שם).

(ו) **אף** שבכל ימות השנה מתפללין בלחש אבל בר"ה ויוה"כ נוהגים להתפלל בקו"ר אבל לא יגביהו קולם יותר מדאי ואם יכול לכוין טפי בתפלה כשמתפלל בלחש מוטב שיתפלל בלחש (א"ר שם) מר"ה עד מוצאי יוה"כ כופלין בכל הקדישים לעילא ולעילא (שם).

קמב דברים שנוהגים לאכול בליל ראש השנה

(א) **יהא** אדם רגיל לאכול בליל ר"ה רוביא דהיינו תלתן כרתי תמרי סלקא קרא וכשאכל רוביא יאמר יהי רצון מלפניך ה' או"א שירבו זכיותינו. כשאוכל כרתי יאמר י"ר שיכרתו שונאינו. סלקא יסתלקו אויבינו. תמרא יתמו שונאינו. קרא יקרע גזר דיננו ויקרא לפניך זכיותינו וכל מה שיקרא בכל מדינה בלשון רוביא יאכל אותו לסימן טוב ויאמר י"ר שירבו זכיותינו וכתב השל"ה שיתעורר אדם בתשובה כשאומר י"ר ויתפלל על זה בלב שלם (א"ר סי' תקפ"ג).

(ב) **יאכל** (א) דגים בליל ר"ה משום סימן לפרות ולרבות כדגים (שם) ואוכלים בר"ה ראש כבש ואומר י"ר כו' כדי שנהיה לראש ולא לזנב וגם יש בו זכר לאילו של יצחק ואם אין לו ראש כבש יאכל ראש דג או של מין אחר משום טעם הראשון.

(א) ואין מבשלין בחומץ.

(ג) **נוהגין** לאכול בליל ר"ה תפוח מתוק בדבש ואומרים י"ר מלפניך ה' או"א שתחדש עלינו שנה טובה ומתוקה כדבש ומברכין על התפוח תחילה בורא פרי העץ שהתפוח עיקר ועל הדבש א"צ לברך ואחר שאכל התפוח יאמר י"ר הנ"ל כדי שלא להפסיק בין ברכה לאכילה ואם אמר הי"ר בין ברכה לאכילה א"צ לברך שנית (מ"א וא"ר שם).

(ד) **יש** מדקדקים שלא לאכול אגוזים בר"ה שאגוז בגימטריא חטא ועוד שהם מרבים כיחה וניעה ומבטלים התפלה (שם).

(ה) **לא** ישמש מטתו בשני לילות של ר"ה ואם הוא ליל טבילה שלא היתה יכולה לטבול מקודם לכן מותר (שם) ויחזור ויטבול שחרית משום קרי (א"ר).

קמג דיני ראש השנה

(א) **אומרים** אבינו מלכנו (א) בר"ה אחר הש"ע של שחרית וכן בתפלת מנחה ואם חל בשבת א"א וכן א"א במנחה של ע"ש. יש לומר כלה בציר"י תחת הלמ"ד (מ"א) צריך לומר סלח ומחל כי מחילה גדולה מסליחה. צריך לומר קרע רוע במרכא טיפחא ובנשימה אחת (ב) (ט"ז). צריך לומר מחה והעבר חטאתינו ופשעינו כו'.

(ב) **מאריכים** בפיוטים ובתפלה (ג) אפילו יותר מחצות היום רק אם חל בשבת אין להאריך הרבה (שם).

(א) ויש שמדלגין בר"ה א"מ חטאנו לפניך לפי שא"א וידוי בר"ה (תקפ"ד ס"ב).

(ב) ואדמו"ר סעיף ד' כתב שצריך לומר רוע גזר בנשימה אחת דהיינו שיקרע הוא יתברך את הרוע שבגזירה ומה שנשאר בגזירה יהיה לרחמים.

(ג) אבל בנגונים אין להאריך כיון שהוא יו"ט.

(ג) **המתפלל** מוסף והתוקע הם חיובים לעלות לתורה ואם נוטלים שכר אינם חיובים (קיצור של"ה).

(ד) **כשיש** מילה מלין בין קריאת התורה לתקיעת שופר (ד) ואם המוהל בעצמו הוא התוקע נכון שלא ירחץ מדם המציצה ויתקע בפה מלוכלך בדם מילה כדי לערב מצות מילה בשופר (שם ט"ז) וכן אם חל ראש השנה בשבת אף שאין תוקעין מלין קודם אשרי.

(ד) בד"א כשמלין בבהכ"נ אבל במקום שנוהגין למול כל אחד בביתו מלין אותו אחר יציאה מבית הכנסת.

קמד דיני תקיעת שופר וברכתו

(א) **צריך** לתקוע מעומד ואין לסמוך על שום דבר שאם ינטל אותו דבר יפול אבל הציבור יכולים לישב בתקיעות דמיושב אבל בתקיעות שעל סדר הברכות צריכין הציבור ג״כ לעמוד אבל בדיעבד אם תקע מיושב יצא (מ״א סי׳ תקפ״ה) ונוהגין לתקוע התקיעות שקודם התפלה על הבימה.

(ב) **קודם** שיתקע יברך אקבמ״ו לשמוע קול שופר [ולא יאמר בקול שופר כי היכי דלא לישתמע שהוא ציית בקול שופר] ויברך שהחיינו ואין חילוק בין אם מברך לעצמו או שכבר יצא ומברך להוציא אחרים כגון אנשים שאין יודעין לברך בעצמן אפ״ה מברך שתי ברכות אלו אבל אם תוקע להוציא אנשים שיודעין בעצמן לברך והתוקע בעצמו יצא כבר השומע יברך ב׳ ברכות אלו (שם) וכן ביום שני בתקיעת שופר אומר שתי ברכות אלו לשמוע קול שופר ושהחיינו ונכון שילבש (א) בגד חדש בתקיעת שופר ביום שני.

(א) ואם חל יום ראשון בשבת שלא תקעו בשופר א״צ ללבוש בגד חדש בשעת תקיעות יום ב׳ כיון שלא בירך עדיין שהחיינו על השופר (סי׳ ת״ר סעיף ז׳).

(ג) **טוב** לתקוע בצד ימין אם אפשר ולא בשמאל משום דבשמאל התפילין מגינין ולכן איטר שמניח תפילין בימינו צריך לתקוע בשמאלו וגם משום דכתיב והשטן עומד על ימינו (שם מ״א) וצריך לכסות השופר בשעת ברכה (א״ר שם) ויהפוך פי השופר למעלה בשעת תקיעה (שם).

(ד) **אם** בירך תוקע אחד ולא היה יכול לתקוע יכול אחר לתקוע על סמך ברכה שבירך הראשון וכן אם התחיל לתקוע ולא יכול להשלים וכן אפילו ד׳ וה׳ יכולין לתקוע על סמך ברכה שבירך הראשון כיון ששמעו הברכה אבל אם התוקע הב׳ בא לביהכ״נ אחר שבירך הראשון ולא שמע הברכה מהראשון אם לא יצא השני ידי חובתו יכול לתקוע בברכה ואם יצא השני י״ח תוקע בלא ברכה כיון שהציבור כבר שמעו הברכה מהראשון (שם וא״ר).

(ה) **בתקיעות** שעל סדר התפלה יתקע אחר ולא הש״ץ כדי שלא יתבלבל ואם הוא מובטח שיחזור לתפלתו רשאי לתקוע אפילו אם יש שם אחר שיכול לתקוע ולכן האידנא שמתפללין מתוך הסידור אף שיש אחר שיכול לתקוע רשאי הש״ץ בעצמו לתקוע וכ״ש בתקיעות דמיושב שיכול הש״ץ לתקוע בעצמו אף שיש שם אחר (שם) אבל אסור לש״ץ להיות מקרא בתקיעות שעל סדר התפלה שאסור להפסיק.

(ו) **ונוהגין** להקרות לפני התוקע מלה במלה כל סדר התקיעות דמיושב ועל סדר הברכות כדי שלא יטעה (שם) וגם נוהגין שמחלקין התקיעות שעל סדר הברכות לכמה תוקעין ואין למחות בהם כדי לחבב המצות (ט״ז שם).

(ז) **פעם** אחת לא היו יכולין לתקוע והפך התוקע השופר וקרא לתוכו ויהי נועם ושוב יכלו לתקוע (מהר״י במ״א).

קמה מי הם הראויין לתקיעת שופר

(א) **כל** מי שאינו מחויב בדבר אינו מוציא אחרים ידי חובתן (א) (סימן תקפ"ט).

(ב) **אשה** פטורה מתקיעת שופר משום דהוי מ"ע שהז"ג ואע"פ שפטורה יכולה לתקוע וכן אחר אף שיצא כבר יכול לתקוע להוציא אותה אבל אינו רשאי לברך להוציאה בברכה אם הוא יצא כבר רק האשה תברך בעצמה והוא יתקע לה (שם) ואין לתקוע לאשה רק אחר יציאה מבהכ"נ (ב).

(ג) **סומא** חייב בתקיעת שופר ויכול להוציא אחרים ידי חובתן ואם היה מוחזק לתקוע וסלקוהו מחמת שחששו לסברת רי"ו דס"ל כר"י דסומא פטור ממצות אם אין בקי כמוהו יכולין לחזור ולמנות אותו להיות תוקע ולכתחלה אין לסלקו אף שנמצא בקי כמוהו (ג) (מ"א שם).

(ד) **המתעסק** בתקיעת שופר להתלמד לא יצא י"ח וכן השומע מן המתעסק אף שכוון השומע לצאת לא יצא (שם).

(א) ואלו הן הפטורים נשים ועבדים וחרש ושוטה וקטן חרש השומע ואינו מדבר הרי הוא כפקח וחייב בתקיעת שופר לפיכך הוא מוציא אחרים י"ח ואחד מהשומעים מברך והוא תוקע אבל המדבר ואינו שומע לאו בר חיובא הוא דאין המצוה בתקיעה אלא בשמיעה (סימן תקפ"ח סעיף ו' ז').

(ב) ואדמו"ר סי' תרפ"ט סעיף ב' כתב והרוצה לתקוע בשבילם קודם שישמע התקיעות בבהכ"נ או שיכוין בלבו שלא לצאת י"ח בתקיעות של בהכ"נ דאז יכול לברך בשביל עצמו שעדיין לא יצא י"ח. ואע"פ שהולך להן לתקוע בבתיהן וחוזר לבהכ"נ ושומע התקיעות דמעומד שעל סדר הברכות א"צ לחזור ולברך עליהם ואע"פ שהפסיק בהליכה לבהכ"נ בין ברכתו לתקיעות אלו שהרי אפילו אם הפסיק בשיחה בנתיים א"צ לחזור ולברך כמשנ"ת בסי' תקצ"ב.

(ג) לפי שהעיקר אצלנו דסומא חייב בכל המצות האמורות בתורה.

(ה) **נתכוין** השומע לצאת ולא נתכוין התוקע להוציא או להיפך לא יצא ידי חובתו (שם).

(ו) **ש"ץ** שתוקע להוציא כל הציבור ושמע אחד אחורי ביהכ"נ התקיעות וכוון לבו לצאת יצא אף שהש"ץ אינו יודע להוציא זה שעומד שם אעפ"כ יצא כי הש"ץ דעתו להוציא לכל מי שישמע תקיעתו ובלבד שלא יעמוד רחוק מביהכ"נ כ"כ שאפשר שלא ישמע קול שופר רק קול הברה (סי' תקפ"ט וסי' תקפ"ז).

קמו סדר התקיעות

(א) **תקיעות** דמיושב שלשה פעמים תשר"ת ושלשה פעמים תש"ת ושלשה פעמים תר"ת (סי' תק"צ).

(ב) **שיעור** תקיעה של תשר"ת צריך להיות כשיעור שברים ותרועה והיינו י"ח כוחות כל שהוא ובדיעבד אם לא עשה התקיעות של תשר"ת רק כשיעור תשעה כוחות כל שהוא יצא אבל אם עשה פחות מתשעה כוחות לא יצא (שם).

(ג) **שברים** של תשר"ת לכתחלה לא יעשה יותר מג' שברים ואם עשה הרבה שברים בדיעבד כשר ולא יאריך בשבר אחד יותר מג' כוחות דהיינו שבכל

השברים לא יהיה רק ט׳ כוחות ובדיעבד אם האריך בשבר אחד של תשר״ת עד י״ז כוחות כשר אבל אם האריך עד י״ח לא יצא שכבר נעשה תקיעה (א״ר) אבל אם לא האריך בתקיעה של תשר״ת כשיעור ח״י כוחות ובשבר האריך לא יצא אליבא דכ״ע אף בדיעבד (שם).

(ד) **תקיעה** של תש״ת לכל הפחות צריך לעשותה כשיעור ט׳ כוחות ואם לא עשה כן אפילו בדיעבד לא יצא ובשבר מהשברים של תש״ת אם האריך כשיעור ט׳ כוחות אפילו בדיעבד לא יצא (מ״א שם).

(ה) **תקיעה** של תר״ת צריך לכתחלה לעשותה כשיעור ט׳ כוחות ואם לא עשה בדיעבד רק אפילו כשיעור ג׳ כוחות יצא (שם).

(ו) **התרועה** של כל הסדרים צריך לעשותה לא פחות מט׳ כוחות ובדיעבד אם עשאה כשיעור ג׳ כוחות יצא (שם).

(ז) **השלשה** שברים צריך לעשותם בנשימה אחת ובדיעבד יצא אפילו עשה בב׳ נשימות (שם).

(ח) **ג׳** שברים תרועה דתשר״ת עושים (א) בשתי נשימות רק שלא ישהה בנתיים כדי נשימה והמקרא צריך להקרות לו בפעם אחת שברים תרועה כדי שלא יפסיק התוקע בנתיים כדי נשימה (שם).

(א) ואדמו״ר סי׳ תק״צ סעיף ט׳ כתב במקום שאין מנהג קבוע יש להנהיג לעשות בתקיעות מיושב בנשימה אחת כדי שתהיה הברכה שמברכין עליה כהלכה לד״ה אבל בתקיעות מעומד שאין מברכים עליהם יעשה בב׳ נשימות.

קמז דין טעות בתקיעות

(א) **אם** טעה בתשר״ת ואחר שתקע ב׳ שברים טעה ולא תקע השבר הג׳ והתחיל להריע בין אם נזכר באמצע התרועה קודם שתקע ג׳ כוחות בין אם לא נזכר עד אחר שגמר התרועה צריך לחזור ולתקוע ג׳ שברים ותרועה בנשימה אחת אבל תקיעה ראשונה (א) לא הפסיד. וכן אם טעה בתשר״ת וקודם שהתחיל השברים תקע תרועה לא הפסיד תקיעה ראשונה (ב) וא״צ לחזור ולתקוע תשר״ת מחדש (סי׳ תק״צ א״ר דלא כט״ז).

(א) כיון שהש״ת שתקע בטעות הן מעין ש״ת שיש לו לתקוע בבבא זו הא למה זה דומה לתוקע שמתחיל לתקוע ואין הקול עולה יפה ופוסק וחוזר ומתחיל כו׳ (סי׳ תק״צ סט״ו) ואפילו בסדר תשר״ת לא אמרו שא״צ לחזור ולתקוע תקיעה ראשונה אלא כשלא הפסיק בנשימה בין סיום הב׳ שברים להתחלת התרועה שהריע בטעות אבל אם הפסיק ביניהם בנשימה צריך לחזור ולתקוע גם תקיעה הראשונה של בבא זו דכיון שהפסיק בנשימה בין השברים להתרועה אין שניהם נחשבים כתקיעה אחת ואין התרועה מצטרפת כלל עם השברים וה״ז דומה למי שהריע תרועה לבדו בלא שברים קודם שתקע הג׳ שברים בסדר תשר״ת דצריך לחזור ולתקוע תקיעה ראשונה של בבא זו לפי שהפסיק בתרועה זו בין השברים לפשוטה שלפניה שהרי תרועה זו אינה מעין השברים שצריכים לו לתקוע בבבא זו ואע״פ שהוא מעין התרועה שצריך לו לתקוע בבבא זו אין זו מועיל כלום כיון שלא תקע עדיין השברים של בבא זו (שם סעיף ט״ז).

(ב) ואדמו״ר פסק שצריך לחזור ולתקוע תקיעה הראשונה (עי׳ באות שלפני זה).

(ב) **אם** טעה בתש"ת ואחר שתקע ב' שברים התחיל להריע או קודם שהתחיל לתקוע השברים התחיל להריע אפילו נזכר באמצע תרועה הפסיד גם תקיעה ראשונה וצריך לתקוע תש"ת מחדש (שם).

(ג) **אם** טעה בתר"ת וקודם שהריע ג' כוחות כשיעור התרועה התחיל שברים או קודם שהתחיל התרועה תקע השברים אפילו לא תקע אלא שבר אחד הפסיד התקיעה ראשונה וצריך לתקוע מחדש (שם).

(ד) **ואם** טעה ותקע שני שברים זה אחר זה או ב' תקיעות זה אחר זה אם לא הפסיק ביניהם בשתיקה הוי כאחד ויצא ואם הפסיק ביניהם בשתיקה הוי הפסק והפסיד גם התקיעה ראשונה וצריך לתקוע מחדש הסדר שעומד בה (שם מ"א) ואם התחיל לתקוע תקיעה אחרונה מהסדר ואין קולו עולה יפה ומתחיל לתקוע שניה נחשבת הכל לתקיעה אחת ולא הוי הפסק (מ"א שם).

(ה) **ואם** טעה ותקע גם תקיעה אחרונה מן הסדר ונזכר שטעה בהסדר אותה תקיעה אחרונה עולה בשביל תקיעה ראשונה ותוקע הסדר שטעה בו מחדש חוץ מתקיעה ראשונה (מ"א שם).

(ו) **אם** טעה בתקיעות דמיושב בתשר"ת אחד ושאר תשר"ת עשה כהוגן ולא נזכר עד שהתחיל לתקוע תש"ת או תר"ת גומר הסי' כולו ואח"כ תוקע התשר"ת שטעה (ג) (מ"א שם).

(ז) **בכל** זה אין חילוק בין תקיעות דמיושב ובין התקיעות שעל סדר הברכות אבל התקיעות שתוקעין אחר התפלה אין בכך כלום (ד) (מ"א שם).

(ג) שלא הקפידה תורה אלא שלא להפסיק בין תרועה לפשוטה שלפניה ושלאחריה.

(ד) לפי שאינן רק מנהג בעלמא.

קמח דין הפסק בין הברכה לתקיעה

(א) **בין** התוקע ובין הציבור לא ישיחו בין ברכה עד סוף התקיעות דמעומד. ובין הברכה עד סוף התקיעות דמיושב אסור להפסיק אפילו בתפלות לכן לא יאמר הי"ר הנדפס במחזורים ובסידורים בין התקיעות דמיושב רק יהרהר בלבו ואל יוציא בפיו או שיאמר הי"ר בסוף התקיעות דמיושב ואם הפסיק בין התקיעות אפילו בשיחה שאין צורך כלל א"צ לחזור ולברך אבל אם הפסיק בין הברכה לתחלת התקיעה שלא מענין התקיעות אפילו מענין התפלה צריך לחזור ולברך ואם מענין התקיעות הפסיק כגון שאמר הבא שופר לתקוע או שאמר לשכשך השופר שאין יכול לתקוע אין צריך לחזור ולברך (סי' תקצ"ב).

קמט דיני טלטול השופר

(א) **ר"ה** שחל בשבת שאין תוקעין בו אסור לטלטל השופר אם לא לצורך (א) גופו ומקומו (סימן תקפ"ח).

(ב) **ר"ה** שחל בחול לאחר שתוקעין אסור לתקוע בחנם ואפילו רוצה

(א) דהיינו לסמוך בו את הקערה וכיוצא בזה בד"א בשבת אבל בחול אע"פ שמותר לטלטלו אף שלא לצורך גופו ומקומו דהוי כלי

להתלמד ביום ראשון כדי שיתקע ביום ב׳ אסור אבל לטלטל השופר אחר שתקע מותר וכן לולב מותר לטלטל אף אחר שכבר יצא בו לפי שראוי עוד לאנשים אחרים שלא יצאו עדיין ואף ביה״ש מותרים ביום ראשון שמי ששכח ביום ראשון עד ביה״ש צריך לתקוע ביה״ש וכן ליטול לולב ביה״ש (א״ר סי׳ תקצ״ו ופ״מ במ״ז שם) וכן קטן אף שהגיע לחינוך מותרים לומר לו לתקוע כל היום כדי שיתחנך (סי׳ תקצ״ו).

שמלאכתו להיתר אסור להשתמש בו וליהנות ממנו בו ביום שהרי הוקצה למצותו (אדמו״ר סי׳ תקפ״ח סעיף ה׳).

(ג) **בט״ז** האריך בשאלה בר״ה שחל להיות ביום ה׳ ו׳ ולא בא להם שופר עד אחר שהתפללו של שבת מבעוד יום והתיר לתקוע בלא ברכה (סימן ת״ר).

קנ פרטי דיני שופר

(א) **שופר** של ר״ה אין מחללין עליו יו״ט ואפילו בדבר שיש בו משום שבות כיצד היה השופר בראש האילן או מעבר הנהר ואין לו שופר אלא הוא אינו עולה באילן ואינו שט על פני המים כדי להביאו (א) וע״י עו״ג מותר דהוי שבות דשבות ובמקום מצוה לא גזרו (סי׳ תקפ״ו).

(א) ואין לילך חוץ לתחום כדי לשמוע קול שופר ואצ״ל שאין מביאין אותו מחוץ לתחום.

(ב) **דיני** אמירה לעו״ג להביא שופר מחוץ לתחום או מחוץ לי״ב מילין בין בשבת בין בי״ט דינו כמו בלולב ונתבאר שם בהלכות לולב כל פרטי דינים.

(ג) **יכול** ליתן מים או שאר משקין בשופר בי״ט כדי לצחצחו (שם).

קנא דיני תפלת מוסף של ראש השנה

(ד) **אחר** התקיעות דמיושב אומר הש״ץ אשרי העם יודעי תרועה כו׳ ואומרים אשרי ומכניסין הס״ת להיכל (סי׳ תקצ״א).

(ה) **ומתפללין** וא״א פסוקי מוסף ר״ח אלא אומרים מלבד עולת החודש ומנחתה ועולת התמיד כו׳ ושני שעירים לכפר כו׳ וצריך לומר בשני ימים של ר״ה ואת מוספי יום הזכרון ואם אמר ואת מוסף יצא כיון שאמר מלבד עולת החודש כו׳ ואומר ג״כ ושני שעירים לכפר כו׳ (שם).

(ו) **צריך** לומר ועקידת יצחק לזרעו של יעקב תזכור (ט״ז שם).

(ז) **יחיד** המתפלל מוסף לא יתפלל בג׳ שעות ראשונות על היום (שם).

קנב דיני תענית בראש השנה

(א) **יש** מקומות שקבלה בידם שכל מי שרגיל להתענות בר״ה ומשנה רגילתו ואינו מתענה שאינו משלים שנתו ומי שאינו ירא לנפשו א״צ להתענות כל ימיו רק צריך התרה כמו שאר נדר (סי׳ תקצ״ג).

(ב) **המתענה** פעם אחת בר"ה ת"ח אם היה ביום ראשון צריך להתענות כל ימיו ב' הימים ואם הוא ביום שני מתענה כל ימיו יום שני לבד [ומי שאינו ירא לנפשו א"צ להתענות כל ימיו ואין צריך התרה אבל אם התענה עוד פעם אחת משום שהיה ירא ואח"כ אינו רוצה להתענות עוד צריך התרה כיון שכבר התענה הוי כמו שגמר בדעתו להתענות יום קבוע בכל שנה והמתענה אפילו פעם אחת צריך התרה אבל בשביל פעם ראשון א"צ התרה כי בפעם הראשון היה מחמת חיוב ולא מחמת נדר כן נראה לפענ"ד ומה שמשמע בא"ר שגם בתענית חלום צריך להתיר נדרו אפשר כוונתו כשגמר בתחלה בדעתו להתענות כל ימיו ורוצה לחזור בו אז צריך להתיר נדרו].

(ג) **בלא** תענית חלום אסור להתענות בר"ה כמו שאר י"ט ומי שחלם לו חלום שהוא ספק אם מתענין עליו בשבת אין מתענין (מ"א וא"ר).

(ד) **המתענה** בר"ה א"צ למיתב תענית לתעניתו וא"א עננו בר"ה אם מתענה (שם).

(ה) **דין** המתענה בר"ה אם מותר לבשל לעצמו או לאחרים על י"ט או שבת עי' לעיל בהל' י"ט בדין (א) עירוב תבשילין.

(א) עיין לעיל סימן ק"י.

(ו) **אפילו** מי שנוהג להתענות בר"ה בלילה אסור להתענות (שם במ"א).

(ז) **ר"ה** שחל בשבת א"א צדקתך במנחה (סי' תקצ"ח).

קנג דין קידוש ליל שני של ר"ה ודין הבדלה במוצאי ראש השנה

(א) **בקידוש** ליל ב' של ר"ה ילבש בגד חדש או מניח פרי חדשה כדי להסתלק מן הספק ויאמר שהחיינו ואם אין לו בגד חדש או פרי חדשה אעפ"כ יאמר שהחיינו (סי' ת"ר) וכן אשה בשעת הדלקת נרות שצריכה לומר שהחיינו אם אפשר לה בבגד חדש או בפרי חדשה מוטב ואם לאו אעפ"כ תאמר שהחיינו.

(ב) **במוצאי** ר"ה מבדיל (א) על הכוס כמו בשאר י"ט (סי' תר"א).

(א) בין בתפלה בין על.

קנד סדר עשרת ימי תשובה

(א) **בכל** הימים שבין ר"ה ליום הכפורים חוץ מערב יוה"כ אומרים א"מ ערב ובוקר מלבד בשבת שא"א אפילו במנחה של ע"ש ואם יש ברית מילה באותן הימים אף שא"א תחנון אבל אבינו מלכנו אומרים (סי' תר"ב).

(ב) **אין** נותנין חרם וכן אין משביעין אדם בב"ד עד אחר יום הכפורים (שם).

(ג) **אין** מקדשין הלבנה עד מוצאי יום הכפורים ושבת שבין ראש השנה ליוה"כ אומרים צו"ץ במנחה (שם).

לקוטי מנהגים

מכ"ק אדמו"ר מנחם מענדל זצוקללה"ה נבג"מ זי"ע שניאורסאהן מליובאוויטש

מנהגי חודש אלול, ר"ה, עשי"ת שיש בהם חידוש.

ביום ראשון דר"ח אלול, מתחילין לומר לדוד הוי' אורי.

במשך יום ראשון דר"ח אלול תוקעים להתלמד, ומתחילין לתקוע אחר התפלה ביום שני דר"ח.

התקיעות דחודש אלול – תשר"ת תש"ת תר"ת.

כשחל ר"ח בשבת מפטירים השמים כסאי. ואז מוסיפים בסוף הפטורת ש"פ תצא עני' סוערה וגו' עד גמירא.

כשחל ר"ח באחד בשבת מפטירים עני' סוערה ומוסיפים פסוק ראשון ואחרון של הפטורת מחר חדש.

מיום שני דר"ח אלול עד יוהכ"פ אומרים בכל יום ויום במשך היום שלשה קאַפּ' תהלים, על הסדר: ביום א' אלול – קאַפּ' א, ב, ג. ב' אלול – ד, ה, ו' וכו', וביוהכ"פ – שלשים וששה קאַפּ': קודם כל נדרי – קטו עד קכג. קודם השינה – קכד עד קלב. אחר מוסף – קלג עד קמא. אחר נעילה – קמב עד קנ.

סליחות הא' – מתחילין אחר ובסמוך לחצות לילה[1] בשאר הימים – באשמורת הבוקר.

הנוסח ב„א־ל מלך יושב" – ומתנהג[2] בחסידות.

בסליחות אין אומרים וידוי (אשמנו בגדנו כו') רק פעם אחת[3].

בסליחות אין נופלים על פניהם[4].

1) כנראה מפני שאומרים במוצאי מנוחה. ואין אומרים סליחות וי"ג מדות קודם חצות לילה (מג"א סתקכ"ה סק"ה).

2) ראה פע"ח שער הסליחות פ"ח. סי' האריז"ל. וכ"ה בזח"ג רכח, א. בתיקוני ז"ח קיא, ג.

3) ע"פ האריז"ל (פע"ח שער הסליחות ספ"ח), ודלא כהמנהג לומר ג"פ (הובא ברוקח ולבוש סתקפ"א. וראה אשל אברהם להרה"צ מבוטשאטש). וכ"כ ג"כ בדרכי חיים ושלום סתש"ג. – ומזה יש ללמוד, דכשאומרים סליחות בסדר התפלה – בת"צ וכו' – מדלגין הוידוי, כיון שכבר אמרוהו בסדר התפלה.

4) ראה מג"א בשו"ע סקל"א סק"ט, בשו"ע רבנו הזקן שם.

שבת שלפני ראש השנה – כמו בכל שבת מברכים, אומרים, קודם התפלה, כל התהלים וקדיש יתום אחר זה. אם יש חיוב – יאצ״ט או אבל – אומרים ק״י אחר כל ספר[1].

התרת נדרים – בערב ר״ה ובעשרה.

סדר התרת נדרים: שמעו נא רבותי כו׳, הכל יהיו מותרים לך כו׳, הרי אני מוסר מודעה כו׳, כולם יהיו מותרים לך כו׳, – אבל לא סדר נזיפה.

ברכות הדלקת הנרות דר״ה: של יום הזכרון, שהחינו.

קודם תפלת מעריב – אמירת תהלים.

העובר לפני התיבה במעריב ומנחה ואפילו בר״ה – אינו מתעטף בטלית.

אין לובשין הקיטעל רק ביוהכ״פ.

אין כופלין „לעילא״ בקדיש דעשי״ת, לבד בנעילה שכופלין.

לדוד מזמור גו׳ הארץ ומלואה – קודם קדיש תתקבל. וכן בליל יוהכ״פ.

אמירת לשנה טובה – בלשון יחיד דוקא „תכתב ותחתם״.

ר״ה שחל בשבת אומרים שלום עליכם, אשת חיל, מזמור לדוד ה׳ רועי, דא היא סעודתא – בלחישה.

אכילת התפוח[2] בליל ראשון – בתחילת הסעודה, והפרי חדש בליל שני – קודם נט״י לסעודה.

אמירת יה״ר שעל התפוח – אחר הברכה וקודם האכילה.

אוכלים רימון וראש איל, אבל אין אומרים יה״ר כי אם על התפוח.

כ״ק מו״ח אדמו״ר הי׳ מצוה להתוקע ללמוד בימי ראש השנה בבוקר המאמר להבין ענין תקיעת שופר (אשר בסידור)[3].

אמירת י״ג מדות הרחמים בהוצאת הס״ת גם כשחל ר״ה בשבת. וכן ביוהכ״פ.

מקריא התקיעות – מורה באצבעו בסידור, אבל אינו מקריא בדיבור.

האומר הפסוקים קודם התקיעות, מנגן ג״כ לאחריהם שלשת הפסוקים אשרי העם, בשמך יגילון, כי תפארת, ואח״כ אומרים כל הקהל יחדיו אשרי יושבי ביתך.

---

1) נראה לי שבמקרה שאומרים קדיש בין ספר לספר – יאמרו מקודם היהי רצון שאחרי הספר (עכ״פ יאמרו – זה האומר קדיש), שענינו סיום אמירת מזמורים שלכן אומר קדיש אח״ז. ואח״כ כשמתחיל ספר שלאחריו – הוא מעין דבר חדש. וע״ד ברהמ״ז כשמחלקין סעודה לשנים (ראה שו״ע רבנו סרצ״א סוס״ג). – מובן, שכן הוא בכל שבת מברכים.

2) ראה בס׳ פלח הרמון פ׳ וירא (סא, ד) טעם – ע״פ דא״ח – בשם ה„צמח צדק״ – להמנהג לאכול בר״ה בלילה הא׳ תפוח מתוק בדבש.

3) הטעם י״ל בפשיטות שבדרוש הזה מבוארות כוונות התקיעות. – מובן מעצמו שזהו נוסף על חיוב ידיעת הלכות תקיעת שופר כמבואר בפוסקים.

לנפילת כורעים אין נוהגין כאותם המדקדקים לשטוח מטפחת וכה"ג על רצפת קרשים (ע"ד רצפת אבנים וכו' שו"ע או"ח סו"ס קלא).

אחרי התפלה ואמירת תהלים – תוקעין ל' קולות.

בקידוש היום דר"ה: תקעו גו' כי חוק גו'. ואין אומרים אלה מועדי גו', גם לא אתקינו כו'[1].

אחרי שגומרים סדר תשליך, מנערים שולי הט"ק.

ביום שני אמירת לא־ל עורך דין – בתפלת מוסף.

מוצאי ר"ה שחל להיות בשבת, מתחילין מזמור לדוד ולא לכו נרננה. וכן בכל מוצאי יו"ט.

בעשי"ת אין אומרים סליחות, לבד בצום גדלי'.

מנהג בית הרב להדליק לשבת תשובה „אַ תשובה ליכט", וליוהכ"פ „אַ לעבעדיגע ליכט" ונר נשמה[2].

הפטורת ש"ש: שובה ישראל גו' יכשלו בם, מי א־ל כמוך גו' מימי קדם.

1) כשחל בשבת אומרים מזמור לדוד, אתקינו, ושמרו, אם תשיב, דא, זכור, על כן – קודם תקעו – בלחישה: כן נראה מהנ"ל בקידוש הלילה.

2) ראה עד"ז בשיחה הנדפסת בסוף קונטרס צו.

MOURNER'S KADDISH

Mourners recite the following Kaddish.
Congregation responds אָמֵן as indicated.

יִתְגַּדַּל וְיִתְקַדַּשׁ שְׁמֵהּ רַבָּא. (Cong.—אָמֵן) בְּעָלְמָא דִּי בְרָא כִרְעוּתֵהּ וְיַמְלִיךְ מַלְכוּתֵהּ, וְיַצְמַח פּוּרְקָנֵהּ וִיקָרֵב מְשִׁיחֵהּ. (Cong.—אָמֵן) בְּחַיֵּיכוֹן וּבְיוֹמֵיכוֹן וּבְחַיֵּי דְכָל בֵּית יִשְׂרָאֵל, בַּעֲגָלָא וּבִזְמַן קָרִיב וְאִמְרוּ אָמֵן:

(Cong.—אָמֵן. יְהֵא שְׁמֵהּ רַבָּא מְבָרַךְ לְעָלַם וּלְעָלְמֵי עָלְמַיָּא, יִתְבָּרַךְ.)

יְהֵא שְׁמֵהּ רַבָּא מְבָרַךְ לְעָלַם וּלְעָלְמֵי עָלְמַיָּא. יִתְבָּרַךְ, וְיִשְׁתַּבַּח, וְיִתְפָּאַר, וְיִתְרוֹמַם, וְיִתְנַשֵּׂא, וְיִתְהַדָּר, וְיִתְעַלֶּה, וְיִתְהַלָּל, שְׁמֵהּ דְּקוּדְשָׁא בְּרִיךְ הוּא. (Cong.—אָמֵן)

לְעֵלָּא מִן כָּל בִּרְכָתָא וְשִׁירָתָא, תֻּשְׁבְּחָתָא וְנֶחֱמָתָא, דַּאֲמִירָן בְּעָלְמָא, וְאִמְרוּ אָמֵן: (Cong.—אָמֵן)

יְהֵא שְׁלָמָא רַבָּא מִן שְׁמַיָּא וְחַיִּים טוֹבִים עָלֵינוּ וְעַל כָּל יִשְׂרָאֵל, וְאִמְרוּ אָמֵן: (Cong.—אָמֵן)

Take three steps back, then bow right saying עֹשֶׂה הַשָּׁלוֹם בִּמְרוֹמָיו, bow forward saying הוּא,
bow left saying יַעֲשֶׂה שָׁלוֹם עָלֵינוּ, and bow forward saying וְעַל כָּל יִשְׂרָאֵל, וְאִמְרוּ אָמֵן.
During Minchah of Erev Rosh Hashanah substitute שָׁלוֹם for הַשָּׁלוֹם.

עֹשֶׂה הַשָּׁלוֹם בִּמְרוֹמָיו, הוּא יַעֲשֶׂה שָׁלוֹם עָלֵינוּ וְעַל כָּל יִשְׂרָאֵל, וְאִמְרוּ אָמֵן: (Cong.—אָמֵן)

extolled, honored, adored and lauded be the Name of the Holy One, blessed be He, (Cong: Amen.) beyond all the blessings, hymns, praises and consolations that are uttered in the world; and say, Amen. (Cong: Amen.) May there be abundant peace from heaven, and a good life for us and for all Israel; and say, Amen. (Cong: Amen.) He who makes the peace in His heavens, may He make peace for us and for all Israel; and say, Amen. (Cong: Amen.)

MOURNER'S KADDISH

Mourners recite the following Kaddish.
Congregation responds Amen as indicated.

יתגדל *Yis-gadal v'yis-kadash sh'mayh rabö.* (Cong: *Ömayn*)

B'öl'mö di v'rö chir'u-sayh v'yamlich mal'chusayh, v'yatzmach pur-könayh vikörayv m'shi-chayh. (Cong: *Ömayn*)

B'cha-yay-chon u-v'yomaychon u-v'cha-yay d'ch/öl bays yisrö-ayl, ba-agölö u-viz'man köriv v'im'ru ömayn.

(Cong: *Ömayn. Y'hay sh'mayh rabö m'vörach l'ölam u-l'öl'may öl'ma-yö, yisböraych.*)

Y'hay sh'mayh rabö m'vörach l'ölam u-l'öl'may öl'ma-yö. Yisböraych, v'yishtabach, v'yispö-ayr, v'yisromöm, v'yis-nasay, v'yis-hadör, v'yis-aleh, v'yis-halöl, sh'may d'kudshö b'rich hu. (Cong: *Ömayn*)

L'aylö min köl bir-chösö v'shirösö, tush-b'chösö v'neche-mösö, da-amirön b'öl'mö, v'im'ru ömayn. (Cong: *Ömayn*)

Y'hay sh'lömö rabö min sh'ma-yö, v'cha-yim tovim ölaynu v'al köl yisrö-ayl v'im'ru ömayn. (Cong: *Ömayn*)

Take three steps back, then bow right saying *Oseh shölom bim'romöv,* bow forward saying *hu,* bow left saying *ya-aseh shölom ölaynu,* and bow forward saying *v'al köl yisrö-ayl, v'im'ru ömayn.*

During Minchah of Erev Rosh Hashanah, substitute *shölom* for *ha-shölom.*

Oseh ha-shölom bim'romöv, hu ya-a-se shölom ölaynu v'al köl yisrö-ayl, v'im'ru ömayn. (Cong: *Ömayn*)

יתגדל Exalted and hallowed be His great Name (Cong: Amen.) throughout the world which He has created according to His will. May He establish His kingship, bring forth His redemption and hasten the coming of His Mashiach (Cong: Amen.) in your lifetime and in your days and in the lifetime of the entire House of Israel, speedily and soon, and say, Amen. (Cong: Amen. May His great Name be blessed forever and to all eternity. Blessed.) May His great Name be blessed forever and to all eternity. Blessed and praised, glorified, exalted and

KADDISH D'RABBANAN

Mourners recite the following Kaddish. Congregation responds אָמֵן as indicated.

יִתְגַּדַּל וְיִתְקַדַּשׁ שְׁמֵהּ רַבָּא. (Cong—אָמֵן) בְּעָלְמָא דִּי בְרָא כִרְעוּתֵהּ וְיַמְלִיךְ מַלְכוּתֵהּ, וְיַצְמַח פּוּרְקָנֵהּ וִיקָרֵב מְשִׁיחֵהּ. (Cong—אָמֵן) בְּחַיֵּיכוֹן וּבְיוֹמֵיכוֹן וּבְחַיֵּי דְכָל בֵּית יִשְׂרָאֵל, בַּעֲגָלָא וּבִזְמַן קָרִיב וְאִמְרוּ אָמֵן:

(Cong—אָמֵן. יְהֵא שְׁמֵהּ רַבָּא מְבָרַךְ לְעָלַם וּלְעָלְמֵי עָלְמַיָּא, יִתְבָּרַךְ.)

יְהֵא שְׁמֵהּ רַבָּא מְבָרַךְ לְעָלַם וּלְעָלְמֵי עָלְמַיָּא. יִתְבָּרַךְ, וְיִשְׁתַּבַּח, וְיִתְפָּאַר, וְיִתְרוֹמַם, וְיִתְנַשֵּׂא, וְיִתְהַדָּר, וְיִתְעַלֶּה, וְיִתְהַלָּל, שְׁמֵהּ דְּקוּדְשָׁא בְּרִיךְ הוּא. (Cong—אָמֵן) לְעֵלָּא מִן כָּל בִּרְכָתָא וְשִׁירָתָא, תֻּשְׁבְּחָתָא וְנֶחֱמָתָא, דַּאֲמִירָן בְּעָלְמָא, וְאִמְרוּ אָמֵן: (Cong—אָמֵן) עַל יִשְׂרָאֵל וְעַל רַבָּנָן, וְעַל תַּלְמִידֵיהוֹן וְעַל כָּל תַּלְמִידֵי תַלְמִידֵיהוֹן, וְעַל כָּל מָאן דְּעָסְקִין בְּאוֹרַיְתָא, דִּי בְאַתְרָא הָדֵין וְדִי בְכָל אֲתַר וַאֲתַר, יְהֵא לְהוֹן וּלְכוֹן שְׁלָמָא רַבָּא חִנָּא וְחִסְדָּא וְרַחֲמִין וְחַיִּין אֲרִיכִין וּמְזוֹנָא רְוִיחָא וּפוּרְקָנָא מִן קֳדָם אֲבוּהוֹן דְּבִשְׁמַיָּא וְאִמְרוּ אָמֵן: (Cong—אָמֵן) יְהֵא שְׁלָמָא רַבָּא מִן שְׁמַיָּא וְחַיִּים טוֹבִים עָלֵינוּ וְעַל כָּל יִשְׂרָאֵל, וְאִמְרוּ אָמֵן: (Cong—אָמֵן)

Take three steps back, then bow right saying עֹשֶׂה הַשָּׁלוֹם בִּמְרוֹמָיו, bow forward saying הוּא, bow left saying יַעֲשֶׂה שָׁלוֹם עָלֵינוּ, and bow forward saying וְעַל כָּל יִשְׂרָאֵל, וְאִמְרוּ אָמֵן.

During Minchah of Erev Rosh Hashanah substitute שָׁלוֹם for הַשָּׁלוֹם.

עֹשֶׂה הַשָּׁלוֹם בִּמְרוֹמָיו, הוּא יַעֲשֶׂה שָׁלוֹם עָלֵינוּ וְעַל כָּל יִשְׂרָאֵל, וְאִמְרוּ אָמֵן: (Cong—אָמֵן)

KADDISH D'RABBANAN

Mourners recite the following Kaddish.
Congregation responds Amen as indicated.

יתגדל *Yis-gadal v'yis-kadash sh'mayh rabö.* (Cong: *Ömayn*)

B'öl'mö di v'rö chir'u-sayh v'yamlich mal'chusayh, v'yatzmach pur-könayh vikörayv m'shi-chayh. (Cong: *Ömayn*)

B'cha-yay-chon u-v'yomaychon u-v'cha-yay d'chöl bays yisrö-ayl, ba-agölö u-viz'man köriv v'im'ru ömayn.

(Cong: *Ömayn. Y'hay sh'mayh rabö m'vörach l'ölam u-l'öl'may öl'ma-yö, yisböraych.*)

Y'hay sh'mayh rabö m'vörach l'ölam u-l'öl'may öl'ma-yö. Yisböraych, v'yishtabach, v'yispö-ayr, v'yisromöm, v'yis-nasay, v'yis-hadör, v'yis-aleh, v'yis-halöl, sh'may d'kudshö b'rich hu. (Cong: *Ömayn*)

L'aylö min köl bir-chösö v'shirösö, tush-b'chösö v'neche-mösö, da-amirön b'öl'mö, v'im'ru ömayn. (Cong: *Ömayn*)

Al yisrö-ayl v'al rabönön, v'al tal-midayhon, v'al köl tal-miday sal-midayhon, v'al köl mön d'ös'kin b'ora-y'sö. Di v'asrö hödayn, v'di v'chöl asar v'asar. Y'hay l'hon u-l'chon shlömö rabö, chinö v'chisdö v'rachamin v'cha-yin arichin, u-m'zonö r'vichö u-fur'könö min ködöm avu-hon d'vish'ma-yö v'im'ru ömayn. (Cong: *Ömayn*)

Y'hay sh'lömö rabö min sh'ma-yö, v'cha-yim tovim ölaynu v'al köl yisrö-ayl v'im'ru ömayn. (Cong: *Ömayn*)

Take three steps back, then bow right saying *Oseh shölom bim'romöv,* bow forward saying *hu,* bow left saying *ya-aseh shölom ölaynu,* and bow forward saying *v'al köl yisrö-ayl, v'im'ru ömayn.*

During Minchah of Erev Rosh Hashanah, substitute *shölom* for *ha-shölom.*

Oseh ha-shölom bim'romöv, hu ya-a-se shölom ölaynu v'al köl yisrö-ayl, v'im'ru ömayn. (Cong: *Ömayn*)

DEDICATED IN LOVING MEMORY OF

FRED S. MOTT

may he rest in peace

26 Elul, 5742

September 14, 1982

by

HIS CHILDREN

HANNO D. AND FRANK L.

MOTT

לעילוי נשמת

שלמה בן **משה אליעזר** ז"ל

מאָט

נפטר כ"ו אלול, תשמ"ב

ת. נ. צ. ב. ה.

נדפס על ידי בניו

משה אליעזר ושמואל

שיחיו לאורך ימים ושנים טובות

ISBN 978-0-8266-0160-5

9 780826 601605